V&R

Schriften des Hannah-Arendt-Instituts
für Totalitarismusforschung

Herausgegeben von Gerhard Besier

Band 29

Vandenhoeck & Ruprecht

Gefährdungen der Freiheit

Extremistische Ideologien im Vergleich

Herausgegeben von
Uwe Backes und Eckhard Jesse

Vandenhoeck & Ruprecht

Bibliografische Information Der Deutschen Bibliothek

Die Deutsche Bibliothek verzeichnet diese Publikation in der
Deutschen Nationalbibliografie; detaillierte bibliografische Daten sind
im Internet über <http://dnb.ddb.de> abrufbar.

ISBN 3-525-36905-0

Umschlagabbildung:
Eine US-amerikanische Flagge hängt am Mittwochmorgen an den Trümmern,
die einmal das World Trade Center in New York waren.
Bild: Morrison/AP

© 2006, Vandenhoeck & Ruprecht GmbH & Co. KG, Göttingen / www.v-r.de
Alle Rechte vorbehalten. Das Werk und seine Teile sind urheberrechtlich geschützt.
Jede Verwertung in anderen als den gesetzlich zugelassenen Fällen bedarf der vorherigen
schriftlichen Einwilligung des Verlages. Hinweis zu § 52a UrhG: Weder das Werk noch
seine Teile dürfen ohne vorherige schriftliche Einwilligung des Verlages öffentlich
zugänglich gemacht werden. Dies gilt auch bei einer entsprechenden Nutzung für
Lehr- und Unterrichtszwecke. Printed in Germany.

Satz: Hannah-Arendt-Institut, Dresden
Druck und Bindung: Hubert & Co., Göttingen

Gedruckt auf alterungsbeständigem Papier.

Inhalt

Einleitung *Uwe Backes / Eckhard Jesse*	7
Politische Extremismen – Begriffshistorische und begriffssystematische Grundlagen *Uwe Backes*	17
Was ist Extremismusforschung? – Theoretische Grundlagen und Bestandsaufnahme *Jürgen P. Lang*	41
Politischer Extremismus und Radikalismus in Westeuropa – Typologie und Bestandsaufnahme *Cas Mudde*	87
Rechts- und Linkspopulismus im westeuropäischen Vergleich – Zur strukturellen und inhaltlichen Bestimmung eines eigenständigen Parteientypus *Florian Hartleb*	105
Die Bewegung der Altermondialisten – Eine Gefahr für die Demokratie? *Patrick Moreau / Eva Steinborn*	147
Ideologie und Programmatik rechts- und linksextremer Parteien im Vergleich *Harald Bergsdorf*	179
Ideologien des islamistischen, linken und rechten Extremismus in Deutschland – Eine vergleichende Betrachtung *Armin Pfahl-Traughber*	205
Rechts- und linksextreme Einstellungsmuster in Deutschland *Viola Neu*	223
Berühren sich die Extreme? – Ein empirischer Vergleich von Personen mit extrem linken und extrem rechten Einstellungen in Europa *Kai Arzheimer*	253

Das ideologische Profil rechter (und linker) Flügelparteien in den
westeuropäischen Demokratien - Eine Auseinandersetzung mit
den Thesen Herbert Kitschelts
Steffen Kailitz 283

Politischer Extremismus in Ostmitteleuropa -
Entstehungsbedingungen und Erscheinungsformen
Tom Thieme 321

Panslawismus im ideologischen Hintergrund der radikalen und
extremistischen Strömungen in der Tschechischen Republik
Miroslav Mareš 359

Neue ideologische Fusionen im russischen Antidemokratismus -
Westliche Konzepte, antiwestliche Doktrinen und das
postsowjetische politische Spektrum
Andreas Umland 371

Islamismus - Eine totalitäre Ideologie? Versuch einer Annäherung
an ein globales Phänomen
Herbert L. Müller 407

Internationaler Islamistischer Terrorismus - Herausforderung für
den demokratischen Verfassungsstaat
Johannes Urban 441

Neuer Terrorismus? - Die Debatte um die Einordnung des Djihadismus
Monika Prützel-Thomas 477

Grenzen des Demokratieschutzes in der offenen Gesellschaft -
Das Gebot der Äquidistanz gegenüber politischen Extremismen
Eckhard Jesse 493

Literaturverzeichnis 521

Abkürzungsverzeichnis 581

Personenverzeichnis 585

Autorenverzeichnis 591

Einleitung

Uwe Backes / Eckhard Jesse

I.

Das „kurze 20. Jahrhundert" – gemeint ist die Epoche zwischen dem Ausbruch des Ersten Weltkriegs 1914 und dem Zusammenbruch der Sowjetunion 1991 – hat der englische Sozialhistoriker Eric Hobsbawm als „Zeitalter der Extreme"[1] charakterisiert. Nach einem Siegeszug des Konstitutionalismus in weiten Teilen Europas konnten sich, mächtig befördert von den „Stahlgewittern" des Ersten Weltkriegs, neue Formen der Autokratie etablieren. Extremistische Bewegungen gewannen in vielen Staaten Europas an Boden, führten in einer Reihe neuer Demokratien einen Regimekollaps herbei. Das im 19. Jahrhundert in nahezu allen europäischen Staaten gewachsene System des Konstitutionalismus mit seinem gewaltenkontrollierenden Institutionengefüge, dem Pluralismus politischer Parteien, den parlamentarischen Debatten schien vielen überholt, unfähig, die Probleme des 20. Jahrhunderts zu lösen. Wer nicht der totalitären Versuchung anheim fiel, suchte nicht selten Zuflucht in autoritären Lösungen, wie sie etwa das Modell des Ständestaates bot. Große Anziehungskraft ging zeitweise von den beiden Ideologiestaaten in Russland und Italien aus, die mit ihren inhaltlich grundverschiedenen, morphologisch hingegen ähnlichen Visionen weltweit Anhänger und Nachahmer inspirierten.

Die Machtübernahme eines exzessiven, rassenantisemitisch aufgeladenen Verwandten des italienischen Originals in Deutschland führte mit der Kriegsniederlage 1945 das rasche Ende der „Epoche des Faschismus" (Ernst Nolte) herbei, während die antagonistische Extremideologie des Kommunismus noch jahrzehntelang Kraft entfalten konnte – allerdings mit nachlassender Wirkung, da der Marxismus-Leninismus insbesondere durch die Gewaltorgien der Stalinzeit kaum weniger belastet war als der Nationalsozialismus und die Kluft zwischen Anspruch und Wirklichkeit in den Staaten des „real existierenden Sozialismus" selbst in den Augen zeitweiliger Bewunderer größer und größer wurde. Die offizielle Ideologie litt an Auszehrung, war nahezu entkräftet.[2]

---

1 Vgl. Eric Hobsbawm, Das Zeitalter der Extreme. Weltgeschichte des 20. Jahrhunderts, München/Wien 1995.
2 Vgl. Uwe Backes, Rechts- und linksradikale Intellektuelle in Deutschland. Mechanismen zur Delegitimierung des demokratischen Verfassungsstaates. In: Eckhard Jesse (Hg.), Politischer Extremismus in Deutschland und Europa, München 1993, S. 111–131.

Bereits in den späten 1950er Jahren veranlasste die Legitimitätskrise der politischen Heilslehren professionelle Beobachter zur Prophezeiung eines „Endes der Ideologien".[3] Einer Phase der Deideologisierung folgten jedoch neue Wellen der Reideologisierung. „Neue Linke" und „Neue Rechte" übten partielle Kritik am ideologischen Erbe des Marxismus, Leninismus, Stalinismus, Maoismus, Trotzkismus, Nationalismus, Ethnozentrismus usw., knüpften daran zugleich selektiv an und nahmen neue gedankliche Impulse (wie Ökologismus, Feminismus, Ethnopluralismus) auf – mit unterschiedlichem Erfolg.

Nach dem Ende des „real existierenden Sozialismus" ist eine radikale Globalisierungskritik zum Schmelztigel ideologischer Strömungen geworden. Lange zuvor hatten religiös inspirierte politische „Fundamentalismen" weltweit wieder an Bedeutung gewonnen. Der Islamismus erhielt durch die Revolution im Iran 1979 in vielen arabischen und muslimischen Staaten Auftrieb, entwickelte sich, wie spätestens die Anschläge vom 11. September 2001 in den USA zeigten, mit seinen terroristischen Formen gar zu einer weltweiten Bedrohung. Inzwischen ist von einem „neuen Totalitarismus"[4] die Rede, der im 21. Jahrhundert eine ähnliche Bedeutung erlangen könnte wie seine beiden Vorgänger im abgelaufenen Säkulum.

Extremistische Ideologien werden nach aller Erfahrung auch deshalb auf der Tagesordnung bleiben, weil sie umfassende Erklärungs- und Deutungsangebote unterbreiten, die für Menschen zu allen Zeiten attraktiv gewesen sind. Sie versprechen Sinnerfüllung, „Heilung" der Welt, ermöglichen persönliche Hingabe und uneingeschränkte Identifikation. Auf die unterschiedliche Interpretierbarkeit der Welt, die „Ambiguität", Heterogenität, Unüberschaubarkeit und Konflikthaftigkeit der Lebensverhältnisse reagieren sie mit einfachen Antworten, die eine Lösung für fundamentale Fragen versprechen. Sie profitieren von der unstillbaren Sehnsucht nach Harmonie, nach Eindeutigkeit und Einheit, nach Geborgenheit in einer großen Gemeinschaft, in der man sich aufgehoben fühlen kann.

In diesen Gewässern fischen mitunter auch jene Parteien, und zwar nicht nur im Wahlkampf, die von der Notwendigkeit politischer Konkurrenz, der Fruchtbarkeit des Streits der Meinungen und der Möglichkeit eines geregelten Konfliktaustrags in der pluralistischen Gesellschaft überzeugt sind. Im Zentrum des Bandes stehen demgegenüber politische Kräfte, die mit ihrer Ideologie und Programmatik unverzichtbare Werte, Spielregeln und Institutionen demokratischer Verfassungsstaaten negieren.

---

3   So Daniel Bell, The End of Ideology, Neuausgabe New York 1988 (1960). Siehe zur Debatte über das Ende der (extremen) Ideologien: Matthew Festenstein/Michael Kenny (Hg.), Political Ideologies. A Reader and Guide, Oxford/New York 2005, S. 431 ff.
4   So Bassam Tibi, Der neue Totalitarismus. „Heiliger Krieg und westliche Sicherheit, Darmstadt 2004.

II.

Die Beiträge des Bandes setzen sich überwiegend nicht mit den intellektuellen Vordenkern und Zuarbeitern extremer Ideologien, sondern mit deren Niederschlag in den Diskursen, Visionen, Programmen und propagandistischen Bemühungen extremistischer Organisationen auseinander. Dabei wird im Gegensatz zum Gros der einschlägigen Literatur der Rechts-Links-Vergleich nicht gemieden, sondern gesucht.[5] Es geht um eine differenzierte Erfassung der charakteristischen Unterschiede wie Gemeinsamkeiten. In einigen Beiträgen spielt darüber hinaus der politisch-religiöse Fundamentalismus als Vergleichsobjekt eine zentrale Rolle.

Die konzeptionellen Zugriffe der Autoren sind Ausdruck einer Pluralität von Sichtweisen. Ihnen allen gemeinsam ist, dass sie „Extremismus" über eine Minimaldefinition von „Demokratie" bestimmen. Zumeist ist die historische Synthese des demokratischen Verfassungsstaates gemeint. Somit geht es um Strömungen, die dessen unverzichtbare Werte, Verfahrensregeln und Institutionen negieren. Da dies mit unterschiedlicher Intensität geschieht und mit verschiedenen strategischen Optionen verknüpft ist, geraten auch „weiche" Formen in den Blick, die mit den „harten" Extremismen Gemeinsamkeiten aufweisen, ohne aber alle dessen Merkmale zu erfüllen. Daher ist vielfach von „extremistischen Tendenzen" zu sprechen.

Einen terminologischen Einstieg in die Materie bietet der Beitrag des Dresdener Politikwissenschaftlers Uwe Backes. Er zeichnet knapp die weithin unerforschte Begriffsgeschichte der politischen Extreme nach und beleuchtet die gedankliche Struktur der alten aristotelischen Gegenüberstellung einer Mäßigung verbürgenden „Mitte" mit den „Extremen". Danach wird gezeigt, in welcher Weise sich jene politischen Ideologien gewandelt haben, die seit der Französischen Revolution aus der Perspektive des Verfassungsstaates an den Flügeln des politischen Rechts-Links-Spektrums verortet worden sind. Wer „Extremismus" und „demokratischer Verfassungsstaat" als antithetische Begriffe fasst, vermag eine Reihe von Kriterien zu bestimmen, die erfüllt sein müssen, um eine politischen Strömung oder Gruppierung als „extremistisch" zu kennzeichnen. Dabei lassen sich die Gegnerschaft zu grundlegenden Verfahrensregeln des Verfassungsstaates (insbesondere Gewaltenkontrolle und Pluralismus) und die Ablehnung des Ethos fundamentaler Menschengleichheit analytisch unterscheiden. Es dürfte sinnvoll sein, eine Position bereits dann als „extremistisch" zu kennzeichnen, wenn eines der unverzichtbaren Prinzipien demokratischer Verfassungsstaaten negiert wird.

Der Beitrag des Münchener Politikwissenschaftlers Jürgen Lang bietet einen breit angelegten, zeitlich ausgreifenden Überblick zum Stand der Extremismusforschung. Er setzt sich kritisch mit der Vielfalt an Konzeptualisierungen von

---

5 Siehe zu diesem Ansatz auch: Uwe Backes/Eckhard Jesse, Vergleichende Extremismusforschung, Baden-Baden 2005.

„Extremismus" auseinander und sichtet die Erträge der Forschung in den Bereichen Rechtsextremismus, Linksextremismus und Islamismus. Abschließend erörtert er die Gründe für den auffallenden Mangel an Rechts-Links-Vergleichen. Angesichts der Unterschiedlichkeit gesellschaftspolitischer Grundorientierungen erweist es sich als unmöglich, eine für alle akzeptable Minimaldefinition von „Demokratie" zu erarbeiten. Eine am Leitbild des demokratischen Verfassungsstaates orientierte Extremismusforschung muss indes unterschiedslos alle Strömungen in den Blick nehmen, die dessen Mindestbedingungen nicht anerkennen. Wer auf dem rechten oder linken Auge blind ist, nimmt nur einen Teil der Gefahren wahr, die dem historischen Projekt der Institutionalisierung politischer Freiheit drohen.

Der in Antwerpen lehrende Politikwissenschaftler Cas Mudde schickt seinem Überblick zur Lage in Westeuropa eine begriffliche Unterscheidung zwischen Extremismus und Radikalismus voraus. Extremismus und Radikalismus haben demnach eine antiliberale Orientierung gemeinsam, doch unterscheiden sie sich in ihrem Verhältnis zum Prinzip der Volkssouveränität. Während es der Radikalismus grundsätzlich anerkenne, werde es vom Extremismus negiert. Mudde hält mit Norberto Bobbio an der Rechts-Links-Unterscheidung fest und gelangt auf diese Weise zu einer Vierteilung des Raumes an der Peripherie des politischen Spektrums westeuropäischer Demokratien: Rechtsextremismus, Rechtsradikalismus, Linksextremismus, Linksradikalismus.

Der Chemnitzer Politikwissenschaftler Florian Hartleb entwickelt in seinem Beitrag „Rechts- und Linkspopulismus im westeuropäischen Vergleich – Zur strukturellen und inhaltlichen Bestimmung eines eigenständigen Parteientypus" einen Kriterienkatalog für einen populistischen bzw. rechts- und linkspopulistischen Parteientypus westeuropäischen Zuschnitts. Der Autor will die These erhärten, dass der schillernde Populismusbegriff nicht nur ein Schlagwort im politischen Tagesgeschäft ist, sondern sich auch als eine wissenschaftliche Begriffskategorie eignet. Populismus kann, muss aber nicht Teil eines extremistischen Politikentwurfs sein. Der Populismus ist aus dieser Sicht zudem nicht per se „rechts" zu verorten. Hartleb veranschaulicht die grundsätzliche Möglichkeit und Erfolgsträchtigkeit einer linken Variante.

Wie der französische Extremismusforscher Patrick Moreau und die Dresdener Politikwissenschaftlerin Eva Steinborn verdeutlichen, gilt für die Globalisierungskritik Ähnliches wie für den Populismus. Ihre Verfechter lassen sich keineswegs alle dem extremistischen Spektrum zuordnen. Allerdings spielen Formen extremistischer Globalisierungskritik in der „Szene" keine untergeordnete Rolle. Wie die Auseinandersetzung mit intellektuellen Vordenkern zeigt, werden marxistische und leninistische Ideologeme in innovativer Weise in ein neues revolutionäres Projekt eingewoben. Allerdings dürfte nicht jeder, der die Gegenwartsdiagnose eines Noam Chomsky oder Antonio Negri teilt, auch deren ideologische Grundannahmen und strategischen Optionen befürworten.

Der in Jena lehrende Politikwissenschaftler Harald Bergsdorf vergleicht in seinem Beitrag die Ideologie und Programmatik rechts- und linksextremer Parteien in Deutschland. Er gelangt zu dem Ergebnis, dass die Konvergenzen beider Lager beträchtlich sind. Insbesondere die religionsfeindliche Ideologie und Agitation der beiden Parteien zeuge von Antipluralismus, Rigorismus und Freund-Feind-Denken. Parteien wie PDS und REP betreiben eine Sündenbock-Agitation und versuchten auf vielfältige Weise, Diktaturen zu verharmlosen und die rechtsstaatliche Demokratie zu diskreditieren.

Auch der an der Fachhochschule des Bundes lehrende Politikwissenschaftler Armin Pfahl-Traughber vergleicht rechts- und linksextreme Ideologien miteinander. Er bezieht zudem den Islamismus in die Betrachtung ein. Bei den ideologischen „Primärmerkmalen" (etwa politischen Zielen) stellt er grundlegende Differenzen, bei den „Sekundärmerkmalen" hingegen zahlreiche Gemeinsamkeiten fest, die aus der Frontstellung gegen etwas unbedingt Abzulehnendes entspringen. Zudem lassen sich übereinstimmende „Strukturmerkmale", d. h. formale Besonderheiten, der Ideologien benennen, vor allem ein exklusiver politischer Erklärungs- und Gestaltungsanspruch.

Eine andere Untersuchungsebene betrit die Berliner Politikwissenschaftlerin Viola Neu. Sie analysiert die Verbreitung extremistischer Einstellungen in der Bevölkerung. Entgegen der üblichen Verfahrensweise in der empirisch-quantifizierenden Forschung fragt sie nicht nur die unterschiedlichen Inhalte des Links- und Rechtsextremismus ab, sondern integriert solche Elemente, die sich auf Extremismus insgesamt beziehen. Dazu entwickelt sie eine eigene Skala. So erscheinen extremistische Einstellungen als ein Einstellungssyndrom, das sich aus vielen Facetten zusammensetzt, bei denen die jeweiligen inhaltlichen Spezifikationen des Links- oder Rechtsextremismus nur die Spitze des Eisberges bilden. Rechts- oder linksextreme Einstellungen existieren nicht ohne ein gemeinsames Fundament, das aus unterschiedlichen Elementen (wie Verschwörungstheorien, Aktivismus, Wertepessimismus, Entfremdung und Utopismus) besteht, aber die Struktur extremistischer Einstellungen unabhängig von der jeweiligen ideologischen Ausrichtung bestimmt.

Zu einem davon abweichenden Ergebnis gelangt der Mainzer Politikwissenschaftler Kai Arzheimer bei einem Vergleich von Menschen mit extremen politischen Einstellungen in Europa. Der Anteil der Radikalen schwankt zwar im Ländervergleich. Zumeist dominieren aber die Rechtsradikalen. Darüber hinaus wird gezeigt, dass die Bedeutung der politischen Richtungsbegriffe Links und Rechts im internationalen Vergleich relativ stark variiert und in Osteuropa vor allem von der Einstellung gegenüber dem früheren Regime beeinflusst wird. In fast allen westeuropäischen Demokratien und in der früheren DDR ergibt sich ein annähernd linearer Zusammenhang zwischen Links-Rechts-Einstufung und Extremismus – je weiter rechts sich eine Person einordnet, desto stärker lehnt sie tendenziell die Demokratie ab. In Osteuropa hingegen ist in vielen Ländern ein spiegelbildlicher Zusammenhang zu erkennen. In allen Ländern ordnet sich die Mehrheit der Extremisten nicht am Rand des politischen Spektrums, sondern in der linken oder rechten Mitte ein.

Der Beitrag des Chemnitzer Politikwissenschaftlers Steffen Kailitz setzt sich mit Herbert Kitschelts Thesen zur extremen Rechten in Westeuropa auseinander. Im Mittelpunkt steht das ideologische Profil extrem rechter Parteien und ihrer Wählerschaft. Für Kitschelt zeichnen sich die erfolgreichen Parteien der extremen Rechten durch eine Kombination aus Marktliberalismus und Autoritarismus aus. In Abgrenzung dazu kommt der Beitrag zu dem Schluss, dass weder die extrem rechten Parteien noch ihre Wählerschaft eine marktliberale Polposition einnehmen. Sie zeichnen sich vielmehr durch einen wohlfahrtschauvinistischen Nationalismus aus. Als Kern des ideologischen Profils aller extrem rechten Parteien erscheint Kailitz die Anti-Zuwanderungshaltung. So etwas wie eine ideologische „Erfolgsformel" extrem rechter Parteien, die erfolgreiche von nicht erfolgreichen trennscharf unterscheidet, kann der Autor aber anders als Kitschelt nicht ausmachen. Eine Misserfolgsformel extrem rechter Parteien sei allerdings die ideologische Orientierung am Faschismus oder Nationalsozialismus. Analog gilt eine Orientierung am Kommunismus als Misserfolgsformel extrem linker Parteien.

Der Chemnitzer Politikwissenschaftler Tom Thieme konzentriert sich in seinem Beitrag wiederum auf die Parteienebene. Untersucht werden jeweils zwei extremistische Parteien aus Polen, der Tschechischen Republik und Ungarn. Wie die Analyse erhellt, können idealtypische Kriterien von Rechts- und Linksextremismus im ostmitteleuropäischen Raum nicht vorbehaltlos angewendet werden. Alle drei Staaten waren in ihrer nationalen Historie beiden zentralen Ideologien des 20. Jahrhunderts, dem Nationalismus und dem Kommunismus ausgesetzt, was extreme Politik in Richtung eines Systemwechsels heute größtenteils delegitimiert. Andererseits begann 1989/90 zwar mit dem Zusammenbruch des Sozialismus in Ostmitteleuropa eine neue Ära von Demokratie und Freiheit; die massiven Modernisierungsprozesse hinterließen jedoch ein gewaltiges Heer an objektiven und subjektiven Transformationsverlierern, die empfänglich für extremistische Lösungen sind. Die meisten Akteure des extremistischen Spektrums sind sich dieser paradoxen Ambivalenz von Zu- und Abneigung extremer Politik bewusst und verbinden ihre auf den ersten Blick klassischen rechts- bzw. linksextremistischen Ziele mit Ideologien und Forderungen, die aus dem Arsenal des gegensätzlich extremen Lagers stammen: Ehemalige kommunistische Parteien kompensieren ihre in Verruf geratene Ideologie durch die Erweiterung auf nationalistische Inhalte. Umgekehrt inkorporieren nationalistische Parteien machtpragmatisch linke Themen und Thesen, um so nicht nur Kommunismusgegner, sondern auch ehemalige überzeugte bzw. halbüberzeugte Sozialisten für sich zu gewinnen.

Mit einer besonderen ost- und ostmitteleuropäischen Strömung setzt sich der Brünner Politikwissenschaftler Miroslav Mareš auseinander: dem Panslawismus. Auch hier gelte: Nicht jeder Panslawist ist ein Extremist, nicht jeder Extremist ist ein Panslawist. Doch sei die politische Instrumentalisierung des Panslawismus in der tschechischen extremistischen und radikalen Szene relativ häufig. Darin bestehe auch eine Grundlage für die Verflechtung der äußersten

Linken und Rechten. Als übereinstimmende Hauptthemen der tschechischen Panslawisten (mit Ausnahme der Neonationalsozialisten) lassen sich benennen: Kampf um die slawische Identität des Volkes gegen Verwestlichung, Kampf gegen den angeblichen Pangermanismus und Revanchismus, Hilfe für die – angeblich – unterdrückten slawischen Nationen.

Im Gegensatz etwa zu Tschechien besteht der wesentliche Teil der heutigen russischen extremen Rechten aus „faschistischen" Gruppierungen. Wie der Jenaer Politikwissenschaftler Andreas Umland zeigt, können einige der wichtigsten Programmschriften der Russischen Nationalen Einheit, Assoziation „Arktogeja" und so genannten Liberaldemokratischen Partei Russlands als ultranationalistisch wie revolutionär klassifiziert und damit als Spielarten von Faschismus verstanden werden. Obwohl ebenfalls radikal nationalistisch und extrem antiwestlich, stelle die Ideologie des Führers der Kommunistischen Partei der Russländischen Föderation, Gennadij Zjuganov, keine Variation von Faschismus dar. Stattdessen sei Zjuganovs Doktrin eine spezifisch postsowjetische Form von Konservativismus beziehungsweise Ultrakonservativismus. Im Ergebnis verfüge die heutige russische Parteienlandschaft über keine politisch relevanten linken oder radikal linken Elemente. Vielmehr finde auf föderaler Ebene der verbleibende politische Wettbewerb im Russland Putins zwischen verschiedenen Ausprägungen von gemäßigtem Nationalismus und von Ultranationalismus statt.

Mit der Ideologie des Islamismus setzt sich der im Stuttgarter Landesamt für Verfassungsschutz tätige Orientologe Herbert L. Müller auseinander. Im Fokus steht das Denken dreier wichtiger Exponenten. Einmal handelt es sich um den Ägypter Hasan al-Banna, der als eine wichtige Persönlichkeit für die Bewegung als solche anzusehen ist, sowohl in seiner Funktion als Begründer und Organisator einer beispielhaften politischen Tendenz als auch in seiner Vorbildfunktion als gemeinhin unterschätzter richtungsweisender Denker. Ähnliches gilt für den türkischen Politiker Necmettin Erbakan und den Tunesier Rashid Ghannoushi, die in ihrem Denken und Handeln nicht nur für ein Anknüpfen an „ursprüngliche" islamische Werte und eine Beförderung ihrer „Renaissance" stehen, sondern auch für eine Auseinandersetzung mit den abgelehnten Werten einer „westlichen Welt", die wie die eigene – wiederzufindende – Zivilisation als einheitlich wahrgenommen wird. Diese Rekonstruktion einer als ideal gedachten Welt unter der Prämisse der Restitution verlorengegangener staatlicher und moralisch-spiritueller Macht führt die Ideologen der islamistischen Bewegung mit ihren Vorstellungen einer reinen Identität ihrer Gemeinschaft, die nur um den Preis einer pejorativ ausfallenden Abgrenzung zum „Fremden", „Nicht-Eigenen", zu erhalten ist, in die Falle der Totalitarismen.

Der Islamismus kann zur ideologischen Grundlage eines „djihadistischen" Terrorismus werden. Der Chemnitzer Politikwissenschaftler Johannes Urban setzt sich in seinem Beitrag mit der auch in Europa bestehenden Gefahr auseinander. Er geht der Frage nach, welche Gefahren diese Bedrohung hervorrufen und an welchen Merkmalen sie festzumachen ist. Ausgehend von den Erfolgskennzeichen verschiedener Terrorismus-Formen entwickelt der Beitrag ein Analyseraster, mit dessen Hilfe die Gefahren des Internationalen Islamistischen Terrorismus beschrieben und eingeschätzt werden. Die Analyse stellt dabei auf vier Variablen ab: Akteure, Ideologie, Bezugsgruppe und Rahmenbedingungen. Das Ergebnis ist ein Gefahrenbild, das sowohl die Gefahr der Gewalt als auch die der Durchsetzung politischer Forderungen des Islamismus berücksichtigt. Schwerwiegende Gefahren ergeben sich zudem durch die starke Einbindung Deutschlands in europäische, transatlantische und globale Prozesse und Strukturen. Die Bundesrepublik ist herausgefordert, in einem demokratischen Prozess den Werten der Sicherheit und der Freiheit entsprechende Problemlösungsstrategien zu entwickeln.

Über die Einordnung des Djihadismus wird spätestens seit dem 11. September 2001 eine lebhafte Debatte geführt. Mit ihr setzt sich die in Cambridge lehrende Politikwissenschaftlerin Monika Prützel-Thomas auseinander. Sie vertritt folgende These: Trotz der neuen Risikolage, mit der uns der Djihadismus konfrontiert, lässt er sich gut in die Kategorien des klassischen Terrorismus einordnen. Er teilt viele Gemeinsamkeiten mit westlichen terroristischen Gruppierungen des 19. und 20. Jahrhunderts. Der Djihadismus ist ein Nebenprodukt der Globalisierung und deshalb eindeutig ein Phänomen der Moderne.

Der abschließende Beitrag des Chemnitzer Politikwissenschaftlers Eckhard Jesse ist weder dem Terrorismus noch solchen Gruppierungen gewidmet, die zur Gewalt aufrufen. Es geht um die Frage, wie die streitbare Demokratie der Bundesrepublik Deutschland mit einer gewaltfreien, nicht-militanten Fundamentalkritik an der Demokratie umgehen soll. Es ist die These des Autors, dass sich für den Verfassungsstaat jede Art von „Fanatismus der Freiheit" verbietet. Er wendet sich gegen Bagatellisierung wie Dramatisierung der Extremismen, der nicht-gewalttätigen wie der gewalttätigen, fordert Äquidistanz und eine Rückbesinnung auf den demokratischen Grundkonsens. Anti-Extremismus heiße aber auch, dass die Abwehr antidemokratischer Bestrebungen demokratisch erfolgt. Häufig werde die eine Variante des Extremismus gegen die andere ausgespielt: Demokratisch legitimiert seien sie allesamt nicht. Beim „Kampf gegen rechts" erwiesen sich linksextremistische Initiativen keineswegs als hilfreich. Im Gegenteil: Bloßer Antifaschismus bilde keine glaubwürdige Basis für eine Auseinandersetzung mit rechtsextremistischen Aktivitäten.

III.

Der Band geht auf eine Expertentagung des Hannah-Arendt-Instituts zurück, die in Kooperation mit dem Lehrstuhl „Politische Systeme, politische Institutionen" an der Technischen Universität Chemnitz, der Konrad-Adenauer-Stiftung und der Ad-hoc-Gruppe Politischer Extremismus der Deutschen Vereinigung für Politische Wissenschaft (DVPW) vom 9.–11. September 2004 in Dresden stattfand. Ihr gingen zwei Konferenzen voraus, die jeweils dem „Erbe kommunistischer Ideologien" und den „Rechtsextreme[n] Ideologien in Geschichte und Gegenwart" gewidmet waren.⁶ Beide Veranstaltungen konzentrierten sich auf die ideologische Dimension der Extremismen. Da der Schwerpunkt jedoch in beiden Fällen lediglich auf einer der polaren Zonen des politischen Spektrums lag, sollten die Extremismen auf der dritten Konferenz stärker als zuvor im Zusammenhang, in vergleichender Betrachtung von Gemeinsamkeiten wie Unterschieden und unter Beachtung möglicher Wechselwirkungen, Interdependenzen und Interaktionen betrachtet werden.

Ohne die personelle, logistische und organisatorische Unterstützung der Konrad-Adenauer-Stiftung wäre die Konferenz in dieser Form nicht zustande gekommen. Der Leiterin des Dresdener Büros, Rita Schorpp-Grabiak, sei für die gute Zusammenarbeit herzlich gedankt. Besonderer Dank gilt ferner Eva Steinborn und Henrik Steglich, die bei der Vorbereitung der Tagung mitgewirkt und sie moderierend begleitet haben. Die Mitarbeiter des Lehrstuhls „Politische Systeme, politische Institutionen" der Technischen Universität Chemnitz haben ebenso Anteil am Zustandekommen des Sammelwerkes. Wie schon bei den vorhergehenden Bänden waren bei diesem zahlreiche Mitarbeiter des Hannah-Arendt-Instituts beteiligt. Katja Friedrich, André Gottschling, Katharina Reimann und Henrik Steglich haben mit großer Sorgfalt Texte redigiert, Literaturverzeichnis und Register erstellt. Christine Lehmann und Walter Heidenreich ist für die Mühe und Sorgfalt bei der Erstellung der Druckvorlagen zu danken. Wo trotz aller Mühe Fehler und Mängel unbehoben geblieben sind, was – wie jeder Autor weiß – nahezu unvermeidlich ist, tragen dafür allein die Herausgeber die Verantwortung.

---

6 Siehe Uwe Backes/Stéphane Courtois (Hg.), „Ein Gespenst geht um in Europa". Das Erbe kommunistischer Ideologien, Köln/Weimar/Wien 2002; Uwe Backes (Hg.), Rechtsextreme Ideologien in Geschichte und Gegenwart, Köln/Weimar/Wien 2003.

Politische Extremismen – Begriffshistorische und begriffssystematische Grundlagen

Uwe Backes

I. Einführung

Von der Extremismusformel wird in Politik, Publizistik und Wissenschaft nicht nur in Deutschland, sondern weltweit rege Gebrauch gemacht. Internet-Suchmaschinen bringen Hunderttausende von Einträgen auf den Bildschirm. Über die Begriffsgeschichte der politischen Extreme ist dennoch wenig bekannt. Und selbst in wissenschaftlichen Diskussionen besteht vielfach Unklarheit über logische Struktur und konzeptionelle Implikationen des Extremismusbegriffs. Das führt nicht selten zu Missverständnissen in Kontroversen, die weder durch unüberbrückbare weltanschauliche Differenzen noch durch unvereinbare epistemologische Prämissen erzwungen sind.

Mit den folgenden Ausführungen soll ein Beitrag geleistet werden, um solche Missverständnisse zu vermeiden. Das Extremismuskonzept vermag Forschungsbereiche und -strömungen mit unterschiedlichen Aufmerksamkeitsschwerpunkten und methodischen Arbeitsweisen zu integrieren. Bei der Analyse politischer Ideologien, die illiberale, antidemokratische, autokratische Praktiken generieren, kann es sich als heuristisch fruchtbar erweisen.

Der erste Teil zeichnet die Begriffsgeschichte der politischen Extreme insoweit nach, als diese Aufschluss über Einordnung und Bedeutung „extremer" Ideologien bietet.[1] Es folgt eine Erörterung der Konsequenzen, die sich aus der Betrachtung von Ideologien unter extremismustheoretischen Aspekten ergeben. Dabei werden verschiedene, für die Kritik extremer Ideologien bedeutsame Analyseebenen sichtbar. Zugleich wird ein Vorschlag unterbreitet, wie sich der Extremismusbegriff sinnvoll eingrenzen und für die wissenschaftliche Analyse nutzbar machen lässt.

---

1 Weitere Einblicke bieten folgende Veröffentlichungen: Uwe Backes, Extrême, extrémité, extrémisme. Une esquisse de l'histoire de ces mots dans la langue politique francaise. In: Mots, (1998) 55, S. 142–152; ders., Le syndrome extrémiste. In: Stéphane Courtois (Hg.), Quand tombe la nuit. Origines et émergence des régimes totalitaires en Europe, Lausanne 2001, S. 315–329; ders., Extremismus und politisch motivierte Gewalt. In: Eckhard Jesse/Roland Sturm (Hg.), Demokratien des 21. Jahrhunderts im Vergleich. Historische Zugänge – Gegenwartsprobleme – Reformperspektiven, Opladen 2003, S. 341–367, hier 344–348.

II. Begriffsgeschichte extremer Ideologien

Die in der aristotelischen Moralphilosophie (in reifer Gestalt in der Nikomachischen Ethik) enthaltene Mesotes-Lehre bestimmte die Tugend oder sittliche Tüchtigkeit (arete) als Mitte (meson) oder Mittleres (mesotes) zwischen einem Zuviel und einem Zuwenig, die als äußerste Enden (Extreme) eines Kontinuums gedacht wurden.[2] In der Politik floss die Mesotes-Lehre in das Konzept der Mischverfassung ein. Die Interessen der Ober- und Unterschichten sollten in einer mittelschichtenzentrierten Gesellschaft ausgeglichen und mittels einer kunstvollen Komposition politisch-institutioneller Elemente aus verschiedenen Verfassungsformen balanciert werden.[3] Unter der Bedingung des Menschenmöglichen empfahl Aristoteles die aus „oligarchischen" und „demokratischen" Elementen zusammengefügte „Politie" als relativ beste Staatsform, in der die Devise von der Meidung der Extreme in eine Stabilität und Bürgerfreiheit am besten gewährleistende Verfassung mündete.

Der Aristotelismus hat die politische Ideengeschichte des Konstitutionalismus – nicht zuletzt durch die Vermittlung der Scholastik und des Humanismus – geprägt.[4] Der Republikanismus vermochte daran ebenso anzuknüpfen (z. B. in den Vereinigten Staaten von Amerika)[5] wie ein monarchietreuer Parlamentarismus (im weitesten Sinne, z. B. in Großbritannien).[6] Für die heutige Terminologie bestimmend wurde die Übertragung der alten Gegenüberstellung einer Mäßigung verbürgenden Mitte und den Extremen auf die neue politische Ideenlandschaft, wie sie sich unter dem Eindruck der Französischen Revolution ausformte. Die aus der parlamentarischen Sitzordnung Frankreichs hervorge-

---

2 Vgl. vor allem Hermann Kalchreuter, Die Mesotes bei und vor Aristoteles, Diss. phil., Tübingen 1911; Hans Joachim Krämer, Arete bei Platon und Aristoteles. Zum Wesen und zur Geschichte der platonischen Ontologie, Heidelberg 1959; Harald Schilling, Das Ethos der Mesotes. Eine Studie zur Nikomachischen Ethik des Aristoteles, Tübingen 1930.
3 Vgl. vor allem G. J. D. Aalders, Die Mischverfassung und ihre historische Dokumentation in den Politica des Aristoteles. In: Rudolf Stark u. a., La „Politique" d'Aristote. Sept Exposés et Discussions, Genf 1964, S. 199–237.
4 Siehe zur Geschichte des Aristotelismus vor allem: Martin Grabmann, Die mittelalterlichen Kommentare zur Politik des Aristoteles, München 1941; ders., Die Geschichte der scholastischen Methode, 2 Bände, Berlin (Ost) 1956; Christoph Flüeler, Rezeption und Interpretation der Aristotelischen Politica im späten Mittelalter, Teil 1, Amsterdam/Philadelphia 1992.
5 Am eindrucksvollsten bei John Adams. Vgl. etwa ders., A Defence of the Constitutions of the United States of America, against the attack of M. Turgot, in his letter to Dr. Price, dated the twenty-second day of march, 1778. In: ders., Works, with a life of the author, notes and illustrations, by his grandson Charles Francis Adams, Band IV, Boston 1851, S. 271–588. Siehe dazu: C. Bradley Thompson, John Adams and the Spirit of Liberty, Lawrence, Kansas 1998; Alois Riklin, John Adams und die gewaltenteilige Mischverfassung. In: Zeitschrift für Politik, 38 (1991), S. 274–293.
6 Erinnert sei nur an die Verknüpfung von Mischverfassung und Gewaltenteilung im „Geist der Gesetze" Montesquieus. Vgl. Alois Riklin, Montesquieus freiheitliches Staatsmodell. Die Identität von Machtteilung und Mischverfassung. In: Politische Vierteljahresschrift, 30 (1989), S. 420–442.

gangene Rechts-Links-Unterscheidung verband sich alsbald mit den Kategorien „gemäßigt" und „extrem" zu einem neuen politischen Koordinatensystem. Die Rede war nun vielfach von „extrémité gauche" und „extrémité droite".[7] Liberale Beobachter erfassten die strukturellen Gemeinsamkeiten der ideologischen Extrempole im Vergleich zum Verfassungsprogramm des Konstitutionalismus.

Die Auseinandersetzungen und Exzesse der Französischen Revolution übten – als Vor- wie Schreckbilder – prägenden Einfluss auf die innere Entwicklung Europas aus. In Deutschland wurde es in jenen Staaten, die sich allmählich gegenüber der Ideenwelt des Konstitutionalismus zu öffnen begannen, in den Jahrzehnten nach dem Ende der napoleonischen Ära üblich, die mittlere Linie konstitutioneller Reformen zwischen den extremen Abwegen konservativer oder gar absolutistischer Rückwärtsgewandheit einerseits und utopisch-egalitärer Zukunftsgläubigkeit andererseits zu suchen.[8] Welche politisch-ideologische Geographie dabei entfaltet und wie die Extreme zueinander in Beziehung gesetzt wurden, lässt sich anschaulich anhand der Schriften des Leipziger Philosophen und sächsischen Parlamentariers Wilhelm Traugott Krug verdeutlichen, eines führenden Vertreters des gemäßigten Liberalismus im Vormärz.

Der 1770 in Radis (damals Kurfürstentum Sachsen) geborene Krug hatte sich 1794 in Wittenberg habilitiert, für sein Bemühen um eine Verbindung von Transzendentalphilosophie und Common sense – insbesondere im „Entwurf eines Neuen Organon's der Philosophie" (1801) – viel Lob von Seiten der Kantianer erfahren und, begleitet von der beißend-spöttischen Kritik Hegels,[9] 1805 die Nachfolge Kants in Königsberg angetreten. Von dort wechselte er 1809 auf eine philosophische Professur nach Leipzig, wo er – unterbrochen nur von einem freiwilligen Militärdienst im Krieg gegen Napoleon – bis 1834 lehrte und unermüdlich publizistisch wirkte.[10] Als Verfechter eines gemäßigten Liberalis-

---

7 Vgl. Patrick Brasart, Paroles de la Révolution. Les Assemblées parlementaires 1789–1794, Paris 1988, S. 102–104; Fernand Brunot, Histoire de la langue française des origines à nos jours, Band IX: La Révolution et l'Empire, deuxième partie: Les événements, les institutions et la langue, Paris 1967, S. 769 ff.; Max Frey, Les transformations du vocabulaire français à l'époche de la Révolution (1789–1800), Paris 1925, S. 46; Marcel Gauchet, La droite et la gauche. In: Pierre Nora (Hg.), Les lieux de mémoire, Band III: Les France. 1. Conflits et partages, Paris 1993, S. 395–467; Pierre Retat, Partis et factions en 1789: émergence des désignants politiques. In: Mots, (1988) 16, S. 69–89, hier 82 f.
8 Vgl. Uwe Backes, Liberalismus und Demokratie – Antinomie und Synthese. Zum Wechselverhältnis zweier politischer Strömungen im Vormärz, Düsseldorf 2000.
9 Vgl. Ludwig Hasler, Gesunder Menschenverstand und Philosophie. Vom systematischen Sinn der Auseinandersetzung Hegels mit Wilhelm Traugott Krug. In: Hegel-Jahrbuch 1977/78, S. 239–248.
10 Siehe zur Biographie Krugs vor allem: Hans-Jürgen Becker, Wilhelm Traugott Krug und Heinrich von Kleist. In: Kleist-Jahrbuch 1996, S. 35–49; Alfred Fiedler, Die staatswissenschaftlichen Anschauungen und die politisch-publizistische Tätigkeit des Nachkantianers Wilhelm Traugott Krug, Dresden 1933, S. 7–12; Friedbert Holz, Art. „Krug, Wilhelm Traugott". In: Neue Deutsche Biografie, hg. von der Historischen Kommission bei der Bayerischen Akademie der Wissenschaften, Band 13, Berlin (West) 1982,

mus nahm er zu vielerlei politischen Fragen Stellung und vertrat die Universität Leipzig 1833/34 im ersten konstitutionellen Sächsischen Landtag.[11]

Intensiv setzte sich Krug mit den extremen Ideologien seiner Zeit auseinander, die er – wie andere deutsche Liberale auch – meist mit der Formel „Ultraismus" auf einen gemeinsamen Nenner brachte. Den „rechten", „reaktionären" Ultraismus unterzog er 1817 erstmals eingehender Kritik. Im Jahr zuvor war der einleitende Teil der auf sechs Bände angelegten „Restaurazion der Staats-Wissenschaft" Carl Ludwig von Hallers erschienen.[12] Der Berner Patrizier hatte darin eine am Vorbild des mittelalterlichen Lehnswesens orientierte Patrimonialtheorie entwickelt, die den Monarchen schlicht als Träger einer den gesamten Staatsverband umspannenden Grundherrschaft begriff. Diese – angeblich – „natürliche" und ursprüngliche Ordnungsform diente als Folie für ein antimodernistisches Gegenprogramm zu den „verfehlten" Theorien der Aufklärung mit dem Konzept der „bürgerlichen Gesellschaft", den naturrechtlichen Vertragstheorien sowie den Prinzipien der Volkssouveränität, der Repräsentation, der Gewaltenteilung, ja jeglicher Form der „künstlichen", weil von Menschenhand stammenden „Gesetzlichkeit".[13] Als Adam Müller, kaiserlich-österreichischer Regierungsrat und Generalkonsul in Leipzig, das Werk in den von ihm herausgegebenen „Deutschen Staatsanzeigen", dem Sprachrohr der Politik Metternichs, in den höchsten Tönen pries, griff Krug zur Feder, um die histo-

---

S. 114 f.; Prantl, Art. „Krug, Wilhelm Traugott". In: Allgemeine Deutsche Biographie, hg. durch die Historische Kommission bei der Königlichen Akademie der Wissenschaften, Band 17, Leipzig 1883, S. 220–222; Wolfgang Riedel, Art. „Krug, Wilhelm Traugott". In: Walther Illy, Literaturlexikon. Autoren und Werke deutscher Sprache, Band 7, München 1990, S. 47 f. Ein Schüler Krugs veröffentlichte nach dem Tod des Lehrers eine Huldigung, die einiges an biographischem Material ausbreitet: Emil Ferdinand Vogel, D. Wilhelm Traugott Krug in drey vertraulichen Briefen an einen Freund im Auslande, Neustadt an der Orla 1844; Krug selbst beschrieb seine „Lebensreise" erstmals 1825: Urceus, Meine Lebensreise. In sechs Stationen, Leipzig 1825. Eine fortgeschriebene Autobiographie erschien im Jahr seines Todes: Krug's Lebensreise in sechs Stationen, von ihm selbst beschrieben, nebst Franz Volkmar Reinhard's Briefen an den Verfasser, Leipzig 1842.

11 Vgl. Josef Matzerath, Aspekte sächsischer Landtagsgeschichte, hg. vom Sächsischen Landtag, Dresden 1998, S. 72.
12 Carl Ludwig von Haller, Restaurazion der Staatswissenschaft oder Theorie des natürlich-gesellligen Zustands, der Schimäre des künstlich-bürgerlichen entgegengesetzt. Erster Band: Darstellung, Geschichte und Kritik der bisherigen falschen Systeme. Allgemeine Grundsätze der entgegengesetzten Ordnung Gottes und der Natur, Winterthur 1816.
13 Vgl. zur politischen Theorie Hallers u. a. Hartwig Brandt, Landständische Repräsentation im deutschen Vormärz. Politisches Denken im Einflussfeld des monarchischen Prinzips, Neuwied/Berlin (West) 1968, S. 59–64; Alfred von Martin, Weltanschauliche Motive im altkonservativen Denken. In: Gerd-Klaus Kaltenbrunner (Hg.), Konservatismus in Europa, Freiburg i. Brsg. 1972, S. 139–180; Ewald Reinhard, Der Streit um K. L. von Hallers „Restauration der Staatswissenschaft". In: Zeitschrift für die gesamte Staatswissenschaft, 111 (1955), S. 115–130; Heinz Weilenmann, Untersuchungen zur Staatstheorie Carl Ludwig von Hallers. Versuch einer geistesgeschichtlichen Einordnung, Diss. phil., Bern 1955.

risch-politischen Triebkräfte zu beschreiben, die dem modernen Konstitutionalismus in wechselhaftem Ringen allmählich den Weg gebahnt hatten. Dabei ironisierte er den Umstand, dass sich die Restaurateure über den Ursprung des „Übels" nicht einig seien und daher darüber stritten, wie weit das Rad der Geschichte zurückzudrehen sei. So kritisiere Müller an Haller, die Fehlentwicklung liege nicht 200, sondern 300 Jahre zurück, sei nämlich „durch die unselige Reformazion im sechzehnten Jahrhunderte" entstanden: „Darum müsse man nicht bloß politisch, sondern auch kirchlich restauriren und, was natürlich daraus folgt, die Hierarchie, intensiv und extensiv, ebenso wohl als die Politarchie auf den Fuß wider herstellen, auf welchem sie vor dem sechzehnten Jahrhunderte bestand – wobei leider die Kleinigkeit vergessen worden, wie man das anzufangen habe, ohne einigen Millionen Menschen die Köpfe abzuschlagen, um ihnen ganz neue aus der restaurirenden Staats- und Kirchenfabrik aufzusetzen." Im Vergleich zu solch phantastischen Plänen erschienen Krug die „französischen Restauratörs" weit weniger „begehrlich", da sie sich damit begnügten, die Zustände vor Ausbruch der Revolution wiederherzustellen. Sie verdienten es mithin, „eher Citras als Ultras"[14] genannt zu werden.

In einer Geschichte des „Liberalismus alter und neuer Zeit" suchte Krug zu zeigen, dass die Prinzipien des Liberalismus und Konstitutionalismus nicht erst im Zuge der Aufklärung entwickelt worden waren, sondern bis in die Antike zurückreichten. Dabei kritisierte er den Ultraismus der Restaurateure, warnte aber zugleich vor ähnlichen Gefahren am linken Flügel des politischen Spektrums. Denn der Liberalismus nähere sich „in einer Zeit der Extreme"[15] durch Übersteigerung der eigenen Prinzipien seinem ideologischen Antipoden strukturell an. Er schieße bei aller Berechtigung seiner Grundforderungen dann über das Ziel hinaus, „wenn er gar nichts Positives anerkennen, mithin selbst alle Schranken der Willkür durchbrechen und alles plötzlich umgestalten will. Er wird dann allerdings revolutionär und heißt mit Recht Ultraliberalismus, Jakobinismus, Sankülotismus, Radikalismus, Karbonarismus".[16] Der „Antiliberalismus" wiederum fordere mit Recht, „dass man das Bestehende mit Achtung und Schonung behandle, dass man nicht statt des Aberglaubens den Unglauben, und statt des unbedingten Gehorsams die Zügellosigkeit predige. Unrecht hat er dagegen, wenn er das Bestehende bloß darum, weil es besteht, und das Alte bloß darum, weil es alt ist, mit solcher Hartnäckigkeit festhält, dass er auch die dringlichste Abänderung und augenscheinlichste Verbesserung desselben nicht zulas-

---

14 Wilhelm Traugott Krug, Die Staatswissenschaft im Restaurazionsprozesse der Herren v. Haller, Adam Müller und Konsorten betrachtet (1817). In: ders., Gesammelte Schriften, 2. Abtheilung, Band 1, Braunschweig 1834, S. 321–392, hier 327. Vgl. zur Auseinandersetzung Krugs mit Haller und Müller auch: Fiedler, Die staatswissenschaftlichen Anschauungen, S. 32–37.
15 Wilhelm Traugott Krug, Geschichtliche Darstellung des Liberalismus alter und neuer Zeit. Ein historisch-politischer Versuch (1823). In: ders., Gesammelte Schriften, Band 4, 2. Abtheilung: Politische und juridische Schriften, Band 2, Braunschweig 1834, S. 323–404, hier 325.
16 Ebd., S. 376.

sen will, wenn er also die Menschheit in religiöser oder politischer oder gar in beiderlei Hinsicht in unauflösliche Fesseln zu schlagen und so die Knechtschaft des blinden Glaubens und Thuns zu verewigen sucht." Auf diese Weise verwandle sich der Antiliberalismus in „eine Art von Ultraismus, weil er sich auf das andre Äußerste wirft, und kann als solcher mit Recht ein Ultraroyalismus, Illiberalismus, Servilismus, Obskurantismus oder Imperfektibilismus genannt werden."[17]

Dem liberalen wie dem antiliberalen Ultraismus sei eine Tendenz zur Gewaltanwendung gemeinsam: „Da die Extreme sich immer berühren, so zeigen auch die Ausartungen des Liberalismus und seines Gegentheils darin eine gewisse Ähnlichkeit, dass sie sich beiderseits durch gewaltsame Maßregeln geltend machen wollen und ebendadurch ihre Verwerflichkeit selbst beurkunden. [...] Daher sehen wir oft das traurige Schauspiel in der Geschichte, dass Revoluzionen und Gegenrevoluzionen abwechseln und die eine immer wieder vernichtet, was die andre geschaffen hat."[18] Langfristig, so sagte Krug voraus, werde der Liberalismus mit seinen Prinzipien Übergewicht gewinnen, der Antiliberalismus jedoch immer fortbestehen. Der Liberalismus tue sogar gut daran, dem Antiliberalismus sein Existenzrecht nicht grundsätzlich zu bestreiten. Denn ohne „Antagonismus giebt es kein wahres Leben in der Welt". Die Natur habe dafür gesorgt, „dass es der Thesis nicht an der Antithesis fehle. Es wird daher immer Menschen geben, die den Liberalen entgegenwirken, theils um diese zur Thätigkeit zu reizen, damit sie nicht selbst einschlummern, theils aber auch um sie im Zaume zu halten, damit sie nicht unbändig werden und ihrer Kraft eine zerstörende Richtung geben."[19]

Nicht dem „echten", sondern dem ultraistisch überspitzten Liberalismus sagte Krug eine Tendenz zur Vernichtung der Antagonisten nach. Den Anlass zu einer Generalabrechnung mit dem „Ultraliberalismus" boten republikanische, monarchiefeindliche Tendenzen, wie sie auf dem Hambacher Fest zu Tage getreten waren. Nach eigenem Bekunden hatte Krug seine Schrift, in der er vor dem „Unheil" warnte, das unausweichlich sein werde, wenn man fortfahre, „sich nach dem Extreme zu bewegen",[20] größtenteils noch vor den repressiven Karlsbader Beschlüssen des Deutschen Bundes vom 28. Juni 1832 verfasst.[21] Ein „falscher" oder „Ultraliberalismus" in diesem Sinne mache „die Willkür zu seinem Prinzipe"[22] und verletze das geltende Recht, gefährde den Frieden, propagiere eine „unbedingte" Pressefreiheit, die „nothwendig zur Pressfrechheit"[23]

---

17 Ebd., S. 377.
18 Ebd., S. 377.
19 Ebd., S. 398.
20 Ders., Der falsche Liberalismus unsrer Zeit. Ein Beitrag zur Geschichte des Liberalismus und eine Mahnung für künftige Volksvertreter (1832). In: ders., Gesammelte Schriften, Band 5, 2. Abtheilung: Politische und juridische Schriften, Band 3, Braunschweig 1835, S. 331–384, hier 334.
21 Vgl. ebd., S. 335.
22 Ebd., S. 338.
23 Ebd., S. 367.

führe, setze nicht auf Reformen, sondern auf die Revolution und verfehle auf diese Weise „Maß und Ziel". Dem hielt Krug das alte deutsche Sprichwort entgegen: „Zu wenig und zu viel / Ist aller Narren Ziel." Das „Treffen der richtigen Mitte"[24] sei, wie schon Aristoteles erkannt habe, ohne Zweifel schwierig. Doch müsse man sich stets darum bemühen. Was dies konkret bedeute, erläuterte Krug am Beispiel des Republikanismus, wie er auf dem Hambacher Fest vertreten worden war. Er sei keineswegs ein grundsätzlicher Gegner republikanischer Prinzipien. Doch wer in einem monarchischen Staat lebe, müsse zunächst versuchen, das Bestehende durch Reformen zu verbessern, statt den Status quo in Bausch und Bogen zu verwerfen. Denn damit werde auch alles Erhaltenswerte aufs Spiel gesetzt und ein unkalkulierbares Risiko eingegangen: „Um also das Gewisse, das wir schon besitzen, nicht gegen ein Ungewisses, das wir erst mit großen Opfern an Gut und Blut erkaufen sollen, hinzugeben: vertheidige ich das Bestehende, die monarchische Staatsform, und widerstehe allen denen, welche sie umwerfen und in eine republikanische verwandeln wollen."[25]

Die Abkehr vom aristotelischen Mittelweg erschien bei Krug nicht nur in Gestalt des politischen, sondern auch des moralischen Ultraismus. Dieser sei entweder „zu streng oder zu schlaff in seinen Forderungen".[26] In der Schrift über den „Kampf zwischen Konservativen und Destruktiven" griff er explizit auf die Nikomachische Ethik zurück: „Denn alles Böse bewegt sich in Extremen, wie schon Aristoteles in seiner Ethik bemerkt. [...] Wer daher einem von jenen beiden Extremen huldigt, dessen natürliches Gefühl für Recht und Billigkeit, dessen Achtung gegen die Vernunftgesetze wird nach und nach immer schwächer. Am Ende überredet er sich wohl gar, alles sei gut, was seinem Zwecke diene".[27] Die beiden politischen Extrempositionen bezeichnete er hier als schrankenlos „Konservative" und „Destruktive". Sie neigten beide zum „politischen Absolutismus".[28] Die richtige Mitte dazwischen bildeten wiederum die „Reformativen" oder – wie sie „der Engländer" nenne – die „Reformers".[29] Diese scheuten sich nicht, etwas Überholtes durch „allmähliches Verbessern" zu zerstören, seien aber zugleich darauf bedacht, all jenes zu erhalten, was „durch innere Güte und äußere Zweckmäßigkeit der Erhaltung werth"[30] sei.

24 Ebd., S. 377.
25 Ebd., S. 379.
26 Wilhelm Traugott Krug, Art. „Ultraismus". In: ders., Allgemeines Handwörterbuch der philosophischen Wissenschaften nebst ihrer Literatur und Geschichte, 4. Band: St bis Z, Leipzig 1829, S. 259 f., hier 260.
27 Ders., Der Kampf zwischen Konservativen und Destruktiven und das europäische Ober-Studien-Direktorium. Auch ein Versuch, das Politisch-Böse unsrer Zeit auszurotten (1835). In: ders., Gesammelte Schriften, 2. Abtheilung: Politische und juridische Schriften, Band 4, Braunschweig 1836, S. 193–230, hier 202.
28 Ebd.
29 Ebd., S. 204.
30 Ebd., S. 203.

Auf die Ebene der Staatsformenlehre hat Krug das Bild von der Mitte und den Extremen nicht übertragen, obwohl er für eine gemischte Verfassung plädierte. Diese bezeichnete er als „Synkratie" - das Gegenteil der in jeder Form abzulehnenden „Autokratie". Die synkratische Monarchie zog Krug der synkratischen „Polyarchie"[31] vor. „Ultraistische" Lehren strebten demnach zur „Autokratie". In einem späten Supplement seines mehrbändigen „Allgemeinen Handwörterbuchs der philosophischen Wissenschaften" (1838)[32] sprach er - für die politische Sprache des Vormärz ungewöhnlich - von den „Extremisten": „Extremisten heißen die, welche keine richtige Mitte anerkennen wollen, sondern sich nur im Extremen gefallen. Gewöhnlicher sagt man aber Ultraisten."[33]

Die vergleichende Betrachtung politischer Extremideologien aus der Perspektive eines als Ausdruck von „Mäßigung" und „Mitte" geltenden liberal-konstitutionellen Programms war somit lange vor der 1848/49er Revolution üblich geworden. Allerdings veränderte sich die politische Landschaft in den folgenden 150 Jahren unaufhörlich. Auch die als extrem/extremistisch geltenden, sich wechselseitig beeinflussenden Ideologien waren einem Wandel unterworfen. Um nur einige tektonische Verschiebungen zu erwähnen: In den 1840er Jahren begann eine intensive Auseinandersetzung mit dem neuen Phänomen des „Kommunismus", das sich in der Theorie bis zu den großen Utopien eines Platon, Morus, Campanella, in der gelebten Wirklichkeit bis zu asketischen, persönliche Besitzlosigkeit kultivierenden religiösen Gemeinschaften der Spätantike (wie den Essenern am Toten Meer oder den Therapeuten am nordägyptischen Mareotis-See) zurückverfolgen ließ.[34] Während der Französischen Revolution hatte François Noël Babeuf nebst einigen seiner Getreuen eine agrarkommunistische „Verschwörung der Gleichen" mit dem Leben gebüßt, und 1828 die Buchveröffentlichung eines Mitverschworenen (Filippo Buonarroti), in der die Geschichte des menschheitsbeglückenden Unternehmens nachgezeichnet war, für neue Anhänger gesorgt.[35] Gleiches galt für Etienne Cabets

31 Vgl. ders., Dikäopolitik oder neue Restaurazion der Staatswissenschaft mittels Rechtsgesetzen (1824). In: ders., Gesammelte Werke, Band 6, 2. Abteilung, Band 4, Braunschweig 1836, S. 282-565, hier 455-494; siehe auch schon ders., Das Repräsentativsystem. Oder Ursprung und Geist der stellvertretenden Verfassungen, mit besonderer Hinsicht auf Deutschland und Sachsen (1816). In: ders., Gesammelte Schriften, Band 3, 2. Abteilung, Band 1, S. 277-319.
32 Das Werk gilt als „das bedeutendste philosophische Handbuch des 19. Jahrhunderts": Gereon Wolters, Art. „Krug, Wilhelm Traugott". In: Jürgen Mittelstraß (Hg.), Enzyklopädie Philosophie und Wissenschaftstheorie, Band 2, Mannheim/Wien/Zürich 1984, S. 503 f., hier 503.
33 Krug, Allgemeines Handwörterbuch, Band 5 als Supplement. Erste Abteilung, Leipzig 1838, S. 394.
34 Vgl. Wilhelm Schulz, Art. „Communismus". In: Carl von Rotteck/Carl Theodor Welcker (Hg.), Das Staatslexikon. Encyklopädie der sämmtlichen Staatswissenschaften für alle Stände, in Verbindung mit vielen der angesehensten Publicisten Deutschlands, neue durchaus verbesserte Auflage, redigiert von Hermann von Rotteck und Carl Welcker, Band 3, Altona 1846, S. 290-339.
35 Vgl. Philipp Buonarroti, Babeuf und die Verschwörung für die Gleichheit (1828), mit dem durch sie veranlassten Prozess und den Belegstücken, übersetzt und eingeleitet von

Musterstaat Ikarien, in dem die Menschen nach den Plänen des „Diktators" Ikar und dank der umfassenden, rationalen Planung eines weisen „Komitees", von vielen Leiden erlöst, ein sorgenfreies Leben in Frieden, Gesundheit und Wohlstand führten.[36] Ideen dieser Art fanden bei den in Paris lebenden deutschen Handwerkern Anklang und wurden von Wilhelm Weitling u. a. in der Schweiz und im deutschen Sprachraum bekannt gemacht.[37] Die kritische Rezeption der anspruchsvollen sozialistischen Systeme Saint-Simons, Fouriers und Owens' erreichte in den Jahren vor der 1848/49er Revolution einen ersten Höhepunkt.[38] In den Jahrzehnten danach erteilten Karl Marx und Friedrich Engels diesem „utopischen Sozialismus" eine Absage,[39] suchten den Kommunismus wissenschaftlich zu untermauern, versahen ihn vor allem mit einem geschichtsphilosophischen, auf Hegels Dialektik rekurrierenden, und ökonomischen Fundament, grenzten die Lehre zugleich scharf vom Anarchismus ab. Welthistorische Geltung erlangte der Kommunismus indes erst durch Lenins Aneignung und doktrinäre Ausformung der Marx-Engelsschen Ideen, deren Kanonisierung nach der Oktoberrevolution und die außerordentliche Machtentfaltung der Sowjetunion.

Die Begriffe „Extremismus" und „Extremisten" verbreiteten sich auf dem europäischen Kontinent – vor allem in Frankreich, Italien, den Niederlanden und Großbritannien – nach Ausbruch der Februarrevolution in Russland als Bezeichnung für die „Maximalisten" oder „Bolschewisten", die kompromisslos gegen die revolutionäre, provisorische Regierung kämpften und für eine sofortige Beendigung des Krieges eintraten. Sie blieben in den ersten Jahren nach dem Weltkrieg eng mit dem äußersten linken Flügel des politischen Spektrums verknüpft. Ein italienisches Wörterbuch aus dem Jahr 1923 definierte die „franko-italienischen Neologismen" als Synonyme für "i socialisti dogmatici, intransigenti, contrari alla Guerra in modo assoluto".[40] Diese Definition bezog sich auf die Friedens-Programmatik der Zimmerwalder Linken im Ersten Weltkrieg. Je mehr sich das „Zentrum der Weltrevolution" etablierte, ideologisch verfestigte und weltweite Ausstrahlungskraft entfaltete, desto stärker flossen der Begriff

---

Anna und Wilhelm Blos, Stuttgart 1909, Nachdruck, 2. Auflage Berlin (West)/Bonn-Bad Godesberg 1975.

36 Etienne Cabet, Voyage en Icarie, Paris 1848. Die erste Version erschien 1839 unter Pseudonym in der Form eines Reiseberichts.

37 Siehe vor allem Johann Caspar Bluntschli/Sebastian Seiler, Die Kommunisten in der Schweiz nach den bei Weitling vorgefundenen Papieren. Wörtlicher Abdruck des Kommissionalberichts an die Hohe Regierung des Standes Zürich (1843), Nachdruck Glashütten im Taunus 1973.

38 Vgl. nur Karl Grün, Die soziale Bewegung in Frankreich und Belgien. Briefe und Studien (1845), Nachdruck Hildesheim 1974.

39 Vgl. die Selbstdarstellung bei: Friedrich Engels, Die Entwicklung des Sozialismus von der Utopie zur Wissenschaft (1880). In: Karl Marx/ders., Werke (MEW), Band 19, Berlin (Ost) 1962, S. 189–228.

40 Siehe die Definition von „Estremista" bei: Alfredo Panzini, Dizionario Moderno. Supplemento ai Dizionari Italiani, 4° edizione rinnovata e aumentata, Mailand 1923, S. 217.

des (Links-)Extremismus und der sich kanonisierende Marxismus-Leninismus in eins.

Auch am entgegengesetzten Ende des politischen Spektrums veränderte sich das ideologische Terrain. In den Jahren unmittelbar nach dem Ersten Weltkrieg sah kaum jemand mehr die Gefahr für das liberale System in einer Restauration der (reinen) Monarchie. Der zum Absolutismus tendierende Legitimismus der Carlisten spielte zwar noch im Spanischen Bürgerkrieg eine nicht zu vernachlässigende Rolle.[41] Doch hatten sich bereits in den letzten Jahrzehnten des 19. Jahrhunderts neue ideologische Formen entwickelt, die der extremen Rechten durch die Adaptation ursprünglich „linker" Elemente neue Attraktivität verliehen. Das galt bereits für den Bonapartismus, der nicht ohne Erfolg traditional-dynastische mit demokratisch-plebiszitären Legitimitätsquellen zu vereinen suchte.[42] Der integrale Nationalismus eines Maurice Barrès ließ die liberal-emanzipatorischen Impulse dieser Ideologie hinter ihren autoritär-imperialen Tendenzen zurücktreten.[43] In Deutschland gewannen durch die Rezeption der Evolutionstheorie Darwins biologistische, „eugenische" und rassenantisemitische Doktrinen an Einfluss,[44] die dem Ultramonarchismus fremd waren und weit eher einer auf der Linken verbreiteten positivistischen Wissenschaftsgläubigkeit entsprangen.[45] Besonders in Frankreich und Italien nahm die autoritär-nationalistische Strömung Elemente des revolutionären Syndikalismus auf und schuf so eine wichtige Voraussetzung für die Herausbildung des Faschismus.[46] Politische Durchschlagskraft gewannen diese neuen Synthesen erst durch den Weltkrieg, der die kriegführenden Staaten an den Rand ihrer materiellen Leistungsfähigkeit führte, die Gesellschaften brutalisierte und Millionen Soldaten das Leben kostete. Aus den Reihen der nicht selten verstümmelt, verroht und innerlich gebrochen nach Hause zurückgekehrten Frontkämpfer rekrutierten

---

41   Vgl. Martin Blinkhorn, Carlism and Crisis in Spain 1931-1939, Cambridge u. a. 1975; Eduardo González Calleja, Hacia una nueva "guerra carlista". In: Julio Aróstegui/Jordi Canal/ders., El carlismo y las guerras carlistas. Hechos, hombres e ideas, Madrid 2003, S. 105-121; Jeremy MacClancy, The Decline of Carlism, Reno/Las Vegas 2000; Stanley Payne, Fascism in Spain 1923-1977, Madison/London 1999, S. 286-288.
42   Vgl. Frédéric Bluche, Le bonapartisme. Aux origines de la droite autoritaire (1800-1850), Paris 1980; Karl Hammer/Peter Claus Hartmann (Hg.), Le bonapartisme. Phénomène historique et mythe politique. Actes du 13e colloque historique franco-allemand de l'Institut Historique Allemand de Paris à Augsbourg du 26 jusqu'au 30 septembre 1975, München 1977; René Rémond, Les droites en France, Paris 1982, S. 99-121.
43   Vgl. Zeev Sternhell, Maurice Barrès et le nationalisme français, Paris 1985 (1972).
44   Vgl. Uwe Puschner/Walter Schmitz/Justus H. Ulbricht (Hg.), Handbuch der „Völkischen Bewegung" 1871-1918, München 1996; Uwe Puschner, Die völkische Bewegung im wilhelminischen Kaiserreich. Sprache - Rasse - Religion, Darmstadt 2001.
45   Vgl. Daniel Gasman, The Scientific Origins of National Socialism, New Brunswick/London 2004 (1971), S. XIX; Michael Schwartz, Sozialistische Eugenik. Eugenische Sozialtechnologien in Debatten und Politik der deutschen Sozialdemokratie, 1890-1933, Bonn 1995; Richard Weikart, Socialist Darwinism. Evolution in German Socialist Thought from Marx to Bernstein, San Francisco 1998.
46   Vgl. Zeev Sternhell, La droite révolutionnaire. Les origines françaises du fascisme 1885-1914, Paris 1978.

sich besonders in Deutschland und Italien militant-nationalistische Formationen, die in paramilitärischen Verbänden gegen die „rote Gefahr" zum Einsatz kamen, sich blutige Auseinandersetzungen mit linksextremen Kampfverbänden lieferten und mit terroristischen Aktionen gegen Systemrepräsentanten in Erscheinung traten.[47] Sie gewannen ihre Identität zu einem Gutteil aus der Abwehr der „roten Bestie",[48] entwickelten neue stilistische und propagandistische Ausdrucksformen, die mit dem „Marsch auf Rom" ins Bewusstsein der Zeitgenossen drangen. Der Faschismus und seine Ableger in anderen europäischen Ländern wurde mit der Verbindung von charismatischem Führerkult und palingenetischem Ultranationalismus[49] trotz der offenkundigen Anleihen bei Sozialismus und revolutionärem Syndikalismus zur Inkarnation einer neuen extremen Rechten.

Angesichts der beidseitigen Bedrohung der neuen wie alten Verfassungsstaaten durch Kommunismus und Faschismus konnte es nicht verwundern, dass die aus dem Liberalismus des 19. Jahrhunderts bekannte Analogisierung von extremer Rechten und Linken eine Renaissance erfuhr und in einer Vielzahl vergleichender Betrachtungen konzeptionell ausgeformt wurde. Als einer der ersten wies der französischen Soziologe Marcel Mauss auf die Bedeutung von Georges Sorels Apologie der gewaltsamen „direkten Aktion" für die sich einer Demobilisierung verweigernden bolschewistischen wie faschistischen „mouvements de troupes"[50] hin. Mit den vergleichenden Termini „Extremismus" und „Totalitarismus" wurden bald nicht nur Gemeinsamkeiten in den politischen Methoden zum Ausdruck gebracht. Charakteristischerweise waren es italienische Antifaschisten (und Antikommunisten), die sich unter dem Eindruck des „Marsches auf Rom" und seiner politischen Konsequenzen dieser Formeln bedienten, sie inhaltlich zu füllen suchten. Mit ihnen ließ sich die aus dem politischen Monopolanspruch resultierende Intoleranz und Unerbittlichkeit des Kampfes gegen politische Kontrahenten und die Verachtung elementarer Regeln im Wechsel politischer Mehrheiten und Minderheiten[51] ebenso hervor-

---

47 Vgl. Dirk Schumann, Politische Gewalt in der Weimarer Republik 1918-1933. Kampf um die Straße und Furcht vor dem Bürgerkrieg, Essen 2001; Andreas Wirsching, Vom Weltkrieg zum Bürgerkrieg? Politischer Extremismus in Deutschland und Frankreich 1918-1933/39. Berlin und Paris im Vergleich, München 1999, S. 478-481.
48 Zitiert nach Sven Reichardt, Faschistische Kampfbünde. Gewalt und Gemeinschaft im italienischen Squadrismus und in der deutschen SA, Köln/Weimar/Wien 2002, S. 619.
49 Vgl. Roger Griffin, The Nature of Fascism, London 1991, S. 26. Zu der von Ernst Nolte (ders., Der Faschismus in seiner Epoche. Die Action française - Der italienische Faschismus - Der Nationalsozialismus, 5. Auflage München/Zürich 1979 [1963], S. 51) angestoßenen Diskussion siehe Roger Eatwell, Zur Natur des „generischen Faschismus". In: Uwe Backes (Hg.), Rechtsextreme Ideologien in Geschichte und Gegenwart, Köln/Weimar/Wien 2003, S. 93-122, mit weiteren Literaturangaben.
50 Marcel Mauss, Fascisme et bolchevisme. Réflexions sur la violence. In: La Vie socialiste vom 3. Febr. 1923, S. 1. Wiederabdruck in: ders., Écrits politiques, textes réunis et présentés par Marcel Fournier, Paris 1997, S. 509-513, hier 511.
51 Vgl. Giovanni Amendola, Maggioranza e minoranza. In: Il Mondo vom 12. Mai 1923. Wiederabdruck in: ders., La democrazia italiana contro il fascismo, 1922-1924, Mai-

heben wie die schroffe Frontstellung kommunistischer und faschistischer Doktrinen gegenüber einem an Personalität, Pluralität, Toleranz und Kompromissfähigkeit orientierten „centrismo".[52]

Diese Konzeptbildung geschah angesichts „unziviler", illiberaler, militanter Bewegungen, die Verfassungsstaaten stürzten und in bestandskräftigeren Demokratien zeitweise bürgerkriegsähnliche Zustände hervorriefen. Sie vollzog sich aber doch auch lange bevor sich die schlimmsten Exzesse von Repression und Gewalt (Lager, Krieg gegen das eigene Volk,[53] Terror, Massenmord, Genozid) ereigneten und für jeden unübersehbar den Kulturbruch gegenüber allen abendländischen Traditionen markierten, die auf Konfliktregulierung, Gewalteindämmung, Machtkontrolle, Freiheitssicherung und Humanisierung zielten. Die traumatischen Erfahrungen mit Nationalsozialismus und Kommunismus bestimmten die Auseinandersetzungen der Nachkriegsjahrzehnte. Mehr noch als der Extremismusbegriff erlangte der strukturell ähnliche Totalitarismusbegriff in der Hochphase des Kalten Krieges eine zentrale Funktion bei der Deutung der ideologischen Ost-West-Konfrontation.[54]

US-amerikanische Wissenschaftler, die in dieser Zeit auf das Extremismuskonzept zurückgriffen, sahen in der Ablehnung des Pluralismus den gemeinsamen Nenner zwischen den extremen Ideologien und Bewegungen.[55] Faschismus und Kommunismus blieben dabei lange Zeit die zentralen ideologischen Bezugsgrößen.[56] Nicht-faschistische und nicht-sowjetkommunistische Varianten der extremen Rechten und Linken gewannen indes insofern an Relevanz, als intellektuelle Erneuerungsbemühungen an beiden Flügeln des politischen

  land/Neapel 1960, S. 102–106, hier 102 („sistema totalitario"). Siehe zur Begriffsgeschichte ausführlich: Jens Petersen, Die Entstehung des Totalitarismusbegriffs in Italien. In: Eckhard Jesse (Hg.), Totalitarismus im 20. Jahrhundert. Eine Bilanz der internationalen Forschung, 2. erweiterte Auflage Baden-Baden 1999, S. 95–117.
52 Vgl. Luigi Sturzo, Il nostro „centrismo". In: Il Popolo Nuovo (Rom) vom 26. Aug. 1923. Wiederabdruck in: ders., Il Partito Popolare Italiano, Band 2: Popolarismo e Fascismo, Turin 1924, S. 241–248.
53 Vgl. Nicolas Werth, Ein Staat gegen sein Volk. Das Schwarzbuch des Kommunismus – Sowjetunion, München/Zürich 2005.
54 Vgl. zur intellektuellen Geschichte dieser Konzepte vor allem: Abbott Gleason, Totalitarianism. The Inner History of the Cold War, New York/Oxford 1995; Marc-Pierre Möll, Gesellschaft und totalitäre Ordnung. Eine theoriegeschichtliche Auseinandersetzung mit dem Totalitarismus, Baden-Baden 1998.
55 Siehe vor allem: Edward Shils, The Torment of Secrecy. The Background and Consequences of American Security Policies, Melbourne u. a. 1956; Seymour M. Lipset, Political Man. The Social Basis of Politics, New York 1960; ders./Earl Raab, The Politics of Unreason. Right-Wing Extremism in America, 1790–1977, 2. Auflage Chicago/London 1978 (1970).
56 Vgl. zur wechselseitigen Beeinflussung dieser Ideologien vor allem: Karl Dietrich Bracher, Zeit der Ideologien. Eine Geschichte des politischen Denkens im 20. Jahrhundert, Stuttgart 1982; François Furet, Das Ende der Illusion. Der Kommunismus im 20. Jahrhundert, München/Zürich 1996; Ernst Nolte, Der europäische Bürgerkrieg 1917–1945. Nationalsozialismus und Bolschewismus, Berlin/Frankfurt a. M. 1993; Friedrich Pohlmann, Marxismus – Leninismus – Kommunismus – Faschismus. Aufsätze zur Ideologie und Herrschaftsstruktur der totalitären Diktaturen, Pfaffenweiler 1995.

Spektrums auf „unbelastete" Traditionselemente zurückzugreifen suchten. So bediente man sich auf der einen Seite zum Teil leninismuskritischer (wie Trotzkismus, Luxemburgismus, Gramscismus, Titoismus, Castrismus) oder anarchistischer/anarcho-syndikalistischer Ansätze,[57] auf der anderen der Ideen eines autoritär-antiliberalen Konservatismus, des frühen Faschismus, des „linken" Nationalsozialismus oder der – buntschillernden – deutschen „Konservativen Revolution".[58] Die am Gleichheitsprinzip ausgerichtete traditionelle Dichotomie von „Rechts-" und „Linksextremismus" ist allerdings weder durch die Innovationsbemühungen der so genannten „Neuen Rechten" und „Neuen Linken", noch durch ideologische Fusionen mit radikal-ökologischen oder radikal-feministischen Ideen grundsätzlich in Frage gestellt worden. Dies geschah erst durch die Renaissance religiöser Heilslehren mit umfassendem und exklusivem politischen Gestaltungsanspruch, die sich nicht so sehr an der Gleichheitsfrage als vielmehr am Verhältnis zwischen Staat und Kirche entzünden. Die Diskussionen um diese Problematik, insbesondere seit der islamischen Revolution im Iran 1979 und verstärkt wieder nach den Anschlägen des 11. September 2001 in den USA, bedienten sich indes vorwiegend des Rubrums „Fundamentalismus".[59]

---

[57] Siehe zur Ideologiegeschichte des Marxismus und Anarchismus im 20. Jahrhundert vor allem: Leszek Kolakowski, Die Hauptströmungen des Marxismus, Band 3, 2. überarb. Auflage München 1981 (1979); Peter Lösche, Anarchismus, Darmstadt 1977; Franz Neumann, Anarchismus. In: ders. (Hg.), Handbuch politischer Theorien und Ideologien, Reinbek bei Hamburg 1983, S. 222–294.

[58] Differenzierte Auseinandersetzungen mit dieser Ideologiegeschichte finden sich bei: Franz Greß/Hans-Gerd Jaschke/Klaus Schönekäs, Neue Rechte und Rechtsextremismus in Europa. Bundesrepublik, Frankreich, Großbritannien, Opladen 1990. Zur geistigen Physiognomie des Neuen Nationalismus in Deutschland siehe vor allem: Stefan Breuer, Grundpositionen der deutschen Rechten, Tübingen 1999.

[59] Christian J. Jäggi/David J. Krieger, Fundamentalismus. Ein Phänomen der Gegenwart, Zürich/Wiesbaden 1991; Hans-Gerd Jaschke, Fundamentalismus in Deutschland. Gottesstreiter und politische Extremisten bedrohen die Gesellschaft, Hamburg 1998; Martin E. Marty/R. Scott Appleby, Herausforderung Fundamentalismus. Radikale Christen, Moslems und Juden im Kampf gegen die Moderne, Frankfurt a. M./New York 1996; Thomas Meyer, Fundamentalismus. Aufstand gegen die Moderne, Reinbek 1989; Stephan H. Pfürtner, Fundamentalismus. Die Flucht ins Radikale, Freiburg i. Brsg. 1991; Martin Riesebrodt, Fundamentalismus als patriarchalische Protestbewegung, Tübingen 1990; Bassam Tibi, Islamischer Fundamentalismus, moderne Wissenschaft und Technologie, Frankfurt a. M. 1992.

III. Strukturen und Inhalte des Begriffs

Wer die Begriffsgeschichte der politischen „Extreme" und des „Extremismus" Revue passieren lässt, vermag eine Reihe struktureller Merkmale zu benennen. „Extrem" und „Extremismus" bezeichnen ein *Äußerstes*. Über das Extrem hinaus gibt es nichts mehr; Extreme sind nicht steigerbar, verkörpern etwas Unüberbietbares, Unüberschreitbares. Die Aussage „A ist extremer als B" widerspricht somit der dem Begriff innewohnenden Logik.

Extreme kann man sich räumlich als Enden einer Strecke, ebenso gut aber als Grenzlinie einer kreisförmigen Fläche oder gar als Oberfläche einer Kugel denken. Ob in ein-, zwei- oder dreidimensionaler Betrachtung: In allen diesen Fällen lässt sich eine „Mitte" bestimmen, die von den Extrempunkten gleich weit entfernt ist. Das Prinzip der *Äquidistanz* ist also dem Bild von der Mitte und den Extremen inhärent.

Die Mitte kann als Gegensatz zu den Extremen gelten. Mitte und Extreme stehen dann in einem *antithetischen* Verhältnis zueinander. In der aristotelischen Tradition bildet die Mitte zugleich einen Punkt des Ausgleiches zwischen dem Zuviel und dem Zuwenig zweier polar angeordneter Extreme. Die Mitte, oft mit der Gleichgewichts- und Waagemetapher verknüpft, verkörpert das Prinzip der *Mäßigung*. In der Tugendlehre steht die Mitte für ein sittlich angemessenes Verhalten, das weder über- noch untertreibt, weder über das Gebotene hinausschießt, noch weit hinter ihm zurückbleibt. Maßvolles, tugendhaftes Leben bedingt menschliches Glück.

In der Politik hat Aristoteles das Bild von der Mitte und den Extremen auf die Staatsformenlehre übertragen. Der Mitte entspricht hier die *Politie*, die nach aller Erfahrung unter der Bedingung des Menschenmöglichen beste Verfassung. Sie schafft eine feste Grundlage für das erfolgreiche Streben nach Tugendhaftigkeit und Glückseligkeit. In ihr sind Grundprinzipien und Bestandteile verschiedener Staatsformen, insbesondere der Oligarchie und der Demokratie, in einer Weise gemischt, dass die mittleren Schichten dominieren, das Miteinander einer Vielheit sozialer Kräfte ermöglicht und der Interessenausgleich institutionell kanalisiert wird.

Mit seiner Beschreibung und Empfehlung der Politie, der Mischverfassung, hat Aristoteles maßgeblich zur Begründung der abendländischen Verfassungsstaatstradition beigetragen.[60] Das Bild von der Mitte und den Extremen war über Jahrhunderte eng damit verknüpft. Die Extreme korrespondieren als Inbegriff des unbedingt Abzulehnenden mit negativen Verfassungsbegriffen wie

---

60 Dolf Sternberger bemerkt gar: „Jegliches Verständnis des Verfassungsstaates, aller ‚Konstitutionalismus', wie die Angelsachsen sagen, auch der spätmittelalterliche und der neuzeitliche, ist aus aristotelischer Wurzel erwachsen." Ders., Drei Wurzeln der Politik, Frankfurt a. M. 1984 (1978), S. 105.

"Tyrannis" oder "Despotie", die pejorativ konnotiert sind und eine Abwehrhaltung zum Ausdruck bringen.[61]

Negative Verfassungsbegriffe sind zumeist Fremdbezeichnungen, d. h. sie dienen zur Etikettierung von politischen Meinungen, Handlungsformen und Akteuren, von denen man sich scharf abgrenzt. Auf diese Weise entsteht das, was Reinhart Koselleck eine "asymmetrische" Sprachsituation genannt hat:[62] Die Bezeichneten können es zumeist nicht hinnehmen, dass sie auf diese Weise etikettiert werden. Sie distanzieren sich von der Fremdbezeichnung, bezweifeln die Tragfähigkeit ihres Inhalts, streichen ihren denunziatorischen Charakter heraus und bestreiten ihre wissenschaftliche Begründungsfähigkeit. Dies erklärt u. a. die Umstrittenheit negativ-antithetischer Verfassungsbegriffe. Gelegentlich verkehren die Etikettierten den Sinn des Etiketts ins Gegenteil. Aus einer negativen Fremdbezeichnung wird dann eine positive Selbstbezeichnung. Oder sie drehen den Spieß um und wenden die negative Fremdbezeichnung ihrerseits auf den politischen Gegner an. Die Strategie der Wiederherstellung von Symmetrie in der Sprachsituation hat indes nur dann Aussicht auf Erfolg, wenn die Bezeichneten oder Bezeichnenden über gesellschaftliche Definitionsmacht verfügen.

Die Begriffsgeschichte der "Extreme" und des "Extremismus" belegt deren Variabilität und Kontextabhängigkeit, die im äußersten Fall so weit führen kann, dass als Ausdruck einer "goldenen Mitte" gilt, was zuvor als extrem bekämpft worden war. Die an das Bild von der Mitte und den Extremen geknüpften Inhalte waren häufigen Veränderungen unterworfen und umfassen schon deshalb widersprüchliche Ideen und Anschauungen, weil die politischen Kontrahenten den auf sie gemünzten Begriff zuweilen aufgreifen und mit anderen Bedeutungen füllen.

In der für die historische Ausformung des Verfassungsstaates wirkungsmächtigen aristotelischen Tradition drückt das Bild von der Mitte und den Extremen indes keine solche Beliebigkeit aus. Die Substanz des Extremen entspringt einem Konsens über das unbedingt Abzulehnende. Der Konsens in der Negation verengt das Spektrum der als legitim geltenden Wahlmöglichkeiten, lässt aber zahlreiche Wege zum als gut erachteten Ziel zu. Der Inhalt des Konsenses über das unbedingt Abzulehnende läßt sich auf vier Punkte bringen: 1. *Plu-*

---

61 Im Gegensatz zur Begriffsgeschichte der Extreme ist die der "Tyrannis" und "Despotie" gut erforscht. Vgl. nur Hella Mandt, Art. "Tyrannis, Despotie". In: Otto Brunner/Werner Conze/Reinhart Koselleck (Hg.), Geschichtliche Grundbegriffe. Historisches Lexikon zur politisch-sozialen Sprache in Deutschland, Band 6, Stuttgart 1990, S. 651–706; dies., Das klassische Verständnis: Tyrannis und Despotie. In: Hans Maier (Hg.), Totalitarismus und Politische Religionen. Konzepte des Diktaturvergleichs, Band III: Deutungsgeschichte und Theorie, Paderborn u. a. 2003, S. 29–106; Mario Turchetti, Tyrannie et tyrannicide de l'Antiquité à nos jours, Paris 2001.
62 Vgl. Reinhart Koselleck, Vergangene Zukunft, Frankfurt a. M. 1979, S. 211–259. Siehe auch Melvin Richter, Aristoteles und der klassische griechische Begriff der Despotie. In: Hans Maier u. a. (Hg.), Politik, Philosophie, Praxis. Festschrift für Wilhelm Hennis zum 65. Geburtstag, Stuttgart 1988, S. 21–37, hier 24.

ralismus statt Monismus: Der Staat vereint eine Vielheit von Menschen und Menschengruppen, deren Interessen und Anschauungen verschieden, aber gleichermaßen legitim sind. Er kann also weder in seinem institutionellen Aufbau noch in seinen Kommunikations- und Entscheidungsprozessen ausschließlich nach den Maximen eines Einzelnen oder einer Gruppe geformt sein. 2. *Gemeinwohlorientierung* statt egoistischer Interessenwahrnehmung: Eine legitime Ordnung muß der Idee des Gemeinwohls verpflichtet sein. Unter der Bedingung einer Pluralität Gleichrangiger sind also verschiedene Interessen und Anschauungen zu berücksichtigen. 3. *Gesetzesstaat* statt Willkürstaat: Eine politische Ordnung muss Regeln vorsehen, die von allen, auch den jeweils Regierenden, zu beachten sind. Ohne ein gewaltenkontrollierendes Institutionengefüge ist dies nicht dauerhaft zu gewährleisten. Und schließlich 4. *Selbstbestimmung* statt Fremdbestimmung: Entscheidungen sind nur dann anerkennungswürdig, wenn zumindest eine faire Chance bestand, sich an deren Zustandekommen zu beteiligen. Das politische System muss mithin Verfahren für den kontrollierten Konfliktaustrag und einen unter Pluralitätsbedingungen organisierten Willensbildungs- und Entscheidungsprozess nach den sich jeweils ergebenden Mehrheiten vorsehen.

IV. Extremismus als wissenschaftliches Konzept

Wie die Begriffsgeschichte lehrt, muss, wer von „Extremen" oder „Extremismus" im Rahmen einer wissenschaftlichen Terminologie sprechen will, die Begriffe bis zu einem gewissen Grad dekontextualisieren, von ihren changierenden historischen Inhalten ablösen – es sei denn, er erklärte die Relativität zum zentralen Inhalt. Dies widerspräche indes ihrer begriffsgeschichtlichen Tradition als Gegenpole einer politischen „Mitte", die durch „Mischung" von Verfassungselementen Gewaltenstreuung und sozialen Interessenausgleich bewirkt. Die meisten Schlüsselbegriffe der historisch-politischen Sprache sind in unterschiedlichen Kontexten verwendet, von diversen politischen Strömungen vereinnahmt und für politische Auseinandersetzungen instrumentalisiert worden. Doch käme kaum jemand auf die Idee, das Wort „Demokratie" deshalb preiszugeben, weil es in so vielen begriffshistorischen Bedeutungen schillert. Wenn für alle missbrauchten Worte neue Wendungen erfunden werden müssten, entstünde eine für Uneingeweihte rätselhafte, artifizielle Sprache, die mehr als Kommunikationsbarriere denn als Kommunikationsmittel diente. So führt kein Weg daran vorbei, Begriffe mit bunt schillernden historisch-politischen Inhalten so zu definieren, dass sie dem verbreiteten Verständnis weitestgehend Rechnung tragen und zugleich hohe Trennschärfe gewinnen.

Angesichts der herausragenden Bedeutung des aristotelischen Erbes für die Geschichte des abendländischen Konstitutionalismus liegt es nahe, „Extremismus" als *Antithese des Verfassungsstaates* zu bestimmen. Eine Dichotomie Extremismus/Verfassungsstaat ergänzt das Begriffspaar Autokratie/Verfassungsstaat, das einer der Pioniere der Extremismus- und vergleichenden Systemforschung, Karl Loewenstein, terminologisch entfaltet hat.[63] Zentrales Unterscheidungskriterium ist Teilung und Kontrolle der Macht. Extremismus wäre demnach das *Streben nach „Autokratie"* (oder „Diktatur") im Sinne der Konzentration und mangelnden Kontrolle staatlicher Gewalt.

Verfassungsstaat und Extremismus lassen sich aber nicht nur auf der Ebene des staatlichen Institutionengefüges, sondern auch anhand der Struktur und Organisation des Machtprozesses bestimmen. Die bekannte Minimaldefinition des Verfassungsstaates von Robert A. Dahl bestimmt diesen als „Polyarchie", als ein System, in dem ein Wettbewerb um Einfluss, Macht und Ämter mit friedlichen Mitteln ausgetragen wird.[64] Ein solches System setzt die Existenz mehrerer, miteinander konkurrierender Parteien und Interessengruppen (Pluralismus), die Legitimität politischer Opposition, institutionelle Mechanismen zur Regelung des Wechselspiels von Mehrheiten und Minderheiten (wie Wahlen und Parlamente) und die Geltung einer Reihe fundamentaler Freiheitsverbriefungen der Bürger gegen Übergriffe der Staatsgewalt wie auch zur Teilhabe (Partizipation) an den politischen Angelegenheiten (wie Meinungs-, Vereinigungs-, Versammlungsfreiheit) voraus. Machtkontrolle und Polyarchie/Pluralismus bedingen einander wechselseitig. Ohne ein funktionierendes, gewaltenbalancierendes Institutionengefüge gibt es keinen auf Vielfalt basierenden Willensbildungs- und Entscheidungsprozess, kann Konkurrenz nicht friedlich ausgetragen werden. *Extremismus zielt demgegenüber auf „Monismus" und „Monokratie"* im Sinne der Durchsetzung eines gebündelten Machtanspruchs, der Konkurrenz nach Möglichkeit ausschaltet, politische Vielfalt und Opposition nicht duldet, jedenfalls unschädlich zu machen sucht, politischen Wechsel unterbindet, autonomes Engagement von Gruppen und Einzelpersonen zumindest dann behindert und unterdrückt, wenn es den Ambitionen der Machthaber im Wege steht. Der Bürger wird zum Untertan.

Extremismus als Antithese des Verfassungsstaates lässt sich über die institutionelle und politisch-prozedurale Ebene hinaus auch über die Struktur des gesellschaftlichen Kommunikationsprozesses näher bestimmen. Während der Verfassungsstaat dem „forum type" entspricht, wo mithin Staatsfragen als öffentliche Anliegen gelten, die im Austausch verschiedener Meinungen, auf einem „Marktplatz politischer Ideen", in Debatte und Beratung, argumentativ und diskursiv, transparent, für jeden zugänglich und einsehbar erörtert werden, *zielt Extremismus auf den „palace type",*[65] wo Nichtöffentlichkeit in Staatsange-

---

63 Vgl. Karl Loewenstein, Verfassungslehre, 2. Auflage Tübingen 1969, S. 26-29. Siehe dazu auch: Robert Chr. van Ooyen, Ein moderner Klassiker der Verfassungstheorie: Karl Loewenstein. In: Zeitschrift für Politik, 51 (2004), S. 68-86.
64 Vgl. Robert A. Dahl, Polyarchy. Participation and Opposition, New Haven/London 1971, S. 5. Siehe dazu auch: Wolfgang Merkel, Systemtransformation, Opladen 1999, S. 31-34.
65 So die Unterscheidung von: Samuel E. Finer, The History of Government. From the Earliest Times, Band III: Empires, Monarchies, and the Modern State, Oxford 1999, S. 1567 f.

legenheiten die Regel ist, Mitsprache und Diskussion unerwünscht sind und die Herrschaftsstrategie auf die sorgfältige Bewahrung der „arcana imperii" angewiesen ist, die hinter den Mauern der Schaltzentralen abhörsicher und nur für kleine, ausgewählte Kreise zugänglich sind.

Mit dem Streben nach Gewaltenkonzentration, nach monistischer Uniformisierung und Abschließung der Meinungsbildungs- und Entscheidungsprozesse untergraben Extremismen nicht nur die *Bürgerfreiheit*: Sie unterminieren auch die *Bürgergleichheit* im Sinne der altgriechischen *Isonomie* und *Isegorie*, also der Gleichheit vor dem Gesetz, der Gleichberechtigung und dem Recht der freien Rede und Stellungnahme in die Allgemeinheit betreffenden Angelegenheiten.[66] Extremismus zielt demnach – zumindest in seiner Wirkung (nicht unbedingt in seinen Intentionen) – auf die *Hierarchisierung* von Regierenden und Regierten, Herrschenden und Beherrschten. Dem entspricht ein pyramidaler Aufbau der Herrschaftsorganisation.

Im modernen Verfassungsstaat, der sich im Gefolge der Revolutionen in Amerika und Frankreich entwickelt hat, ist das Prinzip der Gleichheit gegenüber dem älteren Konstitutionalismus noch stärker zur Geltung gekommen. Die Gruppe der Vollbürger wurde schrittweise auf alle erwachsenen Staatsangehörigen ausgeweitet. Das Ethos fundamentaler Menschengleichheit, aus antiken Quellen (insbesondere der Stoa) entsprungen, von Christentum, Humanismus und Aufklärung kanalisiert, hat die noch für Aristoteles selbstverständliche kategoriale Ungleichbehandlung von Frauen, Sklaven, Fremden allmählich überwunden und den Verfassungsstaat auf eine breite Volksbasis gestellt. Im alten Sinne lassen sich Extremismen daher durch die *Negation jeglicher Bürgergleichheit*, im modernen Sinne durch die *Negation des Ethos fundamentaler Menschengleichheit* bestimmen.

Allerdings wird damit eine Dimension von „Extremismus" eingeführt, die man von der Gegnerschaft zu grundlegenden Prinzipien des Verfassungsstaates analytisch unterscheiden sollte. Wird die eine Dimension *Antikonstitutionalismus* genannt, lässt sich die andere als *Antidemokratismus* bezeichnen. Das Attribut *antidemokratisch* erfasst in dieser Bedeutung nur die Ablehnung eines Egalitätsprinzips, nämlich des Ethos fundamentaler Menschengleichheit, erstreckt sich also nicht auf Aspekte, die oft stillschweigend mitgemeint sind, wenn von antidemokratisch im Sinne einer Ablehnung aller Grundprinzipien der (freiheitlichen, konstitutionellen, rechtsstaatlichen) Demokratie die Rede ist. Schließlich muss man sich vor Augen halten, dass unterschiedliche Theorietraditionen in den modernen Verfassungsstaat eingeflossen sind. Er bildet daher keine fugenlose Einheit, sondern lässt sich angemessen nur als spannungsreiche Synthese, als *complexio oppositorum* beschreiben.[67]

66 Vgl. Jochen Bleicken, Die athenische Demokratie, 2. Auflage Paderborn u. a. 1994, S. 289 ff.
67 Vgl. etwa Werner Kägi, Rechtsstaat und Demokratie. Antinomie und Synthese. In: Ulrich Matz (Hg.), Grundprobleme der Demokratie, Darmstadt 1973, S. 107–146; Peter Graf Kielmansegg, Die „Quadratur des Zirkels". Überlegungen zum Charakter

Carl J. Friedrich hat die Entstehung des modernen Verfassungsstaates als einen Prozess des Zusammenwachsens von Demokratie (im Sinne von Gleichheit und Volkssouveränität) und Konstitutionalismus (Pluralität sicherndes, machtkontrollierendes Institutionengefüge) beschrieben.[68] Für eine Extremismusdefinition erwächst aus dieser analytischen Unterscheidung allerdings ein Problem. Ist die Kombination von Antikonstitutionalismus und Antidemokratismus eine notwendige Bedingung, um von Extremismus zu sprechen? Oder reicht eine der beiden Dimensionen aus? Theoretisch lassen sich die beiden Dimensionen zu drei idealtypischen Formen kombinieren. Zu unterscheiden wäre demnach zwischen *demokratischem Antikonstitutionalismus, konstitutionellem Antidemokratismus* und *antikonstitutionellem Antidemokratismus* (bzw. antidemokratischem Antikonstitutionalismus; Typ 4, demokratischer Konstitutionalismus, bildet die Antithese der drei anderen). Die erste Form stünde für eine Ideologie/ Bewegung, die das Ethos fundamentaler Menschengleichheit bejaht, das gewaltenkontrollierende Gefüge des Verfassungsstaates jedoch ablehnt. Dies dürfte auf alle kommunistischen und anarchistischen Doktrinen zutreffen, sofern man ihr radikal-egalitäres Selbstverständnis ernst nimmt. Die zweite Form träfe auf die Politie des Aristoteles zu, ein Verfassungsstaat auf der Grundlage der Sklaverei – ein Muster, das sich noch in vielen nordamerikanischen Republiken der Gründerzeit findet und die innenpolitischen Auseinandersetzungen der USA bis weit ins 20. Jahrhundert hinein geprägt hat. Für die Gegenwart denkt man an Anhänger einer Apartheid auf konstitutioneller Grundlage (wie im früheren Südafrika). Die dritte Form findet sich in Hitlers Weltanschauung und der anderer führender Nationalsozialisten: die radikale Negation des Ethos fundamentaler Menschengleichheit zugunsten eines völkischen Rassismus, verbunden mit der Propagierung des totalen Führerstaates, der das liberale System in einem Prozess der „Gleichschaltung" beseitigt.[69]

---

der repräsentativen Demokratie. In: Ulrich Matz (Hg.), Aktuelle Herausforderungen der repräsentativen Demokratie, Köln u. a. 1985, S. 9–41; Heinz Laufer, Die Widersprüche im freiheitlichen demokratischen System oder Die Demokratie als eine coincidentia oppositorum. In: Leonart Reinisch (Hg.), Freiheit & Gleichheit oder Die Quadratur des Kreises, München 1974, S. 15–26.
68 Vgl. Carl J. Friedrich, Der Verfassungsstaat der Neuzeit, Berlin (West)/Göttingen/Heidelberg 1953, S. 33.
69 Beide Elemente sind zentral, auch wenn die ideologischen Konzepte der NS-Führung weit heterogener und erheblich weniger ausformuliert waren als das Ideengebäude des Marxismus-Leninismus. Siehe vor allem: Josef Ackermann, Heinrich Himmler als Ideologe, Göttingen/Zürich/Frankfurt a. M. 1970; Claus-Ekkehard Bärsch, Die politische Religion des Nationalsozialismus. Die religiöse Dimension der NS-Ideologie in den Schriften von Dietrich Eckart, Joseph Goebbels, Alfred Rosenberg und Adolf Hitler, München 1998; Ulrich Höver, Joseph Goebbels. Ein nationaler Sozialist, Bonn/Berlin 1992; Frank-Lothar Kroll, Utopie als Ideologie. Geschichtsdenken und politisches Handeln im Dritten Reich, 2. Auflage Paderborn u. a. 1999; Enrico Syring, Hitler. Seine politische Utopie, Berlin/Frankfurt a. M. 1994; Barbara Zehnpfennig, Hitlers „Mein Kampf". Eine Interpretation, München 2000; Rainer Zitelmann, Hitler. Selbstverständnis eines Revolutionärs, 2. überarb. und ergänzte Auflage Stuttgart 1989.

Reservierte man „Extremismus" für die Kombination beider Dimensionen, schlösse man Ideologien/Bewegungen aus dem Definitionsbereich aus, die auf die Destruktion des Verfassungsstaates oder auf Exklusion von Bevölkerungsteilen aus wesentlichen grundrechtlichen Schutzbereichen zielen. Für eine historische Betrachtung zur Herausbildung demokratischer Verfassungsstaaten (den Prozess der Demokratisierung des konstitutionellen Staates) und ihrer politischen Antipoden ist es höchst bedeutsam, beide Dimensionen zu trennen. Ihre Unterscheidung ist auch für die Gegenwartsanalyse von großer Bedeutung. Aber es widerspräche doch weitgehend dem heutigen Verständnis, wollte man „Extremismus" für die Kombination von Demokratie- und Konstitutionalismusfeindschaft reservieren.

Eine Extremismusdefinition, die nur eine der beiden Dimensionen verlangt, hat indes ihren Preis. Im strengen Sinne handelt es sich nämlich nicht mehr um ein ausschließlich antithetisches Verhältnis, sobald nur eine der beiden Dimensionen vorliegt, Antidemokratismus also mit konstitutionellen Orientierungen oder – umgekehrt – Antikonstitutionalismus mit demokratischen Werten verknüpft ist. Firmieren solche ideologischen Verbindungen als „Extremismus", handelt es sich auch nicht mehr um ein Äußerstes, Unüberbietbares. Vielmehr rücken die jeweiligen Überzeugungssysteme auf der „Freiheitsachse" zwischen einer gedachten Mitte und den Extremen ein Stück in Richtung Mitte. Auf diese Weise entsteht ein politischer Raum, in dem zwischen extremen und „extremeren" (oder „weicheren" und „härteren") Formen zu unterscheiden ist – eigentlich eine contradictio in adjecto.

Wer dennoch an der Definition von Extremismus im Sinne des Vorliegens nur einer der beiden Dimensionen festhält, muss sich dieser Problematik bewusst sein und ihr bei der Analyse politischer Ideologien Rechnung tragen. Ohnehin lassen sich die Dimensionen „Antidemokratismus" und „Antikonstitutionalismus" nochmals untergliedern. So könnten beim „Antikonstitutionalismus" weitere Teilbereiche wie Antiparlamentarismus, Antiliberalismus (im Sinne der Beschränkung oder Suspendierung von Freiheitsrechten) oder Antipluralismus (wie Antiparteienaffekte, Interessengruppen-Prüderie) benannt werden. Beim Antidemokratismus wäre etwa zwischen einem Antiegalitarismus mit Blick auf einzelne Freiheitsrechte (z. B. Diskriminierung von Bevölkerungsgruppen) und dem Verhältnis zur Idee der Volkssouveränität zu unterscheiden. Eine Extremismusdefinition sollte in jedem Fall so gefasst sein, dass die Negation zumindest einer Dimension, ohne die der demokratische Verfassungsstaat seinen Namen nicht verdiente, zur Bedingung gemacht wird. Dazu zählen das Ethos fundamentaler Menschengleichheit als Wertgrundlage ebenso wie der politische Pluralismus von Parteien und Verbänden, die Legitimität politischer Opposition, die Abhaltung periodischer Wahlen (bei denen die üblichen Grundsätze eines demokratischen Wahlrechts gelten) sowie eine Reihe unverzichtbarer Grundrechte (wie Meinungsfreiheit, Vereinigungsfreiheit, Versammlungsfreiheit) und deren Gewährleistung durch ein gewaltenbalancierendes Institutionengefüge (u. a. Rechtmäßigkeit der Regierung, parlamentarische Kontrolle, Unabhängigkeit der Justiz).

Wenn man vom Gegensatzpaar Verfassungsstaat/Autokratie ausgeht, lässt sich Extremismus als *Ablehnung des (demokratischen) Verfassungsstaates*, ebenso aber auch als *Streben nach Autokratie* definieren. Wie die Geschichte der extremen Ideologien zeigt, sind deren Inhalte und Ziele zwar oft grundverschieden (daher die verbreitete Unterteilung in Rechts- und Linksextremismus), doch lassen sich Gemeinsamkeiten in ihrer gedanklichen Morphologie erkennen, die autokratische Lösungen begünstigen. Der Drang zur Monokratie/Gewaltenkonzentration und zum Monismus wird durch einen *exklusiven Wahrheits-, Deutungs- und Gestaltungsanspruch* hervorgerufen, der sich auf „höhere Einsichten", „unanfechtbare Autoritäten" und/oder die Kenntnis der „Gesetze der Geschichte" (Historizismus)[70] beruft und daher „Koexistenzunfähigkeit" begründet,[71] die eine Anerkennung konkurrierender Entwürfe verhindert. Die Pluralität der Meinungen, Interessen und Lebensentwürfe stört aus dieser Sicht Einheit, Eintracht und Harmonie. Extremistisches Denken lässt sich sozialpsychologisch als Folge von Ambiguitätsintoleranz interpretieren,[72] der Weigerung, die Heterogenität und Vieldeutigkeit der Welt, die Kompliziertheit der Lebensverhältnisse und die Konflikthaftigkeit der Gesellschaft als Tatsachen anzuerkennen und konstruktiv umzusetzen.[73]

Wer die denkstrukturellen Besonderheiten jener Ideologien betrachtet, die historisch im Wesentlichen als Gegenströmungen zum Projekt des Verfassungsstaates gelten müssen, wird leicht feststellen, dass diese sich nicht auf eine Seite des politischen Spektrums beschränken, vielmehr „rechts" wie „links" zu finden sind. Die Unterscheidung zwischen Extremismus/Autokratie und Verfassungsstaat orientiert sich am Prinzip der (individuellen) Freiheit, die zwischen „rechts" und „links" am Prinzip der Gleichheit. Wie der Turiner Rechtsphilosoph Norberto Bobbio gezeigt hat, laufen beide Dimensionen nicht parallel, sondern überschneiden sich.[74] Neben einer gemäßigten, verfassungsstaatlich orientierten Rechten und Linken gibt es demnach auch eine extreme, autokratische Herrschaftsformen begünstigende Rechte und Linke. In der Ge-

---

70 Vgl. Karl Popper, Das Elend des Historizismus, 5. verbesserte Auflage Tübingen 1979 (1965).
71 Von „ideologiepolitisch koexistenzunfähigen Geltungsansprüchen" spricht: Hermann Lübbe, Heilsmythen nach der Aufklärung. Geschichtsphilosophie als Selbstermächtigungsideologie. In: Jacob Taubes (Hg.), Religionstheorie und Politische Theologie, Band 3: Theokratie, München u. a. 1987, S. 279–292, hier 286.
72 Siehe dazu Jack Reis, Ambiguitätstoleranz. Beiträge zur Entwicklung der Persönlichkeitskonstruktion, Heidelberg 1997.
73 Vgl. auch Kurt Salamun, Demokratische Kultur und anti-demokratisches Denken. Vorbemerkungen zur demokratischen Kultur. In: ders. (Hg.), Geistige Tendenzen der Zeit. Perspektiven der Weltanschauungstheorie und Kulturphilosophie, Frankfurt a. M. u. a. 1996, S. 151–165, hier 154.
74 Vgl. Norberto Bobbio, Rechts und Links. Gründe und Bedeutung einer politischen Unterscheidung, Berlin 1994, S. 76.

stalt des politisch-religiösen Fundamentalismus treten überdies Doktrinen in Erscheinung, die auf der Rechts-Links-Achse nicht eindeutig zu verorten sind, weil sie einer anderen Konfliktlinie (der Frage nach dem Verhältnis zwischen Religion und Staat) folgen.[75] Ohnehin ist die Bedeutung der Rechts-Links-Unterscheidung wegen der wechselseitigen Beeinflussung und Durchdringung der Ideologien zu relativieren.

Eine Definition von Extremismus im Sinne der Ablehnung grundlegender Werte und Spielregeln des demokratischen Verfassungsstaates läuft keineswegs darauf hinaus, Extremismus lediglich als Konsequenz von Negationen und Reaktionen zu sehen. Ein Blick in die Geschichte lehrt, dass Verfassungsstaaten erst mehrere Tausend Jahre nach der Entstehung der ersten Hochkulturen an den Ufern der großen Ströme Euphrat, Tigris und Nil entstanden sind. Ein auf Gewaltenkonzentration, Monismus, Monokratie zielendes Denken kann sich somit auf „ältere Rechte" berufen und zudem auf die weltweite Dominanz nicht-konstitutioneller Formen der Staatlichkeit über viele Jahrhunderte hinweg verweisen. Daher war es so abwegig nicht, wenn eine der aufwändigsten intellektuellen Unternehmungen im Zeitalter der revolutionären Umbrüche in Amerika und Frankreich dem Nachweis der „Naturwüchsigkeit" des grundherrlichen Patrimonialismus und der lediglich residualen Bedeutung des Republikanismus galt.[76]

Die Autokratien sind älter als die Verfassungsstaaten, haben deren Entwicklung begleitet und sich bis in die Gegenwart im globalen Maßstab – trotz aller Demokratisierungswellen[77] – behauptet. Dabei sind die Ideokratien oder Weltanschauungsdiktaturen mit ihren totalitären Zügen inzwischen eher eine Ausnahmeerscheinung, während jene Formen, die der aristotelischen Beschreibung der Tyrannis in vielen Punkten entsprechen, bei weitem die Mehrzahl bilden. Unter den Autokratien der Gegenwart befinden sich nicht wenige, die – wie das theokratische System im Iran oder der „Sultanismus"[78] – zum Teil archaische Züge tragen. Nachdem die schönsten Blütenträume der Transitologie der neunziger Jahre zerstoben sind, hat die vergleichende Systemforschung sich zudem neuer „hybrider" Regime angenommen, die typische Merkmale der Autokratie mit denen des Verfassungsstaates verbinden.[79]

---

75 Vgl. zu dieser Frage auch: Uwe Backes/Eckhard Jesse, Islamismus – Djihadismus – Totalitarismus – Extremismus. Herausforderungen des demokratischen Verfassungsstaates. In: dies. (Hg.), Vergleichende Extremismusforschung, Baden-Baden 2005, S. 201–214.
76 Gemeint ist Carl Ludwig von Haller, Restauration der Staats-Wissenschaft, 6 Bände, 2. Auflage Winterthur 1820–1825.
77 Siehe Samuel P. Huntington, The Third Wave. Democratization in the Late Twentieth Century, 2. Auflage London 1993.
78 Vgl. H. E. Chehabi/Juan J. Linz (Hg.), Sultanistic Regimes, Baltimore/London 1998.
79 Vgl. etwa Petra Bendel/Aurel Croissant/Friedbert W. Rüb (Hg.), Zwischen Demokratie und Diktatur. Zur Konzeption und Empirie demokratischer Grauzonen, Opladen 2002; Thomas Carothers, The End of the Transition Paradigm. In: Journal of Democracy, 13 (2002), S. 5–21.

Intellektuelle Bemühungen, die Ausbreitung liberaler Demokratie und Marktwirtschaft in Anlehnung an Marx und Lenin imperialismustheoretisch zu deuten, feiern in radikal-globalisierungskritischen Milieus eine gewisse Renaissance.[80] Da dort „undogmatisches" Denken in Mode ist, gewinnt auch der Anarchismus neue Attraktivität.[81] Vordenker einer so genannten „Neuen Rechten" entlarven Faschismus, Kommunismus und Liberalismus als gleichermaßen totalitär.[82] Zugleich werden Autokraten und extremistische Intellektuelle nicht müde, neue – gefährliche – Wege aus einer unheilen Welt zu weisen. Während die in den achtziger Jahren herumgereichte „dritte Universaltheorie" Muammar Al-Gaddafis gnädig der Vergessenheit anheim gefallen ist, gelten die „Meilensteine" des ägyptischen Muslimbruders Sayyid Qutb in islamistischen Kreisen als politische Offenbarung.[83] Der Islamismus hat im Iran, im Sudan und in Afghanistan regimebildende Kraft entfaltet, und es ist keineswegs sicher, dass Gilles Kepel mit seiner Prophezeiung eines Niedergangs des politischen Islam Recht behalten wird.[84] Auch in anderen Kulturkreisen hat der Faktor Religion unverhofft die Ausformung politischer Ideologien begünstigt, die auf „ganzheitliche", jeden anderen Gestaltungsanspruch als illegitim zurückdrängende Herrschaftsweisen zielen.[85]

Es liefe auf eine wenig sinnvolle Einengung des Begriffs hinaus, sähe man Extremismus lediglich als Reaktion auf den Totalitarismus des 20. Jahrhunderts. Eine weltgeschichtliche Betrachtung kann mit guten Gründen zu der Schlussfolgerung gelangen, dass autokratische Systeme und auf deren Etablierung gerichtete extremistische Bestrebungen anthropologisch ebenso fest verankert

---

80 Vgl. nur Michael Hardt/Antonio Negri, Empire. Die neue Weltordnung, Frankfurt a. M./New York 2003; John Holloway, Die Welt verändern, ohne die Macht zu übernehmen, Münster 2002. Siehe dazu den Beitrag von Patrick Moreau und Eva Steinborn in diesem Band.
81 Ein neuer Reader zur Rolle politischer Ideologien enthält mit gutem Grund ein Anarchismus-Kapitel mit einem Beitrag Noam Chomskys: ders., Powers and Prospects: Reflections on Human Nature and the Social Order. In: Matthew Festenstein/Michael Kenny (Hg.), Political Ideologies. A Reader and Guide, Oxford/New York 2005, S. 375–379. Siehe auch: Colin Ward, Anarchism. A Very Short Introduction, Oxford/New York 2004.
82 Vgl. nur Alain de Benoist, Demokratie. Das Problem, Tübingen/Zürich/Paris 1986, S. 32; ders., Communisme et nazisme. 25 réflexions sur le totalitarisme au XXe siècle (1917–1989), Paris 1998, S. 133–140.
83 Vgl. Muhammar Al Qathafi, The Green Book, Ottawa 1983; Milestones (Ma'alim fi al-tariq), translated by S. Badrul Hasan, 2. Auflage Karachi 1988.
84 Vgl. Gilles Kepel, Das Schwarzbuch des Dschihad. Aufstieg und Niedergang des Islamismus, München/Zürich 2002. Dazu kritisch: Bassam Tibi, Vom klassischen Djihad zum terroristischen Djihadismus – Der irreguläre Krieg der Islamisten und die neue Weltunordnung. In: Uwe Backes/Eckhard Jesse (Hg.), Jahrbuch Extremismus & Demokratie, Band 14, Baden-Baden 2002, S. 27–44.
85 Vgl. nur Gerhard Besier/Hermann Lübbe (Hg.), Politische Religion und Religionspolitik. Zwischen Totalitarismus und Bürgerfreiheit, Göttingen 2005; Leonard Weinberg/Ami Pedahzur (Hg.), Religious Fundamentalism and Political Extremism, London/Portland 2004.

sind wie jene Denkweisen und Weltbilder, die verfassungsstaatliche Lösungen begünstigen. Die in konsolidierten Demokratien verbreitete Neigung, Extremismen als Ausdruck eines „lunatic fringe" zu sehen, mag auf manche skurrile Spezies zutreffen, zeugt insgesamt aber von einer gewissen Überheblichkeit, die rasch verfliegt, sobald man sich die historisch-politische Bedingtheit des „Experimentes der Freiheit"[86] ins Bewusstsein ruft.

---

86 So Peter Graf Kielmansegg, Das Experiment der Freiheit. Zur gegenwärtigen Lage des demokratischen Verfassungsstaates, Stuttgart 1988.

Was ist Extremismusforschung? - Theoretische Grundlagen und Bestandsaufnahme

Jürgen P. Lang

1. Theoretische Grundlagen

1.1 Definitionen und Konzepte

Wer versucht, das weite Feld der Extremismusforschung zu überblicken, steht vor zwei Problemen: dem der Vielfalt und dem der Abgrenzung. Unterschiedliche Disziplinen - Politikwissenschaft, Geschichtswissenschaft, Soziologie - befassen sich mit einem nicht immer eindeutig verstandenen Phänomen. Ohne Bezug zueinander existieren zahlreiche Erklärungsmodelle und methodische Herangehensweisen. In den meisten Fällen beschäftigen sich Forscher mit „Extremismus" und seinen Ausprägungen, ohne sich - aus unterschiedlichen Gründen - einer „Extremismusforschung" verpflichtet zu fühlen. Daneben wollen viele derjenigen, die das Wort „extremistisch" im Munde führen, mit ihm nicht unbedingt ein und dasselbe bezeichnet wissen. Andere wiederum meinen zwar „Extremismus", bemühen in der Analyse aber andere Begrifflichkeiten.[1] Kurzum: Es herrscht ein definitorisches, methodisches und terminologisches Chaos. Dies liegt zu einem Teil an dem komplexen, vielschichtigen Gegenstand selbst, oft aber auch an wissenschaftstheoretischen, politischen oder gar ideologischen Prägungen der Forscher.

Gero Neugebauer führt an, von „einer eigenständigen Extremismusforschung" könne „kaum die Rede sein."[2] Vielmehr handele es sich in den meisten Fällen lediglich um eine - nachträgliche - Subsummierung einzelner Forschungsergebnisse unter den Extremismusbegriff. So verstanden wäre die Extremismusforschung eine Art Gemischtwarenladen und lediglich in der Lage, Phänomene als „extremistisch" beziehungsweise „antidemokratisch" zu bezeichnen, nicht aber, Zusammenhänge, Gemeinsamkeiten und Querbezüge aufzuzeigen und so einen qualitativen Erkenntnisgewinn zu erzielen. Weiter

---

1 Siehe unten den Abschnitt 1.3.
2 Gero Neugebauer, Extremismus - Rechtsextremismus - Linksextremismus: Einige Anmerkungen zu Begriffen, Forschungskonzepten, Forschungsfragen und Forschungsergebnissen. In: Wilfried Schubarth/Richard Stöss (Hg.), Rechtsextremismus in der Bundesrepublik Deutschland. Eine Bilanz, Bonn 2000, S. 13-27, hier 13.

gedacht, wäre dann auch der politische Extremismus selbst ein Konstrukt ohne wissenschaftlichen Nutzen, ein reiner Sammelbegriff, mit dem unvereinbare Phänomene zusammengepackt werden – gleichsam als schicke sich jemand an, alle Objekte zu verzeichnen, die das Kriterium „blau" oder „eckig" erfüllen. Neugebauers Vorwurf verfängt jedoch nur zum Teil. Es ist richtig, dass es an übergreifenden Analysen mangelt. So macht auch Armin Pfahl-Traughber innerhalb der Extremismusforschung eine Konzentration auf Teilaspekte aus, damit zusammenhängend aber genauso eine Vernachlässigung des theoretischen Kontextes.[3] Ausgerechnet die theoretische Fundierung des Extremismusbegriffs ist es jedoch, mit der Neugebauer hadert – wie viele andere Autoren. Doch solange unklar bleibt, was als Extremismus zu begreifen ist, stehen der von Neugebauer beklagten Disparität der Forschung erst recht Tür und Tor offen. Es ist schwer, von politischem Extremismus als einheitlichem Phänomen zu sprechen, wenn man nur die empirisch fassbaren Ausprägungen im Blick hat, normative Grundlagen aber nicht anerkennen will. Gerade die theoriegestützte Forschung aber hat Strukturmerkmale[4] herausgearbeitet, die auf alle politischen Extremismen anwendbar sind. Von einer bloßen Rubrizierung kann also nicht immer die Rede sein. Carmen Everts zieht aus dem Rechts-Links-Vergleich der „Grauzonen"-Parteien REP und PDS den Schluss, beide Organisationen seien auch aufgrund phänomenologischer Gemeinsamkeiten dem extremistischen Spektrum zuzuordnen. Unter anderem seien ihnen Antipluralismus, eine kollektivistische Gesellschaftsvorstellung oder die Vertretung eines identitären Demokratiekonzeptes gemein.[5] Das wären manifeste ideologische Ähnlichkeiten, und keine graue Theorie.

Was ist nun Extremismusforschung? Wer danach fragt, muss zunächst auf die Frage, was Extremismus ist, eine Antwort geben können. In der Politikwissenschaft kursieren unterschiedliche Definitionen. Leider haben sich nur relativ wenige Forscher um eine solche Festlegung bemüht, etwa um eine Basis für den Vergleich der verschiedenen Ausprägungen schaffen zu wollen. Grundlegend unterscheiden sich die „Empiriker" von den „Normativen". Die einen setzen das Kennzeichen „extremistisch" begrifflich mit „extrem" gleich und meinen damit die äußersten Ränder des Rechts-Links-Kontinuums.[6] Der Gegenpol zu „extremistisch" hieße in diesem Fall „gemäßigt", nicht „demokratisch". Die anderen sehen dagegen gerade in den Grundwerten der Demokra-

---

3 Vgl. Armin Pfahl-Traughber, Der Extremismusbegriff in der politikwissenschaftlichen Diskussion – Definitionen, Kritik, Alternativen. In: Uwe Backes/Eckhard Jesse (Hg.), Jahrbuch Extremismus & Demokratie, Band 4, Bonn 1992, S. 67–86, hier 67.
4 Vgl. Uwe Backes, Politischer Extremismus in demokratischen Verfassungsstaaten. Elemente einer normativen Rahmentheorie, Opladen 1989, S. 298–311.
5 Vgl. Carmen Everts, Politischer Extremismus. Theorie und Analyse am Beispiel der Parteien REP und PDS, Berlin 2000, S. 303. Ähnlich sieht dies auch Harald Bergsdorf, Extremismusbegriff im Praxistest: PDS und REP im Vergleich. In: Uwe Backes/Eckhard Jesse (Hg.), Jahrbuch Extremismus & Demokratie, Band 14, Baden-Baden 2002, S. 61–80.
6 Vgl. Piero Ignazi, Extreme Right Parties in Western Europe, Oxford 2003.

tie die kategorische Antithese zum Extremismus.[7] Natürlich können beide Forschungskonzepte dieselben Ergebnisse hervorbringen, müssen es aber nicht. Das Problem liegt woanders.

Der Nachteil der – in der Forschung nur selten formulierten – „empirischen" Definitionen ist oben bereits angeklungen. Sie bewegen sich ausschließlich auf der Ebene der Phänomene: Eine gemessen an Programmatik und ideologischen Entwürfen möglichst weit links oder rechts stehende Partei gilt als extrem(istisch). So identifiziert Ignazi mit diesem Adjektiv vor allem die „notion of extremeness in a political or ideological *space*"[8], wozu er jedoch explizit gegen ein demokratisches System gerichtete Einstellungen rechnet. Zwar ist die Rechts-Links-Unterscheidung sinnvoll, wenn es um die Kategorisierung unterschiedlicher Extremismen geht.[9] Als Definitionsgrundlage ist sie jedoch ungeeignet. Die Grenze ist nicht klar: Wie weit rechts (oder links) muss jemand stehen, um als extremistisch zu gelten? Die Antwort auf diese Frage hängt neben diesem grundsätzlichen Problem einerseits davon ab, was man unter den Einstellungen und ideologischen Entwürfen überhaupt als „rechts" oder „links" versteht, und ist auch deshalb relativ. Andererseits wird sie – je nach Abgrenzung einer Untersuchung – von Land zu Land, von Zeit zu Zeit anders ausfallen. Man kann nicht davon ausgehen, dass das jeweils als Maßstab zur Verfügung stehende politische Spektrum immer und überall gleich ist. Theoretisch kann eine Partei in einem Land als „extrem" gelten, unter den Bedingungen eines anderen aber nicht. Für D. J. Mulloy ist das allenfalls ein notwendiges Übel: „extremism is difficult to define. It is a relativistic term, dependent upon the time and the setting in which it is employed."[10] Mulloy hält die „orthodoxen" amerikanischen Definitionen für nicht ausreichend, die Extremismus allein als Anti-Pluralismus deuten[11] und plädiert dafür, die ideologische Seite des Extremismus stärker zu berücksichtigen und an dem politischen „Mainstream" zu messen, der insofern ebenfalls ständig mitanalysiert werden müsse. Die „empirische" Perspektive kann auch dadurch zur Verwirrung beitragen, dass die ideologische Ausrichtung als das Bestimmende dasteht, nicht aber die Qualität extremistisch. So scheint bei nicht wenigen Autoren durch, dass sie *Rechts*-Extremismus und nicht

---

7 Vgl. Uwe Backes/Eckhard Jesse, Demokratie und Extremismus. Anmerkungen zu einem antithetischen Begriffspaar. In: APuZG, B 44/1983, S. 3–18.
8 Ignazi, Extreme Right Parties, S. 30 (Hervorhebung im Original).
9 Vgl. Uwe Backes/Eckhard Jesse, Die Rechts-Links-Unterscheidung – Betrachtungen zu ihrer Geschichte, Logik, Leistungsfähigkeit und Problematik. In: dies. (Hg.), Jahrbuch Extremismus & Demokratie, Band 9, Baden-Baden 1997, S. 13–38; Norberto Bobbio, Rechts und Links. Gründe und Bedeutungen einer politischen Unterscheidung, Berlin 1994; Jaroslaw Krejci, Introduction: concepts of right and left. In: Luciano Cheles/Ronnie Ferguson/Michalina Vaughan (Hg.), Neo-Fascism in Europe, Burnt Mill/New York 1991, S. 1–18.
10 Darren J. Mulloy, American Extremism. History, Politics and the Militia Movement, London/New York 2004, S. 28 f.
11 Vgl. Seymour Martin Lipset/Earl Raab, The Politics of Unreason. Right-Wing Extremism in America 1790 – 1970, London 1971.

Rechts-*Extremismus* als wissenschaftlich sinnvolle Kategorie ansehen. Mit Abstand folgen die meisten Studien dem „empirischen" Ansatz und beschränken sich obendrein auf die bei nationalen Wahlen mehr oder weniger erfolgreichen „extremen" Parteien.[12] Das hat häufig zur Folge, dass etwa der belgische Vlaams Blok (VB) mit der Freiheitlichen Partei Österreichs (FPÖ) in einen Topf fällt. Bei ersterer Organisation sind sich die Forscher ob ihres extremistischen Charakters weitgehend einig, bei letzterer aber nicht.

Die „empirischen" Ansätze können Streitfälle wie den der FPÖ – weitere ließen sich anführen – nicht klären. Dabei wäre es doch – auch im Sinne Neugebauers – unabdingbar festzustellen, was eigentlich als „extremistisch" zu bezeichnen ist. Schließlich kann man sich nur auf diese Weise auf einer allgemein anerkannten Grundlage bewegen. Dem Wortsinn nach meint „extrem" etwas, das sich möglichst weit von einer konkreten oder abstrakten „Mitte" entfernt befindet. Das würde jeder unterschreiben. Was aber ist die Mitte?[13] Die „empirische" Extremismusdefinition beantwortet die Frage nicht hinreichend: Eine Mitte, verstanden als – variabler und unscharfer – geistig-politischer Mainstream innerhalb der Links-Rechts-Dichotomie kann als Kriterium nicht herhalten. Und wer würde jemandem Glauben schenken, der eine solche Mitte etwa in der Gesellschaft der DDR zur Definitionsbasis macht? Zu Recht wird man einwenden, die DDR sei ja gar kein demokratisches System gewesen. Genau das ist der Punkt: Wer in der Wissenschaft von „Extremismus" spricht, beruft sich implizit in irgendeiner Weise immer auf „Demokratie" – es sei denn, er disqualifiziert sich und benutzt „Extremismus" als ideologisch motivierten Begriff, um politische Gegner zu stigmatisieren. Nicht jeder, der von Extremismus spricht, ist ein Demokrat, selbst wenn er sich so nennt.[14]

Vertreter der „normativen" Definition haben den grundlegenden Aspekt der Demokratiefeindschaft – als Dreh- und Angelpunkt des politischen Extremismus – zu einem Konzept elaboriert, aus dem sich ein universell anwendbarer Kriterienkatalog erzeugen lässt. Uwe Backes und Eckhard Jesse fassen als politischen Extremismus Bestrebungen auf, die sich in der Ablehnung der dem demokratischen Verfassungsstaat zugrundeliegenden Wertekanon und den daraus abgeleiteten konstitutionellen Regeln einig wissen.[15] Diese Definition fußt auf einem pluralistischen Demokratieverständnis. Ihm stehen kategorisch Auffassungen entgegen, die einen totalitäre Gesellschaften kennzeichnenden Interessenmonismus verfechten.[16] Cas Mudde warnt zu Recht davor, dabei den kon-

---

12 Vgl. Ignazi, Extreme Right Parties.
13 Zur Konstruktion und Diskussion einer politischen „Mitte" vgl. die Beiträge in: Bernd Guggenberger/Klaus Hansen (Hg.), Die Mitte. Vermessungen in Politik und Kultur, Opladen 1993.
14 Vgl. Gerg Fülberth, Extremismus. In: Wolfgang Fritz Haug (Hg.), Historisch-kritisches Wörterbuch des Marxismus, Band 3, Hamburg 1997, S. 1207–1215.
15 Vgl. Uwe Backes/Eckhard Jesse, Politischer Extremismus in der Bundesrepublik Deutschland, Bonn 1996, S. 45.
16 Vgl. Steffen Kailitz, Politischer Extremismus in der Bundesrepublik Deutschland. Eine Einführung, Wiesbaden 2004, S. 18–22.

stitutionellen Aspekt überzustrapazieren und sich zu eng an die konkrete Verfassungsordnung eines Landes anzulehnen, um die länderübergreifende Operationalisierbarkeit einer solchen Definition zu garantieren. Er sieht in dem, jeder „liberalen" Demokratie inhärenten, Prinzip der Volkssouveränität ein ausreichendes Definitionspendant zum Extremismus.[17] Andererseits kann der extremistische Charakter einer Organisation gerade in der Ablehnung bestimmter konstitutioneller Elemente zu Tage treten. Wer zum Beispiel die Idee des Parlamentarismus als tendenziell „undemokratisch" verwirft und durch Modelle direkter Bürgerbeteiligung ersetzen will, muss nicht „mehr Demokratie" im Sinn haben. Er will möglicherweise den Weg zu einem System ebnen, in dem die Interessen von „Regierten" und „Regierenden" zusammengezwungen werden und von Volkssouveränität keine Rede mehr sein kann.

Andere normative Definitionen legen weitaus rigidere Maßstäbe an. Manche folgen der Rechtsprechung des Bundesverfassungsgerichts und machen eine „aktiv kämpferische, aggressive Haltung"[18] zur Bedingung, oder sie sehen erst in der Propagierung oder Anwendung von Gewalt einen notwendigen Grund, um von Extremismus sprechen zu können.[19] Das eine Kriterium ließe es zu, die KPD der Nachkriegszeit oder die jüngere NPD als extremistisch zu bezeichnen, wohl aber kaum die DKP oder die DVU. Das Gewaltkriterium träfe hierzulande und heute „nur" noch auf Skinheads, neonationalsozialistische Kameradschaften oder Autonome zu. Wer Extremismus an diesen Faktoren misst, kommt nicht weit. Sie sind weder universell anwendbar noch trennscharf genug. Die meisten extremistischen Gruppierungen haben ein zunächst taktisches Verhältnis zu dem demokratischen Staat entwickelt, in dem sie agieren. Vordergründig passen sie sich seinen Instanzen und Verfahren an, ohne aber damit ihre antidemokratischen Ziele aufzugeben. Andererseits gibt es Organisationen – etwa Separatisten wie die ETA in Spanien oder die IRA in Nordirland –, die Terror „gegen den Staat" verbreiten, jedoch nicht unbedingt eine extremistische Ideologie. Nicht die Mittel oder der Habitus sind entscheidend, sondern die Ansprüche, die sich vor allem in den ideologischen oder strategischen Vorstellungen einer Organisation zeigen.[20]

---

17 Vgl. den Beitrag von Cas Mudde in diesem Band.
18 Gerd Pfeiffer/Hans-Georg Strickert (Hg.), KPD-Prozess. Dokumentarwerk, 3. Band, Karlsruhe 1956, S. 612.
19 Vgl. Ruth Murray Brown, For a Christian America. A History of the Religious Right, Amherst 2002.
20 Zur Unterscheidung von Ideen und Mitteln vgl. Cas Mudde, Liberal Democracies and the Extremist Challenges of the Early 21st Century, unveröffentlichtes Manuskript, 2003.

1.2 Kritik und Gegenkritik

Der normative Ansatz wird oft bewusst missverstanden – auch von denen, die durchaus Extremismus mit Antidemokratie gleichzusetzen vermögen. So schleicht sich bei Wolfgang Kowalsky und Wolfgang Schroeder der Wertbezug durch die Hintertür ein, wenn sie beiläufig erwähnen: „Die kritische Auseinandersetzung mit dem Rechtsextremismus basiert auf der normativen Vorentscheidung für das demokratische Projekt der westlichen Moderne."[21] Abgesehen davon, dass eine solch schwammige Definition – hier gemünzt auf eine bestimmte Variante – überaus interpretationsoffen und von daher wenig tragfähig ist, müssen sich die Autoren den Vorwurf einer gewissen Schizophrenie gefallen lassen, sind sie es doch, die das normative Extremismuskonzept nur wenige Abschnitte vorher als analytisch unzulänglich kritisiert haben: Es handle sich um einen rein „phänomenologischen Ansatz",[22] der mehr als Deskription nicht zu leisten vermöge und sich sowohl historischen und politischen Zusammenhängen als auch jeder Erklärung gesellschaftlicher Ursachen des politischen Extremismus verschließe. Dass genau das Gegenteil der Fall ist, haben zahlreiche Analysen bewiesen. Die Sätze von Kowalsky/Schroeder offenbaren die argumentative Hilflosigkeit all derer, die den Extremismusbegriff allein auf den Rechtsextremismus angewendet sehen wollen, dies aber für die linke Variante nicht zulassen. Auch Hans-Gerd Jaschke beklagt die „normative Aufladung [des] dichotomischen Extremismus-Begriffs", mit der er den Grundstein zu „einer wissenschaftlich drapierten innerstaatlichen Feinderklärung"[23] gelegt sieht. Ein solcher Ansatz mache sich auf unwissenschaftliche Weise eine administrative und verfassungsrechtliche Normsetzung und Deutung zu eigen und verabsolutiere dadurch die Bezeichnung „extremistisch" zum grundlegenden und umfassenden Charakteristikum eines politischen Phänomens. Für angemessener hält es Jaschke, nicht von vornherein festzulegen, was Extremismus ist, sondern die „Definitionsgewalt von Rechtsprechung und Mehrheitskultur"[24] zum Maßstab zu nehmen. Würde er gegebenenfalls auf eine „Mehrheitskultur" der Rechtsextremisten hören wollen? Auch in diesem Fall stehen analytischer Willkür Tür und Tor offen.

Die Scheu, den Extremismusbegriff auf die linke Seite des politischen Spektrums anzuwenden, zeigt sich schon in der relativ geringen Zahl einschlägiger Untersuchungen, die sich explizit oder implizit auf dieses Konzept berufen. Im Falle des Rechtsextremismus sind sie dem gegenüber kaum zu zählen. Dies ist nicht allein mit der angeblichen Marginalität der einen, beziehungsweise gro-

---

21 Wolfgang Kowalsky/Wolfgang Schroeder, Rechtsextremismus – Begriff, Methode, Analyse. In: dies. (Hg.), Rechtsextremismus. Einführung und Forschungsbilanz, Opladen 1994, S. 14.
22 Ebd., S. 10.
23 Hans-Gerd Jaschke, Streitbare Demokratie und Innere Sicherheit. Grundlagen, Praxis und Kritik, Opladen 1991, S. 45.
24 Ebd., S. 47.

ßen Bedeutung der anderen Richtung zu erklären. Treffend argumentiert Steffen Kailitz: „Angesichts der vielen Fälle der Errichtung von Diktaturen durch kommunistische Parteien ist es wenig überzeugend, vom Rechtsextremismus zu sprechen, ohne vom Linksextremismus reden zu wollen."[25] Aber selbst diejenigen, die davon reden, bringen mitunter seltsame Konstruktionen in Umlauf. So postuliert Neugebauer: „Während die Ziele des Rechtsextremismus generell antidemokratisch sind, ist mit Blick auf den Linksextremismus in demokratischen Systemen umstritten, ob seine antikapitalistische Grundorientierung *per se* mit demokratischen Strukturen unvereinbar ist."[26] Er unterstellt den „Verfechter[n] des normativen Extremismuskonzepts, [...] Antikapitalismus, Antiimperialismus und Antirassismus"[27] als Kriterien für Antidemokratie anzusehen. Dies ist nicht der Fall. Zwar können die von Neugebauer ins Feld geführten Ideologiebausteine auf eine demokratische Organisation zutreffen, aber auch auf eine extremistische. Es ist zudem kein exklusiver Ausweis einer linken Organisation, „antikapitalistisch" zu sein – auch manche Rechtsextremisten müssen sich dieses Etikett ankleben lassen.

Nicht nur Neugebauer vermengt den Unterschied zwischen Ausprägungen und Normen. Er attestiert dem normativen Ansatz – ähnlich wie Kowalsky/ Schroeder – „Eindimensionalität", weil „Extrempositionen der Links-Rechts-Achse mit Blick auf die als demokratisch erachtete Mitte notwendigerweise [als] gleichartige Antipoden"[28] dargestellt würden. Ins gleiche Horn stößt Wolfgang Wippermann, wenn er schreibt: „Das Extremismuskonzept ist [...] zu kritisieren, weil das als ,rechtsextrem' (oder: ,linksextrem') bezeichnet wird, was sich allzuweit vom demokratischen Konsens der ,Mitte' wegbewegt. Diese Ausgrenzung ist meist ziemlich willkürlich, weil sie weitgehend vom eher linken oder eher rechten Selbstverständnis des Betrachters abhängt [...]."[29] Hinter dieser Kritik stecken ideologische Motive. Sie verkennt, dass es den Vertretern der normativen Extremismusforschung gar nicht um die Rettung oder Konstruktion einer politisch definierten Mitte geht, wenngleich sie es sicherlich begrüßen würden, wenn sich in einer solchen Mitte ein „demokratischer Konsens" wiederfände.

Alle an dieser Stelle erwähnten Kritiker unterstellen dem inkriminierten Ansatz, er nähme die Rechts-Links-Dichotomie zum grundlegenden Kriterium – in der Art wie es die oben geschilderte „empirische" Richtung tut. Auch das ist nicht der Fall. Die Unterscheidung zwischen „linksextremistisch" und „rechtsextremistisch" ist sekundärer Natur und zielt auf die Kategorisierung der

---

25 Kailitz, Politischer Extremismus, S. 16 f.
26 Neugebauer, Extremismus – Rechtsextremismus – Linksextremismus, S. 22 (Hervorhebung im Original).
27 Ebd.
28 Ebd., S. 17.
29 Wolfgang Wippermann, Verfassungsschutz und Extremismusforschung: Falsche Perspektiven. In: Jens Mecklenburg (Hg.), Braune Gefahr. DVU, NPD, REP. Geschichte und Zukunft, Berlin 1999, S. 268–280, hier 270.

Phänomene. Die Rechts-Links-Achse ist nicht identisch mit der Demokratie-Extremismus-Achse. Vielmehr stehen beide, einem Fadenkreuz gleich, quer zueinander. Das normative Konzept wäre insofern nicht eindimensional, sondern zweidimensional. In der Praxis kommt es sicherlich häufig vor, dass eine in einem konkreten Spektrum extrem rechts stehende Partei auch rechtsextremistisch ist. Sie muss es aber – wie gesagt – nicht sein, sofern sie die Werte und Spielregeln einer freiheitlichen Demokratie anerkennt. Für die „normative" Definition gibt nicht in erster Linie die politische Positionierung den Ausschlag. Das unterscheidet sie von der Auffassung vieler ihrer Kritiker. Deren Intentionen sind nicht nachvollziehbar. Zu Unrecht fürchten sie entweder, „die Linke" solle in toto unter Extremismus-Verdacht gestellt werden, oder sie sind auf dem Holzweg, einen „Extremismus der Mitte" konstruieren zu wollen.[30] Letzteres Unterfangen suggeriert die – aus Sicht der meisten Ansätze unsinnige – Auffassung, antidemokratische Einstellungen seien auch unter Demokraten en vogue, weil sie in der „Mitte der Gesellschaft" – gemeint ist meist eine staatstragende Elite – aufträten.

Kehren wir von der politisch gefärbten und in dieser Weise vor allem in Deutschland geübten Kritik an der normativen Extremismusforschung zurück zu methodischen Fragen. Die Vorwürfe, das normative Konzept sei staatsfixiert, analytisch unzulänglich und setze das Ungleiche gleich, verfangen nicht. Der Wertekanon des demokratischen Verfassungsstaates gibt als Definitionspendant zu unterschiedlichen Formen des Extremismus einen genauen Rahmen vor, verhindert also, den Extremismus-Begriff nach Belieben ausufern zu lassen. Die Grenzen des Extremismus sind deshalb aber gerade nicht die, die ihm eine bestimmte politische Machtordnung setzt. Umgekehrt wird ja auch der demokratische Verfassungsstaat nicht zu einem monolithischen, unwandelbaren Herrschaftskonstrukt, nur weil er auf bestimmten normativen Prizipien beruht. Zugleich ist die normative Definition analytisch flexibel, eben weil sie empirisch nicht antizipiert, also die Vielfalt der Phänomene eben nicht von vornherein einengt. Gegenteilige Behauptungen, die in diese Richtung zielen, treffen meist die zweite Ebene, konkret die verschiedenen Unternehmen, Extremismus zu typologisieren. Backes und Jesse merken dazu an: „Typologische Unterscheidungen erfüllen [...] lediglich eine heuristische Hilfsfunktion: Sie dienen der In-Gang-Setzung von Erkenntnisprozessen, dürfen also mit der Wirklichkeit selbst nicht verwechselt werden."[31] Eine Typologisierung unterschiedlicher, als extremistisch bewerteter Phänomene muss sich deren Wandelbarkeit bewusst und für Neuartiges offen sein, und deshalb immer wieder anhand der erschlossenen

---

30 Vgl. apologetisch Wolfgang Kraushaar, Extremismus der Mitte. Zur Geschichte einer soziologischen und sozialen Interpretationsfigur. In: Hans-Martin Lohmann (Hg.), Extremismus der Mitte. Vom rechten Verständnis deutscher Nation, Frankfurt a. M. 1994, S. 23–50; sowie kritisch Uwe Backes/Eckhard Jesse, Extremismus der Mitte? – Kritik an einem modischen Schlagwort. In: dies. (Hg.), Jahrbuch Extremismus & Demokratie, Band 7, Baden-Baden 1995, S. 13–26.
31 Backes/Jesse, Politischer Extremismus in der Bundesrepublik Deutschland, S. 54.

Realität überprüft werden. Sie zu erstellen - was selbstverständlich auch Rechts-Links-Analogien einschließen kann - heisst nicht, ewiggültige Wahrheiten festzuschreiben, sondern ex post ein Raster zu schaffen, das auch hilfreich ist, die Ätiologie des Extremismus zu erklären.

Problematisch ist es jedoch, einer bestimmten Phänomenologie des Extremismus uneingeschränkte definitorische Qualität zuzubilligen. Uwe Backes schlägt vor, von einer *definitio ex negativo*, die in den Werten des demokratischen Verfassungsstaates ihren Ausgang nimmt, zu einer *definitio ex positivo* des politischen Extremismus zu kommen, die Extremismustheorie also vom Kopf auf die Füße zu stellen. Er bemängelt, dass das „Spektrum der Phänomene"[32] beim Definitionsvorgang keine Berücksichtigung findet. Der politische Extremismus erscheine als etwas Sekundäres, der demokratische Verfassungsstaat als das Primäre. Tatsächlich stünden beide jedoch in einem „Wechselverhältnis", und die historische Perspektive lasse auch den Umkehrschluss zu: „Wenn der politische Extremismus eine historische Identität sui generis besitzt, dann ist er auch auf der Grundlage seiner Einzelphänomene näher zu bestimmen."[33] So richtig Backes' Annahmen sind, so problematisch ist seine Folgerung: Nimmt man ein festes phänomenologisches Profil „des" Extremismus als Definitionsgrundlage, kann es sich neuen Formen und Entwicklungen verschließen. Ein solches Vorhaben enthebt deshalb keinesfalls von der Notwendigkeit einer *definitio ex negativo*. Auch kann es im Grunde gar keine diametrale Umkehrung der Definition geben: Ein Wert „extremistisch" existiert schließlich - wenn überhaupt - nicht an sich, sondern eben allein in der Ablehnung der Normen des demokratischen Verfassungsstaates.

Extremismusforschung fußt nicht auf einer kohärenten Theorie, sollte sich ihres normativen Fundaments aber immer bewusst sein. Dies ist nicht nur eine Frage der Analytik, sondern betrifft in historischer Sicht auch die normative Vorentscheidung für eine freiheitliche Demokratie. Wer zum politischen Extremismus forscht, kann es sinnvoll - egal welchem Ansatz er sich verpflichtet hat - nur als Demokrat tun. Ziel des Beitrags ist eine Bestandsaufnahme, die über den deutschen Tellerrand hinausblickt. Extremisten geben sich vor allem über ihre Ideologie zu erkennen, die deshalb im Folgenden im Zentrum steht. Soziologische Erklärungsansätze oder die Einstellungsforschung fallen weitgehend unter den Tisch. Gänzlich tun es Veröffentlichungen, die einen anderen Untersuchungsschwerpunkt setzen und auf die Thematik nur am Rande eingehen, etwa Studien zum Parteiensystem in einem bestimmten Land. Versucht wird dennoch, das Forschungsfeld möglichst breit zu erfassen. „Extremismusforschung" betreiben schließlich viele, die dem Extremismuskonzept nicht anhängen, wenn sie es auch nicht unbedingt ablehnen müssen.

---

32 Backes, Politischer Extremismus in demokratischen Verfassungsstaaten, S. 89.
33 Ebd., S. 112.

1.3 Begriffsverwirrung

Der gesamte wissenschaftliche Bereich, der sich in einer Vielzahl an Disziplinen, Ansätzen und Forschungsinteressen mit extremistischen Phänomenen beschäftigt, ist schwer zu strukturieren. In ihm wird – das ist nicht zu vermeiden und deshalb auch nicht zu beklagen – mit Begriffen operiert, die mit dem des politischen Extremismus konkurrieren. Teils ersetzen sie ihn (scheinbar), teils beschreiben sie untergeordnete Kategorien, teils bilden sie Schnittmengen mit ihm.

Am stärksten wird der Extremismusbegriff mit dem des *Radikalismus* identifiziert, obwohl letzterer in der wissenschaftlichen Literatur – zumal in Deutschland – nunmehr eine geringe Rolle spielt. Dennoch behauptet er vor allem bei empirisch orientierten Forschern eine gewisse Relevanz, wenngleich wenige Autoren eine Unterscheidung vornehmen. Eine Ausnahme dabei ist Michael Minkenberg. Er will sich bewusst vom Extremismus-Begriff abgrenzen, den er durch ein „bestimmtes Verfassungsverständnis" eingeengt sieht, und definiert „Rechtsradikalismus" deshalb nicht normativ, sondern durch ein bestimmtes ideologisches Merkmalsbündel.[34] Herbert Kitschelt ist weniger eindeutig, befindet sich aber gleichfalls auf der phänomenologischen Ebene, wenn er eine „New Radical Right" von einer „old fascist right" unterscheidet, denen er zusammen das Adjektiv „extreme" zuzufügen vermag.[35] Kitschelt suggeriert – ohne es zu wollen –, Radikalismus sei eine besondere Form des Extremismus. Der normativen Forschungsrichtung ebenso wenig zugeneigt ist Hans-Georg Betz, der die Kategorie „radikal-rechtspopulistischer" Parteien eröffnet hat.[36] Der Terminus „radikal" bezeichnet bei ihm wie bei Minkenberg eine bestimmte politisch-ideologische Einstellung. Betz kommt der außerhalb der Wissenschaft verbreiteten Auffassung nahe, die „radikal" als Gegenteil von „gemäßigt" versteht, nicht aber notwendigerweise als eine antidemokratische Form der programmatischen Positionierung oder der politischen Aktion. Er verneint auch, dass alle von ihm analysierten (rechts-)radikalen Organisationen gegen die Grundfesten des jeweiligen demokratischen Staates gerichtet sein müssen. Sie sind es wohl auch nicht, blickt man auf die italienische Lega Nord oder die FPÖ. Nicht nur Betz wendet den Terminus als Sammelbezeichnung auf Phänomene an, die weder dem definitorischen Anspruch nach noch tatsächlich unbedingt extremistisch sein müssen. In diesem Fall liegt eine andere, breitere Kategorisierung zugrunde, die bestimmte Merkmale (rechter Organisationen) unter „radikal" subsummiert. Normative Studien sprechen kaum mehr vom Radikalismus, der früher noch synonym zur Extremismusformel gebraucht wurde.

---

34 Vgl. Michael Minkenberg, Die neue radikale Rechte im Vergleich. USA, Frankreich, Deutschland, Opladen/Wiesbaden 1998, S. 33.
35 Vgl. Herbert Kitschelt/Anthony J. McGann, The Radical Right in Western Europe. A Comparative Analysis, Ann Arbor 1997, S. 29.
36 Vgl. Hans-Georg Betz, Radical Right-Wing Populism in Europe, New York 1994.

Auch der unscharfe und offensichtlich starke definitorische Verbiegungen erfordernde politikwissenschaftliche (Mode-)Begriff des *Populismus* kann auf demokratische und extremistische Organisationen gleichermaßen zutreffen. Bei den meisten Autoren firmiert Populismus sinnvollerweise nicht als Ideologie, sondern im Wesentlichen als „Politikstil", dessen sich unterschiedliche Akteure auf unterschiedliche Weise bedienen.[37] Dazu kann - der verbreiteten Deutung des Radikalismus nicht unähnlich - auch eine bestimmte programmatische Themensetzung gehören. Die Tatsache, dass einige Studien den populistischen Charakter extremistischer Organisationen (und umgekehrt) herausstreichen, darf nicht zu Pauschalurteilen verleiten: Extremisten können sich populistisch gebärden, sie müssen es aber nicht. Auch diese Sammelbezeichnung nimmt allein die phänomenologische Ebene in Anspruch und trifft eine Einteilung, die quer zu einer demokratietheoretischen Bewertung steht und mit dem Extremismusbegriff keinesfalls kongruent ist.

Mit *Fundamentalismus*[38] wurden in der Vergangenheit ganz unterschiedliche politische Ideologien und Organisationen bedacht, ohne dass sich die breite Forschung einer Art Kerngehalt dieses mit der islamischen Revolution im Iran 1979, spätestens aber mit den Anschlägen in den USA am 11. September 2001 in aller Munde geführten Begriffs angenähert hätte. Als „fundamentalistisch" galten religiöse „Fanatiker" aller Provenienz[39] ebenso wie militante Rechtsextremisten in den USA[40] oder der marxistische Flügel der deutschen Grünen in den 80er und frühen 90er Jahren. Anfangs auf religiöse Bewegungen und Weltsichten angewandt,[41] benennt Fundamentalismus im Allgemeinen eine gewisse ideologische Attitüde, die sich in einem kompromisslosen Festhalten an (ursprünglichen) Glaubenssätzen äußert. Thomas Meyer spricht von

---

37 Vgl. Paul Taggart, Populism, Buckingham 2000; Armin Pfahl-Traughber, Volkes Stimme? Rechtspopulismus in Europa, Bonn 1994; Chip Berlet/Matthew Lyons, Right-Wing Populism in America: Too Close for Comfort, New York/London 2000; Frank Decker, Der neue Rechtspopulismus, Opladen 2004; Nikolaus Werz (Hg.), Populismus. Populisten in Übersee und Europa, Opladen 2003; Hans-Georg Betz, La droite populiste en Europe. Extrême et démocrate? Paris 2004; Florian Hartleb, Rechts- und Linkspopulismus. Eine Fallstudie anhand von Schill-Partei und PDS, Wiesbaden 2004.
38 Zu den Begriffsbestimmungen und zur Bedeutung des Fundamentalismus vgl. Andreas Klump, Die fundamentalistische Herausforderung. Anmerkungen zum Spannungsfeld Demokratie und Extremismus, Fundamentalismus, Islamismus, unveröffentlichtes Manuskript, 2001.
39 Vgl. Richard Antoun, Understanding Fundamentalism. Christian, Islamic and Jewish Movements, Walnut Creek 2001; Roger W. Stump, Boundaries of Faith. Geographical Perspectives on Religious Fundamentalism, Lanham 2000; Israel Shahak/Norton Mezvinsky, Jewish Fundamentalism in Israel, London 1999; Klaus Kienzler, Der religiöse Fundamentalismus. Christentum - Judentum - Islam, München 1996; Martin E. Marty/R. Scott Appleby, Herausforderung Fundamentalismus. Radikale Christen, Moslems und Juden im Kampf gegen die Moderne, Frankfurt a. M. 1996.
40 Vgl. Philip H. Melling, Fundamentalism in America. Millenialism, Identity and Militant Religion, Edinburgh 1999.
41 Vgl. Hans-Gerd Jaschke, Fundamentalismus in Deutschland. Gottesstreiter und politische Extremisten bedrohen die Gesellschaft, Hamburg 1998.

einem „Strukturbegriff [...], der eine bestimmte Form willkürlicher Selbstabschließung von Denk- und Handlungssystemen [...] bezeichnet."[42] In den Bereich des Weltlichen stößt auch Bassam Tibi vor. Auf die islamische Variante bezogen sieht er im Fundamentalismus „keine Renaissance des Religiösen, sondern eine politische Ideologie",[43] die sich gegen demokratische Prinzipien wie den Pluralismus richte. Noch einen Schritt weiter geht Armin Pfahl-Traughber, der Extremismus als „politische Variante des Fundamentalismus"[44] bezeichnet, also als Subkategorie. Dieser wende sich gegen alle „Ausdrucksformen der kulturellen Moderne", jener „nur" gegen einen Teilbereich, nämlich „eine auf Demokratie und Menschenrechte fußende gesellschaftliche Ordnung"[45]. Sowohl diese Definitionen als auch die konsequente Zuordnung des Fundamentalismusbegriffs zu extremistischen Erscheinungen legen den Schluss nahe, beide Termini beschrieben ein und dasselbe. Tatsächlich aber hat sich „Fundamentalismus" nicht von religiösen Konnotationen lösen können. Organisationen wie die NDP oder die DKP als „fundamentalistisch" zu bezeichnen, mutet befremdlich an. Aus diesem Grund kann der Begriff allenfalls bestimmten extremistischen Erscheinungen zugeordnet werden.

Das trifft auch auf diejenigen Bezeichnungen zu, die mit Richtungen des politischen Extremismus verknüpft sind, also mit Rechts- oder Linksextremismus. Für jenen verwendet die Wissenschaft am häufigsten Faschismus als Alternativbegriff, für diesen Kommunismus – jeweils mit Einschränkungen. Dafür gibt es einen Grund: Beide Termini rubrizieren extremistische Ideologien und Herrschaftsformen, die Gegenstand umfangreicher wissenschaftlicher Anstrengungen vorrangig auf historischem Gebiet sind. Sowohl die Faschismus- als auch die Kommunismusforschung passen in wesentlichen Punkten mit der Rechts- beziehungsweise der Linksextremismusforschung zusammen. In Abgrenzung zu Faschismus und Kommunismus (als Erscheinungsformen der Vergangenheit) sind für aktuelle(re) Phänomene und Entwicklungen die schillernden Begriffe Neue (radikale) Rechte und Neue Linke im Umlauf.

Um keinen der hier diskutierten Begriffe rankte sich eine derart breite und intensive Auseinandersetzung wie um den *Faschismus*. Grob kann man zwei Bedeutungen unterscheiden: eine enge, die sich auf den historischen Prototyp des italienischen Faschismus beschränkt, und eine weite, die praktisch alle rechtsextremistischen Phänomene unter diesem Terminus zusammenzufassen vermag. Zwischen beiden Polen bewegt sich eine Vielzahl an Auslegungen und

---

42 Thomas Meyer, Fundamentalismus. In: Dieter Nohlen/Rainer-Olaf Schultze (Hg.), Lexikon der Politik, Band 1: Politische Theorien, München 1995, S. 127.
43 Bassam Tibi, Fundamentalismus im Islam. Eine Gefahr für den Weltfrieden?, Darmstadt 2000, S. 20. Vgl. auch ders., Der religiöse Fundamentalismus im Übergang zum 21. Jahrhundert, Mannheim 1995.
44 Armin Pfahl-Traughber, Extremismus als politische Variante des Fundamentalismus. In: Mut, (1995) 334, S. 58–65, hier 62.
45 Ebd., S. 65.

Differenzierungen.⁴⁶ Einig sind sich zahlreiche Forscher darin, dass sich innerhalb der verschiedenen Strömungen und Varianten ein „generischer Faschismus" konstruieren, also ein ideologischer Nukleus ausmachen lässt, nicht aber darüber, wie dieser aussehen soll.⁴⁷ Jedenfalls müsste ein solches „faschistisches Minimum" (Ernst Nolte)⁴⁸ auch auf den (deutschen) Nationalsozialismus zutreffen. Diesen grenzen andere Wissenschaftler wiederum strikt vom (italienischen) Faschismus ab, handle es sich doch sowohl historisch als auch phänomenlogisch betrachtet um eigenständige Ideologien respektiver Herrschaftstypen.⁴⁹ Man könnte eine weitere Stufe hinabsteigen, und auch den Faschismus in Italien in verschiedene Richtungen und Phasen einteilen.⁵⁰ Deutlich wird, dass der Begriff in der historischen Forschung unterschiedliche Reichweiten hat. Gilt er den einen als national oder zeitlich begrenztes Phänomen, sehen andere in ihm ein auch auf einzelne andere Länder übertragbares⁵¹ oder gar internationales.⁵² Als kongruenter Ersatzbegriff für Rechtsextremismus allgemein ist er aber eigentlich nur bei marxistisch geprägten Autoren zu finden, die ihn mit Kapitalismus in ursächlichen Zusammenhang setzen.⁵³ Viele Studien über aktuelle Rechtsextremismen vermeiden es, den Faschismus als zentralen Begriff zu verwenden. Es gibt jedoch Ausnahmen. Für Kitschelt etwa fungiert er als ideologisch, vor allem aber zeitlich bestimmte Kategorie. Faschismus ist bei ihm weitgehend identisch mit der „alten extremen Rechten", den rechtsextremistischen Strömungen während der Zwischenkriegszeit in Europa. Von ihnen grenzt er den zeitgenössischen Rechtsextremismus ab. Hauptsächliches Unterscheidungsmerkmal sei die Haltung zu Kapitalismus und freiem Markt.⁵⁴

46 Dies zeigen die Beiträge in Alessandro Campi (Hg.), Che cos'è il fascismo?, Rom 2003; Aristotle A. Kallis (Hg.), The Fascism Reader, London/New York 2003.
47 Vgl. Roger Eatwell, Zur Natur des „generischen Faschismus" – Das „faschistische Minimum" und die „faschistische Matrix". In: Uwe Backes (Hg.), Rechtsextreme Ideologien in Geschichte und Gegenwart, Köln/Weimar/Berlin 2003, S. 93–122; Roger Griffin, The Nature of Fascism, London 1991; Stanley Payne, Historical Fascism and the Radical Right. In: Journal of Contemporary History, 35 (2000), S. 111–113.
48 Ernst Nolte, Der Faschismus in seiner Epoche. Action française – Italienischer Faschismus – Nationalsozialismus, 8. Auflage München/Zürich 1990.
49 Vgl. James Gregor, Phoenix. Fascism in Our Time, New Brunswick/London 1999; Karl Dietrich Bracher, Die deutsche Diktatur. Entstehung, Struktur, Folgen des Nationalsozialismus, 5. Auflage Köln 1976, S. 9.
50 Vgl. Francesco Sidoti, The Extreme Right in Italy: Ideological Orphans and Countermobilization. In: Paul Hainsworth (Hg.), The Extreme Right in Europe and the USA, New York 1992, S. 151–174, hier 155.
51 Vgl. Thomas Linehan, British Fascism 1918–39. Parties, Ideology and Culture, Manchester/New York 2000; Richard Thurlow, Fascism in Britain. From Oswald Mosley's Blackshirts to the National Front, London 1998. Beide Autoren beziehen sich stark auf die Arbeiten von Griffin und Eatwell zum „generischen Faschismus".
52 Die letzte Auffassung vertritt etwa Stephen D. Shenfield, Russian Fascism. Traditions, Tendencies, Movements, Armonk/London 2001.
53 So zum Beispiel Dave Renton, Fascism. Theory and Practice, London 1999.
54 Vgl. Kitschelt/McGann, The Radical Right in Western Europe, S. 42; John W. P. Veugelers, Structural Conditions of Far-right Emergence in Contemporary Western Europe: A Comparative Analysis of Kitschelt's Theory, Toronto 2000; Romana Careja, The

Ähnlich erachtet Ignazi Faschismus als tradierte Ideologie, die nicht auf den heutigen Rechtsextremismus in toto zutrifft. Doch erfülle er eine wichtige definitorische Funktion: Das Erbe des Faschismus – der „extreme right ideology par excellence"[55] – gilt Ignazi als das wichtigste Kriterium – von zweien –, um eine Organisation als „rechtsextrem" bezeichnen zu können. Weder Kitschelt noch Ignazi konkretisieren jedoch, was genau sie unter Faschismus verstehen. Historisch gesehen hat Rechtsextremismus auch andere Traditionen.

Dagegen scheint der *Kommunismus* in seiner Bedeutung und Zuordnung weit weniger Probleme zu bereiten. Eine wissenschaftliche Auseinandersetzung um diesen Terminus findet praktisch nicht statt. Ebenso wie im Falle des Faschismus ist – abgesehen von apologetischen Einlassungen – unumstritten, dass Kommunismus antidemokratische Entwürfe und Regime bezeichnet. Er wird – anders als jener – durchweg als Sammelbegriff verstanden und stößt wegen dieser Funktion in der Forschung auf weitgehende Akzeptanz. Im breitesten Sinne umfasst Kommunismus bestimmte Ideologien, Organisationen und politischen Systeme, die sich auf den Marxismus[56] berufen. Darunter fallen so unterschiedliche Derivate wie der Trotzkismus oder der Maoismus, die Theorien von Luxemburg oder Gramsci,[57] die Herrschaftspraktiken unter Stalin oder Tito. In einem engeren Verständnis identifiziert der Begriff, wenn auch meist nicht explizit, den Marxismus-Leninismus und, in Zusammenhang damit, die „Volksdemokratien" des historischen Prototyps Sowjetunion. Die auf Lenins Vorstellungen rekurrierenden Parteien werden in dieser Perspektive, jedoch in schärferer Distinktion, mitunter „orthodox-kommunistisch"[58] genannt. Dies erhebt die russische „Oktoberrevolution" von 1917 semantisch zum Ursprung „des Kommunismus", was geistesgeschichtlich nicht richtig ist. Der Terminus Linksextremismus steckt in jedem Fall einen umfassenderen Bereich ab. So sind anarchistische Gruppierungen und manch linksgerichtete Terrororganisation nur schwer in der Kommunismus-Schublade zu verstauen, mögen sie auch einschlägige ideologische Fragmente für sich okkupiert haben. Daneben können Phänomene auftreten, die den Kommunismus hinter sich gelassen haben, nicht aber den Extremismus. So treffen – in der Forschung unstrittig – beide Bezeich-

---

Emergence of the Extreme Right. Short Comparative Essay on Two Theoretical Approaches, unveröffentlichtes Manuskript, 2000; Terri E. Givens, Gender Differences in Support for Radical Right, Anti-Immigrant Political Parties, San Diego 2000, S. 6.
55 Ignazi, Extreme Right Parties, S. 32.
56 Das soll nicht heißen, dass jeder „Marxist" ohne Weiteres ein Extremist sein muss. Zu den vielfältigen, teils extremistischen, teils dissidenten oder möglicherweise gar einen demokratischen Ausgang suchenden „marxistischen" Ideologien vgl. die umfassende Zusammenstellung von Iring Fetscher, Der Marxismus. Seine Geschichte in Dokumenten, 2. Auflage München 1973.
57 Zu den verschiedenen kommunistischen Denkern vgl. die Beiträge in: Uwe Backes/Stéphane Courtois (Hg.), „Ein Gespenst geht um in Europa". Das Erbe kommunistischer Ideologien, Köln 2002.
58 Klaus Kellmann, Die kommunistischen Parteien in Westeuropa. Entwicklung zur Sozialdemokratie oder Sekte?, Stuttgart 1988, S. 9.

nungen auf die SED zu, während die Partei des Demokratischen Sozialismus (PDS) als Nachfolge-Organisation zwar nicht mehr als kommunistisch,[59] aber mit genauso guten Gründen als extremistisch[60] eingeordnet werden kann.

Einige (extremistische) Strömungen grenzen sich vom Kommunismus („orthodoxer" Prägung) oder vom (historischen) Faschismus/Nationalsozialismus ab, was ihnen die Bezeichnungen *Neue Linke* beziehungsweise *Neue Rechte* eingetragen hat. Das Anhängsel „neu" hat ebenso wie die Vorsilbe „neo" die politikwissenschaftliche Terminologie, zumal die Extremismusforschung, wie eine Plage befallen. Man spricht von Neonationalsozialisten und von Neofaschisten. Zunächst sagen solche Begriffe nur aus, dass es ein „Altes" geben muss, auf das sich das „Neue" in irgendeiner Weise bezieht. Es kann sich dabei sowohl um etwas qualitativ Neues aber auch lediglich um die Renaissance des Alten handeln. Genau darin liegt die Crux: Innerhalb der Forschung sind die Referenzobjekte und die Reflexionsebenen zu verschieden, um eine allgemein gültige Unterscheidung treffen zu können. Im Besonderen trifft das auf recht(sextremistisch)e Phänomene zu. Wie schon erwähnt, hebt Kitschelt die „neue radikale Rechte" von einer faschistisch geprägten „alten" ab.[61] In jener sieht er quasi ein (Protest-)Phänomen der Moderne. Ähnlich ist die soziologische Definition Minkenbergs, dem die „radikale Rechte" dann als „neu" gilt, wenn sie mit Programmatik, Strategie oder Organisationsform auf soziale Umbrüche (Stichworte: Modernisierung, Wertewandel, postindustrielle Gesellschaft) reagiert hat, und sich dadurch von „alten" Phänomenen unterscheidet.[62] Wieder andere Autoren verwenden den Begriff, ohne sich weiter festzulegen, schon für rein zeitlich „neue" Phänomene, oder sie bezeichnen mit ihm das breite Spektrum der Rechtsextremisten, die sich vom Nationalsozialismus Hitlerscher Prägung distanzieren.[63] Konkreter sind Definitionen, die die Neue Rechte auf diejenigen Zirkel einschränken, die in der ideologischen Tradition der „Konservativen Revolution"[64] zu Zeiten der Weimarer Republik stehen.[65] Wenn sich auch die

---

59 Vgl. Manfred Wilke, Ist die „Partei des Demokratischen Sozialismus" (PDS) noch eine kommunistische Partei?. In: Politische Studien, 12 (1990), S. 695–705.
60 Vgl. Jürgen P. Lang, Ist die PDS eine demokratische Partei? Eine extremismustheoretische Untersuchung, Baden-Baden 2003.
61 Vgl. Kitschelt/McGann, The Radical Right in Western Europe.
62 Vgl. Minkenberg, Die neue radikale Rechte im Vergleich, S. 71.
63 Vgl. dazu kritisch Armin Pfahl-Traughber, Die Erben der „Konservativen Revolution". Zu Bedeutung, Definition und Ideologie der „Neuen Rechten". In: Wolfgang Gessenharter/Helmut Fröchling (Hg.), Rechtsextremismus und Neue Rechte in Deutschland. Neuvermessung eines politisch-ideologischen Raumes?, Opladen 1998, S. 77–95, hier 78 f.
64 Armin Mohler, Die Konservative Revolution in Deutschland 1918–1932. Grundriss ihrer Weltanschauungen, Stuttgart 1950.
65 Vgl. Franz Greß/Hans-Gerd Jaschke/Klaus Schönekäs, Neue Rechte und Rechtsextremismus in Europa. Bundesrepublik, Frankreich, Großbritannien, Opladen 1990; Armin Pfahl-Traughber, „Konservative Revolution" und „Neue Rechte". Rechtsextremistische Intellektuelle gegen den demokratischen Verfassungsstaat, Opladen 1998; Susanne Mantino, Die „Neue Rechte" in der „Grauzone" zwischen Rechtsextremismus und Kon-

Verwendungen des Begriffs Neue Rechte nicht unbedingt ausschließen müssen, sind sie doch auch nicht zu vereinbaren. Allesamt beschreiben sie Teilbereiche des Rechtsextremismus, verlassen in einzelnen Fällen diese Kategorie aber auch. Der dünn gesäten wissenschaftlichen Literatur zu dem Thema ist es zu verdanken, dass der Begriff Neue Linke weit weniger ausufert und im Grunde auch nicht debattiert wird. Das Adjektiv „neu" bezeichnet hier ein ausschließlich historisches Phänomen: Die meisten Autoren – nicht nur sympathisierender Schriften – folgen der Selbstbezeichnung linker Protestbewegungen in den 60er und 70er Jahren,[66] die einen „dritten Weg" zwischen „orthodoxem" Kommunismus und (Sozial-)Demokratie beschreiten wollten.[67] Diese Grenzziehung wird aber nicht immer vorgenommen. So rechnet Gerd Langguth die in einen autoritären Kommunismus zurückgefallenen K-Gruppen zur gemeinhin als antiautoritär beschriebenen Neuen Linken.[68] Selbst wenn man davon ausgeht, die Neue Linke ließe sich in all ihren Ausprägungen als linksextremistisch einstufen, handelt es sich dennoch um ein enger umrissenes Phänomen.

Die Tragweite und die Bedeutung dieser Begriffe sind (jeweils) recht unterschiedlich. Alle stehen sie in einem engen Verhältnis zum politischen Extremismus beziehungsweise zu dessen Verortung in einem bestimmten politischen Spektrum. Die Verwendung des Terminus Radikalismus ist sehr uneinheitlich. Mal fungiert er als Synonym zu Extremismus (mitunter, um diese Vokabel bewusst zu vermeiden), mal bezeichnet er Eigenschaften, die einen engeren aber auch einen breiteren Bereich umreißen können. Der Begriff Populismus bezieht sich gänzlich auf eine andere (phänomenologische) Ebene – im Gegensatz zum Fundamentalismus. Dessen Definitionen entsprechen zum Teil denen des Extremismus als Antidemokratie. In der Praxis wird der Terminus aber nur auf bestimmte Erscheinungen angewandt. Das gilt auch für Faschismus, Kommunismus, Neue Rechte und Neue Linke. Die Forschung operiert daneben mit einer breiten Palette anderer Termini, die meist ideologische Eigenschaften oder Pro-

---

servatismus. Eine systematische Analyse des Phänomens „Neue Rechte", Frankfurt a. M. 1992; Alice Brauner-Orthen, Die Neue Rechte in Deutschland. Antidemokratische und rassistische Tendenzen, Opladen 2001; Wolfgang Gessenharter/Thomas Pfeiffer (Hg.), Die Neue Rechte – eine Gefahr für die Demokratie?, Wiesbaden 2004; Thomas Assheuer/Hans Sarkowicz, Rechtsradikale in Deutschland. Die alte und die neue Rechte, München 1992.

66 Vgl. John McMillian/Paul Buhle (Hg.), The New Left Revisited. Critical Perspectives on the Past, Philadelphia 2003; Irwin Unger, The Movement. A History of the American New Left, New York 1974; Van Gosse, The Movements of the New Left 1950–1975, Bedford 2004; Ayn Rand, The New Left. The Anti-Industrial Revolution, New York 1994; William L. O'Neill, The New Left. A History, Wheeling 2001.

67 Vgl. Uwe Backes/Eckhard Jesse, Neue Linke und Neue Rechte – Ein Vergleich. In: dies. (Hg.), Jahrbuch Extremismus & Demokratie, Band 5, Bonn 1993, S. 7–28, hier 12; Franz Schneider (Hg.), Dienstjubiläum einer Revolte. „1968" und 25 Jahre, München 1993.

68 Vgl. Gerd Langguth, Mythos '68. Die Gewaltphilosophie von Rudi Dutschke – Ursachen und Folgen der Studentenbewegung, München 2001; ders., Protestbewegung. Entwicklung, Niedergang, Renaissance. Die Neue Linke seit 1968, Köln 1983.

file bezeichnen und nicht in Konkurrenz zum Extremismusbegriff stehen: Nationalismus,[69] Separatismus,[70] Antisemitismus,[71] Rassismus, Antifaschismus,[72] Antikapitalismus und einige mehr. Sie sind nicht in jedem Fall eindeutig einer bestimmten politischen Richtung zuzuordnen. Zum Beispiel gelten linksextremistische Parteien gemeinhin als antikapitalistisch – ein Charakteristikum, das aber auch auf die NPD in Deutschland zutrifft.[73] Die nun folgende Bestandsaufnahme hält sich an die scheinbar unumstößliche Distinktion zwischen Rechts- und Linksextremismus. Deren kategorisierende Funktion muss aber kein analytischer Zwang sein: Die Unterscheidung bedeutet weder von vornherein, dass keine Phänomene existieren, die beiden Lagern zugleich zugeordnet werden müssten, noch, dass es nichts Drittes geben kann. So wird der Islamismus in der Wissenschaft als eigenständige extremistische Form verstanden, wenn auch ideologische Verbindungen zu anderen Extremismen vorhanden zu sein scheinen.[74] Nicht einzelne Ansätze, sondern die Forschungsschwerpunkte geben die Struktur des Beitrags vor. Umfang und Intensität der Forschung mögen sich in der Länge der Abschnitte und Unterabschnitte spiegeln.

2. Bestandsaufnahme

2.1 Rechtsextremismus

Die internationale Politikwissenschaft hat sich – mit wenigen Ausnahmen – des Rechtsextremismus erst von den späten 80er Jahren an angenommen. Seitdem lässt die Flut der Analysen die berechtigte Frage aufkommen: Tragen einzelne Publikationen noch etwas Neues bei? Fast scheint es, als sei das Thema „überforscht". Insbesondere haben sich die Wissenschaftler auf parteiförmige Ausprägungen in West- und Osteuropa sowie rechtsextremistische Organisationen

---

69   Vgl. Sandra F. Joireman, Nationalism and Political Identity, London/New York 2003; Antoine Roger, Les grandes théories du nationalisme, Paris 2001; Athena S. Leoussi (Hg.), Encyclopedia of Nationalism, New Brunswick/London 2001.
70   Vgl. Christopher Hewitt/Tom Cheetham, Encyclopedia of Modern Separatism, Santa Barbara 2000.
71   Vgl. Martin Kloke, Antizionismus und Antisemitismus als Weltanschauung? Tendenzen im deutschen Linksradikalismus und -extremismus. In: Extremismus in Deutschland. Erscheinungsformen und aktuelle Bestandsaufnahme. Hg. vom Bundesministerium des Innern, Berlin 2004, S. 163–196; Juliane Wetzel, Antisemitismus und Holocaustleugnung als Denkmuster radikaler islamistischer Gruppierungen. In: ebd., S. 253–272.
72   Vgl. Manfred Agethen/Eckhard Jesse/Ehrhart Neubert (Hg.), Der missbrauchte Antifaschismus. DDR-Staatsdoktrin und Lebenslüge der deutschen Linken, Freiburg im Breisgau 2002.
73   Vgl. Peter H. Merkl, Stronger than Ever. In: ders./Leonard Weinberg (Hg.), Right-Wing Extremism in the Twenty-First Century, London/Portland 2003, S. 23–46, hier 37.
74   Vgl. Eckhard Jesse, Politischer Extremismus heute: Islamistischer Fundamentalismus, Rechts- und Linksextremismus. In: APuZG, B 46/2001, S. 3–5.

in den USA kapriziert, während der Rest der Welt – nicht immer nachvollziehbar – ein Kümmerdasein in der Forschungslandschaft fristet. „Gesamt"-Darstellungen sind geographisch relativ eng begrenzt. Blickt man auf die Herkunft der Autoren, dominieren – das ist eher verständlich – ebenfalls Europäer und US-Amerikaner die einschlägige Forschung.

Die inhaltliche Konkretisierung des Rechtsextremismus[75] ist sehr uneinheitlich – so sie denn stattfindet. Paul Hainsworth etwa diskutiert diese Problematik zwar, ohne sich aber selbst um eine Definition zu bemühen. Zur Abgrenzung genügt ihm ein Katalog politischer Themenfelder, die die „extreme Rechte" intensiver als die Parteien des „Mainstream" bestelle.[76] Roger Eatwell arbeitet zehn – hauptsächlich soziologische – Theorien zur Erklärung des Phänomens heraus.[77] 26 Definitionen zählt Cas Mudde in der Literatur. Zusammen umfassten sie ganze 58 Bestimmungsmerkmale. „Some definitions are the size of shopping lists".[78] Am häufigsten, nämlich bei über der Hälfte der von ihm untersuchten Schriften fänden sich Nationalismus, Rassismus, Fremdenfeindlichkeit, Antidemokratie und das Eintreten für einen starken Staat. Abgesehen davon, dass diese Merkmale im Einzelnen auch auf andere Extremismen zutreffen und jeweils nur in einer gewissen Kombination Gültigkeit beanspruchen mögen, gilt aus normativer Sicht nur eines – nämlich das vorletzte – als genuines Kriterium für Extremismus. Strikt an diesem orientiert sich Armin Pfahl-Traughber, wenn er vier zentrale Ideologieelemente „des" Rechtsextremismus differenziert: Nationalismus, Autoritarismus, Antipluralismus und die Ideologie der Ungleichheit.[79] Vor allem das letzte Element sei grundlegend für die Bestimmung dieser extremistischen Richtung. Auch Betz erachtet die „rejection of [...] individual und social equality"[80] als entscheidend. Ignazi führt (neben der „faschistischen" Tradition) die Gegnerschaft zum (jeweiligen) demokratischen Staat als zweitwichtigstes Kriterium ins Feld.[81] Bei seiner Rubrizierung als „ext-

75 Nur selten ist konkret von „Rechtsextremismus" die Rede. In einem einzigen Sammelband finden wir nebeneinander die nicht weiter erläuterten Bezeichnungen „far right", „extreme right", „radical right", „new right" und „neo-fascism". Vgl. Luciano Cheles/ Ronnie Fergusson/Michalina Vaughan (Hg.), The Far Right in Western and Eastern Europe, London/New York 1995.
76 Vgl. Paul Hainsworth, Introduction. The Cutting Edge: The Extreme Right in Post-War Western Europe and the USA. In: ders., The Extreme Right in Europe and the USA, London 1992, S. 1-28; ders., Introduction: the extreme right. In: ders. (Hg.), The Politics of the Extreme Right. From the Margins to the Mainstream, London/New York 2000, S. 1-17.
77 Vgl. Roger Eatwell, Ten Theories of the Extreme Right. In: Merkl/Weinberg, Right-Wing Extremism in the Twenty-First Century, S. 47-73.
78 Cas Mudde, The ideology of the extreme right, Manchester 2002, S. 10.
79 Vgl. Armin Pfahl-Traughber, Rechtsextremismus. Eine kritische Bestandsaufnahme nach der Wiedervereinigung, Bonn 1993, S. 14-23.
80 Hans-Georg Betz, The New Politics of Resentment. Radical Right-Wing Parties in Western Europe. In: Comparative Politics, 16 (1993), S. 413-427, hier 413.
81 Vgl. Piero Ignazi, The Extreme Right: Defining the Object and Assessing the Causes. In: Martin Schain/Aristide Zolberg/Patrick Hossay (Hg.), Shadows over Europe: The Development and the Impact of the Extreme Right in Western Europe, New York/ Basingstoke 2002, S. 21-37.

rem" steht der konstitutionelle Aspekt im Vordergrund, nicht Demokratie als Wertekanon. Kitschelts sozialstrukturalistischer Ansatz entfernt sich am weitesten von der normativen Extremismusforschung und misst die „neue radikale Rechte" an den Positionen innerhalb der Gegensätze kosmopolitisch/partikularistisch, libertär/autoritär und redistributiv/marktliberal.[82] Diese verschiedenen Deutungen und Herangehensweisen sind mehr oder weniger geglückte Versuche, ein sehr heterogenes Phänomen zu beschreiben und auf seine wesentlichen Eigenschaften zurückzuführen. Rechtsextremismus ist „keineswegs ein monolithischer, ideologisch homogener Block".[83] In der einschlägigen Literatur treten Unterschiede oft deutlicher zu Tage als Gemeinsamkeiten.

Die rechtsextremistischen Parteien in Westeuropa sind die innerhalb der gesamten Extremismusforschung am akribischsten aufgearbeiteten Objekte. Das liegt zum einen an dem - typisch europäischen - historischen Hintergrund, dem Spannungsverhältnis zwischen demokratischer Tradition und „totalitärer Erfahrung".[84] Zum anderen gelang es diesen Parteien, sich innerhalb der demokratischen Verfassungsstaaten mal besser, mal schlechter zu etablieren. Ihre Wahlerfolge werden - weit mehr als im Falle linksextremistischer Organisationen - als Bedrohung für die „Demokratie" empfunden. Diese öffentliche Aufmerksamkeit schafft natürlich - jenseits des reinen Forschungsinteresses - einen gewissen Bedarf an wissenschaftlichen Analysen, was nicht heißen soll, dass eine große Nachfrage stets für Qualität des Angebots sorgt.

Aus der Masse der Einzelstudien ragen Veröffentlichungen heraus, die Tendenzen des organisierten westeuropäischen Rechtsextremismus insgesamt aufzeigen. Leider mangelt es an länderübergreifenden Analysen, die (zugleich) auf die historische Entwicklung eingehen. Es dominiert das Bemühen, die aktuellen Phänomene in den Griff zu bekommen. Die meisten Autoren sehen in den 80er Jahren den Wendepunkt in der Entwicklung der einschlägigen Parteien. Mudde spricht von einer „third wave"[85] des Rechtsextremismus. Der elektorale Durchbruch einiger dieser Organisationen steht für viele in einem Wechselverhältnis mit ideologisch-programmatischen Veränderungen. Jean-Yves Camus merkt dazu an, die „extreme Rechte" habe sich „von der ideologischen Herkunft des Nationalsozialismus und Faschismus freimachen können, die sie in Ohnmacht und Nostalgie verharren ließ".[86] Auch Roger Griffin verweist darauf, dass viele Parteien - unter anderem die Republikaner, die niederländische Centrumpartij'86 (CP'86), die skandinavischen Fortschrittsparteien, die FPÖ, aber auch der VB - nichts (mehr) mit dem „historic fascism in the conventional sense of the word" zu tun hätten. Dessen Platz hätten „ethnocratic perver-

---

82 Vgl. Kitschelt/McGann, The Radical Right in Western Europe, S. 4 f.
83 Thomas Grumke, Rechtsextremismus in den USA, Opladen 2001, S. 20.
84 Karl Dietrich Bracher, Die totalitäre Erfahrung, München 1987.
85 Mudde, The ideology of the extreme right, S. 6.
86 Jean-Yves Camus, Strömungen der europäischen extremen Rechten - Populisten, Integristen, Nationalrevolutionäre, Neue Rechte. In: Backes, Rechtsextreme Ideologien in Geschichte und Gegenwart, S. 235-260, hier 260.

sions of liberalism" eingenommen.[87] Eine ähnliche Differenzierung trifft Christopher T. Husbands, wenn er „neofaschistische" von „nationalpopulistischen" Parteien dividiert.[88]

Ignazi folgt diesen Einschätzungen. Auch er hält die faschistische Tradition seit den 80er Jahren nicht mehr (allein) für ideologieprägend, sondern auch den Einfluss des Neokonservatismus.[89] „Rechtsextreme" Parteien hätten die Ablehnung der freien Marktwirtschaft und – in Grenzen – des Individualismus hinter sich gelassen und unternähmen nun eine Gratwanderung zwischen Liberalismus und dem Kampf gegen postmaterialistische Werte.[90] Heute repräsentierten nur noch die deutsche NPD, der *Movimento Sociale-Fiamma Tricolore* (ein Spaltprodukt des MSI/AN), die *British National Party* (BNP) sowie mit Einschränkungen die DVU und der VB Organisationen des alten Typs.[91] An anderer Stelle verweist er auf die extremistische Grundhaltung dieser Organisationen: „Anti-egalitarism, anti-pluralism and anti-parliamentarism, albeit veiled or reframed, still represent the ideological core of the newly formed extreme right parties."[92] Hans Georg Betz hat eine größere Parteiengruppe im Blick, wenn er demgegenüber feststellt, das Kennzeichen der heutigen „radikalen Rechten" sei „less their stance on democracy [...]; rather it is their espousal of an explicitly radical nativist position reflected in an overtly ‚ethnopluralist' notion of cultural protectionism".[93] Bezüglich der allerjüngsten Zeit macht Betz aber auch eine gegenläufige Tendenz vom „Neoliberalismus" (zurück) zum „völkischen Sozialismus" aus, die sich unter anderem in der Reüssierung der NPD gezeigt habe.[94]

Soziologisch orientierte Analysen führen den in den 80ern beginnenden ideologischen Wandel auf ein ganzes Ursachenbündel zurück: etwa die Reideologisierung und Polarisierung der Politik, internationale Migration und ethnische Pluralisierung, soziale Fragmentierung und wirtschaftliche Globalisierung.

---

87 Vgl. Roger Griffin, Interregnum or Endgame? Radical Right Thought in the „Post-fascist" Era. In: The Journal of Political Ideologies, 2 (2000), S. 163–178.
88 Vgl. Christopher T. Husbands, The Other Face of 1992. The Extreme-Right Explosion in Western Europe. In: Parliamentary Affairs, 3 (1992), S. 267–284. Auch Philippe Poirier argumentiert in diese Richtung und rubriziert die „neuen" Rechtsaußen-Parteien in nationale, national-liberale und regional-kommunitaristische. Vgl. Philippe Poirier, Subsidiarity, Regionalism and State-Nationalism: An ideological gap between European parties of the New Right?, unveröffentlichtes Manuskript, 2001, S. 28 f.
89 Dieser Terminus wird meist (nicht nur bei Ignazi) verknüpft mit der Politik der britischen Premierministerin Margaret Thatcher, manchmal auch mit der des US-Präsidenten Ronald Reagan.
90 Vgl. Ignazi, Extreme Right Parties in Western Europe, S. 22–26, 197.
91 Vgl. ebd., S. 200.
92 Piero Ignazi, The Development of the Extreme Right at the End of the Century. In: Merkl/Weinberg, Right-Wing Extremism in the Twenty-First Century, S. 143–158, hier 146.
93 Hans Georg Betz, The Growing Threat of the Radical Right. In: ebd., S. 74–93, hier 77.
94 Vgl. ebd., S. 80 f.

Kitschelt wirft einigen dieser Studien[95] vor, die Parteien zu sehr über einen Kamm zu scheren. Er unterteilt sie – seine Untersuchung berücksichtigt die programmatischen Angebote und die Einstellungen der Wählerschaften – in drei Gruppen: „Right-authoritarian" seien der französische Front National (FN), der VB sowie in der Schweiz die Autopartei und die Nationale Aktion/Schweizer Demokraten. Eher in den Bereich „populist-antistatist" fielen die FPÖ und die italienische Lega Nord, die Kitschelt aber beide kaum der „neuen radikalen Rechten" zuzurechnen vermag. Mit den Label „welfare chauvinist" versieht er ideologisch so verschiedene Parteien wie den MSI und die Republikaner.[96] Umfassende Vergleiche rechtsextremistischer Parteien in Westeuropa sind – das muss kein Nachteil sein – eine Domäne der „Empiriker". Jedoch klaffen Fragestellungen und Analyseebenen von Fall zu Fall weit auseinander, was dazu führt, dass sich dieselben Parteien – etwa der Vlaams Blok – in ganz unterschiedlichen Schubladen wiederfinden.

Vergleichende Analysen einzelner Parteien sind dagegen naturgemäß weniger angreifbar, aber auch weniger generalisierbar. In der wissenschaftlichen Praxis beschränkten sie sich bislang meist von vornherein auf programmatisch recht ähnliche Organisationen, weswegen im Ergebnis die Analogien die Differenzen überwogen. Das gilt unter anderem für Cas Mudde. Er wählt keinen soziologischen Ansatz, sondern konfrontiert die Ideologien der Republikaner, der DVU, des VB sowie der niederländischen Organisationen Centrumdemocraten (CD) und CP'86 miteinander. Die Kombination aus „nationalism, welfare chauvinism, xenophobia and law and order" forme den ideologischen Kern dieser Parteienfamilie. Mudde verwirft in diesem Zusammenhang den Extremismusbegriff. Er hält die Bezeichnung „extreme right ideology" für angebracht, die aber keiner „right-wing form of extremist thinking"[97] gleichkomme. Auch Marga Gomez-Reino spricht von Extremismus, gibt ihm aber nicht den Sinn der Antidemokratie. Sie zeigt in einem umfangreichen Vergleich ideologische Ähnlichkeiten der – ihrer Analyse zufolge einzigen – beiden Parteien des „peripheren Nationalismus" auf, des VB und der Lega Nord.[98] Aus normativer Sicht eindeutiger sind Marc Swyngedouw und Gilles Ivaldi, die verdeutlichen, „how small ideological differences are between the Belgian VB and French FN." Für sie steht fest, das ideologische Gerüst beider Parteien sei „essentially one of non-democratic nature. Although those parties stress their commitment to representative democracy and tend to abandon their fascist baggage, they refu-

---

95 Vgl. Minkenberg, Die neue radikale Rechte im Vergleich; Betz, Radical Right-Wing Populism in Europe.
96 Vgl. Kitschelt/McGann, The Radical Right in Western Europe, S. 90.
97 Mudde, The ideology of the extreme right, S. 179.
98 Vgl. Marga Gomez-Reino, Comparing Varieties of Extremism: the Vlaams Blok and Lega Nord, unveröffentlichtes Manuskript, 2001.

se to acknowledge basic individual rights and wish to restrict freedom of organisation."[99]

Andere Studien versuchen, den Wechselwirkungen rechtsextremistischer Parteien mit den Demokratien auf die Spur zu kommen, in denen sie agieren. John Veugelers und Roberto Chiarini vergleichen die Rolle der italienischen Alleanza Nazionale (AN) und des französischen FN in den jeweiligen Parteiensystemen.[100] Michael Minkenberg stellt die Interaktionen des FN und der Republikaner mit dem Staat einander gegenüber.[101] Alexandre Dézé kommt zu dem Schluss, dass das Rezept für politischen Erfolg in diesen Systemen eine gewisse Anpassungsleistung erfordert hat:[102] So wandelte sich der Movimento Sociale Italiano (MSI) ideologisch und mauserte sich als AN zur Regierungspartei. Einen anderen Weg dorthin beschritt die FPÖ, der eine „strategy of distinction" zu Wählerstimmen verholfen habe. Demgegenüber sei der FN in Frankreich in dem Dilemma „pro oder contra System" durch Abspaltungen und interne Grabenkämpfe geschwächt worden. Der VB wiederum habe sich wegen seiner Fähigkeit, intern Kompromisse zu schließen, strategisch konsolidieren können. Ein Gutteil der Autoren, die sich mit rechtsextremen Parteien in einzelnen westeuropäischen Ländern beschäftigen, weisen darauf hin, dass ihr jeweiliges Untersuchungsobjekt entweder eine ernstzunehmende Größe darstellt oder aber eine Marginalie – dahingestellt, ob die politischen Rahmenbedingungen im Einzelnen mitanalysiert wurden oder nicht. So lassen sich – überblickt man die Literatur – die Organisationen in zwei Lager unterteilen: Als gesellschaftlich einflussreich oder politisch erfolgreich gelten rechtsextreme Parteien in den skandinavischen Ländern, Belgien, Frankreich, Italien und Deutschland. Ohne große Bedeutung sind sie offenbar in Großbritannien, den Niederlanden, Portugal, Spanien, Griechenland und Finnland. Sonderfälle auf ihre Art scheinen die Schweiz und Österreich zu sein. Bislang liegt keine Analyse vor, die in den beiden Alpenrepubliken eindeutig rechtsextremistische Parteien von Relevanz nachweist.[103] Das gilt zumal für die FPÖ.[104] Sie ist auch insofern ein eige-

---

99 Marc Swyngedouw/Gilles Ivaldi, The extreme-right Utopia in Belgium and France. The ideology of the Flemish Vlaams Blok and the French Front National, unveröffentlichtes Manuskript, 2001, S. 21.
100 Vgl. John W. P. Veugelers/Roberto Chiarini, The Far Right in France and Italy: Nativist Politics and Anti-Fascism. In: Schain/Zolberg/Hossay, Shadows over Europe, S. 83–103.
101 Vgl. Michael Minkenberg, The New Radical Right in the Political Process: Interaction Effects in France and Germany. In: ebd., S. 245–268.
102 Vgl. Alexandre Dézé, Between adaptation, differentiation and distinction. Extreme right-wing parties within democratic political systems. In: Roger Eatwell/Cas Mudde (Hg.), Western Democracies and the New Extreme Right Challenge, London/New York 2004, S. 19–40.
103 Zur Situation in der Schweiz vgl. Damir Skenderovic, The Swiss Radical Right in Perspective. A Reevaluation of Success Conditions in Switzerland, unveröffentlichtes Manuskript, 2001.
104 Zur FPÖ vgl. Patrick Moreau, Le Freiheitliche Partei Österreichs. Parti national-libéral ou pulsion austro-fasciste? In: Pouvoirs, 87 (1998), S. 61–82; Duncan Morrow, Jörg

nes Phänomen, als sie sich – anders als die „neuen" rechtsextremen Organisationen im restlichen Westeuropa – aus der politischen Mitte heraus zu einer Rechtsaußen-Partei wandelte. Weitgehend ein Desiderat der Wissenschaft ist auch der Rechtsextremismus in Griechenland[105] und Finnland.[106]

Als recht ergiebig erweist sich dagegen die Forschung zu Großbritannien. Eine Fülle an geschichtswissenschaftlicher Literatur hat das Aufblitzen des „britischen Faschismus" während der Zwischenkriegszeit von allen Seiten unter die Lupe genommen. Im Zentrum steht Oswald Mosleys British Union of Fascists (BUF). Herausragend ist die Arbeit von Thomas Linehan, die allerdings nicht auf die Wechselwirkungen mit faschistischen Strömungen auf dem „Kontinent" eingeht.[107] Dieses Manko beheben andere Analysen zur Ideologie der BUF.[108] Der Klassiker Richard Thurlows[109] beschreibt detailliert die ideologischen Kontinuitäten von der BUF – die sich stark von den Ideen Oswald Spenglers[110] habe leiten lassen – zu rechtsextremistischen Organisationen der Nachkriegszeit, etwa der National Front (NF) oder der British National Party (BNP).[111] Einen „case of failure" sieht Ignazi im aktuellen britischen Rechtsextremismus: „Indulgence in street violence, overt racist and anti-Semitic statements, and generalized nostalgia for all sorts of fascist tendencies, marginalized the NF at the time and the BNP nowadays."[112] Andere Autoren ziehen ähnliche Schlüsse.[113] Roger Eatwell bestreitet aus diesem Grund die Allgemeingültigkeit der These, extrem rechte Parteien hätten „free market appeals" adaptiert, um Wähler zu gewinnen.[114] In einem späteren Beitrag macht Eatwell allerdings darauf aufmerksam, dass die BNP in jüngster Zeit „has undoubtedly positioned itself mo-

---

Haider and the new FPÖ: beyond the democratic pale? In: Hainsworth, The Politics of the Extreme Right, S. 33–63.
105 Vgl. Panayote Elias Dimitras, Greece: The Virtual Absence of an Extreme Right. In: Hainsworth, The Extreme Right in Europe and the USA, S. 246–268; Vassilis Kapetanyannis, Neo-Fascism in Modern Greece. In: Cheles/Ferguson/Vaughan, The Far Right in Western and Eastern Europe S. 129–144.
106 Vgl. Kyösti Pekonen (Hg.), The New Radical Right in Finland, Helsinki 1999.
107 Vgl. Linehan, British Fascism 1918–39.
108 Julie V. Gottlieb/Thomas P. Linehan (Hg.), The Culture of Fascism. Visions of the Far Right in Britain, London/New York 2004.
109 Vgl. Thurlow, Fascism in Britain.
110 Vgl. Oswald Spengler, Der Untergang des Abendlandes. Umrisse einer Morphologie der Weltgeschichte, München 1923.
111 Zu diesen und anderen rechtsextremistischen Organisationen vgl. Nick Ryan, Homeland. Into a World of Hate, Edinburg/London 2003; Gerry Gable, The far right in contemporary Britain. In: Cheles/Ferguson/Vaughan, Neo-Fascism in Europe, S. 245–263. Beide Veröffentlichungen beleuchten auch das Verhältnis zu Rechtsextremisten in den USA.
112 Ignazi, Extreme Right Parties, S. 186.
113 Vgl. Kitschelt/McGann, The Radical Right in Western Europe, S. 241–256; Roger Eatwell, Why has the Extreme Right failed in Britain? In: Hainsworth, The Extreme Right in Europe and the USA, S. 175–192.
114 Vgl. Roger Eatwell, The extreme right and British exceptionalism: the primacy of politics. In: Hainsworth, The Politics of the Extreme Right, S. 172–192.

re shrewdly within the democratic electoral market."[115] Ihr Vorsitzender Nick Griffin sei bemüht, die historischen Wurzeln der Partei zu kappen, mithin ihre interne und externe Identifikation mit Faschismus und Nationalsozialismus ideologisch zu überholen. Personell ist die britische „Szene" eng verwoben. Der eben genannte Nick Griffin etwa war früher schon führender Kopf der NF und der rassistischen International Third Position. Gerry Gable schildert, wie aus den rechtextremistischen Gruppierungen heraus versucht wurde, paramilitärische Strukturen zu schaffen. Deren bekannteste ist die militant-neonationalsozialistische Organisation „Combat 18".[116] Ein Außenseiter unter den Außenseitern ist auf der Insel dagegen die Neue Rechte. Anders als in Frankreich und selbst Deutschland kam sie nicht über Ansätze hinaus und bleibt auch innerhalb des gesamten rechten Lagers eine Marginalie.[117]

Selbst wenn sie es wollten, an eine „faschistische" Tradition können die rechtsextremen Organisationen in den Niederlanden[118] nicht anknüpfen. CD und CP'86 sind personell ausgesprochen schwache Kleinstparteien mit kaum über einem Prozent Stimmanteil bei Wahlen.[119] Cas Mudde und Joop Van Holsteyn führen dies darauf zurück, dass einschlägige Organisationen nicht auf eine nationalistische Subkultur in der Gesellschaft bauen können.[120] Anders als zum Beispiel in Belgien spiele die „nationale Frage" im Nachbarland so gut wie keine Rolle. Das ideologische Profil der beiden Parteien beschreibt Mudde als diffus, ihr Programm als eklektizistisch. Dies treffe zumal auf die CD zu, deren politische Angebote um den Kampf gegen eine „multikulturelle Gesellschaft" kreisen. Die CP'86 habe ihre anfangs moderaten Positionen in Richtung eines ethnischen Nationalismus radikalisiert.[121] Eine Analyse, die der Frage nachgeht, ob die beiden Organisationen antidemokratisch sind, steht jedoch aus. Im Falle der CP'86 scheint einiges dafür zu sprechen. Von der Forschung weitgehend unbehelligt ist bislang die allerdings noch unbedeutendere neonationalsozialistische Nederlandse Volks-Unie (NVU) geblieben, ebenso wie die „populisti-

---

115 Roger Eatwell, The extreme right in Britain. The long road to „modernization". In: Eatwell/Mudde, Western Democracies and the New Extreme Right Challenge, S. 62–79, hier 77.
116 Vgl. Gerry Gable, Britain's Nazi underground. In: Cheles/Ferguson/Vaughan, The Far Right in Western and Eastern Europe, S. 258–271.
117 Vgl. Franz Greß, Großbritannien. In: Greß/Jaschke/Schönekäs, Neue Rechte und Rechtsextremismus in Europa, S. 106–217. Die Analyse arbeitet die Gemeinsamkeiten und Unterschiede der Neuen Rechten in den drei Ländern heraus.
118 Vgl. Joop Van Holsteyn/Cas Mudde (Hg.), Extreem-rechts in Nederland, Den Haag 1998.
119 Vgl. Christopher T. Husbands, The Netherlands: Irritants on the Body Politic. In: Hainsworth, The Extreme Right in Europe and the USA, S. 95–125.
120 Cas Mudde/Joop Van Holsteyn, The Netherlands: explaining the limited success of the extreme right. In: Hainsworth, The Politics of the Extreme Right, S. 144–171; Joop Van Holsteyn, Neither Threat Nor Challenge. Right-wing extremism in the Netherlands, unveröffentlichtes Manuskript, 2001.
121 Vgl. Mudde, The ideology of the extreme right, S. 140 f, 163 f.

sche" Liste Pim Fortuyn,[122] die zu jung war, um von Kitschelt berücksichtigt zu werden, und wohl kein Fall von Extremismus ist.

Eine lange, bis in die nicht allzu ferne Vergangenheit zurückreichende Zeit haben Portugal und Spanien unter Salazar beziehungsweise Franco Diktaturen rechter Provenienz durchlitten. Diesem interessanten Hintergrund zum Trotz hält sich die Wissenschaft bei der Behandlung des Rechtsextremismus in der demokratischen Ära beider Länder eher zurück. Historische Studien haben vor allem die spanische Vergangenheit umfassend aufgearbeitet und zum Teil auch ideologische Verbindungen zu gegenwärtigen Phänomenen gezogen.[123] In Spanien existieren heute unzählige rechtsextremistische Organisationen. Zwar sind sie nicht unbedingt gesellschaftlich isoliert, stoßen insgesamt gesehen aber kaum auf großen Wählerzuspruch. Als Grund dafür gilt die starke Fragmentierung des spanischen Rechtsextremismus. Sheelagh Ellwood bringt etwas Ordnung in das Durcheinander der hauptsächlich falangistischen und nationalsyndikalistischen Organisationen.[124] John Gilmour holt historisch aus und verdeutlicht die fest verankerten ideologischen Traditionen des Falangismus und Francoismus auch bei der katholischen Unión Nacional respektive des Bündnisses Fuerza Nueva.[125] Nationalismus präge ihr Profil ebenso wie Antikapitalismus und die Forderung nach sozialer Gerechtigkeit. Die ideologische Umorientierung des rechtsextremistischen Zusammenschlusses Frente Nacional nach dem Vorbild des französischen FN unter Jean-Marie Le Pen sowie der Republikaner unter Franz Schönhuber hat in den 90er Jahren nicht zu einer Konsolidierung geführt.[126] Von einer „New Radical Right" im Sinne Kitschelts ist weder bezüglich Spaniens die Rede noch Portugals. António Costa Pinto stellt fest, dass dort der gesellschaftliche Bruch mit dem *ancien régime* sehr deutlich gewesen ist. Rechtsextremistische Parteien seien deshalb in der portugiesischen Demokratie nie richtig auf die Beine gekommen: „For the radical right this new situation was devastating, both politically and organisationally, but ideologically as well."[127] So scheiterte in den 70ern die Unabhängige Bewegung

---

122 Cas Mudde, The pink populist: Pim Fortuyn for beginners, unveröffentlichtes Manuskript, 2002.
123 Vgl. Stanley G. Payne, Fascism in Spain 1923-1997, Madison 2000; Sheelagh M. Ellwood, Spanish Fascism in the Franco Era: Falange Española De Las Jons. 1936-76, London 1988; António Costa Pinto, Ideologia, elites e movimentos fascistas em Portugal 1914-1945, Lissabon 1994; ders., The Blueshirts. Portuguese Fascists and the New State, Boulder 2000.
124 Vgl. Sheelagh Ellwood, The Extreme Right in Spain: A Dying Species? In: Cheles/Ferguson/Vaughan, The Far Right in Western and Eastern Europe, S. 91-107.
125 Vgl. John Gilmour, The Extreme Right in Spain: Blas Piñar and the Spirit of the Nationalist Unprising. In: Hainsworth, The Extreme Right in Europe and the USA, S. 206-231.
126 Vgl. Walther L. Bernecker, Länderbericht: Extremismus in Spanien. In: Backes/Jesse, Jahrbuch Extremismus & Demokratie, Band 7, S. 230-247, hier 236.
127 António Costa Pinto, The Radical Right in Contemporary Portugal. In: Cheles/Ferguson/Vaughan, The Far Right in Western and Eastern Europe, S. 108-128, hier 114. Ähnlich argumentiert Tom Gallagher: Portugal, The Marginalization of the Extreme Right. In: Hainsworth, The Extreme Right in Europe and the USA, S. 232-245.

des Nationalen Wiederaufbaus, MIRN, die sich später in Partido de Direita Portuguesa (PDP) umbenannte. Daneben habe die Monopolstellung des konservativen PSD innerhalb des rechten Lagers Extremisten nur wenig Platz gelassen.

Was die skandinavischen Länder betrifft, konzentriert sich die Forschung – zwangsläufig – ausschließlich auf Phänomene neueren Datums, nämlich die Fortschrittsparteien in Dänemark und Norwegen, die schwedische Ny Demokrati sowie die dänische Volkspartei.[128] Alles in allem rechnen die Analysen diese Organisationen nicht dem Spektrum der Antidemokraten zu.[129] Kitschelt spricht sogar von einer „milder version of the New Radical Right".[130] Die Parteien werden als populistische, „neoliberale" Protestparteien dargestellt, die mit Anti-Immigrationskampagnen – mit Ausnahme Schwedens erfolgreich – auf Wählerfang gingen. In der Tat ist Rechtsextremismus in den skandinavischen Ländern eine relativ junge Erscheinung. Kaum jemand geht jedoch auf die heute zahlreichen, eindeutig antidemokratischen Organisationen ein, obwohl gerade Schweden seit den 80er Jahren einen Boom (militanter) neonationalsozialistischer Gruppen erlebt. Eine Ausnahme bildet Tore Bjørgos fundierter Überblick.[131] Schweden ist in den 90er Jahren auch vom organisierten Rechtsterrorismus – ein weiterer Schwerpunkt der Studie – nicht verschont geblieben, der vor allem von dem Netzwerk VAM (*Vitt Aritsk Motstånd*, Weißer Arischer Widerstand) ausging.

Auf keine der westeuropäischen Staaten hat sich die Rechtsextremismusforschung so gestürzt wie auf diese vier: Belgien, Frankreich, Italien und Deutschland. In Belgien kann der 1979 aus der VNP und VVP fusionierte Vlaams Blok – bezieht man seine zahlreichen ideologischen Erblasser[132] ein – auf eine lange Tradition zurückblicken.[133] Trotzdem steht er oft als „neues" Phänomen im Mittelpunkt der Analysen. Andere rechtsextremistische Parteien – etwa die im frankophonen Teil des Landes aktiven, aber relativ unbedeutenden Organisationen *Front National* und *Parti des Forces Nouvelles* (PFN) – finden dagegen weit weniger Berücksichtigung.[134] Ideologisch stellt der VB – darin sind sich die

---

128 Vgl. Tor Bjørklund/Jørgen Goul Andersen, Anti-Immigration Parties in Denmark and Norway: The Progress Parties and the Danish People's Party, Aalborg 1999; Jørgen Goul Andersen, Denmark: the Progress Party – Populist Neo-Liberalism and Welfare State Chauvinism. In: Hainsworth, The Extreme Right in Europe and the USA, S. 193–205.
129 Vgl. Jørgen Goul Andersen/Tor Bjørklund, Radical right-wing populism in Scandinavia: from tax revolt to neo-liberalism and xenophobia. In: Hainsworth, The Politics of the Extreme Right, S. 193–223, hier 193.
130 Vgl. Kitschelt/McGann, The Radical Right in Western Europe, S. 121.
131 Vgl. Tore Bjørgo, Racist and Right-Wing Violence in Scandinavia. Patterns, Perpetrators, and Responses, Oslo 1997.
132 Vgl. Christopher T. Husbands, Belgium: Flemish Legions on the March. In: Hainsworth, The Extreme Right in Europe and the USA, S. 126–150.
133 Vgl. Hugo Gijsels/Jos van der Velpen, Het Vlaams Blok 1938–1988. Het verdriet van Vlaanderen, Antwerpen/Berchem 1989; Patrick Hossay, Why Flanders? In: Schain/Zolberg/Hossay, Shadows over Europe, S. 159–185.
134 Ausnahmen: Manuel Abramowicz, Les rats noirs. L'extrême droite en Belgique francophone, Brüssel 1996; Ignazi, Extreme Right Parties in Western Europe, S. 126–131;

Wissenschaftler einig – seinen „flämischen Nationalismus" über alles. Das hat nicht nur die Agitation gegen Belgien als „Zweivölkerstaat" zur Folge. Vielmehr sind, wie Mudde feststellt, völkische, identitär-demokratische Vorstellungen, Antiparlamentarismus und die Relativierung des Nationalsozialismus in der Programmatik fest verwurzelt.[135] Ignazi rückt den VB ideologisch in die Nähe des „Neofaschismus",[136] Swyngedouw bezeichnet ihn als rassistisch.[137] Von den späten 80er Jahren an erklomm die Partei jedoch die Erfolgsleiter. Längst kommt im flämischen Landesteil neben dem VB keine rechtsextremistische Partei hoch.

Dasselbe gilt für den FN im heutigen Frankreich. Der dortige Rechtsextremismus ist gut erforscht. Historisch breit reflektierende und die großen Linien nachzeichnende Studien sind in diesem Fall keine Seltenheit,[138] was eindeutig mit der langen (und starken) demokratischen Tradition des Landes zusammenhängt. Diejenigen Untersuchungen, die sich mit den Phänomenen der Vergangenheit befassen, heben zumeist deren Randständigkeit hervor.[139] Nach dem Zweiten Weltkrieg war die französische extreme Rechte obendrein wegen der Kollaboration mit der nationalsozialistischen Herrschaft in Deutschland diskreditiert. Es wird aber auch darauf verwiesen, dass das Vichy-Regime Auswuchs einer „nationalist, authoritarian and xenophobic tradition"[140] sei. Die Gründung des FN im Jahr 1972 legte den Grundstein zu der Reüssierung des Rechtsextremismus in den 80ern. Le Pen gelang es, die zahlreichen Strömungen unter einem Dach zusammenzuführen. Dennoch macht ein Gutteil der Autoren einen fundamentalen Unterschied zwischen der „alten" extremen Rechten Frankreichs und dem FN aus.[141] Dessen Ideologie und Strategie habe sich an ein politisches Klima angepaßt, „that is inhospitable to overtly racist, anti-liberal, and revolutionary demands for the overthrow of liberal democracy and the

---

Guy Desolre, The Far Right in Belgium: The Double Track. In: Cheles/Ferguson/Vaughan, The Far Right in Western and Eastern Europe, S. 245–257.
135 Vgl. Mudde, The ideology of the extreme right, S. 112 f.
136 Vgl. Ignazi, Extreme Right Parties in Western Europe, S. 139.
137 Vgl. Marc Swyngedouw, The Extreme Right in Belgium: of a Non Existent Front National and an Omnipresent Vlaams Blok. In: Hans-Georg Betz/Stefan Immerfall (Hg.), The New Politics of the Right. Neo-Populist Parties and Movements in Established Democracies, New York 1998, S. 59–72.
138 Vgl. Michel Winock (Hg.), Histoire de l'extrême droite en France, Paris 1993; Ariane Chebel d'Appollonia, L'Extrême-droite en France: de Maurras à Le Pen, Brüssel 1988.
139 Vgl. Christophe Prochasson, Elusive Fascism: Reflections on the French Extreme Right at the End of the Nineteenth Century. In: Edward J. Arnolds (Hg.), The Development of the Radical Right in France. From Boulanger to Le Pen, London/New York 2000, S. 69–80; Jeannine Verdès-Leroux, The Intellectual Extreme Right in the Thirties. In: ebd., S. 119–152; Jean-Yves Camus, Nostalgia and Political Impotence: Neo-Nazi and Extreme Right Movements in France. 1944–1964. In: ebd., S. 195–216.
140 Ariane Chebel d'Appollonia, Collaborationist Fascism. In: ebd., S. 172–191, hier 189.
141 Vgl. Pascal Perrineau, The Conditions of the Re-emergence of an Extreme Right Wing in France: the National Front. 1984–98. In: ebd., S. 253–270.

creation of a new order."¹⁴² Der FN gilt Ignazi dennoch als „extreme right",¹⁴³ aber ist er auch antidemokratisch? Diese Frage beantwortet die Forschung nicht eindeutig,¹⁴⁴ weit unklarer jedenfalls als es beim belgischen VB der Fall ist. Für die restlichen zeitgenössischen rechtsextremistischen Organisationen Frankreichs mag das Ergebnis eher auf der Hand liegen,¹⁴⁵ allerdings sind sie praktisch ohne jede Relevanz. Bedarf gäbe es an Studien zu der 1999 von Bruno Mégret gegründeten FN-Abspaltung *Mouvement National* (MN), die zahlreiche Mitglieder mit sich zog und den FN auch bei Wahlen schwächte. In Sachen Verhältnis zur Demokratie schaut die Wissenschaft der Neuen Rechten in Frankreich genauer auf die Finger als dem FN. Vor allem Veröffentlichungen aus Deutschland belegen das extremistische Gedankengut der um Alain de Benoists GRECE¹⁴⁶ formierten Nouvelle Droite.¹⁴⁷

Der Begriff des Faschismus zieht sich wie ein roter – oder besser gesagt „brauner" – Faden durch die Forschung zum Rechtsextremismus in Italien. Es gibt kaum eine Untersuchung, die nicht intensiv auf die Vergangenheit rekurriert. Lange Zeit galt der bereits Ende 1946 gegründete MSI als die (neo-)faschistische Partei schlechthin in der Nachkriegszeit; ihr extremistischer Charakter stand somit außer Frage. Von Anfang an gab es für den MSI „an absolute need to refer to Fascism".¹⁴⁸ Zwar hat sich die Partei im Laufe der Jahre, besonders in den 80ern, von den bloßen System-Opposition verabschiedet und anderen Themen zugewandt,¹⁴⁹ jedoch konnte sie die massiven Zweifel an ihrer demokratischen Orientierung nicht ausräumen. 1994 löste sich der MSI formell auf und gründete das Wahlbündnis *Alleanza Nazionale* (AN), das Koalitionen mit rechtsdemokratischen Parteien anstrebte. Über den damit einhergehenden programmatisch-ideologischen Wandel ist die Wissenschaft geteilter Meinung. Während Ignazi (jüngst) feststellte, die AN befände sich „both ideological and

---

142 Roger Griffin, Plus ça change! The fascist Pedigree of the Nouvelle Droite. In: ebd., S. 195–216, hier 241.
143 Vgl. Ignazi, Extreme Right Parties in Western Europe, S. 105.
144 Vgl. Jean-Yves Camus, Front National. Eine Gefahr für die französische Demokratie?, Bonn 1998; ders., Le Front national: histoire et analyses, Paris 1997; Peter Davies, The National Front in France. Ideology, Discourse and Power, London 1999; Edward G. Declaire, Politics on the Fringe. The People, Policies and Organization of the French National Front, Raleigh 1999.
145 Vgl. Jean-Yves Camus/René Monzat, Les droites nationales et radicales en France, Lyon 1992.
146 Zum „Groupement de recherche et d'études pour la civilisation européenne" (GRECE) vgl. Matthias Weber, Prototyp der Neuen Rechten. Alain de Benoist und die Nouvelle Droite in Frankreich. In: Gessenharter/Pfeiffer, Die Neue Rechte – eine Gefahr für die Demokratie?, S. 145–161.
147 Vgl. Hans-Gerd Jaschke, Frankreich. In: Greß/Jaschke/Schönekäs, Neue Rechte und Rechtsextremismus in Europa, S. 17–103, hier 90; Pfahl-Traughber, „Konservative Revolution" und „Neue Rechte", S. 136–143.
148 Vgl. Roberto Chiarini, The Italian Far Right: The Search for Legitimacy. In: Cheles/Ferguson/Vaughan, The Far Right in Western and Eastern Europe, S. 20–40, hier 26.
149 Vgl. Roberto Chiarini, The „Movimento Sociale Italiano": A Historical Profile. In: Cheles/Ferguson/Vaughan, Neo-Fascism in Europe, S. 19–42.

socio-demographic [...] on the fringe of the contemporary extreme right, on the threshold of its exit",¹⁵⁰ meldeten andere (früher) größere Bedenken an.¹⁵¹ Roger Eatwell fragt, „has the Italian National Alliance really deserted the path of fascism?"¹⁵² Die Selbstbeschreibung als „postfaschistisch" sei zweideutig und könnte auch eine bloße Erneuerung der faschistischen Programmatik meinen. Tom Gallagher verweist darauf, dass eine „large number of activists who [...] acquired their political references from the fascist era and were profoundly illiberal in their attitude to representative government have remained with the AN".¹⁵³ Um seine „neue" Partei zusammenzuhalten, habe der Vorsitzende Gianfranco Fini nicht alle Vorstellungen aus der Mussolini-Zeit über Bord werfen können. Luciano Cheles stand also nicht allein da, als er die Metamorphose des MSI nicht glaubwürdig nannte. Als Regierungspartei müsse die AN ihr wahres Wesen verstecken: „Forced to shed all outward signs of Fascism, after the electoral pact with Silvio Berlusconis Forza Italia and Umberto Bossis Northern League, and yet unwillingly to sever its links with Fascism, AN could only assert its identity by stealth."¹⁵⁴ Auch im Falle Italiens rückte mit dem MSI/AN die mit Abstand bedeutendste rechtsextremistische Organisation in den Fokus, während die vielen anderen Gruppierungen kaum einer Untersuchung wert sind, zum Beispiel der von Pino Rauti als Reflex auf die AN-Gründung aus der Taufe gehobene MSI-Fiamma Tricolore. Kitschelt hat den MSI – zu Recht – nicht in den Reigen der „New Radical Right" aufgenommen, wohl aber die „separatistische" Lega Nord.¹⁵⁵ Ihr bezüglich herrscht offenbar Einigkeit, dass es sich um keine extremistische Partei handelt.

Von der Dominanz einer einzelnen Partei im rechtsextremistischen Spektrum kann in Deutschland¹⁵⁶ nicht die Rede sein. Die Masse der in den letzten 20 Jahren erschienenen Publikationen befasst sich mit der NPD, weniger der DVU, vor allem aber mit den Republikanern, hatten doch die drei Organisationen, jeweils auf sich gestellt, immer wieder mit „Wahlerfolgen" für Furore ge-

---

150 Ignazi, Extreme Right Parties in Western Europe, S. 52. Vgl. ders., Postfascisti? La trasformazione del Movimento Sociale Italiano in Alleanza Nazionale, Bologna 1994.
151 Das gilt zumal für Beobachter auf der linken Warte. Vgl. Gerhard Feldbauer, Von Mussolini bis Fini. Die extreme Rechte in Italien, Berlin 1996.
152 Roger Eatwell, The Rebirth of the „Extreme Right" in Western Europe? In: Parliamentary Affairs, 53 (2000), S. 407–425, hier 412. Vgl. auch Roger Griffin, The Post-fascism of the Alleanza Nazionale. A Case-study in Ideological Morphology. In: Journal for Political Ideologies, 2 (1996), S. 123–146.
153 Tom Gallagher, Exit from the ghetto: the Italian far right in the 1990s. In: Hainsworth, The Politics of the Extreme Right, S. 64–86, hier 83.
154 Luciano Cheles, „Nostalgia dell'avvenire". The Propaganda of the Italian Far Right between Tradition and Innovation. In: Cheles/Ferguson/Vaughan, The Far Right in Western and Eastern Europe, S. 41–90, hier 83.
155 Vgl. Anna Cento Bull/Mark Gilbert, The Lega Nord and the Northern Question in Italian Politics, Basingstoke 2001.
156 Die nach wie vor detaillierteste Übersicht über den bundesdeutschen Rechtsextremismus mit seinen zahlreichen Organisationen bietet die leider in die Jahre gekommene Gesamtdarstellung von Peter Dudek/Hans-Gerd Jaschke, Rechtsextremismus in der Bundesrepublik Deutschland, 2 Bände Opladen 1984.

sorgt. Die Rechtsextremismusforschung in Deutschland folgte dieser Konjunktur. Zum Beispiel zog Ende der 80er, Anfang der 90er Jahre der politische Newcomer Republikaner ein großes Forschungsinteresse auf sich.[157] Einige der Studien wiesen die Partei dem Extremismus zu.[158] Längst ist die inzwischen in der politischen Versenkung verschwundene Partei allenfalls am Rande Gegenstand der Wissenschaft. Dabei wäre angesichts der zumindest strategischen Umorientierung in der Ära Rolf Schlierer eine neuerliche Bewertung angebracht.[159] In der internationalen Forschung firmieren die Republikaner verbreitet als „typical example of a new type of right-wing populist party",[160] in einer Linie mit FPÖ und FN. Kitschelt stellt allerdings fest, antiliberale Gesellschaftsvorstellungen rückten die Partei – während der Ära Schönhuber – eher in die Nähe des Nationalsozialismus als in die vieler anderer Protagonisten der „New Radical Right".[161] Für Mudde wiederum sind die Republikaner „a democratic party, in that it supports parliamentarism [...] and strives for acceptance within the current German political system."[162] Vordergründig kann letzteres allen extremistischen Parteien attestiert werden, die an Wahlen teilnehmen, also auch der DVU, zu der die Meinungen zur – nicht vorhandenen – demokratischen Orientierung einhelliger vertreten werden. Allerdings sind Publikationen über die offenbar in ihrer Ideologie und Struktur nur schwer zu fassende „Phantompartei" rar.[163] Weist deren programmatisches Konglomerat aus Revisionismus, Antisemitismus, Deutschtümelei und Fremdenfeindlichkeit immerhin eine gewisse zeitliche Kontinuität auf, war die 1964 aus der Deutschen Reichspartei (DRP) heraus gegründete NPD als heute älteste rechtsextremistische Partei in Deutschland mehreren ideologischen und strategischen Umbrüchen ausgesetzt.[164] Eine „moderne Rechtspartei"[165] wurde sie aber nie. Nicht wenige Wissenschaftler beschreiben die NPD als Organisation, die sich in jüngster Zeit wie-

---

157 Vgl. Hans-Gerd Jaschke, Die „Republikaner". Profile einer Rechtsaußen-Partei, 2. Auflage Bonn 1993; Claus Leggewie, Die Republikaner. Ein Phantom nimmt Gestalt an, Berlin 1990.
158 Vgl. Pfahl-Traughber, Rechtsextremismus, S. 54; Richard Stöss, Die „Republikaner". Woher sie kommen. Was sie wollen. Wer sie wählt. Was zu tun ist, 2. Auflage Köln 1990, S. 13, 75–78, 81–86.
159 Vgl. zu der neueren Entwicklung Kailitz, Politischer Extremismus in der Bundesrepublik Deutschland, S. 51 f.
160 Vgl. Susann Backer, Right-wing extremism in unified Germany. In: Hainsworth, The Politics of the Extreme Right, S. 87–120, hier 100.
161 Vgl. Kitschelt/McGann, The Radical Right in Western Europe, S. 218.
162 Mudde, The ideology of the extreme right, S. 59.
163 Vgl. als Ausnahme Stefan Mayer, Zehn Jahre Deutsche Volksunion als politische Partei. In: Uwe Backes/Eckhard Jesse (Hg.), Jahrbuch Extremismus & Demokratie, Band 10, Baden-Baden 1998, S. 184–198; Britta Obszerniks/Matthias Schmidt, DVU im Aufwärtstrend – Gefahr für die Demokratie? Fakten, Analysen, Gegenstrategien, Münster 1998.
164 Vgl. Uwe Hoffmann, Die NPD. Entwicklung, Ideologie und Struktur, Frankfurt a. M. 1999.
165 Peter M. Wagner, Die NPD nach der Spaltung. In: Backes/Jesse (Hg.), Jahrbuch Extremismus & Demokratie, Band 4, S. 157–167, hier 167.

der dem Gedankengut des Nationalsozialismus angenähert hat beziehungsweise offen gegen den demokratischen Verfassungsstaat agitiert.[166] Gegenwärtig – nach dem Verbot einschlägiger Organisationen – hat sie einen Großteil des (militanten) neonationalsozialistischen Spektrums absorbiert; dessen Aktivisten sattelten zum Teil zum Parteifunktionär um.[167] Diese so genannte „Neonaziszene" bildet einen weiteren Schwerpunkt vor allem der deutschen Forschung,[168] die auch den Rechtsterrorismus[169] und die „Subkultur" der Skinheads[170] recht gründlich würdigt. Einvernehmen herrscht größtenteils bei der Bewertung der Neuen Rechten. Manche streichen eine gewisse ideologische Eigenständigkeit dieser in Deutschland ohne organisatorische Weihen gebliebenen Strömung heraus und sprechen von einer „Grauzone"[171] zwischen Extremismus und Demokratie. Die Neue Rechte fungiere als „ideologisches, personelles und organisatorisches Scharnier zwischen dem demokratischen Konservatismus und manifestem Rechtsextremismus"[172] Demgegenüber verorten andere das Phänomen als Teil des Rechtsextremismus und betonen die geistigen Gemeinsamkeiten.[173]

Der Zusammenbruch der kommunistischen Systeme hat seit Anfang der 90er Jahre in Osteuropa eine bizarre Landschaft rechtsextremistischer Organisationen entstehen lassen. Die Forschung dazu ist entsprechend unverbraucht, aber disparat. Meist ordnet sie sich einem umfassenderen Interesse an der Transition[174] dieser Staaten vom Kommunismus zur Demokratie unter. Anders als

166 Vgl. Ignazi, Extreme Right Parties in Western Europe, S. 70; Kailitz, Politischer Extremismus in der Bundesrepublik Deutschland, S. 41; Armin Pfahl-Traughber, Der „zweite Frühling" der NPD zwischen Aktion und Politik. In: Uwe Backes/Eckhard Jesse (Hg.), Jahrbuch Extremismus & Demokratie, Band 11, Baden-Baden 1999, S. 146–166, hier 164.
167 Vgl. Armin Pfahl-Traughber, Rechtsextremismus als soziale Bewegung? Aktivitäten und Kooperation von NPD, Neonazis und Skinheads. In: Neue Soziale Bewegungen, 4 (2003), S. 43–52.
168 Vgl. Georg Christians, „Die Reihen fest geschlossen". Die FAP – Zu Anatomie und Umfeld einer militant-neofaschistischen Partei in den 80er Jahren; Andrea Röpke/Andreas Speit (Hg.), Braune Kameradschaften. Die neuen Netzwerke der militanten Neonazis, Berlin 2004; Christopher T. Husbands, Militant Neo-Nazism in the Federal Republic of Germany in the 1990s. In: Cheles/Ferguson/Vaughan, The Far Right in Western and Eastern Europe, S. 327–353; Pfahl-Traughber, Rechtsextremismus, S. 83–100.
169 Vgl. Bernhard Rabert, Links- und Rechtsterrorismus in der Bundesrepublik Deutschland von 1970 bis heute, Bonn 1995, S. 231–330; Rainer Fromm, Die „Wehrsportgruppe Hoffmann". Darstellung, Analyse und Einordnung. Ein Beitrag zur Geschichte des deutschen und europäischen Rechtsextremismus, Frankfurt a. M. 1998.
170 Vgl. die umfassende, weit über die deutschen Grenzen hinausreichende Darstellung von Christian Menhorn, Skinheads: Portrait einer Subkultur, Baden-Baden 2001; sowie Klaus Farin/Eberhard Seidel-Pielen, Skinheads, München 2002.
171 Mantino, Die „Neue Rechte" in der „Grauzone" zwischen Rechtsextremismus und Konservatismus.
172 Wolfgang Gessenharter, Im Spannungsfeld. Intellektuelle Neue Rechte und demokratische Verfassung. In: Gessenharter/Pfeiffer, Die Neue Rechte – eine Gefahr für die Demokratie?, S. 31–49, hier 33.
173 Vgl. Pfahl-Traughber, „Konservative Revolution" und „Neue Rechte".
174 Vgl. Wolfgang Merkel, Systemtransformation, Opladen 1999.

es in Bezug auf Westeuropa der Fall ist, streichen so gut wie alle Analysen den „Nationalismus" praktisch der gesamten extremen Rechten Osteuropas heraus.[175] So zum Hauptcharakteristikum erhoben, gilt er entweder als ideologische Klammer mit der kommunistischen Vergangenheit oder aber als Reflex auf die einstigen Linksdiktaturen. „Troughout the post-communist world, Balkans or not, the communist legacy, more than anything else, seems to drive the adherence to the nationalistic ideology".[176] Einerseits schlagen viele, wenn auch nicht alle osteuropäischen Rechtsextremisten einen ideologischen Bogen zu nationalistischen Strömungen in der Zeit vor dem kommunistischen Regime. So beruft sich die polnische KPN explizit auf Jósef Pilsudski.[177] Andererseits ist heute etwa für „einen großen Teil der russischen ‚Nationalpatrioten' [...] die positive Berufung auf [...] Aspekte der kommunistischen Vergangenheit nicht nur als Ideologem, sondern auch als Mobilisationsfaktor von zentraler Bedeutung".[178] Antikapitalistische, antisemitische und antiwestliche Ressentiments fallen offensichtlich in einem stets latenten und nun wiederbelebten Nationalismus zusammen.[179]

Speziell die Parteien und Bewegungen Russlands werden durchgängig in bestimmte Kategorien des „Ultranationalismus" sortiert: Neoeurasianismus, Nationalbolschewismus, Neoslawophilismus, Nationale Orthodoxie, „arischer" Rassismus.[180] Parallel zu diesen Klassifizierungen dominieren die manchmal etwas voreilig verwendeten Bezeichnungen „faschistisch" und „nationalsozialistisch". Von Extremismus ist wörtlich nicht die Rede, obwohl eindeutige Fälle vorzuliegen scheinen. Mögen die National-Republikanische Partei, die Russi-

---

175 Vgl. Margareta Mommsen (Hg.), Nationalismus in Osteuropa – Gefahrvolle Wege in die Demokratie, München 1992; György Cspeli/Antal Örkeny, The Changing Faces of Hungarian Nationalism. In: Social Research, 63 (1996), S. 247–286; Paal Sigurd Hilde, Slovak Nationalism and the Break-up of Czechoslovakia. In: Europe-Asia Studies, 51 (1999), S. 647–665; Taras Kuzio, Radical Nationalist Parties and Movements in Contemporary Ukraine before and after Independence. The Right and its Politics 1989–1994. In: Nationalities Papers, 25 (1997), S. 211–242.
176 Alina Mungiu-Pippidi, Milosevic Voters. Explaining Grassroots Nationalism in Post-Communist Europe. In: dies./Ivan Krastev, Nationalism after Communism. Lessons Learned, Budapest/New York 2004, S. 71. Den Herrschern in der Sowjetunion und ihrer Satellitenstaaten war dieses Ideologieelement keineswegs fremd, Antisemitismus politische Praxis. Vgl. Leonid Luks (Hg.), Der Spätstalinismus und die „jüdische Frage": Zur antisemitischen Wendung des Kommunismus, Köln/Weimar/Wien 1998.
177 Vgl. Antia J. Prazmowska, The New Right in Poland: Nationalism, Anti-Semitism and Parliamentarism. In: Cheles/Ferguson/Vaughan, The Far Right in Western and Eastern Europe, S. 198–214; David Ost, The Radical Right in Poland: Rationality of the Irrational. In: Sabrina Ramet (Hg.), The Radical Right in Central and Eastern Europe Since 1989, University Park 1999, S. 85–108.
178 Mischa Gabowitsch, Die russische „Nationalpatriotismus" der Gegenwart und sein Verhältnis zum Kommunismus. In: Backes, Rechtsextreme Ideologien in Geschichte und Gegenwart, S. 311–338, hier 311 f.
179 Vgl. Stephen K. Carter, The CIS and after: The Impact of Russian Nationalism. In: Cheles/Ferguson/Vaughan, The Far Right in Western and Eastern Europe, S. 174–197.
180 Zu den unterschiedlichen Varianten vgl. Vadim Rossman, Russian Intellectual Antisemitism in the Post-Communist Era, Jerusalem/Lincoln/London 2002.

sche Nationale Einheit und ihre Nachfolgeorganisationen, die Russische Partei oder die Werwolf-Legion mit guten Gründen als „(neo-)nationalsozialistisch" gelten,[181] kann anderen Gruppierungen dieses Label nicht pauschal angeheftet werden – etwa der Pamjat-Bewegung,[182] aber auch der National-Bolschewistischen Partei, die Mischa Gabowitsch zufolge die Doktrin des „dritten Weges" der europäischen faschistischen Bewegungen in der Zwischenkriegszeit wieder aufleben ließ.[183] Weniger klar ist die Einordnung der Liberaldemokratischen Partei (LDPR) Wladimir Schirinowskis. Stephen D. Shenfield sieht sie neben ihrem national-imperialistischen „Liberalismus" „severely contaminated, but not overwhelmed, by fascist elements".[184] Demgegenüber bezeichnet sie Stephen K. Carter rundheraus als „fascist movement".[185] Eine Partei der „New Radical Right" erkennt in Russland jedenfalls niemand. Auch der anderweitig grassierende Populismus-Begriff findet keine Anwendung.

Kann die Wissenschaft auf eine Reihe umfassender Publikationen zum russischen Rechtsextremismus verweisen, herrscht bezüglich der restlichen osteuropäischen Staaten Nachholbedarf.[186] Rechtsextreme Organisationen sind dort zahlreich, gelten aber als schwach. Die eher gemäßigte, aber erfolglose und inzwischen gespaltene SPR-RSC in Tschechien ist nur ein Beispiel.[187] Neben Russland macht die Forschung nur in Kroatien und Serbien starke und zugleich einflussreiche Bastionen eindeutig extremistischer Organisationen aus. Jill A. Irvine grenzt die serbische SRS und die kroatische HSP – trotz ideologischer Nähe – sowohl vom historischen Faschismus als auch vom „Neofaschismus" in Westeuropa ab: Beide Parteien verträten nämlich einen „extremen Nationalismus", der sich auch in der engen Verbindung mit paramilitärischen Einheiten (der Tschetniks beziehungsweise der HOS) zeige.[188] Die HSP definiert ihr Programm gleichwohl im engen Verhältnis zur faschistischen Ustascha-Bewegung der 30er und 40er Jahre. Im übrigen Osteuropa wird – im Gegensatz zu Russland und Kroatien – die Bezeichnung „faschistisch" allenfalls auf sehr randstän-

---

181 Vgl. Wayne Allensworth, The Russian Question. Nationalism, Modernization, and Post-Communist Russia, Lanham 1998; Vjačeslav Lichačëv, Nacizm v Rossii, Moskau 2002.
182 Vgl. Michael Cox, After Stalinism: The Extreme Right in Russia, East Germany and Eastern Europe. In: Hainsworth, The Extreme Right in Europe and the USA, S. 269–285, hier 270–264.
183 Vgl. Gabowitsch, Die russische „Nationalpatriotismus", S. 331–335.
184 Shenfield, Russian Fascism, S. 104.
185 Carter, The CIS and after, S. 183.
186 Eine Ausnahme ist der allerdings sehr disparate Sammelband von Ramet, The Radical Right in Central and Eastern Europe Since 1989. Seltsamerweise fehlt Tschechien. Zur Situation in diesem Land vgl. Martin Kreidl/Klára Vlachová, Rise and Decline of Right-Wing Extremism in the Czech Republic in the 1990s, Prag 1999.
187 Vgl. Lukáš Novotný, Länderporträt, Tschechien. In: Uwe Backes/Eckhard Jesse (Hg.), Jahrbuch Extremismus & Demokratie, Band 16, Baden-Baden 2004, S. 204–219, hier 212–215.
188 Vgl. Jill A. Irvine, Nationalism and the Extreme Right in the Former Yugoslavia. In: Cheles/Ferguson/Vaughan, The Far Right in Western and Eastern Europe, S. 145–197.

dige[189] und auch innerhalb des rechtsextremistischen Spektrums mehr oder weniger isolierte Gruppierungen angewandt, zum Beispiel auf die PWN-PSN in Polen. In diesen Staaten agieren daneben Parteien und Strömungen, auf die das Etikett „populistisch" vielleicht eher zutrifft als „extremistisch", zum Beispiel die Samoobrona-Bewegung.[190] Es fällt – im Vergleich zu Westeuropa – bedeutend schwerer, die Einschätzungen zu den einzelnen rechtsextremistischen Kräften einzuordnen, etwa wenn an sich programmatisch sehr ähnliche Parteien wie die slowakische SNS und die slowenische SDPS in ihrer Haltung zur Demokratie unterschiedlich beurteilt werden.[191] Dafür ist die Literatur noch zu provinziell, zu sehr auf einzelne Länder fixiert. Querbezüge fehlen meist, komparative Studien fast völlig. Eine gute Grundlage für vergleichende Untersuchungen – auch mit westeuropäischen Rechtsextremisten – liefert jedoch der kürzlich von Cas Mudde herausgegebene, breit angelegte Reader zum „rassistischen" Extremismus in Osteuropa.[192]

Wer sich mit dem Rechtsextremismus in den USA beschäftigt, kann dagegen auf zahlreiche Gesamtdarstellungen zurückgreifen,[193] obwohl nach dem Erscheinen der „Politics of Unreason"[194] zunächst viele Jahre über eine gewisse Flaute herrschte. Unter den Bedingungen des politischen Systems des Landes spielen die einschlägigen Organisationen, so sie nach politischem Einfluss streben, eine andere Rolle als rechtsextreme Parteien in Europa. Sie müssen sich keinem – oft ideologische Veränderungen nach sich ziehenden – Parteienwettbewerb stellen, sondern fungieren meist als „pressure groups". Es fällt auf, dass viele Experten dem Rechtsextremismus in den USA eine Sonderrolle zuschreiben. Er wird häufig als extreme Ausprägung typisch „amerikanischer" Traditionen aufgefasst, also stark mit einem politischen Mainstream verknüpft: „Zentral ist, dass Rechtsextremismus geistesgeschichtlich eben *nicht* außerhalb der amerikanischen politischen Kultur zu verorten ist, sondern auf Elemente der gleichen ‚kulturellen Software' zurückgreift, die auch die amerikanische Demo-

---

189 Zu solchen und anderen (extremistischen) Außenseitern in den osteuropäischen Staaten vgl. die detaillierten Darstellungen in Petr Kopecký/Cas Mudde (Hg.), Uncivil Society? Contentious Politics in Post-Communist Europe, London/New York 2002.
190 Vgl. Stefan Garsztecki, Länderporträt: Polen. In: Uwe Backes/Eckhard Jesse (Hg.), Jahrbuch Extremismus & Demokratie, Band 15, Baden-Baden 2003, S. 223–246.
191 Vgl. Frank Cibulka, The Radical Right in Slovakia. In: Ramet, The Radical Right in Central and Eastern Europe Since 1989, S. 109–132; Rudolf M. Rizman, Radical Right Politics in Slovenia. In: ebd., S. 147–170.
192 Vgl. Cas Mudde (Hg.), Racist Extremism in Central and Eastern Europe, London/New York 2005; ders., Extreme-right Parties in Eastern Europe. In: Patterns of Prejudice, 34 (2000), S. 5–27.
193 Vgl. Grumke, Rechtsextremismus in den USA; David H. Bennett, The Party of Fear. The American Far Right from Nativism to the Militia Movement, 2. Auflage Chapel Hill 1995; Mary E. Williams (Hg.), The White Separatist Movement, San Diego 2002; Martin Durham, The Christian Right, the Far Right and the Boundaries of American Conservatism, Manchester/New York 2000; Mark Potok, The American Radical Right. The 1990s and beyond. In: Eatwell/Mudde, Western Democracies and the New Extreme Right Challenge, S. 41–61.
194 Lipset/Raab, The Politics of Unreason.

kratie konstituiert."[195] Mulloy kommt zu dem Schluss, dass das „Militia Movement" danach trachtet, die Traditionen der „amerikanischen Revolution" und der Verfassungsgebung zu vereinnahmen.[196] Er spricht von „extremism" als einer Art Erweiterung der Ideen und Werte, auf die sich die Politik der USA insgesamt beruft. Diese Sichtweisen könnten einerseits suggerieren, Rechtsextremisten träten als Verfechter der Freiheit auf, andererseits, Extremismus sei Bestandteil demokratischer Werte. Beides wäre nicht richtig. Es handelt sich nicht um eine Erweiterung, sondern um eine Beschneidung dieser Normen beziehungsweise die Aberkennung ihres universellen Anspruchs. Die Grenze verläuft auch in den USA zwischen Extremismus und Demokratie, nicht (nur) zwischen „extremen" und „gemäßigten" Interpretationen des „Amerikanismus".

Ein ausgeprägter, zum Teil militanter Rassismus durchzieht das gesamte rechtsextremistische Spektrum des Landes. Eine erkleckliche Anzahl an Publikationen widmet sich den verschiedenen Strömungen und Organisationen, neonationalsozialistischen (American Nazi Party, National Alliance) ebenso wie den so genannten „white supremacy groups" (White Aryan Resistance, Ku Klux Klan) über die „Christian Identity"-Bewegung (Aryan Nations), die Ende der 70er Jahre aus dem protestantisch-fundamentalistischen Milieu heraus entstand,[197] bis zur anti-christlichen Church of the Creator. Nicht wenige Studien verweisen auf die ideologischen Verflechtungen und Querbezüge; oft ist von einer „Bewegung" die Rede. Frederick J. Simonelli zeigt auf, dass die American Nazi Party, um auf größere Akzeptanz zu stoßen, zynisch Versatzstücke der christlichen Glaubenslehre in ihre an sich atheistische Ideologie eines orthodoxen Nationalsozialismus integrierte.[198] Chip Berlet und Matthew Lyons rekurrieren auf Roger Griffins Verständnis vom „generischen Faschismus" als einer Ideologie der nationalen Wiedergeburt (Palingenesis) und betonen die Affinität dieses Mythos zu christlich-apokalyptischen Vorstellungen.[199] Ob allerdings sämtliche „christlichen" Rechtsextremisten tatsächlich unter den Faschismusbegriff fallen können, ist anzuzweifeln. Das mag allenfalls auf einzelne Gruppen wie die Aryan Nations zutreffen, die ihre Auslegung des Glaubens mit der Idee einer „rassisch reinen" Nation verbinden. Ruth Murray Brown wirft zwar die Frage auf, ob es sich bei der „religiösen Rechten" um Extremisten handelt, kann sie aber nicht befriedigend beantworten, weil sie das nicht immer greifende Gewaltkriterium zugrundelegt.[200] Auch Clyde Wilcox bleibt eine Antwort schuldig. Er macht allerdings deutlich, dass diese Strömung nicht bereit ist, allen so-

---

195 Grumke, Rechtsextremismus in den USA, S. 243 (Hervorhebung im Original).
196 Vgl. Mulloy, American Extremism, S. 165–174.
197 Vgl. Melling, Fundamentalism in America; Michael Barkun, Religion and the Racist Right. The Origins of the Christian Identity Movement, Chapel Hill 1996.
198 Vgl. Frederick J. Simonelli, American Fuehrer. George Lincoln Rockwell and the American Nazi Party, Urbana/Chicago 1999.
199 Vgl. Berlet/Lyons, Right-Wing Populism in America.
200 Vgl. Brown, For a Christian America.

zialen Gruppen grundlegende demokratische Rechte zuzugestehen.[201] Die ideologische und personelle Verzahnung des gesamten rechtsextremistischen Spektrums der USA lässt Minkenberg von einer „starken Bewegungsfamilie"[202] sprechen. Er gehört zu den Autoren, die auf die Unterwanderung der Republikanischen Partei durch Rechtsextremisten seit den 90er Jahren hinweisen.[203] Mit dem Bombenanschlag 1995 in Oklahoma City hat sich die Forschung verstärkt den Themen Rechtsterrorismus und politisch motivierte Gewalt zugewandt. Dazu liegen einige ausgezeichnete Studien vor,[204] die sich auch den Reaktionen des Staates und nichtstaatlicher Organisationen annehmen.[205]

Was fehlt? Das Archipel der Rechtsextremismusforschung erstreckt sich hauptsächlich auf Demokratien und Semidemokratien; Extremismus in autoritären oder gar totalitären Systemen erforschen zu wollen, wäre Unsinn. Verständlich ist auch, dass die Länder Afrikas und Asiens nicht einbezogen werden. Viele der dortigen Parteien und sonstigen Organisationen entziehen sich aus unterschiedlichen Gründen schlichtweg dem methodischen Handwerkszeug der „westlichen" Sozialwissenschaften; Ideologielosigkeit ist oft ihr Kennzeichen. In Lateinamerika ist Rechtsextremismus zwar auszumachen, aber eine Marginalie – allein schon im Vergleich zu der Unmenge an linksextremistischen Parteien. Einzelne Publikationen widmen sich den dortigen paramilitärischen Gruppierungen.[206] Dass Rechtsextremismus in Kanada,[207] Japan, Australien und Neuseeland[208] nicht nur im internationalen Maßstab nahezu eine terra incognita darstellt, erstaunt jedoch und hat sicherlich nicht nur etwas mit der jeweiligen Irrelevanz dieses Spektrums zu tun. Immerhin existieren in den beiden letztgenannten Ländern mit One Nation,[209] Australia First und New

---

201 Vgl. Clyde Wilcox, Onward Christian Soldiers? The Religious Right in American Politics, 2. Auflage Boulder 2000.
202 Minkenberg, Die neue radikale Rechte im Vergleich, S. 245.
203 Vgl. ebd., S. 341–347; Michael Minkenberg, Die Christliche Rechte und die amerikanische Politik von der ersten bis zur zweiten Bush-Administration. In: APuZG, B 46/2003, S. 23–32.
204 Vgl. Christopher Hewitt, Understanding Terrorism in America. From the Klan to Al Qaeda, London/New York 2002. Zum Rechtsterrorismus weltweit vgl. Tore Bjørgo (Hg.), Terror from the Extreme Right, London 1995. Den manchmal schmalen Grat zwischen politischer Partei und Terrororganisation behandeln Leonard Weinberg/Ami Pedahzur, Political Parties and Terrorist Groups, London/New York 2003.
205 Vgl. George Michael, Confronting Right-Wing Extremism and Terrorism in den USA, London/New York 2003.
206 Vgl. Leigh A. Payne, Uncivil Movements. The Armed Right Wing and Democracy in Latin America, Baltimore 2000.
207 Vgl. Stephen Scheinberg, Canada: Right-Wing Extremism in the Peaceable Kingdom. In: Aurel Braun/Stephen Scheinberg (Hg.), The Extreme Right. Freedom and Security at Risk, Boulder 1997, S. 36–54.
208 Vgl. Paul Spoonley, The Politics of Nostalgia: Racism and the Extreme Right in New Zealand, Palmerston North 1987; Barry Gustafson, The first 50 years: A history of the New Zealand National Party, Auckland 1986.
209 Vgl. Murray Goot, Helped or Hindered? Pauline Hanson's One Nation and the Party Cartelisation Thesis, unveröffentlichtes Manuskript, 2003.

Zealand First nicht ganz einflusslose Organisationen, die man zumindest als „extrem rechts" bezeichnen könnte. So interessante Fälle wie Indien,[210] Südafrika, Israel[211] und die Türkei[212] bleiben ebenfalls weitgehend ein Desiderat.

2.2 Linksextremismus

Darf die Rechtsextremismusforschung in der Landschaft der Sozialwissenschaften mit Fug und Recht eine gewisse Eigenständigkeit behaupten, ist Linksextremismusforschung als solche nur schwer zu identifizieren. Sie entspricht weitgehend der Kommunismusforschung. Den größten Teil machen Untersuchungen zu den Parteien aus, die sich kommunistisch nannten oder nennen. Deren organisatorischer, strategischer und ideologischer Wandel steht im Zentrum des Interesses. Von der „Begriffsverwirrung" in der Rechtsextremismusforschung und den unterschiedlichen, teils widersprüchlichen Einordnungen und Bewertungen der Phänomene sind die Analysen zu linken Extremismen weit weniger befallen. Das hängt in erster Linie damit zusammen, dass weitaus weniger Forscher mit einer entsprechend geringeren Zahl an separaten Ansätzen und Erkenntnisinteressen an die Objekte herantreten. Auch gibt es kaum soziologische Untersuchungen, die sich exklusiv dem Linksextremismus zuwenden. Natürlich ist dieses Spektrum in seinen Ausprägungen genauso vielfältig wie das rechtsextremistische. Klaus Kellmann stellte einst fest: „Wenn man versucht, [schon allein die] kommunistischen Parteien Westeuropas gleichzeitig in den Blick zu nehmen, dann ergibt sich ein Bild derart großer Heterogenität [...], wie es kaum alle bürgerlichen, sozialdemokratischen und sozialistischen Parteien auf dem Westteil der des Kontinents in toto voneinander trennt."[213]

Kellmanns Resümee bezog sich auf die Zeit vor 1989. Wie andere Autoren hatte er die westeuropäischen KPen in „eurokommunistische" und „moskautreue" geschieden.[214] In die erste Kategorie fielen die Parteien, die sich organisatorisch von der Klassen- zur Massenorganisation gewandelt, ideologisch von den Vorstellungen des Marxismus-Leninismus gelöst und strategisch gesehen Wahlerfolge innerhalb der Demokratien angestrebt hatten. Mitte der 80er Jahre zog Kellmann eine Sozialdemokratisierung dieser Parteien in Zweifel, schloss sie aber auch nicht von vornherein aus. Zu einer grundlegenden Akzeptanz des demokratischen Verfassungsstaates habe der eurokommunistische Weg jedoch

---

210 Vgl. Chetan Bhatt, Hindu Nationalism. Origins, Ideologies and Modern Myths, Oxford 2001.
211 Vgl. Ehud Sprinzak, Brother Against Brother. Violence and Extremism in Israeli Politics from Altalena to the Rabin Assassination, New York 1999; Ami Pedahzur, The Israeli Response to Jewish Extremism and Violence. Defending Democracy, Manchester 2002; Shahak/Mezvinsky, Jewish Fundamentalism in Israel.
212 Vgl. Landesamt für Verfassungsschutz Nordrhein-Westfalen (Hg.), Türkischer Nationalismus: „Graue Wölfe" und die „Ülkücü"-Bewegung, Düsseldorf 2004.
213 Kellmann, Die kommunistischen Parteien in Westeuropa, S. 237.
214 Vgl. Leopold Grünwald, Eurokommunismus, München 1981.

nicht ohne Weiteres geführt. Dazu seien das Pluralismusverständnis zu sehr einer Klassenkampfstrategie unterworfen, die ideologischen Einflüsse Gramscis, aber auch Lenins zu stark, schließlich die Anerkennung demokratischer Instanzen nicht erkennbar gewesen.[215] Allerdings hätten am Ende des Jahrzehnts drei dieser Parteien (unter anderem der italienische PCI) kurz davor gestanden, den Kommunismus in Richtung Sozialdemokratie zu verlassen, während sieben nicht von ihrer orthodoxen Orientierung lassen konnten (unter anderem der französische PCF, der portugiesische PCP und die deutsche DKP) und die meisten der übrigen in ihrer Haltung gespalten waren oder lavierten.[216] Diese Einschätzung teilen Analysen weitgehend, die später die Entwicklung der westeuropäischen KPen nach dem Zusammenbruch der Sowjetunion einbezogen.[217]

Die „Wende" ließ für diese Organisationen eine Zeit der Krisen und/oder vielfältiger strategischer und ideologischer Neuorientierungen anbrechen. „Their erstwhile fragmentation has become separation and [...] it will no longer be possible to generalise about these parties as a ‚family', nor fruitful to study them within the same analytical framework."[218] Auch Patrick Moreau verweist Jahre später auf die analytischen Schwierigkeiten, die die Komplexität dieses Prozesses nach sich zieht.[219] Die Zukunft der kommunistischen und „postkommunistischen" Parteien sei darüber hinaus offen. Weniger uneinheitlich ist die Entwicklung für Kate Hudson, wenn sie euphemistisch das Entstehen einer „neuen europäischen Linken" als „converging political current of communist parties, former communist parties and other parties to the left of social democracy" begrüßt, „which [...] are playing an increasingly pivotal role in the politics of a series of European states".[220] Die Forschung weiht vor allem diejenigen Parteien dem Untergang, die nach wie vor an der alten kommunistischen Ideologie festhalten, etwa die schon immer auf der orthodoxen Schiene fahren-

---

215 Vgl. Klaus Kellmann, Pluralistischer Kommunismus? Wandlungstendenzen eurokommunistischer Parteien in Westeuropa und ihre Reaktion auf die Erneuerung in Polen, Stuttgart 1984, S. 33, 71, 150.
216 Vgl. Kellmann, Die kommunistischen Parteien in Westeuropa, S. 232.
217 Vgl. Patrick Moreau/Marc Lazar/Gerhard Hirscher (Hg.), Der Kommunismus in Westeuropa. Niedergang oder Mutation?, Landsberg am Lech 1998; Martin J. Bull/Paul Heywood (Hg.), West European Communist Parties after the Revolutions of 1989, New York 1994; David Scott Bell (Hg.), Western European Communists and the Collapse of Communism, Oxford 1993.
218 Martin J. Bull, The West European Communist Movement: Past, Present and Future. In: Bull/Heywood, West European Communist Parties after the Revolutions of 1989, S. 203–222, hier 211.
219 Vgl. Patrick Moreau, Die kommunistischen und postkommunistischen Parteien Westeuropas: Ein unaufhaltsamer Niedergang? In: Totalitarismus und Demokratie, 1 (2004), S. 35–62, hier 37; ders., Les partis communistes et postcommunistes en Europe occidentale, Paris 1995.
220 Kate Hudson, European Communism since 1989. Towards a New European Left?, Basingstoke 2000, S. 6.

den PCP und DKP.[221] Gleichzeitig bekommen Organisationen bessere Aussichten beschieden, die sich heute einem „demokratischen Sozialismus" verschrieben haben wollen. So stellt Hudson etwa die aus dem spanischen PCE hervorgegangene *Izquierda Unida* (IU) als Erfolgsmodell dar.[222] Ob die IU sich in Richtung Demokratie gewandelt hat, beantwortet weder sie noch andere. Moreau verdeutlicht jedoch ideologische Analogien zwischen dem weiterhin dem Kommunismus verpflichteten PCF[223] und der deutschen *Partei des Demokratischen Sozialismus* (PDS).[224] Beide Organisationen bezeichnet er – ebenso wie die IU[225] und in Italien die Comunisti Italiani und Comunisti Unitari – als „reformkommunistisch" und grenzt sie von „traditionalistischen" und „postkommunistischen" Parteien, aber auch von der demokratischen Linken ab. Andere Analysen knüpfen andere Verbindungen und ordnen zumindest den Reformflügel der PDS dem Lager der (Sozial-)Demokraten zu.[226]

Dessen – und der oben angeführten analytischen Bedenken – ungeachtet sind sich die Untersuchungen bei der Beschreibung der Entwicklung der einzelnen Ex-KPen während der vergangenen 15 Jahre und ihrer Einordnung (auch unter Berücksichtigung der jeweiligen Rahmenbedingungen) sehr ähnlich. Leider eint sie ebenfalls eine gewisse Aussagelosigkeit bezüglich der demokratischen Orientierung der mehr oder weniger reformierten Kräfte. Der Bezug zum (alten) Kommunismus gibt den Maßstab vor. Jedoch ist einzig der PCI, einmal überzeugend zum *Partito Democratico della Sinistra* (PDS)[227] umgepolt – und der *Rifondazione Comunista* sowie deren späteren Absplitterungen entledigt –, zu Recht nie unter Extremismusverdacht geraten. Von einer „New Radical Left" spricht mit Blick auf die übrigen Ergebnisse ideologischen Wandels allerdings niemand. Es scheint sich – anders als beim Rechtsextremismus – insgesamt um Transformationen innerhalb des Altbekannten zu handeln: Sozialdemokratie hier, Kommunismus dort und einiges dazwischen. Die Forschung hat die ehemals (oder heute noch) kommunistisch geprägten Organisationen in ganz Westeuropa aber recht umfassend gewürdigt, also auch in den hier nicht erwähnten

---

221 Zur DKP vor der „Wende" vgl. Manfred Wilke/Hans-Peter Müller/Marion Brabant, Die Deutsche Kommunistische Partei (DKP). Geschichte, Organisation, Politik, Köln 1990.
222 Vgl. Hudson, European Communism since 1989, S. 125.
223 Zum PCF vgl. die umfassende Studie: Marie-Claire Lavabre/François Platone, Que reste-t-il du PCF?, Paris 2003; Yves Santamaria, Histoire du Parti communiste français, Paris 1999, Stéphane Courtois/Marc Lazar, Histoire du Parti communiste français, Paris 1995.
224 Vgl. Moreau, Die kommunistischen und postkommunistischen Parteien Westeuropas, S. 38.
225 Vgl. Consuelo Laiz, La lucha final. Los partidos de la izquierda radical durante la transición española, Madrid 1995.
226 Vgl. Franz Oswald, The Party that Came Out of the Cold War. The Party of Democratic Socialism in United Germany, Westport/London 2002; Gero Neugebauer/Richard Stöss, Die PDS. Geschichte, Organisation, Wähler, Konkurrenten, Opladen 1996.
227 Vgl. Carlo Baccetti, Il PDS. Verso un nuovo modello di partito?, Bologna 1997.

Ländern.²²⁸ Aus dem Blickfeld sind dabei andere linksextremistische Gruppierungen geraten, deren Bedeutung allerdings minimal ist – sieht man von den trotzkistischen Organisationen Ligue Communiste Révolutionnaire und Lutte Ouvrière in Frankreich ab.

Wie im Falle der Rechtsextremismusforschung stehen die Untersuchungen zu den Nachfolgern kommunistischer Staatsparteien in Osteuropa meist in dem größeren Zusammenhang der Systemtransformation.²²⁹ Sind schon Studien zu der Situation in den einzelnen Ländern²³⁰ dünn gesät, bleiben komparative Untersuchungen die absolute Ausnahme. Anna M. Gryzmala-Busse vergleicht die Erfolgsbedingungen der ehemaligen KPen Tschechiens, der Slowakei, Ungarns und Polens in den neuen Demokratien.²³¹ Ihre Analyse berücksichtigt die ideologischen Entwicklungen nur am Rande, stellt vielmehr den organisatorischen und personellen Wandel in den Mittelpunkt. Etabliert hätten sich die Parteien, deren Akteure es vermocht hätten, das kommunistische Erbe neu zu interpretieren. Die polnische SdRP und die ungarische MSzP gehörten zu diesen unter einer neuen starken Führung drastisch reformierten Organisationen. Dagegen sei es der slowakischen SDL zwar gelungen, sich der Last der Vergangenheit politisch zu entledigen; die organisatorische Kontinuität habe aber der Effizienz und dem Zusammenhalt der Partei geschadet. Die tschechische KSČM manövrierte sich durch ihren Unwillen zur Veränderung und die Dominanz der alten Köpfe ins Abseits. Für Extremismusforscher höchst interessant ist die russische KPRF Gennadi Sjuganows. Gabowitsch stellt fest, dass für die Partei – im Gegensatz zu den kleineren, meist noch „stalinistisch" geprägten kommunistischen Organisationen des Landes – „marxistisch-leninistische Argumentations- und Erklärungsweisen [...] bestenfalls eine untergeordnete Rolle"²³² spielen. Die herausragende, auf breiter Quellenbasis stehende Studie von Luke March zeigt auf, wie schwer es ist, die KPRF links (außen) oder rechts (außen) zu verorten. Die Partei wolle nicht zum Kommunismus zurück, sei aber auch keine rein nationalistische Organisation. Vielmehr legte sie eine „highly eclectic ideology" an den Tag, „which was too conservative to be fascist, too nationalist to be communist and too statist to be truely nationalist".²³³ March setzt sich somit von Analysen ab, die die KPRF eher in einer ideologischen Linie mit

---

228 Zu der interessanten Entwicklung in Großbritannien vgl. die (allerdings sehr apologetische) Studie von James Eaden/David Renton, The Communist Party of Great Britain since 1920, Basingstoke 2002.
229 Vgl. Tomáš Kostelecký, Political Parties After Communism. Developments in East-Central Europe, Baltimore 2002; Paul Lewis (Hg.), Party Development and Democratic Change in Post-Communist Europe. The First Decade, London 2001.
230 Vgl. András Bozóki/John Ishiyama (Hg.), The Communist Successor Parties of Central and Eastern Europe, New York 2002.
231 Vgl. Anna M. Grzymala-Busse, Redeeming the Communist Past. The Regeneration of Communist Parties in East Central Europe, Cambridge 2002.
232 Gabowitsch, Die russische „Nationalpatriotismus", S. 336.
233 Luke March, The Communist Party in Post-Soviet Russia, Manchester 2002. Zur KPRF vgl. auch Joan Urban/Valerii Solovei, Russia's Communists at the Crossroads, Oxford 1997.

der alten KPdSU sehen. Auch sei sie nicht so monolithisch wie oft angenommen, sondern zwischen moderateren und radikaleren Kräften gespalten. Ob die KPRF rechts oder links steht, demokratisch oder extremistisch ist: darüber darf gemutmaßt werden.

Die bei Wahlen erfolgreichste europäische Ex-Staatspartei ist neben der KPRF die deutsche PDS, deren innere Widersprüche ebenfalls groß sind.[234] Sie birgt eine kleine, aber einflussreiche kommunistische Fraktion, die den „linkssozialistischen" Kurs der Partei in seiner Entfaltung hindert. Zur PDS liegen inzwischen zahlreiche Untersuchungen vor, die zum Teil die extremistische Orientierung der in zwei Bundesländern mitregierenden Partei nachweisen: „Eine Strategie, die große Teile der Gesellschaft gegen die ‚gegenwärtigen Verhältnisse' in Stellung bringen will, fällt zusammen mit einer Ideologie, die nicht auf den Prinzipien des demokratischen Verfassungsstaates basiert, und einer Organisation, die sich Extremisten gegenüber öffnet."[235] Das linksextremistische Spektrum in Deutschland hat die PDS heute weitgehend abgeschöpft.[236] Viel ist da nicht geblieben, außer der nach 1989 vollends marginalisierten DKP[237] und sektenähnlichen Gebilden wie die maoistische MLPD.[238] Fast alle der ehemaligen K-Gruppen[239] sind heute in irgendeiner Weise mit der PDS verknüpft. Ihnen wendet sich die Forschung – abgesehen von der Studie von Michael Steffen[240] – schon eine geraume Zeit nicht mehr zu. Längst redet auch niemand mehr von einer Neuen Linken. Weitgehend ein Desiderat der Forschung sind maoistische Organisationen,[241] Anarchisten und das (internationale) Geflecht trotzkistischer Gruppen.[242] Bedauerlicherweise bleiben Publikationen zu den Autonomen[243] – im Gegensatz zu denen über die Skinheads – hauptsächlich

---

234 Vgl. Neugebauer/Stöss, Die PDS.
235 Lang, Ist die PDS eine demokratische Partei?, S. 160.
236 Vgl. Patrick Moreau/Jürgen P. Lang, Linksextremismus. Eine unterschätzte Gefahr, Bonn 1996, S. 119–138, 245–275.
237 Vgl. Wilke/Müller/Brabant, Die Deutsche Kommunistische Partei (DKP); Helmut Bilstein u. a., Organisierter Kommunismus in der Bundesrepublik Deutschland. DKP – SDAJ – MSB Spartakus, Opladen 1972.
238 Vgl. Moreau/Lang, Linksextremismus, S. 276–311.
239 Vgl. Langguth, Mythos '68; Werner Olles, Radikalisierung, Studentenprotest, K-Gruppen und „Deutscher Herbst". Die siebziger Jahre der radikalen Linken in Deutschland. In: Hans-Helmuth Knütter/Stefan Winckler (Hg.), Handbuch des Linksextremismus. Die unterschätzte Gefahr, Graz/Stuttgart 2002, S. 26–36; Frank D. Karl, Die K-Gruppen. Entwicklung – Ideologie – Programme, Bonn 1976.
240 Vgl. Michael Steffen, Geschichten vom Trüffelschwein. Politik und Organisation des Kommunistischen Bundes 1971 bis 1991, Berlin/Hamburg/Göttingen 2002.
241 Auf fragwürdiger Quellenbasis steht Robert J. Alexander, Maoism in the Developed World, Westport 2001.
242 Sehr apologetisch ist Ted Grant, History of British Trotskyism, London 2002.
243 Vgl. Moreau/Lang, Linksextremismus, S. 366–403; Armin Pfahl-Traughber, Die Autonomen. Portrait einer linksextremistischen Subkultur. In: APuZG, B 9–10/1998, S. 36–46; Hans-Peter Horchem, Die Grenzen „autonomer" Gewalt. Eine Bilanz nach der Wiedervereinigung. In: Konrad Löw (Hg.), Terror und Extremismus. Ursachen, Erscheinungsformen, Wege zur Überwindung, Berlin 1994, S. 113–127.

den Verfassungsschutzämtern und „Szeneliteraten" vorbehalten. Gut erforscht ist dagegen der Linksterrorismus, nicht nur in Deutschland.[244] Auch an Analysen der oft verqueren ideologischen Vorstellungen der dem Primat der Aktion verpflichteten einzelnen linken Terrororganisationen besteht kein Mangel.[245]

Der Rest der Welt ist in der Linksextremismusforschung deutlich unterrepräsentiert. Eine Ausnahme bilden - mit Einschränkungen - die USA. Nicht wenige Veröffentlichungen gehen der Frage nach, warum „die Linke" in dem Land ohne große Bedeutung geblieben ist.[246] Eine Unterscheidung zwischen extremistisch und demokratisch sucht man dabei vergeblich, wenngleich Organisationen wie die CPUSA, die *Socialist Party* und die *People's Party* Zweifel ob ihrer demokratischen Qualitäten auf sich ziehen. Die Entwicklung der extremen Linken dort ist nur bis in die 50er Jahre hinein umfassend gewürdigt worden,[247] wobei die (subversive) Rolle der moskauhörigen CPUSA im Ost-West-Konflikt eine bedeutende Rolle spielte.[248] Guenter Lewy arbeitete später die strategischen und programmatischen Gemeinsamkeiten der „alten" Kommunistischen Partei und der in den 60er Jahren entstandenen „neuen" extremen Linken heraus,[249] ohne aber auf die Demokratiefrage einzugehen. Einen Sonderfall im Vergleich zu anderen Staaten sieht die Forschung im Linksextremismus der USA nicht. Außerhalb der europäisch-nordamerikanischen Sphäre werden Linksextremisten fast ausschließlich im Zusammenhang mit separatistischen Organisationen und militanten „Befreiungsbewegungen" behandelt.[250]

---

244 Vgl. Alexander Straßner, Die dritte Generation der „Roten Armee Fraktion". Entstehung, Struktur, Funktionslogik und Zerfall einer terroristischen Organisation, Wiesbaden 2003; Tobias Wunschik, Baader-Meinhofs Kinder. Die zweite Generation der RAF, Opladen 1997; George Kassimeris, Europe's Last Terrorists. The Revolutionary Organization 17 November, London 2001; Marisa Rossi, Untergrund und Revolution: Der ungelöste Widerspruch für Brigate Rosse und Rote Armee Fraktion, Zürich 1993; Mario Moretti/Carla Mosca/Rossana Rossanda, Brigate Rosse. Eine italienische Geschichte, Hamburg 2001; Stefan Seifert, Lotta armata. Bewaffneter Kampf in Italien. Die Geschichte der Roten Brigaden, Berlin/Amsterdam 1991; Alain Hamon/Jean-Charles Marchand, Action directe. Du terrorisme français à l'euroterrorisme, Paris 1986. Dem Terrorismus als weltweites Phänomen widmet sich Bruce Hoffman, Terrorismus - der unerklärte Krieg. Neue Gefahren politischer Gewalt, Bonn 2002.
245 Vgl. Rabert, Links- und Rechtsterrorismus, S. 88-230; Iring Fetscher/Günter Rohrmoser, Ideologien und Strategien, Opladen 1981 (=Analysen zum Terrorismus, Band 1).
246 Vgl. Richard Iton, Solidarity Blues. Race, Culture, and the American Left, Chapel Hill 2000; Mari Jo Buhle/Paul Buhle/Dan Georgakas (Hg.), Encyclopedia of the American Left, New York 1998.
247 Vgl. die beiden „Klassiker": Daniel Bell, Marxian Socialism in the United States, Ithaca/London 1996 (Erstausgabe 1952); Theodore Draper, The Roots of American Communism, New York 1957.
248 Vgl. Harvey Klehr/John Earl Haynes/Fridrikh Igorevich Firsov, The Secret World of American Communism, New Haven/London 1995.
249 Vgl. Guenter Lewy, The Cause that Failed. Communism in American Political Life, New York/Oxford 1990, S. 279-293.
250 Vgl. Paul White, Primitive Rebels or Revolutionary Modernizers? The Kurdish National Movement in Turkey, London 2001; Donald Hodges/Ross Gandy, Mexico under Siege: Popular Resistance to Presidential Despotism, London 2002. Zu den lateiname-

2.3 Islamismus

Anders als bei Rechts- oder Linksextremismus streicht die Forschung zum Islamismus deutlich den antidemokratischen Charakter dieser Variante heraus. Sie wird fast einhellig als „politische Ideologie"[251] oder „politische Bewegung" verstanden, die „Pluralismus, Individualismus und Demokratie"[252] grundsätzlich ablehnt. Damit steht gleichzeitig außer Frage, dass Islamismus nicht mit der Religion des Islam identisch ist. Vielmehr betreiben seine Protagonisten eine „ideologische Instrumentalisierung"[253] des Koran. Inzwischen verdeutlichen einige Veröffentlichungen die Ursprünge des Islamismus – die Lehren der Ägypter Sayyid Qutb und Hasan al-Banna, des Vaters der extremistischen Muslimbruderschaft.[254] Mit den verheerenden Anschlägen am 11. September 2001 in den USA rückte die Kausalität zwischen dem – zuvor von der Extremismusforschung eher am Rande berücksichtigten – Islamismus und dem Terrorismus ins Zentrum des Interesses.[255] Bassam Tibi verweist auf die islamistische Uminterpretation des (oft als „heiliger Krieg" missgedeuteten) Djihad zur pseudoreligiösen Legitimation für Terror gegen die westliche, „moderne" Welt.[256] Zu Recht warnen andere Autoren davor, in religiösem Fundamentalismus pauschal eine Ursache für politisch motivierte Gewalt zu sehen.[257] Treffend merkt R. Scott Appleby an, „neither religion nor religious militancy per se is the source of deadly conflict: the problem is extremism".[258] Islamistische Terrornetzwerke wie Al Kaida oder die Muslimbruderschaft und einzelne Gruppen wie die Hisbollah im Libanon, die palästinensischen Organisationen Hamas und Dji-

---

rikanischen Guerilla-Organisationen vgl. James F. Rochlin, Vanguard Revolutionaries in Latin America, Boulder 2003.
251 Uwe Backes/Eckhard Jesse, Islamismus – Djihadismus – Totalitarismus – Extremismus. In: dies., Jahrbuch Extremismus & Demokratie, Band 14, S. 13–26, hier 14.
252 Albrecht Metzger, Die vielen Gesichter des Islamismus. In: APuZG, B 3–4/2002, S. 7–15, hier 8.
253 Armin Pfahl-Traughber, Islamismus in der Bundesrepublik Deutschland. Ursachen, Organisationen, Gefahrenpotenzial. In: APuZG, B 51/2001, S. 43–53, hier 44.
254 Vgl. den Beitrag von Herbert Müller in diesem Band, sowie Beverly Milton-Edwards, Islamic Fundamentalism since 1945, London/New York 2005; Peter L. Münch-Heubner, Islamismus, Neo-Fundamentalismus und Panislamismus: Geschichte, theoretische und ideologische Grundlagen. In: Reinhard C. Meier-Walser/Rainer Glagow (Hg.), Die islamische Herausforderung – eine kritische Bestandsaufnahme von Konfliktpotenzialen, München 2001, S. 21–36.
255 Vgl. Gabriel Ben-Dor/Ami Pedahzur, The Uniqueness of Islamic Fundamentalism and the Fourth Wave of International Terrorism. In: Leonard Weinberg/Ami Pedahzur (Hg.), Religious Fundamentalism and Political Extremism, London/Portland 2004, S. 71–90.
256 Vgl. Bassam Tibi, Vom klassischen Djihad zum terroristischen Djihadismus – der irreguläre Krieg der Islamisten und die neue Weltordnung. In: Backes/Jesse, Jahrbuch Extremismus & Demokratie, Band 14, S. 27–44.
257 Vgl. Michael Barkun, Religious Violence and the Myth of Fundamentalism. In: Weinberg/Pedahzur, Religious Fundamentalism and Political Extremism, S. 55–70.
258 R. Scott Appleby, The Ambivalence of the Sacred: Religion, Violence, and Reconciliation, Lanham 2000, S. 13.

had oder die Moro Front auf den Philippinen sind in der Extremismusforschung keine Nebenerscheinungen mehr; Querverbindungen werden deutlich.[259] Dasselbe gilt für die in Deutschland agierenden Islamisten, etwa die *Islamische Gemeinschaft Milli Görüs* (IGMG), der *Kalifatstaat* des inzwischen in die Türkei abgeschobenen Metin Kaplan und Ableger ausländischer Organisationen wie dem algerischen *Front Islamique du Salut* (FIS).[260]

Bestehen bei der demokratietheoretischen Bewertung des Islamismus und der Analyse seiner Phänomene so gut wie keine Differenzen, gibt es dennoch ein Zuordnungsproblem. Bildet der Islamismus tatsächlich eine eigenständige extremistische Variante? Oder ist er logischer dem Rechtsextremismus zu unterstellen? Uwe Backes und Eckhard Jesse argumentieren unter anderem gegen Walter Laqueur,[261] der den islamischen Extremismus als Faschismus bezeichnet, und halten es für sinnvoller, wegen der „propagierte[n] Einheit von Politik und Religion" von einer Sonderform zu sprechen. „Da die Frage der Gleichheit [...] nicht im Zentrum steht, lässt sich eine Einordnung auf der Rechts-Links-Achse schwerlich vornehmen."[262] Wie dem auch sei: Der Islamismus kann zumindest als eine Art Residualkategorie fungieren, die auch andere religiös motivierte Extremisten aufzunehmen vermag. Die Rechts-Links-Dichotomie sortiert die Extremismen entlang ihrer phänomenalen Ausprägungen. In der Tat sind Analogien islamistischer Ideologien mit rechtsextremistischen erkennbar. Zum Beispiel steht der zeitweilige türkische Ministerpräsident Necmettin Erbakan für einen nationalistisch geprägten Islamismus. Aber solche Querbezüge und ideologischen Ähnlichkeiten verbinden auch andere Formen des Extremismus miteinander. Grundlegender als alle Rubrizierungen ist die Haltung zu den Werten der Demokratie.

3. Schlussfolgerungen

Ich hätte mir gewünscht, an dieser Stelle einen tragfähigen Abschnitt zur Links- und Rechtsextremismus vergleichenden Forschung präsentieren zu können. Doch sind solche Studien viel zu selten. Am ehesten wird die lagerübergreifende Komparatistik noch im Bereich militanter Extremisten oder des Terrorismus betrieben. Die jahrzehntelang scharf angegriffenen, Kommunismus und Faschismus zugleich in den Blick nehmenden Totalitarismuskonzepte konnten ihre

---

259 Vgl. John F. Murphy Jr., Sword of Islam. Muslim Extremism from the Arab Conquests to the Attack on America, New York 2002; Peter Marsden, The Taliban. War and Religion in Afghanistan, London 2001; Berndt Georg Thamm, Netzwerkterrorismus – am Beispiel der transislamischen „Basis". In: Meier-Walser/Glagow, Die islamische Herausforderung, S. 81–112.
260 Vgl. Pfahl-Traughber, Islamismus in der Bundesrepublik Deutschland; Günter Seufert, Die Milli Görüs-Bewegung. Zwischen Integration und Isolation. In: ders./Jacques Wardenberg (Hg.), Türkischer Islam und Europa, Stuttgart/Istanbul 1999.
261 Vgl. Walter Laqueur, Faschismus. Gestern – heute – morgen, Berlin 1997.
262 Backes/Jesse, Islamismus – Djihadismus – Totalitarismus – Extremismus, S. 26.

Außenseiterrolle nach dem Zusammenbruch der „Volksdemokratien" ablegen. Diese Entwicklung hat die Extremismusforschung allenfalls ansatzweise mitgemacht. Nur als Rechtsextremismusforschung steht sie hoch im Kurs und findet allgemeine Anerkennung. Das muss man mit Bedauern zur Kenntnis nehmen, denn angesichts zahlreicher offensichtlicher Gemeinsamkeiten der unterschiedlichen Extremismen versprächen vergleichende Analysen wertvolle Erkenntnisse. Die Forschung hat genügend Anhaltspunkte dafür geliefert, dass bestimmte ideologische Ausprägungen bei Linksextremisten, Rechtsextremisten und Islamisten gleichermaßen auftreten können. Es ist nicht nur die Antithese zur Demokratie, die Extremismus als wissenschaftliche Kategorie sinnvoll zusammenhält.

Zugenommen hat dagegen in letzter Zeit die Zahl vergleichender Untersuchungen innerhalb der einzelnen Varianten, vor allem im Bereich des Rechtsextremismus. Diese Studien erweisen sich als wissenschaftlich sehr fruchtbar. Während die Rechtsextremismusforschung mit einer Vielfalt an Konzepten, Ansätzen und Interessen ans Werk geht, herrscht in der Forschung zum Linksextremismus auffälliger Einklang. Dies ist sicherlich nicht der Komplexität des jeweiligen Gegenstands geschuldet, sondern der im einen Fall größeren, im anderen Fall geringeren Intensität der Forschung. „Linksextremismus" wird nur selten als Phänomen an sich gesehen und deshalb auch nicht als solches gewürdigt. Auf der anderen Seite kommen Rechtsextremismusexperten oftmals zu ganz unterschiedlichen Bewertungen und Einordnungen. Beispielsweise stellt Kitschelt, der sich nicht an der Extremismuskategorie orientiert, die Republikaner antidemokratischer dar als Mudde, der den Extremismusbegriff durchaus in dieser Bedeutung verwendet.

Die Mannigfaltigkeit muss kein Manko sein, im Gegenteil! Allerdings fehlt eine integrierende Basis, die die unterschiedlichen Sichtweisen zusammenzuführen vermag. Zwar spielt die Demokratiefrage fast durchweg zumindest implizit eine Rolle, wird aber zu uneinheitlich behandelt. Einmal ist Systemfeindschaft Kriterium, ein andermal eine bestimmte Position in einem politischen Spektrum. Wiederum andere Zugänge nehmen Extremismen der Vergangenheit als Maßstab. Diese Disparatheit kann gerade dann zu (scheinbar) widersprüchlichen Aussagen führen, wenn „Neues" in den Blick gerät. Eine stärkere Orientierung an den demokratischen Grundwerten böte einen Ausweg aus diesem Problem. Ein solcher Forschungsrahmen brächte drei Vorteile mit sich: Er engt weder das Spektrum der Phänomene von vornherein ein, noch den Spielraum der Methoden, Theorien und Erklärungen. Gleichzeitig wäre er konkret genug, um eine vergleichende, mit verschiedenen Ansätzen operierende Extremismusforschung auf ein tragfähiges Fundament zu stellen und Streitfälle zu klären.

Politischer Extremismus und Radikalismus in Westeuropa – Typologie und Bestandsaufnahme

Cas Mudde

I. Einleitung

Einen Überblick über die Stärken und Schwächen des politischen Extremismus in Westeuropa zu geben ist aus unterschiedlichen Gründen problematisch. Erstens sieht sich die Forschung mit einem begrifflichen Problem konfrontiert: Was ist unter „politischem Extremismus" zu verstehen? Zweitens besteht ein Mangel an umfassenden und vergleichbaren empirischen Daten: Während politischer Extremismus in Ländern wie Deutschland sehr ausgiebig untersucht wird, trifft dies für Länder wie Portugal oder Finnland nicht zu.

Der folgende Text wird dementsprechend nicht mehr sein können als ein erster Versuch der Skizzierung des Zustandes des politischen Extremismus in Westeuropa. Ziel ist es, einen Beitrag zur Konzeptualisierung des politischen Extremismus (in einem vergleichenden Zusammenhang) zu leisten, einen Überblick über seine Erscheinungsformen zu geben und eine grobe Einschätzung der Stärken und Schwächen seiner verschiedenen Spielarten in Westeuropa zu Beginn des 21. Jahrhunderts vorzunehmen.

II. Politischer Extremismus neu definiert

Während Tausende von Seiten mit Untersuchungen zum Rechtsextremismus gefüllt sind (einhergehend mit einer Flut von Termini), wurde dem politischen Extremismus im Allgemeinen nur wenig Aufmerksamkeit gewidmet. Einzig innerhalb der extremismustheoretischen Tradition wurde ein Gattungsbegriff des Extremismus definiert und untersucht. Parallel zur Betrachtung von Totalitarismus bestimmt die Forschung Extremismus als Opposition zur (liberalen) Demokratie definiert und unterscheidet verschiedene Formen, insbesondere „links" und „rechts".

Die wichtigste Studie in dieser Tradition ist die des deutschen Politikwissenschaftlers Uwe Backes, der Extremismus als Antithese zum demokratischen Verfassungsstaat in seiner *definitio ex negativo*[1] definiert. Dies geht mit der Extremismus-Definition durch den deutschen Staat konform. Seit 1973 unterscheidet auch das Bundesamt für Verfassungsschutz strikt zwischen Extremismus und Radikalismus: „Der Begriff ‚Radikalismus' bzw. ‚radikal' hat mithin eine Bedeutungsänderung erfahren. Das, was wir heute als ‚extremistisch' bezeichnen, wurde früher als ‚radikal' bezeichnet. Heute werden als ‚radikal' solche Bestrebungen gekennzeichnet, die einseitige und ‚bis an die Wurzel gehende' Lösungen bestimmter Probleme anstreben, dabei aber gerade nicht oder noch nicht auf eine völlige oder teilweise Beseitigung der freiheitlichen demokratischen Grundordnung hinauslaufen."[2] Mit anderen Worten: Während Extremismus verfassungswidrig ist, ist Radikalismus „nur" verfassungsfeindlich.

Obwohl diesen Definitionen ein gewisser Wert nicht abzustreiten ist, sind sie doch problembehaftet, vor allem, wenn sie zu einer vergleichenden Untersuchung herangezogen werden sollen. Erstens sind diese Definitionen zu eng an die deutsche „freiheitlich-demokratische Grundordnung" gebunden, was es schwierig macht, sie außerhalb dieses speziellen konstitutionellen Rahmens anzuwenden. Zweitens ist die Unterscheidung zwischen Extremismus und Radikalismus alles andere als klar, was zu ernsthaften Abgrenzungsproblemen bei empirischen Untersuchungen führt: Wann wird aus *verfassungsfeindlich verfassungswidrig*? Drittens beschränkt die Definition den Demokratiebegriff implizit auf die liberale Demokratie, eine Beschränkung, die zwar weitverbreitet, aber gleichwohl falsch ist. Die liberale oder konstitutionelle Demokratie ist eine spezifische Form von Demokratie und, so könnte man sagen, nicht einmal die demokratischste.[3]

Ohne vorgeben zu wollen, alle diese Fragen lösen zu können, schlage ich ein alternatives Konzept vor, von dem ich hoffe, dass es uns einer idealen Definition zumindest näher bringt. Wie Backes und andere definiere ich Extremismus als Antithese zur Demokratie, das heißt als antidemokratisch. Gleichzeitig definiere ich Demokratie jedoch auf eine minimale oder verfahrenstechnische Weise. In der berühmten Definition des österreichischen Ökonomen Joseph Schumpeter ist Demokratie „eine institutionelle Vereinbarung um politische Entscheidungen erreichen zu können, welche das Gemeinwohl dadurch realisiert, dass die Bürger durch die Wahl von Individuen selbst entscheiden, welche sich versammeln, um den Willen der Bürger auszutragen."[4] Kurz gefasst,

---

1   Uwe Backes, Politischer Extremismus in demokratischen Verfassungsstaaten. Elemente einer normativen Rahmentheorie, Opladen 1989.
2   Peter Frisch, Die Herausforderung unseres demokratischen Rechtsstaates durch Extremismus und Terrorismus. In: Der Bundesminister des Innern (Hg.), Rechtsextremismus in der Bundesrepublik Deutschland. Texte zur Inneren Sicherheit, Bonn 1990, S. 7–26, hier 8 f.
3   Eine demokratische Kritik der liberalen Demokratie siehe bei Margaret Canovan, Trust the people! Populism and the two faces of democracy. In: Political Studies, 47 (1999) 1, S. 2–16.
4   Joseph A. Schumpeter, Capitalism, Socialism and Democracy, New York 1947, S. 250.

weist Extremismus den Glauben an die Volkssouveränität zurück, welche üblicherweise durch ein „one person, one vote"-System umgesetzt wird.

Im Unterschied zur extremismustheoretischen „Schule" definiere ich die Opposition zur *liberalen* (oder konstitutionellen) Demokratie als *Radikalismus*. Dieser Definition folgend, akzeptiert Radikalismus im Gegensatz zum Extremismus die Verfahren einer Demokratie. Aber er fordert ihre liberale Basis heraus, besonders die Wertschätzung des Pluralismus und die konstitutionellen Beschränkungen der Volkssouveränität. Der Kern des Radikalismus ist Monismus, das heißt die Tendenz, Pluralismus als illegitim anzusehen.[5] Ein gutes Beispiel für eine radikale Ideologie ist Populismus, definiert als (schwache) Ideologie, welche die Gesellschaft in zwei homogene und antagonistische Gruppen gespalten sieht, in „einfaches Volk" und „korrupte Elite", und argumentiert, dass Politik ein Ausdruck des *volonté générale* des Volkes sein solle.[6] Interessanterweise kritisieren zahlreiche zeitgenössische Populisten die liberale Demokratie und werfen ihr vor, nicht demokratisch genug zu sein.[7]

Zusammenfassend kann man sagen, dass Extremismus und Radikalismus einige Eigenschaften gemeinsam haben, aber ebenso klar und fundamental zu unterscheiden sind. Sowohl Extremismus als auch Radikalismus sind antiliberal (oder monistisch) und antikonstitutionell. Jedoch ist, und das ist zentral, Extremismus im Gegensatz zu Radikalismus fundamental antidemokratisch. Somit sind Extremisten nicht einfach „extreme" Abarten von Radikalen; es gibt einen qualitativen Unterschied, und zwar den der Akzeptanz von Volkssouveränität als leitendes Prinzip der Politik.

III. Typen von Politischem Extremismus und Radikalismus

Nach der Neudefinition von politischem Extremismus und Radikalismus stehen wir nun vor einer weitaus schwierigeren Aufgabe: der Bestimmung der verschiedenen Typen. Auch wenn der Unterschied zwischen Politik und Religion, besonders im Falle des religiösen Extremismus (oder Fundamentalismus), nicht immer klar ist, werde ich im Folgenden jene Formen des Extremismus und Radikalismus ignorieren, die in erster Linie religiöser Natur sind – selbst wenn sie eine stark politische Ausrichtung haben, wie dies beim Islamismus, dem hinduistischen und dem christlichen Fundamentalismus der Fall ist.[8]

---

5   Siehe auch Seymour Martin Lipset/Earl Raab, The Politics of Unreason. Right-wing Extremism in America, 1790–1970, New York 1970, S. 6.
6   Cas Mudde, The Populist Zeitgeist. In: Government & Opposition, 39 (2004) 3, S. 541–563, hier 543.
7   Siehe vor allem Paul Taggart, Populism, Buckingham 2000; Canovan, Trust the People!; Jan Jagers, De stem van het volk? Populisme bij Vlaamse politieke partijen, Antwerpen, unveröffentlichte Dissertation.
8   Nach meinem Wissen gibt es im heutigen Westeuropa nur eine einzige religiös-fundamentalistische Partei, die protestantische *Staatkundig Gereformeerde Partij* (Staatlich-Reformierte Partei, SGP) in den Niederlanden, welche in den letzten Dekaden stabile

Die in der Politikwissenschaft im Allgemeinen und der Extremismusforschung im Besonderen gebräuchlichste Unterscheidung von Ideologien ist die zwischen „links" und „rechts". Während die Relevanz dieser Unterscheidung unumstritten zu sein scheint, ist ihre Grundlage jedoch ein Thema heftiger Debatten. Nach der üblichen Interpretation geht die Unterscheidung auf das erste Parlament nach der Französischen Revolution zurück, in dem die Konterrevolutionäre (die Repräsentanten des *ancien régime*) auf der rechten Seite saßen und die Revolutionäre auf der linken.

Zum Teil aufgrund dieses (vermeintlichen) Erbes wird „der Rechten" oft unterstellt, konservativ oder gar reaktionär zu sein, während „die Linke" als progressiv gilt. Diese Unterscheidung ist in der vergleichenden Analyse sowohl fragwürdig als auch problematisch. Die Begriffe sind relativ, und ihre exakte Bedeutung gewinnen sie erst aus dem System, in welchem sie angewandt werden. Während zum Beispiel kommunistische Parteien in liberalen Demokratien progressiv sind (bzw. erscheinen), weil sie das bestehende System in ein neues umwandeln wollen, wären sie im postsowjetischen Kontext als reaktionär zu bezeichnen, da sie auf eine Rückkehr zum sowjetischen Modell aus sind.[9]

Vom Beginn des 19. bis tief in das 20. Jahrhundert hinein beruhte die Unterscheidung zwischen „links" und „rechts" auf der religiösen Einstellung. Die „Rechte" wurde als religiös (und oft antidemokratisch) angesehen, während die „Linke" als säkular (und demokratisch) definiert war. Nach dieser Unterscheidung gruppierten sich Liberale und Sozialisten auf der Linken in scharfer Gegnerschaft zu den religiösen und konservativen Parteien. Spätestens Ende des Zweiten Weltkriegs hat diese Unterscheidung jedoch ihren konzeptionellen Sinn und ihre politische Bedeutung verloren. In den weitestgehend säkularisierten Gesellschaften Westeuropas macht es wenig Sinn, die wichtigste ideologische Unterscheidung an einem so marginalen Kriterium wie der Religion festzumachen.

In der Nachkriegsepoche wurde die Unterscheidung zwischen „links" und „rechts" für Politik und Politikwissenschaft zentral. Gestärkt durch die behaviouralistische Revolution und den wachsenden Gebrauch quantitativer Methoden in den Sozialwissenschaften wurde die links-rechts-Dimension zu einem der wichtigsten Werkzeuge der (empirischen) Politikwissenschaft. In dieser Tra-

2-3 Prozent der Wählerstimmen für sich verzeichnen konnte. Zu Diskussionen des Rechtsextremismus, die religiöse Bewegungen mit einbeziehen, siehe Paul Lucardie/ Gerrit Voerman, The extreme right in the Netherlands. The centrists and their radical rivals. In: European Journal of Political Research, 22 (1992) 1, S. 35-54. Zu einer mehr konzeptionellen Diskussion, die auf dem Fall Israel basiert, siehe Ami Pedahzur/Arie Perliger, An alternative approach for defining the boundaries of „party families": examples from the Israeli extreme right-wing party scene. In: Australian Journal of Political Science, 39 (2004) 2, S. 285-305.

9 Zum Konzept der „Rechten" siehe Roger Eatwell/Noel O'Sullivan (Hg.), The Nature of the Right: European and American Political Thought since 1789, London 1989; Piero Ignazi, Extreme Right Parties in Western Europe, Oxford 2003, 1. Kapitel; zur „Linken" siehe Joseph M. Schwartz, „Left". In: Joel Krieger (Hg.), The Oxford Comparison to Politics of the World, Oxford 1993, S. 531 f.

dition wird die Unterscheidung zwischen den beiden Polen auf der Basis sozioökonomischer Verhältnisse getroffen, das heißt anhand der Einstellung zum Verhältnis zwischen Staat und Wirtschaft. Während die Rechte den Markt als das beste Organisationsprinzip der Wirtschaft ansieht, bevorzugt die Linke den Staat.[10] Nach dieser Interpretation stellen Sozialisten und Liberale die beiden Extreme dar, während Christdemokraten und Konservative irgendwo in der Mitte anzusiedeln sind.

In den letzten Jahrzehnten wurden verschiedene neue Links-Rechts-Einteilungen vorgeschlagen, die von multikulturalistisch vs. nationalistisch bis zu libertär vs. autoritär reichen.[11] Mögen alle diese neuen Dimensionen einen gewissen Wert haben, so führen sie doch nicht notwendigerweise zu begrifflicher Klarheit. Warum sollte Multikulturalismus als „links" und Nationalismus als „rechts" gelten, wenn es doch weitaus klarere Bezeichnungen dafür gibt (nämlich Multikulturalismus und Nationalismus)? Und warum sollte libertäres Denken als „links" gelten, wenn Liberalismus in der modernen Interpretation als „rechts" angesehen wird, oder Autoritarismus als „rechts", wenn man die autoritäre Natur von klassisch „linken" Ideologien und Regimes wie dem Kommunismus bedenkt?

Trotz dieser konzeptuellen Konfusion werde ich hier die Begriffe links und rechts benutzen, um die zwei Haupttypen des politischen Extremismus und Radikalismus in Westeuropa zu unterscheiden. Ich entscheide mich, diese Begriffe in Übereinstimmung mit ihrer Nachkriegsbedeutung und mit anderen Autoren dieses Buches (z. B. Uwe Backes, Andreas Umland) zu benutzen. Der Schlüssel zur Unterscheidung wird in Anlehnung an Norberto Bobbio auf der Betrachtung von (Un-)Gleichheit liegen: Die Linke betrachtet die Ungleichheiten zwischen Menschen als künstlich und möchte, dass der Staat diese beseitigt, wohingegen die Rechte glaubt, Ungleichheiten zwischen Menschen seien natürlich und entzögen sich staatlicher Einflussnahme.[12]

Mit der Warnung im Hinterkopf, jede Charakterisierung von links oder rechts sei eine leichtsinnige Generalisierung, ganz gleich, wie sorgfältig und klar die Definition ist,[13] glaube ich, dass die Unterscheidung dieser beiden Typen zur Klarheit der Argumentation und zur Struktur dieses Kapitels beitragen wird. Darüber hinaus bleibt sie nahe an der üblichen Interpretation der beiden Begriffe, die innerhalb und außerhalb der Universitäten gebraucht wird.[14] Im Folgenden werden die Hauptsubtypen des Linksextremismus, des Linksradikalis-

---

10 Ebd., S. 531–532.
11 Siehe z. B. Herbert Kitschelt in Zusammenarbeit mit Anthony McGann, The Radical Right in Western Europe: A Comparative Analysis, Ann Arbor 1995.
12 Dies ist eher eine persönliche Interpretation und Zusammenfassung als eine wörtliche Wiedergabe von Bobbios Argumenten. Siehe zum Beispiel Norberto Bobbio, Rechts und Links. Zum Sinn einer politischen Unterscheidung. In: Blätter für deutsche und internationale Politik, 39 (1994) 5, S. 543–549.
13 Paul Spicker, A third way. In: The European Legacy, 5 (2000) 2, S. 229–239, hier 230.
14 Dies gestattet uns eine klarere Unterscheidung als die von Uwe Backes und Eckhard Jesse vorgeschlagene, welche sich auf die „traditionelle Position" von Extremisten im

mus, des Rechtsextremismus und des Rechtsradikalismus in Westeuropa kurz vorgestellt und erörtert, wobei ihr ideologischer Gehalt eher als ihre elektorale Stärke oder politische Relevanz im Zentrum meiner Betrachtungen steht.

IV. Linksextremismus in Westeuropa

Die einzig wirklich ernstzunehmende ideologische Herausforderung der Demokratie in Westeuropa seit Ende des Zweiten Weltkriegs kam von Seiten des revolutionären Sozialismus, das heißt vom Kommunismus. Es existierten und existieren noch zahlreiche Varianten des Kommunismus – Trotzkismus und Maoismus (chinesisch und albanisch) eingeschlossen. Sie alle teilen einen marxistisch-leninistischen Kern, in welchem das zentrale Unterscheidungsmoment in der Geschichte der Menschheit der Klassenkampf ist. Die sozialistische Utopie, die durch eine revolutionäre Übergangsphase der Diktatur des Proletariats herbeigeführt werden soll, ist eine völlig egalitäre (globale) Gesellschaft, in welcher soziale Klassen ihre Relevanz verloren haben.

Obwohl die meisten westeuropäischen kommunistischen Organisationen (meist politische Parteien) der „Revolution der Arbeiterklasse" verpflichtet waren, zeigten sie in der Praxis nur wenig antidemokratisches Verhalten (mit Ausnahme des Verhaltens innerhalb der Parteien selbst, welches auf autoritären Prinzipien beruht und euphemistisch als „demokratischer Zentralismus"[15] bezeichnet wird). Und obwohl sie an dem Etikett „Kommunismus" festhielten, entwickelten sich zahlreiche (euro)kommunistische Parteien während der späten 1960er Jahre und danach de facto zu demokratischen Sozialisten.[16]

Der Untergang der real existierenden sozialistischen Regimes zwischen 1989 und 1991 stürzte die kommunistischen Parteien Westeuropas in eine tiefe Krise.[17] Sie reagierten auf verschiedene Weise darauf: (1) mit einem Verzicht auf das Etikett „kommunistisch" und dem Abschluss ihrer Entwicklung zum demokratischen Sozialismus; (2) mit einer Umwandlung in voll entwickelte sozialdemokratische Parteien, wie beispielsweise die *Democratici di Sinistra* (Demokratische Linke, DS) in Italien; (3) mit Aufgabe der unabhängigen Existenz und

---

Links-Rechts-Spektrum bezieht, ohne zu definieren, was das bedeutet. Uwe Backes/ Eckhard Jesse, Politischer Extremismus in der Bundesrepublik Deutschland, 3. Auflage Bonn 1993, S. 474.

15 Siehe Michael Waller, Democratic centralism: the costs of discipline. In: ders./Meinert Fennema (Hg.), Communist Parties in Western Europe. Decline or Adaptation?, Oxford 1988, S. 7–25.
16 Zur Ideologie des Eurokommunismus siehe George Schwab, Eurocommunism. The Ideological and Political-Theoretical Foundations, Westport 1981.
17 Für eine ausführlichere Beschreibung der kommunistischen Parteien in der Nachkriegsperiode mit einem Schwerpunkt auf der Zeit nach 1989 siehe Luke March/Cas Mudde, What's left of the radical left? The European radical left since 1989: decline *and* mutation. In: Comparative European Politics, 3 (2005) 1, S. 23–49.

dem Aufgehen in anderen Parteien, wie die *Communistische Partij Nederland* (Kommunistische Partei der Niederlande, CPN), die Teil von *GroenLinks* (Grüne Linke) wurde; oder (4) mit dem loyalen Verbleib im kommunistischen Lager.[18] Wir gehen in diesem Aufsatz nur auf diese letzte Gruppe ein.

Trotz der Schwächen dieses Begriffes entschieden sich einige Gruppierungen, das Etikett „Kommunismus" beizubehalten. Nur sehr wenige der gegenwärtigen kommunistischen Parteien sind erfolgreich bei Wahlen oder können als politisch relevant bezeichnet werden. Tatsächlich waren die meisten von ihnen schon immer unbedeutend und sind es geblieben. Aber einigen wenigen, die der roten Fahne treu blieben, ist es bisher gelungen, der vollständigen politischen Marginalisierung zu entgehen. Die wichtigsten offen kommunistischen Parteien in Westeuropa sind die *Kommounistiko Komma Ellados* (Kommunistische Partei Griechenlands, KKE), die *Parti Communiste Française* (Französische Kommunistische Partei, PCF) und die *Rifondazione Comunista* (Kommunistische Auferstehung, RC), die allesamt bei Parlamentswahlen Erfolge zwischen 5 und 6 Prozent erringen konnten. Die beiden letztgenannten waren außerdem Juniorpartner in den vorletzten Regierungskoalitionen ihrer Länder. Das zeigt, dass die revolutionären Bemühungen dieser Parteien bestenfalls schwach zu nennen sind. Für die meisten Zwecke ist ihr Bekenntnis zum Kommunismus eher rhetorischer und emotionaler Natur. Sie verhalten sich ähnlich wie die demokratisch sozialistischen Parteien, akzeptieren parlamentarische Demokratie, aber streben (der Theorie nach) noch immer danach, ein sozialistisches Regime zu errichten (siehe unten).

Nicht-sowjetische Varianten des revolutionären Sozialismus waren in Westeuropa immer ein Randphänomen. Maoistische Organisationen bestehen in praktisch allen Ländern, ihre politische Bedeutung ist aber zu vernachlässigen.[19] Mit dem Ende des Kalten Krieges, dem Fall des albanischen *Heilstaats* von Enver Hoxa und dem wachsenden Kapitalismus und Abbau des Sozialismus in China, stehen maoistische Gruppen mehr und mehr vor dem Problem, ihr ideologisches Modell verteidigen zu müssen.[20] In der Konsequenz versuchen sie, an der Basis von Themen und Organisationen zu mobilisieren, die eher postmaterieller Natur sind, wie Globalisierungskritik und Opposition zum Krieg im Irak. So nahm zum Beispiel die norwegische *Arbeidernes Kommunistparti* (Kommunistische Arbeiterpartei, AKP) im Oktober 1999 ein „Friedens- und Antikriegsprogramm" an, in dem sie sich „mit einem Teil der antiimperia-

---

18 Siehe auch Patrick Moreau/Stéphane Courtois/Gerhard Hirscher, Einleitung. In: Patrick Moreau u. a. (Hg.), Der Kommunismus in Westeuropa. Niedergang oder Mutation?, Landsberg 1998, S. 15–21; Martin J. Bull, The West European communist movement: past, present, future. In: ders./Paul Heywood (Hg.), West European Communist Parties after the Revolutions of 1989, Houndmills 1994, S. 203–222.
19 Robert J. Alexander, Maoism in the Developed World, Westport 2001.
20 Dies hat sogar zur bizarren Situation geführt, dass traditionell pro-chinesische maoistische Parteien, wie die *Partij van de Arbeid-Parti du Travail de Belgique* (Arbeiterpartei Belgiens, PvdA-PTB), das schnelle Wachstum der chinesischen Wirtschaft verteidigen. Siehe den Artikel Pakken de Chinezen onze jobs af?, www.pvda.be (1.2.2005).

listischen Arbeit, mit dem Kampf gegen imperialistische Kriege und für den Frieden" beschäftigt.[21]

Die dritte große Gruppe von Kommunisten, die Trotzkisten, sind den revolutionären und internationalistischen Versprechen des Marxismus stets treu geblieben. Leo Trotzki (1879-1940) führte den linken Kampf gegen Stalins reaktionäre Führung der Kommunistischen Partei der Sowjetunion an. Trotzki und seine Getreuen ließen nicht davon ab, eine „permanente Revolution" im Weltmaßstab zu predigen, während Stalin den „Sozialismus in einem Land" verfolgte, hauptsächlich um die Ergebnisse der russischen Revolution in der Sowjetunion zu verteidigen. Ähnlich den Maoisten haben Trotzkisten die Sowjetunion stark kritisiert, standen allerdings, im Gegensatz zu den Maoisten, auch den chinesischen Kommunisten kritisch gegenüber.

Trotzkistische Gruppen waren immer schon etwas weniger unbedeutend als die Maoisten, dennoch weit weniger relevant als die (prosowjetischen) Kommunisten. Derzeit spielen sie auf der politischen Bühne lediglich in Frankreich eine Rolle, wenngleich auch dort ihre politische Macht durch interne Spaltungen eingeschränkt ist.[22] Außerhalb der Parteipolitik üben Trotzkisten den meisten Einfluss durch Unterwanderung oder durch „Frontorganisationen" aus, zum Beispiel auf dem Gebiet des Antifaschismus (wie die britische *Anti Nazi League*) oder der Globalisierungskritik. Der revolutionäre Sozialismus ist seit dem Fall der Berliner Mauer ein marginaler Faktor geworden, und zwar selbst in den Ländern, in denen kommunistische Parteien noch im nationalen Parlament vertreten sind.

Die verschiedenen Vertreter des revolutionären Sozialismus sind zwar die relevantesten und eindeutigsten Vertreter des antidemokratischen Egalitarismus, aber nicht die einzigen. Es sind insbesondere zwei nichtsozialistische Stränge der extremen Linken zu unterscheiden: ökologischer Extremismus und Anarchismus.

Ökologische Extremisten sind ziemlich obskur, erfreuen sich jedoch einiger Popularität und Bedeutung. Sie teilen ihre ökologische Vision mit den nicht extremistischen (Tiefen-) Ökologen: den Glauben, dass „das Tier" dem Menschen gleich ist, dass ökologischer Reichtum der ökonomischen Entwicklung vorzuziehen sei, usw. Im Gegensatz zu den demokratischen Ökologen, die Demokratie unterstützen und ihre Ziele mit demokratischen Mitteln erreichen wollen, glauben so genannte „Öko-Autoritäre" (oder „Öko-Faschisten"), dass die Zerstörung der Erde so bedrohlich geworden und der Egoismus der Menschheit so weit verbreitet ist, dass allein eine ökologische Diktatur den Planeten retten

---

21 Das Dokument steht auf der Website in verschiedenen Sprachen zur Verfügung www.akp.no/program/fredsprog-tysk.htm (1.2.2005).
22 In der ersten Runde der Präsidentschaftswahlen 2004 kamen die drei trotzkistischen Kandidaten zusammengerechnet auf 10,4 Prozent der Stimmen: Arlette Laguiller von *Lutte Ouvrière* (Arbeiterkampf, LO) auf 5,7 %, Olivier Besancenot von der *Ligue Communiste Révolutionnaire* (Revolutionäre Kommunistische Liga, LCR) auf 4,2 % und Daniel Gluckstein vom *Parti des Travailleurs* (Partei der Arbeiter, PdT) auf 0,5 %.

kann.²³ Zu dieser lose organisierten Subkultur gehören einige prominente Persönlichkeiten (zum Beispiel Murray Bookchin und Laura Westra), Interessengruppen (wie *Earth First!*), Zeitschriften, sowie terroristische Zellen (wie die *Earth Liberation Front*, ELF).²⁴

Zu einem gewissen Grad sind mit diesen ökologischen Aktivisten die Tierrechtsaktivisten verwandt. Die meisten Tierrechtsgruppen sind nicht extremistisch, auch wenn sie möglicherweise das „one person, one vote"-Prinzip als gegen die Tiere gerichtet ablehnen.²⁵ Einige gewaltbereite Tierrechtsaktivisten sind jedoch eindeutig antidemokratisch. Als bekannteste soll nur die *Animal Liberation Front* (ALF) genannt werden, deren Zellen in vielen westeuropäischen Staaten aktiv sind.²⁶ In Ländern wie Großbritannien werden sie als eine der größten (nicht-islamischen) Bedrohungen für Eigentum und Personen angesehen.²⁷

Abschließend sind egalitäre Extremisten in der breiten und hauptsächlich demokratischen Antiglobalisierungsbewegung zu finden.²⁸ Man denke nur an die gewalttätigen Anarchisten, die meist dem *Black Bloc* zugerechnet werden. Offensichtlich existiert „der" Schwarze Block nicht, obwohl gewalttätige Anarchisten diesen Medienbegriff als Ehrentitel übernommen haben. Mit ihren eigenen Worten: „Ein schwarzer Block ist eine Ansammlung von Anarchisten oder Gruppen mit anarchistischen Sympathien, die sich gemeinsam zu einer bestimmten Protestaktion organisieren. Der Beigeschmack des schwarzenblocks [sic!] ändert sich von Aktion zu Aktion, doch als Hauptziele gelten, Solidarität angesichts eines repressiven Polizeistaats herbeizuführen und eine anarchistische Kritik dessen, wogegen an jenem Tag protestiert wird, beizutragen."²⁹

Was diese anarchistische Kritik jedoch genau ausmacht, ist weniger klar herauszufinden und scheint davon abzuhängen, welche Bewegung oder Aktion man untersucht. Im Kern aller Gruppen im Schwarzen Block steht der Kampf

---

23 Siehe Alan Carter, A Radical Green Political Theory, London 1999. Ich danke Matthew Humphry (Universität Nottingham) für seine hilfreichen Hinweise zum ökologischen Extremismus.
24 Zu Earth First! und ELF siehe Derek Wall, Earth First! and the Anti-Roads Movement. Radical Environmentalism and Comparative Social Movements, London 1999.
25 Gelegentlich unterstützen sie extremistische Gruppierungen finanziell. Siehe zum Beispiel Tom-Jan Meeus, Dierenbescherming financierde illegale acties. In: NRC Handelsblad vom 29. Nov. 2003.
26 Zur ALF siehe G. Davidson (Tim) Smith, Single issue terrorism. In: Commentary, 74 (1998), auf www.fas.org/irp/threat/com74e.htm (2.9.2004); Rachel Monaghan, Animal rights and violent protest. In: Terrorism and Political Violence, 9 (1997) 4, S. 106–116.
27 Siehe Kerry Capell, Animals-rights activism turns rabid. In: Business Week Online, 30. August 2004, auf www.businessweek.com/magazine/content/0435/b3897069 mz054.htm (1.2.2005).
28 Siehe unter anderem: Amory Starr, Naming the enemy. Anti-corporate movements confront globalization, London 2000. Mehr zum radikalen Teil der Antiglobalisierungsbewegung siehe im Beitrag von Patrick Moreau und Eva Steinborn.
29 Aus dem Text: Black Blocs for Dummies, auf: www.infoshop.org/blackblock.html (3.2.2005).

gegen Kapital und Staat auf nationaler und internationaler Ebene.[30] An die Stelle von Privateigentum, welches auf Handel und Habgier beruht, soll nach Ansicht der Anarchisten persönliches Eigentum treten, das auf dem Bedarf und der Voraussetzung, dass jeder das nimmt, was er/sie benötigt, beruht. Für sie gilt Privateigentum – und Kapitalismus durch seine Expansion – als gewalttätig und repressiv und kann nicht reformiert oder abgemildert werden. In der Konsequenz glauben Anarchisten nur an Veränderung durch Revolution, was Gewalt einschließt, obwohl es innerhalb der Szene eine Debatte darüber gibt, ob Gewalt gegen Dinge und Personen ein akzeptables Mittel ist.

Zusätzlich zum Schwarzen Block auf den Treffen der Globalisierungsgegner sind gewalttätige Anarchisten und Autonome in einigen Ländern in den Bereichen Hausbesetzung und Antifaschismus (z. B. die *Antifaschistische Aktion*, AFA) aktiv. Nur in einigen wenigen Ländern (wie Deutschland und Italien) und selbst dort nur in einigen Städten (z. B. Hamburg, Genua) sind diese Gruppen nicht völlig marginalisiert. Auch wenn die Aufmerksamkeit, die diesen Gruppen durch die Medien zuteil wird, einen machtvollen Anschein erweckt, ist die politische Bedeutung dieser Gruppen und ihre Unterstützung in der Öffentlichkeit verschwindend gering.

V. Linksradikalismus in Westeuropa

Mit dem Fall des Linksextremismus hat der *Linksradikalismus* einen bescheidenen Aufschwung erlebt.[31] Wie oben gezeigt, wandelten sich nach 1989 einige kommunistische Parteien zu demokratisch sozialistischen Parteien. Dies war zum Beispiel bei der ostdeutschen *Partei des Demokratischen Sozialismus* (PDS) und der Finnischen *Vasemmistoliitto* (Linke Allianz, VAS) zu sehen. Diese Parteien akzeptieren jetzt die Verfahren der Demokratie, streben (ihrem Anspruch nach) aber noch immer eine sozialistische Gesellschaft an. Obwohl die meisten Organisationen, die sich als demokratische Sozialisten bezeichnen, de facto Sozialdemokraten der alten Schule sind und sich mit der marxistischen Analyse überworfen haben, opponieren wahre Sozialisten, ob demokratisch oder revolutionär, gegen einige essentielle Aspekte der liberalen Demokratie, besonders die verfassungsmäßig garantierten individuellen Freiheiten (z. B. das Recht auf Privateigentum).

Bis 1989 waren demokratisch sozialistische Parteien vor allem in Skandinavien erfolgreich, wobei verschiedene südeuropäische eurokommunistische Parteien de facto bereits demokratisch sozialistisch waren. Zusätzlich zu den transformierten kommunistischen Parteien betraten einige neue sozialistische Parteien die parlamentarische Bühne. Bemerkenswert sind vor allem die nie-

---

30 Aus: N30 Black Block Communique, verteilt vom ACME Kollektiv am 4. Dezember 1999, auf www.infoshop.org/octo/wtoblackblock.html (3.2.2005).
31 Siehe ausführlicher March/Mudde, What's left of the radical left?

derländische *Socialistische Partij* (SP) und die *Scottish Socialist Party* (SSP).[32] Doch auch wenn die demokratisch sozialistischen Parteien ihre kommunistischen Brüder in Bezug auf Wahlerfolge und Relevanz überholt haben, können sie höchstens als mittelmäßig wichtiger politischer Faktor gelten, und auch das nur in einigen westeuropäischen Staaten.

Seit einigen Jahren ist bei einigen demokratisch sozialistischen Parteien ein Wandel hinsichtlich ihres Radikalismus zu beobachten. Sie präsentieren sich zum Teil als sozialdemokratische Parteien alten Typs mit dem Programm eines moderaten Sozialismus, was auch als Reaktion auf die Bewegung verschiedener sozialdemokratischer Parteien nach rechts zu verstehen ist.[33] Allerdings sind einige Parteien wegen ihres populistischen Diskurses noch immer als radikal einzustufen. Sozialpopulistische Parteien wie die SP oder die PDS führ(t)en scharfe Anti-Establishment-Kampagnen mit den Slogans „Stem tegen!" (Stimme dagegen!) beziehungsweise „Wahltag ist Protesttag".

VI. Rechtsextremismus in Westeuropa

Im heutigen Westeuropa ist die extreme Rechte, wie sie hier definiert ist (d. h. als nicht-egalitär und antidemokratisch), eine unbedeutende politische Kraft. Westeuropäische Politik ist in erster Linie Parteipolitik, und es sind keine Wahlerfolge rechtsextremer Parteien im heutigen Westeuropa zu verzeichnen.[34] Die beiden erfolgreichsten rechtsextremen Parteien sind die *Nationaldemokratische Partei Deutschlands* (NPD)[35] und die italienische *Movimento Sociale-Fiamma Tricolore* (Soziale Bewegung – Flamme der Trikolore, MS-FT). Allerdings sind auch deren Erfolge in ihren Ländern nur in einzelnen Regionen signifikant. Ihr antidemokratischer Charakter ist eher implizit (wenn nicht gar zweifelhaft), während sie offen antiegalitär sind.

---

32 Siehe ebd.
33 Parteien wie die PDS und die SP haben (noch) nicht offiziell dem Sozialismus abgeschworen. Die SSP fordert beispielsweise noch immer eine „unabhängige schottische Republik". Aber Sozialpopulisten betonen immer weniger die Bedeutung des Sozialismus und beschreiben diesen in immer vageren Begriffen. Siehe: Another Scotland is Possible: Scottish Socialist Party Holyrood Election Manifesto 2003, auf www.scottishparty.org.
34 Siehe zum Beispiel auch die Wahlergebnisse der „alten extrem rechten Parteien" bei Piero Ignazi, dessen Definition auch einige Parteien einschließt, die hier als rechtsradikal klassifiziert würden. Piero Ignazi, Extreme Right Parties in Western Europe, Oxford 2003.
35 Zur derzeitigen ideologischen Konfusion und Radikalisierung der NPD siehe zum Beispiel Jean Cremet, Eine Partei neuen Typs? Die NPD zwischen NS-Nostalgie und Nationalbolschewismus. In: Blätter für deutsche und internationale Politik, 45 (2000) 9, S. 1079–1087. Eine eher generelle Analyse jüngster Entwicklungen der Partei siehe bei Lars Flemming, Die NPD nach dem Verbotsverfahren – Der Weg aus der Bedeutungslosigkeit in die Bedeutungslosigkeit? In: Uwe Backes/Eckhard Jesse (Hg.), Jahrbuch Extremismus & Demokratie. Band 16, Baden-Baden 2004, S. 144–154.

Ein anderer Teil des antiegalitären, antidemokratischen Spektrums scheint die Grenzen zwischen rechts und links zu überwinden. Hierbei handelt es sich um verschiedene „nationalbolschewistische" oder „nationalrevolutionäre" Gruppierungen, welche Nationalismus (und/oder Rassismus) mit Sozialismus kombinieren.[36] Ihre politische Bedeutung ist gering; die meisten dieser Gruppen existieren hauptsächlich im Internet. Interessanterweise verstehen sich einige dieser Gruppen als Teil eines *Dritten Weges* (siehe unten), andere wiederum als links, obwohl sie traditionelle linke Kräfte ablehnen und von diesen ebenfalls abgelehnt werden.

Dies ist am deutlichsten der Fall bei den Nationalbolschewisten oder Nationalkommunisten, die alles andere als eine homogene Gruppe sind. Sie sind am stärksten sowohl in Russland als auch in der russischen Diaspora in den baltischen Republiken und der Ukraine präsent. Sie scharen sich um die *Nacional-Bolshevistkaya Partiya* (Nationalbolschewistische Partei, NBP) von Eduard Limonov.[37] Angeblich existieren auch spanische und schwedische Verbände der NBP, obwohl sie nicht viel mehr als Unterstützergruppen der russischen Mutterorganisation zu sein scheinen.[38] Zusätzlich existiert eine wahrscheinlich winzige *Parti Communautaire National-européen* (Nationaleuropäische Kommunitaristische Partei, PCN-NCP), zumindest im Internet, welche andere Nationalbolschewisten als „rot-braune Provokateure" und „reaktionäre Verräter" denunziert.[39] Inspiriert von einer großen Schar von Personen, angefangen vom deutschen konservativen Revolutionär Ernst Niekisch bis hin zu stalinistischen Führern wie Kim Il Sung und den politischen Fußstapfen von Jean Thiriart von *Jeune Nation* (Junge Nation), argumentiert die PCN-NCP für die „Befeiung der europäischen Nation" und die Errichtung eines kommunitaristischen und sozialistischen europäischen Staats.[40]

Zu den bemerkenswertesten Nationalrevolutionären gehören die Gruppen, die mit dem obskuren Netzwerk *International Third Position* (ITP) und der Zeitschrift *Final Conflict* assoziiert sind.[41] Der Begriff „Dritte Position" oder „Dritter Weg" hat eine lange Geschichte und wurde von Gruppen des antidemokratischen Randes ebenso wie vom demokratischen Mainstream benutzt (siehe

---

36 Roger Griffin, From slime mould to rhizome: an introduction to the groupuscular right. In: Patterns of Prejudice, 37 (2003), S. 27–50; Jeffrey M. Bale, "National revolutionary" groupuscules and the resurgence of "left-wing" fascism: the case of France's Nouvelle Résistance. In: Patterns of Prejudice, 36 (2002), S. 24–49.
37 Weiterführende Informationen hierzu sind in englischer Sprache auf der folgenden Website zu finden: www.nbp-info.org. Für weitere Informationen über die NBP siehe das Kapitel von Andreas Umland in diesem Buch.
38 Die Website der schwedischen Gruppe existiert zum Beispiel nur in russischer Sprache. Siehe www.nazbol.se.
39 Siehe: The PCN-NCP Answer to the Attacks of its Adversaries, auf: www.bolsheviks.org/DOCUMENTS/PCN (3.2.2005).
40 Siehe: The European Manifesto: Europe Back to the Europeans! In verschiedenen Sprachen auf der PCN-NCP Website erhältlich: www.pcn-ncp.com/English.html (3.2.2005).
41 Die Website der International Third Position ist außer Betrieb, doch Final Conflict ist unter der folgenden Adresse zu finden: http://dspace.dial.pipex.com/finalconflict.

Tony Blairs New Labour). Die Gruppen des ITP-Netzwerkes sind jedoch in erster Linie nationalistisch, rassistisch und offen antisemitisch. Die ITP wurde 1989 von der Political Soldier-Splittergruppe (politischer Soldat) der britischen *National Front* (NF) gegründet. Roberto Fiore, ein italienischer Neofaschist, der die 1990er Jahre im „Exil" in England verbrachte, wurde zu einer ihrer wichtigsten ideologischen und finanziellen Führungspersönlichkeiten.[42] Nach einigen schmerzlichen Spaltungen sind die derzeitigen Hauptorganisationen der ITP, *England First* (EF) und die italienische *Forza Nuova* (Neue Kraft), beide äußerst sektiererisch.[43]

Die Ideologie der ITP ist eine bizarre Mischung aus praktisch allen westlichen Ideologien. In ihren eigenen Worten: „Die *International Third Position* ist eine spirituell motivierte Weltsicht, welche das vermeintliche Wissen der modernen Welt um die ewige Verdammnis aller Völker und Kulturen zurückweist, zwischen links und rechts, Sozialismus und Kapitalismus wählen zu müssen. Basierend auf einer gesunden Kenntnis der menschlichen Natur und ihrer Interessen, strebt die Dritte Position keinen undurchführbaren Zentrismus an, sondern vielmehr einen Modus von Gedanken und Aktion, der den sterilen Hass der modernen Welt wirklich überwindet. Die Dritte Position ist daher das politische Bekenntnis des 21. Jahrhunderts."[44]

Während die Organisation sich selbst als Anhänger eines Dritten Wegs (d. h. als Alternative) zwischen Kapitalismus und Sozialismus präsentiert, sieht die Bewegung den Kapitalismus als weit größere Gefahr an als den Sozialismus (besonders seit dem Fall der Berliner Mauer). Die Ideologie der ITP kombiniert radikalen Antikapitalismus und Antimaterialismus mit einer vehementen Opposition zum „Internationalen Finanzwesen", was deutliche antisemitische Positionen einschließt. Zusätzlich zur Ablehnung praktisch aller Mainstream-Ideologien ist die eigene Ideologie eine Melange aus Autoritarismus (ihre Unterstützung der „popular rule" meint eigentlich, einer „objektiven Wahrheit" zu folgen), Ökologie, (neuem) Rassismus und „Distributismus", einem gildenähnlichen System (u. a. inspiriert von dem englischen faschistischen Autor C. K. Chesterton). Die Ideologie der ITP enthält ein starkes mystisch-christliches Element, in welchem der Einfluss des Denkens von Corneliu Zelea Codreanu zu erkennen ist, dem früheren Anführer der mystisch-faschistischen und fanatisch

---

42 Für eine (voreingenommene) Insidersicht der Geschichte der ITP, ihrer Zersplitterungen und internen Kämpfe siehe das Official Statement of the International Third Position, herausgegeben vom National Revolutionary Faction, auf www.rosenoire.org/essays/itp.php (3.2.2005).

43 Einige ihrer osteuropäischen Assoziierten sind etwas weniger politisch irrelevant, z. B. Narodowe Odrozenie Polski (Nationale Wiedergeburt Polens, NOP) und, in einem geringeren Ausmaß, Noua Dreaptă (Neue Rechte) in Rumänien. Siehe Cas Mudde (Hg.), Racist Extremism in Central and Eastern Europe, London 2005.

44 Dieses Zitat stammt aus The International Position 10 Point Declaration, auf http://ajedrezdemocratico.triipod.com/3rd-declaration.htm (3.2.2005). Eine akademische Analyse der Ideologie der ITP siehe bei Roger Griffin, Interregnum or endgame? The radical right in the „post-fascist" era. In: Journal of Political Ideologies, 5 (2000) 2, S. 163–178.

antisemitischen *Leguinea Arhanghelului Mihai* (Legion des Erzengel Michael), später *Garda de Fier* (Eiserne Garde) im Vorkriegsrumänien.

Schließlich gibt es verschiedene Neonazi-Gruppierungen; die meisten orientieren sich an deutschen oder US-amerikanischen Organisationen. Die Gruppen sind meist an Ideologie kaum interessiert und äußern höchstens eine gewisse, wenig untermauerte Sympathie für das Hitler-Regime. Ideologiekritisch betrachtet sind ihre Hauptthemen klassischer biologischer Rassismus, ein virulenter Antisemitismus, das Führerprinzip und Militarismus. Ideologische und häufig auch strategische Differenzen existieren bezüglich mehrerer Elemente des Nationalsozialismus, eingeschlossen die Rolle der führenden Gruppe – die arische oder weiße Rasse versus die deutsche Nation, die Rolle Hitlers – Held oder Verräter? – und das beste ökonomische Modell – nationaler Kapitalismus oder „wirklicher" Nationalsozialismus (wie ihn die Straßer-Fraktion propagiert). Während alle Gruppen in Bezug auf die offizielle Geschichte der Rolle Deutschlands im Zweiten Weltkrieg revisionistisch sind, existieren zahlreiche Varianten, z. B. Negationisten, die den Holocaust leugnen. Andere sehen die massenhafte Ermordung von Juden als Hauptleistung Nazi-Deutschlands an.

Auch wenn man politische Organisationen betrachtet, die keine Parteien sind, ist die extreme Rechte eine eher marginale Kraft. Meines Wissens sind in Westeuropa keine offen kapitalistisch antidemokratischen Organisationen wirklich aktiv.[45] Die Bedeutung des Rechtsextremismus liegt heute mehr auf der subkulturellen Ebene. Hierbei handelt es sich speziell um die Bereiche des Neonazismus und des Skinheadmilieus, auf denen die antidemokratischen Kräfte der extremen Rechten agieren. Zwar existieren in dieser Subkultur Organisationen, diese spielen jedoch nicht die Hauptrolle bei der Mobilisierung der Szene. Das Verbot solcher Organisationen hat also auch kaum Einfluss auf den Mobilisierungsgrad, neue Organisationen oder informelle Gruppen (z. B. Kameradschaften) würden einfach ihren Platz einnehmen.[46] Seit dem Ende der gewalttätigen Neonazi-Bewegung im Schweden der späten 1990er Jahre ist Deutschland das einzige westeuropäische Land mit einer breiten und gewalttätigen extremen rechten Subkultur.

VII. Rechtsradikalismus in Westeuropa

Während in den dreißiger Jahren des zwanzigsten Jahrhunderts der Rechtsextremismus die Hauptbedrohung für die Demokratien in Westeuropa darstellte, stehen die zeitgenössischen liberalen Demokratien Westeuropas eher vor einer

---

45 Auch hier nehme ich christliche fundamentalistische Gruppen wie die Lefebvre-Gruppe in Frankreich, die im *Front National* (FN) aktiv ist, aus meinen Betrachtungen heraus, oder auch *Opus Dei*, dem nachgesagt wird, im spanischen *Partido Popular* (PP) einflussreich zu sein.

46 Zu Kameradschaften siehe Fabian Virchow, The groupuscularization of neo-Nazism in Germany: the case of Aktionsbüro Norddeutschland. In: Patterns of Prejudice, 38 (2004) 1, S. 56–70.

Herausforderung durch den Rechtsradikalismus. In dieser Kategorie werden in der Literatur verschiedene Subgruppen und -typen unterschieden, auch wenn es häufig an klaren Definitionen mangelt.[47] Im Folgenden werden die beiden Subtypen detaillierter erörtert, welche zu Beginn des 21. Jahrhunderts am prominentesten sind: neoliberaler Populismus und populistischer Rechtsradikalismus.[48]

Die neoliberalen Populisten waren die ersten erfolgreichen rechtsradikalen Herausforderer im Nachkriegseuropa. Ihr Erfolg begann mit der Dänischen *Fremskridtspartiet* (Fortschrittspartei, FP), die bei der „Landslide Election" 1973 schockierende 28 Sitze im *Folketing* gewann. Auch wenn dies nicht lange anhielt, folgte ihr doch bald ein norwegischer Namensvetter, die *Fremskrittspartiet* (FrP). Diese agierte erfolgreicher und über einen längeren Zeitraum. Grundlage ihrer Ideologie ist eine Mischung aus Neoliberalismus, das heißt dem fundamentalen Glauben an den kapitalistischen (Welt-)Markt, und Populismus, dem Kampf der einfachen Leute gegen eine korrupte Elite.

Die neoliberalen Populisten wurden jedoch erst in den 1990er Jahren ein wirklich bedeutender politischer Faktor in Westeuropa. Die zwei wichtigsten Vertreter dieses Typs des Rechtsradikalismus stellen die italienische *Forza Italia* (FI) und die niederländische *Lijst Pim Fortuyn* (LPF) dar.[49] Kern ihrer Ideologie ist nicht Nationalismus, sondern Neoliberalismus, auch wenn Berlusconi und Fortuyn sich zeitweise durch fremdenfeindliche (vor allem islamfeindliche) Aussagen hervortaten. Auch in ihrer Regierungszeit betreiben sie noch einen scharfen Populismus, der sich gegen die „Roten Roben" (Berlusconi) oder die „Linke Kirche" (Fortuyn) richtete.[50]

Meines Wissens gibt es nur sehr wenige neoliberale populistische Nichtparteien-Organisationen in Westeuropa. Obwohl die LPF nach dem Tod von Pim Fortuyn dazu gezwungen war, ohne ihren Gründer und Führer weiterzumachen, kann man davon sprechen, dass auch die politischen Parteien reine Vehikel ihrer Gründer/Führer sind. Weiterhin gibt es einige kleinere libertäre Gruppierungen, die ebenfalls eine starke neoliberale Ideologie mit einer kritischen Einstellung gegenüber einigen Aspekten liberaler Demokratie verbinden (haupt-

---

47 Mehrere Typologien schließen sowohl rechtsextreme als auch rechtsradikale Parteien und Ideologien ein, wenn man den Definitionen aus diesem Kapitel folgt. Als Beispiel für Typologien der radikalen Rechten siehe unter anderem Jean-Yves Camus, Strömungen der europäischen extremen Rechten – Populisten, Integristen, Nationalrevolutionäre, Neue Rechte. In: Uwe Backes (Hg.), Rechtsextreme Ideologien in Geschichte und Gegenwart, Köln 2003, S. 235–260; Christopher T. Husbands, The other face of 1992: the extreme right explosion in Western Europe. In: Parliamentary Affairs, 45 (1992) 3, S. 267–284.
48 Siehe vor allem: Cas Mudde, Populist Radical Parties in Contemporary Europe, Cambridge, erscheint 2006; Hans-Georg Betz, Radical Right-Wing Populism in Western Europe, Basingstoke 1994.
49 Man könnte auch die Schill-Partei zu dieser Kategorie zählen. Siehe zum Beispiel Frank Decker, Parteien unter Druck. Der neue Rechtspopulismus in den westlichen Demokratien, 2. Auflage Opladen 2004.
50 Siehe Cas Mudde, The Populist Zeitgeist.

sächlich die Grenzen der Freiheit). Im Gegensatz zu den Vereinigten Staaten von Amerika[51] hat libertäres Denken nur wenig Einfluss in Westeuropa und scheint, da wo es auftritt, meist im Zusammenhang mit Teilen der grünen Bewegung zu stehen (in einer sehr moderaten Form).

Der zweite wichtige Subtyp des Rechtsradikalismus im heutigen Westeuropa ist der populistische Rechtsradikalismus. Seine Ideologie stellt sich als eine Kombination von Nativismus (eine Mischung aus Nationalismus und Xenophobie) und Populismus dar.[52] Die parteipolitischen Repräsentanten dieses Typs werden in der Literatur vornehmlich dem Rechtsextremismus zugerechnet.[53] Da sie die Verfahrensweisen der Demokratie akzeptieren, ordne ich sie hier allerdings als Teil des Rechtsradikalismus ein.

Populistisch-rechtsradikale Parteien haben heute die größte Bedeutung seit dem Ende des Zweiten Weltkriegs, auch wenn sie nur in einer Minderheit der westeuropäischen Staaten (z. B. Österreich, Belgien, Dänemark, Frankreich und Italien)[54] bei Wahlen Erfolge verzeichnen können. In einigen Ländern haben es populistische Nativisten bis in die Regierung geschafft (Österreich und Italien), unterstützen eine Minderheitsregierung (Dänemark) oder sind die größte Oppositionspartei (Belgien, Frankreich). Aber auch in Ländern wie Großbritannien oder Spanien, wo ihre Wahlerfolge eher gering sind, scheint ihr Einfluss auf die politische Agenda (überproportional) groß.

In ganz Westeuropa wurden populistisch-rechtsradikale Lösungsvorschläge zu Fragen wie Einwanderung oder Recht und Gesetz in die Politik auf mehr oder weniger moderate Weise übernommen. Einige Mainstream-Parteien haben sich so weit nach „rechts" bewegt, dass es extrem schwierig ist, ihre Wahlkampagnen von denen der populistisch-rechtsradikalen Herausforderer zu unterscheiden. Dies ist zum Beispiel bei der niederländischen *Volkspartij voor Vrijheid en Democratie* (VVD) oder der bayerischen CSU der Fall.

Außerhalb der Parteipolitik steht innerhalb der rechtsradikalen Bewegung die *Nouvelle Droite* (Neue Rechte). Ihrem intellektuellen Gründer, Alain de Benoist, zufolge ist die Neue Rechte „in keiner Weise eine politische Bewegung,

51 Siehe zum Beispiel die websites der libertären Partei www.lp.org und zum Libertarismus www.libertarian.org, welche mit dem Institute for Human Studies of the George Mason University verbunden sind.
52 Cas Mudde, Populist Radical Right Parties in Contemporary Europe.
53 Eine übersichtliche Auswahl der aus dem Boden sprießenden Literatur zu diesem Thema siehe bei Pierre Blaise/Patrick Moreau (Hg.), Extrême droite et national-populisme en Europe de l'Ouest, Brüssel 2004; Peter H. Merkl/Leonard Weinberg (Hg.), Right-Wing Extremism in the Twenty-First Century, London 2003; Pascal Perrineau (Hg.), Les croisés de la societé fermée. L'Europe des extremes droites, Paris 2001; Paul Hainsworth (Hg.), The Politics of the Extreme Right: From the Margins to the Mainstream, London 2000.
54 Während die Unterscheidung zwischen neoliberalem Populismus und populistischem Rechtsradikalismus auf dem konzeptionellen Level eindeutig möglich ist, sind einige politische Parteien schwer zu kategorisieren wegen zwiespältigen, inkonsistenten und oft wechselnden ideologischen Positionen. Dies ist vor allem der Fall bei der *Freiheitlichen Partei Österreichs* (FPÖ), der italienischen *Lega Nord* (LN), der Norwegischen FrP und der *Schweizerischen Volkspartei* (SVP).

sondern eher eine Strömung des Gedankens und der kulturellen Aktion".⁵⁵ Sie existiert hauptsächlich in einigen kleineren theoretischen Zirkeln, am bekanntesten der *Groupement de Recherche et d'Études pour la Civilization Européenne* (Gruppe zur Erforschung und Untersuchung der europäischen Zivilisation, GRECE), und in einigen mehr oder weniger professionellen Zeitschriften wie der belgischen *Tekste. Kommentaren en Studies* (Texte. Kommentare und Studien) und *Vouloirs* (Willen), die französische *Éléments* (Elemente) und die deutsche *Junge Freiheit*. Aufgrund internationaler Spaltungen wurde die Bewegung jedoch geschwächt, vor allem wegen der ideologischen und organisatorischen Spaltung zwischen de Benoist und seinem früheren Mitstreiter Guillaume Faye.⁵⁶

Wie zahlreiche andere Autoren zu diesem Thema fasst Thomas Pfeiffer die Ideologie der Neuen Rechten fast ausschließlich als Kombination von Negativhaltungen zusammen: Antiliberalismus/-kollektivismus, Antiamerikanismus, Ethnopluralismus, Elitismus, Antiparlamentarismus und die Ablehnung von *political correctness*.⁵⁷ Diese Negativhaltungen sind in erster Linie die direkte Folge der eigenen Ideologie der Neuen Rechten. Hierbei ist besonders der Ethnopluralismus hervorzuheben, der Glaube, dass die Menschheit in verschiedene, aber gleichwertige Kulturen gespalten ist und volle individuelle Entwicklung ausschließlich in der eigenen kulturellen Gruppe stattfinden kann.⁵⁸ Wegen ihrer metapolitischen Strategie, die ihr den Namen „Gramscianer der Rechten" einbrachte, war das Verhältnis zwischen der Neuen Rechten und rechtsradikalen politischen Parteien stets, gelinde ausgedrückt, problematisch.

In den konservativen Milieus Westeuropas macht sich eine wachsende Unzufriedenheit bezüglich der zeitgenössischen liberalen Demokratie breit. Während konservative Organisationen leidenschaftlich anti-egalitär sind, tendieren sie zur Unterstützung der liberalen Demokratie. Dennoch grenzt ihre Kritik verschiedener Politiken in zahlreichen Punkten an Radikalismus. Dies war besonders bezüglich des Islam und des Terrorismus der Fall, Themen, die in diesen Kreisen eine hohe Bedeutung haben. Eine radikal-konservative Gruppe, die einige Institutionen und Werte der liberalen Demokratie (zunehmend) herausfordert, ist zum Beispiel der parteiunabhängige Think-Tank *Edmund Burke Stichting* (Stiftung) in den Niederlanden.

---

55 Zitiert nach Ian Heffernan, Some thoughts on GRECE's Manifesto of the New Right auf www.geocities.com/newdemocracy/012-grece.htm (7.10.2001).
56 Zu dieser Debatte siehe Michael O'Meara, The Faye-Benoist debate on multiculturalism, auf http://foster.20megsfree.com/468.htm (3.2.2005).
57 Thomas Pfeiffer, Die Kultur als Machtfrage. Die Neue Rechte in Deutschland, Düsseldorf 2003.
58 Ein guter und relativ neuer ideologischer Text der Neuen Rechten ist Alain de Benoist/ Charles Champetier, The French new right in the year 2000, Telos (1999) 115, S. 117–144. Als akademische Analyse siehe Alberto Spektorowski, The French New Right: differentialism and the idea of ethnophilian exclusionism. In: Polity, 33 (2000) 2, S. 283–303; Michael Torigian, The philosophical foundations of the French New Right, Telos (1999) 117, S. 6–42.

VIII. Fazit

Dieses Kapitel begann mit der Einführung einer eigenständigen Typologie radikaler Politik, welche zwischen politischem Extremismus und politischem Radikalismus (d. h. Opposition zur Demokratie versus Opposition zur liberalen Demokratie) und zwischen links und rechts (d. h. Gleichheit versus Ungleichheit, basierend auf Norberto Bobbio) unterscheidet. In einem gezwungenermaßen kurzen Überblick wurden die wichtigsten ideologischen Subtypen von Linksextremismus, Linksradikalismus, Rechtsextremismus und Rechtsradikalismus in Westeuropa vorgestellt und diskutiert. Auf dieser Grundlage lassen sich einige resümierende Feststellungen treffen.
1. Obwohl heute praktisch jeder Demokrat zu sein scheint, sind wir noch nicht bei Fukuyamas „Ende der Geschichte" angekommen.[59] Während die *Verfahrensweisen* der Demokratie heute von allen, außer einigen wenigen Randgruppen, akzeptiert werden, wird die liberale Demokratie zunehmend herausgefordert.
2. Wir leben in einem Zeitalter des populistischen Zeitgeistes, in dem Radikale der Linken und Rechten als ernsthafte Herausforderer des Pluralismus und der zeitgenössischen liberalen Demokratien zu betrachten sind. Wichtig zu bemerken ist, dass einige Mainstream-Parteien, dies umfasst auch Regierungsparteien, moderate Formen populistischer Rhetorik und Lösungen übernehmen.[60]
3. Zu Beginn des 21. Jahrhunderts ist der Linksextremismus quasi verschwunden, während der Linksradikalismus noch schwächer ist, als es der Linksextremismus die in der zweiten Hälfte des 20. Jahrhunderts war.
4. Die größte Herausforderung der westeuropäischen liberalen Demokratien kommt heute von der radikalen Rechten, besonders von den neoliberalen Populisten und den populistischen Rechtsradikalen. Anstatt in Kooperation oder Konkurrenz innerhalb des Parteiensystems zu arbeiten, scheinen sie eher als funktionale Äquivalente zu christdemokratischen wie konservativen Parteien zu agieren. In einigen Ländern scheinen sich neoliberale Populisten durchzusetzen, zum Beispiel in Norwegen oder den Niederlanden, während in anderen Staaten populistische Nativisten dominieren, z. B. in Belgien und Frankreich.[61]
5. Während das 20. Jahrhundert als Zeitalter des politischen Extremismus gilt, scheint das 21. Jahrhundert eine Ära des politischen Radikalismus zu werden.

---

59 Francis Fukuyama, The End of History and the Last Man, New York 1992.
60 Cas Mudde, The Populist Zeitgeist.
61 Offensichtlich gibt es Ausnahmen wie z. B. Italien, wo neoliberale Populisten (FI) und populistische Rechtsradikale (LN) gleichermaßen erfolgreich als Parteien existieren und kooperieren. Dennoch scheint sich insgesamt die These der funktionalen Äquivalente zu bestätigen. Siehe auch Hans-Jürgen Puhle, Zwischen Protest und Politikstil: Populismus, Neo-Populismus und Demokratie. In: Nikolaus Werz (Hg.), Populismus. Populisten in Übersee und Europa, Opladen 2003, S. 15–43.

Rechts- und Linkspopulismus im westeuropäischen Vergleich – Zur strukturellen und inhaltlichen Bestimmung eines eigenständigen Parteientypus

Florian Hartleb

I. Einleitung

Der Populismusbegriff ist schillernd und umstritten zugleich. Er scheint in den Medien, ebenso in der Wissenschaft, negativ vorbelastet und verbreitet insbesondere als Schlagwort im politischen Alltag polemische Wirkung. Der durchsichtige Populismus-Vorwurf geht meist an die Adresse des politischen Gegners: Ein Populist betreibe keine sachliche Politik, sondern mediale Schaumschlägerei mit billigen, nicht einzulösenden Versprechungen oder mit eitler Selbstdarstellung. Der vorliegende Beitrag will belegen, dass der inflationär gebrauchte Populismus-Begriff nicht nur ein Schlagwort im politischen Tagesgeschäft ist, sondern sich auch als eine wissenschaftliche Begriffskategorie eignet.

Die Kernaussage lautet: Es gibt einen populistischen Parteientypus, der im politischen Spektrum rechts wie links zu finden ist. Der Verfasser entwickelt zu diesem Zweck einen Kriterienkatalog für die Einstufung einer Partei als rechts- oder linkspopulistisch. Die Themen des Populismus in Europa weisen wiederkehrende Deutungsmuster auf, welche trotz nationalspezifisch unterschiedlicher Situationen eine eindeutige Klassifizierung zulassen. Bisher fehlt es an eindeutigen Maßstäben. Bei einem so häufig verwendeten Begriff wie dem Populismus verwundert die lediglich geringe Ausschöpfung seines theoretischen Reservoirs.[1] Populismus kann sehr wohl den Bezugsrahmen für Untersuchungen verschiedenster Art bilden. Generell steht die Extremismusforschung nach Einschätzung von Eckhard Jesse deshalb „auf schwankendem Boden, weil kein hinreichender Konsens über das, was als extrem zu gelten hat, [...] besteht."[2] Mit der gleichen Schwierigkeit ist die Populismusforschung konfrontiert. Es mangelt an einer Konzeption, die Konturen einer Partei mit dem Attribut „po-

---

1　Vgl. Paul Taggart, Populism, Buckingham/Philadelphia 2000, S. 10.
2　Eckhard Jesse, Fließende Grenzen zum Rechtsextremismus? Zur Debatte über Brückenspektren, Grauzonen, Vernetzungen und Scharniere am rechten Rand – Mythos und Realität. In: Jürgen W. Falter/Hans-Gerd Jaschke/Jürgen R. Winkler (Hg.), Rechtsextremismus. Ergebnisse und Perspektiven der Forschung, = PVS-Sonderheft 27, Opladen 1996, S. 514–529, hier 525.

pulistisch" herausstreicht und bestimmt, welches die dem Populismus eigentümliche Note ist.

Folgende Fragen stehen im Mittelpunkt:
- Ist das Populismuskonzept für die Politikanalyse aussagekräftig und notwendig? Existiert überhaupt ein bislang kaum beachteter Linkspopulismus?
- Welche Rolle nimmt der (Rechts-, Links-)Populismus ein, spielt er im politischen Diskurs? Welche Themen und Charakteristika treten in den Vordergrund? Wodurch ist ein rechts- oder linkspopulistischer Parteientypus gekennzeichnet?
- Gibt es eine inhaltliche, themenbezogene Bestimmung des Populismus in seinen „rechten" und „linken" Varianten?

An erster Stelle nimmt der Beitrag eine definitorische Klärung des Populismus-Begriffs vor, der sich mit dem Populismus in seinen vielfältigen Erscheinungen, Interpretationen und Präsentationen sowie seinem Verhältnis zum Extremismus auseinandersetzt. Dabei wird auch ein Blick auf die europaweiten Erfolge populistischer Parteien geworfen. In einem nächsten Schritt entwirft der Verfasser unter strukturellen Gesichtspunkten einen modellhaften Grundtyp für eine populistische Partei. Auf der inhaltlichen Ebene gilt es zwischen Rechts- und Linkspopulismus zu differenzieren. Der Aufbau dieser Unterscheidung ist zweigliedrig: Zunächst will der Verfasser die thematischen Schnittpunkte der beiden Varianten des Populismus herausarbeiten. In einem nächsten Schritt kommen die spezifisch „rechten" und „linken" Varianten des Populismus zur Sprache. Der Beitrag schließt mit einer Zusammenfassung und der Diskussion offener Forschungsfragen.

Besonderes Augenmerk gilt dem in der Forschung kaum beachteten Linkspopulismus. Die Gegner einer zweipoligen Deutung des Populismusbegriffs ignorieren ein ernstzunehmendes Anliegen: „Selbstverständlich ist es Aufgabe der um Aufklärung und rationale Diskussion bemühten Wissenschaftler, auch linkspopulistische politische Strategien aufzudecken."[3] Der Zusammenhang zwischen einem Protest „von rechts" und „von links" wird nur selten gesehen, etwa vom Schweizer Historiker Urs Altermatt, für den „die beiden Protestströmungen auf der rechten und linken Seite trotz ihrer unbestreitbaren ideologischen [...] Unterschiede in einem gegenseitigen Zusammenhang stehen. Fundamentalismus, Populismus und Rassismus stellen [...] verschiedene Facetten des gleichen gesellschaftlichen Grundphänomens dar."[4]

---

3 Wolfgang Eismann, Rechtspopulismus in Europa. In: ders. (Hg.), Rechtspopulismus. Österreichische Krankheit oder Europäische Normalität?, Wien 2002, S. 7–21, hier 10.
4 Urs Altermatt, Ausbruchsversuche aus dem Korsett der Konkordanz. Essay zur Schweizer Politik am Ende des 20. Jahrhunderts. In: ders. (Hg.), Rechte und linke Fundamentalopposition. Studien zur Schweizer Politik 1965–1990, Basel/Frankfurt a. M. 1994, S. 3–29, hier 8.

II. Begriffsbestimmung

1. Populismus

Der Tenor der Forschung ist eindeutig: Der schwammige, wiewohl inflationär gebrauchte Populismus-Begriff trägt plakativ-polemische Züge.[5] Gerade durch seine Inkonsistenz zeichnet er sich aus. Eine präzise Definition scheint – wie der Soziologe Guy Hermet betont[6] – nur schwer möglich. Populismus ist dabei vor allem von jenen, denen diese Gabe fehlt, zu etwas an sich Ungehörigem gemacht worden. Der Populismus-Rüffel kann daher selbst populistisch sein, ein demagogischer Ersatz für sachliche Argumente.[7]

Pierre-André Taguieff unternimmt in einer Konzeption des „Nationalpopulismus", mit Blick auf Le Pens Front National, den Versuch der Operationalisierung. Sein Interesse liegt in der Suche nach einem Interpretationsschlüssel für den Erfolg von populistischen Formationen. Taguieff setzt den Schwerpunkt auf die Rhetorik. Populismus umfasse eine „protestierende" Dimension, die den Fokus auf eine Spaltung zwischen den „guten Leuten" und den „schlechten Eliten" legt. In dieser Annahme ähnelt Populismus einem „Stil", einem Denunzierungsdiskurs, der eine Entfernung zwischen „Volk" und Eliten brandmarkt.[8]

Es ließe sich nach Meinung mancher Autoren viel Ballast in der Populismusdiskussion abwerfen, „wenn dem Begriff keine politische Ideologie bzw. Programmatik unterlegt wird, er vielmehr zur Kennzeichnung einer bestimmten *Politik-, Interaktions- und Kommunikationsform*, das heißt eines bestimmten Politikstils, dient."[9] Das hätte aber eine Beliebigkeit des Begriffs zur Folge. Es kommt schlichtweg zur Negation eines entscheidenden Merkmals, würden Politikstile von etablierten Parteien und ihren Repräsentanten als populistisch bezeichnet, deren Appelle nicht gegen das etablierte politische System insgesamt, sondern gegen parteipolitische Konkurrenz innerhalb dieses Kontextes zielen.

Einige Autoren hingegen stufen Populismus als Ideologie ein. Allerdings mangele es ihm im Gegensatz zu anderen Ideologien, implizit oder explizit getragen von Vorstellungen wie Gleichheit, Freiheit oder soziale Gerechtigkeit, an zentralen Werten. Mit Populismus seien „weniger konkrete Inhalte gemeint, die

---

5   Vgl. u. a. Margaret Canovan, Populism, London 1981, S. 301. Canovans Studie war grundlegend für die Populismusforschung. Sie zuletzt auch dies., Populism for political theorists? In: Journal of Political Ideologies, 9 (2004), S. 241–252.
6   Vgl. Guy Hermet, Les populismes dans le monde, Paris 2001, S. 19 f.
7   Vgl. Ralf Dahrendorf, Acht Anmerkungen zum Populismus. In: Transit. Europäische Revue, 25 (2003), S. 156–163, hier 156.
8   Vgl. Pierre-André Taguieff, Populisme, nationalisme, national-populisme. Reflexions critiques sur les approches, les usages et les modèles. In: Gil Delannoi/ders. (Hg.), Nationalismes en perspectives, Paris 2001, S. 303–407, hier 330. Vgl. auch ders., L'illusione populista, Mailand 2003.
9   Joachim Raschke/Ralf Tils, CSU des Nordens. Profil und bundespolitische Perspektiven der Schill-Partei. In: Blätter für deutsche und internationale Politik, 47 (2002), S. 49–58, hier 52 (Hervorhebung im Original).

sich in ein Schema ‚Ich bin für/gegen eine konkrete Forderung' einfügen. Populismus funktioniert vielmehr wie eine ‚Ideologie ohne Weltanschauung', das heißt er aktiviert eine recht starre ideologische Form mit sehr variablen Inhalten."[10] Gemeint ist damit wohl eine „Anti-Status quo-Ideologie". Das erklärt, weshalb der Populismus leicht zum Anhängsel anderer Ideologien mutiert und einem weiten Spektrum von politischen Positionen zugeordnet werden kann. Jedenfalls ist es müßig, darüber zu spekulieren, ob der Populismus Ideologiegehalt hat oder nicht. Gewiss enthält er in beiden Fällen ein irrationales, demagogisches Element. Nach eigener Sichtweise lassen sich in einer Art Gesamtschau die unterschiedlichsten Definitionen eines modernen Populismus aufzeigen. Die Bezeichnungen sind teils kompatibel, teils inkompatibel, teils überschneiden sie sich, teils handelt es sich um Ober-, teils um Unterbegriffe:
- Regierungsstil („Pragmatismus");
- Volksnähe („originärer Bedeutungsinhalt"; bereits durch die wörtliche Bedeutung);
- Protestventil;
- stimmungsaufgeladene, affektive Mobilisierungsstrategie (inhaltlich willkürlich);
- Strukturmuster der zeitgenössischen Parteiendemokratie in Westeuropa;
- Kommunikationsmittel und Dialogtechnik;
- Produkt der Mediendemokratie („Slogans");
- Generator von spektakulären Inhalten (mit ideologischer Qualität).

Populismus konstituiert sich durch Negativabgrenzung vom jeweils typischen politischen und gesellschaftlichen Establishment. Zunächst ist Populismus Methode und Stil. Populismus als Protest gegen „die da oben", gegen die Herrschenden, verbindet und vermengt sich aber als eine Art „Anti-Ismus" mit konkreten Inhalten: Antikapitalismus, Antiamerikanismus, Antiglobalisierung oder Antifaschismus. Populismus, der ein *a priori* festsitzendes Korsett des „Volkswillens" vorgaukelt, heißt nicht Pragmatik des Augenblicks, inhaltliche Gleichgültig- und Beliebigkeit. Er zeigt sein Gesicht in bestimmten Rechts- und Linkskonstellationen. Meine Betrachtung des Populismus ergibt folgendes Bild:
- „technische Dimension des Populismus": Populismus als vereinfachender Politikstil, der mit bilderreicher Sprache eine direkte Verbindung zum „Volk", den einfachen Leuten konstruiert sowie agitatorisch, mit spontanem Eklat in einer gegen das Establishment (gegen die Elite) gerichteten Haltung auftritt. Eine notorische Beschwerdeführung mit einem Gestus der chronischen Entrüstung zeichnet ihn aus.
- „inhaltliche Dimension des Populismus": Populismus, der nicht nur opportunistisch ausgerichtet ist, sondern als eine Art „Bewegungstypus" Anti-Positionen einnimmt und sich auf bestimmte, mobilisierungsfähige (Protest-)The-

---

10 Sebastian Reinfeld, Nicht-wir und Die-da. Studien zum rechten Populismus, Wien 2000, S. 3.

men (z. B. Antiamerikanismus, soziale Demagogie) fixiert. Maßgebliche Anknüpfungspunkte sind reale oder imaginäre Missstände, Krisenerscheinungen objektiver oder subjektiver Natur.
- „personelle Dimension des Populismus": Populismus, dessen Belange von einer zentralen Figur mit Ausstrahlung vertreten werden.
- „mediale Dimension des Populismus": Populismus, der mit Blick auf Schlagzeilen positiver oder negativer Natur die Massenmedien nutzt, eine besondere Beziehung mit ihnen eingeht.

2. Verhältnis von Populismus und Extremismus

Die politischen Standorte der oft gleichen Untersuchungsobjekte werden mit Termini wie (rechts-, national- oder neo-)populistisch, rechtsradikal und rechtsextrem, rechtsextremistisch, (neo-)faschistisch markiert. Gleiches gilt für den Linkspopulismus. Nahezu synonym finden Begriffe wie linkspopulistisch, linksradikal, linksextrem, linksextremistisch, linkslibertär, sozialistisch und postkommunistisch Anwendung. Die Konfusion scheint unübersehbar. Selbst die anspruchsloseste unwissenschaftliche Abhandlung muss mit einem Begriffsinstrumentarium arbeiten, das in der Regel – anscheinend gedankenlos – keine notwendigen Definitionen, Erläuterungen und Grenzziehungen berücksichtigt.

Gegner des Populismus-Begriffs beanstanden, durch einen „Rechts- und Linkspopulismus" als Analyseraster würden die Unterschiede zwischen rechtsextrem und rechts (bzw. linksextrem und links) eingeebnet. Zudem schiebe sich „mit der Bildung des Gegenbegriffs ,Linkspopulismus' [...] die extremismustheoretische Begriffsfundierung [...] wie eine Folie hinter die Neuschöpfung."[11] Wer die Gegenüberstellung von Rechts- und Linksextremismus scharf kritisiert und diese als Gleichsetzung missdeutet, lehnt analog dazu die Einteilung in Rechts- und Linkspopulismus ab.

Intoleranz, Rigorismus, Sendungsbewusstsein mit einer Verabsolutierung der eigenen Ideologie sowie ein Denken in Schwarz-Weiß-Kategorien sind prägende Elemente des politischen (Rechts- und Links-)Extremismus.[12] Die eigene Position nimmt die Form einer „letzten Wahrheit" innerhalb einer als feindselig empfundenen Umwelt an. Nicht selten driftet sie in Verschwörungstheorien ab. Im Zentrum des Rechts- wie Linksextremismus steht die Gegnerschaft zu den Normen des demokratischen Verfassungsstaates. Diese ist nicht immer gleich zu erkennen: Unter dem Deckmantel, die „wahre" Demokratie

---

11 Wolfgang Kowalsky/Wolfgang Schroeder, Rechtsextremismus – Begriff, Methode, Analyse. In: dies. (Hg.), Rechtsextremismus. Einführung und Forschungsbilanz, Opladen 1994, S. 7–22, hier 11.
12 Zur Begriffsgeschichte des Extremismusbegriffs siehe Uwe Backes, „Rechtsextremismus" – Konzeptionen und Kontroversen. In: ders. (Hg.), Rechtsextreme Ideologien in Geschichte und Gegenwart, Köln 2003, S. 32–47.

verteidigen zu wollen, kann sich eine Verschleierungstaktik verbergen. Politische Extremismen geben vor, über absolute Gewissheiten zu verfügen.

Der Populismus hingegen kann grundsätzlich vereinbar mit dem demokratischen Verfassungsstaat und dessen Werten sein, er ist also „kein Ersatz- oder ‚Verlegenheits'begriff zum Terminus [...] Extremismus".[13] Die Begriffe „populistisch" und „extremistisch" meinen nicht dasselbe: Die durch sie bezeichneten Eigenschaften können zwar in bestimmten Konstellationen Hand in Hand gehen, müssen dies aber keineswegs.[14] Die *Liste Pim Fortuyn* war unter ihrem Namensgeber populistisch, aber nicht extremistisch oder radikal. Der belgische *Vlaams Blok* und der französische *Front National* sind eindeutig populistisch und extremistisch. Die deutsche PDS gilt nach einer Analyse des Autors im Ergebnis als populistisch,[15] steht zumindest teilweise den Normen des demokratischen Verfassungsstaats feindlich gegenüber. Die rechtsextremistische NPD hat sich einen Sozialpopulismus (in Form eines Protests gegen die Arbeitsmarktreformen) im sächsischen Landtagswahlkampf 2004 erfolgreich zunutze gemacht und ist ein Beispiel dafür, dass extremistische Parteien insbesondere in Wahlkämpfen zu populistischen Strategien greifen können.

Es gibt die Möglichkeit punktueller Überschneidungen und sogar erheblicher Berührungspunkte mit verfassungsfeindlichen Bestrebungen, gleichwohl muss Populismus keineswegs mit Extremismus korrelieren. Generell gilt: Populistische Parteien (oder Bewegungen) sind nicht a priori auf anti-demokratische oder verfassungsfeindliche Positionen festlegbar, können durchaus demokratiefähige Elemente artikulieren. Die populistische Dimension ist weder demokratisch noch anti-demokratisch, sondern ein Aspekt der Mannigfaltigkeit und Diversifizierung politischer Kulturen und Strukturen. Populismus kann mit Demokratie kompatibel sein, auch wenn dies oftmals bestritten und angezweifelt wird. Er liegt grundsätzlich auf einer anderen Ebene als der politische Extremismus (und Radikalismus). Die Globalisierungsgegner von Attac belegen, dass der neue Populismus nicht grundsätzlich systemfeindlich ist. Zwar wird Attac von allen möglichen linksradikalen und altmarxistischen Sekten regelrecht unterwandert. Doch die ursprünglichen Initiatoren der Bewegung wollten mit alten ideologischen Rezepten gerade nichts zu tun haben.[16]

---

13 Armin Pfahl-Traughber, Volkes Stimme? Rechtspopulismus in Europa, Bonn 1994, S. 21.
14 Vgl. Frank Decker, Rechtspopulismus. Ein neuer Parteientyp in den westlichen Demokratien. In: Gegenwartskunde, 50 (2001), S. 293–305. Siehe auch Uwe Backes, Les multiples facettes d'une catégorie d'analyse. In: Pierre Blaise/Patrick Moreau (Hg.): Extrême droite et national-populisme en Europe de l'Ouest. Analyse par pays et approches transversales, Bruxelles 2004, S. 445–465, hier 454.
15 Vgl. Florian Hartleb, Rechts- und Linkspopulismus. Eine Fallstudie anhand von Schill-Partei und PDS, Wiesbaden 2004, S. 231–286.
16 Vgl. Die Zeit vom 25. Juli 2002, S. 5. Es darf aber nicht übersehen werden, dass die Bewegung, zumindest was ihre Unterwanderung betrifft, an einem ungeklärten Verhältnis zu Straßengewalt und Militanz leidet.

III. Aktualität des Populismus

Von den späten 60er Jahren an ist eine lebendige politische Kultur entstanden. Gleichwohl durchläuft die Politik in Westeuropa seither eine Protestphase, die sich in einem rapiden Aufkommen neuartiger politischer Parteien und sozialer Bewegungen manifestiert. Spätestens im letzten Jahrzehnt scheinen vor allem die Parteiensysteme ins Rotieren geraten zu sein. Dabei ist nicht nur vom Niedergang der sozialdemokratischen Parteien die Rede, auch ihre traditionellen Gegner, die Konservativen, beklagen ähnliche Schwierigkeiten. Die neuen, keineswegs temporären Herausforderer konterkarieren eine gängige Praxis der Konsenssuche in den westlichen Demokratien, die sich in der Wohlstandsgesellschaft der späten 50er und 60er Jahre ausbreitete. Sie streuen Salz in die offenen Wunden der Kompromissorientierung und der Konventionen, treten – anfangs zumindest – im Gewand des Rebellentums auf.

Der Populismus hat Möglichkeiten, das parteipolitische Kräfteparallelogramm in Westeuropa nachhaltig zu beeinflussen. Je punktueller die politischen Ziele geworden sind, desto leichter haben es populistische Bewegungen, Parteien oder Politiker, können sich populistische Charakteristika im politischen System verfestigen. Fest steht: Die Parteienlandschaft ist durch die populistische Welle unübersichtlicher geworden. Besonders der Rechtspopulismus entfaltet in Westeuropa seine Wirkung: Den europaweiten Erfolg der neuen rechtspopulistischen Parteien belegen die Wahlergebnisse in einzelnen Ländern. Sie zeigen nur zu deutlich, dass der neue Rechtspopulismus mittlerweile über eine solide Erfolgsgrundlage verfügt, mit deren Verschwinden in absehbarer Zukunft nicht zu rechnen ist.[17]

In Frankreich begann 1984 der Aufstieg des *Front National* unter Jean-Marie Le Pen[18] (zuletzt Stimmanteile um die 15 Prozent), in Belgien konnten seit Mitte der 80er Jahre zwei neue rechtspopulistische Parteien Wahlsiege verzeichnen (*Vlaams Blok*,[19] seit November 2004 nach einem Gerichtsurteil gegen drei ihrer

---

17 Vgl. zu den Wahlerfolgen rechtspopulistischer Parteien Frank Decker, Der neue Rechtspopulismus, Opladen 2004, S. 12 f.
18 Jean-Marie Le Pen erlebte am 21. April 2002 eine Sternstunde und verursachte ein politisches Erdbeben im In- und Ausland. Er erreichte mit einem Stimmanteil von 17 Prozent im ersten Wahlgang der Präsidentschaftswahlen den zweiten Platz. Damit konnte er Lionel Jospin, den Kandidaten der Linken, der fünf Jahre lang das Amt des Premierministers bekleidet hatte, aus dem Rennen werfen und zum ersten Mal in eine allerdings aussichtslose Stichwahl gegen den konservativen Jacques Chirac einziehen.
19 Die xenophobe Partei, Ende der 70er Jahre ins Leben gerufen, strebt nach der Unabhängigkeit Flanderns. Sie träumt von einem Flandern, das nicht nur unabhängig, sondern auch ethnisch-homogen sein soll. Diese Homogenität soll durch Abschiebung von Nicht-EU-Ausländern in ihre Heimatländer sowie einen Zwang für EU-Ausländer, sich zu assimilieren, erreicht werden. Trotz der Ausgrenzung durch das Establishment kann die Partei, wie die Parlamentswahlen von 1999 und 2003 zeigen, stabile Erfolge verbuchen. 1999 wurde sie drittstärkste politische Kraft in Flandern, 2003 konnte der Vlaams Blok seinen Stimmenanteil im nördlichen Landesteil auf beachtliche 18 Prozent stei-

Teilorganisationen in *Vlaams Belang* umbenannt, und der kleine *Front National*,[20] nach französischem Vorbild konzipiert), in der Schweiz konnte die 1985 gegründete Autopartei bei landesweiten Wahlen Stimmenanteile um die fünf Prozent verbuchen.

Seit Beginn der 90er Jahre löst Christoph Blocher – offiziell nur Züricher Kantonsvorsitzender, tatsächlich aber Vordenker und Einpeitscher der *Schweizer Volkspartei* (SVP) – einen Höhenflug des eidgenössischen Rechtspopulismus aus.[21] Der Chemieunternehmer und Finanzier der Partei hat die einst liberal-konservative, ursprünglich nur regional verankerte SVP[22] systematisch zu einer rechtspopulistischen Formation „getrimmt". Bei den Nationalratswahlen im Oktober 1999 wurde sie mit 22,5 Prozent knapp stimmen-, wenn auch nicht mandatsstärkste Partei, vier Jahre später mit 26,8 Prozent nach Wähleranteilen und Sitzen die klar stärkste Partei. Mit dem Wahlergebnis im Rücken brachte Blocher die von 1959 an geltende „Zauberformel", die den Parteienproporz der Regierung festschrieb und den vier großen Parteien eine feste Zahl an Sitzen in der Regierung garantiert hatte, zum Einsturz. Blocher setzte seinen massiv erhobenen Anspruch auf ein zweites Regierungsamt seiner Partei durch und ließ sich am 10. Dezember 2003 in die Bundesregierung wählen. Die Allparteienkoalition in der Schweizer Konkordanzdemokratie sorgt für eine Einstimmigkeit aller Regierungsbeschlüsse, Blocher muss damit beinahe automatisch den Regierungskurs mittragen.

In Dänemark und Norwegen nehmen explizit immigrationsfeindliche so genannte Fortschrittsparteien eine feste Position im Parteiensystem ein: Die norwegische Fortschrittspartei mit dem Vorsitzenden Carl Hagen unterstützt seit den Parlamentswahlen 2001, bei denen die Partei fast 15 Prozent der Stimmen für sich verbuchen konnte, die konservative Minderheitsregierung. Die *Dänische Volkspartei* (DF) um die Parteivorsitzende Pia Kjærsgaard ist nach der Parlamentswahl 2001 mit 12,0 Prozent Koalitionspartner in der Regierung. Durch den erneuten Wahlgewinn bei den Parlamentswahlen im Februar 2005 (13,2 Prozent) kann sie einen noch größeren Einfluss auf die dänische Politik ausüben. In Schweden kam eine ähnliche Gruppierung, die Neue Demokratie, erst 1991 und nur kurzzeitig zum Erfolg.

In Italien schaffte die von ihrem Aushängeschild Umberto Bossi angeführte regionalistische *Lega Nord*[23] im Verein mit dem populistischen Medienunter-

---

gern. Bei den Kommunalwahlen 2000 in Antwerpen und Mechelen erreichte sie gar die meisten Stimmen. Maßgebliche Figur ist seither ihr Antwerpener Vorsitzender Filip Dewinter.

20 Die Partei ist unitaristisch, monarchistisch und agitiert gegen Immigranten. Ihr bestes Resultat erreichte sie bei den Parlamentswahlen von 1995 mit 2,3 Prozent.

21 Zwei weitere Parteien, die so genannte Autopartei und die Tessiner Liga (in ihrem Heimatkanton), sorgten in der Schweiz für Furore.

22 Die SVP erreichte bei den Nationalratswahlen 1987 einen Stimmenanteil von 11,1 Prozent, 1991 kam sie auf 11,9 Prozent, 1995 auf 14,9 Prozent.

23 Die „Partei der Lombarden", ursprünglich eine autonomistische Bewegung, operiert mit einem identitätsstiftenden Geschichtsmythos und – obwohl selbst an der Regierung

nehmer Silvio Berlusconi und dessen *Forza Italia*[24] sowie den ehemaligen Neofaschisten der *Alleanza Nazionale* 1994 den Sprung in die Regierung. Nur wenige Monate später war das Bündnis bereits beendet, nachdem sich der Koalitionspartner Lega Nord wegen der Korruptionsvorwürfe gegen Berlusconi von diesem losgesagt hatte. Seit den Wahlen vom 13. Mai 2001 heißt der italienische Ministerpräsident durch die Neuauflage des alten Bündnisses erneut Silvio Berlusconi.

In Österreich schaffte es die FPÖ unter Jörg Haider ab 1986 schrittweise, zu den „großen" Volksparteien SPÖ und ÖVP aufzuschließen. Ihre historischen, deutschnationalen Traditionen warf die Partei über Bord und ersetzte diese durch einen ausgeprägten Populismus. Eine Regierungsbeteiligung von Februar 2000 an – nach einem Nationalratsergebnis von 26,9 Prozent – war die Folge des Aufwärtstrends; die FPÖ war am Zenit ihres Erfolges angelangt.[25] Die Regierungspolitik gestaltete sich schnell als schwierig, wurde sie doch von den auf einem Oppositionskurs beharrenden Hardlinern um Jörg Haider permanent desavouiert und schließlich torpediert. Haider zog sich mit der Regierungsbeteiligung zwar offiziell aus der Bundespartei zurück, legte inoffiziell aber die Rolle als mächtigste Person in der Partei niemals ab. Schnell begann der Erosionsprozess der Partei; sie verursachte Neuwahlen, musste bei den Nationalratswahlen 2002 erhebliche Stimmenverluste in Kauf nehmen, gelangte aber trotzdem wieder in die Regierungskoalition, wiewohl in weit schwächerer Position.

In den Niederlanden wurde die *Liste Pim Fortuyn* (LPF) auch ohne ihren am 6. Mai 2002 (wenige Tage vor der Parlamentswahl) ermordeten Spitzenkandidaten und Namensgeber mit 17,0 Prozent zweitstärkste Kraft[26] und partizipierte anschließend an der neuen Koalition. Es war bei Pim Fortuyn bis zu seinem Tod nur schwer nachvollziehbar, welche politischen Ansichten er in vielen Dingen wirklich vertreten hatte.[27] Ähnlich wie in Österreich kam die LPF mit der Regierungsverantwortung nicht zurecht, besaß ohne Fortuyn keine Fortüne, versank im Chaos, verursachte Neuwahlen und musste diese mit massiven Stim-

---

     – mit gegen Rom (und gegen die EU) gerichteten Ressentiments. Beliebte Feindbilder sind „Nichtstuer" aus dem Süden und Immigranten.

24 Der Mailänder Medienunternehmer Silvio Berlusconi entschloss sich im Frühjahr 1994, in die Politik einzusteigen. In Windeseile entstand unter dem Namen Forza Italia eine clubartig organisierte Massenbewegung, die bereits bei den Parlamentswahlen von 1994 mit 21,0 Prozent stärkste Gruppierung im Parlament wurde und die Machtübernahme Berlusconis als Ministerpräsident bewerkstelligte.

25 Der Machtfaktor „FPÖ" wurde zu einem europäischen Politikum. Die EU-Mitgliedstaaten leiteten kurzzeitig Sanktionen gegen Österreich ein, die zu heftigen Kontroversen inner- und außerhalb des Landes führten.

26 Die Grundlage hierfür bildeten die Rotterdamer Kommunalwahlen im Frühjahr desselben Jahres. Die Partei um Fortuyn erzielte aus dem Stand heraus 35 Prozent der Stimmen.

27 In seiner Studentenzeit erwog er noch den Beitritt zur Kommunistischen Partei, trat dann aber dem linken Flügel der Sozialdemokratie bei. Fortuyn, lange inspiriert vom Marxismus, bewunderte später Silvio Berlusconi.

menverlusten und dem Ende ihrer Regierungsbeteiligung quittieren. Die am 13. Juli 2000 in Hamburg gegründete *Schill-Partei*,[28] die am 23. September 2001 bei den Hamburger Bürgerschaftswahlen aus dem Stand 19,4 Prozent der Wählerstimmen für sich gewinnen konnte und damit den Sprung in die Stadtstaatsregierung schaffte, fügte sich nahtlos ein. Nie zuvor in der Geschichte der Bundesrepublik hatte eine neue Partei einen derart großen Erfolg erzielen können. Das Beispiel lässt – nach den Neuwahlen im Februar 2004, die ein Ende unter das Kapitel „Schill-Partei" markierten – Rückschlüsse auf den schnellen Absturz und die Kurzatmigkeit eines derartigen Phänomens zu – gerade in Regierungsverantwortung.

Die Ausübung von Macht ist nachteilig für derartige Parteien und vermindert die Fähigkeit, sich als Alternative zu den etablierten Kräften zu präsentieren. Ob daraus das Ende des Aufwärtstrends, ein Abflachen oder eine rapide Abwärtsbewegung des Rechtspopulismus zu prognostizieren ist, muss Spekulation bleiben. Bei allen genannten Parteien handelt es sich mit Ausnahme der österreichischen FPÖ und der eidgenössischen SVP, die unter Jörg Haider bzw. Christoph Blocher allerdings einer kompletten Transformation unterzogen worden sind, um neue Formationen.

Der Linkspopulismus zeigte und zeigt sein Gesicht oftmals nicht parteiförmig, sondern mittels Protest- und Verweigerungsphänomenen „von unten". In den 70er und 80er Jahren entstand eine Vielzahl von so genannten „Neuen Sozialen Bewegungen" wie die Friedens- oder Umweltbewegung: „Viele dieser Bewegungen sind in gut populistischer Tradition ‚single issue'-Bewegungen, die ein weitergehendes politisches Programm selten aufweisen und sich den Zwängen und Mechanismen des politischen Establishments nicht unterwerfen wollen."[29] Als Folge kam es zur Herausbildung grün-alternativer Parteien, zunächst geprägt von einer grundlegenden Oppositionshaltung gegen die Funktionsmechanismen institutionalisierter Politik in modernen Gesellschaften und gegen das politische Establishment.[30] Sie zeichneten sich durch radikal wirkende Vorstellungen einer übergreifenden Basisdemokratie aus.

Ein Linkspopulismus taucht(e) in den Friedensbewegungen und der Globalisierungskritik auf. In neuerer Zeit tritt in Gestalt von „Attac"[31] eine breite glo-

---

28 Vgl. zur Schill-Partei Florian Hartleb, Auf- und Abstieg der Hamburger Schill-Partei. In: Hans Zehetmair (Hg.): Das deutsche Parteiensystem. Perspektiven für das 21. Jahrhundert, Wiesbaden 2004, S. 213–227.
29 Hans-Jürgen Puhle, Was ist Populismus? In: Helmut Dubiel (Hg.), Populismus und Aufklärung, Frankfurt a. M. 1986, S. 12–32, hier 29 f.
30 So waren die bundesdeutschen „Grünen" aus der Anti-Atomkraft-Bewegung entstanden und fühlten sich der Ökologie-, Friedens- und Frauenbewegung eng verbunden. Mittlerweile ist diese Nähe zu den sozialen Bewegungen, die wiederum selbst Federn ließen, merklich abgeschwächt.
31 „Attac", zunächst als ein intellektuelles Konstrukt konzipiert, wurde am 3. Juni 1998 in Paris gegründet. Im Januar 2000 kam es in Deutschland zur Errichtung eines „Netzwerkes zur demokratischen Kontrolle der internationalen Finanzmärkte", im November 2000 erfolgte die offizielle Umbenennung in „Attac" (siehe dazu Patrick Moreau,

balisierungskritische Front in Erscheinung, die von den Schwerpunkten Frankreich und Deutschland aus länderübergreifend operiert: „Die Themen der ‚alten' und ‚neuen' neuen sozialen Bewegungen sind weitgehend identisch; neu ist, dass sie heute den nationalstaatlichen Politikrahmen sprengen [...]."[32] Ein Hindernis eint soziale Bewegungen, einschließlich „Attac": Die Präsentation von Leitfiguren wirft für sie [...] ein großes Problem auf: „*Attac* ist [...] im Grunde eine höchst virtuelle Angelegenheit. Einerseits ist dieser Auftritt beispiellos modern: Eine Bewegung ohne körperliche Repräsentanz wird allein durch ihr Label repräsentiert. [...] Zugleich ist es höchst unmodern, zumindest was die Form populistischen Personenkults betrifft: Denn bis heute ist es keinem einzigen Akteur von *Attac* gelungen, sich selber zur Marke zu machen. [...] Für *Attac* resultieren aus dieser divergierenden Startposition Chancen und Probleme zugleich. Zunächst scheidet der Populismus charismatischer Führer und Demagogen unter diesen Voraussetzungen aus."[33]

Die buntscheckige *Partei des Demokratischen Sozialismus* (PDS) ist deswegen attraktiv, weil sie ostdeutschen Unmut über den Vereinigungsprozess kanalisiert, eine diffuse DDR-Identität und damit ein populistisches Wir-Gefühl mit starken Abgrenzungsritualen konstruiert. Der identitätsstiftende Kitt sind weniger die ideologischen Versatzstücke eines modernen Sozialismus, sondern die kultivierten Legenden aus der „guten alten DDR". Wenn die PDS in den Medien Präsenz zeigte, dann war dies weitgehend ein Verdienst Gysis. Er verkörperte den Intellektuellen, das Opfer, den Rächer, den Underdog. Der eloquente und telegene Gysi wirkte als gewiefter Siegertyp, der bei den Bundestagswahlen von 1990 bis 1998 jedes Mal ein Direktmandat zu gewinnen vermochte. Sein Charisma blieb jedoch weitgehend auf die Außenwirkung und das öffentliche Erscheinungsbild beschränkt. Funktionäre und Entscheidungsträger der Partei ließen sich von Gysis „reformerorientierten" Kurs nur begrenzt beeinflussen.

Unter die Kategorie eines französischen Linkspopulismus fällt der schillernde Sozialist Bernard Tapie, der von 1989 bis zu den Europawahlen 1994 erheblichen Einfluss hatte. Tapie verfügte bereits über einen großen Bekanntheitsgrad als Unternehmer, präsentierte sich gerne als großer, erfolgreicher Wirtschaftsführer, als Seiteneinsteiger. Dazu übte er – eine Parallele zu Silvio Berlusconi – das Amt des Präsidenten eines populären Fußballclubs aus (Tapie war Präsident von Olympique Marseille, Berlusconi steht dem AC Mailand vor), bevor er in die Politik einstieg. Er wurde im Jahre 1992 unter Mitterrand zum

„Die Welt ist keine Ware" – Aspekte der Bewegung der Globalisierungskritiker am Beispiel von „Attac" Frankreich und Deutschland. In: Uwe Backes/Eckhard Jesse (Hg.), Jahrbuch Extremismus & Demokratie, Band 14, Baden-Baden 2002, S. 134–154).

32   Claus Leggewie, Bewegungslinke schlägt Regierungslinke? Das politische Dilemma der Globalisierungskritik. In: Blätter für deutsche und internationale Politik, 47 (2002), S. 1055–1064, hier 1061.

33   Albrecht von Lucke, Die Macht der Geschichte. Was APO und Attac wirklich trennt. In: Vorgänge, 42 (2003) 4, S. 59–64, hier 62 f. (Hervorhebung im Original).

„Minister der Städte" berufen (bereits nach 55 Tagen musste er sein Amt niederlegen, weil ihm eine Anzeige wegen Bilanzfälschung drohte). Bei den Europawahlen 1994 stellte er sich als „radical" zur Wahl und erhielt 12 Prozent der Stimmen. Anschließend ging es rapide bergab. Ständig in Auseinandersetzungen mit der Justiz verstrickt, zog sich Tapie mehr oder weniger gezwungenermaßen aus dem politischen Leben zurück.[34]

IV. Kriterien für eine populistische Partei

1. Anti-Partei-Partei

Der Populismus will nicht für eine Politik stehen,[35] die nach einem klar definierten Schema abläuft, sondern vereinnahmt das Format einer Bewegung, welches enthusiastisch-vital wirken und damit auch unpolitische Leute in den Bann ziehen soll.[36] Eine wie auch immer geartete populistische Organisation negiert den Parteibegriff, der ein- und festgefahrene Strukturen und die Tristesse des Alltäglichen symbolisiert. Sie beansprucht daher, primär keine „Partei", sondern eine „Bewegung" zu sein.

Der selbstzugeschriebene Bewegungscharakter betont das Offene, Spontane und Werdende. Er bringt eine schwungvolle Reformbereitschaft zum Ausdruck, hebt das Gegensätzliche zu den „erstarrten" Formen politischen Handelns in Parteien und Parlamenten hervor.[37] Ursache dafür ist eine Anti-Parteien-Gesinnung, die dazu führt, dass „die meisten populistischen Vertreter auf die Selbstbezeichnung als Partei bewusst verzichten und sich stattdessen Bund, Liga, Front [,Bündnis] oder eben Bewegung nennen."[38]

Die populistische Anti-Partei-Partei[39] – so die paradox anmutende Bezeichnung – verinnerlicht nach eigenem Verständnis mehrere Rollen, die nicht un-

---

34 Vgl. dazu Jean-Wiliam Dereymez, Un vieux démon de la gauche française. In: Olivier Ihl/Janine Chêne/Éric Vial/Ghislain Waterlot (Hg.), La tentation populiste au cœur de l'Europe, Paris 2003, S. 65–76.
35 Vgl. Hartleb, Rechts- und Linkspopulismus. Der Verfasser entwickelt einen Kriterienkatalog für einen (rechts-, links-)populistischen Parteientypus.
36 Vgl. Margaret Canovan, Trust the People! Populism and the Two Faces of Democracy. In: Political Studies, 47 (1999), S. 2–16, hier 6.
37 Vgl. Micha Brumlik, Geistesaristokraten und Einpunkteegalitaristen – Ein anti-populistisches Pamphlet. In: Dubiel (Hg.), Populismus und Aufklärung, S. 248–277, hier 253.
38 Decker, Rechtspopulismus, S. 300. Siehe auch Yves Mény/Yves Surel, Par le peuple, pour le peuple. Les populisme et les démocraties, Paris 2000, S. 100 f.
39 Den Begriff „Anti-Parteien-Partei" verwendet unter anderem der renommierte Populismus-Forscher Pierre-André Taguieff. Vgl. Pierre-André Taguieff, L'illusion populiste, Paris 2002, S. 126. Treffender ist jedoch die Bezeichnung „Anti-Partei-Partei", da die populistische Partei eine eigene Partei neuen Zuschnitts und im Bewegungsformat verkörpern will. Eine der maßgeblichen Köpfe der bundesdeutschen „Grünen" in den 80er-Jahren, Gründungsmitglied Petra Kelly, sprach in einem Interview von der „Anti-Partei-Partei". Vgl. Petra Kelly. In: Der Spiegel vom 14. Juni 1982, S. 47–56. Der Begriff

bedingt zusammenpassen: Erstens sieht sie sich nicht als Partei, sondern als bürgernahe Bewegung aus der Mitte des „Volkes", zweitens will sie eine Partei neuen Typs mit Reformcharakter sein, drittens schürt sie in einer Verweigerungshaltung bloßen Protest gegen die „Parteienherrschaft" als solche. Gemäß ihrer Selbstpositionierung als „ständige Bürgerinitiative"[40] wollen populistische Parteien dem „Volk" als direkte Reaktion einen Gegenentwurf bieten und als „Anti-Partei-Partei" in der politischen Auseinandersetzung Punkte sammeln. Dies kommt dem taktischen Kalkül der populistischen Parteien entgegen, aus der wachsenden Parteienverdrossenheit der letzten Jahre politisches Kapital zu schlagen.[41] Das Motto der populistischen Anti-Parteien-Propaganda: „alle etablierten Parteien gegen die eine populistische Anti-Partei-Partei."[42] In der rhetorischen Darstellung verläuft die Konfliktlinie nach diesem Schema.

2. Anti-Establishment-Partei

Der Schlüssel zu einer Klärung des Populismus-Phänomens liegt in seiner Anti-Haltung zum jeweiligen Establishment. Der Begriff „Establishment" umfasst die Gesamtheit der Personen, Institutionen und Verwaltungseinheiten, welche die sozioökonomische und politische Macht in einer Gesellschaft innehaben. Die imaginäre, aber rigide Dichotomie verläuft zwischen dem „Volk" und einer „korrupten" Elite nach moralischen Mustern. Politik firmiert in den populistischen Argusaugen als ein elitär betriebenes „schmutziges Geschäft".

Der Populismus tritt nicht apolitisch auf, betrachtet Politik eher als notwendiges Übel und ruft – wenn auch widerwillig – zum Engagement auf.[43] Er setzt auf den publikumswirksamen Reiz, Stachel im Fleisch des politischen Establishments zu sein. Sein Furor richtet sich in gebetsmühlenartigen Wiederholungen gegen die Vertreter der „Pseudo-Elite", gegen die Konservierung der Privilegien durch die „herrschende Klasse", zu der neben bestimmten etablierten Politikern ein Meinungskartell von Politikern, Intellektuellen und Journalisten zählt. Er versucht, das politische Establishment in den westlichen Demokratien zu desavouieren und zugleich plakative Scheinreformen zu forcieren. Der Populismus lamentiert, vom gesellschaftlichen und medialen Establishment in voller

---

„Anti-Parteien-Partei" hingegen meint im Grunde nichts anderes als „Anti-Establishment-Partei".
40 Michael Morass/Helmut Reischenböck, Parteien und Populismus in Österreich. In: Anton Pelinka (Hg.), Populismus in Österreich, Wien 1987, S. 36–59.
41 Vgl. Hans-Georg Betz, Rechtspopulismus: Ein internationaler Trend? In: APuZG, B 9–10/1998, S. 1–19, hier 6.
42 Vgl. Cas Mudde, The paradox of the Anti-party Party: Insights from the Extreme Right. In: Party Politics, 2 (1996), S. 265–276, hier 268.
43 Vgl. dazu Cas Mudde, In the Name of the Peasantry, the Proletariat, and the People: Populism in Eastern Europe. In: Yves Mény/Yves Surel (Hg.), Democracies and the Populist Challenge, Basingstoke 2002, S. 214–232, hier 216.

Absicht Ignoranz und Ausgrenzung zu erfahren. Er gebraucht anti-elitäre Topoi. Diese „Stigmatisierungskampagne" ist Teil seiner Agitation.

Die populistische Partei tritt als „Anti-68er-Establishment-Partei" in Erscheinung. Für die linke Variante des Populismus hat die 68er-Generation ihre Ideale verraten, erscheint opportunistisch, stromlinienförmig und angepasst. So hätten die Grünen ihren Anti-Establishment-Charakter verloren, wirkten durch ihre vollständige Integration in das politische Establishment systemgerecht. Die rechte Variante empfindet einen großen Schaden, den die 68er-Generation mit ihren antiautoritären und systemkritischen Vorstellungen und Träumen für die heutige politische Kultur angerichtet habe. So ist der Schweizer Aufsteiger Christoph Blocher ein ausgewiesener „Anti-68er", der die provokativen Mittel dieser Bewegung gegen sie selbst gerichtet hat.

Der Protest stellt sich in der Hauptsache als mythische Opposition zwischen den mit der Außenseiterrolle kokettierenden populistischen Parteien und den Repräsentanten des politischen Establishments dar. Im Endeffekt zeigt Populismus eine Negativreaktion gegenüber einer liberalen Gesellschaft, in welcher Eliten die Repräsentanten intermediärer Institutionen rekrutieren. Der Populist selbst gibt vor, im Namen der schweigenden Mehrheit, des „Durchschnittsbürgers" zu sprechen und im Verbund wie Don Quichotte gegen Windmühlen zu kämpfen. Jörg Haider illustrierte während des Aufstiegs der FPÖ dieses Anliegen: „Die Ursache für den politischen Erfolg unserer Bewegung [liegt darin], dass wir entgegen der veröffentlichten Meinung des medialen und politischen Establishments die öffentliche Meinung breiter Bevölkerungsschichten artikulieren. Die schweigende Mehrheit, die die Last dieses Staates trägt, hat ein Recht, gehört zu werden."[44] Klares Feindbild sind oligarchische Interessen, welche – angeblich – korrupte Eliten in den westlichen Demokratien mehr oder weniger unverhüllt verfolgen.

3. Partei des Tabubruchs

Die zur Schau gestellte Rhetorik der populistischen Bewegungen stellt einen Affront gegen die vom „Konsens der Demokraten" getragenen guten politischen Sitten dar. Sie treten als „Störer eines Burgfriedens der Etablierten" auf, die sie durch stillschweigend beschlossene Übereinkünfte und Tabuisierungen zum schlecht gelittenen Eindringling machten. Die Populisten wollen nach eigener Diktion diesen Konsens aufbrechen; kalkulierte Entgleisungen verbaler Natur gehören deshalb zum Tagesgeschäft ihrer Agitation. Gezielt richtet sich der Blick gegen „die da oben".

Die saloppe und abwertende Beschimpfung der politischen Gegner erfolgt zum Zwecke der negativen Fremddarstellung. Eine herabsetzende Wortwahl und die provokante Anrede von politischen Personen zählen zum Standardrepertoire. Die politische Hygiene wird aber im Großen und Ganzen gewahrt:

---
44 Jörg Haider, Die Freiheit, die ich meine, Frankfurt a. M. 1994, S. 53.

Im Mittelpunkt steht nicht der rüde Ton, sondern eine Rhetorik, die teils moderat, teils aggressiv wirkt. Mit Hilfe von gezielt eingesetzten Tabubrüchen ist der Populist in der Lage, der Konkurrenz ein Schnippchen zu schlagen, indem er Themen vorgibt und die Aufmerksamkeit auf sich zieht, ohne Kompetenz in Sachfragen unter Beweis stellen zu müssen. Dem Agitator kann ein Bonus für seinen Mut, seine Frechheit oder seine Aufrichtigkeit selbst bei demjenigen winken, der seine provozierenden Ansichten nicht unbedingt teilt.

Die Reizschwelle ist niedrig, moralische Bedenken wirft der Populist über Bord, der Zweck heiligt die Mittel. Mit punktuellen Verbalradikalitäten, die nicht zwingend für bare Münze zu nehmen sind, schafft der Populist einen Gegenpol zur monotonen Statement-Routine zeitgenössischen Politjargons. Tatsächliche oder mögliche Differenzen zwischen Bevölkerung und politischer Führung nutzt er dabei aus. Es kommt – verhüllt oder unverhüllt – zu Angriffen gegen die verbalen Codes der demokratischen Mehrheitskultur. Unbequeme Wahrheiten werden ausgesprochen. Eine populistische „Anti-Konsens-Partei" strebt nach Dissonanzen und Disharmonien. Sie sucht Skandale, konstruiert sie oder redet sie förmlich herbei. Der eigene Nutzen ist eine Profilierung als „Sauberkeits"-Partei. Ein Aufgreifen von Themen in plakativer Form macht dieses Ziel möglich. Ein Beispiel für die instrumentelle Funktion und die „entlarvende" Intention bildet die Behandlung von Polit- und Wirtschaftsaffären.

Der Populist füllt die zuweilen „ohnehin dürftige Substanz seiner Reden" mit „dem mit Spannung erwarteten Höhepunkt: die polemische Pointe, die generalisierte Verdächtigung, das Pauschalurteil über die korrumpierte Politik der ‚Altparteien'."[45] Dabei greift er nach einem Kosten-Nutzen-Kalkül Politikfelder auf, die die traditionellen Volksparteien Europas aus nationalen und internationalen Opportunitätsgründen gerne meiden. Wie sich in konkordant strukturierten Systemen zum Beispiel in den Niederlanden oder Österreich gezeigt hat, gelangen populistische Parteien und Bewegungen besonders dort zu Einfluss, wo man lange stolz gewesen ist, Probleme nicht auf dem Wege des Konflikts, sondern auf dem der Konsenssuche zu lösen: „In dem Maße, wie die etablierten Eliten in gemeinsame Verhandlungsstrategien eingebunden sind, nehmen sie Distanz zu politischen Themen, die jenseits des Konsensusbereichs ihres eigenen Handelns liegen. Gerade zu diesen nicht-thematisierten Politikfeldern zählen jedoch die [...] politischen Forderungen [der populistischen Formationen]."[46]

Populistische Politiker wollen mit dem „*inszenierte*[n] *Gestus von mutigen Tabubrechern*"[47] das Image pflegen, dass sie ungeniert ihre Meinung sagen, die

---

45 Fritz Plasser, Die populistische Arena: Massenmedien als Verstärker. In: Pelinka (Hg.), Populismus in Österreich, S. 84–109, hier 101.
46 Ferdinand Müller-Rommel, Die Neuen von den Rändern her: Herausforderung der europäischen Parteiensysteme? In: ZParl, 30 (1999), S. 424–433, hier 432.
47 Lars Peter Rensmann, Rechtspopulismus und Rechtsextremismus. Politische Strategien und Parteien im europäischen Vergleich. In: Claudia Cippitelli/Axel Schwanebeck

Dinge beim Namen nennen und nicht um den heißen Brei herumreden. Sie zielen auf Themen, über die entweder gar nicht oder nur auf eine festgelegte Weise gesprochen werden kann. Der Populismus will Vorsichtigkeiten und Zurückhaltungen über Bord werfen, er verurteilt zaghaftes Lavieren, nutzt die Strategie einer gezielten Regelverletzung, inszeniert sich als aufklärerischer Kämpfer gegen irrationale Tabus. Für den Tabubruch gilt: Die Provokation, das zielgerichtete Spiel mit dem Verbot, gelingt nur dann, wenn der Provozierte „mitspielt", also reagiert. Der Tabubrecher kalkuliert diese Reaktionen bewusst ein. Der Vorsprung gibt ihm einen taktischen Vorteil.[48]

4. Medienfokussierte Partei

Populismus ist wie viele andere politische Strategien zum Scheitern verurteilt, wenn den ihn tragenden Personen eine Plattform zur Selbstdarstellung fehlt. So sind populistische Bewegungen stark davon abhängig, in welchem Maße sie auf öffentliche Resonanz stoßen. Konsequent müssen sie die Mittel der modernen Massenkommunikation nutzen, um reüssieren zu können. Informations- und Artikulationsfunktionen, früher von Parteien, Interessengruppen und anderen gesellschaftlichen Institutionen wahrgenommen, liegen heute zum großen Teil in der Hand der Medien. Zugleich sind die Medien auf die Informationen und öffentlichen Darstellungen der Parteien angewiesen.

Die Populisten nutzen die Möglichkeiten der modernen Massenkommunikation mit einer Rhetorik, die schrille, gefühlsbetonte, direkte und plumpe Züge aufweist. Die Modernität beim Einsatz medialer Mittel ist zu einem essentiellen Mittel des Populismus geworden. Politische Innovationen hängen kausal mit der aktuellen Verdichtung des Protestsyndroms zusammen. Ein Populismus als Politikstil ist ubiquitär geworden: „[Es] drängt sich [...] der Eindruck auf, dass eine hohe Dichte populistischer Elemente in den Arten und Weisen, Politik zu machen, also eine Art ‚struktureller Populismus' inzwischen zum dominanten Politikstil geworden ist, jedenfalls in den modernen Demokratien im Informationszeitalter. Zentrale Kennzeichen sind eine umfassende *leadership*, führungszentrierte, inhaltlich oft beliebige Politik, Tendenzen zu Bonapartismus und präsidialen Zügen auch in parlamentarischen Systemen und Dominanz der persönlichen Handschrift der Spitzenpolitiker (der Topos von der ‚Chefsache'), die pragmatische Behandlung des politischen Augenblicks, [...] im Ansatz eine Art Designer-Populismus."[49] Die klassischen Rollen von Politik und Medien,

(Hg.), Die neuen Verführer? Rechtspopulismus und Rechtsextremismus in den Medien, München 2004, S. 25–56, hier 27 f. (Hervorhebung im Original).
48 Vgl. zu diesem Absatz Albrecht von Lucke, Der hilflose Antipopulismus. In: Blätter für deutsche und internationale Politik, 47 (2002), S. 775–779, hier 775 f.
49 Hans-Jürgen Puhle, Zwischen Protest und Politikstil: Populismus, Neo-Populismus und Demokratie. In: Nikolaus Werz (Hg.), Populismus. Populisten in Übersee und Europa, Opladen 2003, S. 15–43, hier 42 (Hervorhebung im Original).

auch von Demoskopie, haben sich ineinander aufgelöst, der Populismus erscheint als Vis-à-Vis, das in der Augenblicklichkeit und Formlosigkeit des modernen Kommunikationsraumes freien Entfaltungsspielraum hat.

Ideologien im klassischen Sinne verblassen, der Populismus gilt als tragendes Element der Politik. Populistische Tendenzen sind zwar bei allen modernen Massen- und Volksparteien nachweisbar, besondere Nutznießer der beschriebenen Entwicklung sind aber genuin populistische Parteien und Personen, die sich anschicken, das tradierte Parteienspektrum zu modifizieren und zu konvertieren. In Zeiten, in denen Partei-Eliten mit zentral gesteuerter Medienkommunikation die allgemeine Krise der Repräsentation zu kompensieren versuchen, können populistische Herausforderer auf den fahrenden Zug aufspringen und unter den Vorzeichen der Anti-Politik sowie der Inhaltslosigkeit prächtig gedeihen.

Die Mediengesellschaft bietet kleinen und schwach organisierten Parteien reale Wettbewerbschancen. Spektakuläre Wahlerfolge aus dem Stand – siehe das Beispiel Pim Fortuyn – wären in den 50er oder 60er Jahren nur schwer möglich gewesen. Fraglich ist dennoch, ob sich die Medien, welche auf inszenierte Ereignisse erpicht sind bzw. auch nonkonforme Personen berücksichtigen, als festes Fundament von Dauer eignen. Deren Interesse verblüht schnell bei Nachlassen des Neuigkeitsfaktors und Überraschungsmoments. Dazu leuchten sie ihre Objekte aus, dramatisieren die Schwächen und handeln nach dem Prinzip des investigativen Journalismus. Die Parteien müssen, um im Kommunikations- und Berichterstattungsprozess integriert zu werden, strategisch vorgehen, als aktiver statt passiver Akteur erscheinen sowie Mitleids-, Solidaritäts- und Fraternitätseffekte auf Medien- und Wählerebene erzeugen. Gelingt dieses Unterfangen nicht, bleibt die Partei unbedeutend, erledigt sich das Wort „populistisch" gleichsam von selbst.

5. Partei einer charismatischen Führungspersönlichkeit

Eine populistische Führungspersönlichkeit, die als selbst ernannter parteipolitischer Interessenvertreter des „kleinen Mannes und/oder des nationalen Interesses" auftritt, behauptet unter Berufung auf den hypothetischen Volkswillen, die „wahren" Bedürfnisse des Volkes zu erkennen. Der populistische Agitator handelt gemäß einer so genannten „umgekehrten Psychoanalyse":[50] Er nähert sich seinem Publikum mit genau der gegenteiligen Intention, mit welcher der Analytiker auf die zu therapierende Person zugeht. Der Populist greift die individuellen Verunsicherungen, die neurotischen Ängste auf und verstärkt sie gezielt mit dem Zweck, den Patienten nicht mündig werden zu lassen, um eine feste Bindung zu erzeugen.

50 Der Literatursoziologe Leo Löwenthal prägte diesen Begriff, der sich aus seinen psychoanalytischen Untersuchungen der faschistischen Agitatoren in der Zwischenkriegszeit entwickelt hatte.

Der Populist an der Spitze der Partei agiert unter Umständen als „Popstar"; er degradiert seine Mitarbeiter und Mitglieder auf den Status von Fans; die Partei mutiert zu einem bloßen Wahlverein. Das strategische Konzept verlangt nach innerparteilicher Kohäsion, nicht nach einer pluralen Stimmenvielfalt. Unpolitische Eigenschaften wirken in hohem Maße auf das Image: Aussehen und Ausstrahlung verdrängen zunehmend Themenkompetenzen als relevante Beurteilungsmaßstäbe seitens der Wähler, Sympathisanten und Parteimitglieder. Sachpolitische Erwägungen geraten ins Hintertreffen.

Fraglich ist, welchem Politiker-Imagetyp der Populist eher entspricht. Zwei Einordnungen scheinen grundsätzlich bedenkenswert zu sein.[51] Der Populist ist eine Mischung aus charmantem Führer und Held:

– *Charmanter Führer*

Der charmante Führer verfügt über eine große Ausstrahlungs- und Überzeugungskraft sowie enorme rhetorische Fähigkeiten, wie das Beispiel Silvio Berlusconi idealtypisch zeigt: „Der ‚charmante Führer' betrachtet die Politik als ‚Kunst der Verführung' beziehungsweise als ‚professionellen schauspielerischen Akt'. Er ist ein Star, der sich am liebsten [...] locker in Szene setzt. Diese Art der Inszenierung ist typisch für Berlusconi, den ‚anti-politischen Politiker'. Bei den Veranstaltungen von Forza Italia schlendert er wie ein Showmaster souverän und lässig über die Bühne. [...] Diese scheinbare Lässigkeit ist in Wirklichkeit einstudiert. Jede Bewegung wird vor dem Auftritt geprobt."[52] Auch Gregor Gysi, der in der PDS keinen Nachfolger gefunden hat, wirkte als „charmanter Führer", der über eine große Ausstrahlungs- und Überzeugungskraft sowie enorme rhetorische Fähigkeiten verfügt.

– *Held*

Talent und spielerische Leichtigkeit scheinen dem Helden zugewachsen. Bei ihm verschmelzen *leadership* und *showmanship*. Der Niederländer Pim Fortuyn, kein Mann aus dem „Volk", hatte Talent und Chuzpe. Er, der Individualist, wollte offensiv um jeden Preis auffallen – mit seinem extravaganten Lebensstil, seiner eleganten Kleidung[53] oder seiner offen zur Schau gestellten Homosexualität. Der Soziologieprofessor und politische Kolumnist liebte Provokation und Tabubruch; Politiker und Journalisten beschimpfte er gleichermaßen. Innerhalb seiner ad-hoc-Partei war Fortuyn die unantastbare Führungsfigur.

---

51 Vgl. Roger-Gérard Schwartzenberg, Politik als Showgeschäft. Moderne Strategien im Kampf um die Macht, Düsseldorf/Wien 1980, S. 19–96.
52 Tina Schöpfer, Politische Show in Italien: Die Selbstdarsteller Umberto Bossi und Silvio Berlusconi. Eine vergleichende Analyse, Stuttgart 2002, S. 101.
53 Er setzte Akzente, mit Siegelring, Ferrari oder Bentley mit Chauffeur, Schoßhündchen und Nadelstreifenanzug. Ständige Begleiter waren Bodyguards. Vgl. Joop J. M. van Holsteyn/Galen A. Irwin, Never a Dull Moment: Pim Fortuyn and the Dutch Parliamentary Election of 2002. In: West European Politics, 26 (2003) 2, S. 41–66, hier 44; vgl. auch Han Dorussen, Pim Fortuyn and the ‚New' Far Right in the Netherlands. In: representation, 40 (2004), S. 131–145, hier 141.

Der Populist wirbt damit, einzige Alternative zum politischen Chaos bzw. zu den korrupten Parteien und Politikern sowie der „saubere" Retter der Nation zu sein. Von kühnen Projekten und großen Visionen hält er nichts. Angeblich führe er das „absolut Neue" im positiven Sinne in die Politik ein. Teilweise entspricht der Werdegang des Populisten nicht den gängigen Mustern von Politkarrieren. Er ist Quereinsteiger bzw. tritt als solcher auf und kann so nach außen hin eine Distanzierung vom herkömmlichen Politikertypus erreichen. Seine Unerfahrenheit in der Politik verkauft er als positive Eigenschaft; er pflegt das Image eines „Anti-Berufspolitikers", nimmt die Rolle des Nicht-Politikers ein, der sich seine Sporen anderswo, in Wirtschaft oder im Entertainment, erworben hat. Er gibt sich – wie das Beispiel Berlusconi vortrefflich zeigt – als *homo novus*, als „neuer Mann" in der Politik, der aus Uneigennützigkeit und von edlen Motiven getrieben zum „Politiker wider Willen" wurde. Im Wahlkampf versucht er, das Element des neuen „anderen" Politikers weiter auszubauen, wobei ein mythologischer Fundus grundlegend ist.

Schlüsselfigur für die Integrationswirkung und die Außen- und Medienwirkung ist „eine charismatische Führungspersönlichkeit, die den Anspruch erhebt, im Einklang mit dem common sense der Masse stehend, den Volkswillen instinktiv zu erfassen und unverfälscht wiederzugeben."[54] Die Häufigkeit charismatischer[55] Führungsfiguren bei der Betrachtung von populistischen Bewegungen ergibt sich zum einen aus dem Fehlen programmatisch oder traditionell vorstrukturierter Legitimationskriterien, zum anderen aus dem Charakter von Populismus selbst als einer zunächst lose organisierten, prinzipiell oppositionellen Anti-Bewegung. Ein charismatischer Anführer im Sinne Max Webers ergreift „die ihm angemessene Aufgabe und verlangt Gehorsam und Gefolgschaft kraft seiner (ursprünglich im religiösen Sinne verstandenen) Sendung. Ob er sie findet, entscheidet der Erfolg. Erkennen diejenigen, an die er sich gesandt fühlt, seine Sendung nicht an, so bricht sein Anspruch zusammen. Erkennen sie ihn an, so ist er ihr Herr, solange er sich durch ‚Bewährung' die Anerkennung zu erhalten weiß."[56]

Die Akzeptanz des (Führer-)Charismas seitens der Anhänger findet ihren Widerhall dann, „wenn sie diese wie eine Ikone akzeptieren und sich magnetisch nach ihr richten."[57] Enttäuscht der Charismatiker die Gefolgschaft, die Engagement für die „kleinen Sachen des Volkes" verlangt, so wird sein Führungsanspruch sofort versagen und sein Charisma ist verflogen. Das Charisma hängt unmittelbar mit einem Siegerimage zusammen. Geht dieses verloren, ist die Existenzberechtigung des Anführers ernsthaft gefährdet.

---

54 Betz, Rechtspopulismus: Ein internationaler Trend?, S. 5.
55 Das Wort „charismatisch" oder „Charisma" kommt aus dem Griechischen und heißt übersetzt „Geschenk, große Begabung".
56 Max Weber, Wirtschaft und Gesellschaft, Tübingen 1956, S. 663.
57 Reinfeld, Nicht-wir und Die-da, S. 128.

6. Partei einer abgrenzbaren Wir-Gruppe

Der Populismus nimmt Bezug auf ein idealisiertes Volk. Mit der ihm immanenten Gegenüberstellung von einfachem Volk und abgehobener Elite ist bereits ein symbolischer Integrationsfaktor angelegt. Der Populismus betont die Bedeutung des „Alltagsverstandes". Abgelehnte Wertvorstellungen sind dem „gesunden Menschenverstand" nicht auf abstrakter Ebene zu vermitteln, vielmehr erscheinen konkrete Feindbilder notwendig, um Korruption, Kriminalität oder kulturelle Differenzen zu veranschaulichen. Der „ehrliche und anständige Mann aus dem Volk" erhält ein greifbares Analogon. Auf diese Weise hat der Missstand ein Gesicht und eine Erklärung, nämlich den subjektiven Willen der Akteure. Gesellschaftliche Phänomene werden an einzelnen Punkten und Auffälligkeiten festgemacht, strukturelle Erklärungen ausgeblendet. Eine Reihe von manischen, paranoiden Vorstellungen taucht auf, wenn es darum geht, die „Wir-Gruppe" von anderen Gruppen abzugrenzen. Die außerhalb Stehenden erscheinen als Gegner, die Lokalisierungs- und Synergieeffekte für alle Anhänger der populistischen Bewegung auslösen sollen.

Die „Wir-Gruppe" des populistischen Diskurses zeigt folgende Dichotomien:[58]
- „Wir" (die populistische Partei, ihre Anhänger, die eigene Gruppe);
- der „kleine, ehrliche, anständige Mann";
- „die", „sie" (politische Elite, etablierte Institutionen);
- „zu Unrecht Begünstigte" (Bezieher von Sozialhilfe, Funktionäre, Ausländer, international operierende Konzerne).

Der Populismus entwirft ein soziales Panoramabild, in dem eine In-Gruppe (die „Wir") im Gegensatz zu einer entfernt stehenden Out-Gruppe (die „Anderen") steht.[59] Er arbeitet wie eine Fassade der Kohärenz, welche die dispersen Erfahrungen des Alltags mit Deutungen umgibt. Dazu etabliert er eine spannungsgeladene Beziehung zu einem „Anderen", der als der politische Feind fungiert. Der Populismus „artikuliert die demokratischen Diskurselemente [...], die Teile der Bevölkerung zu klassenübergreifenden Konsenspolen zusammenschließen (z. B. gegen hohe Steuern [...]); [...] er artikuliert die verschiedenen Elemente so, dass sie insgesamt gegen den Staat bzw. gegen den Block-an-der-Macht gerichtet sind."[60]

Eine möglichst homogene Gruppe von „natürlichen" Mitgliedern soll sich von klar definierten „Nicht-Wir-Gruppen" abheben. Soziale Exklusion und Inklusion gehen Hand in Hand. Entscheidend ist: Mit Schärfe und Entschiedenheit wird die Grenze gezogen. Trotz des vorgeschobenen Impetus, eine „Poli-

---

58 Vgl. Pfahl-Traughber, Volkes Stimme?, S. 150.
59 Vgl. Walter Ötsch, Demagogische Vorstellungswelten. Das Beispiel der Freiheitlichen Partei Österreichs. In: Gabriella Hauch/Thomas Hellmuth/Paul Pasteur (Hg.), Populismus. Ideologie und Praxis in Frankreich und Österreich, Innsbruck u. a. 2002, S. 93–121, hier 95 f.
60 Reinfeld, Nicht-wir und Die-da, S. 56 f.

tik des Herzens" zu verkörpern, ist der Populismus nicht dadurch charakterisierbar, welche Gruppen er gesellschaftlich integriert, sondern ganz im Gegenteil dadurch, welche Gruppen er exkludiert.[61]

Das „*enfant terrible*" PDS ist deswegen attraktiv, weil es ostdeutschen Unmut über den Vereinigungsprozess kanalisiert, eine diffuse DDR-Identität und damit ein populistisches Wir-Gefühl mit starken Abgrenzungsritualen konstruiert. So wartet die Partei mit dem Vorwurf auf, die „Wir-Gruppe" der ostdeutschen Bürger sei einer Oktroyierung der westdeutschen Institutionen, Eliten und Parteien ausgesetzt: „Die Stilisierung der PDS als die ‚einzig wahre' ostdeutsche Interessenvertretung ist als Abgrenzungssyndrom durchaus vergleichbar mit rechtspopulistischen Parteien. [...] Die PDS versucht sich als Sprachrohr all derjenigen auszugeben, die sich als Menschen zweiter Klasse empfinden und nostalgisch auf die gesicherten Verhältnisse in der ehemaligen DDR zurückblicken."[62] Die Partei kultiviert – für ihre Identitätsfindung entscheidend – die Legenden vom angenehmen Alltagsleben in der DDR und geht im gleichen Atemzug zu einem Anti-West-Diskurs über.

7. Plebiszitär ausgerichtete Partei

Eine große Mehrheit der Bevölkerung steht allen möglichen Formen von Plebisziten offen und positiv gegenüber. Die Stärkung plebiszitärer Elemente ist populär, was erstaunlicherweise weniger an dem Willen nach eigenem emanzipatorischen „(Bürger)"- Engagement liegt. Darauf baut der Populismus in hohem Maße und setzt sich an die Spitze einer schlagwortartigen „Demokratisierungsbewegung". Individualistisch ausgerichtet, mündet er in einen breiten Strom demokratischer Forderungen, die von der Stärkung der lokalen „Graswurzeln" bis hin zum gesamtstaatlichen Plebiszit reichen.[63]

Die direkte Partizipation – in sämtlichen Regierungszweigen und auf allen Ebenen des Regierens, bezogen auf Personal- wie auf Sachentscheidungen – ist ein Desiderat des Populismus und soll der politischen Entscheidungsfindung einen stark respondierenden und kontrollierenden Anstrich geben.[64] Gemäß ihrem primär identitären Politikverständnis fordern populistische Parteien eine „Demokratisierung des politischen Systems", ein abstraktes Postulat, das oberflächlich betrachtet als wenig angreifbar erscheint. Der Populismus setzt auf eine rationale Seite, die sich mit jeder Theorie über die Grundlagen der Demo-

---

61 Vgl. Paul Taggart, New Populist Parties in Western Europe. In: West European Politics, 18 (1995) 1, S. 34–51, hier 37.
62 Viola Neu, Die PDS: Eine populistische Partei? In: Nikolaus Werz (Hg.), Populismus, S. 263–277, hier 268.
63 Vgl. Frank Decker, Parteien unter Druck. Der neue Rechtspopulismus in den westlichen Demokratien, Opladen 2000, S. 45.
64 Vgl. Jeffrey Bell, Populism and Elitism. Politics in the Age of Equality, Washington D.C. 1992, S. 76–78.

kratie in Einklang bringen lässt: Politische Entscheidungsträger müssen bei offenkundigem Fehlverhalten auch jenseits regulärer Wahlen über Volksbegehren und Volksentscheid ihres Amtes enthoben werden. Die Sach- und Fachkompetenz, die notwendig ist, um Entscheidungen in Systemen mit immer komplexeren Zusammenhängen zu treffen, übergehen populistische Parteien auf galante Art und Weise.

Parlamente, Bürokratie und Gewerkschaften mutieren zu Feindbildern. Nach populistischer Unterstellung vernachlässigen diese die tatsächlichen Bedürfnisse des „Volkes" und gefährden damit dessen Wohl. Dem „Volk", das – angeblich – keine Klassengegensätze kennt, in dem vielmehr das Prinzip der Gleichheit herrscht, sprechen die Populisten dagegen eine gleichsam „natürliche" Fähigkeit zu, über das Richtige entscheiden zu können. Ein „virtuelles Bild vom Volkswillen" bildet die Argumentationsgrundlage. Die antipluralistischen Implikationen dieses identitären Ansatzes sind unverkennbar, werden die sozialen und politischen Differenzen der Individuen und sozialen Gruppen doch ignoriert, Systemfelder von „absoluten" Werten und Verhaltensformen oktroyiert und die Prinzipien der repräsentativen Demokratie graduell außer Kraft gesetzt.[65]

Es stellt sich die grundsätzliche Frage nach der Vereinbarkeit mit der repräsentativen Demokratie. Paul Taggart beispielsweise macht ein ambivalentes Verhältnis aus. Populistische Bewegungen würden repräsentative Politik als dysfunktional angreifen. Vor allem mutieren Ausmaß, Komplexität und Undurchschaubarkeit der repräsentativen Politik zu Zielscheiben populistischer Agitation. Populismus sei gleichsam ein Maß zur Messung der Gesundheit repräsentativer Systeme.[66] Er wirkt als Negativreaktion gegenüber der Philosophie, den Institutionen und Praktiken repräsentativer Demokratie. Die Vorbehalte gegen das Repräsentativ-Prinzip lassen sich dadurch plausibel machen, dass mit diesem die oftmals unspektakulär wirkende Notwendigkeit verbunden ist, Kontroversen und Kompromisse zu suchen. Die Fraktionsdisziplin, der die Parlamentsabgeordneten in den meisten Fragen unterliegen, gilt gerne als Beleg dafür. Dabei verkennt der Populismus, dass Unzufriedenheit über die Vermittlungsinstitutionen und -agenturen einem demokratischen System inhärent ist, ja ihr Fehlen verwunderlich wäre. Die Formel „mehr politisches Interesse durch mehr Partizipation" greift zu kurz.

---

65 Vgl. Patrick Moreau, Organisation, Programmatik und Wählerschaft der FPÖ. In: Uwe Backes/Eckhard Jesse (Hg.), Jahrbuch Extremismus & Demokratie, Band 12, Baden-Baden 2000, S. 73–92, hier 79.
66 Vgl. dazu Taggart, Populism, S. 110–114.

8. „One-issue"-Partei

Programm wie organisatorische Binnenstruktur – beides Resultate rationaler Diskurse und politisch-konzeptioneller Handlungsstrategien – bilden immanente Schwachstellen populistischer Bewegungen. Die Parteien werden logischerweise auch „von außen" her so gesehen und sind deswegen mit einem Makel behaftet: Von den Medien und den politischen Konkurrenten kommt der permanente Vorwurf, es handele sich bei den populistischen Newcomern um schiere „Ein-Punkt-Parteien" mit einem Hang zu Einseitigkeit, Chaos und Inkonsistenz. Die Außenseiter sollen in der Bedeutungslosigkeit versinken, sobald sich ihr bislang bewusst oder unbewusst ignoriertes Thema in die inhaltliche Schwerpunktpalette der etablierten Parteien eingegliedert hat.

Das Initiieren und Forcieren ständiger Kommunikationsleistungen, die kontinuierlichen Konstruktionen politischer Neuigkeiten stehen im Mittelpunkt der „nach außen" gerichteten Aktivitäten populistischer Newcomer. Es zeigt sich eine immense Abhängigkeit von politischen Mode- und Reizthemen. Kurzzeitig am Wählerhimmel angelangte Senkrechtstarter können nur schwer über einen längeren Zeitraum ihren Neuigkeitswert behaupten oder ausbauen. Die Halbwertszeit ist begrenzt, Themenadaptionen schwächen die programmatische Originalität. So hat die Aufnahme der Ökologieforderungen in die politische Agenda vieler Parteien den „Grünen" in zahlreichen Ländern die Schau gestohlen. Die deutschen „Grünen" wichen kurzfristig auf Friedens- oder Frauenpolitik aus, entwickelten längerfristig eine ausgefeilte Wirtschafts- und Sozialpolitik.[67] Damit entgingen sie erfolgreich der Absorption, eine allen populistischen Ein-Themen-Parteien drohende Gefahr. Daneben stellt sich die grundsätzliche Schwierigkeit, mehrere „single issues" zusammenzuführen. Innerhalb der globalisierungskritischen Bewegung stehen beispielsweise sektorale Ansätze wie Nord-Süd-Gefälle, Finanzmärkte, Verschuldung, Konsum oder Umwelt isoliert nebeneinander.

Die Mobilisierungsstrategie des Populismus basiert vorzugsweise auf schwer greifbaren und im „Alltagsverstand" eher latent präsenten Glückserwartungen, dem Bedürfnis nach sozialer Anerkennung und kultureller Identität. Populistische Parteien artikulieren eine Form von Protest. Als politische *pressure groups* sind sie – besonders in ihrer Anfangs- und Ausbreitungsphase – Klientel- und „single-issue"-Bewegungen:[68] „In dem Maße, wie sich Volksparteien [...] zur –

---

67 Vgl. Klaus von Beyme, Parteien im Wandel. Von den Volksparteien zu den professionalisierten Wählerparteien, Wiesbaden 2000, S. 95.
68 Cas Mudde entwickelte eine „Single-Issue-Party-Thesis" bei der Analyse von rechtsextremen Parteien. Vgl. Cas Mudde, The Single-Issue Party Thesis: Extreme Right Parties and the Immigration Issue. In: West European Politics, 22 (1999), S. 182–197. Auch Uwe Backes spricht bei der Analyse rechtspopulistischer Parteien von „single-issue-movements". Vgl. Uwe Backes, Nationalpopulistische Protestparteien in Europa. Vergleichende Betrachtungen zur phänomenologischen und demokratietheoretischen Einordnung. In: Österreichische Zeitschrift für Politikwissenschaft, 20 (1991), S. 7–17, hier 11.

stärker wahlentscheidenden – „Mitte" hin orientieren, laufen sie Gefahr, ihr angestammtes Terrain für neu auftretende Mitbewerber freizugeben, die [...], als Ein-Thema-Parteien, diesen Boden ihrerseits eifrig und extensiv beackern.[69] Die Newcomer bekommen Aufmerksamkeitschancen, die sich direkt in Wahlerfolge ummünzen lassen.

Über ein tragfähiges programmatisches Leitbild verfügen die neuen Herausforderer in der Regel nicht im *status nascendi*. Generell als Chance für Kleinparteien, den Weg zur Etablierung in einem politischen System zu beschreiten, dient die Spezialisierung auf ein bestimmtes politisches Thema, das die etablierten Kräfte weitgehend vernachlässigen. Dabei muss es sich nicht zwangsläufig um eine „Marktlücke" handeln – eine Partei kann auch ein spezielles Thema besetzen, das schon von den Kontrahenten vertreten wird, doch ist ihr Erfolg beschert, wenn sie auf diesem Politikfeld einen innovativen Inhalt pflanzt. Zudem lässt sich mit einer solchen Spezialisierung eine Zielgruppe gewinnen, die sich bislang von den etablierten Kräften nicht ausreichend berücksichtigt fühlt.[70]

Frühestens bzw. überhaupt nur dann, wenn die populistischen Parteien fest im Parteiensystem verankert sind, entwickeln sie einen breiter angelegten thematischen Fundus. Gleichwohl operieren sie auch dann mit einer modisch-opportunistischen Agenda-setting-Strategie[71] und einem kampagnenhaften Politikstil. Populistische Parteien bilden ihren Aktionsradius um eigentlich marginale Probleme, die propagandistisch ausgeschlachtet und deshalb künstlich zu elementaren Krisenerscheinungen beschworen werden können. Sie verkünden verheißungsvoll, die große politische Erneuerung, die fundamentale Wende einzuläuten. In Wahrheit jedoch streifen populistische Parteien die gängigen, wirklich relevanten Politikfelder höchstens in ihrer Gesamtheit; sie nehmen diese nur selektiv und per se negativ wahr. Signifikant ist „das Fehlen eines klar umrissenen Konzepts, einer politischen Alternative oder gar eines Reformprogramms. Zwar existieren [...] programmatische Erklärungen, [...] bei der Außenwirkung der Parteien kommt diesen aber lediglich geringe Bedeutung zu."[72] Pragmatisch orientiert, hieven sie ein bestimmtes Politikfeld an die Spitze ihrer Themenagenda, sorgen dazu für dessen dramatischen Bedeutungsanstieg.

Populistische Parteien warten mit unmöglich einzulösenden Wahlversprechen und Thesen auf – ein weit verbreitetes Phänomen aller Parteien. Es zeigt

---

69 Everhard Holtmann, Die angepassten Provokateure. Aufstieg und Niedergang der rechtsextremen DVU als Protestpartei im polarisierten Parteiensystem Sachsen-Anhalts, Opladen 2002, S. 65.
70 Vgl. Andreas Schulze, Kleinparteien in Deutschland. Aufstieg und Fall nicht-etablierter politischer Vereinigungen, Wiesbaden 2004, S. 352 f.
71 Unter Agenda-setting, dem planvollen Setzen von bestimmten Themen, versteht man eine Massenmobilisierungsstrategie, von der vor allem die Medien – primär die Boulevardzeitungen – zur Steigerung ihrer Auflagezahlen Gebrauch machen.
72 Pfahl-Traughber, Volkes Stimme?, S. 125.

sich ein Hang zu unpräzisen Reizwörtern, zu einer Ausschaltung der Beweisführung zugunsten realitätskonstruierender Thesen. Die neuen Wettbewerber weisen selten ein weitergehendes politisches Sachprogramm auf und ersetzen diesen Mangel durch ein starkes verbales und „moralisches" Engagement zugunsten einiger weniger konkreter Programmpunkte.[73] In der Tat greifen populistische Parteien oftmals Einzelpunkte zusammenhanglos heraus, reihen sie als Forderungen bzw. anklagende Zustandsbeschreibungen aneinander.

V. Thematische Schnittpunkte von Rechts- und Linkspopulismus

1. Anti-Globalisierungspartei

Populismus greift grundsätzlich Anti-Globalisierungsressentiments auf. Die Kritik „von rechts" und „von links" stellt nicht die Globalisierung als solche in Frage, sondern betont die vielfach als apokalyptische Reiter wahrgenommenen Folgen der Globalisierung und bestreitet die – angebliche – Alternativlosigkeit der gegenwärtig dominanten Ausprägung. Das Vorurteil des Antiamerikanismus demgegenüber hat die amerikanische Regierung, Industrie, Lebensweise oder generell einen „amerikanischen Imperialismus" im Visier. Gemäß der „rechten" Variante sollen Leistungen und soziale Rechte nach dem Prinzip des nationalen Primats ausschließlich den Staatsbürgern zukommen. Im Unterschied zu den rechten Globalisierungsgegnern, die mit nationalem Unterton einen Rückbau der Globalisierung wollen, postuliert das linke Pendant eine länderübergreifende Form des Protests, knüpft vielfach an den linken Internationalismus an und übt eine scharfe Kapitalismuskritik.[74] Der gemeinsame Nenner liegt nicht auf der rational-programmatischen, sondern auf der emotionalen Ebene. Was die globalisierungskritische Bewegung verbindet, sind Angst vor Identitätsverlusten und Empörung über soziale Ungerechtigkeiten.

Starke linkspopulistische Züge zeigen moderne Bewegungen, insbesondere transnational agierende Netzwerke wie Attac, „die Kritik an den Erscheinungen und Wirkungen der ‚Globalisierung' (unter ‚neoliberal'-kapitalistischem Vorzeichen) üben [...]. Sie spiegeln, neben vielem anderen, insbesondere auch die neopopulistischen ‚Anti'-Mechanismen der Abwehr aus Verunsicherung, Angst oder vermeintlicher Bedrohung."[75] Attac, mit dem Motto „Eine andere Welt ist möglich" werbend, ist also nicht gegen die Globalisierung als solche, sondern gegen eine neoliberale Globalisierung, die vor allem den Gewinninteressen von internationalen Konzernen und Finanzanlegern diene. Demnach bedeutet Globalisierung folgendes: zu deregulieren, zu privatisieren, zu fusio-

---

73 Vgl. Bernd Lüdecke, Rechtspopulismus am Beispiel der „Republikaner", unveröffentl. Diss., Hannover 1993, S. 215.
74 Vgl. Claus Leggewie, Die Globalisierung und ihre Gegner, München 2003, S. 58 f.
75 Hans-Jürgen Puhle, Zwischen Protest und Politikstil, S. 36.

nieren, zu spekulieren und dadurch rücksichtslos, auf inhumane Weise zu entlassen. Der Neoliberalismus mache sich die Globalisierung untertan, um für die Privatwirtschaft phänomenale Megaprofite zu erreichen, und dies nahezu um jeden Preis.[76]

Globalisierungskritiker von links zeigen sich modernisierungskritisch und in einem Argwohn gegen Firmenlogos wie Nike oder McDonalds subkulturell motiviert. Der gemeinsame Nenner liegt nicht auf der rational-programmatischen, sondern auf der emotionalen Ebene. Was die Bewegung verbindet, sind Angst (aus Identitätsverlusten), Wut (über soziale Ungerechtigkeiten) oder Scham (über den Reichtum der Industrieländer). Der Staat soll in den Augen der eigentlich internationalistischen Bewegung gleichsam Schutzfunktionen ausüben, ganz im Sinne eines protektionistischen Populismus. Dabei verkennen die Kritiker, dass ausgerechnet die Globalisierung zu einer Rückbesinnung auf regionale Besonderheiten führt. Denn während Raum und Zeit durch die Vernetzung und Digitalisierung der Welt technisch und ökonomisch an Relevanz verlieren, wird das Bedürfnis nach lokalen Wurzeln und regionalen Identitäten für den Einzelnen immer wichtiger. Der Neologismus „Glokalisierung", abgeleitet aus den Spannungsfeldern „Globalisierung" und „Lokalisierung", bringt dieses Phänomen zum Ausdruck.

2. Partei des Antiamerikanismus

Rechte wie Linke greifen – reich durchsetzt mit Weltverschwörungstheorien und teilweise unter dem Banner der Globalisierungskritik – einen virulenten, rabiaten Antiamerikanismus auf. Der Antiamerikanismus basiert auf dem Nexus von politischer Ablehnung und kultureller Abwehr. Wiewohl häufig zum bloßen Totschlagargument verkommen, ist der Antiamerikanismus von bloßer Amerikakritik, die zwischen positiven und negativen Bewertungen differenziert, abzugrenzen. Eine solche zielt darauf, Einzelpunkte des politischen oder wirtschaftlichen Lebens der USA zu kritisieren und Pauschalurteile zu vermeiden. Das Vorurteil des Antiamerikanismus hingegen hat die amerikanische Regierung, Industrie, Lebensweise oder generell einen „amerikanischen Imperialismus" im Visier. Wer fehlendes Verständnis für amerikanische Einstellungen zeigt oder seine kurzzeitige Unzufriedenheit mit der amerikanischen Politik kundtut, ist amerikakritisch, wer negative Stereotypen auflistet, trägt antiamerikanische Züge.[77]

---

76 Vgl. Viviane Forrester, Die Diktatur des Profits, München 2002, S. 12 f. Viviane Forrester hat eine maßgebliche Funktion innerhalb von Attac. Sie gehört neben neun weiteren Einzelpersonen sowie 47 NGOs und politischen Gruppen zum Collège des Fondateurs, der konstituierenden Versammlung zur Unterstützung der Organisationsziele und zum Aufbau einer gemeinsamen Aktionsbasis von Attac Frankreich.
77 Vgl. Michael Mertes, Schein und Sein. Das Schlagwort vom deutschen Antiamerikanismus. In: Internationale Politik, 59 (2004) 2, S. 78–84, hier 79 f.

Verschwörungstheorien und Projektion auf einen Sündenbock bilden Mechanismen des Populismus allgemein wie des Antiamerikanismus. Eine antiamerikanische Einstellung kreiert zum Beispiel aus einer legitimen Kritik an der konkret-aktuellen amerikanischen Außen- und Militärpolitik ein stereotypes Feindbild USA, das von Ressentiments „aus dem Bauch heraus" und unreflektierten Vorwürfen geprägt ist. So kommt der Vorwurf, die Amerikaner mache ihr irrationaler Patriotismus blind. Die US-Außenpolitik speise sich aus einem religiösen, fundamentalistischen Sendungsbewusstsein. Dieser bewusst geschürte Antiamerikanismus spielt fahrlässig mit den Selbstzweifeln derer, deren Weltbild sich den realen Bedrohungen nur unter Schmerzen anzupassen vermag. Er ist der Blick in den Spiegel enttäuschter Hoffnungen. Zuschreibungen eines eigens definierten Amerikanismus fehlen nicht: „[Dessen] Macht [...] beruht auf medialer Kommunikation, auf Megatrends, auf der indirekten Mobilisierung [...]. Im Kern der amerikanischen Ideologie steht die demokratische Demagogie. [...] Sie ist eine Demokratie ohne sozialen Diskurs."[78]

Der Amtsantritt von George W. Bush brachte alte antiamerikanische Klischees wieder zum Vorschein. Negative Vorurteile und die Sicht, die USA seien ein skrupelloses, *science-fiction*-artiges Machtmonster, überdecken politische Sachargumente – auf der rechten wie auf der linken Seite des politischen Spektrums. Stereotypen von „rechts" wie von „links" gehen bei aller legitimen Kritik an der US-amerikanischen Machtpolitik Hand in Hand: Negativbilder von selbstherrlichen Präsidenten, amerikanischem Schwarz-Weiß-Denken und einer Imperialismusmentalität verdrängen Freiheit, Demokratie und Menschenrechte. Die wachsende Entfremdung zwischen Europa und den USA findet ihren Ausdruck in einer technischen Sicht der Dinge, einer Fixierung auf die seit dem 11. September 2001 betriebenen amerikanischen Aufrüstung. Die Kritik an der militärischen, ebenso an der wirtschaftlichen und kulturellen Hegemonie findet in der Person Bushs ihre Versinnbildlichung und Projektionsfläche – unabhängig davon, wie man diese beurteilen mag.

3. Partei der sozialen Gratifikationen

Der Populismus gibt vor, „im Namen des Volkes" gegen das „System" übermächtiger Konzerne, Apparate und die Privilegien der „Bonzen" zu kämpfen. Der Staat solle die kleinen Leute vor den mächtigen Wirtschaftskartellen schützen. Die Konzerne unterhielten ihre Lakaien und Lobbyisten in hohen Staatsämtern. Beliebt ist der (Stammtisch-)Protest gegen die Steuerlast: Der kleine Mann müsse brav seine Steuern zahlen, während die Großkonzerne auf „Steuerparadiese" im Ausland ausweichen und damit den Fiskus im Regen stehen lassen.

---

78 Wilhelm Langthaler/Werner Pirker, Ami go home. Zwölf gute Gründe für einen Antiamerikanismus, Wien 2003, S. 134 f.

Das Gespann Politiker/Beamte assoziieren rechts- und linkspopulistische Parteien unmittelbar mit Misswirtschaft. Sie unternahmen bzw. unternehmen den Versuch, bedroht geglaubte Besitzstände der „kleinen Leute" in der Funktion eines Anwalts zu verteidigen: durch die Abwehr von auffälligem sozialen Status, der auf individueller Leistung beruht, personifiziert durch Industriebosse, Vorstandsgehälter und die am Stammtisch viel zitierten „oberen Zehntausend". Ihr Anliegen ist es, den Benachteiligten wenigstens eine Stimme zu geben. Sachpolitik sei demnach eine simple Frage, einzig und allein vom politischen Durchsetzungsvermögen und rhetorischer Überzeugungskraft abhängig. Sie spielen dabei nicht mit offenen Karten: Finanzierungsfragen, Strukturprobleme wie eine gesellschaftliche Überalterung und chronische Finanzknappheit im öffentlichen Sektor blieben bzw. bleiben unberücksichtigt. Dafür kokettieren sie mit sozialen Sicherheitsgarantien, gerade für Modernisierungsverlierer, im sicheren Wissen, diese nicht organisieren zu müssen.

So genannte wohlstandschauvinistische Motive des Wählers stehen im Mittelpunkt rechtspopulistischer Formationen. Unter Wohlstandschauvinismus[79] versteht man eine Haltung, die darauf zielt, den eigenen Wohlstand zu bewahren und ihn vor der ungerechtfertigten Inanspruchnahme durch Dritte zu schützen. Wohlstandschauvinistische Einstellungen sind besonders in den Staaten vorzufinden, in denen ein hohes soziales Versorgungsniveau infolge der wirtschaftlichen und demographischen Entwicklung unter Druck gerät. Die Frage, wann eine Inanspruchnahme gerechtfertigt bzw. ungerechtfertigt ist, bestimmt sich vorrangig nach nationaler Zugehörigkeit. Soziale Leistungen sollen demnach (fast) ausschließlich einheimischen Bedürftigen zukommen.[80]

Rechtspopulistische Parteien greifen gerne auf ein Sammelsurium neoliberaler Desiderate nach Privatisierung, Deregulierung, einem Abbau der direkten Steuern sowie der öffentlichen Sozialleistungen und Subventionen zurück.[81] Die Forderung nach Deregulierung des Staates wirkt „als Gegenbewegung auf einen überbordenden Staatsinterventionismus und sozialstaatlichen Bürokratismus".[82] Dabei geht es jedoch in erster Linie nicht um die Entfesselung von Marktkräften, sondern darum, durch die Schwächung der staatlichen Interventionsmöglichkeiten die verhasste politische Klasse ihrer Macht- oder Legitimationsbasis zu berauben und sie damit nach dem Motto „weniger Macht für die Funktionäre, mehr Rechte für die Bürger" entscheidend zu schwächen.

Der Linkspopulismus tritt sozialdemagogisch und antikapitalistisch in Erscheinung. Typisch für den Linkspopulismus ist seine antimonopolistische Hal-

---

79 Chauvinismus bezeichnet eine extrem patriotische, nationalistische Haltung, die auf einem maßlos übersteigerten Selbstbewusstsein beruht.
80 Vgl. zu diesem Absatz Decker, Parteien unter Druck, S. 258–262 und S. 274.
81 Vgl. Betz, Rechtspopulismus: Ein internationaler Trend?, S. 7.
82 Fritz Plasser/Peter A.Ulram, Wahltag ist Zahltag. Populistischer Appell und Wählerprotest in den achtziger Jahren. In: Österreichische Zeitschrift für Politikwissenschaft, 18 (1989), S. 151–164, hier 154.

tung im wirtschafts- und sozialpolitischen Bereich.[83] Er preist mit rhetorischen Phrasen wie dem Ruf nach Solidarität eine Besitzstandswahrung, mit sozialer Gerechtigkeit statt Kälte. Allgemein gilt: „Populisten können [...] sowohl für die Industrie [sein] als auch gegen sie; in der Regel sind sie für die kleinen, eigenen Unternehmen [...] und gegen die größeren und fremden. Ihre Forderungen können, müssen aber nicht immer vereinbar sein mit sozialistischen Prinzipien."[84]

Der Linkspopulismus predigt soziales Verantwortungs- und Mitgefühl und attackiert im gleichen Atemzug einen Neoliberalismus, der solidarische Grundkonstanten ignoriere. Die Staaten gäben durch die Privatisierungen jegliche Kompetenz in Bereichen wie Wirtschafts- und Sozialpolitik ab und überließen den Konzernen das Feld. Gemeinsamer Bezugspunkt des Linkspopulismus ist die Ablehnung weiterer Privatisierungen von Staatsunternehmen.[85] Er wirft der „Regierungslinken" wie der britischen Regierung Blair oder der deutschen Regierung Schröder vor, sich ein fatales Entstaatlichungs- und Deregulierungsprogramm angeeignet zu haben.

VI. Kriterien des Rechtspopulismus

1. Anti-Immigrationspartei

Die Immigrationsfrage hat in Westeuropa mittlerweile den Status eines immens wichtigen „issue": Die rechtspopulistischen Parteien und deren Repräsentanten schlagen aus einer „Das Boot ist voll"-Kampagne Kapital. Wie aus Umfragen hervorgeht, sind ungefähr zwei Drittel der EU-Bürger seit längerem der Ansicht, die Obergrenze der Aufnahmefähigkeit von Migranten sei erreicht. Mit derartigen Einstellungen wird nicht nur ein „Nein" zu Asylbewerbern oder Arbeitsimmigranten ausgedrückt, sondern ein tief liegendes Gefühl der Unsicherheit und des Unbehagens in Worte gefasst. Viel zu lange, erkennen Experten heute, hätten politisch Verantwortliche und soziale Einrichtungen die Einwanderer in Watte gepackt. Politik und Verantwortliche pflegten lange ein romantisches, nicht der Wirklichkeit entsprechendes Bild.[86]

In Zeiten eines raschen Strukturwandels, von leeren öffentlichen Kassen und bei hoher Arbeitslosigkeit fällt es leicht, die in Europa geführte Zuwanderungsdiskussion zu instrumentalisieren. Angesichts der schwierigen wirtschaftlichen

---

83 Vgl. Josef Korsten, Rechtspopulismus und Neokonservatismus in den heutigen USA, Aachen 1985, S. 20.
84 Puhle, Was ist Populismus?, S. 14.
85 Vgl. Dieter Boris/Albert Sterr, Die Rückkehr der Caudillos. Populismus und Neopopulismus in Lateinamerika. In: Blätter für deutsche und internationale Politik, 48 (2003), S. 334–344, hier 341. Die Autoren behandeln aber ausschließlich Linkspopulismus in Lateinamerika.
86 Vgl. zu diesem Absatz: Die Zeit vom 11. Juli 2002, S. 3.

Bedingungen finden populistische Argumente gegen Zuwanderung überall in Europa einen aufnahmebereiten Nährboden, die fundamentale Probleme überbordender Sozialstaatlichkeit in simplifizierten Gleichungen als Migrationsprobleme deuten. Europa gilt gleichsam als „Insel der Glückseligkeit", die sich, um diese zu erhalten, vor illegalen Aufenthalten und Beschäftigungen schützen muss.

Das lokale und regionale, ethnische und nationale Zusammengehörigkeitsgefühl firmiert als ein Bündel, das Fremden mit Verdächtigungen, Ablehnung und Ausgrenzung gegenübertritt. Die rechtspopulistischen Parteien wandern oftmals auf einem schmalen Grat, sind deswegen leicht dem Vorwurf ausgesetzt, im Graubereich zwischen Demokratie und Extremismus, besonders innerhalb des Immigrationsthemas, zu fungieren. Sie agieren nach dieser Diktion „auf der Grundlage eines xenophoben und hyperpatriotischen Antimodernismus".[87] Xenophobie meint die Furcht vor *den* Fremden; sie umfasst zusätzlich *das* Fremde, empfunden als Bedrohung für die eigene Lebensweise und Wertebasis. Oft zielt die Xenophobie direkt gegen eigene Landsleute – wie zum Beispiel gegen die französischsprachigen Wallonen im flämischsprachigen Flandern (Belgien) oder gegen die Süditaliener im reicheren Norden Italiens.

Eine multikulturelle Gesellschaft ist Albtraum und Schreckgespenst; sie sei – angeblich – wenig solidarisch, grausam und wertearm. Es findet eine Verflechtung des Begriffes „multikulturelle Gesellschaft" mit Fragen nach Europa oder Einwanderung in einer konditionalen Verbindung statt, die zu pauschalen Argumentationsmustern führt. Europäische Einigung und die negativ besetzte multikulturelle Gesellschaft sind demnach zwei Seiten derselben Medaille. Das Beispiel der fortgeschrittenen multikulturellen Gesellschaften in der Welt zeige, dass ein gefährliches Auseinanderdriften der Gesellschaft bevorstehe, an dessen Ende Ghettoisierung und bürgerkriegsähnliche Zustände stünden. Gemäß einer rechtspopulistischen Verschwörungstheorie hat sich ein vom Rest der Bevölkerung abgehobenes Establishment aus Politik und Medien herausgebildet; dieses setze seine Partikularinteressen bzw. die Interessen der mit ihm verbundenen Lobbyisten, wie zum Beispiel Multikulturalismus oder eine liberale Einwanderungspolitik, konsequent durch.[88]

Rechtspopulistische Parteien können unabhängig von der real existierenden Einwanderungspolitik des jeweiligen Landes reüssieren: „So haben zwar einige Länder mit starken rechtspopulistischen Parteien einen relativ hohen Ausländeranteil, wie Belgien, Österreich und die Schweiz, andere, wie Dänemark, Frankreich, Italien, Norwegen und Portugal, hingegen nicht. [...] Es könnte nun noch vermutet werden, dass in Ländern mit großen Wahlerfolgen der Rechtspopulisten und niedrigem Ausländeranteil die mit der Einwanderung verbundenen Probleme besonders gravierend sind. Dies scheint aber auch nicht zuzutreffen: Für Frankreich mit den nun schon seit Jahrzehnten bestehenden

---

87 Altermatt, Ausbruchsversuche aus dem Korsett der Konkordanz, S. 12.
88 Vgl. zu diesem Absatz Betz, Rechtspopulismus: Ein internationaler Trend?, S. 6.

Integrationsproblemen in den Ghettos der Vorstädte mag das zwar gelten, aber nicht für Dänemark und Norwegen."[89]

Die wenig integrierten Muslime haben im heutigen Europa unter Diskriminierungen und Vorurteilen zu leiden. Einige rechtspopulistische Formationen sehen die europäische Kultur bedroht, warnen vor der Islamisierung Europas und der Gefährdung der nationalen Identität. Die Präsenz des Islam und dessen öffentliche Darstellung – der Bau von Moscheen, traditionelle Kleidung und Ähnliches – ist ihnen ein Dorn im Auge. Zudem will der Rechtspopulismus die Erwartungen einer Wählerschaft erfüllen, die seit dem 11. September an einer Art antiislamistischen Psychose leidet. Der Islam firmiert als globale Bedrohung. Die *Dänische Volkspartei* (DF) um die Parteivorsitzende Pia Kjærsgaard setzte im nationalen Wahlkampf vom November 2001 auf eine Polemik gegen den Islam. Der Islam wurde mit aggressivem Fundamentalismus gleichgesetzt und für rückständig, intolerant und unvereinbar mit den Grundwerten der westlichen Demokratie erklärt. Bezugnehmend auf die Rolle der Frau im Islam behauptete die Partei, der Islam propagiere mittelalterliche Praktiken, die von zeitgemäßen Gesellschaftsvorstellungen meilenweit entfernt seien. Dänemark sei durch christliche Grundwerte wie Toleranz und Respekt geprägt, welche dem Islam völlig entgegenstünden. Die islamische Lebensweise sei daher mit der christlichen dänischen Mentalität unvereinbar. Nach dem Wahlkampf ging die Propaganda weiter. Kurz vor der Präsentation eines Regierungsvorschlages für eine Verschärfung des Ausländerrechts im Januar 2002 kam es zu einer Steigerung: Die Partei ließ in den großen dänischen Tageszeitungen Anzeigen mit einem ganzseitigen Abbild Osama bin Ladens schalten und stellte eine rhetorische Frage bezogen auf das bisherige Asylrecht, das die DF wegen der fundamentalistischen Gefahr als zu lax empfand: Kann dieser Mann in Dänemark Asyl bekommen?[90]

2. Law-and-order-Partei

„Law-and-Order" als „virulentes allgemeines soziales Thema [...] [leistet] wirksame Dienste [...], um unter der schweigenden Mehrheit einen Sinn zu verbreiten von der Not des ‚einfachen Volkes', sich für die Verteidigung der sozialen Ordnung zu erheben."[91] Die rechtspopulistischen Parteien fordern eine intensivere Verbrechensbekämpfung. Den Ängsten vor einer – angeblich – rapide auswuchernden Kriminalität setzen sie einen Staat mit starker Polizei entgegen. Zwecks entschlossener Verbrechensbekämpfung ist die Polizei personell nach-

---

89 Steffen Angenendt, Einwanderung und Rechtspopulismus. Eine Analyse im europäischen Vergleich. In: Internationale Politik, 58 (2003) 4, S. 3–12, hier 11.
90 Vgl. dazu Carsten Schlüter-Knauer, Die Bedeutung des Rechtsrucks in Dänemark. In: Die Neue Gesellschaft. Frankfurter Hefte, 49 (2002), S. 152–156, hier 152.
91 Stuart Hall, Popular-demokratischer oder autoritärer Populismus. In: Dubiel (Hg.), Populismus und Aufklärung, S. 84–105, hier 101.

haltig auszurüsten, besser auszubilden und zu bezahlen. Ihre rechtlichen Befugnisse seien auszudehnen (z. B. V-Mann-Einsatz oder akustische, optische und elektronische Überwachung), Strafverfahren zu beschleunigen.

Rechtspopulistische Parteien wollen als Bewahrer und Retter der nationalen Identität und einer kulturell homogenen Gemeinschaft gelten. Sie schüren Ressentiments, basierend auf realen gesellschaftlichen Einstellungen gegenüber Fremden, in typischen Fragen des Schutzes der Bevölkerung, wie *Law and order* oder im Politikfeld „Innere Sicherheit". Das Thema Verbrechen tangiert die unmittelbaren Erfahrungen, vermeintliche Gerechtigkeitsgefühle sowie die Ängste und Unsicherheiten insbesondere der einfachen Leute. Es regt sich der Ruf nach Disziplin „von unten", der fließend in den Ruf nach einer Autorität „von oben" übergeht. Parteien und Politiker jeder Couleur erheben permanent Forderungen nach einer Verschärfung des Strafrechts – vor allem im Zusammenhang mit Straftaten wie Sexual- und Tötungsdelikten, welche die Öffentlichkeit in hohem Maße berühren. Es kommt zu einem Bedürfnis nach Wiederherstellung der Ordnung, die Basis einer von rechtspopulistischen Parteien geführten Law-and-Order-Kampagne. Diese werben damit, die Folgen liberaler „Permissivität" im Bereich der Verbrechensbekämpfung zu beseitigen.

3. Anti-EU-Partei

Der Rechtspopulismus bekundet Skepsis gegenüber einem zusammenwachsenden Europa.[92] Rechtspopulistische Parteien bedienen die in der Bevölkerung vorhandenen Stimmungen gegen ein Europa, das auf Kosten der eigenen nationalen Identität von EU bzw. EG regiert werde. Die EU beäugen sie gemäß dem Slogan „Europa ja – EU nein!" misstrauisch. Von den rechtspopulistischen Parteien gehen keine positiven Visionen oder Impulse für ein geeintes Europa aus, ganz im Gegenteil. Rechtspopulisten beklagen einen massiven Einschnitt in nationale Souveränität und Identität durch die Brüsseler Institutionen, denen es offensichtlich an Bürgernähe und demokratischer Legitimation fehle. Missstände im derzeitigen Institutionengefüge bieten den idealen Anknüpfungspunkt: Der EU-Politik mangelt es tatsächlich an demokratischer Rechenschaftspflicht.

Der populistische Feldzug hat das repressive Klima der elitären Europa-Front im Auge. In der Politik der zentralisierenden Eurobürokratie drohe an allen Ecken und Enden Gefahr. Einzelfälle werden als systematische Ergebnisse einer übersteuerten und dirigistischen Bürokratie gedeutet: „Der populistische Diskurs ist wie ein Brennglas, das die Strahlen des Bösen in Brüssel bündelt".[93] Die Schattenseiten des Brüsseler Bündnisses – der Zentralismus und die „Re-

---

92 Vgl. Paul Taggart, Populism and representative politics in contemporary Europe. In: Journal of Political Ideologies, 9 (2004), S. 269–288, hier 281 f.
93 Vgl. Andreas Ross, Fürs Volk. Le Pen und Haider als europäische Vorreiter. In: Cippitelli/Schwanebeck (Hg.), Die neuen Verführer?, S. 57–66, hier 64.

gelungswut der Eurokraten" – bilden in der Argumentation der Rechtspopulisten einen Gegensatz zu dem, was sie selber verkörpern wollen: „Volksnähe" und schnelles, unbürokratisches Reagieren auf die Bedürfnisse der eigenen nationalen Bevölkerung. Dazu weisen sie auf ein Dilemma der europäischen Integrationsbewegung hin: Der in Abstimmungen und Wahlen geäußerte Wille eines europäischen Staatsvolkes fristet ein Schattendasein. Der Pferdefuß besteht darin, dass die Europäische Union ihre Legitimität primär aus Verträgen der Staatsregierungen und erst nachrangig aus Beschlüssen des Europäischen Parlaments als Vertretung des Volkes bezieht. Gerade die identitätsstiftende Funktion der EU mit der Vermittlung eines „Wir-Gefühls" bleibt ein Desiderat – für populistische Zwecke blendend nutzbar.

Ein fundamentales Charakteristikum des Rechtspopulismus war die – vergebliche – Ablehnung der einheitlichen europäischen Währung, der „Kampf gegen den Euro". Ein Motiv für den Anti-Euro-Kurs lag in der Befürchtung, dass mit Einführung des Euros die eigene Staatswährung und damit ein wichtiges nationales Symbol und ein wesentlicher Bestandteil der Souveränität und Identität verloren ginge. Dazu sahen die Euro-Gegner die Grundrechte der europäischen Bürger verletzt, da sich das „Volk" nicht in freier Abstimmung für die neue Währung entschieden habe.

Im rechtspopulistischen Themenkanon kommt der mit hohen politischen Risiken verbundenen EU-Osterweiterung eine stetig steigende Bedeutung zu. Sie wird Anpassungen erzwingen, die Europas Sozialstaaten im Kern erschüttern könnten. Die damit verbundene Angst der einheimischen Bevölkerung vor der Konkurrenz von billigen Arbeitskräften bietet mannigfaltige Möglichkeiten für Agitation. Eine derartige Kampagne im Verbund der europäischen Rechtspopulisten wäre ein Albtraum für die EU-Regierenden. Die EU wird noch größere Mühe als bisher haben, sich als effizienter Wohlstandsmehrer und Friedensbringer darzustellen, von demokratischer Legitimation ganz zu schweigen. Die Unübersichtlichkeit nach der Erweiterung entfaltet die Unruhe, auf der die Populisten ihre Stimmungspolitik aufbauen wollen. Die direkt spürbaren Vorteile seien eher gering, unken Skeptiker. So bezog auch die niederländische *Liste Pim Fortuyn* (LPF) in ihrer nur 87 Tage währenden Regierungsbeteiligung Position. Die Partei forderte die Verhinderung der EU-Osterweiterung. Pim Fortuyn selbst sprach bereits davon, Europa sei auf dem Weg zu einem „Superstaat ohne Demokratie und Seele". Sein Argwohn gegen Bürokratie jedweder Art fand in der an die Adresse der EU gerichteten Fundamentalkritik ihren Höhepunkt.[94]

Generell gibt es eine Distanz gegenüber der europäischen Integration, da diese zu einer politischen Denationalisierung führe. Im Unterschied zu rechtsextremen, nicht-populistischen Positionen lehnen Rechtspopulisten den europäischen Einigungsprozess jedoch nicht ab. Vorrangig kritisieren sie das „Wie",

---

94 Vgl. dazu Pim Fortuyn, Zielloos Europa. Tegen een Europa van technocraten, bureaucratie, subsidies en onvermijdelijke fraude, Utrecht 1997.

nicht das „Ob". Das EU-Thema lässt sich in verschiedenen Variationen transparent machen. Manche rechtspopulistischen Parteien verhalten sich gegenüber der EU ambivalent, insbesondere in Immigrationsfragen. Exemplarisch dafür steht die norwegische *Fortschrittspartei* (FrP) um Carl Ivar Hagen: „Gegenwärtig präsentiert Hagen sich nicht direkt als EU-Gegner, aber doch als EU-Skeptiker. [...] Die FrP findet durchaus attraktive Elemente bei der EU: Die EU-Gegnerschaft ist zwar einerseits in der Furcht vor Einwanderung, also Xenophobie, begründet, was sich mit der Osterweiterung nur verstärken dürfte, andererseits macht die Einwanderungspolitik der EU, die von den meisten *anderen* EU-Gegnern kritisiert wird, die EU wiederum für die FrP attraktiv. So unterstützte die FrP als einzige norwegische Partei den EU-Handlungsplan für eine gemeinsame Einwanderungspolitik, weil sich so verhindern ließe, dass Norwegen ein ‚Freistaat' für Asylbewerber innerhalb des Europäischen Wirtschaftsraumes (EWR) würde."[95]

Die etablierten politischen Kräfte fungieren als Wegbereiter der Populisten. Die euroskeptischen bis -feindlichen Stimmungen greifen markige Politiker gerne auf. EU-Kritik ist heutzutage nicht tabuisiert, in Ansätzen sogar salonfähig. Dadurch, dass Politiker die Debatten der Europapolitik um Binnenmarkt, Stabilitätskriterien usw. auf einem hohen technokratischen Niveau führen, fällt es leicht, Europa glaubhaft als elitäres Projekt auszumachen. Das gängige Vorurteil gegen die vermeintlich unverhältnismäßige EU-Bürokratie bleibt unwidersprochen, auch wenn die Politiker wissen, dass die bürokratische Durchdringung bei den einzelnen Mitgliedstaaten keineswegs geringer ausfällt. Bei der Verteidigung des europäischen Projekts greifen sie gerne zu Leerformeln und verlieren sich in Details. Für die Regierenden besteht der besondere Reiz beispielsweise des europäischen Stabilitätspaktes in seinem rhetorischen Nutzwert, nach dem Motto: Die rigorosen Sparzwänge sind uns von „Maastricht" auferlegt, wir können nichts dafür. Rechtspopulistische Parteien haben hier leichtes Spiel. Sie müssen nur einen Schritt weitergehen und vor allem simple Lösungen anbieten.[96]

---

95 Einhart Lorenz, Rechtspopulismus in Norwegen: Carl Ivar Hagen und die Fortschrittspartei. In: Werz (Hg.), Populismus, S. 195–207, hier 201 (Hervorhebung im Original).
96 Vgl. zu diesem Absatz Andreas Ross, Vereint gegen Europa. Die Populisten entdecken Europa als neues Lieblingshassobjekt. Auf die Osterweiterung sind sie bestens vorbereitet. In: Zeit*dokument*, 4 (2002), S. 31 f., hier 32.

VII. Kriterien des Linkspopulismus

1. Pazifistisch ausgerichtete Partei

Bereits die Protestbewegungen der 70er und 80er Jahre konzentrierten sich agitatorisch auf die Friedensthematik. Allem Anschein nach konnten sich hier nicht zuletzt durch emotionale Betroffenheit enorme Mobilisierungserfolge einstellen. Die *eine* Friedensbewegung gab es nicht, zu groß war deren Heterogenität. Die verbreitete Friedenssehnsucht wurde dabei kanalisiert, organisiert, idealisiert und instrumentalisiert. Teilweise entstand eine regelrechte gesellschaftliche „Subkultur". Es kam zu einer Art zivilem Ungehorsam, begleitet von Sitzblockaden, einer symbolischen Inszenierung „von unten", die durch eine manipulierende Wesensart partiell zum bloßen Abbild symbolischer Politik „von oben" geriet. Die Friedensbewegung neigte zu unorthodoxen Maßnahmen wie Sit-ins und Go-ins, zu systematischen Regelverletzungen.[97]

Den Dreh- und Angelpunkt der Friedensthematik bildet der Protest: Protest gegen Interventionen der Großmächte, die (Atom-)Bombe, militärische Drohgebärde und Aufrüstung. Ein Teil der Friedensbewegungen stellte das innere und äußere Gewaltmonopol von Nationalstaaten infrage und lehnte Gewalt als Mittel inner- und zwischenstaatlicher Politik ab.[98] In einer antimodernistischen Stoßrichtung attackierte die Friedensbewegung die atomare Rüstung.
Das Friedensthema hat folgendes Strukturmuster:
- Appell an die Betroffenheit mit stark gesellschaftlichem Bezug;
- ausgeprägte Protestkomponente, gegen militärische Machtpolitik gerichtet;
- Agitation/Betätigung vor allem bei Beteiligung der „Supermacht" USA.

Nach einer beliebten Ansicht der Friedenspropagandisten erklärt sich das Führen von Kriegen allein mit ökonomischen Motiven – beispielsweise wurde der erste Golfkrieg auf den Machtfaktor „Öl" bezogen. Der damals verwendete suggestive Slogan „Kein Blut für Öl", der das Öl als die kriegstreibende Kraft hinstellte, verschleierte die Realität. Auch im zweiten Irak-Krieg galt die Intervention im Irak den Kriegsgegnern als Paradebeispiel dafür, dass der Griff nach dem Öl alleinige Ursache des Waffengangs gewesen sei.[99]

Die Propaganda der wiederaufgeflammten Friedensbewegung, die zwischenzeitlich durch den raschen Zerfall des „realen Sozialismus" in der Sowjetunion und in ganz Europa in Mitleidenschaft gezogen war, hat nach den Golfkriegen und den NATO-Interventionen in Jugoslawien oder in Afghanistan einen Geg-

---

97 Vgl. zu diesem Absatz Uwe Backes/Eckhard Jesse, Politischer Extremismus in der Bundesrepublik Deutschland, 4. Auflage Bonn 1996, S. 214–220.
98 Vgl. Roland Roth, Neue soziale Bewegungen und liberale Demokratie. In: Ansgar Klein/Hans-Josef Legrand/Thomas Leif (Hg.), Neue soziale Bewegungen. Impulse, Bilanzen und Perspektiven, Opladen/Wiesbaden 1999, S. 47–63, hier 52.
99 Vgl. zu diesem Absatz Günter Barudio, Öl – ein Teufelskreis? In: Die Politische Meinung, 48 (2003) 405, S. 65–71, hier 68 f.

ner im Visier: die USA als die einzig verbliebene „Supermacht". Anlässe für Proteste sind sehr selektiv gewählt. Wenn die USA nicht direkt daran beteiligt sind, werden Kriege und Bürgerkriege mit bis zu einer Million Toten wie in Tschetschenien nur wenig erörtert und beklagt.[100] Auch gegen die zahlreichen Kriege in Zentralafrika (Sudan, Nigeria, Uganda, Angola, Ruanda) oder Indonesien regte sich kein oder nur verhaltener Protest.

2. Partei des Antifaschismus und Antirassismus

Antifaschismus ist von der reinen Begrifflichkeit her *a priori* abwehrend zu deuten und nimmt originär auf den historischen Faschismus Bezug, dessen Bedrohlichkeit einen Zusammenschluss erfordere. Gerade, weil die überwältigende Mehrheit der Bürger zu überzeugten Antifaschisten im Sinne einer Gegnerschaft zum Rechtsextremismus zählt, geht von dem Schlagwort des Antifaschismus eine gewisse Mobilisierungsfähigkeit aus, dem „Volk" wird „nach dem Mund geredet". Auf der Basis des Antifaschismus können sich die unterschiedlichsten politischen Kräfte bis hin zum autonomen Milieu treffen. Unter anderem machen auch linkspopulistische Formationen mit antifaschistischen Parolen moderner Art auf sich aufmerksam. Der Antifaschismus suggeriert eine künstliche Frontlinie zwischen „Antifaschisten" und „Faschisten". Er hat Instrumentalisierungscharakter, die so genannten „Faschisten" werden durch Überzeichnungen und Dramatisierungen beschrieben.[101]

„Faschismus" im eigentlichen Sinne umfasst die spezielle Ideologie der von Mussolini angeführten „Fasci", eine antiliberale, antiparlamentarische Bewegung mit imperialistischer und teilweise kapitalismuskritischer Ausrichtung. Die marxistische Definition des Begriffs „Faschismus" hat die Sprachregelung des V. Weltkongresses der *Kommunistischen Internationale* (Komintern) von 1924 zur Grundlage, der ihn als „Kampfinstrument der Bourgeoisie gegen das Proletariat" beschrieb. Damit konnte der Faschismusbegriff beinahe inflationär Gebrauch finden, selbst zur Etikettierung der Sozialdemokratie. Die bis heute im Bereich des Antifaschismus verbreitete Definition gab Georgi Dimitroff, Generalsekretär der Komintern, auf dem VII. Weltkongress 1935. Faschismus sei die „offene terroristische Diktatur der reaktionärsten, am meisten chauvinistischen, am meisten imperialistischen Elemente des Finanzkapitals". Dimitroff sah bereits die gefährliche Tendenz, den Faschismusbegriff auf alle nicht-kommunistischen Kräfte auszudehnen.[102] Diese Faschismustheorie lädt gleichwohl bis in

---

100 Vgl. Richard Schröder, Die Irrtümer von Amerikas Kritikern. Plädoyer für eine wohlwollende Perspektive. In: Die Politische Meinung, 48 (2003) 405, S. 13–18, hier 13.
101 Vgl. zu diesem Absatz Backes/Jesse, Politischer Extremismus in der Bundesrepublik Deutschland, S. 520.
102 Vgl. dazu Leonid Luks, Entstehung der kommunistischen Faschismustheorie – Die Auseinandersetzung der Komintern mit Faschismus und Nationalsozialismus 1921–1935, Stuttgart 1985, insbesondere S. 176.

die Gegenwart zum Missbrauch, zur undifferenzierten Verwendung ein. Das „Faschismus-Antifaschismus-Paradigma" soll im öffentlichen Diskurs das „Demokratie und Diktatur-Paradigma" verdrängen.

Aus der Warte des Populismus dient der Antifaschismus dazu, eine Selbststilisierung zum moralisch hochwertigen „Widerstand" und ein breitangelegtes Aktionsbündnis zur Bekämpfung von Gegnern aus dem politischen und gesellschaftlichen Establishment zu erreichen, die man als „faschistisch" brandmarkt: „Er ist global gegen alles gerichtet, was als politisch rechts eingestuft werden kann, präziser gesagt: gegen alles, was nicht links ist, und dazu gehört auch die politische Mitte. Die mit dem Faschismus verbundene Assoziation des Unmenschlichen wird dazu benutzt, den politischen Gegner zu stigmatisieren und seine Meinungen zu diskreditieren und auszugrenzen. Der Versuch der Ächtung und Ausgrenzung geht so weit, dass sogar bestimmte Themenbereiche, in denen Liberale und Konservative besonders gut ankommen, wie etwa das Migrationsproblem, nicht mehr frei und offen, sondern nur noch in einer bestimmten Art unter Vermeidung bestimmter Ausdrücke diskutiert werden dürfen."[103] Der „Antifaschismus" ist vom praktischen Gebrauch her äußerst positiv konnotiert, da er einem Imperativ zur Abwehr von rechtsextremen, faschistischen oder rassistischen Angriffen gleichkommt.[104] Die weit verbreitete Anerkennung dieser Feindbild-Narrative öffnet einer extrem negativen inhaltlichen Zuschreibung Tür und Tor. Die Konstellation bringt eine so rasche Akzeptanz, dass sie auf Kräfte der politischen Mitte ausgedehnt werden kann. Der pauschale Verdacht reicht aus.

Die Attribuierung anderer als faschistisch enthält eine positive Selbstbeschreibung und die Wahrscheinlichkeit, selber das Gesicht zu wahren. Wenn andere mit dem Vorwurf des Faschismus belegt werden, dann behauptet der Adressat dieser Aussage für sich eine allgemein anerkannte Position. Wer den Antifaschismus vertritt, präsentiert sich häufig als ehrenwerter Hüter von Freiheits- und Sicherheitswerten. Antifaschismus steht für wichtige Aufklärungsarbeit, für das Hinwirken auf die Sicherung des demokratischen Grundkonsenses in der Gesellschaft. Sein theoretischer Gehalt hat an Bedeutung verloren.

Zusätzlich hat der Antifaschismus den Zweck, identitätsstiftend die eigenen Anhänger zu aktivieren. Wenn diese Einsicht in die Notwendigkeit antifaschistischen Handelns zeigen, ernten sie verbal Belohnungen und eine Klassifizierung als couragiert und charakterstark. Ein exponierter Antifaschist weist sich – einer moralischen Instanz gleich – positive Merkmale zu, scheint nach eige-

---

103 Walter Schmitt Glaeser, Rechte Gefahr als Stabilisator. Die Idee des Antifaschismus wird missbraucht. In: Manfred Agethen/Eckhard Jesse/Ehrhart Neubert (Hg.), Der missbrauchte Antifaschismus. DDR-Staatsdoktrin und Lebenslüge der deutschen Linken, Freiburg i. Brsg. 2002, S. 325–329, hier 326.
104 Vgl. Manfred Funke, „Antifaschismus" – Zum Blendcharakter einer politischen Allzweckwaffe. In: Agethen/Jesse/Neubert (Hg.), Der missbrauchte Antifaschismus, S. 305–313, hier 305.

ner Diktion humanitär, liberal, demokratisch, rational, den Menschenrechten, der Gleichheit sowie der Gleichberechtigung verpflichtet.[105]

Der Linkspopulismus strebt im Bereich des „antifaschistischen Kampfes" nach emotionalisierenden Themen und entwickelt Bedrohungsszenarien. Er spricht von einem – angeblichen – Vorhandensein rassistischer Strukturen in Staat und Gesellschaft. Antifaschistisches Tätigwerden gilt als ein durchgreifendes und ehrenhaftes Vertreten von Bürgerinteressen. Der Linkspopulismus attackiert den Rechtspopulismus in den westlichen Demokratien gerne durch eine falsche Faschismus-Analogisierung: Die notwendige Auseinandersetzung erschöpft sich in der Führung des wie auch immer gearteten „Nachweises" (neo-)faschistischer Qualitäten.[106] Dieses Grundmuster tauchte beispielsweise im Zusammenhang mit der Regierungsbeteiligung der FPÖ in Österreich und mit der rechtsgerichteten Regierung in Italien unter Berlusconi auf.

VIII. Schluss

1. Zusammenfassung

Populisten hantieren vorzugsweise mit abwehrenden, antagonistischen Begriffen, dem Gestus der chronischen Entrüstung. Nach dem methodischen Neuansatz des Verfassers existieren klare Anhaltspunkte für die Etikettierung einer populistischen Partei. Populistische Parteien bedienen Anti-Parteien-Affekte, stehen in Gegnerschaft zum Establishment, neigen zu medienwirksamen Tabubrüchen, verfügen über eine zentrale Leitfigur, zielen mit einer identitätsstiftenden Wir-Gruppe auf klare Feindbilder, preisen die direkte Verbindung zwischen „Volk" und Regierenden und stellen ein zentrales Thema in den Mittelpunkt ihrer Agitation. Die von den „großen" Volksparteien ausgehende Interessenvertretung, die parlamentarische Repräsentation erscheint populistischen Formationen als defizitär. Offenbar profitieren Letztgenannte unmittelbar davon, dass die etablierten, in der Verantwortung stehenden Parteien Problembereiche ausklammern oder vernachlässigen.

Der Verfasser definiert Populismus im Ergebnis folgendermaßen: Populismus, der in den Varianten des Rechts- und Linkspopulismus seit Ende der 60er Jahre im westeuropäischen Kontext auftaucht, bezeichnet Parteien und Bewegungen, die sich – medienkompatibel, polarisierend und (angeblich) moralisch hochstehend – mittels einer charismatischen Führungsfigur als *die* gegen Establishment und etablierte Parteien gerichtete *Stimme des homogen verstandenen „Volkes"* ausgeben und spezifische Protestthemen mobilisieren.

---

105 Vgl. Hans-Helmuth Knütter, Antifaschismus als innen- und außenpolitisches Kampfmittel, Bornheim 1991, S. 10.
106 Vgl. dazu Lüdecke, Rechtspopulismus am Beispiel der „Republikaner", S. 1.

Mit den Begriffen „Rechts- oder Linkspopulismus" ist noch keine Aussage über eine antidemokratische Haltung getroffen. Populismus und Extremismus können, müssen aber keineswegs korrelieren. Populismus markiert per se auch keinen Graubereich zwischen Demokratie und Extremismus. Wer Populismus und Extremismus synonym gebraucht, macht bewusst oder unbewusst einen Fehler. Populismus muss keine antidemokratischen und verfassungsfeindlichen Tendenzen aufweisen.

In rigider Abgrenzung zu den „etablierten" Parteien wollen populistische Newcomer den Nimbus einer dynamischen (Protest-)Bewegung verkörpern. In der Oppositionsrolle ist das Konzept erfolgsträchtig, in der Regierungsverantwortung, zumal als Juniorpartner, gelingt dieser Spagat nur mühsam. Sowohl rechts- als auch linkspopulistische Parteien verfügen in der Regel über eine charismatische Führungsfigur, welche die Linie der autoritär geleiteten Parteien vorgibt. Das „Volk" gilt in ihren Augen als politisch reif und nimmt die Probleme des jeweiligen Landes verschärft wahr, und die führenden Politiker irren, wenn sie diese Mündigkeit nicht berücksichtigen. Wiewohl die Nutzung der Massenmedien für sich allein den Erfolg der Populisten nicht zu erklären vermag, geht der Populismus eine besondere Beziehung mit den Massenmedien ein. Die Medien reduzieren die Unübersichtlichkeit politischer Vorgänge. Der Populist bietet medienwirksam vermeintlich einfache Lösungen für komplexe Probleme.

Es kristallisiert sich eine „populistische Symmetrie" heraus: Rechts- und linkspopulistische Formationen zeigen diverse Gemeinsamkeiten mit Blick auf das Selbstverständnis, das Verhältnis zur Parteienkonkurrenz, das Streben nach institutionellen (Schein-)Reformen, die Themenwahl in nationalen und globalen Belangen. Staat, Bürokratie und supranationale Organisationen firmieren als unkontrollierbarer „Moloch". Beide Varianten des Populismus stehen in Gegnerschaft zur Globalisierung. Während der Rechtspopulismus an den Nationalstaat appelliert, beäugt das linke Pendant die Globalisierung unter „neoliberalen Vorzeichen", die sie mit der Ausbreitung von Profitorientierung und multinationalen Konzernen assoziiert, argwöhnisch. Rechte wie Linke greifen einen virulenten, rabiaten Antiamerikanismus auf, mitunter flankiert von Weltverschwörungstheorien. Die Agitation hat die globale Dominanz der USA im Visier, die politisch, kulturell und wirtschaftlich den eigenen Nationalstaat und ganz Europa bedrängten. Grundsätzlich tendieren rechts- und linkspopulistische Bewegungen zu Schutzversprechungen für die „kleinen Leute".

Rechtspopulistische Parteien warnen generell vor einer Gefährdung der nationalen Identität durch Masseneinwanderung. Starken Einfluss haben, gerade nach dem 11. September 2001, das Schreckensbild „multikulturelle Gesellschaft" und die Warnung vor einem aggressiven Fundamentalismus. Rechtspopulistischen Formationen schwebt ein Staat vor, der symbolhaft für Sicherheit und Ordnung sorgen soll. Aktionistische Law-and-order-Maßnahmen wie eine Videoüberwachung öffentlicher Plätze suggerieren ein konsequentes Durchgreifen. Rechtspopulistische Formationen schlagen einen gegen die EU gerichteten (national-)identitäts-stiftenden Kurs ein.

Für den Linkspopulismus sollen die Friedensthematik mobilisiert und „Betroffenheiten" hergestellt werden. Vor allem die USA gelten als militaristisch und „anti-pazifistisch". Linkspopulistische Formationen wollen mit dem Antifaschismus-Begriff eine künstliche Dichotomie zwischen „Faschisten" und „Antifaschisten" schaffen und zum moralisch hochwertigen Widerstand aufrufen. Die USA fungieren aus der Warte des Linkspopulismus als Impulsgeber für die Entwicklungen in Richtung einer sozialfeindlichen, globalisierten Welt der Massenkonzerne, der Monopolisierungen und der wirtschaftlichen Expansionen.

Die etablierten Parteien müssen den inhaltlichen Disput mit den Newcomern parteiförmiger oder personeller Art aufnehmen. Wer die Themen pauschal als ein „Nach-dem-Munde-Reden" abtut, handelt fahrlässig. Die Parteien erkennen die politische Sprengkraft von Problemen vielleicht deshalb oft zu spät, weil sie Warnsignale beharrlich als populistische Luftblasen von „rechts" wie von „links" abtun. Selbst wenn der parteiförmige Populismus – wie in Deutschland – relativ wenig Erfolgsaussichten hat, sind seine von ihm ausgesprochenen und geschürten Ängste (vor dem Islam, dem Terror, einer Überfremdung, der Weltmacht USA, der Globalisierung, dem Wiederaufkommen des Faschismus, der Arbeitslosigkeit oder sozialer Deklassierung) – so paradox es klingen mag – nachhaltig. Eine Bereitschaft zur inhaltlichen Auseinandersetzung ohne Tabus ist entfacht, es bedarf der Beseitigung konkreter Missstände. Das atavistische Moment des Weggucken vor Problemen, des Verschließens der Augen vor der unbequemen Realität ist dadurch unmöglich. Für nicht-populistische Parteien und Politiker bedeutet das eine immense Herausforderung. Sie müssen – wie Ralf Dahrendorf feststellt – die große Simplifizierung vermeiden und doch die Komplexität der Dinge verständlich machen.[107]

2. Offene Forschungsfragen

Die Untersuchung der Interaktionsprozesse zwischen den populistischen und den etablierten Parteien (vor allem in strategischer und inhaltlicher Hinsicht) stellt ein Forschungsdesiderat dar. Welche Trennlinie ist zwischen einem populistischen Parteientypus und der modernen Medienkommunikationspartei zu ziehen? Greifen die modernen Parteien in der Schnelllebigkeit der Mediendemokratie verstärkt zu populistischen Strategien? Ein Vergleich müsste das „Ping-Pong-Spiel" zwischen etablierten Parteien und populistischen Newcomern in den Vordergrund rücken. Welche Themen eignen sich für den Populismus, welche nicht? Insbesondere der Wahlkampf bedarf besonderer Aufmerksamkeit, wenn mobilisierungsfähige „issues" mit dem beliebten Einwand „das ist purer Populismus" unter den Tisch fallen.

---

107 Vgl. Dahrendorf, Acht Anmerkungen zum Populismus, S. 160.

Der in der Forschung weitgehend ignorierte Linkspopulismus müsste viel stärker untersucht werden. Wie lässt sich das Verhältnis zwischen Linkspopulismus und modernisierter, pragmatischer Sozialdemokratie darstellen? Welche populistischen Elemente weisen die „grünen" Bewegungen auf, die einst als linkspopulistische „Anti-Partei-Parteien" ihren Ursprung nahmen? Wie passt der Ansatz von Herbert Kitschelt,[108] der einen linkslibertären Parteientypus erkennt, in diesen Kontext?

Populismus kann sich eindeutig auf dem demokratischen Grundkonsens bewegen, aber auch extremistisch sein. Umgekehrt ist Extremismus ohne Populismus möglich. Kriterien des Autors (auf struktureller Ebene „charismatische Führungspartei", „Anti-Establishment-Partei" oder „plebiszitär ausgerichtete Partei"; auf inhaltlicher Ebene „Partei des Anti-Amerikanismus" oder der „Anti-Globalisierung") belegen, dass Populismus und Extremismus in einigen Konstellationen Hand in Hand gehen. Die Merkmale des Populismus können für eine extremistische Partei unstreitig ihre Gültigkeit beanspruchen. Will eine plebiszitär ausgerichtete Partei mit einer autoritären Führungsfigur den demokratischen Verfassungsstaat in unterschiedlicher Intensität aushöhlen? Verhält es sich nicht so, dass Populismus eher zum Extremismus als zur demokratischen „Mitte" neigt? Unabhängig davon: Das Beispiel Silvio Berlusconi zeigt, dass der demokratische Populismus ebenso Verfahrensregeln der Demokratie attackiert.

Die Populismusforschung darf sich nicht nur auf konkrete Erscheinungsformen konzentrieren, die in Politik wie Medien als „populistisch" firmieren. Vergleichende, auch empirische Untersuchungen, welche die Strategien der Volksparteien berücksichtigen, sind notwendig. Dann könnte der Populismus nicht nur durch seine Aktualität und die länderübergreifende Erfolgskurve, sondern auch durch seine Eignung als klar umrissenes Analysekonzept einen festen Platz in der politikwissenschaftlichen Forschung einnehmen.

---

108 Vgl. Herbert Kitschelt, The Radical Right in Western Europe. A Comparative Analysis, Michigan 1997.

Die Bewegung der Altermondialisten – Eine Gefahr für die Demokratie?

Patrick Moreau / Eva Steinborn

I. Einführende Bemerkungen

Das Thema Globalisierung weckt Ängste.[1] Losungen wie „Life is not for sale" und „Die Welt ist keine Ware" sind geradezu Allgemeingut geworden.[2] Bewegungen und Einzelpersonen, die „Globalisierung" und „Neoliberalisierung" kritisieren, stellen fest, dass der derzeitige Prozess das wirtschaftliche Gefälle zwischen Nord und Süd weiter vertiefen, zu sozial ungerechten Umverteilungsprozessen selbst in den wohlhabenden Industriestaaten, zur Unterhöhlung gewachsener Strukturen und zum Verlust nationaler Souveränität sowie zu unumkehrbarer Umweltzerstörung führen werde.[3] Die Priorität der Ökonomie ziehe wachsende Gefahren nach sich – ökologische Risiken oder die Erschöpfung der Ressourcen etwa –, und die Welt drohe im Chaos unterzugehen.[4] Eine gemeinsame Formel des gesamten Lagers der Altermondialisten lautet daher „Nackter Ökonomismus ist schlecht".

Die altermondialistische Bewegung ist während der Regierungskonferenz der Welthandelsorganisation (WTO) in Seattle Ende 1999 auf der politischen Bühne aufgetaucht. Bereits von Mitte der 1990er Jahre an mehrten sich die Anzeichen für das Anwachsen einer antiliberalen Bewegung: 1994 in Chiapas, im Winter 1995 die Streiks in Frankreich, 1998 Demonstrationen für den Schuldenerlass, Europäische Märsche gegen die Arbeitslosigkeit usw. Die altermondialistische Bewegung wurde am Ende des 20. Jahrhunderts zu einem nicht mehr zu übergehenden internationalen Akteur, und ihre Organisation wuchs ebenso rapide wie ihr Einfluss. Zum ersten Mal seit dem Untergang des kom-

---

1 Vgl. Flash Eurobarometer, Globalisation, 151b (November 2003): 79 Prozent der Befragten fanden, die altermondialistische Bewegung stelle wichtige Fragen, die von den Regierungen beantwortet werden müssten.
2 Vgl. Frank Lechner/John Boli, The Globalization Reader, Malden, Mass. u. a. 2004.
3 Vgl. „Ein Gespenst geht um im vereinten Europa. Das neoliberale System hat sich im vereinten Europa ausgebreitet und führt zu einer Verschärfung der sozialen Situation – Ein ATTAC-Kommentar". In: http://www.derStandard.at (16.12.2004); Michael D. Yates, Naming the system: inequality and work in the global economy, New York 2003.
4 Vgl. Robert D. Kaplan, The Coming Anarchy, New York 1999.

munistischen Systems griff eine Bewegung die Fundamente des „neoliberalen Kapitalismus" weltweit an.

Ansätze einer globalen öffentlichen Meinung entstanden, wenn auch erst zu einigen wenigen Problemstellungen, wie z. B. Ökologie, Schuldenerlass oder WTO. In den Ländern der Nordhalbkugel zeigte sich ein Teil der Öffentlichkeit empfänglich für derartige Argumente. Die Aktionen der altermondialistischen Bewegung gegen den Krieg im Irak verstärkten diesen Trend, denn die meisten Europäer lehnten die amerikanischen Interventionen ab. Weitere Umstände begünstigten die Entwicklung der Bewegung: Die Reste der neuen sozialen Bewegungen der 1960er bis 80er Jahre und die One-Issue-Gruppen der 90er Jahre schlossen sich den Altermondialisten an, ein Teil der extremen Linken stieß ebenfalls zu ihrem Umfeld. Diese Konfluenz erklärt das schnelle Anwachsen der Bewegung und ihre Anziehungskraft für neue Gruppen, z. B. Teile der Gewerkschaften oder Verbraucherorganisationen.

In seiner Präsentation der altermondialistischen Bewegung vom September 2004 stellte „Le Monde" zu Recht fest: „Der Kampf gegen die liberale Globalisierung ließ eine ‚Anti'-Bewegung entstehen, dann eine ‚altermondialistische', welche die Konflikte der Arbeitswelt mit den globaleren Einsätzen der Gesellschaft vertauschte".[5]

Stellt die Bewegung der Altermondialisten eine Bedrohung für die Demokratie dar? Um diese Frage zu beantworten, unternehmen wir zunächst den Versuch einer Typologisierung der Akteure. In einem zweiten Schritt werden die zentralen Vorstellungen der Altermondialisten auf ihre Kompatibilität mit den Ideen einer freiheitlich-demokratischen Grundordnung untersucht. Wir gehen in diesem Aufsatz lediglich auf die so genannte „linke globalisierungskritische Szene" ein, da in den rechtsextremen und nationalpopulistischen Parteien kein echter Antiglobalisierungsdiskurs stattfindet. Zwar treten mitunter gemeinsame Motive linker und rechtsextremer Diskurse auf (so z. B. Kritik des US-amerikanischen Kapitalismus, Kritik des Kulturimperialismus oder mit Einschränkungen Antisemitismus), zur Zeit scheinen aber eher rechtsextreme und -populistische Kräfte das Globalisierungsthema für ihre Zwecke zu instrumentalisieren und zur Rekrutierung neuer Interessenten zu nutzen. Das Phänomen ist gegenüber der linken altermondialistischen Bewegung allerdings marginal.

---

5 Le Monde, dossiers et documents, (2004) 334, S. 2.

II. Die Akteure der Bewegung der Altermondialisten

1. Positionen

Zunächst stellt sich die Frage nach einer möglichen Soziologie der altermondialistischen Bewegung. Da jedoch bis heute nur einige wenige Segmente systematisch untersucht wurden,[6] lässt sich diese Frage noch nicht umfassend beantworten. Dagegen hilft die Auflistung der verschiedenen Akteure weiter, die sich 2005 in der altermondialistischen Strömung zusammenfanden.

Zu Recht ist der Altermondialismus als „Meta-Bewegung" beschrieben worden, deren strategische Prioritäten kurz- und mittelfristig zwar unterschiedlich sind, langfristig jedoch im Antikapitalismus konvergieren. Die einzige Möglichkeit, eine Aktionsgemeinschaft z. B. für internationale Kampagnen zu sichern, war die Einführung eines Organisationsprinzips von nationalen und transnationalen Netzwerken.

Basis der Organisation aller Flügel der altermondialistischen Strömung ist ihre Fähigkeit, sich mit anderen transnationalen Strömungen zu verbünden. Deren ideologische Referenzwerte können dann sowohl in die grundlegenden Texte und Gegenexpertisen als auch in transnationale Kampagnen und Gegengipfel einfließen. Um nur ein Beispiel zu nennen: Die altermondialistische Bewegung und die Antikriegsbewegung haben sich einander angenähert. Beide bekämpfen eine neoliberale Globalisierung, der unterstellt wird, in der von den USA erstrebten politischen und militärischen Hegemonie ihre Fortsetzung zu finden. Dieser Prozess der Annäherung ist seitens beider Partner nicht frei von Widersprüchen, denn militärische und ökonomische Machtstrukturen mischen sich nicht. Aber besonders seit dem Krieg im Irak wachsen die Übereinstimmungen zwischen Altermondialisten und Pazifisten. Dies gilt besonders für die Frage der zentralen Stellung des internationalen Rechts. Durch diese dynamische Annäherung wurde allerdings auch der Anstieg eines sehr virulenten Antiamerikanismus begünstigt.

Als Antwort auf die liberale Globalisierung betont ein Ansatz den Vorrang der öffentlichen Lenkung und Steuerung sowie die Notwendigkeit der Stärkung der Staaten im Verhältnis zu den Märkten. Er findet sehr starken Anklang in Südeuropa und Lateinamerika, überdeckt aber die großen konzeptionellen Unterschiede hinsichtlich der Rolle des Staates und seiner sozialen Verantwortung. Dennoch gilt der Nationalstaat – und manchmal auch die nationale Identität – als wichtiges Bollwerk gegen die aktuellen Entwicklungen. Die Verfechter dieses Ansatzes betonen, dass die Entscheidungen, welche die liberale Globalisierung angestoßen haben, auf der politischen Bühne gefällt worden sind. Ihrer Überzeugung nach können die gewählten Volksvertreter vor allem in den am

---

6 Vgl. Massimiliano Andretta/Donatella della Porta, No global – new global: Identität und Strategien der Antiglobalisierungsbewegung, Frankfurt a. M. 2003.

höchsten entwickelten Nationalstaaten die schädlichsten Entwicklungen für die Bevölkerung noch begrenzen.

Ein anderer Ansatz verficht eine antiliberale Politik, die auf der Idee der „Überantwortung der Macht an die Armen" (empowerment of the poor) basiert. Dieser Ansatz wird im angelsächsischen Kulturkreis und in Asien sehr stark vertreten. Sein Schwerpunkt liegt auf der Autonomie der Menschen in ihrem Verhältnis zum Staat und auf der Innovation auf lokaler und genossenschaftlicher Basis.

Eine dritte Denkrichtung hat sich die weltweite Machtkontrolle zum Ziel gesetzt. Sie sucht gegenüber den großen wirtschaftlichen Gruppen, deren Strategie naturgemäß weltumspannend ist, und angesichts der globalen Dimension der Finanzmärkte nach Mitteln und Wegen für eine Regulierung im Weltmaßstab. Der Schwerpunkt liegt auf einer Reform der UN und der internationalen Finanzinstitutionen.

Und schließlich unterstreicht eine weitere Position die Notwendigkeit, weltweit andere Kräfteverhältnisse herzustellen, um Einfluss auf konkrete Regierungspolitik zu nehmen und Druck auf internationale Einrichtungen auszuüben. Hinter dieser Haltung steht die Überzeugung, dass die drei anderen Methoden zum Scheitern verurteilt sind. Angestrebt wird deshalb ein Prozess des gewaltsamen Bruchs mit dem Kapitalismus.

Häufig existieren die beschriebenen vier Positionen in einer einzigen Organisation nebeneinander, gelegentlich sogar in den Köpfen der Aktivisten. Je nach Lage der Dinge wird dieser oder jener Aspekt betont, dieses oder jenes Ziel verfolgt. Folgt man Sun Tsus *Kunst des Krieges*, ist ein fundamentales strategisches Prinzip die Wahl des Feindes. Aus dieser Wahl entwickeln sich Geographie und Handlungslogik des Altermondialismus: Feinde sind einerseits die neoliberalen Akteure – Welthandelsorganisation, Weltbank und IWF, G7/G8 (korrektive und reformistische Strategie), andererseits das kapitalistische System insgesamt (Strategie des Bruchs). Unbestreitbar beschränken sich die hier aufgeführten altermondialistischen Gruppen, Bewegungen und Strömungen nicht auf einen einzigen Typ von Kampagnen und Aktionen. Mitglieder und Sympathisanten überspringen bei der Teilnahme an Gegengipfeln oder Treffen vom Typ Porto Alegre oder Genua mühelos organisatorische Schranken.[7]

2. Typologie: Organisationen der Altermondialisten

Um die Gestalt der altermondialistischen Bewegung 2005 zu erfassen, bietet es sich an, einen Teil der Organisationen und Strömungen der Bewegung zu benennen. In die Bewegung der Altermondialisten haben sich humanitäre und

---

7 We are everywhere: the irresistible rise of global anticapitalism. Edited by Notes From Nowhere and published by Verso, London/New York 2003; Fabio De Nardis, Cittadini globali: origini e identità dei nuovi movimenti, Roma 2003; Kevin Danaher/Jason Mark, Insurrection: Citizen Challenges to Corporate Power, New York u. a. 2003.

entwicklungspolitische Nichtregierungsorganisationen eingereiht, die sich mit ihren Forderungen unter anderem gegen die Welthandelorganisation, den Internationalen Währungsfonds und die Weltbank richten. Zu diesem Typ gehören z. B. die *Internationale Föderation der Ligen der Menschenrechte*, *Amnesty international*, *Oxfam* oder *Ärzte ohne Grenzen*. Diese Organisationen teilen einige Ziele mit der altermondialistischen Bewegung, ihre Vertreter sind auf allen größeren Veranstaltungen präsent. Sie betonen die Gleichheit der Menschen stark und setzen sich gegen Armut oder für einen verbesserten Zugang Armer zum Gesundheitssystem ein. Die Ursachen für die von diesen Organisationen bekämpften Phänomene liegen angeblich in einer „neoliberalen" Politik, von deren negativen Auswirkungen bestimmte Bevölkerungsgruppen (z. B. Frauen, nichtwestliche Bevölkerungsgruppen, autochthone Völker) stärker betroffen sind als andere.

Ebenfalls integriert in die altermondialistische Bewegung sind Gewerkschaften und soziale Bewegungen. Hierzu zählen Organisationen und Bewegungen höchst unterschiedlichen Typs und sehr unterschiedlicher Radikalität wie der *Internationale Bund Freier Gewerkschaften* (IBFG), ein Zusammenschluss von 215 nationalen Dachgewerkschaften, der 125 Millionen Gewerkschaftsmitglieder in 145 Ländern und Regionen repräsentiert und für die Verteidigung der öffentlichen Dienstleistungen und die weltweiten Rechte der Arbeitnehmer eintritt, oder der *Europäische Marsch gegen Arbeitslosigkeit*. Die „Euromärsche" bestehen aus etwa 20 Arbeitslosenbewegungen in ganz Europa. Sie haben sich im *Netzwerk für ein Demokratisches und Soziales Europa* zusammengeschlossen. Auch Basisgewerkschaften und alternative Gewerkschaften zählen zu dieser Kategorie.

Die Beteiligung von Gewerkschaften in der altermondialistischen Bewegung kann nicht überraschen. Das Verhältnis zwischen Kapital und Arbeit war historisch gesehen immer konfliktträchtig. Dies galt 1999 in Seattle ebenso wie heute, und zahlreiche soziale Auseinandersetzungen, z. B. die großen Streiks im Jahr 1995 in Frankreich, sind hierauf zurückzuführen. Indes sind neue Felder der Auseinandersetzung entstanden, die mit den Folgen der „neoliberalen Politik" auf die Lebenswirklichkeit der Bevölkerung, aber auch mit den Schwerpunkten gewerkschaftlichen Handelns in Zusammenhang standen. Derzeit ist das Verhältnis zwischen diesen Organisationen und der altermondialistischen Bewegung allerdings noch ungeklärt. Viele Gewerkschaften haben sich zur Unterstützung der Regierungspolitik entschlossen und stehen dem altermondialistischen Konglomerat deshalb feindselig gegenüber. Doch auch das Verhältnis der Bewegung zu den Gewerkschaften ist gespannt, was in der deutschen globalisierungskritischen Szene besonders deutlich im Streit um einen gemeinsam von DGB, ATTAC und VENRO herausgegebenen Text zur Globalisierung zutage trat.

Neben den oben genannten Organisationen gehören auch Bauerngruppen zum breiten Spektrum der Altermondialisten. Zu ihnen zählen, um nur einige wenige zu nennen, Via Campesina, die französische *Confédération paysanne*, die thailändische Versammlung der Armen oder *Navdanya*. *Via Campesina* ist eine Vereinigung bäuerlicher Organisationen, die in Nicaragua gegründet wurde und insbesondere für Kleinbauern als Solidaritätsnetzwerk fungiert.[8] Ziele der Organisation sind die „Ernährungssouveränität", egalitäre Landreformen, Hilfe bei landwirtschaftlichen Krediten und der Kampf um die Rechte der Frauen. Um die Verhandlungen über die Landwirtschaft zu beeinflussen, führt *Via Campesina* eine intensive Kampagne gegen die WTO. Der französische Bauernbund *Confédération paysanne* ist auch in Deutschland nicht zuletzt wegen seiner prominenten Führungsfigur José Bové bekannt, der durch aufsehenerregende Aktionen immer wieder von sich reden macht. Mit einer Kampagne will der Bauernbund ein Anbauverbot für gentechnisch veränderte Organismen erreichen. ATTAC, Greenpeace, der nationale Verband der biologischen Landwirte und weitere Organisationen haben sich diesem Kampf mittlerweile angeschlossen.

Die Welthandelsorganisation als Hauptgegner identifizieren darüber hinaus diverse Organisationen, die sich der Bewegung der Altermondialisten angeschlossen haben, so z. B. *Public Citizen*, das *Third World Network* oder *Focus on the Global South*. *Public Citizen (PC)* kämpft vor allem für mehr Transparenz der politischen Institutionen, für Bürger- und Verbraucherrechte und gegen den Amtsmissbrauch durch gewählte Amtsträger und große Privatunternehmen. Die besondere Aufmerksamkeit von PC gilt der Automobilindustrie und dem internationalen Handel. Das *Third World Network* kümmert sich, wie der Name schon sagt, um die besonderen Belange der so genannten Dritten Welt. Die Politik von WTO und Weltbank gegenüber den armen Ländern wird sehr kritisch beurteilt. *Focus On The Global South* erstellt kritische Expertisen über die internationalen Finanzinstitutionen und die Auswirkungen der kapitalistischen Globalisierung insbesondere auf den Süden. Geführt von Walden Bello verbreitet die Gruppierung ihre Analysen in Buchform oder via Internet.

Auch Umweltbewegungen haben sich den Altermondialisten angeschlossen und versuchen, auf einen Zusammenhang zwischen neoliberaler Globalisierung und Umweltbedrohungen hinzuweisen. Zu ihnen gehören einerseits gemäßigte Umweltorganisationen, die sich auf Lobbyarbeit spezialisieren (in Deutschland ist das prominenteste Beispiel hierzu der *BUND – Bund für Umwelt und Naturschutz Deutschland*), und radikale „Ökokrieger" andererseits, die für ihre Ziele auch zu terroristischen Mitteln greifen. Die Anfang der 1980er Jahre in den Vereinigten Staaten entstandene radikalökologische Strömung beruft sich offen auf die „Deep Ecology". Dabei handelt es sich um eine antiliberale angloamerikanische Denkschule, die die Erde über die auf ihr lebenden Arten stellt. *Earth First!*, eine US-amerikanische radikalökologische Organisation, zählt zu den „Ökokriegern". Ähnliche Organisationen sind auch in Europa auf-

---

8 Vgl. CETIM, Vía campesina. Une alternative paysanne à la globalisation néolibérale, o. O., 2002.

getaucht. Organisationen wie *Greenpeace* suchen nach einem Mittelweg zwischen Lobbyarbeit und spektakulärer Aktion.

In den Medien entsteht häufig der Eindruck, die altermondialistische Bewegung bestehe hauptsächlich aus Initiativen gegen Finanzspekulationen und Steuerparadiese. Tatsächlich bilden Organisationen wie *ATTAC*, die *Halifax initiative* oder *Fifty years is enough* aber nur einen Teil der Bewegung ab. Die *Association pour la taxation des transactions financières pour l'aide aux citoyens – ATTAC* ist die hierzulande bekannteste globalisierungskritische Organisation, in Deutschland ist sie auch diejenige mit den meisten Mitgliedern. 1998 in Frankreich gegründet, setzte sich ATTAC zunächst hauptsächlich für die Einführung einer Steuer auf internationale Finanztransaktionen, die so genannte Tobin-Tax, ein. Heute ist ATTAC zu einer der bedeutendsten altermondialistischen Organisationen gewachsen, die sich um alle denkbaren Themen im Zusammenhang mit Globalisierungsprozessen kümmert. ATTAC ist eher reformistisch orientiert, auch wenn sich die Organisation immer wieder den Entrismus-Versuchen trotzkistischer Gruppen ausgesetzt sieht. ATTAC ist äußerst präsent in der internationalen Szene, verfügt weltweit über rund vierzig Unterorganisationen (Italien, Quebec, Tunesien usw.) und ist einer der wichtigen Akteure im *Weltsozialforum* sowie im *Europäischen Sozialforum*. Zahlreiche Forderungen von ATTAC sind mittlerweile von Politikern übernommen worden.

Ebenso wie die oben aufgeführten Organisationen gehören globale extremistische Protestströmungen zu den Altermondialisten, auch wenn diese eine Minderheit darstellen. Sie werden jedoch besonders stark wahrgenommen, da ihnen bei internationalen Gegengipfeln große Medienaufmerksamkeit zuteil wird. Der so genannte *Schwarze Block* gehört zu diesem Typ, ebenso wie die *Reclaim the Streets-Bewegung*, die *Zapatisten*, *Peoples' Global Action*, das *Direct Action Network*, die *Italienischen sozialen Zentren*,[9] *No Border* oder *Mumbai Resistance*.

Der Name „Schwarzer Block" meint die punktuellen Zusammenschlüsse gewaltorientierter Linksextremisten, die in Europa hauptsächlich bei den altermondialistischen Demonstrationen in Göteborg und Genua aktiv waren.[10] Der *Schwarze Block* ist keine Organisation. Er tauchte bei zahlreichen altermondialistischen Demonstrationen als Bande von Vermummten auf und griff Symbole des Kapitalismus, des Staates oder Privateigentum an. *Reclaim The Streets (RTS)* ist ein in Großbritannien entstandenes Netzwerk. Es besteht aus Gruppen ökologischer oder anarchistischer Prägung, die Anhänger der Theorie der direkten Aktion sind. RTS-Gruppen sind autonom und basisdemokratisch.

---

9 Die sozialen Zentren sind „besetzte öffentliche Orte", wo politische, kulturelle und soziale Aktivitäten stattfinden. Die Aktivisten kämpfen um „neue staatsbürgerschaftliche Rechte (Bewegungsfreiheit der Personen, garantiertes Einkommen, usw.), für Antiprohibitionismus, für einen kämpferischen Antifaschismus und internationale Basisdemokratie (Solidarität mit Chiapas, mit den Kurden, Opposition gegen den Krieg im früheren Jugoslawien oder Irak, usw.)". Siehe: www.sherwood.it (22.4.2005).
10 Vgl. http://flag.blackened.net/revolt/rbr/rbr6/black.html; http://struggle.ws/wsm/rbr/rbr7/blackbloc.html (22.4.2005).

Peoples' Global Action (PGA) nimmt für sich in Anspruch, das erste Netzwerk zu sein, das altermondialistischen Organisationen die Möglichkeit bietet, untereinander zu kommunizieren, Informationen auszutauschen oder Kampagnen zu starten, ohne den Weg über die Medien oder die großen NGOs gehen zu müssen. Im Unterschied zu reformorientierten Gruppen wie ATTAC lehnt PGA den Kapitalismus, die internationalen Institutionen und Regierungen, die die Liberalisierung der Märkte befürworten, vollständig und grundsätzlich ab. Als Folge dieser Konfrontationslogik vertritt PGA die Überzeugung, dass Lobbying völlig ohne Einfluss und Erfolg sei. Dezentral organisiert, unterstützt PGA „direkte Aktionen des zivilen Ungehorsams".

Die Zapatisten sind wichtiger Referenzpunkt für die altermondialistische Bewegung. Nach dem Vorbild der Gruppe aufständischer Mexikaner finden sich immer wieder altermondialistische radikale Gruppen zusammen, so auch das prominente Netzwerk *Ya Basta! Mumbai Resistance* kennzeichnet eine neue Etappe der Radikalisierung eines Teils der altermondialistischen Bewegung. Vom 17.–20. Januar 2004 trafen sich mehrere tausend Menschen in den Foren von *Mumbai Resistance 2004 (MR2004)*, das parallel zum *Weltsozialforum (WSF)* in Bombay stattfand. Sämtliche Akteure der globalisierungskritischen Bewegung standen symbolträchtig Seite an Seite. Höhepunkt für die extremistischen Gruppen war eine Massenkundgebung mit etwa 30 000 Teilnehmern im Zentrum Bombays. Die Demonstranten gehörten höchst unterschiedlichen Strömungen an: Kommunisten (Trotzkisten, Maoisten, usw.), Anarchisten, Anarcho-Kommunisten und Antiimperialisten, ferner militante Islamisten.[11] Auch Rechtsextremisten, die den Antizionismus und die Leugnung des Holocaust auf ihre Fahnen geschrieben haben, beteiligten sich.

Bei der großen Vielfalt von Gruppierungen und Strömungen in der altermondialistischen Bewegung wundert es nicht, dass es immer wieder politische Gruppierungen gibt, die versuchen, die Dialektik des Protestes gegen die liberale Globalisierung für ihre politischen oder sozialen Projekte zu nutzen. Hierzu gehören postkommunistische Parteien wie die PDS, reformierte kommunistische Parteien wie der PCF, rot-grüne Linke, Bewegungen der extremen Linken, die demokratische Linke und zahlreiche One-issue-Gruppen. Diese Akteure bewegen sich am Rande der altermondialistischen Bewegung, in deren Aktivitäten sie auf ganz unterschiedlichen Ebenen eingebunden sind. Wir gehen davon aus, dass die altermondialistische Bewegung ein Aspekt und eine Etappe auf dem Weg der Erneuerung einer linken Identität auf weltweitem Niveau ist. Damit steht sie in Konkurrenz zu allen anderen politischen Facetten der Linken. Von den Trotzkisten bis zur linken Sozialdemokratie haben alle betroffenen Konkurrenten die Attraktivität und die Dynamik der altermondialistischen Strömung registriert und lassen sich auf unterschiedliche Weise von ihr inspirieren:

---

11 Vgl. Tariq Ramadan, Les altermondialistes face aux défis du pluralisme. Des contradictions, d'impératives réformes. In: http://oumma.com/article.php3?id_article=665 (22.4.2005).

etwa durch die Übernahme ideologischer Schemata oder Parolen und die Zusammenarbeit von Think-Tanks. Bei den kommunistischen oder linksextremistischen Parteien kommen Infiltrations- und Rückgewinnungsstrategien hinzu. De facto existiert hier eine außerordentlich diversifizierte Palette politischer Praktiken, deren Hauptlinien nur in groben Zügen aufgezeigt werden können. Und schließlich – dieser Aspekt ist von großer Bedeutung – sind Akteure wie ATTAC nicht aus dem Nichts entstanden. Sie haben viele Anleihen bei den organisatorischen und ideologischen Traditionen der Linken gemacht.[12] Die Komplexität dieses Austauschs erfordert eine komplementäre Analyse.

Die politische Praxis der (orthodoxen oder linksextremistischen) kommunistischen Bewegung ist Gegenstand grundlegender Kritik des reformistischen Flügels der Altermondialisten. Zu stark fixiert auf historische Zäsuren oder zu solchen stilisierte Ereignisse (die Pariser Kommune, der Erste Weltkrieg, die Oktoberrevolution, der Stalinismus, die kubanische und die chinesische Revolution), haben sich die KPen in unversöhnliche Strömungen und Fraktionen zersplittert. Ihre Fixierung auf die Eroberung der Macht oder auf deren effiziente Kontrolle führte zur Konzentration auf eine Methodologie der Eroberung und der Praktiken, die jede andere Form der Konkurrenz ausschloss. Der Dogmatismus der „richtigen Parteilinie" und der „Wissenschaftlichkeit" der politisch-ökonomischen Analysen verschlang schließlich den größten Teil der Energie der Mitglieder. Sektiererisches Verhalten unterband die Kommunikation der KPen mit dem größten Teil der Öffentlichkeit. Zahlreiche Führungskräfte und Persönlichkeiten der europäischen und südamerikanischen altermondialistischen Bewegung haben diese Erfahrung in den orthodoxen, maoistischen oder trotzkistischen KPen gemacht und verstanden, dass diese Methode gescheitert ist.

Der allgemeine Niedergang der kommunistischen und postkommunistischen Parteien in Europa zwang deren Führungen zur Reflexion über die Gründe für den Erfolg der altermondialistischen Strömung.[13] Think-Tanks wie *Espace Marx* in Frankreich oder die *Rosa-Luxemburg-Stiftung*[14] haben die ideologischen Aspekte dieses Phänomens untersucht. Kommunisten/Postkommunisten sind ebenfalls in altermondialistischen Formationen aktiv. Repräsentanten dieser Parteien nehmen auch als Einzelpersonen an den Treffen des Weltsozialforums in Porto Alegre oder an denjenigen des Europäischen Sozialforums teil. Die kommunistischen und postkommunistischen Formationen treffen sich auf internationaler Ebene in einem organisatorischen Rahmen, dem *Forum von Sao Paulo*, das mit Porto Alegre konkurriert. Bei zahlreichen sozialistischen und sozi-

---

12 Siehe Octavio Rodrígez-Araujo, Gauches et gauchismes de la première Internationale à Porto Alegre, Nantes 2004.
13 Vgl. Patrick Moreau, Les partis communistes et postcommunistes en Europe occidentale, Paris 1999; ders., Die kommunistischen und postkommunistischen Parteien Westeuropas: ein unaufhaltsamer Niedergang? In: Totalitarismus und Demokratie, 1 (2004), S. 35–62; über die PDS: ders./Rita Schorpp-Grabiak, „Man muss so radikal sein wie die Wirklichkeit". Die PDS – Eine Bestandsaufnahme, Baden-Baden 2002.
14 Vgl. www.rosalux.de/cms/index.php?suchen&L=0#f55df770711ff482fb55314159877 138 (22.4.2005).

aldemokratischen Parteien wird ein altermondialistischer Impetus spürbar.[15] Um nur ein Beispiel zu nennen: Oskar Lafontaine hat in seine aktuellen Reflexionen einen Großteil der Thesen der (reformorientierten) altermondialistischen Strömung integriert und ist Mitglied von ATTAC.[16] Für die demokratische Linke und die reformistische Strömung der Altermondialisten ist die Wirtschaftspolitik des brasilianischen Präsidenten Lula beispielhaft.

Trotz ihrer unübersehbaren Präsenz auf den großen altermondialistischen Demonstrationen und Treffen bildet die extreme Linke nur eine kleine Minderheit. Zwei Strömungen sind festzustellen: Trotzkisten und Anarchisten. Die Trotzkisten bleiben der Theorie des Entrismus[17] treu. Sie sind in zahlreichen altermondialistischen Strukturen, z. B. ATTAC[18] oder One-Issue-Gruppen, vertreten. Dank ihrer Präsenz und ihrem hohen Mobilisierungsgrad gelang es ihnen, die Organisation der internationalen Kampagnen zu übernehmen. Dies gilt z. B. für Christophe Aguiton, einen trotzkistischen Gewerkschafter bei ATTAC. Dennoch steht die altermondialistische Bewegung nicht unter der Kontrolle der Trotzkisten, dazu sind diese organisatorisch zu schwach sowie europa- und weltweit zu stark zersplittert. Einzig Frankreich bildet hierbei eine Ausnahme.

Was ihren Einfluss betrifft, übten die Anarchisten auf diversen Ebenen schon immer Einfluss aus. Drei Strömungen können unterschieden werden. Die „Graswurzelbewegung" ist eher pazifistisch und spielt in der angelsächsischen Welt eine große Rolle.[19] Die in Spanien sehr starken Anarcho-Syndikalisten[20] und die Anarcho-Kommunisten sind hingegen gewaltorientiert. Diese beiden Strömungen kooperierten bei den Auseinandersetzungen in Prag, Genua und

---

15 Vgl. John Lloyd, The Protest Ethic: How the Anti-Globalisation Movement Challenges Social Democracy. London 2001; Klaus Dörre, Globalisierung und Globalisierungskritiker: ATTAC als neue Sammlungsbewegung? In: Gewerkschaftliche Monatshefte, 53 (2002), S. 486–495.
16 Vgl. Oskar Lafontaine, Das Herz schlägt links, Berlin 2000; ders., Die Wut wächst, München 2003.
17 Entrismus ist eine von Anhängern des Trotzkismus praktizierte Methode, andere Parteien und Vereinigungen gezielt zu unterwandern, um in ihnen zu Einfluss zu gelangen, die eigene Ideologie zu verbreiten und schließlich die betroffene Organisation für eigene Zwecke zu instrumentalisieren. Entristischen Bestrebungen ausgesetzt sind sowohl nicht-trotzkistisch geprägte linksextremistische als auch demokratische, dem linken Spektrum zugehörige Parteien und Vereinigungen.
18 In Deutschland ist dies z. B. die Gruppe Linksruck (www.linksruck.de).
19 Vgl. www.graswurzel.net. Genannt sei der engagierte anarchistische Aktivist Singh Jaggi. Er wurde 1972 in Toronto geboren und lebt in Montreal. 1997 beteiligte er sich an der Mobilisierung gegen die Asian Pacific Economic Cooperation (APEC) in Montreal und war einer der Gründer der ersten Konvergenz der antikapitalistischen Kämpfe (CLAC) 2000. Darüber hinaus gehörte er zu den Organisatoren der „No one is illegal"-Märsche in Kanada und steht in Verbindung zu Gruppen, die für das Recht der Armen, der autochthonen Bevölkerung und der Immigranten kämpfen. Schließlich ist er einer der populärsten Redner des anarchistischen Flügels der altermondialistischen Bewegung in Nordamerika. Die Polizei verhaftete ihn häufig als Rädelsführer.
20 Der deutsche Zweig: www.fau.org/links (22.4.2005).

Evian.[21] Es scheint, als erlebe die anarchistische Strömung derzeit eine politische Renaissance. Aus diesem Grund nimmt sie Abstand von den „Zerstörern" des Black Block.

One-issue-Gruppen stehen mit ihren monothematischen Strukturen in der Nachfolge der neuen sozialen Bewegungen der Post-68er.[22] Sie führen punktuelle oder sektorielle Aktionen (für Feminismus, Antirassismus, gegen Armut, AIDS etc.) in vielfältigen Formen durch. Oft sind sie Teil der altermondialistischen Bewegung, z. B. als Mitglieder von ATTAC. Ihre gesellschaftliche Präsenz ist hoch, insbesondere in den amerikanischen und romanischen Gesellschaften, durchaus auch auf der Straße. Beispiele für diese Gruppen sind *ACT UP!*, *Action contre la Faim* oder *Marcha Mundial Dos Mulheres*, eine Organisation, die fast 6 000 Frauengruppen in 163 Ländern „gegen Armut und Gewalt" vereint.

Ein Punkt, der den Erfolg der Bewegung der Altermondialisten erklären kann, ist die Vielfalt kultureller Gruppen und Strömungen. Für die Schriftsteller soll hier als Beispiel nur Arundhati Roy stehen. Sie wurde 1961 in West-Bengalen geboren und wuchs bei ihrer Mutter, einer militanten Feministin, auf. Ihre berufliche Karriere begann sie als Schauspielerin und Drehbuchautorin. Ihr Roman „Der Gott der kleinen Dinge" wurde von der internationalen Kritik als große literarische Leistung gefeiert, für die ihr 1997 der renommierte Booker Prize verliehen wurde. Sie gehört zu den ökologischen Aktivisten in Indien und ist eine wichtige Persönlichkeit der altermondialistischen und pazifistischen Bewegung. Als Pazifistin engagiert sie sich für die Abschaffung der Atomwaffen in Indien und gegen den Krieg im Irak. Ihr ökologisches Engagement stellte sie mit ihrem hartnäckigen Kampf gegen den Bau eines Staudamms im Tal von Naramda unter Beweis. Sie arbeitet derzeit als Feuilletonistin für die britische Tageszeitung *The Guardian* und für die indische Informationszeitschrift *Outlook*.

Der US-Dokumentarfilmer und Schriftsteller Michael Moore ist ein Idol der altermondialistischen Bewegung und erfreut sich auch in Deutschland großer Beliebtheit. In *Bowling for Columbine* setzt sich Michael Moore mit innerer und äußerer Gewalt der Vereinigten Staaten auseinander, vom Waffenhandel bis zu den „imperialistischen Kriegen". Dieser Film wurde 2002 als bester Dokumentarfilm mit dem Oscar ausgezeichnet. Moore nutzte die Preisverleihungszeremonie zu massiver Kritik an US-Präsident George W. Bush und behauptete vor laufenden Fernsehkameras, der Präsident habe die Präsidentschaftswahlen nicht ehrlich gewonnen und wolle aus „fiktiven Gründen" einen Krieg gegen den Irak beginnen. Im US-Präsidentschaftswahlkampf von 2004 nahm Moore in seinem Dokumentarfilm *FAHRENHEIT 9/11* die gesamte US-Regierung ins Visier, insbesondere aber die Person George W. Bushs. Er thematisierte den umstrittenen Wahlsieg des Präsidenten, die gesellschaftlichen und wirtschaftli-

---

21 Zu Evian und den Aktionen der Anarchisten vgl. alternativelibertaire.org/index. php?dir=journal/al122&page=122_06.htm&n=1 (22.4.2005).
22 Vgl. Janet M. Conway, Identity, Place, Knowledge: Social Movements Contesting Globalization, Black Point, N. S. 2004.

chen Verbindungen seiner Familie mit dem Bin Laden-Clan, die Politik der Bush-Regierung vor und nach dem 11. September 2001 und den Krieg im Irak.

Auch Bono, der populäre Sänger der irischen Band *U2*, hat sich in der altermondialistischen Bewegung engagiert und ist Sprecher der Organisation *Jubilee Research*. Mitglieder dieser Gruppierung sind zudem Musiker wie Bob Geldof oder Youssou N'Dour. Bono reiste 1999 nach Köln und übergab auf dem G8-Gipfel eine Petition mit 17 Millionen Unterschriften zugunsten eines Schuldenerlasses für die armen Länder. Seine Popularität ermöglicht ihm immer wieder Treffen mit Staatsoberhäuptern und Regierungschefs. Dabei fordert er nachdrücklich den Schuldenerlass, so auch in Genua beim G8-Gipfel im Juli 2001, wo er den deutschen Bundeskanzler Gerhard Schröder mit diesem Anliegen konfrontierte.

Fester Bestandteil der altermondialistischen Bewegung sind auch religiöse Gruppen. Hier finden wir fortschrittliche Christen, Katholiken und Protestanten, wobei letztere dominieren. Typische Beispiele sind die deutsche *Kairos-Bewegung* oder die französische Zeitschrift *Témoignage chrétien*. Neu sind islamische Sites wie www.terredescale.net. Sie sind stark auf den Mittleren Osten fixiert, greifen jedoch die Analysen der altermondialistischen Bewegung auf.

III. Der ideologische Referenzrahmen der Altermondialisten

1. Die wichtigsten Autoren

Ebenso bunt wie die Organisationsformen sind auch die Ideen und Denkweisen der Altermondialisten. Obwohl sich die Bewegung hauptsächlich aktionsorientiert darstellt, kann eine Untersuchung ihrer theoretischen Fundamente einen sinnvollen Beitrag zur Beantwortung der Frage nach der Kompatibilität der Bewegung mit grundlegenden Werten und Spielregeln freiheitlicher Demokratie leisten. Zu den Ideengebern der Szene gehören prominente Personen wie Susan George, Naomi Klein, Noam Chomsky, John Holloway, Michael Hardt und Antonio Negri. Diese sechs Autorinnen und Autoren haben fünf Werke verfasst, welche Gesellschaftskritik, Hoffnungen und Visionen der Altermondialisten maßgeblich mitgeprägt haben.

Susan George, Vizepräsidentin von ATTAC France und Autorin zahlreicher Bücher zur Globalisierung, ist eine der prominentesten Figuren der Altermondialisten. Mit *Der Lugano-Report oder Ist der Kapitalismus noch zu retten?*[23] hat die Autorin den 270 Seiten starken fiktiven Report einer „Expertengruppe" geschrieben, die die Gefahren, denen der Kapitalismus ausgesetzt ist, analysiert und nach Problemlösungen sucht. Die „Wissenschaftler" suchen allein unter der Prämisse von Effizienz nach Lösungen für reale Probleme wie Überbevölke-

---

23 Susan George, Der Lugano-Report oder Ist der Kapitalismus noch zu retten?, Reinbek 2001.

rung, Kriminalität oder die Regulierung der Finanzmärkte und kommen durch diese Vorgehensweise zu drastischen Empfehlungen. Obwohl der *Lugano-Report* reine Fiktion ist, warnt Susan George vor möglichen ähnlichen Entwicklungen in der Realität.

Die Kanadierin Naomi Klein hat mit *No Logo! Der Kampf der Global Players um Marktmacht. Ein Spiel mit vielen Verlierern und wenigen Gewinnern*[24] einen Klassiker der globalisierungskritischen Literatur verfasst. Die junge Journalistin beschreibt im Stil einer Reportage eine Welt, in der transnationale Konzerne mithilfe ausgeklügelter Branding-Strategien große Teile des Alltags von Menschen global beeinflussen. Massenarbeitslosigkeit im Norden, Ausbeutung in den Sweatshops im Süden, Walt Disney-Superstores und von Konzernen gesponserte Schulcomputer, all das sind für Klein unterschiedliche Seiten der neoliberalen Globalisierung. Naomi Klein fordert die Menschen dazu auf, die Welt „zurückzuerobern", und sieht mit den Altermondialisten hierzu eine globale Bewegung wachsen.

Noam Chomsky, ein prominenter US-Intellektueller, der am Massachusetts Institute of Technology forscht, sorgte in jungen Jahren mit seinen linguistischen Theorien für Furore und meldet sich heute als radikaler Linker zu sämtlichen aktuellen gesellschaftspolitischen Themen zu Wort. Seine fortwährende Kritik an der Politik des Staates Israel und seine Verwicklung in die so genannte Faurisson-Affäre sorgen dafür, dass Chomskys Thesen gern auch von Rechtsextremisten unterstützt werden. In *Profit over People, Neoliberalismus und globale Weltordnung*[25] untersucht der Autor Theorie und Praxis des Neoliberalismus. Er thematisiert das Verhältnis von Macht und Medien ebenso wie die Auswirkungen der Welthandelsorganisation auf die globale Weltordnung. Freihandel, wie von verschiedenen Institutionen propagiert, gibt es nach Chomskys Ansicht gar nicht, stattdessen werde auf Kosten der Demokratie eine protektionistische Politik der Unterdrückung durch die Industrieländer, insbesondere aber durch die USA betrieben.

Michael Hardts und Antonio Negris *Empire. Die Neue Weltordnung*[26] wurde gar als „Bibel der Globalisierungskritiker" bezeichnet. Der Literaturwissenschaftler Michael Hardt und der italienische Neokommunist Antonio Negri identifizieren ein im Entstehen begriffenes Empire, das eine neue supranationale Weltmacht ohne Machtzentrum darstellt, welches logisch aus der Entwicklung der internationalen Ordnung entstanden sei. Die beiden Autoren entwickeln den Übergang zu diesem Empire historisch und theoretisch und begrüßen diese Ordnungsmacht, die im Moment ihres Entstehens zum Untergang verurteilt ist, als Vorstufe zur Revolution. Der in Mexiko lehrende marxistische Poli-

---

24 Naomi Klein, No Logo! Der Kampf der Global Players um Marktmacht. Ein Spiel mit vielen Verlierern und wenigen Gewinnern, München 2002.
25 Noam Chomsky, Profit over People. Neoliberalismus und globale Weltordnung, 4. Auflage Hamburg 2001.
26 Michael Hardt/Antonio Negri, Empire. Die neue Weltordnung, Frankfurt a. M./New York 2003.

tikprofessor John Holloway sucht in seinem von Teilen der globalisierungskritischen Bewegung gefeierten Buch nach einem Weg *Die Welt [zu] verändern, ohne die Macht zu übernehmen*.²⁷ Von einem in einem Schrei manifestierten Weltschmerz getrieben, fordert der Autor zu einer Revolution auf, welche die Überwindung aller Machtverhältnisse zum Ziel hat. Die nicht auf Organisation, sondern auf Ereignisse orientierten Aktionsformen der Altermondialisten sieht er als gute Ausgangsbasis für eine solche Revolution.

Die hier untersuchten Werke globalisierungskritischer Autoren sind in Stil und Inhalt äußerst unterschiedlich. Um sie sinnvoll gegenüberstellen zu können, ist es zweckmäßig, sie a) auf die in ihnen geäußerte Kritik am Status quo, b) auf die aufgezeigten Strategien als Auswege aus dieser Wirklichkeit und c) auf die Visionen einer anderen, besseren Welt zu untersuchen.

2. Argumente

2.1 Kritik am Status quo: Wahrnehmung der Wirklichkeit

Die Gegenwart, die es nach Ansicht der Altermondialisten zu ändern gilt, wird in dieser Bewegung als „neoliberale Globalisierung" charakterisiert. Die Begriffe „Globalisierung" und „Neoliberalismus" bleiben indes oft diffus, und es wird an verschiedenen Stellen deutlich, dass ihre Definition je nach angestrebtem Ziel variiert.

Eine Sicht der Wirklichkeit, die unter den Altermondialisten weit verbreitet ist, schildert Naomi Klein in ihrem Bestseller *No Logo!*. Maßgebliche Akteure der globalen Weltordnung, die Klein beschreibt, sind transnationale Konzerne, deren Expansionsstreben in Marketingstrategien Ausdruck findet. Mit Hilfe dieser Marketingkampagnen erobern die Konzerne zunehmend wirtschaftliche, politische und gesellschaftliche Macht, die zuvor in den Händen der Nationalstaaten lag. Die wachsende Bedeutung von transnationalen Konzernen hat nach Ansicht der Autorin mehrere Folgen: Da die Konzerne ausschließlich nach der Maxime des Profits handeln, wird die Lebenssituation für die Menschen global prekärer. Während in den Industrieländern des Nordens Massenarbeitslosigkeit zu einem immer gravierenderen Problem wird, müssen im globalen Süden Arbeiter in „Sweatshops" zu Hungerlöhnen arbeiten. Naomi Klein sieht die aktuelle Weltlage durch einen aggressiven Neoliberalismus gekennzeichnet, der die Lebensverhältnisse global angreift. Der Sozialstaat sei einer globalem Bedrohung ausgesetzt. Die Analyse des Status quo fällt bei der Autorin düster aus, doch erscheint ihr eine Umkehr noch nicht zu spät. Neoliberale Globalisierung lasse sich aufhalten. Hierbei spielen Nationalstaaten neben den Akteuren der altermondialistischen Bewegung eine entscheidende Rolle. Klein betreibt Schwarzmalerei, ist aber von einer Totalkritik am Status quo weit entfernt. Die

---

27 John Holloway, Die Welt verändern, ohne die Macht zu übernehmen, Münster 2002.

Zeitdiagnose, die die Autorin stellt, rechtfertigt auch keine gewalttätigen Aktionen.

Die französische Globalisierungskritikerin Susan George spitzt globalisierungskritische Analyse des Status quo zu einer düsteren Vision zu. In einem erfundenen *Lugano-Report* berichtet eine fiktive Expertengruppe, welche Strategien sie entwickelt hat, um den Bedrohungen des Kapitalismus zu begegnen. Die „Experten" im *Lugano-Report* folgen allein der Prämisse ökonomischer Effizienz. Tabus wie das Töten von Menschen, Zwangssterilisationen und die Unterstützung von Kriegen, um der Überbevölkerung entgegenzuwirken, bestehen für sie nicht. Eine schnelle Liberalisierung der Märkte schafft, so Georges „Wissenschaftler", günstige Voraussetzungen für eine höhere Todes- und niedrigere Geburtenraten. Hierzu erwiesen sich Strukturanpassungsprogramme als besonders dienlich. Auch die Verbreitung genetisch veränderten Saatguts fördere langfristig Hungersnöte. Pandemien wie AIDS seien im Sinne einer „Populationsreduktionsstrategie"[28] zu begrüßen. Auch wenn Susan George ihre Ausführungen als Fiktion ausweist, ist das Buch von Alarmismus gekennzeichnet. George unterstellt, dass Menschen unter Umständen wie die Experten im *Lugano-Report* denken und handeln. In Politik und Wirtschaft fehle es an ethischen Maximen, und erfolgsorientiertes Handeln der Entscheidungsträger gehe zwangsläufig zu Ungunsten der Allgemeinheit aus. Aus der Fiktion des „Lugano-Reports" zieht George den Schluss, es könne nur darum gehen, Wege zu finden, jene Menschen aufzuhalten, „die vor nichts zurückschrecken".[29]

Auch das Bild, das Noam Chomsky in *Profit over People* von der Wirklichkeit zeichnet, ist desolat. Die soziale Situation verschärft sich nach Meinung Chomskys überall auf der Welt, und eine gemeine Clique von Angehörigen der US-Regierung und Firmenbossen tut auf Kosten der Menschheit alles, um die eigene Lage zu verbessern. Chomsky sieht die Welt durch eine neoliberale Politik gekennzeichnet, deren Grundsätze im „Konsens von Washington" vereinbart wurden. Eine „faktische Weltregierung"[30] vertrete die Interessen von transnationalen Unternehmen, Banken und Investmentfirmen. Die neoliberale Politik dieser Akteure zeichne sich, entgegen der landläufigen Meinung, gerade nicht durch Freihandel, sondern durch Protektionismus aus. Protektionismus und die Forderung an andere, Freihandel zuzulassen, habe die Kluft zwischen Entwicklungsländern und Industrienationen dramatisch vergrößert. In der Demokratie sieht Chomsky lediglich die Möglichkeit der Menschen, einer Politik bei Wahlen zuzustimmen oder nicht. Der Bürger wird so zum Zuschauer degradiert. Der Bereich der Wirtschaft entzieht sich jedoch nach Ansicht des Autors sogar dieser letzten demokratischen Kontrolle. Chomsky stellt seine Analyse des Status quo mit drastischen Worten dar. Der Autor lässt kein gutes Haar an der Gegenwart und unterstellt eine Interessenvertretung verschiedener Kon-

---

28 George, Der Lugano-Report, S. 199–205.
29 Ebd., S. 259.
30 Chomsky, Profit over People, S. 22.

zerne und Regierungen, die nur zum eigenen Wohl handelt. An der düsteren Zeitdiagnose in *Profit over People* ist auch bemerkenswert, dass der Autor in ihr keinen Platz für Hoffnung lässt. Darüber hinaus ist auf den Beigeschmack einer Verschwörungstheorie hinzuweisen, der nach der Lektüre des Werkes bleibt.

Die Analyse des Status quo, die das Autorenpaar Michael Hardt und Antonio Negri in dem Buch *Empire. Die neue Weltordnung* vornimmt, unterscheidet sich deutlich von den anderen hier untersuchten Werken. Nach Ansicht der Autoren entwickelt sich die Welt zu einem „Empire", einer supranationalen Weltmacht ohne Machtzentrum. Hardt und Negri zeichnen ein dunkles Bild der Realität; das globale, fast allmächtige Empire trage „totalitäre" Züge.[31] Es definiere sich aus dem permanenten Ausnahmezustand und Polizeimaßnahmen, die durch einen permanenten Kriegszustand legitimiert seien und die politische Ordnung bestimmten. Der Totalkritik am Status quo, die Hardt und Negri in „Empire" äußern, folgt gleich ein Ausweg: innerhalb des Empire entstehe eine „Multitude", eine Menge, die sich gegen die imperiale Macht auflehne und eine Revolution herbeiführe.

Eine Totalkritik am Status quo ist der Ausgangspunkt für alle weiteren Überlegungen, die John Holloway in seinem Buch *Die Welt verändern, ohne die Macht zu übernehmen* anstellt. Alles Schlechte in der Welt, das von Menschenhand geschaffen ist, Kriege, Hunger, Mord und Elend, macht den Einzelnen zu einem unglücklichen Wesen. Weitere Kennzeichen dieser kapitalistischen Welt sind die Entfremdung des Einzelnen von sich selbst, von anderen und von schöpferischer Kraft. Menschliche Identität im Kapitalismus stellt für den Autor die Antithese zu gegenseitiger Anerkennung, Gemeinschaft, Freundschaft und Liebe dar. Holloway versucht, ähnlich wie Hardt und Negri, durch die Beschreibung der Gegenwart einen Ausweg aus dem Status quo anzubieten. Aus der Totalkritik am Status quo entsteht bei diesen Autoren die schöpferische Kraft, etwas Neues zu schaffen. Der Einzelne spürt, so Holloway, dass alle Ungerechtigkeiten der Welt keine isolierten Phänomene sind, sondern in einem größeren Sinnzusammenhang stehen. Die Opposition zu dieser Welt ist, nach Ansicht des Autors, der Ausgangspunkt für den Schrei des unterdrückten Subjekts.[32] Dieser Schrei verbinde die leidenden Subjekte und mache sie zu einem revolutionären Kollektiv. Die Revolution scheint für Holloway der einzige Ausweg aus diesem Jammertal zu sein. Allerdings sieht er Revolution nicht als einmaliges Ereignis, sondern als einen unaufhörlichen Prozess an. Darüber hinaus betont der Autor, dass es keine Garantie für ein „Happy End", also ein Gelingen der Revolution gebe.

Die Bandbreite der Wahrnehmung der Wirklichkeit durch globalisierungskritische Autoren reicht von der Einschätzung, bestehende Institutionen und Verhältnisse seien durch den Neoliberalismus gefährdet, über ein verschwö-

---

31 Vgl. Hardt/Negri, Empire, S. 391-399.
32 Holloway, Welt verändern, S. 10-12.

rungstheoretisches Szenario, in dem egoistische Weltregierende Pläne zum eigenen Nutzen schmieden, bis hin zur Totalkritik am Status quo.

2.2 Strategien: Auswege aus der Wirklichkeit

Der Kritik an einer durch neoliberale Globalisierung veränderten Welt folgt bei den Ideengebern der Altermondialisten stets die Suche nach Wegen, die Welt im eigenen Sinne zu verändern. Bei den Strategien, die von den globalisierungskritischen Autoren als Mittel zum Zweck einer anderen Welt aufgezeigt werden, tut sich wie bei der Analyse des Status quo ein großes Spannungsfeld zwischen Pragmatikern und Idealisten, Reformisten und Revolutionären auf.

Der Widerstand gegen die neoliberale Globalisierung hat für Naomi Klein bereits begonnen. Sie sieht eine weltweite Bewegung gegen die Konzerne wachsen, die sich mithilfe unterschiedlichster Methoden die Welt „zurückerobert".[33] Wenn die Konzerne den Sozialstaat gefährden, indem sie immer mehr Lebensraum erobern, gilt es nach Ansicht der Autorin diesen Lebensraum wiederzugewinnen. Diese Rückeroberung kann, so Klein, auf vielerlei Art erfolgen: „Culture Jammer" verfremden die Botschaften von Werbetexten, Teilnehmer von „Reclaim the Streets-Parties" eignen sich die Straßen wieder an. Auch Kampagnen gegen einzelne Firmen finden statt: Nike, Shell und Pepsi sind nur die populärsten Beispiele des Kampfes gegen den „Neoliberalismus". Gewerkschafter, Hacker und kritische Aktionäre kämpfen gemeinsam gegen die Konzerne und für ein „mündiges Staatsbürgertum".[34] Auch wenn Klein es unterlässt, Grenzen der Legitimität konzernfeindlicher Aktivitäten zu definieren, unterstreicht sie immer wieder die Notwendigkeit gewaltloser Aktionsformen. Wo sie eine Vielzahl unterschiedlicher Aktivitäten als verschiedene Teile einer Anti-corporate-Bewegung identifiziert, hält Susan George ihre Aussagen über mögliche Auswege im „Lugano-Report" eher vage. Allerdings geht auch George von einem kollektiven „Wir" aus, das ein Interesse an einer anderen Art der Globalisierung hat. Hierzu gilt es, eine Form der „internationalen Demokratie"[35] zu entwickeln. Um diese zu realisieren, müssten die Spaltung der Menschen überwunden und Bündnispartner gefunden werden. Die Wiederherstellung des vom „Neoliberalismus" zerrissenen sozialen Netzes ist für George ein essentieller Schritt. International agierende Gewerkschaften, fairer Handel, Stadt-Land-Genossenschaften, Kommunalbanken, Tauschbörsen und Alternativwährungen sind Mittel, um den Kampf gegen die Konzerne aufzunehmen. Susan George schlägt darüber hinaus die internationale Vernetzung und Zusammenarbeit verschiedener Nichtregierungsorganisationen und lokaler Initiativen vor und plädiert für die Erhebung der „Tobin-Steuer" und einer Ökosteuer. „Handele trans-

---

33 Klein, No Logo, S. 17–20.
34 Ebd., S. 460 f.
35 George, Der Lugano-Report, S. 259.

national, wann immer es geht: Da die Bedrohung transnational ist, muss die Erwiderung es ebenfalls sein"[36] – auf diese einfache Formel lässt sich die von Susan George aufgezeigte Strategie im Kampf gegen den Neoliberalismus bringen.

Michael Hardt und Antonio Negri haben eine schwierige Aufgabe, wenn sie Strategien zur Überwindung des Empire entwickeln sollen, denn das Empire, das nach Ansicht der Autoren gerade entsteht, ist als Vorstufe zur Revolution willkommen zu heißen. Um sich gegen diese imperiale Macht aufzulehnen, erheben sie drei Forderungen an das System. Erstens die Forderung nach einer Weltbürgerschaft, mit der die Menge den Raum wiedererobert, zweitens die nach einem sozialen Lohn für alle Menschen, mit Hilfe dessen die Menge Besitz von der Zeit ergreift, und drittens die nach einem Recht auf Wiederaneignung von Wissen, womit sie Produktionsmittel meinen. Den Einzelnen, den sie in ihrem Konzept der „Multitude"[37] als Teil eines revolutionären Subjekts sehen, rufen die Autoren zur Militanz auf, die dem Widerstand Macht verleihen und ihn „zu einem Projekt der Liebe" machen werde. Wie sich diese Militanz äußern soll, lassen Hardt und Negri offen.

John Holloway zieht die drastischsten Konsequenzen aus seiner Realitätsanalyse und ruft ganz deutlich zum (auch gewalttätigen) Widerstand gegen den Kapitalismus auf. Kapitalismus sei, so Holloway, terroristisch und antimenschlich und produziere ebensolche Antworten. Der Autor bezieht sich immer wieder auf den Aufstand der mexikanischen Zapatisten, deren Rolle er als beispielhaft hervorhebt. Terroristische Aktion stelle sich häufig als kontraproduktiv heraus, weil sie Machtverhältnisse reproduziere. Nur deshalb sei sie abzulehnen. Generell bedürfe es im Kampf gegen den Kapitalismus keiner organisations-, sondern ereignisorientierter Aktionen, was Holloway an der Bewegung der Altermondialisten bemerkenswert findet.

Konkrete Strategien, die einen Ausweg aus einer durch den Neoliberalismus aus den Fugen geratenen Welt versprechen könnten, werden in den Schriften der altermondialistischen Bewegung kaum präsentiert. In den Ausführungen der hier genannten Autoren zeigt sich die gesamte Bandbreite von akzeptierten politischen Aktionsformen in der globalisierungskritischen Szene. Von eher harmlosen und phantasievollen Aktionen wie der Verfremdung von Plakaten über die Kooperation verschiedener globalisierungskritischer Gruppen oder die Organisation von Gegengipfeln zu Wirtschaftstreffen, gehen die Ideen der Autoren bis hin zur Destabilisierung von Staaten mithilfe terroristischer Mittel. Allen Autoren ist der Bewegungscharakter besonders wichtig. Sie betonen, der

---

36 Ebd., S. 265.
37 Hardt und Negri stellen in „Empire" die These auf, es entstehe als Reaktion auf das Empire eine revolutionäre Menge, die Multitude, welche unter Aufrechterhaltung sozialer Differenz Gemeinsamkeiten entdecke und produziere, um schließlich das imperiale System des Empire in die Knie zu zwingen. In ihrem neuen Buch (Multitude. Krieg und Demokratie im Empire, Frankfurt a. M./New York 2004) setzen sie sich intensiv mit dieser Thematik auseinander.

Widerstand gegen die neoliberale Globalisierung müsse prozesshaft sein, ob als Lobbyarbeit, die politische Entscheidungsträger beeinflusst, oder als „permanente Revolution".

2.3 Visionen: Eine andere Welt ist möglich

„Eine andere Welt ist möglich". Dieser Satz steht als Wahlspruch, als kleinster gemeinsamer Nenner, über der gesamten globalisierungskritischen Bewegung. Da sich diese Bewegung jedoch in vielen Forderungen gegen etwas richtet, wird immer wieder die Frage erhoben, wie eine andere, bessere Welt denn aussehen könnte.

In *No Logo* schreibt Naomi Klein hauptsächlich gegen die Tendenzen an, die sie in ihrem Buch enthüllt. Die Autorin sieht ihre andere Welt dann auch hauptsächlich dadurch definiert, dass sie von den „dunklen Geheimnissen des Markennetzes"[38] befreit ist. Klein bezeichnet sich in Interviews selbst als Antikapitalistin und tritt für einen Minimalstaat ein. Ihr Demokratieverständnis geht von einer Art Basisdemokratie aus, in welcher Menschen für ihr Leben weitgehend selbst verantwortlich sind. Dennoch scheint in ihren Ausführungen oft eine geradezu nostalgische Betrachtung des kanadischen Sozialstaats durch. Die Spannung zwischen revolutionärer Attitüde und konservativer Sehnsucht nach dem Erhalten des fast Vergangenen und der Sicherheit, die der Sozialstaat bietet, zieht sich durch ihr Werk.

No Logo ist keine Utopie, das Werk ist aber von einem überzogenen Glauben an Harmonie und die Selbstregulierungskraft der Menschheit durchzogen. Durch den gemeinsamen Gegner, die transnationalen Konzerne, entsteht bei Klein eine Gemeinschaft mit homogenen Interessen. Dass es innerhalb dieser Gemeinschaft Konflikte und gegenläufige Interessen gibt, ignoriert die Autorin.

George sieht das Problem weniger im Kapitalismus oder in der Existenz transnationaler Unternehmen begründet. Sie begreift die Globalisierung in aktueller Gestalt als Abart des Kapitalismus. Ihre Forderungen beschränken sich auf die Eindämmung negativer Entwicklungen und scheinen weniger konkrete Alternativen zur realen Welt anbieten zu wollen. Ihre bessere Welt scheint ein „Kapitalismus mit menschlichem Antlitz" zu sein, in dem gleichsam die Bedürfnisse der Menschen wie der Natur berücksichtigt werden. George möchte den Kapitalismus, wie er sich ihr derzeit präsentiert, korrigieren und entwickelt hierzu Vorschläge. Sie versteht sich als Internationalistin, lehnt zivilgesellschaftliches Engagement auf nationaler Ebene aber keineswegs ab. „Die lokale und nationale Demokratie zu stärken und abweichende Parallelwirtschaften zu schaffen, sind vordringliche Aufgaben, an denen sich jeder beteiligen kann."[39]

---

38 Klein, No Logo, S. 17.
39 George, Der Lugano-Report, S. 262.

Georges andere Welt, die sie für möglich erachtet, ist eine sozialdemokratische Welt. Ihre alternative Globalisierung ist eine „kooperative Globalisierung", die „auf der Basis gesünderer, gerechterer Gesellschaften"[40] funktioniert. Sie wünscht sich einen demokratisch legitimierten Staat und eine soziale Marktwirtschaft, die auf Menschen und Natur gleichermaßen Rücksicht nimmt. Ganz bewusst wählt die Autorin eher die Form einer Dystopie als einer Utopie, wenn sie über Gegenwart und Zukunft spricht.

Noam Chomsky macht in *Profit over People* kaum Hoffnung auf eine bessere Welt. Er begreift sich selbst auch als Desillusionist und will durch sein Schreiben Menschen zum Widerstand aufrufen. Er behauptet, in seinen Büchern lediglich Tatsachen aufzudecken.[41] Bei der Analyse von *Profit over People* wird deutlich, was Chomsky ablehnt, während seine Visionen einer besseren Welt unklar bleiben. Demokratie degradiert seiner Ansicht nach die Regierten zu Zuschauern.[42] Neoliberalismus ist für ihn eine quasi-religiöse Doktrin und nicht zeitgemäßer Ausdruck der Leitsätze des klassischen Liberalismus.[43] Chomsky gibt immerhin zu, dass es nicht richtig sei zu fragen, „was denn für dieses oder jenes Land ‚richtig' wäre, als handelte es sich bei Ländern um Individuen mit einheitlichen Interessen und Werten."[44] Dennoch sieht der Autor die Chance auf eine neue internationale Solidarität, die neue Formen annehmen könne, sobald „die Völker dieser Welt mehrheitlich begreifen, dass sie letztlich die gleichen Interessen haben."[45] Bei aller Kritik am „Konsens von Washington" realisiert der Autor, dass es letztlich um eine Kritik an Entscheidungen in Institutionen gehe, die dem menschlichen Willen unterworfen sind und durch freiere und gerechtere Institutionen ersetzt werden könnten.

Chomskys Idee einer besseren Welt bleibt im Dunkeln. Als libertärer Denker lehnt er die Demokratie in ihrer existierenden Weise ab, denkt aber dennoch über gerechte Institutionen nach. Er wagt nicht zu sagen, was für andere richtig ist und fühlt sich dennoch angehalten zu unterstellen, die neoliberale Globalisierung sei jedenfalls nicht im Interesse der Menschheit. Wo andere eine bessere Welt erträumen, verharrt er in der Kritik am Bestehenden.

Anders sieht es bei Hardt und Negri aus: Sie haben, was ihre Vorstellungen einer besseren Welt betrifft, einiges zu bieten. Die Autoren von *Empire* verheißen gar, in einer Welt nach dem Empire die naturgegebenen Beschränkungen des Menschen überwinden zu können. Der Kritik an Vergangenheit, Gegenwart und dem entstehenden Empire setzen sie ein Paradies auf Erden entgegen. Dem Empire soll ein Gegen-Empire folgen, in dem die „künstlichen" Gren-

---

40 Ebd., S. 262.
41 Vgl. Michael Haupt, „Die Wahrheit von den Dächern schreien": Chomsky und die Politik. In: Larissa MacFaquhar/ders. (Hg.), Wer ist Noam Chomsky?, Hamburg/Wien 2003, S. 65-129, hier 123.
42 Vgl. Chomsky, Profit over People, S. 55.
43 Vgl. ebd., S. 52.
44 Ebd.
45 Ebd., S. 79.

zen zwischen Technik, Mensch und Natur überwunden werden. Zeit und Geschlechtlichkeit werden in „Biodiversität" überwunden, Begehren und Liebe verwandeln sich in politische Macht.[46] Während es Naomi Klein, Susan George und auch Noam Chomsky dabei belassen, sich in ihrer Kritik auf die negativen Entwicklungen zu konzentrieren, die von Menschenhand gemacht sind, schweifen Hardt und Negri ins Reich der religiösen Verheißung ab. Das Schlechte auf der Welt und die Grenzen menschlicher Existenz werden im Gegen-Empire gleichermaßen überwunden. Was wie Science-Fiction klingt, soll die Erfindung eines „ersten neuen Orts im Nicht-Ort"[47] sein. Piercings und Tätowierungen seien erste Anzeichen der körperlichen Transformation, die im Vergleich zur kommenden radikalen Mutation belanglos erscheinen.[48] Mit ihrem Empire und dem darauf folgenden paradiesischen „Gegen-Empire" entwerfen Hardt und Negri nach der grassierenden Melancholie unter den Linken in den 1990er Jahren erstmals wieder eine große Vision, die die Revolution in die Nähe zu rücken scheint und einen „Neuen Menschen" schaffen will.

Gleichermaßen radikal präsentiert sich John Holloway mit *Die Welt verändern, ohne die Macht zu übernehmen*. Der Autor lässt allerdings offen, wie eine Welt nach seinen Ideen aussehen könnte. Die Überwindung von Macht ist seine zentrale Vision. Macht scheint der Ausgangspunkt aller Ausbeutung und allen Übels, weshalb er eine Welt ohne Macht fordert. Unterschiedliche Menschen sieht er durch ihren kollektiven Schmerz über das Leid auf der Welt zwar zu einem revolutionären Subjekt geeint. Wie daraus allerdings der Fetisch der Macht überwunden werden soll, weiß auch Holloway nicht. Doch für ihn reicht es völlig, in der Tradition der Zapatisten, „fragend voranzugehen." Die Frage gehört für ihn schon zum revolutionären Prozess.[49] So ist sein Werk mehr von Abenteuerlust als von theoretischer Reflexion über die Zukunft geprägt.

Die zentralen Schriften der Altermondialisten bieten bezüglich der anderen, möglichen Welt, zahlreiche Ideen. Von rückwärtsgewandtem Reformismus bis hin zu einer Utopie, in der alles bisher Dagewesene überwunden werden kann, ist bei den maßgeblichen Autoren der Globalisierungskritiker alles zu finden. Konkrete Entwürfe dieser besseren Welt sind allerdings rar.

---

46 Michael Hardt/Antonio Negri, Empire, S. 217-230.
47 Ebd., S. 228.
48 Vgl. Hardt/Negri, Empire, S. 228.
49 Vgl. Holloway, Die Welt verändern, S. 248.

3. Die Anziehungskraft der Ideen der Altermondialisten

3.1 Innovative Momente

Weshalb inspirieren die Ideen der Altermondialisten global eine so große Anzahl von Menschen, sich in ihren Organisationen und Netzwerken unter dem Dach der globalisierungskritischen Bewegung zusammenzufinden? Die intellektuelle Linke steckte in den 1990er Jahren in einer tiefen Krise. Nach dem Scheitern der kommunistischen Regimes und dem Öffentlichwerden der Verbrechen kommunistischer Diktaturen, fehlten wesentliche Impulse, linke Theorie weiterzuentwickeln. Akademische Diskurse über postmoderne Theorie blieben wenigen intellektuellen Kreisen vorbehalten und konnten keine Massen bewegen.

Mit ihren Ideen gelang es den Theoretikern der Altermondialisten schließlich, linke Organisationen und Menschen wieder weltweit auf die Straße zu bringen. Personen und Gruppen, die sich an unterschiedlichen Orten mit unterschiedlichen Themen beschäftigten, sahen sich plötzlich als Teil einer neuen Bewegung mit globalem Charakter. Feministinnen, Friedensbewegte, indigene Aufständische und Gewerkschafter schlossen sich im dezentralen Netzwerk der globalisierungskritischen Bewegung zusammen. Die Euphorie dieser Bewegung ebbte entgegen den Erwartungen einiger Beobachter nach dem Gründungserlebnis der „Battle of Seattle" jedoch nicht rasch wieder ab, sondern scheint dauerhaft zu sein. Dies muss tiefere Gründe haben als die revolutionäre Romantik, die bei globalen Events wie Gegengipfeln zu G8-Treffen herrscht.

Ein zentraler Punkt, der die Anziehungskraft der Bewegung der Altermondialisten ausmacht, ist die Weiterentwicklung linker Theorie, die Synthese unterschiedlicher Ansätze und die Übersetzung dieser Theorie in eine für viele verständliche Sprache und Form. Diese Weiterentwicklung, die unter anderem die hier untersuchten globalisierungskritischen Autoren vornehmen, besteht in den folgenden zentralen Punkten:
- Globalisierungskritik verwandelt herkömmliche Kapitalismuskritik in eine Kritik der „neoliberalen Globalisierung".
- Globalisierungskritik geht mit der Kritik am Nationalstaat flexibel um.
- Globalisierungskritik beendet die theoretische Fixierung des Marxismus auf die Arbeiterklasse.
- Die Organisation der globalisierungskritischen Bewegung stellt eine Art neue „Internationale" mit losem Netzwerkcharakter dar.
- Den Altermondialisten gelingt es theoretisch und praktisch, die Fragmentierung der Linken zu überwinden.

3.2 Verwandlung der Kapitalismuskritik in eine Kritik der „neoliberalen Globalisierung"

Sozialismus oder Sozialdemokratie? Diese Frage ist so alt wie die Linke und sie entfacht bis heute Streit zwischen den verschiedenen Lagern. Auch die Geister der Altermondialisten scheiden sich an dieser Frage. Durch theoretische und sprachliche Mittel gelingt es den Theoretikern der Altermondialisten allerdings, von verschiedenen Dingen zu sprechen, verschiedene Grundhaltungen zu repräsentieren und dennoch die Dialogbereitschaft zu bewahren. Alle sind sich darin einig, dass die neoliberale Globalisierung gegenwärtig der schärfste Gegner der Menschheit ist. Diese Einigkeit drängt Widersprüche in der Interpretation der Globalisierung in den Hintergrund. In den internen Debatten der Altermondialisten wird heftig darüber gestritten, ob Organisationen wie ATTAC eine verkürzte Kapitalismuskritik betreiben und der Bewegung schaden. Nach außen wird jedoch durch Mottos, die jeder teilen kann, Geschlossenheit vorgetäuscht. Dies macht es Einsteigern und älteren Aktivisten, die bereits in verschiedenen Zusammenhängen aktiv waren, besonders leicht, sich mit den Ideen der Bewegung zu identifizieren.

3.3 Globalisierungskritik geht mit Kritik am Nationalstaat flexibel um

Wer zu Demonstrationen, Sommerakademien oder Sozialforen geht und sich die Gestalt der globalisierungskritischen Szene einmal genauer anschaut, wird sich wundern, wie Gruppen mit sehr unterschiedlichen Zielen (meist) friedlich miteinander umgehen. Nicht nur, dass religiöse Gruppen und Kommunisten für dieselbe Sache eintreten, eine zentrale Leistung der Altermondialisten ist es auch, Menschen, die für ihre nationale Unabhängigkeit oder den Erhalt ihrer nationalen Identität eintreten, mit Internationalisten, die allen Menschen die gleichen Interessen unterstellen, zusammenzubringen. Eine zentrale theoretische Leistung der Globalisierungskritik liegt nämlich in der Fähigkeit, mit der Kritik am Nationalstaat äußerst flexibel umzugehen. Während der klassische Marxismus im Nationalstaat stets einen zentralen Gegenspieler sah, erklären die Theoretiker der Altermondialisten diesen heute als entmachtet. Das Zeitalter der Nationalstaaten ist, in den Augen dieser Denker, längst durch ein Zeitalter multinationaler Konzerne abgelöst, deren Interessen durch die Welthandelsorganisation vertreten und durchgesetzt werden. Lediglich die USA geistern in den Köpfen vieler Globalisierungskritiker noch als imperialistisch agierende Bedrohung umher.

Durch die Erklärung der Bedeutungslosigkeit des Staates in Zeiten einer neoliberalen Globalisierung hat der Staat bei den Altermondialisten seinen Fetischcharakter verloren. Wo sich einige Globalisierungskritiker nach dem Staat zurücksehnen, einige ihn grundsätzlich ablehnen und wieder andere ihn als überwunden bezeichnen, ist man sich einig, dass eine Herrschaft durch internationale Konzerne und Handelsinstitutionen, die sich scheinbar jeder demokratischen Kontrolle entzieht, in jedem Fall schlimmer ist als die Existenz eines Staates. Reformisten und Revolutionäre können so unter dem Mantel des Kampfs gegen die Globalisierung gemeinsam agieren, auch wenn sie ganz unterschiedliche Interessen verfolgen. Letztlich wird aber auch bei den Altermondialisten das Dilemma der Linken deutlich, gegen den Staat zu sein, aber beim Kampf für die eigenen Ziele um den Staat nicht herumzukommen.

3.4 Überwindung des Konzepts der Arbeiterklasse

Auch das Problem, dass es in der globalisierten Welt augenscheinlich keine homogene Klasse, wie z. B. eine Arbeiterklasse gibt, die für eine Revolution sorgen könnte, lösen die Theoretiker der Altermondialisten geschickt. Die einfachste Formel hierzu könnte lauten: der Kampf ist global und allumfassend, also gehören auch alle zu den Kämpfenden. Durch die Überwindung der Fixierung auf die Arbeiterklasse als revolutionäres Subjekt gelingt es den Theoretikern der Altermondialisten Intellektuelle, Arbeitslose, Aussteiger, Kriminelle, Alt-68er-Beamte und Arbeiter zu einer Bewegung zusammenzubringen.

Ob es sich um bewaffnete Aufstände Landloser in Südamerika, Initiativen gegen Gentechnik, Antikriegsdemonstrationen oder Streiks in asiatischen Textilfabriken handelt, die altermondialistische Bewegung beansprucht, alle sozialen Initiativen unter ihrem Dach global zu vereinen. Hierdurch entsteht der Eindruck einer sich weltweit entwickelnden sozialen Bewegung mit einer besonderen Sympathie zu den sozial Deklassierten dieser Welt.

3.5 Die globalisierungskritische Bewegung als „Internationale"

Eine weitere theoretische, aber vor allen Dingen praktische Leistung der Altermondialisten stellt der grundsätzliche Internationalismusgedanke der globalisierungskritischen Bewegung dar. Die neue „Internationale" besteht allerdings nicht aus einer richtungsweisenden Institution, die von oben nach unten Direktiven ausgibt, sie zeichnet sich vielmehr durch einen losen Netzwerkcharakter aus. Auf den Weltsozialforen, den Sozialforen der verschiedenen Kontinente und den lokalen und nationalen Sozialforen, sowie den Gegengipfeln und -demonstrationen zu den Treffen der Mächtigen der Welt, kommt die globalisierungskritische Szene zusammen und tauscht sich aus. Wo es sinnvoll erscheint, werden strategische Bündnisse geschaffen oder von den Erfahrungen der anderen gelernt, wo allerdings unüberwindbare Differenzen bestehen, wird mehr oder weniger erfolgreich versucht, die spezifischen Eigenheiten des Anderen zu akzeptieren oder sich aus dem Weg zu gehen. Einzige Bedingung zur Teilnahme an den Sozialforen war bislang die Ablehnung von Gewalt als politisches Mittel, doch auch hier ist man unter Umständen zu Kompromissen bereit. Auf diese Weise schaffen es friedensbewegte Europäer, streikende Sweatshop-Arbeiter und nach Autonomie strebende Palästinenser, friedlich und unverbindlich zusammenzuarbeiten.

Diese Praxis wird durch die oben gezeigte Überwindung der Fixierung auf einen Staat oder eine bestimmte Klasse theoretisch unterstützt. Bei allem Anspruch der Bewegung, global alle Menschen zu repräsentieren, muss allerdings betont werden, dass auch zu den Sozialforen nur die reisen, die es sich leisten können. Die Repräsentation der Armen bleibt auch in der altermondialistischen Bewegung einer Elite vorbehalten.

3.6 Überwindung der Fragmentierung der Linken

Über diese theoretischen Weiterentwicklungen linker Theorie hinaus gelingt es den hier untersuchten Autoren, die Zersplitterung der Linken in verschiedene „one-issue-groups" zu überwinden. Bei den Altermondialisten werden Themen in einen großen Zusammenhang gebracht, mit denen sich die unterschiedlichen Aktivisten der globalisierungskritischen Bewegung in speziellen Gruppen bereits beschäftigen. Mit AIDS und Klimawandel bei Susan George oder dem zentralen Begriff der „Biomacht" bei Hardt und Negri werden Themen, die für die Zersplitterung der Linken standen, in einen großen Kontext zusammengeführt. Ökologen kämpfen gemeinsam mit Dritte-Welt-Gruppen und Feministinnen gegen das globale Unglück.

Theoretiker wie Noam Chomsky identifizieren mit den USA einen gemeinsamen Gegner aller, der getrost als „Goliath" bezeichnet werden kann. Hiermit kann sich eine große Mehrheit der in der Bewegung der Altermondialisten zusammengekommenen Organisationen und Bewegungen identifizieren.

Die Unsicherheit und Unzufriedenheit über die eigene Lebenssituation wird als Prekarisierung[50] verstanden, gegen die auf die Straße gegangen werden soll. Mit den Altermondialisten wird der Weltschmerz „sexy" und der Zynismus der neunziger Jahre überwunden. Globalisierungskritik und die aus der Kritik resultierenden Aktionen soll bei allen hier betrachteten Theoretikern Spaß machen. Dies ist ein Punkt großer Anziehungskraft.

4. Theorierezeption in der globalisierungskritischen Szene

Auch wenn die hier diskutierten Autoren als zentrale Ideengeber der globalisierungskritischen Szene betrachtet werden können, diskutiert die Bewegung der Altermondialisten leidenschaftlich über deren Werke. Susan George ist in der globalisierungskritischen Szene, besonders bei ATTAC, eine von vielen bewun-

---

50 „Prekarisierung" ist ein zentrales Schlagwort in den Debatten der Altermondialisten, welches die zunehmende Unsicherheit der Menschen über die persönliche Lebenssituation beschreibt.

derte Person. Unumstritten ist sie aber nicht. Denn was viele Linke als Erleichterung begreifen mögen, z. B. die Aussöhnung mit dem Nationalstaat, ist für andere ein Stein des Anstoßes. So muss sich die Vizepräsidentin von ATTAC Frankreich den Vorwurf gefallen lassen, sie sei eine „Turbokapitalistin". In der Tat: George fordert einen globalen „Marshallplan", der einen weltweiten Wirtschaftsaufschwung nach sich ziehen und Wohlstand für alle mit sich bringen soll. Die Überlegung, dass wirtschaftliches Wachstum positive Auswirkungen für die Durchschnittsbevölkerung eines Landes hat, wird allerdings von vielen Globalisierungskritikern bestritten. Sie unterstellen vielmehr, dass Wirtschaftswachstum nur den Reichen nütze und die Armen ärmer mache. George bestreitet im *Lugano-Report*, dass die Entwicklung des Kapitalismus hin zum Neoliberalismus eine zwangsläufige sei, was vielen Linken nicht passt. Der Georges Thesen durchziehende Glaube an den potentiellen guten Willen von Regierungen macht den Vorwurf, sie sei eine Reformistin, nachvollziehbar.

Bei Naomi Klein ist die Kritik ähnlich. Zwar wird die Analyse der Arbeits- und Lebensbedingungen in der globalisierten Welt von den meisten Altermondialisten geteilt; doch bettet die Autorin das Beobachtete nicht in einen größeren argumentativen Kontext ein, wie sich ihn die Leser von ihr wünschen. So kritisiert Walden Bello, ein weiterer prominenter Globalisierungskritiker, an Klein, sie unterschätze die Bedeutung von TRIPS (Trade Related Intellectual Property Services) und die Bemühungen der US-Politik, durch die Installation dieses Abkommens in der Welthandelsorganisation die heimischen Marken zu schützen. Bello sieht außerdem im Kapitalismus, und da werden sich viele Linke anschließen, ein grundlegendes Problem der Überproduktion bei einer gleichzeitigen Unterkonsumption.[51] Aus diesen Gründen sind sowohl George als auch Klein eher unter den gemäßigten linken Altermondialisten beliebt. Bei radikaleren Teilen der Szene werden die beiden Autorinnen als reaktionär gemieden, auch wenn Klein in Interviews immer wieder versucht, sich als besonders radikal zu präsentieren.

Noam Chomsky ist sicherlich jener Autor der globalisierungskritischen Bewegung, der in den Web-Foren die größte Beachtung findet. Die Reaktionen auf ihn und seine Thesen sind in grenzenlose Bewunderung und grundsätzliche Ablehnung gespalten. Chomskys Antiamerikanismus wird von großen Teilen der Altermondialisten unterstützt. Seine wiederholte Kritik an der Politik Israels berührt allerdings einen neuralgischen Punkt, der in der Bewegung für heiße und emotionale Diskussionen sorgt. So erregte bei ATTAC Deutschland die sog. „Antisemitismusdebatte" die Gemüter. Das Anliegen Chomskys, den „Mythos des freien Marktes" zu enttarnen, wird allerdings von vielen Altermondialisten geschätzt. Seine Verschwörungstheorien zu den Anschlägen vom 11. September 2001 und zur Israel-Politik der USA finden zahlreiche Anhänger.

---

51 Vgl. Walden Bello, No Logo: A brilliant but flawed portrait of contemporary capitalism. In: www.zmag.org/crisescurevts/globalism/nologo.htm (22.4.2005).

Michael Hardts und Antonio Negris *Empire* wurde besonders in den Feuilletons als Bibel der Globalisierungskritiker gefeiert. In der Szene selbst bestätigt sich dieses Bild nur zum Teil. Als besonders problematisch beurteilen die Kritiker des Buches die These, das Empire habe kein permanentes Machtzentrum. Die meisten Globalisierungskritiker sind antiamerikanisch eingestellt und kämen nicht auf die Idee zu behaupten, dass die USA nicht das Machtzentrum seit dem Ende des Ost-West-Gegensatzes seien. Auch die Art, mit der Hardt und Negri den Neoliberalismus, also das Empire, willkommen heißen, ist den meisten Linken suspekt. Denn der Historizismus des Marxismus hat stark an Überzeugungskraft verloren und das Empire als Vorstufe zur Revolution zu begrüßen, hieße, untätig zu warten, bis die andere, bessere Welt anbricht. Auch Egalisierungstendenzen und der friedliebende Charakter des Empires werden von zahlreichen Kritikern nicht zuletzt seit Ausbruch des Irak-Kriegs bestritten. So ist *Empire* zweifelsfrei ein zentrales Werk für die globalisierungskritische Bewegung, über dessen Thesen kontrovers diskutiert wird. Der Bewegung der Altermondialisten zugehörigen trotzkistischen Gruppen und einigen Neomarxisten in der Szene dient es indes dazu, ihre Imperialismustheorien an diesem Buch zu überprüfen.

John Holloway ist eine schillernde, charismatische Figur. Wo immer er auftritt, ruft er beim Publikum heftige Reaktionen hervor. So ist sein Buch ein regelrechter Verkaufsschlager auf Veranstaltungen der Altermondialisten. Die Welt, die nicht nur den Altermondialisten als fragmentiert und fremd erscheint und viele Menschen in ihrer Komplexität überfordert, ist für Holloway der Ausgangspunkt radikaler Veränderung. Der Klassenbegriff Holloways, der jeden einschließt, der mit den Zuständen auf der Welt unzufrieden ist, erscheint vielen Linken aber als zu wenig präzise. Die Heterogenität der globalisierungskritischen Bewegung, von vielen als Chance interpretiert, wird von einigen Teilen der radikalen Linken als Nachteil gesehen. So wirft man Holloway auch vor, die Differenzen und Hierarchien innerhalb der Bewegung auszublenden.

Die in diesem Aufsatz analysierten Bücher und Autoren haben innerhalb der globalisierungskritischen Bewegung zum Teil zu heftigen Auseinandersetzungen geführt. Doch der Wille in der Bewegung, Differenzen auszuhalten, Uneinigkeit in zermürbenden Diskussionen aus dem Weg zu räumen und die Dynamik, mit der dies alles geschieht, machen die globalisierungskritische Bewegung zu einem so spannenden Forschungsobjekt. Dass Totgesagte länger leben, wird die Bewegung der Altermondialisten in den nächsten Jahren beweisen, auch wenn sich ihre Gestalt verändern mag.

IV. Fazit

1. Eine neue Theorie?

Den Theorien der Altermondialisten liegt eine Mischung und Modifikation verschiedener politischer Ideen zugrunde, die größtenteils dem Marxismus zuzurechnen sind. Während sich einige Autoren in ihren Analysen um einen „dritten Weg" zwischen Sozialismus und Neoliberalismus bemühen, zielen andere explizit auf eine Revolution.

Die hier analysierten Werke finden keineswegs nur in einem kleinen intellektuellen Kreis Zuspruch, ihre Analyse ist, in unterschiedlichem Maß, tief in die Zivilgesellschaft und Think-Tanks eingedrungen. Mittlerweile haben auch Regierungen und Wirtschaftsinstitutionen erkannt, dass an einer Besteuerung von Finanzspekulationen oder einer Eindämmung des Welthungers vielen gelegen ist. Die Analyse des Status quo der Altermondialisten ist heute, mit Einschränkungen, Common sense.

Auch in der Zivilgesellschaft sind diese Analysen angekommen. Die soziale Situation wird auch für die Menschen in den Industrieländern prekärer. Politikmüdigkeit, eine Renaissance des Rechtsextremismus und -populismus in Europa und punktuelle Aktionen gegen die Sozialreformen können als Indizien dafür gelten, dass man mit den Angeboten der gegenwärtigen Politik unzufrieden ist. Es ist also festzuhalten, dass die Analysen der reformorientierten Altermondialisten auf fruchtbaren Boden stoßen.

Die Theorien der extremistischen Altermondialisten finden bislang nur in begrenztem Umfang Eingang in die öffentliche Debatte oder die Think-Tanks. Dennoch ist in einzelnen Aspekten eine Affinität der Zivilgesellschaft zu den Ideen Chomskys, Negris oder Holloways festzustellen. Wenn es der Politik nicht gelingt, Lösungen für brennende Probleme unserer Zeit anzubieten, ist unter Umständen auch mit einer Radikalisierung von Teilen der Zivilgesellschaft zu rechnen. Beispiele hierfür sind nicht nur die gewalttätigen Proteste in Genua oder Prag, sondern auch die bürgerkriegsähnlichen Zustände in Südamerika und in Teilen Asiens.

Die Institutionalisierung der Bewegung der Altermondialisten in dem Sinne, dass ihre Analysen von der etablierten Politik angehört, aufgegriffen und partiell umgesetzt werden, führt zu einer Radikalisierung von Teilen dieser Bewegung. Auch wenn die Analysen und Revolutionstheorien Hardts, Negris bzw. Holloways zu abstrakt sind, um Massen zu bewegen, sind sie dennoch inspirierend für radikale Teile der Bewegung. Die Anzeichen einer nachlassenden Bindekraft etablierter Politik und eine wachsende Parteienverdrossenheit könnte die Attraktivität der Bewegung der Altermondialisten unter Umständen noch steigern.

Die Themen, mit denen sich die Analysen der Altermondialisten auseinandersetzen – die Kritik an einer scheinbar irregeleiteten „neoliberalen Politik", an der Presse, die Knecht dieser Politik sei, und die Bewegung gegen den Krieg im Irak – wecken Erinnerungen an die *Außerparlamentarische Opposition* (APO) der 1960er Jahre, die sich gegen die Herrschaftsstrukturen des „autoritären Staates", die Pressekonzentration oder den Vietnamkrieg wandte. Trotz der Ähnlichkeit der Themen, mit denen sich APO und Altermondialisten beschäftigen, gibt es einen zentralen Unterschied: Die Bewegung der Altermondialisten ist keine Intellektuellen-Bewegung. Zwar sind die hier untersuchten Theoretiker Akademiker und werden hauptsächlich in akademischen Kreisen rezipiert, ihre Analysen korrelieren aber mit tatsächlichen Problemen und Einstellungen einer breiten gesellschaftlichen Basis. Viele Anhänger der APO traten nach deren Zerfall den „Marsch durch die Institutionen" an. Heute finden sich ehemalige Aktivisten noch immer in zahlreichen dieser Institutionen, so dass die Bewegung der Altermondialisten auf ein Klima der Sympathie stößt. Auch sind unter den Altermondialisten heute zahlreiche Vertreter der alten APO zu finden. Diese haben aus dem Scheitern ihrer Bewegung gelernt und versuchen, Fehler von damals nicht zu wiederholen.

Die Analyse der theoretischen Werke der Altermondialisten hat gezeigt, dass es in dieser Bewegung keine geschlossene Ideologie gibt. Die Abwesenheit einer solchen wird durch den Slogan „eine andere Welt ist möglich" ersetzt, der von den unterschiedlichen Strömungen je nach Gusto mit Inhalten gefüllt werden kann. Dieser inhaltsarme Minimalkonsens erlaubt es der Bewegung, auf sich verändernde Bedingungen mit einem raschen Issue-Wechsel zu reagieren.

Auch wenn wir nicht am Vorabend einer kommunistischen Revolution stehen, wie sie Hardt und Negri herbeisehnen, ist Achtsamkeit geboten. Die hier untersuchten Theorien sind trotz gelegentlicher logischer Inkonsistenzen ernst zu nehmen, weil sie die Defizite aktueller Politik aufzeigen und zu einem günstigen Zeitpunkt Massen gegen die etablierte Politik mobilisieren können.

2. Eine neue Praxis?

Unterschieden werden muss zwischen den verschiedenen Typen altermondialistischer Akteure (NGO, Verbände, Netzwerke). Nach Lenin gilt: Wenn „die da oben nicht mehr regieren können wie vorher", ist eine Bedingung für eine Revolution erfüllt. Es stellt sich die Frage, ob es nicht eine der wichtigsten Funktionen der altermondialistischen Bewegung sein könnte, neue Denkprozesse in den (liberalen) Eliten anzustoßen. Zweifellos haben die NGOs und die intermondialistischen Netzwerke ihre Ziele teilweise erreicht.

Dennoch gibt es aufgrund der unterschiedlichen Strategien Spannungen im Aktionsbündnis der verschiedenen antimondialistischen Akteure. Die Rolle der NGOs als Partner der internationalen Institutionen wird gewichtiger. Sie übernehmen praktisch ohne illegale Aktionsformen – eine Ausnahme bildet hier *Greenpeace* – in den Bereichen Wirtschaft, Soziales und Kultur, teilweise auch in der Politik die Rolle eines Korrektivs oder Initiators der Systemkorrektur. Reformistische Netzwerke wie ATTAC dagegen sind zu politischen Akteuren geworden, insbesondere innerhalb der Linken. NGOs und Netzwerke teilen „Gegenwissen" und Expertise (Strategie der Gegenhegemonie), aber auch die Präsenz in den Medien. Die revolutionären Akteure sind zwar für Schlagzeilen gut, bleiben jedoch außer in Lateinamerika bislang ohne Einfluss auf das politische und soziale Leben. Aber das Bündnis zwischen NGOs und reformorientierten Altermondialisten wirkt aktuell brüchig. Das mögliche Auseinanderdriften der beiden Sphären würde den Altermondialismus erheblich schwächen.

Auch die ideologischen Prioritäten müssen unterschieden werden. Die altermondialistische Bewegung stellt eine Facette der Wiedergewinnung der Identität einer Linken dar, deren Desorientierung teils vom Untergang des Kommunismus und der amerikanischen wirtschaftlichen, strategischen und kulturellen Dominanz herrührt, teils aber auch von der Zunahme des islamischen Fundamentalismus. Es handelt sich dabei aber keineswegs um eine umfassende „ideologische Renaissance", sondern um die partielle Rekonstituierung einer Ideologie, Utopie und Sprache, in deren Zentrum der Antikapitalismus steht.

In der permanenten Betonung des Primats der antikapitalistischen Aktion liegt auch der klare Unterschied zur Sozialdemokratie.[52] Den Altermondialisten zufolge agiert die Sozialdemokratie heute innerhalb des Kapitalismus und will dessen Exzesse mehr schlecht als recht „ausgleichen". Damit muss sie zwangsläufig scheitern. Die altermondialistische Bewegung hat eine utopische Seite. Für sie ist der Kapitalismus nicht das Ende der Geschichte im Sinne von Fukuyama. Eine breite Bewegung hat „objektiv" – wegen der strukturellen Krise des Kapitalismus – die Chance, eine Gegenmacht aufzubauen und so die liberale Logik zurückzudrängen. Das Ideal bleibt voluntaristisch. Der Lauf der Dinge kann (und muss) verändert werden, denn es handele sich um die „letzte Chance der Menschheit", Krieg, Ausbeutung, Rassismus und Armut zu stoppen und das ökologische Desaster zu verhindern. In dieser utopischen Dimension liegt sowohl eine Chance als auch eine Schwäche der altermondialistischen Bewegung. Eine Chance, weil sie attraktiv ist für junge Menschen und Intellektuelle, eine Gefahr, weil die Fortschritte noch minimal sind. Dies erklärt auch die wachsenden Spannungen innerhalb der altermondialistischen Bewegung. Sie ist jung, und ihre Geschichte wird gerade geschrieben. Ihr aktueller organisatorischer und ideologischer Entwicklungsstand zeigt sich labil und außerordentlich problematisch. Je stärker die Bewegung wächst, desto schwerer wird es, eine einheitliche Strategie und eine gemeinsame politische Sprache für alle zu entwickeln. Die Achtung der Diversität in den Sozialforen etwa könnte zur Lähmung oder zu deren Gegenteil führen: zur Vervielfachung voluntaristischer Kampagnen aus Effizienzgründen mit dem Risiko der Zersplitterung. Bis heute ist die Bewegung eine Art kollektiver Hoffnungsschrei: „Eine andere Welt ist möglich." Diese Situation birgt Versuchungen – sowohl elektoraler als auch revolutionärer Art. Gäbe ATTAC der elektoralen Versuchung nach und verwan-

---

52 Vgl. Michael Waller/Bruno Coppieters/Kris Deschouwer, Social Democracy in a Postcommunist Europe, Ilford/Essex u. a. 1994, S. 154-156.

delte sich in eine Partei, so wäre dies der Tod der Bewegung. Aber es stellt sich die Frage nach der Effizienz der langfristigen politischen Lobbyarbeit von ATTAC. Die revolutionäre Versuchung hat zugenommen, weil die lateinamerikanischen Bewegungen Erfolge erzielt haben und weil „der amerikanische Imperialismus und seine Marionetten" (*Mumbai Resistance*) augenscheinlich politische, wirtschaftliche und militärische Probleme haben.

Geographisch gesehen muss neben der instabilen Zone der Länder mit muslimischer Bevölkerung Lateinamerika als Hochrisikogebiet betrachtet werden, denn dort entwickeln sich neue Guerillagruppen, das zapatistische Modell wird populär und die Indios radikalisieren sich. Weit weniger angespannt ist die Lage in Europa. Hier bestehen so genannte „symbolische" Risiken (Beschädigung oder Sabotage an US-amerikanischen oder US-dominierten Unternehmen, gezielte Gewalttaten gegen führende US-Industrielle, wie der Tortenwurf gegen Bill Gates). Zu den bevorzugten Zielen gehört vor allem die Restaurantkette *McDonalds*, aber auch *Burger King, Pizza Hut* oder *Kentucky Fried Chicken* gelten als Hort des „ungenießbaren Fraßes". Die altermondialistische Bewegung definiert sich als antiimperialistisch. Sie verfolgt deshalb eine sehr breite Strategie des kulturellen Antiamerikanismus.

Wie wir gezeigt haben, ist die globalisierungskritische Bewegung keineswegs in ihrer Gänze extremistisch. Ihr Auftauchen mag der etablierten Politik als Indiz dafür dienen, dass sie bestimmten Problemen unzureichend begegnet, und somit als Chance, Missstände zu beseitigen, die zu ernsthaften Krisen heranwachsen könnten. Teile der altermondialistischen Bewegung, bisher eine deutliche Randgruppe, sind allerdings unbestritten dem extremistischen Lager zuzurechnen und erfreuen sich eines gewissen Zuwachses. Besonders dieses Lager wird in den nächsten Jahren Untersuchungsgegenstand der Extremismusforschung sein.

Ideologie und Programmatik rechts- und linksextremer Parteien im Vergleich

Harald Bergsdorf

I. Einleitung

Peter Graf Kielmansegg nennt den demokratischen Verfassungsstaat „die erfolgreichste Institutionalisierung politischer Freiheit in der Geschichte der Menschheit, die wir kennen":[1] Wo kamen Menschen „den Idealen, mit deren Verkündigung in den Umbrüchen des späten achtzehnten Jahrhunderts ein neues Zeitalter begann, näher [...] als im freiheitlichen Verfassungsstaat?"[2] Allerdings bleibt die Existenz der rechtsstaatlichen Demokratie auch im 21. Jahrhundert prekär. Mehr oder minder menschenverachtende Feinde der Freiheit lauern bis heute, um den demokratischen Verfassungsstaat zu schwächen oder gar zu zerstören. Die rechtsstaatliche Demokratie lebt weiterhin gefährlich. Insbesondere Totalitarismus, pseudoreligiöser Fundamentalismus, aber auch Rechts- und Linksextremismus bedrohen nach wie vor die Freiheit, von innen bzw. außen, akut bzw. latent.

Auch wenn der Extremismus die zweite deutsche Demokratie bislang nie ernsthaft gefährdet hat: Nach den doppelten Diktaturerfahrungen beunruhigt oder erschüttert der (Rechts-)Extremismus immer wieder die veröffentlichte und öffentliche Meinung in Deutschland. Die Auseinandersetzung mit (Rechts) Extremismus erfolgt in der Bundesrepublik insgesamt aktiver als in den meisten anderen Ländern: Intensiv erforscht insbesondere die Politikwissenschaft den (Rechts-)Extremismus – er zählt zu den Hauptthemen der „Wissenschaft von der Demokratie" (Karl Dietrich Bracher). Zahlreiche Studien vor allem über Rechtsextremismus offenbaren allerdings mehr über die Gesinnungen ihrer Autoren als ihren Gegenstand: Politische Präferenzen dominieren oft über politikwissenschaftliche Analyse. So wichtig und richtig es ist, sich gegen Extremismus und für die rechtsstaatliche Demokratie zu engagieren: Vielen Veröffentlichungen mangelt es an unvoreingenommener Wahrheitssuche und wissenschaftlicher Distanz zu jeglichem Extremismus.

---

1   Peter Graf Kielmansegg, Das Experiment der Freiheit. Zur gegenwärtigen Lage des demokratischen Verfassungsstaates, Stuttgart 1988, S. 43.
2   Ebd., S. 7.

Zur politikwissenschaftlichen Beschäftigung mit Extremismus gehört es, zunächst den Begriff „Extremismus" zu präzisieren. Überhaupt besteht eine Hauptaufgabe der Politikwissenschaft darin, sich „um Klarheit, Genauigkeit und Redlichkeit der zentralen Begriffe unserer politischen Sprache"[3] zu bemühen. „Wir müssen bestimmen, was politischer Extremismus ist, bevor wir ihn untersuchen können. Und das ist kein einfaches, in einem Satz zu erledigendes definitorisches Geschäft. Es bedarf dazu einer systematischen Anstrengung des Nachdenkens, in der Erfahrungswissen und normative Erwägungen sich miteinander verbinden. [...] Es geht um eine Antwort auf die Frage, welche Phänomene aus welchen guten Gründen unter der Bezeichnung ‚politischer Extremismus' sinnvoll zusammenzufassen und als ein Objekt wissenschaftlicher Untersuchung zu begreifen seien."[4]

Ähnlich wie der Demokratiebegriff[5] zählt der Terminus Extremismus zu den besonders umstrittenen, oft ge- und missbrauchten Begriffen sowohl der politischen als auch politikwissenschaftlichen Sprache. Wie andere Begriffe bewegt er sich „im Spannungsfeld zwischen analytischer und wertender Betrachtungsweise".[6] Immer wieder leidet er unter Entgrenzung und Überdehnung, unter „overuse and underdefinition". Mitunter verkommt er zum Wieselwort, etwa in der Variante „Extremismus der Mitte".[7] Mit anderen Worten: Manche Definitionen des (Rechts-)Extremismus ähneln einem stumpfen Schwert oder einer Schrotflinte. Gerade weil „Extremismus" zu den brisanten Begriffen der politischen und politikwissenschaftlichen Sprache zählt, bleibt es wichtig, ihn normativ zu präzisieren. So kann er die extremistische Empirie genauer beschreiben und ist weniger anfällig für inflationären Ge- bzw. Missbrauch in Politik und Politikwissenschaft.

Wesentlich scheint es, definitorische Grenzen zu ziehen, um damit die Trennschärfe des Extremismusbegriffs zu erhöhen. Es gilt, einen Extremismusbegriff zu finden, der es ermöglicht, akkurat zwischen wirklichem und vermeintlichem Extremismus zu unterscheiden und damit gegenüber synonym gebrauchten Begriffen an Wettbewerbsfähigkeit gewinnt. Je genauer der Extremismus-Begriff

---

3   Ders., Rezensionsessay: Was ist politischer Extremismus? In: Uwe Backes/Eckhard Jesse (Hg.), Jahrbuch Extremismus & Demokratie, Band 2, Bonn 1990, S. 280–288, hier 281.
4   Kielmansegg, Rezensionsessay, S. 281.
5   Selbst Hitler erklärte gelegentlich, das „Dritte Reich" praktizierte die wahre Demokratie. Vgl. Uwe Backes/Eckhard Jesse, Vergleichende Extremismusforschung, Baden-Baden 2005, S. 70. Die SED-Diktatur nannte sich Deutsche Demokratische Republik (DDR).
6   Kielmansegg, zitiert nach Carmen Everts, Politischer Extremismus. Theorie und Analyse am Beispiel der Parteien REP und PDS, Berlin 2000, S. 18.
7   Vgl. differenzierte Überlegungen dazu bei Steffen Kailitz, Politischer Extremismus in der Bundesrepublik Deutschland. Eine Einführung, Wiesbaden 2004, S. 24; Backes/Jesse, Vergleichende Extremismusforschung, S. 157–169.

definiert ist, desto schwerer fällt es extremistischen Politikern, solche Etikettierungen absurd zu nennen. Wenn der Extremismus-Begriff zu keiner reinen Kampfvokabel (tages-)politischer Auseinandersetzungen verkommen soll, bleibt es unverzichtbar, ihn zu schärfen und zu klären, zumal die aktuelle Zusammenarbeit einer gemäßigten Partei mit einer extremistischen Kraft (sogar in Koalitionen) dazu beitragen kann, den Extremismusbegriff zu vernebeln. Ohnehin müssen politische Kräfte, die sich (vordergründig) vom Extremismus oder bestimmten Formen von Extremismus distanzieren, allein deshalb keine demokratischen Formationen sein, etwa „Antikommunisten" oder „Antifaschisten".

Zu fragen ist deshalb, was „Extremismus" genau bedeutet? Worin liegt sein Kern? Wie lässt sich der Extremismusbegriff abgrenzen von verwandten Begriffen, etwa dem Islamismus-, Radikalismus- und Populismusbegriff? Was verbindet Extremisten, was unterscheidet sie von Demokraten? Auf dieser definitorischen Basis, die in Deutschland vor allem Uwe Backes und Eckhard Jesse gelegt haben, gilt es dann, genau zu prüfen, welche Kon- bzw. Divergenzen rechts- und linksextreme Ideologien teilen bzw. trennen. Welche Strukturmerkmale des Extremismus finden sich sowohl bei rechts- als auch linksextremen Ideologien und dem Islamismus? Inwieweit lässt sich mit dem Extremismusbegriff präzise herausarbeiten, dass rechts- und linksextreme Ideologien mehr verbindet als trennt? Die Gretchenfrage lautet: Sind Links-Rechts-Unterschiede nachrangig gegenüber extremistischen Gemeinsamkeiten von rechts- und linksextremen Ideologien? Es gilt, die Tragfähigkeit und Praxistauglichkeit des Extremismusbegriffs zu prüfen, ohne offenkundige Unterschiede zwischen rechts- und linksextremen Ideologien zu nivellieren oder zu negieren. Denn: „Grau ist alle Theorie", heißt es in Johann Wolfgang von Goethes „Faust".

Dieser Beitrag präzisiert deshalb zunächst den Extremismusbegriff. Dazu gehört es, ihn von verwandten Termini abzugrenzen. Dann gilt es, die Frage zu beantworten, inwieweit Vergleiche in der Politikwissenschaft und vor allem der Extremismusforschung dazu beitragen können, Erkenntnisse zu erweitern und zu vertiefen. Daraufhin vergleicht der Beitrag ideologische Unterschiede und Ähnlichkeiten bei einer rechts- und einer linksextremen Partei, wobei es sich bei den untersuchten Parteien keineswegs um die äußersten Varianten des extremistischen Spektrums handelt. Schließlich diskutiert der Text, wie die streitbare Demokratie mit Extremismus umgehen kann und umgeht.

II. Extremismus-Definition

Der politikwissenschaftliche Schlüsselbegriff „Extremismus"[8] soll dazu beitragen, ein relevantes Phänomen genau zu kategorisieren. Er kann helfen, demokratiegemäßes von demokratiefeindlichem Denken, Formulieren und Handeln zu unterscheiden. Darin liegt seine Hauptfunktion. Der Extremismusbegriff bündelt die antidemokratischen Merkmale rechts- und linksextremer Kräfte. Einerseits beschreibt er, zumindest indirekt, Links-Rechts-Unterschiede, andererseits benennt er solche Gemeinsamkeiten extremistischer Kräfte, die für die Existenz der rechtsstaatlichen Demokratie relevanter sind oder sein können als Rechts-Links-Unterschiede.[9]

Zum Extremismus[10] gehören mindestens drei zentrale Merkmale, explizit oder implizit. Sowohl Rechts- als auch Linksextremisten meinen erstens, in ihrer Doktrin die einzig wahre Weltsicht gefunden zu haben: Der Wahrheitsanspruch von Extremisten scheint kategorisch (auch wenn sie noch so geringe Zustimmung erfahren, was sie oft Verschwörungen zuschreiben, etwa der Massenmedien).[11] Deshalb kämpfen Extremisten zweitens vehement gegen andere Interessen, Wertvorstellungen und Lebensformen: Sie kennzeichnet ein Rigorismus im Denken, Formulieren und Handeln. Dabei fixieren sie einen „Sündenbock", den sie zum Alleinverursacher von zentralen Missständen stilisieren und damit als Feindbild nutzen, das im Innern der eigenen Formation integrierend wirken soll.

Mitunter mutieren die „Sündenböcke" sowohl für Rechts- als auch für Linksextremisten zum Feind, der das Böse schlechthin, das Böse an und für sich, verkörpert. Verschwörungstheorien (die offenkundige Unterschiede zwischen Ideologie und Realität vernebeln sollen), Freund-Feind-Denken, Fanatismus oder gar Hass heißen Hauptantriebskräfte extremistischer Politik. Deshalb bereitet es Extremisten drittens Schwierigkeiten, demokratischen Pluralismus zu akzeptieren: Ihre heterophobe Gesinnung hält das Gemeinwohl für vorbe-

---

8 Vgl. Armin Pfahl-Traughber, Der Extremismusbegriff in der politikwissenschaftlichen Diskussion – Definitionen, Kritik, Alternativen. In: Uwe Backes/Eckhard Jesse (Hg.), Jahrbuch Extremismus & Demokratie, Bonn 1992, S. 67-86; Uwe Backes/Eckhard Jesse, Politischer Extremismus in der Bundesrepublik Deutschland, 4. völlig überarbeitete und aktualisierte Auflage Bonn 1996, S. 33-51; dies., Die „Extremismus-Formel" – Zur Fundamentalkritik an einem historisch-politischen Konzept. In: dies. (Hg.), Jahrbuch Extremismus & Demokratie, Band 13, Baden-Baden 2001, S. 13-29; Everts, Politischer Extremismus, S. 95-200; Backes/Jesse, Vergleichende Extremismusforschung, S. 7-396.
9 Wer ein zentrales Merkmal linksextremer bzw. kommunistischer Ideologien in deren Versuch erblickt, Gleichheit zu schaffen, muss die Frage beantworten, warum es in kommunistischen Regimen große Ungleichheit zwischen Regierenden und Regierten gab und gibt.
10 Vgl. Backes/Jesse, Politischer Extremismus; Kielmansegg, Rezensionsessay.
11 Vgl. Harald Bergsdorf, Rechtsextreme Parteien in Deutschland und Frankreich. Durch das Fernsehen bekämpft oder befördert? In: Zeitschrift für Parlamentsfragen, 29 (1998), S. 449-459; ders., SPD/PDS zwischen Dichtung und Wahrheit. In: Die Politische Meinung, 46 (2001), S. 41-47.

stimmt und gibt dem Kollektiv grundsätzlich Vorrang vor Individualismus, den sie als dekadent bezeichnet. Weil Extremisten meinen, absolute Wahrheiten bzw. irdische Heilslehren zu besitzen, nennen sie freie Wahlen irreführend, überflüssig oder gar gefährlich. Deshalb bereitet ihnen Pluralismus auch intern Probleme. Extremisten präsentieren sich schließlich zwar gern als Enttabuisierer. Doch ihre Agitation arbeitet oft mit Lügen und vor allem Halbwahrheiten, die schwerer zu enttarnen sind.

Mit der Kombination aus kategorischem Wahrheitsanspruch, Antipluralismus und Rigorismus wenden sich Extremisten nicht nur gegen die konkrete Ausgestaltung einer freiheitlichen Ordnung (zum Beispiel gegen den Föderalismus), sondern missachten, neben zentralen Verfahrensregeln, Grundwerte der freiheitlichen Demokratie: vor allem die Fundamentalgleichheit aller Menschen, also die normative Gleichwertigkeit (statt empirische Ungleichheit) aller Individuen, unabhängig von Rassen- und Klassenunterschieden, unabhängig von Religion oder Nationalität. Doch bereits bei Montaigne heißt es treffend: „Alle Menschen haben eine gemeinsame Eigenschaft, ihre Verschiedenheit".

Im klaren Unterschied zum Extremismus jeglicher Richtung gründet die freiheitliche Demokratie auf einem Denken, das sich für fehlbar hält, die Vielfalt der Überzeugungen in einer offenen Gesellschaft grundsätzlich legitim findet, Politik nicht als Krieg gegen einen Feind begreift, versucht zu differenzieren statt zu diskreditieren, das Distanz zu sich selbst bewahrt. Demokratie bedeutet damit die „Kunst des friedlichen Ausgleichs divergierender Interessen" (Karl Dietrich Bracher). Die gemischte Verfassung des demokratischen Verfassungsstaats gründet deshalb zum Beispiel auf dem Mehrheitsprinzip, schützt zugleich aber Minderheiten, die sich insbesondere auf die Grundrechte berufen können.

Dieser Grundkonsens aller verfassungstreuen Kräfte (mit einer gemeinsamen Basis an Grundwerten) zivilisiert in der rechtsstaatlichen Demokratie jene Konflikte, die Politiker der gemäßigten Parteien miteinander austragen (müssen), ein Grundkonsens, der jene konstruktiven Kompromisse ermöglicht, die Extremisten oft als grundsätzlich „faul" abqualifizieren. Insbesondere wer diesen Grundkonsens ablehnt, offenbart sich als Extremist und unterscheidet sich von gemäßigten Kräften am Rand und in der Mitte des politischen Spektrums. „Extremismus" beginnt also nicht erst bei antidemokratischen Methoden (Verstöße gegen das Gewaltmonopol des Staates, der ein Rechtsstaat ist), sondern bereits bei antidemokratischen Zielen, wobei die Grenzen zwischen extremistischen Zielen und Methoden mitunter zerfließen.

Als dritte Variante des Extremismus lässt sich der (pseudo-)religiöse Fundamentalismus definieren.[12] Islamisten kennzeichnet eine aggressiv-kämpferische Mentalität, mit der sie vor allem die „Kreuzfahrer" zu verunglimpfen suchen samt ihrer politischen und wirtschaftlichen Grundordnung (Demokratie und

---

12 Vgl. Eckhard Jesse, Politischer Extremismus heute. Islamistischer Fundamentalismus, Rechts- und Linksextremismus. In: APuZG, B 46/2001, S. 3–5; Kailitz, Politischer Extremismus, S. 164–183.

Marktwirtschaft). Oft erklären Fundamentalisten die rechtsstaatliche Demokratie gar als unvereinbar mit dem Islam und umgekehrt. Auch intern bereitet Pluralismus vielen Islamisten große Probleme, wie ihre Auseinandersetzungen mit Kritik in den eigenen Reihen zeigen. Zuweilen noch stärker als Rechts- und Linksextremismus agieren und agitieren moslemisch-„grüne" Fundamentalisten gegen die USA, die für Islamisten als Urheber beinahe aller wesentlichen Übel gelten. Mitunter noch vehementer als andere Extremisten äußern Islamisten rigorose Israelkritik, die oft nahtlos in eine Israel- und Judenfeindschaft übergeht. Dazu gehören Versuche, Hitlers Massenmorde an Juden zu rechtfertigen. Mehr noch: Punktuell verschmilzt der islamistische Antiamerikanismus mit der Juden- bzw. Israelfeindschaft der Islamisten. So nennen Islamisten Israel einen Satellitenstaat der USA. Damit nutzen Islamisten die USA, Israel bzw. Juden als „Sündenbock".

Ähnlich wie andere Extremisten äußern sich Islamisten PLO-freundlich, verbreiten absurde Verschwörungstheorien („jüdische Weltverschwörung"),[13] negieren das Leid von Juden unter Hitler und bekämpfen die Existenz Israels. Islamisten teilen die Welt schlicht in Gut und Böse, in Freund und Feind, das heißt: einerseits Islam bzw. eine bestimmte Form des Islam, andererseits alle anderen Weltanschauungen bzw. Religionen. Auch wenn Islamisten moderne Technik nutzen: Ihre Agitation und ihre Aktivitäten bedeuten einen Aufstand gegen die Moderne.

Islamisten bekämpfen die Trennung von weltlicher und geistlicher Herrschaft, negieren ähnlich wie andere Extremisten „westliche" Menschenrechte, vor allem die Fundamentalgleichheit der Menschen (etwa die Fundamentalgleichheit der Geschlechter), verweigern religiöse Toleranz und verfechten ihre Weltanschauung vehement. Deshalb gibt es immer wieder Islamisten, die (Selbst-)Mordanschläge mit bis zu Tausenden von Opfern verüben – kann es einen stärkeren Indikator für Fanatismus geben als (Selbst-)Mordanschläge? Insbesondere die kriegerischen Anschläge des 11. September 2001 bedeuten den Versuch, das politische, wirtschaftliche und militärische Zentrum der westlichen Welt, der westlichen Demokratien, der westlichen Kultur zu zerstören; eine Kultur, die in den Augen von Islamisten, aber auch von anderen Extremisten dekadent ist. Als Vorreiter „des" Westens gelten die USA und, im Hintergrund, Israel. Vor allem deshalb richtet sich der islamistische Hass gegen die USA und Israel. Bei allen Unterschieden: Gerade in ihrem Ressentiment bzw. Hass gegen „den" Westen ähneln Islamisten anderen Extremisten und totalitären Ideologien.

---

13 Danach. verfügen Juden bis heute etwa in der Wirtschaft und den Medien über einen überproportionalen Einfluss; sie gelten zudem als Auslöser des Ersten wie des Zweiten Weltkriegs. Eine antikapitalistische Art von Judenfeindschaft gibt es bei militanten Globalisierungsgegnern, aber auch schon bei Karl Marx in seiner Schrift „Zur Judenfrage": „Das Geld ist der eifrige Gott Israels [...]. Der Wechsel ist der wirkliche Gott der Juden."

Im Kern zielen heterophobe Islamisten auf eine religiös homogene Gesellschaft, in der Andersgläubige oder Nichtgläubige als Ungläubige mit Unterdrückung und gar Ermordung rechnen müssen. Ähnlich wie andere Extremisten und vor allem totalitäre Diktaturen beanspruchen Fundamentalisten umfassende Herrschaft – die Autonomie der Individuen gilt Islamisten wenig. Denn sie meinen, keine relative, sondern eine absolute Wahrheit zu verfechten. Allerdings gilt es, zwei Differenzierungen zu berücksichtigen: „1. Keineswegs jeder der fast eine Milliarde Anhänger des Islam ist ein Fundamentalist. 2. Nicht jeder Fundamentalist ist ein Anhänger des Islam."[14] Mehr noch: Zuweilen nutzen Islamisten den Islam, um ihren Herrschaftsanspruch massenwirksam zu bemänteln. Ob und inwieweit sich der Islam besser als andere Religionen dazu eignet, sich von Fanatikern pervertieren zu lassen, ist eine andere Frage. Kurz: Zwischen dem Islamismus und anderen Formen des Extremismus existieren deutliche Schnittmengen. Im Islamismus gibt es zahlreiche Ideologie-Elemente, die sich sowohl im Rechts- als auch Linksextremismus finden.

Anders als Extremismus lässt sich Radikalismus mitunter durchaus mit Grundwerten der freiheitlichen Demokratie vereinbaren,[15] zum Beispiel bestimmte Formen der Radikaldemokratie. Als Radikaldemokraten bezeichnen lässt sich in Deutschland zum Beispiel der Publizist Horst Meier, der es ablehnt, den Demokratieschutz vorzuverlagern und damit unter Umständen bereits extremistische Ziele zu bekämpfen, bevor Extremisten Gesetze verletzten, indem sie etwa Gewalt ausüben: Wer derart bereits gegen extremistische Ziele vorgehe, verhindere „radikale Demokratie".[16]

Terrorismus wiederum impliziert ein Überschreiten der Gewaltgrenze und gehört allein deshalb zum Extremismus. Allerdings ist umgekehrt nicht jeder Extremist ein Terrorist: Anders als Extremismus ist Terrorismus in der freiheitlichen Demokratie nicht nur illegitim, sondern stets illegal, weil Demokratien es per definitionem ermöglichen, politische Veränderungen gewaltlos herbeizuführen. Umgekehrt versuchen Diktatoren immer wieder, Regimegegner und Freiheitskämpfer als Terroristen zu verunglimpfen. Extremisten wiederum zielen oft darauf, ihr Tun zum Freiheitskampf zu stilisieren. Totalitarismus schließlich ist verwirklichter, angewandter, verabsolutierter Extremismus. Damit ist Totalitarismus stets extremistisch. Umgekehrt ist Extremismus nicht automatisch totalitär.

„Populismus"[17] zählt zu den ebenfalls häufig gebrauchten, aber (im Unterschied zum Extremismusbegriff) bislang selten präzisierten Termini der politi-

---

14 Kailitz, Politischer Extremismus, S. 164. Wer einwendet, auch im Alten Testament gebe es martialische Passagen, übersieht bzw. übergeht, dass solche Bibelstellen für die Rechtsprechung zum Beispiel in Deutschland irrelevant sind, islamische Texte aber die Basis der Rechtsprechung in islamischen Ländern bilden.
15 Vgl. zur begrifflichen Abgrenzung Everts, Politischer Extremismus, S. 43–70.
16 Horst Meier, Parteiverbote und demokratische Republik. Verfassungspolitische Perspektiven eines radikalen Pluralismus. In: Merkur, 43 (1989), S. 719–723, hier 722.
17 Vgl. Harald Bergsdorf, Rhetorik des Populismus am Beispiel rechtsextremer und rechtspopulistischer Parteien wie der „Republikaner", der FPÖ und des „Front National". In:

schen Sprache. Üblicherweise präsentieren sich populistische Parteien als antielitäre Anti-Parteien-Bewegungen mit charismatischer Leitfigur. Sie versuchen, die gordischen Knoten moderner Politik mit dem Schwert vereinfachter Lösungen zu durchschlagen. Die Wahlberechtigten mutieren unter populistischer Obhut von (angeblichen) Objekten der Politik zu (vermeintlichen) Subjekten der öffentlichen Angelegenheiten.

Gemeinhin nutzen bzw. schüren Populisten (altdeutsche) Parteienverachtung, fordern mehr plebiszitäre Elemente, bezeichnen Politik pauschal als „schmutziges" statt schwieriges Geschäft, kritisieren die (angebliche) Abgehobenheit und Inkompetenz aller anderen Parteien, geben sich besonders volksnah, nennen das „Volk" eine Ein- statt Vielheit, äußern sich heterophob und kompromissfeindlich, halten das Gemeinwohl für vorgegeben, idealisieren sich und das „Volk" als „sauber" und „kompetent", artikulieren und dramatisieren Missstände, verbreiten diverse Lügen bzw. Halbwahrheiten, erheben fast ausschließlich populäre Forderungen, konzentrieren sich monomanisch auf ein politisches Thema, bevorzugen vereinfachte Diagnosen und Therapien, arbeiten mit Feindbildern und Verschwörungslegenden, appellieren an niedere Instinkte, jonglieren mit Ressentiments, reden ihrem Wählerpotential nach dem Munde und agieren damit stark demoskopiehörig.

Allerdings muss ein bürgernaher Politiker, der eine populäre Forderung erhebt, allein deshalb selbstverständlich noch lange kein Populist sein. Wesentlich ist die Dosis. Ralf Dahrendorf bilanziert: „Populismus ist einfach, Demokratie komplex: das ist vielleicht das wichtigste Unterscheidungsmerkmal zwischen beiden Formen des Bezugs auf das Volk. [...] Für nicht-populistische Politiker bedeutet das eine [...] komplexe Aufgabe. Sie müssen die großen Vereinfachungen vermeiden und doch die Komplexität der Dinge verständlich machen. [...] Komplizierte Zusammenhänge zu erklären, ist eine Hauptaufgabe demokratischer politischer Führer."[18] Im politikwissenschaftlichem Schrifttum gelten sowohl extremistische (Beispiel: PDS) als auch nicht-extremistische Parteien (Beispiel: Schillpartei) als „populistisch", wobei es Links- und Rechtspopulismus gibt.[19] Im Unterschied zum Extremismus, der sowohl politische Inhalte als auch Methoden umfasst, bezeichnet der Begriff „Populismus" primär eine spezifische Art, Politik zu betreiben.

Zeitschrift für Parlamentsfragen, 31 (2000), S. 620–626; Florian Hartleb, Rechts- und Linkspopulismus. Eine Fallstudie anhand von Schill-Partei und PDS, Wiesbaden 2004.
18 Ralf Dahrendorf, Acht Anmerkungen zum Populismus. In: Newsletter des Instituts für die Wissenschaften vom Menschen (Wien), 79 (2003) 1, S. 22–25, hier 23.
19 Vgl. Hartleb, Rechts- und Linkspopulismus.

III. Kontroversen über Vergleiche von Rechts- und Linksextremismus

Die Politikwissenschaft widmet sich seit Aristoteles der Aufgabe des Vergleichs:[20] Die vergleichende Methode gehört zu den Hauptinstrumenten der Politikwissenschaft. Wer zum Beispiel behauptet, der Deutsche Bundestag gehöre zu den schwachen Parlamenten, muss ihn vernünftigerweise mit anderen Volksvertretungen verglichen haben: Ob der Bundestag als eher schwaches Parlament zu kennzeichnen ist, kann also nur ein Vergleich zeigen. Vergleiche helfen damit, einerseits Ähnlichkeiten zu verdeutlichen, andererseits aber auch das Spezifische, Besondere, Charakteristische und Eigentümliche eines politischen Phänomens herauszuarbeiten. Indem die Politikwissenschaft durch Vergleiche jeweils Ähnlichkeiten und Unterschiede abwägt, gewinnt sie ein genaueres Bild von der politischen Wirklichkeit. Insofern können Vergleiche davor bewahren, einzelne Beobachtungen zu verabsolutieren. Das „Vergleichen ist jedem wissenschaftlichen Verfahren inhärent, die wissenschaftliche Methode ist unweigerlich vergleichend, und alle Politik ist in irgendeiner Weise vergleichende Politik".[21] Walther Rathenau befand gar: „Denken heißt Vergleichen".

Allerdings: Erst hinreichende Übereinstimmungen ermöglichen es, sinnvoll zu vergleichen. „Verglichen werden können nur Erscheinungen, die weder völlig identisch noch absolut verschieden sind."[22] Kaum sinnvoll wäre es, etwa die Stellung von politischen Parteien in einer Mehrparteiendemokratie zu vergleichen mit der Stellung von politischen Parteien in einer Einparteidiktatur. Denn ein solcher Vergleich offenbarte kaum Ähnlichkeiten, dafür aber um so deutlichere und zahlreichere Unterschiede. Sinnvoll hingegen scheint es, zum Beispiel die (Miss-)Erfolgsbedingungen extremistischer Parteien länderübergreifend zu analysieren. Dadurch lassen sich (gegebenenfalls) Anregungen gewinnen, mit welchen legitimen Mitteln sich derartige Kräfte effizient bekämpfen lassen.

Vehemente Kontroversen kreisen in der Politikwissenschaft um die Frage, ob es legitim und sinnvoll ist, Rechts- und Linksextremismus zu vergleichen.[23] Gerade Vergleiche von links- und rechtsextremen Parteien samt ihrer Ideologien gelten mancherorts als tabuisiert.[24] Doch bedeuten sinnvolle Vergleiche von Rechts- und Linksextremismus entgegen manchen Missverständnissen oder gar

---

20 Vgl. Peter Graf Kielmansegg, Fragestellungen der Politikwissenschaft. In: Klaus von Beyme/Ernst-Otto Czempiel/Peter Graf Kielmansegg/Peter Schmoock (Hg.), Politikwissenschaft. Eine Grundlegung. Band 1: Theorien und Systeme, Stuttgart u. a. 1987, S. 3–35, hier 3.
21 Dieter Nohlen, Die Vergleichende Methode. In: Jürgen Kriz/Dieter Nohlen/Rainer-Olaf Schultze (Hg.), Politikwissenschaftliche Methoden, München 1994, S. 507–517, hier 507.
22 Klaus von Beyme, Der Vergleich in der Politikwissenschaft, München 1988, S. 52.
23 Vgl. Harald Bergsdorf, Extremismusbegriff im Praxistest: PDS und REP im Vergleich. In: Uwe Backes/Eckhard Jesse (Hg.), Jahrbuch Extremismus & Demokratie, Band 14, Baden-Baden 2002, S. 65–80.
24 Vgl. Backes/Jesse, Vergleichende Extremismusforschung, S. 7–79.

Irreführungen keine Gleichsetzung, sondern implizieren sowohl Gegensätze als auch Gemeinsamkeiten. Bereits die Begriffe „Rechts- und Linksextremismus" beschreiben im Kern eine doppelte Relation: einerseits die Beziehung zwischen Rechts- bzw. Linksextremismus und der Mitte bzw. dem demokratischem Verfassungsstaat, andererseits die Beziehung zwischen Rechts- und Linksextremismus. Bereits beide Termini enthalten Links-Rechts-Divergenzen, aber auch extremistische Konvergenzen. Insbesondere wer den Begriff „Rechtsextremismus" (zustimmend) nutzt, kann die Existenz des Linksextremismus schwerlich bestreiten und Vergleiche von Links- und Rechtsextremismus kategorisch ausschließen.

Anders formuliert: Ohne Rechts- existiert kein Linksextremismus und vice versa – schon bei Hegel heißt es: „Das Wahre ist das Ganze". Die vergleichende Methode gehört damit untrennbar zur Extremismusforschung. Deshalb ähnelt der Begriff „vergleichende Extremismusforschung" fast einer Tautologie, also nassem Wasser. Kurz: Komparative Methoden gehören zur Extremismusforschung wie das Salz zur Suppe. Doch insbesondere seit der antitotalitär-antiextremistische Grundkonsens weithin zum „antifaschistisch"-antinationalsozialistischen Grundkonsens geschrumpft ist, behaupten vor allem Linksextremisten, die sich meist allerdings anders nennen, von allen politischen Kräften hielten sie den größten ideologischen Abstand zum Rechtsextremismus. Deshalb und weil nachgewiesene Analogien von Links- und Rechtsextremismus (ebenso Analogien von Nationalsozialismus und Kommunismus) zum Beispiel die PDS (zusätzlich) delegitimierten, kritisiert die Partei Lothar Biskys Vergleiche von Links- und Rechtsextremismus.

Im Widerspruch zu Richard Stöss, der Rechtsextremismus zutreffend, aber einseitig und einäugig Demokratiefeindschaft nennt und sich damit auf eine schiefe Ebene begibt, gehört zum Extremismus sowohl Rechts- als auch Linksextremismus. Mit anderen Worten: „Jeder Rechtsextremist ist ein Antidemokrat, aber nicht jeder Antidemokrat ist ein Rechtsextremist".[25] Stöss differenziert zwischen antidemokratischen bzw. rechtsextremen Parteien (SRP, NPD) einerseits und antikapitalistischen Parteien (KPD, DKP) andererseits. Seine wirklichkeitsferne Unterscheidung „unterschlägt" zum einen antikapitalistische bzw. vorkapitalistische Ideologieelemente bei rechtsextremen Parteien, zum anderen antidemokratische Tendenzen bei linksextremen Parteien – die Ideologie von KPD und DKP bewertet er im Übrigen, indem er (anders als bei SRP und NPD) primär deren Selbstverständnis untersucht. Mit seinen Überlegungen rückt Stöss Haltungen zur rechtsstaatlichen Demokratie ebenso in den Hintergrund wie ideologische Analogien zwischen links- und rechtsextremen Kräften.[26]

Andere Begriffe, etwa der Terminus „politischer Protest", unterschätzen Differenzen zwischen demokratiegemäßem und freiheitsfeindlichem Protest. Da-

---

25 Eckhard Jesse, Die Tabuisierung des Extremismusbegriffs. In: Die Welt vom 4. Februar 2002.
26 Vgl. Pfahl-Traughber, Der Extremismusbegriff, S. 81.

mit verwischen sie relevante Unterschiede zwischen Opposition im und zum „System".[27] Auch demoskopische Repräsentativumfragen, die rechtsextreme Potentiale quantifizieren (wollen), arbeiten oft mit überdehnten Begriffen, etwa wenn sie jede Skepsis gegenüber weiterer Zuwanderung von Ausländern als rechtsextremistisch etikettieren.[28] Über die Gründe und Hintergründe, warum es immer Versuche und Tendenzen gibt, Rechtsextremismus zu überzeichnen, äußert Klaus Hartung – in teilweise selbstkritischer Weise: „Offenbar gibt es ein mächtiges Bedürfnis nach rechter Gefahr! [...] In den letzten Jahrzehnten hat die bundesdeutsche Linke kaum noch eine Einigkeit in gemeinsamen Zielen gesucht. [...] Nun haben wir den Kampf gegen die rechte Gefahr, die nicht groß genug sein kann, damit wir wieder alle einig sind. Und die Rechten können nicht faschistisch genug sein, damit die Linken wieder das sind, was sie einmal waren: die besseren Menschen."[29]

Deshalb grassiert seit längerer Zeit die Weigerung, neben dem Nationalsozialismus auch den Kommunismus gründlich zu untersuchen und beide miteinander zu vergleichen – eine (un-)gewollte Wirklichkeitsferne bzw. Realitätsresistenz, die laut François Furet zu den größten Triumphen des Kommunismus zählt. Zuweilen heißt es gar, wer kommunistische Massenmorde thematisiere und vergleichend analysiere, leiste einen Beitrag, nationalsozialistische Massenmorde zu verharmlosen. Dazu bemerkt Heinrich August Winkler: „Eine ärgere Instrumentalisierung des Holocaust ist kaum denkbar. Der Judenmord als Argument gegen die Aufarbeitung der Verbrechen kommunistischer Regime: es fällt schwer, dieses Denkmuster nicht zynisch zu nennen. Apologetisch ist es allemal. [...] Und will man es ernsthaft als entlastenden Faktor bewerten, dass kommunistische Regime, die ein gewisses Alter erreicht haben, auf den offenen totalitären Massenterror verzichten, nachdem der Zweck, die Unterwerfung der Menschen, weitgehend erreicht ist?"[30]

Vergleiche von Diktaturen (statt deren absurde Gleichsetzung) dürfen weder Gegensätze nivellieren noch Gemeinsamkeiten negieren. Analog scheinen

---

27 Vgl. Everts, Politischer Extremismus, S. 17.
28 Vgl. Klaus Schroeder, Rechtsextremismus und Jugendgewalt in Deutschland. Ein Ost-West-Vergleich, Paderborn 2004, S. 226.
29 Zitiert nach Harald Bergsdorf, Ungleiche Geschwister. Die deutschen „Republikaner" im Vergleich zum französischen „Front National", Frankfurt a. M. u. a. 2000, S. 11; ein Mitarbeiter der „Industriegewerkschaft Metall" warnt die „antifaschistische Linke" davor, bestimmte Themen zu vernachlässigen oder gar zu tabuisieren und damit anderen Parteien zu überlassen, zum Beispiel Themen wie Kriminalität, Europa, nationale Identität, Patriotismus und multikulturelle Gesellschaft, zumal es unter Wählern zum Beispiel der NPD einen erheblichen Teil „Prolet-Arier" gibt. „Wenn als stärkstes Bindeglied zwischen den Deutschen ihre ökonomische Leistungsfähigkeit wirkt, dann kann diese einseitige Orientierung zur Achillesferse werden." Wolfgang Kowalsky, Rechtsaußen ... und die verfehlten Strategien der deutschen Linken, Frankfurt a. M./Berlin 1992, S. 16. Es gilt, solche Themen differenziert, unideologisch und pragmatisch zu behandeln. Dazu gehört es, zwischen Nationalismus und Patriotismus ebenso zu unterscheiden wie zwischen integrationswilligen und integrationsunwilligen Ausländern.
30 Zitiert nach Bergsdorf, Ungleiche Geschwister, S. 15.

190   *Harald Bergsdorf*

Versuche illegitim, Vergleiche links- und rechtsextremer Parteien zu tabuisieren. Gerade um das Spezifische etwa der PDS-Ideologie möglichst klar herauszuarbeiten, bleibt es sinnvoll, sie mit der Ideologie der REP zu vergleichen (und umgekehrt). Laut Uwe Backes und Eckhard Jesse verdankt die Extremismusforschung Links-Rechts-Vergleichen ihre „wertvollsten Einsichten".[31] Systematische Vergleiche von rechts- und linksextremen Ideologien können helfen, den Nutzen des Extremismusbegriffs zu zeigen bzw. zu verdeutlichen.

IV. REP- und PDS-Ideologie im Vergleich

Schon bei Aristoteles heißt es: „Eine Vielheit ist das Volk, keine Einheit."[32] Im Kontrast dazu wenden sich die *Republikaner* (REP)[33] und die *Partei des Demokratischen Sozialismus* (PDS)[34] wie andere Extremisten gegen die pluralistische Demokratie. Beide Parteien meinen, in der eigenen Doktrin die einzig wahre Weltsicht gefunden zu haben. Deshalb dulden sie die pluralistische Demokratie lediglich, ohne sie wirklich zu akzeptieren. Dennoch bekennen sich die REP zu den „fundamentalen Prinzipien der freiheitlich-demokratischen Grundordnung"[35] und bezeichnen sich sogar als „die einzige noch verfassungsgemäße Partei auf dem Boden des Grundgesetzes".[36]

Rolf Schlierer agierte zwar lange Jahre sowohl als Bundespartei- als auch Landtagsfraktionsvorsitzender. Doch die REP fordern, dass „die demokratische Grundforderung der Gewaltenteilung durch ein Verbot von Ämterverquickung wieder uneingeschränkt Anwendung findet."[37] Auch die PDS bekennt sich zur freiheitlichen Demokratie,[38] fordert sogar die „Demokratisierung der Demokratie"[39] und wehrt sich „gegen die Aushöhlung des Grundgesetzes".[40] Selbst wenn PDS und REP gerne Verfassungstreue simulieren: Im Widerspruch zu ihren (pseudo-)demokratischen Äußerungen unterstellt das neue REP-Parteiprogramm von 2002, in der Bundesrepublik gebe es massive Einschränkungen der

31 Backes/Jesse, Vergleichende Extremismusforschung, S. 30.
32 Zitiert nach Peter Graf Kielmansegg, Demokratie ist mehr als Volksherrschaft. In: Fritz Ulrich Fack u. a. (Hg.), Das deutsche Modell. Freiheitlicher Rechtsstaat und Soziale Marktwirtschaft, München 1990, S. 56–62, hier 60.
33 Vgl. Norbert Lepszy, Die Republikaner im Abwind, St. Augustin 1994; Bergsdorf, Ungleiche Geschwister.
34 Vgl. Viola Neu, Am Ende der Hoffnung: Die PDS im Westen, St. Augustin 2000; Konrad Löw, Für Menschen mit kurzem Gedächtnis. Das Rostocker Manifest der PDS, Köln 1998; Jürgen P. Lang, Ist die PDS eine demokratische Partei? Eine extremismustheoretische Untersuchung, Baden-Baden 2003; Viola Neu, Das Janusgesicht der PDS. Wähler und Partei zwischen Demokratie und Extremismus, Baden-Baden 2004.
35 REP-Programm 1993, S. 5.
36 Zitiert nach Innenministerium des Landes Nordrhein-Westfalen (Hg.), Verfassungsschutzbericht Nordrhein-Westfalen 1997, Düsseldorf 1998, S. 58.
37 Die Republikaner, Wahlplattform 1998, o. S. (Internet-Fassung).
38 Vgl. PDS-Programm 1993, S. 1.
39 Zitiert nach Everts, Politischer Extremismus, S. 270.
40 PDS-Programm 1993, S. 10.

Ideologie und Programmatik rechts- und linksextremer Parteien 191

Freiheit; wenige Parteien monopolisierten die politische Macht.[41] Die PDS wettert in ihrem Programm von 1993 gegen die anderen Parteien: „Durch die Politik der etablierten Parteien werden die ehemaligen Bürgerinnen und Bürger der DDR auf Jahre, wenn nicht Jahrzehnte zu Menschen mit eingeschränkten Grundrechten".[42] PDS-Funktionäre versuchen häufig, den Parlamentarismus zu diskreditieren: Klar sei, „dass Demokratie und Meinungsfreiheit in diesem Staat nicht das Papier wert ist, auf dem sie geschrieben stehen."[43] Andere PDS-Funktionäre erklären: „Die gegebenen Systeme der parlamentarischen Demokratie geleiten die Menschheit geradewegs in den Tod."[44]

Sarah Wagenknecht, Leitfigur des „Kommunistischen Plattform", befindet: „Die DDR war nicht undemokratischer als die Bundesrepublik".[45] Ähnlich wie die REP moniert Gysi, die Bundesrepublik habe „einen totalitären Machtanspruch".[46] Mit antiamerikanischem Unterton versucht die PDS, den Begriff „Totalitarismus" zu nivellieren und damit totalitäre Diktaturen zu beschönigen: „Es entsteht ein neuer Totalitarismus der Herrschaft transnationaler wirtschaftlicher und politischer Gruppen mit Hilfe monetärer und handelspolitischer Instrumente, wirtschaftlichen und politischen Drucks und imperialer militärischer Übermacht."[47]

Als der Deutsche Bundestag das Versammlungsrecht präzisierte und andere Gesetze (Anti-Diskriminierungsgesetz) diskutierte, warnten die REP: „Wenn das so weitergeht, sind wir auf dem besten Weg in den totalitären Gutmenschenstaat."[48] Die PDS bezeichnet die pluralistische Demokratie als „Scheindemokratie".[49] Allgemeine, freie, geheime, gleiche, direkte Wahlen nennt sie „Wahlfetischismus".[50] Immerhin böten Wahlkampf und Parlamente die Chance, linke Inhalte in die Medien zu transportieren.[51] Auch Gregor Gysi warnt vor „übertriebenem Legalismus" und „Überbewertung des Rechts".[52] REP-Chef Schlierer betitelt die bundesdeutsche Demokratie als „Bananenrepublik"[53] und spricht pauschalierend von „Abzockern in Berlin".[54] Im Parteiorgan der REP heißt es: „Wir wollen keine Altparteiendiktatur. Wir stellen vielmehr eines an

---

41 Vgl. REP-Programm 2002, S. 4 f.
42 PDS-Programm 1993, S. 5.
43 Zitiert nach Neues Deutschland vom 16. Januar 1996.
44 Zitiert nach Frankfurter Allgemeine Zeitung vom 30. Juni 2001.
45 Zitiert nach Welt am Sonntag vom 21. Juni 2001.
46 Gregor Gysi, „Ingolstädter Manifest", Ingolstadt 1994, S. 2.
47 Ebd., S. 11.
48 REP-Pressemitteilung vom 11. März 2005.
49 Zitiert nach Bundesministerium des Innern (Hg.), Verfassungsschutzbericht 1994, Bonn 1995, S. 66.
50 Zitiert nach Bundesministerium des Innern (Hg.), Verfassungsschutzbericht 1996, Bonn 1997, S. 62.
51 Vgl. Verfassungsschutzbericht 1994, S. 66.
52 Zitiert nach Bayerisches Staatsministerium des Innern (Hg.),Verfassungsschutzbericht 1991, München 1992, S. 43.
53 REP-Pressemeldung vom 14. Januar 2005.
54 REP-Pressemitteilung vom 25. Februar 2005.

den Pranger, nämlich den Missbrauch der Demokratie durch die Altparteien."[55] Solche Äußerungen ähnlen diversen PDS-Versuchen, die DDR zu beschönigen, und zielen darauf, unüberbrückbare Unterschiede zwischen totalitärer Diktatur und freiheitlicher Demokratie zu verwischen. Nivellieren statt Differenzieren heißt eine Hauptmethode der PDS und der REP.

André Brie allerdings bemerkt zum Demokratie-Verständnis der PDS: „Wir müssen ein positives Verhältnis zur parlamentarischen Demokratie [...] finden."[56] Der frühere PDS-Bundesgeschäftsführer Bartsch ergänzt: „Die PDS muss eine pluralistische Partei bleiben. Ich bin dafür, dass es Kommunistinnen und Kommunisten in der PDS gibt und dass die sich einmischen."[57] Damit versucht Bartsch, die PDS als pluralistisch zu präsentieren. Zugleich konzediert er, dass es in der PDS Kommunismus gibt, der wiederum per definitionem undemokratisch bzw. extremistisch ist. Der aktuelle PDS-Chef Lothar Bisky hält „eine demokratisch-kommunistische Richtung in der PDS für unverzichtbar".[58] Doch „demokratischer Kommunismus" erinnert an einen gebratenen Schneeball.

Dass PDS und REP die Fundamentalgleichheit der Menschen ablehnen, zeigen ihre diversen Versuche, totalitäre Diktaturen zu beschönigen. Die REP versuchen nach wie vor, das „Dritte Reich" zu verharmlosen und von Verbrechen der Hitler-Diktatur abzulenken. Die Zwangsarbeiter-Entschädigung nennt Schlierer „blanke zwischenstaatliche Erpressung."[59] In der Parteizeitung der „Republikaner" erklärt Schlierer, den manche für gemäßigt halten:[60] „Die Speichellecker-Attitüde von Merkel und Schäuble, die immer noch nicht begreifen wollen oder können, dass Dankbarkeit nur ein anderes Wort für Vasallität ist, verursacht ebenso Brechreiz wie die Behauptung, dass wir nur dank der Bombardierung durch die USA im Zweiten Weltkrieg wieder in die Gemeinschaft der zivilisierten Völker aufgenommen worden seien. Das einzige, wovon die Bomben der amerikanischen Luftwaffe befreit haben, waren Leben, Hab und Gut der Bombenkriegsopfer."[61]

Schlierer spricht vom „Dogma von der Einzigartigkeit deutscher Verbrechen"[62] und bezeichnet es als „Lüge",[63] obwohl alle Verbrechen einzigartig sind und Publizisten, Politiker und Wissenschafter selbstverständlich seit Jahren

---

55 Zitiert nach „Der Republikaner", 11/1997, S. 3.
56 André Brie, Interview. In: Stern vom 1. August 1996.
57 Zitiert nach Bundesministerium des Innern (Hg.), Verfassungsschutzbericht 1999, Berlin 2000, S. 118.
58 Zitiert nach Bundesverfassungsschutzbericht 1995, S. 64.
59 REP-Pressemitteilung vom 17. November 1999.
60 Gerade die REP, aber auch die PDS stehen unter einem enormen Druck, gemäßigt zu scheinen, wobei die REP insbesondere in der Schönhuber-Zeit immer wieder versucht haben, durch „wohlkalkulierte Entgleisungen" die Aufmerksamkeit der Öffentlichkeit und der Massenmedien zu erregen.
61 Zitiert nach Bundesministerium des Innern (Hg.), Verfassungsschutzbericht 2003, Berlin 2004, S. 79.
62 REP-Pressemitteilung vom 9. Februar 2005.
63 Ebd.

auch andere Verbrechen diskutieren, etwa kommunistische Massenmorde. Deshalb klingt auch Schlierers Forderung hysterisch und abwegig, „die Deutschen dürften nicht länger zulassen, dass ihre ganze Geschichte in ein Verbrecheralbum (sic) umgewandelt" werde.[64] Das Jahr 1945 nennt Schlierer kein Jahr der Befreiung, sondern einseitig ein Jahr der „katastrophalen Niederlage". Viele Deutsche empfanden es aber mit guten Gründen zugleich als Jahr der „Befreiung" – Theodor Heuss erlebte Deutschland nach dem 8. Mai 1945 als „erlöst und vernichtet in einem".

In die Irre führt auch Schlierers Feststellung, „Verbrechen der Sieger könnten nicht mit vorangegangenen Verbrechen gerechtfertigt werden."[65] Zwar gab es gewiss Verbrechen auch anderer Länder. Doch bei aller Differenzierung:[66] An der Verantwortung Hitlers für die planmäßige „Entfesselung" des Krieges gibt es keinen begründeten und begründbaren Zweifel. Auch wenn die alliierten Bombenangriffe auf deutsche Städte viele Todesopfer unter der Zivilbevölkerung verursachten und den Krieg im Ergebnis vielleicht sogar verlängerten: Sie zielten immerhin darauf, den Krieg schnellstmöglich zu beenden; das Kriegsende wiederum stoppte NS-Verbrechen an Menschen aus Deutschland und anderen Ländern. Überhaupt: Warum beschäftigen sich die REP mit deutschen Opfern? Wollen Sie damit von NS-Verbrechen ablenken?

Während Spitzenfunktionäre der REP versuchen, das „Dritte Reich" zu verharmlosen, lobt die „antifaschistische" PDS die SED-Diktatur und betont statt des massenhaften Judenmordes die Opfer unter kommunistischen Kämpfern gegen den „Faschismus".[67] Dazu bemerkt François Furet: „Kommunisten sind nicht bereit, auf das Privileg zu verzichten, vor allen anderen Hitlers Hass auf sich gezogen zu haben."[68] In ihrem neuen Programm von 2003 äußert die PDS zwar,[69] sie wende sich gegen jeden Versuch, mit Mitteln der Diktatur Veränderungen herbeizuführen. Doch wie im Programm von 1993 glorifiziert sie die (angeblich) „antifaschistisch-demokratischen Veränderungen" in der SBZ und kritisiert lediglich den Stalinismus, ohne den Kommunismus als solchen zu verurteilen, den sie immer noch apologetisch Sozialismus nennt.

Bisky nennt die Niederschlagung des ersten Volksaufstandes im Ostblock vom 17. Juni 1953 in der DDR illegitim, um kurze Zeit später Ulbricht als „großen Staatsmann" zu feiern.[70] Deshalb klingt es unzureichend, wenn sich die PDS, um Legitimität zu gewinnen, lediglich vom Stalinismus abwendet;[71] ana-

---

64 Ebd.
65 Ebd.
66 Vgl. Karl Dietrich Erdmann, Deutschland unter der Herrschaft des Nationalsozialismus 1933–1945, Stuttgart 1987; ders., Der Zweite Weltkrieg, Stuttgart 1987.
67 Stalin ließ mehr deutsche Kommunisten ermorden als Hitler.
68 François Furet, Das Ende der Illusion. Der Kommunismus im 20. Jahrhundert, München/Zürich 1996, S. 497.
69 Vgl. Harald Bergsdorf, (K)ein Requiem für die PDS. Die PDS vor den Wahlen 2004. In: Die Politische Meinung, 49 (2004), S. 63 f.
70 Vgl. Neues Deutschland vom 1./2. August 1998 und 18. September 1998.
71 Vgl. ebd.

log distanzieren sich REP-Spitzenfunktionäre von Hitler – und äußern zugleich Sympathien für die „linke" NSDAP um die Brüder Straßer und den italienischen Faschismus.[72]

Wie zahlreiche andere PDS-Spitzenpolitiker weigert sich Rosemarie Hein, die DDR einen „Unrechtsstaat" zu nennen. Sie hält die Niederschlagung des Aufstandes vom 17. Juni 1953 lediglich für einen „Fehler".[73] Immerhin war die DDR, die Deutsche Demokratische Republik, sogar nach ihrem Selbstverständnis eine „Diktatur des Proletariats". Täve Schur, einst DDR-Reisekader, ergänzt: „Wir hatten doch alles".[74] Die PDS äußert nivellierend, sie kämpfe für einen „Entwicklungsgang der Bundesrepublik, der das Positive der ehemaligen BRD wie der DDR aufnimmt."[75]

Zudem bekundet nicht irgendein Vertreter der „Kommunistischen Plattform" oder des „Marxistischen Forums", sondern Gysi selbst über die Mauer-Morde: Der „Schießbefehl an der Grenze gehört – leider – zur Souveränität eines Staates."[76] Überhaupt legitimiert die PDS die SED-Diktatur gerne mit dem Hinweis auf die feindliche Umgebung.[77] Schließlich versucht die PDS, die Wiedervereinigung als „Anschluss"[78] zu diskreditieren – und insinuiert dabei Parallelen zwischen dem Wiedervereinigungs-Kurs nach Artikel 23, für den die breite Mehrheit der Wähler 1990 in mehreren freien Wahlen votierte, und der diktatorischen Politik Hitlers gegenüber Österreich 1938. Die rechtsstaatliche Auseinandersetzung mit Verbrechen in der DDR nennt die PDS gerne „Siegerjustiz"[79] – analog agitier(t)en rechtsextremistische Politiker gegen rechtsstaatliche Auseinandersetzungen über Verbrechen im „Dritten Reich".[80]

Die vereinfachte, kategorische Weltsicht der rigorosen und antipluralistischen REP und PDS arbeitet mit Schuldzuweisungen und einer „Sündenbock"-Agitation. Auch wenn die REP bekunden, sie engagierten sich für individuelle Freiheiten; auch wenn gerade die PDS ihr (Selbst-)Bild als tolerante, pluralistische Partei pflegt – freundlich zum Beispiel gegenüber Homosexuellen oder Vertretern der „Nie-Wieder-Deutschland"-Gruppe, weniger gegenüber kirchentreuen Katholiken: Ähnlich wie die REP präsentiert die PDS gern „Sündenböcke". Auf unterschiedliche und zugleich analoge Weise agitieren beide Parteien gegen den „neoliberalen Kapitalismus", wie die PDS sowohl Globalisierung

---

72 Vgl. Uwe Backes, Organisierter Rechtsextremismus im westlichen Europa. Eine vergleichende Betrachtung. In: Werner Billing (Hg.), Rechtsextremismus in der Bundesrepublik Deutschland, Baden-Baden 1993, S. 45–64, hier 48.
73 Rosemarie Hein, Interview. In: Die Welt vom 22. Juni 2001.
74 Zitiert nach Focus, 19/1998, S. 37.
75 Zitiert nach Heinrich August Winkler, „Den Lenin noch im Leib". In: Bonner Generalanzeiger vom 30. November 1995.
76 Zitiert nach Welt am Sonntag vom 24. Juni 2001.
77 Vgl. PDS-Programm 1993, S. 7.
78 Ebd., S. 1 und 5.
79 Vgl. Viola Neu, Die PDS – Störfaktor oder Herausforderung im Demokratisierungsprozess? In: Eichholzbrief. Zeitschrift zur politischen Bildung, 4/1996, S. 28–36, hier 34.
80 Im Übrigen war es die frei gewählte Volkskammer, die 1990 im Einigungsvertrag die Justiz beauftragt hat, DDR-Unrecht zu verfolgen und zu bestrafen.

Ideologie und Programmatik rechts- und linksextremer Parteien 195

und Welthandel nennt als auch die rechtsstaatliche Demokratie der Bundesrepublik samt Sozialer Marktwirtschaft; die REP polemisieren gerade auch in ihrem neuen Parteiprogramm von 2002 einseitig gegen die Globalisierung.[81] Hinzu kommen bei den REP „die" Ausländer als zentraler „Sündenbock", womit die Partei ihr Feindbild stark personalisiert. Beide Parteien, PDS und REP, insinuieren oder betonen, vor allem der „Kapitalismus" bzw. „die" Ausländer seien haupt- oder gar alleinverantwortlich für Probleme wie zum Beispiel Arbeitslosigkeit, „Sozialabbau", Kriminalität und Umweltverschmutzung. Anders als die REP fordert die PDS einen ausufernden Sozialstaat sowohl für Deutsche als auch für Ausländer.

Im Widerspruch zu ihren „demokratischen" Äußerungen dienen bereits die Grundrechte, die ein Selbstzweck sind, nach dem Verständnis sowohl der REP als auch der PDS lediglich dazu, die eigene Ideologie durchzusetzen, das heißt eine sozial bzw. national weitgehend homogene Gesellschaft. Ausdrücklich forderten die REP eine „homogene Gesellschaft"[82] – im neuen Grundsatzprogramm von 2002 plädieren sie für einen „gerechten Ausgleich zwischen Einzelinteressen und dem wohl der Allgemeinheit".[83] Im Kontrast zum Geist des Grundgesetzes gibt die PDS analog in ihrem neuen Programm von 2003 dem Kollektiv einen prinzipiellen Vorrang vor Individualismus: eine für Extremisten und Diktaturen typische Prioritätensetzung.[84]

Die REP stilisieren vor allem „die" Ausländer zu den Hauptverursachern von Problemen. Zwar bekennen sich die REP zu den im „Grundgesetz konkretisierten Menschenrechten."[85] Doch die Partei versäumt es schon in ihrem Programm, hinreichend zu differenzieren etwa zwischen Ausländern, die in Deutschland gut integriert leben, und solchen, die nach Deutschland illegal einreisen und sich im Land aufhalten, um schwere Straftaten zu begehen. So bekunden die antipluralistischen REP in ihrem Programm von 1993 im nivellierenden Kollektivsingular: „Auch der dauerhaft in Deutschland lebende Ausländer ist ein Gast."[86] Die PDS malt und präsentiert gern Horrorgemälde von der „kapitalistisch-neoliberalen" Wirklichkeit – und verschweigt, dass gerade in kommunistischen Diktaturen Elend und Hunger herrschen. In ihrem aktuellen Programm von 2003 erklärt die PDS den „neoliberalen Kapitalismus" zur „Bedrohung der Menschheit".[87]

Die REP dramatisieren, die mögliche und überaus diskutable Aufnahme der Türkei in die EU werde „den inneren Frieden in den Städten endgültig zusammenbrechen lassen."[88] Zudem erklären sie: „Millionen von Ausländern aus al-

---

81 Vgl. REP-Programm 2002, S. 9.
82 REP-Programm 1993, S. 74.
83 REP-Programm 2002, S. 6.
84 Vgl. dazu Bergsdorf, (K)ein Requiem, S. 64.
85 REP-Programm 1993, S. 5.
86 Ebd., S. 23.
87 PDS-Programm 2003, S. 8.
88 REP-Pressemitteilung vom 25. Februar 2005.

ler Welt überfluten unser schon zu dicht besiedeltes Land [...] Die unkontrollierte Masseneinwanderung und damit verbundene Übervölkerung zerstört unsere ökologischen und ökonomischen Lebensgrundlagen."[89] Alternativ heißt es bei den REP: „Das Boot ist voll! Die deutschen Bürgerinnen und Bürger dürfen nicht in den Fluten einer multikulturellen Katastrophe ertrinken."[90] An anderer Stelle warnen die REP vor dem „Bürgerkriegsszenario der Multi-Kulti-Gesellschaft".[91]

Ganz anders als die antipluralistischen REP fordert die PDS eine letztlich beinahe grenzenlose Zuwanderung nach Deutschland, von der wahrscheinlich auch die REP-Propaganda profitierte – und damit möglicherweise indirekt ebenfalls die „antifaschistische" PDS. Die PDS will das Asylrecht ausdehnen „auf Menschen, die vor Krieg, sozialen und ökologischen Katastrophen flüchten".[92] Allerdings: In Ostdeutschland meinen vor allem die Anhänger der antipluralistischen PDS, in Deutschland gebe es zu viele Ausländer (der Ausländer-Anteil liegt in allen jungen Bundesländern jeweils bei rund zwei Prozent);[93] von der doppelten Staatsangehörigkeit, so klagte die frühere PDS-Spitzenpolitikerin Angela Marquardt, „hat die PDS selbst viele ihrer Mitglieder nicht überzeugen können."[94]

Ähnlich wie die PDS[95] kritisieren die REP die „sozialpolitische Verantwortungslosigkeit der Altparteien."[96] Auch die Partei Schlierers warnt vor der „Verelendung ganzer Bevölkerungsschichten".[97] Deshalb ist es (zu) einseitig, festzustellen, die REP befürworteten „deutlich die Marktwirtschaft",[98] obwohl die Partei Schlierers zugleich im Unterschied zur PDS fordert, die Staatstätigkeit insgesamt zu reduzieren. Allerdings versucht die PDS seit einiger Zeit ebenfalls, sich als Interessenvertreter von mittelständischen Unternehmern zu präsentieren.

2003 beschloss die PDS ihr neues Parteiprogramm: Es arbeitet ähnlich wie die REP-Ideologie mit Sündenböcken und Verschwörungstheorien. Nach wie vor plädiert die PDS für die „umfassende Umgestaltung der Eigentums- und Machtverhältnisse". Das PDS-Programm von 2003 enthält einen weiteren altneuen Schwerpunkt der PDS-Agitation gegen Sündenböcke: den zumindest latenten Antiamerikanismus, der sich sowohl gegen die aktuelle US-Regierung

---

89 Zitiert nach Innenministerium Baden-Württemberg (Hg.), Verfassungsschutzbericht Baden-Württemberg 1993, Stuttgart 1994, S. 44.
90 Zitiert nach Lepszy, Republikaner, S. 39.
91 Zitiert nach Bundesverfassungsschutzbericht 2003, S. 76.
92 PDS-Programm 1993, S. 12.
93 Vgl. Forsa-Pressemitteilung vom 3. Juli 2000.
94 Zitiert nach Focus, 15/1999, S. 102.
95 Gerade die NPD handelt im Osten nach dem Motto: Von der PDS lernen, heißt Siegen lernen.
96 REP-Pressemitteilung vom 1. März 2005.
97 REP-Programm 1993, S. 74.
98 Steffen Kailitz, Rechtsextremismus in der Bundesrepublik Deutschland. Auf dem Weg zur „Volksfront"?, St. Augustin 2005, S. 85.

richtet als auch die politische Kultur und das politische System der USA, die sich in ihrer Geschichte wenig anfällig für totalitäre und extremistische Versuchungen gezeigt haben.

Im neuen PDS-Programm heißt es: „Die USA-Regierung verfolgt mit ihrer imperialistischen Politik, mit politischer und wirtschaftlicher Erpressung und mit Aggressionskriegen das geostrategische Ziel einer weltweiten Vorherrschaft." An anderer Stelle ihres neuen Programms unterstellt die PDS, die USA führten „Angriffskriege". Darin sieht die PDS-Verschwörungstheorie eine zentrale Ursache des islamistischen Terrors. „So was kommt von so was", hatten Teile der PDS noch direkt nach den kriegerischen Anschlägen des 11. September 2001 formuliert. Damals distanzierte sich die PDS-Führung noch von dieser PDS-Äußerung. Den Krieg gegen das diktatorische Regime in Afghanistan, gegen den Terror qualifiziert die PDS nun als „Überfall".

In ähnlicher Terminologie wie die PDS nennen die REP den Irakkrieg einen „völkerrechtswidrigen Angriffskrieg [...] Kein Ölfeld der Welt sei es wert, dafür hunderttausende Tote, Millionen Flüchtlinge und dauerhafte Anarchie im Mittleren Osten zu riskieren",[99] erklärt Schlierer. Er qualifiziert den Irakkrieg als „willkürlich"[100]. Der Waffengang unterstreiche, „dass den USA jeder Vorwand recht ist, sich mit militärischer Gewalt die Kontrolle über die gewaltigen Ölvorkommen im Mittleren Osten zu sichern."[101] Schlierer formuliert eine Verschwörungstheorie, indem er befindet: „George Bush opfert das Blut unzähliger Soldaten und Zivilisten und verpulvert Milliarden von Dollars, um einen weltweiten Aufschwung des radikalen islamischen Fundamentalismus herbeizubomben."[102]

Im Unterschied zu DKP bzw. NPD forcieren die PDS, aber auch die REP seit einigen Jahren deutlich ihre Versuche, gemäßigt zu scheinen. Doch bei allen Unterschieden bzw. Nuancen, die es in der Ideologie zwischen den „Orthodoxen" und „Reformern" in der PDS gibt: Beide weigern sich, die SED-Diktatur wirklich zu kritisieren. Beide befinden, nur der Sozialismus ermögliche echte Freiheit und Demokratie. Das gesamte PDS-Kalkül zielt darauf, (gewaltbereite) Linksextremisten zu sammeln statt abzuschrecken oder auszuschließen. Allerdings: Deutlicher als die „Orthodoxen" bemühen sich die „Reformer", einen demokratischen Schein zu wahren. So distanzierten sich die „Reformer" kurz nach dem 11. September 2001 gerade auch deshalb von antiamerikanischen Äußerungen „orthodoxer" Parteifreunde („So was kommt von so was"), weil es damals opportun war bzw. schien – zuvor hatten die „Reformer" viele Gelegenheiten verstreichen lassen, die „Orthodoxen" öffentlich zu kritisieren.

Sowohl die „Orthodoxen" als auch die „Reformer" wollen die PDS zur stärksten Regierungspartei im Osten formen. Doch auf dem Weg zu diesem ge-

99 REP-Pressemitteilung vom 23. Januar 2003.
100 Ebd.
101 Ebd.
102 REP-Pressemitteilung vom 28. März 2003.

meinsamen Ziel agieren die „Reformer" pragmatischer und ideologisch flexibler. Bei allen Unterschieden: Mehr oder minder dulden sowohl die „Reformer" als auch die „Orthodoxen" die rechtsstaatliche Demokratie, ohne sie wirklich zu akzeptieren – viele vehemente Versuche, die Bundesrepublik zu diskreditieren und die SED-Diktatur zu beschönigen, stammen ohnehin eben von Bisky und Gysi persönlich. Gern nutzen die „Reformer" die „Orthodoxen" allerdings als Kontrastmittel; gerade auch mit Verweisen auf ihre „orthodoxen" Parteifreunde versuchen die „Reformer", sich selbst als „demokratisch" zu stilisieren und die PDS insgesamt als pluralistisch. Der momentane PDS-Bundesvorsitzende Bisky betont immer wieder seine Unterstützung für die Kommunistische Plattform.

Auch die Auseinandersetzungen in den REP zwischen Schlierer einerseits und Franz Schönhuber sowie Christian Käs andererseits kreisen weniger um politische Inhalte und mehr um divergierende Führungsansprüche sowie unterschiedliche Einschätzungen darüber, wie die Partei agieren müsse, um erfolgreich zu sein. Während Schlierer seinen innerparteilichen Kontrahenten vorwarf, die Grenze zum „rechten Narrensaum" einzunebeln, kooperiert er mittels Absprachen, wer bei welchen Wahlen kandidiert bzw. nicht kandidiert, inzwischen selbst mit DVU und NPD, auch wenn er es bislang abgelehnt hat, an der „rechten Volksfront" mitzuwirken, die NPD und DVU (angeblich) anvisieren. Doch wie eben zahlreiche Äußerungen Schlierers andeuten, scheinen programmatisch-ideologische Unterschiede gering zwischen Schlierer und Schönhuber bzw. Käs. Inzwischen haben allerdings sowohl Schönhuber als auch Käs die REP verlassen. Mit anderen Worten: Entgegen manchen Annahmen gründen ideologische Auseinandersetzungen in den REP und PDS weniger auf Sein und mehr auf Schein.

V. Demokratieschutz in Deutschland: Prävention und Repression

Der Umgang der Bundesrepublik mit Extremismus, insbesondere das Konzept der streitbaren Demokratie,[103] gründet auf historischer Erfahrung. Die streitbare Demokratie gibt eine Antwort auf die Frage, ob und inwieweit sich aus Geschichte lernen lässt – oder können wir aus Geschichte nur lernen, wie schwierig oder gar unmöglich es ist, aus ihr zu lernen? Gewiss wiederholt sich Geschichte niemals vollständig. Jede historische Situation ist einmalig. Zum Beständigsten gehört der Wandel. Doch immer wieder lassen sich Analogien ziehen. Deshalb bleibt es bedeutsam, Geschichte zu vergegenwärtigen und durch Erinnerung zu verinnerlichen. Die Beschäftigung mit Geschichte fördert das generationenübergreifende Erinnern. Sie schärft die Urteilskraft für Gegenwart

---

103 Vgl. Backes/Jesse, Vergleichende Extremismusforschung, S. 121–141; Eckhard Jesse, Demokratieschutz. In: ders./Roland Sturm, Demokratien des 21. Jahrhunderts im Vergleich. Historische Zugänge, Gegenwartsprobleme und Reformperspektiven, Opladen 2003, S. 449–474.

und Zukunft. Im Privatleben hilft Lebenserfahrung bei der Orientierung. Analog leistet in öffentlichen Angelegenheiten die Geschichte einen Beitrag zur Meinungs- und Entscheidungsfindung. Geschichte ermöglicht es, nicht weise für immer zu werden, aber vielleicht klüger für die Zukunft, also für das nächste Mal.

Gerade weil das bundesdeutsche Konzept der streitbaren Demokratie auf einer spezifischen Geschichte gründet, unterscheidet es sich von den Demokratieschutz-Modellen anderer Ländern, in die ebenfalls nationale Erfahrungen eingeflossen sind.[104] Die streitbare Demokratie lernt insbesondere aus der Zerstörung der Weimarer Republik durch NSDAP und KPD.[105] Denn nach 1945 waren die Verfassunggeber bestrebt, sich auch „derer zu erwehren, die sich der demokratischen Freiheits- und Teilhaberechte zum Kampf gegen die freiheitliche Verfassungsordnung bedienten."[106] Die Verfassunggeber hatten vor 1933 „mitangesehen, wie eine freiheitliche Verfassung, in vermeintlicher Grundsatzfestigkeit, sich selbst ihren Feinden ausgeliefert hatte und zerstört worden war."[107]

Bereits nach den Reichstagswahlen 1928 hatte Joseph Goebbels freimütig erklärt, die NSDAP wolle sich „im Waffenarsenal der Demokratie mit deren eigenen Waffen...versorgen. Wir werden Reichstagsabgeordnete, um die Weimarer Demokratie mit ihrer eigenen Unterstützung lahmzulegen. [...] Wir kommen als Feinde! Wie der Wolf in die Schafsherde einbricht, so kommen wir."[108] Ähnlich hatte schon Lenin erklärt, die „bürgerlich-demokratischen Parlamente" ermöglichten es, „zu beweisen, weshalb solche Parlamente auseinandergejagt zu werden verdienen".[109] Auch wenn es (rechtliche) Chancen des Republikschutzes gab: Der instabilen Weimarer Verfassung und Republik mangelte es an der Bereitschaft und Fähigkeit, sich hinreichend selbst zu verteidigen. Letztlich ermöglichte sie es Hitler, mit halblegalen Methoden und Legalitätsbeteuerungen das Amt des Reichskanzlers zu übernehmen und in kurzer Zeit ein totalitäres Regime zu installieren.[110] Die totalitäre Entschlossenheit, mit einer Mischung aus Terror, Propaganda, Verführung und Gewalt die Republik zu zerstören, traf auf zu wenig demokratische Gegenwehr.

Insbesondere nach den historischen Erfahrungen mit Lenin, Hitler und Stalin wahrt die streitbare und wertgebundene Demokratie Äquidistanz zu jeglichem Extremismus. Mit eher präventiven bzw. diskursiven als repressiven Mitteln verfolgt sie das Ziel, die freiheitlich-demokratische Grundordnung als dem Kern der bundesdeutschen Verfassung konsequent zu schützen. Denn wer als

---

104 Vgl. Jesse, Demokratieschutz, S. 471–472.
105 Vgl. Kailitz, Politischer Extremismus, S. 210–224.
106 Peter Graf Kielmansegg, Ist streitbare Demokratie möglich? In: Walter Scheel (Hg.), Die andere deutsche Frage. Kultur und Gesellschaft der Bundesrepublik nach 30 Jahren, Stuttgart 1981, S. 93–104, hier 94.
107 Ebd.
108 Zitiert nach Erdmann, Deutschland, S. 49.
109 Zitiert nach Kailitz, Politischer Extremismus, S. 211.
110 Hitler und Goebbels betonten nach dem Hitlerputsch 1923 ihre Gesetzestreue, äußerten aber klar ihren Willen, die Demokratie mit deren Mitteln abzuschaffen.

Demokrat Extremisten (zu) weite Freiräume gibt, riskiert eine Aushöhlung oder gar einen Untergang der rechtsstaatlichen Demokratie; eine Regierungsform, die Freiheit, Menschenwürde und Demokratie erst ermöglicht. Die streitbare Demokratie praktiziert deshalb im Idealfall kein *laissez-faire*, sondern erlaubt Pluralismus nur dann, wenn er auf der Basis eines Minimums an gemeinsamen Grundwerten agiert. Demokratie ist mehr und muss mehr sein als bloße Volksherrschaft. Hinzukommen müssen Sicherungen gegen Bestrebungen, die Demokratie mit (pseudo-)legalen Mitteln zu unterhöhlen oder gar abzuschaffen. Keine unbedingte Freiheit den Feinden der Freiheit, lautet deshalb eine zentrale Devise der streitbaren Demokratie.

Wer sich allerdings gegen Extremisten zu vehement wehrt, unterminiert unter Umständen demokratische Grundsätze. Dazu gehören Grundsätze, die sich missbrauchen lassen, um demokratische Konkurrenten zu bedrängen. Der Weg, Freiheitsrechte zu beschränken oder zu gewähren, ähnelt deshalb keiner Prachtstrasse, sondern einem Pfad, den die streitbare Demokratie mit gelassener Entschlossenheit beschreitet. „Der demokratische Verfassungsstaat muss vermeiden, aus Angst vor Mord Selbstmord zu begehen."[111] Ohnehin bieten freiheitliche Demokratien hinreichende Chancen, mit nicht-extremistischen Mitteln nicht-extremistische Ziele zu verwirklichen und damit politische Veränderungen durchzusetzen.

Mit anderen Worten: Wer in der freiheitlichen Demokratie mit demokratischen Mitteln demokratische Ziele verfolgt, dem öffnen sich weite Freiräume. Wenn hingegen auch Antidemokraten zu stark von demokratischen Grundsätzen wie Pluralismus profitieren, können die Antidemokraten die Demokratie samt solchen Grundwerten zurückdrängen oder gar vernichten. Deshalb müssen sich Demokraten, soweit erforderlich, selbst bestmöglich vor den Antidemokraten schützen. Dazu gehört es, begrenzt mit extremistischen Aktivitäten zu leben.

Die streitbare, vorverlagerte Demokratie ermöglicht es, bereits gegen extremistische Ziele vorzugehen, bevor Rechts- und Linksextremisten Gesetze verletzten, bevor sie zum Beispiel Gewalt ausüben, Volksverhetzung betreiben (§ 130) oder Propagandadelikte (§ 86) begehen. Der Verfassungsschutz agiert dabei als Frühwarnsystem, das Behörden, aber auch die Öffentlichkeit frühzeitig über nicht-strafrechtlich relevante Aktivitäten und Agitationsmuster extremistischer Kräfte informiert, die wiederum selbstverständlich, wie andere Kräfte, vor staatlicher Willkür geschützt bleiben müssen. Zu den schärfsten Waffen der streitbaren Demokratie gehört das Parteiverbot.[112] In der Geschichte der Bundesrepublik gab es zwei Parteiverbote – eines traf die SRP, das andere die KPD. Das Verbot von SRP und KPD „half der jungen Demokratie durchzuhalten, bis die ersten politischen und ökonomischen Erfolge sichtbar und spürbar

---

111 Jesse, Demokratieschutz, S. 473.
112 Vgl. Lars Flemming, Das gescheiterte NPD-Verbotsverfahren. In: Uwe Backes/Eckhard Jesse (Hg.), Jahrbuch Extremismus & Demokratie 2003, Band 15, Baden-Baden 2004, S. 159–176.

wurden."[113] Die Parteiverbote sollten dazu beitragen, Deutschland nach dem Zweiten Weltkrieg den Wiederaufstieg in den Kreis der westlichen Staaten- und Wertegemeinschaft zu ebnen, in der die Bundesrepublik heute längst breit und tief wurzelt.

So wichtig es war, ist und bleibt, politischen Pluralismus zu pflegen: Parteiverbote bieten die Chance, vorgeschobenen Legalitätsbeteuerungen extremistischer Parteien notfalls klar entgegenzutreten.[114] Doch ein Parteiverbot ähnelt lediglich einer ultima ratio. Im Vordergrund steht insbesondere seit den 1960er Jahren, als sich die Deutschen ausweislich zahlreicher Umfragen deutlicher vom „Dritten Reich" abzuwenden begannen, die politische, publizistische und wissenschaftliche Auseinandersetzung mit verfassungsfeindlichen Parteien, zumal Parteiverbote allein und dauerhaft schwerlich weder alle extremistische Aktivitäten verhindern können noch vor allem deren Ursachen. Extremistische Parteien sollen deshalb vor allem herbe Wahlniederlagen erleiden. Ohnehin müssen Bundestag, Bundesrat und Bundesregierung kein Verbot extremistischer Partei beantragen. „Der Beschluss, so zu tun, als gäbe es den Art. 21 nicht, bleibt also im Rahmen der geltenden Rechtsordnung."[115] Es gilt das Opportunitätsprinzip. Allerdings agiert eine unverbotene Partei keineswegs automatisch umfassend auf dem Boden der Verfassung. Deshalb beobachtet der Verfassungsschutz bereits legale, aber verfassungsfeindliche Aktivitäten extremistischer Parteien.

Horst Meier bemängelt, wer mit den „ideologischen Waffen"[116] der streitbaren Demokratie gegebenenfalls bereits gegen politische Ziele vorgehe, bedrohe den „legalen Status jeder Oppositionspartei".[117] Damit zeige sich, „wie brüchig bis heute das Fundament demokratischer Spielregeln"[118] in Deutschland sei. Doch bevorzugt auch die streitbare Demokratie die politische, publizistische und wissenschaftliche Auseinandersetzung mit Extremisten, hält aber für Notfälle andere Instrumente bereit, nicht zuletzt um abzuschrecken. Inkonsequenterweise erklärt Meier zudem, das SRP-Verbot beruhe auf einer „plausiblen Schlussfolgerung".[119] Gegen rechtsextreme Kräfte befürwortet er einen vorverlagerten Demokratieschutz. Das KPD-Verbot hingegen beurteilt er mit großer Skepsis.[120] Meier zielt damit auf eine einseitig antikapitalistisch-"antifaschistische" statt freiheitlich-demokratische Grundordnung.

113 Kielmansegg, Streitbare Demokratie, S. 102.
114 Vgl. Jesse, Eckhard, Streitbare Demokratie in Vergangenheit, Gegenwart und Zukunft. Eine umstrittene Konzeption zwischen Kontinuität und Wandel. In: Konrad Löw (Hg.), Terror und Extremismus in Deutschland: Ursachen, Erscheinungsformen und Wege zur Überwindung, Berlin 1994, S. 11–27, hier 26 f.
115 Peter Graf Kielmansegg, Von der Notwendigkeit und den Schwierigkeiten streitbarer Demokratie. In: Wulf Schönbohm (Hg.), Verfassungsfeinde als Beamte? Die Kontroverse um die streitbare Demokratie, München/Wien 1979, S. 39–68, hier 50.
116 Meier, Parteiverbot, S. 722.
117 Vgl. ebd., S. 720.
118 Ebd., S. 719.
119 Ebd., S. 721.
120 Vgl. ebd., S. 720 f.

Zudem: Wer ausschließlich gegen gewaltsame Veränderungen vorgehen will, verkennt das Legalitätskalkül extremistischer Kräfte, das sich allerdings gemeinhin gewiss schwerer enttarnen lässt als Aktivitäten, die das staatliche Gewaltmonopol unterminieren. Mit anderen Worten: Politische Kräfte, die darauf verzichten, Gewalt zu propagieren oder anzuwenden, können dennoch die Absicht verfolgen, die Demokratie abzuschaffen. Demokratie lässt sich mit, aber auch ohne offene Gewalt abschaffen oder schwächen. „Jeder Befürworter von Gewalt ist ein Extremist, aber nicht jeder Extremist befürwortet Gewalt."[121] Die streitbare Demokratie eignet sich gerade für die Auseinandersetzung mit maliziösen Kräften, die sich eine (pseudo-)demokratische Maske angezogen haben. Damit hilft die streitbare Demokratie, besser zwischen demokratischem Schein und extremistischem Sein zu unterscheiden, also zwischen Dichtung und Wahrheit.

Wer die Demokratie verbal oder auf anderem Wege akzeptiert oder begrüßt, muss deshalb kein echter Demokrat sein. Wie viele Diktatoren nannten oder nennen sich selbst Demokraten? Deshalb bleibt es für eine Extremismus-Prüfung unzureichend, lediglich die Programme von Parteien zu untersuchen. Hinzu kommen müssen deshalb genaue Analysen, aus denen hervorgeht, wie sich die Führungsspitze verhält und äußert, welche Kontakte sie mit wem pflegt, welchen politischen Kurs sie fährt, wie sie intern einerseits mit Extremisten umgeht, wie es andererseits mit der innerparteilichen Demokratie bestellt ist. Ohnehin operiert manche Partei in der Grauzone zwischen Extremismus und Demokratie.

Problematisch scheint es allerdings, wenn der Eindruck wächst, gemäßigte Parteien versuchten in der Auseinandersetzung mit extremistischen Kräften primär und vorrangig, politische Wettbewerbsvorteile gegenüber ihren demokratischen Konkurrenten zu erzielen oder zumindest Wettbewerbsnachteile zu minimieren. So „akkreditiert" die SPD durch ihre Kooperation mit der PDS in zwei Koalitionen eine Partei, die (zumindest ansatzweise) als extremistische Kraft agiert – zugleich lässt die Regierungspartei SPD ihren Koalitionspartner, die PDS, vor allem auf Bundesebene, zumindest teilweise, vom Verfassungsschutz beobachten, was ein Novum in der Geschichte der Bundesrepublik darstellt. Durch ihre Kooperation mit der PDS unterminiert die älteste deutsche Partei, die demokratische Vorkämpferin, zumindest teilweise demokratisches Engagement gegen Extremismus. Denn es wirkt wenig glaubwürdig, einerseits rechtsextreme Bestrebungen zu bekämpfen, andererseits aber mit Kräften zu kooperieren, die ebenfalls extremistisch agieren, jedenfalls teilweise. Wenig kompatibel mit den Grundsätzen der streitbaren Demokratie scheint rückblickend aber auch der Aktionismus, mit dem große Teile der politischen Klasse der Bundesrepublik ein Verbot der damaligen Splitterpartei NPD unprofessionell vorbereitet und überhastet beantragt haben.[122] Dadurch verlor das

---

121 Jesse, Demokratieschutz, S. 458.
122 Vgl. Flemming, NPD-Verbot.

Instrument des Parteiverbots mancherorts Glaubwürdigkeit und damit die streitbare Demokratie insgesamt. Gerade weil der „Aufstand der Anständigen" vor dem Bundesverfassungsgericht zum „Aufstand der Unfähigen" mutierte, scheint es vorerst kaum möglich, die NPD zu verbieten.

Auch wenn der Linksextremismus derzeit insgesamt weniger gefährlich scheint und der Rechtsextremismus momentan bedrohlicher wirkt: Die streitbare Demokratie wendet sich sowohl gegen rechts- als auch linksextreme Bestrebungen. Mit beiden Augen beobachtet sie den Extremismus: Sie weigert sich, auf einem Auge zu erblinden. Deshalb bekämpft sie jegliche Gefahren, die der rechtsstaatlichen Demokratie drohen.[123] Sie hält die grundlegenden Unterschiede zwischen Extremismus und Demokratie für relevanter als Rechts-Links-Differenzen.

Die stetige Auseinandersetzung mit Antidemokraten bleibt bedeutsam. Antiextremistisches Engagement kann immunisieren; es kann helfen, totalitäres und extremistisches Denken zu verhindern oder zu bekämpfen. Wer hingegen nur gegen bestimmte Formen des Extremismus und Totalitarismus vorgehen will (oder gar mit Extremisten kooperiert bzw. koaliert), erweckt den Eindruck, es mit der Verteidigung der rechtsstaatlichen Demokratie und ihren Grundwerten wenig ernst zu meinen. Es wirkt inkonsequent, wenig glaubwürdig und verwässert den Extremismus-Begriff, wenn Demokraten gemeinsam mit Linksextremisten gegen Rechtsextremismus demonstrieren. Denn es gibt bekanntlich undemokratische Gegner bestimmter Extremismen. Insofern demonstriert zum Beispiel die PDS teilweise gegen sich selbst, wenn sie gegen die NPD demonstriert, mit der sie einige Ideologie-Fragmente teilt. Es gilt also, sich jeder „Erosion der Abgrenzung" (Wolfgang Rudzio) zu verweigern und die Grundwerte der rechtsstaatlichen Demokratie umfassend gegen jeglichen Extremismus zu schützen. Die streitbare Demokratie sollte weiterhin zwar liberal und tolerant agieren, aber nicht ignorant oder einäugig.

VI. Schluss

1. Zusammenfassung

Rechts- und linksextreme Ideologien teilen mehr Kon- als Divergenzen – darin liegt des Pudels Kern. Insgesamt sind die politisch-ideologischen Unterschiede zwischen den Extremen kleiner als die Differenzen jeweils zwischen der Mitte und einem der beiden Extreme. Auch wenn sich PDS und REP unter äußerem (und innerem) Druck seit einigen Jahren verstärkt bemühen, gemäßigt zu scheinen: Die religionsfeindliche Ideologie und Agitation der beiden Parteien zeugt von Antipluralismus, Rigorismus und Freund-Feind-Denken. Bei aller Nuancie-

---

123 Vgl. zum Vorwurf, die Bundesrepublik erblinde auf „dem rechten Auge", eine Liste der Verbote rechtsextremistischer Vereine seit 1990 bei: Kailitz, Politischer Extremismus, S. 42.

rung: Extremistische Ideologien arbeiten mit einer Sündenbock-Agitation und versuchen auf vielfältige Weise, sowohl Diktaturen zu verharmlosen als auch die rechtsstaatliche Demokratie zu diskreditieren. Darin liegen die Schwerpunkte der extremistischen Agitation und Aktion. Damit verbindet extremistisches Denken mehr ideologische Gemeinsamkeiten als politische Unterschiede.

2. Desiderata der Extremismus-Forschung

Zu den Desiderata der Extremismus-Forschung gehört es, stärker die Trennung von Links- und Rechtsextremismus zu überwinden, also konsequent sowohl Gegensätze als auch Gemeinsamkeiten von Extremismen zu erforschen. Deshalb gilt es, weitere Links-Rechts-Vergleiche zu unternehmen, vor allem internationale Vergleiche von rechts- und linksextremen Parteien: Gerade solche internationalen Vergleiche eignen sich dazu, nationale Besonderheiten ebenso herauszuarbeiten wie internationale Parallelen und können auf diese Weise davor bewahren, nationale Besonderheiten zu verabsolutieren. Solche Arbeiten sollten ihre Objekte zudem möglichst konsequent direkt vergleichen – statt nur indirekt, indem sie den Rechts- und Linksextremismus getrennt behandeln, um daraufhin lediglich vergleichende Ausführungen anzufügen, womit sie zu Halbvergleichen mutierten.

Wichtig bleibt es, extremistische Phänomene weiter sowohl präzise zu etikettieren als auch zu erklären (vor allem auch mit demoskopischen Methoden). Welche Faktoren hemmen oder fördern (Miss-)Erfolge extremistischer Parteien? Zudem gilt es, den Begriff „Extremismus" stärker vom Begriff „Populismus" abzugrenzen. Wichtige Vorarbeiten dazu hat Florian Hartleb geleistet, der eine extremistisch-populistische Partei mit einer nicht-extremistisch-populistischen Formation vergleicht – die PDS und die Schillpartei. Zu den vernachlässigten Themen der Extremismus-Forschung gehört zudem – zumal im internationalen Vergleich – das Verhältnis zwischen extremistischen Politikern und Fernsehen, also die Frage, wie rechts- und linksextreme Politiker im Fernsehen auftreten und wie das Fernsehen umgekehrt mit ihnen umgeht. Schließlich verdienen die Beziehungen zwischen gemäßigten Parteien und extremistischen Kräften mehr Aufmerksamkeit.

Insgesamt gilt es, die (Miss-)Erfolgsbedingungen extremistischer Parteien stärker zu beleuchten. Damit lässt sich die Frage besser beantworten, unter welchen Umständen eine freiheitliche Demokratie stabil bleiben kann oder zu kollabieren droht. Im Übrigen dürften mehr oder minder heftige Auseinandersetzungen weiterhin zur Extremismus-Forschung gehören wie das Salz zur Suppe: Sie kann sich deshalb an Goethe orientieren: „Es ist ganz einerlei, ob man das Wahre oder Falsche spricht – beidem wird widersprochen."

Ideologien des islamistischen, linken und rechten Extremismus in Deutschland – Eine vergleichende Betrachtung

Armin Pfahl-Traughber

I. Einleitung

1. Schlaglichter

Betrachtet man die Agitation der unterschiedlichsten Gruppen und Organisationen aus dem Bereich des politischen Extremismus[1] der letzten Jahre, so lässt sich ein auffallender Gleichklang bei der Kommentierung aktueller Fragen der Innen- und Außenpolitik feststellen: Von DVU und PDS werden beim Protest gegen Arbeitsmarkt- und Sozialreformen nahezu identische Parolen benutzt. DKP- und NPD-Mitglieder beteiligen sich an Demonstrationen mit gleichen Themen. Neonazis tragen bei Aufmärschen T-Shirts mit dem Konterfei Che Guevaras und Palästinenser-Tücher. Der ehemalige REP-Bundesvorsitzende Franz Schönhuber rief zur Einigung aller Globalisierungsgegner über die politischen Grenzen hinaus auf. Bekannte Mitglieder der NPD nahmen an einer Tagung der *Hizb at-Tahrir* teil. Im Anschluss gab ein Sprecher dieser islamistischen Organisation dem Parteiorgan *Deutsche Stimme* ein langes Interview. Ein rechtsextremistisches Plakat zeigt einen vermummten, Steine werfenden Palästinenser und die Aufschrift „Gemeinsam gegen den Zionismus". Arabische Studenten nahmen an einer NPD-Demonstration unter dem Motto „Friede und Freiheit für Palästina" teil. Die trotzkistischen „Linksruckler" organisieren Vortragsveranstaltungen mit Islamisten aus dem arabischen Raum in Deutschland. Islamisten und Linksextremisten beteiligen sich gemeinsam an Demonstrationen gegen Israel und die USA. Die Ablehnung des Afghanistan- und Irak-Krieges der USA wird nahezu wortgleich von Links- und Rechtsextremisten begründet.

1   Vgl. zum Begriffsverständnis: Uwe Backes, Politischer Extremismus in demokratischen Verfassungsstaaten. Elemente einer normativen Rahmentheorie, Opladen 1989; Carmen Everts, Politischer Extremismus. Theorie und Analyse am Beispiel der Parteien REP und PDS, Berlin 2000; Armin Pfahl-Traughber, Politischer Extremismus – was ist das überhaupt? Zur Definition von und Kritik an einem Begriff. In: Bundesamt für Verfassungsschutz (Hg.), Bundesamt für Verfassungsschutz. 50 Jahre im Dienst der inneren Sicherheit, Köln 2000, S. 185–212.

2. Fragestellungen

Wofür stehen diese Schlaglichter? Gibt es eine Annäherung der Extremismen? Schwinden die Grenzen zwischen den Lagern zunehmend? Lassen sich Kooperationsmöglichkeiten in Agitation und Aktion über gemeinsame Feindbilder entwickeln? Könnte es dadurch zur Herausbildung eines gemeinsamen extremistischen Blockes kommen? Diese Fragen stellen sich bei der Betrachtung der beschriebenen Entwicklungstendenzen. Sie lassen sich unter eine Hauptfragestellung fassen: Welche Gemeinsamkeiten und Unterschiede bestehen zwischen den ideologischen Merkmalen des Islamismus, Links- und Rechtsextremismus in der Bundesrepublik Deutschland? Da sich die angesprochenen politischen Bestrebungen primär über das inhaltliche Selbstverständnis identifizieren, können vergleichende Betrachtungen auch wichtige Rückschlüsse hinsichtlich einer eventuellen Annäherung oder Kooperation ergeben. Hierfür muss es wechselseitige Anknüpfungspunkte geben, welche allerdings nicht nur oberflächlicher Natur sein dürfen, sollen sie eine längerfristige und nähere Zusammenarbeit ermöglichen. Insofern muss man nach den fundamentalen politischen Grundmerkmalen als dem prägenden Faktor des jeweiligen Extremismus fragen.

3. Strukturierung

Damit deutet sich bereits die Kernstruktur der folgenden Erörterung an: Zunächst soll es um die ideologischen Grundeigenschaften von Islamismus, Links- und Rechtsextremismus gehen. Diese bilden die inhaltlichen Primärmerkmale, von denen sich andere politische Auffassungen als Sekundärmerkmale unterscheiden lassen. Diese sollen danach in Augenschein genommen werden, handelt es sich doch um Auffassungen, die aus dem ideologischen Selbstverständnis entstanden. Hier geht es um die Betrachtung der exemplarisch ausgewählten Feindbilder „Amerika", „Globalisierung" und „Zionismus", die allen drei Extremismusbereichen gemeinsam sind, aber auf ihre ideologische Prägung hin zu untersuchen wären. Und schließlich bedarf es noch einer vergleichenden Analyse der formalen Besonderheiten der extremistischen Ideologien, also Aussagen zu ihren strukturellen Merkmalen.[2] Nicht nur von der inhaltlichen, sondern auch von der formalen Seite können Gemeinsamkeiten des Denkens in gemeinsame Handlungen münden. Wie diese perspektivisch vor dem Hintergrund des Verhaltens der drei Extremismusbereiche zueinander einzuschätzen sind, sei abschließend erörtert. So bedeutsam die Analyse der Ideologieebene zur Beantwortung der Hauptfragestellung sein dürfte, so darf die Handlungsebene bezüglich des Verhaltens der gemeinten politischen Bestrebungen nicht ignoriert werden.

---

2 An Studien zur Differenzierung von Bestandteilen extremistischer Ideologien mangelt es. Die Unterscheidung versteht sich als Vorschlag zur weiteren Diskussion.

II. Untersuchungsbereich

1. Methodische Vorbemerkungen

Vor der vergleichenden Betrachtung der Ideologien im Islamismus, Links- und Rechtsextremismus erfolgt eine problemorientierte Skizze des Untersuchungsfeldes, also eine organisatorische Exploration der genannten Extremismusbereiche. Die damit verbundene differenzierte Betrachtungsweise kann später nicht mehr beibehalten werden, bedarf es doch bei der Frage nach den Gemeinsamkeiten und Unterschieden einer idealtypischen Verfahrensweise.[3] Sie muss um des Erkenntnisgewinnes willen in abstrahierender Form erfolgen, denn die gewählten Bezeichnungen „Islamismus", „Links-" und „Rechtextremismus" sind Sammelbezeichnung für mitunter ganz unterschiedliche politische Bestrebungen. Ihnen ist jeweils eigen, dass sie die Minimalbedingungen des demokratischen Verfassungsstaates ablehnen und dies mit der Bejahung eines bestimmten ideologischen Wertes verbinden. Das bedeutet allerdings nicht, es handele sich bei den jeweiligen Extremismusbereichen um homogene Blöcke. Vielmehr muss das Bestehen eines in Bedeutung, Handlungsstil und Ideologie mitunter durchaus heterogenen Lagers konstatiert werden, wodurch sich auch Verallgemeinerungen verbieten. Solcher bedarf es aber bei der Durchführung eines Vergleichs im idealtypischen Sinne.

2. Islamismus

Am Anfang des Untersuchungsfeldes steht der Islamismus[4] als besondere Form des politisch-religiös begründeten Extremismus.[5] Ihm lassen sich in der Bun-

---

3 Der Soziologe Max Weber definierte den Idealtyp wie folgt: „Er ist ein Gedankenbild, welches nicht die historische Wirklichkeit oder gar die ‚eigentliche' Wirklichkeit *ist*, welches noch viel weniger dazu da ist, als ein Schema zu dienen, in welches die Wirklichkeit als *Exemplar* eingeordnet werden sollte, sondern welches die Bedeutung eines rein idealen *Grenz*begriffes hat, an welchem die Wirklichkeit zur Verdeutlichung bestimmter bedeutsamer Bestandteile ihres *empirischen* Gehaltes *gemessen*, mit dem sie *verglichen* wird." Max Weber, Die „Objektivität" sozialwissenschaftlicher Erkenntnis. In: Max Weber, Soziologie. Universalgeschichtliche Analysen, Politik, Stuttgart 1973, S. 186–262, hier 238 f. (Hervorhebungen im Original).

4 Vgl. Gilles Kepel, Das Schwarzbuch des Dschihad. Aufstieg und Niedergang des Islamismus, München 2002; Albrecht Metzger, Der Himmel ist für Gott, der Staat für uns. Islamismus zwischen Gewalt und Demokratie, Göttingen 2000; Bassam Tibi, Fundamentalismus im Islam. Eine Gefahr für den Weltfrieden?, Darmstadt 2000.

5 Dies wäre eigentlich der passende Parallelbegriff zu Links- und Rechtsextremismus. Da es in dieser Kategorie in der Bundesrepublik Deutschland aber vorrangig den Islamismus gibt und andere Formen des religiös begründeten Extremismus nur eine geringe Rolle spielen, konzentriert sich die vorliegende Erörterung auf den Islamismus. Zu der genannten Kategorie gehört auch die Scientology-Organisation. Vgl. Innenministerium Nordrhein-Westfalen (Hg.), Scientology – eine Gefahr für die Demokratie. Eine Aufgabe für den Verfassungsschutz?, Düsseldorf 1996; Andreas Klump, Neuer politischer

desrepublik Deutschland 31 800 Personen in 24 Gruppen zuordnen.[6] Er soll hier ebenso wie der Links- und Rechtsextremismus anhand der Handlungsstile unterschieden werden: Zum organisierten Islamismus[7] gehören erstens Gruppierungen, die mit politischen Aktivitäten islamistische Positionen auch im gesellschaftlichen Leben der Bundesrepublik Deutschland durchsetzen oder Freiräume für organisierte islamistische Betätigung wie zur Schaffung von Parallelgesellschaften erlangen wollen. Die bedeutendste Organisation diesen Typs ist die *Islamische Gemeinschaft Milli Görüs* (IGMG)[8] mit 26 500 Mitgliedern und einem weit darüber hinaus gehenden Anhängerkreis. Zweitens gibt es Anhänger von Organisationen, die für eine gewalttätige Veränderung der Gesellschafts- und Herrschaftsverhältnisse im islamistischen Sinne in ihren Herkunftsländern eintreten, wozu etwa 350 Anhänger der *Front Islamique du Salut* (FIS), 300 Anhänger der *Hamas* oder 850 Anhänger der *Hizb Allah* gehören.[9] Und drittens bestehen hinsichtlich ihrer Angehörigen nur schwer quantitativ bezifferbare Personenzusammenschlüsse, die einen international ausgerichteten „Jihad" führen wollen und weltweit mit terroristischen Aktivitäten drohen. Die Sicherheitsbehörden schätzen die Zahl dieser „Gefährder" auf um die 270.[10]

Extremismus? Eine politikwissenschaftliche Fallstudie am Beispiel der Scientology-Organisation, Baden-Baden 2003; Armin Pfahl-Traughber, Antidemokratisch und extremistisch. Scientology in Selbstzeugnissen und Analysen. In: Liberal, 40 (1998) 2, S. 26-32. Die Scientology-Organisation und andere Personenzusammenschlüsse in den vorliegenden Vergleich mit aufzunehmen würde zu einer nicht mehr vertretbaren Ausdehnung der zu untersuchenden Bereiche führen.

6 Alle Zahlenangaben – falls nicht anders angegeben – beziehen sich auf den Stand Ende 2004 und entstammen dem Verfassungsschutzbericht. Vgl. Bundesministerium des Innern (Hg.), Verfassungsschutzbericht 2004, Berlin 2005.

7 Vgl. Innenministerium des Landes Nordrhein-Westfalen (Hg.), Islamismus in Nordrhein-Westfalen. Instrumentalisierung der Religion für politische Zwecke, Düsseldorf 2001; Armin Pfahl-Traughber, Islamismus in der Bundesrepublik Deutschland. Ursachen, Organisationen, Gefahrenpotenzial. In: APuZG, B 51/2001, S. 43-53; Eberhard Seidel/ Claudia Dantschke/Ali Yildirim, Politik im Namen Allahs. Der Islamismus – eine Herausforderung für Europa, Brüssel 2000.

8 Vgl. Marfa Heimbach, Die Entwicklung der islamischen Gemeinschaft in Deutschland seit 1961, Berlin 2001, S. 106-122; Klaus Kreitmer, Allahs deutsche Kinder. Muslime zwischen Fundamentalismus und Integration, München 2002, S. 68-77; Seidel/ Dantschke/Yildirim, Politik im Namen Allahs, S. 26-58.

9 Über das Wirken der Anhänger derartiger Organisationen in der Bundesrepublik Deutschland liegen keine ausführlicheren Arbeiten vor. Vgl. dazu die regelmäßigen Informationen in den Jahresberichten der Verfassungsschutzbehörden.

10 Vgl. Dominik Cziesche u. a., „Als wäret ihr im Krieg". In: Spiegel-Spezial, Nr. 2/2004: Terror: Der Krieg des 21. Jahrhunderts, S. 24-34; Berndt Georg Thamm, Terrorbasis Deutschland. Die islamistische Gefahr in unserer Mitte, Kreuzlingen/München 2004, S. 73-136. Als unseriös aufgrund der pauschalisierenden, unbelegten und verschwörungsideologischen Ausführungen gilt folgende Veröffentlichung: Udo Ulfkotte, Der Krieg in unseren Städten. Wie radikale Islamisten Deutschland unterwandern, Frankfurt a. M. 2003.

3. Linksextremismus

Dem Bereich Linksextremismus[11] in der Bundesrepublik Deutschland gehören 30 800 Personen in 140 Organisationen an, wobei die 65 800 Mitglieder der PDS (Ende 2004) nicht hinzugezählt wurden. Ob die Partei eine extremistische Ausrichtung hat, wird nicht nur in Öffentlichkeit und Wissenschaft, sondern auch von den Verfassungsschutzbehörden unterschiedlich bewertet. Unabhängig von einer hier nicht näher zu diskutierenden Einschätzung[12] kann die PDS dem ersten Handlungstyp, der Parteipolitik, zugeordnet werden. Sie wirbt bei Wahlen um die Zustimmung der Bürger und will über die Präsenz im Parlament politischen Einfluss erlangen. Dies bezwecken die eindeutig linksextremistischen Parteien DKP[13] mit 4 500 Mitgliedern und MLPD[14] mit 2 000 Mitgliedern ebenfalls, bleiben aber aufgrund geringer Wahlergebnisse diesbezüglich erfolglos. Sie gehören hinsichtlich ihres Vorgehens daher ebenso wie die 1 700 Anhänger der zahlreichen trotzkistischen Gruppierungen[15] zum zweiten Handlungstyp, den die kampagnenorientierten Formen des Linksextremismus bilden. Gewaltbereit und gewalttätig sind demgegenüber die 5 500 Angehörigen der Autonomen-Szene,[16] die mehrheitlich den dritten Typ des Linksextremismus

---

11 An Gesamtdarstellungen zum Linksextremismus mangelt es. Ausnahmen sind: Uwe Backes/Eckhard Jesse, Politischer Extremismus in der Bundesrepublik Deutschland, Berlin 1993, S. 125-196; Sena Ceylanoglu, Linksextremismus in Deutschland heute. In: Bundesministerium des Innern (Hg.), Extremismus in Deutschland. Erscheinungsformen und aktuelle Bestandsaufnahme, Berlin 2004, S. 136-162; Patrick Moreau/Jürgen P. Lang, Linksextremismus. Eine unterschätzte Gefahr, Bonn 1996. Ideologielastig und oberflächlich ist folgende Publikation: Hans-Helmuth Knütter/Stefan Winckler (Hg.), Handbuch des Linksextremismus. Die unterschätzte Gefahr, Graz 2002.

12 Der Autor teilt weitgehend die Positionen in folgenden Veröffentlichungen: Jürgen P. Lang, Ist die PDS eine demokratische Partei? Eine extremismustheoretische Untersuchung, Baden-Baden 2003; Patrick Moreau/Rita Schorpp-Grabiak, „Man muss so radikal sein wie die Wirklichkeit". Die PDS: Eine Bilanz, Baden-Baden 2002; Viola Neu, Das Janusgesicht der PDS. Wähler und Partei zwischen Demokratie und Extremismus, Baden-Baden 2004.

13 Vgl. Georg Fülberth, KPD und DKP. 1945-1990. Zwei kommunistische Parteien in der vierten Periode kapitalistischer Entwicklung, Heilbronn 1990, S. 117-179; Siegfried Heimann, Deutsche Kommunistische Partei. In: Richard Stöss (Hg.), Parteienhandbuch. Die Parteien der Bundesrepublik Deutschland 1945-1980, Band 1, Opladen 1984, S. 901-981; Manfred Wilke/Hans-Peter Müller/Marion Brabant, Die Deutsche Kommunistische Partei (DKP). Geschichte, Organisation, Politik, Köln 1990. Die erstgenannte Veröffentlichung stammt von einem DKP-Mitglied, enthält allerdings auch kritische Anmerkungen zur Partei.

14 Über die „Marxistisch-Leninistische Partei Deutschlands" liegen noch keine wissenschaftlichen Arbeiten vor.

15 Auch zu den trotzkistischen Organisationen in der Bundesrepublik Deutschland existieren bislang keine wissenschaftlichen Studien.

16 Vgl. Armin Pfahl-Traughber, Die Autonomen. Portrait einer linksextremistischen Subkultur. In: APuZG, B 9-10/1998, S. 36-46; Thomas Schultze/Almut Gross, Die Autonomen. Ursprünge, Entwicklung und Profil der Autonomen Bewegung, Hamburg 1997; Jan Schwarzmeier, Die Autonomen zwischen Subkultur und sozialer Bewegung, Göttingen 2001. Die überaus informative und materialreiche Arbeit von Schultze/Gross steht ihrem Untersuchungsobjekt sehr nahe.

ausmachen. Obwohl sie mitunter bei systematisch vorbereiteten Anschlägen gegen bestimmte Einrichtungen die Grenze zu terroristischem Gewalthandeln überschreiten, kann vom Bestehen einer gefestigten terroristischen Struktur nicht gesprochen werden.

4. Rechtsextremismus

Schließlich wäre noch der organisierte Rechtsextremismus[17] mit 40 700 Personen in 168 Organisationen kurz hinsichtlich der Handlungsstile zu beschreiben und zu unterscheiden. Zum ersten Bereich, der Parteipolitik, gekennzeichnet durch das Bemühen, über Wählerzustimmung und parlamentarische Präsenz politischen Einfluss zu entfalten, gehören die DVU[18] mit 11 000, die REP[19] mit 7 500 und die NPD[20] mit 5 300 Mitgliedern, wobei sich die beiden erstgenannten Parteien auf dieses Handlungsfeld konzentrieren, während die NPD auch im zweiten aktiv ist. Dieses sei hier als durch die Dominanz von Aktionsorientierung, im Sinne einer Präsenz in der Öffentlichkeit mittels Aufmärschen und Demonstrationen bzw. Versuchen einer alltagskulturellen Verankerung, definiert. Dem Bereich lassen sich darüber hinaus 3 800 Neonazis[21] und um die

---

17 Vgl. Backes/Jesse, Politischer Extremismus in der Bundesrepublik Deutschland, S. 54–124; Armin Pfahl-Traughber, Rechtsextremismus in der Bundesrepublik, München 1999; Richard Stöss, Rechtsextremismus im vereinten Deutschland, 3. überarbeitete Auflage Berlin 2000.
18 Vgl. Everhard Holtmann, Die angepassten Provokateure. Aufstieg und Niedergang der rechtsextremen DVU als Protestpartei im polarisierten Parteisystem Sachsen-Anhalts, Opladen 2002; Annette Linke, Der Multimillionär Frey und die DVU. Daten, Fakten, Hintergründe, Essen 1994; Britta Obszerninks/Matthias Schmidt, DVU im Aufwärtstrend – Gefahr für die Demokratie? Fakten, Analysen, Gegenstrategien, Münster 1998.
19 Vgl. Hans-Gerd Jaschke, „Die Republikaner". Profile einer Rechts-Außen-Partei, Bonn 1990; Steffen Kailitz, Die „Republikaner" – Vergangenheit, Gegenwart, Zukunft. In: Uwe Backes/Eckhard Jesse (Hg.), Jahrbuch Extremismus & Demokratie, Band 13, Baden-Baden 2001, S. 139–153; Richard Stöss, Die „Republikaner". Woher sie kommen. Was sie wollen. Wer sie wählt. Was zu tun ist, Köln 1990.
20 Vgl. Claus Leggewie/Horst Meier (Hg.), Verbot der NPD oder Mit Rechtsradikalen leben? Die Positionen, Frankfurt a. M. 2002; Heinz Lynen von Berg/Hans-Jochen Tschiche (Hg.), NPD – Herausforderung für die Demokratie?, Berlin 2002; Armin Pfahl-Traughber, Der „zweite Frühling" der NPD zwischen Aktion und Politik. In: Uwe Backes/Eckhard Jesse (Hg.), Jahrbuch Extremismus & Demokratie, Band 11, Baden-Baden 1999, S. 146–166.
21 Vgl. Armin Pfahl-Traughber, Hitlers selbsternannte Erben: Die Neonazi-Szene. Zur Entwicklung einer rechtsextremistischen Subkultur. In: Bundesministerium des Innern (Hg.), Texte zur Inneren Sicherheit, Band I, Bonn 1997, S. 81–106; ders., Die Neonationalsozialisten-Szene nach den Verbotsmaßnahmen. In: Uwe Backes/Eckhard Jesse (Hg.), Jahrbuch Extremismus & Demokratie, Band 9, Baden-Baden 1997, S. 156–173; Andrea Röpke/Andreas Speit (Hg.), Braune Kameradschaften. Die neuen Netzwerke der militanten Neonazis, Berlin 2004.

10 000 Skinheads[22] zuordnen. Auch hier gibt es Überschneidungen zum dritten, durch Gewaltbereitschaft und Gewalttätigkeit (betrifft vor allem die Skinhead-Szene) geprägten Handlungsfeld. Insbesondere gegen Fremde gerichtete Übergriffe erfolgen allerdings in der Regel nicht systematisch geplant, sondern aus einer eher zufälligen Alltagssituation heraus. Von einer entwickelten terroristischen Struktur lässt sich für den Rechtsextremismus daher nicht sprechen, gleichwohl deuten Sprengstoff- und Waffenlager auf eine potentielle Bereitschaft zu einem solchen Weg hin.

III. Ideologische Grundlagen (Primärmerkmale)

1. Islamismus

Beim Islamismus[23] handelt es sich um eine politisierte Religion. Seine Anhänger wollen den Islam nicht nur zur verbindlichen Leitlinie für das individuelle, sondern auch für das gesellschaftliche Leben machen. Dies bedeutet die Aufhebung der Trennung von Religion und Staat und die institutionelle Verankerung der religiösen Grundlagen im Staat. Da es weder unter den Muslimen noch unter den Islamisten eine einheitliche theologische Lehrmeinung gibt und Gott nicht unmittelbar in die Politik eingreift, obliegt die Deutungs- und Entscheidungskompetenz den jeweiligen religiösen Interpreten. Der von welcher Instanz auch immer anerkannte Gottesgelehrte wird zum eigentlichen Herrscher. Dogmatismus und Willkür prägen die Legitimation der Politik, denn in einer solchen Sichtweise muss jeder Andersdenkende als verderblicher Ungläubiger gelten. Herrschaft legitimiert sich nicht mehr durch den Willen des Volkes, sondern durch die Berufung auf die Vorschriften des Koran. Das Vorhandensein unterschiedlicher Meinungen widerspricht aus dieser Sicht dem unbedingten Anspruch des göttlichen Willens. Auch spielen individuelle Menschenrechte keine Rolle mehr, erhält der Einzelne doch seinen rechtlichen Status durch die Zugehörigkeit zur islamischen Gemeinschaft.

---

22 Vgl. Klaus Farin, Die Skins. Mythos und Realität, Berlin 1997; ders./Eberhard Seidel, Skinheads, 5. Auflage München 2002; Christian Menhorn, Skinheads: Portrait einer Subkultur, Baden-Baden 2001.
23 Vgl. Nazih Ayubi, Politischer Islam. Religion und Politik in der arabischen Welt, Freiburg 2002, S. 174–224; Olaf Farschid, Staat und Gesellschaft in der Ideologie der ägyptischen Muslimbruderschaft. In: Bundesministerium des Innern (Hg.), Islamismus, Berlin 2003, S. 43–82; Peter Heine, Islamismus – Ein ideologiegeschichtlicher Überblick. In: ebd., S. 7–18.

2. Linksextremismus

Für den Linksextremismus[24] stellt die zentrale ideologische Grundposition das Streben nach sozialer Gleichheit dar, welches aber mit der Negierung der Spielregeln und Wertvorstellungen des demokratischen Verfassungsstaates verbunden ist. Ideologietheoretisch lassen sich die Organisationen in diesem Extremismusbereich dem Anarchismus[25] oder dem Marxismus[26] zuordnen. Beide Strömungen sehen im Kapitalismus mit seinen politischen und sozialen Folgen eine notwendigerweise zu überwindende Gesellschaftsordnung, womit auch die Institutionen einer parlamentarischen und rechtsstaatlichen Demokratie aufgehoben werden sollen. Während die Anarchisten dabei für die sofortige Zerschlagung des Staates als Institution und dessen Ersetzung durch eine angeblich herrschaftsfreie Gesellschaft freier Individuen eintreten, wollen die Marxisten den Staat als Institution beibehalten und als eine sozialistische Einrichtung zur Unterdrückung antirevolutionärer und bürgerlicher Kräfte im diktatorischen Sinne stärken. Das angestrebte Ideal ist eine politisch und sozial homogene Gesellschaft. Es würde aber entweder zur Diktatur der Aktiven und Dominanten oder einer Einheitspartei bzw. Revolutionselite kommen. Um das Verständnis des richtigen Weges hin zur angestrebten anderen Gesellschaftsordnung bestehen nicht nur zwischen Anarchisten und Marxisten, sondern auch zwischen den einzelnen Spielarten des Marxismus ideologisch bedingte Differenzen.

3. Rechtsextremismus

Als die zentrale ideologische Grundlage des Rechtsextremismus[27] kann demgegenüber die Überbewertung ethnischer Zugehörigkeit gelten, also die Auffassung, wonach die Zugehörigkeit zu einer Nation oder Rasse den höchsten Stellenwert im politischen Selbstverständnis hat. In dieser Sicht werden Grund- und Menschenrechten als untergeordnete oder falsche Wertvorstellungen angese-

---

24 Vgl. Backes, Politischer Extremismus in demokratischen Verfassungsstaaten, S. 123-178; Backes/Jesse, Politischer Extremismus in der Bundesrepublik Deutschland (Hg.), S. 47-54; Armin Pfahl-Traughber/Uwe Berndt, Extremismus und Innere Sicherheit. In: Werner Weidenfeld/Karl-Rudolf Korte (Hg.), Handbuch zur deutschen Einheit 1949 - 1989 - 1999, Frankfurt a. M./New York 1999, S. 353-368, hier 354 f.
25 Vgl. Daniel Guérin, Anarchismus. Begriff und Praxis, Frankfurt a. M. 1971; James Joll, Die Anarchisten, Frankfurt a. M. 1971; Justus F. Wittkop, Unter der schwarzen Fahne. Gestalten und Aktionen des Anarchismus, Frankfurt a. M. 1989.
26 Vgl. Walter Euchner (Hg.), Klassiker des Sozialismus, 2 Bände, München 1991; Leszek Kolakowski, Die Hauptströmungen des Marxismus. Entstehung, Entwicklung, Zerfall, 3 Bände, München 1979; Wolfgang Leonhard, Die Dreispaltung des Marxismus. Ursprung und Entwicklung des Sowjetmarxismus, Maoismus und Reformkommunismus, Düsseldorf/Wien 1970.
27 Vgl. Backes, Politischer Extremismus in demokratischen Verfassungsstaaten, S. 178-228; Helmut Reinalter/Franko Petri/Rüdiger Kaufmann (Hg.), Das Weltbild des Rechtsextremismus. Die Strukturen der Entsolidarisierung, Innsbruck 1998; H. Joachim Schwagerl, Rechtsextremes Denken. Merkmale und Methoden, Frankfurt a. M. 1993.

hen, was auf die Ablehnung von tragenden Normen demokratischer Verfassungsstaaten hinausläuft. Entsprechend zielt das politische Idealbild einer Gesellschaftsordnung bei Rechtsextremisten auf die Etablierung eines autoritären oder totalitären Staates, der auf der Basis einer ethnisch und politisch homogenen Gesellschaft bestehen soll. Entgegen weit verbreiteter Auffassungen muss sich rechtsextremistische Ideologie nicht auf nationalsozialistische Vorstellungen beziehen, wenngleich es derart ausgerichtete Gruppierungen und Organisationen nicht nur in Deutschland, sondern in vielen anderen Ländern gibt. Darüber hinaus gibt es aber konservativ, nationalistisch, nationalrevolutionär oder völkisch geprägte Ideologievarianten des Rechtsextremismus, die ihrem Selbstverständnis nach mitunter durchaus gravierende Unterschiede zur nationalsozialistischen Ideologie aufweisen. Hinsichtlich der Ablehnung der Spielregeln und Wertvorstellungen des demokratischen Verfassungsstaates gehen sie mit dieser aber ebenso konform wie bezüglich der Überbewertung ethnischer Zugehörigkeit.

4. Vergleich

Die drei Extremismusbereiche lassen sich hinsichtlich ihres ideologischen Selbstverständnisses auf die Grundprinzipien „politische Religion", „soziale Gleichheit" und „ethnische Zugehörigkeit" reduzieren. Die damit angesprochenen politischen Werte müssen nicht grundsätzlich extremistisch sein, gehen aber oft mit einer extremistischen Ausrichtung einher. Wie die Untersuchung der ideologischen Ausgangspunkte von Islamismus, Links- und Rechtsextremismus veranschaulicht, handelt es sich hier um grundlegende Differenzen im Selbstverständnis, das sich auch an den ideologischen Prioritäten der jeweils anderen Extremismusbereiche reibt: Islamisten lehnen die nicht-islamischen und überwiegend säkularen Auffassungen von Links- und Rechtsextremisten ab. Linksextremisten betrachten eine ethnozentrische oder theokratische Politikauffassung als reaktionär. Und Rechtsextremisten distanzieren sich aufgrund ihrer fremdenfeindlichen Auffassungen von Islamisten und ihrer nationalistischen Auffassung von den internationalistischen Linksextremisten. Die ideologischen Differenzen in Grundsatzfragen sind somit unübersehbar. Daher ist auch der Auffassung zu widersprechen, beim Islamismus handele es sich um eine besondere Form des Rechtsextremismus.[28]

28 Vgl. Ursula Birsl/Ersen Bucak/Can Zeyrek, Religiöser Fundamentalismus oder politischer Rechtsextremismus? Islamistische Organisationen und Aktivitäten in der Bundesrepublik. In: Blätter für deutsche und internationale Politik, 47 (2002), S. 720-727; Walter Laqueur, Faschismus. Gestern – heute – morgen, Berlin 1997, S. 232; Bassam Tibi, Deutsche Ausländerfeindlichkeit – ethnisch-religiöser Rechtsradikalismus der Ausländer. Zwei Gefahren für die Demokratie. In: Gewerkschaftliche Monatshefte, 44 (1993), S. 493-502, hier 494. Der Autor teilt die Kritik von: Uwe Backes/Eckhard Jesse, Islamismus – Djihadismus – Totalitarismus – Extremismus. In: dies. (Hg.), Jahrbuch Extremismus & Demokratie, Band 14, Baden-Baden 2002, S. 13-26, hier 20-26.

IV. Ideologische Feindbilder (Sekundärmerkmale)

1. Antiamerikanismus

Als ideologische Sekundärmerkmale sollen nun exemplarisch Feindbilder[29] vergleichend dargestellt und eingeschätzt werden: Zunächst zum Antiamerikanismus,[30] worunter nicht vehemente Kritik an der Politik einer US-Administration, sondern die grundlegende Verwerfung des gesellschaftlichen und politischen Systems in den USA verstanden werden soll.[31] Im Islamismus lässt sich eine solche Auffassung ausmachen, steht „Amerika" dort doch für die Verkörperung des „Bösen", das für die soziale Situation in der islamisch geprägten Welt verantwortlich gemacht wird. Im Linksextremismus betrachtet man die USA als Verkörperung von Kapitalismus und Imperialismus; sie wollten sich den Rest der Erde unterwerfen. Und der Rechtsextremismus sieht in Amerika den Ausdruck von Dekadenz, Nivellierung und Vermassung, womit die Identität der Gemeinschaft und Völker aufgelöst und zerstört werde. Vor dem Hintergrund dieser gemeinsamen ablehnenden Auffassung erklärt sich auch der Konsens der drei Extremismen bei der Einstellung zu und Kommentierung von Entwicklungen der internationalen Beziehungen: Zwar wurden die Terroranschläge vom 11. September 2001 nicht gerechtfertigt, aber als verständliche Reaktion auf die Politik der USA gedeutet. Den Afghanistan- und Irak-Krieg bewertete man pauschal als Folge imperialer Machtpolitik zur Kontrolle über bedeutende Rohstoffe wie das Öl.[32]

---

29 Vgl. Eckhard Jesse, Funktionen und Strukturen von Feindbildern im politischen Extremismus. In: Bundesamt für Verfassungsschutz (Hg.), Feindbilder im politischen Extremismus. Gegensätze, Gemeinsamkeiten und ihre Auswirkungen auf die Innere Sicherheit. Ein Symposion des Bundesamtes für Verfassungsschutz, 1. Oktober 2003, Köln 2004, S. 3–18.
30 Vgl. Dan Diner, Feindbild Amerika. Über die Beständigkeit eines Ressentiments, München 2002; Günter Moltmann, Deutscher Anti-Amerikanismus heute und früher. In: Franz Otmar (Hg.), Vom Sinn der Geschichte, Stuttgart 1976, S. 85–105; Gesine Schwan, Antikommunismus und Antiamerikanismus in Deutschland. Kontinuität und Wandel nach 1945, Baden-Baden 1999, S. 41–61.
31 Vgl. aus der Sicht des Autors: Armin Pfahl-Traughber, „Antiamerikanismus", „Antiwestlertum" und „Antizionismus". Definition und Konturen dreier Feindbilder im politischen Extremismus. In: Aufklärung und Kritik, 11 (2004) 1, S. 37–50, hier 39–41.
32 Eine Ausnahme bildet hier wie bei der Einstellung zu Israel im Nahost-Konflikt ein Teil des Linksextremismus, der sich in der Regel selbst als „Antideutsche Linke" bezeichnet. Vgl. Bundesamt für Verfassungsschutz, Massiver ideologischer Streit zum Nahost-Konflikt unter Linksextremisten. In: Bundesministerium des Innern (Hg.), Extremismus in Deutschland. Erscheinungsformen und aktuelle Bestandsaufnahme, Berlin 2004, S. 197–210.

2. Antiglobalisierung

Als weiteres Feindbild kann die „Globalisierung" gelten. Darunter versteht man eigentlich den zunehmenden Bedeutungsverlust nationalstaatlicher Grenzen für gesellschaftliche Entwicklungen in den unterschiedlichsten Bereichen, „Globalisierung" wird aber in der öffentlichen Diskussion weitaus stärker mit den Folgen einer von sozialen Standards weitgehend freien Marktwirtschaft („Raubtierkapitalismus") in Verbindung gebracht. Auch eine Kritik daran muss grundsätzlich nicht extremistisch sein, ist es aber mitunter. Im Islamismus existiert eigentlich kein eigenständiger Globalisierungsdiskurs,[33] wird die damit gemeinte Entwicklung doch weitgehend mit den USA identifiziert und das Thema im antiamerikanischen Sinne behandelt. Ähnliches lässt sich auch im Linksextremismus ausmachen, wobei hier aber das Thema „Globalisierung" im Sinne einer Gleichsetzung mit „Raubtierkapitalismus" mit der Folge des Auseinanderdriftens von Arm und Reich in und zwischen den Nationalstaaten eine große Rolle spielt.[34] Die rechtsextremistische „Antiglobalisierung" geht noch darüber hinaus und sieht in dem Gemeinten die Zerstörung der ethnischen Identität und souveränen Nationalstaaten.[35] In der Ablehnung des mit Globalisierung Gemeinten besteht also ein Konsens zwischen den drei Extremismusbereichen.

3. Antizionismus

Als drittes Feindbild sei hier der „Zionismus" genannt. „Antizionismus" bedeutet eine selbst über eine rigoros ablehnende Sicht hinausgehende, pauschale Israel-Kritik verbunden mit einer grundlegenden Verdammung des Staates bis hin zur Leugnung seines Existenzrechts.[36] In diesem Punkt besteht auch der Unterschied zwischen einer noch demokratischen und schon extremistischen Kritik. Letztere artikuliert sich im Islamismus in aller Deutlichkeit, wird im Bestehen des Judenstaates doch ein Fremdkörper in der islamischen Welt gesehen und mitunter offen für dessen Auflösung oder Zerschlagung plädiert. Im Links-

---

33 Insofern existiert auch keine gesonderte Literatur zu dieser Frage. Mitunter wird der islamistische Terrorismus aber als Reaktion auf Globalisierung und Moderne gedeutet. Siehe etwa John Gray, Die Geburt al-Qaidas aus dem Geist der Moderne, München 2004.
34 Vgl. Rudolf van Hüllen, Linksextremisten: Avantgarde oder Randerscheinung in der Anti-Globalisierungsbewegung? In: Bundesamt für Verfassungsschutz (Hg.), Politischer Extremismus in der Ära der Globalisierung. Ein Symposion des Bundesamtes für Verfassungsschutz, 20. Juni 2002, Beiträge, o. O. (Köln 2003), S. 67–76.
35 Vgl. Armin Pfahl-Traughber, Droht die Herausbildung einer Antiglobalisierungsbewegung von rechtsextremistischer Seite? Globalisierung als Agitationsthema des organisierten Rechtsextremismus. In: Bundesministerium des Innern (Hg.), Extremismus in Deutschland, S. 98–135.
36 Vgl. Wolfgang Benz, Wie viel Israel-Kritik ist erlaubt? In: ders (Hg.), Was ist Antisemitismus?, München 2004, S. 200–208 sowie aus Sicht des Autors: Pfahl-Traughber, „Antiamerikanismus", „Antiwestlertum" und „Antizionismus", S. 43–45.

extremismus bestand eine solche Auffassung in ähnlicher Rigidität in den 1970er Jahren insbesondere bei den K-Gruppen.[37] Mittlerweile haben sich die Positionen hier etwas gemäßigt,[38] wenngleich durchaus mit pauschalen Diffamierungen bei der Kommentierung des Nahost-Konflikts gearbeitet wird.[39] Dies geschieht auch im Rechtsextremismus, wobei sich das verbale Engagement für die Palästinenser und gegen die Israelis letztendlich durch den in diesem politischen Lager vertretenen Antisemitismus erklärt.[40] Auffassungen im letztgenannten Sinne finden sich ebenfalls bei Islamisten,[41] weniger bei Linksextremisten – wobei diese Frage wissenschaftlich kontrovers diskutiert wird.[42] Gleichwohl besteht bei der rigorosen Verdammung des Staates Israel in den drei Extremismusbereichen in der Grundrichtung Übereinstimmung.[43]

4. Vergleich

Da bei allen drei Feindbildern Gemeinsamkeit auszumachen ist, kommt die vergleichende Betrachtung an dieser Stelle zu anderen Ergebnissen als bei den ideologischen Grundmerkmalen. Die erwähnten Parallelen erklären sicherlich zu großen Teilen den bei den einleitend genannten Schlaglichtern deutlich werdenden Konsens in den drei Extremismusbereichen. Lassen sich aber angesichts der bei den Feindbildern bis in einzelne Formulierungen hinein deutlich werdenden Übereinstimmungen noch die Aussagen zu den grundlegenden ideologischen Differenzen aufrecht erhalten, oder besteht ein logischer Bruch in der

---

37 Vgl. Hendrik M. Broder, Antizionismus – Antisemitismus von links? In: APuZG, B 24/1976, S. 31-46; Thomas Haury, Der Antizionismus der Neuen Linken in der BRD. Sekundärer Antisemitismus nach Auschwitz. In: Arbeitskreis Kritik des deutschen Antisemitismus (Hg.), Antisemitismus – die deutsche Normalität. Geschichte und Wirkungsweise des Vernichtungswahns, Freiburg 2001, S. 217-229.
38 Vgl. Martin W. Kloke, Israel und die deutsche Linke. Zur Geschichte eines schwierigen Verhältnisses, 2. Auflage Frankfurt a. M. 1994.
39 Vgl. ders., Antizionismus und Antisemitismus als Weltanschauung? Tendenzen im deutschen Linksradikalismus und -extremismus. In: Bundesministerium des Innern (Hg.), Extremismus in Deutschland, S. 163-196.
40 Es gibt noch keine Darstellung und Interpretation der Kommentierung des Nahost-Konflikts durch Rechtsextremisten und des dabei deutlich werdenden Antisemitismus.
41 Vgl. Michael Kiefer, Antisemitismus in den islamischen Gesellschaften. Der Palästina-Konflikt und der Transfer eines Feindbildes, Düsseldorf 2002; Bernard Lewis, „Treibt sie ins Meer". Die Geschichte des Antisemitismus, Frankfurt a. M./Berlin 1987; Armin Pfahl-Traughber, Antisemitismus in der islamischen Welt. Externe und interne Ursachen in historischer Perspektive. In: Blätter für deutsche und internationale Politik, 49 (2004), S. 1251-1261.
42 Vgl. Thomas Haury, Antisemitismus von links. Kommunistische Ideologie, Nationalismus und Antizionismus in der frühen DDR, Hamburg 2002; Léon Poliakov, Vom Antizionismus zum Antisemitismus, Freiburg 1992.
43 Eine Ausnahme stellt hier allerdings ein Teil des Linksextremismus dar (siehe Anm. 32). Positionen aus Sicht dieser Richtung finden sich u. a. in folgender Veröffentlichung: Initiative Sozialistisches Forum, Furchtbare Antisemiten, ehrbare Antizionisten. Über Israel und die linksdeutsche Ideologie, Freiburg 2002.

Argumentation und Unterscheidung? Letzteres wäre nur dann der Fall, wenn bei der Analyse von extremistischen Ideologien nicht zwischen primären und sekundären Aspekten unterschieden würde. Gemeinsamkeiten bei Feindbildern können durchaus mit Differenzen bei den Grundmerkmalen einhergehen. Letztere bestimmen erstere, was hier anhand des Merkmals „Antizionismus" noch einmal aufgezeigt werden soll: Der Islamismus sieht die Region Palästina als eigenes Land, ausgehend vom Dominanzanspruch seines religiös-politischen Selbstverständnisses, der Linksextremismus deutet Israel aus der Perspektive einer stereotypen antiimperialistisch-antikapitalistischen Gesinnung, und beim Rechtsextremismus handelt es sich meist nur um eine formale Tarnung antisemitischer Prägungen im Sinne eigener ethnischer Überlegenheit.

V. Formale Besonderheiten (Strukturmerkmale)

1. Dogmatischer Absolutheitsanspruch

Neben den beiden inhaltlichen Aspekten extremistischer Ideologien verdienen auch die formalen Besonderheiten im Sinne von Strukturmerkmalen[44] Interesse bei der vergleichenden Analyse: Hierzu gehört etwa der dogmatische Absolutheitsanspruch,[45] der den Inhalt der politischen Auffassungen für allein gültig und unveränderbar richtig ansieht und damit jede kritische Prüfung und inhaltliche Veränderungsmöglichkeit negiert. Diese Auffassung findet man besonders stark im Islamismus, da er sich auf angebliche göttliche Gebote stützt, wodurch notwendigerweise jeder Andersdenkende als Ungläubiger und Verräter erscheint. Darüber hinaus ist das Strukturmerkmal in diesem Extremismusbereich besonders stark ausgeprägt, weil die Inhalte der Ideologie auch verbindliche Vorgaben für das private Alltagsleben machen. Dies lässt sich beim Linksextremismus nicht ausmachen, gleichwohl zeigen sich auch dort dogmatische Absolutheitsansprüche. Sie kommen entweder in Gestalt der Fixierung auf den Marxismus-Leninismus als einzig richtige Geschichts- und Gesellschaftstheorie oder als auf den Anarchismus orientierte subjektive und voluntaristische Empfindungen vor. Ähnliches gilt für den Rechtsextremismus, der nur in Teilen über eine geschlossene Ideologie verfügt, welche häufig nicht stringent und systematisch entwickelt ist. Im Namen eines – allerdings inhaltlich nicht näher definierten – Nationalismus oder Rassismus tritt man man für eine ethnisch und politisch homogene Gesellschaft ein.

---

44 Vgl. Backes, Politischer Extremismus in demokratischen Verfassungsstaaten, S. 298–311.
45 Dessen Ausprägung ist häufig abhängig vom Grad angestrebter oder tatsächlicher Integration der jeweiligen Extremisten in die Mehrheitskultur: Je stärker diese ist, desto geringer dürfte der propagierte Absolutheitsanspruch sein.

2. Politischer Autoritarismus

Als weiteres Strukturmerkmal der extremistischen Ideologien kann der politische Autoritarismus gelten. Er sieht im Staat nicht ein Instrument der Gesellschaft, sondern tritt für dessen institutionelle Dominanz ein. Derartige Auffassungen münden notwendigerweise im Plädoyer für einen autoritären oder totalitären Staat,[46] also eine Diktatur mit einer unterschiedlichen Intensität von Herrschaftspraktiken. Im Islamismus verbindet sich diese Auffassung mit dem Plädoyer für ein theokratisches System, also eine Art „Gottesstaat", in dem die angeblich wahren Interpreten des Glaubens über die politische Souveränität verfügen und die Gesellschaft im religiös-politischen Sinne formieren sollen.[47] Auch auf diesem Feld reichen die Absichten im Linksextremismus nicht so weit, gleichwohl strebt man einen starken Staat zur Kontrolle und Steuerung der politischen und wirtschaftlichen Entwicklung der Gesellschaft an.[48] Er gilt als unabdingbare Voraussetzung zur Beseitigung der für überholt geltenden bürgerlichen und kapitalistischen Gesellschaft.[49] Und schließlich findet man auch im Rechtsextremismus ein Plädoyer für einen „starken" Staat, der den durch Offenheit und Pluralismus angeblich gefährdeten Zusammenhalt in der Gesellschaft im Sinne eines Gemeinschaftsideals herstellen soll. Insofern plädieren die Vertreter dieses Extremismusbereichs auch für einen autoritären National- oder totalitären Rassestaat bei gleichzeitiger Ein- und Unterordnung der Individuen.[50]

---

46 Vgl. Juan L. Linz, Totalitäre und autoritäre Regime, Berlin 2000.
47 Vgl. Bassam Tibi, Der neue Totalitarismus. „Heiliger Krieg" und westliche Sicherheit, Darmstadt 2004; Wahied Wahdat-Hagh, „Die Islamische Republik Iran". Die Herrschaft des politischen Islam als eine Spielart des Totalitarismus, Münster 2003; Michael Whine, Islamism and Totalitarianism: Similarities and Differences. In: Totalitarian Movements and Political Religions, 2 (2001) 2, S. 54–72.
48 Vgl. Stéphane Courtois u. a., Das Schwarzbuch des Kommunismus. Unterdrückung, Verbrechen und Terror, München 1998; Jerzy Holzer, Der Kommunismus in Europa. Politische Bewegung und Herrschaftssystem, Frankfurt a. M. 1998; Richard Pipes, Kommunismus, Berlin 2003.
49 Auf den Anarchismus als politische Theorie, die den Staat als Institution grundsätzlich ablehnt, trifft dieses Merkmal im engeren Sinne nicht zu. Gleichwohl bedeutet die Abschaffung des gewaltenkontrollierenden staatlichen Institutionengefüges eine Konzentration der Macht bei den aktiven Anarchisten, womit sich eine informelle Herrschaft ohne Kontrollmechanismen herausbilden würde. Auch dies wäre eine Form des politischen Autoritarismus, die zwar dem Selbstverständnis der Anarchisten widerspricht, aber in ihren Reihen immer wieder auszumachen ist.
50 Vgl. Jerzy W. Borejsza, Schulen des Hasses. Faschistische Systeme in Europa, Frankfurt a. M. 1999; Stanley Payne, Geschichte des Faschismus. Aufstieg und Fall einer europäischen Bewegung, München/Berlin 2001; Hans Woller, Rom, 28. Oktober 1922. Die faschistische Herausforderung, München 1999.

3. Identitäres Gesellschaftsverständnis

Damit hängt eng ein weiteres Strukturmerkmal der extremistischen Doktrinen zusammen: das identitäre Gesellschaftsverständnis, das in der pluralistischen Vielfalt von Interessen und Meinungen nicht eine positiv zu bewertende Voraussetzung für die Dynamik und Offenheit einer Gesellschaft sieht. Statt dessen soll sie in den als entscheidend angesehenen Bereichen möglichst homogen ausgerichtet sein und eine Identität von Regierenden und Regierten verwirklichen. Eine solche Auffassung in Verbindung mit einem antiindividualistischen und kollektivistischen Gesellschaftsbild findet man in allen drei Extremismusbereichen: Im Islamismus erhält der Einzelne seine Wertigkeit durch die Zugehörigkeit zur Gemeinschaft der Gläubigen, der „Umma", die sich den angeblich von einer göttlichen Instanz kommenden politischen und religiösen Vorgaben unterzuordnen hat. Auch in einer von Linksextremisten angestrebten kommunistischen bzw. sozialistischen Gesellschaft soll es nach dem Wegfall aller sozialen Unterschiede keine größeren politischen Differenzen mehr geben, wodurch die Artikulation anderslautender Interessen und Meinungen als Verrat an den gemeinschaftlich geteilten Wertvorstellungen empfunden wird. Auch Rechtsextremisten gehen von einer anzustrebenden Homogenität des Volkes aus, wobei diese nicht nur politisch, sondern auch ethnisch geprägt ist. Dabei soll das Individuum mit der „Volksgemeinschaft" verschmelzen.

4. Vergleich

Die vergleichende Betrachtung zeigt, dass sich bei allen drei Extremismusbereichen die Strukturmerkmale „dogmatische Absolutheitsansprüche", „politischer Autoritarismus" und „identitäres Gesellschaftsverständnis" zeigen. Sie verweisen auf Gemeinsamkeiten bei der Ablehnung der Spielregeln und Wertvorstellungen des demokratischen Verfassungsstaates. Dadurch wird es auch statthaft, die inhaltlich durchaus unterschiedlichen Bestrebungen unter der Sammelbezeichnung „politischer Extremismus" zu fassen. Vor dem Hintergrund der oben formulierten Frage nach einer möglichen Kooperation von Angehörigen und Anhängern der drei politischen Lager muss allerdings konstatiert werden, dass die formalen Gemeinsamkeiten mit inhaltlichen Unterschieden gefüllt sind. Der ideologische Hintergrund der strukturellen Merkmale differiert stark: Bei den dogmatisch verabsolutierten Wertvorstellungen sind es eine bestimmte Interpretation des Islam, eine besondere marxistisch-leninistische Deutung der Geschichte und eine Überbewertung der ethnischen Zugehörigkeit. Der politische Autoritarismus geht mit dem Plädoyer für ein theokratisches System, eine sozialistische Gesellschaftsordnung oder ein nationalistisches Regime einher. Und das angestrebte einheitliche Kollektiv soll entweder durch die Gemeinschaft der Gläubigen, die Zugehörigkeit zu einer sozialen Klasse oder die Abstammung aus einer ethnischen Gruppe geprägt sein.

VI. Schluss

1. Zusammenfassung

Eine bilanzierende Betrachtung der Ideologien des islamistischen, linken und rechten Extremismus kommt zu einer differenzierten Einschätzung: Hinsichtlich der Primärmerkmale, also der ideologischen Grundprinzipien, bestehen grundlegende Differenzen, die sich aus der Fixierung auf unterschiedliche inhaltliche Ausgangspunkte ergeben. Bei der Betrachtung von ausgewählten Sekundärmerkmalen, also den hier erwähnten Feindbildern der extremistischen Agitation, zeigten sich demgegenüber Gemeinsamkeiten, die aus der Frontstellung gegen etwas unbedingt Abzulehnendes entsprangen. Zu einem ähnlichen Ergebnis kommt man bei der Auseinandersetzung mit den Strukturmerkmalen, also den formalen Besonderheiten der jeweiligen Ideologien. Diese kommen notwendigerweise bei allen Formen von Extremismus vor und konnten hier auch übereinstimmend ausgemacht werden. Demnach bestehen bei den positiven inhaltlichen Merkmalen Differenzen, bei den negativen inhaltlichen und strukturellen Aspekten Gemeinsamkeiten.

2. Argumente für die Möglichkeit einer Kooperation

Welche Folgerungen ergeben sich daraus für die Möglichkeit einer Kooperation von Angehörigen aller drei Extremismusbereiche? Für deren Intensivierung spricht eine Reihe von Gemeinsamkeiten hinsichtlich der negativen Merkmale der Ideologien, also der Feindbilder. Insbesondere bei der Kommentierung der Politik der USA zur Bekämpfung des Terrorismus und des Agierens Israels gegenüber den Palästinensern lassen sich bis in die Wortwahl hinein übereinstimmende Ausdrucksformen von „Antiamerikanismus" und „Antizionismus" ausmachen.[51] Pauschal und verzerrend werden die genannten Staaten als Negativfiguren und Hauptverursacher für Gewalteskalationen und Konflikte, Krisen und Umbrüche verantwortlich gemacht. Selbst bei den Themen, die bislang nur einem bestimmten politischen Lager zugerechnet wurden, lassen sich scheinbar inhaltliche Annäherungen ausmachen: So zählt etwa die Holocaust-Leugnung zu den typisch rechtsextremistischen Agitationsthemen,[52] man findet derartige Behauptungen aber auch zunehmend bei islamistischen Gruppie-

---

51 Vgl. Rudolf van Hüllen, Antiamerikanismus im Rechts- und Linksextremismus. In: Bundesamt für Verfassungsschutz (Hg.), Feindbilder im politischen Extremismus, S. 64–75; Tania Puschnerat, Antisemitismus im Islamismus und Rechtsextremismus. In: ebd., S. 35–62.
52 Vgl. Brigitte Bailer-Galanda/Wolfgang Benz/Wolfgang Neugebauer (Hg.), Wahrheit und „Auschwitzlüge". Zur Bekämpfung „revisionistischer" Propaganda, Wien 1995.

rungen.[53] Angesichts dieser Entwicklungen wäre die Kooperation nicht notwendigerweise aller Strömungen, aber von einigen Gruppierungen aus den drei Extremismusbereichen durchaus vorstellbar. Sie müsste nicht unbedingt längerfristig, könnte aber anlassbezogen erfolgen. Dem stehen allerdings gravierende Gegensätze sowohl ideologischer wie strategischer Natur gegenüber.

3. Argumente gegen die Möglichkeit einer Kooperation

Zunächst muss noch einmal an die Differenzen bei den ideologischen Grundmerkmalen erinnert werden, dürften sie doch entscheidend gegen eine Kooperation auf der Grundlage der Gemeinsamkeiten bei Feindbildern und Strukturmerkmalen sprechen. Dies mag an einem thematischen Beispiel kurz erläutert werden: Während Islamisten und Rechtsextremisten mit einer antisemitischen Einstellung die Politik des Staates Israel fundamental ablehnen und für eine rigorose Bekämpfung des Judenstaates eintreten, verhindert auf der islamistischen Seite die Ablehnung der „Ungläubigen" und auf der rechtsextremistischen Seite die fremdenfeindliche Grundauffassung eine engere Kooperation. Hinzu kommt als weitere Komponente die nur gering entwickelte Bereitschaft zu einer Kooperation des einen Extremismusbereichs mit den anderen beiden Extremismusbereichen: Es gibt kein Interesse von Islamisten, mit Links- und Rechtsextremisten, und auch kein Interesse von Linksextremisten, mit Islamisten und Rechtsextremisten zusammenzuarbeiten. Lediglich Teile des Rechtsextremismus strecken mitunter die Hand zu einem gemeinsamen Bündnis gegen die Globalisierung oder die USA aus, wobei sie mit solchen Auffassungen in der Regel selbst im eigenen politischen Lager relativ isoliert sind. Weitaus entscheidender dürfte allerdings sein, dass diese Bereitschaft zur Kooperation in den anderen beiden Extremismusbereichen allenfalls von isolierten Einzelnen geteilt wird.

---

53 Vgl. Juliane Wetzel, Antisemitismus und Holocaustleugnung als Denkmuster radikaler islamistischer Gruppierungen. In: Bundesministerium des Innern (Hg.), Extremismus in Deutschland, S. 253–272.

Rechts- und linksextreme Einstellungsmuster in Deutschland

Viola Neu

I. Zum Stand der empirischen Extremismusforschung

Zu den offenen Problemen der empirischen Extremismusforschung zählt die Frage, was zum verbindlichen Wesensgehalt rechts- wie linksextremer Einstellungsstrukturen gehört. Während es eine Reihe von Studien gibt, die sich mit den extremistischen Parteien und dem extremistischen Gedankengut auseinandersetzen, sind empirische Studien, die sich mit Linksextremismus oder den Gemeinsamkeiten von Rechts- und Linksextremismus beschäftigen, in der deutschen Forschung selten.[1] Von wenigen Ausnahmen abgesehen[2] sind auch Untersuchungen rar, die Extremismus nach inhaltlichen Ausprägungen erfassen. Eine empirische Skala, die Strukturelemente von Extremismus misst, ist bislang noch nicht entwickelt worden. Dieser Aufgabe widmet sich der Beitrag.[3]

Von Pappi/Klingemann stammt eine der wenigen Studien, die extremistische Einstellungen dimensioniert und nach Gemeinsamkeiten von rechts- und linksextremistischen Einstellungen sucht.[4] Sie bilden das antidemokratische Einstellungspotenzial des DKP- und NPD-Potenzials auf der Basis von vier von-

---

1 Hans Dieter Klingemann/Franz Urban Pappi, Politischer Radikalismus. Theoretische und methodische Probleme der Radikalismusforschung, dargestellt am Beispiel einer Studie anlässlich der Landtagswahl 1970 in Hessen, München 1972; Infratest Wirtschaftsforschung, Politischer Protest in der Bundesrepublik Deutschland. Beiträge zur sozialempirischen Untersuchung des Extremismus, Stuttgart/Berlin 1980; Elisabeth Noelle-Neumann/Erp Ring, Das Extremismus-Potential unter jungen Leuten in der Bundesrepublik Deutschland, Bonn 1984.
2 Jürgen W. Falter/Markus Klein, Die Wähler der PDS bei der Bundestagswahl 1994. Zwischen Ideologie, Nostalgie und Protest. In: APuZG, B 51-52/1994, S. 22-34; Richard Stöss, Die extreme Rechte in der Bundesrepublik. Entwicklung, Ursachen, Gegenmaßnahmen, Opladen 1989; Oskar Niedermayer/Richard Stöss, Rechtsextremismus, politische Unzufriedenheit und das Wählerpotential rechtsextremer Parteien in der Bundesrepublik im Frühsommer 1998, Arbeitspapiere des Otto-Stammer-Zentrums, Nr. 1, Freie Universität Berlin, Berlin 1998.
3 Vgl. Viola Neu, Das Janusgesicht der PDS. Wähler und Partei zwischen Demokratie und Extremismus, Baden-Baden 2004.
4 Klingemann/Pappi, Politischer Radikalismus; Max Kaase, Demokratische Einstellungen in der Bundesrepublik Deutschland. In: Rudolf Wildenmann (Hg.), Sozialwissenschaftliches Jahrbuch für Politik (1971), Band 2, München/Wien, S. 119-326.

einander unabhängigen Skalen ab: einer Grundrechte-, Totalitarismus-, NS-Ideologie-, Anomie- und autoritärer Traditionalismusskala, wobei die Anomieskala in die endgültige Skala nicht einbezogen ist, da sie als „intervenierende Variable" interpretiert wird.[5] Ziel war allerdings nicht die Erarbeitung einer gemeinsamen Einstellungsskala, sondern die Prognose der Wahlentscheidung. Die Autoren kommen bei der Dimensionierbarkeit des Parteienraumes zu der Schlussfolgerung, dass DKP und NPD „nicht mehr als die beiden Endpunkte auf dem Rechts-Links-Kontinuum die am weitesten voneinander entfernten Parteien [...], sondern zwei Parteien mit manchen Gemeinsamkeiten" seien. Gemeinsamkeiten der Anhänger stellen sie im Hinblick auf „den norm-orientierten Demokratiebegriff" fest.[6]

In daran anschließenden Studien der 70er und frühen 80er Jahren wurden rechts- und linksextreme Einstellungen jeweils separat untersucht.[7] Während SINUS den Rechtsextremismus in den Mittelpunkt stellt, untersuchen Noelle-Neumann/Ring Rechts- und Linksextremismus, jedoch nicht mit dem Ziel, gemeinsame ideologische Strukturen zwischen den Extremismen sichtbar zu machen, sondern die jeweiligen Verhaltensmuster, Lebensstile und biographische Muster zu erfassen. Eine Infratest-Studie befasst sich mit dem politischen Protest von Rechts und Links. Sie steht damit in der Tradition der *political action*-Untersuchungen, die die politische Partizipation in der demokratischen Gesellschaft analysieren. Eine übergreifende Rechts- und Linksextremismusskala wird auch hier nicht getestet. Mit dem Aufkommen der REP rückte in den späten 80er Jahren verstärkt der Rechtsextremismus in den Fokus der Forschung, während die empirische Untersuchung von Linksextremismus weiterhin vernachlässigt wurde. Vor allem Falter und Stöss haben sich mit der empirischen Einstellungsmessung von Rechtsextremismus beschäftigt.[8] Das in der politischen Theorie strittige Konzept, was unter Extremismus insgesamt und in seiner rechten wie linken Ausprägung zu verstehen ist, findet sich nicht in der empirischen Forschung.

Zwar existiert eine intensive empirische Rechtsextremismusforschung, aber eine empirische Linksextremismusforschung ist weitgehend inexistent. In den verschiedenen Studien wird der Rechtsextremismus mit unterschiedlichen *items* auf unterschiedlichen Dimensionen gemessen. Doch werden eher die spezifischen Inhalte denn die Strukturen eines rechtsextremen Weltbildes untersucht.[9]

---

5 Klingemann/Pappi, Politischer Radikalismus, S. 68.
6 Ebd., S. 110.
7 SINUS, Fünf Millionen Deutsche: „Wir sollten wieder einen Führer haben...". Die SINUS-Studie über rechtsextremistische Einstellungen bei den Deutschen, Reinbek bei Hamburg 1981; Noelle-Neumann/Ring, Das Extremismus-Potential unter jungen Leuten; Infratest Wirtschaftsforschung, Politischer Protest in der Bundesrepublik Deutschland.
8 Stöss, Die extreme Rechte in der Bundesrepublik; Falter/Klein, Die Wähler der PDS.
9 Jürgen W. Falter, Politischer Extremismus. In: Jürgen W. Falter/Oscar W. Gabriel/Hans Rattinger (Hg.), Wirklich ein Volk? Die politischen Orientierungen von Ost- und Westdeutschen im Vergleich, Opladen 2000, S. 403-433, hier S. 406; Niedermayer/Stöss,

Falter spricht davon, eine Linksextremismusskala entwickelt und getestet zu haben, veröffentlicht diese aber nicht, da die „Skalenqualität [...] [im Vergleich zur Rechtsextremismusskala] weniger gut den messtheoretischen Anforderungen" genüge. Dennoch: Falter/Klein haben sowohl für die rechten Parteien[10] als auch für die PDS[11] nachgewiesen, dass Elemente einer rechts- bzw. linksextremen Ideologie zum Weltbild der Anhänger gehören.

II. Theoretische Definition des Extremismus

Rechts- oder linksextremistische Einstellungen sind mehr als die Zustimmung zu einzelnen Aussagen aus dem jeweiligen ideologischen Spektrum. Hinter der Zustimmung zu Ideologieelementen wird eine extremistische Einstellungsstruktur vermutet, die beim Individuum dazu führt, dass es entweder dem Rechts- oder dem Linksextremismus stärker zuneigt. Unabhängig von den Strukturelementen extremistischen Denkens weisen die Programme und politischen Aussagen der Parteien des rechts- und linksextremen Spektrums auf Gemeinsamkeiten und fließende Übergänge hin. Ausgehend von einem extremistischen Gesamtsubstrat, das unterschiedliche Ausrichtungen annehmen kann, wird eine Extremismusskala entwickelt, die eine links- und rechtsextremistische Ausprägung hat.[12]

Auf der theoretischen Ebene finden sich bei Backes[13] Hinweise, welche Dimensionen eine solche Skala enthalten sollte. Er entwickelt eine *definitio ex positivo* des Extremismus, in der extremistische Doktrinen auf ihre strukturellen Gemeinsamkeiten untersucht werden. Der Vorteil dieser Sicht liegt auf der Hand. Extremismus wird – unabhängig von seinen je nach ideologischem Kontext variierenden Inhalten – als Sammelbezeichnung verwendet, die über die verfassungsrechtlichen Kriterien hinausgeht. Extremismus kann sowohl über inhaltliche als auch strukturelle Komponenten übergreifend analysiert werden.

Extremismus wird als ein Phänomen gesehen, das zwar – je nachdem, ob ein linker oder ein rechter Extremismus analysiert wird – inhaltlich Unterschiedliches beinhalten kann, das aber auch eine gemeinsame Struktur aufweist. Verbindend ist beiden extremistischen Doktrinen ein „Anspruch auf exklusiven Zugang zur historisch-politischen Wahrheit – gleichgültig, ob man sich auf die

---

Rechtsextremismus, politische Unzufriedenheit und das Wählerpotential rechtsextremer Parteien, S. 6.
10 Jürgen W. Falter (in Zusammenarbeit mit Markus Klein), Wer wählt rechts? Die Wähler und Anhänger rechtsextremistischer Parteien im vereinigten Deutschland, München 1994, S. 136.
11 Falter/Klein, Die Wähler der PDS, S. 31.
12 Dabei wäre jede andere Ausprägung ebenfalls denkbar, so z. B. religiöser Extremismus.
13 Uwe Backes, Politischer Extremismus in demokratischen Verfassungsstaaten. Elemente einer normativen Rahmentheorie, Opladen 1989, S. 328.

Gesetze der Natur oder der Vernunft beruft".[14] Sie sind im Kern antipluralistisch und bevorzugen identitäre Staatsformen (häufig in der Tradition Rousseaus).

Je nachdem, ob man die kommunistisch/sozialistisch geprägten Theorien des Marxismus, Leninismus, Stalinismus, Trotzkismus, Maoismus, Anarchismus oder andere Abspaltungen untersucht, können die Ideologieelemente der unterschiedlichen Strömungen erheblich variieren. Gemeinsamer Bestandteil linksextremistischer Ideologien ist die Forderung nach menschlicher Fundamentalgleichheit. Zwar stehen sie mit diesem Ziel nicht im Widerspruch zum demokratischen Verfassungsstaat. Aber die erzwungene Unterordnung des Individuums unter die Interessen eines Kollektivs (z. B. der sozialistischen Gemeinschaft) widerspricht fundamentalen Menschenrechten.

Linksextremistisch inspirierte Ideologien verheißen das utopische Ideal einer herrschaftsfreien Gesellschaft, in der das Individuum von all seinen (ökonomischen und sozialen) Zwängen befreit sein wird. In kommunistisch/sozialistischen Ideologien spielt die radikale Veränderung der Eigentumsverhältnisse als eines der Hauptinstrumente der sozialen Nivellierung und der Umgestaltung der Machtverhältnisse eine zentrale Rolle. Linksextremistische Ideologien haben chiliastisch-utopische Züge. Als säkularisierte Heilslehren verheißen sie die Schaffung einer idealen Welt, in der Frieden und Gerechtigkeit herrschen und alle „antagonistischen" Widersprüche beseitigt sind. Sie können als politische Religionen[15] verstanden werden.

Wie im Linksextremismus differieren die Inhalte rechtsextremistischer Ideologien zum Teil beträchtlich. Gemeinsam ist allen rechtsextremistischen Positionen, dass sie gegen das Prinzip der Fundamentalgleichheit das Prinzip der Distinktion setzen. Durch die Zugehörigkeit zu einer Rasse, Nation, einer ethnischen Gruppe, aufgrund individueller Leistung (Leistungsfähigkeit), oder sonstigen Merkmalen soll eine hierarchische gesellschaftliche Ordnung institutionalisiert werden. Ähnlich wie der Linksextremismus dominieren auch hier antiindividualistische Axiome, welche die Unterordnung des Einzelnen unter die Interessen eines „höherwertigen" Gemeinschaftsinteresses fordern.

Zu den für die gegenwärtigen Formen des Rechtsextremismus typischen Elementen zählt der übersteigerte Nationalismus, demzufolge die eigene Nation einer oder allen anderen Nationen überlegen sei.[16] Wie Backes betont, ist im Unterschied zum „emanzipativen Nationalismus", der das Ziel der nationalen Einigung nur dann anstrebt, wenn „es Mittel zur Realisation politischer Freiheiten ist", beim übersteigerten Nationalismus die „Erreichung nationaler Einheit und Größe [...] Selbstzweck".[17] Dieser Nationalismus hat antiindividualistische

---

14 Uwe Backes/Eckhard Jesse, Politischer Extremismus in der Bundesrepublik Deutschland, 4. völlig überarb. und aktual. Ausgabe Bonn 1996, S. 45.
15 Totalitarismus bezieht sich auf Herrschaftsstrukturen, politische Religionen auf Denkweisen und politische Ziele.
16 Zur Entwicklung des Nationalismus: Backes, Politischer Extremismus, S. 201 ff.
17 Ebd., S. 202 f.

Züge, da sich das Individuum unter die Interessen des größeren Ganzen unterzuordnen hat.

Er ist eng gekoppelt mit der „Ideologie der Ungleichheit",[18] auf der die für den Rechtsextremismus so typischen Elemente wie Fremdenhass, Ethnozentrismus, Rassismus oder Sozialdarwinismus beruhen. Das Konzept der hierarchischen Gliederung der Gesellschaft aufgrund natürlicher Unterschiede der Menschen beinhaltet die Negation fundamentaler Menschenrechte. Die Zugehörigkeit zu den jeweilgen Gemeinschaften seien „angeboren", also genetisch vererbt, in Ausnahmen werden sie auch über soziale Integrationsprozesse geschaffen (Abgrenzung sozial tieferstehender).

Ein weiteres Element bildet der Antipluralismus, der sich zwangsläufig aus dem Postulat der Integration in die größere Gemeinschaft sowie der Vorstellung der Interessenidentität zwischen Volk und politischem Subjekt (Führer, Partei, Regierung) ergibt. Auch in diesem Element rechtsextremistischer Vorstellungen zeigt sich eine Parallelität zu den linksextremistischen Ideenwelten, in deren Ideologie die Einzel- oder Gruppeninteressen als störend empfunden und daher negiert werden. Der Antipluralismus schließt eine demokratische Regierungsweise aus, da die Legitimität konkurrierender Interessen geleugnet wird. Daher werden Interessenvertretungen jedweder Art abgelehnt und als Störung des Gemeinwohls empfunden. Der im Extremismus erhobene Absolutheitsanspruch steht dem Einfügen in den demokratischen Prozess entgegen.

Die Idee der Interessenidentität und autoritäre Vorstellungen scheinen eng gekoppelt zu sein und sowohl in links- als auch in rechtsextremen Ideologien eine Allianz einzugehen. Der Gehorsam gegenüber einem politischen „Führer", einer Partei oder einer anderen „Autorität" wird vom einzelnen gefordert, da diese „Autoritäten" über „höhere" Einsichten verfügten, denen strikter Gehorsam entgegengebracht werden müsse. Die freiwillige Ein- und Unterordnung in die Parteidisziplin ist eine typische Erscheinungsform. Der Autoritarismus kann als uneingeschränktes Machtinstrument eingesetzt werden, durch das alle Entscheidungen legitimiert werden, da die jeweilige Führung über Kenntnisse, Wissen oder Einsichten verfügt, die sich jeder Kritik entziehen.

Pfahl-Traughber[19] weist darauf hin, dass sich die Fachliteratur stark an der Ideologie des Nationalsozialismus orientiere, obwohl Eigenschaften wie „übersteigerter Nationalismus mit Großmachtstreben", „feindselige Haltung gegenüber anderen Staaten", „Gleichschaltungs-absichten", „Volksgemeinschaft", „Reich" und „Führer"[20] nur bedingt auf die größeren rechtsextremen Parteien in Deutschland zuträfen.

Daneben besteht innerhalb der links- wie rechtextremistischen Strömungen ein ausgeprägter Hang zu internen wie externen Freund-Feind-Stereotypen. Bei-

---

18 Armin Pfahl-Traughber, Wo steht die PDS? Versuch einer extremismusorientierten Einschätzung. In: Liberal, 35 (1993) 3, S. 19–28, hier S. 21.
19 Ebd., S. 22.
20 Stöss, Die extreme Rechte in der Bundesrepublik, S. 19.

de richten sich intern gegen „Abweichler" der „richtigen" Linie (Sektierertum). Intern sollen dadurch innere Geschlossenheit und Gehorsam hergestellt werden, die für die zentralistischen Führungsstrukturen notwendig sind. Extern neigen die rechtsextremistischen Doktrinen aufgrund ihres hierarchischen Gesellschaftskonzeptes dazu, Probleme abgrenzbaren Gruppen zuzuschreiben (wie Ausländer, Juden). Bei Linksextremisten wird das Feindbild von sozialstrukturell definierten Gruppen bestimmt (Bourgeoisie/Großgrundbesitz). Eng mit den Freund-Feind-Stereotypen verbunden ist die Neigung beider Richtungen, Verschwörungstheorien anzuhängen, wonach es ein „eigentliches" Machtzentrum gibt, welches das Weltgeschehen bestimmt. Teilweise wird vermutet, dass hinter den Entscheidungsträgern geheime, diffuse Kräfte tätig seien, wie das Großkapital, der Imperialismus oder die jüdische Weltverschwörung.

Zusammenfassend lassen sich folgende Merkmale extrahieren: Absolutheitsanspruch, Dogmatismus, Fanatismus/Aktivismus, Utopismus/kategorischer Utopieverzicht, Freund-Feind-Stereotype und Verschwörungstheorien.[21] Unter Absolutheitsanspruch kann die „Verabsolutierung bestimmter Grundannahmen über die Wirklichkeit"[22] und unter Dogmatismus „ein System von Aussagen, das auf axiomatischen Setzungen basiert",[23] verstanden werden. Parallel zu den Annahmen über die Wirklichkeit und die Kategorisierung in wahr und falsch differenziert der politische Extremismus auch nach gut und böse. Freund-Feind-Stereotype treten so als quasi personalisierte Form von Absolutismus und Dogmatismus auf. Der Utopismus/Chiliasmus basiert auf dem einigenden Gedanken der Schaffung einer besseren Welt, auch wenn dadurch die bestehende Welt zerstört werden muss. Verschwörungstheorien beruhen auf der Annahme, dass hinter dem Sichtbaren geheime manipulierende Kräfte am Werk sind, was die Theorien „gegenüber Versuchen der empirischen Prüfung immun"[24] macht. Auch Fanatismus und Aktionismus blenden (Selbst-)Reflexion weitgehend aus und bringen den extremistischen Theorien die notwendige Durchsetzungsfähigkeit.

III. Empirische Probleme der Umsetzung des Forschungsdesigns

Die empirische Umsetzung einer solchen Theorie stößt auf einige Probleme, die kurz erörtert werden sollen. Präzise Prognosen über Einstellungsstrukturen und die tatsächliche Größe von Anhängerschaften radikaler oder extremistischer Parteien bereiten der empirischen Sozialforschung Schwierigkeiten. Dazu gehören „Falschaussagen" der Befragten, die z. B. durch *non-attitudes* (dem Nicht-Vorhandensein einer Meinung) oder durch *forced choice* (dem Fehlen einer der Meinung des Befragten entsprechenden Antwortkategorie) entstehen

---

21 Backes, Politischer Extremismus, S. 330.
22 Ebd., S. 300.
23 Ebd., S. 301.
24 Ebd., S. 309.

können. Sie kommen auch dadurch zustande, dass beim Befragten die Entscheidung noch offen oder ein bestimmtes Meinungsklima dominant ist. Hauptproblem im Bereich der Extremismusforschung sind Fehlauskünfte aufgrund einer Verhaltensanpassung an die unterstellte soziale Erwünschtheit. Gegenüber einem fremden Interviewer zuzugeben, eine extremistische Partei zu wählen, verstößt gegen das Gebot der political correctness. Sympathisanten und Wähler extremistischer oder radikaler Parteien verbergen ihre Neigung daher häufig in Interviews.[25] Erfahrungsgemäß ist der Anteil „rechter" Wähler in Umfragen tendenziell unterrepräsentiert; erst bei Wahlen zeigt sich der tatsächliche Umfang.[26] Bei den eher „linken" Wählern aus den neuen Ländern scheint sich nach den bisherigen Erfahrungen dieses Problem nicht in diesem Ausmaß zu zeigen.[27]

Aus den genannten Gründen eignen sich für die Bestimmung von Potenzialen extremistischer oder radikaler Parteien „harte" Indikatoren wie die Wahlabsicht in der Regel nur bedingt. Daraus ergibt sich ein weiteres Problem der Extremismusforschung: die Stichprobengröße. Die Fallzahlen und somit die Wähleranteile extremistischer Parteien liegen in Umfragen häufig unter dem Grenzwert, der repräsentative Aussagen und differenzierende Betrachtungen noch zulässt. Daher bietet es sich an, „weichere" Indikatoren wie z. B. die Parteisympathie zu verwenden. Die Gefahr besteht bei diesem Indikator in einer Erweiterung der Potenziale. Zu berücksichtigen ist, dass nur ein Teil der Sympathisanten radikaler und extremistischer Parteien auch bereit ist, diese zu wählen, oder tatsächlich über ein geschlossenes extremistisches Weltbild verfügt.[28]

Systematische Verzerrungen beruhen auch auf Ausfällen infolge von Verweigerungen. Bislang wirkte sich das in erster Linie auf die Prognose rechtsextre-

---

25 Hierdurch kam es bei Wahlprognosen zu Fehleinschätzungen: Viola Neu//Carsten Zelle, Der Protest von Rechts. Kurzanalyse zu den jüngsten Wahlerfolgen der extremen Rechten, Interne Studien, Nr. 34/1992, hg. von der Konrad-Adenauer-Stiftung, Bereich Forschung und Beratung, Sankt Augustin 1992, S. 3 ff.
26 Eines der spektakulären Beispiele war die Landtagswahl in Baden-Württemberg 1992, bei der die Republikaner 10,9 % der abgegebenen Stimmen erzielten und in den Prognosen sich nicht einmal der Einzug in den Landtag abzeichnete. Allensbach behauptete zwar, sie hätten das Ausmaß des Anstieges im Vorfeld der Wahl gemessen, aber aus politischen Gründen nicht bekannt gegeben. Da die Daten nicht veröffentlicht sind, entziehen sie sich einer Überprüfung. Der Einzug der DVU in den Landtag Sachsen-Anhalts 1998 war in der Höhe von 12,9 % nicht prognostiziert worden, auch wenn mit dem Einzug gerechnet wurde: Viola Neu/Ulrich von Wilamowitz-Moellendorf, Ostdeutsche Wähler verfügen über nur schwach ausgeprägte Parteibindungen. In: Das Parlament vom 5. Juni 1998.
27 Vermutlich liegt es daran, dass die PDS in den neuen Ländern nicht als extremistische Partei wahrgenommen wird. Im dominanten Meinungsklima gilt die PDS-Wahl nicht als sozial unerwünscht. Dadurch erhält man gegenüber der Stigmatisierung des Rechtsextremismus in den alten Ländern eine geringere Anzahl an Falschauskünften in Umfragen.
28 SINUS, Fünf Millionen Deutsche: „Wir sollten wieder einen Führer haben...". Die SINUS-Studie über rechtsextremistische Einstellungen bei den Deutschen, Reinbek bei Hamburg 1981.

mer Potenziale aus. Personen mit formal niedrigem Bildungsniveau sind häufiger nicht bereit, an Umfragen teilzunehmen; diese Gruppe weist aber eine überdurchschnittlich hohe Neigung zur Wahl rechtsextremer Parteien auf. Es liegen noch keine Erfahrungswerte vor, ob es in linken Potenzialen auch zu systematischen sozialstrukturellen Verzerrungen kommt.

Zu den weiteren zentralen Problemen der empirischen Forschung zählt gerade bei der Extremismusforschung (im Unterschied zur Wahlforschung) die Datengrundlage. Nicht immer erlauben es Datensätze aufgrund ihres Designs, unterschiedliche, konkurrierende Hypothesen zu prüfen. Daher können monokausale oder tautologische Erklärungen entstehen. Ein weiteres Problem ist die Konstruktvalidität. Die Vergleichbarkeit mit anderen Umfragen ist selten gegeben, da es bislang keinen Konsens über *items*, Skalen oder Konstrukte gibt. Die Schwäche der Reliabilität und Validität[29] der empirischen Untersuchungen steht in einem engen Zusammenhang mit der Heterogenität der Designs von normativen oder historischen Forschungen. Mit allen unterschiedlichen Methoden ist es bislang nicht gelungen ein Verständnis von Rechts- oder Linksextremismus zu entwickeln, das von der *scientific community* geteilt wird.

Ein nicht zu unterschätzendes Problem bildet die Konstruktion der Gruppe, die in die Analyse eingeht. Ein übergeordnetes Messinstrument bzw. eine übergreifende Variable, die unabhängig Extremismus und damit sowohl Rechts- als auch Linksextremismus misst, liegt nicht vor. Als Hilfskonstruktion, über dessen Güte diskutiert werden kann, wird die Neigung zu extremistischen Parteien als latente Variable zu extremistischen Einstellungen gesehen, die in zwei Ausprägungen vorliegt: der Nähe zu rechts- oder linksextremistischen Parteien. Damit soll nicht unterstellt werden, dass sich Extremismus nur in der Nähe zu einer Partei messen lässt. Gerade Personen mit einem extremistischen Weltbild können alle Parteien ablehnen oder aus den oben genannten Gründen ihre tatsächliche Parteineigung verschleiern. So bleibt bei der Gruppendefinition zwangsläufig eine gewisse Unschärfe, die aber unvermeidbar und letztlich bei fast jeder Definition zwangsläufig ist. Die von Eysenck, Lipset/Raab oder Klingemann/Pappi vorgeschlagenen Dimensionierungen des Phänomens Extremismus,[30] wie Links-Rechts-Schema oder antidemokratische Positionen (z. B. Akzeptanz von demokratischen Verfahrensregeln), würden hier zu einer Verengung des Analyseinteresses führen, da explorativ erst die Dimensionen gesucht werden, die Extremismus konstituieren (auf der Basis einer erweiterten Extremismustheorie). Daher kommen die Variablen Wahlabsicht und Parteisympathie als abhängige Variablen zum Einsatz. Die Parteisympathie bietet ge-

---

29 Unter Reliabilität eines Messinstruments wird die Stabilität bei wiederholten Messungen unter gleichen Bedingungen verstanden. Ein Messinstrument ist dann als valide anzusehen, wenn es auch das misst, was beabsichtigt wird.
30 Hans Jürgen Eysenck, The Psychology of Politics, 5. Auflage London 1968; Seymour M. Lipset/ Earl, Raab, The politics of unreason. Right-wing extremism in America, 1790–1977, 2. Auflage Chicago/London 1979; Klingemann/Pappi, Politischer Radikalismus.

genüber der Wahlabsicht den Vorteil, dass sich aufgrund ihrer Intervallskalierung die jeweilige Nähe bzw. Distanz zu Parteien und deren wahrgenommenen Positionen messen lässt und nicht eine eindimensionale Entscheidung für eine Partei getroffen werden muss.

Konstruiert man anhand von *items* Einstellungsdimensionen, die die Verbreitung extremistischer Einstellungen messen sollen, entsteht bei Intervallskalierungen die Frage der Grenzziehung. Dieses Problem soll anhand einer von Niedermayer/Stöss durchgeführten Untersuchung zum Rechtsextremismus diskutiert werden.[31] Je nachdem, ob auf einer von 1 bis 7 reichenden Skala (Zustimmung/Ablehnung) nur die ersten zwei oder die ersten drei Skalenpunkte in die Analyse miteinbezogen werden, ist die Größe des Rechtsextremismuspotenzials 13 oder 2 Prozent.[32] Ursache dieser Differenz ist, dass sich bei dichotomisierten Intervallskalen häufig eine U-förmige „Normalverteilung" ergibt, da sich die Befragten regelmäßig in der Nähe des Skalenmittelpunktes eingruppieren. Welche Grenze bei der Messung von Einstellungen gezogen wird, unterliegt dabei der Freiheit des Wissenschaftlers. Abhängig davon, bei welchem Grad der Zustimmung/Ablehnung eines *item* der *cutting point* gezogen wird, schwankt die Größe von Potenzialen erheblich. Hinzu kommt, dass auch Auswahl, Formulierung und Menge der *items*, die für die Potenzialbildung herangezogen werden, der Freiheit des Forschers unterliegen. Da es in der Extremismusforschung bislang keine allgemein akzeptierte Skala gibt, mit der sich Rechts- und/oder Linksextremismus valide messen lässt, variieren die Ergebnisse auch durch die unterschiedlichen Fragestellungen. Die Bestimmung der Größe von Extremismuspotenzialen wird somit nicht nur durch die Auswahl und Formulierung der Fragen, sondern auch von der Festlegung des *cutting point* entscheidend bestimmt.

In Umfragen des Bereichs Forschung und Beratung der Konrad-Adenauer-Stiftung wurde erstmals versucht, aus der Extremismustheorie heraus gemeinsame wie trennende Dimensionen des Rechts- und Linksextremismus zu operationalisieren. Ziel war es herauszufinden, ob es tatsächlich gemeinsame rechts- und linksextremistische Einstellungsstrukturen gibt, die sich empirisch messen lassen. Die Einzeldimensionen[33] wurden in ein Forschungsdesign übersetzt und zur späteren Skalenbildung *item*-Batterien formuliert. Wo trennscharfe Formulierungen[34] nach einer rechts- oder linksextremen Ausrichtung von *items* nicht möglich waren, wurden diese auf einer Dimension zusammengefasst. Soweit machbar, wurde versucht, ein einziges, für beide extremistischen Ausprägungen gültiges *item* zu formulieren; wo dies nicht ging, wurden rechts- und linksextreme *items* formuliert. Gemessen wurde anhand einer von +3 („Sie

---

31 Niedermayer/Stöss, Rechtsextremismus, politische Unzufriedenheit und das Wählerpotential rechtsextremer Parteien.
32 INTER/ESSE, Rechtsextremismus in Deutschland, Wirtschaft und Politik in Daten und Zusammenhängen, hg. vom Bundesverband deutscher Banken, Nr. 8, Köln 1998, S. 1.
33 Backes, Politischer Extremismus, S. 298 ff.
34 Absolutheitsansprüche/Dogmatismus; Utopismus/Chiliasmus, Aktivismus/Fanatismus.

stimmen der Aussage voll und ganz zu") bis -3 („Sie stimmen der Aussage überhaupt nicht zu") reichenden Skala mit Nullpunkt.

Als Datenbasis der Analyse wird eine vom 25. August bis 17. Oktober 1997 von Infratest dimap im Auftrag der Konrad-Adenauer-Stiftung durchgeführte repräsentative Umfrage mit Schwerpunkt Extremismus verwendet. In den alten Ländern wurden 2 021, in den neuen Ländern 1 512 Face-to-face-Interviews durchgeführt.[35] In zwei Umfragen vorher wurden Bestandteile der Skalen abgefragt und getestet. Aus den Auswertungen der Umfragen von 1993 und 1996 entstand schließlich die 1997er *item*-Liste.[36] Neben *items*, die eher dem Links- oder dem Rechtsextremismus zugeordnet werden können, wurden auch dezidiert populistische Fragen formuliert. Damit soll geprüft werden, ob Extremismus und Populismus ein Amalgam bilden oder voneinander unabhängige Einstellungsdimensionen.

IV. Extremistische Einstellungen in der Bevölkerung

Die Häufigkeitsverteilung der items in der Bevölkerung zeigt ein sehr widersprüchliches Muster. Erwartungsgemäß ist die Zustimmung zu markanten Inhalten aus dem Rechts- oder Linksextremismus schwach. Dies gilt für den Bereich des Dogmatismus, der Freund-Feind-Stereotype, der Gewaltbereitschaft und des Fanatismus, links- wie rechtsextremer Kernthesen. Andererseits zeigt sich zu den eher „populistisch" formulierten Aussagen eine z. T. beachtlich hohe Zustimmung[37], wobei auch Aussagen, die gegensätzlich sind, mehrheitliche Zustimmung vorweisen können. So findet das wohlstandschauvinistische Argument, dass Sozialhilfeempfänger den Staat nicht so oft ausnützen würden, wenn man sie zu Diensten für die Allgemeinheit heranzöge, bei 66 Prozent Zustimmung, zugleich sind 68 Prozent der Ansicht, es sei beschämend, wie mit sozial Schwachen umgegangen werde, und für 49 Prozent sollen nur die Leistungsträger Anspruch auf die Früchte des Wohlstands haben. Auch bei den Einstellungen gegenüber dem Staat zeigen sich vergleichbare Widersprüche. Zwei Drittel der Befragten halten politisches Engagement für wirksam, und 68 Prozent teilen die Ansicht, dass „die da oben" doch nur machen, was sie wollen. Weit verbreitet in der Bevölkerung sind utopistische Wünsche. Das Ideal der klassenlosen Gesellschaft findet bei 43 Prozent Unterstützung, ein offen formu-

---

35 In der proportionalen politischen Gewichtung (*recall*-gewichtet) entspricht dies 1.974 Interviews im Westen und 487 Interviews im Osten. Das *recall*-Gewicht ist der Faktor, in dem das rückerinnerte Wahlverhalten von dem tatsächlichen Wahlergebnis der Vorwahl abweicht. Mit diesem Gewicht wird die Sonntagsfrage gewichtet. 67 Befragte sind unter 18 Jahre.
36 *1993*: Befragungszeitraum: 28.10.-23.11.1993, Marplan, realisierte Interviews West: 2 064, Ost: 1 989; zusätzlich wurden 46 Interviews bei unter 18-Jährigen realisiert. *1996*: Befragungszeitraum: 8.8.-23.9.1996, GETAS, realisierte Interviews West: 3 076, Ost: 2 175; zusätzlich wurden 100 Interviews mit unter 18-Jährigen geführt.
37 Zustimmung ergibt sich durch Addition der Werte von +3 bis +1.

liertes Ideal des gemeinschaftlichen Lebens wird von 57 Prozent bejaht. Verschwörungstheorien erfreuen sich – unabhängig vom Agenten – breiter Beliebtheit. Die Vermutung, Medien seien manipuliert, findet mit 36 Prozent noch die geringste Verbreitung. 42 Prozent sehen hinter allem „geheime Abmachungen". Dem „Großkapital" (63 Prozent) und den „Reichen und Mächtigen" (63 Prozent) wird am häufigsten eine verschwörerische Eigenschaft zugesprochen. Populistische Parolen, unabhängig, ob sie sich auf Staat, politische Eliten oder Parteien beziehen, sowie autoritäre Haltungen, finden ebenso breiten Rückhalt in der Bevölkerung wie Angst vor „Amerikanisierung" und Werteverfall.

Eine erste Auswertung nach Parteianhängerschaften zeigt, dass sich für fast alle in die Analyse eingegangenen items ein spezifisches Muster erkennen lässt: Entweder finden sie bei den Anhängern der REP oder der PDS oder auch bei beiden Anhängerschaften gemeinsam überdurchschnittliche Zustimmungs- bzw. Ablehnungsraten. Dies deutet darauf hin, dass innerhalb der Anhängerschaften extremistischer Parteien politische/ideologische Einstellungsmuster bestehen, die sich von den Einstellungen der Anhänger demokratischer Parteien unterscheiden. Gemeinsam ist sowohl den Anhängern von REP als auch der PDS, dass sie verbindliche Wertorientierungen vermissen und Werteverfall beklagen, Verschwörungstheorien überproportional häufig zustimmen, die eigene politische Einflussnahme für gering erachten, massive Elitenkritik üben und populistischen Aussagen zustimmen.

Auffällig ist auch, dass sich bei einigen *items* Zustimmungen innerhalb der Anhängerschaften der PDS oder der REP finden, die man anhand der ideologischen Differenzen zwischen Rechts und Links nicht erwartet hätte. So finden sich bei PDS-Anhängern überdurchschnittlich starke Zustimmungen auf der Ebene des Autoritarismus/Antiplurali-smus, und die REP-Anhänger integrieren nicht nur Ausländer und Asylanten, sondern auch den Kapitalismus in ihr Freund-Feind-Schema, wobei Kapitalismuskritik in der politischen Programmatik rechtsextremer Parteien, insbesondere der NPD, integraler Bestandteil ist und auch historische Vorläufer hat.

Die Unterschiede zwischen den beiden Anhängerschaften sind allerdings beachtlich. Innerhalb der PDS-Anhängerschaft dominiert ein marxistisch-utopistisches Weltbild mit antikapitalistischer Ausrichtung. In der REP-Anhängerschaft findet sich hingegen ein autoritär-radikales Denken mit ethnozentrischer und sozialdarwinistischer Ausrichtung. Protest gegenüber Parteien findet sich bei den REP-Anhängern, während sie bei den PDS-Anhängern nur dann vorhanden ist, wenn nicht die eigene Partei damit identifiziert wird.

Die Zustimmung zu den *items* läuft häufig nicht entlang vermuteter ideologischer Zuordnungen. Dass ein Viertel der Unions-Anhänger für eine klassenlose Gesellschaft plädiert, ist ein unerwarteter Befund (Bevölkerungsdurchschnitt: 29 Prozent). Erstaunlich niedrig fallen populistische Ressentiments gegenüber Arbeitslosen und Sozialhilfeempfängern aus. Die Akzeptanz von Verschwörungstheorien hingegen ist in allen Anhängerschaften hoch, auch wenn die Anhänger der extremistischen Parteien deutlich herausstechen. Verschwörungstheoretischer Sozialneid findet bei 41 Prozent der Bevölkerung Zustimmung, und 44 Prozent schreiben die Erzeugung von Arbeitslosigkeit den Profitinteressen des Großkapitals zu.

V. Extremismus und Parteisympathie

Im Folgenden soll untersucht werden, ob sich auch ein linearer Zusammenhang zwischen den einzelnen *items* und der Verortung im politischen Koordinatensystem messen lässt. Die entsprechende Hypothese lautet: Je größer die Sympathie für eine der extremen Parteien ausfällt, desto stärker ist auch die Zustimmung zu den extremistischen *items*. Die Sympathisanten der REP und der PDS sollen sich danach von den Sympathisanten der anderen Parteien unterscheiden. Ist die These der strukturellen Gemeinsamkeiten richtig, muss sich des Weiteren auch ein lineare parallele Struktur abzeichnen. Dazu wurde eine Korrelation der *items* mit der Parteisympathieskala[38] vorgenommen.[39]

Die Korrelationsanalyse bestätigt lineare Zusammenhänge. Je höher die Sympathie für die PDS ausfällt, desto stärker ist die Zustimmung zu den sozialistischen *items*. Lineare Zusammenhänge zwischen Parteisympathie und Ideologie finden sich im Dogmatismus, Utopismus, den Freund-Feind-Stereotypen, den Verschwörungstheorien, der Ablehnung der demokratischen Ordnung, dem Populismus, der DDR-Nostalgie, den Modernisierungsverlierern und dem Wohlstandschauvinismus (negative Korrelation). Gleiche Zusammenhänge ergeben sich auch für die REP. Steigende Parteisympathie korreliert stark mit Absolutheitsansprüchen, Freund/Feind-Stereotypen, Verschwörungstheorien, Ablehnung der demokratischen Ordnung, Modernisierungsverlierern, Elitenkritik, Autoritarismus und Wohlstandschauvinismus. Ein linearer Zusammenhang zeichnet sich ebenso bei der DDR-Nostalgie ab. Steigende Sympathie mit den REP oder der PDS korreliert hingegen schwach mit dealignment und der subjektiven politischen Kompetenz aber auch der klassischen Politikverdrossenheit. Die Korrelation bestätigt die These, dass die Sympathie für eine der Parteien auf der extremen Rechten bzw. Linken mit einer erkennbaren ideologischen Positionierung einhergeht.

---

38 Fragetext: „Wie denken Sie gegenwärtig von den Parteien, die ich Ihnen jetzt vorlese? Bitte sagen Sie es mir anhand der Skala. +5 heißt, dass Sie sehr viel von der Partei halten, -5 heißt, dass Sie überhaupt nichts von der Partei halten. Mit den Werten dazwischen können sie Ihre Meinung abstufen." Die Skala enthält einen Nullpunkt.

39 Da das Analyseinstrument der „Wahlabsichtsfrage", das eine Auswertung nach Anhängerschaften erlaubt, in seiner Anwendung begrenzt ist, wird in der folgenden Analyse eine Sympathieskala verwendet. Diese hat im Unterschied zur Wahlabsichtsfrage den Vorteil, dass sie kaum fehlende Fälle hat. Wie bereits beschrieben, ist die Bereitschaft, Sympathie zu bekunden, größer, als potentielles Wahlverhalten anzugeben.

Tabelle 1: Korrelation von Parteisympathie und Extremismus-*items*

	REP	PDS	CDU/CSU	SPD	FDP	Grüne
Absolutheitsansprüche/Dogmatismus						
Nur mit dem Sozialismus lassen sich alle Probleme lösen.	.085	*.292*	-.182	.073	-.066	.064
Nur wenn das Recht des Stärkeren auch in der Politik angewandt wird, lassen sich die Probleme der Menschheit lösen.	*.251*	.035	.063	.005	.098	-.070
In der Politik gibt es nur wahr und falsch. Deshalb darf man keine Kompromisse machen.	*.166*	.028	.019	.017	.078	-.043
Utopismus/Chiliasmus						
Ich wünsche mir, dass die Menschen in Zukunft in der klassenlosen Gesellschaft leben können.	.027	*.213*	-.123	.093	.005	.134
Wir müssen eine Welt schaffen, in der alle Menschen nach einem gemeinsamen Ideal zusammenleben.	.043	*.131*	-.034	.034	.008	.051
In unserer heutigen Gesellschaft gibt es keine Ideale mehr, an denen man sich orientieren kann.	*.086*	.055	-.127	-.016	-.078	-.050
Freund/Feind-Stereotype						
Der Kapitalismus richtet die Welt zugrunde.	.075	*.244*	-.267	.032	-.164	.052
Ausländer und Asylanten sind der Ruin Deutschlands.	*.241*	-.064	.044	-.076	.043	-.186
Verschwörungstheorien						
Die Medien sind manipuliert und dienen nur zur Volksverdummung.	*.101*	.134	-.156	-.043	-.095	-.052
Die Reichen und Mächtigen verhindern, dass die Bürger ihren gerechten Anteil von dem bekommen, was sie erarbeitet haben.	*.105*	.198	-.252	.075	-.140	.044
Die meisten Menschen haben keine Ahnung, wie stark ihr Leben von geheimen Abmachungen und Plänen kontrolliert wird.	*.118*	.145	-.093	-.011	-.036	-.016
Die Arbeitslosigkeit wird nur durch die Profitinteressen des Großkapitals geschaffen.	*.078*	.177	-.226	.062	-.145	.044

	REP	PDS	CDU/CSU	SPD	FDP	Grüne
Fanatismus/Aktivismus						
Wer nicht radikal handelt, kann die wahren Ideale in der Politik nicht verwirklichen.	.239	.074	-.022	-.042	.002	-.044
Ablehnung demokratischer Ordnung						
In jeder demokratischen Gesellschaft gibt es Konflikte, die mit Gewalt ausgetragen werden müssen.	.166	.055	.014	-.023	.013	-.033
In der Demokratie geht vieles nicht so wie man es sich wünscht, aber es gibt keine bessere Staatsform.	-.134	-.231	.162	-.007	.050	-.019
Dealignment/Parteibindung						
Ich fühle mich keiner Partei verbunden, sondern wähle immer die Partei, die mir am besten gefällt.	.060	.042	-.051	-.068	.021	-.006
Normalerweise bleibe ich meiner Partei bei Wahlen treu.	-.030	-.026	.109	.099	.021	-.015
Selbst die Partei, die mir eigentlich am besten gefällt, kann ich heute kaum noch wählen.	.060	-.097	-.058	-.090	-.040	-.093
Die Parteien sind alles in allem zuverlässig und verantwortungsbewusst.	-.033	-.100	.366	.134	.277	.058
Subjektive politische Kompetenz: Interne politische efficacy						
Politik ist so kompliziert geworden, dass man als Bürger oft gar nicht mehr richtig versteht, worum es geht.	.059	.043	-.001	.028	.070	-.016
Externe politische efficacy						
Leute wie ich haben sowieso keinen Einfluss darauf, was die Regierung tut.	.078	.034	-.094	-.062	-.050	-.068
Wenn die Bürger sich stärker politisch beteiligen, nehmen die Politiker auch mehr Rücksicht auf die Meinung der Bevölkerung.	-.067	.001	.139	.090	.114	.089
Politischer Protest/Elitenkritik						
Auf die Probleme unserer Zeit hat keine Partei die richtige Antwort.	.022	-.015	-.080	-.081	-.072	-.046
Man kann den Politikern nicht mehr glauben, was sie versprechen.	-.017	.006	-.194	-.028	-.142	-.003

	REP	PDS	CDU/CSU	SPD	FDP	Grüne
Politik wird heute auf dem Rücken der kleinen Leute ausgetragen.	.080	.113	-.271	.024	-.173	.015
Man sollte jede Gelegenheit nutzen, den Parteien bei Wahlen einen Denkzettel zu verpassen.	.134	.033	-.188	-.030	-.087	-.062
„Die da oben" machen doch nur, was sie wollen.	.106	.123	-.249	-.003	-.157	-.043
Populismus						
Für die wirklichen Interessen des Volkes setzt sich keine Partei ein.	.093	-.076	-.104	-.085	-.063	-.105
Es ist beschämend, wie mit den sozial Schwachen in der Gesellschaft umgegangen wird.	-.018	.217	-.274	.078	-.164	.136
Autoritarismus						
Es muss wieder jemanden geben, der sagt, wo es langgeht.	.168	.029	-.004	.012	.021	-.102
Es fehlen Politiker, die auch mal sagen, was die Leute denken.	.087	.026	-.066	.042	.013	-.011
Ich wünsche mir ein Deutschland, in dem das deutsche Volk endlich wieder das Sagen hat.	.254	.049	.007	-.039	.025	-.157
Gesellschaftliche Dekadenz/Werteverfall						
Es ist schlimm, dass sich amerikanische Lebensformen und Einstellungen immer mehr ausbreiten.	.062	.070	-.076	-.008	-.107	-.081
Durch den zunehmenden Luxus verwahrlost unsere Gesellschaft.	.064	.086	-.090	.008	-.078	-.035
Modernisierungsverlierer						
Es macht mir Sorgen, dass ich durch die gesellschaftliche Entwicklung immer mehr auf die Verliererseite des Lebens gerate.	.117	.139	-.220	.000	-.104	-.026
Heute ändert sich alles so schnell, dass man kaum noch Schritt halten kann.	.058	.056	-.007	.032	.004	-.034
Staatsbürgerverständnis						
Auf meine eigene Stimme kommt es bei Bundestagswahlen überhaupt nicht an.	.093	.054	-.047	-.025	.005	-.027

	REP	PDS	CDU/CSU	SPD	FDP	Grüne
Es genügt, wenn man regelmäßig zur Wahl geht, mehr braucht man eigentlich in einer Demokratie nicht zu tun.	.068	-.074	.163	.024	.146	-.057
Alles in allem kann man darauf vertrauen, dass der Staat das Richtige für die Bürger tut.	.002	-.108	.394	.644	.268	-.134
Der Staat fordert immer mehr Steuern, ohne dass die staatlichen Leistungen für den Bürger besser werden.	.030	.102	-.183	-.007	-.102	.019
In der heutigen Zeit kennen die Leute nur noch ihre Rechte, nicht mehr ihre Pflichten.	-.007	-.130	.097	-.026	.044	-.074
Rechte und Linke Einstellungsmuster/ Populismus: DDR-Nostalgie						
Die DDR hatte mehr gute als schlechte Seiten.	.154	.442	-.183	.076	-.032	.091
Im kapitalistischen System der Bundesrepublik fehlt die Geborgenheit und Solidarität der DDR.	.087	.449	-.194	.052	-.071	.103
Die entscheidenden Schlüsselzweige der Wirtschaft müssen verstaatlicht werden.	.139	.313	-.115	.054	-.040	.061
Wohlstandschauvinismus/Ethnozentrismus						
Arbeitslose und Sozialhilfeempfänger ruhen sich nur in der sozialen Hängematte aus.	.061	-.189	.159	-.078	.095	-.101
Der Staat würde nicht so oft ausgenutzt werden, wenn Arbeitslose und Sozialhilfeempfänger zu Diensten für die Allgemeinheit herangezogen würden.	.001	-.190	.224	-.040	.117	-.105
Wir sollten darauf achten, dass wir das Deutsche reinhalten und Völkervermischung unterbinden.	.262	-.008	.075	.065	.049	-.152
Ansprüche auf die Früchte unseres Wohlstandes sollten nur die haben, die etwas leisten.	.037	-.088	.115	-.078	.066	-.115
Die Deutschen sind anderen Völkern überlegen.	.248	-.068	.141	-.016	.109	-.146

Quelle: Konrad-Adenauer-Stiftung, Archiv-Nr.: 9702;
Skala Parteisympathie: -5 bis +5; Skala Extremismus-*items*: -3 bis +3.

Die bisherigen Ergebnisse zeigen, dass die Nähe (gemessen an der Wahlabsicht und der Parteisympathie) zu den REP bzw. der PDS ein signifikant anderes Einstellungsprofil hervorbringt als die Nähe zu anderen Parteien.

VI. Gibt es eine extremistische Einstellungsstruktur?

Im nächsten Schritt wird untersucht, wie und ob sich tatsächlich aus den Skalen eine Einstellungsstruktur bilden lässt. Dies wird mittels einer Faktorenanalyse ermittelt.

Mit der Faktorenanalyse kann nicht der absolute, sondern nur der relative Wert zur Gesamtstichprobe erfasst werden. Es ist nicht feststellbar, ob ein Befragter eine sehr starke, mäßige oder schwache Einstellung auf einem Faktor aufweist. Man kann nur noch Aussagen treffen, welche Position ein Wert relativ zur Gesamtstichprobe einnimmt.[40] Der Analysefokus verändert sich jetzt. Es stehen nicht mehr die Wählergruppen im Vordergrund. Mittels der Faktorenanalyse soll herausgefunden werden, ob und welche Hintergrundvariablen (= Faktoren) Extremismus definieren. Dabei wird die Komplexität der Skala reduziert.

Die Faktorenanalyse separiert sieben Einzelfaktoren. Die ursprünglich vorgenommene Unterteilung und theoretische Dimensionierung muss anhand der Ergebnisse korrigiert werden. Zwei Faktoren gliedern den ideologischen Raum nach Rechts- und Linksextremismus und fünf weitere Faktoren bilden unabhängig vom Rechts-Links-Schema extremistische Einstellungsdimensionen ab.

Der eigenständige rechtsextreme Faktor besteht aus übersteigertem Nationalismus, Xenophobie und Autoritarismus. Nationalsozialistische Elemente[41] wurden in der Umfrage nicht separat erhoben, sie würden wahrscheinlich auf dem gleichen Faktor laden. Auf diesem Faktor finden sich die für rechtsextreme Neigungen bekannten Elemente.[42]

Einen klar abgegrenzten Faktor bildet der Sozialismus. In der Theorie wurden *items* mit Sozialismusbezug unterschiedlichen Dimensionen zugeordnet. Die ausschließliche Lösungskompetenz des Sozialismus wurde unter die Rubrik Dogmatismus gefasst, drei *items* (DDR mehr gute als schlechte Seiten, mangelnde Geborgenheit in der Bundesrepublik und Verstaatlichung der Wirtschaft) wurden unter dem Aspekt der DDR-Nostalgie subsumiert, und die Ablehnung der demokratischen Ordnung wurde als eigenständige Kategorie betrachtet. DDR-Nostalgie ist dimensional nicht von einer aktuellen Zustimmung zum So-

---

40 Vgl. Jürgen Maier/Michaela Maier/Hans Rattinger, Methoden der sozialwissenschaftlichen Datenanalyse, München/Wien 2000, S. 116–135.
41 Z. B. wurde die Aussage „Hitler war ein großer Staatsmann" (oder eine Reihe vergleichbarer Aussagen) aus dem Feld des Nationalsozialismus nicht operationalisiert.
42 Falter, Wer wählt rechts?, S. 130. Niedermayer/Stöss, Rechtsextremismus, politische Unzufriedenheit und das Wählerpotential rechtsextremer Parteien, S. 6. Da unterschiedliche *items* abgefragt wurden, sind die Daten nicht vergleichbar.

zialismus zu trennen. DDR-Nostalgie ist nicht nur Sehnsucht nach der „guten alten Zeit", sondern geht einher mit der konkreten Ablehnung von Demokratie und der Utopie einer besseren Staatsform. Auch wenn dies nicht wörtlich abgefragt wurde, dürfte dies schon weitgehend einer der untergegangenen sozialistischen Staatsformen entsprechen. Die Geschlossenheit dieses Syndroms zeigt sich auch am Dogmatismus, der sich darin ausdrückt, dass einzig dem Sozialismus die Lösung aller Probleme zugeschrieben wird. Der sozialistische Faktor unterscheidet sich somit von dem rechtsextremen Faktor durch Dogmatismus und der konkreten Ablehnung der Demokratie.

Ein dritter Faktor setzt sich aus populistischer Elitenkritik und unterschiedlichsten verschwörungstheoretischen Elementen zusammen. Die in die *item*-Batterie eingeführte Dimension der Freund/Feind-Stereotype (Kapitalismus richtet Welt zugrunde, Ausländer und Asylanten sind der Ruin Deutschlands) zerfällt in zwei Bereiche. Die monokausale Schuldzuschreibung des Kapitalismus zählt zu den Verschwörungstheorien, die xenophobe Schuldzuweisung lädt auf dem Faktor des Rechtsextremismus.

Die vierte Ebene bilden Fanatismus/Aktivismus und Radikalität. Radikales, gewaltbereites Handeln geht einher mit Kompromisslosigkeit und der Anwendung des Recht des Stärkeren. Ideologischer Dogmatismus, der plurale Meinungsbildungsprozesse negiert, verbindet sich mit der Idee, die Durchsetzung des „Richtigen" mit Gewalt zu erreichen.

Der fünfte Faktor spiegelt eine Distanz zur Gesellschaft wider. Die Sorge, individuell auf die Verliererseite des Lebens zu geraten, ist gekoppelt mit Wertepessimismus. Gemessen wurde sowohl die Ablehnung des *American way of life* als auch die „Verwahrlosung durch Luxus", was in Verbindung mit der Klage, dass es keine Ideale mehr in der Gesellschaft gebe, als Zeichen von Entfremdung interpretiert werden kann. Das Gefühl des Werteverfalls aufgrund der Dekadenz steht (wie auch die Nebenladung verdeutlicht) eng im Zusammenhang mit der Angst, Verlierer der Modernisierung zu werden.

Im sechsten Faktor drückt sich politische Entfremdung aus. Das Gefühl, dass man nicht mehr Schritt halten könne und Politik zu kompliziert sei, verbindet sich mit der Resignation über die Möglichkeiten politischen Engagements. Das Gefühl, nicht mehr Schritt halten zu können, hat eine Verbindung zu dem Faktor „Wertepessimismus" und der Sorge, auf die Verliererseite des Lebens zu geraten.

Der siebte Faktor repräsentiert den Wunsch nach einer idealen Gesellschaft (Utopismus/Chiliasmus). Alle anderen *items* hatten entweder starke Nebenladungen oder bildeten keinen eigenen Faktor. Die Faktorenanalyse verdeutlicht, dass der Unterschied zwischen populistischen und extremistischen Einstellungen gegeben ist. In einer ersten Faktorenanalyse zeigten sich zwei getrennte Skalen: eine mit populistischen und eine mit extremistischen Inhalten. Politische Entfremdung, populistische Parolen, Wohlstandschauvinismus, Parteibindungen und Einstellungen zu Parteien sowie das Demokratie- und Staatsbürgerverständnis bilden eigene Faktoren, deren Anteil an der erklärten Varianz gering ist. Politischer Protest und Populismus auf der einen Seite und extremistische Einstellungen auf der anderen Seite markieren zwei voneinander zu trennende Einstellungsdimensionen. Politischer Protest manifestiert sich üblicherweise am politischen System und seinen Repräsentanten. Diese Ebene entfällt beim Extremismus fast gänzlich. Die weit verbreitete Kritik an Parteien, Politikern und dem Staat spielt keine Rolle. Ebenfalls ohne eigenständige Erklärungskraft erweist sich der Wohlstandschauvinismus, außer er enthält eine ethnozentrische oder nationalistische Komponente. Aus dem Bereich des Populismus findet sich nur die Elitenkritik im Extremismus wieder.

Die Skala wird einem Dimensionstest unterzogen. Geprüft wird, ob die zur Skalenkonstruktion verwendeten Variablen die unterschiedlichen Dimensionen zuverlässig abbilden, ob die Variablen zur Bildung geeignet sind und ob sich die Skalenqualität verbessern würde, wenn man einzelne *items* aus einer Dimension entfernt. Alle Skalen weisen einen für die Reliabilität ausreichend hohen Alpha-Wert auf, der sich nicht verbessern würde, wenn man ein *item* streichen würde. Der Faktor Rechtsextremismus weist ein Alpha (Cronbachs Alpha)[43] von 0,74 auf, Elitenkritik/Verschwörungstheorien ein Alpha von 0,69 und Wertepessimismus ein Alpha von 0,65. Der Faktor politische Entfremdung kommt auf 0,65 und Utopismus auf 0,59. Die Linksextremismusskala weist ein Alpha von 0,67 auf. Die Skalenqualität würde sich durch die Wegnahme des *item* „In der Demokratie geht vieles nicht so wie man es sich wünscht, aber es gibt keine bessere Staatsform"[44] auf ein Alpha von 0,71 verbessern. Bei der Skala Radikalismus/Aktivismus könnte der Fit von 0,53 auf 0,62 gesteigert werden, bei Streichung des *item* „Wer nicht radikal handelt, kann die wahren Ideale in der Politik nicht verwirklichen". Auch wenn Cronbachs Alpha verbessert würde, erscheint es inhaltlich sinnvoll, diese *items* beizubehalten, da der Wert nicht über das tatsächliche (inhaltliche) Vorliegen einer Dimension entscheiden kann, sondern nur über die Präzision der Skala.

Tabelle 2: Extremistische Einstellungsstruktur

Faktor 1: Rechtsextremer Autoritarismus	
Wir sollten darauf achten, dass wir das Deutsche reinhalten und Völkervermischung unterbinden.	0,717
Ich wünsche mir ein Deutschland, in dem das deutsche Volk endlich wieder das Sagen hat.	0,687
Ausländer und Asylanten sind der Ruin Deutschlands.	0,639
Die Deutschen sind anderen Völkern überlegen.	0,616
Es muss wieder jemanden geben, der sagt, wo es in der Politik langgeht.	0,529

43 Maier/Maier/Rattinger, Methoden der sozialwissenschaftlichen Datenanalyse, S. 136.
44 Für den Reliabilitätstest umcodiert.

Faktor 2: Linksextreme Anti-Demokratie	
Die DDR hatte mehr gute als schlechte Seiten.	0,796
Im kapitalistischen System der Bundesrepublik fehlt die Geborgenheit und Solidarität der DDR.	0,782
Die entscheidenden Schlüsselzweige der Wirtschaft müssen verstaatlicht werden.	0,627
Nur mit dem Sozialismus lassen sich alle Probleme lösen.	0,533[1]
In der Demokratie geht vieles nicht so, wie man es sich wünscht, aber es gibt keine bessere Staatsform.	-0,420
Faktor 3: Elitenkritik/Verschwörungstheorie	
„Die da oben" machen doch nur, was sie wollen.	0,734
Politik wird heute auf dem Rücken der kleinen Leute ausgetragen.	0,722
Die Medien sind manipuliert und dienen nur zur Volksverdummung.	0,539
Der Kapitalismus richtet die Welt zugrunde.	0,376[2]
Die meisten Menschen haben keine Ahnung, wie stark ihr Leben von geheimen Abmachungen und Plänen kontrolliert wird.	0,342[3]
Faktor 4: Radikalismus/Aktivismus	
In jeder demokratischen Gesellschaft gibt es Konflikte, die mit Gewalt ausgetragen werden müssen.	0,652
Wer nicht radikal handelt, kann die wahren Ideale in der Politik nicht verwirklichen.	0,638
Nur wenn das Recht des Stärkeren auch in der Politik angewandt wird, lassen sich die Probleme der Menschheit lösen.	0,608[4]
In der Politik gibt es nur wahr und falsch. Deshalb darf man keine Kompromisse machen.	0,527
Faktor 5: Wertepessimismus	
Durch den zunehmenden Luxus verwahrlost unsere Gesellschaft.	0,783
Es ist schlimm, dass sich amerikanische Lebensformen und Einstellungen bei uns immer mehr ausbreiten.	0,745
In unserer heutigen Gesellschaft gibt es keine Ideale mehr, an denen man sich orientieren kann.	0,471[4]
Es macht mir Sorgen, dass ich durch die gesellschaftliche Entwicklung immer mehr auf die Verliererseite des Lebens gerate.	0,338[5]
Faktor 6: Politische Entfremdung	
Politik ist so kompliziert geworden, dass man als Bürger oft gar nicht richtig versteht, worum es geht.	0,784

Leute wie ich haben sowieso keinen Einfluss darauf, was die Regierung tut.	0,604[6]
Heute verändert sich alles so schnell, dass man kaum noch Schritt halten kann.	0,603[7]
Faktor 7: Utopismus	
Wir müssen eine Welt schaffen, in der alle Menschen nach einem gemeinsamen Ideal zusammenleben.	0,801
Ich wünsche mir, dass die Menschen in Zukunft in der klassenlosen Gesellschaft leben können.	0,762

Quelle: Konrad-Adenauer-Stiftung, Archiv-Nr. 9702.
1) Nebenladung auf Faktor 2 und 5
2) Nebenladung auf Faktor 1, 2 und 5
3) Nebenladung auf Faktor 1
4) Nebenladung auf Faktor 3
5) Nebenladung auf Faktor 6, 3 und 2
6) Nebenladung auf Faktor 3
7) Nebenladung auf Faktor 5
Erklärte Varianz: 54,5 %/Rotation: rechtwinklig (orthogonal)/Varimax-Methode.

Es stellt sich jetzt die Frage, wie groß das Extremismuspotenzial in der Bevölkerung ist. Um dies zu ermitteln, wurde für jeden Faktor eine aus den einzelnen *items* bestehende additive Skala erstellt. Insgesamt setzt sich die Skala aus 28 *items* zusammen. Ein Befragter kann einem *item* maximal den Wert 7 (= höchste Zustimmung) zuordnen.[45] Somit ergibt sich als höchsten Skalenwert der Gesamtskala, den ein Befragter erzielen kann, 196. Je höher der Wert auf der Skala, desto größer ist insgesamt die Zustimmung bzw. desto stärker ist das extremistische Weltbild. Unerheblich ist zunächst, ob ein Befragter auf der Rechts- oder Linksextremismusskala hohe Werte aufweist, da ein Befragter sowohl mit der Rechts- als auch mit der Linksextremismusskala übereinstimmen kann (was sich in den Daten auch nachweisen lässt). Neben der Extremismusgesamt-Skala sind die Zustimmungsraten zu Skalen wiedergegeben, bei denen die rechts- und die linksextremen *items* nicht berechnet wurden. Für diese Skalen beträgt der maximale Wert, den ein Befragter erzielen kann, 161 (= 23 *items*). Die Gesamtskala wird daher in 28 Schritten dargestellt, die Einzelskalen in 23er Abständen (z. B: 28 Punkte würde ein Befragter erreichen, wenn er entweder 4 *items* den Wert 7 zuweist oder 14 *items* den Wert 2).[46]

---

45 Umcodiert wurde das *item*: „In der Demokratie geht vieles nicht so, wie man es sich wünscht, aber es gibt keine bessere Staatsform", um allen *items* eine einheitliche Richtung zu geben.
46 Die Grenzziehung bei Skalen ist immer kritisch, da es keine wissenschaftlich begründbare Maßstäbe gibt, wie Grenzen gebildet werden können.

Tabelle 3: Zustimmung zur Extremismusskala (in Prozent)

	Extremismus	Rechtsextremismus[47]	Linksextremismus
bis 28 (bis 23)	0	0	0
bis 56 (bis 46)	1,6	1,3	1,6
bis 84 (bis 69)	13,4	10,9	13,5
bis 112 (bis 92)	26,9	26,2	28,0
bis 140 (bis 115)	22,1	26,2	22,4
bis 168 (bis 138)	5,4	8,9	5,6
bis 196 (bis 161)	0,2	0,7	0,2
k. A.	30,6	25,7	28,7

Quelle: Konrad-Adenauer-Stiftung, Archiv-Nr. 9702; Extremismus: Zustimmung zur Gesamtskala in 28er Schritten; Ausschluss Rechts- Linksextremismus: Zustimmung in 23er Schritten; Angaben in Klammern proportional (Ost-West) soziogewichtet.

Alle Skalen haben eine U-Form. Starke Zustimmung zur Gesamtskala findet sich bei 5,6 Prozent der Befragten. Bei den jeweiligen Teilskalen sind es 5,8 und 9,6 Prozent. Die Skala, in der nur rechtsextreme Werte abgefragt wurden findet größere Resonanz. Die Anzahl derjenigen, die kritikfrei und uneingeschränkt den *items* zustimmen, ist etwa ebenso niedrig wie die Anzahl derjenigen, die sich im extremen Ablehnungsbereich befinden. Die meisten Befragten ordnen sich im Mittelfeld ein.

Üblicherweise werden in der empirischen Rechtsextremismusforschung lediglich die unterschiedlichen Inhalte des Rechtsextremismus abgefragt, während die Elemente, die sich auf Extremismus insgesamt beziehen, nicht in die Skalen integriert werden. Nach den bisherigen Befunden lassen sich extremistische Einstellungen nicht nur auf rechts- oder linksextreme Positionen verengen. Extremistische Einstellungen erscheinen vielmehr als ein Einstellungssyndrom. Dieses setzt sich aus vielen Facetten zusammen, bei denen die jeweiligen inhaltlichen Spezifikationen des Links- oder Rechtsextremismus nur die Spitze des Eisberges bilden. Rechts- oder linksextreme Einstellungen existieren nicht ohne ein Fundament, das aus unterschiedlichen Elementen (wie Verschwörungstheorien, Aktivismus, Wertepessimismus, Entfremdung und Utopismus) besteht.

Die Zusammensetzung des Extremismuspotenzials weist einige zu erwartende, aber auch einige überraschende Muster auf. Auffällig ist der überdurchschnittliche Frauenanteil. Bei der Untersuchung von Wählerschaften extremistischer Parteien hat sich immer wieder gezeigt, dass Frauen – zumindest gegenüber extremistischen, aber auch neuen Parteien – zurückhaltender sind.

---

47 Im Original sind die Tabellenüberschriften vertauscht: Neu, Das Janusgesicht der PDS, S. 244.

Zwar kann sich dieser Unterschied nivellieren oder sogar umkehren, aber für das Wahlverhalten ist dieser Befund gefestigt.[48] Der hohe Frauenanteil im Potenzial könnte durch den Perspektivenwechsel bedingt sein, da hier keine Wähler einer Partei beobachtet werden, sondern eine Gruppe mit einem gemeinsamen Pool an Einstellungen.

Um dem Phänomen des hohen Frauenanteils auf die Spur zu kommen, eignet sich ein Wechsel der Analyseperspektive. Nimmt man nur die hohen Zustimmungen (Werte +2 und +3) der Extremismusskala, finden sich deutliche Unterschiede zwischen Männern und Frauen. Auf hohe Zustimmung bei Frauen stoßen die Komplexe der politischen Entfremdung (geringe *political efficacy*) und das Gefühl, Verlierer der gesellschaftlichen Entwicklung zu sein, die als zu schnell empfunden wird. Aber auch Utopismus findet sich überproportional bei Frauen. Sie sind stärker der Ansicht, dass die DDR mehr gute als schlechte Seiten gehabt hätte und Ausländer und Asylanten der Ruin Deutschlands wären. Männer stimmen überdurchschnittlich häufig dem Feld Radikalismus und Aktivismus zu. Das reicht vom Plädoyer für die Anwendung des Rechts des Stärkeren über Zustimmung zu radikalem Handeln bis zu Dogmatismus („Sozialismus löst alle Probleme"). Signifikant hoch ist der Anteil derjenigen, die glauben, dass es zur Demokratie eine Alternative gebe. Aufgrund geringer Fallzahlen sind weitere Differenzierungen des weiblichen Extremismuspotenzials nicht möglich. Niedrige Bildung und soziale Randständigkeit scheinen das Ausmaß politischer Entfremdung und Neigung zu extremistischen Positionen insbesondere wechselseitig zu fördern.

Wie die Wahlabsichtsfrage verdeutlicht, ist eine hohe Zustimmung zur Skala nicht gleichzusetzen mit der Wahl einer Partei, die am Rand des Parteiensystems steht. Vielmehr werden die Volksparteien – wenn auch unterdurchschnittlich – von der Mehrheit des Potenzials genannt. Der Anteil der Unentschlossenen, Nichtwähler und Antwortverweigerer, die Wahlabsicht zugunsten der PDS und der REP (wenn auch auf niedrigerem Niveau) ist größer als im Bevölkerungsdurchschnitt. Doch bemerkenswert ist der Anteil der Volksparteien. Dies spricht für die Integrationskraft von Union und SPD und verdeutlicht, dass Einstellungen und Wahlverhalten nicht in einem direkten kausalen Zusammenhang zu sehen sind, aber nicht auszuschließen ist, dass bei einer entsprechenden Mobilisierung große Teile des Potenzials den Volksparteien den Rücken kehren. Das kann bei entsprechender Angebotsstruktur zur Wahl extremer Parteien oder zur Wahlenthaltung bzw. Remobilisierung führen, wie die Wahlerfolge von DVU und REP belegen.[49] Dass dergleichen auch in dieser Gruppe möglich ist, zeigt sich am Wechselwähleranteil und der geringen Zufriedenheit mit der gewählten Partei. Doch sind diese Wähler nicht politisch randständig, sondern für die Volksparteien ansprechbar.

48 Ute Molitor, Wählen Frauen anders? Zur Soziologie eines frauenspezifischen politischen Verhaltens in der Bundesrepublik Deutschland, Baden-Baden 1992, S. 24 ff.
49 Vgl. Falter, Wer wählt rechts?, S. 23; Neu/Wilamowitz-Moellendorf, Ostdeutsche Wähler.

Tabelle 4: Sozialstrukturelle Zusammensetzung des Extremismuspotenzials*)

	Extremismus	Rechts-extremis.	Links-extremis.	Bevölkerungs-durchschnitt
Herkunft:				
Westdeutschland	68	76	65	80
Ostdeutschland	32	24	35	20
Geschlecht:				
Männer	41	40	38	48
Frauen	59	60	62	53
Alter:				
15–17 Jahre	5	3	4	3
18–24 Jahre	9	7	11	9
25–29 Jahre	11	9	10	9
30–44 Jahre	24	25	24	27
45–59 Jahre	22	24	25	25
60 und älter	30	33	26	27
Schicht:				
Arbeiterschicht	69	61	67	36
untere Mittelschicht	5	7	5	8
mittlere Mittelschicht	20	25	21	40
obere Mittelschicht	4	5	5	11
Beruf:				
Arbeiter	47	46	46	30
Angestellte	36	34	37	40
Beamte	1	2	3	7
Selbständig	4	8	4	9
in Ausbildung	2	2	1	2
sonstige	10	7	10	10
Berufstätigkeit:				
Arbeitslos	18	15	19	8
Rentner	29	33	27	26
Arbeiter	12	13	10	13
Angestellte	17	13	18	21
Beamte	1	1	1	4
Selbständig	3	4	4	6
Auszubildende	2	2	1	3
sonstige (u. a. Hausfrauen)	19	20	21	18
Bildungsniveau:				
niedrig	66	68	66	48
mittel	23	23	21	31
hoch	7	7	8	19

Rechts- und linksextreme Einstellungsmuster in Deutschland 247

	Extremismus	Rechts-extremis.	Links-extremis.	Bevölkerungs-durchschnitt
Werte:				
rein materialistisch	10	9	8	5
gemischt materialistisch	54	54	50	45
gemischt postmaterialistisch	34	35	40	41
rein postmaterialistisch	1	2	2	8
Konfession:				
evangelisch	33	36	33	41
katholisch	29	34	27	32
sonstige	4	2	4	1
keine	34	26	36	24
Kirchenbindung:				
stark	8	11	9	14
schwach	38	47	46	46
keine	52	39	40	38
Gewerkschaftsbindung:				
stark	8	6	9	6
schwach	28	29	27	33
keine	60	63	60	57
Wahlabsicht:				
Union	19	22	21	25
SPD	22	26	24	29
FDP	4	3	2	6
B90/Grüne	9	8	10	12
PDS	9	5	10	3
REP	5	5	4	2
Sonstige	4	4	4	1
Unent./k. A./NW	29	27	26	23
Zufriedenheit mit gewählter Partei				
– eher zufrieden	45	44	47	54
– eher enttäuscht	51	50	49	41
Wechselwähler West				
– immer dieselbe Partei	38	43	40	46
– mal andere Partei gewählt	35	37	32	44
Wechselwähler Ost				
– immer dieselbe Partei	44	52	47	53
– mal andere Partei gewählt	31	28	28	26

Quelle: Konrad-Adenauer-Stiftung, Archiv-Nr. 9702; fehlende Werte zu 100 % k. A., sonstige Antwortmöglichkeiten
*) Extremismus: Werte 141–196 der additiven Skala; Rechts- Linksextremismus: Werte 116–161 der additiven Skala; proportional (Ost-West) soziogewichtet.

Die Sozialstruktur verdeutlicht, dass zwar keine starke politische Desintegration kennzeichnend ist, aber eine soziale. Auffälligste Merkmale des Potenzials sind die niedrige Bildung, der hohe Arbeiteranteil und die überdurchschnittlich weit verbreitete Arbeitslosigkeit. Dies schlägt sich besonders deutlich in der Selbsteinstufung auf der Schichtskala nieder. Während der Arbeiteranteil der heute Berufstätigen knapp 50 Prozent beträgt, ordnen sich etwa zwei Drittel der Arbeiterschicht zu. Die Werte sind eher materialistisch ausgerichtet, was Befunden der Werteforschung entspricht, wonach sich Träger postmaterieller Werte überwiegend bei Personen mit höherer Bildung und Personen im Dienstleistungssektor finden.[50] Die Verankerung in gesellschaftlichen Bezugsgruppen (Kirchen und Gewerkschaften) ist erwartungsgemäß gering, wenn auch nicht auffällig. Der Anteil an Konfessionslosen ist überdurchschnittlich hoch. Die Haltung gegenüber Kirchen und Gewerkschaften ist eher neutral (gemessen am Bevölkerungsdurchschnitt). Aufgrund des hohen Arbeiteranteils und der Selbsteinstufung als Angehörige der Arbeiterschicht wäre eine stärkere Bindung an die Gewerkschaften zu erwarten gewesen. Die verhältnismäßig schwache Verbundenheit mit den Gewerkschaften lässt auf Desintegration schließen.

VII. Linksextreme Einstellungen im PDS-Potenzial

Zuletzt soll ein Beitrag zur Schließung der Forschungslücke der empirischen Linksextremismusforschung geleistet werden. Bereits die Häufigkeitsverteilung verdeutlichte, dass die sich die Einstellungen der PDS-Anhänger von denen anderer Parteien signifikant unterscheiden. In einem weiteren Schritt soll nun anhand einer multiplen Regression untersucht werden, wie groß der Beitrag der einzelnen *items* zur Sympathie für die PDS ist. Hierbei werden erneut alle *items* in die Analyse einbezogen. Von der gesamten Skala bleiben 14 *items* nach der Regressionsanalyse bestehen, die sich inhaltlich in drei Blöcke aufgliedern: Sozialismus, Ablehnung rechtsextremistischer Aussagen und etatistische bzw. prowohlfahrtsstaatliche *items*. Hinzu kommt ein verschwörungstheoretisches *item*. Die starken positiven und negativen Ladungen zeigen, dass ein polarisiertes Weltbild mit einem Schwarz-Weiß-Schema den Einstellungen zu Grunde liegt.

Die größte Erklärungskraft auf die Parteisympathie zur PDS haben *items*, die sich positiv auf die DDR und den Sozialismus beziehen. Den stärksten eigenen Erklärungsbeitrag liefert die Kritik am kapitalistischen System und die Verklärung der DDR. Auch andere sozialistische Inhalte haben eine deutliche Beziehung zur Parteisympathie. Die dogmatische Zuschreibung der sozialistischen Lösungskompetenz für alle Probleme der Welt, die Verstaatlichung der Wirtschaft und die Utopie der klassenlosen Gesellschaft bestimmen das Ausmaß der PDS-Parteisympathie weiterhin. Ein negativer Zusammenhang ergibt sich bei der Formulierung „In der Demokratie geht vieles nicht so, wie man es

---

50 Wilhelm P. Bürklin, Wählerverhalten und Wertewandel, Opladen 1988, S. 116 f.

sich wünscht, aber es gibt keine bessere Staatsform". Die Ablehnung ist inhaltlich mit der Vorstellung einer anderen besseren Staatsform gleichzusetzen, was kontextimmanent mit der sozialistischen gleichzusetzen ist. Negative Ladungen haben ethnozentrische und autoritäre *items* aus dem rechtsextremen Bereich. Das negative Spektrum der *items* „Die Deutschen sind anderen Völkern überlegen" und „Ich wünsche mir ein Deutschland, in dem das deutsche Volk endlich wieder das Sagen hat" könnte auf antifaschistische Überzeugungen rückführbar sein. Die PDS-Sympathie wird darüber hinaus durch eine Dimension

Tabelle 5: Linksextremismus und PDS-Parteisympathie

	Beta
Im kapitalistischen System der Bundesrepublik fehlt die Geborgenheit und Solidarität der DDR.	.228[xx]
Die DDR hatte mehr gute als schlechte Seiten.	.192[xx]
In der Demokratie geht vieles nicht so, wie man es sich wünscht, aber es gibt keine bessere Staatsform.	-.094[xx]
Nur mit dem Sozialismus lassen sich alle Probleme dieser Welt lösen.	.086[xx]
Es ist beschämend, wie mit den sozial Schwachen in unserer Gesellschaft umgegangen wird.	.081[xx]
Die Deutschen sind anderen Völkern überlegen.	-.076[xx]
Die entscheidenden Schlüsselzweige der Wirtschaft müssen verstaatlicht werden.	.068[xx]
Der Staat würde nicht so ausgenutzt werden, wenn Arbeitslose und Sozialhilfeempfänger zu Diensten für die Allgemeinheit herangezogen würden.	-.068[xx]
Selbst die Partei, die mir eigentlich noch am besten gefällt, kann ich heute kaum noch wählen.	-.067[xx]
Für die wirklichen Interessen des Volkes setzt sich keine Partei ein.	-.059[xx]
Ich wünsche mir ein Deutschland, in dem das deutsche Volk endlich wieder das Sagen hat.	-.059[xx]
In der heutigen Zeit kennen die Leute nur noch ihre Rechte, aber nicht mehr ihre Pflichten.	-.058[xx]
Ich wünsche mir, dass die Menschen in Zukunft in der klassenlosen Gesellschaft leben können.	.053[xx]
Die meisten Menschen haben keine Ahnung, wie stark ihr Leben von geheimen Abmachungen und Plänen kontrolliert wird.	.041[x]

Quelle: Konrad-Adenauer-Stiftung, Archiv-Nr. 9702. Abhängige Variable: Parteisympathie PDS (Skala von +5 bis -5); unabhängige Variable: (Skala von +3 bis -3).
  xx) $p = > .01$
  x) $p = > .05$
  $r^2 = 0{,}32$

erklärt, die zwischen Etatismus und sozialem Gewissen angesiedelt ist. Aussagen aus dem rechtspopulistischen Bereich, mit denen gegen sozial Schwache oder Arbeitslose polemisiert wird, bilden die negative Klammer. Ablehnung des populistischen Wohlstandschauvinismus ist die eine Seite der Medaille, der Wunsch nach einem starken Staat die andere. Das alles lässt auf eine hohe ideologische Übereinstimmung zwischen Partei und Sympathisanten schließen.[51]

Allgemeine Politikverdrossenheit gegenüber Politikern oder Parteien findet sich nicht. Zwei Anti-Parteien-*items* werden deutlich abgelehnt. Für die PDS-Sympathisanten gibt es eine Partei, die sich für die wirklichen Interessen einsetzt und die wählbar ist. Dies spricht für eine schon zuvor beobachtete affektive Parteiidentifikation.

Ein sozialistisches Überzeugungssystem, das in deutlicher Abgrenzung zur Demokratie der Bundesrepublik steht, ist das Kennzeichen der PDS-Sympathisanten. Die Parteisympathie zugunsten der PDS ist von einem doppelten Freund-Feind-Schema abhängig: DDR und Sozialismus sind positiv, Bundesrepublik (Demokratie, Wirtschaft) sowie Rechtspopulismus negativ besetzt.

Unter den Befragten zeichnet sich die Wählerschaft der PDS durch ein fast geschlossenes sozialistisches Weltbild aus.[52] Nur eine Minderheit der PDS-Wähler steht dem ideologischen Fundament fern. Diese ideologische Positionierung zeigt sich, wenn man aus *items*, die sich auf die DDR oder im weiteren Sinne auf den Sozialismus beziehen, eine additive Skala[53] bildet.

Insgesamt steigt erwartungsgemäß die Zustimmungsquote an, wenn man nicht nur starke Zustimmung (Werte +3 und +2), sondern auch die mäßigen Zustimmungsraten (+1) hinzuzieht. Im Westen findet sich nur eine Minderheit, die mehr als 6 *items* zustimmt, auch wenn man nicht nur die starke, sondern auch die mäßige Zustimmung bewertet. Auch in den neuen Ländern findet sich nur bei einer Minderheit (13 Prozent) eine starke Zustimmung von mehr als 6 *items*. Dieses Bild ändert sich deutlich, wenn man auch diejenigen einbezieht, die den *items* schwach zustimmen. Dann findet sich bei 33 Prozent der Ostdeutschen eine Zustimmung von mehr als 6 *items*. Fast spiegelbildlich verkehrt zum westdeutschen Durchschnitt ist die ideologische Verortung der PDS-Wähler. Nur eine Minderheit der PDS-Wähler antwortet auf 0 bis 3 *items* positiv

---

51 Zu einem ähnlichen Ergebnis kommt Falter, Wer wählt rechts?, S. 31.
52 Zu ähnlichen Ergebnissen vgl. ebd.
53 *Items*: Nur mit dem Sozialismus lassen sich alle Probleme lösen. Ich wünsche mir, dass die Menschen in Zukunft in der klassenlosen Gesellschaft leben können. Wir müssen eine Welt schaffen, in der alle Menschen nach einem gemeinsamen Ideal zusammenleben. Der Kapitalismus richtet die Welt zugrunde. Die Reichen und Mächtigen verhindern, dass die Bürger ihren gerechten Anteil von dem bekommen, was sie erarbeitet haben. Die meisten Menschen haben keine Ahnung, wie stark ihr Leben von geheimen Abmachungen und Plänen kontrolliert wird. Die Arbeitslosigkeit wird nur durch die Profitinteressen des Großkapitals geschaffen. Die DDR hatte mehr gute als schlechte Seiten. Im kapitalistischen System der Bundesrepublik fehlt die Geborgenheit und Solidarität der DDR. Die entscheidenden Schlüsselzweige der Wirtschaft müssen verstaatlicht werden.

Tabelle 6: Zustimmung zu Sozialismus-*items*

Anzahl der *items*	West	Ost	PDS-Wähler-Ost
0	23 (8)	12 (3)	4 (0)
1	22 (12)	12 (4)	5 (1)
2	19 (16)	14 (8)	8 (1)
3	15 (18)	13 (12)	5 (1)
4	10 (17)	15 (14)	18 (9)
5	6 (12)	12 (16)	18 (13)
6	3 (9)	9 (13)	13 (14)
7	2 (4)	7 (13)	15 (21)
8	1 (3)	4 (11)	8 (15)
9	0 (1)	2 (6)	5 (14)
10	0 (0)	0 (3)	3 (11)

Quelle: Konrad-Adenauer-Stiftung, Archiv-Nr.: 9702; Zustimmung: +3 und +2 auf einer von +3 bis -3 reichenden Skala; Werte in Klammer: Zustimmung: +3, +2 und +1 auf einer von +3 bis -3 reichenden Skala.

(22 Prozent bei starker und 3 Prozent bei mäßiger Zustimmung). Dagegen liegen 49 Prozent (36 Prozent bei mäßiger Zustimmung) der Wähler im mittleren ideologischen Bereich (zwischen 4 und 6 *items*).

Bei 31 Prozent der PDS-Wähler kann man von einem einseitigen geschlossenen Weltbild sprechen. Sie beantworten mehr als 6 *items* aus der Sozialismusskala mit starker Zustimmung. Noch deutlicher zeigt sich die ideologische Ausrichtung der PDS-Wähler mit mäßiger Zustimmung. Variiert man die Skala um nur einen Punkt, so stimmen 61 Prozent der PDS-Wähler zwischen 7 und 10 *items* der Skala zu und 75 Prozent mehr als 6 *items*. Dabei lassen sich DDR-Nostalgie und sozialistische Ideologie dimensional weder in der Bevölkerung noch bei den PDS-Anhängern trennen. Der Versuch einer signifikanten Trennung dieser Einstellungsdimensionen scheiterte. Damit ist die ideologische Hinterlassenschaft der DDR nicht nur mit Vergangenheitsverklärung zu bagatellisieren. Vielmehr findet sich eine weite Verbreitung und hohe Akzeptanz der unterschiedlichen (staats-)sozialistischen Ideologieelemente in der Bevölkerung.

Sozialistische Orientierung und kritische Einstellung zu Staat, Wirtschaft und Gesellschaft bedingen sich wechselseitig. Um den Einfluss der sozialistischen Orientierung zu messen, wurden zwei Kontrastgruppen gebildet: In der einen sind Befragte in Ostdeutschland mit 0 bis 5 *items* auf der Sozialismusskala, und in der anderen sind Befragte in Ostdeutschland mit mehr als 6 positiven Antworten auf der Sozialismusskala. Der Zusammenhang zwischen Ideologie und Wahlverhalten verdeutlicht bereits die Tabelle. 75 Prozent der PDS-Wähler stimmen mehr als sechs Aussagen der Skala zu.

Ein Wechsel der Betrachtungsweise macht deutlich, dass die Zustimmung zur sozialistischen Ideologie nicht als Einbahnstraße in der Wahl der PDS mündet. Von den Ostdeutschen, die auf der Sozialismusskala mehr als 6 *items* bejahen (45 Prozent), äußern 27 Prozent eine Wahlabsicht zugunsten der PDS und 29 Prozent sprechen sich für die SPD aus. Die restlichen Werte entfallen mit je unter 10 Prozent auf die anderen Parteien und das Unentschlossenen- und Nichtwählerlager. Da trotz sozialistischer Grundüberzeugung drei Viertel keine Wahlabsicht zugunsten der PDS haben, müssen andere Faktoren einen stärkeren Einfluss auf das Wahlverhalten ausüben als die Ideologie.

Die für die PDS-Wählerschaft charakteristischen Einstellungsmuster finden sich auch bei denjenigen, die über eine hohe Affinität zur sozialistischen Ideologie verfügen.[54] Sie bewerten überdurchschnittlich häufig Zukunftsaussichten und die aktuelle Situation pessimistisch. Die sozialistische Ideologie führt zur einer negativen Sichtweise auf die Demokratie. 56 Prozent im Sozialismuspotenzial sind mit der Demokratie unzufrieden, in der Kontrastgruppe sind es 32 Prozent. Korrespondierend empfinden 69 Prozent, dass die Gesellschaftsordnung ungerecht sei, während es bei denjenigen, die eine schwache Sozialismusnähe haben, 47 Prozent sind. Die hohe Ähnlichkeit der Einstellungsmuster verdeutlicht, dass hier kein Hinderungsgrund für eine Wahl der PDS zu suchen ist.

Dass die PDS nicht stärker von diesem Potenzial profitiert, könnte an der Wahrnehmung ihrer Politikfähigkeit liegen. Die überwiegende Mehrheit im Sozialismuspotenzial (65 Prozent: 53 Prozent der Kontrastgruppe) sieht den Staat in der Verantwortung, wie sich die persönliche Situation in Zukunft verändern wird. Dies ist ein Indikator für eine hohe Erwartungshaltung gegenüber dem Staat. Dementsprechend werden im Sozialismuspotenzial alle Themen für wichtiger gehalten als in der Gruppe, die nur eine mäßige Affinität zum Sozialismus hat. Doch werden gerade in diesem Potenzial der PDS keine Problemlösungskompetenzen zugesprochen. Auch wenn weitere Ursachen, die eine Wahlabsicht zugunsten der PDS verhindern, nicht ausgeschlossen werden können, so scheint doch das Kompetenzdefizit der PDS einer Ausweitung ihres Wählerpotenzials entgegenzustehen. Die ideologische Struktur und das Einstellungsprofil der Ostdeutschen widersprechen zumindest der These, dass die PDS die Grenzen ihrer Mobilisierungsfähigkeit erreicht oder überschritten habe.

---

54 Die Umfrage beinhaltet nicht alle Variablen, die für die Analyse der PDS-Wählerschaft zur Verfügung standen.

Berühren sich die Extreme? – Ein empirischer Vergleich von Personen mit extrem linken und extrem rechten Einstellungen in Europa

Kai Arzheimer

I.   Einleitung

Extremismusforschung ist in gewisser Weise stets eine „empirische" Disziplin, weil sie sich mit realen politischen Phänomenen befasst. Dies gilt sowohl für die eher ideengeschichtlich orientierten Ansätze, die sich beispielsweise mit Herkunft, Struktur und Wirkungen extremistischer Ideologien der „Eliten" beschäftigen, als auch für die empirische Extremismusforschung im engeren Sinne, die in erster Linie die Einstellungen und Verhaltensweisen der „Massen", d. h. der gewöhnlichen Bürger betrachtet.[1] Während allerdings Forscher, die sich mit extremistischen Ideologien auseinandersetzen, immer wieder darauf hingewiesen haben, dass sich extremistische Ideen mit ganz unterschiedlichen Positionen auf der politischen Links-Rechts-Achse verbinden können, überwiegt im Bereich der empirischen Beschäftigung die Auseinandersetzung mit dem Rechtsextremismus. Dies gilt nicht nur für Deutschland, sondern auch für die internationale Forschung. So verzeichnet die Datenbank „International Bibliography of the Social Sciences", in der seit 1981 erschienene Monographien, Aufsätze, Rezensionen aus mehr als 100 Ländern nachgewiesen werden für die Suchphrase „right-wing extremism" 130 Treffer. Unter „left-wing extremism" hingegen ist kein einziger Eintrag verzeichnet. Für andere Literaturdatenbanken ergeben sich sehr ähnliche Zahlenverhältnisse.[2]

---

1   Der Begriff der „Elite" ist hier in einem wertfreien und inklusiven Sinne zu verstehen und bezieht sich auf solche Personen, die – in der Regel als Mitglieder von Parteien und anderen politischen Organisationen – in einem ungewöhnlichen hohen Maße politisch aktiv sind. Gleiches gilt mit umgekehrten Vorzeichen für den Begriff der „Massen".
2   Die noch im Aufbau befindliche Datenbank scholar.google.com enthält 105 Treffer für „right-wing extremism", aber nur fünf Einträge für „left-wing extremism". Die Literaturdatenbank SOLIS schließlich führt unter dem Stichwort „Linksextremismus" 35 Belegstellen auf. Für „Rechtsextremismus" sind es 1 156. Alle Angaben beziehen sich auf den Stand vom Februar 2005.

Die Ursachen für dieses Missverhältnis liegen auf der Hand: Neben den politischen Präferenzen[3] einiger Sozialforscher spielt hier vor allem die Tatsache eine Rolle, dass es sich in der Forschungspraxis als schwierig erwiesen hat, ideologisch neutrale Indikatoren für extremistische Einstellungen zu finden, mit deren Hilfe sich sowohl Links- als auch Rechtsextremisten identifizieren ließen. Mit dem Vorwurf, dass ihre Instrumente ausschließlich spezifisch rechts-autoritäre Persönlichkeitszüge erfassten, mussten sich bereits die Mitglieder der Berkeley-Gruppe auseinandersetzen. Ähnliche Kritik richtete sich gegen die Vorschläge von Milton Rokeach, der gehofft hatte, ideologische Einseitigkeiten, wie sie der Berkeley-Gruppe vorgeworfen worden waren, vermeiden zu können, indem er die Strukturen politischer Überzeugungen in den Vordergrund rückte, von den Inhalten abstrahierte[4] und die Extremismusforschung auf diese Weise auf eine kognitionspsychologische Grundlage stellte. Spätere Untersuchungen konnten jedoch zeigen, dass die Items der von Rokeach entwickelten Skala in ähnlicher Weise ideologiegeladen waren wie die der „F-Skala" der Berkeley-Gruppe.[5]

Hinzu kam speziell in der alten Bundesrepublik ein politischer Faktor: Mit dem KPD-Verbot von 1956 war der Linksextremismus in der westdeutschen Nachkriegsgeschichte als *Massenphänomen* zumeist von geringer Bedeutung,[6] während es den Parteien der extremen Rechten in den „drei Wellen rechter Wahlerfolge" immer wieder gelang, bei einzelnen Landtagswahlen die Fünfprozenthürde zu überspringen.[7]

Erst mit dem Einzug der PDS in den Bundestag und die ostdeutschen Landtage geriet das Phänomen des Linksextremismus wieder ins Blickfeld der empirisch orientierten Forschung. Inwiefern die PDS als Ganzes jedoch als eine extremistische Partei betrachtet werden kann, ist nach wie vor strittig. Zudem ist die Westausdehnung der PDS wohl endgültig gescheitert, so dass der parteipolitisch organisierte Linksextremismus in den alten Ländern auch weiter ohne Bedeutung bleiben dürfte.

Noch seltener als empirische Untersuchungen zur Massenbasis des Linksextremismus finden sich in der deutschsprachigen Literatur systematische Vergleiche zwischen den Anhängern beider Formen des Extremismus. An die (nicht

---

3   Die empirischen Befunde in diesem Beitrag deuten allerdings darauf hin, dass es auch substantielle Gründe für dieses Ungleichgewicht geben dürfte.
4   Siehe Milton Rokeach, The Open and the Closed Mind. Investigations into the Nature of Belief Systems and Personality Systems, New York 1960, S. 6.
5   Siehe Detlef Oesterreich, Flucht in die Sicherheit. Zur Theorie des Autoritarismus und der autoritären Reaktion, Opladen 1996, S. 68-69.
6   Dies bedeutet nicht, der Linksextremismus habe in der Bundesrepublik keine politische Rolle gespielt. Zumeist organisierte er sich jedoch in Form von politischen Sekten, gewaltbereiten Zellen oder radikalen Strömungen innerhalb von insgesamt eher gemäßigten Organisationen, von Beginn der achtziger Jahre an dann auch in Form militanter „Autonomer Szenen" mit lokalen Schwerpunkten.
7   Siehe dazu Kai Arzheimer/Harald Schoen/Jürgen W. Falter, Rechtsextreme Orientierungen und Wahlverhalten. In: Richard Stöss/Wilfried Schubarth (Hg.), Rechtsextremismus in der Bundesrepublik Deutschland, Opladen 2001, S. 220-245.

unproblematische) Pionierstudie von Klingemann und Pappi,[8] die Wähler von NPD und DKP kontrastiert, haben erst 25 Jahre später Arzheimer und Klein mit ihrem Vergleich von (westdeutschen) REP- und (ostdeutschen) PDS-Wählern anzuknüpfen versucht.[9]

Beide Arbeiten analysieren jedoch lediglich *Wähler deutscher Flügelparteien*. Darin liegt eine doppelte Beschränkung: Zum einen überschneidet sich diese Gruppe mit der Gesamtheit der Extremisten in Deutschland, ist aber keineswegs deckungsgleich, zum anderen zeigen sich viele interessante Befunde erst in ländervergleichender Perspektive, da soziale, kulturelle, politische und ökonomische Unterschiede zwischen den europäischen Gesellschaften oft einen erheblichen Einfluss auf politische Einstellungen und Verhaltensweisen haben. Ziel des vorliegenden Beitrages ist es deshalb, auf der Grundlage (vergleichsweise) aktueller Daten der Frage nachzugehen, welchen Umfang das links- bzw. rechtsextreme Potential in Europa hat und welche Gemeinsamkeiten und Unterschiede zwischen Personen mit pointiert linken bzw. rechten Einstellungen tatsächlich bestehen. Dabei kann es sich notgedrungen nur um erste Schritte auf einem bislang kaum erschlossenen Terrain handeln. Folglich ist der Beitrag nicht strikt hypothesenprüfend, sondern eher explorativ angelegt.

II. Terminologische Vorüberlegungen

Die große Vielfalt von Begriffen und Definitionen, die im Bereich der Extremismusforschung gebräuchlich sind – Uwe Backes spricht in diesem Zusammenhang zurecht von einer geradezu „babylonischen Sprachverwirrung"[10] – „verleitet" viele Autoren dazu, ihre Arbeiten mit einer Erörterung der Bedeutung der von ihnen verwendeten Begriffe" zu beginnen.[11] Damit stellt sich die Frage, inwieweit Ergebnisse, die auf unterschiedlichen Definitionen und Operationalisierungen beruhen, miteinander vergleichbar sind. Weiter kompliziert wird die Situationen dadurch, dass „Extremismus" ein wertgeladener und im deutschen Kontext auch justiziabler Begriff ist: (Fast) kein Extremist möchte als solcher bezeichnet werden.[12] Dennoch ist an dieser Stelle eine umfassende Aus-

---

8   Hans-Dieter Klingemann/Franz-Urban Pappi, Politischer Radikalismus. Theoretische und methodische Probleme der Radikalismusforschung, dargestellt am Beispiel einer Studie anlässlich der Landtagswahl 1970 in Hessen, München 1972.
9   Kai Arzheimer/Markus Klein, Die Wähler der REP und der PDS in West- und Ostdeutschland. In: Uwe Backes/Eckhard Jesse (Hg.), Jahrbuch Extremismus & Demokratie, Band 9, Baden-Baden 1997, S. 39–63.
10 Siehe Uwe Backes, Politischer Extremismus in demokratischen Verfassungsstaaten. Elemente einer normativen Rahmentheorie, Opladen 1989, S. 75.
11 Ulrich Druwe/Susanne Mantino, „Rechtsextremismus". Methodologische Bemerkungen zu einem politikwissenschaftlichen Begriff. In: Jürgen W. Falter/Hans-Gerd Jaschke/Jürgen Winkler (Hg.), Rechtsextremismus. Ergebnisse und Perspektiven der Forschung, PVS-Sonderheft 27, Opladen 1996, S. 66–80, hier 66.
12 Siehe Steffen Kailitz, Politischer Extremismus in der Bundesrepublik Deutschland, Wiesbaden 2004, S. 15.

einandersetzung mit der Begrifflichkeit weder möglich noch notwendig, da es hier lediglich um die Frage geht, welche Gegenstände in der Forschungspraxis tatsächlich untersucht werden. Es genügt deshalb, auf drei Definitionen bzw. Ansätze hinzuweisen, die entscheidenden Einfluss auf die empirische Forschung hatten:

1. *Der Gebrauch von „Extremismus" als „Sammelbegriff für die politischen Kräfte an den Enden des Rechts-Links-Spektrums"*, der sich in den USA und Großbritannien seit dem 19. Jahrhundert, in Frankreich seit dem Ersten Weltkrieg nachweisen lässt.[13] Dieser Zugang ist offensichtlich problematisch, prägt aber bis heute das Verständnis vieler Forscher, insbesondere im angelsächsischen Bereich. Extremistische Gruppierungen, Ideologien und Personen zeichnen sich aus dieser Perspektive vor allem dadurch aus, dass sie innerhalb ihres jeweiligen politischen Systems eine Außenseiterposition einnehmen. „Extremistisch" ist nach diesem Verständnis damit beinahe ein Synonym für „nicht etabliert" und entspricht in etwa der im deutschen Sprachraum üblichen Verwendung des Begriffs „radikal".

2. In den USA wurde die Bezeichnung seit den fünfziger Jahren zur Charakterisierung von politischen Einstellungen auf Seiten der Wähler und von Ideologien auf Seiten der Parteien und Bewegungen in den wissenschaftlichen Sprachgebrauch übernommen. Als einflussreich erwies sich dabei insbesondere der Ansatz von Seymour Martin Lipset und Earl Raab. Diese definierten *Extremismus im Wesentlichen als Antipluralismus*. Das zentrale Element extremistischen Denkens und Handelns ist für sie die „Schließung des politischen Marktes".[14] Extremistische Vorstellungen können nach diesem Konzept mit jeder Position auf einer Links-Rechts-Achse verbunden werden. Neben Links- und Rechtsextremismus existiert für Lipset[15] deshalb auch ein „Extremismus der Mitte".

3. Stark von Lipset einerseits, von dem in der normativen Ordnung des Grundgesetzes realisierten Konzept der „streitbaren Demokratie" andererseits beeinflusst ist schließlich *der Begriff des politischen Extremismus, wie er von Uwe Backes und Eckhard Jesse*[16] *entwickelt wurde*. Extremistisch sind nach diesem Verständnis Organisationen, Ideologien, Handlungen und Personen[17], die sich gegen den demokratischen Verfassungsstaat bzw. gegen den Kernbestand des Grundgesetzes, nämlich die vom Bundesverfassungsgericht konkretisierte freiheitlich-demokratische Grundordnung richten. Extremismus kann Backes und Jesse zufolge nur an den Rändern des politischen

---

13 Siehe Uwe Backes/Eckhard Jesse, Politischer Extremismus in der Bundesrepublik Deutschland, 4., völlig überarbeitete und aktualisierte Auflage Bonn 1996, S. 42 f.
14 Seymour Martin Lipset/Earl Raab, The Politics of Unreason. Right-Wing Extremism in America, 1790–1970, London 1971, S. 6.
15 Seymour Martin Lipset, Political Man. The Social Bases of Politics, Garden City 1960, Kapitel V.
16 Siehe dazu z. B. Backes/Jesse, Politischer Extremismus.
17 Ebd., S. 45.

Spektrums auftreten, da dort das Gleichheitsprinzip entweder absolut gesetzt (Linksextremismus) oder gänzlich negiert wird (Rechtsextremismus). Veranschaulicht wird diese Hypothese durch das so genannte Hufeisen-Schema, das den Zusammenhang zwischen ideologischem Standpunkt und Extremismus beschreibt (siehe Abbildung 1). In diesem Punkt unterscheidet sich der Ansatz von Backes und Jesse sehr deutlich von der von Lipset vorgeschlagenen Konzeption.

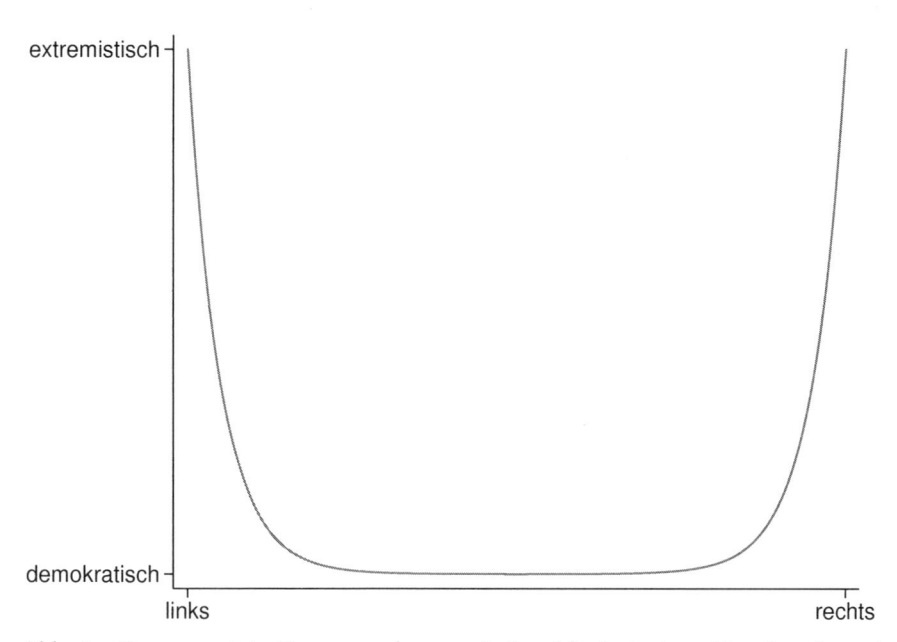

Abb. 1: Der vermutete Zusammenhang zwischen ideologischem Standpunkt und Extremismus (Hufeisenschema)

Die drei hier in aller Kürze vorgestellten Ansätze haben das Verständnis der empirischen Extremismusforschung von ihrem Gegenstand in wesentlicher Weise geprägt. Das Konzept des Radikalismus hingegen hat als eigenständiger Begriff in der Forschung erheblich an Bedeutung verloren; das weitergefasste und in vielerlei Hinsicht sehr diffuse Konzept des Populismus hat sich bislang nicht durchsetzten können. Ein großer Teil derer, die in der empirischen Forschung tätig sind, neigt ohnehin zu einer sehr pragmatischen Position und hat deshalb an der Diskussion über Begrifflichkeiten ein geringes Interesse.

Dieser Zustand des terminologischen *Laisser-faire* mag unbefriedigend erscheinen, ist aber vergleichsweise unproblematisch, da – wie bereits erwähnt – *de facto* ein weitgehender Konsens darüber herrscht, was den Gegenstand der empirischen Extremismusforschung ausmacht: In der Forschungspraxis werden im Allgemeinen Phänomene untersucht, die sich gegen (liberale) Demokratie,

Pluralismus und universelle Menschenrechte richten und sich mit unterschiedlichen Ideologien verbinden können. Dieses Verständnis von Extremismus liegt auch diesem Beitrag zugrunde. Als „radikal" wird – ebenfalls in Anlehnung an die deutschsprachige Diskussion – im Folgenden eine Position an den Rändern des politischen Spektrums bezeichnet.

III. Die Nachfrage nach extremistischen Politikentwürfen

1. Vielfalt der Ansätze

In der Literatur findet sich eine ganze Reihe von Ansätzen, die das Auftreten extremistischer Einstellungen und Verhaltensweisen erklären sollen. Diese wurden ausnahmslos im Kontext der Rechtsextremismusforschung entwickelt. In vielen Fällen lassen sich aus ihnen jedoch auch plausible Annahmen über die Entwicklung linksextremer Präferenzen ableiten.

In Anlehnung an eine von Jürgen Winkler[18] vorgeschlagene Einteilung lassen sich dabei vier grundlegende Typen von Erklärungsmustern unterscheiden. Drei dieser Typen ist gemeinsam, dass sie an der „Nachfrageseite" ansetzen, d. h. zu erklären versuchen, warum Menschen eine Präferenz für extremistische Politikziele entwickeln. Eine vierte Gruppe von Ansätzen berücksichtigt hingegen zusätzlich die Angebotsseite, d. h. die Ebene der (potentiellen) „politischen Unternehmer".

Im Zentrum einer ersten Gruppe von Erklärungsversuchen stehen *Persönlichkeitsmerkmale* wie die oben angesprochenen Konzepte Autoritarismus und Dogmatismus sowie grundlegende *Wertorientierungen* wie das von Ronald Inglehart[19] entwickelte Postmaterialismus-Konzept, das u. a. von Piero Ignazi[20] (1992) für die Rechtsextremismusforschung nutzbar gemacht wurde. Beide werden vor allem auf Sozialisationsprozesse zurückgeführt. *Deprivationstheorien* argumentieren hingegen in erster Linie auf der Ebene sozialer Großgruppen, die ihren materiellen oder immateriellen Status durch gesellschaftliche und politische Entwicklungen gefährdet sehen und deshalb politische Bewegungen unterstützen, die sich gegen Fremdgruppen richten, die als Verursacher dieser Veränderungen angesehen werden.

Beim sozialen Wandel setzen auch die *Desintegrationstheorien* an, die letztlich auf das von Durkheim entwickelte Anomie-Konzept zurückgehen. Ihnen zu-

---

18 Jürgen Winkler, Bausteine einer allgemeinen Theorie des Rechtsextremismus. Zur Stellung und Integration von Persönlichkeits- und Umweltfaktoren. In: Falter/Jaschke/Winkler (Hg.), Rechtsextremismus, S. 25–48.
19 Ronald Inglehart, The Silent Revolution in Europe: Intergenerational Change in Postindustrial Societies. In: American Political Science Review, 65 (1971), S. 991–1017.
20 Piero Ignazi, The Silent Counter-Revolution. Hypotheses on the Emergence of Extreme Right-Wing Parties in Europe. In: European Journal of Political Research, 22 (1992), S. 3–34.

folge reagieren die Bürger eines Staates auf gesellschaftliche Umwälzungen mit normativer Verunsicherung und nehmen deshalb Zuflucht zu den Gewissheiten einer extremistischen Ideologie.

Eine wichtige, bislang aber kaum systematisch aufgearbeitete Rolle für extremistisches Denken und Handeln spielen schließlich die *politische Kultur*[21] bzw. die politischen Subkulturen einer Gesellschaft. Die in einem gegeben Land vorherrschenden politischen Einstellungen beeinflussen sowohl die fundamentalen Sozialisationsprozesse, die für extremistische Einstellungen, Wertorientierungen und Persönlichkeitsmerkmale verantwortlich sind, als auch die Wahrscheinlichkeit, dass tatsächlich extremistisches Verhalten gezeigt wird.[22] Neben der politischen Kultur wird in der Literatur jedoch von jeher über eine Reihe weiterer struktureller Randbedingungen diskutiert, die die Entstehung und Ausbreitung extremistischer Einstellungen und Verhaltensweisen beeinflussen. Seit dem Erscheinen von Winklers ursprünglichem Beitrag hat sich hierfür die Sammelbezeichnung „*politische Gelegenheitsstruktur*" eingebürgert. Dieser Begriff stammt ursprünglich aus der Bewegungsforschung und wurde dort geprägt, um die spezifischen Konfigurationen von Ressourcen, Institutionen und historischen Vorbedingungen eines politischen Systems zu beschreiben, die sich auf die Mobilisierungschancen politischer Akteure auswirken.[23]

Jeder einzelne dieser Ansätze ist mit spezifischen Problemen und Defiziten verbunden. In der Praxis der Wahlforschung werden als Reaktion darauf häufig unreflektiert Variablen und Konzepte aus unterschiedlichen Theoriesträngen miteinander kombiniert, was zu erheblichen logischen Problemen führen kann.[24] Theoretische Entwürfe, die Elemente der vier genannten Ansätze bzw. Gruppen von Ansätzen in systematischer Weise miteinander verknüpfen, finden sich in der Literatur leider nur selten. Zwei solcher Erklärungsversuche, die in der Forschung größere Resonanz gefunden haben, sind das von Herbert Kitschelt u. a. in seiner Studie zu den Parteien der extremen Rechten in Westeuropa[25] skizzierte Modell der räumlichen Parteienkonkurrenz und die bereits 1967 von Erwin K. Scheuch und Hans-Dieter Klingemann entwickelte „Theorie des Rechtsradikalismus in westlichen Industriegesellschaften".[26]

---

21 Gabriel A. Almond/Sidney Verba, The Civic Culture. Political Attitudes and Democracy in Five Nations, Boston 1965.
22 Winkler, Bausteine, S. 41 f.
23 Für eine aktuelle Überblicksdarstellung siehe David S. Meyer/Debra C. Minkoff, Conceptualizing Political Opportunity. In: Social Forces, 82 (2004), S. 1457–1492.
24 Winkler, Bausteine, S. 36.
25 Herbert Kitschelt, The Radical Right in Western Europe. A Comparative Analysis, Ann Arbor 1995.
26 Erwin K. Scheuch/Hans Dieter Klingemann, Theorie des Rechtsradikalismus in westlichen Industriegesellschaften. In: Hamburger Jahrbuch für Wirtschafts- und Sozialpolitik, 12 (1967), S. 11–29.

2. Kitschelts räumliches Modell des Parteienwettbewerbs

In Anlehnung an frühere Überlegungen von Max Weber, Scott Flanagan und anderen hat Herbert Kitschelt ein allgemeines Modell der Parteienkonkurrenz entwickelt, das eine Dimension beinhaltet, die eine gewisse Ähnlichkeit mit den Extremismus-Konzeptionen von Lipset, Backes und Jesse aufweist. Den Ausgangspunkt seiner Überlegungen bildet ein Marktmodell, das auf einer zweidimensionalen Variante des von Downs[27] und anderen vorgeschlagenen Modells der räumlichen Parteienkonkurrenz basiert.[28] Bei diesen beiden Dimensionen handelt es sich um eine wirtschafts- und eine gesellschaftspolitische Links-Rechts-Achse. Die Position auf der ersten dieser beiden Achsen gibt Auskunft darüber, in welchem Umfang eine Person bzw. eine Partei die Verteilung von Gütern in einer Gesellschaft den Mechanismen des Marktes überlassen möchte. Die zweite Achse beschreibt die Präferenzen hinsichtlich der sozialen und politischen Ordnung und umfasst drei eng miteinander verbundene Unterdimensionen:

1. eine Festlegung, welchem Personenkreis überhaupt politische (und eventuell auch sonstige) Rechte zukommen sollen
2. eine Entscheidung darüber, welches Ausmaß an sozialer und kultureller Vielfalt toleriert wird
3. eine Festlegung, nach welchem Modus (eher hierarchisch oder eher partizipativ) politische Entscheidungen getroffen werden sollen

Der von Kitschelt als „autoritär" bezeichnete Endpunkt dieser Achse steht für alles, was gesellschaftspolitisch als „rechts" gelten kann; der libertäre Endpunkt der Achse repräsentiert dagegen „linke" gesellschaftspolitische Präferenzen: ein weitgefasstes Konzept der Bürgerschaft, das beispielsweise auf Ausländer ausgedehnt wird, die dauerhaft im Inland leben, ein großes Maß an Toleranz für unterschiedliche Kulturen und Lebensformen und eine aktive Beteiligung möglichst vieler Bürger an den politischen Entscheidungen des Landes.

Der Zusammenhang zwischen Kitschelts allgemein gehaltenem Modell der Parteienkonkurrenz und den älteren Ansätzen der Extremismusforschung ist leicht zu erkennen: Auf der Ebene des Individuums hat eine extrem autoritäre Position Ähnlichkeiten mit dem von Rokeach beschriebenen „Dogmatismus", mit einem „rigiden Denkstil" im Sinne Scheuch/Klingemanns und sogar mit einigen Aspekten der „autoritären Persönlichkeit" von Adorno u. a. Und auf der Ebene der Parteien und ihrer Programme führt die konsequente Verfolgung einer autoritären Position zweifelsohne zu einer Schließung des „Marktes politi-

---

27 Anthony Downs, An Economic Theory of Democracy, New York 1957.
28 Siehe dazu grundlegend James M. Enelow/Melvin J. Hinich, The Spatial Theory of Voting. An Introduction, Cambridge 1984; zur Anwendbarkeit dieses Modells in Europa Paul V. Warwick, Toward a Common Dimensionality in West European Policy Spaces. In: Party Politics, 8 (2002), 101–122.

scher Ideen" und zur Unterdrückung von kultureller und politischer Vielfalt im Sinne von Lipset und Raab.

Die Entstehung politischer Präferenzen erklärt Kitschelt durch Erfahrungen, die der einzelne im Alltag macht. Dabei spiele das Berufsleben eine besonders wichtige Rolle. Personen, die im öffentlichen Sektor tätig sind und keine internationale Konkurrenz befürchten müssen, sollen nach Kitschelt einen redistributiven Staat befürworten, während Personen aus dem privaten Sektor eine stärker marktwirtschaftlich ausgelegte Ordnung bevorzugen müssten, weil sich ein ausgebauter Umverteilungsstaat aus ihrer Sicht als „Standortnachteil" darstellt.

Auch das Zustandekommen gesellschaftspolitischer Präferenzen erklärt Kitschelt durch die Erfahrungen, die der einzelne im Berufsleben macht. Personen, die am Arbeitsplatz ein hohes Maß an persönlicher Freiheit erleben und sich kommunikativ mit ihren Mitmenschen auseinandersetzen können und müssen, sollten nach Kitschelt libertäre Präferenzen entwickeln. Standardisierte und hierarchisch organisierte Arbeitsprozesse führten hingegen zur Herausbildung autoritärer Präferenzen. Extremistische bzw. „autoritäre" Parteien werden nach Kitschelt dann Wahlerfolge haben, wenn (1) durch sozialstrukturelle Veränderungen die Nachfrage nach solchen Politikentwürfen wächst und (2) die bereits existierenden Parteien dieses Potential nicht an sich binden können.

Den Aufstieg neuer oder neuformierter Rechtsparteien, den viele westeuropäische Gesellschaften in den achtziger und neunziger Jahren erlebten, interpretiert Kitschelt dementsprechend als Folge von Globalisierungsprozessen, durch die bei den Beschäftigen im industriellen Sektor die Nachfrage nach Politikentwürfen steige, die autoritäre gesellschaftspolitische Entwürfe mit marktwirtschaftlichen Zielsetzungen kombinieren. Da entsprechende Programme von den bis dahin existierenden Parteien nicht angeboten wurden, erwies sich ein neuer Typus rechter Parteien als sehr erfolgreich, der durch den französischen *Front National* als „mastercase" einer „New Radical Right Party" verkörpert werde. In der Rückschau erweist sich dieser Aspekt von Kitschelts Erklärungsversuch allerdings als wenig plausibel, da es zwar in der Tat starke Hinweise auf eine „Proletarisierung" des Elektorats von besonders erfolgreichen Rechtsparteien wie des Front National oder der FPÖ gibt. Diese auffällige Zunahme des Arbeiteranteils fällt jedoch mit einem *Abrücken* dieser Parteien von marktwirtschaftlichen Prinzipien zusammen.

Unterstellt man jedoch, dass Kitschelts übrige Annahmen zumindest plausibel sind, lässt sich vor dem Hintergrund seines Modells diskutieren, wie sich Links- von Rechtsextremisten unterscheiden und warum gegebenenfalls eine Nachfrage nach linksextremen Politikangeboten entsteht. Auf strukturelle Ähnlichkeiten zwischen Nationalsozialismus und Stalinismus hat bereits die klassische Totalitarismustheorie hingewiesen. Folgt man Kitschelts Strategie, politische Konzeptionen auf die beiden Grunddimensionen „Wirtschaftsordnung" und „Pluralismus/Mitwirkungsrechte" zu reduzieren, ergeben sich ungeachtet aller ideologischen, propagandistischen und sonstigen Unterschiede für einige linksextreme und rechtsextreme Parteien durchaus ähnliche Positionen im politischen Koordinatenraum. So führten beispielsweise die Nationalsozialisten ein System der „Staatsintervention ohne Verstaatlichung"[29] ein, in dem staatliche und halbstaatliche Stellen zunächst ein faktisches Außenhandelsmonopol errichteten,[30] dann Löhne und Preise unter ihre Kontrolle brachten[31] und schließlich zuletzt auch die Zuteilung von Gütern und Arbeitskräften zu übernehmen.[32] Zugleich weiteten sie die Staatstätigkeit in bis dahin unbekannter Weise aus.[33] Obwohl die Mehrzahl der Betriebe in Privateigentum verblieb, verfolgte die NSDAP damit eine Wirtschaftspolitik, die keineswegs als marktwirtschaftlich gelten kann. Ohne dass offensichtliche Unterschiede (vor allem im Bereich der Landwirtschaft) geleugnet werden, sind auch in diesem Bereich einige Parallelen zum Kommunismus/Sozialismus sowjetischer Provenienz unverkennbar. Beide Regime bewegten sich in einem Bereich, den Kitschelt als „authoritarian socialism" bezeichnet.[34]

Andere politische Ideologien wie die verschiedenen Spielarten des Kommunismus und Anarchismus, die häufig ebenfalls als linksextrem eingestuft werden,[35] sind weniger leicht in das Schema einzuordnen. Hier müsste man im Einzelnen untersuchen, ob (1) die Realisierung libertäre Zielsetzung nicht an den extremen wirtschaftspolitischen Positionen scheitern muss und ob (2) die gewünschte umfassenden Partizipationsrechte nicht durch entsprechende Klauseln bestimmten Gruppen („Klassenfeinden", Personen mit „falschem" Bewusstsein) vorenthalten werden, so dass es sich faktisch doch um autoritäre Politikentwürfe handelt. Festzuhalten bleibt in jedem Fall, dass es nach Kitschelts Modell in erster Linie von den politischen Rahmenbedingungen abhängen sollte, welcher Variante extremistischen Denkens sich die dafür anfälligen Segmente der Bevölkerung zuwenden.

---

29   Siehe Wolfgang Benz, Geschichte des Dritten Reiches, München 2000, S. 102.
30   Siehe Avraham Barkai, Das Wirtschaftssystem des Nationalsozialismus. Der historische und ideologischer Hintergrund 1933-1936, Köln 1977, S. 139-143.
31   Ebd., S. 144-153.
32   Benz, Geschichte, S. 104-106.
33   Barkai, Wirtschaftssystem, 179-188.
34   Eine Nachfrage nach solchen links-autoritären Politikentwürfen müsste aus Kitschelts Perspektive immer dann entstehen, wenn der vor internationaler Konkurrenz geschützte industrielle Sektor und/oder derjenige Teil des öffentlichen Sektors, der tendenziell autoritäre Einstellungen hervorbringt (Teile der allgemeinen öffentlichen Verwaltung, insbesondere aber Polizei und Streitkräfte), überproportional anwachsen. Ob sich dieses Potential hingegen einer stalinistischen oder einer nationalsozialistischen Partei zuwendet, sollte eher von den ideologischen Vorlieben der Eliten und anderen historisch-kulturellen Zufällen abhängen.
35   Siehe Backes/Jesse, Politischer Extremismus, S. 45.

3. Die „Theorie des Rechtsradikalismus in westlichen Industriegesellschaften"

Ähnlich wie bei dem von Kitschelt vorgeschlagenen Erklärungsversuch handelt es sich bei der bereits 1967 von Scheuch und Klingemann entwickelten „Theorie des Rechtsradikalismus in westlichen Industriegesellschaften" um ein dynamisches Mehr-Ebenen-Modell. Ausgangspunkt der beiden Autoren ist die Feststellung, dass die westlichen Industriegesellschaften als Typus ein relativ neues Phänomen darstellen und in der kurzen Zeit ihres Bestehens einem ständigen und intensiven Wandlungsprozess unterworfen waren. Dies[36] führt zu einer Reihe von „typischen Spannungen":

In Primärgruppen (Freunde und Familie) und Sekundärgruppen (öffentliche Einrichtungen, Betriebe etc.) gelten unterschiedliche Normen und Werte. Das Individuum sieht sich infolge dessen mit „widersprüchlichen Anforderungen" konfrontiert.

Innerhalb der Industriegesellschaften existieren weiterhin verschiedene Lebens- und Produktionsformen. Auch solche Menschen, die weiterhin in eher traditionellen Verhältnissen leben, werden aber in zunehmendem Umfang von den Entwicklungen in Industrie und Technik abhängig.

Es kommt zu einer Entfremdung zwischen Eliten und Bevölkerung. Die Bürger geben sich mit den „traditionellen Mittel[n] der Einflussnahme" nicht mehr zufrieden. Zugleich nimmt der Einfluss der Politik auf die individuellen Lebensbedingungen zu.

Diese sozialen Konflikte werden in den Massenmedien nur unzureichend artikuliert. Die politische Unzufriedenheit kann sich deshalb nicht „sukzessiv als Protest gegen Einzelphänomene" äußern. Statt dessen staut sich ein diffuses, „unterschwelliges Unbehagen" auf.

Verschärft wird diese Problematik durch das Tempo der Wandlungsprozesse, das nur wenig Zeit für eine Anpassung der Wertvorstellung lässt. Die parallele Abwertung beruflicher Qualifikationen durch den Modernisierungsprozess und die damit verbundenen Statusverluste für bestimmte Gruppen, die in der neueren Forschung in Form der so genannten „Modernisierungsverliererhypothese" häufig mit (Rechts-)Extremismus in Zusammenhang gebracht werden,[37] spielen hingegen bei Scheuch und Klingemann noch keine wesentliche Rolle, könnten aber ebenfalls in das Erklärungsmodell integriert werden.

Im zweiten Schritt der Erklärung verlassen Scheuch und Klingemann die Makro-Ebene: Die genannten gesellschaftlichen Konflikte werden ihnen zufolge vom Individuum als irritierende normative „Unsicherheiten" wahrgenommen. Eine „pathologische" Form der Anpassung an diese normativen Unsicherheiten besteht Scheuch und Klingemann zufolge in der Entwicklung eines rigiden Denkstils, der die Entwicklung von Freund-Feind-Schemata, die Bevor-

---

36 Siehe für die folgende Darstellung Scheuch/Klingemann, Theorie, S. 17–23.
37 Siehe Winkler, Bausteine, S. 34.

zugung einfacher und dabei radikaler politischer Konzepte sowie die Abwehr neuer Erfahrungen und Informationen über die soziale und politische Realität beinhaltet.

Ob und in welchem Umfang ein rigider Denkstil zur Ausbildung extremistischer Einstellungen auf der Individualebene führt, hängt Scheuch und Klingemann zufolge von der Verfügbarkeit entsprechender „politischer Philosophien" in der nationalen politischen Kultur ab. *Falls* ein Teil der Bürger extremistische Einstellungen entwickelt, führt allerdings auch diese Tatsache noch nicht zwangsläufig zu einer Wahlentscheidung zugunsten einer extremistischen Partei. Neben einer Reihe von Einflussfaktoren, die aus einer über den Ansatz von Scheuch und Klingemann hinausgehenden Handlungstheorie abgeleitet werden müssten, spielen hier wiederum zahlreiche institutionelle und andere Makro-Faktoren, auf die Scheuch/Klingemann allerdings nur am Rande eingehen, sowie deren Wahrnehmung durch die Bürger eine wichtige Rolle.[38]

Die Theorie von Scheuch und Klingemann sollte nach Überzeugung der Autoren prinzipiell auch Erfolge linksextremer Bewegungen erklären können. Ohnehin ist die inhaltliche Abgrenzung beider Extremismen nach dem Ende des Kalten Krieges noch problematischer geworden, als dies schon aus Sicht von Scheuch und Klingemann der Fall war, da postkommunistische Parteien häufig der von beiden Autoren vorgeschlagenen Definition rechter Bewegungen genügen: Sie streben nach der „Wiederherstellung vergangener Organisationsformen und Werte" und bieten „Erklärungsschemata und Idealbilder aus der [...] konkreten Vergangenheit einer bestimmten Gesellschaft an".

4. Zwischenfazit

Trotz der notwendigerweise nur skizzenhaften Darstellung sollte klar geworden sein, dass die von Scheuch/Klingemann bzw. Kitschelt vorgeschlagenen Ansätze in der Lage sind, einige wichtige Theoriebausteine, die die empirische Extremismusforschung in den vergangenen sieben Dekaden entwickelt hat, miteinander zu verbinden. Beide zeichnen sich überdies dadurch aus, dass sie sich um eine Integration von Mikro- und Makro-Perspektiven bemühen, von ihrer Struktur her weder Links- noch Rechtsextremismus ausblenden und eine soziale Gruppe identifizieren – einen Teil der Arbeiterschaft, der relativ schlecht qualifiziert ist und sich durch soziale Wandlungsprozesse bedroht fühlt –, in der es eine überproportionale Nachfrage nach extremistischen Politikentwürfen geben sollte. Für einen länder- und ideologieübegreifenden Vergleich extremistischer Einstellungen können beide Ansätze deshalb eine Reihe von plausiblen Hinter-

---

38 Erweiterungsmöglichkeiten des Ansatzes diskutieren Kai Arzheimer/Jürgen W. Falter, Die Pathologie des Normalen. Eine Anwendung des Scheuch-Klingemann-Modells zur Erklärung rechtsextremen Denkens und Verhaltens. In: Dieter Fuchs/Edeltraud Roller/Bernhard Weßels (Hg.), Bürger und Demokratie in Ost und West. Studien zur politischen Kultur und zum politischen Prozess, Wiesbaden 2002, S. 85–107.

grundannahmen liefern. Insbesondere weisen sie darauf hin, dass sich einerseits extremistische Einstellungen nach einem ähnlichen *Muster* verteilen sollten. Andererseits steht zugleich zu erwarten, dass das *Niveau* dieser Einstellungen und ihre Umsetzung in (Wahl-)Verhalten in Abhängigkeit von den politischen und sozialen Randbedingungen variieren sollten.

IV. Ergebnisse

1. Untersuchungszeitraum, Datenbasis, Auswahl der Länder

Als Datenbasis für die vorliegende Untersuchung wurde die dritte Welle der European Values Study (EVS, ZA-Nr. des integrierten Datensatzes: 3 811) gewählt, die in den Jahren 1999/2000 durchgeführt wurde. Damit stehen einerseits relativ aktuelle Daten zur Verfügung, andererseits lag aber in den hier untersuchten ost- und mitteleuropäischen Ländern die „Wende" erst rund zehn Jahre zurück, und die von der EU mit Blick auf einen möglichen Beitritt forcierten Anpassungsprozesse befanden sich noch am Anfang. Für einen Vergleich von west- und osteuropäischen bzw. alten und neuen Demokratien sollte der Datensatz deshalb in besonderer Weise geeignet sein. Um die im Folgenden präsentierten Analysen einigermaßen übersichtlich zu halten, wurden von den 33 Ländern, die sich an der EVS beteiligten, 19 ausgewählt. Dabei handelt es sich um Österreich (AT), Westdeutschland (DE-W), Dänemark (DK), Spanien (ES), Frankreich (FR), Großbritannien (GB), Griechenland (GR), Italien (IT), die Niederlande (NL), Schweden (SE), Bulgarien (BG), die Tschechische Republik (CZ), Ostdeutschland (DE-O), Estland (EE), Kroatien (HR), Ungarn (HU), Polen (PL), Rumänien (RO) und die Slowakei (SK).[39] Damit stehen Informationen zu insgesamt 23 044 Befragten zur Verfügung.[40]

2. Der Anteil von Bürgern mit radikalen Einstellungen in den untersuchten Ländern

Die so genannte Links-Rechts-Selbsteinstufung ist das bekannteste Instrument zur Messung ideologischer Orientierungen und kann als empirisches Korrelat der in der Extremismustheorie häufig verwendeten Einstufung von Personen, Organisationen und Ideen auf einer globalen Links-Rechts-Achse gelten (vgl. Abbildung 1). In der deutschsprachigen Version des Fragebogens wurde der fol-

---

39 Die in den Tabellen und Abbildungen verwendeten Länderkürzel wurden in Anlehnung an die ISO-Norm 3 166 gewählt.
40 Für die im Folgenden vorgestellten Analysen wurden die Daten nach den Vorgaben der European Values Study Foundation gewichtet. Die von der EVS gelieferten Gewichte wurden außerdem mit einem Korrekturfaktor multipliziert, um Unterschiede im Umfang der nationalen Stichproben auszugleichen.

gende Stimulus verwendet: „In der Politik spricht man von links und rechts. Wie würden Sie ganz allgemein Ihren eigenen politischen Standort beschreiben: Wo auf dieser Skala würden Sie sich selbst einstufen?" Als Antwortvorgabe diente eine Leiste mit den Polen 1 (links) und 10 (rechts).

Tabelle 1 zeigt zunächst, wieviel Prozent der Bürger in den untersuchen Ländern sich selbst als radikal einschätzten, d. h. ganz an den Rändern des politischen Spektrums einordneten, indem sie die Antwortvorgabe 1 oder 10 wählten. Im Mittel aller Länder betrachten sich jeweils vier Prozent der Befragten als links- und weitere vier Prozent als rechtsradikal. *Innerhalb* der verschiedenen Länder zeigen sich jedoch beträchtliche Unterschiede. So ist der Anteil der selbsterklärten Linksradikalen in Frankreich und Polen weit überdurchschnittlich, in Estland, Österreich, den Niederlanden und Deutschland (einschließlich der neuen Bundesländer) hingegen klar unterdurchschnittlich. Umgekehrt weisen Bulgarien und Rumänien ebenso wie Polen und die tschechische Republik einen deutlich überdurchschnittlichen Anteil an Bürgern auf, die sich am äußersten rechten Ende des politischen Spektrums einordnen. Zudem fällt auf, dass lediglich in Frankreich, Spanien, den Niederlanden und Großbritannien – in den beiden letztgenannten Ländern allerdings auf insgesamt sehr niedrigem Niveau – der Anteil der Linksradikalen den Prozentsatz der Rechtsradikalen überwiegt. In allen anderen Ländern halten sich beide entweder die Waage, oder die Rechtsradikalen dominieren mehr oder minder klar.

Allerdings besteht die Möglichkeit, dass zumindest ein Teil dieser Unterschiede auf Stichprobenfehler zurückgeht, da ja jeweils nicht die ganze Bevölkerung, sondern nur eine repräsentative Gruppe von Bürgern befragt wurde. Deshalb wurden die Ergebnisse anschließend durch eine multinominale Logit-Analyse abgesichert, bei der in Abhängigkeit vom Befragungsland die Wahrscheinlichkeit geschätzt wird, dass sich ein Befragter als links- bzw. rechtsradikal einordnet.

Dabei zeigte sich, dass alle angesprochenen Unterschiede auch in einem statistischen Sinne signifikant sind, d. h. mit großer Sicherheit nicht auf Besonderheiten der verwendeten Stichproben zurückzuführen sind. Zudem ist bei näherer Betrachtung zu erkennen, dass vier Länder aus dem Rahmen fallen: In Bulgarien, der Tschechischen Republik, Polen und Rumänien betrachten insgesamt deutlich mehr Bürger als in den anderen Gesellschaften ihre eigene politische Position als radikal.

Dies legt den Schluss nahe, dass in den neuen Demokratien der Anteil der (selbsterklärten) Radikalen höher ist als in den gefestigten Systemen. Die Daten bestätigen dies: In Bulgarien, Kroatien, der Tschechischen Republik, Estland, Ungarn, Polen, Rumänien, der Slowakei und den neuen Ländern der Bundesrepublik ordnen sich im Mittel elf Prozent, in den übrigen Ländern hingegen nur sechs Prozent der Befragten an einem der beiden Pole des politischen Spektrums ein. Mit Hilfe einer weiteren Logit-Analyse lässt sich zeigen, dass auch diese Differenz statistisch signifikant ist. Dies sollte allerdings nicht über die beträchtliche Heterogenität *innerhalb der beiden Ländergruppen* hinwegtäuschen:

Tabelle 1: Die Anteile von Links- und Rechtsradikalen in 19 europäischen Gesellschaften

Land	Prozent ganz links	Prozent ganz rechts	gesamt
AT	2	2	4
DE-W	1	2	2
DK	3	3	6
ES	6	3	9
FR	8	4	12
GB	3	1	4
GR	5	5	10
IT	5	4	10
NL	2	0	2
SE	3	2	6
BG	6	11	17
CZ	5	8	13
DE-O	2	2	4
EE	1	5	6
HR	4	5	9
HU	4	4	7
PL	8	7	14
RO	6	9	14
SK	4	4	8
Gesamt	4	4	8

Quelle: Eigene Berechnung aus dem EVS 1999.

So liegt der Anteil der Radikalen in den östlichen Bundesländern unter dem Mittelwert für die gefestigten Demokratien, während der französische Wert über dem Durchschnitt der neuen Demokratien rangiert.

Die ebenfalls naheliegende Vermutung, dass die Bürger der postkommunistischen Länder eher zum Linksradikalismus neigen dürften als die Befragten aus Westeuropa, lässt sich hingegen zumindest für die hier untersuchten Länder *nicht* bestätigen. Zwar lässt sich auch hier zwischen beiden Ländergruppen eine statistisch signifikante Differenz ermitteln. Diese ist jedoch substantiell bedeutungslos: In beiden Fällen liegt der Anteil der Linksradikalen bei vier Prozent, Unterschiede ergeben sich nur auf der Nachkommastelle. Der insgesamt höhere Anteil an Radikalen in den neuen Demokratien geht somit fast ausschließlich auf den höheren Anteil von Rechtsradikalen in diesen Ländern zurück.

Gegen die Verwendung der Links-Rechts-Selbsteinstufung lässt sich allerdings einwenden, dass die Antworten, die man mit dieser Skala erhält, potentiell von einer Vielzahl von Faktoren beeinflusst werden können. Neben der Wahrnehmung der eigenen politischen Position, um die es ja eigentlich geht, spielt mit Sicherheit auch die Wahrnehmung der Mehrheitsmeinung in der Gesellschaft sowie die subjektive Verortung der Parteien und insbesondere der von dem jeweiligen Bürger selbst präferierten Partei auf der Links-Rechts-Achse eine wesentliche Rolle, da diese bei der Selbsteinstufung als eine Art Ankerpunkt dienen kann. Mit den vorhandenen Daten sind derartige Effekte jedoch nicht zu kontrollieren.

Ein weiterer möglicher Einwand gegen die Links-Rechts-Selbsteinstufung ist, dass Radikalität noch nicht ohne Weiteres mit Extremismus gleichgesetzt werden kann. Die Frage nach dem Verhältnis beider Konzepte wird auf Grundlage der vorhandenen Daten im übernächsten Abschnitt behandelt. Drittens und letztens schließlich kann die Links-Rechts-Selbsteinstufung dafür kritisiert werden, dass hier in allgemeiner Weise nach einem politischen Richtungsbegriff gefragt wird. Was die verschiedenen Befragten damit jeweils verbinden, bleibt zunächst offen. Insbesondere stellt sich die Frage, ob die Beantwortung dieses Items eher von wirtschafts-, gesellschaftspolitischen oder sonstigen Themen bestimmt wird. Dieser Punkt soll im nächsten Abschnitt geklärt werden.

3. Die inhaltliche Bedeutung der Links-Rechts-Selbsteinstufung im Vergleich

Wie oben dargelegt, verbergen sich in den meisten europäischen Gesellschaften hinter den beiden politischen Richtungsbegriffen „links" und „rechts" mindestens zwei verschiedene Dimensionen, auf denen die Idealpunkte der Bürger und die programmatischen Angebote der Parteien verortet werden können. Dabei handelt es sich um eine ökonomische und eine gesellschaftspolitische Konfliktachse, die ihrerseits verschiedene Unterdimensionen aufweisen kann. In der Literatur wird häufig die Auffassung vertreten, dass für die Selbsteinstufung auf der Links-Rechts-Dimension vor allem pro- bzw. anti-marktwirtschaftliche Einstellungen von Bedeutung seien. Allerdings ist auch bekannt, dass dieser Konflikt in einigen Ländern (vor allem Irland) kaum Einfluss auf die ideologische Selbsteinordnung hat. Deshalb ist davon auszugehen, dass die Bedeutung der Links-Rechts-Dimension bereits innerhalb Westeuropas deutlich variieren dürfte. Dies gilt umso mehr, wenn zusätzlich die neuen Demokratien in Ost- und Mitteleuropa berücksichtigt werden sollen.

Im Folgenden wird deshalb empirisch geprüft, welche politischen Überzeugungen sich in den einzelnen Ländern hinter hohen (= rechten) bzw. niedrigen (= linken) Werten auf der Links-Rechts-Selbsteinstufung verbergen. Um die Darstellung möglichst übersichtlich zu halten, wurden aus je zwei Items Summenindizes gebildet, mit deren Hilfe sich ökonomische Einstellungen sowie die

Haltung zur traditionellen Moral erfassen lassen.[41] Anschließend wurde für jedes der untersuchten Länder die Links-Rechts-Selbsteinstufung der Befragten auf deren Index-Werte regrediert. Da in vielen westeuropäischen Staaten während der letzten zweieinhalb Jahrzehnte außerdem die Frage der legalen und illegalen Einwanderung zu einem wichtigen Thema der politischen Rechten geworden ist, wurde außerdem eine Frage nach der eigenen Position gegenüber Arbeitsimmigranten in das Modell aufgenommen.[42] Zuvor wurden die Indizes so umskaliert, dass alle drei Variablen annähernd die gleiche Streuung aufweisen. Folglich sind die Koeffizienten innerhalb der Länder und über die Systemgrenzen hinweg vergleichbar und vermitteln einen Eindruck davon, welche Bedeutung jeder der drei Aspekte für die ideologische Selbsteinstufung der Bürger in den untersuchten Ländern hat.

Am leichtesten lässt sich das Ergebnis dieser Analysen durch eine räumliche Grafik veranschaulichen (siehe Abbildung 2). Dabei zeigt sich, dass die Selbsteinstufung als „links" oder „rechts" in den einzelnen Ländern tatsächlich in unterschiedlichem Umfang von den verschiedenen Unterdimensionen beeinflusst wird. So spielt die ökonomische Konfliktlinie, deren Relevanz auf der waagerecht verlaufenden Achse abgetragen ist, vor allem in Schweden, aber auch in Dänemark sowie in der Tschechischen Republik eine wichtige Rolle für die ideologische Identifikation, während sie in den übrigen Ländern von deutlich geringerer Bedeutung ist. Besonders schwach ist der Zusammenhang zwischen den ökonomischen Einstellungen und der Links-Rechtseinstufung in Kroatien, Ungarn, Rumänien und im Gebiet der früheren DDR. Dies bedeutet allerdings nicht, dass Einstellungen zur Wirtschaftspolitik in diesen Ländern keine Rolle für die Politik spielen. Vielmehr ergeben sich die geringen Werte daraus, dass sich selbsterklärte „Linke" und „Rechte" in diesen Systemen bezüglich ihrer (zumeist eher staatsinterventionistischen) wirtschaftspolitischen Einstellungen kaum systematisch unterscheiden.

Aspekte der traditionellen Moral sind hingegen insgesamt von deutlich geringerer Bedeutung. Am stärksten wirken sie sich in den beiden Mittelmeerländer Griechenland und Spanien auf die ideologische Selbsteinstufung aus, wie an der Höhe der Datenpunkte abzulesen ist. Am geringsten ist ihr Einfluss auf

---

41 Die entsprechenden Aussagen lauteten: „Politiker, die nicht an Gott glauben, sind ungeeignet für ein öffentliches Amt"; „Können Sie mir bitte sagen, ob Sie das für in jedem Fall in Ordnung halten oder unter keinen Umständen: Homosexualität"; „Jeder einzelne Bürger sollte mehr Verantwortung für sich selbst übernehmen vs. Der Staat sollte mehr Verantwortung dafür übernehmen, dass jeder einzelne abgesichert ist"; „Der Staat sollte den Unternehmen mehr Freiheit lassen vs. Der Staat sollte die Unternehmen besser kontrollieren". Antwortvorgaben für das erste Item: von 1–5, für alle anderen von 1–10, jeweils von „stimme voll zu" bis „lehne voll ab".
42 „Viele Menschen aus weniger entwickelten Ländern kommen nach Deutschland, um hier zu arbeiten. Welche Entscheidung sollte die Regierung am besten treffen?" Antwortvorgaben von 1 („jeden nach Deutschland kommen lassen, der es möchte") bis 4 („Die Einreise von Ausländern generell verbieten").

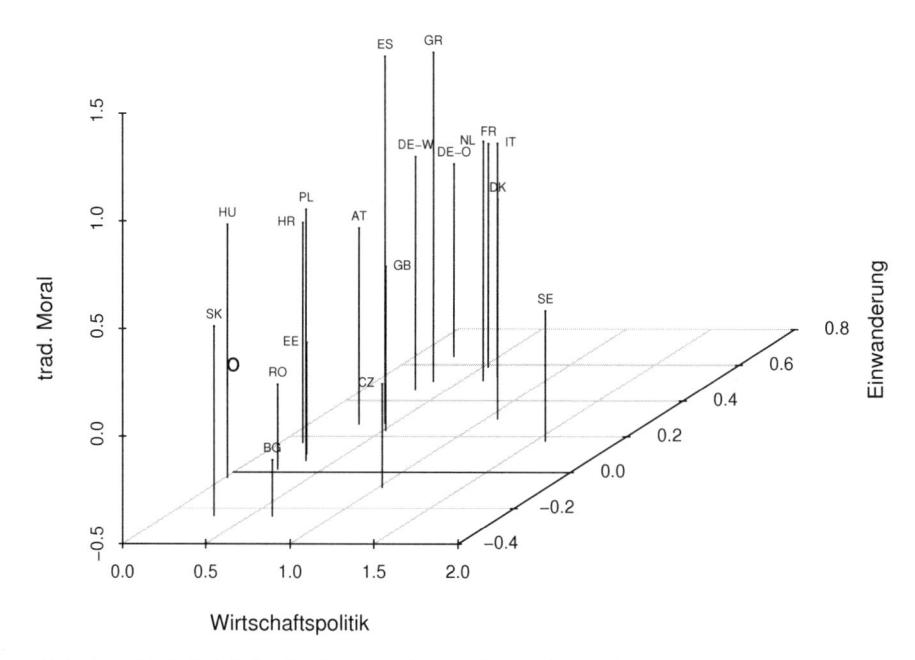

Abb. 2: Die inhaltliche Bedeutung der Links-Rechts-Achse in 19 europäischen Gesellschaften. Quelle: Eigene Berechnung aus dem EVS 1999.

den Links-Rechts-Wert in Bulgarien, der Tschechischen Republik, Estland, Großbritannien, Rumänien und Schweden.

Die Einstellungen zur Einwanderungspolitik schließlich, deren Relevanz auf der in die Tiefe des Raumes ragenden Achse abgetragen ist, beeinflussen vor allem in Frankreich, Griechenland, Italien, den Niederlanden und beiden Teilen Deutschlands die Selbsteinstufung als rechts oder links. In etwas geringerem Umfang gilt dies auch für Österreich, Spanien und Dänemark. In den neuen Demokratien hingegen haben die Einstellungen zu diesem Thema so gut wie keinen Effekt auf die ideologische Selbsteinstufung. In Bulgarien und der Slowakei zeigen sich sogar schwache *negative* Auswirkungen auf die selbstdefinierte Position auf der Links-Rechts-Achse, d. h. Menschen, die der Arbeitsimmigration negativer gegenüberstehen als ihre Mitbürger, halten sich selbst eher für links.

Fasst man die Ergebnisse zusammen, so ist zunächst festzuhalten, dass die ideologische Selbsteinstufung in neun der untersuchten Länder primär von wirtschaftspolitischen und in acht Systemen vor allem von im weitesten Sinne moralischen Orientierungen bestimmt wird. Einstellungen zu Fragen der Immigration sind in zwei der untersuchten Gesellschaften – Frankreich und Ostdeutschland – der wichtigste Prädikator dafür, ob sich ein Bürger eher als

Tabelle 2: Regression der Links-Rechts-Wertes auf vier Einstellungen in neun osteuropäischen Gesellschaften

	BG	CZ	DE-O	EE	HR	HU	PL	RO	SK
ökonomische Einstellungen	0,20	0,36**	0,02	0,17	0,24*	-0,08	0,13	0,11	-0,01
	(0,12)	(0,08)	(0,11)	(0,12)	(0,12)	(0,10)	(0,14)	(0,12)	(0,10)
traditionelle Moral	-0,46**	0,19*	0,47**	0,02	0,48**	0,53**	0,85**	0,02	0,37**
	(0,17)	(0,08)	(0,11)	(0,14)	(0,18)	(0,16)	(0,15)	(0,16)	(0,10)
Bewertung Immigration	0,02	0,03	0,39**	0,14	0,15	0,04	0,05	0,08	-0,12
	(0,13)	(0,09)	(0,12)	(0,10)	(0,18)	(0,13)	(0,13)	(0,12)	(0,10)
Bewertung altes Regime	-1,45**	-1,91**	-0,58**	-0,50**	-0,52**	-0,42**	-1,10**	-0,53**	-0,90**
	(0,13)	(0,09)	(0,12)	(0,12)	(0,19)	(0,14)	(0,14)	(0,13)	(0,11)
Konstante	8,24**	6,90**	3,98**	5,78**	4,03**	4,66**	4,65**	5,95**	6,23**
	(0,63)	(0,36)	(0,42)	(0,44)	(0,63)	(0,52)	(0,52)	(0,57)	(0,39)
Fallzahl	559	1575	675	522	693	688	703	550	924
Ad. R^2	0,26	0,37	0,10	0,05	0,07	0,04	0,16	0,04	0,12

In Klammern: Standardfehler; *p<5%; ** p<1%.
Quelle: Eigene Berechnung aus dem EVS 1999.

links oder rechts betrachtet. Darüber hinaus ist klar zu erkennen, dass in den meisten der neuen Demokratien (vor allem in Rumänien, Bulgarien, Estland, der Slowakei, Ungarn und Kroatien) die drei genannten Dimensionen nur einen relativ schwachen Einfluss auf die politische Selbsteinschätzung haben.[43] Inhaltlich bedeutet dies, dass die Links- bzw. Rechtsradikalen in den Ländern Ost- und Mitteleuropas nicht ohne Weiteres mit dem entsprechenden Personenkreis in den westeuropäischen Ländern verglichen werden können. Tatsächlich dürfte sich in den neuen Demokratien hinter der Selbsteinstufung als links oder rechts oft auch eine implizite Bewertung des Regimes verbergen, dass in den betreffenden Ländern bis zum Fall des Eisernen Vorhangs herrschte.

Da der EVS auch zu diesem Thema eine Frage enthält,[44] lässt sich diese Vermutung leicht überprüfen. Eine grafische Darstellung ist bei vier unabhängigen

---

43 Dies ist in der Abbildung daran zu erkennen, dass die Datenpunkte, die die Struktur der Links-Rechts-Einstufung repräsentieren, in der Nähe des mit einer kreisförmigen Markierung hervorgehobenen Nullpunktes liegen, an dem *keiner* der untersuchten Faktoren einen systematischen Einfluss auf die Links-Rechts-Einstufung hat.
44 „Wo auf dieser Skala würden Sie das frühere politische System der DDR einordnen" – Antwortvorgaben von 1 („sehr schlecht") bis 10 („sehr gut").

Variablen allerdings nicht mehr möglich; die Ergebnisse werden deshalb in numerischer Form präsentiert. Tabelle 2 zeigt die Ergebnisse für die neun neuen Demokratien. Auch hier wurden die unabhängigen Variablen vor der Analyse so umskaliert, dass sie (annähernd) gleiche Varianz aufweisen, um die Koeffizienten leichter miteinander vergleichen zu können.

Tatsächlich zeigt sich in allen Ländern ein hochsignifikanter Zusammenhang in der erwarteten Richtung: Je positiver ein Bürger das kommunistische Regime in seinem Land bewertet, desto weiter links ordnet er oder sie sich selbst ein. Besonders stark ausgeprägt ist dieser Zusammenhang in Bulgarien, der Tschechischen Republik, Polen und der Slowakei. Auch dort, wo der Effekt schwächer ist als in diesen Ländern, ist der Einfluss der Regimebewertung *innerhalb* des nationalen Kontextes doch oft die bedeutsamste der vier untersuchten Größen (z. B. in Rumänien oder in Estland).[45]

Vor diesem Hintergrund stellt sich die noch drängender die Frage, welchen Einfluss die Position auf der Links-Rechts-Achse auf politische Orientierungen hat, die im eigentlichen Sinne als extremistisch gelten können.

4. Einstellungen zu Demokratie und Pluralismus

Glücklicherweise wurde im EVS eine ganze Reihe von Items erhoben, die als Indikator für extremistische, d. h. gegen den demokratischen Verfassungsstaat gerichtete Orientierungen gelten können. Grundsätzlich lassen sich hier drei Abstufungen unterscheiden: Die Bürger können zunächst mit dem *konkreten Funktionieren der Demokratie im eigenen Land* mehr oder minder zufrieden sein. Diese Art von Orientierungen werden häufig als reiner Performanz-Indikator interpretiert, da davon auszugehen ist, dass selbst eine große Unzufriedenheit mit dem *outputs* des Systems relativ unproblematisch ist, solange die Bürger davon ausgehen, dass sich die Zustände in Zukunft wieder bessern werden bzw. dass sie die amtierende Regierung bei der nächsten Wahl ablösen und durch eine bessere ersetzen können. Zweitens haben die Bürger unterschiedliche Vorstellungen von der *allgemeinen Leistungsfähigkeit der Demokratie*. Beispielsweise enthält der EVS die Items „In Demokratien funktioniert die Wirtschaft schlecht" und „Demokratien sind nicht gut, um die Ordnung aufrechtzuerhalten". Auf Orientierungen diesen Typs soll an dieser Stelle jedoch nicht eingegangen werden, da sich in ihnen insbesondere in den neueren Demokratien

---

45 An den R^2-Werten lässt sich ablesen, wieviel Prozent der Gesamtvarianz der Links-Rechts-Einstufung durch die vier Faktoren erklärt werden können. Derartige Werte sind *kein* Maß für die Qualität des geschätzten Modells und lassen sich über (Teil-)Stichproben hinweg nur bedingt miteinander vergleichen. Bei aller gebotenen Vorsicht deuten die sehr niedrigen Werte für Kroatien, Estland, Ungarn und Rumänien aber darauf hin, dass die politische Selbstverortung in diesen Ländern vermutlich von einer Reihe weiterer Faktoren bzw. politischer Konflikte beeinflusst wird, die hier nicht berücksichtigt wurden.

die Einschätzung der aktuellen politischen Lage mit den für diesen Beitrag interessanteren *grundsätzlichen Bewertungen* mischen dürfte, die die dritte Gruppe von Einstellungen bilden.

Abbildung 3 zeigt zunächst die Beziehung zwischen der politischer Radikalität und dem Grad der Unzufriedenheit mit der Demokratie, der hier auf einer Skala von 1 (sehr zufrieden) bis 4 (sehr unzufrieden) erhoben wurde. Da hier kein linearer Zusammenhang zu erwarten ist, wurde für die Analyse das sehr anschauliche Lowess-Verfahren gewählt, bei dem die Beziehung zwischen zwei Variablen ohne parametrische Vorgaben modelliert wird. An der (geglätteten) Trendlinie lässt sich direkt ablesen, wie zufrieden oder unzufrieden Personen mit einer bestimmten politischen Situation in den betreffenden Ländern im Mittel sind. Zumindest für die westeuropäischen Demokratien wäre hier ein kurvilinearer Zusammenhang zu erwarten, d. h. die Bürger an den Rändern des politischen Spektrums sollten tendenziell unzufriedener sein als ihre moderateren Mitbürger.

In der Grafik ist jedoch zu erkennen, dass sich nur in den neuen Bundesländern, in Griechenland, sowie – in mehr oder minder stark abgeschwächter Form – in Dänemark, Frankreich und Schweden eine solche Struktur zeigt. In Österreich und den Niederlanden hingegen ist die Unzufriedenheit mit dem Funktionieren der Demokratie allgemein sehr gering, in Rumänien hingegen sehr groß, ohne dass jeweils ein Zusammenhang mit dem politischen Standpunkt der Befragten zu erkennen wäre. In den übrigen Ländern schließlich nimmt die Zufriedenheit über das politische Spektrum hinweg näherungsweise monoton zu bzw. ab. Auffällig ist dabei, dass in vielen neuen Demokratien (vor allem in Bulgarien, Ungarn, Polen, der Tschechischen Republik und der Slowakei) Personen, die sich selbst am linken Rand einordnen, in hohem Maße mit dem Funktionieren des demokratischen Systems unzufrieden sind.

Verbindet sich diese Unzufriedenheit mit Einstellungen, die als extremistisch gelten können? Um diese Frage in möglichst einfacher Form beantworten zu können, wurde aus vier Items des EVS ein weiterer Summenindikator gebildet, der die grundsätzliche Einstellung zur Demokratie erfassen soll.[46] Dieser wurde so kodiert, dass hohe Werte für eine ablehnende Haltung stehen. Anschlie-

---

46 „Ich werde Ihnen nun verschiedene Typen von politischen Systemen beschreiben und fragen, wie Sie über die einzelnen Regierungsformen denken. Sagen Sie mir bitte jeweils, ob Sie die Regierungsform als sehr gut (1), ziemlich gut (2), ziemlich schlecht (3) oder sehr schlecht (4) ansehen: ‚Man sollte einen starken Führer haben, der sich nicht um ein Parlament und um Wahlen kümmern muss'; ‚Experten und nicht die Regierung sollten darüber entscheiden, was für das Land das Beste ist'; ‚Man sollte ein demokratisches politisches System haben'"; „Ich lese Ihnen nun einige Meinungen vor, die manchmal über Demokratien geäußert werden. Können Sie mir bitte sagen, ob Sie ihnen voll und ganz zustimmen (1), zustimmen (2), sie ablehnen (3) oder stark ablehnen (4): ‚Die Demokratie mag Probleme mit sich bringen, aber sie ist besser als jede andere Regierungsform'". Eine fünfte Frage, die sich auf die Herrschaft des Militärs bezog, wurde im Index nicht berücksichtigt, um eine Verzerrung zuungunsten der extremen Rechten auszuschließen, die oft eine besondere Affinität zum Militärischen zeigt.

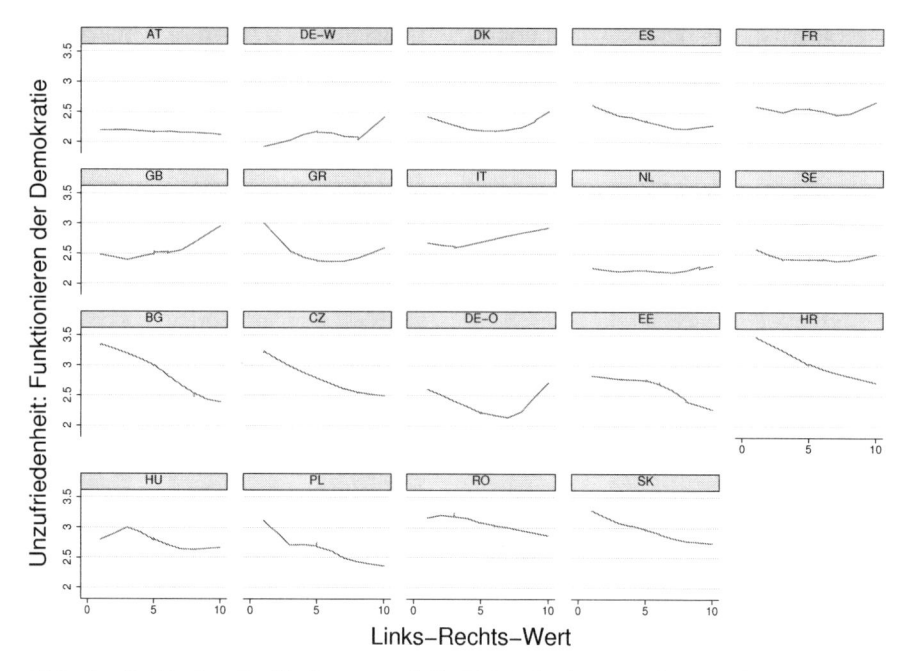

Abb. 3: Politischer Radikalismus und die Zufriedenheit mit dem Funktionieren der Demokratie in 19 europäischen Gesellschaften. Quelle: Eigene Berechnung aus dem EVS 1999.

ßend wurde eine weitere Lowess-Schätzung durchgeführt (Abbildung 4), so dass sich die Hufeisen-Form zeigen müsste, wenn es tatsächlich den vermuteten Zusammenhang zwischen politischer Radikalität und extremistischen Einstellungen geben sollte.

Mit Ausnahme der Slowakei ist eine solche Struktur jedoch in *keinem* der untersuchten Länder auch nur im Ansatz zu erkennen. Vielmehr zeigt sich in vielen westeuropäischen Systemen (Österreich, Dänemark, Frankreich, Griechenland, Niederlande und Spanien) ein eindeutig positiver Zusammenhang zwischen dem politischen Standort und der Neigung zum Extremismus: Je weiter rechts sich ein Bürger einordnet, desto stärker lehnt er in der Tendenz die hier untersuchten demokratischen Grundprinzipien ab. Sehr ähnlich, aber flacher verläuft die Kurve auch in Italien, Schweden und den alten Ländern der Bundesrepublik. Lediglich in Großbritannien sind Personen, die sich selbst als linksradikal betrachten etwas weniger demokratisch eingestellt als ihre Mitbürger am anderen Ende des politischen Spektrums.

Ein ganz anderes Bild ergibt sich in den neuen Demokratien: In einigen Fällen verläuft die Kurve hier fast völlig flach, d. h. es besteht so gut wie kein Zusammenhang zwischen ideologischem Standpunkt und der Haltung gegenüber der Demokratie. In anderen Ländern hingegen sind die Anhänger der Linken eindeutig antidemokratischer eingestellt als diejenigen Bürger, die sich selbst als rechts ansehen (Bulgarien, Tschechische Republik, Estland). Insgesamt gesehen ist das Niveau antidemokratischer Einstellungen in vielen Ländern Ost- und Mitteleuropas erschreckend hoch. Dies gilt vor allem für Rumänien, mit Einschränkungen aber auch für Bulgarien, Ungarn, die Slowakei und Polen.

Einen nicht nur aus deutscher Sicht besonders interessanten Sonderfall schließlich stellen die ostdeutschen Bundesländer dar, da es sich hier um die einzige neue Demokratie handelt, in der sich das aus Westeuropa bekannte Verteilungsmuster zeigt: Je weiter links ein ostdeutscher Befragter steht, desto eindeutiger bekennt er sich zu den demokratischen Prinzipien, je weiter rechts er sich selbst sieht, desto undemokratischer denkt er. Dabei sind die Unterschiede zwischen selbsterklärten Linken und Rechten größer als in allen anderen untersuchten Ländern.

Zusammenfassend ist damit bereits an dieser Stelle festzuhalten, dass sich die Extreme in der Regel *nicht* berühren: In der Mehrzahl der hier untersuchten Systeme sammeln sich die Extremisten bevorzugt auf einer Seite des politischen Spektrums.

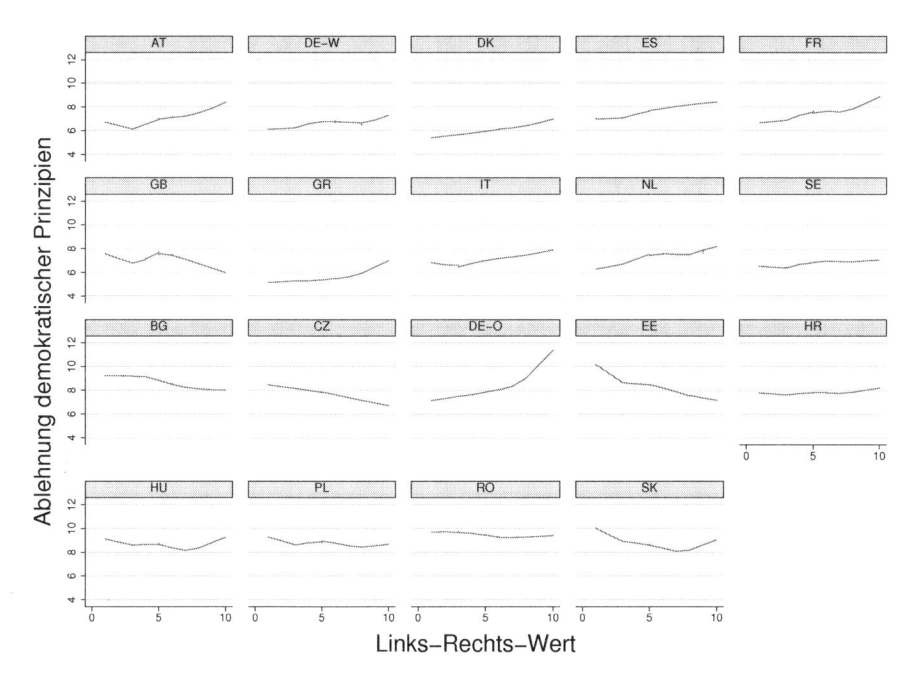

Abb. 4: Politischer Radikalismus und die Ablehnung demokratischer Prinzipien in 19 europäischen Gesellschaften. Quelle: Eigene Berechnung aus dem EVS 1999.

5. Determinanten und Konsequenzen extremer Einstellungen

Aus den im Abschnitt V.1. präsentierten Anteilswerten von rechts- bzw. linksradikalen Bürgern in den verschiedenen Ländern sowie aus den im vorangegangenen Abschnitt beschriebenen Zusammenhängen zwischen ideologischer Position und extremistischen Einstellungen ergibt sich zwangsläufig, dass die Nachfrage nach extremistischen Politikentwürfen in den untersuchten Gesellschaften stark variieren muss. Um einen Eindruck von der Größe und ideologischen Verteilung des extremistischen Potentials zu gewinnen, ist es zunächst notwendig, einen Grenzwert festzulegen, ab dem ein Befragter als extremistisch gelten soll. Eine solche Festlegung ist letzten Endes immer willkürlich, lässt sich in diesem konkreten Fall aber gut begründen: Der Summenindex setzt sich aus vier Einzel-Items zusammen (FN 46) und kann Werte zwischen 4 (nur eindeu-

Tabelle 3: Anteil der Extremisten an der Bevölkerung und deren Verteilung über das politische Spektrum in 19 europäischen Gesellschaften

	gesamt	davon...		
		ganz links	mitte	ganz rechts
AT	3	4	88	9
DE-W	3	0	92	8
DK	1	0	100	0
ES	7	7	89	4
FR	10	2	89	9
GB	13	3	97	0
GR	1	0	50	50
IT	5	8	82	10
NL	5	0	100	0
SE	4	3	90	7
BG	16	11	82	8
CZ	7	12	86	3
DE-O	9	0	90	10
EE	9	4	92	4
HR	3	0	84	16
HU	17	8	85	7
PL	16	11	83	6
RO	29	6	83	11
SK	16	7	87	6

Quelle: Eigene Berechnung aus dem EVS 1999.

tig demokratische Antworten) und 16 (nur eindeutig extremistische Antworten) annehmen. Personen mit 11 und mehr Punkten auf diesem Index haben deshalb mindestens zwei Fragen in einem stark extremistischen Sinne oder drei Fragen in einem eher extremistischen Sinne beantwortet und können deshalb mit einiger Berechtigung als Extremisten eingestuft werden.

Kombiniert man die Unterscheidung von Extremisten und Demokraten mit der bereits bekannten Einteilung in Linksradikale, Rechtsradikale und eine weitgefasste Mittelgruppe, so lässt sich leicht ablesen, wie groß in den untersuchten Ländern das extremistische Potential insgesamt ist und wie sich dieses über das politische Spektrum verteilt. Damit wird die Fragestellung aus dem vorangegangenen Abschnitt umgekehrt. Während dort untersucht wurde, wie extremistisch linksradikale, gemäßigte und rechtsradikale Bürger sind, geht es nun um die politischen Standorte der Extremisten.

Tabelle 3 zeigt die Ergebnisse. Aus ihr geht hervor, dass in den westeuropäischen Demokratien der Anteil der Extremisten im Sinne der hier gewählten Operationalisierung relativ niedrig liegt. Die höchsten Werte sind in Frankreich, Großbritannien und Spanien zu verzeichnen; in allen übrigen Gesellschaften bewegt sich der Anteilswert zwischen 1 und 5 Prozent. Zweitens ist festzuhalten, dass sich der weit überwiegende Teil dieser Personen *nicht* an den Rändern des politischen Spektrums einordnet.[47] Dies gilt selbst dann, wenn man eine „weichere" Definition von Radikalismus zugrunde legt, d. h. die Skalenpunkte 2 und 9 ebenfalls als „radikal" betrachtet (nicht tabellarisch ausgewiesen). Drittens schließlich ordnen sich in fast allen westeuropäischen Ländern die Extremisten deutlich häufiger am rechten als am linken Rand des politischen Spektrums ein.

Erkennbar anders liegen die Verhältnisse hingegen in den neuen Demokratien. Zunächst liegt dort mit Ausnahme Kroatiens, Estlands und der neuen Bundesländer der Anteil der Extremisten deutlich höher als in Westeuropa. Zudem stehen links- und rechtsextreme Potentiale dort (mit Ausnahme Ungarns und der neuen Länder) in einem vergleichsweise ausgeglichenen Verhältnis zueinander. Außerdem ist der Anteil der Extremisten, die sich nicht an den Rändern des politischen Spektrums positionieren dort etwas geringer.

Insgesamt gesehen ordnet sich jedoch in beiden Regionen ein großer Teil der Bürger, die der Demokratie zumindest skeptisch gegenüberstehen, in der politischen Mitte im weiteren Sinne ein und bleibt damit vermutlich für die gemäßigten Parteien erreichbar. Dies deckt sich mit einem älteren Befund der deutschen Rechtsextremismusforschung: Selbst unter jenen Bürger, die der Demokratie und den Parteien sehr skeptisch gegenüberstehen und viel vom Gedankengut der extremen Rechten übernommen haben, stimmt die große Mehrheit nicht

---

47 Die ungewöhnlichen Werte für Griechenland resultieren aus der insgesamt sehr geringen Zahl von Personen mit antidemokratischen Einstellungen in der griechischen Gesellschaft.

für NPD, REP oder DVU, sondern enthält sich der Stimme oder wählt eine der großen Parteien.

Umgekehrt können sich die erfolgreichen unter den Parteien, die sich am Rande des demokratischen Spektrums bewegen, beispielsweise die österreichische FPÖ, die italienische *Lega Nord*, der französische *Front National* oder die *Dänische Volkspartei* auf eine Wählerbasis stützen, die weit über die Gruppe der (Rechts-)Extremisten hinausgeht. Einige kursorische Beispiele mögen das verdeutlichen: Von den in der Stichprobe enthaltenen Wählern der FPÖ fallen nur elf Prozent unter die oben vorgeschlagenen Operationalisierung von Extremismus, bei der *Lega Nord* sind es zehn Prozent, unter den Wählern des FN (dessen Stimmenanteil Ende der 90er Jahre aufgrund interner Auseinandersetzungen stark zurückgegangen war), können etwa 34 Prozent als extremistisch gelten, bei den Wählern der *Dänischen Volkspartei* schließlich ist aufgrund des Antwortverhaltens kein einziger als Extremist einzustufen.[48]

Eine hohe Verbreitung im eigentlichen Sinne extremistischer Einstellungen in der Bevölkerung ist also weder eine notwendige noch eine hinreichende Voraussetzung für den Erfolg von Parteien, deren demokratische Legitimation zweifelhaft erscheint. Vielmehr scheint dieser Erfolg ganz wesentlich auch vom nationalen politischen Kontext abzuhängen.

Lassen sich die recht unterschiedlichen Anteile von Extremisten an der Bevölkerung durch die von Scheuch/Klingemann bzw. Kitschelt genannten Faktoren erklären? Im Rahmen dieses Beitrages kann diese Frage nur ansatzweise, nämlich für die Gruppe der schlechtqualifizierten Arbeiter geklärt werden.

Tabelle 4 legt den Schluss nahe, dass dies nicht der Fall ist. Zwar ist der Anteil der Extremisten unter den schlechtqualifizierten Arbeitern in fast allen Ländern höher als unter den übrigen Befragten. Jedoch zeigen sich auch in dieser Vergleichsgruppe dramatische Unterschiede zwischen den Ländern und insbesondere zwischen den westeuropäischen und den ost-/mitteleuropäischen Demokratien. Mit Hilfe einer weiteren logistischen Regressionsanalyse, auf deren Ergebnisse hier nicht näher eingegangen werden soll, lässt sich in der Tat nachweisen, dass (1) erstens das Merkmal „schlechtqualifizierter Arbeiter" in vielen Ländern die Ausprägung extremistischer Einstellungen in vergleichbarer Weise begünstigt, dass aber (2) auch bei Kontrolle dieses Merkmals statistisch signifikante und substantiell bedeutsame Unterschiede zwischen den einzelnen Ländern auftreten. Zumindest ein Teil dieser Unterschiede ist vermutlich ebenfalls auf den jeweiligen politischen Kontext zurückzuführen.

Daneben dürften allerdings auch eine Vielzahl von hier nicht berücksichtigen individuellen Eigenschaften eine Rolle spielen. Eines dieser Merkmale – die

---

48 Von den französischen Rechtsextremisten erklärten 22 Prozent, für den FN stimmen zu wollen, weitere 13 Prozent unterstützen die von Bruno Mégret gegründete Konkurrenzpartei. Die mit 35 Prozent größte Gruppe gab an, für die RPR zu votieren. Auf Analysen der Wähler anderer Parteien wurde wegen der insgesamt recht geringen Fallzahlen verzichtet.

Tabelle 4: Anteil der Extremisten nach der Berufsgruppe in 19 europäischen Gesellschaften

	schlecht qualifizierte Arbeiter	
	nein	ja
AT	2	9
DE-W	3	4
DK	1	2
ES	7	6
FR	10	14
GB	11	19
GR	1	2
IT	5	8
NL	4	7
SE	3	8
BG	18	35
CZ	6	11
DE-O	9	7
EE	9	8
HR	3	4
HU	13	26
PL	16	19
RO	32	32
SK	16	22

Quelle: Eigene Berechnung aus dem EVS 1999.

bereits oben diskutierte Verbundenheit mit dem kommunistischen Regime – könnte überdies für einen Teil der großen Unterschiede zwischen alten und neuen Demokratien verantwortlich sein. Diese Vermutung lässt sich allerdings nicht prüfen, da für die westeuropäischen Demokratien naturgemäß kein entsprechender Indikator zur Verfügung steht.

V. Fazit

Ziel dieses Beitrages war ein Vergleich von Menschen mit extremen politischen Einstellungen über ideologische und nationale Grenzen hinweg. Dabei hat sich erstens gezeigt, dass der Anteil von Menschen, die sich selbst als radikal ansehen, d. h. an den Rändern des politischen Spektrums einordnen, im Ländervergleich größeren Schwankungen unterliegt. Zumeist dominieren allerdings die (selbsterklärten) Rechtsradikalen. Darüber hinaus konnte zweitens nachgewiesen werden, dass die inhaltliche Bedeutung der politischen Richtungsbegriffe links und rechts im internationalen Vergleich trotz einiger Gemeinsamkeiten relativ stark variiert. Insbesondere werden in den neuen Demokratien Ost- und Mitteleuropas diese beiden politischen Fundamentalkategorien eher auf die Bewertung des untergegangenen kommunistischen Regimes als auf die aus dem Westen bekannten Konflikte um die Wirtschaftsordnung, die traditionellen Werte und die Fragen der Immigration bezogen.

Drittens ergibt sich, anders als man erwarten könnte, *kein* hufeisenförmiger Zusammenhang zwischen politischem Standpunkt und der Ausprägung extremistischer Einstellungen. In fast allen westeuropäischen Demokratien sowie im Gebiet der ehemaligen DDR zeigte sich vielmehr ein Muster, das in Einklang mit den früheren Untersuchungen von Arzheimer und Klein für das vereinte Deutschland steht: Je weiter rechts sich ein Bürger einordnet, desto stärker lehnt er in der Tendenz die hier untersuchten demokratischen Grundprinzipien ab. In Osteuropa hingegen ist in vielen, wenn auch nicht in allen Ländern ein spiegelbildlicher Zusammenhang zu erkennen, wobei dort das Niveau antidemokratischer Einstellungen insgesamt sehr hoch ist. Festzuhalten ist in jedem Falle, dass sich die Extremisten in vielen Ländern bevorzugt auf einer Seite des politischen Spektrums sammeln.

Auch ein viertes wichtiges Ergebnis entspricht nicht unbedingt den Erwartungen: In den meisten der hier untersuchten Länder ordnet sich die übergroße Mehrheit der Extremisten selbst keineswegs an den Rändern des politischen Spektrums, sondern vielmehr in der linken bzw. rechten Mitte ein. Auch dieser Befund steht in Einklang mit älteren Ergebnissen der deutschen Forschung, denen zufolge (1) keineswegs alle oder auch nur die Mehrheit der antidemokratisch denkenden Bürger sich den Flügelparteien zuwendet und (2) deren Elektorat sich keineswegs nur aus Extremisten zusammensetzt.

Fünftens und letztens schließlich konnte gezeigt werden, dass im Einklang mit den eingangs vorgestellten theoretischen Überlegungen in vielen, wenn auch nicht in allen hier untersuchten Ländern die Gruppe der niedrig qualifizierten Arbeiter in stärkerem Umfang zum extremistischen Denken neigt als ihre Mitbürger. Dieser Effekt reicht jedoch nicht aus, um die substantiellen Unterschiede zwischen den einzelnen Ländern und insbesondere die Kluft zwischen West- und Ost-/Mitteleuropa zu erklären. Hier spielen offensichtlich weitere individuelle und vor allem kontextuelle Faktoren eine Rolle, die in der Untersuchung nicht berücksichtigt werden konnten.

Abschließend stellt sich die Frage, auf welche Weise sich in künftigen Studien subtilere Formen des Extremismus untersuchen ließen. Die hier verwendeten Instrumente zielen vor allem auf die Akzeptanz relativ abstrakter demokratischer Prinzipien ab. Wünschenswert wären Items, mit deren Hilfe man zusätzlich überprüfen könnte, wie weit diese Prinzipien tatsächlich internalisiert sind und welche Bedeutung ihnen die Bürger zusprechen, wenn es zu einem Konflikt mit den eigenen Interessen kommt.

Stünde diese zusätzliche Information zur Verfügung, würde sich der relativ große Abstand zwischen alten und neuen Demokratien möglicherweise etwas verringern. Dies zu untersuchen wäre ebenso wie eine detailliertere Auseinandersetzung mit der Sonderrolle der ehemaligen DDR ein lohnender Gegenstand für zukünftige Studien auf diesem Gebiet.

Das ideologische Profil rechter (und linker) Flügelparteien in den westeuropäischen Demokratien – Eine Auseinandersetzung mit den Thesen Herbert Kitschelts

Steffen Kailitz

I. Einleitung

1. Problemstellung

Dieser Beitrag setzt sich mit Herbert Kitschelts Thesen zur extremen Rechten in Westeuropa auseinander. Sein in Zusammenarbeit mit Anthony McGann geschriebenes Werk *The Radical Right in Western Europe*[1] zeichnet sich dadurch aus, dass es einen Vergleich extrem rechter Parteien in Dänemark, Deutschland, Frankreich, Großbritannien, Italien, Norwegen, Österreich und Schweden auf der Grundlage eines sorgfältig durchdachten theoretischen Fundaments bietet. Der Kreis der berücksichtigten Länder umfasst zudem Finnland, Griechenland, Irland, Niederlande, Portugal und Spanien, in denen im Untersuchungszeitraum Kitschelts keine oder kaum nennenswerte extrem rechte Parteien existierten. Das Buch erhielt 1996 den renommierten *Woodrow Wilson Foundation Award* der *American Political Science Association* und wurde breit rezipiert.[2]

---

1 Siehe Herbert Kitschelt (in Zusammenarbeit mit Anthony J. McGann), The Radical Right in Western Europe. A Comparative Analysis, Ann Arbor 1995. Kitschelt bezeichnet das Buch als Fortsetzung von ders., The Transformation of European Social Democracy, New York 1994. Grundzüge des Ansatzes sind bereits enthalten in ders., The Logics of Party Formation: Ecological Politics in Belgium and West Germany, Ithaca 1989. Es wird im Text im Folgenden nur von Herbert Kitschelt gesprochen, obgleich das Werk in Zusammenarbeit mit Anthony McGann entstanden ist. Ansatz und Thesen stammen nämlich von Kitschelt, McGann war als sein Mitarbeiter in erster Linie für die Datenauswertung zuständig. An dem Projekt war weiterhin Ronald Inglehart beteiligt: http://www.hu-berlin.de/forschung/fober/folb05_01.html (Stand: 28. Mai 2005).
2 Siehe statt vieler Hans-Georg Betz, Review: The Radical Right in Western Europe. In: Political Science Quarterly, 111 (1996), S. 716 f.; Michael Minkenberg, Review of Kitschelt, The Radical Right in Western Europe. In: Journal of Politics, 59 (1997), S. 624–627; Martin A. Schain, Book Review: The Radical Right in Western Europe. In: Comparative Political Studies, 30 (1997), S. 375–380; George Steinmetz, Book Review: The

Es ist die Kernthese Herbert Kitschelts, dass sich der Parteienwettbewerb in den entwickelten Industriestaaten entlang einer Hauptdimension abspielt: Anhänger wirtschaftlich linker und politisch wie kulturell libertärer Forderungen stünden Vertretern ökonomisch rechter und politisch wie kulturell autoritärer Positionen gegenüber. Diese These hält Kitschelt bis in die Gegenwart hinein aufrecht.[3] Sein Ansatz richtet sich mithin auf das gesamte politische Spektrum und keineswegs nur auf den rechten Rand.

Im Mittelpunkt des Werks *Radical Right* und damit der Auseinandersetzung mit dieser Studie stehen folgende Fragen: Durch welches ideologische Profil zeichnet sich die „gegenwärtige extreme Rechte"[4] aus? Gibt es eine ideologische „Erfolgsformel" rechter Flügelparteien? Unter einer „Erfolgsformel" ist dabei eine ideologische Programmatik zu verstehen, die geeignet ist, bei Wahlen für den Erfolg in Form eines Einzugs in das nationale Parlament zu garantieren. Gibt es eine „Misserfolgsformel", die einen solchen Parlamentseinzug geradezu verhindert? Die Antworten auf diese Fragen können helfen zu erklären, warum in manchen Ländern wie Frankreich und Österreich die rechten Flügelparteien ausgesprochen erfolgreich sind, in anderen Ländern wie Deutschland und Großbritannien dagegen nicht.

Auch wenn sich Kitschelts Buch auf eine Analyse der rechten Flügelparteien beschränkt, so soll in diesem Beitrag – wenn auch eher skizzenhaft – zudem auf folgende Fragen eingegangen werden: Durch welches ideologische Profil zeichnen sich die gegenwärtigen Parteien am linken Rand des politischen Spektrums aus? Gibt es eine ideologische „Erfolgsformel" linker Flügelparteien? Existiert eine „Misserfolgsformel"? Antworten auf diese Fragen soll die Auseinandersetzung mit dem Werk Kitschelts geben. Ich stelle also keine eigenständigen Hypothesen auf, sondern überprüfe, ob die in der politikwissenschaftlichen Forschung einflussreichen Thesen von Kitschelt empirisch haltbar sind.

Im Unterschied etwa zu Piero Ignazis *Extreme Right Parties in Western Europe*[5] ist Herbert Kitschelts Buch nicht aus einer extremismustheoretischen Perspektive geschrieben. Auch wenn er in seinem Buch synonym von der „radikalen Rechten" und der „extremen Rechten"[6] in Westeuropa spricht, spielt es in seinen Ausführungen keine Rolle, ob die von ihm untersuchten Parteien für oder gegen Demokratie und Rechtsstaatlichkeit sind. Zum Verständnis der Ausführungen ist es notwendig zu wissen, wie die Begriffe „extrem rechts" und „rechtsextremistisch" in diesem Beitrag abgegrenzt wurden. Mit den Benennun-

---

Radical Right in Western Europe. In: American Journal of Sociology, 102 (1997), S. 1175–1177.
3   Siehe Herbert Kitschelt, Diversification and Reconfiguration of Party Systems in Postindustrial Democracies, Bonn 2003; ders./Anthony J. McGann, Die Dynamik der schweizerischen Neuen Rechten in komparativer Perspektive: Die Alpenrepubliken in: Pascal Sciarini/Sibylle Hardmeyer/Adrian Vatter (Hg.), Schweizer Wahlen 1999, Bern u. a. 2003, S. 183–216.
4   Kitschelt, Radical Right, S. 29.
5   Vgl. Piero Ignazi, Extreme Right Parties in Western Europe, Oxford/New York 2003.
6   Vgl. statt vieler Kitschelt, Radical Right, S. 275.

gen „extrem rechts" und „rechte Flügelpartei" drücke ich die relative ideologische Positionierung gegenüber den anderen Parteien in einem bestimmten Parteiensystem aus. Bei dem Begriff „rechtsextremistisch" handelt es sich dagegen um einen absoluten Begriff. Er hebt darauf ab, dass eine Partei mit einer ideologisch rechts ausgerichteten Ideologie Demokratie und Rechtsstaatlichkeit abschaffen oder in bedeutenden Punkten aushöhlen will.[7]

2. Aufbau

Diese Studie stellt zunächst ausführlich den Ansatz Kitschelts vor (Kapitel 2). Bei den folgenden Teilen handelt es sich um Auseinandersetzungen mit wesentlichen Thesen Kitschelts. Im dritten Teil dieses Beitrags möchte ich zunächst klären, ob bei den erfolgreichen extrem rechten Parteien der Gegenwart wie dem französischen *Front National* marktliberale Positionen dominieren. Berücksichtigung findet auch die Frage, ob sich die wirtschaftspolitische Positionierung deutlich weniger erfolgreicher extrem rechter Parteien wie der deutschen *Republikaner* von jener der erfolgreichen Parteien unterscheidet. Zielt der dritte Teil auf die Angebotsseite der Parteien, so geht es beim vierten Teil um die Nachfrageseite der Wählerschaft extrem rechter Parteien. Es soll untersucht werden, ob die Wählerschaft der erfolgreichen extrem rechten Parteien marktliberal eingestellt ist. Im fünften Teil des Beitrags geht es um die Frage, ob die „neuen radikal rechten" Parteien wirklich ein neues Phänomen sind. Ich prüfe, inwiefern es zutrifft, dass sich die neuen extrem rechten Parteien und ihre Wählerschaft durch ein ideologisches Profil aus Marktliberalismus und Autoritarismus auszeichnen, während sich die faschistischen Parteien und ihre Wählerschaft durch eine Kombination einer anti-marktwirtschaftlichen und autoritären Haltung auszeichnen. Das sechste Kapitel geht auf die aus der Sicht der Extremismusforschung grundlegende Frage ein, ob die extrem rechten Parteien durchweg rechtsextremistisch sind. Der siebte Teil möchte ergründen, ob nicht eine marktliberale Ausrichtung, sondern vielmehr eine Anti-Zuwanderungshaltung als Kern einer „Erfolgsformel" extrem rechter Parteien anzusehen ist. Das achte Kapitel öffnet den bis dahin auf das rechte Spektrum begrenzten Blick und untersucht, ob es wirklich eine Konvergenz der Positionierung auf der Sozialistisch-Marktliberal-Achse und der Libertär-Autoritär-Achse gibt. Wenn dies so wäre, düften marktliberal-libertäre und sozialistisch-autoritäre Positionen keine Bedeutung haben. In diesem Zusammenhang soll auch das ideologische Profil der linken Flügelparteien skizziert werden. Am Ende des Beitrags steht eine Zusammenfassung der wesentlichen Ergebnisse.

---

7   Siehe zu den Begriffen „Extremismus" und „Rechtsextremismus": Uwe Backes, Politischer Extremismus in demokratischen Verfassungsstaaten. Elemente einer normativen Rahmentheorie, Opladen 1989; Steffen Kailitz, Politischer Extremismus. Eine Einführung, Wiesbaden 2004, S. 15-30.

II. Herbert Kitschelts Ansatz

Herbert Kitschelts drei Grundannahmen lauten: 1) Die Verteilung der Wählerpräferenzen hängt von den spezifischen Lebenserfahrungen der Menschen ab; 2) Veränderungen in den typischen Lebenserfahrungen haben seit den siebziger Jahren des 20. Jahrhunderts zu einer Veränderung der Hauptachse des politischen Wettbewerbs geführt; 3) Die Pole dieser neuen Achse sind links-libertär und rechts-autoritär.

Kitschelt nimmt dabei in der Tradition von Seymour Martin Lipset und Stein Rokkan an, dass in den westlichen Demokratien bestimmte Konfliktlinien existieren, die auf der Angebotsseite für die Entstehung bestimmter Parteien und auf der Nachfrageseite prägend für die Wahlentscheidung der Bürger sind.[8] Um Kitschelts Überlegungen besser verstehen zu können, erscheint daher ein kurzer Rückblick auf den Ansatz von Lipset und Rokkan hilfreich. Parteiensysteme gelten aus dieser Perspektive als Ausdruck grundlegender Interessengegensätze zwischen sozialen Gruppen, die sich in bestimmten Parteien organisieren. Nach Lipset und Rokkan hatten alle westlichen Demokratien in ihrer Entwicklung vier Probleme zu bewältigen. Es handelt sich dabei um Konflikte 1) zwischen Zentrum und Peripherie sowie 2) zwischen kirchlicher und weltlicher Macht, die im Zuge der Nationalstaatsbildung entstanden. Während der Industrialisierung trat demnach 3) ein Konflikt zwischen städtischen und ländlichen Gebieten sowie 4) zwischen Arbeitern und Kapitaleignern auf.[9] Lipset und Rokkan sprachen mit Blick auf die sechziger Jahre von „eingefrorenen" Parteiensystemen. Vor allem der Aufstieg der grünen Parteien in den entwickelten Industriestaaten unter den Demokratien ab Ende der siebziger Jahre widerlegte diese These jedoch.[10]

Dieser Aufstieg legte für die Parteiensystemforschung die Frage nahe, ob möglicherweise eine neue Konfliktlinie aufgebrochen war. Eine Antwort auf die Frage, welche Konfliktlinie dies sein könnte, bot Ronald Inglehart an. Er verbreitet seit 1977 die Ansicht, in Europa finde seit den sechziger Jahren eine „stille Revolution" in Form eines Wertewandels von den materiellen hin zu postmateriellen Werten statt. Postmaterielle Werte wie der Wunsch nach größerer politischer Teilhabe verdrängen demnach mehr und mehr materielle Werte wie Wohlstand und Sicherheit. Die Organisation der Interessen der Anhänger postmaterieller Werte wie Umweltschutz und Frieden führte demnach zum Aufstieg der grünen Parteien in den westeuropäischen Demokratien.[11]

---

8   Siehe Seymour Martin Lipset/Stein Rokkan, Cleavage Structures, Party systems, and Voter alignments: an Introduction. In: dies. (Hg.), Party Systems and Voter Alignments: Cross-national Perspectives, New York 1967, S. 1–67.
9   Vgl. Kitschelt, Radical Right, S. 29.
10 Siehe dazu u. a. ders., Left-Libertarian Parties: Explaining Innovation in Competitive Party Systems. In: World Politics, 40 (1988), S. 194–234.
11 Vgl. Ronald Inglehart, Die stille Revolution, Frankfurt a. M. 1977; ders., Kultureller Umbruch. Wertewandel in der westlichen Welt, Frankfurt a. M./Berlin 1989. Methodik wie Inhalt von Ingleharts Untersuchungen haben allerdings in den letzten Jahren heftige Kri-

Scott Flanagan knüpfte 1979 mit seinen Überlegungen zu einer neuen Konfliktlinie in den Parteisystemen westlicher Demokratien an Inglehart an, verlagerte aber den Akzent gegenüber diesem. Er nannte die Anhänger der neuen sozialen Bewegungen „libertär". Diesen stünden einerseits die Gefolgsleute materialistischer, andererseits jene autoritärer Werte gegenüber.[12] Auf Scott Flanagan, nicht auf Kitschelt ist also die These zurückzuführen, dass eine neue Konfliktlinie zwischen autoritären und libertären Werten entstanden ist.[13]

Diese These hat sich inzwischen in der Parteiensystemforschung weitgehend durchgesetzt. Umstritten ist aber, ob die alten Konfliktlinien weiterhin Bedeutung entfalten oder eine neue Struktur des Parteienwettbewerbs die alte Struktur ersetzt hat. Die Ansicht, dass es eine grundlegende Verschiebung gab, vertritt nachdrücklich Kitschelt. Er folgt der Annahme von Anthony Downs, wonach der politische Wettbewerb stets hauptsächlich entlang einer ideologischen Hauptachse stattfindet.[14] In den ersten Jahrzehnten nach dem Zweiten Weltkrieg sei dies die Sozialismus-Kapitalismus-Achse gewesen. Für moderat rechte und moderat linke Parteien habe es am ehesten Erfolg versprochen, mittlere Positionen auf der Sozialismus-Kapitalismus-Achse einzunehmen. Kitschelt geht nun davon aus, dass sich in den letzten Jahrzehnten eine neue Hauptachse des politischen Wettbewerbs herausgebildet hat. Neben der Positionierung auf der Sozialismus-Kapitalismus-Achse gewann demnach die Positionierung auf der Liberalismus-Autoritarismus-Achse zunehmend an Bedeutung. Die neue Achse habe aber die alte Achse nicht einfach ersetzt oder sei an ihre Seite getreten – sie habe diese vielmehr überlagert. Der Parteienwettbewerb finde demnach inzwischen entlang einer Konfliktlinie zwischen links-libertären und rechts-autoritären Positionen statt.[15]

tik erfahren: Wilhelm Bürklin/Markus Klein/Achim Ruß, Dimensionen des Wertewandels. Eine empirische Längsschnittanalyse zur Dimensionalität und der Wandlungsdynamik gesellschaftlicher Wertorientierungen. In: Politische Vierteljahresschrift, 35 (1994), S. 579–606; Markus Klein/Kai Arzheimer, Ranking- und Rating-Verfahren zur Messung von Wertorientierungen, untersucht am Beispiel des Inglehart-Index. Ergebnisse eines Methodenexperimentes. In: Kölner Zeitschrift für Soziologie und Sozialpsychologie, 51 (1999), S. 742–749; Siegfried Schumann, Postmaterialismus: Ein entbehrlicher Ansatz? In: Jürgen W. Falter/Hans Rattinger/Klaus G. Troitzsch (Hg.), Wahlen und politische Einstellungen in der Bundesrepublik Deutschland: Neuere Entwicklungen der Forschung, Frankfurt a. M. 1989, S. 67–101.
12 Vgl. Scott Flanagan, Value Change and Partisan Change in Japan. The Silent Revolution Revisited. In: Comparative Politics, 11 (1979), S. 253–278; ders., Value Change in Industrial Societies. In: American Political Science Review, 81 (1987), S. 1303–1319.
13 Eine aktuelle empirische Bestandsaufnahme auf der Grundlage des Ansatzes bietet: Scott C. Flanagan/Aie-Rie Lee, The New Politics, Culture Wars, and the Authoritarian-Libertarian Value Change in Advanced Industrial Democracies. In: Comparative Political Studies, 36 (2003), S. 235–270.
14 Vgl. Anthony Downs, Ökonomische Theorie der Demokratie, Tübingen 1968.
15 Diese Position Kitschelts hat viele Anhänger gewonnen. Siehe u. a. Dietmar Loch, Die radikale Rechte in den westlichen Demokratien: „Geschlossen" gegen die „offene Gesellschaft". In: ders./Wilhelm Heitmeyer (Hg.), Schattenseiten der Globalisierung. Rechtsradikalismus, Rechtspopulismus und separatistischer Regionalismus in westlichen Demokratien, Frankfurt a. M. 2001, S. 463–496, hier 475.

Sozialdemokratische Parteien seien angesichts dieser Verschiebung gut beraten gewesen, ihre Position auf der Libertär-Autoritär-Achse in Richtung Libertarismus und auf der Sozialistisch-Marktliberal-Achse in Richtung Marktliberalismus zu verschieben. Diese ideologische Bewegung lasse sich als eine Reaktion der sozialdemokratischen Parteien auf den Aufstieg der grünen Parteien interpretieren. Die moderat rechten Parteien hätten ihre ideologische Position dagegen nicht verändert. Als Reaktion auf den Aufstieg der libertären Linken habe sich am anderen Ende des politischen Spektrums eine autoritäre Rechte herausgebildet. Am rechten Flügel sei nämlich ein neues Wählerreservoir entstanden.[16]

Als eine weitere wichtige Veränderung erscheint Kitschelt, dass der Anteil der privaten Wirtschaftsbetriebe zunehme, die dem internationalen Wettbewerb ausgesetzt seien. Arbeiter in Unternehmen, die international konkurrieren, seien an der internationalen Wettbewerbsfähigkeit ihrer Unternehmen interessiert. Daher würden sie eine marktliberale Position einnehmen und den Rückbau des Wohlfahrtsstaats befürworten. Beschäftigte des öffentlichen Dienstes und jener privaten Wirtschaftsunternehmen, die keinem internationalem Wettbewerb ausgesetzt seien, blieben dagegen daran interessiert, das wohlfahrtsstaatliche Niveau beizubehalten. Die Verteilung der Wählerpräferenzen hängt demnach von den spezifischen Lebenserfahrungen ab.

Obgleich Kitschelt von einer ideologischen Hauptachse des Wettbewerbs ausgeht, die rechts-autoritäre von links-libertären Positionen unterscheidet, meint er zugleich, dass auf dem politischen Markt die Angebotsseite (politische Ideologien und Programmatik der Parteien) wie die Nachfrageseite (Präferenzen der Wähler) durch drei Fragen abgebildet werden können, die wiederum zwei Dimensionen umfassen.[17] Die erste Achse bildet eine Skala von den libertären bis zu den autoritären Positionen. Grundlage für die Einordnung auf der ersten Dimension sind ein kultureller und ein politischer Faktor. Die Frage zur Beurteilung der kulturellen Position lautet: Welchem Personenkreis sollen Bürgerrechte zuerkannt werden? Für Kitschelt stehen auf der einen Seite jene Positionen, die eine enge Definition der Bürgerrechte vornehmen und daher Frauen, Zuwanderer und Angehörige ethnischer Minderheiten in einem Staat ausschließen wollen. Auf der anderen Seite stehen jene, die keine Gruppe von den Bürgerrechten ausschließen möchten. Diese Teilachse lässt sich somit als ein Konflikt zwischen Universalismus und Partikularismus interpretieren. Der politische Faktor wird anhand der Antwort auf die Frage beurteilt, nach welchem Modus kollektive Entscheidungen getroffen werden sollen. In dieser Hinsicht schreibt Kitschelt den Anhängern des einen Pols zu, die individuelle Freiheit zu betonen, während die Anhänger des anderen Pols dem Kollektivismus

---

16 Vgl. Kitschelt, Radical Right, S. 16.
17 An anderer Stelle spricht Kitschelt in Anlehnung an Seymour Martin Lipset und Stein Rokkan ausdrücklich von zwei politischen Konfliktlinien: ders., Politische Konfliktlinien in westlichen Demokratien: Ethnisch-kulturelle und wirtschaftliche Verteilungskonflikte. In: Loch/Heitmeyer (Hg.), Globalisierung, S. 418–442.

huldigen und in hierarchischen Strukturen denken.[18] In seinen Ausführungen unterstellt er dabei, dass eine Partei, die sich universalistisch positioniert, stets auch die individuelle Freiheit betone. Auf der anderen Seite gehen demnach Partikularismus und Kollektivismus Hand in Hand.

Bei der zweiten Dimension handelt es sich um eine wirtschaftspolitische Achse. An dem einen Pol liegen demnach Positionen, die eine Umverteilung von Geldern ablehnen und die gleiche Kopfsteuer unabhängig vom Einkommen propagieren. An dem anderen Pol siedeln die Fürsprecher einer gleichmäßigen Verteilung der Ressourcen und Befürworter einer progressiven Besteuerung oder gar einer Enteignung der Produktionsmittel. Es handelt sich also um eine Achse zwischen radikal marktliberalen (bzw. radikal kapitalistischen) und sozialistischen Positionen. Diese Gegenüberstellung wird jedoch schnell auf die beiden Pole marktliberal versus umverteilend eingegrenzt.[19] Zugleich interpretiert Kitschelt diese Achse als eine Links-Rechts-Achse.[20]

Mit Blick auf die extrem rechten Parteien in den westeuropäischen Parteiensystemen der Gegenwart unterscheidet Kitschelt zwischen drei Typen. Es handelt sich um 1) die „neue radikale Rechte", 2) rechtspopulistische Parteien und 3) wohlfahrtschauvinistische Parteien.[21] Die „neue radikale Rechte" zeichnet sich durch die Kombination von Marktliberalismus und Autoritarismus aus. Vertreter dieses Typs sind laut Kitschelt der französische Front National, die dänische und die norwegische Fortschrittspartei und der belgische *Vlaams Blok* (inzwischen *Vlaams Belang*). Mit der alten faschistischen Rechten teile die neue radikale Rechte Ethnozentrismus und Autoritarismus. Der grundlegende Unterschied bestehe aber in der wirtschaftspolitischen Ausrichtung. Der faschistischen Rechten schreibt Kitschelt eine antikapitalistische Ausrichtung zu.[22] Wolle sie einen Korporatismus von Staat und Wirtschaft, befürworte die neue radikale Rechte eine staatsfreie Wirtschaft.[23]

Die rechtspopulistischen Parteien können nach Kitschelt nicht klar als rechtsautoritär eingeordnet werden. Genau wie die Parteien der „neuen radikalen Rechten" seien sie marktliberal, aber deutlich weniger autoritär als jene. Als Beispiele für den rechtspopulistischen Parteientyp gelten die FPÖ und die *Lega Nord*. Neuerdings zählen Kitschelt und McGann auch die *Schweizer Volkspartei* zu diesem Typus.[24]

---

18 Vgl. Kitschelt, Radical Right, S. 4.
19 Vgl. ebd., S. 4 f.
20 Vgl. ebd., S. VII. Inzwischen machte Kitschelt folgendes Eingeständnis: „I sometimes have referred to the distributive politics extremes as ‚left' and ‚right', a characterization that is imprecise, if not misleading, given the everyday semantics of the left-right (liberal-conservative) notions." Kitschelt, Party-Systems, S. 2.
21 Vgl. ders., Radical Right, S. 21 f.
22 Vgl. ebd., S. 27–42.
23 Siehe zu den Unterschieden und Gemeinsamkeiten auch Diethelm Prowe, „Classic" Fascism and the New Radical Right in Western Europe: Comparisons and Contrasts. In: Contemporary European History, 3 (1994), S. 289–313.
24 Siehe Kitschelt/McGann, Dynamik der schweizerischen Neuen Rechten, S. 183–216.

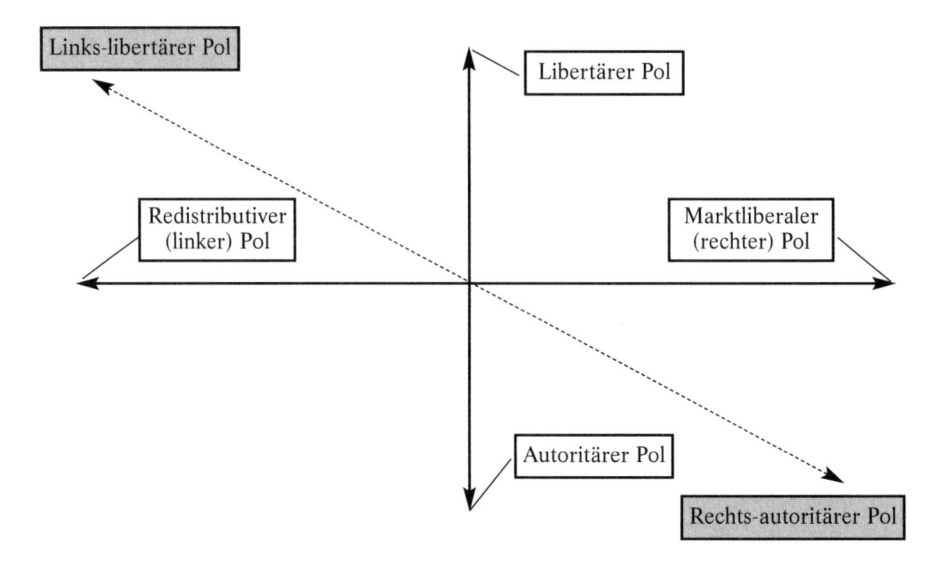

[Diagramm: Politischer Raum nach Herbert Kitschelt mit zwei Achsen. Vertikale Achse: Libertärer Pol (oben) – Autoritärer Pol (unten). Horizontale Achse: Redistributiver (linker) Pol – Marktliberaler (rechter) Pol. Diagonale gestrichelte Linie vom Links-libertären Pol (oben links) zum Rechts-autoritären Pol (unten rechts).]

Abb. 1: Politischer Raum nach Herbert Kitschelt

Als dritten Typus nennt Kitschelt den wohlfahrtschauvinistischen Parteientypus, als dessen Vertreter ihm die deutschen *Republikaner* und der italienische *Movimento Sociale Italiano* gelten. Mit Blick auf ihre ideologische Positionierung erscheinen diese Parteien nach Kitschelt im Vergleich zu den Parteien der „neuen radikalen Rechten" weniger oder nicht marktliberal, aber keineswegs weniger autoritär.[25] Sie tragen nach Ansicht von Kitschelt im Unterschied zu den Parteien der „neuen radikalen Rechten" und den rechtspopulistischen Parteien das Erbe faschistischer Bewegungen in sich.

Der Ansatz von Kitschelt betont äußere Bedingungen für den Erfolg von Parteien. Das Geschick oder Ungeschick der Akteure einer Partei ist demnach zwar nicht unbedeutend, aber doch zweitrangig gegenüber den Rahmenbedingungen. In einer einflussreichen Arbeit beschrieb Kitschelt bereits 1986 politische Gelegenheitsstrukturen als spezifische Anordnung von Mitteln, Institutionen und historischen Präzedenzfällen der Bewegungen oder Parteien, die die Entwicklung dieser Bewegungen oder Parteien in einigen Fällen erleichtern und in anderen beschränken.[26] In dem Werk *The Radical Right in Western Europe* nennt Kitschelt zwei Bedingungen, unter denen am wahrscheinlichsten eine

---

25 Vgl. Kitschelt, Radical Right, S. 90.
26 Vgl. ders., Political Opportunity Structures and Political Protest: Anti-Nuclear Movements in Four Democracies. In: British Journal of Political Science, 16 (1986), S. 57–85; hier 58. Der Ansatz ist unabhängig von der politischen Ausrichtung von Bewegungen und Parteien anwendbar. So wendete ihn Kitschelt zunächst auf die Antiatomkraftbewegung in vier Ländern an. Das folgende Buch weitete den Ansatz auf das breitere Feld der neuen sozialen Bewegungen aus: Hanspeter Kriesi u. a. New Social Movements in Western Europe: A Comparative Analysis, London 1995.

Partei der „neuen radikalen Rechten" entsteht und bei Wahlen erfolgreich ist: 1) Ein Staat hat eine postindustrielle Gesellschaft mit ausgebautem Wohlfahrtsstaat; 2) Es gab eine ideologische Annäherung zwischen der wichtigsten Partei der gemäßigten Linken und der wichtigsten Partei der gemäßigten Rechten.[27] Ausdrücklich bezieht Kitschelt aber dann Stellung gegen folgende These: "The new extreme Right will be electorally powerful whereever the existing parties have become similar in their electoral appeals and government policies. The substantive appeal of the extreme Right makes no difference for its electoral chances and its electoral coalition is diffuse."[28] Für Kitschelt sind also das ideologische Angebotsprofil der Parteien und das Nachfrageprofil der Wählerschaft die Faktoren, die über Erfolg und Misserfolg entscheiden und nicht das Ausmaß des Protestpotentials in einem politischen System.

Die folgende Tabelle gibt einen Überblick über die Wählerschaft verschiedener Varianten der extremen Rechten nach Kitschelt:

Tabelle 1: Extrem rechte Parteien und ihre Wählerschaft nach Kitschelt

Wählerschaft / Typus der Partei	Kleine Geschäftsleute und Landwirte	Industriearbeiter	Angestellte und Akademiker
Faschistisch	Überrepräsentiert	Unterrepräsentiert	Überrepräsentiert
Wohlfahrtschauvinistisch	Unterrepräsentiert oder repräsentativ	Überrepräsentiert	Unterrepräsentiert
Rechts-autoritär	Überrepräsentiert	Überrepräsentiert	Unterrepräsentiert
Populistisch und antistaatlich (=rechtspopulistisch)	Repräsentativ	Repräsentativ	Repräsentativ

Quelle: Herbert Kitschelt (in Zusammenarbeit mit Anthony J. McGann), The Radical Right in Western Europe. A Comparative Analysis, Ann Arbor 1995, S. 35.

Während nach Kitschelt die rechts-autoritären und rechtspopulistischen Parteien mit der Kombination aus Marktliberalismus und Autoritarismus eine „Erfolgsformel" gefunden haben, können nach seiner Ansicht, Parteien mit einer Kombination aus autoritären und wohlfahrtschauvinistischen Forderungen bei Wahlen in entwickelten kapitalistischen Demokratien nicht erfolgreich sein. Die ideologische Kombination des autoritären Wohlfahrtschauvinismus wählen nach seiner Ansicht nur Parteien der extremen Rechten, die das Erbe faschistischer Bewegungen und politischer Regime mit nationalsozialistischer Neigung in sich tragen.[29]

---

27 Vgl. Kitschelt, Radical Right, S. 20 f.
28 Ebd., S. 28.
29 Vgl. ebd., S. 24.

III. Dominieren bei den extrem rechten Parteien marktliberale Positionen?

Extrem rechte Parteien stiegen auf, als sich die westlichen Demokratien vom Keynesianismus abwendeten und, angeführt durch die Regierungen Margaret Thatchers in Großbritannien und Ronald Reagans in den USA, einen mehr oder weniger neoliberalen Kurswechsel vollzogen. Der Neoliberalismus war dabei eine Reaktion auf die Probleme der Regierungen, in den westlichen Industriestaaten mit den Folgen der Ölpreisschocks von 1973 und 1979 fertig zu werden. Die Neoliberalen machten vor allem zwei Punkte für die Probleme verantwortlich: die Ausdehnung des Staatsapparats und unverantwortliche Lohnforderungen der Gewerkschaften.[30] Stehen nun aber die neuen rechten Flügelparteien wirklich alle mit ihrer wirtschaftspolitischen Position in den neoliberalen Schuhen von Reagan und Thatcher?

Als Prototyp einer rechts-autoritären „neuen radikalen Rechten" gilt Kitschelt der *Front National*.[31] Er nennt die wirtschaftspolitische Ausrichtung der Partei: „militant promarket capitalism".[32] Diese Partei vereint aber bei den wirtschafts- und gesellschaftspolitischen Forderungen widersprüchliche Elemente. In das Bild von Kitschelt passt die Forderung des FN nach radikalen Steuersenkungen, vor allem nach einer Abschaffung der zum Einkommen proportional wachsenden Besteuerung sowie das Ansinnen, Großvermögen nicht mehr zu besteuern. Mit der Einordnung vereinbar ist auch das Verlangen, die Sozialbeiträge für die Kranken- oder Rentenversicherung abzuschaffen, die dann als Lohnbestandteil ausgezahlt werden sollen.[33] Die Vorsorge für Krankheits-, Unfalls- und Altersrisiken würde damit privatisiert.

Im Widerspruch zu einer neoliberalen Haltung steht dagegen das Versprechen des FN, dass die Löhne der unteren Gehaltsgruppen angehoben werden sollen. Für eine rechtsextreme Partei ist diese Parole jedoch ebenso wenig untypisch wie die Nennung der Töpfe, aus denen das Geld kommen soll. So möchte der FN eine Sondersteuer auf die Beschäftigung von Ausländern einführen. Bei der Regionalwahl 2004 machte der FN – ähnlich wie DVU und NPD bei den Landtagswahlen in Brandenburg und Sachsen – Wahlkampf gegen die soziale Unsicherheit im Land. Die „soziale Unsicherheit" wird aus der Perspektive des FN als Teil des Niedergangs Frankreichs angesehen, der mit der „Un-

---

30 Vgl. vor allem Betz, Radical Right-Wing Populism, S. 109. Diese Entwicklung betraf nicht nur Westeuropa, sondern auch Nordamerika und Australien. Vgl. dazu u. a. Peter Aimer, The Rise of Neo-Liberalism and Right Wing Protest Parties in Scandinavia and New Zealand: The Progress Parties and the New Zealand Party, In: Political Science, 40 (1988) Heft 2, S. 1–15.
31 Vgl. zur Entwicklung der Partei: Paul Hainsworth, The Front National: From Ascendancy to Fragmentation on the French Extreme Right. In: ders. (Hg.), The Politics of the Extreme Right: From the Margins to the Mainstream, London/New York 2000, S. 18–32.
32 Kitschelt, Radical Right, S. 116.
33 Vgl. zur ideologischen Positionierung des FN Anfang der neunziger Jahre: Front National, 300 Mesures pour la renaissance de la France, Paris 1993.

sicherheit durch Kriminalität" zusammenhänge. Die Ursachen beider Bedrohungen führt die Partei im Feindbild der Zuwanderer zusammen.[34] Wer danach sucht, findet noch immer einige Parolen, die als marktliberal gedeutet werden können. So droht das Wahlprogramm, Arbeitslose stärker zu kontrollieren und Personen, die zumutbare Arbeitsplätze ablehnen, die Unterstützung zu streichen.[35] Alles in allem ist die Position des FN aber keineswegs radikal marktliberal und sie war es auch nie. Das Programm lässt sich treffender als wohlfahrtschauvinistisch charakterisieren.[36]

Zur „neuen radikalen Rechten" zählt für Kitschelt auch der inzwischen zu *Vlaams Belang* umbenannte *Vlaams Blok*. Das Parteiprogramm des *Vlaams Blok* gab als wirtschaftspolitisches Leitbild den keineswegs marktliberalen „Solidarismus" vor.[37] Der „Solidarismus" ist ein Konzept, das Otto Straßer, ein Vertreter des „linken" Flügels der NSDAP, als Konzept eines dritten Wegs zwischen Kapitalismus und Kommunismus entwarf. Als eines der zentralen Prinzipien der solidaristischen „Volkswirtschaft" kann die Arbeitspflicht von allen gelten, die körperlich in der Lage zur Arbeit sind. Auch wenn das Stichwort „Solidarismus" beim *Vlaams Blok* eine Anknüpfung an die faschistische Rechte nahe legte, sollte dies nicht überwertet werden. Das Konzept und die sozioökonomische Positionierung spielte in den Verlautbarungen der Partei nur eine vernachlässigenswerte Rolle.[38]

Obgleich das Programm nicht geändert wurde, verschob der *Vlaams Blok* Anfang der neunziger Jahre seine Position zunehmend in Richtung des marktliberalen Pols. So setzte sich die Partei etwa für die Privatisierung von Staatsbetrieben ein. Konträr zum solidaristischen Konzept einer „Volkswirtschaft" wurde der Rückzug des Staats aus der Lenkung der Wirtschaft gefordert. Weiterhin trat die Partei dafür ein, die Absicherung durch wohlfahrtsstaatliche Elemente zu reduzieren. Zeitweise verlangte der *Vlaams Blok* auch mehr Verantwortung des Einzelnen für seine Rente.

---

34 Vgl. Bernhard Schmid, Frankreich: Wirtschafts- und sozialpolitischer Protest bestimmte den Wahlausgang. Die extreme Rechte bleibt ohne Zuwachs, aber auf hohem Niveau, http://www.idgr.de/texte/rechtsextremismus/frankreich/regionalwahl-04-1.php (Stand: 25. Februar 2005).
35 Vgl. ders., Der Front National vor den Wahlen des Jahres 2004, http://www.idgr.de/texte/rechtsextremismus/frankreich/front-national-3.php (Stand: 25. Februar 2005).
36 Vgl. statt vieler Cas Mudde, The Single-Issue Party Thesis: Extreme Right Parties and the Immigration Issue. In: West European Politics, 22 (1999) Nr. 3, S. 182–197, hier 189. Vgl. auch Paul Hainsworth/P. Mitchell, France: The Front National from Crossroads to Crossroads? In: Parliamentary Affairs, 53 (2000), S. 443–456.
37 Vgl. Vlaams Blok, Grondbeginselen. Manifest van het rechtse Vlaams-nationalisme, o. O. 1990, S. 9 f. Erst in dem neuen Parteiprogramm von 2004, das zum Programm der Nachfolgepartei „Vlaams Belang" wurde, gab die Partei den „Solidarismus" als Bezugspunkt auf.
38 Vgl. dazu u. a. Cas Mudde, The Ideology of the Extreme Right, Manchester/New York 2000, S. 104.

Diese wirtschafts- und sozialpolitische Positionierung des *Vlaams Blok* war jedoch nur von kurzer Dauer. So machte die Partei (nicht nur) mit Blick auf die Renten eine Kehrtwende. In ihrem Wahlprogramm von 1997 wollte sie die Renten nun sogar erhöhen. Der neute Kernslogan lautete: „Soziale Sicherheit ist sehr notwendig". Die Partei machte keineswegs mehr Front für den Abbau wohlfahrtsstaatlicher Elemente, sondern setzte sich dafür ein, diese zu bewahren.[39]

Als weitere Fälle der „neuen radikalen Rechten" nennt Kitschelt die dänische und norwegische *Fortschrittspartei*. Beide Parteien sind bereits in den siebziger Jahren entstanden und gehören in eine Schublade mit dem französischen Poujadismus der fünfziger Jahre, der niederländischen *Farmerpartei* und der finnischen *Landpartei*.[40] Poujades *Union de Défense des Commerçants et Artisans* (UDCA, *Union zur Verteidigung der Kaufleute und Handwerker*) setzte sich, wie bereits der Name sagt, für die Interessen der Handwerker und Kaufleute ein. Die Partei kritisierte die Höhe der Steuern, den kostenintensiven Wohlfahrtsstaat wie einen unzureichenden Raum für private Initiativen. Genau wie die UDCA gehören die skandinavischen Fortschrittsparteien nicht mit FN und *Vlaams Blok* in die Gruppe der „neuen radikalen Rechten". Morgen Glistrups dänische Steuerrebellenbewegung wirbelte bereits 1973 mit einem Wahlerfolg von 15,9 Prozent der Stimmen das Parteiensystem durcheinander. Das Aufkommen dieser Parteien liegt zeitlich vor dem von Kitschelt angenommenen Kurswechsel der westeuropäischen Demokratien vom Keynesianismus zum Neoliberalismus. Gerade diese Parteien verbinden aber weit stärker als FN und *Vlaams Blok* tatsächlich „tiefe Affekte gegen den Wohlfahrtsstaat und Misstrauen gegen seine Politik mit autoritären Verhaltensweisen und Programmpunkten".[41] In diese Parteiengruppe gehört auch die *Dansk Folkeparti*, die sich 1995 von der *Fortschrittspartei* abgespalten und diese inzwischen in der Wählergunst verdrängt hat.[42]

Es erscheint ungerechtfertigt, wie Robert Harmel und Rachel Gibson die Fortschrittsparteien im Unterschied zu den rechts-autoritären Parteien *Vlaams Blok* und FN als rechts-libertär einzuordnen.[43] Dennoch haben diese Parteien bedeutende liberale Einsprengsel, die sie deutlich von den extrem rechten

---

39 Vgl. ebd., S. 105.
40 Siehe Risto Sänkiaho, A Model of the Rise of Populism and Support for the Finnish Rural Party. In: Scandinavian Politcal Studies, 6 (1971), S. 27–47.
41 Klaus von Beyme, Parteien in westlichen Demokratien, 2. Auflage München 1984, S. 180.
42 Pia Kjaersgaards Bewegung gewann bei den Parlamentswahlen 2001 12 Prozent der Stimmen, während die „Fortschrittspartei" von Mogens Glistrup nur noch 0,6 Prozent erhielt. Siehe zur Positionierung der Partei (auch in deutscher Sprache): Grundsatzprogramm der dänischen Volkspartei, http://www.danskfolkeparti.dk/ (Stand: 3. Juni 2005).
43 Vgl. Robert Harmel/Rachel Gibson, Right Libertarian Parties and the „New Values": a Reexamination. In: Scandinavian Political Studies, 18 (1995), S. 97–118.

Parteien anderer westeuropäischer Länder unterscheiden. Die Fortschrittsparteien sollten wegen ihres deutlich unterscheidbaren ideologischen Profils nicht in einem Atemzug mit *Vlaams Blok* und *Front National* als Musterbeispiele einer „neuen radikalen Rechten" genannt werden.

Die *Freiheitliche Partei Österreichs* ist für Kitschelt das Paradebeispiel des rechtspopulistischen Parteientyps, der sich nicht weniger durch eine marktliberale Haltung auszeichne als die Parteien der „neuen radikalen Rechten". Die Programmatik der FPÖ enthielt mal mehr, mal weniger marktliberale Elemente. Eine radikal marktliberale Partei war die FPÖ nie. Als ihr Ziel gibt sie eine „faire Marktwirtschaft" an. Dieses Konzept grenzt sich nach Aussagen von Haider bewusst vom Neoliberalismus oder einem US-amerikanisch geprägten „Turbokapitalismus" ab:[44] „(1) Das Modell der fairen Marktwirtschaft bedingt ein Klima der Gleichwertigkeit der Produktionsfaktoren Arbeit und Kapital. [...]. (2) Faire Marktwirtschaft ist die Antwort auf einen schrankenlosen Kapitalismus, der Mensch und Natur ausbeutet, wie auf den gescheiterten Sozialismus, der seine ‚Werktätigen' zu Verwaltungsobjekten herabwürdigte. (3) Faire Marktwirtschaft soll ein wirtschaftliches Klima schaffen, das die Leistungsträger zur Selbständigkeit ermuntert und zu Unternehmensgründungen anregt. (4) Eine umfassende Deregulierung des Wirtschaftslebens steigert die Wettbewerbsfähigkeit der österreichischen Wirtschaft, sichert ihr Gedeihen und schafft Arbeit."[45] Die FPÖ und Haider sind dabei skeptisch gegenüber der Globalisierung, die Großunternehmen begünstige, und setzen sich für eine „Chancengleichheit für klein- und mittelständische Unternehmen"[46] ein.

Die erfolglosen extrem rechten Parteien Deutschlands – *Republikaner, Deutsche Volksunion* und NPD – grenzt Kitschelt von den erfolgreichen Parteien der „neuen radikalen Rechten" und der populistischen Rechten ab. Den Misserfolg der REP und DVU führt Kitschelt vor allem darauf zurück, dass sie wohlfahrtschauvinistisch und nicht marktliberal seien.[47] Die DVU kann tatsächlich als Prototyp einer wohlfahrtschauvinistischen Partei angesehen werden. Marktliberale Elemente finden sich in ihrem Programm bis auf die populistische Forderung, die Steuern zu senken, kaum. Die interventionistische Grundposition lautet: „Wir fordern ein umfangreiches Programm zur Bekämpfung der Massenarbeitslosigkeit und für die soziale Sicherheit der deutschen Arbeitnehmer. Der Staat muss in Zeiten der Rezession umfangreiche Investitionen tätigen sowie Steuern und Abgaben senken. Auch durch staatliche Projekte müssen Arbeitsplätze geschaffen und die Nachfrage gesteigert werden."[48] Typisch für

---

44 Vgl. Jörg Haider, Befreite Zukunft jenseits von links und rechts. Menschliche Alternativen für eine Brücke ins neue Jahrtausend, 2. Auflage Wien 2001, S. 121.
45 Parteiprogramm der FPÖ (Mit Berücksichtigung der im April 2005 vom Bundesparteitag beschlossenen Änderungen), http://www.fpoe.at/fileadmin/Contentpool/Portal/PDFs/ Parteiprogramm_Neu.pdf (Stand: 24. Mai 2005).
46 Vgl. Haider, Befreite Zukunft, S. 19.
47 Vgl. Kitschelt, Radical Right, S. 206.
48 Parteiprogramm der DVU, S. 3, http://www.dvu.de/DVU-Programm/dvu-programm3.html (Stand: 19. Juni 2005).

den Wohlfahrtschauvinismus der Partei ist die Passage zur „Sicherung der Renten und Sozialleistungen". Darin heißt es: „Deutschland darf nicht länger Zahlmeister für fremde Interessen sein. Wir erstreben eine drastische Kürzung überhöhter Ausgaben für das Ausland, auch für die Europäische Union. [...] Die so einzusparenden Gelder sind zur Beitragsentlastung der Arbeitnehmer und zur Sicherung der Renten und Sozialleistungen zu verwenden."[49]

Nicht nachvollziehbar ist, wieso Kitschelt den FN als marktliberal, die REP dagegen als wohlfahrtschauvinistisch einordnet.[50] Die Kategorisierung „wohlfahrtschauvinistisch" vermengt Kitschelt zudem mit der Behauptung, Parteien mit einer solchen Positionierung stünden in der Tradition faschistischer Bewegungen. Die REP bezogen zwar immer wieder offensiv Stellung gegen die „Vergangenheitsbewältigung", stehen aber anders als der italienische MSI nicht in der Tradition einer faschistischen Partei. Noch weniger plausibel sind die Zuordnungen beim Vergleich von *Vlaams Blok* und REP. Während der *Vlaams Blok* programmatisch mit dem „Solidarismus"-Konzept durchaus in geistiger Tradition des Straßer-Flügels der NSDAP stand,[51] ist bei der wirtschaftspolitischen Positionierung der REP keinerlei Anknüpfung an die NDAP erkennbar.

In ihrem 1996 revidierten Programm von 1993 bezogen die REP offensiv Stellung gegen das „sozialdemokratische Modell eines Interventionsstaates, der allgegenwärtig und bis ins Kleinste hinein in wirtschaftliche Abläufe eingreift und am Ende selbst in die Rolle eines Unternehmers schlüpft".[52] Zugleich widersprechen die REP aber „der urliberalen Utopie einer völlig staatsfreien Wirtschaft".[53] Die marktliberalen Elemente waren in der Parteiprogrammatik nicht weniger ausgeprägt als etwa bei der FN. So fordert die Partei nachdrücklich Steuersenkungen und Subventionsabbau. Wie beim FN mischen sie die marktliberalen Elemente auf der für extrem rechte Parteien charakteristischen Weise mit wohlfahrtschauvinistischen. So soll etwa auf dem Arbeitsmarkt keineswegs ein freies Spiel von Angebot und Nachfrage herrschen. Das ansonsten hochgehaltene Leistungsprinzip ordnen die REP klar dem ethnischen Prinzip nach. Die für rechte Flügelparteien typische wohlfahrtschauvinistische Position lautet: „Das Problem der Massenarbeitslosigkeit ist von dem Problem der Masseneinwanderung nicht zu trennen. Durch den unkontrollierten Zustrom von Ausländern außerhalb der EU kommt es unmittelbar zu einem Verdrängungswett-

---

49 Ebd., S. 5.
50 Vgl. zur ideologischen Positionierung der REP: Thomas Saalfeld, The Politics of National-Populism: Ideology and Politics of the German Republikaner Party. In: German Politics, 2 (1993), S. 177-199.
51 Vgl. Patrick Moreau, Nationalsozialismus von links. Die „Kampfgemeinschaft Revolutionärer Nationalsozialisten" und die „Schwarze Front" Otto Strassers 1930-1935, Stuttgart 1984.
52 Republikaner, Parteiprogramm der Republikaner 1993 mit den novellierten Kapiteln 7, 8 und 14. Verabschiedet auf dem Bundesparteitag am 6. Oktober 1996 in Hannover, Berlin 1996, S. 60.
53 Ebd., S. 68.

bewerb, der zu Lasten der deutschen Arbeitnehmer geht".[54] Mit ihrem neuen Programm von 2002 haben die REP ihre wirtschaftspolitische Positionierung nicht verändert.[55] Im Vergleich etwa zum *Vlaams Blok* weisen sie allerdings mehr und nicht weniger marktliberale Elemente auf.

Andere Fälle, die das gleiche ideologische Profil aufweisen, aber nicht erfolgreich sind, lässt Kitschelt unter den Tisch fallen. So unterscheidet sich die wirtschaftspolitische Positionierung des belgischen *Front National* kaum von jener des französischen *Front National* oder des belgischen *Vlaams Blok*. Die wirtschaftspolitische Positionierung der erfolglosen schwedischen *Neue Demokratie* entspricht jener der dänischen und norwegischen *Fortschrittsparteien* wie der *Dansk Folkeparti*.

Erfolgreich ist wiederum die italienische *Alleanza Nazionale*, die aus dem faschistischen *Movimento Sociale Italiano* hervorgegangen ist. Der MSI bezog alles andere als eine radikal marktliberale Position. Er forderte in seinem Gründungsprogramm von 1946 unter anderem eine staatlich überwachte Kooperation aller an der Produktion Beteiligten. Den Gewerkschaften sollte die „Würde und die Verantwortung" öffentlicher Anstalten zugesprochen werden. Außerdem forderte die Partei eine Mitbestimmung der Arbeiter bei der Führung der Betriebe und bei der Verwendung von Gewinnen. Weiterhin wollte sie ein Recht auf Arbeit wie auf eine gesunde und würdige Unterkunft festschreiben.[56] Die wirtschaftspolitische Ausrichtung im Zeichen dieses ersten Programms bezeichnete Piero Ignazi als anti-kapitalistisch.[57] Dies erscheint etwas übertrieben. Es handelt sich vielmehr um eine ökonomische Position zwischen einer radikal marktliberalen und einer sozialistischen Position, die etwas näher am sozialistischen Pol siedelt.

Als die aus dem MSI hervorgegangene *Alleanza Nazionale* 1994 in die Regierungskoalition eintrat, grenzte sie sich deutlich von marktliberalen Vorstellungen ihrer Partner *Lega Nord* und *Forza Italia* ab. Im Unterschied zu diesen beiden Parteien bezog sie klar Stellung gegen einen Abbau wohlfahrtsstaatlicher Elemente. Sie ist eher für als gegen Eingriffe des Staats in die wirtschaftlichen Prozesse. In der sozial- und wirtschaftspolitischen Programmatik dominieren bis in die Gegenwart Versatzstücke der faschistischen Ideologie der „Volksgemeinschaft".[58] Aus dieser Perspektive ist die Partei der schärfste Gegner der

---

54 Ebd., S. 77.
55 Vgl. Parteiprogramm der REP von 2002, http://www.rep.de/ (Stand: 25. April 2005).
56 Vgl. Roberto Philipp Lalli, Lega Nord, Forza Italia und Movimento Sociale Italiano – Alleanza nazionale: Eine Instrumentelle Koalition ohne programmatisch-ideologische Kongruenz?, Mannheim 1998, S. 86. Die Arbeit ist als PDF abrufbar unter: http://elib.uni-stuttgart.de/opus/volltexte/2000/618/pdf/lalli.pdf (Stand: 27. April 2005).
57 Vgl. Piero Ignazi, Il polo escluso. Profilo del Movimento Sociale Italiano, Bologna 1989, S. 439.
58 Mit dieser Einschätzung soll keineswegs in Frage gestellt werden, dass die „Alleanza Nazionale" von einer rechtsextremistischen Position zunehmend abrückte. Ebenso wie etwa die Beibehaltung der Position zur Zuwanderung einer ehemals kommunistischen

Lega Nord, die vor allem aus wohlfahrtschauvinistischen Gründen den Norden vom Süden Italiens abspalten möchte.[59]

Rechte Flügelparteien wie der FN, die REP, der *Vlaams Blok* und die FPÖ nahmen zeitweilig eine eher marktliberale, wenn auch keine marktradikale Polposition ein. Im Unterschied zu den Anhängern einer radikal marktliberalen Position befürworteten die extrem rechten Parteien nie konsequent das freie Spiel der Marktkräfte. Im Mittelpunkt ihres Denkens stand nicht das Leistungsprinzip, sondern das ethnische Prinzip. Bei aller grundsätzlichen Befürwortung der Marktwirtschaft war unvermeidbar, dass sich die rechten Flügelparteien mit ihrer Anti-Zuwanderungshaltung letztlich gegen die Globalisierung positionieren mussten.[60] Die wohlfahrtschauvinistische Grundposition extrem rechter Parteien ist: Die Früchte der Wirtschaft sollen zuerst und letztlich ausschließlich den Angehörigen der eigenen Nation zu Gute kommen. So wird etwa generell abgelehnt, dass Zuwanderer staatliche Leistungen erhalten. Das gesamte wohlfahrtsstaatliche Netz soll den Angehörigen der eigenen Nation vorbehalten bleiben. Aus der Perspektive des Schutzes der nationalen Wirtschaft befürworten extrem rechte Parteien protektionistische Maßnahmen für nationale Branchen, die international nicht konkurrenzfähig sind. Vor allem der Agrarsektor genießt das Wohlwollen extrem rechter Parteien.[61] Außerdem setzen sich die extrem rechten Parteien besonders – und dies ist keineswegs neu – für die wirtschaftlichen Interessen des Mittelstandes aus Kleinunternehmern wie Handwerkern und Kaufleuten ein.

Aufgrund des sozioökonomischen Wandels verabschiedeten sich die rechten Flügelparteien in bedeutendem Maße von marktliberalen Versatzstücken. Es stimmt aber nicht, dass diese sich erst – wie Hans-Georg Betz behauptet – im Zuge der sich verschlechternden wirtschaftlichen Bedingungen einem „ökonomischen Nationalismus" zuwendeten.[62] Die wohlfahrtschauvinistische Ausrich-

---

Partei nichts über die Frage aussagt, ob sie inzwischen demokratisch ist, so sagt die weitgehende Beibehaltung der wirtschafts- und sozialpolitische Positionierung einer ehemals faschistischen Partei kaum etwas darüber aus, ob sie inzwischen demokratisch ist.

59 Vgl. Wolfgang Merkel, Rechtsextremismus in Italien. In: Jürgen W. Falter/Hans-Gerd Jaschke/Jürgen R. Winkler (Hg.), Rechtsextremismus. Ergebnisse und Perspektiven der Forschung, Opladen 1996, S. 406–422, hier 417.

60 Siehe Cas Mudde, Globalisation and the Extreme Right Backlash (Antwerpen 2003), http://www.iisg.nl/research/mudde.doc (Stand: 9. Juni 2005); Armin Pfahl-Traughber, Droht die Herausbildung einer Antiglobalisierungsbewegung von rechtsextremistischer Seite? Globalisierung als Agitationsthema des organisierten Rechtsextremismus. In: Bundesministerium des Innern (Hg.), Extremismus in Deutschland. Erscheinungsformen und aktuelle Bestandsaufnahme, Berlin 2004, S. 98–135.

61 Vgl. Mudde, Extreme Right, S. 174 f.

62 Vgl. Hans-Georg Betz, Introduction. In: ders./Stefan Immerfall (Hg.), The New Politics of the Right. Neo-Populist Parties and Movements in Established Democracies, Basingstoke 1998, S. 5. Betz war noch wenige Jahre zuvor neben Kitschelt der prominenteste Fürsprecher der Ansicht, dass die rechten Flügelparteien marktliberal bzw. neoliberal ausgerichtet seien. So vertrat er 1996 folgende Auffassung: „Ein zweiter Kernpunkt radikal rechtspopulistischer Programmatik liegt in ihrem Eintreten für einen dezidier-

tung war vielmehr bereits zuvor vorhanden. Es kam aber nun dazu, dass extrem rechte Parteien zunehmend protektionistische Maßnahmen und eine Regulierung der internationalen Finanzmärkte befürworteten und die Globalisierung und Eingriffe der EU in die nationale Wirtschafts- und Sozialpolitik ablehnten. Ich behaupte im Unterschied zu Betz und Kitschelt, dass die extrem rechten Parteien nie eine marktradikale Polposition im politischen Wettbewerb besetzt haben, sondern stets einen wohlfahrtschauvinistischen ökonomischen Nationalismus anstrebten.

Weiterhin gibt es zwischen den wirtschaftlichen Positionen von erfolgreichen rechten Flügelparteien wie FPÖ und FN und nicht erfolgreichen rechten Flügelparteien wie dem belgischen FN, den deutschen REP oder der niederländischen *Centrumspartij'86*[63] keine erkennbaren Unterschiede. Auch ein wohlfahrtschauvinistischer „ökonomischer Nationalismus" erscheint keineswegs als hinreichender Garant für den Erfolg einer rechten Flügelpartei.

IV. Ist die Wählerschaft extrem rechter Parteien marktliberal?

Zielte der vorherige Teil auf die Positionierung der rechten Flügelparteien, geht es nun um die Wählerschaft. Der ideologische Mix der Parteien der „neuen radikalen Rechten" aus autoritären und marktliberalen Positionen zieht nach Kitschelt die folgende Wählerkoalition an: 1) Fabrikarbeiter sind ein wenig überrepräsentiert; 2) Inhaber kleiner Geschäfte sind stark überrepräsentiert; 3) Arbeitslose Personen sind proportional repräsentiert oder leicht überrepräsentiert; 4) Angestellte, Akademiker und Studenten sind unterrepräsentiert.[64]

Um sich mit der Frage auseinanderzusetzen, ob der Marktliberalismus ein unabdingbarer Teil der Gewinnformel heutiger rechtsextremer Parteien ist, muss geklärt werden, ob diese Zuordnungen zutreffen. Diese Frage lässt sich auf der Grundlage des Forschungsstands zur Wählerschaft der Parteien, die von Kitschelt als neue Variante des Rechtsradikalismus angesehen werden, bejahen.[65]

Die nächste Frage lautet: Sind diese Unter- und Überrepräsentierungen logisch, wenn der Marktliberalismus ein unabdingbarer Teil der ideologischen Gewinnformel ist? Laut Kitschelt werden Personen, „die Kapitaleinkommen haben, im privaten Sektor tätig sind und die in exportorientierten Sektoren arbeiten", sich am ehesten für marktliberale Positionen aussprechen. Personen, die „Lohneinkommen beziehen und in den wirtschaftlich geschützten Sektoren,

---

ten Neoliberalismus." Ders., Radikaler Rechtspopulismus in Westeuropa. In: Falter/Jaschke/Winkler (Hg.), Rechtsextremismus, S. 365.
63 Siehe zur ideologischen Positionierung der Partei: Mudde, Extreme Right, S. 142–164.
64 Vgl. Betz, Introduction, S. 21.
65 Siehe u. a. zur Wählerschaft des „Front National": Pascal Perrineau, Die Faktoren der Wahldynamik des Front National. In: Loch/Heitmeyer, Schattenseiten der Globalisierung, S. 187–204.

und darunter besonders dem öffentlichen Sektor, tätig sind",[66] sprechen sich demnach eher für eine starke Position des Staats im wirtschaftlichen Bereich aus. Nach Kitschelts Ansicht ist die wirtschaftspolitische Orientierung eines Arbeiters davon abhängig, ob er in einem exportorientierten Wirtschaftszweig oder in einem wirtschaftlich geschützten Sektor arbeitet.

Warum soll ein Arbeiter aber nur deswegen eine marktliberale Partei wählen, weil er in einem exportorientierten Wirtschaftszweig arbeitet? Wer ein rationales, am Eigennutz orientiertes Wahlverhalten unterstellt und davon ausgeht, dass die wirtschaftspolitische Positionierung entscheidend für die Stimmabgabe ist,[67] müsste eher zu dem gegenteiligen Schluss kommen. Erstens und vor allem bleibt der Arbeiter ein Arbeiter. Es ist daher nicht sonderlich rational, wenn er sich gegen eine gewisse Umverteilung zugunsten der weniger gut Verdienenden einsetzt. Die Position eines radikalen Marktliberalismus müsste er aus prinzipiellen Gründen ablehnen. Ihre Umsetzung würde nämlich den Druck auf ihn deutlich erhöhen, sich auf Lohnsenkungen und/oder persönliche Produktivitätserhöhungen einzulassen, um sich gegen den Verlust seines Arbeitsplatzes etwa durch Abwanderung des Unternehmens in günstiger erscheinende Standorte zu schützen. Gerade die Sehnsucht der Arbeiter in exportorientierten Wirtschaftszweigen nach einem sicheren Netz wohlfahrtsstaatlicher Elemente, das sie im Fall des Arbeitsplatzverlusts auffängt, dürfte im Zuge der Globalisierung eher steigen als fallen.[68]

Die mangelnde Schlüssigkeit der Argumentation Kitschelts ist nur die eine Seite der Medaille. Die andere, entscheidende Seite ist, ob die Wählerschaft von Parteien der „neuen radikalen Rechten" auf der Wirtschaftsachse wirklich die marktliberale Radikalposition einnehmen. Elisabeth Ivarsflaten hat diese Frage mit Blick auf die Wählerschaft der *Dansk Folkeparti* in Dänemark, des *Front National* in Frankreich und des *Vlaams Blok* in Flandern untersucht.[69] Bewusst berücksichtigte die Autorin nur die Wählerschaft erfolgreicher Parteien der „neuen radikalen Rechten", weil in diesen Fällen Kitschelts „Erfolgsformel" greifen sollte. Die österreichischen und italienischen Parteien klammerte Ivarsflaten aus, weil es sich bei ihnen nach Kitschelt um Sonderfälle handelt. Die Analyse zeigte, dass der durchschnittliche Wähler der drei Parteien der „neuen radikalen Rechten" in keinem Fall marktliberaler eingestellt ist als jener der bürgerlichen Hauptparteien der Rechten. Auf der Wirtschaftsachse siedeln also weder die Parteien der „neuen radikalen Rechten" noch ihre Wählerschaft

---

66 Kitschelt, Politische Konfliktlinien, S. 427.
67 Vgl. zu diesem Ansatz: Anthony Downs, Ökonomische Theorie der Demokratie, Tübingen 1968.
68 So argumentiert etwa mit guten Gründen Torben Iversen, The Dynamics of Welfare State Expansion: Trade Openness, Deindustrialization, and Partisan Politics. In: Paul Pierson (Hg.), The New Politics of the Welfare State, Oxford 2001, S. 45–79.
69 Konkret untersuchte Ivarsflaten die Wählerschaft von Parteien der „neuen radikalen Rechten" bei den französischen Parlamentswahlen 1997, den dänischen 1998 und den belgischen 1995.

am marktliberalen Pol. Die programmatische Position der Parteien wie die Einstellungen der Wählerschaft der Parteien der „neuen radikalen Rechten" nehmen vielmehr auf der Wirtschaftsachse eine Mittelposition ein zwischen den Hauptparteien der bürgerlichen Rechten und den Parteien der sozialdemokratischen Linken. Unabhängig von Ivarsflaten kam Astrid Depickere mit Blick auf den FN, die *Mouvement National Républicain* und den *Vlaams Blok* zu dem Ergebnis, dass die Wähler dieser Parteien in Frankreich und Flandern zwar Polpositionen auf der Libertarismus-Autoritarismus-Dimension beziehen, aber eine Position ungefähr in der Mitte der ökonomischen Links-Rechts-Achse.[70]

Wenn überhaupt eine vorherrschende wirtschaftspolitische Haltung unter der Wählerschaft rechter Flügelparteien auszumachen ist, dann ist diese als wohlfahrtschauvinistisch, nicht als marktliberal einzuordnen. Ist theoretisch nicht einleuchtend, warum eine marktliberale und eine autoritäre Haltung konvergieren sollen, vermengen die rechten Flügelparteien stets wohlfahrtschauvinistische Aussagen mit Anti-Zuwanderungsaussagen zu einem recht typischen ideologischen Profil. Auch Kitschelt geht bezeichnenderweise ausführlich auf diese ideologische Verknüpfung ein,[71] sagt aber eben nichts darüber, warum Marktliberalismus und eine Anti-Zuwanderungshaltung Hand in Hand gehen sollten.

Fehlt eine theoretisch plausible Erklärung, warum marktliberale Positionen bedeutende Teile der Arbeiterschaft anziehen sollten, ist dies bei wohlfahrtschauvinistischen Positionen anders. Seit den achtziger und neunziger Jahren des 20. Jahrhunderts greift in weiten Teilen der Arbeiterschaft ein Gefühl der Bedrohung des eigenen Arbeitsplatzes um sich. Weil sich die sozialdemokratischen Parteien im Zuge des Aufkommens der grünen Parteien aber in Richtung Postmaterialismus verschoben hatten, fühlte sich ein Teil des bisherigen Klientels vernachlässigt. Das Aufkommen extrem rechter Parteien in den achtziger und neunziger Jahren wurzelt für den italienischen Politikwissenschaftler Piero Ignazi darin, dass nun aufgrund der anhaltenden Nachfrage nach materialistischer Politik eine Lücke im Parteiensystem entstand, die von den extrem rechten Parteien gefüllt worden sei. Ignazi spricht dabei in Anspielung auf die Formel Ronald Ingleharts von einer „stillen Konterrevolution".[72] Aus dieser Perspektive spiegelt sich für Forscher wie Konrad Schacht in rechtsextremen Wahlerfolgen der achtziger und neunziger Jahre auch ein „materialistischer Protest der Unterschichten, die durch dieses Wahlverhalten Benachteiligungsgefühle zum Ausdruck bringen wollen, die von den etablierten Parteien nicht [mehr]

---

70 Siehe Astrid Depickere, Testing Theories of Extreme-Right Wing Voting in France and Flanders (Revue de la Maison Française d'Oxford 1 [2003]), http://www.mfo.ac.uk/Publications/revuel1/depickereR1.htm (Stand: 26. Mai 2005).
71 Vgl. Kitschelt, Radical Right, S. 257–259.
72 Siehe Piero Ignazi, The Silent Counter-Revolution. Hypotheses on the emergence of extreme right parties in Europe. In: European Journal of Political Research, 22 (1992), S. 3–34.

zureichend berücksichtigt wurden".⁷³ Die Zuwanderer übernehmen dabei die klassische Funktion des „Sündenbocks",⁷⁴ der für die Bedrohung des eigenen materiellen Status verantwortlich gemacht wird. Diese Gruppen sehen ihre eigenen Konsummöglichkeiten als eingeschränkt an und weisen den Zuwanderern dafür direkte Verantwortung zu. Das Standardargument lautet: Es werde Geld für sie ausgegeben, dass den Angehörigen der eigenen Nation gebühre.

Tatsächlich ist Kitschelts Argumentation widersprüchlich. So vertrat er mit Blick auf die Arbeiter unter den Wählern der extrem rechten Parteien folgende Ansicht: „Vote switchers to the extreme Right expect to lose some of their social insurance and other benefits, such as subsidized housing, to which they feel entitled as income and payroll taxpayers, due to the channeling of funds to immigrants who have not contributed to the system."⁷⁵ Inzwischen räumte er ein, dass er jene Wähler der extrem rechten Parteien in der Arbeiterschaft unzureichend berücksichtigt habe, die auf der Sozialistisch-Marktliberal-Achse eine mittlere oder sogar eher sozial-umverteilende Position einnehmen.⁷⁶ Allerdings ging er nicht darauf ein, dass auf dieser Grundlage auch seine übrigen Aussagen zur extremen Rechten im Grunde kaum haltbar sind. Kitschelt meint, seine Aussagen hätten sich auf die Zeit bis 1990 bezogen, die Veränderung der Positionierung der Wählerschaft habe aber erst nach 1990 eingesetzt. Es ist jedoch zweifelhaft, dass die Wählerschaft der extrem rechten Parteien vor 1990 eine radikal marktliberale Position bezogen haben soll.

Untersuchungen von Marcel Lubbers u. a. wie von Pia Knigge zeigten, dass die wirtschaftspolitische Ausrichtung keine entscheidende Ursache des Wachstums extrem rechter Parteien ist.⁷⁷ Mit anderen Worten: Es ist für die Wählerschaft rechter Flügelparteien zweitrangig, wie sie sich zu Wirtschaftsfragen positionieren. Es zeigen sich – im Grunde alles andere als überraschend – empirisch ohnehin sehr deutliche Unterschiede in den wirtschaftspolitischen Einstellungen der beiden Hauptwählergruppen der „neuen radikalen Rechten": den Arbeitern einerseits, den Besitzern kleiner Läden und selbständigen Handwerkern andererseits. Während die abhängig beschäftigten Arbeiter zur Bewahrung des Wohlfahrtsstaats und für staatliche Interventionen in die Wirtschaft sind, sprechen sich die Besitzer kleiner Läden und die selbständigen Handwerker gegen die Bewahrung des Wohlfahrtsstaats und staatliche Interventionen in die Wirtschaft aus. Diese wirtschaftspolitisch uneinige Wählerkoalition hält nur

73 Konrad Schacht, Gesellschaftliche Modernisierung, Wertewandel und rechtsextremistische Orientierungen. In: Argumente gegen den Hass. Über Vorurteile, Fremdenfeindlichkeit und Rechtsextremismus. Band II: Textsammlung, Bonn 1993, S. 127–133, hier 129.
74 Siehe zu den Mechanismen der Konstruktion eines „Sündenbocks": Gordon W. Allport, Treibjagd auf Sündenböcke, Berlin (West)/Bad Nauheim 1951.
75 Kitschelt, Radical Right, S. 260.
76 Vgl. ders., Party Systems, S. 8.
77 Vgl. Pia Knigge, The Ecological Correlates of Right-wing Extremism in Western Europe. In: European Journal of Political Research, 34 (1998), S. 249–279; Marcel Lubbers/Mérove Gijsberts/Peer Scheepers, Extreme Right-Wing Voting in Western Europe. In: European Journal of Political Research, 41 (2002), S. 345–378.

zusammen, weil für die Wählerschaft dieser Parteien andere Themen wie die Zuwanderung im Vordergrund stehen.[78] Als kleinster gemeinsamer Nenner der wirtschaftspolitischen Positionen ergibt sich daher fast zwangsläufig eine aus der Anti-Zuwanderungshaltung gespeiste wohlfahrtschauvinistische Haltung.

V. Ist die „neue radikale Rechte" wirklich neu?

Kitschelt bezeichnet die „neue radikale Rechte" als neu, weil sie marktliberale und autoritäre Positionen kombiniert.[79] Das Etikett „marktliberal" erscheint für die seit den siebziger Jahren entstandenen rechtsextremen Parteien aber – wie gezeigt – irreführend. Die rechtsextremen Parteien zeichnen sich vielmehr durch einen wohlfahrtschauvinistischen ökonomischen Nationalismus aus. Die nationalistische Klammer der wirtschaftspolitischen Vorstellungen ermöglicht es, unterschiedliche Positionen zur Marktwirtschaft zu beziehen. So ließen sich rechtsextreme Parteien bereits in der Weimarer Republik danach unterscheiden, ob sie wie die NSDAP eine eher antimarktwirtschaftliche oder wie die *Deutschnationale Volkspartei* eine promarktwirtschaftliche Position vertraten. Sowohl mit Blick auf die wirtschaftspolitische Positionierung rechtsextremer Parteien in der Gegenwart wie der Vergangenheit lassen sich also Widersprüchlichkeiten nachweisen. Bei der NSDAP gab es zudem deutliche Unterschiede zwischen einer eher antikapitalistischen Positionierung der Oppositionsphase und der weit weniger antikapitalistischen, gelegentlich sogar prokapitalistisch genannten Positionierung der Regimephase.

Marktliberale Elemente fanden sich in der Volkswirtschaft des Reiches dabei keineswegs. Götz Aly hat jüngst die Wohlfahrtsstaatsorientierung des Dritten Reiches deutlicher, als dies bislang wahrgenommen wurde, herausgearbeitet. Die von Nationalsozialisten eingeführten sozialpolitischen Maßnahmen reichten vom Ehestandsdarlehen über den Familienlastenausgleich und das Kindergeld bis zur Erhöhung des steuerfreien Grundbetrags. Während die Nationalsozialisten die unteren Schichten entlasteten, belasteten sie die Besserverdienenden und Vermögenden. So schöpfte der Staat die Kriegsgewinne der Unternehmer ab und führte eine Sondersteuer für Hausbesitzer ein. Die NSDAP verfolgte also eine Politik der Umverteilung. Finanziert wurden diese Begünstigungen der unteren Schichten der „Volksgemeinschaft" nicht zuletzt mit der Enteignung der Millionen ermordeter und in die Flucht getriebener Juden wie der Plünderung der eroberten und besetzten Länder Europas.[80]

---

78 Vgl. Elisabeth Ivarsflaten, The Vulnerable Populist Right Parties: No Economic Realignment Fuelling their Electoral Success. In: European Journal of Political Research, 44 (2005), S. 465–492.
79 Vgl. Kitschelt, Radical Right, S. 20.
80 Vgl. Götz Aly, Hitlers Volksstaat. Raub, Rassenkrieg und nationaler Sozialismus, Frankfurt a. M. 2005.

Die ökonomische Wohlfahrtsorientierung und der Rassismus des Nationalsozialismus gingen also Hand in Hand. In Anlehnung an die Wendung vom ökonomischen Nationalismus lässt sich die wirtschaftspolitische Position der NSDAP somit als ökonomischer Rassismus charakterisieren. Die Verwandtschaft der wohlfahrtschauvinistischen Position und der wirtschaftspolitischen Position der faschistischen Parteien hat Kitschelt eigens betont[81] – allerdings mit dem Zusatz, dass die erfolgreichen Parteien der extremen Rechten diese Position eben nicht einnähmen.

Wie steht es nun mit den wirtschaftspolitischen Einstellungen der Wählerschaft faschistischer und nationalsozialistischer Parteien? Seymour Martin Lipsets bezeichnete den Faschismus in erster Linie als „Extremismus der Mitte",[82] weil er auf der Grundlage des damaligen Forschungsstands glaubte, dass die faschistische und nationalsozialistische Ideologie in der Mittelschicht verankert ist. Zugleich stellte er aber einen Zusammenhang mit der ideologischen Position auf der sozioökonomischen Konfliktlinie Kapitalismus (= radikaler Marktliberalismus) versus Sozialismus her. Der Rechtsextremismus der Oberschicht ist demnach verbunden mit einer kapitalistischen Anschauung, der Linksextremismus der Unterschicht dagegen mit einer sozialistischen Anschauung. Den Faschismus charakterisiert er in Abgrenzung dazu als „Extremismus der Mitte": Der Faschismus ist demnach eine „Bewegung der Mittelklasse". Konkret seien dies etwa Kleineigentümer, Händler, Mechaniker und Bauern. Sie protestieren nach Lipset „sowohl gegen den Kapitalismus als auch gegen den Sozialismus, gegen die Großindustrie und gegen die großen Gewerkschaften".[83] Die „Mittelklasse" befürworte „ein System des Privateigentums, des Gewinns und der Konkurrenz, das auf einer völlig anderen Grundlage ruhte als das kapitalistische System".[84]

Von dieser wirtschafts- und sozialpolitischen Position der faschistischen und nationalsozialistischen Parteien haben sich die neueren rechtsextremistischen Parteien wie der FN weit weniger entfernt als Kitschelt unterstellt. Die überproportionale Repräsentation von Arbeitern und Arbeitslosen in der Wählerschaft rechtsextremer Parteien wäre sonst kaum erklärbar. Auf der Wirtschaftsachse nehmen – wie bereits dargelegt – die Parteien der „neuen radikalen Rechten" eine Mittelposition zwischen den sozialistischen und sozialdemokratischen Parteien einerseits, den rechtsdemokratischen (meist christdemokratischen) und liberalen Parteien andererseits ein. Analog sieht es auf der Ebene der Einstel-

---

81 Vgl. Kitschelt, Radical Right, S. 31.
82 Seymour Martin Lipset, Der „Faschismus", die Linke, die Rechte und die Mitte (1959). In: Ernst Nolte (Hg.), Theorien über den Faschismus, 6. Auflage Königstein i.Ts. 1984, S. 449–491, hier 451. Später gab Lipset die problematische Rede vom „Extremismus der Mitte" auf und schloss sich mit Blick auf die Ideologie der allgemeinen Einordnung an, dass es sich beim Faschismus um einen rechten Extremismus handelt. Vgl. ders./Earl Raab, The Politics of Unreason. Right-Wing Extremism in America 1790–1977, 2. Auflage Chicago/London 1978.
83 Lipset, Faschismus, S. 452.
84 Ebd.

lungen der Wählerschaft aus. Folgende Aussage Kitschelts erscheint daher fragwürdig: „We [...] argue that the two rights [die faschistische und die neue radikale Rechte] are very different in their ideological appeal and their electoral coalition."[85]

Eine gewisse Schwäche der Ausführungen von Kitschelt ist auch, dass er nicht darauf eingeht, warum die Vertretung marktkritischer Positionen bei den faschistischen Parteien mit einer unterproportionalen Anhängerschaft in der Arbeiterschaft einhergehen soll, die Vertretung marktliberaler Positionen dagegen mit einer überproportionalen Anhängerschaft in der Arbeiterschaft.[86] Tatsächlich ist aber ebenso wie die wirtschaftspolitische Positionierung die Wählerkoalition der „neuen radikalen Rechten" nicht grundlegend verschieden von jener der faschistischen Parteien. So hat Jürgen W. Falter die These, dass vor allem der Mittelstand die NSDAP stützte, relativiert und nachgewiesen, dass auch ein bedeutender Teil der Arbeiterschaft diese Partei wählte. Entgegen einem weit verbreiteten Vorurteil wählten dabei Erwerbslose deutlich seltener NSDAP als Erwerbstätige. Auf der anderen Seite kam Falter zu dem Schluss: Angestellte und Akademiker sind unter der Wählerschaft der NSDAP nicht überrepräsentiert.[87] Die soziale Basis der faschistischen und nationalsozialistischen Parteien unterscheidet sich also keineswegs so grundlegend von jener der Parteien der „neuen radikalen Rechten" wie Kitschelt dies beschreibt.[88]

VI. Sind die extrem rechten Parteien durchweg rechtsextremistisch?

Aus der Sicht der Extremismusforschung beschreibt Extremismus wesentlich die fundamentale Gegnerschaft zur Demokratie, konkret zu den Ideen des demokratischen Verfassungsstaats.[89] Um unter den extrem rechten Parteien die rechtsextremistischen Parteien zu identifizieren, ist es daher sinnvoll, zunächst danach zu fragen, ob die untersuchten Parteien ein politisches Herrschaftsmodell anstreben, das nicht mit dem Modell des demokratischen Verfassungsstaats vereinbar ist. Die neuen rechten Flügelparteien machen keine klaren Aussagen zum gewünschten Herrschaftsmodell. Es lässt sich somit kaum mehr sagen, als dass die meisten rechten Flügelparteien sich ein – mehr autoritäres als demokratisches – Präsidialsystem wünschen.[90] Bei Parteien wie der dänischen und

85 Kitschelt, Radical Right, S. 4.
86 Vgl. ebd., S. 35.
87 Siehe Jürgen W. Falter, Hitlers Wähler, München 1991. Siehe neuerdings auch Detlef Mühlberger, The Social Bases of Nazism 1919–1933, Cambridge 2003.
88 Vgl. Kitschelt, Radical Right, S. 35.
89 Vgl. Uwe Backes/Eckhard Jesse, Politischer Extremismus in der Bundesrepublik Deutschland, Bonn 1996, S. 45; Hans Dieter Klingemann/Franz Urban Pappi 1972, Politischer Radikalismus. Theoretische und methodische Probleme der Radikalismusforschung dargestellt am Beispiel einer Studie anlässlich der Landtagswahl 1970 in Hessen, München/Wien, S. 108 f.; Lipset/Raab, Right-Wing Extremism, S. 428.
90 Vgl. mit Blick auf den FN in Frankreich: Kailitz, Politischer Extremismus, S. 136; mit Blick auf die FPÖ in Österreich Patrick Moreau, Organisation, Programmatik und Wäh-

norwegischen *Fortschrittspartei*, der *Dänischen Volkspartei*, der *Schweizer Volkspartei* oder der *Lega Nord* dürfte niemand ernsthaft behaupten, dass sie die Demokratie zugunsten eines autoritären Regimes umstürzen wollen. Nur jene Parteien, die wie die NPD in der Tradition der faschistischen und nationalsozialistischen Parteien stehen, machen kein Hehl aus ihrem Ziel, den demokratischen Verfassungsstaat zu stürzen. Außer den Parteien, die in den Schuhen einer nationalsozialistischen oder faschistischen Ideologie stehen, zeichnen sich die extrem rechten Parteien der Gegenwart dadurch aus, dass sie zumindest die formalen Spielregeln einer repräsentativen Demokratie akzeptieren.[91] Wer ihnen unterstellt, etwa demokratische Wahlen abschaffen zu wollen, bewegt sich auf dem Boden der Spekulation, keineswegs auf dem gesicherter Erkenntnisse. Es mag mit dem „Phänomen der politischen Mimikry"[92] zu tun haben, dass antidemokratische und antikonstitutionelle Elemente aus offiziellen Programmen extrem rechter Parteien weitgehend verschwunden sind. Mit Blick auf Deutschland nehmen Forscher in dieser Hinsicht an, etwa die REP und DVU würden sich deutlich antidemokratisch äußern, wenn sie kein Verbot fürchten müssten. Tatsächlich hat aber – unabhängig davon, ob ein Parteienverbot möglich ist – in den westeuropäischen Demokratien der Grad der antidemokratischen Ausrichtung der bedeutsamen extrem rechten Parteien im Vergleich etwa zur Zeit zwischen dem Ersten und Zweiten Weltkrieg stark nachgelassen.

Hans-Georg Betz behauptet, die neuen Parteien der extremen Rechten stellten darüber hinaus auch „die Menschenrechte und damit das Prinzip formaler menschlicher Gleichheit"[93] nicht in Frage. An diesem Punkt sind aber grundlegende Zweifel angebracht. Für die rechten Flügelparteien sind zwei Punkte charakteristisch: 1) eine nationale bis nationalistische Ausrichtung und 2) eine Anti-Zuwanderungs-Haltung. Eine solche Positionierung steht in einem Spannungsverhältnis bzw. bei einer starken Ausprägung im Widerspruch zu der Akzeptanz des Prinzips formaler menschlicher Gleichheit. Die Forderung nach einem völligen Stopp der Zuwanderung und einer Rückführung aller Zugewanderten in ihre Ursprungsländer ist nicht vereinbar mit den Prinzipien eines demokratischen Verfassungsstaats. Ebenso wie die kommunistische Forderung, die Produktionsmittel zu vergesellschaften, ist eine solch extreme Forderung nur im Rahmen einer Diktatur, nicht aber im Rahmen eines demokratischen Verfassungsstaats umzusetzen. Eine Partei ist in diesem Fall bereits aufgrund der extremen Anti-Zuwanderungshaltung als rechtsextremistisch einzustufen, auch wenn sie sich nicht gegen die demokratischen Spielregeln wendet.

lerschaft der FPÖ. In: Uwe Backes/Eckhard Jesse (Hg.), Jahrbuch Extremismus & Demokratie. Band 12, Baden-Baden 2000, S. 73–92, hier 79. Die italienische „Alleanza Nazionale" befürwortet eine semipräsidentielle Regierungsform mit einem starken Präsidenten an der Spitze.
91 Vgl. Mudde, Extreme Right, S. 177.
92 Uwe Backes, Ideologie und Programmatik rechtsextremer Parteien. In: Falter/Jaschke/Winkler, Rechtsextremismus, S. 376–387, hier 379.
93 Hans-Georg Betz, Rechtspopulismus und Rechtsradikalismus in Westeuropa. In: Österreichische Zeitschrift für Politikwissenschaft, 31 (2002), S. 251–264, hier 251.

Die Frage ist nun, wie der Kreis der Parteien abgegrenzt werden kann, die als rechtsextremistisch einzustufen sind, unabhängig davon ob sie eine Systemalternative anstreben oder ihre politischen Forderungen „nur" zu einer Schädigung und Aushöhlung des demokratischen Verfassungsstaats führen würden. Ich gehe bei der Einstufung der extrem rechten Parteien in Westeuropa von folgender Definition aus: Rechtsextremistisch sind jene Parteien, die aus rassistischen (Nationalsozialisten) oder nationalistischen (Nationalisten, Neue Rechte) Gründen bestimmten Teilen der Bevölkerung – vor allem Ausländern und Staatsbürgern ausländischer Abstammung – keine oder nur stark eingeschränkte Rechte zubilligen und/oder diese aus dem Land treiben wollen. Bei den einen steht die „Volksgemeinschaft" im Mittelpunkt ihrer Gedankenwelt, bei den anderen die Nation. Allen Rechtsextremisten, den Nationalisten wie den Rassisten, ist das Streben nach einer ethnisch homogenen Gemeinschaft eigen.

Auch wenn eine rechte Flügelpartei ihr Gesellschaftsziel im Nebulösen lässt, kann über die ideologische Positionierung gegenüber Zuwanderung entschieden werden, ob es sich um eine rechtsextremistische Partei handelt oder nicht. Als eindeutig rechtsextremistisch sind Parteien anzusehen, die nicht nur Einschränkungen der Zuwanderung wollen, sondern bereits Zugewanderte in ihre Ursprungsländer zurücksenden wollen. Die Intensität der Anti-Zuwanderungshaltung korrespondiert mit dem Ziel, bereits Zugewanderte zu diskriminieren. Dabei ist es den Parteien mit einer extremistischen Anti-Zuwanderungshaltung gleichgültig, ob die Zugewanderten die Staatsbürgerschaft des Zuwanderungslandes besitzen oder nicht. Eine Integration der Zugewanderten in die staatliche Gemeinschaft ist unerwünscht. Rechtsextremistische Parteien setzen sich vielmehr für eine Aussonderung der Zugewanderten als Vorstufe für ihre „Rückführung" ein.

Parteien, die eine solche Haltung vertreten, zielen darauf, die Demokratie abzuschaffen. Eine funktionierende Demokratie erschöpft sich nämlich nicht darin, dass ein Parlament gewählt wird. Vielmehr sind weitere Punkte notwendig, damit ein Staat als eine funktionierende Demokratie angesehen werden kann. Dazu gehört es, die bürgerlichen Freiheitsrechte zu gewährleisten.[94] Als ein Demokratiedefekt ist es anzusehen, wenn die bürgerlichen Freiheitsrechte nicht für alle Staatseinwohner realisiert sind. Als ein Demokratiedefekt ist es daher auch anzusehen, wenn Personen aufgrund bestimmter Merkmale wie ethnische Zugehörigkeit oder Geschlecht nur eingeschränkte oder keine bürgerlichen Rechte zugebilligt bekommen. Ein Staat, in dem systematisch in solcher Weise diskriminiert wird, ist auch dann keine Demokratie, wenn Wahlen abgehalten werden.[95] Ein Beispiel für eine solche undemokratische Herrschaft war Südafrika während der Apartheid.

Diskussionsbedürftig ist allerdings, ab welchem Punkt Zuwanderungsbegrenzungen einen Demokratiedefekt darstellen. So ist es etwa in den USA gängige

---

94 Vgl. Wolfgang Merkel u. a., Defekte Demokratie. Band 1: Theorie, Opladen 2003.
95 Vgl. ebd., S. 86 f.

Praxis, dass Ausländer abgeschoben werden können, wenn ihre befristete Aufenthaltserlaubnis endet. Wer die Haltung zur Zuwanderung von Parteien bewertet, muss das Maß der jährlichen Zuwanderung und den Gesamtanteil der Zugewanderten im Verhältnis zur gesamten Staatsbevölkerung in Rechnung stellen. Die Forderung nach einer Beschränkung der Zuwanderung muss also nicht rechtsextremistisch motiviert sein.

Als entscheidend erscheint, ob aufgrund des Leitbilds einer ethnisch homogenen Gemeinschaft die Zuwanderung anderer Ethnien dämonisiert wird. Es geht rechtsextremistischen Parteien also keineswegs nur um eine legitime Steuerung und Begrenzung der Zuwanderung mit dem Ziel, Schaden für die bereits ansässige Staatsbevölkerung zu vermeiden. Insofern müssen, um eine Partei als zweifelsfrei rechtsextremistisch zu qualifizieren, in ihrer Argumentation neben wohlfahrtschauvinistischen Aussagen auch nationalistische oder rassistische Parolen eine hervorgehobene Bedeutung haben.

Der *Vlaams Blok* erscheint in dieser Hinsicht etwa als rechtsextremistisch, weil seine Programmatik auf eine hierarchisch strukturierte Gemeinschaft ethnisch homogener Menschen zielt.[96] Auch wenn die rechten Flügelparteien keine Ein-Themen-Parteien sind,[97] so eint sie – über die verschiedenen wirtschaftspolitischen Vorstellungen hinweg – eine nationalistische Haltung und die Ablehnung der Einwanderung.[98] Die Ausprägung der Anti-Zuwanderungshaltung unterscheidet sich dabei deutlich. So vertreten mit Blick auf die Zuwanderung die dänische und die norwegische Fortschrittspartei wie die FPÖ eine deutlich weniger extreme Haltung als etwa der FN, die REP und der *Vlaams Blok*.

So distanzier(t)en sich Vertreter etwa der dänischen und norwegischen Fortschrittsparteien wie der *Dansk Folkeparti* von rechtsextremistischen Flügelparteien wie der *Front National*.[99] Diese Distanzierung ist angesichts der vom FN deutlich unterscheidbaren Positionen der *Dansk Folkeparti* glaubwürdig: „Ausländer müssen in die dänische Gesellschaft aufgenommen werden können, jedoch nur unter der Voraussetzung, dass dadurch die Sicherheit und die Demokratie unseres Landes nicht aufs Spiel gesetzt werden. Ausländische Staatsangehörige sollten in begrenztem Umfang, nach besonderen Regelungen und in Übereinstimmung mit den Bestimmungen unserer Verfassung die dänische Staatsangehörigkeit erhalten können."[100] Sicher lässt sich an anderen Aussagen

---

96 Vgl. u. a. Dirk Rochtus, Länderporträt: Belgien. In: Uwe Backes/Eckhard Jesse (Hg.), Jahrbuch Extremismus & Demokratie. Band 14, Baden-Baden 2002, S. 182–202; hier 196; Marc Swyngedouw/Gilles Ivaldi, The Extreme Right Utopia in Belgium and the France: The Ideology of the Flemish Vlaams Blok and the French Front National. In: West European Politics, 24 (2001), S. 1–22, hier 7.
97 Vgl. Kitschelt, Radical Right, S. 257; Mudde, Single-Issue Party Thesis, S. 182–197.
98 Vgl. u. a. Rachel K. Gibson, The Growth of Anti-Immigrant Parties in Western Europe, New York 2002.
99 Vgl. u. a. Tor Bjørklund/Jørgen Goul Andersen, Anti-Immigration Parties in Denmark and Norway and the Danish People's Party (1999), S. 6, http://www.extremismus.com/texte/eurex5.pdf (Stand: 3. Juni 2005).
100 Grundsatzprogramm der Dänischen Volkspartei, http://www.danskfolkeparti.dk/ (Stand: 3. Juni 2005).

Tabelle 2: Rechte Flügelparteien und ihre Haltung zur Zuwanderung

Haltung zu Zuwanderung	Identität	Ressourcen
Zuwanderung soll beendet werden und Ausländer im Land sollen zurück in die Ursprungsländer.	British National Party (Großbritannien) DVU (Deutschland) REP (Deutschland)[101] National Front (Großbritannien) Nationale Bewegung (Luxemburg) NPD (Deutschland) Vlaams Blok (Belgien)[102]	
Zuwanderung soll beendet werden. Bereits Zugewanderte können bleiben.	Centrumspartij'86 (Niederlande) Front National (Frankreich)[103] Front National (Belgien) Vlaams Belang (Belgien)	Movimento Sociale Italiano-Alleanza Nazionale (Italien)
Deutliche Einschränkung der Zuwanderung.		FPÖ (Österreich)[104] Lega Nord (Italien) Liste Pim Fortuyn (Niederlande) Neue Demokratie (Schweden) Schill-Partei (Deutschland)
Leichte Einschränkung der Zuwanderung.		Fortschrittspartei (Norwegen) Fortschrittspartei (Dänemark) Schweizer Volkspartei (Schweiz)

Eigene Zusammenstellung auf der Basis von Rachel K. Gibson, The Growth of Anti-Immigrant Parties in Western Europe, New York 2002, S. 13.

101 Rachel Gibson ordnet REP und DVU in die Kategorie „Ressourcen" ein. Beide Parteien argumentieren aber auch stark mit den Gefahren der Zuwanderung für die deutsche Identität. Vgl. für die aktuelle Positionierung der REP das Kapitel „Deutsche Identität statt Multikultur" im Parteiprogramm von 2002. Dort heißt es u. a.: „Innerhalb der Nation finden die Menschen Zusammenhalt und Solidarität. [...] In einem Sammelsurium von Menschen unterschiedlichster Herkunft (multikulturelle Gesellschaft) wird es weder ein Zusammengehörigkeitsgefühl geben noch die Bereitschaft zu gegenseitiger Hilfe und Rücksichtnahme." Vgl. Parteiprogramm der REP.
102 Am Wochenende bevor in Belgien der Hohe Gerichtshof entschied, dass sich der „Vlaams Blok" schwerer Verstöße gegen die Gesetze zur Bekämpfung des Rassismus schuldig gemacht, legte die Partei ein entschärftes Parteiprogramm vor, in dem die z. B. die Forderung gestrichen wurde, alle nicht-europäischen Ausländer abzuschieben. Nachdem sich der „Vlaams Blok" auflöste und umgehend als „Vlaams Belang" neu gründete, übernahm dieser das Programm. Vgl. Programm von Vlaams Belang, http://www.vlaamsbelang.be/index.php?p=21 (Stand: 20. Mai 2005).
103 Rachel Gibson ordnet den französischen und belgischen „Front National" in die Kategorie „Ressourcen" ein. Beide Parteien argumentieren jedoch auch mit den Gefahren der Zuwanderung für die ethnische Identität. Daher erscheint mir die Zuordnung in die Kategorie „Identität" notwendig.

der Partei die Anti-Zuwanderungshaltung der Partei deutlicher ablesen. Inhaltlich sind sie aber auch bei härterem Ton in der Aussage gleich: Die Partei fordert, die Zuwanderung einzuschränken und zu lenken – will sie aber nicht wie etwa die deutschen REP beenden oder Zugewanderte gar in ihre Geburtsländer zurückschicken.

Neben der Radikalität der Anti-Zuwanderungshaltung ist zwischen Parteien zu unterscheiden, die der Zuwanderung in erster Linie kritisch gegenüberstehen, weil sie durch diese die nationale Identität gefährdet sehen, und solchen, die sie in erster Linie ablehnen, weil durch sie Ressourcen wie Arbeitsplätze und Gelder gebunden werden, die für Angehörige der eigenen Nation reserviert sein sollten. Beide Faktoren hängen miteinander zusammen. Parteien, die Zuwanderung nicht nur aus wohlfahrtschauvinistischen, sondern aus nationalistischen oder rassistischen Gründen ablehnen, vertreten in der Regel eine radikalere Anti-Zuwanderungshaltung. Konkret nehmen die rechten Flügelparteien in Westeuropa die in Tabelle 2 gezeigten Positionen zur Zuwanderung ein.

Die Einstellung zum Thema Zuwanderung erscheint als ein guter Indikator für die Grenze zwischen rechtsextremistischen Flügelparteien einerseits, semidemokratischen und demokratischen Flügelparteien andererseits. Tabelle 3 stellt die Ergebnisse einer Grenzziehung auf der Grundlage dieses Indikators dar.

Am Beispiel der „Schweizer Volksdemokraten" möchte ich kurz erläutern, warum einige Parteien zwar auf der Achse Partikularismus versus Universalismus eine Flügelposition in einem nationalen Parteiensystem einnehmen, diese aber nicht so ausgeprägt ist, dass diese Parteien als rechtsextremistisch klassifiziert werden dürfen. Die SVP unterstützte eine „Volksinitiative für eine Regelung der Zuwanderung", die eine Begrenzung des Ausländeranteils auf 18 Prozent forderte. Mit einer Volksinitiative gegen „Asylrechtsmissbrauch" scheiterte die Partei mit rund 49 Prozent der Stimmen nur knapp. Die Forderungen der SVP lauten etwa „Bekämpfung des Asyltourismus durch: – bessere Grenzkontrollen; [und] die Ausweisung krimineller Asylbewerber."[105]

Wer sich die Forderungen der SVP zur Zuwanderung anschaut, dürfte kaum Unterschiede etwa zur CDU/CSU oder den meisten anderen christdemokratischen Parteien Europas finden. Die SVP bringt sich lediglich in den Ruch einer rechtsextremistischen Position, weil sie problematische Begriffe wie „Asyltourismus" benutzt und im Einklang mit rechtsextremen Parteien etwa fortwäh-

---

104 Rachel Gibson ordnet die FPÖ der Kategorie „Identität" zu. Diese Zuordnung erscheint aber auf der Grundlage des Parteiporgramms nicht gerechtfertigt. Dort findet sich eine idealtypische Rechtfertigung der Anti-Zuwanderungshaltung des Typs „Ressourcen": „Das Schutzerfordernis des Grundrechtes auf Heimat stellt ferner klar, dass Österreich auf Grund seiner räumlich begrenzten Ausdehnung, seiner Bevölkerungsdichte und seiner beschränkten Ressourcen kein Einwanderungsland sein kann." Parteiprogramm der FPÖ.
105 SVP, Wahlplattform 2003 bis 2007, Bern 2003, S. 11. Im Internet abrufbar unter: http://www.svp.ch/file/Plattform_deutsch.pdf (Stand: 28. Mai 2005).

Tabelle 3: Unterscheidung zwischen rechtsextremistischen sowie semidemokratischen und demokratischen rechten Flügelparteien

Rechtsextremistische Flügelpartei	Semidemokratische und demokratische rechte Flügelparteien
British National Party (Großbritannien)	Dänische Volkspartei (Dänemark)
Centrumspartij'86 (Niederlande)	Fortschrittspartei (Dänemark)
Deutsche Volksunion (Deutschland)	Fortschrittspartei (Norwegen)
Front National (Belgien)	FPÖ (Österreich)
Front National (Frankreich)	Lega Nord (Italien)
National Front (Großbritannien)	Liste Pim Fortuyn (Niederlande)
Nationaldemokratische Partei (Österreich)	Movimento Sociale Italiano/Alleanza Nazionale (Italien)
Nationaldemokratische Partei Deutschlands (Deutschland)	Neue Demokratie (Schweden)
Republikaner (Deutschland)	Schill-Partei (Deutschland)
Vlaams Blok/Vlaams Belang (Belgien)	Schweizer Volkspartei (Schweiz)

Eigene Zusammenstellung auf der Basis von Rachel K. Gibson, The Growth of Anti-Immigrant Parties in Western Europe, New York 2002, S. 13.

rend über den „Asylrechtsmissbrauch" klagt. Tatsächlich gibt es auf dem Feld der Zuwanderungsthematik im Parteiensystem der Schweiz aber keine grundlegenden Unterschiede zwischen der Position der schweizer FDP und der SVP.

Die Positionen der SVP und der *Fortschrittsparteien* unterscheiden sich grundlegend von der rechtsextremistischen Position etwa der britischen *National Front*. In deren Parteiprogramm heißt es: „We believe it will never be possible for the large non-White population currently resident in Britain to both retain their culture and identity and to live harmoniously with the White population."[106] Die Partei strebt daher an, jegliche Zuwanderung von Nicht-Weißen zu unterbinden und alle Zugewanderten – auch dann, wenn sie britische Staatsbürger sind – abzuschieben. Im Unterschied zu den Parteien, die wie etwa die REP oder die DVU die Zuwanderung nicht zuletzt aus wohlfahrtschauvinistischen Gründen beenden wollen, zeigt sich bei der *National Front* ein rassistisches Motiv.

---

106 Parteiprogramm der National Front, http://www.natfront.com/nfse/manifesto/section2.htm (Stand: 28. Mai 2005).

VII. Ist die Anti-Zuwanderungshaltung der Kern einer „Erfolgsformel" extrem rechter Parteien?

Wie Kitschelt zutreffend bemerkt, ist die Anti-Zuwanderungshaltung Teil einer breiteren autoritären Grundhaltung. Wer jedoch nach dem ideologischen Kern rechter Flügelparteien fragt, muss diese ideologische Position im Vergleich zu ideologischen Positionierungen zu anderen Fragen hervorheben. Wie für die links-libertären Parteien das Umweltthema der Katalysator ihres Durchbruchs war, erscheint als Katalysator des Durchbruchs der extrem rechten Parteien ihre Anti-Zuwanderungshaltung.[107] Die Zuwanderung ist *das* Thema der rechten Flügelparteien.

Natürlich zeichnen sich rechte Flügelparteien auch etwa dadurch aus, dass sie eine härtere Linie im Bereich der Inneren Sicherheit befürworten. Dieser Punkt erscheint aber nicht in gleichem Maße zentral für die ideologische Positionierung wie die Frage der Wählergewinnung. Vielmehr belegen Umfragen immer wieder, dass eine Anti-Zuwanderungshaltung stets zu den wichtigsten Motiven der Wahl für eine rechte Flügelpartei zählte. Bei den rechtsextremistischen Parteien ist es in aller Regel das wichtigste Motiv der Wähler. Das gilt seit dem Aufkommen der neuen rechten Flügelparteien bis heute und über die Ländergrenzen hinweg. So begründeten beispielsweise 1991 fast zwei Drittel der Wähler des *Vlaams Blok* ihre Wahl mit der Position der Partei zur Immigration.[108] Beim *Front National* war es in Frankreich 1995 immerhin die Hälfte der Wähler.[109] Für die Wähler der *Liste Pim Fortuyn* spielte die Anti-Zuwanderungshaltung der Partei ebenfalls eine grundlegende Rolle.[110] Bei einem Teil der Wähler in den westeuropäischen Demokratien führt eine politische Unzufriedenheit mit dem aus ihrer Sicht unzureichend oder falsch gelösten Zuwanderungsthema zur Verdrossenheit mit der Politik der etablierten Parteien und in der Folge zur Wahl einer rechten Flügelpartei.[111]

Die Positionen der rechten Flügelparteien auf anderen Politikfeldern werden häufig mit der Anti-Zuwanderungshaltung verknüpft. So suggerieren diese Par-

107 Vgl. statt vieler Betz, Introduction, S. 6; Oskar Niedermeyer, Parteiensystem. In: Eckhard Jesse/Roland Sturm (Hg.), Demokratien des 21. Jahrhunderts im Vergleich. Historische Zugänge, Gegenwartspläne, Reformperspektiven, Opladen 2003, S. 261-288, hier 269.
108 Vgl. Jaak Billiet/Hans de Witte, Attitudinal Dispositions to Vote for a „New" Extreme Right-wing Party: The Case of the „Vlaams Blok". In: European Journal of Political Research, 27 (1995), S. 181-202, hier 185.
109 Vgl. Eric Durpin, Dimanche, les électeurs ont confirmé la pérennité du clivage gauche-droite. In: Libération vom 25. April 1995, S. 9.
110 Vgl. Wouter van der Brug, How the LPF Fuelled Discontent: Empirical tests of explanations of LPF support. In: Acta Politica, 38 (2003), S. 89-106.
111 Vgl. mit Blick auf Deutschland: Markus Klein/Jürgen W. Falter, Die dritte Welle rechtsextremer Wahlerfolge in der Bundesrepublik Deutschland. In: Falter/Jaschke/Winkler, Rechtsextremismus, S. 288-312, hier 294. Mit Blick auf alle westeuropäischen Demokratien: Gary P. Freeman, Immigration as a Source of Political Discontent and Frustration in Western Democracies. In: Studies in Comparative International Development, 32 (1997), S. 42-64.

teien, dass Arbeitslosigkeit und Kriminalität bei einem Stopp der Zuwanderung sinken würden. Das gilt besonders für die Aufstiegsphase in den achtziger Jahren. Nach dem Zusammenbruch der kommunistischen Diktaturen nahm die Zahl der Menschen, die aufgrund von Asyl- oder Flüchtlingsrechten in die Länder Westeuropas wanderten, von 70 000 im Jahr 1983 auf beinahe 320 000 im Jahr 1989 zu. Erst die Verschärfung der Asyl- und Zuwanderungsregelungen in zahlreichen Ländern Westeuropas führte zu einem deutlichen Rückgang der Zahlen in den neunziger Jahren.[112]

Wäre die Anti-Zuwanderungshaltung aber der entscheidende Teil einer „Erfolgsformel" rechter Flügelparteien, dann müsste folgende Tendenz erkennbar sein: je größer die Zuwanderung, desto höher die Wahlergebnisse rechter Flügelparteien. In Ländern wie Österreich, Frankreich und Belgien (Flandern) war die Zuwanderung vergleichsweise hoch und rechte Flügelparteien waren mit Anti-Zuwanderungsparolen erfolgreich. Dennoch ist die Anti-Zuwanderungshaltung keine „Erfolgsformel" für die Flügelparteien. Laut den Vereinten Nationen kamen in den neunziger Jahren über 950 000 Flüchtlinge und Asylsuchende nach Deutschland, in Großbritannien waren es 200 000 und in Schweden 175 000.[113] In keinem der drei Länder gelang es in diesem Jahrzehnt auf nationaler Ebene einer rechten Flügelpartei ins Parlament einzuziehen. In Italien, das im gleichen Zeitraum weniger als 16 000 Flüchtlinge und Asylsuchende aufnahm, zog der MSI-AN mit zweistelligen Ergebnissen ins Parlament ein. Zudem spielten Anti-Zuwanderungsparolen in der Wahlwerbung des MSI kaum eine Rolle.[114] Gerade der Fall Belgien zeigt, dass die Anti-Zuwanderungshaltung keineswegs ausreicht, um einer extrem rechten Partei Erfolg bei Wahlen zu garantieren. In ihrer Anti-Zuwanderungshaltung unterscheiden sich der belgische *Front National* und der *Vlaams Blok* nicht, in ihrem Erfolg bei Wahlen dagegen schon.

---

112 Vgl. Michael Zürn, Politische Fragmentierung als Folge gesellschaftlicher Denationalisierung. In: Loch/Heitmeyer, Schattenseiten der Globalisierung, S. 111–139, hier 124.
113 Vgl. United Nations High Commisioner for Refugees, http://www.unhcr.ch/cgi-bin/texis/vtx/home?page=search (Stand: 25. Mai 2005).
114 Vgl. Piero Ignazi, From Neo-Fascists to Post-Fascists? The Transformation of the MSI into the AN. In: West European Politics, 19 (1996), S. 693–714, hier 707.

VIII. Gibt es an den politischen Flügeln nur links-libertäre und rechtsautoritäre Positionen im gegenwärtigen Parteienwettbewerb?

Kitschelt bezeichnet die Positionierung auf der Sozialistisch-Marktliberal-Achse bzw. Links-Rechts-Achse und der Libertär-Autoritär-Achse als konsistent. Dies erscheint nicht überzeugend. Klassisch liberale Parteien wie die deutsche FDP müssten auf der ökonomischen Links-Rechts-Achse wegen ihrer ausgeprägten Marktliberalität etwa rechts von DVU, NPD und REP eingeordnet werden. Auf der Libertär-Autoritär-Achse siedeln sie dagegen deutlich näher am libertären Pol. Die FDP und generell die klassischen liberalen Parteien müssen somit als rechts-libertär gelten. Solche Parteien sprechen vor allem gebildete Wähler an, die hohe Einkommen erzielen, Steuererleichterungen wünschen, die Globalisierung und damit verbunden auch Zuwanderung befürworten. Manche Forscher behaupten, die skandinavischen Fortschrittsparteien seien eher rechts-libertär als rechts-autoritär.[115]

Auf der Angebotsseite der Parteien wie auf der Nachfrageseite der Wähler existiert die Position, die den Sozialstaat befürwortet, der Marktwirtschaft skeptisch oder ablehnend gegenübersteht und Zuwanderung vehement ablehnt. Nach der Klassifizierung von Kitschelt wären solche Positionen als links-autoritär bzw. umverteilend-autoritär zu bezeichnen. Die Benennung links-autoritär erscheint fragwürdig. Es handelt sich nämlich um eine Position, der nach Kitschelt auch die alten rechtsextremen, also die faschistischen und neonationalsozialistischen Parteien zuneigen. Diese Position wird in der Gegenwart etwa von der deutschen NPD vertreten. Ihre ökonomische Grundposition lautet: „Die Wirtschaft unseres Volkes ist nicht autonom, sondern Teil des Ganzen. Der Staat muss der Wirtschaft Rahmenrichtlinien vorgeben; falls nötig, Richtdaten setzen und durchsetzen, wenn das Gemeinwohl dies erfordert. Nicht das Volk dient der Wirtschaft, vielmehr muss die Wirtschaft dem Volke dienen. [...] Die Führung der Volkswirtschaft ist jedoch Aufgabe des Staates und unterliegt dessen letzter Verantwortung."[116]

Als problematisch an der Achsenziehung Kitschelts erweist sich, dass letztlich beide Dimensionen für ihn im Kern Links-Rechts-Skalen sind. Zwar bezeichnet er ausdrücklich nur die Marktliberal-Sozialistisch-Skala so, aber aus seiner Argumentation geht deutlich hervor, dass autoritäre Positionen für ihn im gegenwärtigen Parteienwettbewerb auf der Rechten und libertäre Positionen auf der Linken zu finden sind. Die Rechtsautoritären sind für ihn dabei zugleich Rechtsradikale oder auch Rechtsextremisten. Von einer sozialistisch-autoritären Position ist nur beiläufig mit Blick auf die Vergangenheit die Rede. Das ist nur folgerichtig, denn die links-libertäre Position ist zwar bei Kitschelt auf beiden Dimensionen eine Polposition, aber auf eine linksextremistische Neigung lässt sich aus der Positionierung nicht schließen.

---

115 Vgl. Gibson/Roberts, Right Libertarian Parties, S. 97–118.
116 Parteiprogramm der NPD von 1997, http://www.npd.de/npd_programme/parteiprogramm.html (Stand: 1. Juni 2005).

Die Sozialistisch-Kapitalistisch-Achse verkürzt Kitschelt zu Unrecht auf eine Achse zwischen marktliberalen und redistributiven Positionen. Die sozialistische Polposition auf dieser Achse – also eine Befürwortung der Enteignung der Produktionsmittel und der Kontrolle der Wirtschaft durch den Staat – erscheint aber kaum geeignet, um die Rede von einer „libertären Linke", die der „autoritären Rechten gegenübersteht, aufrecht zu erhalten. Es ist nämlich keineswegs libertär, d. h. die Freiheit des Einzelnen hochhaltend, aus ideologischen Gründen bestimmten Bürgern ihr Recht auf Eigentum (an Produktionsmitteln) streitig zu machen. Diese radikal sozialistische Position und nicht schlicht eine redistributive Position ist aber als Gegenpol zu radikal marktliberalen Ansichten anzusehen.

Die Befürwortung einer Vergesellschaftung der Produktionsmittel muss zwangsläufig auch nach Kitschelt eine Einordnung in Richtung einer autoritären Position zu Folge haben. Darin spiegelt sich eine kollektivistische Orientierung als Gegenpol zu einer individualistischen Orientierung. Mit Blick auf die orthodox kommunistischen Parteien ist dann eher beiläufig auch von sozialistisch-autoritären Positionen die Rede. Bei dieser Gelegenheit zeigt sich zudem, dass die Positionierungen auf der Universalismus-Partikularismus-Dimension und der Libertarismus-Autoritarismus-Dimension keineswegs gleichgerichtet sein müssen. Eine Partei kann eine universalistische und eine kollektivistische Position kombinieren.

Nach dem Sturz der großen Mehrheit der kommunistischen Diktaturen Anfang der 90er Jahre haben sich in Westeuropa die – zum Teil bereits im Zuge des Eurokommunismus[117] deutlich ideologisch gewandelten Parteien – in Richtung einer weniger radikalen Positionierung auf der Sozialismus-Marktliberalismus-Skala und der Individualismus-Kollektivismus-Skala verschoben. Auch wenn sich die kommunistischen und sozialistischen Parteien nach 1989 gewandelt haben, lassen sie sich nicht der links-libertären, grünen Parteienfamilie zuschlagen.[118] Nur ein kleinerer Teil der kommunistischen Parteien, namentlich jene in den skandinavischen Ländern, hat sich in libertären Bewegungen aufgelöst.[119] Bei den anderen (ehemals) kommunistischen Parteien ist die Einordnung komplexer. Wenn aufbauend auf den Überlegungen Kitschelts ein Achsenkreuz zugrunde gelegt wird, dann siedelt der *Parti Communiste Français* auf

---

117 Siehe Adolf Kimmel (Hg.), Eurokommunismus. Die kommunistischen Parteien Frankreichs, Italiens, Spaniens und Portugals, Köln/Wien 1977; Manfred Spieker (Hg.), Der Eurokommunismus, Demokratie oder Diktatur?, Stuttgart 1979.
118 Siehe zur Entwicklung der kommunistischen Parteien in den westlichen Demokratien: David S. Bell (Hg.), Western European Communists and the Collapse of Communism, Oxford 1993; Paul Heywood (Hg.), West European Communist Parties After the Revolution of 1989, Basingstoke 1994; Patrick Moreau/Marc Lazar/Gerhard Hirscher (Hg.), Der Kommunismus in Westeuropa. Niedergang oder Mutation?, Landsberg am Lech 1998.
119 Vgl. Svante Ersson, Kommunismus und linke Strömungen in Skandinavien nach 1989: Niedergang, Wiederbelebung oder Schwankungen ohne zugrundeliegende Tendenz? In: Moreau/Lazar/Hirscher, Kommunismus in Westeuropa, S. 423–452.

der Sozialistisch-Marktliberal-Skala nach wie vor am linken Flügel des Parteiensystems, wenn er sich auch nach rechts in Richtung einer weniger aggressiven Ablehnung des „Kapitalismus" bewegt hat. Bei seiner Libertär-Autoritär-Skala ergibt sich dagegen eine widersprüchliche Einordnung. Mit Blick auf die Einordnung auf der Partikularismus-Universalismus-Skala mag der PCF als libertäre Partei einzuordnen sein, mit Blick auf die Individualismus-Kollektivismus-Skala nicht.[120]

Auch ohne ausdrückliche Hervorhebung lässt sich aus den Ausführungen Kitschelts folgern, dass die Verschiebung der Struktur des Parteienwettbewerbs Konsequenzen für die kommunistischen Parteien hat. Orthodoxe kommunistischen Parteien – ebenso wie orthodoxe faschistische Parteien – haben damit aufgrund ihrer ideologischen Ausrichtung, die eine sozialistische mit einer autoritären Positionierung kombiniert, in den westlichen Demokratien keine Aussichten mehr auf Wahlerfolg.

Diese Annahme findet sich mit Blick auf die Wahlergebnisse der verbleibenden kommunistischen Parteien in Westeuropa bestätigt. Der steigende Wahlanteil der zypriotischen Kommunisten (*Anorthotiko Komma Ergazomenou Laou*) ist auf Besonderheiten der politischen Lage der Inselrepublik wie eine starke Konfrontation zwischen linken und rechten Positionen zurückzuführen.[121] Der französische *Parti Communiste Français* vereinigt zwar noch einen bedeutenden Anteil an Wählerstimmen auf sich, befindet sich jedoch im Niedergang. Das Wahlergebnis 2002 war das schlechteste in der Parteigeschichte.

Wie steht es nun um die Parteienfamilie, die nach Kitschelt das links-libertäre Gegenbild zu den rechts-autoritären Parteien ist? Die grünen Parteien nehmen in der Gegenwart mit Blick auf die Libertär-Autoritär-Achse – und zwar sowohl hinsichtlich der Partikularismus-Universalismus-Frage als auch der Kollektivismus-Individualismus-Frage – auf der Angebotsseite die libertäre Polposition ein. Auf der ökonomischen Links-Rechts-Achse stehen sie jedoch durchschnittlich nicht links von der sozialdemokratischen Parteienfamilie. Tatsächlich erscheint – wie umgekehrt für die rechts-autoritären Parteien – für die links-libertären Parteien die Positionierung auf der Libertär-Autoritär-Dimension entscheidend, während die Parteien vergleichsweise flexibel hinsichtlich ihrer wirtschaftspolitischen Positionierung sind.[122]

Mit Blick auf die heutige Situation ist die Behauptung unhaltbar, die grünen Parteien nähmen im Parteienwettbewerb eine redistributive oder gar sozialisti-

---

120 Vgl. zum PCF Stéphane Courtois, Das letzte Jahrzehnt des französischen Kommunismus – Agonie oder Mutation. In: Moreau/Lazar/Hirscher, Kommunismus in Westeuropa, S. 23–93.
121 Vgl. Luke March/Cas Mudde, What's left of the Radical Left? The European Left After 1989: Decline and Mutation. In: Comparative European Politics, 3 (2005), S. 23–49, hier 28.
122 Vgl. etwa die Beiträge in Ferdinand Müller-Rommel/Thomas Poguntke (Hg.), Green Parties in National Governments, London 2002.

sche Polposition ein. Mit Blick auf die Aufstiegsphase der grünen Parteien ist wiederum in Frage zu stellen, ob diese Parteien und ihre Anhängerschaft wirklich von Anfang an eine libertäre Polposition im Parteienwettbewerb bezogen. *Das* Thema der grünen Parteien war die Umwelt. Wer die Anhänger der Grünen auf der Achse Individualismus-Kollektivismus verortet, stellt fest, dass unter ihnen Anhänger individualistischer wie kollektivistischer Positionen vertreten waren. Haderten die einen mit dem repräsentativen Demokratiemodell und wollten eine direkte Demokratie, gab es auch einen „öko-autoritären" Flügel, nach dessen Ansicht der Schutz der Umwelt so wichtig erschien, dass dafür eine autoritäre Herrschaft in Kauf zu nehmen sei. Diese Position findet sich in Reinkultur in Alan Carters *A Radical Green Theory*.[123] Eine grüne Position ist also nicht zwangsläufig eine individualistisch-libertäre. Auch mit Blick auf die Achse Universalismus versus Partikularismus bezogen Anhänger und Mitglieder in der Aufstiegsphase grüner Parteien nicht zwangsläufig eine universalistische Polposition.[124] Die Entwicklung zeigte allerdings, dass für die grünen Parteien die Kombination umweltpolitischer Forderungen mit einer libertären Positionierung eine „Erfolgsformel" war, während sich Parteien wie die *Ökologisch-Demokratische Partei*, die umweltpolitische Forderungen mit einer autoritären Positionierung kombinierten,[125] zum Misserfolg verurteilten. Problematisch erscheint mit Blick auf das Parteiensystemmodell Kitschelts, dass die für die Wähler grüner Parteien grundlegende Umweltfrage nicht erfasst wird. Es ist aber das Aufkommen dieses Themas gewesen, das zum Durchbruch der grünen Parteien geführt hat und nicht die Positionierung auf der Libertär-Autoritär-Achse.[126]

IX. Schlussbetrachtung

Die extrem rechten Parteien nehmen im Parteienwettbewerb mit ihrer Ideologie keine marktliberale Polposition ein. Die wirtschaftspolitische Position der extrem rechten Parteien ist vielmehr ein wohlfahrtschauvinistischer ökonomischer Nationalismus. Der Marktliberalismus kann also schon deshalb kein Teil einer ideologischen „Erfolgsformel" sein, weil die rechten Flügelparteien auf der Wirtschaftsachse keine marktliberale Polposition vertreten. Weiterhin zeigte

---

123 Vgl. Alan Carter, A Radical Green Political Theory, London/New York 1999. Für die Einordnung besonders aufschlussreich sind die Ausführungen zu „Individualism or collectivism?".
124 Vgl. Oliver Geden, Rechte Ökologie. Umweltschutz zwischen Emanzipation und Faschismus, Berlin 1996.
125 Vgl. zur Positionierung der ÖDP: Jürgen Wüst, Konservatismus und Ökologiebewegung. Eine Untersuchung im Spannungsfeld von Partei, Bewegung und Ideologie am Beispiel der Ökologisch-Demokratischen Partei (ÖDP), Frankfurt a. M. 1993.
126 Siehe u. a. Michael O'Neill, Green Parties and Political Change in Contemporary Europe, Aldershot 1997.

sich: Es bestehen keine nennenswerten ideologischen Unterschiede in der wirtschaftspolitischen Positionierung erfolgreicher extrem rechter Parteien wie des französischen FN und des belgischen *Vlaams Blok* einerseits, im Vergleich dazu relativ erfolgloser Parteien wie den deutschen REP und dem belgischen FN andererseits. Es gibt also keinen Zusammenhang zwischen einer bestimmten wirtschaftspolitischen Ausrichtung einer rechten Flügelpartei und ihren Wahlerfolgen.

Ein Punkt ist von grundlegender Bedeutung: Die wirtschaftspolitische Positionierung ist für rechte Flügelparteien ein Thema von allenfalls zweitrangiger Bedeutung. Es handelt sich um das Spielbein, nicht um das Standbein dieser Parteien. Eine rechte Flügelpartei kann demnach sowohl relativ nahe am marktliberalen Pol als auch relativ nahe am distributiven Pol siedeln. Wer die von Kitschelt als Beispiele angeführten Parteien betrachtet, erkennt zudem, dass bei den „Fortschrittsparteien", die am weitesten „rechts" auf der Wirtschaftsskala zu finden sind, die Bezeichnung rechtsextremistisch unangebracht ist. Von einer Übereinstimmung zwischen den Einordnungen auf den beiden Skalen kann keine Rede sein. Parteien, die wie die FPÖ und die Fortschrittsparteien noch am nächsten zum marktliberalen Pol siedeln, vertreten eine weniger ausgeprägt autoritäre Position als Parteien, die wie die DVU oder die NPD in deutlicher Entfernung vom marktliberalen Pol positionieren.

Die Ergebnisse der Betrachtung der Wählerschaft extrem rechter Parteien decken sich mit jenen zur ideologischen Positionierung der Parteien. Die Wählerschaft der rechten Flügelparteien nimmt im Vergleich zu den Wählern anderer Parteien keine marktliberale Polposition ein. Die Position siedelt vielmehr zwischen der Position der Wählerschaft sozialdemokratischer und bürgerlicher Parteien. Die extrem rechten Parteien vereinen dabei eine in der wirtschaftspolitischen Grundfrage der staatlichen Einmischung in die wirtschaftlichen Prozesse uneinige Koalition aus Arbeitern einerseits, Kleinunternehmern wie Ladenbesitzern und Handwerkern andererseits. Mit der Mittelposition auf der Sozialistisch-Marktliberal-Achse wird das Spezifische der Position extrem rechter Parteien aber nicht erfasst: Die Wählerschaft zeichnet sich ebenso wie die Programmatik der extrem rechten Parteien durch einen wohlfahrtschauvinistischen ökonomischen Nationalismus aus. Diese Position überdeckt die Unterschiede der Wählerkoalition in der Frage, ob der Staat im wirtschaftlichen Bereich eingreifen soll.

Ein skizzenhafter Vergleich zwischen der wirtschaftspolitischen Positionierung der alten faschistischen und nationalsozialistischen Parteien wie der neuen extrem rechten Parteien und ihrer Wählerschaft führte zu dem Ergebnis, dass sich die wirtschaftspolitische Positionierung keineswegs so grundlegend unterscheidet, wie Kitschelt nahe legt. Ein bedeutender Unterschied ist vielmehr, dass sich die heutigen extrem rechten Parteien im Vergleich zu den faschistischen und nationalsozialistischen Parteien deutlich weniger extrem auf der Individualismus-Kollektivismus-Achse positionieren.

Bei der extremismustheoretischen Einschätzung der Parteien zeigte sich weiterhin, dass die neuen extrem rechten Parteien im Unterschied zu den faschistischen und nationalsozialistischen Parteien kein diktatorisches Alternativmodell zur Demokratie anpreisen. Es findet sich einzig eine verbreitete Neigung zur Wertschätzung eines autoritären oder semiautoritären Semipräsidentialismus oder Präsidentialismus. Als ein guter Indikator für eine Antwort auf die Frage, ob eine extrem rechte Partei als rechtsextremistisch einzustufen ist, erwies sich die Radikalität ihrer Anti-Zuwanderungshaltung. Als rechtsextremistisch erscheint die Position erfolgreicher rechter Flügelparteien wie des FN und des *Vlaams Blok* sowie erfolgloser Flügelparteien wie den REP, der DVU und der NPD. Auch unter den semidemokratischen und demokratischen rechten Flügelparteien finden sich erfolgreiche Vertreter wie die FPÖ, die SVP und die *Fortschrittsparteien* sowie nicht erfolgreiche wie die deutsche *Schill-Partei*.[127]

Die Anti-Zuwanderungshaltung war ein Katalysator des Aufstiegs dieser Parteien. Es handelt sich um den ideologischen Dreh- und Angelpunkt. Für die Wähler extrem rechter Parteien war die Zuwanderungsfrage immer wieder der entscheidende Punkt. Allerdings ist auch die Anti-Zuwanderungshaltung keine „Erfolgsformel". Erfolgreiche rechte Flügelparteien wie der französische FN unterscheiden sich in ihrer Haltung zur Zuwanderung nicht von erfolglosen rechten Flügelparteien wie den REP. Außerdem hatten die extrem rechten Parteien ihre größten Erfolge nicht in den Ländern – Deutschland, Großbritannien und Schweden –, in denen in den neunziger Jahren die Zuwanderung am höchsten war.

Bei der Öffnung des Blicks auf das gesamte Parteiensystem erscheint es höchst fragwürdig, dass sich der politische Wettbewerb in den westeuropäischen Demokratien nur zwischen einem links-libertären und einem rechts-autoritären Pol abspielen soll. Derzeit haben etwa die klassisch liberalen Parteien mit der rechts-libertären ideologischen Kombination aus Marktradikalismus und Libertarismus durchaus Konjunktur. Mit der klassisch kommunistischen Kombination aus Sozialismus und Autoritarismus sieht es anders aus. Es handelt sich dabei derzeit um eine „Misserfolgsformel". Dennoch ist diese Position noch keineswegs verschwunden. Mit Blick auf die grünen Parteien ist in Frage zu stellen, ob sie gegenwärtig tatsächlich die sozialistische Polposition im Parteienwettbewerb einnehmen. Es erscheint durchaus realistisch, ihnen inzwischen eher eine wirtschaftspolitische Mittelposition zwischen den sozialdemokratischen und den bürgerlichen Parteien zuzuschreiben.

Es erscheint als ein Fehler Kitschelts, den Parteienwettbewerb in den Fußstapfen von Downs entlang nur einer ideologischen Achse festmachen zu wollen. Libertäre und marktliberale Positionen schließen sich ebenso wenig aus wie autoritäre und sozialistische Positionen. Zudem gehen auch die Positionierun-

---

127 Vgl. zur ideologischen Positionierung der Schill-Partei: Florian Hartleb, Rechts- und Linkspopulismus. Eine Fallstudie anhand von Schill-Partei und PDS, Wiesbaden 2004, S. 173–230.

gen auf der Universalismus-Partikularismus-Achse und der Individualismus-Kollektivismus-Achse keineswegs zwangsläufig Hand in Hand.

Es lässt sich keine ideologische „Erfolgsformel" extrem rechter Parteien identifizieren, die die erfolgreichen von den nicht erfolgreichen rechten Flügelparteien scheidet. Dies ist das Ergebnis der Auseinandersetzung mit dem Werk Kitschels. Es spricht vieles dafür, dass andere Faktoren als die ideologische Positionierung entscheidend sind. Allerdings lässt sich durchaus eine „Misserfolgsformel" extrem rechter Parteien formulieren: Je stärker die direkte Anknüpfung an das ideologische Erbe des Faschismus oder Nationalsozialismus,[128] desto kleiner der Kreis der Wählerschaft.[129] Der Erfolg der NPD bei Landtagswahlen in Sachsen – und mit Abstrichen mit Saarland – 2004 stellt diese Regel zwar in Frage, widerlegt sie aber noch nicht. Bei beiden Wahlen konkurrierte die NPD zudem nicht mit einer Partei der „neuen radikalen Rechten". Diese Grundregel gilt abgewandelt auch für den linken Flügel des Parteienspektrums in den westeuropäischen Demokratien seit dem Zusammenbruch der kommunistischen Diktaturen in Mittel- und Osteuropa: Je stärker die Orientierung am ideologischen Erbe des Kommunismus, desto kleiner der Kreis der Wählerschaft.

Herbert Kitschelts Frage nach den Gelegenheitsstrukturen für den Erfolg eines bestimmten Parteitypus erscheint fruchtbar. Fraglich ist aber, ob er ausreichend viele Punkte berücksichtigt hat. So hängt es auch vom verfügbaren politischen Führungspersonal der extrem rechten Parteien ab, ob sie bei Wahlen erfolgreich sind. So hat etwa das Abschneiden der FPÖ auch etwas mit dem Charisma Jörg Haiders zu tun. Für die Erfolgschancen einer rechten oder linken Flügelpartei spielt es zudem eine bedeutende Rolle, ob sie von den Wählern als normale oder extremistische Partei wahrgenommen wird.[130] Nicht zuletzt ist von Bedeutung, ob die parteilichen Konkurrenten die Partei ausgrenzen oder einbeziehen. So distanzierten sich in Deutschland etwa die demokratischen Parteien scharf von DVU, REP und NPD. Dagegen wurde in Österreich die FPÖ nicht annähernd in gleicher Weise ausgegrenzt. Dies dürfte wiederum nicht zuletzt daran liegen, dass diese Partei im Vergleich zu den deutschen Parteien nicht als rechtsextremistisch einzustufen ist. Aber auch der FN, dessen Positionierung jener der REP ähnelt, ist in Frankreich nicht in gleichem Maße stigmatisiert wie diese in Deutschland.

---

128 Vgl. dazu Martin Blinkhorn, Fascism and the Right in Europe, 1919–1945, Harlow 2000; Ernst Nolte, Der Faschismus in seiner Epoche. Action française. Italienischer Faschismus. Nationalsozialismus (1963), 8. Auflage München 1990.
129 Vgl. Uwe Backes, Nationalpopulistische Protestparteien in Europa. Vergleichende Betrachtungen zur phänomenologischen und demokratietheoretischen Einordnung. In: Österreichische Zeitschrift für Politikwissenschaft, 20 (1991), S. 1–17; Kitschelt, Radical Right, S. 3.
130 Vgl. Erwin K. Scheuch/Hans Dieter Klingemann, Theorie des Rechtsradikalismus in westlichen Industriegesellschaften. In: Hamburger Jahrbuch für Wirtschafts- und Gesellschaftspolitik, 12 (1967), S. 11–29, hier 21.

Politischer Extremismus in Ostmitteleuropa – Entstehungsbedingungen und Erscheinungsformen

Tom Thieme

Die Untersuchung von jeweils zwei extremistischen Parteien aus Polen, der Tschechischen Republik und Ungarn zeigt, dass idealtypische Kriterien von Rechts- und Linksextremismus im ostmitteleuropäischen Raum nicht vorbehaltlos angewendet werden können. Alle drei Staaten waren in ihrer nationalen Historie beiden zentralen Ideologien des 20. Jahrhunderts, dem Nationalismus und dem Kommunismus, ausgesetzt, was extreme Politik in Richtung Systemwechsel heute größtenteils delegitimiert. Andererseits begann 1989 zwar mit dem Zusammenbruch des Sozialismus in Ostmitteleuropa eine neue Ära von Demokratie und Freiheit; die massiven Modernisierungsprozesse hinterließen jedoch ein gewaltiges Heer an objektiven und subjektiven Transformationsverlierern, die empfänglich sind für extremistische Lösungen. Die meisten Akteure des extremistischen Spektrums sind sich dieser paradoxen Ambivalenz von Zu- und Abneigung extremer Politik bewusst und verbinden ihre auf den ersten Blick klassischen rechts- bzw. linksextremistischen Ziele mit Ideologien und Forderungen des entgegengesetzten extremen Lagers: Ehemalige kommunistische Parteien kompensieren ihre in Verruf geratene Ideologie durch eine Erweiterung um nationalistische Inhalte. Umgekehrt übernehmen nationalistische Parteien machtpragmatisch linke Themen und Thesen, um so nicht nur Kommunismusgegner, sondern auch ehemalige überzeugte bzw. halbüberzeugte Sozialisten für sich zu gewinnen.

I. Einleitung

1. Problemstellung

Was im Sommer 1989 mit der Grenzöffnung zwischen Ungarn und Österreich begann und nach Massenflucht und Mauerfall ein Jahr später im vollständigen Zusammenbruch des sozialistischen Ostblocks gipfelte, war nicht nur das Ende des mehr als vier Jahrzehnte dauernden Ost-West-Konflikts, sondern auch der Aufbruch in eine ungewisse Epoche. Denn die Bilder jubelnder und begeisterter Menschen in ganz Osteuropa mischten sich schnell mit neuen und alten nationalistischen Misstönen, aber auch mit einer unerwarteten Renaissance von Sozialismus und „Ostalgie", wie die Beispiele Jugoslawien und Weißrussland zeigen. Eine positive Bilanz nach anderthalb Jahrzehnten Transformation in Ostmitteleuropa ist allerdings bei noch so skeptischer Betrachtung unübersehbar: Die meisten ehemaligen Ostblockstaaten haben den Übergang von Sozialismus und Planwirtschaft zu Demokratie und Marktwirtschaft bewältigt, unterhalten gute Wirtschaftsbeziehungen und politische Kooperationen mit den Staaten Westeuropas. Seit dem 1. Mai 2004 sind die Staaten Ostmitteleuropas Teil der Europäischen Union.

Dass jedoch die Einbindung der Staaten in die europäischen Politik- und Wirtschaftsstrukturen das Aufkommen und Agieren extremer Kräfte nicht verhindert, belegt der seit Jahrzehnten mehr oder weniger große, momentan besonders auffällige Erfolg von populistischen und extremistischen Parteien, Gruppen und Bewegungen in ganz Europa. Gerade in Ostmitteleuropa, wo gesellschaftlich gefestigte Parteiensysteme nach nur 15 Transformationsjahren größtenteils fehlen und eine demokratisch-politische Kultur noch immer wenig ausgeprägt ist, erscheint die Gefährdung nationaler und europäischer Stabilität durch antidemokratische Kräfte groß.

Bei der Frage nach den Ursachen und Besonderheiten des Extremismus-Phänomens in Ostmitteleuropa kann die geographische Lage allein nicht als relevantes Auswahlkriterium gelten. Vielmehr lässt die These der beiden Politikwissenschaftler Timm Beichelt und Michael Minkenberg, die Entstehung von Rechtsextremismus sei Folge der Probleme und Unwägbarkeiten der Modernisierung im Transformationsprozess[1], vermuten, dass es unter ähnlichen Transitionsbedingungen auch eine vergleichbare Entwicklung von Extremismus in verschiedenen osteuropäischen Staaten geben könnte. So waren Ausgangs- und Endpunkt der postkommunistischen Entwicklung, von sowjetischen Satellitenstaaten zu EU-Mitgliedern, identisch. Trotz zahlloser Schwierigkeiten bei der Umwandlung des gemeinsamen sozialistischen Erbes galten Polen, Tschechien und Ungarn in den 90er Jahren als Musterländer der Transformation. Sie etablierten früh ähnliche Demokratie- und Marktwirtschaftsmodelle. Das Ziel der EU-Mitgliedschaft erreichten – trotz zeitweilig unterschiedlich großer Fortschritte – alle drei Staaten gleichzeitig.[2] Daraus resultiert für den Beitrag folgende zentrale Problemstellung: Gibt es aufgrund der vergleichbaren historischen und transformationsbedingten Entstehungsursachen spezifische Erscheinungsformen und damit einen besonderen Typus von Extremismus in Ostmitteleuropa?

Die bisherige politikwissenschaftliche Auseinandersetzung mit Extremismus in Ostmitteleuropa beschränkte sich auf den Rechtsextremismus; Arbeiten des

---

1 Vgl. Timm Beichelt/Michael Minkenberg, Rechtsradikalismus in Osteuropa. Bilanz einer Debatte. In: Osteuropa, 52 (2002), S. 1056–1062, hier 1056 f.
2 Vgl. Kai-Olaf Lang, Systemtransformation in Ostmitteleuropa: Eine erste Erfolgsbilanz. In: APuZG, B 15/2001, S. 13–21, hier 13 f.

normativ-vergleichenden Ansatzes liegen hingegen nicht vor. Die einseitige Betrachtung von Rechtsextremismus in Ostmitteleuropa ist aber aufgrund ihrer Eindimensionalität mit vielfältigen Zuordnungs- und Abgrenzungsproblemen konfrontiert. Der in Polen geborene amerikanische Historiker Walter Laqueur weist zu Recht darauf hin, dass die Einstellungen und Absichten der rechtsextremen Bewegungen in Osteuropa mit Blick auf Rechts-Links-Einordnungen mysteriös und strittig sind.[3] Wie auch Politikwissenschaftler, z. B. Klaus von Beyme und Dieter Segert, andeuten, werden paradigmatische Rechts-Links-Gegenüberstellungen der Analyse von Rechtsextremismus in Ostmitteleuropa nicht gerecht.[4] Daher bleibt fraglich, ob Rechts-Links-Einordnungen im Rahmen einer normativen Extremismustheorie für Ostmitteleuropa sinnvoller und anwendbarer sind, als einseitige Rechtsextremismusbetrachtungen. Daraus resultieren zudem weitere Teilfragen für diesen Aufsatz: Welche Faktoren begünstigen, aber hemmen auch die Entstehung und Etablierung von Extremismus in Transformationsgesellschaften? Lassen sich nach der empirischen Überprüfung von extremistischen Parteien hinsichtlich ihrer Ideologien, Programme und Aktivitäten tatsächlich spezifische ostmitteleuropäische Extremismusformen nachweisen? Wie sind diese zu charakterisieren und in einem weiteren Schritt zu typologisieren? Wie ist dabei die Vielfalt der extremistischen Bewegungen in den drei Ländern zu veranschaulichen? Wie sind schließlich die, wenn auch wahrscheinlich schwierig anwendbaren, Rechts-Links-Kriterien in die Typologisierung einzubeziehen? Sind Einordnungen auf der Rechts-Links-Skala überhaupt möglich bzw. sinnvoll?

2. Aufbau

Dieser Beitrag beleuchtet sowohl die Ursachen als auch die konkreten Erscheinungsformen des Extremismus in Ostmitteleuropa. Zunächst gilt es zu klären, welche Bedingungen für die Entstehung von Extremismus ausschlaggebend sind. Dabei lassen sich die Ursachen in historische (Abschnitt II.1.) und aktuelle Faktoren (Abschnitt II.2.) unterscheiden. Im Mittelpunkt des Aufsatzes steht ein Typologisierungsmodell zur Einordnung extremistischer Parteien und Gruppierungen für Ostmitteleuropa. Historische und aktuelle Entstehungsgründe werden unabhängig voneinander verallgemeinert und unter Einbeziehung von Rechts-Links-Kategorien in das Klassifizierungskonzept integriert (Abschnitt III). Sowohl Besonderheiten für Ostmitteleuropa als auch Differenzierungen zu Westeuropa sollen somit in das Modell eingebunden werden. Der theoretischen

---

3 Vgl. Walter Laqueur, Faschismus. Gestern – Heute – Morgen, Berlin 1997, S. 268.
4 Klaus von Beyme, Rechtsextremismus in Osteuropa. In: Jürgen Falter/Hans-Gerd Jaschke/Jürgen R. Winkler (Hg.), Rechtsextremismus. Ergebnisse und Perspektiven der Forschung, Opladen 1996, S. 423–442; Dieter Segert, Viel weniger Rechtsradikalismus, als zu erwarten wäre. Kritische Anmerkungen zu einem interessanten Vergleich. In: Osteuropa, 52 (2002), S. 621–625.

Konzeption folgt im vierten Kapitel die empirische Erörterung. Exemplarisch werden jeweils für Polen, Tschechien und Ungarn extremistische Parteien auf ihre Ideologien, Programme und Aktivitäten untersucht. Die Analyse orientiert sich größtenteils an den für die Typologisierung relevanten Dimensionen Rechts versus Links und Historie versus Aktualität. Die Auswahl der extremistischen Bewegungen erfolgt in erster Linie nach Größe und Wahlerfolgen der extremistischen Parteien. Welche Ergebnisse sich daraus jeweils für Polen, Tschechien und Ungarn ergeben, inwieweit die angebotene Typologisierung sinnvoll ist, wie sich nach ihr extremistische Gruppierungen in Ostmitteleuropa einordnen lassen und ob sich daraus Schlüsse auf ein mögliches, typisch ostmitteleuropäisches Extremismus-Phänomen ziehen lassen, ist Gegenstand von Punkt 4. Die Schlussbetrachtung (V.) wird die Ausführungen aus der Gesamtperspektive der Untersuchung zusammenfassen und einen Ausblick auf die mögliche weitere Entwicklung des Extremismus, seine eventuell besonderen Erscheinungsformen und damit auf die künftige Gefährdung der Demokratien in Ostmitteleuropa wagen.

II. Entstehungsbedingungen für Extremismus in Ostmitteleuropa

1. Historische Ursachen

Der Ursprung des Nationalismus in Ostmitteleuropa ist eng verbunden mit dem Prozess der historischen Staatenbildung in diesem Raum seit 1918. Die Entstehung des Nationalbewusstseins in Polen, Tschechien und Ungarn vollzog sich seit Anfang des 19. Jahrhunderts zunächst ohne Staat. Im Gegensatz zu vielen westlichen Nationsbildungsprozessen stand am Beginn keine bürgerliche Revolution, sondern die Neuaufteilung der zerfallenden habsburgischen und russischen Reiche nach Ende des Ersten Weltkriegs. Die neuen Nationen Ostmitteleuropas waren also von Beginn an den Ambitionen der europäischen Nachbarn ausgesetzt.[5] Auch wenn es sich in Ostmitteleuropa, mit Ausnahme der Tschechoslowakei, um weitgehend ethnisch homogene Staaten handelte, entstanden Konflikte um Minderheiten und territoriale Protektionsansprüche. Antisemitismus in allen Ländern, Phobien der Polen gegenüber den mächtigen Nachbarn in Ost und West, Sudeten und deutsche Protektion in der Tschechoslowakei, ungarische Minderheiten als Opfer nationalistischer Anfeindungen in Rumänien und der Slowakei und damit wiederum verbundene Schutzansprüche sowie Fremdenfeindlichkeit in Ungarn beeinflussten so individuell die jeweils nationale Identität. Damit waren in allen drei Ländern Angriffsflächen für aggressive Nationalisten geschaffen, wenngleich sich die historischen und geographischen Gründe dafür unterscheiden. So ist der religiös motivierte Nationalismus

---

5 Vgl. Dieter Segert, Die Grenzen Osteuropas. 1918, 1945, 1989 – Drei Versuche im Westen anzukommen, Frankfurt a. M. 2002, S. 29–34.

Polens anders begründet als der tschechische Irredenta-Nationalismus gegenüber den Nachbarstaaten; wiederum anders legitimierten sich die Vorstellungen des ungarischen Nationalismus von einem geeinten, homogenen Ungarn. Und dennoch ergeben sich aus der Entwicklung des Nationalismus in Ostmitteleuropa Gemeinsamkeiten, die für die Ausprägung eines speziellen ostmitteleuropäischen (Rechts)extremismus relevant sein können. Bei allen drei Staaten handelte es sich mit der Staatsbildung als Folge des Ersten Weltkrieges um „verspätete" Nationen, deren Gründung nicht mit einer bürgerlichen Revolution oder Demokratievorstellungen verbunden war, sondern auf gemeinsamen Eigenschaften wie Sprache, Kultur, Sitten und Bräuchen beruhten. Die Regime wählten gleichsam den Nationalismus, um so die eigenen übersteigerten kulturellen und nationalen Vorstellungen zu legitimieren und die Bevölkerungen an sich zu binden. Geringes Demokratieverständnis und das Fehlen liberaler, basisdemokratischer Parteien und Bewegungen ermöglichten und begünstigten den raschen Aufstieg der jeweiligen Nationalismen nach 1918: „Polen, Tschechen und Ungarn [...] wurden von der kohäsiven Wirkung der Demokratie – jeder nach der eigenen Katastrophe enttäuscht, und als sie vor die Alternative gestellt wurden, den demokratischen Werten treu zu bleiben oder ihren territorialen Ansprüchen, wählten sie ohne zu zögern letzteres."[6]

Der Zeit des ostmitteleuropäischem Nationalismus folgte die Besetzung bzw. Annektierung der Länder durch Deutschland, die 1945 mit der vollständigen Kapitulation des Nationalsozialismus endete. Die anschließende kommunistische Machtübernahme in Ostmitteleuropa war nicht auf die Prozesse innerstaatlicher Willensbildung oder gar eine kommunistische Revolution zurückzuführen, sondern in erster Linie durch die Politik Stalins bestimmt. Als Ergebnis der Verhandlungen in Jalta 1945 zwischen Sowjets, Amerikanern und Briten entstand die regionale Teilung Europas, mit der Polen, die Tschechoslowakei und Ungarn in den sowjetkommunistischen Einflussbereich fielen.[7]

Die Nachkriegsregierungen der Ostblockstaaten entsprachen daher sowjetischen Vorstellungen. Unter diesem Einfluss vollzog sich bis 1949 in allen osteuropäischen Ländern der Übergang von Koalitionsregierungen zu einer rein kommunistischen Herrschaft. Mit Hilfe des staatlichen Gewaltapparates, verwaltet und unterstützt von der sowjetischen Regionalmacht, durch Isolierung politischer Gegner, Manipulationen und Fälschungen bei Wahlen und letztlich durch die erzwungene Verschmelzung kommunistischer, sozialistischer und sozialdemokratischer Parteien, gelang es den Kommunisten, sämtliche politischen Kräfte gleichzuschalten und jenen totalitären Staatssozialismus zu etablieren,

---

6   Istvan Bibo zitiert nach: Ellen Krause, Nationalismus oder demokratischer Neubeginn. Nationale Identität und postkommunistischer Transformationsprozess am Beispiel Ungarns, Neuried 1997, S. 122.
7   Vgl. George Schöpflin, Politics in Eastern Europe 1945–1992, Oxford und Cambridge 1993, S. 57.

auf dessen Grundlage die Utopie kommunistischer Gesellschaftsmodelle verwirklicht werden sollte.[8]

Doch schon die auf Gewalt basierende Machtübernahme der neuen Eliten zeigte die unüberwindlichen Gegensätze von theoretischer Sozialismusutopie und Realsozialismus. Das Ideal des Sozialismus, als Gegenentwurf zum Nationalismus, eine breite gesellschaftliche und politische Emanzipation durch die Veränderung der kapitalistischen Wirtschaftsordnung zu schaffen und damit die Grundwerte Freiheit und Gleichheit für alle Teile der Gesellschaft zu verwirklichen, war in Ostmitteleuropa weder von einer gesellschaftlichen Mehrheit getragen, noch gelang es den Regimen, diese in 40 Jahren Staatssozialismus zu gewinnen. Die Umsetzung marxistisch-leninistischer Ideen führte zwar zu einer Verstaatlichung der Produktionsmittel, welche zentraler Planung und Lenkung unterworfen waren, doch die versprochene klassenlose Gesellschaft mitsamt ihres allumfassenden Gleichheitsanspruchs stellte sich durch die Entstehung neuer Machtkasten in Staatsämtern und Partei nicht ein. Noch weniger als die Umsetzung des Postulats der Gleichheit gelang den Sozialisten die Verwirklichung gesellschaftlicher und individueller Freiheit. Die Unterdrückung von Meinungsvielfalt und Opposition, manipulierte Wahlen bzw. solche ohne Wahlen, wenig Entfaltungsmöglichkeiten der persönlichen – künstlerischen wie intellektuellen – Selbstverwirklichung, fehlende Reisefreiheit usw. zeigten, wie heterogen die Ideen von Marx und Lenin zu den Machtinteressen und Politikmethoden der kommunistischen bzw. sozialistischen Parteien waren.[9] Mit Hilfe des Staats- und Sicherheitsapparates gelang es zwar, die eigene Position zu verteidigen, doch die Unzufriedenheit – nicht zuletzt mit den materiellen Lebensbedingungen – führte besonders in den drei Ländern Ostmitteleuropas zu teilweise systemimmanenten, aber auch zu systemablehnenden Reformbewegungen. In Ungarn 1956, in der Tschechoslowakei während des Prager Frühlings 1968, in Polen mit den Streiks der Werftarbeiter 1980 kam es immer wieder zu Protesten gegen die Machthaber, die zwar mit sowjetischer „Schützenhilfe" niedergeschlagen wurden, in weiten Teilen der ostmitteleuropäischen Gesellschaften aber zu nur noch größerem Antikommunismus führten.[10]

Der gewaltige Einfluss der Sowjetunion auf die Ostblockstaaten zeigte sich bis zuletzt, paradoxerweise bis zu deren Zusammenbruch 1989. Nicht nur, dass es ohne die Veränderungen in der Sowjetunion nie zu einem friedlichen Wechsel gekommen wäre und die kommunistischen Machthaber nun ohne sowjetische Protektion ihre Macht innerhalb kürzester Zeit einbüßten, sondern auch, dass es in den ostmitteleuropäischen Ländern plötzlich kaum noch echte Kom-

---

8 Vgl. Segert, Grenzen Osteuropas, S. 69–87.
9 Vgl. George H. Hodos, Mitteleuropas Osten. Ein historisch-politischer Grundriss, Bonn 2003, S. 155–159.
10 Vgl. Hans Fenske: Politisches Denken im 20. Jahrhundert. In: Hans-Joachim Lieber (Hg.), Politische Theorien von der Antike bis zur Gegenwart, Wiesbaden 2000, S. 657–880, hier 862 f.

munisten gab, bestätigt die These eines militärisch importierten Sowjetkommunismus.

Doch die Rückkehr bzw. der Aufschwung alter KP-Nachfolgeparteien und die Etablierung neuer, teilweise sozialistisch ausgerichteter Parteien von Mitte der 90er Jahre an sind ein Zeichen, dass in vier Jahrzehnten Sozialismus zumindest noch Teile der ostmitteleuropäischen Gesellschaften für dessen Ideologie gewonnen werden konnten. Viele Verlierer der Transformation, die heute über schlechtere Lebensbedingungen klagen, die Zeit vor 1989 beschönigen und diese teilweise zurücksehen, sprechen dafür, dass die sozialistische Utopie nicht ausschließlich als fremdbestimmte Diktatur wahrgenommen wurde, sondern vor allem – aber nicht ausschließlich – unter den Profiteuren des Sozialismus zur tatsächlichen Identifikation mit dem jeweiligen Staatssozialismus führte. Heute sind es einfache, teilweise für die Menschen selbstverständlich gewordene Errungenschaften des Sozialismus, die ihnen in der postsozialistischen Gegenwart fehlen und damit die Existenz bzw. den Erfolg von postkommunistischen Parteien begründen: minimale Grundversorgung aller sozialen Schichten und geringere Wohlstandsunterschiede als heute, wenig allgemeine Kriminalität – wenn man nicht die gesamte kommunistische Herrschaftspraxis als solche bezeichnen möchte –, keine Drogentoten, ausreichend Kinderbetreuung, Arbeitsplätze für Frauen und vor allem die stets betonte Vollbeschäftigung.[11] Trotz des gesellschaftlichen Verfalls und der fortwährend verhassten totalitären Machtausübung ginge die Annahme, der Sozialismus habe im Kampf um die Herzen der Menschen auf ganzer Linie versagt, besonders unter Berücksichtigung der (Links-)Extremismusproblematik fehl. Die realsozialistischen Erfahrungen hemmen und fördern heutige tendenziell linksextreme Bestrebungen gleichermaßen, weil sie einerseits Transformationsgewinnern und Kommunismusgegnern als schlechtes Vorbild dienen, andererseits für Transformationsverlierer und Teile der alten Eliten nach wie vor die bessere Alternative gegenüber der Demokratie darstellen.

Aus der doppelten Erfahrung mit Nationalismus und Sozialismus ergeben sich Besonderheiten für den Charakter ostmitteleuropäischer Extremismusvarianten. Wie für den NPD-Vorsitzenden Udo Voigt, der die DDR als den besseren deutschen Staat bezeichnete,[12] gilt für Teile der Extremisten in Ostmitteleuropa die jeweils entgegengesetzte rechts- bzw. linksextremistische Alternative im Vergleich zu einer liberalen Demokratie als durchaus akzeptabler. Daraus ergibt sich für die zugleich postnationalistischen wie postkommunistischen ostmitteleuropäischen Demokratien die Situation, dass extremistische Bestrebun-

---

11 Vgl. Klaus Roth/Marketa Spiritova, Alltagskultur im Sozialismus. Praktiken und Strategien des Alltagslebens in den sozialistischen Ländern und ihre Folgen für die Transformation. In: Forschungsverbund Ost- Südosteuropa, Jahresbericht 2001 [unveröffentlichter Bericht], o. O., 2002, S. 11–19, hier 12.

12 Vgl. Armin Pfahl-Traughber, Der „zweite Frühling" der NPD zwischen Aktion und Politik. In: Uwe Backes/Eckhard Jesse (Hg.), Jahrbuch Extremismus & Demokratie, Band 11, Baden-Baden 1999, S. 146–166, hier 157.

gen Positionen einnehmen, die eigentlich dem erbitterten Gegner zuzurechnen wären, aber nun der eigenen Popularität und erneuerten Legitimität dienen. So warten Rechtsextremisten mit linken Themen auf, fordern soziale Gerechtigkeit, loben die Militanz und Sicherheit im Sozialismus und wenden sich gegen die Bedingungen und Methoden des „Raubtierkapitalismus".[13] Umgekehrt setzen Linksextremisten aufgrund einer (wenn auch skeptischen) Westeuropaorientierung großer gesellschaftlicher Teile nicht mehr auf klassisch- sozialistische Ideen, sondern verstärkt auf nationale und nationalistische Aspekte. Allerdings bestanden trotz der offiziellen Unvereinbarkeit von Nationalismus und Kommunismus auch im Realsozialismus Tendenzen zur Instrumentalisierung und Übernahme von nationalen Ideologien.[14] Zwar war es Teil der kommunistischen Herrschaftspraxis, Nationalismus als kollektive Individualität zu begreifen und damit den Widerspruch zur antiindividuellen, sozialistischen Internationale zu unterdrücken. Praktisch jedoch wurde Nationalismus umgesetzt, wo er den kommunistischen Machthabern zu Macht- und Stabilisierungsgewinnen diente. Nicht zuletzt bei offensichtlichen Entfremdungstendenzen von Staat und Gesellschaft firmieren nationale Überhöhungen als neues Integrationsmittel. Demnach ist die These, der Sozialismus habe nach 1989 ein ideologisches Vakuum hinterlassen, das dem heutigen Nationalismus förderlich sei, nur teilweise richtig. Zum Teil war es gerade der Realsozialismus, der den Nationalismus lebendig gehalten und Ressentiments vor allem gegenüber westlichen Nachbarn geschürt hatte, was aktuelle ideologische Kompromisse und Kooperationen von nationalen und sozialistischen Bestrebungen faktisch erleichtert.[15]

2. Aktuelle Ursachen

Der unvorhergesehene Zerfall des Realsozialismus in ganz Osteuropa 1989 wurde zunächst als Sieg der liberalen Demokratie und freien Marktwirtschaft gegenüber dem Staatskommunismus gefeiert. Angesichts der gewaltigen Ausmaße der anstehenden Veränderungen schienen die angestrebten Ziele - Demokratisierung, Marktliberalisierung und Wohlstandsgewinne für die Bevölkerungen - noch in weiter Ferne, und selbst eine Umkehr der Entwicklung konnte zumindest anfangs nicht ausgeschlossen werden. Umso erstaunlicher ist die Gesamtbilanz nach knapp anderthalb Jahrzehnten Transformation in Ostmitteleu-

---

13 Vgl. Andrezj Szczypiorski, Der Nationalismus als Folge des Endes der kommunistischen Utopie. In: Dietrich Schlegel (Hg.), Der neue Nationalismus. Ursachen, Chancen, Gefahren, Schwalbach 1994, S. 129–136, hier 135.
14 Vgl. Pierre Hassner, Neue Strukturen in Europa und die neuen Nationalismen. In: Magridisch A. Hatschikan/Peter R. Weilemann (Hg.), Nationalismen im Umbruch. Ethnizität, Staat und Politik im neuen Osteuropa, Köln 1995, S. 14–28, hier 25.
15 Vgl. Hilde Weiss/Christoph Reinprecht, Demokratischer Patriotismus oder ethnischer Nationalismus in Ost-Mitteleuropa. Empirische Analysen zur nationalen Identität in Ungarn, Tschechien, Slowakei und Polen, Wien u. a. 1998, S. 33–36.

ropa. Infolge des gewaltigen Umfangs und des enormen Tempos der Transformation entstanden gleichwohl zahlreiche Konfliktfelder, die eben nicht den erhofften Wohlstand für alle, sondern gravierende Unterschiede von Transformationsgewinnern und -verlierern als Ergebnis der marktwirtschaftlichen Demokratisierung brachten. Es besteht eine verblüffende Übereinstimmung jener Faktoren, die einerseits eines gelungenen Systemwandels bedürfen und andererseits das Auftreten von Extremismus begünstigen, je nachdem wie erfolgreich bzw. erfolglos sie zur Verwirklichung der politischen Ziele beitragen. Gilt die Änderung von sozialistisch geprägten Mentalitäten hin zur Entwicklung einer Zivilgesellschaft als vorrangige Transformationsaufgabe, bildet gerade das Fehlen von demokratischem Verständnis eine Chance zur extremistischen Etablierung. Erbringt der politische Output der Transformation nicht die erhofften Leistungen, stärkt dies extremistische Protestler mit ihren populistischen „Alternativen" zu politischen Institutionen und marktwirtschaftlichen Bedingungen. Sollen die sozialen Nachteile des Wandels zum Gelingen der Transformation durch solidarischen Ausgleich und Verteilungsgerechtigkeit korrigiert werden, schaffen gerade diese Spannungen Angriffsflächen für Extremisten. Während die Orientierung der ostmitteleuropäischen Staaten an der Europäischen Union und globalen Märkten den Anschluss an internationale Konkurrenzfähigkeit und weltweite Vernetzung bedeutet, so propagieren Extremisten den Verlust von Arbeitsplätzen und nationaler Eigenständigkeit. Wie diese Beispiele offenbaren, besteht zwischen der erfolgreichen Lösung der zentralen Transformationsaufgaben und den Entfaltungsmöglichkeiten des Extremismus ein Zusammenhang. Trotz aller Fortschritte der Transformation ergeben sich aufgrund der Tiefe und Gleichzeitigkeit des Systemwandels vielfältige Mobilisierungspotentiale für Extremismus in Ostmitteleuropa.

Der nach 40 Jahren zusammengebrochene Realsozialismus hinterließ nicht nur eine gescheiterte politische Ordnung und ein marodes Wirtschaftssystem, sondern auch kulturelle und sozial-strukturelle Eigenheiten, die nicht reibungslos mit den neuen Idealen von Freiheit und Demokratie vereinbar waren. Mehrere Jahrzehnte Staatssozialismus beeinflussten über Generationen hinweg die Bevölkerung mit ihren ideologischen Zielvorstellungen und idealistischen Utopien. Der umfassende politische Gestaltungsanspruch verhinderte zugleich die Entstehung von klassischen Milieus, in denen sich beispielsweise bürgerliche oder sozialdemokratische Parteien fest hätten etablieren können und die Entwicklung in Richtung einer Zivilgesellschaft, deren Vorhandensein 1989/90 zur Demokratieetablierung hilfreich gewesen wäre.[16]

Dass die moralischen Grundlagen, auf die sich die alte Gesellschaft berief, so nicht mehr galten und an deren Stelle nun westliche Werte und Kultureinflüsse treten sollten, konnten viele Menschen angesichts der materiellen Missstände und der politisch-kulturellen Verwirrung nicht begreifen. Die neuen bzw.

---

16 Vgl. Gert-Joachim Glaeßner, Demokratie nach dem Ende des Kommunismus. In: Welttrends, 2 (1994), S. 9–28, hier 11 f.

reformierten politischen Eliten vermochten es ebensowenig, die „kulturelle Krise" um Fragen des Daseins und nationaler Identität für alle Bürger ihrer Länder ausreichend zu beantworten. Stattdessen nutzten extremistische Strömungen die günstigen Gelegenheitsstrukturen von wirtschaftlicher und sozialer Unsicherheit, um sich ideologisch gegen eine Verwestlichung von Staat und Gesellschaft zu positionieren.[17] Fast in der gesamten ostmitteleuropäischen Region kam es nach dem Ende des Sozialismus zu einem Erstarken von nationalistisch geprägten, rechtsextremen Bewegungen. Die Form der kollektiven Identität, welche nach der Auflösung früherer politischer und sozialer Bindungen eine Identifizierung mit einer Gemeinschaft schafft und den verunsicherten Menschen Sicherheit bietet, ist für Teile der Bevölkerungen ein einfacherer Zugang ideologischer Orientierung, als sich den scheinbar ungehemmten und unüberschaubaren Demokratieideen zuzuwenden. Das gilt besonders wenn zum Teil soziale bzw. sozialistische Elemente aufgenommen werden.[18] Von dieser Unsicherheit und Ungewissheit profitierten auch linksextremistische bzw. KP-Nachfolgeparteien. Deutete sich zunächst ein schnelles Ende der alten Eliten nach 1989 an, zeigt sich heute, dass sie, wie zum Beispiel in Tschechien, mehr als nur eine marginale Rolle spielen. Die Erinnerung an eine, aus ihrer Sicht, bessere Zeit, verbunden mit neuen, national orientierten Legitimierungsversuchen ist nicht nur für einige ehemalige Funktionäre aus der zweiten und dritten Reihe nach wie vor mit dem Ideal einer sozialistischen Utopie verbunden. Auch das Urteil über das damalige System fällt mit zeitlichem Abstand immer günstiger aus.[19] Doch in erster Linie sind es Zukunftsängste und Enttäuschung über den bisherigen Verlauf der Transformation, die extremen Gruppen neuen Zulauf verschaffen und von denen sie sich eine verlangsamte, nationaler orientierte und zugleich sozial-gerechtere, also eine in gewisser Weise „national-sozialistischere" Transformation versprechen.[20]

Der Übergang vom Staatssozialismus zur liberalen Demokratie war für die ostmitteleuropäischen Reformer verbunden mit der Vision einer bürgerlichen Gesellschaft, demokratischer politischer Kultur und öffentlicher Partizipation. Bereits kurze Zeit nach der Installierung neuer politischer Institutionen zeigte sich ein erschreckendes Desinteresse an Politik und eine Gefährdung durch populistische bzw. extremistische Kräfte. Zum einen sind es fehlende demokratische Grundüberzeugungen und alte kulturelle Prägungen, zum anderen die

---

17 Vgl. Christopher Williams, Problems of Transition and the Rise of the Radical Right. In: Sabrina P. Ramet (Hg.): The Radical Right in Central and Eastern Europe since 1989, Pennsylvania 1999, S. 29–48, hier 38.
18 Vgl. József Bayer, Rechtspopulismus und Rechtsextremismus in Ostmitteleuropa. In: Österreichische Zeitschrift für Politikwissenschaft, 31 (2002), S. 265–280, hier 269.
19 Eine aktuelle Studie in Thüringen ergab, dass 58 Prozent der Befragten die Vergangenheit der DDR in einem grundsätzlich positiven Licht sehen (im Vorjahr waren es 48 Prozent); vgl. Liane von Billerbeck, Feine Risse im Fundament. In: Die Zeit vom 27. November 2003, S. 10.
20 Vgl. Heinz Timmermann, Die KP-Nachfolgeparteien in Osteuropa: Aufschwung durch Anpassung an nationale Bedingungen und Aspirationen, Köln 1994, S. 10–13.

unzureichenden – oder zumindest so empfundenen – Ergebnisse der neuen Politik, die für diese Entwicklung verantwortlich sind.[21]

An der allgemeinen Unzufriedenheit mit dem politischen Establishment sind allerdings die etablierten demokratischen Kräfte großenteils nicht schuldlos. Innerparteiliche Querelen, Postenkungelei und Korruption verstärken den Vertrauensverlust in die Demokratien und forcieren den Aufschwung von Extremen und ihrer vermeintlichen Alternativen. Zudem tragen die internen wie parteiübergreifenden Streitigkeiten um solche Themen zu einer Verrohung des politischen Klimas bei, der sich im Diskurs der Öffentlichkeit fortsetzt. Dass *political correctness* in der Mentalität der Wähler nicht entstehen kann, wenn kein basisdemokratischer Konsens in Form von politischer Kultur existiert, ist ein Ergebnis der öffentlichen Parteifeindlichkeit. Nicht zuletzt wegen ihrer eigenen Unfähigkeit gelang es den demokratischen ostmitteleuropäischen Parteien nicht, eine feste Mitgliederbasis an sich zu binden. Lediglich die demokratisch-reformierten ehemaligen kommunistischen Parteien können durch „alte" Mitgliedschaften auf ein größeres Anhängerpotenzial verweisen, aber sonst fehlt größtenteils die politische Partizipation von Parteimitgliedern in den politischen Systemen der drei Staaten. Damit hapert es an deren sozialem Beitrag zur Konsolidierung der jungen Demokratien. Nur wenige demokratieüberzeugte Parteianhänger vermitteln jenen Grundkonsens an politischen Inhalten und Werten in der Gesellschaft, der zur breiten Verankerung von Demokratieprinzipien notwendig wäre, und somit entsteht eine Lücke für extremistische Ideologien, wirre Demagogien und populistische Anfeindungen von Rechts und Links.[22]

Entscheidend für die gesellschaftliche und politische Stabilisierung und damit für das gesamte Gelingen der ostmitteleuropäischen Transformation sind die Umstrukturierung und das Wachstum der Wirtschaft. Die Schwierigkeiten beim Übergang von staatlich gelenkter Planwirtschaft zu freier Marktwirtschaft stellten sich schnell größer heraus als angenommen, denn ein nicht wettbewerbsfähiges, marodes Wirtschaftssystem und die Hinterlassenschaft hoher Staatsschulden verschlechterten die Startbedingungen. Nach dem Beginn der Reformen kam es zunächst in allen drei Visegrád-Ländern zu drastischen Einbrüchen der Sozialprodukte. Das Bruttosozialprodukt sank in Ostmitteleuropa von 1989 bis 1994 um 15 bis 40 Prozent und erreichte erst im Jahr 2000 wieder das Niveau von 1989.[23] Auch die Realeinkommen sanken stark und haben bis heute nicht überall den Stand vor 1990 erreicht; zudem sind sie wesentlich ungleicher verteilt als im Sozialismus. Zugleich stieg die Inflation gravierend an, und die Arbeitslosigkeit wuchs in den ersten Jahren nach dem Systemwechsel rasant.[24] Trotz zwischenzeitlicher Entspannung und hoher Wachstumsraten

---

21 Vgl. Gert-Joachim Glaeßner, Demokratie nach Ende des Kommunismus. Regimewechsel, Transition und Demokratisierung im Postkommunismus, Opladen 1994, S. 272 f.
22 Vgl. Bayer, Rechtsextremismus und Rechtspopulismus, S. 270.
23 Vgl. Williams, The Rise of the Radical Right, S. 42 f.
24 Vgl. Frank Bönker, The dog that did not bark? Politische Restriktionen und ökonomische Reformen in den Visegrád-Ländern. In: Hellmut Wollmann/Helmut Wiesenthal/

von fünf bis sieben Prozent gelang es nicht ausreichend, die freigesetzten Arbeitskräfte des sozialistischen Industrie- und Agrarsektors in privatisierten Wachstumsindustrien und neuen Dienstleistungsbranchen unterzubringen.[25]

Die aus der sozialen Ungerechtigkeit und objektiven wie subjektiven Verarmung resultierenden Frustrationen können so problemlos für die Demagogie von Extremisten und Populisten missbraucht werden. Die Verantwortlichen für die Verschuldungskrise und westlich finanzierte Privatisierungen sind dabei für Extreme jeder Couleur leicht auszumachen: internationales Kapital, bevorzugt das der erklärten „Lieblingsfeinde" (Deutsche, Amerikaner und Juden), und seine Institutionen von IWF und Weltbank bzw. alle, auf welche die Schuld des wirtschaftlichen und sozialen Verfalls abgewälzt werden kann.[26]

Hohe Arbeitslosenzahlen, Armut und der Wegfall von Minimalsicherheiten des Sozialismus schafften in Ostmitteleuropa nach 1989 Konflikte, nicht nur einiger sozialer Randgruppen, sondern in breiten Bevölkerungskreisen. Unter kommunistischer Herrschaft hatten viele Menschen das Gefühl, in einem modernen Sozialismus zu leben, und tatsächlich waren die ostmitteleuropäischen Gesellschaften in einigen Bereichen, wie Urbanisierung und Säkularisierung, weit entwickelt. Die sozialistische Ökonomie wurde über Jahrzehnte als hochentwickelt propagiert und durch einen Ostblock-Protektionismus konserviert. Mit der Öffnung gen Westen brachen nicht nur die nationalen Wirtschaften ein, sondern auch die Illusionen einer sozialistischen Modernisierung. Der Zusammenbruch dieser scheinbaren Modernisierung nach 1989 war umso radikaler; die Folge ist heute eine Koalition objektiver und subjektiver Transformationsverlierer. Große Teile von kaum ausgebildeten Arbeitern, Kleinunternehmern, in Polen auch millionenstarke Bauernschaften und vor allem Frauen schaffen es nach wie vor nicht, sich unter den neuen Bedingungen des Marktes zu behaupten. Unter dem riesigen Heer an ehemaligen mittleren Angestellten und Funktionären, deren Kontroll- und Agitationsaufgaben mit dem Systemwechsel endeten und die nun häufig einfachen Tätigkeiten nachgehen mussten, ist das Verliererbewusstsein besonders stark ausgeprägt.[27]

Nicht nur die große Zahl an Modernisierungsverlierern ist ein Problem, sondern auch die tiefe Kluft zwischen Profiteuren und Verlierern. Ende der 90er Jahre gaben beispielsweise mehr als 30 Prozent der Polen an, sich arm zu fühlen, und über die Hälfte erklärte, aufgrund materieller Unzulänglichkeiten und sozialer Ungerechtigkeiten in ihren Lebenschancen eingeschränkt zu sein. Für viele scheint daher heute das einstige Gleichheitspostulat des Sozialismus wieder in hellerem Licht zu leuchten.[28]

ders. (Hg.), Transformation sozialistischer Gesellschaften: Am Ende des Anfangs, Leviathan-Sonderheft 15, Opladen 1995, S. 180–206, hier 182.
25 Vgl. Lang, Systemtransformation in Ostmitteleuropa, S. 19 f.
26 Vgl. Rudolf Hermann, Tiefe Wunden der Vergangenheit – Intellekt und Emotion liegen in Polen und Tschechien im Wettstreit. In: Das Parlament vom 19./26. August 2002, S. 1.
27 Vgl. Klaus von Beyme, Systemwechsel in Osteuropa, Frankfurt a. M. 1994, S. 190 f.
28 Vgl. Lang, Systemtransformation in Ostmitteleuropa, S. 19.

Auch zwischen Stadt und Land entstanden Konflikte um Wohlstand und Verteilungsgerechtigkeit. In einigen ländlichen Regionen, besonders in den Grenzregionen Richtung Osten, liegt die Arbeitslosigkeit bei über 20 Prozent, und die Reallöhne sind um zwei Drittel geringer als in den Metropolen.[29] Die Folgen sind nicht nur Neid und Ablehnung gegenüber der wohlhabenden Bevölkerung in den Zentren, und diese richten sich somit auch gegen die gesellschaftlichen Eliten, deren politische wie wirtschaftliche Reformen.

Die Sozialkrise der Transformation in Ostmitteleuropa hat nicht nur Schwierigkeiten zwischen Modernisierungsgewinnern und -verlierern zur Folge, sondern führt auch vermehrt zu Konflikten mit Minderheiten. Für große Teile der breiten und weniger gebildeten Massen liegt es psychologisch nahe, die Ursachen für transformationsbedingte Probleme bei den „Anderen" zu suchen, was zu gesellschaftlichen Irritationen, Intoleranz und sogar Gewaltaktionen führt. Für Extremisten in Ostmitteleuropa bestehen also vielfältige Möglichkeiten, die sozialen Konflikte auszunutzen, um so mit der Schaffung sozialer Feindbilder breite Massen an sich zu binden und die eigene Legitimität zu erhöhen.[30]

Die Globalisierung ist zwar kein ausschließlicher Bestandteil der osteuropäischen Transformation, denn die Staaten Westeuropas kämpfen ebenso mit deren negativen Begleiterscheinungen wie steigenden Arbeitslosenzahlen durch internationale Produktionsverlagerung und sinkenden Staatseinnahmen. Doch erst seit dem Untergang des Kommunismus müssen sich die einst im *Rat für gegenseitige Wirtschaftshilfe* (RGW) weltwirtschaftlich abgeschirmten, ostmitteleuropäischen Staaten dem internationalen Wettbewerb stellen und damit auch innerhalb der jeweiligen Transformations- und Modernisierungsprozesse auf die neuen Herausforderungen des globalen Umfeldes reagieren.

Neben dem Problem wachsender Billiglohnkonkurrenz aus Ost- und Südosteuropa[31] sind es in erster Linie die negativen Begleiterscheinungen des EU-Beitritts, die extremistische, antieuropäische Positionen in Ostmitteleuropa fördern. Nach wie vor stehen den Vorteilen der Osterweiterung, dem Zuwachs an außenpolitischer Stabilität, der Erweiterung des Binnenmarktes, dem Gewinn an wirtschaftlicher Stabilität und der Beschleunigung des Wachstums durch ausländische Direktinvestitionen, die Gegner einer erweiterten EU mit ihren teilweise berechtigten Ängsten gegenüber. Teile der polnischen, tschechischen und ungarischen Bevölkerung befürchten den Verlust an eigenstaatlicher Souveränität und ein Hinabsinken zu EU-Bürgern zweiter Klasse, den Ausverkauf des Bodens sowie den Niedergang der nicht konkurrenzfähigen Landwirtschaft. Ein Teil dieser Argumente resultiert aus Vorurteilen und der Polemik von Populisten und Extremisten. Bisher gibt es keine Studie, die belegt, dass „nach Osten

---

29 Vgl. Peggy Dreyhaupt-von Speicher, Die Regionen Polens, Ungarns und der Tschechischen Republik vor dem EU-Beitritt, Frankfurt a. M. 2002, S. 59–107.
30 Vgl. Georg Brunner, Nationalitätenprobleme und Minderheitenkonflikte in Osteuropa, Gütersloh 1993, S. 65 f.
31 Vgl. Thomas Bär, Abschied vom Billiglohn. In: Prager Zeitung vom 8. Januar 2004, S. 16.

drängende Deutsche" diesen Sorgen Berechtigung verleihen.[32] Trotz der billigen Bodenpreise in Ostmitteleuropa wird der Westeuropäer wohl weiterhin sein Ferienhaus in Spanien der Datscha an den Masuren vorziehen. Dennoch sind nicht alle Zukunftssorgen der Ostmitteleuropäer grundlos. In Polen beispielsweise werden über kurz oder lang eine Million Arbeitsplätze in der Landwirtschaft wegfallen, ebenso scheinen Teile der ostmitteleuropäischen Schwer- und Metallindustrie nach wie vor nicht wettbewerbsfähig zu sein.[33]

Die Mobilisierungsmöglichkeiten von Extremisten werden daher stark vom Erfolg bzw. Misserfolg der erweiterten Europäischen Union abhängen. Sollten sich die Verpflichtungen und Unterordnungen der ostmitteleuropäischen Staaten zu den Rechten und Regeln der Union nicht in raschen Wohlstands- und Wachstumsgewinnen widerspiegeln, scheinen hier ideale Etablierungsmöglichkeiten für antieuropäische Extremisten unter den Verlierern, den Armen, den Bauernschaften, den Alten und den Arbeitslosen zu bestehen.[34]

III. Modell zur Einordnung von Extremismen in Ostmitteleuropa

Die Untersuchung der entstehungsrelevanten Ursachen von Extremismus in Ostmitteleuropa hat gezeigt, dass die These der Politikwissenschaftler Timm Beichelt und Michael Minkenberg, (Rechts-)Extremismus in Ostmitteleuropa sei eine Folge der Probleme bei der Modernisierung und Transformation, zwar grundsätzlich richtig ist, aber zu kurz greift. Zweifellos begünstigen die Schwierigkeiten des politischen, kulturellen, wirtschaftlichen und sozialen Wandels das Erstarken von Extremismus, sind sie der Hauptgrund für dessen Auftreten. Doch die Rückbesinnung auf die Ideologien des Vorkriegsnationalismus und Sozialismus ist für Beichelt/Minkenberg Folge der tiefgreifenden Transformationsprozesse und keine eigenständige Ursache. Diese einseitige Erklärung für Extremismus ist fraglich, denn selbst im Idealfall einer allseitig gelungenen, vollendeten und reibungslosen Transformation wäre es vermutlich zum Auftreten von Extremismus gekommen. Die offizielle Unterdrückung bzw. Denunzierung des Nationalismus seit der Teilung Europas und die ideologische Leere nach dem Ende des Sozialismus führten nach dem Zusammenbruch des Ostblocks zu jenem ideologischen Vakuum, das für Teile der Ostmitteleuropäer neu und fremd war. Die tatsächliche Instrumentalisierung des Nationalismus durch den

---

32 Vgl. Tom Thieme, Expansion of the European Union eastwards – consideration of the chances and risks taking the Germany-Poland relations as an example. In: Kazakhstan and contemporary world, 2 (2003), S. 106–113, hier 112.
33 Vgl. Katarzyna Zukrowska, Polen – Europäische Union. Eine neue Perspektive der Integration. In: Magda Schirm (Hg.), Die neuen Gesichter Europas. Tschechien, Polen, Ungarn, Frankfurt a. M. 2002, S. 30–61, hier 50 f.
34 Vgl. Williams, The Rise of the Radical Right, S. 45.

Kommunismus und die „Autoritätsfixiertheit"[35] nach fast ununterbrochener Fremdherrschaft in der Historie Polens, Tschechiens und Ungarns fördern nun am rechten Rand die Renaissance der nationalen Identität und des Nationalismus. Am linken Rand bleiben zumindest die Überzeugten bzw. Unverbesserlichen ihrer kommunistischen Utopie einer klassenlosen Gesellschaftsform treu, und selbst das Arrangement von Links und Rechts bildet für viele Identitätslose eine ideologische Alternative.

Wie sind nun die verschiedenen extremismusrelevanten Faktoren in ein Typologisierungsmodell für Extremismus in Ostmitteleuropa integrierbar? Zunächst bilden die beiden Dimensionen „historischer Bezug" und „aktuelle Konflikte" Überkategorien, an denen sich extremistische Bewegungen orientieren. Innerhalb dieser Kategorien stehen sich jeweils typische Wesensmerkmale von Links- und Rechtsextremismus gegenüber. Auf der historischen Ebene wird zwischen autokratisch-nationalistischen und kommunistisch-internationalistischen Bezugspunkten für Extremisten unterschieden. Die Differenzierung innerhalb aktueller Konflikte erfolgt zwischen rassistisch-ethnozentrischen und sozialistisch-antikapitalistischen Parteien. Damit ist die Einbeziehung der beiden Dimensionen gewährleistet und neben klassischen Rechts-Links-Extremismen die Möglichkeit von extremistischen Mischtypen aus Ideologie und Aktionismus berücksichtigt. Da aber nicht nur eine Durchmischung von Ideologie und Aktionismus, sondern auch die Überlappung rechts- und linksextremistischer Elemente innerhalb der historischen bzw. aktuellen Bezüge denkbar ist, wird hier die Möglichkeit einer doppelten Zugehörigkeit eingeräumt. Daraus ergibt sich für die vorgeschlagene Typologisierung folgendes Raster:

Tabelle 1: Typologie des Extremismus in Ostmitteleuropa

Aktuell \ Historisch	autokratisch-nationalistisch	beides	kommunistisch-internationalistisch
rassistisch-ethnozentrisch	(1)	(2)	(4)
beides	(3)	(5)	(7)
sozialistisch-antikapitalistisch	(6)	(8)	(9)

Aus dem Schema ergeben sich neun Kategorien. Auf den ersten Blick scheint es verwirrend, die Gruppen nicht in einer horizontal angelegten Reihe darzustellen. Doch die unterschiedlichen Schattierungen zeigen, dass bestimmte

---

35 Vgl. Timm Beichelt/Michael Minkenberg, Rechtsradikalismus in Transformationsgesellschaften. Entstehungsbedingungen und Erklärungsmodell. In: Osteuropa, 52 (2002), S. 247–262, hier 256.

Gruppen zueinander gehören, also mit der bewussten Nummerierung der Kategorien ein weiteres Ziel verfolgt wird. Lediglich Typ (1) für Rechtsextremismus und Typ (9) für Linksextremismus sind reine Rechts- bzw. Linksextremismusformen in eindeutiger Übereinstimmung historischer Bezüge und aktueller Programmatik. Dazwischen liegen Mischformen, die links- und rechtsextreme Elemente beinhalten. Sie weisen spezifische Tendenzen auf. Da die Untersuchung entstehungsrelevanter Faktoren für Extremismus zwar die Bedeutung sowohl historischer als auch aktueller Gründe feststellt, aber transformationsbedingte Extremismusursachen größeres Gewicht haben, sind jene Gruppen, die sich aktuell nur rechts- bzw. linksextremistisch verhalten, am dichtesten an der jeweiligen Reinform (Typ 2 für Rechtsextremismus, Typ 8 für Linksextremismus). Dem folgen die Kategorien (3) und (7) für historisch eindeutigen, aber aktuell durchmischten Rechts- und Linksextremismus. Dazwischen liegen die Typen (4), (5) und (6). Bei Typ (4) würde es sich um jene Gruppen handeln, die sich zwar eindeutig auf linke Vorbilder berufen, sich aktuell aber ebenso eindeutig rassistisch-ethnozentrisch gebärden. Umgekehrt ist Typ (6), wo nationalistische Vorlagen zwar den historischen Bezug bilden, aktuell aber nur sozialistisch und antikapitalistisch argumentiert wird. Da auch hier dem aktuellen Bezug größere Bedeutung beigemessen wird, tendiert Kategorie (4) mehr zu Rechtsextremismus, Kategorie (6) mehr zum Linksextremismus. Den „durchmischtesten" Typ bildet Gruppe (5). In diesem Fall ist sowohl die ideologische Basis als auch der tagespolitische Aktionismus von links- wie rechtsextremen Tendenzen gekennzeichnet.

Was kann das Modell zur Erforschung von Extremismus in Ostmitteleuropa beitragen, und wo stößt seine Anwendbarkeit an Grenzen? Im Rahmen einer normativen Extremismusforschung lassen sich mit Hilfe dieser Klassifizierung Parteien, Gruppen und Bewegungen hinsichtlich ihrer historischen und aktuellen Ausrichtung einordnen und bewerten. Die Differenzierung der jeweiligen extremistischen Bewegungen gibt Aufschluss über deren ideologische wie programmatische Charaktere und Ziele, aber auch darüber, welche Gefahren sich daraus für die Demokratie ergeben. Des Weiteren sollen mit Hilfe des Klassifizierungsschemas jene zentralen Problemstellungen der Arbeit, welche nach Rechts-Links-Kriterien und nach einem eventuell „besonderen" Typ Extremismus in Ostmitteleuropa fragen, beantwortet werden.

Zweifelhaft ist hingegen, ob die Differenzierung des Modells für die Heterogenität der extremistischen Gruppen ausreichend ist. Wenn schon innerhalb des „klassischen" Rechtsextremismus eine Bandbreite an verschiedenen Strömungen existiert, ist es wahrscheinlich kaum möglich, alle Facetten und Spielarten des Extremismus zu berücksichtigen. Dem kann jedoch zugute gehalten werden, dass dies auch in Westeuropa mit der Teilung von Rechts- und Linksextremismus nicht möglich ist und es dafür weiterführender Untersuchungen bedarf. Ferner leistet der Typologisierungsvorschlag keinen Beitrag zur Erklärung von Extremismus allgemein, sondern lediglich zur Erklärung bestimmter Extremismusformen aufgrund relevanter Determinanten. Dies ist nicht das zentrale Anliegen einer Extremismusforschung, die Extremismus auf sein Verhältnis zur Demokratie untersucht. Die im normativen Zusammenhang gewonnenen Erkenntnisse dürften allerdings für die Beantwortung weiterer Fragestellungen – Warum gibt es Extremismus? Warum ist die Ausbreitung so groß bzw. so klein? Welche sozialen Gruppen und Schichten neigen zum Extremismus? – im Rahmen einer sozialwissenschaftlichen Auseinandersetzung mit Extremismus in Ostmitteleuropa nicht nur nützlich, sondern durchaus erweiterbar sein.

IV. Anwendung der Typologie

1. Parteipolitischer Extremismus in Polen

Die Partei *Samoobrona* („Selbstverteidigung"), die noch vor den polnischen Parlamentswahlen 2001 weitgehend unbekannt war, ist momentan drittstärkste Kraft im Sejm und damit die erfolgreichste extremistische Partei in Polen. Die aus der gleichnamigen Landarbeitergewerkschaft hervorgegangene Partei entstand 1992, hat etwa 50 000 Mitglieder, verfügt kaum über Parteivermögen und Immobilien, dafür seit den letzen Parlamentswahlen über 53 Sejmabgeordnete und zwei Senatoren. Ihr Vorsitzender ist der 49jährige Landwirt und ehemalige Preisboxer Andrzej Lepper.[36]

Lepper und *Samoobrona* werden in den polnischen wie deutschen Medien und politikwissenschaftlichen Fachzeitschriften überwiegend als populistisch bezeichnet.[37] Leppers Rhetorik und Politikstil (Auftritte als „Ritter" mit Pferd, die Rolle des Robin Hood, der das Establishment anprangert usw.), die ihm Stimmen zahlreicher krisengeschüttelter Landwirte und Arbeitsloser einbrachten, sind Populismus pur.[38] Doch die aktionsorientierte und programmatische Radikalität Leppers und seiner Anhänger unterscheidet ihn und seine Partei deutlich von vergleichsweise „gemäßigten" Populisten wie Jörg Haider und verbergen durch den eindeutig extremistischen Charakter *Samoobronas*.

Die ideologischen Grundlagen *Samoobronas* sind nicht klar dem linken bzw. rechten Spektrum zuzuordnen. Zum einen beruft sich die Partei auf die polnische Nation und illustriert das durch die häufige Verwendung nationaler Symbole wie des polnischen Adlers. Die Fraktion tritt zudem geschlossen mit weißroten Krawatten auf. Zum anderen wird dieser Nationalismus durch sozialistische Ideen ergänzt. *Samoobrona* sympathisiert nicht nur mit der ehemaligen Volksrepublik Polen, sondern identifiziert sich offen mit der damaligen Gesell-

---

36 Vgl. http://www.political-resources.net/Sejm/samoobrona [Stand: 04.09.2003].
37 Siehe auch: Bayer, Rechtsextremismus und Rechtspopulismus; Katharina Stankiewicz, Die „neuen Dmowskis" – eine alte Ideologie im neuen Gewand? In: Osteuropa, 52 (2002), S. 263–279; Bouguslaw Mazur, Kto będzie polskim Haiderem [Wer wird der polnische Haider]. In: Wprost vom 30. April 2000, S. 21–24.
38 Vgl. Christian Schmidt-Häuer, Ritter der blauen Veilchen. In: Zeitdokument, Hamburg 2002, S. 21 f.

schaftsform, ihrem einstigen sozialistischen Gleichheitsanspruch, und stellt somit das demokratische System in Frage.

Die gleichzeitige Bezugnahme auf Nationalismus und Sozialismus zeigt sich ebenso in der aktuellen Programmatik der Partei. Ihr Sprachrohr Andrzej Lepper argumentiert antideutsch und antieuropäisch, prophezeit den Ausverkauf Polens und schürt die Ängste vor einer globalen Verschwörung durch die EU.[39] Zwar vermeidet der rhetorisch geschickte Lepper offene antisemitische Äußerungen und spricht lieber von der „Internationale des Kapitals". Doch innerhalb der Partei gibt es eindeutig antijüdische Gruppierungen wie den polenweit bekannten Autor und Redakteur vieler rechtsextremer Publikationen Leszek Bubel.[40] *Samoobronas* Parteiprogramm betont nicht die polnische Nation als Ganzes, sondern grenzt es auf „polnische Familien" ein, argumentiert also scharf „polonozentrisch".[41] So heißt es im vierten Punkt des Parteiprogramms: „Die Überreste der demolierten Industrie sind zu retten, gerettet werden muss die polnische Landwirtschaft, erarbeitet werden muss ein nationales Wohnungsbauprogramm unter der Losung: eine Wohnung für jede polnische Familie."[42] Schon darin zeigt sich neben der unübersehbaren Nationalfixierung zugleich der sozialistische Charakter von *Samoobrona*. Im Parteiprogramm heißt es weiter, man wolle den Menschen Sicherheit geben, Privatisierungen beenden, soziale Gerechtigkeit für alle Polen schaffen und staatliche Regulierungen im Wirtschaftssystem vornehmen. Die teilweise Rückkehr zur Planwirtschaft scheint bei Lepper nicht nur antieuropäisches Wahlkampfgerede zu sein, sondern ernsthaftes politisches Ziel, auch wenn die vagen Formulierungen des Programms ein wirtschaftspolitisch indiskutables, aber populistisch umso effektiveres Bild ergeben.

Noch eindeutiger zeigt sich der extremistische Charakter *Samoobronas* im politischen Verhalten. Ihr äußerst autoritärer Vorsitzender, den seine Mitarbeiter mit „Herr Marschall" ansprechen, ist wegen Gewalttaten mehrfach vorbestraft. Ähnliches gilt für einen Teil der Spitzenfunktionäre. Mit seinen Parteifreunden brach Lepper beispielsweise in ein Geflügelkombinat ein, um das Fleisch an die Bevölkerung zu verteilen. Bei Straßenblockaden gegen EU-Lastwagen wurden 1999 mehrere Fahrer verprügelt und 80 Polizisten verletzt.[43] Im Sommer 2002 stürmte Lepper mit Getreuen einen Güterzug aus Deutschland, dessen Getreideladung demonstrativ auf den Gleisen verteilt wurde.[44]

Dennoch konnte Lepper den EU-Beitritt Polens (im Juni 2003 stimmten 78 Prozent der Polen für die europäische Integration ihres Landes) nicht ver-

---

39 Vgl. Jakob Juchler, Zwischen Bangen und Hoffen. Polen vor dem EU-Referendum. In: Osteuropa, 53 (2003), S. 502–514, hier 507.
40 Vgl. Stankiewicz, Die „neuen Dmowskis", S. 276.
41 Parteiprogramm „Samoobronas" zitiert nach: Zbigniew Wilkiewicz, Populismus in Polen. Das Beispiel der Samoobrona unter Andrzej Lepper. In: Deutsche Studien, 38 (2002), S. 118–129, hier 123.
42 Ebd., S.122; hierzu auch http://www.Samoobrona.pl [Stand: 01.09.2002].
43 Vgl. Wilkiewicz, Populismus in Polen, S. 123.
44 Vgl. Jan Puhl, Die Stunde des Marschalls. In: Der Spiegel vom 24. Juni 2002, S. 131.

hindern.⁴⁵ Der Höhenflug *Samoobronas* wurde damit zwar vorerst gestoppt, aber die Gefahr besteht, dass die Partei bei einer Enttäuschung der Erwartungen an die EU ein umso größeres Comeback feiern könnte. Schon jetzt hat der Einfluss *Samoobronas* zu einer Verrohung des politischen Klimas beigetragen, was die polnische Politikwissenschaftlerin Janina Paradowska als „Lepperisierung der Demokratie"⁴⁶ bezeichnet.

Die *Polnische Familienliga*, gegründet erst wenige Monate vor den Parlamentswahlen im September 2001, gewann mit einem nationalistisch-religiösen Programm und stark populistischem Wahlkampf fast acht Prozent der Stimmen und übersprang damit deutlich die Fünfprozenthürde für den Einzug in den Sejm. Der Parteigründung waren verschiedene Zweckbündnisse, Abspaltungen und Wiederauflösungen im rechten Spektrum vorausgegangen, bevor der bekannte EU-Gegner Jan Łopuszanski, Mitbegründer und Vorsitzender verschiedener „Taxiparteien" wie der ZChN (*Christlich Nationale Vereinigung*) und der PP (*Polnische Allianz*), die LPR ins Leben rief. Mit Jan Olszewski, dem ehemaligen Regierungschef unter *Solidarnośc*, hat die Partei zudem eine bedeutende Persönlichkeit der polnischen Politik als Vorsitzenden.⁴⁷

Die unmittelbare Nähe der LPR zum alten Nationalismus nach den Ideen Roman Dmowskis ist so stark ausgeprägt, dass sie in der polnischen Presse als „Dmowsscy nasnych czasów" (die Dmowskis unserer Zeit)⁴⁸ bezeichnet wurde. Dmowskis Definition der „wahren und katholischen" Polen und damit die Abwehr antipolnischer – vor allem jüdischer – Bedrohungen finden sich fast vollständig übernommen in der Argumentation der *Polnischen Familienliga* wieder. Die Verschwörungstheorien einer weltweiten polnischen Bedrohung forcieren die antisemitische Ideologie der LPR und legitimieren ihre aggressive Verteidigung der polnischen Identität und nationalen Freiheit.⁴⁹

Antisemitismus und Europafeindlichkeit bestimmen ganz im Sinne des „Dmowskischen Polonismus" den aktuellen Diskurs der LPR. Eine Revision des polnischen Geschichtsbewusstseins wird abgelehnt, antipolnische Vorwürfe werden verworfen. So distanzierte sich die LPR ausdrücklich von Staatspräsident Kwaśniewskis Versöhnungsbitte anlässlich des 60. Todestages der Opfer von Jedwabne. Die Schuldzuweisung gegenüber Polen ist für die LPR eine „brutale Provokation", „Verleumdung neuer Qualität" und Teil einer langjährigen antipolnischen Kampagne.⁵⁰

---

45 Vgl. Thomas Urban, Polen entscheidet sich für die EU. In: Süddeutsche Zeitung vom 10. Juni 2003, S. 1.
46 Janina Paradowska, Lepperyzacja demokracji. In: Polityka vom 25. Mai 2002, S. 20–22.
47 Vgl. Klaus Ziemer/Claudia-Yvette Matthes, Das politische System Polens. In: Wolfgang Ismayr (Hg.), Die politischen Systeme Osteuropas im Vergleich, Opladen 2002, S. 185–237, hier 220.
48 Pawel Reszka/Marcin Dominik zitiert nach: Stankiewicz, Die „neuen Dmowskis", S. 264.
49 Vgl. Stankiewicz, Die „neuen Dmowskis", S. 265.
50 Vgl. Stankiewicz, Die „neuen Dmowskis", S. 275.

Ihre EU- und NATO-Feindschaft wird als traditionelle Abwehr polnischer Interessen durch jüdische Großkapitalisten begründet. Die EU-Mitgliedschaft Polens wird zudem als Gefahr für nationale Identität und katholische Interessen bekämpft. Gegen Verwestlichung der polnischen Kultur, wirtschaftliche Abhängigkeit und unmoralische Gottlosigkeit macht die LPR mobil. Nicht zuletzt die Aufhebung des Abtreibungsverbotes durch europäische Gerichte wird von den LPR-Anhängern befürchtet.[51] In Fragen der Wirtschaftspolitik orientiert sich die LPR an einer sozialistischen Konzeption, die mit nationalistischer Ideologie legitimiert wird.[52]

Massenwirksam unterstützt wird die populistische Politik der Partei durch den berüchtigten erzkatholischen Sender *Radio Maryja*. Die millionenstarke, meist ältere und ländliche Zuhörer- und LPR-Wählerschaft wird durch die geschickte Verbindung von Gottesglaube und Vaterlandsliebe zur Stärkung des nationalen Bewusstseins angeregt und die Parteiprogrammatik somit ideal bedient. Vor allem die Wichtigkeit der ausschließlich polnischen Familien wird immer und immer wieder betont.[53]

Nationaler Überschwang und rassistische Diskriminierung einerseits, sozialistische Planwirtschaft andererseits sprechen bei der LPR für eine links-rechtsextrem durchmischte Partei, doch ihre extrem klerikale Grundausrichtung ist so dominant, dass sie in erster Linie eine fundamentalistisch-extremistische Partei ist. Tatsächlich fordert sie in ihrem Programm eine Verfassungsänderung, die sich auf die „katholische Nation Polens" bezieht und bei deren Umsetzung Polen Formen eines Gottesstaates annehmen würde.[54] In diesem Zusammenhang wird Antoni Macierewicz, einer der LPR-Spitzenpolitiker, in einem Kommissionsbericht der Konrad-Adenauer-Stiftung als „polnisches Pendant zu Ayatollah Khomeni" bezeichnet.[55]

2. Parteipolitischer Extremismus in Tschechien

Im Gegensatz zu den reformierten, dem heutigen Selbstverständnis nach sozialdemokratischen KP-Nachfolgeparteien in Polen und Ungarn ist die KSČM eine wenig wandlungsfähige kommunistische Partei geblieben. Anfängliche Versuche des damaligen reformistischen Vorsitzenden Jiří Svoboda, die KP umzubenennen und in eine links-sozialdemokratische Partei zu verwandeln, scheiterten am internen Widerstand. Die folgende Abspaltung reformistischer Gruppen

---

51 Vgl. Hans Arnold, Polen und die EU-Osterweiterung. In: Blätter für deutsche und internationale Politik, 48 (2003), S. 60–67, hier 65.
52 Vgl. Stefan Garstecki, Länderporträt: Polen. In: Uwe Backes/Eckhard Jesse (Hg.), Jahrbuch Extremismus & Demokratie, Band 15, Baden-Baden 2003, S. 223–246, hier 236.
53 Vgl. Wilkiewicz, Populismus in Polen, S. 120.
54 Vgl. Stankiewicz, Die „neuen Dmowskis", S. 269.
55 Vgl. Roland Feuerstein, Parlamentswahlen in Polen. Die Sunde der Populisten. In: http://www.kas.de/publikationen/2001/länderberichte/polen (Stand 13.11.2003).

führte zur klassischen Rückorientierung mit dem Ziel einer sozialistischen Gesellschaft, an der sich unter der neokommunistischen Führung Miroslav Grebeníceks seit 1993 wenig geändert hat. Zwar gibt es innerhalb der KSČM Strömungen, die nach dem Wahlerfolg 2002 mehr Politikgestaltung und damit eine mitteorientierte Öffnung der Partei fordern, aber momentan sieht es eher so aus, als ob der traditionalistische Teil die Mehrheit der Anhänger widerspiegelt. Daher gilt die KSČM weiterhin als extrem und für die Volksparteien ČSSD und ODS als nicht koalitionsfähig.[56] Trotz über 200 000 Parteiaustritten seit 1989 ist die KSČM mit noch immer zirka 120 000 Mitgliedern die mit Abstand größte Partei in der Tschechischen Republik.[57]

Hinsichtlich ihres historischen Bezugs kann die KSČM als eindeutig linksextrem bezeichnet werden. Ihre Ursprünge liegen in der 1921 gegründeten Kommunistischen Partei, die 1948 nach der Zwangsvereinigung mit den Sozialdemokraten zur Einheitspartei KSČ wurde. Die Haltung zur Vergangenheit vor 1989 ist von der Partei nur teilweise neu bewertet worden. Zwar distanziert sich die Partei von den undemokratischen Formen und gewaltsamen Instrumenten der sozialistischen Herrschaftspraxis, die Anfang der 90er Jahre sogar zum Ausschluss einiger Altstalinisten führte. Jedoch betont die Parteispitze immer wieder, 40 Jahre Realsozialismus seien die erfolgreichsten in der tschechischen Geschichte gewesen. Ihre ideologische Orientierung bezeichnet die KSČM als marxistisch; das Ziel einer revolutionären Umwandlung des kapitalistischen in ein sozialistisches System bestimmt die Selbstwahrnehmung der Partei.[58]

Die Partei erklärt sich zwar den verfassungsmäßigen Prinzipien und Gesetzen der Tschechischen Republik verpflichtet, strebt jedoch den Systemwandel hin zum Sozialismus als langwierigen, innergesellschaftlichen Prozess an. Nicht die gewaltsame Übernahme, sondern die Emanzipation der Bürger sei Bedingung für die antikapitalistische Transformation. Die KSČM befindet sich folglich im inneren Widerspruch, gleichzeitig eine systemkonforme Partei und eine Anti-Systempartei zu sein. Im Parteiprogramm heißt es: „Die Partei bekundet einen modernen Sozialismus, der sich in einer wachsenden und blühenden Gesellschaft definiert und auf sozialer Gerechtigkeit sowie demokratischem, wirtschaftlichem und politischem Pluralismus aufgebaut sein soll. Die grundlegenden Werte des Sozialismus sind Freiheit, Gleichheit, Solidarität, Menschrechte, soziale Gerechtigkeit, Frieden und Umweltschutz."[59] Auch wenn diese Erklärung keine direkten extremistischen Formulierungen enthält, ist deren Umsetzung und die ebenfalls geforderte Reprivatisierung von Banken, Transport- und

---

56 Vgl. Vladimir Handl, Die Tschechische Kommunistische Partei: orthodoxes Fossil oder erfolgreiche neo-kommunistische Protestpartei? In: http://libary.fes.de (Stand: 29.10. 2003).
57 Vgl. Karel Vodička, Das politische System Tschechiens. In: Wolfgang Ismayr (Hg.), Die politischen Systeme Osteuropas im Vergleich, Opladen 2002, S. 239–272, hier 256 f.
58 Vgl. Handl, Die Tschechische Kommunistische Partei.
59 „Ein besserer Weg für unser Land". Parteiprogramm der KSČM von 1999, zitiert nach Handl, Die Tschechische Kommunistische Partei.

Telekommunikationsunternehmen, der Energiewirtschaft usw. kaum auf verfassungsrechtlichem Wege durchsetzbar, ohne die Freiheits- und Privatrechte von Bürgern bzw. Unternehmern zu negieren.

Ein weiterer Kernpunkt ist die antieuropäische Ausrichtung der KSČM. Sie lehnt die tschechische NATO- und EU-Mitgliedschaft ebenso ab wie die Verträge von Maastricht.[60] Hierbei bedient sich die Partei nationalistischer Argumente, was wiederum dem Charakter einer „klassischen" Linkspartei widerspricht. So stuft der tschechische Politikwissenschaftler Miroslav Mareš die KSČM als „linksnationale" Partei ein.[61] Die EU-Mitgliedschaft degradiere Tschechien zur Kolonie; die Politik gegenüber Deutschland sei „unwürdig", so der Parteivorsitzende Miroslav Grebeníček.[62] Nicht zuletzt die diskriminierenden Beneš-Dekrete, Rechtsgrundlage der Vertreibung der Sudetendeutschen, werden von der KSČM verteidigt. Auch gegenüber den Vereinigten Staaten werden populistische Vorurteile von einer angeblichen Amerikanisierung Tschechiens geschürt.[63]

Mit ihrer nationalkommunistischen und populistischen Strategie gelang es der Partei bei den Wahlen 2002, fast ein Fünftel der Wählerstimmen zu gewinnen. War es Anfang der 90er Jahre nicht Pragmatismus, sondern Überzeugung, die in der Hochzeit des tschechischen Antikommunismus die Partei dazu veranlasste, der alten Ideologie treu zu bleiben, zahlt sich mittlerweile die fundamentaloppositionelle Linie der Kommunisten aus. Mit ihrer ablehnenden Haltung gegenüber allen angeblich Verantwortlichen für die Schwierigkeiten der Transformation punktet sie nicht wie in den ersten Jahren des Wandels nur bei alten Kommunisten, sondern mittlerweile in allen Schichten und Altersklassen der Bevölkerung. Mit populistischen Slogans hat sich die KSČM als Anti-Partei im Sinne von antikapitalistisch, antiliberal, antiimperialistisch, antiamerikanisch, antieuropäisch und nicht zuletzt antideutsch im Parteiensystem Tschechiens etabliert.

Die Republikaner sind die größte und erfolgreichste rechtsextreme Partei Tschechiens. Sie wurde am 26. Dezember 1989 gegründet und ist eng verbunden mit der Persönlichkeit ihres Vorsitzenden Miroslav Sládek, dessen Namen die Partei seit 2002 in ihrer offiziellen Bezeichnung trägt (*Miroslav Sládeks Republikaner*). Die organisatorische Auflösung der alten Parteistrukturen führte zu ihrem Niedergang. Hatte die Partei 1992 noch etwa 25 000 Mitglieder, musste sie seitdem zahlreiche Austritte verkraften. Gelang den *Republikanern* 1992 noch mit knapp sechs Prozent und 1996 auf ihrem Höhepunkt mit über acht Prozent der Einzug ins Parlament, scheiterten sie 1998 an der Fünfprozenthürde. Bei den Parlamentswahlen 2002 erreichten sie gerade noch ein Pro-

---

60 Vgl. Handl, Die Tschechische Kommunistische Partei.
61 Miroslav Mareš, unveröffentlichte Unterlagen zur Vorlesung „Das politische System Tschechiens" im Wintersemester 2003/2004 an der Technischen Universität Chemnitz.
62 Bericht des Zentralkomitees der KSČM über die Aktivitäten der Partei, zitiert nach: Handl, Die Tschechische Kommunistische Partei.
63 Vgl. Vodička, Das politische System Tschechiens, S. 301.

zent der Wählerstimmen. Ein Großteil der republikanischen Wählerschaft ist männlich und stammt aus den altindustriellen Ballungsgebieten Nordböhmens mit hohen Arbeitslosenraten und großen Roma-Minderheitenanteilen.[64]

Der historische Bezug der *Republikaner* ist eindeutig: Die Partei beruft sich ideologisch auf den tschechoslowakischen Nationalismus vor 1939. Doch nicht nur die Gemeinschaft von Tschechen und Slowaken wird von Sládek und seinen Anhängern angestrebt, sondern die pan-slawistische Vereinigung des „transkarpatischen" Gebietes, inklusive heute ukrainischer Landesteilen. Den kommunistischen Ideen und der sozialistischen Vergangenheit steht die rechtsextreme Partei dagegen feindselig gegenüber. Selbst die „samtene Revolution" 1989 sei von Kommunisten arrangiert worden, und der ehemalige Staatspräsident Havel gilt als der Anführer einer prokommunistischen Verschwörung.[65]

In Bezug auf Programmatik und Aktionsformen war die Partei anfangs ebenfalls eindeutig rechtsextrem, wandelte sich jedoch mit Zunahme und Fortdauer der Schwierigkeiten im Transformationsprozess, vor allem hinsichtlich ihres Wirtschaftsprogramms. Nach wie vor sind die *Republikaner* fremden- und minderheitenfeindlich, vor allem gegenüber den Roma. Diese seien, so Sládek, kriminell, faul und lebten auf Staatskosten. Auch Anfeindungen gegen jüdische Finanziers, die den Ausverkauf tschechischen Bodens betreiben, sowie gegen frühere Gastarbeiter und jetzige Minderheiten aus Vietnam und Kuba gehören zum rhetorischen Standardprogramm der SPR/RSČ. Außerdem ist die in Tschechien teilweise populäre antideutsche und Anti-EU-Propaganda Teil von Sládeks rechtsextremen Anfeindungen. Die Vertreibung der Sudetendeutschen wird verteidigt und begrüßt, Angst vor deutscher EU-Dominanz geschürt und der Ausverkauf tschechischer Grundstücke durch Deutsche prophezeit.[66]

Wirtschaftspolitisch präsentieren sich die *Republikaner* neuerdings zunehmend linkspopulistisch. Befürwortete die Parteispitze in den ersten Jahren nach ihrer Gründung einen schnellen Weg zum Kapitalismus, proklamiert sie seit dem Anwachsen der Arbeitslosigkeit und der damit verbundenen Ängste ihrer Wählerschaft offiziell einen Dritten Weg: eine Mischung aus Markt und Plan als wirtschaftspolitisches Ziel.[67] Die *Republikaner* fordern die teilweise Reprivatisierung von Großunternehmen, Schutzzölle für die Wirtschaft, Subventionen für die Landwirtschaft und Kontrolle bzw. Eingrenzung des ausländischen Kapitalzuflusses.[68] Die ideologische Trennlinie zwischen „rechts" und „links" verwischt in einer extremistischen Symbiose: Eine sozialistische Wirtschaftsordnung wird mit der Betonung national-zentrierter Wirtschaftsziele verbunden. Um nicht in Widerspruch zu dem stets betonten Antikommunismus zu geraten,

---

64 Vgl. ebd., S. 311 f.
65 Vgl. Thomas S. Szayna, The extreme-right political movements in post-communist Central Europe. In: Peter H. Merkl (Hg.), The Revival of Right-wing Extremism in the Nineties, London 1997, S. 111–148, hier 126.
66 Vgl. Miroslav Mareš, Pravicový extremismus a radikalismus v ČR, Brno 2003.
67 Vgl. Szayna, The extreme-right political movements, S. 126.
68 Vgl. Vodička, Das politische System Tschechiens, S. 310 f.

sprechen Sládek und seiner Mannschaft jedoch nicht von sozialistischen, sondern von antiindividuellen, gesamtnationalen – de facto aber eben doch sozialistischen – Staatsinteressen.

3. Parteipolitischer Extremismus in Ungarn

Die Entstehung der *Ungarischen Wahrheits- und Lebenspartei* (MIÉP) 1993 war Folge des Ausschlusses von MIÉP-Gründer István Csurka aus dem damaligen Regierungsbündnis des *Ungarischen Demokratischem Forums* (MDF). Csurka, auch Mitbegründer der MDF, organisierte innerhalb der Partei eine nationalistische und rassistische Strömung, deren Positionen unvereinbar mit den demokratischen Grundregeln waren und Ende 1992 zum Rauswurf Csurkas aus dem Regierungsbündnis unter Ministerpräsident Jósef Antall führten. Doch die von Csurka organisierte innerparteiliche Gruppierung *Bewegung des ungarischen Weges* folgte diesem geschlossen, so dass er nach seinem Ausschluss aus der MDF sofort eine eigene Partei gründen konnte, die mittlerweile 18 000 Mitglieder hat. Zwar verfehlte die MIÉP bei den Wahlen 1994 die Fünfprozenthürde, 1998 gelang ihr jedoch mit 5,5 Prozent der Einzug ins ungarische Parlament.[69] Bei den letzten Parlamentswahlen scheiterte die Partei mit 4,37 Prozent der Stimmen, weil es dem *Bund Junger Demokraten* (FIDESZ) erfolgreich gelang, klassische MIÉP-Themen, wie nationale Identität, zu instrumentalisieren.[70]

Die Ideologie der MIÉP ist in jeder Hinsicht als rechtsextrem zu bezeichnen. Bereits im Sommer 1992 verfasste István Csurka ein Pamphlet, in dem er klar nationalistische, antisemitische und antikommunistische Auffassungen vertritt. Schon die Entstehung des Namens „Leben und Wahrheit der Ungarn", entlehnt bei ungarischen Schriftstellern der Zwischenkriegszeit, nimmt Bezug auf eine traditionell-völkische Sicht der Lebensweise der Magyaren. Die ethnozentrischen Vorstellungen der Partei basieren auf der Ideologie des biologischen Ungarntums. Einerseits werden Minderheiten diskriminiert, andererseits territoriale Ansprüche auf Gebiete mit ungarischen Minderheiten begründer. Immer wieder wird die östliche, amerikanische, europäische und vor allem jüdische Bedrohung der ungarischen Nation betont. Csurkas Antisemitismus gipfelt im Anzweifeln des Holocaust. Liberalismus und Marxismus setzt die MIÉP mit Anti-Magyarismus gleich.[71]

Die ideellen Vorgaben zeigen sich in den programmatischen Inhalten der Partei. Besonders ihr Vorsitzender Csurka argumentiert in Bezug auf die transformationsbedingten Probleme nicht nur extremistisch, sondern geschickt und

---

69 Vgl. Andreas Bock, Ungarn: Die „Wahrheits- und Lebenspartei" zwischen Ethnozentrismus und Rassismus. In: Osteuropa, 52 (2002), S. 280–293, hier 284.
70 Vgl. Reinhold Vetter, Konfliktbeladene Wahlen in Ungarn. Tiefe Gräben in Politik und Gesellschaft. In: Osteuropa, 52 (2002), S. 806–821, hier 812.
71 Vgl. Bock, Die „Wahrheits- und Lebenspartei", S. 285.

dramatisierend populistisch.[72] Mit fremdenfeindlichen Aussagen macht er bevorzugt Sinti und Roma für die sozialen Missstände im Land verantwortlich. Er bezeichnet sie als Hindernis für die Entwicklung Ungarns und ruft die ungarischen Familien zur „tatkräftigen, arbeits- und leistungsorientierten Unterstützung" gegen die Zigeuner auf.[73]

Die wirtschaftlichen Schwierigkeiten Ungarns sind für die MIÉP-Politiker Ergebnis eines nur kompromisshaften Wandels nach 1989 und den folgenden Interventionen ausländischer Investoren. Es sei das Interesse von internationalen Institutionen, wie Weltbank und Weltwährungsfond, im Zusammenspiel mit nationalen „kommunistischen" Eliten, die „echten ungarischen Belange" zu unterlaufen und durch Privatisierungen mit Mafiamethoden eine persönliche Bereicherung anzustreben. Die Hauptschuldigen dafür seien die USA, deren Politik auf eine jüdisch-fiskalisch motivierte Verschwörung zurückzuführen sei und die damit bereits Europa bzw. die EU kontrollierten. Stattdessen sei ein nationaler Kapitalismus aufzubauen, der sich von der Weltwirtschaft abschotte und nur dem nationalen Wohlstand diene. Auch wenn die MIÉP eine wirtschaftliche Regulierung und Anti-Markt-Tendenzen propagiert,[74] kann insgesamt wohl nur ansatzweise von einem sozialistisch planwirtschaftlichen Programm gesprochen werden. Antikapitalismus und Antisozialismus ergeben ein unklares, unstrukturiertes Wirtschaftsprogramm, das dem ebenso diffusen Selbstverständnis der Partei entspricht: „Die MIÉP ist die nationale Kraft! Weder rechts noch links, sondern christlich und ungarisch!"[75]

Auch in ihren Aktionen präsentiert sich die Partei extremistisch. Zwar distanziert sich die Parteispitze in jüngster Zeit von den gewalttätigen Skinhead- und Neonazigruppen innerhalb der Partei, dennoch lässt der Vorsitzende Csurka keinen Zweifel an der Tatsache, dass er zur Durchsetzung seiner rassistisch-ethnozentrischen Ziele bereit ist, die ungarischen Verfassungsprinzipien außer Kraft zu setzen: „Vermehren, behalten, zurückerwerben!"[76], lautete das Motto der MIÉP im Wahlkampf 2002, das offen die Grenzfrage stellte. Die Ausrichtung der Partei auf ihren als charismatisch geltenden Führer, hat zudem stark autokratisch-militanten Charakter.[77]

Als Nachfolgepartei der kommunistischen Partei Ungarns verfügt die MSZMP zwar über gut funktionierende Strukturen und kann nach eigenen Angaben auf eine solide Basis von 20 000 Anhängern zählen. Ihr politischer Einfluss im Land ist jedoch nach vier gescheiterten Versuchen, die Fünfprozent-

---

72 Vgl. Steffen Angenendt, Einwanderung und Rechtspopulismus. Eine Analyse im europäischen Vergleich. In: Internationale Politik, 58 (2003), S. 3–12, hier 10.
73 Vgl. László Karsai, The radical right in Hungary. In: Sabrina P. Ramet (Hg.), The Radical Right in Central and Eastern Europe since 1989, Pennsylvania 1999, S. 133–146, hier 140 f.
74 Vgl. Bock, Die „Wahrheits- und Lebenspartei", S. 285 f.
75 Wahlkampfprogramm der MIÉP, zitiert nach Bayer, Rechtsextremismus und Rechtspopulismus, S. 275.
76 Ebd., S. 275.
77 Vgl. Bock, Die „Wahrheits- und Lebenspartei", S. 286.

hürde bei Parlamentswahlen zu überspringen, nahezu bedeutungslos.[78] Im Gegensatz zur KSČM in Tschechien, die fast 20 Prozent bei den letzten Wahlen gewann (vgl. Abschnitt IV.2.), muss die MSZMP mit dem Dilemma umgehen, dass mit der MSZP (*Ungarische Sozialistische Partei*) eine weitere Linkspartei aus der ehemaligen KP Ungarns hervorging. Dieser gelang nicht nur der Wandel zur – nach westlichem Verständnis – sozialdemokratischen Volkspartei, sondern sie konnte auch den größten Teil der ehemaligen Parteibasis gewinnen. Nur wenige reformunwillige Altkommunisten blieben der sozialistischen Arbeiterpartei treu. Nachdem die MSZP im Herbst 1989 bereits die Auflösung der 1956 gegründeten KP beschlossen hatte, erklärten nur wenige Tage später 43 Mitglieder deren Neugründung. Zum Vorsitzenden wurde der junge, aber farblose Diplomat Gyula Thürmer gewählt, dessen fehlende Popularität nicht schuldlos an der Erfolglosigkeit der Partei sein dürfte.[79]

Die Beibehaltung des alten Namens, die Weiterbeschäftigung der meisten (Spitzen-)Funktionäre und die Haltung gegenüber Marxismus und Leninismus belegen die ungebrochene Kontinuität der MSZMP als kommunistische Partei. Zwar gaben Parteiobere wie der letzte Generalsekretär und ehemalige ungarische Ministerpräsident Károly Grósz zu, in der Vergangenheit große Fehler gemacht zu haben und die demokratische Umgestaltung als Notwendigkeit zur Demokratisierung des Sozialismus zu begreifen. Aber sie streben nach wie eine Gesellschaft nach marxistischem Muster an. Treffend erklärte der ehemalige ungarische Regierungschef György Marosán während des 14. Kongress der MSZMP im Dezember 1989 den neuen ideologischen Kurs der Partei: „Ich habe die Eröffnung des Kongresses aus dem Grunde übernommen, weil die Ungarische Sozialistische Arbeiterpartei die Partei ist, die den Marxismus verteidigt und dafür kämpft, ihre Ehre wiederzuerlangen."[80]

Diesem Ziel verpflichtet, beinhaltet auch das Parteiprogramm der MSZMP wesentliche linksextreme Vorstellungen. Die Privatwirtschaft, vor allem ausländische Investoren seien nur begrenzt zuzulassen. Verkehrs- und Bankenwesen, Wasser- und Energieversorgung, Lebensmittel- und Militärindustrie dürften unter keinen Umständen privatisiert werden bzw. falls dies schon geschehen sei, müssten sie wieder in Staatsbesitz gelangen. Alle Maßnahmen und Vorgänge der Entstaatlichung, die Ungarn geschädigt hätten – und das sind nach dem Verständnis der MSZMP wahrscheinlich fast alle – sollen überprüft und bestraft werden. Die Forderungen der MSZMP nach Stärkung der Arbeiterschaft und sozialer Gerechtigkeit, verbunden mit breiter finanzieller Umverteilung, errei-

---

78 Bei den Parlamentswahlen 1990 und 1994 galt in Ungarn noch die Vierprozentklausel; erst ab 1998 wurde die Regelung zugunsten der Fünfprozentklausel verschärft. Vgl. Ergebnisse der Parlamentswahlen in Ungarn. In: Osteuropa, 52 (2002), S. 805.
79 Vgl. Janos Hauszmann, Die Ungarische sozialistische Arbeiterpartei (Magyar Szocialista Munkáspárt/MSZMP) in Ungarn 1956–1997. In: Gerhard Hirscher (Hg.), Kommunistische und postkommunistische Parteien in Osteuropa. Ausgewählte Fallstudien, München 2000, S. 103–131, hier 119 f.
80 György Marosán zitiert nach ebd., S. 119.

chen dabei ein Maß, dass diese Ziele realpolitisch nur unter Verletzung individueller Freiheit umsetzbar scheinen.

Dennoch unterliegt auch die „Sozialistische Arbeiterpartei" der Versuchung, den programmatischen Inhalten aus Gründen der Wählerwerbung und Legitimierung eine nationalistische Komponente zu geben. Gerade mit Blick auf die wirtschaftliche Globalisierung und die ungarische EU- und NATO-Mitgliedschaft schwingt sich die Partei kämpferisch zur Hüterin der nationalen Interessen auf. Die Partei rückt von den „internationalistischen Interessen" des Sozialismus zugunsten ausschließlich nationaler Anliegen ab.[81] Wiewohl die MSZMP keine rassistischen Parolen verbreitet, bleibt fraglich, ob die Betonung des ungarischen Volkes im Verständnis der Partei Minderheiten ein- oder ausschließt. Deren Inklusion darf angesichts dieser offenen Frage in allen ungarischen Gesellschaftsteilen, besonders unter den provinziellen, national eingestellten und eher ungebildeten Anhängern der Partei,[82] bezweifelt werden.

4. Vergleichende Betrachtungen

Polen, Tschechien und Ungarn bekunden in ihren Verfassungen ein pluralistisches Demokratieverständnis mit dem Recht der freien Gründung von Parteien und Vereinigungen. Um der Verfassungswidrigkeit von Parteien und Organisationen vorzubeugen, ist in allen drei Staaten das Prinzip der wehrhaften Demokratie verankert, das die Möglichkeit beinhaltet, extremistische Organisationen zu verbieten. Darüber entscheidet das jeweilige Verfassungsgericht. Einen unveränderlichen Verfassungskern kennt nur die Tschechische Republik. In Polen, Ungarn und Tschechien liegt die Entscheidung über alle Verfassungsänderungen (bzw. in Tschechien für alle verfassungsrechtlich möglichen) beim Parlament, welches mit Zweidrittelmehrheit entscheidet.

Auf Umfang und Charakter der extremistischen Parteien und Bewegungen in Ostmitteleuropa scheinen die verfassungsrechtlichen Regelungen wenig Einfluss zu haben. In Tschechien, wo die „Ewigkeitsklausel" existiert und bereits mehrere Parteien verboten wurden, ist die KSČM mit 18,5 Prozent bei den letzten Wahlen erfolgreichste aller vorgestellten Parteien. In Ungarn hingegen, dessen Verfassungsrevision bis heute aussteht und das in der Praxis trotz rechtlicher Möglichkeit von Parteiverboten bisher keines verhängte, erreichen die zwei extremistischen Parteien zusammen kaum mehr als fünf Prozent. In Polen wiederum, das in der Verfassung explizit erklärt, nazistische und rassistische Bewegungen zu verbieten, existieren viele, teilweise sehr erfolgreiche extremistische Bewegungen, von denen zwei im Sejm vertreten sind und weitere im Wahlbündnis der AWS die Fünfprozenthürde übersprungen haben.[83]

---

81 Vgl. ebd., S. 128.
82 Vgl. ebd., S. 123.
83 Vgl. Wolfgang Ismayr, Die politischen Systeme der EU-Beitrittsländer im Vergleich. In: APuZG, B 5–6/2004, S. 5–14, hier 5–7.

Die Frage nach der Stärke oder Schwäche von Rechtsextremismus in Ostmitteleuropa versucht Cas Mudde mit drei Typen von rechtsextremen Parteien zu erklären. Er unterscheidet 1. klassische, nationalistisch-rechtsextreme seit der vorkommunistischen Zeit, 2. kommunistisch-nationale und 3. populistische, neugegründete rechtsextreme Parteien, wobei er dem Typ 3 die größten Erfolgsaussichten bescheinigt.[84] Abgesehen von der Problematik, kommunistisch-national vorbehaltlos dem Rechtsextremismus zuzuordnen, mag die Argumentation zu den Erfolgen von populistisch-rechtsextremen Parteien stimmen. Dennoch ist die Einordnung aus zweierlei Gründen irreführend. Zum einen schließt Mudde indirekt aus, dass kommunistische Parteien nicht ebenso populistisch sein könnten, was für die KSČM als stärkste extremistische Kraft in Ostmitteleuropa durchaus zutrifft. Zum anderen führt der Autor in einem weiteren, fast zeitgleich erschienenen Aufsatz die relative Schwäche des Rechtsextremismus auf die Stärke des nationalistischen Linksextremismus zurück.[85] Dann muss jedoch gefragt werden, warum Mudde Typ 3 und nicht Typ 2 seiner Einteilung die größten Mobilisierungsmöglichkeiten einräumt?

Der Charakter nicht nur rechtsextremistischer, sondern extremistischer Parteien allgemein ist für deren Resonanz entscheidend. Die drei erfolgreichsten der insgesamt sechs vorgestellten Parteien, KSČM, *Samoobrona* und LPR, sind alle – dem Begriff Muddes folgend – als populistisch zu bezeichnen. Mit wenig offensichtlicher Demokratiefeindschaft, aber vereinfachten Lösungsansätzen und Feindbildern, gelingt es „gemäßigten" auftretenden Extremisten, wesentlich mehr Zuspruch zu finden als die klar antidemokratischen und radikal autoritären Parteien. Die Kategorien Rechts und Links spielen für die Stärke und die Richtung der jeweiligen Populismen kaum eine Rolle.

Das beantwortet jedoch noch nicht die Frage, warum es in Polen gleich mehrere erfolgreiche extremistische Parteien gibt, in Tschechien mit der KSČM zumindest eine und in Ungarn Extremismus hingegen nur sehr schwach ausgeprägt ist, zumal auch die dortigen Extremisten populistisch agieren und argumentieren. Zwei weitere jeweils landesspezifische Gründe besitzen Relevanz: zum einen der ökonomische Modernisierungsgrad, zum anderen die Konsolidierung der Parteiensysteme. Zum ersten Punkt verrät ein Blick auf die nationalen Arbeitslosenzahlen als Indikator des erreichten bzw. nicht erreichten Modernisierungsstandes und die damit verbundenen innergesellschaftlichen Konflikte mehr. Während die Quote in Polen konstant hoch bei knapp zwanzig Prozent liegt, ist sie in Tschechien erst in den letzten Jahren auf fast zehn Prozent angewachsen, in Ungarn mit sechs Prozent hingegen auf dem niedrigsten Stand seit 1990. Auch wenn sich die Zahlen nicht direkt auf die Stärke von extremistischen Parteien ummünzen lassen, besteht dennoch ein ein-

---

84 Vgl. Cas Mudde zitiert nach: Michael Minkenberg, Die radikale Rechte in den Transformationsgesellschaften Mittel- und Osteuropas. Konzepte, Konturen, Kontexte. In: Zeitschrift für Parlamentsfragen, 33 (2002), S. 305–322, hier 307.
85 Vgl. Cas Mudde, Warum ist der Rechtsradikalismus in Osteuropa so schwach? In: Osteuropa, 52 (2002), S. 626–630, hier 629.

deutiger Zusammenhang zwischen sozialer und wirtschaftlicher Situation eines Landes und demokratischer Akzeptanz bzw. extremistischer Abstinenz.

Der andere Aspekt steht in Zusammenhang mit der jeweiligen demokratischen Konsolidierung und parlamentarischen Fragmentierung. In Polen stand bis zur Regierungskrise im Frühjahr 2004 einer geeinten Linken eine zersplitterte Rechte gegenüber. Für extremistische Parteien tendenziell rechter Couleur, denen es gelingt, sich möglichst entschieden vom sozialdemokratischen Mitte-Links-Bündnis abzugrenzen, bestehen genügend Chancen, einen Platz im polnischen Parteiensystem einzunehmen. In Tschechien hingegen stehen mit ČSSD und ODS zwei Volksparteien einander gegenüber, die sich inhaltlich häufig so nahe sind, dass für viele Wähler nur die KSČM als Alternative zur momentanen Entwicklungen in Frage kommt.[86] In Ungarn wiederum ist fast die gesamte Gesellschaft in zwei gleich starke politische Lager gespalten: die sozialliberale Linke um die MSZP und die bürgerliche Rechte des FIDESZ. Die Gräben zwischen den beiden rivalisierenden Blöcken sind so tief, dass wenig Platz für Extremismen an den Rändern bleibt. Auch wenn die ungarische Gesellschaft durch die starke Polarisierung gespalten wird, führt dieser demokratische Konflikt zu weniger Mobilisierungschancen für Extreme, zumal der FIDESZ selbst nationale Themen und Standpunkte besetzt und rechtsextreme Parteien ins Abseits drängt, während die MSZP auch sozialistischen Positionen nahe steht.[87] Beide Volksparteien laufen so freilich Gefahr, selbst Heimat extremistischer Tendenzen zu werden.

Während – wie dargelegt – auch historische Ursachen für Entstehung und Form des Auftretens von Extremismus in Ostmitteleuropa verantwortlich sind, besitzt diese Kategorie für Stärke oder Schwäche von Extremismus wenig Aussagekraft. Im ethnisch weitgehend homogenen Polen erzielen die extremistischen Parteien mit nationalistischen Parolen beängstigende Stimmengewinne. Umgekehrt werden ungarische Minderheiten in Rumänien und der Slowakei von den Ungarn selbst akzeptiert, und den Nationalisten gelingt es kaum, mit revisionistischen Grenzfragen Anhänger zu gewinnen. Auch das historische Erbe der sozialistischen Vergangenheit fällt – was Stärke und Schwäche von Linksextremisten angeht – in den drei Staaten unterschiedlich aus. Während Antikommunismus in Polen und Ungarn überwiegt, ist in Tschechien mit der KSČM noch immer (oder: wieder) eine starke – zumindest dem Namen nach – kommunistische Partei präsent.

Welche Ergebnisse ergeben sich aus diesen Erkenntnissen für die vorgeschlagene Typologie? Dem Typ (1) mit eindeutig rechtsextremistischen Parteien entspricht die ungarische MIÉP. Ideologisch beruft sie sich ausschließlich auf den Nationalismus der vorsozialistischen Epochen und verbindet dies mit rigoro-

---

86 Vgl. Ismayr, Politische Systeme der EU-Beitrittsländer, S. 12.
87 Vgl. Reinhold Vetter, Der Trend zum Sieger – die Mehrheit der ungarischen Wähler setzt vier Jahre auf sozialliberale Politik. In: Südosteuropa, 51 (2002), S. 183–199, hier 197 f.

sem Antikommunismus. Die Überbetonung der eigenen Nation bestimmt die gegenwärtigen Parteiprogramme. Innere Minderheiten werden diskriminiert, andere Staaten als äußere Bedrohung wahrgenommen und angefeindet, so dass die Partei als nationalistisch-rassistisch zu bezeichnen ist.

Dem historisch eindeutig nationalistischen, aber aktuell rechts- wie linksextrem durchmischten Typ (3) sind die polnische Partei LPR sowie die tschechischen *Republikaner* zuzuordnen. Beide Parteien entsprechen zwar aufgrund ihrer nationalistisch überhöhten Rückbesinnung und der rassistischen Vorurteile rechtsextremen Parteien, versuchen allerdings die transformationsbedingten Schwierigkeiten mit linksextremen Parolen für die eigene Popularität und Legitimität auszunutzen.

Typ (4), historisch eindeutig kommunistischer und aktuell klar rassistischer Positionen, ist keine Partei zuzuweisen; ebenso ist umgekehrt für Typ (6) keine Partei ideologisch rein nationalistisch, wenn sie programmatisch nur linksextremistische Ziele anpeilt.

Typ (5) mit sowohl historischer Durchmischung von nationalistischer und kommunistischer Ideologie als auch aktueller rechts- wie linksextremistischer Inhalte findet sich bei Polens *Samoobrona*. Sie ist das Musterbeispiel einer rechts-links-extremistisch durchmischten neugegründeten Nachwendepartei. Mit Populismus und Pragmatismus pur wählt *Samoobronas* Spitzenmann Lepper aus linken und rechten Themen die massenwirksamsten aus und verpackt das Ganze als pro-polnisch, sozial bzw. sozialistisch gerecht und latent fremdenfeindlich. Damit gewinnt er im riesigen Heer von polnischen Transformationsverlierern Wählerstimmen an beiden Enden des politischen Spektrums, ohne rechten oder linken Ideologiegrundsätzen verhaftet zu bleiben.

In den zum Linksextremismus tendierenden Kategorien sind unter Typ (7) zwei Parteien zu finden. Die tschechische KSČM und die ungarische MSZMP sind Nachfolgeparteien der ehemaligen kommunistischen Parteien. An deren ideologischen Hinterlassenschaften hat sich in den nur wenig reformfähigen Parteien kaum etwas geändert. Marxismus und angestrebte sozialistische Gesellschaftsordnungen bilden noch immer das geistige Fundament der Parteien. Doch um trotzdem überleben zu können, bedienen sich die (Ex-)Kommunisten angesichts der Verbreitung antikommunistischer Haltungen nationalistischer und fremdenfeindlicher Argumentationen. In den Programmen der Parteien wird Antikapitalismus mit westlicher Bevormundung und fremdenfeindliche Bedrohung mit sozialistisch-nationalen Interessen verknüpft, um so die fehlende Legitimität des Kommunismus zu kompensieren.

Dem reinen Typ (9) und dem fast reinen Linksextremismus-Typ (8) entspricht keine der vorgestellten Parteien, was allerdings nicht bedeuten soll, dass es nicht solche in Ostmitteleuropa gibt, wie beispielsweise die *Tschechische Partei des Demokratischen Sozialismus* (SDS), ähnlich der PDS in Deutschland, beweist. Übertragen auf das Typologisierungsmodell ergibt sich für die Einordnung der extremistischen Parteien Ostmitteleuropas folgendes Bild:

Tabelle 2: Einordnung extremistischer Parteien in Ostmitteleuropa nach historisch-aktuellen Dimensionen unter Berücksichtigung von Rechts-Links-Kriterien

Aktuell \ Historisch	autokratisch-nationalistisch	beides	kommunistisch-internationalistisch
rassistisch-ethnozentrisch	MIÉP (HU)	–	–
beides	LPR (PO) SPR/RSČ (CZ)	Samoobrona (PO)	KSČM (CZ) MSZMP (HU)
sozialistisch-antikapitalistisch	–	–	–

Die Ergebnisse der Untersuchung entstehungsrelevanter Faktoren für Extremismus, die Analyse von sechs extremistischen Parteien und deren Einordnung in den dargestellten Klassifizierungsvorschlag lassen sich in acht Thesen zusammenfassen:

1. Klassischer Rechtsextremismus ist in Ostmitteleuropa vorhanden, wie MIÉP, Parteien innerhalb des polnischen Wahlbündnisses AWS und weitere rechtsextreme Gruppierungen wie die *Patriotische Front, Nationaler Wiederstand, Nationale Allianz* und zahllose kleine faschistische Skinheadgruppen beweisen.[88] Insgesamt ist keine einzige rein rechtsextreme Kraft in einem nationalen Parlament vertreten, der Rechtsextremismus somit trotz der gewaltigen Transformationsanstrengungen und -probleme in Ostmitteleuropa ausgesprochen schwach ausgeprägt.
2. Reiner Linksextremismus tritt in Ostmitteleuropa so gut wie nicht auf. Abgesehen von einigen „autonomen" Gruppen, wie der *Antifaschistischen Aktion*, der *Tschechoslowakischen anarchistischen Föderation* oder der *Sozialistischen Solidarität*[89], sind eindeutig linksextreme Parteien in den ostmitteleuropäischen Gesellschaften isoliert und noch irrelevanter als unvermischt rechtsextreme Bewegungen. Nach 70 totalitären Jahren in Ostmitteleuropa scheint stereotype rechts- bzw. linksextremistische Politik, die nach bekannten Vorbildern agiert und an vergangene Zeiten anknüpfen will, delegitimiert.
3. Die tendenziell linksextremen Parteien bekennen sich zwar ideologisch zum Marxismus, mixen aber in ihrer Politik kommunistische mit nationalistischen Inhalten. Sie neigen damit insgesamt zum Linksextremismus, sind durch rechtsextreme Passagen freilich nicht per se als solche zu bezeichnen. Die Zuwendung zu Nationalismus und die Verbindung rechts- und linksextre-

---

88 Vgl. Report of the Issue of Extremism in the Czech Republic in 2000. In: Ministry of Interior of the Czech Republic, http://www.mvcr.cz/extremists (Stand: 10.01.2004).
89 Vgl. ebd.

mer Ideologie sollen einerseits die verlorene Legitimation der Kommunisten wieder aufpolieren, anderseits nicht nur im Lager der Altsozialisten, sondern vielmehr in jeder Wendeverlierer-Klientel für Stimmenzuwächse sorgen. Dass es sich bei der kommunistischen Links-Rechts-Allianz in Ostmitteleuropa nicht um ein zufälliges Phänomen handelt, belegt anschaulich das Beispiel der national-kommunistischen Regierungskoalition in der Slowakei unter Vladimír Mečiar.[90]

4. Die tendenziell rechtsextremen Parteien berufen sich zwar eindeutig auf nationalistische Vorbilder, verbinden aber in aktuellen Fragen national übersteigerte Forderungen mit sozialistischen – vor allem antikapitalistischen – Lösungen. Umgekehrt wie bei den vormals linksextremen Parteien, die auch in nationalistischen Gewässern fischen, versuchen Teile der Rechten, die mit wachsender zeitlicher Distanz immer positiver beurteilte linkstotalitäre Vergangenheit für den eigenen Erfolg zu instrumentalisieren.

5. Bei jeweils zwei tendenziell rechts- und linksextremen Parteien ist der historische Bezug relativ eindeutig. Nicht die Auflösung fester historischer Bindungen ist bei den vier Parteien ausschlaggebend für ihren durchmischten Charakter, sondern die Aufgabe aktuell-programmatischer Eindeutigkeit zugunsten einer Rechts-Links-Mixtur. Die historisch wie programmatisch durchmischte *Samoobrona* bildet (noch) einen Sonderfall.

6. Gerade die erfolgreichen extremistischen Parteien in Ostmitteleuropa sind nicht den eindeutigen Kategorien Rechts- und Linksextremismus zuzuordnen. Zwar trifft diese Durchmischung auch für kleinere Parteien wie die MSZMP und die in letzter Zeit schwachen tschechischen *Republikaner* zu, aber deren Ziel ist es, mit der Loslösung von klassischen rechten bzw. linken Werten Wahlerfolge wie KSČM, *Samoobrona* und LPR zu feiern.

7. Die Mixtur von Positionen, welche nach westlichen Vorstellungen unvereinbar scheinen und extremistische Parteien Ostmitteleuropas jüngst zu großen Erfolgen führten, hängt zusammen mit dem Phänomen des Populismus. Das doppelte Erbe von Nationalismus und Sozialismus wirkt dabei in zweierlei Hinsicht nach. Zum einen kreieren populistische Extremisten aus den vermeintlichen Annehmlichkeiten und Vorteilen der diktatorischen Epochen vereinfachte Lösungen und erhöhen dadurch die eigene Legitimität. Zum anderen sprechen sie mit der rechts-links-durchdrungenen Melange auch ein doppeltes Potential von Sympathisanten und Wählern an.[91]

8. Die Kunst erfolgreicher Populisten bzw. „gemäßigter" Extremisten besteht darin, die Gratwanderung zwischen vergangenen Errungenschaften und totalitärer Herrschaftspraxis zu meistern. Radikal antidemokratische Politik

---

90 Vgl. Volker Weichsel, Rechtsradikalismus in Osteuropa – ein Phänomen *sui generis*? In: Osteuropa, 52 (2002), S. 612–620, hier 617.
91 Vgl. Cas Mudde, Populism in Eastern Europe. In: http://www.rferl.org/reports (Stand: 30.11.2003).

ist in Ostmitteleuropa seit 1989 größtenteils delegitimiert.[92] Wer dogmatisch die vollständige Systemalternative proklamiert, hat keine Chance auf gesellschaftliche Mehrheiten. Jene „gemäßigten" Extremisten, die eine Alternative sowohl zur Diktatur als auch zum demokratischen Ist-Zustand darstellen, sind es, die angesichts der gravierenden Transformationsprobleme Hoffnung und Zukunftschance für zahlreiche objektive und subjektive Verlierer des Wandels darstellen.

V. Schlussbetrachtung

1. Zusammenfassung

Die Untersuchung von „Extremismus in Ostmitteleuropa" besitzt für die Politikwissenschaft dreifache Bedeutung. Zum Ersten sind bisher nur wenige wissenschaftliche Beiträge zum Thema erschienen. Im Bereich der Europa- und Transformationsforschung wird die Politikwissenschaft zwar der gewachsenen Bedeutung unserer künftigen EU-Partner gerecht; die Auseinandersetzung mit dem Spannungsverhältnis – Extremismus und junge Demokratien – wird jedoch bedauernswerter Weise weitgehend vermieden.

Zum Zweiten haben alle drei untersuchten ostmitteleuropäischen Staaten zwar bisher einen erfolgreichen Transformationsprozess durchlaufen, abgeschlossen ist dieser jedoch keinesfalls. Auch wenn der rapide Wandel innerhalb von 15 Jahren von sozialistischer Einparteienherrschaft zu marktwirtschaftlicher Demokratie mit der EU-Mitgliedschaft seit Mai 2004 seinen vorläufigen Höhepunkt gefunden hat, sind die mit der Transformation verbundenen vielfältigen Schwierigkeiten längst nicht alle beseitigt. Ob ökonomische und soziale Missstände, wenig gefestigte Parteiensysteme oder alte Ressentiments gegenüber den neuen-alten Nachbarn: Für Extremisten bestehen zahlreiche günstige Voraussetzungen der Etablierung. Die Erfolge extremistischer Parteien – der KSČM in Tschechien sowie der *Samoobrona* und der LPR in Polen – belegen dies deutlich.

Zum Dritten ergibt sich aus den transformationsbedingten Ursachen für Extremismus ein methodisches Problem. Wenn der Wandel vom Sozialismus zur Demokratie und damit verbundene Modernisierungsschwierigkeiten verantwortlich sind für extremistische Tendenzen, ist mit einem anderen Charakter von Extremismus zu rechnen. In der Fachliteratur wurden die Besonderheiten aus nationalem und sozialistischem Erbe verbunden mit aktuellen Modernisie-

---

[92] Vgl. Dieter Segert, Viel weniger Rechtsradikalismus, als zu erwarten wäre. Kritische Anmerkungen zu einem interessanten Vergleich. In: Osteuropa, 52 (2002), S. 621–625, hier 624.

rungsschwierigkeiten mehrfach angedeutet,[93] jedoch nicht zu einer schlüssigen Theoriebildung weiterverfolgt.

Wie die Differenzierung der Extremismusursachen in historische und aktuelle Faktoren verdeutlicht, ist die Situation, in der Extremisten in Ostmitteleuropa ihre Ablehnung gegenüber Modernisierung und Demokratie profilieren, anders gewachsen als in Westeuropa. Der Epoche des Nationalismus folgte nahtlos der Übergang zum Kommunismus. Polen, Tschechien und Ungarn waren also in ihrer nationalen Historie beiden zentralen Ideologien des 20. Jahrhunderts ausgesetzt, deren geistige Grundlagen heutigen Rechts- und Linksextremismus definieren. Dies hat nachhaltige Auswirkungen auf die extremistischen Bewegungen – positiv wie negativ.

Einerseits ist ein gewaltiges Heer an objektiven und subjektiven „Wende"-Verlierern empfänglich für Alternativen zur Demokratie. Nationalistische Rückbesinnung, ethnozentrische Überbetonung, Diskriminierung von Minderheiten, an sie gerichtete Schuldzuweisungen für die aktuelle Misere sowie die Ablehnung internationaler Kooperationen sind scheinbar plausible Lösungen für die Benachteiligten des Wandels. Auch sozialistische Planwirtschaft statt kapitalistischem Ausverkauf und alte diktatorische Rechts- und Ordnungsvorstellungen werden mit zeitlichem Abstand von immer mehr Ostmitteleuropäern im Vergleich zum gegenwärtigen demokratischen System als wünschenswert empfunden.

Andererseits haben knapp drei Jahrzehnte selbst- und fremdbestimmter Nationalismus und vier Jahrzehnte Sozialismus extreme Politik beider Richtungen delegitimiert. Trotz des Unmutes angesichts kultureller Verunsicherung und sozioökonomischer Unwägbarkeiten haben extremistische Parteien, die einen radikalen Systemwechsel fordern, kaum Chancen, mehr als marginale Minderheiten für sich zu gewinnen.

Die meisten Akteure des extremistischen Spektrums sind sich dieser paradoxen Ambivalenz von Zu- und Abneigung extremer Politik bewusst und ziehen daraus ihre Schlüsse. Auf den ersten Blick klassische Rechts- bzw. Linksextremisten verbinden ihre Ideologien und Forderungen mit denen des entgegengesetzten extremen Lagers. Bei den ehemaligen kommunistischen Parteien liegt der Grund für die Aufnahme nationalistischer Positionen vor allem in der Suche nach neuer, variierter Legitimität. Die in Verruf geratene linke Ideologie wird zum eigenen Macht- bzw. Statuserhalt kompensiert und durch nationale Betonung erweitert. Für traditionelle oder vormals rechtsextreme Parteien ist es weniger fehlende Legitimität als vielmehr Machtpragmatismus, der sie zur Involvierung linker Themen und Thesen veranlasst. Mit ein wenig „Ostalgie", sozialistischer Produktionsweise, d. h. der Arbeit für alle, sozialer Gerechtigkeit und

---

93 Vgl. hierzu auch: Imanuel Geiss, Die Totalitarismen unseres Jahrhunderts. Kommunismus und Nationalsozialismus im historisch-politischen Vergleich. In: Eckhard Jesse (Hg.), Totalitarismus im 20. Jahrhundert. Eine Bilanz der internationalen Forschung, 2. erweiterte Auflage Bonn 1999, S. 160–175, hier 170 f.

das Ganze in einen nationalistisch legitimierten Kontext eingebettet, sind eben nicht nur Kommunismusgegner, sondern auch ehemalige überzeugte bzw. halbüberzeugte Sozialisten zu gewinnen. Für Extremisten ergeben sich daraus einerseits vielfältige Möglichkeiten, Alternativen zur Demokratie zu präsentieren, andererseits doppelte Mobilisierungsmöglichkeiten von Wählern am rechten wie linken Rand.

In der Unterscheidung von historisch-ideologischen und aktuell-programmatischen Dimensionen des Extremismus sind sowohl die eindeutigen Positionen von Rechts- und Linksextremismus als auch die Durchmischung rechts/links enthalten. Daraus ergeben sich neun Kategorien – von eindeutig rechtsextrem über mehrere durchmischte Abstufungen bis hin zu eindeutig linksextrem (vgl. Tabelle 1).

Die Untersuchung von sechs extremistischen Parteien bzw. Wahlvereinigungen, konzentriert auf ihre Ideologien und politische Ziele, und deren Einordnung in die Typologie bestätigen den Verdacht eines durchmischten Extremismus. Die beiden namentlich kommunistischen Parteien KSČM (Tschechien) und MSZMP (Ungarn) präsentieren sich in aktuellen Verlautbarungen nationalistisch und antieuropäisch. Die erfolgreichen, meist als rechtsextrem charakterisierten Parteien LPR und SPR/RSČ bekennen sich umgekehrt jüngst zu Planwirtschaft im nationalen Interesse. Bei *Samoobrona*, dem meistbeachteten Extremismusphänomen in Ostmitteleuropa, weisen weder Ideologie noch Programm eine rechts- bzw. linksextreme Kontinuität auf. Zwar befinden sich auch im mehr oder weniger eindeutig rechtsextremen Bereich Strömungen wie die ungarische Partei MIÉP oder die tschechische NP. Deren Bedeutung ist jedoch durch fehlende Wahlerfolge sehr gering. Für den Fall Ungarn gilt: Das demokratische FIDESZ-Bündnis repräsentiert bedenkliche nationale Neigungen.[94] Dadurch wird nationalistisch argumentierenden Parteien – und das sind de facto alle Extremisten in Ostmitteleuropa – das Wasser abgegraben.

Das Modell verrät dennoch, dass außer der Durchmischung von Rechts und Links auch eine Tendenz von Stärke und Schwäche extremistischer Parteien besteht. Die durchmischte Richtung der erfolgreichen Parteien zielt insbesondere auf den Erfolg bei Wahlen; dies gelingt nicht mit radikalen systemablehnenden Einstellungen, sondern mit eher moderaten Systemalternativen. Die extremistischen Parteien sind oder geben sich zumindest nicht per se antidemokratisch, sondern in erster Linie antielitär und populistisch. Sie rufen weder zur offenen Revolution auf, noch attackieren sie den Staat mit gewaltbereiten Garden, von Gewaltverbrechen Einzelner gegenüber Angehörigen von Minderheiten abgesehen. Die populistisch-extremistischen Parteien Ostmitteleuropas bekennen sich alle zur demokratischen Grundordnung. Ob dies bei einer – wiewohl nicht realistischen – Regierungsübernahme ebenfalls so wäre, darf mit Blick auf die in dieser Hinsicht wirren und widersprüchlichen Aussagen ihrer Protagonisten bezweifelt werden.

---

94 Vgl. Beichelt/Minkenberg, Rechtsradikalismus in Osteuropa, S. 1061.

Der vorherrschende Typus des „gemäßigt-durchmischten" Extremismus ist zudem nur teilweise seinen besonderen Entstehungsbedingungen in Ostmitteleuropas geschuldet, sondern ebenso eine mit dem Phänomen des Populismus aufgekommene, veränderte Dialektik des Extremismusverständnisses. Die Wahlerfolge von Le Pen, Haider und Fortuyn belegen es: Nicht mit brutaler Systemfeindlichkeit à la NPD, KP usw. etablieren sich Extremisten in den nationalen Parteiensystemen, sondern mit volksnahen Stammtischparolen und Anti-Establishment-Attitüden.[95]

Sind die Kategorien Rechts- und Linksextremismus für Ostmitteleuropa dann überhaupt sinnvoll? Die Antwort lautet: ja und nein. Einerseits ist es angesichts rechts- und linksextremer Positionen kaum möglich, die verschiedenen Parteien mit nur einem der beiden Synonyme zu bezeichnen. Sie sind eben nicht nur rechts- oder linksextrem, sondern oft beides. Andererseits bilden beide Begriffe, sowohl in der Wissenschaft als auch im allgemeinen Sprachgebrauch, Kategorien, die einfach Orientierung geben und nicht wegzudenken sind. Es sind also nicht die extremistischen Parteien als rechts- oder linksextrem zu bezeichnen, sondern ihre jeweiligen Politikvorstellungen. Wenn eine Partei Ausländerhass schürt, ist das sehr wohl rechtsextrem. Fordert sie andererseits die Verstaatlichung aller Betriebe, ist das eindeutig linksextrem. Betont sie beides, ist dies rechts- *und* linksextrem. Es gibt also extremistische Parteien, die rechts- und linksextreme Positionen beziehen.

2. Offene Fragen

Wer eine Prognose für die weitere Entwicklung des Extremismus in Ostmitteleuropa wagt, bedarf hellseherischer Fähigkeiten. Wie die Beispiele Ronald Schill und Jörg Haider zeigen, stürzen Extremisten und Populisten nicht selten und unvorhersehbar über eigene Widersprüche und Eitelkeiten. Ebenso kann nicht ausgeschlossen werden, dass extremistische Parteien in Ostmitteleuropa, die heute Wahlerfolge feiern, sich morgen schon nach internen Rivalitäten und Verstrickungen selbst zu Grabe tragen. Umgekehrt besteht so für neue Akteure die Chance, mit Demagogie und Charisma erfolgreich den Rattenfänger zu spielen.

Sehr wohl lassen sich aber Vermutungen darüber anstellen, was das Auftreten und Erstarken von Extremismus begünstigt oder erschwert. Solche Gründe lassen sich nach innen- und außenpolitischen Faktoren differenzieren. Eine generelle Umkehr des demokratischen Weges kann nahezu ausgeschlossen werden. Trotz des geringen Vertrauens der Bevölkerungen in die Demokratie und ihre Institutionen ist keine gesellschaftliche Mehrheit prinzipiell gegen das System, und die demokratische Konsolidierung scheint soweit fortgeschritten zu

---

95 Vgl. Florian Hartleb, Rechts- und Linkspopulismus. Eine Fallstudie anhand von Schill-Partei und PDS, Wiesbaden 2004, S. 76 f.

sein, dass dies so bleiben wird. Doch der Erfolg von Extremisten mit populistischem Stil ist maßgeblich mit der sozioökonomischen Lage in Ostmitteleuropa verbunden. Da nicht mit schneller Entspannung zu rechnen ist, dürften schlechte Beispiele in zweierlei Hinsicht Schule machen.

Zum einen werden Nachahmer den Erfolg von Lepper und Co wohlweislich beobachten und nur darauf warten, bis die eine oder andere Partei ihren Selbstzerfleischungsprozess beginnt, um dann mit verbesserter Taktik deren Stimmen einzusammeln. Um extremistischen Nachwuchs muss man sich also keine (oder besser gesagt: sehr wohl) Sorgen machen. Zum anderen besitzt der Extremismus zwar keine unmittelbare Kraft zur Gefährdung der ostmitteleuropäischen Demokratien, aber dafür beeinflusst er sie indirekt negativ. Je näher die „gemäßigten" Extremisten in die Mitte rücken, umso schwieriger ist es für die demokratischen Parteien, sich substantiell von ihnen abzuheben und dennoch gewählt zu werden. Aus Machtpragmatismus wenden sich so auch einige Volksparteien dem Populismus zu. Das politische Klima verschärft sich und wenn dadurch auch keine schwerwiegende Gefährdung demokratischer Institutionen eintritt, scheint der Verlust an kaum ausgebildeter politischer Kultur Entscheidungsprozesse zu behindern und negativ zu beeinflussen.[96] Als Vorboten einer verrohten Demokratie seien nur drei Beispiele genannt: die Aussage des als künftigen polnischen Regierungschef gehandelten Parlamentariers Jan Rodika („Nizza oder der Tod"),[97] die Verteidigung der Beneš-Dekrete durch die große Koalition Tschechiens sowie das bedenkliche ungarische Staatsangehörigkeitsgesetz.[98]

Wie kann das Vertrauen in die Leistungsfähigkeit der Demokratie gewonnen bzw. wiederhergestellt werden? Einen großen Teil der Verantwortung tragen die ostmitteleuropäischen Politiker selbst. Immer wieder aufgedeckte Affären, Vetternwirtschaft und Korruption erodieren die gesellschaftlichen Instanzen Ostmitteleuropas und beschleunigen den Ansehensverlust der Politik.[99] Wenn die Verantwortlichen der Volksparteien nicht mit gutem Beispiel als moralische Vorbilder vorangehen, ist der Unterschied zu Extremisten nicht groß, der Weg für den Wähler zu diesen nicht weit.

Die entscheidende Frage, ob Extremismus weiter wachsen, stagnieren oder zurückgehen wird, hängt wesentlich mit der künftigen sozioökonomischen Entwicklung zusammen. Auch hier ist es schwierig, eine vernünftige Wachstumsprognose zu stellen. Auf lange Sicht dürften sich die nationalen Volkswirtschaften Ostmitteleuropas festigen und im Wohlstandsniveau weiter zu Westeuropa aufschließen. Dauer und Ausmaß der Verbesserungen sind jedoch kaum vorhersehbar. Der Prozess könnte durch weltweite Rezessionen noch einige Jah-

---

96 Vgl. Garsztecki, Länderporträt: Polen, S. 240 f.
97 Jan Rokita zitiert nach Günther Verheugen, Viele Polen haben wieder Angst vor den Deutschen. In: Süddeutsche Zeitung vom 11. Februar 2004, S. 8.
98 Vgl. Beichelt/Minkenberg, Rechtsradikalismus in Osteuropa, S. 1061.
99 Vgl. Thomas Urban, Die polnische Krankheit. In: Süddeutsche Zeitung vom 16. Juli 2003, S. 11.

re, wenn nicht Jahrzehnte, in Anspruch nehmen. Es bleibt die Hoffnung, dass die Menschen in Polen, Tschechien und Ungarn nicht die Geduld verlieren.

Vom EU-Beitritt haben sich viele Bürger Ostmitteleuropas eine schnelle Verbesserung der Lebensqualität erhofft. Diese Hoffnungen könnten nicht nur enttäuscht werden, sondern bei steigender Arbeitslosigkeit, wie sie Polens Bauern nach einer Neuaushandlung der EU-Agrarzuschüsse für 2006-2013 erwarten, in EU-Antipathie umschlagen. Der Beitrag der 15 Altmitglieder zur ökonomischen und gesellschaftlichen Integration der neuen Staaten wird somit ganz entscheidende Auswirkungen auf die Entwicklung des Extremismus in den ostmitteleuropäischen Ländern haben. Dass Transferzahlungen den Beitrittsstaaten zu Gute kommen müssen, so wie einst Spanien, Portugal und Irland aufgebaut wurden, versteht sich. Ebenso entscheidend ist, wie das Ganze von den Altmitgliedern öffentlich dargestellt wird. Die Unüberlegtheit, mit der Frankreichs Präsident Jacques Chirac Polens Engagement im Irak-Krieg kommentierte, Warschau könne nicht gleichzeitig das Geld der EU und die Sicherheit der USA bekommen, stärkte nur die innerpolnische EU-Feindschaft. Weder der ungerechtfertigte Krieg an sich noch die polnische Beteiligung bzw. die von Großbritannien, Spanien und weiteren alten EU-Staaten konnte durch Chiracs Unbedachtheit verhindert werden. Diese hinterließ nichts als Irritationen im Verhältnis europäischer Partnerstaaten.[100]

Die europäische Integration ist aus der Extremismusperspektive nicht nur eine wirtschaftliche, sondern ebenso eine mentale Frage. Dies gilt für Deutschland aufgrund seiner Lage und historischen Verantwortung mehr als für jedes andere europäische Land. Als bisheriger Nutznießer der EU-Erweiterung war Deutschland stets am zügigen Voranschreiten des Beitrittsprozesses interessiert. Mit der zunehmenden Gefährdung der eigenen vitalen Interessen sinkt die deutsche Bereitschaft, Verantwortung für die Integrationsbemühungen der Kandidatenländer zu übernehmen. Jeder Schritt des großen Nachbarn Deutschland wird zudem in Ostmitteleuropa mit Argwohn beobachtet. Politische Irritationen nützen niemandem, außer nationalistischen Extremisten und ihren morbiden Vorurteilen. Auch dies ist ein unangenehmer Nebeneffekt im häufig so schwierigen europäischen Interessenausgleich. Falls es dennoch gelingt, die Osterweiterung mittel- bzw. langfristig zum Nutzen aller zu gestalten und die nationalen Befindlichkeiten neuer und alter EU-Mitglieder mit Vor- und Rücksicht zu behandeln, kann es möglich werden, Extremismus in Ostmitteleuropa zu verringern, die europäische Identitätskrise zu überwinden und damit zum weltweiten Vorbild partnerschaftlicher Innenpolitik zu werden.

---

100 Vgl. Adam Krzemiński: Polen – der trojanische Esel Amerikas? Polen zwischen deutscher Dominanz und französischer Obsession. In: Merkur, 57 (2003), S. 1067-1072, hier 1069.

Panslawismus im ideologischen Hintergrund der radikalen und extremistischen Strömungen in der Tschechischen Republik

Miroslav Mareš

Teile des extremistischen und radikalen Spektrums in den slawischen Ländern sind stark vom Panslawismus beeinflusst. Andere Pannationalismen in Europa stehen nur mit rechtsextremen Ideologien in enger Verbindung. Der Panslawismus hingegen spielt gegenwärtig auch eine große Rolle innerhalb der linksextremen Strömungen dieser Staaten. Er ist sehr typisch für die Tschechische Republik, wo rechte, linke und ethnoterritoriale Extremisten/Radikale den Panslawismus auszunutzen suchen. Dieser Beitrag hat das Ziel, die Gemeinsamkeiten und Unterschiede dieser Vereinnahmung zu beschreiben.

I. Definition des Panslawismus

Panslawismus ist eine Variante des so genannten Pannationalismus (weitere bekannte Pannationalismen sind z. B. Pangermanismus, Panarabismus, Panturanismus). Im allgemeinen Sinne bezeichnet der Begriff Panslawismus die Förderung einer gemeinsamen kulturellen, politischen oder sozialen Gemeinschaft der slawischen Völker. Als eine transnationale Bewegung entstand der Panslawismus im kulturellen Bereich in der ersten Hälfte des 19. Jahrhunderts.

Der damalige, vor allem kulturell geprägte, Panslawismus (Gemeinsamkeiten der Sprache, Kultur) hing besonders mit der nationalen Wiedergeburt der slawischen Nationen innerhalb der Habsburger Monarchie zusammen. Obwohl sich die slawischen Völker besonders durch die Abgrenzung zum Deutschtum emanzipierten, wurden die ersten Panslawisten paradoxerweise von Herders romantischem Nationalismus inspiriert.

Eine politische Dimension gewann die slawische Zusammengehörigkeit in Form zweier unterschiedlicher politischer Strömungen. Die erste war der Austroslawismus, der in der zweiten Hälfte des 19. Jahrhunderts eine Umgestaltung der Habsburger Monarchie in eine Föderation gleichberechtigter Völker anstrebte. Solch ein Ziel hatten auch viele Delegierte des Slawenkongresses, der im Jahr 1848 in Prag stattfand. Später wurde der Austroslawismus besonders mit der sozialdemokratischen Bewegung in der Monarchie verbunden. Seine Existenz endete mit dem Zerfall Österreich-Ungarns am Ende des Ersten Weltkrieges.

Die zweite gesamtslawisch geprägte politische Strömung strebte nach einem Slawischen Reich unter russischer Führung. Diese Version gilt oft als Panslawismus im engeren Sinne. Eine russische Dominanz unter den slawischen Völkern wurde besonders von russischen Slawophilen propagiert, viele westlichorientierte westslawische und südslawische Politiker lehnten aber diese orthodox-kirchlichen, zaristischen und panrussischen Ideen ab. Als Reaktion auf die imperialen russischen Vorstellungen entstand zu Beginn des 20. Jahrhunderts der Neoslawismus, der eine gleichberechtigte Beteiligung der slawischen Völker an dem entstehenden Staat forderte.[1]

Der Panslawismus hatte bis zum Ende des 19. Jahrhunderts nur eine begrenzte Wirkung auf das politischen Leben der slawischen Nationen; nur einzelne innenpolitische Strömungen oder Politiker wurden von ihm beeinflusst. Besonders westslawische und südslawische politische Eliten waren oftmals eher frankophil. Eine stärkere Resonanz fand der Panslawismus in Russland, Tschechien oder Serbien, in anderen Staaten aber (wie z. B. in Polen auf Grund traditioneller russisch-polnischer Kontroversen) war er nicht besonders populär.

Nach der russischen Oktoberrevolution verlor das sowjetische Russland die Sympathien der bisherigen rechtskonservativen Kreise in den west- und südslawischen Ländern. Die panslawistischen Ideen propagierte nun nur noch ein Teil der weißen russischen Emigration samt deren Sympathisanten bei rechtsextremen Kräften in manchen neuen slawischen Staaten. Die offizielle Linie der UdSSR war jetzt internationalistisch, und die nationalistischen sowie pannationalistischen Tendenzen wurden im Rahmen der internationalen kommunistischen Bewegung abgelehnt.

Dies veränderte sich mit dem Ausbruch des Krieges zwischen Hitler-Deutschland und der UdSSR im Jahr 1941. Jossif W. Stalin entdeckte in der Not das Konzept des Panslawismus und rief den gemeinsamen Kampf der slawischen Völker gegen den pangermanischen Hitlerismus aus. Paradoxerweise waren bestimmte slawische Staaten auch Verbündete des Großdeutschen Reiches (Bulgarien, die Slowakei, Kroatien), und innerhalb der Kollaboration existierten in slawischen Staaten auch Strömungen, die die slawische Identität zum Kampf gegen die Juden und gegen andere Feinde ausnutzten (trotz der Tatsache, dass die Slawen aus der Sicht der nationalsozialistischen Rassentheorie meistens als Untermenschen angesehen wurden).

Nach dem Zweiten Weltkrieg diente der Panslawismus in den befreiten slawischen Staaten teilweise der pro-russischen Propaganda.[2] Nach dem Sieg des

---

1   Vgl. Peter Jakobs, Panslawismus. In: Carola Stern/Thilo Vogelsang/Erhard Klöss/ Albert Graff (Hg.), DTV-Lexikon zur Geschichte und Politik im 20. Jahrhundert, Köln 1974, S. 611.
2   Der ehemalige tschechoslowakische Präsident Beneš, der sich früher besonders an Frankreich orientiert hatte, propagierte die neue slawische Politik (als nicht-chauvinis-

Kommunismus in allen (auch nichtslawischen) Staaten Ostmitteleuropas blieb die kulturelle Dimension der slawischen Identität zwar wichtig, aber die politische Dimension wurde im Bezug auf die guten Verhältnisse zu den nicht-slawischen Ländern deutlich begrenzt (wichtiger war der proletarische Internationalismus).

Nach dem Fall des Kommunismus zog der Panslawismus in manchen slawischen Staaten wieder in die Politik ein, besonders als ein Ausdruck der Abwehr gegen die Verwestlichung und Globalisierung, teilweise aber auch als ein Ausdruck der Nostalgie im Blick auf das „slawische Zusammenleben" im kommunistischen Block. Der Panslawismus (im weiteren Sinne) ist nicht in allen slawischen Staaten virulent, spielt aber eine wichtige Rolle zumindest in Teilen des extremistischen und radikalen Spektrums in Russland, Weißrussland und Tschechien, teilweise auch in Polen und in weiteren slawischen Staaten (mit Ausnahme etwa Serbiens und Kroatiens, deren Beziehungen gespannt sind).

Der Panslawismus war nie so stark, dass er die slawischen Nationen wirklich hätte vereinigen können. Vielmehr haben die slawischen Völker in vielen Fällen aus nationalistischen, ideologischen oder religiösen Gründen gegeneinander Kriege geführt. Traditionelle Rivalitäten oder langjährige Verbindungen zu verschiedenen Verbündeten im Westen waren oft viel stärker als archaische panslawische Ideen. Westlich orientierte Eliten und große Teile der Bevölkerung in den slawischen Staaten haben den Panslawismus abgelehnt. Wie die folgende Analyse zeigen wird, kann der Panslawismus jedoch als ein Mobilisierungsthema für extremistische und radikale politische Kräfte dienen.

II. Panslawismus im tschechischen linksextremistischen und linksradikalen Spektrum

Das linksextremistische und linksradikale Spektrum in Tschechien ist in zwei Hauptströmungen – in die kommunistische und die anarchistische – geteilt. Der Panslawismus ist besonders mit der kommunistischen Bewegung verbunden.[3] Als stärkste Kraft linksaußen wirkt gegenwärtig die *Kommunistische Partei Böhmens und Mährens* (KSČM). Die Führung der KSČM kann im internationalen Vergleich als noch nicht reformiert betrachtet werden. Daneben existieren in Tschechien dogmatische marxistisch-leninistische Organisationen (wie z. B. so genannte Dialog-Klubs, die *Kommunistische Partei der Tschechoslowakei*, die *Partei der Arbeit* usw.).

---

tische, gleichberechtigte, demokratische und anti-pangermanische Zusammenarbeit der slawischen Nationen). Vgl. Edvard Beneš, Úvahy o slovanství. Hlavní problémy slovanské politiky, Prag 1947, S. 290–300.

3 Es ist interessant, dass auch die Anarchisten aus den ostmitteleuropäischen Staaten relativ eng zusammenarbeiten (z. B. im Rahmen der Gruppierung East European Anarchist Block), aber nicht auf panslawistischer Basis. Die wichtigste gemeinsame Zeitschrift der osteuropäischen Anarchisten „Abolishing the Borders from Below" erscheint in Berlin.

In der Nähe der KSČM und der dogmatischen Gruppierungen wirken auch verschiedene Organisationen, die sich für die Präzisierung der kommunistischen Ziele in einzelnen Bereichen einsetzen. Sehr wichtig dabei sind nationalistische und panslawistisch orientierte Gruppen. Diese orientieren sich geistig vor allem am gemeinsamen antifaschistischen Kampf der slawischen Kommunisten während des Zweiten Weltkrieges und am Zusammenleben der slawischen Völker im kommunistischen Block. Viele verstehen dabei Tschechien als ein Grenzland des slawischen Raumes, das traditionell gegen den Pangermanismus kämpfen musste.

Das kommunistische System in der Tschechoslowakei übernahm zu großen Teilen die national-slawische Interpretation der tschechischen Geschichte aus dem 19. Jahrhundert. Gründe dafür waren u. a. die pro-russischen Emotionen, die in der breiten Öffentlichkeit nach dem Zweiten Weltkrieg stark waren, aber auch der überwiegend slawische Charakter der UdSSR. Panslawische Ideen spielten daher zumindest im kulturellen Bereich eine wichtige Rolle, auch wenn der Panslwawismus in der Ära des Kommunismus als politische Ideologie nicht offiziell propagiert wurde.

Nach dem Fall des Kommunismus wurde der Panslawismus innerhalb der kommunistischen Strömung besonders mit dem Kampf gegen die Förderung der Sudetendeutschen und mit der Ablehnung des Eintritts Tschechiens in NATO und EU verbunden. Für die Organisation der panslawistisch orientierten Personen waren neben der KSČM besonders der *Klub des Tschechischen Grenzlandes* (KČP), die *Patriotische Versammlung der Antifaschisten - ANTIFA* (VSA-ANTIFA), die *Gesellschaft der Freunde der Nationen des Ostens* (SPNV) und die *Slawische Union* (SU).

Der KČP entstand im Jahr 1992 als Reaktion auf die Aktivität der Sudentendeutschen Landsmannschaft und ihrer (faktischen und vermuteten) tschechischen Verbündeten. Die Agitation des KČP appelliert vor allem an die Befürchtungen der Bevölkerung des Grenzgebiets um das Vermögen der vertriebenen Sudetendeutschen. Innerhalb des KČP existiert auch eine Sektion der ehemaligen Grenzschützer, in der die früheren Mitglieder des kommunistischen Grenzschutzes versammelt sind.

Die VSA-ANTIFA entstand im Jahr 1991 teilweise als Reaktion auf den Fall des „Rosenpanzers"[4], teilweise aber auch als Fortsetzung des Tschechischen Bundes der antifaschistischen Kämpfer aus der kommunistischen Ära.[5] Der Bund wurde nach der Wende in *Tschechischer Bund der Freiheitskämpfer* um-

---

4 Im Jahr 1991 hat eine Gruppe von Kunststudenten in Prag einen sowjetischen Panzer, der als Denkmal der Befreiung 1945 diente, mit rosa Farbe übermalt. Dies war ein Protest gegen den Kommunismus, der auch unter den damaligen antikommunistischen Abgeordneten Unterstützung fand. Die Tat rief bei den Kommunisten starke Emotionen hervor, weil sie darin eine Schändung der sowjetischen Opfer sahen.
5 Vgl. Michal Mazel, Oponenti systému. Přehled radikálních a extremistických organizací v České republice. In: Petr Fiala (Hg.), Politický extremismus a radikalismus v České republice, Brno 1998, S. 140–141.

benannt. Diese neue Organisation befriedigte die alten kommunistischen und linksnationalistischen Dogmatiker nicht. Sie gründeten daher die VSA-ANTI-FA. Die *Tschechische Gesellschaft der Freunde der Nationen des Ostens* ist im Wesentlichen die Fortsetzung des Bundes der tschechoslowakisch-sowjetischen Freundschaft aus der Zeit des Kommunismus. Diese Organisation arbeitet aber nicht nur mit den slawischen postsowjetischen Nationen zusammen.

Die erste monothematische panslawistische Organisation war die SU, deren Gründung besonders vom Schriftsteller Alexej Pludek ausging. Pludek war ein kommunistischer Dogmatiker, aber auch ein Nationalist und Antisemit. Er arbeitete mit Kommunisten ebenso wie mit rechtsextremistischen Nationalisten zusammen. Die SU bemühte sich 1994 auch um eine Mitgliedschaft Bund der slawischen Nationen des russischen Rechtsextremisten Vladimir Schirinowski.

Neben diesen kommunistisch geprägten Organisationen existieren auch andere panslawistisch agierende Gruppierungen, die mit den Kommunisten oft zusammenarbeiten, ideologisch aber kein festes Profil aufweisen (oft sind sie z. B. eher am späteren Beneš-Konzept der slawischen Zusammenarbeit orientiert). Zu nennen sind die *Mutter Böhmens, Mährens und Schlesiens*, die unabhängige Initiative *Wir bleiben treu*, die *Christlichsoziale Bewegung*, die *Internationale Bewegung Slawische Linde* usw.[6]

Die wichtigste linksextremistische panslawistische[7] Organisation ist der *Slawische Ausschuss der Tschechischen Republik*, der im Kontext der Veranstaltung des Slawenkongresses in Prag im Jahr 1998[8] entstand. Hier wurde auch der *Internationale Slawische Ausschuss* gegründet. Die Teilnehmer des Kongresses kamen aus vielen slawischen Ländern und standen zum Teil rechts- wie linksextremen Konzepten nahe. In erster Linie wurde der Kongress sowie die Führung des SV ČR aber von Personen aus der dogmatischen kommunistischen Strömung dominiert. Hauptthemen waren die Ablehnung der NATO-Osterweiterung und der Kampf gegen den Pangermanismus.

Eine große Chance für die Intensivierung der Propaganda und der Aktivitäten der panslawistischen Organisationen stellte der Angriff der NATO gegen Jugoslawien im Rahmen der sog. „Kosovo-Krise" im Jahr 1999 dar. Der Krieg wurde als ein Versuch der Unterwerfung des slawischen Bruderstaates interpretiert (Serben sind traditionell bei den tschechischen Panslawisten beliebt). Panslawistische Organisationen haben aber auch mit der Antikriegsbewegung aus westeuropäischen Staaten zusammengearbeitet.

Als ein weiteres Mobilisierungsthema bot sich der Beitritt Tschechiens zur EU an. Die EU wurde von Seiten der Panslawisten als kapitalistischer, militäri-

---

6 Vgl. Miroslav Mareš, Slovanství a politický extremismus v České republice. Středoevropské politické studie, 1 (1999), S. 24–25.
7 Der SV ČR lehnt aber die Bezeichnung „panslawistisch" ab. Nach Meinung dieser Organisation bedeutet Panslawismus nur eine russische Dominanz in einem allslawischen Reich, was offiziell nicht zu ihrem Programm gehört. Vgl. ebd., S. 21.
8 Der Slawenkongress wurde zum 150. Jahrestag des ersten Slawenkongresses in Prag veranstaltet.

scher und pangermanisch geprägter Verband interpretiert. Diese Argumente dienen den Panslawisten auch gegenwärtig als Begründung für die Ablehnung der weiteren Vertiefung der europäischen Integration (u. a. für die Kritik der EU-Verfassung). Die panslawischen Organisationen verstehen sich selbst auch als Verteidiger der Sorben gegen eine angebliche Germanisierung. Tschechische linsextremistische Panslawisten sind außerdem Befürworter des Lukaschenko-Regimes in Weißrussland. Gegenwärtig sind sie auch in der Antikriegsbewegung tätig (wobei sie indes den russischen Krieg gegen die tschetschenischen Rebellen unterstützen).

Linksextremistische panslawistische Organisationen haben nach eigenen Angaben insgesamt etwa 15 000 Mitglieder. Tatsächlich sind sie aber kleiner. Den „harten Kern" bilden etwa 200 Personen. Die wichtigsten Aktivisten sind zumeist in mehreren Gruppierungen aktiv. Die Mitgliederbasis gehört besonders der alten Generation an. Sie betreiben vor allem ideologische Propaganda (auch in kommunistischen Zeitungen) und organisieren nicht-gewalttätige[9] öffentliche Kundgebungen und Demonstrationen.

III. Panslawismus im tschechischen rechtsradikalen und rechtextremistischen Spektrum

Das rechtsextremistische und rechtsradikale Spektrum in Tschechien teilt sich in zwei große Strömungen – das tschechisch-nationalistische und das neonationalsozialistische Spektrum (eine strenge Abgrenzung ist aber in vielen Fällen unmöglich). Beide Teile sind stark anti-Establishment, anti-Roma und meistens auch antisemitisch orientiert. Die Haupttrennlinie zwischen den beiden Strömungen folgt der Bewertung deutschen Nationalsozialismus. Die tschechischen Nationalisten lehnen die deutschen Machtansprüche und den deutschen Nationalsozialismus ab, während die Neonationalsozialisten verschiedene Attribute des Dritten Reiches als Basis für die gegenwärtige panarische Zusammenarbeit anerkennen.

Gegenwärtig hat keine rechtsextremistische Partei in Tschechien eine Vertretung im nationalen Parlament. Die früher stärkste tschechische rechtsextremistische Partei – *Versammlung für die Republik – Republikanische Partei der Tschechoslowakei* (SPR-RSČ) – überwand 1992 und 1996 die Fünfprozenthürde bei

---

9 Vladimír Štěpánek (ein Mitglied des Klubs des tschechischen Grenzlandes) hat ganz allein und unabhängig von jeder Organisation in den Jahren 1999–2003 eine terroristische Kampagne durchgeführt, die zum Teil eindeutig in den Bereich des psychopathologischen Terrorismus fällt (besonders Eisenbahn-Attentate). Ein weiterer Teil war aber anti-germanisch und anti-antikommunistisch geprägt. Štěpánek verübte Sprengstoffanschläge auf das Denkmal des deutsch-tschechischen Verständnisses in Teplice nad Metují, auf das Denkmal für die Opfer des Kommunismus in Prag, auf das Prager Hotel Uno (wo deutsche Touristen abstiegen) usw. Er wurde Ende 2003 verhaftet und starb im Januar 2004.

den Parlamentswahlen, büßte ihre parlamentarische Vertretung 1998 aber wieder ein.

Bei den Nationalisten gibt es heute populistische, ideologisch nicht fest verankerte Organisationen wie z. B. *Miroslav Sládeks Republikaner* (offizieller Name der Nachfolgerpartei der SPR-RSČ, die sich wegen finanzieller Probleme aufgelöst hat), die aus dieser Partei abgesplittete *Arbeiterpartei* (DS) oder die *Tschechische Bewegung für Nationale Einheit* (ČHNJ). Weitere Organisationen sind ideologisch mit dem tschechischen Faschismus und/oder dem nationalistischen Konservatismus der Vorkriegszeit verknüpft (politische Parteien: *Nationale Vereinigung* – NSj und *Nationale Partei* – NS; Verein: *Patriotische Front* – VF).[10]

Der tschechische Rechtskonservatismus und Faschismus war antisemitisch, antideutsch und panslawistisch ausgerichtet und von Mussolinis Bewegung inspiriert. Bei einem Teil der faschistischen Bewegung spielten auch klerikalfaschistische Ideen eine wichtige Rolle (besonders in Mähren). Der Vorsitzende der *Tschechoslowakischen Nationaldemokratischen Partei* in der Zwischenkriegszeit, Karel Kramář, war ein Slawophile.

Der Führer der *Nationalen faschistischen Gemeinde* (NOF), Radola Gajda, hat enge Beziehungen mit den russischen rechten Emigranten; er kämpfte während des Bürgerkriegs in Russland gegen die Bolschewiki. Die tschechischen Faschisten wollten nach dem von ihnen erhofften Zerfall der UdSSR ein slawisches Reich errichten.

Diese Traditionen wirkten nach dem Fall des Kommunismus innerhalb des tschechischen Neofaschismus fort. Die tschechischen Neofaschisten sind oft panslawistisch orientiert. Beispielsweise hat Mitte der 90er Jahre die *Bewegung der Nationalen Vereinigung* (HNS) die Idee zur Gründung eines westslawischen, katholisch-geprägten Reiches (aus Polen, Böhmen, Mähren und der Slowakei) propagiert.[11] Einzelne Rechtsextremisten, z. B. aus der Organisation *Nationale Front der Castisten*[12] (NFC), arbeiteten aber auch mit heidnischen slawischen Organisationen (wie z. B. *Heimatlicher Glaube*) zusammen.

Die rechtsextremistischen Vereinigungen *Patriotische Front* und *Nationaldemokratische Partei* nahmen am Slawischen Kongress in Prag im Jahr 1998 teil. Die tschechischen rechtsextremen Nationalisten lehnten ähnlich wie auch die Kommunisten den Beitritt Tschechiens in die NATO (und die Aktion gegen Jugoslawien im Jahr 1999) und in die EU ab und arbeiteten dabei zum Teil mit

---

10 Vgl. Miroslav Mareš, Politischer Extremismus in Tschechien und in Deutschland im Vergleich. In: Freiheit und Recht (2005) (i. E.).
11 Später hat diese Gruppierung im postkommunistischen Raum weitere (nicht nur slawische) Partner gefunden, wie z. B. die rumänische „Eiserne Garde". Z. Z. ist die politische Partei Nationale Vereinigung Mitglied der internationalen Struktur „European National Front", wo die italienische „Forza Nuova" eine dominante Rolle spielt.
12 Castismus (vom lateinischen „Castis omnia casta") war ein seltsamer Versuch einer neuen rechtsextremen heidnischen Ideologie, die auf die Säuberung von Mensch und Nation zielte.

linksextremen Panslawisten zusammen – trotz ihrer negativen Bewertung der kommunistischen Ära).

Slawische Motive nutzten auch die tschechischen Kollaborateure im Protektorat Böhmen und Mähren während des Zweiten Weltkrieges aus. Obwohl der deutsche Nationalsozialismus einen Pangermanismus propagierte, verfochten die tschechischen Faschisten das Konzept einer gleichberechtigten slawischen Rasse. Die Slawen sollten gemeinsam mit anderen Ariern gegen Judentum, Bolschewismus und Plutokratie kämpfen. Es entstanden verschiedene kleine obskure Organisationen wie die *Nationalsozialistische Garde der slawischen Aktivisten des Großdeutschen Reiches*. Eine paramilitärische Gruppe von Kollaborateuren namens *Svatopluks Garden* verwendete nach dem Vorbild der SS-Einheiten (altgermanische Runen) altslawische Runen. Die deutschen Okkupanten präferierten aber eine bedingungslos loyale Kollaboration und lehnten extravagante Versuche dieser Art ab.

Die Kollaboration im Protektorat Böhmen und Mähren bildet heute einen der Pfeiler im ideologischen Selbstverständnis der tschechischen Neonationalsozialisten. Diese Aktivisten sind gegenwärtig auch in der internationalen *White-Power Bewegung* tätig. Manche Organisationen und Personen akzeptieren eher die traditionellen nationalsozialistischen Konzepte (einschließlich der Anerkennung der Bedeutung des deutschen „Herrenvolks"), andere verstehen die slawischen Völker als Teil der Arier-Elite (oder sehen die tschechische Nation als eine Mischung slawischer, keltischer und germanischer Stämme) und nutzen für die ideologische Begründung ihrer rassistischen Tätigkeit auch heidnische slawische (oder auch altgermanische und altkeltische) Motive.[13] Deshalb kritisieren sie oft auch die ursprüngliche deutsche nationalsozialistische Betrachtung der Slawen als „Untermenschen".

Eine besondere Dimension hat die slawische Identität in Ostmitteleuropa im Rahmen einer Strömung, die innerhalb der nationalsozialistischen *Black-Metal Szene* entstand. Den Ursprung des nationalsozialistischen *Black-Metals* und des *Pagan-Metals* kann man in Skandinavien finden, wo das altgermanische Heidentum einen ideellen Hintergrund bildete. In slawischen Ländern benutzen viele Pagan-Metal-Musikgruppen die altslawischen heidnischen Motive. Sie sind antichristlich, antisemitisch, rassistisch und meistens panarisch orientiert.

Diese musikalisch-ideologische Strömung bezeichnet sich als *Slavonic Power*. Sie hat ihre Basis besonders in Russland, in der Ukraine, in Weißrussland, in Polen, in der Slowakei und in Tschechien, wo sie z. B. mit den Labeln oder Zeitschriften *Eclipse*, *Pařát* („Die Kralle"), *Slavonic Roar* oder mit der Musikgruppe *Inferno* verbunden ist. Ganz typisch definiert Inferno ihre Musik als: „schneller, aggressiver slawischer Black Metal mit tschechischem Gesang, der die heidnische Kultur und das weiße Europa unterstützt".[14]

---

13 Vgl. Mareš, Politischer Extremismus.
14 Miroslav Mareš, Pravicový extremismus a radikalismus v ČR, Brno 2003, S. 443.

Allgemein ist die ideologische Verankerung der tschechischen extremen Rechten relativ brüchig. Die Art der Verwendung des Panslawismus illustriert diese Probleme auf anschauliche Weise. Die tschechischen rechtsextremistischen Panslawisten bilden keine geschlossene Gruppe. Der Panslawismus bildet einen ideologischen Bestandteil vieler Gruppierungen, ist aber nicht so stark, dass er die anderen außenpolitischen Verbindungen beschränken konnte. Viele tschechische Rechtsextremisten pflegen enge Beziehungen zu französischen, deutschen, amerikanischen und anderen nicht-slawischen Partnern.

IV. Panslawismus im mährischen separatistischen Spektrum

Die mährische regionale (und teilweise auch ethnonationale) sucht ihre Existenz besonders mit der unterschiedlichen Geschichte dieses Teiles der Länder der Tschechischen Krone (Böhmen, Mähren, Schlesien) zu begründen, wobei sie auch an religiöse Vorstellungsmuster anknüpft (katholisches Mähren gegen laizistisches und protestantisches Böhmen). Die mährische historische Tradition beginnt schon im 9. Jahrhundert im Großmährischen Reich, das eines der ersten slawischen Staatsgebilde war. Im 19. Jahrhundert, in der Zeit der nationalen Wiedergeburt, bestand kurzzeitig eine Chance für die Entstehung einer neuen slawischen Nation – der Mähren – in der Mährischen Markgrafschaft. Die Verflechtung mit der nationalen Bewegung Böhmend hat aber die mährische Identität letztendlich regionalistisch und nicht nationalistisch geformt.

Jedoch gab es seit der slawischen nationalen Wiedergeburt in Mähren im 19. und am Beginn des 20. Jahrhunderts auch Versuche, die mährische Identität nicht auf der nationalistischen Identität aufzubauen, sondern die mährische Bevölkerung aus verschiedenen Nationen (Tschechen oder slawische Mähren, Deutsche usw.) als eine spezifische Landesgemeinschaft zu sehen. Einen Ausdruck fanden diese Vorstellungen teilweise im Rahmen des so genannten Mährischen Ausgleichs von 1905, der eine Lösung für das Zusammenleben der Tschechen und Deutschen in einem Land entwickelte.

Nach der Entstehung der Tschechoslowakei wurden die mährischen nationalistischen Tendenzen nicht sehr bedeutsam, auch wenn sie in einem Teil der faschistischen Bewegung ihren Ausdruck fanden. Als die Deutschen am 15. März 1939 die tschechischen Länder besetzen und die unabhängige Slowakei entstand, unternahmen einzelne mährische Aktivisten den erfolglosen Versuch, einen Teil Südmährens an die Slowakei anzukoppeln. Andere mährische Kollaborateure wollten das autonome Mähren innerhalb des Großdeutschen Reiches oder prägten die Konzeption der Mährischen Nation, die für eine nationalsozialistische Herrschaft gemeinsam mit der deutschen Nation kämpfen sollte (typisch war dies z. B. für die kleine *Mährische Nationalsozialistische Partei*). Diese Tendenzen fanden aber keinen größeren Widerhall in der Bevölkerung, und auch die deutsche Okkupationsmacht sah dies kritisch.

Nach dem Krieg und der kommunistischen Machteroberung im Jahr 1948 wurde das traditionelle Mährisch-schlesische Land abgeschafft, was ein Grund für die Entstehung der mährischen regionalen und teilweise auch der ethnonationalen Bewegung im Jahr 1968 (nur kurzzeitig im Rahmen des „Prager Frühlings") und besonders nach dem Fall des Kommunismus war. In den ersten freien Wahlen im Juni 1990 erzielte die *Bewegung für eine selbstverwaltete Demokratie – Bewegung für Mähren und Schlesien* (HSD-SMS) einen großen Erfolg, als sie im Rahmen der Tschechischen Republik zehn Prozent der Stimme erhielt (in Mähren über 20 Prozent). Ein Jahr später deklarierten in der Volkszählung etwa 1,3 Millionen Menschen die mährische Nationalität (39,4 Prozent der mährischen Bevölkerung).

Doch die mährische Bewegung setzte die Erneuerung des mährisch-schlesischen Landes nicht durch. Wegen ihrer inneren Zerstrittenheit und einer problematischen Strategie verlor sie ihre Sympathien und ist heute nur noch ein Randphänomen. Ein Teil der mährischen Bewegung arbeitete mit verschiedenen Rechts- und Linksextremisten zusammen,[15] u. a. im Rahmen des Panslawismus.

Ein Teil der mährischen Aktivisten (besonders aus der separatistischen Organisation *Mährisch-Schlesisches Informationszentrum* – MSIC) nahm am Slawischen Kongress in Prag 1998 teil; sie gründeten den *Mährischen Slawenausschuss*, der bis heute unabhängig vom erwähnten *Slawischen Ausschuss der Tschechischen Republik* wirkt und eine Existenz als Sektion des gesamt-tschechischen Ausschusses ablehnt.

Die mährischen Panslawisten versuchen, im Rahmen der panslawischen Bewegung die Idee einer selbständigen slawischen mährischen Nation durchzusetzen. Paradoxerweise sind aber die Tschechen als Hauptgegner auch Slawen. Teilweise genossen solche mährischen Versuche russische Unterstützung. Jedoch arbeitet ein Teil der sudentendeutschen Bewegung in Deutschland mit der nicht-nationalistischen landesorientierten Konzeption einer mährischen Identität; auf dieser Basis wollte die *Sudentendeutsche Landsmannschaft* (SL) mit den mährischen Organisationen zusammenarbeiten. Bisher sind die wichtigsten mährischen Aktivisten aber panslawistisch orientiert und lehnen die Zusammenarbeit mit der SL ab.[16] Immerhin sieht ein kleiner Teil der mährischen

---

15 Vgl. Miroslav Mareš, Moravismus a extremismus. Středoevropské politické studie, roč. IV, č. 4. Dostupné na World Wide Web: http://www.iips.cz/cisla/komentare/moravismus401.html, 2001.

16 Die Stellung der mährischen Organisationen zur SL ist oft eindeutig negativ. Z. B. demonstrierte die Organisation „Junge Mährer" im Jahr 2003 gegen die Eröffnung des Büros der Landsmannschaften in Prag gemeinsam mit den tschechischen Nationalisten aus der „Nationalen Partei". Mährische Organisationen haben auch Probleme innerhalb der „European Free Alliance – Democratic Party of Peoples Europe" (EFA-DPPE), eine europäische Partei für regionalistische und ethnische Parteien. Die Parteien der ungarischen Minderheiten aus der Slowakei oder die Partei der deutschsprachigen Belgier haben gegen die sog. Beneš-Dekrete protestiert, aber die mährischen Repräsentanten verteidigten diese Rechtsnormen.

Bewegung gegenwärtig in dieser Zusammenarbeit und in der Umorientierung der bisherigen mährischen Politik einen Weg aus der heutigen Randexistenz. Allerdings sind die heutigen mährischen nationalistischen und regionalistischen Initiativen wenig relevant, und die Emanzipation der angeblichen mährischen Nation vom Panslawismus war nicht erfolgreich.

V. Fazit

Der Panslawismus ist nicht notwendigerweise ein Attribut des Extremismus und des Radikalismus in der Tschechischen Republik. Nicht jeder Panslawist ist ein Extremist, und nicht jeder Extremist ist ein Panslawist. Indes ist die Ausnützung des Panslawismus in der tschechischen extremistischen und radikalen Szene relativ häufig. Sie bildet auch eine Basis für die Verflechtung der äußersten Linken und Rechten. Die gemeinsamen Hauptthemen der tschechischen Panslawisten (mit Ausnahme der Neonationalsozialisten) sind:
1. Kampf um die slawische Identität des Volkes gegen Verwestlichung (d. h. unter anderem die Ablehnung von NATO und EU);
2. Kampf gegen den angeblichen Pangermanismus und Revanchismus (d. h. Ablehnung der sudetendeutschen Forderungen und der deutschen Machtansprüche);
3. Hilfe für die angeblich unterdrückten slawischen Nationen (z. B. die Serben während des Kosovo-Krieges oder die Sorben in Deutschland).

Die Unterschiede unter den einzelnen panslawistischen Strömungen beruhen u. a. auf der differenzierten Interpretation der Geschichte. So kritisieren die Nationalisten die kommunistische Ära, während die kommunistischen Panslawisten die Traditionen des rechten panslawistischen Kampfes gegen die Oktoberrevolution ablehnen. Allgemein kann man folgende Hauptgründe für die Ausnützung des Panslawismus innerhalb der einzelnen Varianten des Extremismus und des Radikalismus nennen:
1. bei den Kommunisten die Aufwertung der Traditionen des gemeinsamen antifaschistischen Kampfes der panslawistischen Kommunisten und des Zusammenlebens der slawischen Staaten innerhalb des kommunistischen Blocks und der gegenwärtige Kampf gegen die angebliche Germanisierung und Globalisierung;
2. bei den Nationalisten die Stärkung der nationalen Identität gegen Globalisierung und Germanisierung und der Respekt gegenüber den panslawistischen Traditionen der tschechischen Rechtsextremisten. Die Neonationalsozialisten suchen im Panslawismus auch eine Begründung für eine Zuordnung zu den Ariern;
3. bei mährischen Separatisten die Hilfe bei der Bestätigung der angeblichen Existenz der eigenständigen slawischen mährischen Nation.

Neue ideologische Fusionen im russischen Antidemokratismus – Westliche Konzepte, antiwestliche Doktrinen und das postsowjetische politische Spektrum

Andreas Umland

I. Einleitung

In dieser Untersuchung werden einige politische und inhaltliche Aspekte der Ideologien von vier extrem antiwestlichen kollektiven Akteuren der *Russischen Föderation* (RF) kurz beschrieben und analysiert.[1] Gleichzeitig wird der Versuch unternommen, diese Ideologien zu klassifizieren und terminologisch zu erfassen. Die Akteure werden zwar im spezifischen Kontext der postsowjetischen Verhältnisse betrachtet. Doch werden – soweit möglich – für die Charakterisierung ihrer Ideologien in den westlichen Sozialwissenschaften gebräuchliche Begriffe und Definitionen genutzt. Durch Vermeidung russlandspezifischer Konstrukte, wie zum Beispiel „Nationalpatriotismus"[2] oder „Neonationalbolschewismus",[3] zur Kategorisierung soll eine vergleichende Betrachtung dieser Akteure erleichtert werden. Anliegen ist es, die Inkorporation des postsowjetischen russischen Antidemokratismus in die internationale Extremismusforschung und die Anwendung des in den internationalen Sozialwissenschaften entwickelten Begriffsapparates auf die russischen Verhältnisse zu unterstützen. Hierbei dürfen weder zweifellos vorhandene Spezifika des postsowjetischen Antidemokratismus verwischt, noch bisher hauptsächlich für die westliche Hemisphäre genutzte Oberbegriffe über Gebühr gestreckt werden. Inwieweit dieses gelingt, bestimmt den Erfolg der Untersuchung.

Es geht unten um die Ideologien von vier Organisationen in folgenden Zeitperioden:

---

1   Der Autor bedankt sich bei der Fritz-Thyssen-Stiftung, Robert Bosch Stiftung und Konrad-Adenauer-Stiftung sowie beim Russian and Eurasian Research Centre des St. Antony's College Oxford für die Unterstützung im Verlauf der Erstellung dieses Beitrages.
2   Thomas Parland, The Rejection in Russia of Totalitarian Socialism and Liberal Democracy. A Study of the Russian New Right, Helsinki 1993; Wendy Slater, Imagining Russia. The Ideology of Russia's National Patriotic Opposition, Diss. phil., University of Cambridge 1998.
3   Markus Mathyl, Der „unaufhaltsame Aufstieg" des Aleksandr Dugin. Neo-Nationalbolschewismus und Neue Rechte in Russland. In: Osteuropa, 52 (2002), S. 885–900.

- die Russkoe Nacional'noe Edinstvo (Russische Nationale Einheit, im Weiteren RNE) unter der Führung von Aleksandr Barkašov im Zeitraum 1990–2000;
- die Liberal'no-demokratičeskaja partija Rossii (Liberal-Demokratische Partei Russlands, im Weiteren LDPR) unter der Führung von Vladimir Žirinovskij im Zeitraum 1990–1993;
- die Historisch-Religiöse Vereinigung „Arktogeja" (Nördliches Land) bzw. Bewegung/Partei „Evrazija" (Eurasien) unter der Führung von Aleksandr Dugin im Zeitraum 1990–2003;
- die Kommunističeskaja partija Rossijskoj Federacii (Kommunistische Partei der RF, im Weiteren KPRF) unter der Führung von Gennadij Zjuganov im Zeitraum 1993–2003.

Da all diese kollektiven Akteure mehr oder minder stark von ihren Führern, die gleichzeitig auch die maßgeblichen Ideologen ihrer Organisation waren bzw. sind, geprägt wurden, sind die Übergänge zwischen der Analyse der Organisation und jeweiligen Führungsfigur fließend. Wie auch für einen ähnlich angelegten Beitrag Mischa Gabowitschs,[4] stellt in dieser Untersuchung die adäquate Bestimmung der Stellung und Rolle von Zjuganovs KPRF die größte Herausforderung dar. Auch ist die KPRF der bislang bedeutendste der hier untersuchten kollektiven Akteure.

Der hier verwendete Begriffsapparat ist wesentlich von der Faschismusinterpretation des liberalen britischen Ideenhistorikers Roger D. Griffin geprägt.[5] Dies geschieht aus methodologischen wie pragmatischen Gründen. Die von Griffin vorgeschlagene Konzipierung der verschiedenen Spielarten von Rechtsextremismus ist nicht nur in sich schlüssiger als andere ähnliche Begriffsgebäude. Die von ihm neu-, mit- oder weiterentwickelten Konstrukte und Metaphern erscheinen auch als prägnanter und leichter anwendbar in der empirischen Forschung als viele der zahl- und umfangreichen Listendefinitionen von Faschismus und Rechtsextremismus oder -radikalismus.[6] Zu recht ist Griffins Faschismusinterpretation daher gelobt worden.[7]

---

4 Mischa Gabowitsch, Der russische „Nationalpatriotismus" der Gegenwart und sein Verhältnis zum Kommunismus. In: Uwe Backes (Hg.), Rechtsextreme Ideologien in Geschichte und Gegenwart, Köln/Weimar/Wien 2003, S. 311–338.
5 Roger D. Griffin, The Nature of Fascism, 2. Auflage London 1993; ders. (Hg.), Fascism, Oxford 1995; ders., Interregnum or Endgame? Radical Right Thought in the Post-fascist Era. In: Journal of Political Ideologies, 5 (2000) 2, S. 163–178; ders., Plus ça change! The Fascist Mindset behind the Nouvelle Droite's Struggle for Cultural Renewal. In: Edward Arnold (Hg.), The Development of the Radical Right in France 1890–1995, London 2000, S. 237–252; ders., The Palingenetic Political Community. Rethinking the Legitimation of Totalitarian Regimes in Inter-War Europe. In: Totalitarian Movements and Political Religions, 3 (2000) 3, S. 24–43; ders., The Primacy of Culture. The Current Growth (or Manufacture) of Consensus within Fascist Studies. In: Journal of Contemporary History, 37 (2002) 1, S. 21–43.
6 Andreas Umland, Konzeptionelle Grundfragen vergleichender Rechtsextremismusforschung. Der Beitrag der Faschismustheorie Roger Griffins. In: Erwägen Wissen Ethik,

Zudem wird der Faschismusbegriff in Russland gerne – teilweise geradezu inflationär – gebraucht,[8] weshalb eine Umgehung des Konzepts an der Realität des heutigen russischen öffentlichen und wissenschaftlichen Diskurses vorbeiführen würde. Auch hat Griffins Interpretation bereits einen gewissen Bekanntheitsgrad in Russland erlangt.[9] Sein gesamter Begriffsapparat ist jüngst nochmals ausführlich in der Zeitschrift „Erwägen Wissen Ethik" (14. Jg. [2004], Hefte 3 & 4) diskutiert worden, weshalb unten die entsprechenden Termini und Definitionen nur kurz vorgestellt werden.

Der Beitrag stützt sich auf die Erkenntnisse der bereits vorhandenen Sekundärliteratur.[10] Der Aufsatz versucht, durch weitgehende Anwendung westlicher

---

15 (2004), S. 355-357; ders., Einige Beispiele für die forschungspraktische Relevanz der Griffinschen Taxonomie. In: ebd., S. 418-420.

7 Siehe zum Beispiel die Zitate prominenter Faschismusforscher wie George Mosse, Stanley Payne oder Richard Thurlow auf den Rückumschlägen der Paperbackausgaben von Griffin, The Nature of Fascism, und ders., Fascism. Selbst Kritiker des Griffinschen Faschismusbegriffs haben die Bedeutsamkeit seines Beitrages eingeräumt. Siehe zum Beispiel Robert Pearce, Fascism and Nazism, London 1997, S. 127: Griffins „Das Wesen des Faschismus" sei „complex but does repay detailed study"; Martin Blinkhorn, Fascism and the Right in Europe, 1919-1945, Harlow 2000, S. 102: Griffins Idealtypus „has unquestionably given a major new twist to our view and understanding of fascism."

8 In chronologischer Reihenfolge: Aleksandr A. Galkin, Rossijskij fašizm? In: Sociologičeskij žurnal, (1994) 2, S. 17-27; Fond „Graždanskoe obščestvo" (Hg.), Sovremennyj fašizm, nacionalizm, ksenofobija i antisemitizm v pečati Rossii. Informacionno-analitičeskie materialy, Moskau 1995; Gosudarstvennaja Duma (Hg.), O preduprežedenii projavlenij fašistskoj opasnosti v Rossijskoj Federacii. Materialy parlamentskich slušanij 14 fevralja 1995 goda, Moskau 1995; Vladlen Tolstych/Aleksandr A. Galkin/Vladlen Loginov/Aleksandr Buzgalin, Der russische Faschismus im Widerstreit. In: Utopie kreativ. Diskussion sozialistischer Alternativen, (1995) 52, S. 65-72; Centr social'nych issledovanij bezopastnosti ISPIRAN (Hg.), Ugrožaet li Rossii fašizm? Materialy „kruglych stolov" (1994-1995 gg.), Moskau 1996; Horst Schützler, Faschismus – ein Thema in der russischen Historiographie der 90er Jahre? In: Manfred Weißbecker/Reinhard Kühnl/Erika Schwarz (Hg.), Rassismus, Faschismus, Antifaschismus. Forschungen und Betrachtungen gewidmet Kurt Pätzold zum 70. Geburtstag, Köln 2000, S. 231-242; Andreas Umland, Concepts of Fascism in Contemporary Russia and the West. In: Political Studies Review, 3 (2005) 1, S. 34-49.

9 Pavel Ju. Rachšmir, Fašizm: včera, segodnja, zavtra. In: Mirovaja ekonomika i meždunarodnye otnošenija, (1996) 10, S. 153-157; Andreas Umland, Staryj vopros zadannyj zanovo: čto takoe fašizm? In: Političeskie issledovanija, (1996) 1 (31), S. 175-176; ders., Koncepcii i teorii fašizma i totalitarizma. In: Aleksandr G. Nesterov (Hg.), Instituty „prjamoj" i predstavitel'noj demokratii. Genezis političeskich režimov v XX veke, Ekaterinburg 2000, S. 54-60; Andreas Umland, Teoretičeskaja interpretacija fašizma i totalitarizma v rabotach V. Vippermana. In: Sociologičeskij žurnal, (2000) 1-2, S. 205-210; ders., Sravnitel'nyj analiz novych krajne pravych grupp na Zapade. In: Političeskie issledovanija, (2001) 3 (62), S. 174-179; ders., Sovremennye ponjatija fašizma v Rossii i na Zapade. In: Neprikosnovennyj zapas, (2003) 5 (31), S. 116-122, http://www.nz-online.ru/ index.phtml?aid=20010634 bzw. http://www.spravkanv.ru/ nauka_hmao/filosofy/ umland.htm.

10 Einige Überblicksdarstellungen in chronologischer Reihenfolge: Robert W. Orttung, The Russian Right and the Dilemmas of Party Organisation. In: Soviet Studies, 44 (1992) 3, 445-478; Walter Laqueur, Black Hundred. The Rise of the Extreme Right in Russia, New York 1993; Parland, The Rejection in Russia; John B. Dunlop, The Rise of Russia and the Fall of the Soviet Empire, 2. Auflage Princeton, NJ 1995; Alexander Yanov, Wei-

generischer Begriffe auf die genannten vier Akteure in der RF über den Forschungsstand in der bisherigen Literatur hinauszugehen. Es wird hier keine nochmalige Beschreibung dieser Akteure unternommen. Statt dessen werden konzeptionell-terminologische sowie einige diskursanalytische Probleme bei der Interpretation des russischen Antidemokratismus angeschnitten.

Dazu sei vorausgeschickt, dass dieser Beitrag für Leser mit geringen Kenntnissen der postsowjetischen politischen Szene und russischen politischen Ideengeschichte womöglich an einigen Stellen unklar oder gar kryptisch erscheinen wird, da er eine gewisse Vertrautheit mit den Vorgängen in Russland in den 1990ern sowie mit ersten Reflexionen in der wissenschaftlichen Literatur voraussetzt. Aus Platzgründen wird auf eine Aufbereitung der in zahlreichen empirischen Studien bereits untersuchten relevanten Primärquellen und Ereignisse verzichtet. Der Beitrag konzentriert sich auf konzeptionell-terminologische Fragen. In den Fußnoten ist die relevante wissenschaftliche Literatur ausgewiesen. Diese Bücher und Aufsätze können gegebenenfalls zur Beleuchtung der nur andeutungsweise behandelten empirischen Aspekte herangezogen werden.

mar Russia – And What We Can Do About It, New York 1995; Leonid J. Ivanov, Russland nach Gorbatschow. Wurzeln – Hintergründe – Trends der sich formierenden Gruppierungen – Perspektiven für die Zukunft, Passau 1996; Aleksandr Verchovskij/Anatolij Papp/Vladimir Pribylovskij, Političeskij ėkstremizm v Rossii, Moskau 1996; Vera Tolz, The Radical Right in Post-Communist Russian Politics. In: Peter H. Merkl/Leon Weinberg (Hg.), The Revival of Right-Wing Extremism in the Nineties, London 1997, S. 177–202; Slater, Imagining Russia; Wayne Allensworth, The Russian Question. Nationalism, Modernization, and Post-Communist Russia, Lanham, Maryland 1998; Aleksandr Verchovskij/Vladimir Pribylovskij/Ekaterina Michajlovskaja, Nacionalizm i ksenofobija v rossijskom obščestve, Moskau 1998; dies., Političeskaja ksenofobija. Radikal'nye gruppy. Predstavlenijya liderov. Rol' cerkvi, Moskau 1999; Judith Devlin, Slavophiles and Commissars. Enemies of Democracy in Modern Russia, Basingstoke 1999; Christopher Williams/Stephen E. Hanson, National-Socialism, Left Patriotism, or Superimperialism? The Radical Right in Russia. In: Sabrina Ramet (Hg.), The Radical Right in Central and Eastern Europe Since 1989, with an afterword by Roger Griffin, University Park 1999, S. 257–278; Alexander Verkhovsky, Ultra-Nationalists in Russia at the Onset of Putin's Rule. In: Nationalities Papers, 28 (2000), S. 707–726; Veljko Vujačić, Serving Mother Russia. The Communist Left and Nationalist Right in the Struggle for Power, 1991–1998. In: Victoria E. Bonnell/George W. Breslauer (Hg.), Russia in the New Century. Stability and Disorder?, Boulder, CO 2001, S. 290–325; Stephen D. Shenfield, Russian Fascism. Traditions, Tendencies, Movements, Armonk 2001; Vadim Rossman, Russian Intellectual Antisemitism in the Post-Communist Era. Lincoln/London 2002; Andreas Umland, Russia. In: Cyprian Blamires (Hg.), Historical Encyclopedia of World Fascism, Santa Barbara, Cal. 2005 (i. E.). Ein knapper Überblick zu den allerjüngsten Entwicklungen bei Andreas Umland, Der russische Rechtsextremismus nach den Wahlen 2003–2004. Bestandsaufnahme und Perspektiven. In: Russlandanalysen, (2004) 23, S. 1–4, http://www.forschungsstelle.uni-bremen.de/04_publikationen/0405_russlandanalysen/. Weitere relevante bis 1996 erschienene Literatur bei ders., The Post-Soviet Russian Extreme Right. In: Problems of Post-Communism, 44 (1997) 4, S. 53–61; ders., Pravyj ėkstremizm v postsovetskoj Rossii. In: Obščestvennye nauki i sovremennost', (2001) 4, S. 71–84.

II. Drei Spielarten von postsowjetischem Faschismus

Der hier verwendete Faschismusbegriff Roger Griffins – die hinlänglich bekannte Formel „palingenetischer Ultranationalismus"[11] – unterscheidet sich in mehrfacher Hinsicht vom marxistischen Definitionsversuch[12] und ähnelt den Konzepten der ebenfalls einflussreichen angelsächsischen Komparativisten George Mosse, Stanley Payne und Roger Eatwell.[13] Im deutschen Sprachraum steht Griffins Faschismustheorie – trotz erheblicher Unterschiede in seinem Definitionsansatz – der ebenfalls komparatistisch und ideengeschichtlich angelegten Faschismusinterpretation Wolfgang Wippermanns am nächsten.[14] Griffins Theorie war bis vor kurzem in Deutschland relativ unbekannt[15] und ist bisher nur von wenigen Forscher angewendet worden, unter anderem von Michael Minkenberg und Sven Reichhardt.[16]

Griffins Ansatz impliziert, dass Faschismus eine Spielart von extremem Nationalismus und somit Rechtsextremismus ist. Dabei wird bei Griffin unter „Ultranationalismus" ein weites Spektrum ethnozentrischer, rassistischer, kulturalistischer, ja supranationalistischer Ideologien subsumiert, jedoch religiöser

---

11 „Palingenese, die [...]: *Biologie* Wiederholung von stammesgeschichtlichen Entwicklungsstufen während der Keimesentwicklung – *Geologie* Gesteinsumbildung durch Wiederaufschmelzung – *Religion* Wiedergeburt; [sittliche] Erneuerung." Kleines Fremdwörterbuch, 3. Auflage Leipzig 1974, S. 263 (Hervorhebung im Original).
12 Eine jüngere Kritik des marxistischen Faschismusbegriffs findet sich bei Wolfgang Pfeiler, Der Begriff Faschismus als politisches Instrument und als wissenschaftliche Kategorie. In: Heiner Timmermann/Wolf D. Gruner (Hg.), Demokratie und Diktatur in Europa. Geschichte und Wechsel der politischen Systeme des 20. Jahrhundert, Berlin 2001, S. 97–106.
13 George L. Mosse (Hg.), Interpretations of Fascism, London 1979; Stanley G. Payne, Fascism. Comparison and Definition, Madison, Wisconsin 1980; ders., A History of Fascism, 1914–1945, Madison, Wisconsin 1996. Neuerdings auch in Deutsch: ders., Geschichte des Faschismus. Aufstieg und Fall einer europäischen Bewegung, München 2001; Roger Eatwell, Fascism. A History, London 1995; ders., On Defining the "Fascist Minimum". The Centrality of Ideology. In: Journal of Political Ideologies, 1 (1996) 3, S. 303–319; ders. Zur Natur des „generischen Faschismus" – Das „faschistischer Minimum" und die „faschistischer Matrix". In: Backes, Rechtsextreme Ideologien, S. 93–122.
14 Wolfgang Wippermann, Faschismustheorien. Zum Stand der gegenwärtigen Diskussion, Darmstadt 1972; ders./Hans-Ulrich Thamer, Faschistische und neofaschistische Bewegungen. Probleme empirischer Faschismusforschung, Darmstadt 1977; Wolfgang Wippermann, Europäischer Faschismus im Vergleich 1922–1982, Frankfurt a. M. 1983; ders., Faschismustheorien. Die Entwicklung der Diskussion von den Anfängen bis heute, 7. Auflage Darmstadt 1997; Werner Loh/Wolfgang Wippermann (Hg.), „Faschismus" kontrovers, Stuttgart 2002.
15 Eine der wenigen deutschen Rezensionen zur ersten Hardback-Ausgabe von Griffins grundlegender Monographie (erschienen bei Pinter) ist Uwe Backes, Besprechung von Roger Griffin, The Nature of Fascism. In: ders./Eckhard Jesse (Hg.), Jahrbuch Extremismus und Demokratie, Band 4, Bonn 1992, S. 346–348.
16 Michael Minkenberg, Die neue radikale Rechte im Vergleich. USA, Frankreich, Deutschland, Wiesbaden 1998; Sven Reichardt, Faschistische Kampfbünde. Gewalt und Gemeinschaft im italienischen Squadrismus und in der deutschen SA, Köln u. a. 2002.

Fundamentalismus ausdrücklich ausgeschlossen.[17] Generischer Faschismus unterscheidet sich, gemäß Griffin, von anderen Ultranationalismen durch seinen nicht nur sozialen und politischen, sondern auch kulturellen und anthropologischen Revolutionarismus. Der „mythische Kern" des Faschismus ist die allumfassende Neugeburt (Verjüngung, Reinigung, Auferstehung usw.) der wie auch immer definierten Nation bzw. wie auch immer eingegrenzten supranationalen Gemeinschaft.

1. Mimetischer Faschismus: Barkašovs Neonazismus

1.1 Die RNE im russischen und westlichen Russlandbild

Die RNE ist diejenige eindeutig als faschistisch zu bezeichnende russische Organisation, die in den neunziger Jahren das größte Maß an Aufmerksamkeit unter russischen und westlichen Forschern mit Interesse für russischen Nationalismus erregt hat, weshalb sie hier nicht nochmals im Detail vorgestellt wird.[18] Darüber hinaus diente die RNE verschiedenen Kommentatoren allgemeinpolitischer Entwicklungen in Russland als *das* Paradebeispiel für russischen Faschismus. In einigen Kommentaren wurde und wird russischer Faschismus mit der RNE gleichgesetzt.

Weiterhin haben viele russische, mehr oder minder patriotisch eingestellte Beobachter (außerhalb der RNE) auf Barkašovs Organisation als jenes gesellschaftliche Phänomen verwiesen, welches nicht nur den russischen Faschismus als solchen verkörpert, sondern auch augenfällig dessen gesellschaftliche Marginalität symbolisiert. Verweise auf die Isoliertheit und den dubiosen Charakter der RNE wurden auch von russischen wissenschaftlichen Beobachtern dazu benutzt, eine häufig behauptete Immunität eines Großteils der Russen gegenüber Faschismus zu illustrieren. Da die RNE sich zudem in den letzten vier Jahren in sechs, teilweise regional konzentrierte Klein- bzw. Kleinstgruppen aufspaltete, hat Faschismus, so scheint es im Lichte solcher Interpretationen, nunmehr jegliche Bedeutung als gesamtrussischer politischer Faktor verloren.

17 Griffin, The Primacy of Culture. Siehe dagegen die Behandlung von religiösem Fundamentalismus als eine Faschismusspielart bei Walter Laqueur, Faschismus. Gestern, Heute, Morgen, München 1997.
18 Einige wichtige Arbeiten in chronologischer Reihenfolge: Elisabeth Richter, Faschistische Parteien und Bewegungen in der Russischen Föderation am Beispiel der RNE (Russische Nationale Einheit), unveröffentlichte Magisterarbeit, Universität zu Köln 1996; John B. Dunlop, Alexander Barkashov and the Rise of National Socialism in Russia. In: Demokratizatsiya, 4 (1996), S. 519-530; Sven Gunnar Simonsen, Aleksandr Barkashov and Russian National Unity. Blackshirt Friends of the Nation. In: Nationalities Papers, 24 (1996), S. 625-639; Vjačeslav Lichačëv/Vladimir Pribylovskij (Hg.), Russkoe Nacional'noe Edinstvo. Istorija, politika, ideologija. Informacionnyj paket, Moskau 1997; William D. Jackson, Fascism, Vigilantism, and the State. The Russian National Unity Movement. In: Problems of Post-Communism, 46 (1999) 1, S. 34-42; Shenfield, Russian Fascism, S. 113-189, 264-266; Vjačeslav Lichačëv, Nacizm v Rossii, Moskau 2002.

Wie im Weiteren zu zeigen versucht wird, erscheint eine derart auf die RNE fixierte Bewertung von revolutionär-ultranationalistischen Tendenzen in der RF als verfrüht.

1.2 Die RNE als Faschismusimitation

Auf den ersten Blick stellt sich die RNE mit ihrem nur leicht modifizierten Hakenkreuz und römischen Gruß sowie ihrer schwarzen Uniform, paramilitärischen Organisationsstruktur, rassistischen Ideologie und eugenischen Plänen als eine von vielen internationalen Spielarten von Neonazismus und daher als leicht bestimmbares politisches Phänomen dar. Dem unbedarften Beobachter mag die den Nazismus und Italofaschismus sowie die rumänische Eiserne Garde kopierende RNE zudem dafür dienen, den Vergleich des postsowjetischen Russlands mit der Weimarer Republik, aufgrund des ganz offensichtlich ungleichen Gewichts der NSDAP und RNE in ihrem jeweiligen gesellschaftlichen Umfeld, als irrelevant abzutun.

Tatsächlich jedoch handelt es sich bei der RNE derzeit noch um ein Phänomen, das einer adäquaten Interpretation harrt. Das äußere Erscheinungsbild und die sichtbare Präsenz der RNE in einer Reihe russischer Provinzhauptstädte (z. B. in Voronež, Krasnodar, Orël und Vladivostok) in den Neunzigern hat vielmehr erheblich dazu beigetragen, sowohl die russische als auch die westliche Diskussion um die politische Potenz eines russischen Faschismus zu vernebeln. Repräsentiert die RNE doch, trotz der äußerlich weitgehenden Deckungsgleichheit, *kein* der NSDAP analoges politisches Phänomen. Ja sie stellt, wie unten zu zeigen versucht wird, nicht einmal eine politisch vollwertige Spielart von Neonazismus dar.

Zum ersten ist festzustellen, dass die RNE insofern nur bedingt mit der NSDAP verglichen werden kann, als sie unter einen anderen Subtyp von Faschismus fällt. Während es sich bei der NSDAP-Ideologie und -Symbolik um eine spezifisch deutsche Spielart von Faschismus, d. h. eine Permutation von *autochthonem* palingenetischem Ultranationalismus handelte, zählt die RNE zur Klasse der *mimetischen* Faschismen. Die Weltanschauung, Programmatik und äußere Erscheinung der RNE stellt eine manifeste Imitation ausländischer Faschismen – vor allem des deutschen Nazismus – und keine genuin russische Ausprägung von palingenetischem Ultranationalismus dar (was freilich von der RNE wiederholt bestritten wurde). Die RNE wäre unter diesem Gesichtspunkt somit womöglich Oswald Mosleys *British Union of Fascists and National Socialists* (BUF) vergleichbar. Gerade weil sie so offensichtlich an die NSDAP, PNF und Eiserne Garde angelehnt ist, fällt die RNE *nicht* in deren Kategorie ideengeschichtlich originärer Ultranationalismen (wobei erstere selbstverständlich ebenfalls gewisse „Anleihen" im Ausland machten).

Die RNE ist daher beim Vergleich des postsowjetischen Russlands mit der Weimarer Republik ein „falscher Freund" des Komparativisten:[19] Sie *scheint* nur ein offensichtliches Verbindungsglied zwischen dem Zwischenkriegsdeutschland und heutigen Russland zu sein. Tatsächlich handelt es sich bei der RNE um ein politisches Kuriosum, dessen gesellschaftliche Rolle – wenn man denn schon den Vergleich zur Weimarer Republik sucht – höchstenfalls mit zwischenkriegsdeutschen Versuchen, den Italofaschismus zu kopieren, sinnvoll verglichen werden kann.

1.3 Die RNE als Faschismuskarikatur

Über ihre weitgehende Inkomparabilität mit der politischen Rolle der NSDAP im Zwischenkriegsdeutschland hinaus ist die RNE auch mit der BUF im Zwischenkriegsengland, dem Neonazismus in Nachkriegsdeutschland sowie anderen mimetischen Faschismen nur bedingt gleichzusetzen. Dies ergibt sich aus dem abweichenden historischen Kontext: Die britische BUF oder heutigen deutschen Neonazis konnten bzw. können in ihren Aussagen zwar keinesfalls problemlos, aber doch – im semirationalen ultranationalistischen Sinne – legitimerweise auf bestimmte „positive" Aspekte des Dritten Reichs rekurrieren. Ein derartiges Abheben auf die angeblich grenz- und epochenüberschreitende Beispielrolle nazistischer Ideen stellt sich im russischen Kontext, gelinde gesagt, problematisch dar. Die Relevanz bzw. das Erbe des Dritten Reiches für das Nachkriegsrussland ist offensichtlich verschieden von einer etwaigen Bedeutung, die der Vorkriegsnazismus für das damalige Großbritannien oder die heutige Bundesrepublik haben könnte. Man stelle sich eine neonazistische Partei in Israel vor.[20]

Aus diesen Gründen erscheint, wie zuvor angedeutet, eine adäquate Interpretation der zeitweilig erheblichen organisatorischen Potenz der RNE komplizierter, als dies in vielen Analysen des russischen Rechtsextremismus deutlich geworden ist. Hier können keine Lösungen dieses, wir mir scheint, diffizilen Problems entwickelt, sondern nur einige mögliche Richtungen künftiger russischer Neonazismusforschung angedeutet werden.

---

19 Stephen D. Shenfield, The Weimar/Russia Comparison. Reflections on Hanson and Kopstein. In: Post-Soviet Affairs, 14 (1998) 4, S. 355–368; ders., Russian Fascism, S. 113–189, 264–266.

20 Andreas Umland, The Pseudo-Threat of Russian Neo-Nazism. Symbolic and Ideological Handicaps of the RNE. Vortrag gehalten auf der 33. Jahrestagung der American Association for the Advancement of Slavic Studies, Arlington, Virginia, 15.–18. November 2001.

1.4 Gegenkultur, Männerklub, Arbeitgeber, Groupuscule?

Ein für diesen Zusammenhang weiterführender Ansatz ist, wenn auch nicht primär auf die RNE, so doch explizit auf den postsowjetischen russischen Rechtsextremismus bezogen, von Markus Mathyl bereits 2000 entwickelt worden.[21] Mathyl beschreibt in einem innovativen Aufsatz das Entstehen einer spezifischen postsowjetischen gegenkulturellen Bewegung, die
- sowohl das sowjetische als auch das westliche Modell radikal ablehnt,
- klar antisystemischen und teilweise antipolitischen Charakter trägt und
- der Gesellschaft entfremdete Elemente der Jugend-, Musik-, Literatur-, Kunst- und Intellektuellenszene miteinander verbindet.

Die Einordnung der RNE in den Kontext der russischen postsowjetischen Gegenkultur erscheint insofern gerechtfertigt, als ihre Verwendung der Symbole des Dritten Reiches eine besonders unverschämte Herausforderung an die russische „political correctness" darstellt. Unter diesem Gesichtspunkt betrachtet würde sich die RNE in eine Reihe nonkonformistischer Bewegungen und Strömungen in der Jugendkultur eher einordnen lassen als in die postsowjetische politische Ideen- und Parteienlandschaft.

Damit stellt sich auch die Verbindung zu anderen Konzepten der internationalen Rechtsextremismusforschung, wie „unzivile Gesellschaft" und „Groupuscule", her. Die RNE hat zwar verschiedentlich mehr oder minder ernsthaft versucht, an föderalen sowie Regionalwahlen sowie an parteiübergreifenden Dachorganisationen und Wahlbündnissen der russischen extremen Rechten teilzunehmen. Doch blieb der Erfolg derartiger Integrationsversuche bisher auf Sondersituationen, wie die RNE-Beteiligung an dem Moskauer bürgerkriegsähnlichen Konflikt vom Oktober 1993 auf Seiten der ultranationalistischen Jelzin-Gegner, beschränkt. Im Großen und Ganzen blieb die RNE isoliert und von maßgeblichen politischen Prozessen, wie Wahlen oder Großversammlungen, weitgehend ausgeschlossen.

Die RNE stellt sich daher als ein Phänomen weniger der antisystemischen russischen „political society" als vielmehr der „uncivil society" der RF dar.[22] Ih-

---

21 Markus Mathyl, Das Entstehen einer nationalistischen Gegenkultur im Nachperestroika-Russland. In: Wolfgang Benz (Hg.), Jahrbuch für Antisemitismusforschung, Band 9, Frankfurt a. M. 2000, S. 68–107. Siehe auch ders., Die größte weiße Nation Europas – Geburt des Nationalismus aus dem Geist der Pop-Kultur. Wie der russische Schriftsteller und Politiker Eduard Limonow die Herzen der Jugendlichen erobert. In: Süddeutsche Zeitung vom 30. Sept. 2002; ders., Helden-Krieger. Wie Alina Wituchnowskaja die deutschen Medien blendet. In: Süddeutsche Zeitung vom 26. November 2002; Aleksandr Tarasov, Offspring of Reforms – Shaven Heads Are Skinheads. The New Fascist Youth Subculture in Russia. In: Russian Politics and Law, 39 (2001) 1, S. 43–89; Oliver Heilwagen, Böse Onkel Wanjas. Russlands faschistische Punks. In: Welt am Sonntag vom 31. Juli 2002, http://www.welt.de/daten/2002/07/31/0731kmu347665.htx.
22 Zum Begriff der „unzivilen Gesellschaft" siehe Ami Pedahzur/Leonard Weinberg, Modern European Democracies and Its Enemies. The Threat of the Extreme Right, in: Totalitarian Movements and Political Religions, 2 (2001) 1, S. 52–72; Cas Mudde/Petr

re zeitweilig erhebliche Attraktivität insbesondere für junge russische Männer mit niedrigem Bildungsgrad gründete anscheinend nur teilweise auf der RNE-Programmatik. Die Anziehungskraft der RNE war offenbar wesentlich von extrapolitischen Aspekten bestimmt. Dies könnten etwa die Bereitstellung eines spezifischen sozialen Umfeldes sowie von Trainingskursen (Nahkampf, Umgang mit Waffen), diversen Verdienstmöglichkeiten (Wachschutz, Inkasso, Schutzgelderpressung) und Aufstiegsmöglichkeiten innerhalb der Organisation einschließen. Da in der einschlägigen Literatur diese Aspekte der RNE-Tätigkeit ausführlich beschrieben (wenn auch noch nicht hinreichend interpretiert) worden sind, muss hier nicht nochmals darauf eingegangen werden.

Ob die RNE eventuell doch als im engeren Sinne politisches Phänomen interpretiert werden kann, indem man sie als Teil nicht der parteiförmigen, sondern der - im Griffinschen Verständnis - „groupuscularen" Rechten betrachtet,[23] kann hier nicht endgültig beantwortet werden. Die RNE trug zwar eine ganze Reihe von Charakterzügen eines Groupuscules, wie Introvertiertheit, gesellschaftliche Abgeschiedenheit oder extreme Ideologisiertheit. Sie erschien in den Neunzigern aber zum einen als zu groß, um als „Grüppchen" bezeichnet zu werden, und zum anderen als zu abgeschottet von der russischen und internationalen Rechtsextremismusszene, um als Bestandteil eines nationalen oder europaweiten „groupuscularen" Netzwerkes zu gelten.

1.5 Zusammenfassung: Die RNE-Ideologie als russischer Pseudofaschismus

Im Gegensatz zum nahezu einstimmigen Chorus bisheriger Bewertungen der RNE kommt diese Untersuchung zu dem Schluss, dass eine sinnvolle Klassifizierung der RNE als eine russische faschistische Partei nicht unproblematisch ist. Weder entsprach die Organisation in den Neunzigern allen Kriterien, um im russischen Kontext eindeutig als vollwertig *politisches* Phänomen klassifiziert

  Kopecky (Hg.), Uncivil Society? Contentious Politics in Post-Communist Europe, London 2002; Andreas Umland, Toward an Uncivil Society? Contextualizing the Recent Decline of Extremely Right-Wing Parties in Russia, in: Weatherhead Center for International Affairs Working Paper Series, 2002, Nr. 3, http://www.wcfia.harvard.edu/papers/555__Toward_An_Uncivil_Society.pdf; ders., Toward an Uncivil Society? Contextualizing the Recent Decline of Parties of the Extreme Right Wing in Russia. In: Demokratizatsiya, 10 (2000) 3, S. 362-391 (mit einigen nichtautorisierten, unprofessionellen Veränderungen durch die Redaktion); ders., Die rechtsextremistische APO im heutigen Russland. Ultranationalistische Denkfabriken als Bestandteil der postsowjetischen „unzivilen Gesellschaft". In: Vera Haney/Michael Wegner/Andrea Jahn (Hg.), Russland: ein starker Staat?, Jena 2003, S. 123-143.
23 Roger D. Griffin, From Slime Mould to Rhizome. An Introduction to the Groupuscular Right. In: Patterns of Prejudice, 36 (2002) 3, S. 27-50. Siehe auch den ersten Anwendungsversuch des Groupusculekonzepts auf Russland bei Markus Mathyl, The National-Bolshevik Party and Arctogaia. Two Neo-Fascist Groupuscules in the Post-Soviet Political Space. In: Roger D. Griffin/Matthew Feldman (Hg.), Fascism. Volume V: Postwar Fascisms (Critical Concepts in Political Science), London 2004, S. 185-200.

zu werden, noch erfüllte ihre Ideologie die Voraussetzungen, um als legitime *russische* Spielart von palingenetischem Ultranationalismus zu gelten. Daher ist paradoxerweise die mehrfach wiederholte Behauptung des RNE-Führers Barkašov, seine Ideologie stelle keinen „russischen Faschismus" dar, nicht ganz unzutreffend: Bei der RNE-Programmatik und -Symbolik handelt es sich tatsächlich nicht um den Ausdruck einer radikalisierten russischen Ideologie.

Die biologisch-rassistischen und eleminatorisch-antisemitischen Ideen der Nazis können als ins Extreme getriebene Pathologien vornazistischer deutscher politischer Kultur angesehen werden. Die NSDAP-Ideologie war somit eine – wenn auch pervertierte, so doch konsequente – Fortsetzung bestimmter spezifisch deutscher ideengeschichtlicher Traditionen.[24] Die dem Nazismus nachempfundene RNE-Ideologie wirkt dagegen insofern befremdlich, als eine folgerichtige Anwendung biologisch-rassistischer Konzepte auf die Interpretation der russischen politischen und Geistesgeschichte zu skurrilen Ergebnissen führen würde. Nicht nur war die zaristische Elite (einschließlich der Zarenfamilie) über Jahrhunderte mit Repräsentanten teilweise oder vollständig tatarischer, baltischer und westeuropäischer Abstammung durchsetzt. Der wohl wichtigste russische Schriftsteller, maßgebliche Schöpfer der modernen russischen Sprache und von den russischen Nationalisten vergötterte Aleksandr S. Puškin[25] war teilweise afrikanischer Abstammung. Puškins Großvater Abram Petrovič Hannibal (1696–1781) stammte aus Nordafrika – ein Fakt der im Phänotyp Puškins durchaus erkennbar ist.[26]

Von vor allem soziologischem und psychologischem Interesse ist die RNE weniger aufgrund dieser und anderer Inkonsistenzen als im Lichte ihrer nichtsdestoweniger erheblichen Anziehungskraft auf junge russische Männer. In den neunziger Jahren haben wahrscheinlich Zehntausende junger Russen die RNE-Ränke durchlaufen. Wie angedeutet, stellt daher eine adäquate Interpretation dieser nur scheinbar wenig mehr als eine primitive Schlägertruppe darstellenden Organisation noch ein Derivat der Forschung dar.

---

24 Die diesbezüglich weitestgehenden Thesen bei Daniel J. Goldhagen, Hitler's Willing Executioners. Ordinary Germans and the Holocaust, Boston 1996.
25 Jeffrey Brooks, Russian Nationalism and Russian Literature. The Canonization of the Classics. In: Ivo Banac/John C. Ackermann/Roman Szporluk (Hg.), Nation and Ideology. Essays in Honor of Wayne S. Vucinich, Boulder, Col. 1981, S. 315–334; Wendy Slater, The Patriot's Pushkin. In: Slavic Review, 58 (1999), S. 407–427.
26 Siehe zu dieser faszinierenden Geschichte I.V. Danilov, Praded Puškina Gannibal, Sankt-Peterburg 2001; Dieudonné Gnammankou, Abraham Hannibal. L'aďeul noir de Pouchkine, Paris/Dakar 1996; Georg Leetz, Abram Petrovič Gannibal, Tallin 1984; H.K. Teletova, The Gannibals – Ancestors of Pushkin, Leningrad 1978.

2. Revolutionärer Ethnoimperialismus: Žirinovskijs „letzter Sprung nach Süden"

Im letzten Abschnitt wurde versucht, die vorherrschende Evaluierungen der RNE als wichtigste faschistische Partei Russlands zu relativieren. Nun wird der Versuch unternommen, einen weiteren, ebenfalls weitverbreiteten Allgemeinplatz in Kommentaren zum russischen Rechtsextremismus bezüglich der LDPR in Frage zu stellen. Allerdings geht es nun darum, die Ansicht, dass die Ideologie Žirinovskijs *nicht* faschistisch ist, in Zweifel zu ziehen.

2.1 Žirinovskij nach und vor dem 12. Dezember 1993

Die in der Geschichte der LDPR zweifellos wichtigste Episode waren die Staatsdumawahlen vom Dezember 1993. Mit 22,9 Prozent der abgebebenen Stimmen in der Listenwahl gewann Žirinovskijs Truppe unerwartet und mit großem Abstand die erste postsowjetische Mehrparteienparlamentswahl: Der zweitplazierte, regierungsnahe Block „Russlands Wahl" erhielt 15,5 Prozent. Žirinovskijs damit einhergehender Eintritt ins politische Establishment hatte nicht nur Auswirkungen auf die Organisationsstruktur und -stärke sowie das tagespolitische Verhalten seiner Partei. Der Aufstieg der LDPR ab 1993 bewirkte ebenfalls eine Akzentverschiebung in der Selbstdarstellung und im öffentlichen Diskurs Žirinovskijs. Während der Aufbau der LDPR 1990 bis 1993 von einer schrittweisen Radikalisierung und Vereinheitlichung sowohl ihres innerparteilichen Diskurses als auch äußeren Bildes („front-stage image") begleitet war,[27] wurde das Profil der LDPR nach ihrem Eintritt in die Staatsduma Ende 1993 unschärfer.

Erstens wandelte sich die Stellung der LDPR gegenüber der Regierung – insbesondere im Zusammenhang mit der Invasion Tschetscheniens im Dezember 1994 – von einer „unnachgiebigen" Oppositionspartei zu einer partiell konstruktiven Parlamentsopposition. Von 1993 bis 1999 opponierte die LDPR zwar weiterhin gegen den Verwestlichungskurs Boris Jelzins. Sie unterstützte aber gleichzeitig nicht nur die neoimperialistischen Tendenzen der verschiedenen Jelzin-Administrationen, sondern auch jene Reformbestrebungen, die auf eine Rationalisierung des Staatsapparates (nicht jedoch auf die Verkleinerung der Sicherheits- und Militärkräfte) und des Wirtschaftsbetriebs hinausliefen.

Zweitens passte sich Žirinovskij der erhöhten Aufmerksamkeit und der plötzlich gewonnenen außenpolitischen Relevanz seiner Äußerungen an. Während, wie unten gezeigt wird, seine weltpolitischen Pläne vor seinem Eintritt ins Parlament auf einen Dritten Weltkrieg hinausliefen, beschränkte sich sein Säbelrasseln nach 1993 zumeist auf lautstarke Reaktionen auf solche Ereignisse wie die

---

[27] Ich folge hier einer Unterscheidung zwischen back-stage- und front-stage-Programmatik, wie sie ähnlich Anwendung findet bei: Cas Mudde, The Ideology of the Extreme Right, Manchester 2000.

NATO-Osterweiterung und -Intervention im Balkan oder die zunehmende europäische Kritik an der von ihm unterstützten Tschetschenienpolitik der Regierung von 1994 bis 1996 sowie von 1999 bis heute. Seine unten kurz dargelegte außenpolitische Doktrin wandelte sich von einem „revolutionären" in einen restaurativen Expansionismus.

2.2 Žirinovskij als Kryptofaschist

Eine wesentliche Annahme, welche der folgenden knappen Ideologieanalyse zugrunde liegt, besteht darin, dass die merkliche Verschiebung in der öffentlichen Selbstdarstellung der LDPR von einer faschistischen zu einer lediglich ultranationalistischen Partei seit Dezember 1993 kein Ergebnis eines Sinneswandels bei Žirinovskij beziehungsweise von Lernprozessen in der LDPR sowie eines etwa daraus resultierenden Charakterwandels der Parteiideologie war. Vielmehr stellt die scheinbare relative Entradikalisierung der offiziellen LDPR-Programmatik eine auch bei anderen russischen ultranationalistischen Parteien und Politikern zu beobachtende politikstrategische Anpassung an die Bedingungen einer

(a) zunehmenden Teilnahme im semipluralistischen Diskurs auf föderaler Ebene,
(b) teilweisen Inkorporation in das föderale und regionale Staatswesen,
(c) täglichen Präsenz in den zentralen Massenmedien und
(d) stärkeren Beteiligung an offiziellen internationalen Treffen, Foren und Verhandlungen dar.

Daher haben Äußerungen Žirinovskijs und anderer Politiker, die diese solange hervorbringen, wie sie nicht am nationalen öffentlichen Diskurs partizipieren, einen höheren Stellenwert für die Entschlüsselung und adäquate Interpretation der Kernpunkte ihrer Doktrin, als Stellungnahmen oder Handlungen, welche einem Neu- oder Wiedereintritt ins politische Establishment und damit verbundenen Anpassungsprozessen folgen. Hierbei wirken in Russland nicht nur diverse Regeln der *political correctness* des offiziellen Diskurses oder Restriktionen täglicher Kompromissfindung im Parlamentsbetrieb als Zügel für unverhohlene Propaganda genozidaler und/oder bellizistischer Ideen. Auch das – durch die Putinschen Maßnahmen augenscheinlich demonstrierte – höhere Potential der Manipulation politischer Prozesse durch die Exekutive der RF wirkt hier als Dämpfer. Solange lautstarke Propaganda explizit faschistischer Ideen nicht von der Regierungsspitze gewünscht wird, ist damit zu rechnen, dass selbst überzeugte russische Faschisten, die an einer Integration ins politische System interessiert sind, ihre Ansichten, wenn überhaupt, nur im engeren Kreis äußern werden – und dies, obwohl sich der Tenor ihrer politischen Rhetorik nicht prinzipiell von den Grundlinien der Putinschen Innen- und Außenpolitik unterscheiden mag, sondern deren Ideen häufig lediglich radikalisiert.[28]

Illustriert wird dieser Sachverhalt nicht nur durch Žirinovskijs und, wie unten noch dargelegt wird, Dugins jüngste Biographie. Deutlich wird dieses Muster auch im kürzlichen Auf und Ab des angesehenen russischen Nationalisten und stellvertretenden Staatsdumavorsitzenden Sergej Baburin. Baburin, inzwischen habilitierter Jurist und Rektor der Moskauer Handelshochschule, war von 1990 bis 1999 ein wichtiger Akteur in diversen nationalistischen Fraktionen und Gruppierungen im Obersten Sowjet und in der Staatsduma.[29] Obwohl als unnachgiebiger Nationalist bekannt, zählte Baburin in dieser Periode zum politischen Establishment. Von 1999 bis 2003 allerdings war Baburin kein Parlamentsabgeordneter und weitgehend abgeschnitten von politischen Prozessen auf föderaler Ebene. Auch schien seine politische Zukunft damals in Frage gestellt. Nicht nur verschärfte sich – anscheinend in diesem Zusammenhang – seine Rhetorik zu dieser Zeit. Baburin nahm darüber hinaus Kontakt mit als neonazistisch bekannten Aktivisten auf und gründete mit ihnen gemeinsam eine neue Mikropartei. Im Zuge seiner Kampagne zum Wiedereintritt ins Parlament kappte er 2003 diese Kontakte.[30]

Die Frage, ob die deutlich radikaleren Äußerungen Baburins außerhalb des Parlaments bzw. während seiner Auszeit als Abgeordneter sich zu einer faschistischen Ideologie summieren, bedürfte einer eingehenderen Untersuchung und kann hier nicht beantwortet werden. Dagegen spricht eine Reihe von Žirinovskijs Texten vor seinem Eintritt in die Staatsduma eine klare Sprache, so dass es möglich erscheint, seine Ideologie als gleichzeitig palingenetisch sowie ultranationalistisch und somit faschistisch zu klassifizieren.

2.3 Žirinovskijs Neugeburtsprogramm

Žirinovskij entwickelte die Kernidee seiner Ideologie – das Programm einer militärischen Südausdehnung Russlands – 1992–1993 schrittweise im ersten Organ der LDPR, der unregelmäßig erscheinenden Zeitung „Liberal" (Moskau

---

28 In gewisser Hinsicht erinnert das heutige zwiespältige Verhältnis der Putin-Administration zum proputinschen Teil des ultranationalistischen Spektrums an die ambivalente Beziehung zwischen dem spätzaristischen Regime und den neuentstehenden russischen nationalistisch-monarchistischen Gruppierungen des späten 19. und beginnenden 20. Jahrhunderts. Siehe Hans Rogger, The Formation of the Russian Right. In: California Slavic Studies, 3 (1964), S. 66–94; ders., Russia. In: ders./Eugene Weber (Hg.), The European Right. A Historical Profile, Berkeley/Los Angeles 1965, S. 449–500; S.A. Stepanov, Černaja sotnja v Rossii (1905–1917), Moskau 1992.
29 Sven Gunnar Simonsen, Politics and Personalities. Key Actors in the Russian Opposition, PRIO Report, Nr. 2/96, Oslo 1996, S. 18–27.
30 Laura Belin, Sergey Baburin. Leftist Looking for a Home, http://www.rferl.org/specials/russianelection/bio/baburin.asp.

1990-1993).³¹ Im Weiteren legte er diesen Plan in der ersten Ausgabe seines autobiographischen Hauptwerkes *Der letzte Sprung* [oder: *Wurf*] *nach Süden* ausführlich dar.³² Darin behauptet Žirinovskij, dass die Quelle allen Übels in der Geschichte Russlands bei den südlichen Nachbarn liege, wobei er – studierter Turkologe – insbesondere die Türkei attackierte. Die Zurückgebliebenheit und Instabilität des Südens verlange eine Hegemonialmacht. Russland müsse über die Territorien der ehemaligen UdSSR hinaus insbesondere Afghanistan, Iran und die Türkei annektieren, um

(a) seine Südgrenze zu sichern,
(b) die dortigen kriegerischen Völkerschaften zu „beruhigen" (uspokoit' – ein von Žirinovskij häufig verwendetes Wort in seinem Buch),
(c) Zugang zu warmen Gewässern zu erhalten und
(d) den Status einer regionalen Großmacht wiederzuerlangen.

Kurz bevor die erste Ausgabe seines Buches erschien, äußerte er mir gegenüber im August 1993, dass er dabei durchaus an einer Zusammenarbeit mit dem Westen interessiert sei, ja davon ausgehe, dass die westlichen Staaten Russland für die Befriedung des „Südens" entschädigen würden.³³ Russlands „letzter

---

31 Andreas Umland, Faschistische Themen in der Programmatik der Liberal-Demokratischen Partei Russlands, 1990-1993, unveröffentlichte Diplomarbeit, Freie Universität Berlin 1997.
32 Vladimir Žirinovskij, Poslednij brosok na jug, hg. von Aleksej Mitrofanov, 1. Auflage Moskau 1993. Wichtig ist hierbei, tatsächlich diese erste Ausgabe der Schrift, die im September 1993 bei TOO „Bukvica" und TOO „Pisatel'" erschien, zu berücksichtigen. Spätere, von der LDPR selbst verlegte Ausgaben des Buches, die teilweise auch das Erscheinungsjahr 1993 angeben, haben zwar denselben Titel, sind jedoch weniger aggressiv formuliert als der Text der ersten, von Mitrofanov redigierten Ausgabe das Buches sowie Žirinovskijs Beiträge für „Liberal" von 1993. Zu diesem Buch in chronologischer Reihenfolge: Alexander Motyl, Vladimir Zhirinovsky. A Man of His Times. In: The Harriman Review, 7 (1994) 7-9, S. 11-18; Andreas Umland, Vladimir Zhirinovsky in Russian Politics. The Emergence and Rise of the Liberal-Democratic Party of Russia, unveröffentlichte Magisterarbeit, University of Oxford 1994; ders., Wladimir Shirinowskij in der russischen Politik. Einige Hintergründe des Aufstiegs der Liberal-Demokratischen Partei Russlands. In: Osteuropa, 44 (1994), S. 1117-1131, hier 1128-1130; Alan J. Koman, The Last Surge to the South. The New Enemies of Russia in the Rhetoric of Zhirinovsky. In: Studies in Conflict & Terrorism, 19 (1996), S. 279-327; Andreas Umland, Vladimir Zhirinovskii in Russian Politics. Three Approaches to the Emergence of the Liberal-Democractic Party of Russia, 1990-1993, Diss. phil., Freie Universität Berlin 1998, Part II; ders., Russischer Rechtsextremismus im Lichte der jüngeren empirischen und theoretischen Faschismusforschung, In: Osteuropa, 52 (2002), S. 901-913, hier 909-913. Es existiert ebenfalls eine modifizierte englische Version des Buches: Vladimir Zhirinovsky, My Struggle. The Explosive Views of Russia's Most Controversial Political Figure, New York 1996.
33 Andreas Umland, Ein Gespräch mit Wladimir Shirinowskij. In: Die Neue Gesellschaft. Frankfurter Hefte, 41 (1994) 2, S. 114-117; wiederabgedruckt in: Monica Forbes/Willibald Fink (Hg.), Schirinowskij – Politiker, Populist, Nationalist? Berichte und Kommentare der deutschen und internationalen Publizistik, München 1994, S. 48-49; Andreas Umland, The Zhirinovsky Interview. In: Woodstock Road Editorial, (1994) 16, S. 3-5.

Sprung nach Süden" sei nicht nur Bestandteil einer generellen Neuaufteilung der Welt in Einflusssphären der nördlichen Staaten, wobei etwa Afrika an Westeuropa fiele. Die Operation werde den Weg zu einer Wiedergeburt der russischen Armee und des russischen Volkes insgesamt weisen. Russlands „letzter Wurf gen Süden" werde die Kontinuität mit dem russischen historischen Grundmuster der imperialen Ausdehnung zur Lösung innerer Probleme wiederherstellen, zu einer wundersamen Reinigung der russischen Nation führen und der schon Jahrhunderte währenden Destabilisierung Russlands durch die „Südler" (južane – ein Terminus, der im Russischen eine pejorative Konnotation trägt) ein Ende setzen. Dies und eine Reihe weiterer ähnlicher Maßnahmen würde ein „neues", „glücklicheres" Russland schaffen.

Der phantasmagorische Charakter dieses Planes hat eine Reihe westlicher Beobachter dazu bewogen, Žirinovskij als kaum ernstzunehmenden Politiker abzutun. Solches scheint allerdings nicht nur angesichts der fortgesetzten Präsenz Žirinovskijs in der russischen Politik inzwischen kein adäquater Ansatz mehr zu sein. Die verbreitete Geringschätzung von Žirinovskijs Ideen schien auch 1993 bereits unangemessen. So hat Alan Koman etwa auf die verblüffende Ähnlichkeit in der Einschätzung der zentralasiatischen und nahöstlichen Region durch Žirinovskij einerseits und den einflussreichen amerikanischen Politologen Zbigniew Brzezinski andererseits hingewiesen. Auch hat Koman Ähnlichkeiten mit der Kulturkampftheorie Samuel P. Huntingtons entdeckt.[34]

Was als noch wichtiger erscheint, ist, dass Žirinovskij hier lediglich eine radikalisierte Version einer fixen Idee im russischen außenpolitischen Denken des 19. und 20. Jahrhunderts entwickelt, wie sie sich zum Beispiel auch bei keinem geringeren als Fëdor Dostoevskij findet.[35] Der Gedanke, Russland müsse sich weiter nach Süden und Osten ausweiten, findet sich in einer Vielzahl von mehr oder minder ernsthaften russischen Texten zur geopolitischen Zukunft Russlands. Obwohl Žirinovskijs Pläne offensichtlich „unrealistisch" sind, bewegen sie sich – zwar am äußersten Rande, aber doch klar – innerhalb russischer ideologiegeschichtlicher Traditionen. Žirinovskijs Programmatik ist daher, trotz ihrer offensichtlichen Absurdität, ein interessanterer Fall als die dem westlichen Beobachter zwar womöglich „vertrautere", aber eben weitgehend aus Deutschland importierte RNE-Ideologie. Der für viele Beobachter – mich selbst eingeschlossen – unerwartete jüngste Erfolg Žirinovskijs bei den Staatsdumawahlen 2003 mag nicht zuletzt damit zusammenhängen, dass sein Plan eines „letzten Sprungs nach Süden" für viele Russen weniger abstrus klingt als für westliche Beobachter. Sowohl die Einmärsche Jelzins und Putins in Tschetschenien 1994 und 1999 als auch die Intervention der USA in Afghanistan 2001 hat Žirinovskij als Bestätigungen der Relevanz seiner Idee einer Südausdehnung Russlands interpretiert.

---

34 Koman, The Last Surge, S. 320; Zbigniew Brzezinski, Out of Control, New York 1993, S. 155, 163, 164, 195.
35 Hans Kohn, Dostoevsky's Nationalism. In: Journal of the History of Ideas, 6 (1945) 4, S. 385–414.

2.4 Der faschistische Kern von Žirinovskijs Plan

Die Idee einer mehr oder minder starken imperiale Neuausdehnung Russlands findet sich in den Programmen der meisten russischen Rechtsextremisten, ja selbst in Stellungnahmen als gemäßigt geltender Nationalisten.[36] Die Besonderheit von Žirinovskijs „revolutionärem Expansionismus"[37] besteht darin, dass
(a) es dem LDPR-Führer um mehr als eine Wiederherstellung des zaristischen oder Sowjetimperiums, sondern um eine allumfassende Neugeburt Russlands auf neuer Ebene und in gänzlich neuen Grenzen geht und
(b) er der Durchführung seines Plans eine wichtige Funktion für das *innere* Wohlbefinden Russlands zuschreibt.

Dies bedeutet, dass es sich bei seinem Plan weder um den Ausdruck von radikalem Revisionismus oder Restauratismus, noch um eine auf bloßes Kosten-Nutzen-Denken basierende Okkupationsidee handelt. Durch Wiederanknüpfung an ein jahrhundertealtes Verhaltensmuster des russischen Staates – innere Problemlösung durch äußere Expansion – wird Russland gereinigt, verjüngt und wiedererstehen. Die russische Unterjochung der „Südler" über die ehemaligen Grenzen des russischen Imperiums hinaus – und zwar sowohl die Durchführung der militärischen Aktion als solcher als auch das angestrebte Resultat einer Befriedung des Südens – wird eine neue Ära in der russischen Geschichte und Neuordnung der Welt in Großimperien der „zivilisierten" nördlichen Staaten oder Staatengruppen (USA, EU, Japan) einleiten.

Diese hier nur knapp dargelegte Ideologie ist damit sowohl ultranationalistisch als auch palingenetisch und kann im Ergebnis als faschistisch qualifiziert werden. Obwohl Žirinovskij seit 1993 diesen Plan in seiner ganzen Reichweite nicht mehr öffentlich propagiert hat,[38] ist aus den oben angedeuteten Gründen und aufgrund seiner fortgesetzten Fixierung auf den „Süden" anzunehmen, dass die Idee weiterhin seine Weltsicht bestimmt.

---

36 Eugene Mazo/Andreas Umland, A Chance to End the Russian Neo-Imperialist Dream. In: Financial Times vom 30. November 2004, S. 18, auf Russisch: http://www.inosmi.ru/stories/01/05/29/2996/215191.html.
37 Andrei P. Tsygankov, From Internationalism to Revolutionary Expansionism. The Foreign Policy Discourse of Contemporary Russia. In: Mershon International Studies Review, 41 (1997) 2, S. 247–268.
38 Doch hat er sich bei einigen Gelegenheiten auch nach seinem Parlamentseintritt nicht gescheut, diesen Plan sowie die damit verbundene militärische Operation weiterhin zu vertreten. Siehe z. B. Patrik Brjuno/Vladimir Žirinovskij, Besedy na čistotu, Moskau 1995, S. 53–73.

3. Aleksandr Dugins „Neoeurasismus": neurechte Metapolitik *à la russe*

Während es sich bei Barkašov und Žirinovskij um sowohl international als auch innerhalb Russlands stigmatisierte Figuren mit begrenztem Einfluss auf den russischen politischen Mainstream handelt, hat sich der Mystiker Aleksandr Dugin inzwischen fest im Zentrum des politischen Establishments der RF etabliert. Da in mehreren jüngeren Beiträgen sowohl der Inhalt der Ideologie als auch der wachsende Einfluss Dugins im Detail dokumentiert ist,[39] kann ich mich hier auf konzeptionelle Fragen in der Interpretation und Klassifizierung der Duginschen Ideen konzentrieren.

3.1 Dugin – ein moderner Eurasier?

Während Dugin vor seinem Eintritt ins politische Establishment um 2000 vorzugsweise Begriffe wie „Nationalbolschewismus" und „Konservative Revolution" zur Beschreibung seiner eigenen Ideologie gebrauchte, hat er in den letzten Jahren den Schwerpunkt auf die Begriffe „Eurasismus" bzw. „Neoeurasismus" verlegt.[40] Dieser Wechsel von den ersten beiden radikaler klingenden Begriffen zur ambivalenten Agitation für eine „eurasisch" orientierte Politik Russlands scheint dem oben erwähnten Grundmuster zu folgen, nach dem sich die Rhetorik von ins Establishment eintretenden Rechtsextremisten mehr oder minder stark dem Mainstreamdiskurs anpasst. Wie angedeutet, wird hier angenommen, dass solches Verhalten nicht als eine Veränderung der Substanz der Ideologie dieser Akteure verstanden werden kann, sondern lediglich deren Willen, dauerhaft im politischen Mainstream aufgenommen und wirksam zu werden, signalisiert. Insofern könnte dieser Etikettenwechsel Dugins hier unbeachtet bleiben.

Weshalb hier trotzdem kurz auf den Begriff „Neoeurasismus" eingegangen wird, ist die Tatsache, dass diese Selbstbezeichnung Dugins von den meisten

---

39 Allensworth, The Russian Question; Shenfield, Russian Fascism; Mathyl, Der „unaufhaltsame" Aufstieg Aleksandr Dugins; ders., Grenzenloses Eurasien, in: Jungle World, (2002) 45, http://www.nadir.org/nadir/periodika/jungle_world/_2002/45/29a.htm; Alan Ingram, Alexander Dugin. Geopolitics and Neo-Fascism in Post-Soviet Russia. In: Political Geography, 20 (2001), S. 1029-1051; Victor Yasmann, The Rise of the Eurasians. In: The Eurasian Politician, (2001) 4, http://www.cc.iyu.fi/~aphamala/pe/issue4/yasmann.htm; Gordon Hahn, The Rebirth of Eurasianism. In: CDI Russia Weekly, (2002) 215, http://www.cdi.org/russia/215-14-pr.cfm; Rossman, Russian Intellectual Antisemitism; Umland, Toward an Uncivil Society?; ders., Die rechtsextremistische APO; John B. Dunlop, Aleksandr Dugin's „Neo-Eurasian" Textbook and Dmitrii Trenin's Ambivalent Response. In: Harvard Ukrainian Studies, 24 (2001 [tatsächlich erst 2004 erschienen]) 1/2, S. 91-127.
40 Andreas Umland, Formirovanie fašistskogo „neoevrazijskogo" intellektual'nogo dviženija v Rossii. Put' Aleksandra Dugina ot marginal'nogo ėkstremista do ideologa postsovetskoj akademičeskoj i političeskoj elity, 1989-2001 gg. In: Ab Imperio, (2003) 3, S. 289-304.

russischen sowie auch von vielen westlichen Beobachtern mehr oder minder unkritisch für Dugin und seine Bewegung übernommen wurde.[41] Wie schon an anderer Stelle angesprochen,[42] ist dies insofern bedauerlich, als damit sowohl andere, bedeutendere Quellen von Dugins Ideologie verwischt werden als auch eine rückwirkende Verzerrung der Anliegen des klassischen Eurasismus erreicht wird. Zwar können und dürfen – entgegen einer kürzlichen Behauptung A. James Gregors in Bezug auf Dugin[43] – dessen Selbstbezeichnungen nicht ignoriert werden. Doch sollten gerade im russischen Kontext positiv belegte Eigenbeschreibungen von Dugin (und Politikern wohl generell) nicht immer für bare Münze genommen werden.

Bei „Neoeurasismus" handelt es sich im russischen Kontext um ein Konstrukt mit einer solchen eher positiven Konnotation. Der Begriff eignet sich für Dugin sowohl dafür, eine Traditionslinie mit einer hochangesehenen Gruppe von russischen Emigranten der Zwanziger und Dreißiger herzustellen, als auch eine Ablehnung von ethnozentrischem Partikularismus zu implizieren. Beide Indexierungen sind jedoch bezüglich der Duginschen Ideologie irreführend. Es steht zu vermuten, dass Dugin gezielt derartige Fehlinterpretationen induziert und dies der Hauptgrund für seine lautstarke Vereinnahmung der klassischen Eurasier ist.

Mit dem Versuch, eine Verbindung zu den klassischen Eurasiern zu zeichnen, will Dugin zum einen die Bedeutung seiner eigenen Pamphlete aufwerten – gehörten dem Kreis der Eurasier doch einige international bedeutende, ja

---

41 In chronologischer Reihenfolge: Karla Hielscher, Der Eurasismus. Die neoimperiale Ideologie der russischen „Neuen Rechten". In: Die Neue Gesellschaft. Frankfurter Hefte, 40 (1993) 5, S. 465–469; dies., Die Eurasien-Ideologie. Geschichtsmythen der russischen „Neuen Rechten". In: Glaube in der 2. Welt, (1993) 7–8, S. 25–30; Petra Gebhard, Eine Brücke zwischen Europa und Asien. Die Lehre der Eurasier in der gegenwärtigen Diskussion um die russische Identität, unveröffentlichte Magisterarbeit, Johannes Gutenberg-Universität Mainz 1994; Michael Hagemeister, The Revival of Eurasianism. Vortrag gehalten auf dem 5. Weltkongress für Mittel- und Osteuropäische Studien, Warschau, 6.–11. August 1995; ders., Eurasiertum und Nationalismus. Vortrag gehalten auf dem Workshop „Der russische Nationalismus im europäischen Kontext. Wurzeln und Erscheinungsformen", Internationales Forschungszentrum Kulturwissenschaften, Wien, 15.–16. Dezember 1995; Andrei P. Tsygankov, Hard-line Eurasianism and Russia's Contending Geopolitical Perspectives. In: East European Quarterly, 32 (1998), S. 315–324; Michael Kleineberg/Markus Kaiser, „Eurasien" – Phantom oder reales Entwicklungsmodell für Russland? In: Universität Bielefeld. Fakultät für Soziologie. Forschungsschwerpunkt Entwicklungssoziologie – Working Paper, (2001) 338; Marlène Laruelle, Pereosmyslenie imperii v postsovetskom prostranstve. Novaja evrazijskaja ideologija, in: Vestnik Evrazii – Acta Eurasica, (2000) 1(8), S. 5–18; dies., The Two Faces of Contemporary Eurasianism. An Imperial Version of Russian Nationalism. In: Nationalities Papers, 32 (2004) 1, S. 116–136.

42 Andreas Umland, Kulturhegemoniale Strategien der russischen extremen Rechten. Die Verbindung von faschistischer Ideologie und metapolitischer Taktik im „Neoeurasismus" des Aleksandr Dugin. In: Österreichische Zeitschrift für Politikwissenschaft, 33 (2004) 4, S. 437–454.

43 A. James Gregor, Andreas Umland and the "Fascism" of Alexander Dugin. In: Erwägen Wissen Ethik, 15 (2004), S. 426–428.

heute noch zitierte Geistes-, Natur- und Sozialwissenschaftler an. Zum anderen will Dugin seine Ideologie als Fortentwicklung der Ideen einer originär russischen Denkschule verkaufen. Tatsächlich jedoch beschränken sich die Gemeinsamkeiten zwischen den Schriften der klassischen Eurasier und den Ausgüssen Dugins auf Bruchstücke beziehungsweise einige Termini, deren Konzipierung bei den Eurasiern einerseits und Dugin andererseits zudem oft voneinander abweichen. Dies gilt nicht zuletzt für den Begriff „Eurasien" selbst, der bei Dugin eine sowohl geographisch als auch kulturell viel breitere Bedeutung hat als noch im Diskurs der hiernach benannten russischen Intellektuellenbewegung der Zwischenkriegszeit.[44]

Zwar war auch der klassische Eurasismus explizit antidemokratisch und antiwestlich. Einige Aussagen der Eurasier trugen darüber hinaus Züge einer protofaschistischen Ideologie.[45] Jedoch ist für mit westlicher Ideengeschichte vertraute Beobachter die enge Verwandtschaft des „Duginismus" mit dem europäischen Okkultismus, Traditionalismus und Faschismus der Zwischen- und Nachkriegszeit offensichtlich.[46]

3.2 Die westlichen Quellen der Duginschen Ideologie

Dugin zeichnet in seinen Schriften das Bild einer uralten Auseinandersetzung zwischen atlantischen Seemächten („Thalassokratien"), welche auf die versunkene Welt von Atlantis zurückgehen und jetzt von den „mondialistischen" USA angeführt werden,[47] und den eurasischen Landmächten („Tellurokratien"), die ihre Wurzeln im mythischen Land „Hyperborea" haben und unter denen Russland heute die wichtigste Komponente darstellt. Laut Dugin befinden sich die

---

44 Ilya Vinkovetsky, Eurasianism in Its Time. A Bibliography. In: ders./Charles Schlacks, Jr. (Hg.), Exodus to the East. Forebodings and Events. An Affirmation of the Eurasians, Idyllwild, CA 1996, S. 143–155; Stefan Wiederkehr, "Kontinent Evrazija". Alexander Dugin's Reading of Classical Eurasianism and Geopolitics. Vortrag gehalten auf der 33. Jahrestagung der American Association for the Advancement of Slavic Studies, Arlington, Virginia, 15.–18. November 2001.
45 Siehe insbesondere Leonid Luks, Die Ideologie der Eurasier im zeitgeschichtlichen Zusammenhang. In: Jahrbücher für Geschichte Osteuropas, 34 (1986), S. 374–395, ders., Evrazijstvo. In: Voprosy filosofii, (1993) 6, S. 105–114; ders., Eurasien aus neototalitärer Sicht. Zur Renaissance einer Ideologie im heutigen Russland. In: Totalitarismus und Demokratie, 1 (2004), S. 63–76. Jüngst auch Marlène Laruelle, L'idéologie eurasiste russe ou comment penser l'empire, Paris 1999; dies., Ideologija russkogo evrazijstva ili mysli o veličii imperii, Moskau 2004.
46 Bernice Glatzer Rosenthal, Political Implications of the Early Twentieth-Century Occult Revival. In: dies. (Hg.), The Occult in Russian and Soviet Culture, Ithaca 1997, S. 379–418; Gregor, Andreas Umland and the "Fascism" of Alexander Dugin.
47 Zum wachsenden Antiamerikanismus in der russischen Elite: Lev Gudkov, „Ich hasse, also bin ich". Zur Funktion der Amerika-Bilder und des Antiamerikanismus in Russland. In: Osteuropa, 52 (2002), S. 997–1014; Vladimir Shlapentokh, Russian Attitudes toward America. A Split between the Ruling Class and the Masses. In: World Affairs, 164 (2001) 1, S. 17–23.

geheimen Orden dieser beiden antagonistischen Zivilisationen in einem jahrhundertealten Kampf, der sich nun seinem Endstadium nähert. Dies erfordere Russlands nationale Neugeburt mittels einer „konservativen" und „permanenten" Revolution. Diese Revolution müsse von der Ideologie des „Nationalbolschewismus" geleitet und einem ausdrücklich „geopolitischen" Zugang zu den internationalen Beziehungen geprägt sein, würde einen „Neuen Sozialismus" kreieren und sowohl territoriale Ausweitung als auch die Schaffung eines „eurasischen" Blocks fundamentalistischer Landmächte (inklusive eines traditionalistischen Israels!) gegen den zersetzenden, individualistischen, angelsächsischen Imperialismus implizieren.[48]

Während zum Beispiel Frenkin und Luks auf die Verbindung der Ideen Dugins zum deutschen rechtsextremen Denken der Zwischenkriegszeit hinweisen,[49] bei Clover, Tsygankov, Ingram und Ignatow in dieser oder jener Form die Verbindung zur Geopolitik Ratzels, Kjellens, Mackinders und Haushofers betont wird[50] oder Cymburskij, Cremet und Laruelle Verbindungen zur westeuropäischen „Neuen Rechten" bemerken,[51] hat A. James Gregor nachdrücklich die Ähnlichkeit der Duginschen Ideen mit denen Julius Evolas angezeigt.[52] Wie kürzlich in einer diesbezüglichen Diskussion in „Erwägen Wissen Ethik" dar-

---

48 Das Hauptwerk Dugins ist: Osnovy geopolitiki. Geopolitičeskoe buduščee Rossii, 1. Auflage Moskau 1997;. ders., Osnovy geopolitiki. Myslit' prostranstvom, 4. erw. Auflage Moskau 2001. Siehe hierzu insbesondere Dunlop, Aleksandr Dugin's „Neo-Eurasian" Textbook. Von Bedeutung ist auch die weniger beachtete programmatische Schrift Aleksandr Dugin, Celi i zadači našej Revoljucii, Moskau 1995.
49 Anatolij A. Frenkin, Pravoe političeskoe soznanie. In: Voprosy filosofii, (2000) 5, S. 3-14, hier 10-13; Leonid Luks, Der „Dritte Weg" der „neo-eurasischen" Zeitschrift ‚Elementy' – zurück ins Dritte Reich? In: Studies in East European Thought, 52 (2000) 1-2, S. 49-71; ders., „Tretij put'", ili Nazad v Tretij rejch? In: Voprosy filosofii, (2000) 5, S. 33-44; ders., Tretij Rim? Tretij Rejch? Tretij put'? Istoričeskie očerki o Rossii, Germanii i Zapade, Moskau 2002. Siehe auch Andreas Umland, Die Sprachrohre des russischen Revanchismus. In: Die Neue Gesellschaft. Frankfurter Hefte, 42 (1995), S. 916-921.
50 Charles Clover, Dreams of the Eurasian Heartland. In: Foreign Affairs, 78 (1999) 2, S. 9-13; Assen Ignatow, Geopolitische Theorien in Russland heute. In: Berichte des Bundesinstituts für internationale und ostwissenschaftliche Studien, Nr. 17, Köln 1998; Ingram, Alexander Dugin; Tsygankov, Hard-line Eurasianism; ders., Mastering Space in Eurasia. Russia's Geopolitical Thinking after the Soviet Break-up. In: Communist and Post-Communist Studies, 36 (2003) 1, S. 101-127.
51 V.L. Cymburskij, „Novye pravye" v Rossii. Nacional'nye predposylki zaimstvovanija ideologii. In: Tatjana I. Zaslavskaja (Hg.), Kuda idët Rossija? Al'ternativy obščestvennogo razvitija, 2. Band, Moskau 1995, S. 472-482; Jean Cremet, Für eine Allianz der „Roten" und der „Weißen". Zwischen Metapolitik und Geopolitik – zur Durchdringung Osteuropas durch die „Neue" Rechte. In: ders./Felix Krebs/Andreas Speit, Jenseits des Nationalismus. Ideologische Grenzgänger der „Neuen Rechten". Ein Zwischenbericht, Hamburg/Münster 1999, S. 91-120; Laruelle, The Two Faces, S. 128.
52 A. James Gregor, Rezension zu Shenfield, Russian Fascism. In: Slavic Review, 60 (2001), S. 868-869. Siehe auch Julius Evola, Jazyčeskij imperializm, hg. von Aleksandr Dugin, Moskau 1994.

gelegt,[53] tat Gregor dies freilich mit der Absicht, den faschistischen Charakter der Duginschen Ideologie in Frage zu stellen, da Evolas Ideen gemäß Gregors eigenwilliger Faschismusdefinition nicht faschistisch sind.[54] Viele Kenner der Schriften Evolas werden, so ist zu vermuten, jedoch ganz im Gegenteil Gregors Argumentation als gewichtiges Zeichen dafür ansehen, dass Dugins Ideologie eben faschistisch ist.[55]

3.3 Who (exactly) is Mr. Dugin?

Während mit einiger Sicherheit behauptet werden kann, dass Dugins Ideen eher auf westliche, denn russischen Quellen zurückgehen, ist eine genaue Bestimmung seiner Ideologie, wie dies etwa in einigen Beiträgen des führenden deutschen Duginkenners Markus Mathyl deutlich wird, eine Herausforderung.[56] Obwohl Dugins esoterisches Denken – entgegen seinen eigenen Prätentionen – wenig mit Wissenschaft zu tun hat, sondern viele seiner Schriften von Mystizismus geprägt sind, müssen Dugins Belesenheit und seine Versuche, eine Vielzahl von philosophischen und politischen Ideen zu synthetisieren, anerkannt werden. All dies erlaubt es zwar, den Begriff „Eurasismus" als bestenfalls unzureichend für eine treffende Charakterisierung seiner Ideen zu qualifizieren. Die Findung eines prägnanten und tatsächlich treffenden Begriffs zur Erfassung seiner Ideen gestaltet sich jedoch weiter schwierig.

---

53 A. James Gregor, Roger Griffin, Social Science, „Fascism," and the „Extreme Right". In: Erwägen Wissen Ethik, 15 (2004), S. 316–321; Andreas Umland, Dugin *kein* Faschist? Eine Erwiderung an Professor A. James Gregor. In: ebd., S. 424–426; Gregor, Andreas Umland and the „Fascism" of Alexander Dugin; Andreas Umland, Some Addenda on the Relevance of Extremely Right-Wing Ideas in Putin's New Russia. In: ebd., S. 591–593; A. James Gregor, Response to Dr. Andreas Umland. In: ebd., S. 594–595.
54 Ders., The Problem. In: Roger Griffin/Matthew Feldmann (Hg.), Fascism. Volume I: The Nature of Fascism, London/New York 2004, S. 327–349, hier 339–340.
55 Thomas Sheehan, Myth and Violence. The Fascism of Julius Evola and Alain de Benoist. In: Social Research, 48 (1981) 1, S. 45–73; Richard Drake, The Revolutionary Mystique and Terrorism in Contemporary Italy, Bloomington, Ind. 1989, S. 114–134; Roger D. Griffin, Between Metapolitics and *Apoliteia*. The Nouvelle Droite's Strategy for Conserving the Fascist Vision in the "Interregnum". In: Modern and Contemporary France, 8 (2000) 1, S. 35–53; Roger Griffin, Grey cats, blue cows, and wide awake groundhogs: notes towards the development of a "deliberative ethos" in fascist studies. In: Erwägen Wissen Ethik, 15 (2004), S. 429–448, hier 447; Leonard Weinberg, Evola, Julius Caesar (1898–1974). In: Blamires, Historical Encyclopedia of World Fascism.
56 Markus Mathyl, Der „unaufhaltsame Aufstieg"; ders., Alexander Dugin and the National-Bolshevik Party. Between the Search for a "Russian Socialism" and International Fascism. Vortrag gehalten auf der 33. Jahrestagung der American Association for the Advancement of Slavic Studies, Arlington, Virginia, 15.–18. November 2001; ders., Die Konstruktion eines Feindes. Antisemitismus und Antiamerikanismus in Aleksandr Dugins Neo-Nationalbolschewismus. Vortrag gehalten auf der Jahrestagung der Deutschen Gesellschaft für Osteuropakunde e. V. „Vorurteile als politische Barrieren", Göttingen, 7.–8. März 2002.

Was hier nichtsdestoweniger hinreichend deutlich wird, ist dass Dugins Ideologie vom Neugeburtsgedanken durchdrungen ist und als extreme Form eines spezifisch russischen Supranationalismus' betrachtet werden kann. Sie stellt somit, gemäß Griffins Definition, eine Spielart von Faschismus dar.[57] Darüber hinaus scheint es hier bereits möglich, Dugins „Neoeurasismus" als spezifisch russische Permutation der hinlänglich bekannten Ideologie des Eurofaschismus zu bezeichnen und seine Verhaltensweise der letzten Jahre in den Zusammenhang der metapolitischen Taktik der europäischen „Neuen Rechten" zu stellen.[58]

III. Die Zjuganov-Ideologie: „Sowjetkonservatismus"

Bei den obigen Organisationen handelte es sich um neue russische kollektive Akteure, deren Entstehung, öffentliches Image und Selbstbild maßgeblich von ihren Führern geprägt ist. Dies gilt in geringerem Masse für die KPRF, welche auf Traditionen hinweist, die bis 1898, dem Gründungsjahr der *Russländischen Sozialdemokratischen Arbeiterpartei*, zurückreichen. Trotzdem wird hier aus zwei unten dargestellten Gründen davon ausgegangen, dass der KPRF-Führer Gennadij Zjuganov für die Bewertung seiner Partei von hoher Bedeutung ist. Er nimmt zwar keine derart dominierende Position wie Dugin in „Evrazija" oder Žirinovskij in der LDPR ein, ist aber nichtsdestoweniger maßgeblich für die Bestimmung der Ideologie und politischen Position seiner Partei.[59]

1. Zjuganov vor seiner Wahl zum KPRF-Vorsitzenden

Zunächst muss bemerkt werden, dass Gennadij Zjuganov erst im Februar 1993 mit großer Mehrheit zum Vorsitzenden der neugegründeten KPRF gewählt wurde. Zjuganovs Rolle in der KPRF und öffentlichen Politik unterschied sich zu diesem Zeitpunkt wesentlich von den Profilen Ivan Polozkovs und Valentin

---

57 Hinzu kommt, dass Dugin an zumindest einer Stelle ganz ausdrücklich seine Nähe und weitgehend affirmative Einstellung zum Faschismus deutlich gemacht hat: Aleksandr Dugin: Fašizm – bezgraničnyj i krasnyj, http://www.geocities.com/CapitolHill/Embassy/8429/fashizm.html bzw. http://jesuschrist.ru/forum/121967,,1.php. Siehe zu diesem Artikel auch Mathyl, The National-Bolshevik Party and Arctogaia, S. 190–191; Umland, Dugin *kein* Faschist?

58 Hans Werner Neulen, Eurofaschismus und der Zweite Weltkrieg. Europas verratene Söhne, München 1980; Roger D. Griffin, Europe for the Europeans. Fascist Myths of the European New Order, Oxford Brookes University School of Business Occasional Paper 1994, http://www.brookes.ac.uk/schools/humanities/staff/europ.txt; Umland, Kulturhegemoniale Strategien.

59 Nikolaj Krotow/Galina Luchterhandt, Zwischen „Patriotismus" und „Sozialdemokratie". Der Kommunist Gennadij Sjuganow. In: Osteuropa, 44 (1994), S. 855–861; Gerhard Simon, Gennadij Sjuganow, In: Die politische Meinung, 41 (1996) 318, S. 17–24; Simon Pirani, State Patriotism in the Politics and Ideology of Gennady Zyuganov. In: Slovo, 10 (1998) 1–2, S. 179–197.

Kupcovs im Moment ihrer Wahl zu Vorsitzenden der KP der RSFSR 1990 bzw. 1991.⁶⁰ Insbesondere war Zjuganovs politisches Profil Anfang 1993 bereits durch eine Vielzahl von Publikationen und politischen Aktivitäten geschärft, die seine nationalistische Sichtweise der russischen Geschichte und Gegenwart dokumentierten. Das heißt, dass die Delegierten des II. Gründungskongresses der KPRF im Februar 1993 ein besonders klares Bild davon gehabt haben müssen, wen sie da zu ihrem Vorsitzenden wählten.

So war Zjuganov vor seinem Aufstieg in die KPRF-Spitze zum Beispiel 1992 Mitglied des Führungsorgans einer Organisation namens *Russkij Nacional'nyj Sobor* (RNS, Russischer Nationaler Rat) unter der Führung des ehemaligen KGB-Generals Aleksandr Sterligov. Der RNS stellte einen von mehreren Versuchen jener Zeit dar, eine Dachorganisation aller antidemokratischen Kräfte Russlands zu bilden. Andere ähnliche Zusammenschlüsse dieser Periode, wie die Nationale Rettungsfront, tendierten dazu, jene antisystemischen Kräfte, welche in der Öffentlichkeit als besonders extremistisch stigmatisiert waren (Dmitrij Vasil'ev, Žirinovskij, Viktor Anpilov, Nina Andreeva, Barkašov, Ėduard Limonov, Dugin), nicht mit einzubeziehen. Dagegen schloss das Führungsorgan des RNS neben Zjuganov und anderen ausnahmsweise auch RNE-Führer Aleksandr Barkašov mit ein.

Dies bedeutet, dass die KPRF-Delegierten im Februar 1993 einen Mann zu ihrem Führer wählten, der sich zuvor nicht gescheut hatte, eine zwar nur kurzfristige, so doch unverblümte Verbindung mit einem Repräsentanten des russischen Neonazismus einzugehen. Zwar soll hier – wie unten noch deutlich wird – weder behauptet werden, dass Zjuganov ein Faschist ist, noch der Eindruck erweckt werden, dass die Delegierten der KPRF Zjuganov *wegen* dessen kurzzeitiger Allianz mit dem Neonazi Barkašov wählten. Doch wird an diesen Umständen deutlich, dass die Wahl Zjuganovs zum Vorsitzenden der KPRF in gewisser Hinsicht als ein Votum über die künftige Entwicklung der Partei angesehen werden muss. Der Effekt einer Stärkung des ultranationalistischen Lagers innerhalb der KPRF durch Zjuganovs Wahl muss für die KPRF-Delegierten vorhersehbar gewesen sein. Zjuganovs Aufstieg war weniger Vorspiel für den Rechtsschwenk der KPRF als Ausdruck der bereits damals erheblichen Akzeptanz nationalistischer Ideen in der KPRF-Führung.⁶¹ Stephen Hanson ging soweit, den relativen großen Erfolg der Zjuganovschen KPRF gegenüber den

---

60 Wendy Slater, The Russian Communist Party Today. In: RFE/RL Research Report, 3 (1994) 31, S. 1–6; Heinz Timmermann, Die Kommunistische Partei der Russischen Föderation. In: Bundesinstituts für ostwissenschaftliche und internationale Studien. Aktuelle Analysen, Nr. 69 und 70, Köln 1995; ders., Renaissance der KP Russlands. Programm, Struktur und Perspektiven der Sjuganow-Partei. In: Europäische Rundschau, 24 (1996) 2, S. 59–80; ders., Die Wiederkehr der KP Russlands. Programm, Struktur und Perspektiven der Sjuganow-Partei. In: Berichte des Bundesinstituts für ostwissenschaftliche und internationale Studien, Nr. 12, Köln 1996.

61 Vesa Oittinen, Ein populistischer Zwitter. Russlands KP zwischen Leninismus und Staatspatriotismus. In: Blätter für deutsche und internationale Politik, 40 (1995), S. 946–955.

anderen KPdSU-Nachfolgeparteien eben auf das klare und explizit nationalistische Russlandbild Zjuganovs zurückzuführen.[62]

2. Zjuganov als KPRF-Ideologe

Ein zweiter Faktor illustriert die besondere Bedeutung der Zjuganovschen Ideologie für die Entwicklung der KPRF insgesamt. Zjuganov war seit Februar 1993 nicht nur Vorsitzender und Präsidentschaftskandidat seiner Partei bzw. der von der KPRF dominierten Wahlbündnisse. Er war auch – und hier gleicht er wieder vor allem Dugin und teilweise Žirinovskij – der mit Abstand aktivste Publizist und profilierteste Ideologe seiner Partei. Dies betrifft sowohl eine Vielzahl von Artikeln in diversen Tages- und Wochenzeitungen wie *Sovetskaja Rossija* (Sowjetrussland) oder *Zavtra* (Morgiger Tag) sowie in „dicken Journalen" – ein spezifisch russischer Begriff – wie *Naš sovremennik* (Unser Zeitgenosse), als auch seine zahlreichen Monographien und Aufsatzsammlungen. Zjuganov schaffte es während seiner Zeit als Parteivorsitzender, wie im Übrigen auch Žirinovskij und Dugin, einen zusätzlichen akademischen Grad zu erwerben. Er habilitierte sich an der Fakultät für Soziologie der *Moskauer Staatlichen Universität* zum Doktor der Wissenschaften. Seine Habilitationsschrift – wenig mehr als ein politisches Pamphlet – ist eine jener Monographien, die sein Profil im öffentlichen Diskurs maßgeblich bestimmen.

Nicht nur die Quantität sondern auch Qualität von Zjuganovs Publikationen kennzeichnen ihn als einen Parteiführer, dessen Ambitionen über die Verwaltung seiner Organisation, Teilnahme an Wahlkämpfen und Sicherung von Machtpositionen hinausgehen. Während einerseits die meisten der Publikationen Žirinovskijs das politische Tagesgeschäft kommentieren und andererseits Dugins esoterische Traktate für einen elitären Leserkreis bestimmt sind, stellen Zjuganovs Schriftstücke Versuche dar, ganz im Leninschen Sinne, eine zwar „wissenschaftlich" verbrämte aber doch allgemein verständliche Weltanschauung zu präsentieren. Dabei wird deutlich, dass Dugin einen gewissen Einfluss auf Zjuganov ausgeübt hat und Zjuganovs nativistische Ideologie scheinbar durch Dugin mit einigen westlichen Konzepten, wie bestimmten Ideen der westeuropäischen Geopolitik, deutschen „Konservativen Revolution" und kontinentaleuropäischen „Neuen Rechten", angereichert wurde.

Ein weiterer pseudowissenschaftlicher Referenzpunkt für Zjuganovs Weltsicht ist die Ethnogenesetheorie des neorassistischen Ethnologen und Historikers Lev N. Gumilëv (1912–1992).[63] Gumilëvs zyklische und extrem ethnozent-

---

62 Stephen E. Hanson, Ideology, Uncertainty, and the Rise of Anti-System Parties in Postcommunist Russia, Studies in Public Policy, Nr. 289, Glasgow 1997.
63 Bruno Naarden, "I am a genius, but no more than that." Lev Gumilev (1912–1992), Ethnogenesis, the Russian Past and World History. In: Jahrbücher für Geschichte Osteuropas, 44 (1996), S. 54–82; Hildegard Kochanek, Die Ethnienlehre Lev N. Gumilevs. Zu den Anfängen neu-rechter Ideologie-Entwicklung im spätkommunistischen Russ-

rierte Weltsicht erinnert teilweise an die Theorien Nikolaj Danilevskijs, Oswald Spenglers und der schon erwähnten Eurasier. Gumilëvs Theorie unterscheidet sich jedoch dadurch, dass er Ethnien nicht nur als kulturelle, sondern auch biologische Einheiten betrachtet, die zudem von Mikromutationen – hervorgerufen durch „kosmische Energie"! – beeinflusst werden. Diese für den westlichen Leser kurios klingende Theorie muss als möglicherweise bedeutende Quelle für Zjuganovs Denken insofern ernst genommen, als die Ideen Gumilëvs zum Aufstieg und Fall von Ethnien und der Rolle von Heldenfiguren in diesem Prozess in Russland erstaunlichen Einfluss ausüben und an Hochschulen, ja sogar Gymnasien offiziell vermittelt werden.

Es ließen sich weitere Aspekte der Tätigkeit Zjuganovs anführen, die seine Doppelrolle als Vorsitzender und theoretisch ambitionierter Ideologe der KPRF illustrieren. Zusammenfassend kann festgestellt werden, dass Zjuganovs Ansichten als für große Teile des KPRF-Apparats repräsentativ betrachtet werden müssen.[64]

3. Der Zjuganovsche Ultranationalismus: eine Faschismusspielart?

Die stellenweise an expliziten Antikommunismus grenzende Revision der Ideologie der Kommunistischen Partei in den Publikationen Zjuganovs – etwa in seiner positiven Bewertung des antisowjetischen Emigranten Ivan Il'in – ist bereits in verschiedenen Beiträgen dargelegt und interpretiert worden. Hier kann sich daher auf die Konzipierung der Ideen Zjuganovs beschränkt und auf deren Klassifizierung mittels generischer Begriffe konzentriert werden.

Einige Beobachter hat Zjuganovs weitgehende Abkehr von den internationalistischen, egalitären, szientistischen, ökonomistischen und klassensoziologischen Elementen des Marxismus und seine Hinwendung zum Nationalismus,

---

land. In: Osteuropa, 48 (1998), S. 1184–1197; Ryszard Paradowski, The Eurasian Idea and Leo Gumilëv's Scientific Ideology. In: Canadian Slavonic Papers, 41 (1999) 1, S. 19–32; Marlène Laruelle, Kogda prisvaivaetsja intellektual'naja sobstvennost', ili O protivopoložnosti L.N. Gumilëva i P.N. Savickogo. In: Vestnik Evrazii - Acta Eurasica, (2001) 4(15), S. 5–19; Victor Shnirelman/Sergei Panarin, Lev Gumilev. His Pretensions as a Founder of Ethnology and his Eurasian Theories. In: Inner Asia, 3 (2001) 1, S. 1–18; Rossman, Russian Intellectual Antisemitism.

64 John T. Ishiyama, Red Phoenix? The Communist Party of Post-Soviet Russian Politics. In: Party Politics, 2 (1996), S. 147–175; Joan Barth Urban/Valerii Solovei, Russia's Communists at the Crossroads, Boulder, Col. 1997; Heinz Timmermann, Russlands KP. Zwischen angepasstem Leninismus und Volkspatriotismus. In: Osteuropa, 47 (1997), S. 749–761; Evelyn Davidheiser, The CPRF. Towards Social Democracy or National Socialism? In: Matthew Wyman/Stephen White/Sarah Oates (Hg.), Elections and Voters in Post-Communist Russia, Cheltenham 1998, S. 240–271; Geir Flikke, Patriotic Left-Centrism. The Zigzags of the Communist Party of the Russian Federation. In: Europe-Asia Studies 51 (1999) 2, S. 275–298; Luke March, For Victory? The Crisis and Dilemmas of the Communist Party of the Russian Federation. In: Europe-Asia Studies, 53 (2001) 2, S. 263–290.

Slavophilentum und Eurasismus sowie zur Orthodoxie, Geopolitik, „Konservativen Revolution" und ähnlichen Ideengebäuden dazu veranlasst, die Ideologie des KPRF-Vorsitzenden in die Nähe von Faschismus zu rücken. Interessanterweise gilt das für so unterschiedliche Beobachter der postsowjetischen russischen Szene wie den russischen Neomarxisten V. Bugera, den serbo-amerikanischen Osteuropakundler Veljko Vujačić und den oben schon erwähnten italoamerikanischen Faschismusforscher A. James Gregor. Die Begründungen dieser drei Beobachter für ihren Vergleich Zjuganovs mit dem Faschismus der Zwischenkriegszeit unterscheiden sich in vielerlei Hinsicht.[65] Ein wiederkehrender Gedanke ist jedoch die Vermischung sozialistischer Rhetorik und nationalistischer Ideen in Zjuganovs Ideologie. Die Vermengung quasi-sozialistischer und ultranationalistischer Ideologeme, damit einhergehende scheinbare Überwindung der Rechts-Links-Polarität und Rhetorik vom „Dritten Weg" war tatsächlich ein wichtiges Charakteristikum zwischenkriegseuropäischer Faschismen und ist besonders in den Schriften Zeev Sternhells thematisiert worden.[66] Eine etwaige, darauf basierende Kategorisierung Zjuganovs als Faschist wäre jedoch aus den folgenden drei Gründen verfrüht.

Erstens hat sozialistisches Ideengut in „postsozialistischen" Staaten eine andere Konnotation als in Ländern, die keine Erfahrung mit sich selbst als „sozialistisch" bezeichnenden Regimes gemacht haben. Dies gilt um so mehr für diejenigen Republiken der ehemaligen Sowjetunion, die auf eine siebzigjährige „sozialistische" Periode in ihrer Geschichte zurückblicken – und natürlich in erster Linie für die RF. Der Bedeutungswandel von „Sozialismus" und „Kommunismus" in den postsowjetischen Staaten hat zumindest zwei Dimensionen. Während in den westeuropäischen Staaten sozialistische Ideologeme eng mit der Revolutionsidee verbunden sind, verliert „Sozialismus" bzw. „Kommunismus" im osteuropäischen politischen Diskurs seine palingenetische Dimension. Vielmehr impliziert das Sozialismus- und Kommunismusziel in diesem besonderen Kontext eher als konservativ, ja restaurativ zu bezeichnende Tendenzen. Damit im Zusammenhang verlieren „Sozialismus" und „Kommunismus" im „Postsozialismus" für viele Nutzer und Rezipienten dieser Begriffe ihren im Westen ausgeprägt futuristischen Charakter, werden in Osteuropa mit diesen Wörtern doch ganz konkrete Lebenserfahrungen und tiefgehende Verhaltensmuster assoziiert.

Zweitens muss auch bezüglich des westeuropäischen Kontexts festgestellt werden, dass die häufige ex- oder implizite Verknüpfung von wirtschaftlichem und sozialem Etatismus mit Linkssozialismus und dessen damit einhergehende

65 V. Bugera, Social-fašizm. In: Marksist. Naučno-političeskij žurnal, (1994) 2, S. 27–54; Veljko Vujačić, Gennadiy Zyuganov and the "Third Road". In: Post-Soviet Affairs, 12 (1994) 2, S. 118–154; A. James Gregor, Fascism and the New Russian Nationalism. In: Communist and Post-Communist Studies, 31 (1998) 1, S. 1–15.
66 Zeev Sternhell in Zusammenarbeit mit Mario Sznajder und Maia Asheri, The Birth of Fascist Ideology. From Cultural Rebellion to Political Revolution, übersetzt von David Maisel, Princeton, NJ 1994; Zeev Sternhell, Neither Right Nor Left. Fascist Ideology in France, übersetzt von David Maisel, Princeton, NJ 1996.

Gegenüberstellung mit einem konsequent antietatistischen Konservatismus einen angelsächsischen beziehungsweise nachkriegseuropäischen Bias reflektiert. In verschiedenen kontinentaleuropäischen Konservatismen des 19. und frühen 20. Jahrhunderts, nicht zuletzt im deutschen Konservatismus jener Zeit, findet sich eine Bandbreite von Ideen, die als antikapitalistisch und etatistisch bezeichnet werden können.[67] Affirmative Bewertungen von Dirigismus, Protektionismus, Korporatismus, Planwirtschaft und Autarkie erscheinen nicht nur in dieser oder jener Form im Sozialismus, Kommunismus sowie in den verschiedenen internationalen Faschismusspielarten, sondern auch in diversen älteren Konservatismusspielarten und in Spuren noch im heutigen kontinentaleuropäischen Ultrakonservatismus. Die häufige Gleichsetzung von „links" mit Wirtschaftsetatismus und „rechts" mit ökonomischem Liberalismus ist daher nicht nur im Hinblick auf faschistische Wirtschaftsprogramme, sondern auch vor dem Hintergrund widersprüchlicher Positionen zumindest der kontinentaleuropäischen Konservatismen der Vorkriegszeit vorschnell.

Darüber hinaus ist hinlänglich bekannt, dass der in den stalinistisch geprägten Staaten Osteuropas und Asiens herrschende „Sozialismus" zwar stets einen hyperetatistischen und zeitweise weitgehend totalitären Charakter trug, jedoch deshalb nicht notwendigerweise konsequenten sozioökonomischen Egalitarismus implizierte. Man denke etwa an die unter Stalin eingeführte Einkommensdifferenzierung für Hochqualifizierte, Ausdehnung der Sonderversorgung für Partei- und Staatsbeamte oder Erhebung von Schul- und Studiengebühren.[68] Man könnte sogar soweit gehen, die, wenn auch sozioökonomisch relativ egalitäre, aber nichtsdestoweniger manifest hierarchische Struktur der „real-sozialistischen" Staaten als „unsozialistisch", ja als letztlich weniger egalitär als die Gesellschaftssysteme etwa westeuropäischer Länder im gleichen Zeitraum zu betrachten. Obwohl Einkommens- und Besitzunterschiede im „Realsozialismus" alles in allem deutlich geringer als in den kapitalistischen Ländern waren, hat es auch in Osteuropa eine spezifische Form der gesellschaftlichen Stratifizierung gegeben, die in mancher Hinsicht den Grad der vertikalen Differenzierung westlicher kapitalistischer Gesellschaften übertraf. Im Ergebnis ist ein nicht näher definierter Rückbezug auf „Realsozialismus" ein im osteuropäischen Diskurs ambivalentes Unterfangen und kann für verschiedene Rezipienten - womöglich ja beabsichtigt - abweichende, wenn nicht sogar gegensätzliche Verknüpfungen herstellen.

Diese Überlegungen verbleiben hier an der Oberfläche und wurden lediglich eingeschoben, um kurz zu illustrieren, dass - zumindest im russischen Kontext - ein bloßer Verweis auf sozialistische und kommunistische Rhetorik weder dazu geeignet ist, die betreffende Gruppierung schon als zweifelsfrei „links" zu klassifizieren, noch hinreichend wäre, den betreffenden Ultranationalismus be-

---

67 Martin Greiffenhagen, Das Dilemma des Konservatismus in Deutschland. 3. Auflage Frankfurt a. M. 1986; Stefan Breuer, Anatomie der Konservativen Revolution, 2. Auflage Darmstadt 1995.
68 Chris Ward, Stalin's Russia, 2. Auflage London 1999.

reits als klar faschistisch zu kategorisieren. Zur Klärung letzterer Frage müsste vielmehr festgestellt werden, ob die jeweilige Ideologie über ihren ultranationalistischen Charakter und Verwendung „sozialistischer" Ideologeme hinaus auch als eindeutig „palingenetisch" bezeichnet werden kann oder nicht.

4. Zjuganov als Antirevolutionär

Bei einer Prüfung der Zjuganovschen Ideologie auf eine Präsenz palingenetischer Elemente entsteht ein Problem, wie es bei der Untersuchung vieler postsowjetischer Ideologien auftaucht. Der Begriff „Wiedergeburt" (vozroždenie) findet sich zwar allerorten; doch schwankt die Bedeutung des Begriffes sogar innerhalb desselben politischen Lagers.[69] Vergleicht man den Gebrauch des Begriffs „Wiedergeburt" im gesamten politischen Spektrum, ergeben sich darüber hinaus geradezu entgegengesetzte Bedeutungen.

In einigen Kontexten lässt sich „vozroždenie" unproblematisch mit „Palingenese" im Griffinschen Sinne übersetzen. Dies betrifft
- sowohl faschistische Programme, in welchen die Palingeneseidee, wie oben demonstriert, mit verschiedenen Variationen von Ultranationalismus verschmilzt,
- als auch prowestliche Ideologien, in welchen es (eine aufgrund der totalitären Vergangenheit der UdSSR) zwangsläufige Kombination eines Revolution implizierenden Neugeburtsideologems mit liberalen oder sozialdemokratischen Gesellschaftsvisionen gibt.

In anderen Kontexten wiederum hat der Begriff eine restaurative Konnotation, insbesondere wenn es um die Wiederherstellung bestimmter Institutionen und Symbole des vorrevolutionären Russlands geht. Darüber hinaus gehen diese gegensätzlichen Konnotationen in jenen hybriden Ideologien ineinander über, in welchen die Wiederanknüpfung an zaristische Traditionen als ein Wiedereintritt Russlands in die liberale europäische Geschichte verstanden wird und sich auf diese Weise die Visionen einer revolutionären Neu- und restaurativen Wiedergeburt verschränken.

Auch bei Zjuganov taucht die Vision einer „Wiedergeburt" auf – nicht nur als Terminus, sondern als Grundgedanke seiner Programmatik. Bei Zjuganov und einigen ähnlich argumentierenden russischen Politikern hat das Wort jedoch eine weitere, dritte Intension, die weder Revolution noch Restauration impliziert. Vielmehr geht es bei Zjuganovs „Wiedergeburt" um die Fortsetzung jener sowjetischer Traditionslinien, die als Extrapolation vorrevolutionärer ethnozentrischer und imperialer Muster verstanden werden können, sowie um deren zeitgemäße Adaption an moderne Gegebenheiten. Zjuganovs Denken ist –

---

69 Peter Reddaway/Dmitri Glinski, The Tragedy of Russia's Reforms. Market Bolshevism Against Democracy, Washington, DC 2001.

entgegen dem Tenor einiger westlicher Darstellungen – eine zwar teilweise revanchistische, aber im postsowjetrussischen Kontext adäquate, moderne und konsistent begründete Form von russischem Nationalismus. Sie beruht auf einer intimen Kenntnis kodierter nationalistischer Ideologeme, die von Stalin in die Sowjetdoktrin eingeführt wurden[70] und sich nach dem Tod des Diktators insbesondere im Komsomol, Propagandaapparat der KPdSU und offiziellen sowjetischen Kulturbetrieb weiterentwickelten.[71] Darüber hinaus hat Zjuganov gegenüber dem postsowjetischen Regime eine zwar extrem kritische, aber nicht durchgängig antisystemische Position eingenommen und einen Teil der Veränderungen, etwa Grundzüge der neuen 1993er Verfassung, zumindest implizit anerkannt.[72]

70 Die wichtigsten Publikationen hierzu in chronologischer Reihenfolge: Klaus Mehnert, Stalin versus Marx. The Stalinist Historical Doctrine, London 1952; Frederick Barghoorn, Soviet Russian Nationalism, New York 1956; Robert C. Tucker, Stalin in Power. The Revolution from Above, 1928–1941, New York 1992; D.L. Brandenberger/A.M. Dubrovsky, "The Peolple Need a Tsar". The Emergence of National Bolshevism as Stalinist Ideology, 1931–1941. In: Europe-Asia Studies, 50 (1998), S. 873–892; E.A. Rees, Stalin and Russian Nationalism. In: Geoffrey Hosking/Robert Service (Hg.), Russian Nationalism. Past and Present, Houndsmills 1998, S. 77–106; Leonid Luks (Hg.), Der Spätstalinismus und die „jüdische Frage". Zur antisemitischen Wendung des Kommunismus, Köln 1998; Arno Lustiger, Rotbuch. Stalin und die Juden. Die tragische Geschichte des Jüdischen Antifaschistischen Komitees und der sowjetischen Juden, Berlin 1998; David Brandenberger, National Bolshevism. Stalinist Mass Culture and the Formation of Modern Russian National Identity, 1931–1956, Cambridge, MA 2002; Erik van Ree, The Political Thought of Joseph Stalin. A Study in Twentieth-century Revolutionary Patriotism, London 2002; Gennadij V. Kostyrčenko, Tajnaja politika Stalina. Vlast' i antisemitizm, Moskau 2003.
71 Siehe jüngst insbesondere Nikolaj Mitrochin, Russkaja partija. Dviženie russkich nacionalistov v SSSR, 1953–1985 gody, Moskau 2003, sowie weiterhin (in chronologischer Reihenfolge) William Korey, The Soviet Cage. Antisemitism in Russia, New York 1973; Alexander Yanov, The Russian New Right. Right-Wing Ideologies in the Contemporary USSR, Berkeley, Cal. 1978; Anti-Semitism in the Soviet Union. Its Roots and Consequences. 2 Bände, Jerusalem 1979–1980; Mikhail Agursky, Contemporary Russian Nationalism. History Revisited, Soviet and East European Research Centre Paper 45, Jerusalem 1982; John B. Dunlop, The Faces of Contemporary Russian Nationalism, Princeton, NJ 1983; ders., The New Russian Nationalism, New York 1985; Dina R. Spechler, Russian Nationalism and Political Stability in the USSR, Cambridge, Mass. 1983; Theodore Friedgut, Soviet Anit-Zionism and Anti-Semitism. Another Cycle, Soviet and East European Research Centre Paper 54, Jerusalem 1984; Alexander Yanov, The Russian Challenge and the Year 2000, New York 1987; Stephen Carter, Russian Nationalism. Yesterday, Today, Tomorrow, London 1990; Gerd Koenen/Karla Hielscher (Hg.), Die schwarze Front. Der neue Antisemitismus in der Sowjetunion, Reinbek bei Hamburg 1991; Matthias Messmer, Sowjetischer und postkommunistischer Antisemitismus. Entwicklungen in Russland, der Ukraine und Litauen, Konstanz 1997; Yitzhak M. Brudny, Reinventing Russia. Russian Nationalism and the Soviet State, 1953–1991, Cambridge, Mass. 1998; Andreas Umland, Soviet Antisemitism after Stalin. In: East European Jewish Affairs, 29 (1999) 1–2, S. 159–168.
72 Michael McFaul, The Russian Presidential Elections of 1996. The End of Polarized Politics, Stanford, Cal. 1997; Robert C. Otto, Gennadii Ziuganov. The Reluctant Candidate. In: Problems of Post-Communism, 46 (1999) 5, S. 37–47; Timothy J. Colton/Michael McFaul, Russia's Communist Opposition Becalmed. The KPRF and the Election of

Dies veranlasst mich hier, Zjuganov als einen im spezifisch postsowjetischen Kontext *konservativen* Nationalisten beziehungsweise Ultranationalisten zu klassifizieren, der betreffs unterschiedlicher Sachverhalte im Laufe der letzten fünfzehn Jahre unter Bezug auf verschiedene Episoden und Ideen der jüngsten russischen Geschichte teils relativ moderate, radikale und extreme Positionen eingenommen hat. Zur Erklärung: „konservativ" wird in diesem Zusammenhang in einem „technischen" Sinne gebraucht – als ein Begriff, der für sich genommen noch kein bestimmtes Ideengebäude bezeichnet, sondern lediglich die vorsichtige, skeptische oder ablehnende Position des betreffenden politischen Programms beziehungsweise Akteurs gegenüber rapidem beziehungsweise jeglichem Wandel bezeichnet.[73] Die daraus erwachsende konkrete Ideologie ist situativ, vom jeweiligen historischen Umfeld abhängig und kann demzufolge sowohl anti- als auch prodemokratisch sein.[74] Das treffende Antonym von „konservativ" innerhalb dieser Konzipierung wäre weder „liberal", „kommunistisch" noch „sozialistisch", sondern „revolutionär". Demzufolge erscheint auch die Konstruktion „Konservative Revolution" als ein semantischer Virus: Es handelt sich hier weniger um ein faszinierendes Paradoxon als um ein Verwirrung stiftendes Oxymoron. Auch impliziert die hiesige Interpretation des Konservatismuskonzepts, dass „Konservative" aus unterschiedlichen Zivilisationskreisen und Geschichtsperioden häufig nur bedingt miteinander vergleichbar sind. Wohl nicht zufällig gibt es keinen zivilisationsübergreifenden internationalen Dachverband konservativer politischer Gruppierungen, der den kontinente- und kulturkreisübergreifenden sowie teilweise traditionsreichen weltweiten Verbünden der kommunistischen, sozialistischen und liberalen Parteien vergleichbar wäre.

Ähnlich den konservativen Strömungen der Weimarer Republik kann Zjuganov betreffs des heutigen politischen und sozioökonomischen Systems aufgrund der Mannigfaltigkeit möglicher historischer Bezugspunkte sowohl anti- als auch prosystemische Positionen vertreten. Wie auch der deutsche Zwischenkriegskonservatismus eignete sich die KPRF sowohl für die illiberalen Flügel der Regierungsparteien als auch für faschistische Gruppierungen als potentieller Koalitionspartner. Als postsowjetische Partei mit nichtsdestoweniger tiefgehenden Wurzeln in der kommunistischen Periode hat Zjuganov jene Tendenzen, die eine gewisse Kontinuität zur Sowjetunion herstellten, unterstützt, aber jene Innovationen, die Diskontinuität zur neuesten Geschichte Russlands bedeuteten, scharf angegriffen. Die Schattenseite solcher politischer Flexibilität der KPRF ist ein unscharfes politisches Profil, was ja womöglich ein (wenn wahr-

---

1999, unveröffentlichtes Manuskript, Davis Center for Russian Studies, Harvard University 2001.
73 Samuel P. Huntington, Conservatism as an Ideology. In: American Political Science Review, 51 (1957), S. 454–473.
74 Ich gebrauche hier den Begriff „Demokratie" im Sinne von Polyarchie, wie von Robert Dahl vorgeschlagen, und nicht im Sinne einer politischen Egalitarismus implizierenden Utopie.

scheinlich auch nicht zentraler) Grund für das relativ schwache Abschneiden der KPRF bei den Duma- und Präsidentschaftswahlen 2003 und 2004 war. Längerfristige Folge könnte sein, dass eine unreformierte KPRF sich in eine ultrakonservative und letztlich reaktionäre oder restaurative Partei wandelt, die immer weiter an den politischen Rand gedrückt und von einem neuentstehenden stärker postsowjetisch orientierten Konservatismus – ob nun eher pro- oder antidemokratischer Natur – verdrängt wird. Wie die KPRF auf diese Herausforderungen reagieren und ob sie sich zum Beispiel in eine sozialdemokratische und explizit ultranationalistische Partei spalten wird oder nicht, dürfte eine der interessantesten Fragen der weiteren Formierung des russischen Parteienspektrums sein.

IV. Zusammenfassung und Implikationen

Bei zumindest einigen der in den maßgeblichen Dokumenten der RNE, Duginschen Organisationen und LDPR dargelegten Doktrinen handelt es sich eindeutig um Spielarten von palingenetischem Ultranationalismus. Es entstehen zwar Interpretationsprobleme aufgrund der rhetorischen Wandlungen Žirinovskijs und Dugins nach ihrem Eintritt ins politische Establishment 1993 beziehungsweise 1998 sowie aufgrund der merkwürdigen Imitation ausländischer Faschismen, insbesondere des deutschen Nazismus, durch die RNE. Diese Probleme erscheinen jedoch nicht als unüberbrückbar. Ob nun die obigen Vorschläge zur Auflösung der Widersprüche in der Entwicklung dieser Gruppierungen befriedigen oder nicht: Dass zentrale Ideen in einigen der bedeutendsten Schriften Barkašovs, Dugins und Žirinovskijs beziehungsweise bestimmten Dokumenten ihrer Organisationen sowohl klar ultranationalistische als auch eindeutig palingenetische Züge tragen und somit die Bezeichnung „faschistisch" zumindest für die Zeiträume der Erstellung und Publikation dieser Schriftstücke angemessen ist, scheint außer Zweifel. Da es im Gegensatz zu zahlreichen Fällen einer Evolution extremer Linker zu Sozial-, Liberal- und Nationaldemokraten oder auch rechten Antidemokraten im internationalen Vergleich weniger Beispiele einer ähnlich tiefgehenden Wandlung ehemaliger Faschisten zu Linksextremisten, Konservativen oder Demokraten verschiedener Couleur gegeben hat, liegt die Vermutung nahe, dass der Faschismusbegriff sich zur Charakterisierung nicht nur einzelner Dokumente der RNE, Duginschen Organisationen und LDPR, sondern auch zur Charakterisierung der langfristigen Weltanschauungen Barkašovs, Dugins und Žirinovskijs und somit (zumindest teilweise) zur Bestimmung der Kerndoktrinen ihrer Organisationen eignet.

Im Gegensatz dazu wirft die KPRF-Programmatik – hier als eine spezifisch russische Variation von Konservatismus verstanden – erhebliche Interpretationsprobleme auf. Dabei stellt sich im Lichte der in den Stalinismus zurückreichenden nationalistischen Traditionen in der KPdSU eine Verortung zumindest der Zjuganov-Ideologie im rechten Spektrum als weniger kompliziert dar als eine Einschätzung der Radikalität des Nationalismus der KPRF. Ob der von Zjuganov angeführte nationalistische Flügel im KPRF-Apparat als relativ gemäßigt, radikal oder extrem rechts zu bezeichnen ist, wird womöglich auch in der Zukunft eine ungelöste Frage bleiben. Erst eine Machtergreifung der KPRF würde hinreichende Belege dafür liefern, welche Konsequenzen die verwirrende Gemengelage russophiler, eurasischer, rassistischer, antisemitischer, pseudo-sozialdemokratischer, neo- und orthodox marxistischer sowie weiterer Ideen in der Führung, Mitgliedschaft und Wählerschaft der KPRF für ihre Reaktion auf innen- und außenpolitische Herausforderungen nach sich zieht. Bis hierher kann nur festgestellt werden, dass der anscheinend dominierende Flügel der KPRF-Führung klar nationalistisch ist und somit nicht dem linken politischen Spektrum zugeordnet werden sollte. Diese Konzipierungen der von Zjuganov geprägten Ideologeme in der KPRF steht im Widerspruch zu einer ganzen Reihe von journalistischen und wissenschaftlichen Bewertungen, welche die KPRF als links beziehungsweise extrem oder radikal links darstellen. Sie steht dagegen im Einklang mit den Klassifizierungen der Zjuganovschen Ideologie durch eine Reihe von Spezialisten wie Heinz Timmermann, Simon Pirani oder Geir Flikke.[75]

Dieser Aufsatz bemühte sich um eine Klassifizierung der wichtigsten klar antidemokratischen Akteure in der heutigen RF mittels in den westlichen Sozialwissenschaften gebräuchlicher generischer Begriffe. Dies geschah mit dem Ziel, das Verständnis und die Interpretation dieser Akteure im Westen und etwaige vergleichende Beobachtungen mit nichtrussischen politischen Parteien und Gruppierungen zu erleichtern. So scheint es im Lichte obiger Interpretationen möglich, bisherige Vergleiche zwischen der Weimarer Republik und dem postsowjetischen Russland zu spezifizieren. Die obige Unterscheidung zwischen palingenetischem und konservativem Ultranationalismus würde es zum Beispiel erlauben, das von Kopstein und Hanson eingeführte unscharfe (ja womöglich tautologische) Konstrukt „anti-liberal statism" bei der Betrachtung des russischen politischen Spektrums zu vermeiden.[76]

Auch stellt sich im Lichte der hier versuchten Kontextualisierung des RNE-Phänomens die Fokussierung Shenfields - des wohl führenden westlichen Experten für russischen Faschismus - auf das Auf und Ab von Barkašovs Truppe und ihrer Nachfolgerinnen als zwar informativ, aber für die Diskussion um den Nutzen des auch von Shenfield angestrengten Weimar-Russland-Vergleichs nur bedingt nützlich dar. Wie erwähnt kann die RNE aufgrund des manifest mimetischen Charakters ihrer Ideologie nur eingeschränkt als funktionales Äquivalent der NSDAP und ihrer Unterorganisationen betrachtet werden.

---

75 Heinz Timmermann, Die KP Russlands - ein integraler Bestandteil des national-patriotischen Lagers. In: Die Neue Gesellschaft. Frankfurter Hefte, 42 (1995), S. 1084-1089; Pirani, State Patriotism; Flikke, Patriotic Left-Centrism.
76 Stephen E. Hanson/Jeffrey S. Kopstein, The Weimar/Russia Comparison. In: Post-Soviet Affairs, 13 (1997) 3, S. 252-283.

Eine nicht minder schwerwiegende Inkongruenz zwischen der Weimarer und Zweiten Republik der RF (d. h. 1993 bis heute) ist, dass die KPRF im Resultat obiger Interpretation eher ein ungefähres Äquivalent für die DNVP als eine Entsprechung für die KPD der Zwischenkriegszeit darstellt. Zwar gab es auch in der KPD der Zwanziger und frühen Dreißiger nationalistische Tendenzen und erste Anzeichen von Stalinismus (kurzzeitig kam es 1930 gar zu einer Kooperation zwischen Nationalsozialisten und Kommunisten). Doch stellt die Revision der kommunistischen Ideologie durch Zjuganov, d. h. seine Abkehr vom Internationalismus, Kosmopolitismus, Utopismus, Rationalismus und Revolutionarismus der radikalen Linken, einen neuen, tiefen Einschnitt im Weltkommunismus dar – mit schwerwiegenden Auswirkungen auf die politische Kräftekonstellation im postsowjetischen Russland. Paradoxerweise erscheint im Ergebnis der Wandlung der KPRF in eine spezifisch postsowjetische konservative beziehungsweise ultrakonservative Partei die politische Landschaft des heutigen Russlands rechtslastiger als die der Weimarer Republik.

Es fehlen im russischen Parteienspektrum politisch bedeutsame Äquivalente sowohl für die SPD als auch für die KPD der Weimarer Republik. Alle seit Dezember 2003 in der Staatsduma mit einer eigenen Fraktion vertretenen Parteien sind nationalistisch. Die LDPR und der Block *Rodina* (Heimat), zu der auch der oben kurz erwähnte Baburin gehört, sind radikal bis extrem nationalistisch. Die Regierungspartei *Einheitliches Russland* könnte man als gemäßigt nationalistisch oder nationalliberal bezeichnen. Und die KPRF-Fraktion schließlich erscheint als eine Mischung von „Sowjetkonservativen", Ultranationalisten (Nikolaj Kondratenko, Al'bert Makašov, Viktor Ijuchin) und einigen marxistisch-leninistischen säkularen Fundamentalisten, wobei Zjuganov in dieser oder jener Form all drei Strömungen bedient.

Der sich daraus ergebende Kritikpunkt bezüglich der Sinnhaftigkeit des Vergleichs der heutigen RF mit der Weimarer Republik ist womöglich nicht weniger überraschend als Hansons und Kopsteins Argumentation, im heutigen Russland sei eine faschistische Machtergreifung aufgrund des – im Vergleich zum Deutschland Anfang der Dreißiger deutlich – niedrigeren Entwicklungsstandes des Parteiensystems unwahrscheinlich.[77] Es widerspricht der demokratietheoretisch geprägten Intuition des Politikwissenschaftlers, dass gerade die *Schwäche* der russischen Parteien einen wichtigen Faktor darstellen soll, der Russland vor einem Abgleiten in den Faschismus (bisher) bewahrt (hat). In womöglich ähnlicher Weise erscheint es als kontraintuitiv, dass ein wichtiger Unterschied zwischen Deutschland in den späten Zwanzigern bzw. frühen Dreißigern und dem heutigen Russland das größere Gewicht – freilich spezifisch postsowjetischer – gemäßigt rechter, rechtsradikaler und rechtsextremer Parteien im politischen Spektrum der RF ist.[78] Zwar gibt es derzeit kein funktionales Äquiva-

77 Ebd.
78 Wobei hier freilich ein wichtiger Unterschied ist, dass hinter Hansons und Kopsteins Argumentation eine Kausaltheorie (d. h. die Idee, dass ein ausgeprägtes Parteinsystem notwendige Bedingung für die Machtergreifung von „anti-liberal statism" ist) steckt,

lent für die faschistische NSDAP, aber eben auch keines für die demokratische SPD. Vielmehr findet der politische Wettbewerb im Putinschen Russland inzwischen größtenteils zwischen Nationalisten unterschiedlicher Couleur statt. Antinationalistische Parteien sind seit Dezember 2003 nicht mehr mit eigenen Fraktionen im Parlament vertreten. Bestenfalls verdienen noch einzelne Personen in der Putin-Administration, wie German Gref und Aleksej Kudrin, die Bezeichnung liberale Demokraten.

Während sich im Ergebnis der Wandlungen der letzten beiden Jahrzehnte die Linksextremismusforschung im postsowjetischen Russland mit marginalen anarchistischen und marxistischen Grüppchen „begnügen" muss, eröffnen sich für die Nationalismus-, Rechtsextremismus- und Faschismusforschung viele neue Arbeitsgebiete. Wie sich bei der obigen lediglich sporadischen Erwähnung des wichtigen *Rodina*-Blocks andeutete, konnte hier nur ein Teil der interessanten Akteure und zudem lediglich knapp behandelt werden. Unerwähnt blieben Dutzende weitere Beachtung verdienende Gruppierungen und Phänomene – angefangen bei der wachsenden, überwiegend neonazistischen Skinheadbewegung[79] über ultranationalistische Tendenzen in der Kunst-,[80] Literatur-[81] und Musikszene[82] bis hin zum Schul- und Hochschulwesen, in welchem Schülern,

---

während ich mich hier auf typologisch-vergleichende Betrachtungen beschränke. Man könnte bestenfalls eine tautologische Theorie konstruieren, die besagt, dass eine Machtergreifung durch die extreme Rechte die Existenz einer starken, von ultranationalistischer Ideologie geprägten Bewegung voraussetzt.

79 Tarasov, Offspring of Reforms.
80 Michael Hagemeister, Anti-Semitism, Occultism, and Theories of Conspiracy in Contemporary Russia. The Case of Ilia Glazunov. In: Vladimir Paperni/Wolf Moskovich (Hg.), Anti-Semitism and Philo-Semitism in the Slavic World and Western Europe, Jews and Slavs 13, Haifa/Jerusalem 2004, S. 235–241.
81 Katja Lebedeva/Hans-Jürgen Lehnert, Neoslawophile contra Westler. Neue alte Polarisierungen in der russischen Kultur. In: Berliner Debatte. Initial, (1992) 6, S. 11–16; Umland, Die Sprachrohre des russischen Revanchismus; Kathleen Parthé, Čto delaet pisatelja „russkim"? „Rusifikacija" russkoj literatury posle 1985 goda. In: Voprosy literatury, (1996) 1, S. 83–120; dies., The Empire Strikes Back. How Right-Wing Nationalists Tried to Recapture Russian Literature. In: Nationalities Papers, 24 (1996), S. 601–624; Henrietta Mondry, "Political Philology". Nationalism in the Russian Literary Press (1993–1996). In: Vladimir Tikhomirov (Hg.), In Search of Identity. Five Years Since the Fall of the Soviet Union, Melbourne 1996, S. 133–142; Ivanov, Russland nach Gorbatschow, S. 63–88; David Wells, War and National Memory. Nationalism in Contemporary Russian Literature. In: Political Crossroads, (1998) 1–2, S. 129–138; Slater, The Patriots' Pushkin; Mathyl, Die größte weiße Nation Europas; ders., Helden-Krieger; Andrei Rogachevskii, Biographical and Critical Study of Russian Writer Eduard Limonov, Studies in Slavic Language and Literature 20, Lewiston, NY 2003; Alexandra Mey, Russische Schriftsteller und Nationalismus 1986–1995. Vladimir Solouchin, Valentin Rasputin, Aleksandr Prochanov, Ėduard Limonov, Bochum/Freiburg 2004.
82 Thomas Cushman, Notes from the Underground. Rock Music Counterculture in Russian Society, Albany, NY 1995; Mathyl, Das Entstehen einer nationalistischen Gegenkultur; ders., Hammer und Sichel in der Fahne Hitlers. In: Roland Roth/Dieter Rucht (Hg.), Jugendkulturen, Politik und Protest. Vom Widerstand zum Kommerz, Opladen 2000, S. 211–37; Heilwagen, Böse Onkel Wanjas.

Azubis, Studenten und Aspiranten ein ethnozentrisches Geschichtsverständnis und mehr oder minder phantastische antiwestliche Verschwörungstheorien vermittelt werden.[83] Während die politischen Entwicklungen im Russland des 20. Jahrhunderts – ob nun zu recht oder nicht – paradigmatisch für die Formierung der internationalen Linksextremismusforschung waren, hat das Russland des beginnenden 21. Jahrhunderts das wohl bunteste Betätigungsfeld für die vergleichende Rechtsextremismusforschung nach dem Kalten Krieg hervorgebracht.

---

83 Siehe z. B. Elena Lisovskaya/Vyacheslav Karpov, New Ideologies in Postcommunist Russian Textbooks. In: Comparative Education Review, 43 (1999), S. 522–543; John D. Ball, Russian Students and History. In: Contemporary Review, 278 (2001) 1632, S. 225–229; Jutta Scherrer, Kulturologie. Russland auf der Suche nach einer zivilisatorischen Identität, Göttingen 2002; Andreas Umland, Teaching Social Sciences at a Post-Soviet University. Some Observations from Russia and Ukraine. In: European Political Science, 4 (2005) 1 (i. E.).

> „Da Bolschewismus plus Gott fast
> identisch mit dem Islam ist [...]"
> Muhammad Iqbal[1]

Islamismus – eine totalitäre Ideologie?
Versuch einer Annäherung an ein globales Phänomen

Herbert Landolin Müller

I. Einführende Überlegungen

Es scheint bezeichnend für die Rezeptionsgeschichte des Phänomens, welches gemeinhin außerhalb der islamischen Welt als „Islamismus" oder „islamischer Fundamentalismus" bezeichnet wird, wenn Jahre nach dem 11. September 2001 und nach der Verkündung der These vom „Niedergang des Islamismus" durch Gilles Kepel und Olivier Roy[2] der Versuch gemacht wird, die nach Guido Steinberg rudimentäre Islamismusdiskussion in Deutschland um die Frage nach den ideologischen Grundlagen zu erweitern. Dies scheint paradox angesichts einer Flut von Schriften auch in deutscher Sprache zum „islamischen Radikalismus", bei der dem Publikum allerdings nicht ganz deutlich wird, ob die radikalen, ja extremistischen Strömungen innerhalb dieser weltweiten Bewegung nun für einen „Rückfall ins Mittelalter" stehen oder als „Wegbereiter der Moderne" zu gelten haben.[3] Sollte man nicht endlich zur Kenntnis nehmen und akzeptieren, dass wir es beim „Islamismus" nicht nur mit einer ideologischen Strömung zu tun haben, sondern mit einer breiten sozialen Bewegung?[4]

---

1 Annemarie Schimmel/Muhammad Iqbal, Prophetischer Poet und Philosoph, München 1989, S. 105. Der Leser soll hierbei den Kontext des Zitates erkennen: „Dieses Ideal eines Strebens nach Gleichheit aller Menschen vor Gott ließ ihn auch eine gewisse Bewunderung für den russischen Bolschewismus aufbringen, wobei er so weit ging, an Sir Francis Younghusband zu schreiben." Ebd.

2 Eine Einführung in die Diskussion und die Forschungsliteratur bietet: Guido Steinberg, Der Islamismus im Niedergang? Anmerkungen zu den Thesen Gilles Kepels, Olivier Roys und zur europäischen Islamismusforschung. In: Islamismus. Hg. vom Bundesministerium des Innern, Berlin 2003, S. 19–42.

3 Hanna Lücke, „Islamischer Fundamentalismus" – Rückfall ins Mittelalter oder Wegbereiter der Moderne? Die Stellungnahme der Forschung, Berlin 1993; dies., Gibt es christlichen und islamischen Fundamentalismus? In: Gritt M. Klinkhammer u. a. (Hg.), Kritik an Religionen. Religionswissenschaft und der kritische Umgang mit Religionen, Marburg 1997; Heiner Bielefeldt/Wilhelm Heitmeyer (Hg.), Politisierte Religion. Ursachen und Erscheinungsformen des modernen Fundamentalismus, Frankfurt a. M. 1998.

4 Ivesa Lübben, Die Muslimbrüder. Eine islamische Sozialbewegung. In: Inamo, 31 (2002) Herbst, S. 9–13.

Versuchen wir, uns einen Überblick zu verschaffen, so kann weder von einem monolithischen Gefüge namens „Islam" noch von einer einheitlichen Bewegung des „Islamismus" gesprochen werden kann. In der politischen Bewegung zur Durchsetzung religiöser Ordnungsvorstellungen gibt es wie in der als Referenz herangezogenen Religion zwar Grundvorstellungen und Gemeinsamkeiten, aber letztlich eine Vielzahl von Abweichungen und Unterschieden. Diese finden ihre Ursache weniger in religiösen Unterschieden als in politischen, sozialen, ethnischen Besonderheiten Es hilft dem Betrachter also wenig, wenn ihm erklärt wird, dass „Islam nicht inhärent unvereinbar ist mit Demokratie". Politischer Islam ist zuweilen ein Programm für religiöse Demokratie und nicht primär eine Agenda für heiligen Krieg oder Terrorismus."[5] In diesem Zitat könnte man bedenkenlos den Begriff Islam mit Christentum, Judentum oder Hinduismus ersetzen, um zu zeigen, dass auch andere Religionen nicht davor sicher sind, wie überzeugte Anhänger solcher Religionen den „politischen Auftrag" im Hier und Jetzt nach innen und nach außen umsetzen wollen.

Dies sei auch als eine Replik auf einen von Muslimen jedweder politischer Couleur oft zu hörenden Vorwurf zu verstehen, dass eine attributive Zuschreibung als „islamisch" oder „islamistisch" in Zusammenhängen mit Terror oder Extremismus in der islamischen Welt nicht nur missverstanden, sondern als ein westliches Vorurteil gegenüber ihrer Religion und der damit verbundenen Zivilisation verstanden werden könnte. Die sprachlichen Probleme einer Rückübersetzung bei Begriffen wie „Islamismus", „islamischen Terrorismus" oder nur „islamistischer Bewegung" sind dem Verfasser bewusst. Allerdings kann kein Beobachter dafür verantwortlich gemacht werden, wenn die Beobachteten, seien es die Angehörigen einer politischen Bewegung oder einer militanten Zelle, sich selbst als „islamisch" definieren und auch entsprechend argumentieren. Die Verlage, Schriften, Kassetten, Videos und anderen Medien, in welchen „der Islam" monopolisiert, das eigene Statement als repräsentativ für eine ganze Religion, eine ganze Zivilisation verstanden wird, sind unübersehbar. Die Gründe für ein Missverständnis, das im Problem der Übersetzung lediglich aufscheint, liegen tiefer, denn sie gehen auf Traditionen zurück, die Kritik von außen sowie Selbsterkenntnis zutiefst ablehnen, etwa aus archaischem Ehrverständnis verbunden mit einem epochalen Mangel an Selbstbewusstsein.[6] Bernhard Lewis ist zuzustimmen, wenn er schreibt, dass die Klage der Muslime durchaus verständlich sei, sie „sollte aber an jene gerichtet werden, die Terroranschläge verüben, und nicht an jene, die über sie berichten."[7] Jedem Beobachter sollte allerdings klar sein, dass es sich bei der Frage nach (islamistischem) „Terrorismus" oder religiös gerechtfertigtem „Widerstand" oder „Freiheits-

---

5 John L. Esposito/John O. Voll, Islam and Democracy. In: www.masnet.org.contempissue.asp?id=1552 (6.9.2004).
6 Vgl. Abdelwahab Medeb, Die Krankheit des Islam, Heidelberg 2002.
7 Bernard Lewis, Die Wut der arabischen Welt. Warum der jahrhundertelange Konflikt zwischen dem Islam und dem Westen weiter eskaliert, Frankfurt a. M./New York 2004, S. 150.

kampf" nicht um ein kulturalistisches Missverständnis handeln kann, sondern um einen grundlegenden Dissens von geradezu aporetischem Charakter.[8] Aus diesem Grund gilt es nicht, sich mit religiösen Wertvorstellungen an sich zu befassen, sondern deren Niederschlag in politischen Konzepten, mit deren Hilfe eine Gesellschaft „reformiert", „wertorientiert-versittlicht" oder zu ihren „authentischen Wurzeln" geführt werden soll, um, so die meist mitformulierten Nebenziele, den Bedrängnissen einer als ungerecht wahrgenommenen und objektiv erlittenen Gegenwart zu entkommen. Ungeachtet des Versuches einer Differenzierung zwischen Religion und Politik – welche Religion, und besser, welche Vertreter von Offenbarungsreligionen, haben es versäumt, für ihre Lehren im Hier und Jetzt Wirkmächtigkeit zu beanspruchen? – zwingt die Argumentation der Akteure den Beobachter, sich mit den Lehren, Dogmen, Traditionen und historischen Referenzen derselben auseinander zusetzen. Sofern man die Mannigfaltigkeit der Strömungen zwischen Rabat und Malaysia in Rechnung stellt, ungeachtet dessen, was aus den USA oder Europa zu berichten wäre, bedeutete es allerdings, mehr Verwirrung zu stiften, würde auf alle Vertreter der islamistischen Bewegung bzw. deren lokalen Komponenten der Ideologie[9] eingegangen.

Nicht die Vielzahl der nationalen Exponenten zwischen dem äußersten Westen und dem fernen Osten der islamischen Welt – Begriffe, deren Nutzen angesichts einer weltweiten islamischen Migration in ihrem definitiven Wert zunehmend eingeschränkt sind – soll uns eine Einführung erlauben, sondern ein Eingehen auf die Vorstellung eines Gründervaters des Islamismus, nämlich Hasan al-Banna sowie auf die Gedankenwelt eines seiner prominenten Epigonen in Person des Tunesiers Rachid Ghannouchi. Was die türkische Migration nach Deutschland angeht, ist es unumgänglich, die Position eines Charismatikers der islamistischen Bewegung in der Türkei, Necmettin Erbakan, zu umreißen. Nicht nur im Zusammenhang mit dem Letztgenannten erhebt sich die Frage, wie relevant die politischen Vorstellungen solcher Vordenker waren oder noch sind, angesichts unverkennbarer Entwicklungen innerhalb der islamistischen Organisationen, über deren Evidenz, Wirkungsweise, Tiefe und Nachhaltigkeit derzeit noch heftiger Dissens besteht.[10] Wenn, wie Werner Schiffauer

---

8 Vgl. Martin Hochhuth, Der Begriff des Terrorismus und der formale Friedensbegriff des Völkerrechts und des innerstaatlichen öffentlichen Rechts. In: Dieter Fleck (Hg.), Rechtsfragen der Terrorismusbekämpfung durch Streitkräfte, Baden-Baden 2004, S. 43–65, bes. S. 45–49.

9 Der stürmischen Kritik eingedenk, welche Vidiadhar S. Naipaul aus der islamischen Welt entgegenschlug, sind seine Bemerkungen aufgrund der Beobachtungsgabe des Verfassers lesenswert: Vidiadhar S. Naipaul, Eine islamische Reise. Unter den Gläubigen, München 2001.

10 Eine dezidierte Position, die im Prozess schon das positive Ergebnis, die zivilgesellschaftliche Chance, vorwegnimmt: Werner Schiffauer, Die Islamische Gemeinschaft Milli Görüş – ein Lehrstück zum verwickelten Zusammenhang von Migration, Religion und sozialer Integration. Abrufbar unter www.fwi.ugent.be/cie/CIE2/Schiffauer1.htm, ohne Paginierung (2.2.2004).

behauptet, die „Gerechte Ordnung" Erbakans selbst während der kurzen Phase seiner Regierung in der Türkei nicht mehr als eine Skizze geblieben sei,[11] sie „viel zu abstrakt und rudimentär" gewesen sei, „als dass sie für Politik auf der Ebene der Kommunen und später des Landes eine Richtlinie hätte bilden können", scheinen wir es mit einem Theorem zu tun zu haben, dessen Urheber nicht auf seine Umsetzung zu zielen schien, noch dass es Bemühungen gegeben habe, es in den Köpfen der Anhänger zu verankern. Seltsam nur, dass das Bild von Europa als „christlichem Club", dessen Propagieren mit zu Erbakans „Verdiensten" zählt, so nachhaltig wirkt, dass noch eine als konservativ-islamisch wahrgenommene türkische Regierung mit dieser Formel europäische Verantwortliche in – berechtigte? – Argumentationsnöte zu bringen vermag.[12] Und wenn er, sich auf die von ihm benannten Reformkräfte der Milli Görüş in Deutschland stützend, den Einfluss des „Führers" der Bewegung auf die deutschen Gemeinden so relativiert, dass letztlich das Verhältnis zwischen Bewegungsgründer und seinen Adepten in Europa auf „Loyalitätsbekundungen" (wohl vernachlässigender Relevanz?) reduziert wird, so scheint sich auch eine Vorstellung einer möglichen Wirkungsentfaltung der *Adil Düzen*, der „Gerechten Ordnung", bei den Anhängern in Europa beträchtlich zu relativieren, um nicht zu sagen, gegen den Wirkungsgrad Null zu tendieren.

Da einem solchen wissenschaftlichen Ansatz das „Prinzip des Relativismus" zugrunde liegt, der subjektiven Sicht der beobachteten Kulturträger vor der eigenen ein überragendes Gewicht zugeschrieben wird, eine durchaus nötige Distanz wahrende, Beobachtungsgabe oder der anderer Forschungsansätze (Prinzip des Agnostizismus), sollte zu fragen sein, welche *Wahrheit* dieser Forschungsansatz wiedergibt, der seinen eigenen Standpunkt in der Theorie zwar nur als einen von vielen möglichen beschreibt, um letztlich aber praktisch in einer autoritären Geste die interessensgeleiteten Auskünfte von Funktionären zur Grundlage einer „wahrhaftigeren" Konstruktion der Realität zu erklären.[13] Wir haben es hier mit einer Art „Ad-hoc-Essentialismus"[14] zu tun, einer Sonderform des Forschungsansatzes, der insbesondere den westlichen Islamwissenschaften zum Vorwurf gemacht wird. Allerdings stellt sich die Frage, welcher erkenntnistheoretische Ansatz bei einer politisch-religiösen Bewegung gewählt werden könnte, die selbst von sich behauptet, die Essenz, das Wesen ihrer Religion, ihrer Ideologie neu herauszuarbeiten und politisch umzusetzen. Selbst bei diesem Vorgehen gibt es vielfältige Perspektiven. Der Ansatz von Nasr H. Abu Zaid als Reformer und Kritiker des „religiösen Diskurses" ist ein essentialisti-

---

11 Schiffauer, Die Islamische Gemeinschaft. Diese Argumentation trägt dem Faktum nicht Rechnung, dass Erbakan einer Koalition vorstand und mit der Aufmerksamkeit des Militärs zu rechnen hatte.
12 Sylvie Goulard, Le Grand Turc et la République de Venise, Paris 2004, S. 66 und besonders S. 86 ff.
13 Vgl. Werner Schiffauer, Die Gottesmänner. Türkische Islamisten in Deutschland, Frankfurt a. M. 2000, S. 318.
14 Stefan Weidner, Mohammedanische Versuchungen, Zürich 2004, S. 94.

scher, ebenso wie die Konstrukte der von ihm Kritisierten.[15] Noch beim Ruf in Europa nach einem Recht auf Differenz wird dieser Essentialismus überdeutlich, verbirgt sich dahinter doch die Frage nach der Festschreibung eines Konstruktes von Identität, sozusagen zeitlosen, einem Mitglied einer Gemeinschaft immanenten „Wesenheiten", deren Strukturmerkmale, Abhängigkeiten, Intentionen und sein angeblicher Determinismus einer kritischen Prüfung gleichwohl zugänglich sind. Falls man der Islamwissenschaft oder Orientalistik in der Frage des „Essentialismus" einen Vorwurf machen kann, so ist es nicht der von Stefan Weidner am Beispiel Göttingen oder bei Bernard Lewis verortete Essentialismus,[16] sondern der von Islamwissenschaftlern[17] praktizierte partikulare Essentialismus, der auf Edward Saids Thesen vom Orientalismus eher verstört, hilflos und scheinkritisch reagierte, indem die These „ex oriente lux" besonders in den Vordergrund gebracht wurde, ohne die Schattenseiten bei so viel Licht zu bedenken. Nicht nur aus diesem Grund ist die Umkehrung dieses Prinzips, das in Titeln wie „Feindbild Islam" seinen platten Gipfel fand,[18] kritisch zu betrachten. Leider sind Ansätze, das Problem von verschiedenen Seiten anzugehen, nicht nur Gegenstände des Fachpublikums,[19] sondern werden, wie der Titel schwerlich erkennen lässt, mit Schweigen zugedeckt.[20] Unter diesen Gesichtspunkten soll, allen Einwänden zum Trotz, das dargestellt werden, was den im Zentrum des Interesses stehenden politisch-religiösen Denkern offenbar, nach Ausweis ihrer programmatischen Schriften, als *wesentlich* oder *essentiell* erschienen ist. Wenn man den Einfluss Professor Erbakans in Deutschland einzuschätzen trachtet, sind seine in den vergangenen Jahren umjubelten Besu-

---

15 Nasr Hamid Abu Zaid, Islam und Politik. Kritik des religiösen Diskurses, Frankfurt a. M. 1996. Als Beispiel „orientalischen" Essentialismus sei an dieser Stelle zitiert: Sayyid Abul A'la Maudud, Als Muslim leben, Karlsruhe 1995; ders., Weltanschauung und Leben im Islam, München 1994; Ziauddin Sardar, Der fremde Orient. Geschichte eines Vorurteils, Berlin 1999; Tariq Ramadan, Muslimsein in Europa. Untersuchung der islamischen Quellen im europäischen Kontext, Marburg 2001. Dieser Autor, dessen Konstrukt des Seins als Muslim unverkennbar essentialistisch ist, wendet sich allerdings gegen eine entsprechende europäische Betrachtung des Phänomens, da er diese in der Tradition des Kolonialismus sieht. Europäer scheinen unfähig, die Diversität islamischen Seins zu erkennen. Zu fragen ist, was von dieser Diversität bleibt, sofern ein „Muslimsein" nach Ramadanscher Lesart universalen Anspruch erhebt. Vgl. Tariq Ramadan, Les évolutions de la pensée musulmane contemporaine. In: Michel Wieviorka (Hg.), L'avenir de l'islam en France et en Europe, Paris 2003, S. 27-33. Ein besonderes Beispiel: Saad bin Ali Alaschahrani, Arabischer Standpunkt zum Terrorismus, Saudi Arabia, Naif Arab Üniversität [sic!] für Sicherheitswissenschaften 2004.
16 Stefan Weidner, Mohammedanische Versuchungen, Zürich 2004, S. 89 f.
17 Dies gilt nicht für alle Islamwissenschaftler. Andere Fakultäten, die sich vor dem 11. September 2001 nur lau am Sujet oder aus besonderem Interesse interessierten, sind wie die theologischen oder juristischen gleichfalls oder stärker betroffen, da Sachkenntnis durch guten Willen ersetzt wurde.
18 Jochen Hippler/Andrea Lueg, Feindbild Islam, Hamburg 1993.
19 Gernot Rotter (Hg.), Die Welten des Islam. Neunundzwanzig Vorschläge, das Unvertraute zu verstehen, Frankfurt a. M. 1993.
20 Ursula Spuler-Stegemann, Feindbild Christentum im Islam. Eine Bestandsaufnahme, Freiburg i. Brsg. u. a. 2004.

che anlässlich von Jahresversammlungen, die Verbreitung panegyrischer Schriften[21] und Presseartikel Indizien für eine wirksame „charismatische Autorität" im Sinne Max Webers, bei der „Glaube und Anerkennung" gegenüber dem „Führer" durch die „Jünger" als „*Pflicht*" gelten, „deren Erfüllung der charismatisch Legitimierte für sich fordert, deren Verletzung er ahndet. Die charismatische Autorität ist zwar eine der großen revolutionären Mächte der Geschichte, aber sie ist in ihrer ganz reinen Form durchaus autoritären, herrschaftlichen Charakters."[22]

II. Zur Metamorphose politischer Begriffe

Was bei Weber als Pflicht erscheint, findet sich in Schriften der islamischen Bewegung auch unter dem Begriff des Gehorsams: „Das Konzept des Gehorsam – seine Kraft und sein Ausmaß – ist Ausfluss der ideologischen und judikativen Wurzeln des Glaubens. Der Gehorsam eines islamischen Bruders gegenüber seiner Führung legt den Schwerpunkt auf seinen Gehorsam gegenüber den Geboten Gottes, denn die Führung im Islam ist die ausführende Gewalt, deren Aufgabe es ist, die Gesetze des Islam anzuwenden, oder die sich bemüht und den Weg vorbereitet hin zu einem islamischen System."[23] Diese anhaltende Autorität kann selbst Schiffauer nicht übersehen, auch wenn die „distanz- und kritiklose" Verehrung ein Phänomen weiter Kreise der ersten Generation ausmacht,[24] und selbst den Einfluss von Verlautbarungen aus dem Umkreis von Erbakan, die über Artikel in der *Milli Gazete* die Bewegung erreichen, „stellen ein großes Problem für die Gemeinden in Europa und besonders in Deutschland dar."[25] Es ist also geboten, sich mit den damit verbundenen ideologischen Vorstellungen auseinander zu setzen. Auf al-Banna einzugehen legt der Umstand nahe, dass in jüngster Zeit und insbesondere unter den Bedingungen der starken „islamischen" Migration in Europa sich insbesondere Tariq Ramadan, ein Enkel al-Bannas und Hochschullehrer in der Schweiz, anschickt, das Bild seines Großvaters als eines „Integristen/Fundamentalisten" zu „kor-

---

21 Sebahaddin Uçar, Savunan Adam, Istanbul o. J.
22 Max Weber, Die drei reinen Typen der legitimen Herrschaft. In: ders., Soziologie – Universalgeschichtliche Analysen – Politik, hg. von Johannes Winckelmann, Stuttgart 1973, S. 151–166.
23 Fathi Yakan, Les problèmes qu'ont a affronter la da'wah et le da'iyah, Kuweit 1410/1990, S. 68.
24 Schiffauer, Die islamische Gemeinschaft Milli Görüş.
25 Ebd. Die Auseinandersetzung Schiffauers mit dem Verfassungsschutz kann hier nur gestreift werden. Sicher ist, dass die Situation sich wesentlich komplizierter darstellt. Die Furcht vor einer Spaltung der Gemeinde, die Achtung vor dem Patriarchen bereitet den Reformern mehr Sorge als eine entschlossene, glaubwürdige Zäsur. Da die Milli-Görüş-Bewegung in ihren unterschiedlichen Strömungen einen massiven Antisemitismus und auch „ein neu aufgewärmtes Bekenntnis zu Adil Düzen" de facto mit umfasst, eine strukturelle Trennung weder gewollt noch vollzogen wird, klingen individuelle Distanzierungen auch im Namen der Gemeinschaft wenig überzeugend.

rigieren". Al-Banna steht nach Ramadans Ansicht – und dies völlig zu Recht – in der Nachfolge von Denkern wie Djamal ad-Din al-Afghani, Muhammad Abduh, Rashid Ridha, Sa'id Nursi, Ibn Badis, Muhammad Iqbal.[26] Er sei weder als der „Vater" des „modernen Islamismus in seinen gewalttätigen Manifestationen" zu betrachten noch der Vordenker eines diesem „Islamismus" innewohnenden „beschränkten Anti-Okzidentalismus".[27] Bei seiner Konstruktion einer Tradition *islamischer Reformation*, in welcher der Autor Ramadan sich selbst verankert sieht, fällt eine formale, sprachliche und inhaltliche Abgrenzung zu jenen, auch in den islamischen Zivilisationsrahmen eingebetteten Persönlichkeiten oder geisteswissenschaftlichen Tendenzen auf, die er generell mit dem Etikett eines als „liberal" bezeichneten *Reformismus* versieht und sie überdies durch ihre Adaptionsfähigkeit und Orientierung am westlichen Denken als einem identitären Denken fremd und damit als delegitimiert kennzeichnet.[28] Die These des von Kritikern als Muslimbruder bezeichneten Ramadan[29] aber, dass eine „Gleichstellung" der Ideen der Muslimbrüder mit jenen der Befreiungstheologie Südamerikas möglich sei, verdient eine Diskussion, ebenso wie die Frage, ob ein „entstellendes und erschreckendes Bild der integristischen Bedrohung nicht zu ersetzen sei durch das einer Bewegung, die darzustellen ist als Trägerin von „Glaubenswerten, Bejahung der Identität, sozialer Gerechtigkeit und menschlicher Brüderlichkeit."[30]

Damit sollte auch die Anregung einhergehen, sich vertieft mit den geistigen Grundlagen des Verteidigers[31] Al-Bannas auseinander zu setzen, dessen Publikationen nicht nur bei islamischen Jugendlichen in Frankreich bei der Suche nach Orientierung Widerhall finden,[32] sondern der als ein wichtiger Multiplikator offenbar unter dem Einfluss einer „Mainstream"-Ideologie, genannt „*wassatīya*", steht, in welcher klassische islamrechtliche Begriffe neue Bedeutungen erhalten, die im Kontext der Integration islamischer Gemeinschaften in Europa genauestens studiert werden sollten. Denn die *wassatīya* ist unverkennbar ein Teil der islamistischen Bewegung, stellt sich als eine Form der Weiter-

---

26 Tariq Ramadan, Aux sourxes du renouveau musulman. D'al-Afghani à Hassan al-Banna un siècle de reforme islamique, Paris 1998.
27 Ebd., S. 28 f.
28 Vgl. ebd., S. 19 f.
29 Vgl. Mondher Sfar, Besprechung des Werkes von Ramadan. In: Studies in Religion. Revue canadienne, 28 (1999) 3, S. 384 f. In: www.wlu.ca/~wwwpress/jrls/sr/issues-full/28.3/sfar.fr.html (21.1.2002). Jüngste Kritik setzt nicht bei dem „Vorwurf" struktureller Bindungen an: „Il y a une capacité à séduire des jeunes diplômés, des jeunes pas vraiment défavorisés qui sont ensuite mis en contact avec des théologiens beaucoup plus radicaux, parce qu'il les a rendus mûrs pour cela." In: Sylvain Besson, Tariq Ramadan ou l'intégrisme déguisé. Un livre relance la polémique. In: Le Temps vom 19. Oktober 2004.
30 Mondher Sfar, Besprechung des Werkes von Ramadan.
31 Zu erneuten kritischen Ansätzen siehe Caroline Fourest, Frère Tariq. Discours, stratégie et méthode de Tariq Ramadan, Paris 2004; Lionel Favrot, Tariq Ramadan dévoilé, Lyon 2004 (Mag Hors série).
32 Ramadan, Muslimsein in Europa.

entwicklung dar und versteht sich als Antwort auf säkulare Herausforderungen, die zwar versucht, liberal zu erscheinen, aber doch an der Anwendung der sharīᶜa und der Souveränität Gottes festhält: Aussagen zu islamischen Prinzipien erscheinen oft kasuistisch, aber fern einer tatsächlichen Veränderung der Position.[33] Deutlich zu machen ist dies am Begriff einer „Jurisprudenz der Minorität" oder „*fiqh al-aqallīya*", deren Adressaten sich nach Ramadan keineswegs als Minderheit zu betrachten hätten, sondern mit Bezug auf die Prinzipien, die diese Gruppe verträte, die eigentliche, da moralische, Mehrheit sei.[34] Wem solche Erörterungen zu theoretisch sein mögen und nach praktischen Konsequenzen solcher moralischer Überlegenheit in Europa fragen mag, sei daran erinnert, dass es eben diesem Vordenker 1994 mittels einer Kampagne in Genf gelang, die Aufführung von Voltaires *Le Fanatisme ou Mahomet le Prophète* wegen angeblich islamfeindlicher Tendenz zu verhindern, immerhin eine Zumutung, die auf ein einseitiges Verständnis von Meinungsfreiheit hinweist, von wechselseitigem Respekt oder gar Toleranz ganz zu schweigen.[35]

Was Rachid Ghannouchi betrifft, so gilt er als ein Beispiel eines politischen Vordenkers innerhalb der islamischen Bewegung, der als Garant für eine demokratisch-islamische Variante angesehen werden könne.[36] Gerade bei ihm sei nachvollziehbar, wie die Ideen des algerischen „Denkers französischer Kultur" Malik Bennabi (1905–1973) zu Demokratie und Islam auf Widerhall gestoßen seien, sodass er sich von den extremen Thesen eines Sayyid Qutb (1906–1966) abgewandt habe.[37] Das Verhältnis zur Demokratie hat aber nicht nur Bennabi beschäftigt. Zwar gibt es durchaus noch Denker, für die gilt, dass „die Demokratie eine Ordnung des Unglaubens ist, und im Islam gibt es keine Demokratie; Freiheit ist eine Lebensform des Unglaubens, doch es gibt keine Freiheit im Islam."[38] Im Gegensatz zu solchen Verdikten sind wesentlich differenziertere Überlegungen zu finden. So war der Syrer Saᶜīd Hawwā anfänglich der Demokratie abgeneigt, jedoch wurde ihm bewusst, dass unter den Machtverhältnissen im Nahen Osten ein pragmatisches Verhältnis zur Demokratie nur nützlich

---

33 Sagi Polka, Between Liberalism and Fundamentalism. The Political Thought of Mainstream Islam („Wassatiyah") in Contemporary Egypt", unveröffentl. Diss. phil., Ramat Gan 2000, zit. nach: Shammai Fishman, Some notes on Arabic Terminology as a Link between Tarik Ramadan and Sheikh Dr. Taha Jabir al-Alwani, Founder of the Doctrine of "Muslim Minority Jurisprudence" (Fiqh al-Aqaliyyat al-Muslimah). In: www.e-prism.org (6.9.2004), S. 7.
34 Vgl. Shammai Fishman, Some Notes on Arab Terminology, S. 6.
35 Vgl. einen Artikel in der Frankfurter Allgemeinen Zeitung vom 9. Juli 1994 („Heute würde sich Voltaire selbst zensieren"). Thomas Schmid, Schutzlos. In: FAZ vom 6. November 2004, S. 1; Sabine Haupt, Der Fundamentalist als Intellektueller. Neue Polemik um den Genfer Islamwissenschaftler Tariq Ramadan. In: Neue Zürcher Zeitung vom 3. November 2004.
36 Aus islamischer Sicht: Azzam Tamimi, Rachid Ghannouchi. A Democrat within Islam, New York 2001.
37 Vgl. Azzam Tamim, Democracy in Islamic Political Thought. In: www.ii-pt.com/web/papers/democracy.htm (6.9.2004), S. 11 f.
38 Hāfiz Sālih, ad-dīmuqrātīya wa-hukm al-islām fīhā, Beirut 1988, S. 100.

sein könne: „Wir sehen, dass Demokratie in der islamischen Welt eventuell den Sieg für den Islam zeitigt. Folglich warnen wir uns selbst und unsere Brüder davor, angewandte Demokratie zu bekämpfen. Tatsächlich erkennen wir, dass die Forderung nach mehr Demokratie der praktische Weg zum Erfolg des Islam auf islamischem Territorium ist. Unsere Feinde haben diese Tatsache erkannt, und deshalb haben sie die Demokratie vernichtet und Diktaturen und andere Alternativen eingerichtet. Viele Anhänger des Islam waren unfähig zu erkennen, welche positiven Ergebnisse Demokratie für uns hat. Sie betrachten das Problem von einem rein theoretischen und ideologischen Standpunkt aus und scheitern daran, es von einer der Realität [Rechnung tragenden] Perspektive zu betrachten, namentlich dass die Mehrheit herrscht, dass die Werte einer solchen Mehrheit dominieren, und dass in jedwedem Land, in dem eine muslimische Mehrheit existiert, der Islam vorherrschen wird. Selbst wenn die Muslime eine Minderheit bilden, ist Demokratie meistens in ihrem Interesse."[39] Nicht die Anerkennung der Demokratie als Form der Herrschaft mit der Möglichkeit wechselnder Mehrheit und damit verbundener politischer Tendenzwenden ist zu vermerken, sondern das Wahrnehmen der Möglichkeit, durch Demokratie nicht nur temporäre Teilhabe an der Macht, sondern (dauerhafte) Vorherrschaft zu erlangen. Demokratie wird auf diese Weise zur reinen Technik herabgestuft, die mit ihr verbundenen Werte sind zur Disposition gestellt.

Dass diese Diskussion nicht auf bestimmte Länder beschränkt blieb, die Darstellung also nur auf einzelne Individuen bezogen werden könnte, zeigt ein Blick auf die türkisch-islamistische Bewegung. Die Themen Demokratie und Moderne veranlasste auch dort Intellektuelle zu Stellungnahmen. Ali Bulac, der von einem europäischen Beobachter als „gemäßigt-islamisch"[40] beschrieben wird, lehnt „konservativ-traditionelle", d. h. a priori verneinende Haltungen zur Demokratie ab. Gleichfalls untragbar gilt ihm eine „konzessive Haltung", da getragen von „Apologeten der Westorientierung".[41] Er vertritt die These, dass über eine „transformistische Haltung" ein Modell wieder aufgenommen würde, das aus der islamischen Geschichte bekannt sei. Die Vorfahren hätten „angenommen, umgewandelt, semantische Eingriffe vorgenommen und somit neu definiert. Sie machten sich etwas zu eigen, und das, was ihnen passte, übernahmen sie, das andere warfen sie ab." Eine Elite entwerfe das neue Konzept, lebe es vor und definiere die Ideale wie Freiheit, Menschenrechte und Demokratie neu, „auf der Grundlage unserer eigenen Quellen, der Theologie und des reli-

---

39 Sa'īd Hawwā, Jund Allah Takhtilan, Beirut 1988, S. 71. Zit. nach: Azzam S. Tamimi, Democracy in Islamic Political Thought. In: www.iol.ie/~afifi/Articles/democracy.htm (22.1.2002).
40 Rainer Hermann, Erdogans Stratege. In: Frankfurter Allgemeine Zeitung vom 9. Oktober 2004, S. 10.
41 Ali Bulac, Globalisierung, Islam und die Zukunft der Muslime. In: Euro Agenda/Avrupa Günlügü, 1 (2001), S. 25–36, hier 33.

giösen Rechts."[42] Dies führe nicht nur zu einer neuen Welt, „in der der Islam eine Rolle spielt", sondern eröffne dieser Version des Islam die Möglichkeit, Hauptakteur „in der neuen Welt und der künftigen Geschichte zu werden".[43] Dieses Streben nach einer besonderen historischen Rolle, einen bestimmenden Einfluss bei den Geschehnissen in dieser Welt nehmen zu wollen, dies hat durchaus seine Berechtigung und kann nachvollzogen werden. Allerdings zeigt sich schon bei der Forderung, dass selbst die Menschenrechte nur unter Berücksichtigung religiöser Grundsätze zu formulieren sind, dass dieser Autor die Vorstellung von universalen Menschenrechten verwirft.[44] Dies kommt auch in seiner Vorstellung vom trennenden Faktor, der die Religion darstellt, zum Ausdruck: Muslime haben mit Nicht-Muslimen „die geringsten Gemeinsamkeiten"[45] und ein Bewusstsein, dass das bloße Mensch-Sein eine entscheidende Gemeinsamkeit aller Menschen sein könnte, ohne Ansehen der Hautfarbe, des Geschlechts, der Religion, sozialer Herkunft etc., ja in religiösen Bildern gesprochen, diese Menschen in ihrer Gesamtheit Geschöpfe jenes unbeschreibbaren Einen sind, geht im Konstrukt einer dominanten, alles bestimmenden Religion nicht nur unter, sondern kommt gar nicht auf. Dies dürfte nicht ohne Konsequenzen für seinen Begriff von Freiheit bleiben. Denn für Bulac gilt: „Ja, es gibt die ‚Moderne', das ist Realität. Weder lehne ich sie gänzlich ab noch akzeptiere ich sie im Ganzen, ich werde sie umwandeln und dadurch überwinden."[46] Dass dieses Überwinden Folgen hat bei bürgerlichen und zivilgesellschaftlichen Freiheiten, wird bei dem von ihm skizzierten Verhältnis zum „Anderen" sichtbar. Ganz richtig stellt er fest, dass die Betreiber der Globalisierung sich hinsichtlich des Zusammenlebens von Menschen verschiedener Kulturen kaum Gedanken gemacht haben, keine Lösung hätten. Diese Lösung habe nur der Islam, und es klingt modern, wenn „Toleranzvereinbarungen mit den Laizisten und denjenigen, die nicht glauben", gefordert werden. Toleranz mag im All-

---

42 Ebd., S. 35. Bulac definiert Religion „als Ansicht oder Ideologie und fasst šarīʿa als aus der Religion abgeleitete Verhaltensregeln, soziale Normen, rechtliche Regeln bzw. Lebensweisen auf"; so Ulrike Dufner, Islam ist nicht gleich Islam. Die türkische Wohlfahrtspartei und die ägyptische Muslimbruderschaft. Ein Vergleich, Opladen 1998, S. 317.
43 Bulac, Globalisierung, S. 33 ff.
44 Vgl. dazu: Die Islamische Deklaration der Menschenrechte, hg. vom Islamischen Zentrum München in Zusammenarbeit mit Islamic Council London (Schriftenreihe des Islamischen Zentrums München 12), München, o.J. Zwar postulieren die Verfasser, diese Deklaration beanspruche universelle Gültigkeit, doch der Rechtskatalog ist immer in Beziehung auf die šarīʿa, das islamische Recht S. 19), zu sehen. Bezeichnenderweise werden Pflichten betont. Deutlich wird, dass alle Rechte ihre im Text nicht definierten Schranken in der šarīʿa finden oder in den Interessen der umma.
45 Bulac, Globalisierung, S. 36.
46 Bulac, Globalisierung, S. 33. Ohne nationale Verve kommt Bulac nicht aus. Er hofft, dass „die Türkei Europa an den Grenzen von Kroatien und der Slowakei zum Stehen bringt, die Balkanländer unter Kontrolle hält, Kaukasien Ordnung verleiht, im Nahen Osten die besagten Veränderungen ermöglicht und die Turkrepubliken Zentralasiens an das Weltsystem heranführt." Ebd.

tag der Menschen in und außerhalb Europas eine seltene Tugend sein. Im Hinblick auf bürgerliche Rechte und Pflichten, Menschenrechte sowie Freiheit vor den Übergriffen staatlicher Gewalt, ist Toleranz eine schwache Institution, ein Relikt aus Epochen, in denen die Zugehörigkeit zur dominierenden Religion ein entscheidender Aspekt im Hinblick auf die gesellschaftliche und rechtliche Stellung der Untertanen war.

III. Vom Staat als Garanten der besten Gemeinschaft

Hasan al-Banna (1906 bis 1949) gilt als einer der Begründer des Islamismus.[47] Der Grundschullehrer fällt weniger durch ein stringentes ideologisches Gesamtwerk auf, denn durch sein auf die Aktion fokusiertes Denken.[48] Historische Bedeutung erhält er als Begründer der *Muslimbruderschaft* 1928 in Isma'iliya (Ägypten), die als das Vorbild für entsprechende Organisationen in anderen Ländern gelten kann. Sein Einfluss sollte nicht unterschätzt werden: Noch in neueren Lehrbüchern zur Erziehung werden seine Sendschreiben ausführlich zitiert.[49] Nach Aussage des ägyptischen Historikers Tariq al-Bishri „beruhte die Stärke zumal der frühen *Muslimbruderschaft* auf ihrer doktrinären Undurchsichtigkeit und diktatorischen Führung. Ihr Ziel war eine umfassende Reform der ägyptischen Gesellschaft, die diese in eine auf die Scharia gegründete, wahrhaft islamische, geeinte und von äußeren Einflüssen unabhängige Gesellschaft umwandeln sollte. Zumindest bis zum Zweiten Weltkrieg verfocht die *Muslimbruderschaft* eine Reformstrategie, die die bestehende Ordnung prinzipiell als legitim anerkannte und in erster Linie auf Erziehung, Mission (da'wa), Publizistik und soziale Dienste setzte, Gewaltanwendung allerdings nicht grundsätzlich ablehnte."[50] In der Vergangenheit war der Aufbau eines Geheimapparates, den zu kontrollieren schon Hasan al-Banna nicht geschafft haben soll, Anlass zu Polemik und Kritik zwischen Muslimbrüdern und deren Widersachern. Die wichtige Frage, ob hier schon früh eine Doppelstrategie der Muslimbrüder – „gemäßigter" Diskurs der Führung und Aktivitäten der Organisation nach außen und „extensive" Umsetzung im Innern mit Blick auf politische Gegner,

---

47 Andreas Meier, Der politische Auftrag des Islam. Programme und Kritik zwischen Fundamentalismus und Reformen. Originalstimmen aus der islamischen Welt, Wuppertal 1994, S. 175. Vgl. auch Sa'īd Hawwā, fī afāq at-ta'ālīm, Beirut 1980, S. 7 mit seiner Betonung der Notwendigkeit, das Denken al-Banna's zu kennen.
48 Der Verfasser ist der Überzeugung, dass al-Bannas politisches Wirken sowie dessen ideologische Untermauerung durch seine Sendschreiben, die in der Gesamtschau ein konzises Bild seines Ansatzes und seiner Orientierung bieten, zu sehr unterschätzt wurde und wohl auch wird.
49 Vgl. Ali Abdel-Haleem Mahmud, Methodology of Education adopted by the Muslim Brotherhood, Kairo 1998.
50 Zit. nach: Gudrun Krämer, Gottes Staat als Republik. Reflexionen zeitgenössischer Muslime zu Islam, Menschenrechten und Demokratie, Baden-Baden 1999, S. 182.

die englische Besatzung und Zionisten, geführt wurde – gilt allerdings als umstritten.[51]

Oft wird mit Bezug auf al-Bannas Schriften gefordert, den historischen Kontext, z. B. bei seiner negativen Haltung zu Parteien, in Rechnung zu stellen. Insofern dies der Ergründung und dem Verständnis der Entwicklung der Vorstellungen des Begründers der *Muslimbruderschaft* dient, hat eine solche Forderung ihren Sinn. Im Zusammenhang mit der Entwicklung islamistischer Organisationen wie der Muslimbruderschaft in Europa und Deutschland stellt sich allerdings die Frage nach dem völlig veränderten Kontext, in dem diese Schriften erneut Virulenz entfalten sollen. Denn in diesen veränderten geographischen, sozialen und zivilisatorischen Kontexten erfahren die Werke al-Bannas eine neue Beachtung. Den nachkommenden Generationen wird er als Führer, Märtyrer und herausragende Persönlichkeit der Avantgarde der da'wa beschrieben.[52] Nicht nur die Edition seiner „Sendschreiben"[53] in europäischen Sprachen bzw. andere Werke[54] unterstreicht ein verstärktes Interesse an den Ideen al-Bannas, sondern auch der nicht nur in universitären Kreisen erfolgende Versuch, Aussagen über „den Islam" und „Islamisten" im Sinne des letzteren zu revidieren.[55] Autoren wie Burgat, Esposito, Roy und in dessen Gefolge Kepel sehen nicht nur einen Niedergang des Islamismus,[56] sondern erhoffen sich von dieser Strömung auch eine Überwindung der Differenzen zwischen „Islam und Moderne", d. h. die „Modernisierung des Islam" mit einem selbständigen Weg der „islamischen Völker" zur Demokratie.[57] Der These vom „Niedergang" steht schlicht der Befund entgegen, dass Hasan al-Banna und die auf ihn zurückgehende Bewegung nicht bloß als eine „wichtige Referenzquelle für die neuere Diskussion um die ‚Islamische Ordnung'" ist, sondern dass das von dieser Bewegung ausgehende Gedankengut „die islamische Öffentlichkeit weit über

---

51 Vgl. Krämer, Gottes Staat, S. 190 ff. Vgl. Mustafā Mašhūr, at-tayyār al-islāmī wa-dawruhu fī l-binā', Kairo, o. J., S. 40 ff., der Vorwürfe bezüglich des Terrors vehement zurückweist.

52 Vgl. Fathi Yakan, Les problemes qu'ont à affronter la da'wah et le da'iyah, S. 36–39. Yakan rechnet zu den Pionieren des „modernen islamischen Denkens" auch Sayyid Qutb, der mit seinem Modell einer in vorislamische Zustände zurückgefallenen – scheinislamischen – Gesellschaft (ǧāhilīya) die Rechtfertigung von Gewaltanwendung lieferte. Vgl. auch ders., maᶜrakatunā ma'a l-yahūd, 14. Auflage Kairo 2001.

53 Vgl. International Islamic Forum (Hg.), Hasan al-Banna, The Message of the Fith Conference. The Collection of writings, 6. Auflage London 1996. Im Internet sind diverse Schriften, z. B. unter www.youngmuslims.ca/online_library/books/byat/index.html, oder www.prelude.co.uk leicht zugänglich.

54 In deutscher Sprache erschien im Verlag der Muslim Studentenvereinigung Hassan al-Banna, Al-Ma'thurat – Zurück zu den Wurzeln. In: http://islamische-literatur.ch/index.php?autor_id=14 (10.10.2004).

55 Vgl. Irmgard Pinn, Rezension von: Der Islam und die Muslime. Größe und Dekadenz in unserem täglichen Leben. (Autor: Tariq Ramadan). In: www.abc.se/~m9783/lib_d.html (21.1.2002).

56 Vgl. Gilles Kepel, Jihad. Expansion et déclin de l'islamisme, Paris 2001.

57 Vgl. ebd., S. 528.

Ägypten hinaus entscheidend geprägt"[58] hat. Hasan al-Bannas Schriften sind nicht frei von Mehrdeutigkeiten, doch sind sie offensichtlich zu jenen zu zählen, die Demokratie vom „theoretischen und ideologischen Standpunkt" aus betrachteten. Ein konstitutionelles Regierungssystem ist für ihn die Ordnung, die dem Islam am nächsten ist.[59] Demokratie aber lehnt er „in einem Atemzug mit Diktatur, Faschismus und Kommunismus als islamfremd"[60] ab. Die Akzeptanz einer Verfassung begründet er mit einem Verweis auf die Frühzeit des Islam, in der mit der so genannten „Verfassung von Medina" erstmals das Prinzip der Konstitution aus der Taufe gehoben worden sei. Wenn auch unverkennbar ist, dass Hasan al-Banna seine Organisation als eine politische verstanden wissen will,[61] bedeutet die gleichzeitig erhobene Forderung nach Reform der Regierung nicht erstrangig eine Hinwendung zu Pluralismus und Demokratie. Im Gegenteil: Seine Darstellung „des Islam der Muslimbrüder" zeigt ihn uns als Vordenker einer elitären, gut ausgebildeten Gruppe, die den Wahrheitsanspruch der Religion auf den politischen Körper und dessen weltliche Thesen überträgt. Auch in diesem Sinne ist er ganz der Vertreter der die Muslimbrüder tragenden Mittelschichten, die einerseits gesellschaftlich aufsteigen wollen, sich andererseits als Zöglinge des modernen Bildungssystems innerhalb einer traditionellen Gesellschaft legitimieren wollen, deren geistiger Überbau einerseits von einer erstarrten Orthodoxie[62] bestimmt wurde und andererseits dem Einfluss eines als „obskurantistisch" verachteten Volksislam ausgesetzt war. Gleichwohl ist sein Denken exklusiv, von der umma als Verkörperung einer Gemeinschaft der wahren Muslime her gedacht, ethnozentrisch (mit arabisch-nationaler Färbung), antiliberal und antikapitalistisch.[63] Zwar sollen die Ideen nicht als Oktroi dem Volk aufgezwungen werden, doch ist es unverkennbar, dass bei al-Bannas Entwurf der Einheit von Religion und Staat, Identität von Volk und Staatsidee (Staatsreligion) und der Manifestation dieser Idee in den Institutionen der Weg in einen homogenen Einheitsstaat vorgezeichnet ist.

Halten wir uns an die Darstellungen seines „Verteidigers" Tariq Ramadan, so hat Hasan al-Banna oft die Frage des „islamischen Staates" berührt und er habe ins Gedächtnis gerufen, dass der Islam zugleich Religion und Staat sei. Die Formel der Muslimbrüder, „Der Qur'ān ist unsere Verfassung, der Prophet ist unser Führer"[64] sei ohne Bezug zum Denken al-Bannas in ihrem Sinn und in ihrer Tragweite reduziert. Sein Verständnis von der Totalität des Islam führten

---

58 Ivesa Lübben, Eine islamische Sozialbewegung, S. 12.
59 Vgl. Message of the Fith Conference, S. 16.
60 Gudrun Krämer, Gottes Staat, S. 185.
61 Vgl. Message of the Fith Conference, S. 16.
62 Vgl. Malika Zegal, Gardiens de l'Islam. Les oulémas d'Al Azhar dans l'Egypte contemporaine, Paris 1996, S. 84. Al-Banna zeigte sich gegenüber der Institution sehr feindselig. Gleichwohl fand er Anhänger unter deren Studenten und unter den ᶜulamā'.
63 Vgl. die Übersetzung von „Aufbruch zum Licht". In: Andreas Meier, Der politische Auftrag, S. 180.
64 Ramadan, Aux sources, S. 345.

ihn zur Annahme, dass die Vorschriften alle Bereiche des Lebens berührten. Al-Banna habe eine Reform der Gesellschaft vorgeschwebt, beginnend bei der Bewusstseinsbildung durch Volkserziehung (éducation du peuple) und durch Mobilisation der dergestalt Erzogenen: „ein islamischer Staat, das bedeutet zuerst ein Volk, das in seiner Mehrheit die Intensität seines Glaubens erhöht hat, sein Verständnis des umfassenden [Charakters dieses Glaubens] vertieft hat, [ein Volk], das seine politische Teilhabe sowohl regional als auch national gesteigert hat [und] die ökonomischen Prozesse meistert."[65] Die Anwendung der šarīʿa besteht, so Ramadan, in der Arbeit, die zur Umformung einer Gesellschaft notwendig ist. Es lohnt sich, den umfassenden Anspruch in der Interpretation eines „authentischen" Denkers, in einer geradezu „emischen Beschreibung" zu finden: ‚Pour lui, nous l'avons vu, l'application de la sharī'a est très exactement ce travail qui consiste à transformer une société: elle ne consiste pas à la seule mise sur pied d'une structure étatique. Ash-sharī'a est une voie universelle, un ordre social, une dynamique humaine dont la legislation et le pouvoir ne sont que les instruments et les moyens, jamais les finalités.'[66] Grundvoraussetzung für diesen Transformationsprozess ist für al-Banna das „Gedankengut der Brüder", ein „rein islamisches [Gedankengut] in seinen Grundlagen und Zielen. Es hat absolut nichts zu tun mit irgend etwas unislamischen."[67] Hasan al-Banna benutzt auch einen biologistisch-medizinischen Wortschatz. Nur wenige erfassen, so die Klage, sein Konzept des „wahren, bezaubernd schönen Islam". Wo diese Gabe des Intellekts fehlt oder gar zu vermuten steht, dass unter fremdem Einfluss Einsicht verweigert wird, spricht er von „Krankheiten", „Ansteckungen", „Unreinheiten", die es zu behandeln gilt.

Gebote und Lehren „des Islam" umfassen Jenseits und Diesseits, sie regeln „Glaube und Anbetung, Land und Nationalität, Religion als auch Regierung, Aktivität [in weltlichen Dingen] ebenso wie Spiritualität und den Qur'ān als auch das Schwert."[68] Diese Religion erstreckt sich auf alle Nationen und gilt für alle Zeiten.[69] Vollkommenheit des Menschen, sowohl in spirituellen als auch in profanen Dingen, scheinen für den Gründer der Muslimbruderschaft nur in der Übereinstimmung der Seele – oder des menschlichen Denkens – mit „dem Islam" erreichbar zu sein.[70] Gewöhnliche Muslime, die nicht das Bewusstsein der Muslimbrüder erreicht haben, bleiben demzufolge defektive Wesen, ganz zu schweigen von Nichtmuslimen.[71]

Diesen Mangel gilt es zu beheben, und damit wird ein erster Schritt hin zum Staatswesen der Muslimbrüder getan: „Wir wollen den muslimischen Mann, in seinem Denken und seiner Verehrung Gottes, in seinem Verhalten und seinem

---

65 Ebd., S. 347.
66 Ebd., S. 345.
67 Message of the Fith Conference, S. 7.
68 Ebd., S. 11 f.
69 Vgl. ebd., S. 15.
70 Ebd., S. 15.
71 Vgl. ebd., S. 10 f.

Empfinden, ebenso in seiner Arbeit und seinem Verhalten."[72] Dies wird als das Konzept der Muslimbrüder für das Individuum betrachtet, analog dazu wird jede weitere Schicht der Gesellschaft erfasst: „Und wir wollen die muslimische Familie, in ihrem Denken und in ihrer Verehrung Gottes, in ihrem Verhalten und in ihrem Empfinden, ebenso in ihrer Arbeit und ihrem Verhalten; wir sorgen uns um die Frau und den Mann, vom Säuglingsalter bis zur Jugend. [...] Insgesamt wollen wir auch das islamische Volk. Dafür arbeiten wir, dass unser Ruf in jedes Haus gelangt, dass unsere Stimme gehört wird, dass unsere Gedanken die Menschen erreichen und in alle Dörfer eindringen und in alle Weiler und Städte, Zentren, Metropolen und Hauptstädte. [...] Wir wollen danach auch die muslimische Regierung, die das Volk in die Moschee führt, durch die die Menschen zur göttlichen Leitung durch den Islam geführt werden, insbesondere Abu Bakr und Umar. Deshalb erkennen wir kein Regierungssystem, das nicht auf den Grundlagen des Islam beruht und aus diesem schöpft, an. Wir werden für eine Belebung einer Ordnung der islamischen Herrschaft in seiner ganzen Erscheinungsform arbeiten, und für einen Aufbau der islamischen Regierung auf den Grundlagen dieser Ordnung."[73]

Wenn in den oben genannten Ausführungen das endgültige Ziel einer stabilen und idealen Ordnung („wir betrachten Regieren als einen Pfeiler des Islam") bezeichnet wird, so sollten sämtliche Aktionen der Muslimbrüder als Teil eines graduellen Prozesses, Schritt für Schritt durch Schichten, Klassen und Institutionen der Gesellschaft, bis zur ideologischen und institutionellen Hegemonie derselben, zu verstehen sein.

Differenzen in Fragen des fiqh, also der islamischen Jurisprudenz, schließt al-Banna nicht aus.[74] Doch dieses Zulassen der Rechtsfindung innerhalb eines eng begrenzten Kreises von Spezialisten (fiqh betreiben die fuqahā', also die Sakraljuristen) hat nichts mit einem grundlegenden Dissens innerhalb der von al-Banna als Ziel seiner Propagandabemühungen gemeinten „Klassen der allgemeinen Öffentlichkeit" zu tun. Da sein „Anspruch auf Alleinvertretung des Islam oder zumindest des ‚wahren Islam' (al-islām as-sahīh) deutlich zu spüren" ist,[75] dürften die von ihm zugelassenen Differenzen sich nur innerhalb des von den Muslimbrüdern vorgegebenen wahren Islam entfalten. Am universalen Führungsanspruch der Muslimbrüder lässt Hasan al-Banna keinen Zweifel bestehen: „Sie [die Muslimbrüder] werden vorbereitet auf die wichtige Pflicht, die ihrer harrt. Es ist eine Bewegung, welche die Führung der ganzen Nation vor sich hat, oder eher die [Recht-] Leitung und die Führung der gesamten Welt."[76]

---

72 Zitiert aus dem „Sendschreiben für die Jugend", wiedergegeben in einem Papier mit dem Titel: Eine Betrachtung der Gemeinschaft „al-ikhwan al-muslimun" in Ägypten, London, 25. Juli 1996, verteilt auf dem Kongress der IGD vom 2. bis 4. August 1996 in München, S. 1.
73 Sendschreiben an die Jugend, S. 2.
74 Vgl. Message of the Fith Conference, S. 19.
75 Vgl. Gudrun Krämer, Gottes Staat, S. 187.
76 Message of the Fith Conference, S. 20.

Seine Arbeitsmethode der „Einführung" (taʿrīf), der „Bildung/Formation" (takwīn) und der nachfolgenden „Anwendung" (tanfīdh) zielen auf das Vertraut machen der angesprochenen Öffentlichkeit mit den Zielen der Bruderschaft, der Akzeptanz dieser Ziele und letztlich auch auf den individuellen Beitrag zur Vorbereitung und Realisierung derselben: Hohe Moralität, Disziplin und Gehorsam gegenüber dem Führer und seinen Helfern sind die Tugenden, die erwartet werden. Hasan al-Banna distanziert sich ausdrücklich von den Parteien im Ägypten seiner Zeit.[77] Dass er sich dabei eher von pragmatischen Grundsätzen denn von ideologischen Vorbehalten habe leiten lassen,[78] ist mit guten Gründen zu bestreiten. Zwar räumt er durchaus ein, dass es Unterschiede zwischen den Parteien in Ägypten und denen anderer Länder gibt, die ägyptischen gar keine wirklichen Parteien seien, doch sein Befund, dass von ihnen „die gesellschaftliche Fäulnis" ausgeht, „die das Land zu verbrennen droht",[79] stellt den direkten Zusammenhang mit den von ihm vermissten islamischen Werten her. Sein Angebot, ja seine Einladung zum „gemeinsamen Voranschreiten bei unserem Werk"[80] mündet letztlich in einer einseitigen Forderung nach Akzeptanz der Bedingungen al-Bannas: „Alle sollen sich wie ein Mann vereinen unter der Flagge des ruhmbedeckten Qurʾān und auf dem Weg des Propheten (Eulogie) und sollen Ruhe und Frieden sichern unter der lebensspendenden islamischen Disziplin."[81] Gewiss müssten nicht alle der „Einladung" folgen, aber die Muslimbrüder wären fähig, zu warten, bis diese Zögerlichen keine Alternative mehr fänden. Es sind also beträchtliche Zweifel anzumelden, ob die Feststellung von Ivesa Lübben, dass nicht über Zwangsmaßnahmen, sondern über einen gesellschaftlichen Konsens die Einheit der umma hergestellt werden sollte, zutrifft. Wenn die auf hohe Moral, Disziplin und Gehorsam verpflichtete umma über die Institution der šūra den Herrscher beraten soll, stellt sich die Frage, welche Art der Volkssouveränität sich in dem al-Bannaschen Modell entwickeln kann,[82] wenn er eine Repräsentation der Bevölkerungsschichten innerhalb der umma nicht über Parteien ermöglichen will, sondern ein „System der persönlichen Direktwahl" vorzieht.[83]

Arbeitsmethoden und Arbeitsziele al-Bannas sind, ohne bisher die Frage von Macht und Gewalt angesprochen zu haben, konsequent. Hier wird ein Vorhaben umrissen, das einer sich als Elite verstehenden Gruppe, deren Wahrheitsanspruch keinem Zweifel unterliegt, den Auftrag zuschreibt, die Individuen, gesellschaftlichen Organisationen und staatlichen Institutionen nach den von ihr anerkannten islamischen Grundsätzen umzustrukturieren. In der friedlich-gemäßigten Version dieser Veränderung – die auch den Begriff Reform aus der

---

77 Vgl. ebd., S. 20.
78 Vgl. Ivesa Lübben, Eine islamische Sozialbewegung, S. 11.
79 Ebd.
80 Vgl. Message of the Fith Conference, S. 21.
81 Ebd.
82 Vgl. Ivesa Lübben, Eine islamische Sozialbewegung, S. 11.
83 Ebd.

Sicht der Islamisten für sich in Anspruch nehmen kann – beginnt der Prozess mit einer Bewusstseinsbildung bei Einzelnen. Diese sollen in der jeweiligen, ihnen zuordenbaren gesellschaftlichen Schicht, den „Ruf", die „daʿwa", weitertragen. Die „Aufforderung" zum „wahren Islam", verstanden als das politische Konzept al-Bannas, soll so idealiter in die Familien als Grundformation des Staates hineingetragen und von dieser weitergetragen werden. Schon den Säugling sollen „bewusstseinsbildende", die „richtige" Identität formende, Maßnahmen erreichen. Um in weiteren Stadien menschlichen Daseins und Lebensabschnitten das Denken und Handeln der Menschen beeinflussen zu können, bedarf es einer Struktur (takwīn), d. h. die der Muslimbrüder. Ernsthafte, opferbereite Männer sollen auserwählt werden: „Die besten von diesen Männern sollten die Soldaten dieser daʿwah sein."[84] Für diese Aktivisten gebe es nur „den Islam als das einzige Kriterium über Gut und Böse."[85] Es ist nicht zu erwarten, dass gegen die Lehren dieser Soldaten über „Gut und Böse" je Einspruch erhoben werden kann, denn „es ist nicht die Pflicht eines Arztes, mit den Patienten überein zu stimmen. Es ist seine Pflicht, sie zu behandeln und ihnen den richtigen Weg zu zeigen."[86]

Schon die Wortwahl, die auch dem historischen Zusammenhang geschuldet sein mag, zeigt die Ordnung der Werte an: Die „dem Islam" verantwortlichen „Soldaten" geben den – einzig – richtigen Maßstab an; sie sind wie „Ärzte", die unwissenden Laien gegenüberstehen, mit denen es über den Weg der „richtigen Behandlung" keine Diskussionen gibt. Im Gegenteil, die „Behandelten" müssen froh sein, dass die Muslimbrüder als die „well-wishers for the entire world"[87] sie von einem offensichtlichen Gebrechen befreien. Diese Behandlung bleibt nicht im Rahmen „individuellen" und religiösen Handelns. Hasan al-Banna will mit seinen Vorstellungen „Weiler und Städte, Zentren, Metropolen und Hauptstädte" durchdringen. Die von ihm intendierte Staatsregierung ist nicht säkular und in religiösen Dingen nicht neutral. Ihre Aufgabe ist es, die Menschen zur göttlichen Leitung durch den Islam" zu führen. Letztendlich habe die Regierung die Aufgabe, die al-Banna seinen Brüdern stellt, auf „höherer Ebene" zu vervollkommnen. In diesem Staat dürfte die „Bewegung von unten" umschlagen in eine beständige „daʿwa" von oben. Hasan al-Banna dürfte hierin das sichere Mittel gesehen haben, „Seelen" in Übereinstimmung mit dem Islam zu formen und somit „Beispiele menschlicher Vollkommenheit"[88] zu schaffen. Eine Unterscheidung zwischen Staat und Gesellschaft entfällt bei seinem Modell. Alle gesellschaftlichen Organisationen sind hierbei von den „Soldaten" der Muslimbrüder durchdrungen und angeleitet. Die „islamische Regierung", die Organisationen und Individuen sind der islamischen Harmonie und Einheit

---

84 Message of the Fith Conference, S. 21 f.
85 Ebd., S. 48.
86 Ebd., S. 47.
87 Ebd., S. 49.
88 Ebd., S. 15.

verpflichtet und haben für die Anwendung des islamischen Gesetzes zu sorgen. Seine Nichtanwendung wäre ein Verbrechen; die „Reformer" hätten dann die Pflicht, die Regierungsgewalt aus den Händen derer zu nehmen, welche nicht dem „rechten" Glauben Gehorsam leisten.[89] Hier dürfte auch ein Hinweis darauf vorliegen, wem nach al-Bannas Vorstellungen die Beratung, die šūra zukam: Reformer mit dem richtigen Bewusstsein, Adepten seiner Bewegung sind die Persönlichkeiten, die ein angemessenes Funktionieren dieser Institution garantieren können.

Gleich, ob dieser Staat als „islamische Republik" organisiert sein sollte, kann man bei den skizzierten Grundlinien von einer speziellen Form der „Theokratie", eventuell einer „Theo-Demokratie" im Sinne Mawdūdīs, ausgehen, in der der Staat durch die „recht verstandene" Interpretation der Religion geprägt und legitimiert wird. Religiöse und weltliche Ordnung entsprechen sich, die eigentliche Staatsgewalt wird von denen ausgehen, die das Deutungsmonopol innerhalb des religiös-politischen Establishments und dessen Strukturen innehaben. Mit Institutionen, die eine tatsächliche Gewaltenteilung garantieren, kann nicht gerechnet werden. Unter diesen Gesichtspunkten können das Denken und Handeln al-Bannas, insbesondere auch seine auf breite Schichten zielende Reformstrategie, nicht als demokratisch bezeichnet werden. Der Staat wird bei ihm zur moralischen und weltanschaulichen Lehranstalt, die Pluralismus nur in Nischen zulassen wird. Pflichten, nicht Rechte, bestimmen das soziale Dasein, und vom mündigen Bürger wird, analog zu den hier zugrunde gelegten Schriften, nicht die Rede sein. Dies wird bei Autoren, welche den Gründer der *Muslimbruderschaft* als ihren Wegbereiter ansehen, ebenfalls so interpretiert. Der Vorrang des Islam als Ideologie wird betont, und sie bestimmt zudem jedes persönliche Verhältnis: „Die islamische Ideologie ist klar in ihrer Aufforderung, sich an die Prinzipien und Ideale zu halten, nicht an Persönlichkeiten oder an Führer. Ebenso ist die islamische Arbeit mit Sicherheit gegen die Abweichungen in Verbindung mit Individuen. Wenn ‚die Individualität' die tödliche Krankheit anderer Bewegungen ist, so ist dagegen ‚die Ideologie' der rettende Faktor in der islamischen Bewegung. Die Ideologie, die der Islam im Denken seiner Gefolgsleute am Leben erhalten hat, führte sie dazu, über die Frage der Wahrheit mit den ihnen am nahestehendsten zu disputieren und mit den ihnen am fernstehendsten liebevolle Verbindungen einzurichten, und zwar um Gottes willen. Sie tolerieren keinesfalls Übertritte, begangen von nahen Verwandten oder von einem Freund, wenn es um die vom Islam gesetzten Grenzen und seine Gesetze geht."[90]

In der Schrift „Aufbruch zum Licht" entwickelte al-Banna Schritte zur „praktischen Reform"; dieser Anspruch ist vorformuliert. Die politischen Kräfte des Landes wünscht er vereint in einer Front. Das Recht müsse mit der islamischen Gesetzgebung in allen ihren Ableitungen in Einklang stehen. Wichtig ist ihm

---

89 Vgl. ebd., S. 38-40.
90 Yakan, Les problèmes, S. 100.

eine Verpflichtung der Beamten auf die Lehren des Islam: Die Freiwilligkeit – al-Banna benutzt den Ausdruck „aus eigenem Empfinden" – soll durch die Förderung des „Geistes des Islam" in den Ämtern der Regierung erfolgen. Da al-Banna die Kontrolle des Verhaltens der Beamten, die Aufhebung der Trennung der privaten und dienstlichen Sphäre fordert, wird deutlich, dass diesem „Empfinden" seiner Ansicht nach „von oben" Nachdruck verliehen werden muss. Das Problem des „Empfindens" von Nichtmuslimen stellt sich für al-Banna in diesem Zusammenhang nicht.[91] Seine Entwürfe, wie die „öffentlichen Sitten" einer stärkeren Überwachung zu unterstellen sind, erscheinen strikt. Strafen sollen jene treffen, bei denen die „Gewöhnung des Volkes an die Respektierung der Sitten" nicht fruchtet. Es erstaunt nicht, dass er die Kontrolle des „weiblichen Anstandes" fordert, mit verschärftem Augenmerk „auf Lehrerinnen, Schülerinnen, Ärztinnen, Studentinnen und ihresgleichen." Seine Vorschläge zur Kontrolle der Medien sind tiefgreifend. Gegen Theaterstücke, Bücher, Zeitschriften und alle Institutionen, die Provokationen, destruktiven Skeptizismus, Frivolitäten, Unordnung und Libertinismus verbreiten könnten, soll mit Verboten, Zensur und Überwachung vorgegangen werden.[92]

Die Einhaltung religiöser Gebote will er durch Strafen durchsetzen. Seine Vorschläge zur Erziehung (Religion als Hauptfach, auch in den Universitäten) zielen auf eine fortschreitende geistige Gleichschaltung der Nation ab. Wissenschaftliche Diplome auch in den philologisch-philosophischen Fächern soll nur derjenige erhalten, der die komplette Beherrschung des Qur'ān nachweisen kann. Fremde Einflüsse sind al-Banna ein Greuel; zur nationalen Erziehung und zur Vereinheitlichung der Kleidung in der Nation sollen insbesondere die gehobenen Klassen angehalten werden, „ausländische Verfremdung" zu unterlassen.[93] Seine Wirtschaftskonzepte zielen auf die Nationalisierung der Wirtschaft; bei seinen Vorschlägen zur Förderung der „kleinen Leute" zeigt al-Banna, dass Populismus seinem Denken nicht fremd ist, er auch mit dem „Neidfaktor" zu rechnen versteht.

Pressefreiheit, weder im Kontext seiner eigenen Epoche noch entsprechend liberaler Vorstellungen, ist nicht im Sinne der vorgeschlagenen Reform. Al-Banna bevorzugt eine „gesunde Orientierung der Presse und Förderung der Verfasser und Autoren durch Hinwendung zu solchen Themen, die für die islamische und orientalische Welt relevant sind." Rezipiert man al-Banna heute unter den angesprochenen Bedingungen, so ist die Welt, selbst wenn es den von Islamisten und Traditionalisten bekämpften „westlichen Einfluss" oder „Einfall der Ideen", inklusive Israels als „letzte Bastion des Kolonialismus" nicht gäbe, aus der „natürlichen" Balance gebracht. Die Übersetzer und Herausgeber der Schriften Bannas in europäische Sprachen gehen davon aus, dass seine Theorie, die eines „pioneer of today's Islamic revival", ein wichtiger Teil in einem Ver-

---

91 Vgl. Meier, Der politische Auftrag, S. 180.
92 Vgl. ebd., S. 182 f.
93 Vgl. ebd., S. 183.

änderungsprozess sei.[94] Am Ende soll wahrscheinlich die Wiederfindung der entbehrten Balance stehen, und deshalb ist es wohl das „Recht der zeitgenössischen muslimischen Generation, dass sie Zugang habe zu den Schriften dieses großen Reformers; speziell zu diesem wichtigen Problem [des ǧihād]."[95] Diese Generation wird mit solchen Lehren darauf vorbereitet, dass Militanz im Namen ihres Glaubens kein Unrecht sein kann; Unrecht ist allein die Unterdrückung der Muslime, ihren Glauben uneingeschränkt zu leben.

Dieser Glaube – in der Fassung al-Bannas – hat einen unbedingten Absolutheitsanspruch. In einem Abriss zur Haltung gegenüber europäischen Regierungen gibt al-Banna seinen Lesern mit auf den Weg: „doch informiert andere darüber [d. h. die negativen Aktionen der Europäer] und erzählt ihnen, dass die Söhne des Islam niemals sich zufrieden geben mit der Unterwerfung des Islam. Der Islam will sie sehen als Standartenträger des Djihad und als die Inhaber des höchsten Sitzes der Versammlung in dieser Welt. Ja, der Islam wird mit nicht weniger als dem zufrieden sein, obwohl ihr euer Leben und Eigentum dafür geben mögt – weil Tod besser ist als dieses Leben – ein Leben in Sklaverei [...] und Unehre."[96]

Die Realität – gerade auch in der Wahrnehmung islamischer Migranten – stellt sich für viele junge Muslime als Zurückweisung, ja Unterwerfung wegen ihres Muslim-Seins dar. Auch die Rezeption „westlicher Politik" gegenüber islamischen Ländern verstärkt bei ihnen diesen Eindruck. Hasan al-Banna stellt in seinen Schriften auch für diese Menschen eine Gegenposition auf. Dem westlichen Materialismus mit seinen Exzessen stellt er das Ideal einer gottergebenen islamischen Ordnung gegenüber, für die es sich lohnt, alles zu opfern.

Das Kämpfen mit der Waffe in der Hand findet bei ihm eine Verklärung, die zumindest Zugänge zum Verstehen der Mudjahidun eröffnen, für die islamistische Ideologen (z. B. Qaradawi für Israel) den Begriff „Selbstmörder" ablehnen. Das Leben unter „falschen" Vorzeichen wird in dieser Weltanschauung sinnlos – Sinnhaftigkeit erfährt es nur durch die bedingungslose Hingabe für die gemeinsame Sache, eben den Islam, wie ihn al-Banna und seine Epigonen definieren. Allerdings ist al-Banna nicht zu unterstellen, dass er Opfergänge ohne Erfolgsaussicht für angemessen hält. Sein Konzept sieht vor, Macht zu erwerben, in allen Strata der Gesellschaft diese zur Wirkung zu bringen. Seine Haltung zur Revolution ist ambivalent, er beschreibt diese wie ein Naturereignis, das bei Fehlverhalten über Regierungen hereinbrechen könne ohne eine Antwort darauf zu geben, wer die Träger einer solchen Revolution (im damaligen Ägypten) sein könnten. Hasan al-Banna lässt sich nicht darauf festlegen, wann sein Konzept des ǧihād Realität werden soll.[97]

---

94 Vgl. Vorwort von Dr. A. M. A. Fahmy zur Internet-Ausgabe von „Jihad".
95 Ebd.
96 Message of the Fith Conference, S. 60.
97 Vgl. Peace in Islam, S. 52.

Wenn aber al-Banna von seinen Anhängern die dauernde Bereitschaft zu dieser höchsten Tugend fordert, sie ihnen zur religiösen Grundpflicht und höchsten Erfüllung macht, so steht die These, al-Banna sehe in Gewaltanwendung nur die ultima ratio, auf schwachen Füßen. Die Nichtanwendung des islamischen Gesetzes wird den Muslimbrüdern als Verbrechen, Sünde gelehrt. Teil dieses Gesetzes ist aber auch Macht und Gewalt(ausübung) im militärischen ǧihād. Wie also sich gegenüber Gegnern, „Feinden des Islam" verhalten, die partout die Wahrheit der Positionen der Muslimbrüder nicht anerkennen wollen? Den Widerspruch erfuhren al-Banna und seine eigene Organisation, die es aus „den Umständen in den Vierzigern und anfangs der Fünfziger" heraus rechtfertigen, dass „die Brüder – wie andere nationale Vereinigungen in jener Zeit – eine Abteilung aus einigen Individuen bildeten, die bereit waren zum Opfer und zum Martyrium im ǧihād – Aktivitäten gegen den widerrechtlichen Besatzer [...] und gegen Räuberbanden und Zionisten, die damals randalierten und heute (1996!) immer noch randalieren in aller Bestialität [...] in Palästina. Diese Spezialabteilung hat ihre Rolle aufs wunderbarste erfüllt, eine Menge Juden erlitt das Martyrium und das Land der Muslime wurde reich an außergewöhnlichem Heldentum."[98]

Zwar mag oder soll es den „geheimen Apparat" innerhalb der Muslimbrüder nicht mehr geben, doch dass immer wieder „einige Individuen", die die ihnen gestellten Pflichten verinnerlichen, auf eine langwierige politische Lösung nicht warten wollen, aus dem ihnen vorgegebenen Verständnis ihrer Pflichten nicht warten können, ist nicht von der Hand zu weisen. Nicht, dass es Individuen gibt, die die Botschaft des ǧihād zum Nennwert nehmen, sollte angesichts dieser Bewusstseinsbildung aufmerksam machen, sondern der Versuch, sie organisatorisch in die Muslimbruderschaft einzubinden. Auch die palästinensische *Hamas* als nationale Ausprägung der Muslimbruderschaft ist mit ihrem bewaffneten Arm in dieser Tradition zu sehen. Unter diesen Voraussetzungen ist Hasan al-Banna nicht nur Begründer, oder besser Wegbereiter einer weitgespannten politischen Bewegung,[99] sondern auch der Vordenker einer Strömung, die Gewalt als immer gerechtfertigtes Prinzip ihrer Weltanschauung ansieht. Letztlich träumte Hasan al-Banna von einer innenpolitischen und außenpolitischen *pax islamica*. Sein Streben gilt einem wiedererrichteten islamischen Imperium, in dem sich alle sozialen Widersprüche auflösen – und Widerspruch auch nicht erwünscht ist. Seinen Anhängern weist er einen Weg zur Restitution dieses legendären Gebildes – in Bruchstücken zwar, doch mit einer klaren Anweisung, dass, bei günstiger Situation und Gemengelage, die Muslime das Recht und die Pflicht hätten, militärische Gewalt gegen die Widersacher anzuwenden: Der Zweck heiligt die Mittel.

98 Zit. nach Al-ikhwan al-muslimun vom 30. April 1995. In: Eine Betrachtung der Gemeinschaft „al-ikhwan al-muslimun" in Ägypten, London, 25. Juli 1996.
99 Zur Entwicklung der ägyptischen Muslimbruderschaft siehe Olaf Farshid, Staat und Gesellschaft in der Ideologie der ägyptischen Muslimbruderschaft. In: Islamismus. Hg. vom Bundesministerium des Innern, S. 43–82.

IV. Untergegangene imperiale Größe als Idealtypus einer gerechten Welt

Eine ohne Zweifel herausragende Persönlichkeit der islamistischen Bewegung stellt Necmettin Erbakan dar. Hört man Anhänger aus der von ihm begründeten Bewegung über ihn sprechen, so lässt sich großer Respekt, auch Bewunderung, kaum überhören. Ganz anders ist hingegen die Wahrnehmung Außenstehender, die die Anziehungskraft des Politikers allerdings nicht negieren konnten: „Hunderfünfzigtausend, Zweihunderttausend, vielleicht noch mehr, die nun begeisterungs-besoffen ihren *Hoca* (Lehrer), ihren geliebten Führer, den ‚künftigen Ministerpräsidenten' der Türkei feiern. Und Erbakan genießt es. [...] Die Stimme ölig vor Befriedigung; die Worte zunächst in einem staatsmännischen *piano*, um dann in ein *forte*, in ein *fortissimo*, zu einer einzigen Drohung anzuschwellen – eine Drohung gegen die, die die Wirtschaft ruinieren, die Massen in die Armut treiben, gegen die, die sich in Regierungsämtern und Verwaltungsposten schamlos bereichern, gegen die Gottlosen, die die Jugend dem Glauben zu entreißen trachten, gegen die Tyrannen, die den 60 Millionen Gläubigen des Landes täglich Gewalt antun. [...] Es zeigte sich aber auf dieser Veranstaltung, dass er ein enormer Agitator ist. Furchterregend, wie er die Masse der Zweihunderttausend immer wieder zum Toben, zum Rasen brachte. [...] Ein Mann, von dem ich nicht einmal eine Melone kaufen würde, in der Sorge, eine faule angedreht zu bekommen."[100]

Sowohl die eine als auch die andere Wahrnehmung bringen uns nicht erkennbar weiter, da über das Bild des verehrten „Lehrers" noch das des mit erkennbarem Abscheu wahrgenommen „Demagogen" das Fundament, auf welchem der Politiker und Denker Erbakan fußt, sich uns erschließt. Der Redner hat auch Bücher geschrieben, z. B. ein richtungsweisendes wie *Millī Görüş*[101] oder *Adil Ekonomik düzen*, welches unter dem Titel „Gerechte Wirtschaftsordnung" auch in deutscher Sprache vorliegt.[102] In beiden Werken wird deutlich, dass Erbakan sein Land befreien möchte aus einer „Sklavenordnung", die vom „Imperialismus, Zionismus und modernen Kolonialismus" eingerichtet worden sei.[103] In beiden Arbeiten argumentiert er für einen ökonomischen Ansatz, um seine Vorstellung, wie die Befreiung aus der Abhängigkeit neo-imperialistischer Unterdrückung zu bewerkstelligen sei, zu verwirklichen. Unter diesem Gesichtspunkt ist auch sein späteres Handeln als Ministerpräsident zu sehen. Der Versuch, einen islamischen Pol zu westlichen Strukturen, d. h. zu den westlichen Industriestaaten und deren Institutionen, zu schaffen, ist Ausdruck seiner theoretischen Arbeiten. Jene, die meinen, dass sein ideologischer Ansatz sich zu-

---

100 Paul Geiersbach, Blinde Perle am Bosporus. Tagebuchaufzeichnungen mit Fotos aus Istanbul – Teil 1: Yedikule (September 1989 bis Februar 1992), S. 316 f.
101 Necmettin Erbakan, Millī Görüş, Istanbul 1975. Der Titel ist Programm und kann mit „Nationaler Sicht" wiedergegeben werden.
102 Necmettin Erbakan, Gerechte Wirtschaftsordnung, Ankara 1991.
103 Ders., Millī Görüş, S. 24; ders., Gerechte Wirtschaftsordnung, S. 4.

nächst nur in der Innenpolitik, im Bereich der Kommunen hätte niederschlagen müssen, haben sich entweder mit Erbakans Idealen nie richtig auseinandergesetzt oder sie verkennen schlicht die Globalität des Entwurfs. Gewiss ist sein Denken national, bei seinen Beschreibungen der Niederungen, aus welchen sich „der Westen" mit (unfreiwilliger) Hilfe der Muslime herausgearbeitet hat, geradezu chauvinistisch, doch noch selbst seine national-erzieherischen Ansätze, sein Wirtschaftskonzept sind letztendlich auf die umma bezogen, d. h. weit über den Rahmen des Nationalstaates Türkei hinaus. Seine Weltanschauung und sein ökonomisches Denken können als komplementär angesehen werden, beides in seiner Vorstellung Instrumente, um das Hauptziel, „das Erreichen der Glückseligkeit und die Befreiung unserer Nation" zu verwirklichen.[104]

Drei Weltsichten glaubt er ausmachen zu können: zunächst die seine, die nationale, die sich in Konkurrenz zu einer liberalen und einer linken Weltsicht sieht. Den beiden letztgenannten bestreitet Professor Erbakan schlicht jegliche Existenzberechtigung, denn sie verträten „den falschen und unrechtmäßigen Weg."[105]

Seine Klassifizierung eines Phänomens als „falsch" oder „richtig" zeichnet ihn als einen Denker, der hinsichtlich seiner letzten Ziele keine Kompromisse eingehen möchte, aus. Hierbei greift er auf Begriffe zurück, die den religiösen Bezug Herrn Erbakans aufzeigen: batil (aus arabisch bāṭil, nichtig, eitel, falsch) bedeutet ihm „als Terminus technikus [sic!] ... ‚das unbedingt Falsche'"; dagegen steht „hak"[106] (arabisch haqq, Wahrheit, Richtigkeit; mit Artikel ein Beiname Gottes), in Erbakans Definition „das unbedingt (immer) Richtige".[107] Er ist überzeugt, dass *Millī Görüş*, also seine Bewegung „den wahren und rechten Weg" vertritt.[108] Dabei stellt er seine „nationale Sicht" in einen historischen Kontext, der die Größe und weltpolitische Bedeutung des Osmanischen Reiches beschwört und vorgibt, die Kräfte entfesseln zu können, die eine restauratio imperii möglich machen: „Millī Görüş ist die seelische und geistige Kraft im Menschen, die während der ruhmreichen Geschichte unserer Nation Istanbul eroberte und somit ein Zeitalter beendete, ein neues in die Wege leitete. Diese seelische und spirituelle Kraft belagerte Wien, gewann den Kampf um die Dardanellen und den nationalen Befreiungskrieg und hat ein ‚Wunder auf Zypern'

---

104 Ders., Millī Görüş, S. 24.
105 Ebd., S. 28 f.
106 Zum Begriff siehe Dufner, Islam ist nicht gleich Islam, S. 316. Ähnlich den Muslimbrüdern habe sich der Begriff Ende der 80er Jahre auf die koranischen Körperstrafen und die Ökonomie bezogen; aber auch eine nicht-islamische Konnotation sei hinzugekommen.
107 Erbakan, Gerechte Wirtschaftsordnung, S. 8.
108 Ders., Millī Görüş, S. 28.

hervorgebracht. In Millī Görüş findet sich unsere Nation wieder und findet genau das, wonach sie strebt. Sie repräsentiert unsere nationale Verfassung."[109]

Seine Ablehnung gilt aber nicht nur den abweichenden Weltanschauungen. Seiner Ansicht nach existieren Zivilisationen, die, sobald sie mit seinen Kategorien von „richtig" und „falsch" gemessen werden, unvereinbar sind mit einer national-islamischen Identität: „Die westliche Zivilisation wurzelt, wie immer wieder betont wird, auf der römischen Zivilisation, die ihrerseits auf die griechische Zivilisation zurückgeht, welche ihrerseits auf der ägyptischen, also der pharaonischen Zivilisation fußt.

Als die Pharaonen[110] die Menschen unterdrückten und versklavten, taten sie dies nicht in dem Bewusstsein zu unterdrücken, sondern empfanden es als ihr Recht, dass sie auf diese Weise geltend machten. Ihr Fehler bestand in den Rechtsquellen. Folgende vier Rechtsquellen sind als „BATIL"[sic!] einzustufen:
1 – Stärke
2 – Mehrheiten
3 – Privilegien
4 – Interessen [...]
Seit ca. 300 Jahren hat die westliche Zivilisation oft unter Anwendung roher Gewalt obsiegt und eine beherrschende Stellung eingenommen. Die westliche Zivilisation ist eine Batil-Zivilisation und stützt sich im Kern somit auf das Recht des Stärkeren. Sie kann also der Menschheit nicht Wohlstand und Zufriedenheit bringen."[111]

„Wohlstand" und „Zufriedenheit" sind Begriffe, die nach Erbakan erst zu erlangen sind, wenn die „Probleme der kapitalistischen Zinswirtschaft" beseitigt sind: Hunger, Armut, Ausbeutung, Inflation, Arbeitslosigkeit, internationale Ungleichgewichte, Auslandsverschuldung, soziale Eruptionen, Kriege, Rückständigkeit, Korruption und Unmoral etc. haben seiner Meinung nach nur einen Urheber: die „Sklavenordnung des Imperialismus und Zionismus".[112] Diese Mächte tragen nicht nur für die „ungerechte Wirtschaftsordnung der Türkei" die Verantwortung, sondern sie trügen für das Elend in globalem Maßstab die Verantwortung. Mit dieser monokausalen Sicht der Welt ist Necmettin Erbakan auch in heutiger Sicht nicht allein. Sein Fokus gilt den USA und den diese regierenden Kräften; unter dem Aspekt, dass unter dem Schlagwort des Widerstandes gegen die Globalisierung und deren Ursachen, der Weltpolitik der USA in der islamischen Welt und insbesondere in Israel/Palästina dieser Schwerpunkt,

---

109 Ebd., S. 27. Mit dem „Wunder" dürfte die Zypernkrise von 1974 gemeint sein, d. h. die militärische Besetzung Nord-Zyperns durch türkische Truppen. Diese Beschwörung einer souverän militärisch agierenden Nation, die ihre Interessen durchsetzt, lässt einerseits Rückschlüsse auf ein Gefühl der historischen Demütigung zu, welcher Erbakan Ausdruck verleiht, andererseits auf den maßlosen Anspruch, welcher darin enthalten ist.
110 An dieser Stelle erfolgt ebenfalls ein Rückgriff auf einen religiösen Topos. Nach islamischem Verständnis ist der Pharao Sinnbild für Unterdrückung.
111 Erbakan, Gerechte Wirtschaftsordnung, S. 8 f.
112 Ebd., S. 4.

diese Basis einer Weltanschauung an Virulenz zunehmen könnte, sie unhinterfragt im öffentlichen Diskurs auch in Europa geduldet oder gar akzeptiert werden könnte, soll sie hier besondere Beachtung finden.

Ohne diese Grundlage in Rechnung zu stellen, ist es wenig sinnvoll, Thesen zu Erbakans „Gerechter Ordnung", seinen Wirtschaftsvorstellungen und der Reichweite seiner Programmatik zu erstellen. Zunächst ist es auch nötig, sich zu vergewissern, wie die Vorstellungen einer „Gerechten Ordnung" in der Bewegung rezipiert worden sind. Werner Schiffauer schreibt von einer „Skizze dessen, „was ihm [i.e. Erbakan] als islamischer Staat und Wirtschaftsordnung vorschwebte. [...] *Adil Düzen* blieb [...] eine Skizze, die viel zu abstrakt und rudimentär war, als dass sie für Politik auf der Ebene der Kommunen und später des Landes eine Richtlinie hätte bilden können."[113] Ulrike Dufner zeigt, dass das, was Schiffauer als „Breitenwirkung des Entwurfs"[114] benannte, durchaus in einen größeren, nämlich *den* größeren Rahmen *des Islam* eingeordnet werden konnte. Bei Interviews mit studentischen Anhängern war festzustellen, „dass keinerlei alternative Interpretationen als die von der RP verbreitete Propaganda angeboten wurden. So bedeutete für sie *adil düzen* letztlich Islam. Islam stellt einerseits eine autochthone Sichtweise und ein Wertesystem dar, das das soziale und politische System regelt. Andererseits vertraten die Studenten auch die Ansicht, dass *adil düzen* nichts anderes als *šarīʿa* bedeute."[115] Wenn bei Studenten, den mutmaßlich künftigen Angehörigen der Funktionselite der Bewegung, ein solch weitgefasster und geradezu dynamischer Begriff von *adil düzen* bestand, ist die These von der „Gerechten Ordnung" als eines Programms begrenzter Reichweite obsolet. Was seine Wirkungsmächtigkeit ausmacht, ist das Versprechen, alles zum Besseren zu wenden. Über das „Wie" der Verbesserungen könnte immer noch nachgedacht werden, sobald man die Mittel zur Gestaltung in Staat und Gesellschaft in der Hand haben sollte. Um dahin zu gelangen, reichte es zunächst, jene Dinge zu benennen, die einer grundlegenden Wendung zum Guten im Wege standen.

In dieser Hinsicht ließ Erbakan keine Fragen mehr aufkommen: „Die heutige Ordnung ist nicht frei von äußeren Einflüssen gewachsen, sondern vor allem durch den Zionismus gefördert worden. Der Zionismus ist ein Glaube und eine Ideologie, dessen Zentrum sich bei den Banken der New Yorker Wall Street befindet. Die Zionisten glauben, dass sie die tatsächlichen und auserwählten Diener Gottes sind. Ferner sind sie davon überzeugt, dass die anderen Menschen als ihre Sklaven geschaffen wurden. Sie gehen davon aus, dass es ihre Aufgabe ist, die Welt zu beherrschen. Sie verstehen die Ausbeutung der anderen Menschen als Teil ihrer Glaubenswelt. Die Zionisten haben den Imperialismus unter ihre Kontrolle gebracht, und beuten mittels der kapitalistischen Zinswirt-

---

113 Schiffauer, Die islamische Gemeinschaft Milli Görüş.
114 Ebd. Er nennt eine Betonung von Gerechtigkeit/gerechter Weltordnung, die an eine islamische Tradition anschließen konnte, eine Betonung von Authentizität und eine Kritik der Imitation der Industrienationen.
115 Dufner, Islam ist nicht gleich Islam, S. 317.

schaft die gesamte Menschheit aus. Sie üben ihre Herrschaft mittels imperialistischer Staaten aus."[116] Zweifelsfrei übernimmt Erbakan hier ein vergiftetes Erbe: die Verschwörungstheorien der so genannten *Protokolle der Weisen von Zion*, die längst als Fälschungen erkannt worden sind, zeigen auch bei seiner „Analyse" der Welt ihre Wirkung. Der hier demonstrierte „Antizionismus", welcher apologetisch als „Kritik" der Regierungen in Israel als Entschuldigung angeführt wird, zeigt offen seinen Kern: eine nicht zu kaschierende Haltung gegen Juden an sich. Alle Elemente des Antisemitismus europäischer Prägung werden angesprochen: die Zionisten, letztendlich seien die Juden in der kapitalistischen Wirtschaft im Besitz der entscheidenden Institutionen und Ressourcen, mit welchen sie die Vereinigten Staaten von Amerika lenken. Es ist kein Zweifel daran möglich, dass das Vorurteil gegen die Juden auch aus seinen Betrachtungen der jüdischen Religion kommt. Der Vorwurf der angemaßten Auserwähltheit mit dem im Glauben fundierten „Recht", andere ausbeuten zu dürfen, zielt auf die jüdische Religion und ihre Angehörigen an sich. Hier wird kein rassisch begründeter Antisemitismus präsentiert, sondern eine Sonderform dieser Antihaltung, die in religiösen,[117] nationalistischen und ökonomischen Vorstellungen gründet. Der religiöse Antijudaismus islamischer Prägung ist bei ihm, zumindest in den vorliegenden Schriften, in den Hintergrund getreten und zeigt die moderne Form der Judenfeindschaft.

Erbakans Thesen ähneln jenen, die man in Deutschland zumindest aus der eigenen Geschichte kennen müsste, z. B. Otto Glagau, der „die Juden" als „Vertreter des unproduktiven, ‚raffenden' Kapitals" darstellte, oder jene Heinrich Claß', des Führers des *Alldeutschen Verbandes*, der in einer an „die gebildeten Stände" gerichteten Schrift „die Juden" als die „Träger und Lehrer des heute herrschenden Materialismus" erkannt haben wollte.[118] Wie einst in Deutschland werden Neidgefühle, Minderwertigkeitskomplexe und Abstiegsängste von Menschen in Zeiten des Umbruchs instrumentalisiert. Wenn Erbakan von „Krankheiten" schreibt, welche von den „Ausbeutern" benutzt würden, denkt er mit Sicherheit auch über eine „Medizin" zur Heilung nach. An anderem Ort bekundete er, dass diese „Medizin" nur „der Islam" sein könne, auch in Europa.[119]

Völlig ins Schweigen hüllt sich der Führer der *Millī Görüş*-Bewegung hinsichtlich des Umgangs mit denjenigen, welche er als Ursache des Übels ausgemacht oder die sich seinen volkserzieherischen Programmen verweigern wol-

---

116 Erbakan, Gerechte Wirtschaftsordnung, S. 4. Der Übersetzer scheint sprachlich von bundesdeutschen Vorstellungen geprägt zu sein. Wo er „Verfassung" schreiben sollte, setzt er z. B. „Grundgesetz".
117 Vgl. ders., Millī Görüş, S. 248: „Jeder Zionist will aus Liebe zur Thora die Welt beherrschen."
118 Heinrich August Winkler, Der lange Weg nach Westen, Band 1: Deutsche Geschichte vom Ende des Alten Reiches bis zum Untergang der Weimarer Republik, 5. Auflage München 2002, S. 229 f., 318 f.
119 Rede Erbakans über Adil Düzen. In: www.microteam.net/ilk.htm (3.7.2002), nicht mehr abrufbar.

len. Unproblematisch ist dies nicht, hat er doch neben den dunklen Kräften im Ausland in der Türkei auch „Immitations-Parteien" ausgemacht, die ein lokales „Sklavensystem" als „Teil dieses weltweiten Szenarios" unterhalten. Es wäre völlig falsch, diese Grundlagen von Erbakans Weltsicht zu relativieren. Die Inhumanität des Ansatzes, die Stigmatisierung einer bestimmten Gruppe als Hauptschuldige an einer tief empfundenen Misere, für die Erbakan und seine Adepten im eigenen Lager keine Verantwortung erkennen wollen, löst keineswegs das beklagte Elend, ganz im Gegenteil, sondern schürt irrationalen Hass.[120]

Dass der Hoca die Europäische Union als das Ergebnis einer zionistischen Intrige ansieht, kann als Erkenntnis am Rande angefügt werden. Überzeugte Befürworter Europas werden im Kreise jener, die seine Lehren für maßgeblich halten, nicht zu finden sein.[121] Auch dadurch, dass es in der Türkei geradezu ein Tabu zu sein scheint, sich überhaupt mit dem de facto existierenden Antisemitismus auseinander zu setzen, die Leugnung seiner Existenz als herrschende Meinung kursieren soll, ist diese Position nicht zu verharmlosen.[122]

Unzweifelhaft ist, dass nach den Vorstellungen Erbakans diese „imperialistische Ordnung" einer „Zivilisation der Stärke und Gerechtigkeit" weichen soll. Ein Überblick über die Epochen der Menschheit, wie er sie seinen Lesern vorstellt, zeigt diese in ihrer Entwicklung von Familien- und Stammesstrukturen bis hin zum scheinbaren Ziel der Geschichte, der „gerechten Ordnung", welche den „Westen" ablöst.[123]

Deutlich wird, dass die Frage der Wirtschaftsordnung eine Schlüsselfrage im Denken Erbakans (gewesen) sein muss. Hier sieht er die entscheidenden Felder der Konfrontation mit den „Ordnungen der Stärke", dem Sozialismus und dem Kapitalismus. Sein Bezug zu islamischen oder islamistischen Vorstellungen erscheint in der Verneinung des Zinses und seinem Versprechen der „volle[n] Förderung und Unterstützung für Nützliches, Produktives und Moralisches", bzw. der Betonung von „Gerechtigkeit" und „Frieden und Dialog statt Konflikt und Auseinandersetzung".[124] Solch ein Versprechen vollkommener Harmonie, die jedem alles und eine ausgewogene Einbeziehung jedermanns in eine klassenlose Gesellschaft verspricht, scheint nur durch eine „moralische Entwicklung" realisierbar zu sein. Diese Entwicklung vorausgesetzt, wird eine Veränderung des Staates, losgelöst von internationalen negativen Einrichtungen wie

---

120 Vgl. Juliane Wetzel, Antisemitismus und Holocaustleugnung als Denkmuster radikaler islamistischer Gruppierungen. In: Extremismus in Deutschland. Hg. vom Bundesministerium des Innern, Berlin 2004, S. 253-272; Herbert L. Müller, Vom religiösen Antijudaismus zum Antisemitismus. Zur Verschränkung von religiösen (Abgrenzungs-)Traditionen und politischer Ideologie in der islamistischen Bewegung. In: Marie-Jo Thiel (Hg.), Europe, spiritualités et culture face au racisme, Paris 2004, S. 237-266.
121 Vgl. Erbakan, Millī Görüş, S. 248 f.
122 Vgl. Rifat N. Balì, Les Relations entre Turcs et Juifs dans la Turqie moderne, Istanbul 2001.
123 Erbakan, Gerechte Wirtschaftsordnung, S. 20.
124 Ebd., S. 22 f.

dem Internationalen Währungsfond, mittels der Wissenschaft und den Wählern in Aussicht gestellt. Für die den Staat tragenden „ethisch-moralisch gebildete[n] Menschen" beginnen Zeiten ohne Steuern, der Produktionsfaktor darf mit „Staatsfinanzierung als Entlohnung" rechnen. Arbeitslosigkeit ist nicht nur abgeschafft, sondern es ist mit einer verstärkten Nachfrage nach Arbeitskräften zu rechnen. Gleichwohl braucht dieser gerechte Staat noch „überzeugte Kader", um mittels einer „ethisch-religiöse[n] Ordnung [...] für die Gesellschaft förderliche Menschen [zu] erziehen."[125]

„In der G[erechten] O[rdnung] wird neben der materiellen Entwicklung allergrößter Wert auf die ethisch-moralische Erziehung des Menschen gelegt. Dies wird durch die Leistungen der ethisch-religiösen Ordnung und deren Institutionen sichergestellt. So gebildete Menschen werden neben dem Vorzug eines disziplinierten und guten Charakters, Verschwendung ablehnen, jedem gegenüber hilfsbereit sein und mit der Ernsthaftigkeit eines Gottesdienstes arbeiten. Wenn diese Faktoren zusammenkommen können die größten geistigen, intellektuellen und materiellen Projekte verwirklicht werden."[126] Manch ein Beobachter mag versucht sein, hier Ansätze dessen, was mit einem protestantischen Arbeitsethos bzw. pietistischer Ethik gleichgesetzt werden könnte, zu entdecken. Dazu wäre zu sagen, dass bei Programmen pietistischer Erziehung, die „Bekehrung" (im Sinne Erbakans Re-Islamisierung, die ethisch-religiöse Versittlichung) von außen erzwingen wollen, das eigentliche Ziel zweifellos verfehlt wird. Auch die rigoristische pietistische Ethik, die einem Hang zum Perfektionismus bei der Bekämpfung des Bösen, der „Sünde" verpflichtet ist, steht dem Problem gegenüber, dass „durch keine Macht der Welt [...] sich die Gewalt der Sünde aus dem menschlichen Leben verbannen"[127] lässt. Wer, ob Erzieher, Gemeinschaft oder Staat, sich diesen radikalen Bann „des Bösen" auf die Fahne geschrieben hat und, angesichts des Versprechens einer makellosen Gesellschaft, dem definierten Übel an allen Orten und zu jeder Zeit begegnen will und, aufgrund seiner populistischen Versprechungen, *muss*, wird Grenzen überschreiten.

Unverkennbar wird hier nicht nur ein Erziehungsprojekt hin zu einem vollkommenen Menschen entworfen. In der fast aberwitzig zu nennenden Utopie wird zwar verkündet, dass alle Beteiligten an den Märkten glücklich sein können, frei von Schulden, auch der Staat selbst, der ohne Steuern zu „erheblichem Reichtum" gelange: „Es wird wohlhabende Bürger, einen potenten Staat geben, der sogar im Stande sein wird, anderen islamischen Ländern finanziell oder durch Güter, v.a. (sic!) auch durch Rüstungsgüter zu helfen."[128] Nun mag die Rüstungsindustrie weltweit ein von vielen beklagtes, vielfach missbrauchtes,

---

125 Ebd., S. 27.
126 Ebd.
127 Klaus Deppermann, Die Pädagogik August Hermann Franckes und ihre Bedeutung für die Gegenwart. In: ders., Protestantische Profile von Luther bis Francke, Göttingen 1992, S. 91–107.
128 Erbakan, Gerechte Wirtschaftsordnung, S. 28 f.

gleichwohl partiell notwendiges Übel sein, jedoch sollte einem Politiker, der in Distanz zu Kant ständig den „ewigen Frieden" im Munde führt, bei solch einer Programmatik misstraut werden.

V. Freiheit und individuelle Selbstbestimmung als Bedrohung

Wenden wir uns dem Tunesier Rachid Ghannouchi (Rašīd al-Ġannūšī, geb. 1941) zu, so stoßen wir auf einen Denker, dessen Vorstellungen nur sehr schwer in wünschenswerter Deutlichkeit nachzuzeichnen sind. Wie Hasan al-Banna geprägt von der Erfahrung mit dem europäischem Kolonialismus, entwickelt er, zusätzlich sensibilisiert durch seine negativen Erfahrungen im unabhängigen Tunesien, einerseits ein Bewusstsein für seine eigene Kultur, Religion und Geschichte und findet andererseits in der widersprüchlich aufgenommenen Zivilisation des Westens Vorstellungen und Werte, welche er offensichtlich für adaptionsfähig hält.[129] Khadija Katja Wöhler-Khalfallah betont in ihrer Dissertation das Niveau der Reflektion, welches bei Ghannoushi vorzufinden ist. Bei anderen Islamisten, wie beispielsweise jenen aus dem benachbarten Algerien, seien die „Elaborate" wesentlich einfacher strukturiert.[130]

Beim Werdegang Ghannoushis ist von Interesse, dass bei seiner geistigen Entwicklung neben der *Az-Zaytuna-Universität* in Tunis die *Muslimbruderschaft*, der Gründer der *ǧamaʿat-i Islāmī*, Abū Al-ʿAla Al-Mawdūdī, aber auch die gemeinhin als pietistisch beschriebene *Tablīǧ-i ǧamaʿat* eine Rolle spielten. Diese offensichtliche Beeinflussung und wechselseitige Interdependenz sollte Anlass sein, die Thesen von Olivier Roy vom Scheitern des Islamismus einer kritischen Revision zu unterziehen. Die *Tablīǧ*, welche Roy wie die saudische *Wahhabīya* unter dem Begriff „Neofundamentalismus" subsumiert, ist wie die saudische Strömung zu lange innerhalb des islamischen Internationalismus aktiv, um mit dem Prädikat des „Neuen" versehen eine hinreichende Grundlage für nachhaltige wissenschaftliche Thesen abgeben zu können.[131] Und diese Bewegungen vertreten ein Erziehungskonzept, welches wir, wie oben beschrieben, schon bei Hasan al-Banna vorgedacht finden.

Ghannoushi selbst, der sich in seiner Eigenschaft als Vorsitzender der tunesischen *an-Nahda*-Bewegung und Vordenker in historischer und geistiger Abhängigkeit von Denkern wie Djamal ad-Din al-Afghani, Muhammad Abduh,

---

129 Zur Entwicklung Ghannoushis siehe Khadija Katja Wöhler-Khalfallah, Der islamische Fundamentalismus, der Islam und die Demokratie. Algerien und Tunesien: das Scheitern postkolonialer „Entwicklungsmodelle" und das Streben nach einem ethischen Leitfaden für Politik und Gesellschaft, Wiesbaden 2004.
130 Ebd., S. 396.
131 Vgl. zur Interdependenz von islamistischen Denkern und von saudischer Seite ins Leben gerufenen Organisationen, deren politische Zielsetzung unübersehbar ist: Reinhard Schulze, Islamischer Internationalismus im 20. Jahrhundert. Untersuchungen zur Geschichte der Islamischen Weltliga, Leiden u. a. 1990, passim.

Hasan al-Banna und Abū Al-'Ala al-Mawdūdī sieht,[132] hat sich neben seiner theoretischen Selbstvergewisserung offensichtlich die Gabe erhalten, die praktischen bzw. sozialpolitischen Anliegen innerhalb einer Gesellschaft wahrzunehmen. Seine Schlussfolgerungen versuchte er für seinen islamischen Ansatz fruchtbar zu machen. So machte er die von ihm mitbegründete Bewegung des Mouvement de la Tendance Islamique nicht nur aufmerksam auf soziale Fragen, sondern präsentierte sich und seine Bewegung als Fürsprecher von Menschenrechten und Advokaten der Gewaltlosigkeit. Die Frage der Gewaltenteilung, der Kontrolle des Missbrauchs staatlicher Gewalt, wie sie westliche Demokratien als Prinzip vertreten, hat auf Ghannoushi als Opfer einer nahezu ungezügelten Gewalt Eindruck gemacht. Auf die Frage, wie offensichtliche humane Desiderata mit dogmatisch-politischen Konstruktionen zu vereinbaren sind, steht eine klare Äußerung Ghannousis noch aus. Der Fragende ist gehalten, in den allgemeinen Aussagen dieses „Demokraten im Islam" seine Antworten zu suchen.

Offensichtlich kann „Islam" an sich für Ghannoushi nur als einheitliche Potenz gedacht werden. Die Vordenker der islamischen Bewegung hätten die „Basis wiederentdeckt, auf der Leben aufzubauen ist. Islam ist keinesfalls eine Gruppe von individuellen Glaubensansichten, Ritualen oder Manierismen. Er [der Islam] ist eine alles umfassende Lebensweise. Islam war weit verbreitet vor der modernen islamischen Bewegung, aber er ist gelehrt worden als eine Anleitung, um in den Himmel zu gelangen, nicht als ein System, eine Gesellschaft zu formen."[133] Diesen modernen Islam – Ghannouchi zeigt hier zu Recht auf, dass Islamismus ein originäres Phänomen der Neuzeit ist, welches ohne die Begegnung, Konfrontation mit und geistigen Anleihen aus „dem Westen" gar nicht gedacht werden könnte – sieht er in der Auseinandersetzung mit dem „Säkularismus", hier ein offensichtlich pejorativ gedeuteter Begriff, der inhaltlich jedoch mehr als vage bleibt. Der Kontext lässt allerdings den Schluss zu, dass mit „Säkularismus" primär die in islamischen oder arabischen Staaten herrschenden Regime und deren Unterstützer gemeint sind – eine Deutung, welche den komplexen Verhältnissen in solchen Staaten keinesfalls gerecht wird. Apodiktisch stellt er fest, dass „dieser Staat seine Legitimität verloren"[134] hat.

Dieses Negieren einer Legitimation eines säkularen Staatswesen zielt nicht nur auf die oben genannten Staaten, denn nach Ghannoushi handelt es sich um eine Frage des Prinzips. Wo er sich mit den im Westen verbreiteten Ideen und der Demokratie auseinandersetzt, er positive Früchte westlicher Prinzipien wie „Befreiung des Menschen von dem Gefühl der Ohnmacht [...] die Ausrichtung seiner Gedanken in praktische und sachliche Bahnen, [...] Glaube an Fortschritt und Unerschütterlichkeit in der Bewältigung des Unbekannten, [...] Sinn für die

---

132 Shaykh Rashid al-Ghanuchi, Islamic Movements. Self-Criticism and Reconsideration. In: www.islamonline.net/english/Contemporary/2002/05/Article16.shtml (3.6.2002).
133 Ghanuchi, Islamic Movements, S. 1.
134 Ebd.

Werte der Zeit und die Aufwertung der menschlichen Würde und Freiheit" erkennt, schreckt er gerade beim letztgenannten Begriff im Zusammenhang mit dem Prinzip der Säkularität zurück. Ließe man sich auf dieses Prinzip ein, so würde dem Menschen eine Freizügigkeit gewährt, welche Ghannoushi nicht nur als Hemmnis für eine Zivilisation betrachtet, sondern die Gefahr einer Zivilisationszerstörung in sich berge.[135]

Der Begriff der Freiheit zeigt sich als Lackmustest für das Demokratieverständnis Ghannouchis. Zwar beschreibt er Demokratie als „ein Bündel von Mechanismen um Gedankenfreiheit, Versammlungsfreiheit und eine friedliche Auseinandersetzung um die Regierungsgewalt mittels Wahlurnen zu garantieren, doch hat er auch eine Vorstellung einer absoluten Freiheit, zu der man nur über den Gottesdienst gelange. Freiheit gilt ihm offensichtlich erstrangig als ein „Einstehen für ‚die Wahrheit'", an der letztendlich keinerlei Zweifel mehr erlaubt sein können. Seine Vorstellung, dass ein Aufgeben des Glaubens, also eine Ablehnung der im Islam verbürgten Wahrheit als ein politisches Vergehen zu betrachten sei, das zur Erhaltung der staatlichen Ordnung eine entsprechende Strafe verdiene, unterstreicht diesen Befund. Da er einer Freiheit zur Bildung von Parteien skeptisch gegenübersteht, den Rat erteilt, überhaupt von der Bildung islamischer Parteien abzusehen, könnte darauf zurückzuführen sein, dass ihm die Vorstellung, „die Muslime" könnten durch parteiliche Richtungskämpfe auseinanderdividiert werden, aus seiner Vorstellung von einer einheitlichen und „harmonischen" Gemeinschaft heraus, schlicht zuwider ist. Diese Betonung der „Gemeinschaft" zeigt auch ein Ressentiment gegenüber individuellem Wollen auf. Da die Identität des Individuums erstrangig mit seinem Muslimsein und der Zugehörigkeit zur umma zu definieren ist, sind Manifestationen individueller Seinsgestaltung nachrangiger Natur, wenn nicht ganz ausgeschlossen oder tabuisiert. Islamisten in der Gegenwart sollten sich seiner Meinung nach nur in einer „offenen, nationalen Partei" engagieren. Zweifel sind berechtigt, ob diese Parteien in ihrer Offenheit überhaupt eine Zukunft haben, so Ghannouchis Konzept eines islamisch-demokratischen Staatswesens Realität würde. Der Shaykh ist nämlich nicht gewillt, Parteien bei der Gestaltung des Staates Verantwortung zuzugestehen, sofern sie sich nicht der religiösen Ordnung als oberstem Maßstab für die gesamte Gesellschaft unterwürfen. Unter diesen Voraussetzungen wird dem Nichtmuslim, der sich an der Politik beteiligen will, nur die Option geboten, zum Islam überzutreten.[136]

Unter dem Gesichtspunkt, dass Ghannouchi die Frage der Menschenrechte und die islamischer Minoritäten als essentiell ansieht, ist diese Haltung ambivalent. Für den in Großbritannien Residierenden sind islamische Minoritäten, „die [nach seiner Festellung] 45 % der muslimischen Weltbevölkerung ausmachen […] von hervorragendem Wert für den Islam, und sie sind die Pioniere der

---

135 Vgl. Wöhler-Khalfallah, Der islamische Fundamentalismus, S. 399.
136 Wöhler-Khalfallah, Der islamische Fundamentalismus, S. 410; Ghanuchi, Islamic Movements, S. 2 f.

islamischen Verkündung. Entweder sie helfen zur Eröffnung des Pfades oder sie werden ausgelöscht."[137] Diese Sentenzen machen durchaus deutlich, dass Ghannoushi nicht nur im Schwarz-Weiß-Denken der Islamisten befangen ist, sondern dass er deren Propagandamethoden durchaus zu nutzen weiß. In diesem Sinne erweist er sich auch als ein Meister im Transformieren politischer Begriffe, welche in den westlichen Demokratien positiv besetzt sind. Oft wird in der Publizistik, insbesondere akademischer Provenienz, die These vertreten, dass Demokratiemodelle, die auf außereuropäischen Wertevorstellungen aufgebaut würden, notwendig anders als das Westminstermodell sein müssten. Darin liegt sicher ein Teil Wahrheit, aber eben nur ein Teil. Denn ob eine Demokratie noch als eine Demokratie bezeichnet werden kann, wenn den Wählern in einem Urwahlgang nur ein für alle Mal die Möglichkeit eingeräumt wird, sich für oder gegen ein religiöses Staatswesen zu entscheiden, ist keinesfalls nur eine akademische Frage. Sollte letzteres verwirklicht werden, müssten die Wähler damit rechnen, dass dessen Gesetze „in nicht revidierbarer Weise in Kraft treten."[138]

VI. Resümee

Soweit ansatzweise deutlich gemacht werden konnte, ist die Frage nach einem „Zurück ins Mittelalter" trotz der hier nicht diskutierten Punkten wie šarīʿa-gemäße Strafen oder Frauenrechte obsolet, denn die islamische Bewegung, der Islamismus, tritt seit seinem Beginn nicht nur in Reaktion, sondern als Teil der Moderne auf. Das Ziel, den Staat zum Garanten der „Sittlichkeit" seiner Bürger zu machen, Gleichheit und Reinheit der Vorstellungen, des Betragens, der alltäglichen Praxis privatissime und in politicis zu machen, ist in der Geschichte der so genannten westlichen Welt gewiss nicht unbekannt.[139] Soweit es um die Frage religiöser Orthopraxie ging, erfolgte nicht von ungefähr als Antwort die Idee eines säkularen Staates. Dass Islamisten diese Zusammenhänge bewusst sind, sie aber einen religiös neutralen Staat ablehnen, weil er „unvereinbar mit dem Islam" sei und es im Islam eine Ursache für eine solche Entwicklung nie gegeben habe,[140] weist nicht nur auf eine Tendenz selektiver historischer Wahrnehmung hin, sondern auf einen Mangel an Selbstbewusstsein, welches islamischen Denkern in der Glanzzeit der islamischen Imperien mit Sicherheit nicht fehlte.

Das Beharren auf einer ursprünglichen Authentizität und Identität, die Ursprung neuer politischer Größe und menschlicher Wohlfahrt unter göttlicher

---

137 Ghanuchi, Islamic Movements, S. 1.
138 Wöhler-Khalfallah, Der islamische Fundamentalismus, S. 413.
139 Vgl. Hans R. Guggisberg (Hg.), Religiöse Toleranz. Dokumente zur Geschichte einer Forderung, Stuttgart-Bad Cannstatt 1984, passim.
140 Azzam Tamimi, Can Islam be Secularized? In: www.ii-pt.com/web/papers/secularism.htm (6.9.2004), S. 6.

Gerechtigkeit sein soll, hindert die Vordenker des Islamismus nicht daran, um der internen und externen Akzeptanz willen Institute westlicher Politikgestaltung als Begriff anzunehmen und neu zu gestalten. Diese Verfremdung birgt die Gefahr in sich, bittere Früchte zu zeitigen, denn das damit notwendige Konstrukt einer idealen Gesellschaft unter göttlicher Souveränität bietet nur jenen ein Gefühl selbstgewählter Freiheit, die innerhalb des Konstruktes die Deutungshoheit haben und diese auch umsetzen können, d. h., die Macht haben, zu gestalten. Alle anderen, und dies sind realiter vor allem Muslime, werden bei deviantem Verhalten oder gar Denken, das sich nicht im Rahmen dieser sharīʿa-Ordnung bewegt, diese Macht zu spüren bekommen. In diesem Sinne ist die Vorstellung eines islamischen Staates, ja sogar einer sich islamisch definierenden Demokratie mit an Sicherheit grenzender Wahrscheinlichkeit nicht liberal im okzidentalen Sinn. Deshalb wären Publizisten, die in Europa die Forderung erheben, dass „Säkularismus [das Postfix „ismus" bewusst pejorativ einsetzend] als Projekt ernsthaft zu hinter fragen" sei,[141] selbst kritisch zu betrachten. Die Vertreter einer säkularen Ordnung, die sich als Bürger zu einer Weltanschauung oder Religion frei bekennen wollen, ohne sich dieser jedoch vollkommen unterordnen zu müssen und auf ihrem Recht bestehen, sich auch gegen solche Potenzen aussprechen zu können, sollten in eine angemessene geistige Auseinandersetzung im Zeichen von Globalisierung und Migration auf nationaler und internationaler Ebene eintreten. Man mag Maxime Rodinson ablehnen, sei es wegen seiner beeindruckenden Biografie Muhammads oder seiner klaren säkularen Haltung, doch ihm ist Recht zu geben: Die Republik (er spricht konkret von Frankreich, doch sein Anliegen ist im demokratischen, humanistischen Sinne universell) möge sich vor den identitären Gemeinschaften hüten.[142] Auf eben diese Gemeinschaft zielt die Arbeit der islamistischen Bewegung ab. Wo es auch immer sei auf dieser klein gewordenen Welt, der Gefahr, sich ihren „Bürgern", besser wohl: „Mitgläubigen", „Brüdern" und „Schwestern", als ein allumfassendes, tief in die Belange des Individuums eingreifendes, ja totalitäres Wesen zu präsentieren, wird die islamische oder islamistische Bewegung bei solchen Grundvoraussetzungen nicht entgehen.

---

141 Murad Wilfried Hofmann, Religion als Privatsache? Zur Rolle der Religion im Öffentlichen Raum. In: www.i-g-d-com/Religion%20als%20Privatsache.htm (12.10.2004). Dieser Autor ist ein Paradebeispiel essentialistischer Darstellung. Für ihn gibt es nur den einen Islam.
142 Maxime Rodinson, Hier et aujourd'hui. De la peste communautariste. In: Yves Charles Zarka (Hg.), L'Islam en France. Cités hors série, Paris 2004, S. 261–266.

Internationaler Islamistischer Terrorismus – Herausforderung für den demokratischen Verfassungsstaat

Johannes Urban

I. Terrorismus – Definitionen und ihre Bedeutung für die Analyse

Die Welle der Gewalt, die der Ritualmord an dem islamkritischen Regisseur Theo van Gogh in den Niederlanden auslöste, hat auch hierzulande viele Menschen aufgeschreckt. Seit den Anschlägen in Madrid wächst in Europa das Gefühl einer Bedrohung, die geographisch näher rückt, intellektuell jedoch nur schwer zu fassen ist. Auch die Wissenschaft tut sich schwer, das Handeln und die Motivation von Akteuren, die im Kampf gegen die westliche freiheitliche Demokratie auf exzessive Gewalt setzen, richtig einzuordnen. Voraussetzung dafür – und für eine fundierte Debatte über verhältnismäßige Gegenmaßnahmen – ist eine von klar definierten Begriffen geleitete Analyse des Phänomens. Nur so kann deutlich werden, was die Gefahren des Internationalen Islamistischen Terrorismus ausmacht und welcher Herausforderung die freiheitliche Demokratie der Bundesrepublik gegenübersteht.

Was also ist Terrorismus? "It becomes a little bit like pornography: I know it when I see it."[1] Mit diesen launigen Worten bringt Ashton B. Carter die Schwierigkeiten einer Definition des ebenso vielschichtigen wie polarisierenden Phänomens zum Ausdruck. Zu diesen Schwierigkeiten zählt, dass der Begriff „Terrorismus" von nicht immer klar abzugrenzenden Nachbarbegriffen wie z. B. „Terror" umgeben ist, die häufig und willkürlich synonym benutzt werden.[2] Die Frage, was Terrorismus ist und was folglich als Terrorismus zu bezeichnen ist, berührt zweitens die Interessenlage zahlreicher politischer Akteure. Natürlich versuchen Terroristen, durch euphemistische Formulierungen – z. B. „Widerstand" oder „Befreiung" – Unterstützung, Legitimität und Anerkennung als reguläre Konfliktpartei zu gewinnen.[3] Ebenso verteidigen zahlreiche Staaten politische Interessen, wenn sie z. B. die terroristische Kampagne der PLO aus-

---

1 Ashton Carter: Causes and Consequences. In: Harvard Magazine, Terrorism: Causes and Consequences, (2002) 1, S. 39.
2 Vgl. Bruce Hoffman, Terrorismus – der unerklärte Krieg, Frankfurt a. M. 2001, S. 45.
3 Ebd., S. 36.

schließlich als nationalen Befreiungskampf oder als terroristischen Akt ohne Kontext werten. All diese Probleme veranlassten Walter Laqueur bereits 1977, das Unterfangen einer allgemeinverbindlichen Definition für aussichtslos und sinnlos zu erklären.[4]

Ohne Zweifel basiert jedoch jede Auseinandersetzung mit Terrorismus zumindest auf einer impliziten Definition, die das konzeptionelle Verständnis des Autors von Terrorismus ebenso wiedergibt wie jenes die Analyse bestimmt.[5] Wir kommen also nicht umhin, eine Definition zu entwickeln, welche die entscheidenden Aspekte des Phänomens erfasst. Die entscheidende Frage dabei ist: Was ist das wesentliche *funktionale* Merkmal von Terrorismus? Die meisten wissenschaftlichen Definitionen versuchen als zentrale Dimension des Phänomens das strategische Kalkül von Terroristen zu bestimmen. Dabei fallen die Antworten naturgemäß unterschiedlich aus. Während Martha Crenshaw Terrorismus als die „Anwendung oder Androhung von Gewalt zur Kommunikation einer politischen Botschaft"[6] bezeichnet und ihn damit wie Peter Waldmann und Brian M. Jenkins als „Kommunikationsstrategie" begreift,[7] betonen Bruce Hoffman,[8] David Harmon[9] oder Paul Wilkinson[10] die Durchsetzung politischer Ziele. Sie legen ebenfalls großen Wert auf die instrumentelle Bedeutung der medialen Inszenierung terroristischer Akte. Im Gegensatz zu den Definitionen von Martha Crenshaw, Brian M. Jenkins und Peter Waldmann – die aus dem definitionsleitenden kommunikativen Kalkül eine geringe Wahrscheinlichkeit massiver Gewaltanwendung folgern – bleibt die an der Durchsetzung politischer Ziele orientierte Definition offen für abweichende Entwicklungen. Die auf eine möglichst große Vernichtungswirkung und auf große mediale Aufmerksamkeit zielenden Anschläge des 11. September 2001 unterstreichen, dass vom kommunikativen Kalkül nicht auf eine generelle Gewaltlimitierung zu schließen ist. Ebenso wenig erfasst diese Charakterisierung von Terrorismus dessen zentrale funktionale Dimension. Das entscheidende Kalkül der Terroristen ist das der Durchsetzung politischer Ziele. Ebenfalls außer acht bleibt die nicht

---

4 Siehe Walter Laqueur, Terrorismus, Kronberg 1977, S. 5.
5 Vgl. Jack Gibbs, Conceptualization of Terrorism. In: American Sociological Review, 54 (1989) 3, S. 329–340, hier 330.
6 Martha Crenshaw, Terrorism, In: International Encyclopedia of the Social & Behavioral Sciences, auf www.sciencedirect.com (Zugriff am 5.5.03).
7 Brian M. Jenkins deutet Terrorismus als politisch motivierte Inszenierung, als „Theater", siehe ders., International Terrorism: A New Mode of Conflict. In: David Carlton/Carlo Schaerf (Hg.), International Terrorism and World Security, London 1975, S. 13–49, hier 16. Peter Waldmann charakterisiert nach dem 11. September 2001 Terrorismus primär als „Gewaltstrategie" und sekundär als „Kommunikationsstrategie". Siehe ders., Terrorismus als weltweites Phänomen, S. 11–27.
8 Siehe Hoffman, Terrorismus – der unerklärte Krieg, S. 56.
9 Siehe David Harmon, Terrorism Today, Portland 2000, S. 1.
10 Siehe Paul Wilkinson, Terrorism versus Democracy. The Liberal State Response, Portland 2000, S. 12.

nur moralisch, sondern auch völkerrechtlich bedeutsame Tatsache, dass sich Terrorismus fast immer gegen Nichtkombattanten richtet.[11]

Trotz ihrer Komplexität lässt sich diese Strategie in einem Satz definieren, indem ihre Rationalität anhand der Zweck-Mittel-Beziehung des politischen und des kommunikativen Kalküls erläutert wird: Terrorismus ist eine Strategie zur Erreichung politischer Ziele mittels der bewussten Erzeugung und Ausbeutung medial vermittelter Angst durch Gewalt und Gewaltdrohung gegen Nichtkombattanten. Ausgehend vom Ziel des Akteurshandelns beschreibt diese Definition Terrorismus als rationale Strategie. Sie drückt aus, gegen wen Terroristen welche Mittel einsetzen.

Die Betonung der Zieldimension trägt überdies einem entscheidenden Aspekt von Terrorismus Rechnung: Abgesehen von terroristischen Akten verwirrter Einzeltäter ist Terrorismus kein isoliertes Phänomen, sondern eng mit dem Phänomen des Extremismus verbunden. Terroristen sind in der Regel extremistische Aktivisten – also Anhänger einer antidemokratischen, sich gegen die herrschende, verfassungsgemäße Ordnung richtenden politischen Bewegung mit Herrschaftsanspruch – die sich für eine gewaltsame Umsetzung ihrer Ideologie entschieden haben.[12] Diesen Zusammenhang gilt es bei der Analyse von Formen des Terrorismus und der von ihnen ausgehenden Gefahren besonders zu beachten.

Von der Festlegung der Definition auf den zentralen funktionalen Aspekt abgesehen, bleibt die Definition offen, was die jeweiligen Spezifika betrifft. Zu sehr unterscheiden sich die verschiedenen Formen von Terrorismus. Eine Typologie dieser Formen erlaubt es, das komplexe Phänomen genauer zu beschreiben und dabei – anhand spezifischer Merkmale – diejenigen Faktoren zu ermitteln, die entscheidend für die von terroristischen Akteuren ausgehende Bedrohung sind. Kriterium zur Unterscheidung der Terrorismus-Formen ist dabei im ersten Schritt die Motivation der Akteure.[13] Das besondere Aktionsmuster der Täter des 11. September 2001, und die in der politischen Praxis übliche Bezeichnung dieser Form als „Internationaler Terrorismus", legen jedoch nahe, in einem zweiten Schritt Formen von Terrorismus auch nach ihrem „modus operandi" zu unterscheiden. Die Anwendung beider Kriterien, von Motivation und Aktionsmuster, offenbart im Idealfall Merkmale, mit Hilfe derer sich die Gefahren des Internationalen Islamistischen Terrorismus forschungsadäquat beschreiben lassen. Dies geschieht auf historisch-empirische Weise, mit besonderer Berücksichtigung derjenigen Entwicklungslinien, die das Phänomen Terro-

---

11 Vgl. Christian Walter, Defining Terrorism in National & International Law, in ders./Silja Vöneky/Volker Röben/Frank Schorkopf (Hg.), Terrorism as a Challenge for National and International Law: Security versus Liberty?, Berlin 2004, S. 19–43, hier 43.
12 Vgl. Eckhard Jesse, Politischer Extremismus heute: Islamistischer Fundamentalismus, Rechts- und Linksextremismus. In: APuZG, B 46/2001, S. 3–5, hier 3.
13 Peter Waldmann betrachtet die „jeweilige Motivation" auch „nach dem Mega-Anschlag von New York" als das „maßgebliche Kriterium" der Unterscheidung. Vgl. Peter Waldmann, Terrorismus. In: Dieter Nohlen (Hg.), Kleines Lexikon der Politik, München 2003, S. 514–518, hier 515.

rismus bzw. die aktuelle Akteurskonstellation entscheidend mitgeprägt haben. So wird zugleich dem relevanten politischen, gesellschaftlichen, ökonomischen und technologischen Kontext Rechnung getragen, den es bei der Suche nach Gefahrenfaktoren zu berücksichtigen gilt.

II. Terrorismus – Formen und Entwicklungslinien

1. Ethnisch-nationalistischer/separatistischer Terrorismus

Wesensmerkmal dieser Formen ist das Streben nach Eigenstaatlichkeit bzw. politischer Autonomie. Nach dem Zweiten Weltkrieg gelang es einigen Bewegungen in den Kolonien europäischer Mächte, durch terroristische Akte strategisch hilfreiche Reaktionen beim Kolonialregime (z. B. Überreaktion, Entfremdung von der Bevölkerung) und in der die jeweilige Ethnie umfassenden Bezugsgruppe (z. B. Mobilisierung, Entstehung einer handlungsfähigen Befreiungsbewegung) hervorzurufen.[14] Insbesondere England und Frankreich mussten angesichts hoher Kosten und einer kriegsmüden Öffentlichkeit den Forderungen von Terroristen nachgeben. Diese Erfolge trugen wesentlich zur Herausbildung des Terrorismus als moderne Strategie für konventionell unterlegene Akteure bei.[15] Entscheidender Faktor des Erfolgs separatistischer Terroristen war meist, dass sie sich mit einer attraktiven und nachvollziehbaren Botschaft an eine Bezugsgruppe wenden konnten, die beinahe deckungsgleich war mit der im Bezugsraum lebenden Bevölkerung.

2. Sozialrevolutionärer Terrorismus

In Anlehnung an die revolutionären Konzepte der „Propaganda der Tat" und der „Stadtguerilla" bildete sich in den 1960er und 1970er Jahren in Westeuropa der Typ des sozialrevolutionären Terrorismus heraus.[16] Mit meist kommunistisch oder sozialistisch inspirierten Forderungen verfolgten diese Terroristen zwar auf einer universellen Ideologie basierende, in der Praxis jedoch meist auf das jeweilige Land beschränkte Ziele. Den bisherigen Hauptvertretern (*Action Directe, Bewegung 2. Juni*, RAF, *Rote Brigaden*) gelang es zwar, durch spektakuläre Aktionen den demokratischen Staat herauszufordern. Sie vermochten jedoch nicht, eine hinreichend als unverhältnismäßig empfundene Reaktion oder größere Zugeständnisse zu provozieren. Ihr strategisches Ziel der Schaffung einer sozialistischen Umsturzbewegung verfehlten sie deshalb klar. Ein Faktor des Scheiterns war die große weltanschauliche Kluft zwischen Aktivisten und Bezugsgruppe. Die Rhetorik der Terroristen war wenig nachvollzieh-

---

14 Siehe Hoffman, Terrorismus – der unerklärte Krieg, S. 57.
15 Ebd., S. 83.
16 Ebd., S. 103.

bar, der Einsatz von Gewalt wurde als abstoßend empfunden. Mit dem Zusammenbruch des kommunistischen Machtblocks verloren sozialrevolutionäre Gruppen zudem die materielle Unterstützung dieser Staaten und ihre ideologische Basis.[17]

3. Vigilantistischer Terrorismus

Den ideologischen Gegenpol zum sozialrevolutionären Terrorismus markiert (in der Regel) der vigilantistische Terrorismus, dessen Vertreter die bestehende Herrschaftsordnung nicht zu stürzen, sondern zu stützen beabsichtigen. Entsprechend ihrer Ziele lassen sich dabei Akteure, die Kriminalität Einhalt gebieten möchten („crime-control vigilantism", „Law-and-Order-Bewegungen") und Akteure, die – um ihren Status und die Zukunft des Staates fürchtend – Machtverschiebungen zu Gunsten anderer Bevölkerungsgruppen zu verhindern suchen („social-control-vigilantism") unterscheiden.[18] Sie verfolgen Minderheiten, die sie als Ursache gesellschaftlicher Missstände betrachten, z. B. durch „Säuberungsaktionen" gegen Gruppen und Einzelpersonen. Dabei treffen sie zum Teil auf Verständnis und Unterstützung der Bezugsgruppe und der staatlichen Sicherheitsorgane, zu denen oftmals personelle und weltanschauliche Nähe besteht. Die resultierende Erosion von Legitimität und Stabilität des Staates sind das eigentliche Gefahrenpotenzial dieser Terrorismus-Form. Auch im „Windschatten" der Bekämpfung des Internationalen Islamistischen Terrorismus besteht die Gefahr, dass vigilantistische Gruppen als „Trittbrettfahrer" Gewaltakte gegen muslimische Minderheiten verüben oder es zu staatlichem Terror gegen diese Gruppen kommt.

4. Religiöser Terrorismus

Zahlreiche Autoren erinnern angesichts des scheinbar paradoxen Phänomens „religiöser Terrorismus" daran, dass alle heute verbreiteten Religionen immer wieder von Gewalt begleitet wurden.[19] Tatsächlich waren bis ins 19. Jahrhundert die meisten Terroristen religiös motiviert.[20] Heute stellt der religiöse Terrorismus nach Meinung vieler Terrorismusforscher die wichtigste und gefährlichste Form dar.[21] Dabei sind zwei Unterformen zu unterscheiden, zwischen denen Mischformen und fließende Übergänge bestehen: Terrorismus, der *reli-*

---

17 Vgl. Waldmann, Terrorismus, S. 515.
18 Vgl. ders., Terrorismus. Provokation der Macht, München 1998, S. 93.
19 Vgl. Wilkinson, Terrorism versus Democracy, S. 58.
20 Vgl. David Rapoport, Fear and Trembling: Terrorism in Three Religious Traditions. In: American Political Science Review, 78 (1984), S. 658–677, hier 668.
21 So sehen es u. a. Bruce Hoffman, Peter Waldmann und Walter Laqueur in den bereits zitierten Werken.

giös gerechtfertigt wird, und Terrorismus, der von Terroristen als menschliches *Werkzeug göttlichen Willens* gesehen wird. Aufschlussgebend sind die verfolgten Ziele und die Ideologie, mit denen sie legitimiert werden. Während religiöse Rechtfertigung meist mit an klaren politischen Zielen ausgerichtetem Handeln einhergeht, verwischt bei denjenigen Akteuren, die *tatsächlich* als göttliches Werkzeug zu wirken glauben, die Grenze zur apokalyptischen Vision. Dies erklärt, warum sich manche der in den letzten Jahren aktiven, sich religiös rechtfertigenden Gruppen entsprechend ihrem politischen Kalkül in der Gewaltanwendung beeinflussen ließen.[22] Religiös-kultische, apokalyptische Gruppierungen währenddessen waren bereit, in „göttlichem Auftrag" beinahe uneingeschränkt Gewalt anzuwenden. Die japanische Sekte *Aum Shinrikyo* etwa verübte 1995 den tödlichen Giftgasanschlag auf die Tokioter U-Bahn, um das Anbrechen einer tausendjährigen Gottesherrschaft zu beschleunigen.[23] Das Beispiel verdeutlicht, dass eine tatsächlich religiöse Motivlage der *ausführenden* Akteure (im Gegensatz zur meist zweckrationalen Führungsspitze) ein gewaltintensiveres Handeln bewirkt als eine instrumentell religiöse Motivlage.

Konsequenzen für das Maß an Gewaltanwendung ergeben sich auch aus Merkmalen, die religiösen Terrorismus per se von säkularen Formen unterscheiden. Während diese meist klare und differenzierende Zielkategorien anwenden (z. B. Funktionsträger von Staat oder Besatzungsmacht), sind die Feindkategorien religiöser Terroristen oft sehr breit (z. B. „Ungläubige, Juden und Kreuzfahrer"). Die Folgen sind eine weitaus höhere Gewaltintensität und entsprechend hohe Opferzahlen.[24] Dies hängt mit der besonderen Legitimität zusammen, die religiöse Terroristen mit aus religiösen Schriften oder göttlichen Offenbarungen abgeleiteter, moralischer Absolutheit nicht nur für ihre Sache, sondern als „Auserwählte" auch für sich selbst in Anspruch nehmen. Um so größer ist die Härte gegen Verräter, Abweichler und Gemäßigte in der eigenen Bezugsgruppe.[25] Deren Beschaffenheit wirkt sich ebenfalls auf die Gewaltintensität der eingesetzten Mittel aus. Terroristen anderer Motivation sehen sich oft durch die Notwendigkeit, unschuldige Opfer *innerhalb* der eigenen Bezugsgruppe zu vermeiden, im Gewalteinsatz beschränkt. Religiöse Terroristen dagegen eliminieren in ihrer Ideologie häufig das Konzept „unschuldiger Nichtkombattanten". Sie stellen als „Ungläubige" ein legitimes Ziel dar oder sind – als Angehörige der Bezugsgruppe – zum Märtyrer bestimmt. Da sich die Bezugsgruppe oft klar von der Gegnergruppe unterscheidet, verlieren religiöse Terroristen auch durch gewaltintensive Anschläge kaum an Rückhalt.[26]

---

22 Ein Beispiel ist die „Hamas". Vgl. Waldmann, Terrorismus, S. 516.
23 Siehe Hoffman, Terrorismus – der unerklärte Krieg, S. 167.
24 Siehe ebd., S. 122.
25 Vgl. Waldmann, Terrorismus. Provokation der Macht, S. 103.
26 Vgl. Cameron Brown, The Shot Seen Around The World: The Middle East Reacts To September 11th. In: Middle East Review Of International Affairs, 5 (2001) 4, S. 69–89.

5. Internationaler Terrorismus

Die Bezeichnung Internationaler Terrorismus wird für eine Vielzahl von Erscheinungen verwendet.[27] Anlass geben meist typische Merkmale des „modus operandi". Zu ihnen zählen:[28]
(1) *Ziele* der terroristischen Akteure,
(2) *Operationsraum* der Akteure,
(3) Angestrebter *Resonanzraum* des terroristischen Akts und/oder der Akteure,
(4) *Bezugsraum* der Akteure,
(5) *Zusammensetzung* der Akteure und/oder Opfer,
(6) *Organisationsstruktur* der Akteure.

Internationaler Terrorismus stellt demnach keine fünfte, einer *Motivation* entsprechende Form von Terrorismus dar. Um sie einzuordnen, bedarf es einer zweiten Ebene der Typologisierung, die Terrorismus nach dem *Aktionsmuster*[29] der Akteure ordnet. Drei Aktionsmuster sind zu unterscheiden: nationaler, regionaler und internationaler Terrorismus.[30] Ein Akteur kann einer dieser Formen zugerechnet werden, wenn die Kriterien in ihrer *Gesamtheit* überwiegend diese Zuordnung nahe legen. Entscheidendes Merkmal dieser Terrorismus-Typologie ist, dass die beiden Klassifikationen einander nicht ausschließen, sondern ergänzen. Sie stehen in einem wechselseitigen Partikularitätsverhältnis: Formen des Internationalen Terrorismus können Vertreter unterschiedlicher *Motivationsformen* beinhalten. Umgekehrt können diese Motivationsformen in unterschiedlichen *Aktionsmustern* auftreten. Es empfiehlt sich daher, die Einordnung nach beiden Kategorien vorzunehmen – mit entsprechenden Konsequenzen für die Analyse der Gefahren. So lassen sich die Aktivitäten des Al-Qaida Netzwerks sowohl dem religiös motivierten Terrorismus als auch dem internationalen Terrorismus zuordnen. Da die Durchsetzung politischer Ziele

---

27 Z. B. Terrorakte im internationalen Luftraum, Akteure mit globaler Ausbreitung oder Zielrichtung. Vgl. Walter Laqueur, Postmodern Terrorism: New Rules For An Old Game In: Foreign Affairs, 75 (1996) 5, S. 24–36.
28 Die Darstellung orientiert sich an den von Peter Waldmann (ders., Terrorismus. Provokation der Macht, S. 20) verwendeten Kriterien, berücksichtigt aber zusätzlich die Variable „Bezugsgruppe" und eine darauf abgestimmte Nomenklatur.
29 In der Nationalen Strategie für die Terrorismusbekämpfung der USA wird als kategorie-bildende Bezeichnung die Reichweite des jeweiligen Terrorismus zu Grunde gelegt. Akteure des Internationaler Terrorismus gelten demnach als "Terrorist organizations with global reach". Siehe White House, National Strategy to Combat Terrorism, Washington D. C. 2003, S. 8. Die Bezeichnung des Kriteriums als Aktionsmuster erfasst dagegen die oben dargestellten wesentlichen Merkmale in ihrer Gesamtheit.
30 Während die US National Strategy eine Unterteilung dieser Kategorie in national, regional und transnational-global vornimmt, schlägt der Autor das in der Disziplin der Internationalen Beziehungen häufig angewandte Schema national/regional/international vor. Die Bezeichnung „Internationaler Islamistischer Terrorismus" wird als Eigenname des Phänomens groß geschrieben.

die zentrale funktionale Dimension von Terrorismus darstellt, sollte die Bezeichnung der jeweiligen Terrorismusform die *Motivation* als Primärmerkmal und das *Aktionsmuster* als Sekundärmerkmal aufgreifen. Dementsprechend ist der Terrorismus von Al-Qaida und anderen islamistischen Organisationen als Internationaler Islamistischer Terrorismus zu verstehen und zu bezeichnen.[31]

Die gefährdungssteigernde Wirkung eines internationalen Aktionsmusters verdeutlicht ein kurzer Blick auf die strategischen Gewinne, die beispielsweise die PLO als Vorreiter des internationalen Terrorismus mit diesem Aktionsmuster erzielen konnte:

(1) *optimierter Zugang* zu strategischen Ressourcen,
(2) *politische und militärische Stärkung* terroristischer Akteure innerhalb der eigenen Bezugsgruppe und gegenüber konkurrierenden Akteuren ähnlicher Zielsetzung,
(3) *strategische und politische Aufwertung* gegenüber gegnerischen Akteuren, Drittstaaten und int. Organisationen,
(4) *Verringerung der militärischen Verwundbarkeit* und Stärkung der Überlebensfähigkeit der Organisation in Krisen.

Erfolgversprechend wurde internationaler Terrorismus erst durch bedeutsame Veränderungen der Rahmenbedingungen im internationalen politischen und ökonomischen System. Die sich in den 70er Jahren entwickelnde globale (Fernseh-)Öffentlichkeit eröffnete Terroristen weltweite Publizität.[32] Der Abbau von Hemmnissen im Finanz-, Waren- und Personenverkehr schuf neue Möglichkeiten, strategisch wichtige Ressourcen zu akquirieren, zu transferieren und einzusetzen. Die globale Vernetzung im Zuge der Informationsrevolution hat die Rahmenbedingungen weiter verbessert und die Entstehung globaler Kooperations- und Organisationsformen begünstigt.[33]

Neben der Internationalisierung von Terrorismus sind weitere wesentliche Entwicklungslinien zu identifizieren, die das Phänomen Terrorismus in seiner heutigen Ausprägung charakterisieren.[34] Während die Zahl terroristischer Akte in den 90er Jahren abnahm, nahm im selben Zeitraum die Zahl ihrer Opfer stark zu. Selbst ohne den „erfolgreichen", im Fall des Giftgasanschlags in Tokio mit geringen Folgen Realität gewordenen Einsatz von Massenvernichtungswaffen ist ein Trend zu deutlich steigender Gewaltintensität zu erkennen. Im selben Zeitraum stieg der Anteil religiös motivierter Terroristen. Die zu vermu-

---

31 Jack A Goldstone verwendet die Bezeichnung „International Islamic Terrorism, or IIT". Vgl. ders., States, Terrorists, and the Clash of Civilizations. In: Craig Calhoun/Paul Price/Ashley Timmer, Understanding September 11, New York 2002, S. 139–158. Der Autor weicht hiervon ab, um den Unterschied zwischen Islamismus und Islam sprachlich klarer zu betonen.
32 Siehe Hoffman, Terrorismus – der unerklärte Krieg, S. 172.
33 Vgl. Audrey Kurth Cronin, Behind The Curve. Globalization and International Terrorism. In: International Security, 27 (2002/2003) 3, S. 53.
34 Ebd., S. 42.

tende Korrelation beider Entwicklungen wird dadurch bestätigt, dass ein überwiegender Teil der Opfer durch überproportional gewalttätige Anschläge religiös motivierter Terroristen, insbesondere islamistischer Motivation, verursacht wurde.

Wie der Blick auf Formen und Entwicklungslinien des Terrorismus verdeutlicht, tragen exogene wie endogene Faktoren zur Gefährlichkeit eines bestimmten terroristischen Akteurs bei. Doch worin genau bestehen die Gefahren, die Terrorismus zur Bedrohung und Herausforderung für die freiheitlichen Demokratien machen? Welchen erklärenden Variablen lassen sich exogene und endogene Faktoren zuordnen, um ein – trotz aller Unwägbarkeiten – möglichst genaues Gefahrenbild zu gewinnen?

Zwei Gefahrendimensionen machen im Wesentlichen die Bedrohung durch Terrorismus aus:[35] Erstens die Gefahr, dass es terroristischen Akteuren – oder extremistischen Vorfeldorganisationen – gelingt, politische Forderungen durchzusetzen. Die zweite, unmittelbar wirkende Gefahr ist die der von Terroristen eingesetzten, meist gegen Zivilisten gerichteten Gewalt. Beide Dimensionen gilt es zu berücksichtigen, um die Bedrohung durch Terrorismus inhaltlich zu spezifizieren.[36] Statt sie als abstraktes, mehr oder weniger zuverlässig quantifiziertes Konstrukt vorauszusetzen, ist ein ebenso spezifisches wie dynamisches Gefahrenbild gefragt, das auf den wesentlichen, die Dynamik prägenden Gefahrenfaktoren beruht. Das Vorgehen dient damit nicht der Identifikation eines absoluten Bedrohungsniveaus, sondern soll verständlich machen, welche Gefahren die Bedrohung konstituieren und welche Faktoren zu ihrer Ausprägung beitragen.[37]

Diese Faktoren,[38] die sich aus den im letzten Abschnitt vorgestellten Merkmalen verschiedener Terrorismusformen und den sie prägenden Entwicklungslinien ableiten lassen, beziehen sich auf vier erklärende Variablen: (1) die terroristischen Akteure selbst, (2) die Ideologie, auf die sich Terroristen berufen, (3) die Bezugsgruppe, in deren Auftrag Terroristen zu handeln vorgeben, und (4) die allgemein gegebenen Rahmenbedingungen, denen das Handeln der Terroristen und ihrer Gegner unterliegt.

---

35 Vgl. Armin Pfahl-Traughber, Islamismus in der Bundesrepublik Deutschland. Ursachen, Organisationen, Gefahrenpotenzial. In: APuZG, B 51/2001, S. 43–53.

36 Das demokratische Gemeinwesen kann außerdem eine dritte Gefahr bedrohen, nämlich die, dass durch Maßnahmen der Terrorismusbekämpfung substantielle Grundelemente der Demokratie Schaden nehmen. Sie geht jedoch nur mittelbar von terroristischen Akteuren aus und wird deshalb im Rahmen der Variable „Rahmenbedingungen" mit einbezogen.

37 Eben jene Konkretisierung wird von Verfassungsrechtlern als Voraussetzung der Schaffung zusätzlicher sanktionsbewehrter Tatbestände eingefordert. Vgl. Oliver Lepsius, Das Verhältnis von Sicherheit und Freiheitsrechten in der Bundesrepublik Deutschland nach dem 11. September 2001. In: Vortrag am American Institute for Contemporary German Studies (AICGS), Washington D. C. 2001, S. 25. Die Gefahrenfaktoren werden hier deshalb nicht nur als analytische, sondern auch als definitorische Typologie verstanden.

38 Im nachfolgenden Text durch Kursivdruck hervorgehoben.

III. Terrorismus – Gefahren, Variablen und Faktoren

1. Akteure

Die Gefährlichkeit von Terrorismus hängt maßgeblich von den Eigenschaften der jeweiligen Akteure ab, insbesondere ihren *Zielen* und ihren operativen und strategischen *Fähigkeiten*. Dabei erweist sich ein internationales *Aktionsmuster* als Vorteil, da es meist nicht nur die Fähigkeiten und den Zugang zu wichtigen *Ressourcen* verbessert, sondern auch Gegenmaßnahmen erschwert. Diese Vorteile können neutralisiert werden, wenn der innere Zusammenhalt fehlt oder die Führungsfähigkeit beeinträchtigt ist (*Führung und Zusammenhalt*). Wesentlich für die Gefährlichkeit von Akteuren sind schließlich ihre *Gewaltbereitschaft* und ihre *Methoden*. Inwieweit solche Entscheidungen rational im Hinblick auf die gegeben Rahmenbedingungen gefällt werden, ist Ausdruck der *Zielorientierung* der Akteure. Sind sie bereit, bei den wesentlichen Entscheidungen im Interesse der Zielerreichung andere Interessen und Bedürfnisse zurück zu stellen, erhöht dies die Gefahr einer Durchsetzung von Forderungen.

2. Ideologie

Je weitreichender die in einer Ideologie vorgegebenen Ziele sind (*Reichweite und Verankerung der Ziele in der Ideologie*) und je höher der Grad der Durchsetzung als legitim erachteten Gewalt ist (*Gewalttoleranz*), desto größer ist die Wahrscheinlichkeit andauernder, gewalttätiger Kampagnen. Deutlich wird dies vor allem am Beispiel religiös motivierter Terroristen, bei denen die Ausprägung beider Faktoren über die Jahrhunderte äußerst gewalttätige Kampagnen hervorbrachte. Ein wichtiger Vorteil ist eine weite *Verbreitung* der Ideologie in der Bezugsgruppe. Die Erfolgschancen der Terroristen – und damit ihre Gefährlichkeit – sinken jedoch beträchtlich, wenn Ziele oder Mittel von den vorgegebenen Klienten nicht geteilt werden, da die Ideologie für die Bezugsgruppe nicht attraktiv (*Attraktivität*) oder inhaltlich bzw. kommunikativ nicht nachzuvollziehen ist (*Nachvollziehbarkeit*).

3. Bezugsgruppe

Je kleiner und abgeschotteter diese Bezugsgruppe (*Größe*), je höher ihre *Ideologisierung* und je größer ihr Bewusstsein ist, sich in einem unlösbaren Konflikt mit der Gegnergruppe zu befinden (*Unterstützungsbereitschaft*),[39] desto niedriger dürfte die Hemmung sein, massiv Gewalt gegen die Gegnergruppe einzu-

---

39 Vgl. Hoffman, Terrorismus – der unerklärte Krieg, S. 169.

setzen.⁴⁰ Das Beispiel *Aum Shinrikyo* zeigt, dass selbst der Einsatz chemischer Waffen möglich ist. Eine erhebliche Gefahr birgt aber auch eine große und weitverbreitete Bezugsgruppe (*Verbreitung*). Dies gilt vor allem dann, wenn ihre Angehörigen dem Gegner ähnlich sind und im selben geographischen Raum leben (*Unterscheidbarkeit*). Denn obwohl sich das Risiko, ungewollt Angehörige der eigenen Bezugsgruppe zu treffen, gewaltsenkend auswirkt, wird durch weite Verbreitung und geringe Unterscheidbarkeit in erster Linie der Operationsraum der Terroristen ausgedehnt, die Verwundbarkeit des Gegners erhöht und sein Handlungsspielraum verringert. Als wichtigster Faktor gilt nach den Erfahrungen mit nationalistisch-separatistischen Terroristen die *Verankerung* terroristischer Akteure in der Bezugsgruppe.

4. Rahmenbedingungen

Die Internationalisierung des Terrorismus verweist auf die Bedeutung politischer, ökonomischer, technologischer und gesellschaftlicher Rahmenbedingungen, die sich auf den terroristischem Akteur, seine Bezugsgruppe und seine Gegner auswirken.⁴¹ Diese vielfältigen und komplexen Wirkungsbeziehungen lassen sich anhand ihrer wesentlichen Resultate darstellen. Die *Lebensbedingungen der Bezugsgruppe* nehmen beispielsweise Einfluss auf die Unterstützungsbereitschaft der Bezugsgruppe, insbesondere dann, wenn es Terroristen gelingt, ihre Gegner zu Maßnahmen zu provozieren, die diese verschlechtern.⁴² Die *Verfügbarkeit*⁴³ *strategischer Ressourcen* wiederum ist geprägt von einer Vielzahl politischer, ökonomischer und technologischer Entwicklungen, die es Terroristen erleichtern, in strategische Konkurrenz mit ihrem Gegner zu treten. Diese Entwicklungen – beispielsweise die Erfindung des Sprengstoffs oder die Internationalisierung öffentlicher Meinung⁴⁴ – führten in der Geschichte des Terrorismus zu Entwicklungssprüngen (z. B. Anschläge auf die internationale Luftfahrt), zunehmenden Gefahren und Konsequenzen terroristischer Anschläge (z. B. Angst vor der Nutzung wichtiger Infrastruktur, ökonomische Folgen). Eng verbunden mit der Ressourcenproblematik ist deshalb die [*Verwundbarkeit und Abwehrfähigkeit des Gegners*] der jeweiligen terroristischen Akteure. Die Einbindung in das Weltwirtschaftssystem, die strategische Abhängigkeit von Infrastruktur und andere Faktoren prägen die Verwundbarkeit und Abwehrfähigkeit gefährdeter Staaten und Gesellschaften.

---

40 Vgl. Wilkinson, Terrorism versus Democracy, S. 62.
41 Vgl. Cronin, Behind The Curve, S. 34.
42 Vgl. Waldmann, Terrorismus. Provokation der Macht, S. 23.
43 Der Terminus „Verfügbarkeit" unterscheidet sich vom „tatsächlichen" Zugang zu diesen Ressourcen. Er beschreibt die allgemeine Verfügbarkeit und die Leichtigkeit der Nutzbarmachung dieser Ressourcen jenseits des konkreten Einzelfalls.
44 Siehe Hoffman, Terrorismus – der unerklärte Krieg, S. 85.

Die Zahl dieser Gefahrenfaktoren und ihre Interdependenz verdeutlicht, dass keiner der Faktoren für sich genommen den Schluss auf ein bestimmtes Gefahrenniveau zulässt. Es müssen vielmehr alle wesentlichen Faktoren als Untersuchungsschema angewendet werden. Die Analyse sollte sowohl die allgemein von Al-Qaida ausgehende Bedrohung erfassen, als auch auf Deutschland als Fokus dieser Überlegungen zielen. Nur so kann ein Gesamtbild der Bedrohung entstehen, dass an Stelle eines – mit wissenschaftlichen Methoden nicht zu erzeugenden – absoluten Gefahrenwerts eine relative Einschätzung spezifischer Gefahren leistet.

IV. Akteure des Internationalen Islamistischen Terrorismus

Als *Akteure* des Internationalen Islamistischen Terrorismus werden allgemein Al-Qaida sowie eine Vielzahl mit Al-Qaida ideologisch verbundener bzw. unterstützender militant-islamistischer Organisationen verstanden.[45] Auf diese Gruppe von Akteuren beziehen sich die Bekämpfungsmaßnahmen.[46] Wie schwierig es ist, alleine Al-Qaida als Akteur zu analysieren, zeigt die Vielfalt von Beschreibungen – von „Terror-Holding" über „NGO" bis „Franchise-Unternehmen" – mit denen Autoren die Strukturen und Methoden der Organisation charakterisieren. Das Phänomen ist so vielschichtig und dynamisch, dass der Anspruch auf Präzision in einigen Aspekten zurücktreten muss zugunsten einer Beschreibung der wesentlichen Merkmale.

Selbst für das gemeinhin als „international" gewertete *Aktionsmuster* Al-Qaidas ergibt sich ein widersprüchliches Bild: Einerseits ist Al-Qaida hinsichtlich Bezugsraum, Aktionsraum, Resonanzraum, Zusammensetzung und Organisationsstruktur stark international geprägt.[47] Andererseits verweisen Geschichte und Aktivitäten der zur Bewegung mutierten Organisation zugleich auf nationale und regionale Ausprägungen. Nach der Vertreibung der Sowjets aus Afghanistan von Osama Bin Laden aus dem *Office of Services* (MAK)[48] geformt, betrieb Al-Qaida von Anfang an mehrere Unternehmungen. Sie begann unter dem Einfluss ägyptischer Mitglieder, sich außerhalb Afghanistans in nationalen Kon-

---

45 Diese Definition differenziert zwischen gewaltbereiten, militanten Islamisten und denjenigen, die ihre islamistischen Vorstellungen friedlich durchsetzen möchten. Vgl. Bassam Tibi, Krieg der Zivilisationen. Politik zwischen Vernunft und Fundamentalismus, 3. aktualisierte und erweiterte Auflage München 2001, S. 100.
46 Für eine genauere Erläuterung der Akteurskonstellation siehe u. a. Peter Heine, In Allahs Namen: Religiös motivierter Extremismus und Terrorismus. In: Hans Frank/Kai Hirschmann (Hg.), Die weltweite Gefahr, Berlin 2002, S. 11–27.
47 Jack A. Goldstone bezeichnet Al-Qaida als Hybrid-Organisation, die aufgrund ihrer verschiedenen Erscheinungsformen besonders überlebensfähig und gefährlich ist. Vgl. ders., States, Terrorists, and the Clash of Civilizations, S. 140.
48 Für Gilles Kepel bildet Al-Qaida den Namen der von Osama Bin Laden aufgestellten Datei von Kämpfern; dass es sich dabei jedoch um eine terroristische Organisation handelt, bezweifelt er. Vgl. Gilles Kepel, Das Schwarzbuch des Dschihad. Aufstieg und Niedergang des Islamismus, München 2001, S. 376.

flikten zu engagieren (u. a. in Ägypten, Algerien und Bosnien) und weitete so ihren Aktions- und Bezugsraum aus. Osama Bin Laden intensivierte das Wachstum durch Kontinente (von Afrika über Europa bis Südostasien) und Konfessionen (Sunniten und Schiiten) umspannende Allianzen mit zahlreichen islamistischen Organisationen. Die Verbitterung über die US-Präsenz auf der arabischen Halbinsel und der zunehmende Misserfolg auf den nationalen Schauplätzen führte dabei zu einer starken Fokussierung auf die westliche Übermacht.[49] Entsprechend dem Umfang und der Reichweite ihrer *Ziele*, nämlich der Errichtung eines alle Muslime umfassenden Gottesstaats (durch den Sturz „unislamischer Regime"). und der Herstellung muslimischer Vorherrschaft (durch Vernichtung Israels, Vertreibung des Westens), organisierte sich Al-Qaida 1998 in Form einer mehrere Einheiten und Tätigkeitsfelder umfassenden „Dachorganisation" des „Jihad".[50] Diese lose Struktur vereint die afghanische Guerillabrigade, ein globales Netzwerk terroristischer Zellen und „nichtorganisierter Gotteskrieger" sowie eine globale Allianz islamistischer Terror- und Guerilla-Gruppen.[51] Als vierte Einheit koordiniert die Al-Qaida-Kernorganisation – soweit dies unter dem gegenwärtig starken Bekämpfungsdruck möglich ist – die Aktivitäten der Einheiten, gibt die Strategie vor, initiiert Aktionen und stellt Ressourcen zur Verfügung. Diese in Funktion, Organisation und Aufgabenverteilung tatsächlich einer Holding ähnliche Avantgarde ist Impulsgeber einer netzwerkartigen Bewegung, deren Glieder weitgehend unabhängig voneinander agieren, deren Ressourcen und Fähigkeiten jedoch nach Bedarf konzentriert eingesetzt werden können.[52]

Allen mehr oder weniger passenden Analogien zum Trotz wäre es falsch, Al-Qaida als monolithische Struktur nach westlichem Vorbild zu verstehen. Vielmehr verbindet Al-Qaida als „zentrales Nervensystem" des militanten Islamismus die Charakteristiken einer terroristischen Organisation mit denen einer religiösen, sozialen und politischen Bewegung.[53] Zahl, Vielfalt und der – trotz Schwierigkeiten und Differenzen – ideologisch begründete *Zusammenhalt* der Akteure erhöhen die operative Schlagkraft und reduzieren ihre Verwundbarkeit. Dazu tragen die höchst effiziente Organisationsstruktur und die hohen *operativen Fähigkeiten* der Aktivisten bei.[54] Auf der Basis des von der Kernor-

---

49 Vgl. Rohan Gunaratna, Inside Al Qaeda. Global Network of Terror, New York 2002, S. 7.
50 Ebd., S. 76.
51 Kooperierende Gruppierungen, z. B. „Jemaah Islamiaah" in Indonesien.
52 Osama Bin Laden leitet demnach einen „Beratenden Ausschuss" (shura majilis), dem vier Komitees untergeordnet sind, die Steuerungsaufgaben wahrnehmen: militärische Fragen, Finanzen und Geschäftsangelegenheiten, Islamische Gutachten (fatwas) und Studien sowie Medien- und Öffentlichkeitsarbeit. Vgl. Gunaratna, Inside Al Qaeda, S. 77.
53 Vgl. Magnus Ranstorp, Statement to the National Commission on Terrorist Attacks Upon the United States, New York, 31. März 2003. Auf: www.911commission.org (Zugriff am 24.8.2003, S. 3).
54 Vgl. Gunaratna, Inside Al Qaeda, S. 74.

ganisation vermittelten Know-hows und der bereitgestellten Ressourcen erbringen die Untereinheiten selbständig, arbeitsteilig und unter größtmöglicher Geheimhaltung die Masse der operativen Leistungen – von der Aufklärung von Zielen über die Beschaffung von Dokumenten und Kampfmitteln bis hin zur Ausführung von Anschlägen. Rückgrat dieses komplexen Systems sind die auf mehrere Länder (u. a. Afghanistan, Bosnien, Indonesien, Pakistan, Philippinen, Sudan) verteilte Trainingsinfrastruktur, umfassende paramilitärische Handbücher,[55] ein mehrkanaliges Kommunikationssytem[56] sowie die mittelbare wie unnmittelbare Unterstützung einflussreicher Gönner und islamistischer Vorfeldorganisationen.

Qualität und Umfang der operativen Fähigkeiten Al-Qaidas können nach allen vorliegenden Erkenntnissen nur als hoch entwickelt und hoch gefährlich bezeichnet werden. Dies gilt gleichermaßen für die *strategischen Fähigkeiten* der Organisation, die aus einer Gruppe arabischer Mudjaheddin eine weltumspannende Allianz islamistischer Organisationen werden ließen. Die Fähigkeit der Al-Qaida-Führung, nationale und intra-konfessionelle Gräben zu überwinden, beseitigte mit der Spaltung der islamistischen Bewegung den wichtigsten Grund ihres bisherigen Scheiterns am Ziel der Machtübernahme in wichtigen muslimischen Staaten.[57] Von größter Bedeutung sind Charisma und Führungsstärke der durch die Anschläge des 11. September 2001 weiter aufgewerteten Symbolfigur Osama bin Laden. Sie ermöglichte es der Organisation, Tausende von Kämpfern militärisch und ideologisch zu schulen und die besten Rekruten – häufig aus Mittelschicht-Familien stammend und in technisch-naturwissenschaftlichen Berufen ausgebildet – für Al-Qaida zu verpflichten: „It is bin Laden's ability to attract recruits willing to martyr themselves that is the priceless commodity in his holy war".[58]

Ebenso wichtig ist die Fähigkeit Osama bin Ladens, Ideologie und Handeln der Organisation gegenüber der Bezugsgruppe verständlich zu kommunizieren. Die dabei eingesetzten Strategien und Instrumente – z. B. Interviews mit arabischen Satellitenkanälen, über das Internet vertriebene Rekrutierungsvideos – illustrieren die von Peter Bergen als *Holy War, Inc.* charakterisierte Verschmelzung orthodoxer Botschaften mit modernen Methoden. Die Vorzüge dieser Kombination materialisieren sich in der Fähigkeit, strategische *Ressourcen* zu erschließen und einzusetzen. Hervorgegangen aus der Guerilla-Kampagne in Afghanistan, hatte Al-Qaida günstige Voraussetzungen, sich in Besitz von

---

55 Diese Handbücher regeln alle Abläufe bis ins Detail. Vgl. Al Qaeda Manual, Declaration of Jihad, Military Series (sog. „Manchester Manual", beschlagnahmt und übersetzt durch das britische „Home Office"), verfügbar auf der Internet-Seite des US-amerikanischen Justiz-Ministeriums www.doj.gov (Zugriff am 3.9.2003).
56 Die Aktivisten kommunizieren – je nach Situation – mit Satellitentelefonen, verschlüsselter Email-Kommunikation oder Kurieren.
57 Gilles Kepel hält die Spaltung der Bewegung ebenfalls für den entscheidenden Erfolgsfaktor, ist jedoch skeptischer, was die Fähigkeit Al-Qaidas betrifft, sie zu überwinden. Vgl. Kepel, Das Schwarzbuch des Dschihad, S. 21.
58 Peter Bergen, Holy War, Inc., New York 2001, S. 104.

Kampfmitteln, Stützpunkten, Konten, Bargeld und anderen Ressourcen zu bringen.[59] Intakt geblieben sein dürften die Kanäle, mit denen die Gotteskrieger aus dem arabischen Raum versorgt wurden. Seine Rolle als Finanzier der Mudjaheddin – er hatte sich in den 80er Jahren mit seinem auf ca. 30 Mio. Dollar geschätzten Erbe engagiert und gilt als Koordinator der umfangreichen saudischen Zuwendungen in dieser Zeit – erleichterte Bin Laden den Aufbau des Finanzsystems von Al-Qaida. Dieses stützt sich auf drei Säulen:[60] Spenden wohlhabender Sympathisanten,[61] Erträge aus umfangreichen Investments und organisierter Kriminalität sowie abgezweigte Gelder islamischer Wohltätigkeitsorganisationen. Kaum beziffern lässt sich die finanzielle Potenz der Organisation. Es gelang Al-Qaida, sowohl im Sudan als auch im Afghanistan, die jeweiligen Regierungsapparate maßgeblich zu finanzieren und so das jeweilige Land zeitweise de facto zu kontrollieren.

Ausschlaggebend für Al-Qaidas Finanzstärke ist nicht allein das Volumen, sondern auch der effiziente und sichere Einsatz der Finanzmittel.[62] Vom Komitee für Finanzen und Geschäftsangelegenheiten angeleitet und auf Ebene der Regionalkommandos verwaltet, stellt Al-Qaida Einzelprojekten und Zellen Budgets zur Verfügung. Die Kommandeure sollen diese zur Hälfte investieren, um die langfristige Funktionsfähigkeit der Zelle sicherzustellen.[63] Transferiert werden die Gelder vornehmlich mit Hilfe islamischer Banken und alternativer Überweisungssysteme,[64] die ohne nachvollziehbare elektronische Spuren jährlich viele Milliarden Dollar bewegen und westlichen Sicherheitsbehörden weitgehend unzugänglich bleiben.[65] Das dezentrale und hochmobile, auf hohe Überlebensfähigkeit und lange Operationszeiträume ausgelegte Finanzsystem macht Al-Qaida weitgehend unabhängig von staatlichen Zuwendungen und ermöglicht eine in dieser Form bisher einmalige „Privatisierung des Terrorismus".[66] Gefährlichste Fähigkeit Al-Qaidas ist die enorme Anpassungsfähigkeit der Organisation. Sie hat es ihr erlaubt, auch nach Verlust der Basis Afghanistan und zahlreicher Führungsmitglieder mehrere tödliche Anschläge auf Ziele in einem Aktionsraum von London bis Bali durchzuführen.[67] Dass die Bewegung nach

---

59   Ebd. S. 41 ff.
60   Vgl. Gunaratna, Inside Al Qaeda, S. 81.
61   Zu diesen zählen wohl auch einige Mitglieder der Bin Laden-Familie, deren Vermögen von der US-Regierung auf ca. 5 Milliarden US-Dollar geschätzt wird. Zwar kann nicht unterstellt werden, dass Osama Bin Laden Zugang zu diesen Mitteln hat; es liegt aufgrund persönlicher, kultureller und religiöser Verpflichtungen aber nahe, trotz gegenteiliger Stellungnahmen von Unterstützungsleistungen auszugehen. Vgl. Bergen, Holy War, Inc., S. 101.
62   Vgl. Gunaratna, Inside Al Qaeda, S. 84.
63   Al Qaeda Manual, S. 23.
64   So genannte ARS, z. B. „hawala" Geldwechsel-System.
65   Peter El-Samalouti, Finanzierung des Terrorismus und Gegenstrategien. In: Kai Hirschmann/Christian Leggemann (Hg.), Der Kampf gegen den Terrorismus. Strategien und Handlungserfordernisse in Deutschland, Berlin 2003, S. 201–234.
66   Siehe Bergen, Holy War, Inc., S. 38.
67   Vgl. Jessica Stern, The Protean Enemy. In: Foreign Affairs, 82 (2003) 4, S. 27–41.

der Verhaftung von 600 Aktivisten allein in Saudi-Arabien weiter in der Lage ist, dort Anschläge zu verüben, ist ein weiterer Indikator für ihre Überlebensfähigkeit. Der hohe Bekämpfungsdruck scheint die Organisation aber geschwächt zu haben. Die Anschläge nach dem 11. September 2001 trafen häufiger westliche Einrichtungen in islamisch geprägten Staaten (beispielsweise das britische Konsulat in Istanbul), nur selten jedoch (wie z. B. in Madrid im März 2004) Einrichtungen auf dem Staatsgebiet westlicher Staaten. Besorgniserregend ist in diesem Zusammenhang die jüngste Welle der Gewalt in den Niederlanden. Sie ist ein starkes Indiz, dass es Al-Qaida gelungen ist, im Westen lebende extremistische Unterstützer zu Gewalttaten in Eigenregie zu motivieren. Mit dieser „Metastasenbildung" hat Al-Qaida ein wichtiges strategisches Ziel erreicht: Es kommt zur Eskalation des Konflikts im Herzen der westlichen Gesellschaften.

Sichtbares Zeugnis der hochentwickelten Fähigkeiten Al-Qaida's sind zerstörerische Anschläge auf symbolträchtige und zunehmend auch auf „weiche" Ziele. Mit umgehemmter *Gewaltbereitschaft* entwickelt Al-Qaida immer neue *Methoden*, um große Zerstörungen, und damit möglichst große Aufmerksamkeit und möglichst großes Leid zu erzeugen. Prominenteste Beispiele sind die Bombenanschläge auf die US-Botschaften in Kenia und Tansania 1998, die Anschläge des 11. September 2001 und die simultanen Anschläge in Istanbul und Madrid 2004. Dem Gegner wird Leid und Zerstörung zugefügt, „weil dies die Sprache ist, die der Westen versteht".[68] Mit größtmöglicher Schockwirkung sollen seine Handlungsunfähigkeit demonstriert, das Vertrauen in und die Funktionsfähigkeit des westlich geprägten globalen Systems unterminiert und die Grundlagen westlicher Übermacht zerstört werden.[69] Der wachsende Bekämpfungsdruck erschwert einerseits spektakuläre Aktionen, führt andererseits zu vermehrten Anschlägen gegen ungeschützte, zivile Ziele (z. B. in Bali, Jakarta, Riad, Istanbul, Madrid und London). Al-Qaidas erklärte Absicht, Massenvernichtungswaffen gegen westliche Ziele einzusetzen – Bin Laden forderte öffentlich eine „Islamische Atombombe"[70] – ist kompatibel mit diesen Entwicklungstendenzen. Anstrengungen, diese Waffen zu erwerben und ihren Einsatz vorzubereiten, wurden an verschiedenen Orten festgestellt.[71] Rohan Gunaratna verweist außerdem darauf, dass in den nicht öffentlich zugänglichen Al-Qaida-Handbüchern Anweisungen für die Handhabung chemischer Kampfstoffe enthalten sind. Andererseits wurden bisher keine Massenvernichtungswaffen sichergestellt – und die Schwierigkeiten ihres Einsatzes sind evident. Umstritten

---

68 Ayman Al-Zawahiri, zitiert nach Gunaratna, Inside Al Qaeda, S. 299.
69 Vgl. John Arquilla/David Ronfeldt/Michele Zanini, Networks, Netwar, and Information-Age Terrorism. In: Howard Russel/Reid Sawyer (Hg.), Terrorism and Counterterrorism. Understanding The New Security Environment, Guilford 2003, S. 96–119, hier 98.
70 Vgl. Gunaratna, Inside Al Qaeda, S. 65.
71 Ebd., S. 174.

ist zudem, ob der Bruch dieses Tabus nicht die Legitimität der Islamisten in ihrer Bezugsgruppe untergraben würde und deshalb unterbleibt.

Auch wenn das Extremszenario eines Anschlags mit unkonventionellen Stoffen (noch) nicht aktuell erscheint: Alle für die Variable „Akteure" untersuchten Faktoren deuten auf schwerwiegende Gefahren hin. Dies gilt auch für die Bundesrepublik, wie eine Analyse islamistischer Strukturen in Deutschland nahe legt. Während einige Kritiker einer Bekämpfung des Internationalen Islamistischen Terrorismus ein „Feindbild Islam" als eigentliches Problem ausmachen[72] und darauf verweisen, dass in Deutschland selbst noch keine Anschläge verübt wurden, warnen amtliche Stellen (u. a. BMI, BfV) seit Jahren vor einer steigenden Gefährdung der Bundesrepublik.[73] Ihre Analyse bezieht sich vor allem auf die Aktivitäten islamistischer Vorfeldorganisationen,[74] die auch nach einem durch Vereinsverbote erzielten Rückgang der Mitgliederzahl mit ca. 30 600 offiziellen Mitgliedern aktiv gegen die freiheitlich-demokratische Grundordnung wirken.[75] Der geringe prozentuale Anteil dieser Aktivisten an der muslimischen Bevölkerung (ca. 3,2 Mio.) lässt auf eine mäßige Bedrohungslage schließen. Die quantitative Betrachtung offenbart jedoch andererseits mit 3 000 als militant eingestuften Aktivisten eine hohe Zahl gewaltbereiter Unterstützer, also potentieller Attentäter.[76] Das Bundesamt für Verfassungsschutz sieht eine Verschärfung der Bedrohungslage darin, dass diese Organisationen Deutschland nicht länger als „Ruheraum" verstehen, sondern zunehmend versuchen, islamistische Forderungen – z. B. die Einführung der Scharia – in Deutschland durchzusetzen. Dies gilt insbesondere für die mit ca. 26 500 Mitgliedern wichtigste Vereinigung *Islamische Gemeinschaft Milli Görüs e. V.* und den im Dezember 2002 verbotenen Verein *Kalifatstaat*.[77]

Droht aus dieser Richtung eine schrittweise Durchsetzung islamistischer Forderungen gegen die Autorität der Bundesrepublik, geht eine Bedrohung im Sinne von Gewaltanwendung vor allem von Al-Qaida und assoziierten bzw. kooperierenden Organisationen aus. Zu den in Deutschland aktiven zählen als wichtigste die *Muslimbrüderschaft*, Islamisten ägyptischer (GI und JI) und alge-

72 So argumentiert etwa: Mohssen Massarrat, Der 11. September. Neues Feindbild Islam? In: APuZG, B 51/2001, S. 3–6.
73 Nachzulesen ab Ende der 1990er Jahre in den Verfassungsschutzberichten insbesondere des Bundesamtes für Verfassungsschutz, auf www.verfassungsschutz.de.
74 Fälschlicherweise häufig als „Ausländerextremismus" bezeichnet, obwohl viele Aktivisten und Anhänger die deutsche Staatsbürgerschaft innehaben.
75 Bundesministerium des Innern (Hg.), Verfassungsschutzbericht 2001, Berlin 2002, S. 167.
76 Udo Steinbach lehnt diese Einschätzung sowie die Bezeichnung der Islamisten als Extremisten ab. Vgl. Udo Steinbach, Islamischer Terrorismus als intellektuelle Herausforderung. In: Orient Journal, 2 (2001) 3, S. 28, hier 28. Die Stichhaltigkeit der behördlichen Einschätzung zeigt dagegen die Gewaltwelle in den Niederlanden im Herbst 2004. Sie ist ein klares Indiz für die geringer werdende Schwelle zwischen islamischem Extremismus und Terrorismus und führt die Folgen einer solchen Entwicklung vor Augen.
77 Verfassungsschutzbericht 2001, S. 164.

rischer (FIS, GIA, GSPC) Provenienz, *Hizb Allah* und *Hamas*.⁷⁸ Die Ermittlungen deuten auf Schwerpunkte in Aachen, Duisburg, Düsseldorf, Frankfurt am Main, Hamburg, München und im Raum Stuttgart hin. Aber auch originäre Al-Qaida-Zellen sind in Deutschland aktiv und planen nach Einschätzung von BKA und BfV Anschläge. So bereitete die im April 2002 aufgelöste, eng mit Al-Qaida verbundene und in Deutschland verbreitete Organisation *al-Tahwid* Anschläge auf jüdische und amerikanische Einrichtungen in der Bundesrepublik vor. Der BND geht nach Aussage seines Präsidenten Hanning davon aus, dass Anschläge auch gegen deutsche Einrichtungen geplant sind.⁷⁹ Deutschland muss mit Anschlägen ähnlich denen in Madrid und den Niederlanden 2004 rechnen. Der offenbar abgewendete Anschlag auf den irakischen Ministerpräsidenten Allawi ist eines von vielen unmissverständlichen Warnsignalen. Noch bedenklicher stimmt das als „Metastasenbildung" beschriebene Aktivwerden islamistischer „Nachwuchsgruppen" in ganz Europa: "'Al Qaeda is not my main headache', a senior official said. 'The spontaneous groups that are sprouting up from the northern African community based in Europe, and going down the path of jihad, are what I'm most worried about. They are inspired by bin Laden, but this is not Al Qaeda. They are not there yet – they are not necessarily even ready to launch attacks – but these groups are raising the next generation of terrorists.'"⁸⁰ Die jüngsten Anschläge in London bestätigten diese Einschätzung und unterstreichen, dass die Bedrohung gerade in den europäischen Demokratien zunimmt.

V. Ideologie des Internationalen Islamistischen Terrorismus

Was treibt diese Entwicklung? Auch wenn – wie Islamisten meinen – der „westliche Verstand" nicht ausreichen sollte, die Beweggründe islamistischer Terroristen zu verstehen, ist eine Analyse des zur Rechtfertigung herangezogenen ideologischen Bezugssystems notwendige Voraussetzung dafür. Die Variable *Ideologie* umfasst mit den Lehren der „Gottesherrschaft", des „Panislamismus" und des „Djihadismus" das ideologische Fundament der militant-islamistischen Bewegung. Sie sind in den Veröffentlichungen der Al-Qaida sowie den Schriften wichtiger Islamisten, auf die sich Al-Qaida beruft, forschungsadäquat dokumentiert und erlauben es, Al-Qaida präzise diesen Elementen zuzuordnen:⁸¹

---

78 Ebd. S. 172 ff.
79 Vgl. „BND: Al Qaida plant Anschläge auch in Deutschland". In: Frankfurter Allgemeine Zeitung vom 6. November 2002.
80 Vgl. „Analysts See Terrorism Paradox: A Weaker Al Qaeda Despite Attacks". In: New York Times vom 22. November 2003.
81 Herangezogen wird hier die Gründungserklärung der „Islamischen Weltfront für den Heiligen Krieg gegen die Juden und Kreuzfahrer" vom 22. Februar 1998. Die Erklärung wird von zahlreichen Autoren als authentisch angesehen. Sie trägt die Unterschriften der Führer mehrerer Organisationen und gilt als Gründungsstatut von Al-Qaida als „Islamistischer Internationale".

"In order to obey the Almighty, we hereby give all Muslims the following judgement: The judgement to kill and fight Americans and their allies, whether civilian or military, is an obligation for every Muslim who is able to do so in any country [...]. Launch a raid on the American soldiers of Satan and their allies of the Devil."[82]

Diese 1998 verabschiedete Erklärung „Für den Heiligen Krieg gegen die Juden und Kreuzfahrer" gibt Strategie und Ideologie des „Djihadismus" wieder. Während jedoch der Islam den Djihad semantisch als „Anstrengung" und inhaltlich als inneren Kampf (des Einzelnen mit seinen Schwächen) und äußeren Kampf (gegen Ungläubige, Eindringlinge) definiert,[83] beruft sich Al-Qaida ausschließlich auf die in Kreuzzügen und Heiligen Kriegen kulminierende Konfliktgeschichte von Islam und Christentum. Sie hält nach Meinung Bin Ladens noch immer an und macht den Heiligen Krieg gegen den christlichen Westen zur religiösen Pflicht.[84]

Den globalen Djihad sieht auch der wichtigste Theoretiker des Islamismus als gottgegebenen Auftrag: Sayyid Qutb. Als führendes Mitglied der ägyptischen Muslimbruderschaft verfasste Qutb die ideologischen Grundlagenwerke der militant-islamistischen Bewegung. Er wurde zum geistigen Vater Osama Bin Ladens,[85] seine Schriften zur wesentlichen Quelle der Ideologie von Al-Qaida.[86] Als Kern seines Denkens gilt der Dualismus des Göttlichen (der Islam) und des Barbarischen (der Westen), das in seinen Ausdrucksformen Materialismus und Sittenverfall durch die Verwestlichung der muslimischen Welt im Zuge immer neuer Kreuzzüge (Kolonialisierung, aber auch freiwillige Übernahme westlicher Denkmuster) die Muslime sich selbst und vom Glauben entfremdet habe.[87] Qutb sieht die Restauration der absoluten Souveränität Gottes – in Form eines sich durch Anwendung der Scharia definierenden „Islamischen Regierungssystems" – als göttlichen Weg aus westlicher Ausbeutung und innerem Zerfall. Sie könne nur durch eine Revolte gegen jede menschliche Herrschaft im Sinne eines Djihad durchgesetzt werden. Dadurch sind beide wesentlichen Ziele des Islamismus als logisches Paar begründet: die Beseitigung säkularer Herrschaft in der muslimischen Welt zugunsten der Wiedererrichtung der Herrschaft Gottes;[88] der Kampf gegen die Barbarei des Westens, insbesondere den

---

82 Bergen, Holy War, Inc., S. 96.
83 Vgl. Hendrik Hansen, Globaler Dschihad? Die Freund-Feind-Unterscheidung im Islam und in der Theorie des Gesellschaftsvertrags. In: APuZG, B 18/2002, S. 17–25.
84 Vgl. Bassam Tibi, Fundamentalismus im Islam, Darmstadt 2002, S. 164.
85 Bin Laden wurde 1979 an der König Abdul-Aziz Universität in Jeddah von Muhammed Qutb, Bruder von Sayyid Qutb und wie er ein einflussreiches Mitglied der Muslimbruderschaft, in islamischen Studien unterrichtet. Vgl. Bergen, Holy War, Inc., S. 47; Tibi, Fundamentalismus im Islam, S. 162 ff.
86 Bergen, Holy War, Inc., S. 199.
87 Vgl. Daniel Benjamin/Steven Simon, The Age of Sacred Terror, New York 2002, S. 64.
88 Die Institutionen dieses Staates werden weder von den Islamisten noch von der Scharia beschrieben. Auch die Frage, ob es sich dabei um die Wiedererrichtung des Kalifats oder um eine andere Form handelt, ist Gegenstand von Diskussionen. Vgl. Bassam Tibi, The Challenge of Fundamentalism, Berkely 1998, S. 149 ff.

Protagonisten der Verwestlichung, die USA. Was aber ist das Ziel dieses Kampfes?

Um die tatsächliche *Reichweite der Ziele und deren Verankerung in der Ideologie* von Al-Qaida bewerten zu können, gilt es zu klären, welche Ziele die Ideologie vorgibt. Verfolgen die Islamisten mit Hilfe des Terrorismus die Durchsetzung einer „Islamischen Weltordnung"[89] oder „bescheidenere Ziele" wie „die Verwundbarkeit der Supermacht bloßzulegen und andere zur Nachahmung, zur Entschlossenheit und zum Kampf zu mobilisieren"?[90] Zum einen geht aus den Erklärungen Bin Ladens hervor, dass dieser Kampf nicht auf die USA beschränkt ist, sondern sich auch gegen ihre Verbündeten bzw. den Westen als Ganzes richtet. Weitere Hinweise gibt das gewünschte Ergebnis der von Udo Steinbach als letztes Ziel betrachteten Mobilisierung der Muslime. Dies ist nicht nur die Vernichtung Israels und die Vertreibung der USA aus Arabien. Fernziel ist die dem Islamismus nach dem Islam vorgegebene, in der „Enzyklopädie des Afghanischen Djihad"[91] der Al-Qaida begründete und in der Formel „Islamische Nation" ausgedrückte Vision eines islamischen Reiches in der Tradition des 1924 untergegangenen Kalifats. Es soll die muslimische *Umma*, die Gemeinschaft aller Muslime, befreien und in einem Gottesstaat wiedervereinen.[92] Dieses Bemühen darf dem Religionswissenschaftler Adel Theodor Khoury zufolge wegen des Universalitätsanspruchs des Islam[93] nicht auf den Gottesstaat beschränkt bleiben: „So fühlt sich der Islam dazu aufgerufen, den Herrschaftsbereich des islamischen Staates auszudehnen, die Normen der islamischen Gesellschaftsordnung zu universeller Geltung zu bringen, die Institutionen der politischen Struktur des Islams überall in der Welt zu etablieren und somit eine einheitliche Gesellschaft unter islamischem Gottesrecht zu bilden, die möglichst alle Menschen umgreift [...] Die traditionelle Maxime lautete ja: ‚Der Islam herrscht, er wird nicht beherrscht'."[94]

Dieses wohl nur als Weltherrschaft zu bezeichnende geopolitische Ziel der Islamisten ist getragen von der Grundüberzeugung, dass der Westen seit langem einen Kampf gegen den Islam führt. Bin Laden beruft sich neben der westlich geprägten Globalisierung auf die von Christen verübten, genozidartigen Kampagnen in den Balkan-Kriegen. Dieser Kampf muss durch eine „Islamische Weltrevolution" entschieden werden, deren Ergebnis eine „Entwestlichung der

---

89 Ebd., S. 162.
90 So etwa Steinbach, Islamischer Terrorismus als intellektuelle Herausforderung?, S. 28.
91 Dieses mehrbändige Werk bildet das umfassende Grundlagendokument der Al-Qaida als islamistischer Kampforganisation. Verfasst in den 1980er und 1990er Jahren, enthält es neben den operativen Inhalten klare ideologische Grundfestlegungen, unter anderem die Zielbestimmung der Wiedererrichtung der „Islamischen Herrschaft" in der Tradition des Kalifats.
92 Vgl. Reuel Marc Gerecht, The Gospel According to Osama Bin Laden. In: The Atlantic Monthly, 289 (2002) 1, S. 46–48.
93 Diese Position wird von der überwiegenden Mehrheit der Autoren als klassisches Beispiel für die politische Umdeutung des ethnischen Universalismus des Islam dem Islamismus zugeschrieben.
94 Theodor Adel Khoury, Der Islam und die westliche Welt, Darmstadt 2001, S. 114.

Welt" sein soll.[95] Bin Laden ist davon überzeugt, dass der Islam an Stelle des Westens als Ordnungsmacht treten wird, wie u. a. die „Kriegserklärung gegen die Amerikaner, die das Land der Heiligen Stätten besetzen" aus dem Jahr 1996 zeigt: "Where was this courage of yours when the explosion in Beirut took place in 1983 [...] when two explosions made you leave Aden in less than twenty-four hours! [...] When tens of your soldiers were killed in minor battles and one American pilot was dragged in the streets of Mogadishu, you left the area in disappointment, humiliation, and defeat."[96]

Angesichts dieser politischen Ziele ist klar, dass es sich beim Islamismus um eine extremistische politische Ideologie handelt – die zwar als politische Interpretation des Islam Teil dieser Religion ist, deren ethisch-religiöser Universalismus[97] aber in einen religiös legitimierten, universellen politischen Herrschaftsanspruch umgedeutet wird.[98] Für die Frage, ob es sich beim Islamismus um eine totalitäre Ideologie handelt, ist entscheidend, ob sich dieser universelle Herrschaftsanspruch nicht nur nach außen (gegen säkulare Nationalstaaten), sondern auch nach innen (gegen die Subjekte dieser Herrschaft) richtet. Sich als Modernisierer bezeichnende Islamisten wie Mustafa Abu-Zaid-Fahmi wehren sich gegen den Totalitarismusvorwurf mit dem Verweis auf die *Schura*, eine im Koran enthaltene Beratungspflicht, die den Herrscher zur Beachtung des Willens seiner Berater veranlasse. Sie bezeichnen den Islam deshalb als die Urform der Demokratie wie der Volkssouveränität.[99] Die Gegenposition beschreibt Adel Theodor Khoury: „Der Koran präzisiert nicht, wie diese Beratung erfolgen soll [...] Er hat aber mit dieser Maßnahme die Autorität und die unentbehrliche Rolle der Rechtsgelehrten festgestellt und verankert. In dieser Pflicht zur Beratung wollen einige islamische Autoren einen Ansatz zur demokratischen Struktur des Staates sehen".[100]

In Verbindung mit dem „Totalitätsanspruch", alle Fragen menschlicher Existenz zu bestimmen,[101] führt die faktische Beschränkung von Mitsprache auf wenige Mitglieder einer auserwählten Gruppe, der *Ulema* (islamische Rechtsgelehrte), zu der als „wahre Gläubige" nur die Islamisten selbst zählen können, nicht zu der von Sayyid Qutb als Befreiung von menschlicher Willkür gepriesenen Gottesherrschaft, sondern zur absoluten Herrschaft weniger Menschen über alle. Auch in der Scharia als religiöser und politischer Ordnung, auf die der Imam als Herrscher verpflichtet ist, findet diese Herrschaft keine Schranke. Es handelt sich nicht um ein umfassendes, Einzelfälle nach normierten Stan-

---

95 Sayyid Qutb, zitiert nach Tibi, Fundamentalismus im Islam, S. 162.
96 Zitiert nach Reuel Marc Gerecht, The Gospel According to Osama Bin Laden, S. 48.
97 Dieser ethische Universalismus des Islam ist auch für politische Handlungen bindend, jedoch ohne einen daraus von Islamisten abgeleiteten, durch Politisierung des ethischen Universalismus erzeugten Herrschaftsanspruch. Vgl. Tibi, The Challenge of Fundamentalism, S. 166.
98 Vgl. Tibi, Krieg der Zivilisationen, S. 96.
99 Ebd., S. 174.
100 Khoury, Der Islam und die westliche Welt, S. 113.
101 Ebd., S. 112.

dards regelndes Gesetzeswerk, sondern um eine Methode zur Interpretation religiöser Quellen. Dadurch ist die Macht der Entscheidung in die Hände weniger Rechtsgelehrter gelegt.[102] Wendet man die Schnittmenge der wichtigsten Totalitarismus-Kriterien[103] auf die islamistische Ideologie an, ergeben sich zahlreiche Übereinstimmungen: Der Islamismus bildet eine Endzeit-orientierte Ideologie, die als religiöse Heilslehre alle bisherigen, von Eric Voegelin als „politische Religionen" bezeichneten totalitären Ideologien in den Schatten stellt; diese Ideologie respektiert das Individuum lediglich als Element des Kollektivs; das Konzept der Massenpartei zur Massenmobilisierung findet sich mit der *Umma* als politischer Einheit aller Muslime, die zudem klare (Abgrenzungs-)Rituale und strenge Auflagen für die Mitgliedschaft kennt; Verweigerung von Unterordnung und Teilnahme wird mit erheblichen Repressalien bis hin zum Tod bestraft; auch für das Wirtschaftsleben gelten strikte Vorschriften, beispielsweise das Zinsverbot. Selbst die Fiktion einer Volkssouveränität ersetzt der Islamismus durch die Souveränität Gottes.[104] Der Islamismus ist dementsprechend als totalitäre Ideologie einzuordnen. Diese Einordnung lässt nicht den automatischen Schluss[105] zu, jedes islamistische Regime müsse totalitär sein. Gerade wegen seiner institutionellen Unbestimmtheit und der auf die Rechtsgelehrten verlagerten Entscheidung über die detaillierte Ausgestaltung der Herrschaftsordnung kann es zu unterschiedlichen Ausprägungen islamistischer Herrschaft kommen. Klar ist jedoch, dass diese Ideologie und das an ihr ausgerichtete Handeln ihrer Anhänger auf die Errichtung einer repressiven Zwangsherrschaft zielt und selbst mit den Mindestanforderungen demokratischer Herrschaft, Rechtsstaatlichkeit und der Wahrung der Menschenrechte nicht zu vereinbaren ist.

Während also die hohe *Reichweite* und die tiefe *Verankerung* der von Al-Qaida proklamierten *Ziele* in der islamistischen Ideologie ebenso deutlich zu erkennen ist wie die äußerst hohe *Gewalttoleranz* dieser Ideologie, stellt sich die Frage nach deren *Attraktivität, Nachvollziehbarkeit* und *Verbreitung*. Der Islamismus profitiert hier in hohem Maße davon, dass die islamistische Ideologie als politische Interpretation des Islam auf diesem, in muslimisch geprägten Ländern allen Mitgliedern der Bezugsgruppe vertrauten religiösen System aufbaut. Die islamistische Ideologie ist damit ungleich einfacher und vollständiger nachzuvollziehen als säkulare Ideologien. Gleiches gilt für ihre Attraktivität. Es handelt sich schließlich um die politische Interpretation dessen, was der Adressat bereits glaubt und lebt, wobei das religiöse Heilsversprechen des Islam politisch

---

102 Vgl. Tibi, Fundamentalismus im Islam, S. 78.
103 Siehe Carl Joachim Friedrich/Zbigniew Brzezinski, Die allgemeinen Merkmale der totalitären Diktatur. In: Eckhard Jesse (Hg.), Totalitarismus im 20. Jahrhundert. Eine Bilanz der internationalen Forschung, 2. Auflage Bonn 1999, S. 225-237.
104 Vgl. Albrecht Metzger, Die vielen Gesichter des Islamismus. In: APuZG, B 3-4/2002, S. 7-15.
105 Ein weiterer vermeidbarer Irrtum ist, von einer monolithischen islamistischen Bewegung auszugehen. Aus diesem Grund ist auch eine Gleichsetzung mit den beiden säkularen Totalitarismen – wie sie die von Bernard-Henry Levy gebrauchte Formel des „dritten Faschismus" impliziert – fehl am Platz.

instrumentalisiert wird. Die Verkündung einer religiös gestalteten, politischen Botschaft durch religiöse Autoritäten fördert sowohl die Nachvollziehbarkeit der Ideologie als auch deren Verbreitung. Den Mechanismus religiöser Autorität nutzt Osama Bin Laden, der sich durch die Aufgabe seines Luxuslebens für den „Heiligen Krieg" große Glaubwürdigkeit als religiöser Führer erwarb.

Dabei kann natürlich nicht auf ein automatisches Annehmen der Ideologie, oder gar aller ideologisch legitimierten Positionen durch die Adressaten geschlossen werden.[106] Es wird zu klären sein, ob die überwiegende Mehrheit der Muslime im Islamismus tatsächlich eine befreiende Heilslehre sieht und seine gewaltsame Durchsetzung befürwortet – oder ablehnt.

VI. Bezugsgruppe des Internationalen Islamistischen Terrorismus

Bezugsgruppe der militanten Islamisten ist die *Umma*, die Weltgemeinschaft der Muslime, die sie für den globalen Djihad mobilisieren wollen. Zu unterscheiden sind die Muslime in den Staaten der muslimischen Welt und die Muslime in der muslimischen Diaspora der westlichen Länder, insbesondere der Bundesrepublik.

Um die *Ideologisierung* der Bezugsgruppe einschätzen zu können, müssen zudem zwei verbreitete Formen unterschieden werden: Die Zustimmung zu islamistischen, also extremistischen Grundpositionen und die Unterstützung ihrer gewaltsamen Durchsetzung. Folgende Grundlinien[107] dominieren die öffentliche Meinung in den muslimisch geprägten Ländern: Dem militant-islamistischen Pol stehen als schwächerer Pol liberale Muslime mit positivem Bezug zu westlichen Werten gegenüber, die sowohl die Anschläge des 11. September 2001 als auch die Idee des Djihad gegen den Westen ablehnen. Bei vielen Liberalen findet der Wunsch nach friedlichem Zusammenleben aber seine Grenze in einer tief verwurzelten, von Ohnmacht, Wut und Frustration über die Rolle westlicher Unterstützung gekennzeichneten Feindschaft gegenüber Israel.

Eine Mittelposition zwischen den Polen nehmen diejenigen Muslime ein, die zwar die militante Durchsetzung islamistischer Forderungen ablehnen, aber eine „Re-Islamisierung" der derzeitigen säkularen Zwangsherrschaft vorziehen. Nicht weit entfernt von Bin Laden stehen schließlich weite Teile der islamistischen Bewegung, die eine militante Durchsetzung ihrer Forderungen zum geeigneten Zeitpunkt für unausweichlich halten, für die Bin Laden die Auseinandersetzung mit dem Westen aber zu früh gesucht hat. Die schwer zu quantifizierende, dynamische Verteilung dieser Positionen wird je nach Quelle und Herangehen höchst unterschiedlich bewertet. Während beispielsweise Gilles Kepel Al-Qaida als medienwirksames, aber isoliertes Untergangsphänomen der islamistischen Bewegung bewertet,[108] sehen andere Autoren große Unterstüt-

---

106 Vgl. Kepel, Das Schwarzbuch des Dschihad, S. 13.
107 Vgl. Benjamin/Simon, The Age of Sacred Terror, S. 410.
108 Vgl. Kepel, Das Schwarzbuch des Dschihad, S. 373.

zung in der Bezugsgruppe und verweisen auf die weiter gestiegene Popularität Bin Ladens und die zunehmende Mobilisierung junger Aktivisten.[109] Zieht man empirische Untersuchungen der Reaktionen auf den 11. September 2001 als Gradmesser der Unterstützung für Al-Qaidas Gewaltstrategie heran, bestätigen sich die beschriebenen Meinungsbilder. Die paradoxe „Zustimmung mit Bedauern" findet sich wieder in Berichten lokaler Beobachter und in Untersuchungen der prinzipiellen Einstellungen gegenüber den USA. Eine im März 2003 von der *Brookings Institution* (Washington, DC) in fünf arabischen Ländern durchgeführte Studie identifiziert eine zwischen 59 Prozent (Libanon) und 95 Prozent (Saudi-Arabien) liegende generelle Ablehnung der USA, die in allen Ländern überwiegend von den spezifischen Politiken geprägt ist. Sie werden als eigensüchtig, im Interesse von Israel liegend und gegen die muslimische Welt gerichtet empfunden.[110] Während die Tötung US-amerikanischer Zivilisten auf Bedauern stößt, ist für eine breite Mehrheit der arabischen Muslime ein solcher Angriff verständlich, sind Angriffe gegen die USA als Symbol westlicher Dominanz prinzipiell legitim. Hinsichtlich der *Unterstützungsbereitschaft* der Bezugsgruppe ist – außerhalb Palästinas – kein Enthusiasmus festzustellen, wohl aber überwiegende Unterstützung einer antiwestlichen Gewaltkampagne, die sich vornehmlich gegen die USA richtet und gegenüber Zivilisten eine nicht zu definierende, aber offenbar sehr hohe Schwelle nicht übersteigt.

Für die *Ideologisierung* im Sinne einer Zustimmung zu islamistischen Forderungen ist eine komplexe, jedoch an einem grundsätzlichem Trend festzumachende Entwicklung zu beobachten: Während in den 90er Jahren mehrere islamistische Umsturzbewegungen an der Resistenz der säkularen Regime, aber auch an einem Mangel öffentlicher Unterstützung für die zum Teil sehr gewalttätigen Kampagnen scheiterten, vollzog sich zeitgleich eine umfangreiche Islamisierung des öffentlichen Lebens. Dies geschah durch die Etablierung einflussreicher islamistischer Sozialinstitutionen, die Unterwanderung von Verbänden und die Durchsetzung[111] islamistischer Rechts- und Moralvorstellungen.[112] Diese Prozesse verdeutlichen das Ausmaß der *Verankerung* der Islamisten in den meisten muslimischen Gesellschaften. Sie führt auch nach Beurteilung optimistischer Autoren zu einer erheblichen Einschränkung des Handlungsspielraums liberaler gesellschaftlicher Kräfte und säkularer Herrschaftseliten und erhöht die Chancen der Islamisten auf die Errichtung islamistischer Gottesstaaten: "Poor as the Arabic-speaking radicals' prospects for seizing power may be, it would be wrong to view them as doomed to political failure. [...] Power could

---

109 Vgl. Stern, The Protean Enemy.
110 Brookings Institution (Hg.), A View from The Arab World: A Survey In Five Countries, Washington D. C. 2003, S. 2.
111 Dabei ist zwischen verschiedenen Ländern zu differenzieren. Nach dem 11. September sind in einigen Staaten, u. a. in Saudi-Arabien, zunehmend Bestrebungen der Autoritäten zu erkennen, diesem Prozess entgegen zu wirken. Vgl. u. a. New York Times vom 13. Juni 2003.
112 Vgl. Emmanuel Sivan, Why Radical Muslims Aren't Taking Over Governments. In: Middle East Review of International Affairs, 2 (1998) 2, S. 9–16.

yet be within their reach, through bullets or ballots, resulting from a military defeat, a succession crisis of the regime, or a drastic worsening of the economic situation."[113]

Betrachtet man die Situation der muslimischen Diaspora am Beispiel der in Deutschland lebenden Muslime, findet sich ein nicht minder breites Spektrum. Es überwiegt, abgesehen von den organisierten Islamisten, eine klare Ablehnung terroristischer Gewalt – zumindest in Deutschland.[114] Komplexer und vielschichtiger ist der Einfluss islamistischer Vorstellungen in Deutschland, der in der Literatur sehr unterschiedlich eingeschätzt wird. Udo Ulfkotte schließt aus den vorhandenen Verbindungen der größten „deutschen" islamistischen Organisation IGMG zu arabischen Islamistengruppen eine islamistische Manipulation der muslimischen Gemeinden und Verbände in Deutschland und verwendet hierfür die Formel der „unterwanderten Republik".[115] Das andere Ende des Spektrums markieren Beiträge, die Islamismus-kritischen Autoren ein „Feindbild Islam" vorwerfen.[116] Nicht die Ideologisierung des Islam in Deutschland sei das Problem, sondern die Dämonisierung des Islam durch seine Gegner – ein Vorwurf, den beispielsweise Bassam Tibi als bewusste Manipulation mit Hilfe der deutschen Vergangenheit zurückweist.[117]

Untersucht man die Veröffentlichungen wichtiger muslimischer Verbände als Gradmesser des Einflusses islamistischer Positionen, fällt eine größtenteils erhebliche Nähe auf. Dies gilt beispielsweise für den *Zentralrat der Muslime in Deutschland*, in dessen als „verbindliche Absichtserklärung der Muslime in Deutschland" erlassenen Charta wesentliche Inhalte des Grundgesetzes nur „im Grundsatz" oder „im Kernbestand" anerkannt werden. Gleichzeitig verweist sie auf den Islam als „vollständiges Rechtssystem" – dass dann ja nur in Konkurrenz zum Rechtssystem der Bundesrepublik stehen kann. Verpflichtungen auf Kernforderungen der Vereinbarkeit mit dem Grundgesetz, z. B. mit dem Gleichheitssatz des Art. 2 GG, werden durch Formulierungen wie „Der Muslim und die Muslima haben die gleiche Lebensaufgabe, Ihm zu dienen und Seinen Geboten zu folgen" vermieden und damit nicht erfüllt.[118] Diese, große Nähe zum Islamismus offenbarende, Positionierung geht einem wichtigen Mitglied des Verbandes, dem *Islamischen Zentrum München*, nicht weit genug: Es sei Auftrag der Muslime, „diese Gesellschaft in eine islamgemäße umzuwan-

---

113 Ebd., S. 14.
114 Vgl. Pfahl-Traughber, Islamismus in der Bundesrepublik Deutschland, S. 43.
115 Vgl. Udo Ulfkotte, Der Krieg in unseren Städten, Frankfurt a. M. 2003, S. 58 ff.
116 Hierzu zählt etwa Mohssen Massarrat; in etwas gemäßigterer Form auch Udo Steinbach.
117 Tibi, Fundamentalismus im Islam, S. 14.
118 Vgl. Zentralrat der Muslime in Deutschland (Hg.), Islamische Charta, auf: http://www.islam.de/?site=sonstiges/events/charta (Zugriff am 19.8.03). Für eine religionswissenschaftliche Analyse siehe Rainer Brunner, Die „Islamische Charta" des Zentralrats der Muslime in Deutschland – Ein Beitrag zur Integration oder Mogelpackung?. In: Veranstaltungsdokumentation der Bundeszentrale für Politische Bildung, auf: http://www.bpb.de/veranstaltungen/NTGHNT,0,0,Die_...2_des_Zentralrats_der_Muslime_in_Deutschland.html (Zugriff am 20.8.03).

deln".[119] Nach langjähriger wissenschaftlicher Auseinandersetzung mit den muslimischen Verbänden und Gemeinden in Deutschland kommt die Marburger Religionswissenschaftlerin Ursula Spuler-Stegemann zu einem ernüchternden Fazit. Mit Ausnahme der von der türkischen Regierung kontrollierten *Türkisch-Islamischen Union der Anstalt für Religion* (DITIB) vertreten ihrer Einschätzung nach alle großen Organisationen in wichtigen Fragen islamistische Positionen und setzen in vielen Gemeinden die Scharia durch.[120] Als Folge des großen Einflusses dieser Organisationen auf die 3,2 Mio. Muslime in Deutschland entstehe eine *islamistisch geprägte Parallelgesellschaft*, eine Entwicklung, die durch zahlreiche Integrationshemmnisse begünstigt werde. Diese Befunde teilt Armin Pfahl-Traughber, der die Herausbildung eines antidemokratischen Potentials feststellt.[121] Während daraus nicht automatisch auf eine hohe *Unterstützungsbereitschaft* für eine gewalttätige Auseinandersetzung geschlossen werden kann, muss die Tatsache, dass zentrale Forderungen der Islamisten in vielen Gemeinden schon durchgesetzt sind, eine hohe Unterstützungsbereitschaft für die Forderungen militanter Islamisten vermuten lassen. In Verbindung mit den von den Sicherheitsbehörden festgestellten militant-islamistischen Strukturen in den wichtigsten Ballungszentren ist zumindest in diesen Gemeinden von einer erheblichen *Verankerung* der islamistischen Terroristen und einer erheblichen Unterstützungsbereitschaft in großen Teilen der Bezugsgruppe auszugehen.

Betrachtet man schließlich die für die Gewaltintensität eingesetzter Methoden wichtige *Verteilung* und *Unterscheidbarkeit* der Bezugsgruppe von der Gruppe der Gegner, ergeben sich signifikante Unterschiede. Vor allem in den arabischen Ländern nähert sich der Anteil der Muslime 100 Prozent der Gesamtbevölkerung, was Operationen hoher Gewalteinwirkung wegen der hohen Zahl zu erwartender muslimischer Opfer stark einschränken sollte. Während der Einsatz von Massenvernichtungswaffen dort auch aus religiösen Erwägungen ausgeschlossen scheint, schreckte Al-Qaida in der Vergangenheit nicht davor zurück, starke Sprengsätze zu zünden, bei denen viele Muslime getötet wurden. In den westlichen Ländern, in denen beinahe ohne Ausnahme muslimische Minderheiten leben, ist insgesamt eine höhere Unterscheidbarkeit von Bezugsgruppe und angestrebter Opfergruppe gegeben. Da sich muslimische Gemeinschaften vor allem auf ausgewählte städtische Gebiete konzentrieren und die Nutzung dieser Infrastruktur von zentraler Bedeutung für die Logistik der militanten Islamisten ist, kann dieser operative Vorteil nur bedingt genutzt werden. Wahrscheinlich ist aus dieser Sicht weiterhin der Einsatz von in ihren Auswirkungen kalkulierbaren „konventionellen" Waffen hoher Zerstörungskraft

---

119 Ebd., S. 3.
120 Siehe Ursula Spuler-Stegemann, Die Grenzen der Religionsfreiheit. Muslime in Deutschland. Organisationen und Gruppierungen. In: Der Bürger im Staat, 51 (2001), S. 221–225.
121 Vgl. Pfahl-Traughber, Islamismus in der Bundesrepublik Deutschland, S. 52.

gegen klar der Feindkategorie zuzuordnende Ziele, wie dies am 11. September 2001 der Fall war.[122]

VII. Rahmenbedingungen des Internationalen Islamistischen Terrorismus

Islamistische Terroristen agieren innerhalb vielfältiger dynamischer Rahmenbedingungen, die eine hohe Interdependenz aufweisen und unterschiedliche, direkte und indirekte Einflüsse auf die beteiligten Akteure ausüben.[123]

Was ihre Auswirkungen auf die *Lebensbedingungen* der Muslime betrifft, ist wiederum zwischen der westlichen Diaspora und muslimisch geprägten Ländern zu unterscheiden. In diesen übernehmen nach dem Ende der kolonialen Herrschaft nationale Eliten in vielen Bereichen aus dem Norden stammende politische, ökonomische und militärische Ordnungsmodelle. Es entstanden in der Mehrzahl autokratische Staaten, die auf dem Herrschaftsprinzip eines umfassenden *quid pro quo* basierten: weitgehende Versorgung im Gegenzug für weitgehende Unterordnung. Mit wenigen Ausnahmen scheiterten Versuche eines arabischen Nationalismus und Sozialismus an der Bereitstellung elementarer öffentlicher Güter und vermochten nicht, an die bis zum 17. Jahrhundert bestehende Vormachtstellung der islamischen Zivilisation anzuknüpfen. Als schlimmstes Versäumnis der säkularen Regime gilt vielen Muslimen ihre Unfähigkeit, sich mit moderner Technologie und vereinten Kräften gegen Israel durchzusetzen.[124]

Die Krise verschärfte sich noch, als nach dem Ende des Ost-West-Konflikts die beiden Supermächte ihre Unterstützungsleistungen stark reduzierten. Entgegen politischer und ökonomischer Krisenerscheinungen trotzten die meisten autokratischen Regime der 1989/90 einsetzenden Demokratisierungswelle. Im für die Weltwirtschaft und strategische Interessen so wichtigen Nahen Osten zogen die USA und ihre Verbündeten die politische Stabilität einer graduellen Demokratisierung den Unwägbarkeiten einer revolutionären Entwicklung vor.[125] In Kombination mit Globalisierungsverlusten – ausgelöst durch Marktöffnung, nicht wettbewerbsfähige Strukturen und unzureichende Investitionen – führten Korruption, Schattenwirtschaft, Überschuldung, Staatsversagen und Bevölkerungsexplosion in vielen muslimisch geprägten Ländern zu schlechteren Lebensbedingungen. Selbst wohlhabende Ölstaaten leiden – verstärkt durch die ungleiche, klientelistische Verteilung der Öleinkommen – zunehmend unter sozialen Spannungen, die sich im Zuge mangelnder wirtschaftlicher Ent-

---

122 Vgl. Bruce Hoffman, One Alarm Fire. In: The Atlantic Monthly, 288 (2001) 5, S. 137–139, hier 139.
123 Vgl. Cronin, Behind The Curve, S. 34.
124 Als transformierendes Moment bezeichnen viele Beobachter die Niederlage von 1967.
125 Vgl. Albrecht Metzger, Die vielen Gesichter des Islamismus, S. 10.

wicklung und hoher Arbeitslosigkeit weiter verschärfen.[126] Im Zeitraum 1980 bis 1997 ist nach Untersuchungen der Vereinten Nationen das durchschnittliche Pro-Kopf-Einkommen von 2 300 auf 1 653 US-Dollar gesunken, was einem Rückgang von ca. 50 Prozent auf ca. 40 Prozent des Weltdurchschnittes entspricht.[127] Dieser ohnehin dramatische Mittelwert täuscht über das Ausmaß der Folgeerscheinungen – z. B. der Bildung von Elendsvierteln in Großstädten, des Zusammenbruchs traditioneller Sozialstrukturen – hinweg, die im historischen Kontext einstiger zivilisatorischer Größe gesehen werden müssen: "By all the standards that matter in the modern world – economic development and job creation, literacy, educational and scientific achievement, political freedom and respect for human rights – what was once a mighty civilization has indeed fallen low."[128] Der in einer globalen Mediengesellschaft allgegenwärtige Vergleich mit den Lebensbedingungen im Westen – und in erfolgreicheren Konkurrenzregionen wie Südostasien – führt innerhalb der muslimischen Welt zu großer Frustration, zur Suche nach den Ursachen und nach einem Weg zurück zur Würde und Stärke vergangener Tage.[129]

Als Erben der diskreditierten Nationalisten und Sozialisten bieten die Islamisten eine Lehre an, die die beschriebenen Missstände als Ergebnis fremder Einflüsse erklärt. Ihre Ideologie knüpft direkt an die Lebensbedingungen der Bezugsgruppe an und stellt ihnen die Vision einer Selbstheilung durch Kampf gegen die Verursacher der eigenen Verelendung – die „unislamischen" Regierungen und den imperialistischen Westen – entgegen. Durch Anbieten sozialer Leistungen, die weder vom Staat noch über den Wirtschaftskreislauf erbracht werden (können), stärken die Islamisten ihre Glaubwürdigkeit, legitimieren ihre Ideologie und binden ihre Anhänger. Die Expansion des Islamismus ist dabei weder statistisch-proportional noch individuell auf eine Expansion von Armut – definiert als Leben am Existenzminimum – zurückzuführen.[130] Die Expansion relativer Armut und Chancenlosigkeit im Vergleich mit den ökonomischen und politischen Partizipationsmöglichkeiten anderer Nationen, Regionen und – aus Sicht der Islamisten – Glaubensgemeinschaften begünstigt jedoch die Mobilisierungsbemühungen der islamistischen Bewegung und stärkt ihren politischen Einfluss auf die Bezugsgruppe.[131]

Relative Statusunterschiede lassen sich – wiewohl in geringerem Maße – auch für die Lebensbedingungen der in westlichen Ländern lebenden Muslime

---

126 Vgl. Michael Mousseau, Market Civilization and its Clash with Terror. In: International Security, 27(2002) 3, S. 5–29, hier 20.
127 Siehe United Nations Development Program (Hg.), The Arab Human Development Report 2002. Creating Opportunities for Future Generations, New York 2002, S. 88.
128 Bernard Lewis, What Went Wrong? In: The Atlantic Monthly, 289 (2002) 1, S. 43–45, hier 44.
129 Ebd., S. 45.
130 Vgl. Mousseau, Market Civilization and its Clash with Terror, S. 6.
131 Vgl. u. a. Saskia Sassen, Governance Hotspots. Challenges We Must Confront in the Post-September 11 World. In: Calhoun/Price/Timmer (Hg.), Understanding September 11, S. 106–120.

erkennen. So stehen ausländische Staatsbürger in der Bundesrepublik unter dem Schutz der rechtsstaatlichen Ordnung und sind Inhaber garantierter Rechte. Sie finden in den Rechten Anderer, in allgemeinen Rechtsvorschriften und den Bestimmungen des Ausländerrechts Schranken.[132] Eingebürgerten oder als Deutsche geborenen Muslimen stehen alle politischen Partizipationsrechte zu. Viele Muslime fühlen sich jedoch in der deutschen Gesellschaft fremd, ökonomisch benachteiligt oder auf verschiedene Weise diskriminiert. Diese Diskriminierungen und der Umgang mit ihnen sind Ausdruck der „gescheiterten Integration" vieler Ausländer in die Bundesrepublik.[133] Sie hat viele Ursachen und gilt sicherlich nicht für alle Muslime, sie beschreibt aber eine von vielen Muslimen empfundene relative Ausgrenzung und Benachteiligung. Die so geförderte Bildung von Parallelgesellschaften stärkt den politischen Einfluss der Islamisten und verbessert ihre Handlungsmöglichkeiten.[134] Die prägenden Rahmenbedingungen wirken also bedrohungsverschärfend: in westlichen Ländern vor allem durch die Förderung von Milieus, in denen militante Zellen unerkannt operieren können; in den muslimisch geprägten Ländern vor allem als legitimationsfördernde, die Rekrutierung erleichternde und politische Einflussnahme ermöglichende Rahmenbedingungen.

Die Rekrutierung von Aktivisten und Unterstützern ist Teil des zweiten Wirkungskomplexes: die *Verfügbarkeit strategischer Ressourcen*. Noch bevor das Ende des Ost-West-Gegensatzes zu einem Nachlassen staatlicher Unterstützung von Terrorismus führte, erlaubte die Ende der 70er Jahre verstärkt einsetzende, immer mehr Regionen der Erde umfassende Globalisierung zugleich eine Internationalisierung und Privatisierung des Terrorismus. Eine Schlüsselrolle für die Verfügbarkeit von Kampfmitteln spiel(t)en der Zusammenbruch der zentralen Kontrolle über Waffenprogramme und Rüstungsindustrie der ehemaligen Sowjetunion, die Erosion internationaler Nonproliferations-Regime sowie die internationale Ausbreitung organisierter Kriminalität. Nicht nur Waffen hoher Präzision und Wirksamkeit sind nun de facto frei verkäuflich; selbst der Erwerb von Massenvernichtungswaffen oder die Herstellung notwendiger Komponenten wird möglich. Während manche Autoren mit Hinweis auf technische Schwierigkeiten solche Anschläge für unwahrscheinlich halten,[135] warnen andere unter dem Eindruck des Sarin-Anschlags 1995 in Tokio und des Anthrax-Anschlags auf den US-Kongress 2001 vor dem offensichtlich praktikablen und – mit Blick auf Fähigkeiten und Absichten der Akteure – wahrscheinlicher werdenden Einsatz biologischer, chemischer und radiologischer Waffen.[136]

---

132 Vgl. Herrmann Avenarius, Die Rechtsordnung der Bundesrepublik Deutschland, Bonn 2001, S. 125.
133 Vgl. Bassam Tibi, Islamische Zuwanderung – Die gescheiterte Integration, Stuttgart 2002.
134 Vgl. Pfahl-Traughber, Islamismus in der Bundesrepublik Deutschland, S. 51.
135 Siehe u. a. Ehud Sprinzak, The Great Superterrorism Scare. In: Foreign Policy, 28 (1998) 112, S. 110–124.
136 So sehen es insbesondere Walter Laqueur und Jessica Stern (The Protean Enemy); etwas skeptischer ist dagegen: Oliver Thränert, Terror mit chemischen und biologischen

Die bisherigen Anschläge militanter Islamisten wiederum zeigen, dass konventionelle Kampfmittel ausreichen, um Massensterben und hohe Kosten zu verursachen. Dies wäre jedoch nicht möglich ohne die im Zuge der Globalisierung ausgeweiteten Bewegungsmöglichkeiten und ohne die Errungenschaften der Informationsrevolution, die sowohl für die Vorbereitung der Anschläge des 11. September 2001 als auch zur Entfaltung ihrer vollen Wirkung zum Einsatz kamen. Per Internet beschafften die Täter und Hintermänner Gelder, Flugtickets, Lagepläne und Informationen zu Flugzeugtypen. Geschickt nutzten sie die moderne Medieninfrastruktur zur globalen Verbreitung der von den Anschlägen ausgelösten Schockwelle.[137] Das Aktionsmuster Al-Qaidas ist selbst Ausdruck einer Globalisierung, die nichtstaatlichen Akteuren bisher unbekannte Möglichkeiten eröffnet – in erster Linie aufgrund der Verfügbarkeit strategischer Ressourcen, die bisher Staaten vorbehalten waren. Sie verfügen heute über strategische Ressourcen – z. B. Kampfmittel, Hochleistungsrechner, Satellitenkommunikation und -navigation, Verschlüsselungstechnik, Lufttransport, Finanzen, eigene Medien mit globaler Reichweite (z. B. Internet) – die es ihnen erlauben, in strategische Konkurrenz mit Staaten zu treten. Langzeitstudien sehen für die nächsten 15 Jahre eine Beschleunigung, Intensivierung und Verbreiterung dieser Effekte voraus und warnen explizit vor dem Missbrauch durch Terroristen.[138]

Steht der Staat diesen Veränderungen der Rahmenbedingungen machtlos gegenüber? Betrachtet man die *Abwehrfähigkeit* gegenüber Terroristen, steht der allgemeinen Verfügbarkeit strategischer Ressourcen die große Erfahrung westlicher Staaten mit diesem Ressourcenpool gegenüber. Insbesondere US-Regierungsstellen verfügen als „Sponsor" der Informationsrevolution über erhebliche Möglichkeiten zur Beeinflussung ihrer Entwicklung und zum Teil über wirksame Überwachungssysteme, z. B. das Kommunikationsüberwachungssystem „Echelon".[139] Große Probleme bereitet den westlichen Sicherheitsdiensten jedoch die Auswertung der gewonnenen Erkenntnisse und die Schwierigkeit, menschliche Quellen in islamistischen Organisationen zu platzieren.[140] Auch zwei Jahre nach den Anschlägen des 11. September 2001, in deren Vorfeld den Behörden in den USA und der Bundesrepublik schwere, im System angelegte Fehler unterlaufen sind,[141] sehen viele Sachverständige die westlichen Geheimdienste als strukturell auf staatliche Gegner ausgerichtete Bürokratien, denen insbesondere der ethnisch-kulturelle Zugang fehlt. Selbst nach bestmöglicher

---

Kampfstoffen: Risikoanalyse und Schutzmöglichkeiten, Stiftung Wissenschaft und Politik, Berlin 2002.
137 Vgl. Cronin, Behind The Curve, S. 47.
138 Siehe RAND Corporation (Hg.), The Global Course of the Information Revolution, MR 1680-NIC, Santa Monica 2003, S. 36.
139 Siehe James Bamford, Body of Secrets, New York 2001.
140 Vgl. Robert Baer, See No Evil. The True Story Of A Ground Soldier In The CIA's War on Terrorism, New York 2002.
141 Für eine minutiöse Aufarbeitung siehe National Commission on Terrorist Attacks upon the United States (Hg.), The 9/11 Commission Report, New York 2004.

Anpassung staatlicher Abwehrinstrumente bleibt jedoch die Defensive strategisch benachteiligt, da quantitativ überfordert.[142]

Diese quantitative Dimension wird umso deutlicher bei der Analyse der *Verwundbarkeit* westlicher Industriestaaten. Dies gilt für die unübersehbare Zahl möglicher Ziele, die als attraktiv für eine auf spektakuläre Zerstörung ausgerichtete Kampagne gelten müssen. Selbst wenn man sich auf für die Stabilität des politischen und ökonomischen Systems wichtige Infrastruktur beschränkt und den Einsatz von Massenvernichtungswaffen ausschließt, ergibt sich eine schlicht nicht zu schützende Zahl von Zielen. Beispielhaft für die Verwundbarkeit der in die globale Infrastruktur eingebundenen Industriestaaten sind die Anschläge des 11. September 2001. Hier wurde die Infrastruktur nicht nur Ziel des terroristischen Angriffs, sondern zur Zerstörung noch wichtigerer Teile der Infrastruktur instrumentalisiert. Da Terroristen nur eine einzige Lücke im System finden und nutzen müssen, was freilich erhebliche Fähigkeiten voraussetzt, ist umfassender Schutz rein quantitativ unmöglich.[143] Noch bedeutender sind die qualitativen Einschränkungen: "A free society is based on openness and on certain shared ethics and honor codes to maintain order, and we are now intimately connected to too many societies that do not have governments that can maintain order and to peoples who have no respect for our ethics or our honor codes."[144]

Alle Schutzmaßnahmen erlegen betroffenen Gesellschaften und ihren Partnern hohe Kosten auf – z.B. in Form der Einschränkung von Freiheitsrechten, steigender Steuerlasten, Benachteiligung anderer Prioritäten staatlichen Handelns, privatwirtschaftlichen Gewinnausfällen, Arbeitsplatzverlusten etc. Das Ausmaß der Verwundbarkeit beinahe aller, zunehmend auf globale Infrastruktur und Wirtschaftstätigkeit angewiesenen Gesellschaften zeigt eine vorsichtige ökonomische Kostenbilanz des 11. September 2001. Blieben die unmittelbaren Schäden mit 0,1 Prozent des gesamten nationalen Vermögens der USA noch im Bereich schwerer Naturkatastrophen, hatte der Anschlag nach Erkenntnissen des *Deutschen Instituts für Wirtschaftsforschung* (DIW) erhebliche – und in dieser Form einmalige – langfristig wirkende, wachstumshemmende Konsequenzen: Konsumkrise, Senkung des Handelsniveaus durch steigende Transaktionskosten, Senkung von Produktivität und erhebliche Mehrausgaben von privaten und öffentlichen Akteuren für Sicherheitsvorsorge.[145] Sie führten global – auch in Deutschland – zu Verlusten an Wohlstand und Arbeitsplätzen, die sich durch weitere Anschläge dieser Größenordnung erheblich verschlimmern würden.[146] Vor allem aber muss auf das persönliche Leid der ca. 3 000 getöte-

---

142 Vgl. Richard Betts, The Soft Underbelly of American Primacy: The Tactical Advantages of Terror. In: Russel Howard/Reid Sawyer (Hg.), Terrorism and Counterterrorism. Understanding The New Security Environment, Guilford 2002, S. 338–353.
143 Ebd., S. 347.
144 Thomas Friedman, Naked Air. In: New York Times vom 26. Dezember 2001.
145 Vgl. Tilman Brück, Die ökonomischen Folgen des neuen globalen Terrorismus, Deutsches Institut für Wirtschaftsforschung, Berlin 2002, S. 3.
146 Vgl. Betts, The Soft Underbelly of American Primacy, S. 347.

ten Menschen und ihrer Angehörigen, auf die Tausenden Verletzten und die medizinischen Spätfolgen hingewiesen werden. Um diese Folgen hervorzurufen, war ein vergleichsweise geringer finanzieller Aufwand nötig. Sie würden durch den Einsatz von Massenvernichtungswaffen um ein Vielfaches multipliziert. Dies gilt auch für die Bundesrepublik, deren Verwundbarkeit aufgrund des Abbaus des bis 1991 relativ hochentwickelten Zivilschutzsystems als sehr hoch eingeschätzt werden muss.[147] Als Folge der hohen Abhängigkeit von Exporttätigkeit und internationaler Infrastruktur besteht diese Verwundbarkeit auch durch Anschläge in anderen Staaten, z. B. den USA. Auch für die Rahmenbedingungen weisen die untersuchten Faktoren insgesamt auf ein hohes Bedrohungsniveau hin, das zudem lediglich in Teilen als mit sicherheitspolitischen Maßnahmen beeinflussbar erscheint.

VIII. Gefahren für die Bundesrepublik Deutschland

Die Untersuchung zeigt, dass eine angemessene Antwort auf die Bedrohung des Internationalen Islamistischen Terrorismus ein umfassendes Verständnisses der Gefahren erfordert. Zu berücksichtigen sind neben den die Bundesrepublik direkt treffenden Gefahren auch die Gefahren für die westlichen Bündnispartner und die muslimisch geprägten Länder. Viele Beobachter, die im Islamismus eine regional begrenzte Gefahr sahen, unterschätzten die Interdependenz zwischen den westlichen und den muslimisch geprägten Ländern. Zweitens kann sich Deutschland auf Grund seiner weitgehenden Integration in nicht nur europäische, sondern auch transatlantische und globale Institutionen, Märkte und Räume den Auswirkungen terroristischer Akte in den USA – oder auf vitale internationale Infrastruktur – nicht entziehen.[148] Dementsprechend sind bei einer Einschätzung, die die Gesamtheit deutscher Interessen reflektiert, direkte und indirekte Wirkungen bzw. Gefahren zu berücksichtigen.[149]

Im Hinblick auf die direkte Bedrohung der Bundesrepublik und ihrer Bürger durch Gewalteinwirkung ist von einer klaren Absicht der militanten Islamisten auszugehen, Deutschland weiterhin als Vorbereitungsraum für Anschläge zu nutzen. Dies senkt die Wahrscheinlichkeit, dass es zu Anschlägen auf dem Gebiet der Bundesrepublik kommt. Dies gilt auch für die bisher wenig ausge-

---

147 Vgl. Hans Odenthal, Der Schutz kritischer Infrastrukturen. In: Frank/Hirschmann (Hg.), Die weltweite Gefahr, S. 281–318, hier 312.
148 In den 2003 vom Bundesminister der Verteidigung erlassenen „Verteidigungspolitischen Richtlinien" wird deshalb auf direkte und indirekte Bedrohungen durch Terrorismus sowie auf die Bündnisverpflichtungen im Rahmen eines multilateralen Verteidigungskonzepts verwiesen. Siehe Bundesministerium der Verteidigung (Hg.), Verteidigungspolitische Richtlinien, Berlin 2003, S. 6.
149 Ian Lesser unterscheidet zwischen indirekten und systemischen Bedrohungen. Vgl. RAND Corporation (Hg.), Countering The New Terrorism, MR 989, Santa Monica 1996, S. 88. Da aus Sicht der Bundesrepublik systemische Bedrohungen jedoch eine Unterform indirekter Bedrohung darstellen, werden sie dementsprechend subsumiert.

prägte Mobilisierung der in Deutschland lebenden Muslime. Gleichzeitig zeigt die Analyse jedoch ernstzunehmende Absichten militanter Islamisten auf, in Deutschland amerikanische und jüdische, bzw. israelische Einrichtungen zu treffen sowie eine zunehmende Neigung, wegen der Beteiligung an der US-amerikanischen Anti-Terror-Koalition auch gegen Deutschland vorzugehen. Diese Absichten gehen einher mit den hierzu notwendigen Fähigkeiten und Kapazitäten. Die Anschläge in London sind ein kaum zu überhörender Warnruf, dass in allen europäischen Demokratien mit Anschlägen zu rechnen ist. Große Gefahr besteht deshalb zumal für sich im Ausland aufhaltende Deutsche.[150] Die ausgeprägte Verwundbarkeit der Bundesrepublik durch Anschläge hoher Gewaltintensität verschärfen die Gefahren ebenso wie die wenig ausgeprägten Fähigkeiten zur Bekämpfung von Extremisten und Terroristen fremder Kultur, Sprache und Religion. Die notwendige Debatte über die Kosten von Sicherheit und Freiheit sowie deren Verhältnis zueinander wird von innenpolitischen Krisenerscheinungen überlagert. Die Wahrnehmung der Gefahren war – bis zu den Anschlägen in London – ebenso rückläufig wie die Bereitschaft, effektive Gegenmaßnahmen zu ergreifen. Es steht zu befürchten, dass die Bereitschaft für mehr Sicherheit auch Kosten in Kauf zu nehmen wie im Jahr nach den fast 200 Toten von Madrid schnell wieder nachlässt. Der mittleren bis erheblichen Wahrscheinlichkeit von Anschlägen in Deutschland, auf deutsche Staatsbürger und deren Vermögenswerte, stehen im Ernstfall also schwerwiegende Konsequenzen solcher Anschläge gegenüber.

Wahrscheinlicher als Anschläge in der Bundesrepublik sind Anschläge hoher Zerstörungswirkung gegen mit Deutschland eng verbundene Länder – z. B. USA, Frankreich oder Großbritannien – oder gegen internationale Infrastruktur. Wegen der aufgezeigten Interdependenzen dürften sie sich in erheblichem Maße auch auf die Bundesrepublik auswirken. Insbesondere die ökonomischen Folgen für deutsche Unternehmen, Arbeitnehmer und Kapitalanleger sind je nach Ausmaß der Zerstörung als erheblich bis schwerwiegend anzunehmen. Aber auch die politischen Folgen schwerer Anschläge im Ausland wie eine steigende Kriegsgefahr und die Notwendigkeit erhöhter Beistandsleistungen und Sicherheitsausgaben – wie nach den Anschlägen des 11. September 2001 – sind in diesem Zusammenhang nicht zu vernachlässigen. Indirekte Folgen für die Bundesrepublik hätten schließlich auch weitere Anschläge in den muslimisch geprägten Ländern, vor allem wenn sie zu einer Beeinträchtigung vitaler Handelsströme, zur Gefährdung deutscher Staatsbürger und Vermögenswerte oder zur Notwendigkeit eines militärischen Eingreifens führen. Auf Grund der höheren Wahrscheinlichkeit des Eintretens und ihrer erheblichen Folgen stellen die indirekten Gefahren durch Gewalteinwirkung eine erhebliche Bedrohung für die Bundesrepublik dar. Dies gilt vor allem für den Fall, dass es islamistischen Terroristen gelingt, vitale Infrastruktur (z. B. Internet, Luftverkehr, Zahlungsverkehr) zu beeinträchtigen.

150 Bei den bisherigen Anschlägen islamistischer Terroristen im Ausland kamen 34 deutsche Staatsbürger ums Leben – mehr als durch den Terrorismus der RAF.

Die Gefahr der Durchsetzung islamistischer Forderungen ist weniger deutlich sichtbar, aber nicht minder bedeutend. Die Entstehung des Internationalen Islamistischen Terrorismus wäre nicht möglich gewesen ohne die Durchsetzung islamistischer Positionen in der arabischen Welt. Ohne die umfangreiche Unterstützung, die der militante Islamismus aus Saudi-Arabien und Pakistan erhielt, wäre Al-Qaida nicht zu der Bedrohung geworden, die sie heute für zahlreiche Staaten darstellt.[151] Die breite, durch günstige Rahmenbedingungen geförderte Verankerung der militanten Islamisten in ihren Heimatländern sichert die zu Aufbau und Erhaltung einer global agierenden Bewegung wichtigen Ressourcen – und die auf Dauer notwendige Unterstützung der Bezugsgruppe. Auch die Durchsetzung islamistischer Forderungen gegen die USA hätte erhebliche Folgen für die Bundesrepublik. Ein Scheitern der sicherlich diskussionswürdigen amerikanischen Nah-Ost-Politik, beispielsweise ein Rückzug aus der Region nach verheerenden Rückschlägen im Irak, hätte höchstwahrscheinlich keine Demokratisierung, Liberalisierung oder Stabilisierung der Region zur Folge. Wahrscheinlicher wäre ein Wiederaufflammen innerarabischer Auseinandersetzungen um Dominanz und Kontrolle über die weltweit wichtigsten Ressourcenvorräte. Das „Worst Case"-Szenario wäre die Errichtung eines panislamistischen Gottesstaats. Die Folgen beider Entwicklungen lassen sich nach der Erfahrung der Ölpreisschocks der 70er Jahre nur als schwerwiegend bezeichnen. Insgesamt stellen die indirekten Wirkungen einer Durchsetzung islamistischer Forderungen deshalb eine Bedrohung für die Interessen der Bundesrepublik dar.

Die Untersuchung zeigt, dass eine erhebliche Bedrohung durch die in Deutschland breit verankerten islamistischen Strukturen, die Verbreitung ihres Gedankenguts und die Begünstigung ihrer Aktivitäten durch allgemeine Rahmenbedingung gegeben ist. Die Ausrichtung wichtiger muslimischer Verbände und Gemeinden an islamistischen Positionen ist nur als Gegnerschaft zur freiheitlich-demokratischen Grundordnung zu begreifen. Die Konsequenzen einer zunehmenden Durchsetzung islamistischer Positionen, wie sie in der Scharia bzw. deren Auslegungspraxis dokumentiert sind, wären beträchtlich. Bereits jetzt kommt es zu einer schleichenden Entrechtung der Bezugsgruppe, vor allem der weiblichen Mitglieder islamistisch dominierter muslimischer Gemeinschaften. Dieser Prozess führt zur Entwicklung von Parallelgesellschaften, zur Aushöhlung der demokratischen Rechtsordnung und zur schleichenden Durchsetzung eines politischen Machtspruchs islamistischer Führer. Die inzwischen verbotene Vereinigung *Kalifatsstaat* des selbsternannten „Kalifen von Köln", Metin Kaplan, ist ein Beispiel für eine solche Entwicklung.

---

151 Vgl. Bergen, Holy War, Inc., 2001.

IX. Herausforderungen für die Bundesrepublik Deutschland

Die deutsche Demokratie ist mit direkt und indirekt wirkenden Gefahren konfrontiert, die Staat und Gesellschaft vor große Herausforderungen stellen. Zu jenen gehört, dass bislang zu wenig belastbare Erkenntnisse zu den Ursachen und Wurzeln des Internationalen Islamistischen Terrorismus, zu den Beweggründen der Aktivisten und Unterstützer sowie zu erfolgversprechenden Gegenmaßnahmen vorliegen. Politik und Wissenschaft verfügen mehr und mehr über ein geschärftes Bild der neuen Gefahren; viele Ungenauigkeiten trüben unter Umständen jedoch den Blick auf wichtige Kausalzusammenhänge. Klar ist, dass es sich um eine Herausforderung handelt, die nicht vom Staat oder gar den Sicherheitsbehörden alleine bewältigt werden kann. Zu bedeutend sind diejenigen Gefahrenfaktoren, auf die der Staat zwar durch veränderte Rahmenbedingungen Einfluss nehmen kann, die letztlich aber in der Sphäre der Zivilgesellschaft liegen. Beispiele sind die Lebensbedingungen von Muslimen oder der Umgang in Deutschland lebender Muslime mit islamistischen Einflussversuchen und Machtansprüchen. Staat und Gesellschaft sind gefordert, sich grundlegend mit den neuen Gefahren und ihren Konsequenzen auseinander zu setzen. Nur so kann in demokratischer Willensbildung der politische Wille zu einer verhältnismäßigen und entschlossenen Bekämpfung des Internationalen Islamistischen Terrorismus und Extremismus entstehen.

Gerade die Bundesrepublik verfügt als wehrhafte Demokratie über ein diesen Prozess erleichterndes demokratisches Selbstverständnis. Das Leitbild „Sicherheit in Freiheit", dass – wie einst von Kurt Schumacher gefordert – den Toleranten mit größtmöglicher Toleranz gegenübertritt, zugleich aber klar gegen jede Gefährdung von Freiheit und Sicherheit Stellung bezieht, ist aktueller denn je. Dass es auf die Gefahren des islamistischen Extremismus und Terrorismus zumindest bisher wenig Anwendung findet, ist die Folge eines falsch verstandenen Toleranzgebots gegenüber Menschen fremder Herkunft, Kultur und Religion. Mit diesem Verständnis verkehrt sich das Leitbild der wehrhaften Demokratie in sein Gegenteil; Toleranz gegenüber dem Islamismus führt zu wachsender Unfreiheit und Unsicherheit von Muslimen wie Nichtmuslimen. Staat und Gesellschaft sind deshalb herausgefordert, auf der Grundlage des im deutschen Grundgesetz festgeschriebenen Rechts- und Wertesystems eine klare, für Nuancen sensible Haltung zu den neuen Gefahren zu entwickeln. Soll die deutsche Demokratie in universeller Geltung fortbestehen, müssen die Instrumente zu ihrem Schutz vorsichtig an die neuen Gefahren angepasst und auch eingesetzt werden. Politische und juristische Entscheidungen müssten hierzu mehr als bisher am Leitbild „Sicherheit in Freiheit" ausgerichtet sein.

Konkret bedeutet dies, dass die Normen, Ressourcen und Strukturen, mit denen der Staat Sicherheit und Freiheit der in Deutschland lebenden Menschen verteidigt, einer gründlichen Überprüfung bedürfen. Dies ist die Voraussetzung für eine verhältnismäßige und kontrollierte Anpassung staatlichen Handelns an die neuen Gefahren. Da viele der untersuchten Gefahrenfaktoren weit über das

Feld der klassischen Sicherheitspolitik hinausreichen, dürfte kaum ohne eine Anpassung staatlicher Sicherheitsstrukturen und ein hohes Maß an Kooperation mit zivilgesellschaftlichen Akteuren auszukommen sein. Gemeint sind etwa muslimische Vereine und Moscheen, Träger von politischer Bildung und entwicklungspolitischen Maßnahmen sowie die Verantwortlichen für die Sicherheit privatwirtschaftlich betriebener Infrastrukturen. Als hochentwickelte Demokratie und Ökonomie verfügt die Bundesrepublik auch hier über gute Voraussetzungen. Bisher bleiben sämtliche Akteure jedoch hinter dem zurück, was im Licht der neuen Gefahren als notwendig erscheint.

Kompliziert werden alle diese Herausforderungen durch die Komplexität des Internationalen Islamistischen Terrorismus. Sie verleitet viele dazu, nur einige – nämlich die mit der jeweiligen institutionellen oder weltanschaulichen Brille sichtbaren – Aspekte eines vielschichtigen Phänomens zu beachten. Tatsächlich handelt es sich um eine mehrdimensionale Herausforderung. Jede der vier Variablen der Bedrohung ist zugleich ein Ansatzpunkt für Gegenmaßnahmen. Die Voraussetzung für eine ganzheitliche Politik ist die Formulierung klarer Ziele und Strategien der Bekämpfung. An ihnen muss staatliches Handeln ausgerichtet sein, sollen die Gegenmaßnahmen ihren Zweck erfüllen. Der Fokus wird dabei naturgemäß, je nach Situation und Ausprägung der Gefahrenfaktoren, unterschiedlich ausfallen. Gut möglich ist, dass die bisherigen sicherheitspolitischen Instrumente nicht ausreichen und – neben neuen Formen der Kooperation und Koordination – neue Bekämpfungsinstrumente benötigt werden. Gelänge es etwa, der Mobilisierung islamistischer „Gotteskrieger" durch eine verbesserte Integration in Deutschland lebender Muslime entgegen zu wirken, könnte die weitere Eskalation des Konflikts zumindest beschränkt werden. Integrationspolitik erfüllt im Kontext eines aggressiven, auf Verschärfung interkultureller Konflikte und Separierung setzenden Islamismus eine wichtige sicherheitspolitische Funktion. Die im Zuwanderungskompromiss vorgesehenen Regelungen zur Integrationsförderung tragen hierzu nur wenig bei. Ähnliches gilt für viele der seit dem 11. September 2001 durchgeführten Bekämpfungsmaßnahmen. Als „quick fix" gehen sie oftmals an den spezifischen Merkmalen des Internationalen Islamistischen Terrorismus vorbei. Sie zu erkennen und in einem demokratischen Prozess den Werten der Sicherheit und der Freiheit entsprechende Problemlösungsstrategien zu entwickeln, dies ist die eigentliche intellektuelle Herausforderung des Internationalen Islamistischen Terrorismus.

Neuer Terrorismus? – Die Debatte um die Einordnung des Djihadismus

Monika Prützel-Thomas

I. Vorbemerkung

Auf radikalem Islamismus gegründeter Terrorismus stellt heute die gefährlichste Entwicklung im internationalen Terrorismus dar und erfordert eine eingehende Auseinandersetzung mit seinen Wurzeln und der Motivation der Terroristen. Die nicht abreißenden Anschläge islamistischer Terroristen haben die Welt in den letzten Jahren mit einer neuen Risikolage konfrontiert. Besonders die Ereignisse vom 11. September 2001 wurden oft als epochaler Einschnitt in der Entwicklung des Terrorismus bezeichnet.[1] Politiker,[2] die Medien,[3] und auch Wissenschaftler[4] sprechen von einem *neuen Terrorismus*, der eine Herausforderung bisher unbekannter Art bedeute, und der sich nicht in die Kategorien des klassischen Terrorismus einordnen lasse. Sowohl Walter Laqueur, der oft der Vater der Terrorismusforschung genannt wird, als auch Rohan Gunaratna, der sich als international arbeitender *Al Qaida*-Experte bekannt gemacht hat, sprechen von einem *neuen* Terrorismus. Gunaratna behauptet: „Das Ende der Ost-West Konfrontation erlaubte Terroristen- und Guerillagruppen, bei der Durchsetzung ihrer Ziele global zu operieren. Es boten sich so neue Ideen, neue Arbeits- und Finanzierungsmöglichkeiten. Dazu kamen die Nutzung neuer

---

1 Vgl. Wolfgang Schluchter, Einleitung. In: ders. (Hg.), Fundamentalismus, Terrorismus, Krieg, Weilerswist 2003, S. 9–23, hier 9.
2 Präsident George W. Bush zum Krieg gegen den Terrorismus. In: Address to the Nation on 8 October, World Congress Center, Atlanta, Georgia, http://www.whitehouse.gov/news/releases/2001/11/20011108-13.html: "This is a different war from any our nation has ever faced, a war on many fronts, against terrorists who operate in more than 60 different countries. And this is a war that must be fought not only overseas, but also here at home. [...] We've added a new era, and this new era requires new responsibilities, both for the government and for our people."
3 Siehe unter anderem: Karen DeYoung/Michael Dobbs, Bin Laden: Architect of new Global Terrorism. In: Washington Post vom 16. Sept. 2001; Peter Beaumont, The new Romantics of Death. In: The Observer vom 27. Okt. 2002.
4 Siehe u. a. Walter Laqueur, No End To War. Terrorism in the Twenty-First Century, New York/London 2003; Rohan Gunaratna (Hg.), The Changing Face of Terrorism, Singapur 2004; Bruce Hoffman, Foreword. In: Andrew Silke (Hg.), Research on Terrorism. Trends, Achievements and Failures, London/Portland 2004, S. VII–IX, hier VIII.

Technologien und das Erlernen von östlichen und westlichen Methoden und Taktiken. In dieser Zeit entwickelten sich terroristische Amateure zu geschulten schlagkräftigen Gruppen. Im Zuge des rapiden globalen Wandels hat sich das Phänomen des Terrorismus sowohl geographisch als auch technisch total verändert."[5]

Man muss sich aber fragen, ob die Nutzung neuer technischer Errungenschaften durch Terroristen und die Anpassung an sich wandelnde politische Gegebenheiten das Phänomen des Terrorismus an sich verändern. Was ist *neuer* Terrorismus, was *klassischer* Terrorismus? Um die Frage zu beantworten, ob es sich beim Djihadismus um ein qualitativ neues Phänomen handelt oder ob wir es mit einer besonders gefährlichen Variante eines altbekannten Phänomens zu tun haben, ist es notwendig sich mit der Debatte um die Definition des Terrorismus an sich zu befassen. Dabei muss man allerdings immer bedenken, dass der Djihadismus eine Hydra mit vielen Köpfen ist. Er besteht aus einer Vielzahl von verschiedenen Gruppen, die oft von örtlich bedingten Gegebenheiten geprägt sind. Zu den Schattierungen des Djihad gehören fundamentalistisch-reformerische Bewegungen ebenso wie Guerillakämpfer und Aufständische in Krisengebieten oder auch technisch versierte, global operierende Terroristen. Nicht selten werden lokale ethnisch-separatistische Konflikte von Kämpfern des Djihad opportunistisch ausgenutzt, wie u. a. in Südostasien und in Tschetschenien. Das vielschichtige Phänomen des Djihadismus entzieht sich auch der Ansiedlung in einem einfachen Links-Rechts-Spektrum. In ihrem Versuch, die Position des Djihadismus auf einer Links-Rechts-Skala zu bestimmen, haben Uwe Backes und Eckhard Jesse ihn deshalb als *„eigenständige Variante des politischen Extremismus"* identifiziert.[6] In der Frage, wie angemessen der Djihadismus von gängigen Terrorismusdefinitionen abgedeckt wird, herrscht in der Politikwissenschaft keine Einigkeit.

II. Definitionsproblematik des Terrorismusbegriffes

Das Ringen um eine allgemeingültige Definition des Terrorismus hat besonders in den achtziger Jahren die Politikwissenschaftler aller Kontinente beschäftigt. Zu einer Einigung ist es jedoch nicht gekommen. Es gibt fast so viele Definitionen des Terrorismus wie Autoren. Ein neues britisches Handwörterbuch zum Terrorismus gibt 90 verschiedene Definitionen, und das schließt nicht einmal die unterschiedlichen Definitionen der westlichen Regierungen und Geheimdienste ein.[7] Alex Schmid, einer der höchstrangigen Terrorismusbekämpfer bei

---

5 Gunaratna, The Changing Face of Terrorism, S. 1 (Übersetzung der Autorin).
6 Siehe Uwe Backes/Eckhard Jesse, Islamismus – Djihadismus – Totaliltarismus – Extremismus. In: dies. (Hg.), Jahrbuch Extremismus & Demokratie, Band 14, Baden-Baden 2002, S. 13–26.
7 John Richard Thackrah, Dictionary of Terrorism, 2. Auflage London/New York 2004, S. 66–74.

den Vereinten Nationen, und Albert Jongman trugen in ihrem in den achtziger Jahren herausgegebenen Kompendium 109 verschiedene Definitionen zusammen.[8] Interessant ist, dass die US-Regierung mit mehreren verschiedenen Definitionen arbeitet. Je nach ihrem speziellen Interesse betonen die einzelnen Ministerien und Regierungsagenturen unterschiedliche Merkmale des Terrorismus. Dies zeigt die politisch-ideologische Komponente, die der Definitionsproblematik innewohnt:

- Die Definition des US-Außenministeriums: „Terrorismus ist vorsätzliche, politisch motivierte Gewalt, verübt gegen zivile Ziele durch substaatliche Gruppen oder im Verborgenen arbeitende Täter, gewöhnlich mit der Absicht ein Publikum zu beeinflussen."[9]
- Die Definition des Pentagon: „Terrorismus ist kalkulierte Gewaltanwendung oder -androhung, um Furcht zu erzeugen in der Absicht, die Regierung oder die Gesellschaft zur Verfolgung von politischen, religiösen oder ideologischen Zielen zu nötigen."[10]
- Die Definition des FBI: „Terrorismus ist ungesetzlicher Zwang oder Gewalt gegen Menschen oder Eigentum zur Einschüchterung einer Regierung, der Zivilbevölkerung oder eines Teiles von dieser, um politische oder gesellschaftliche Ziele zu erreichen."[11]

Die Definition des Außenministeriums nimmt den Täter ins Blickfeld. Mit der Eingrenzung auf *subnationale* Gruppen wird jedoch das Phänomen des Staates als Täter, also des Staatsterrorismus, ausgeklammert. Wenn man hier Noam Chomskys Argumentation folgt, ist die Ausklammerung des Staatsterrorismus in der Definition des US-Außenministeriums beabsichtigt. Die USA könnten sonst selbst als „Schurkenstaat" verstanden werden.[12] Ein Kuriosum der Definition des US-Außenministeriums ist die faktisch unhaltbare Eingrenzung auf zivile Ziele. Die Strategie von vielen terroristischen Organisationen hat immer wieder auch militärische Ziele eingeschlossen. Man denke nur an die IRA in Nordirland, deren Anschläge in den siebziger und achtziger Jahren des zwanzigsten Jahrhunderts regelmäßig sowohl auf die Zivilbevölkerung als auch die britische Armee abzielten.[13] Ein weiteres Beispiel ist die *Rote Armee Fraktion* (RAF) in Deutschland, die in den siebziger und achtziger Jahren sowohl Anschläge auf amerikanisches Militärpersonal als auch gegen Zivilisten verübte.

---

8   Alex Schmid/Albert Jongman, Political Terrorism, 2. Auflage Oxford 1988.
9   Zitiert nach: Terrorism Research Centre, Unites States, www.terrorism.com (Übersetzung der Autorin).
10 Ebd.
11 Ebd. Englische Version: "Terrorism is the unlawful use of force or violence against persons or property to intimidate or coerce a government, the civilian population, or any segment thereof, in furtherance of political or social objectives".
12 Vgl. Noam Chomsky, Hegemony or Survival. America's Quest for Global Dominance, London 2004, S. 189.
13 Die IRA erschien allerdings jahrelang nicht auf der Liste der verbotenen Terrorgruppen des US-Außenministeriums.

Die Definition des Pentagon ist weiter gefasst und erlaubt eine Subsumierung des Staatsterrorismus. Sie lässt damit unter anderem Raum für den präventiven Erstschlag gegen so genannte Schurkenstaaten. Mit dieser schon viele Jahre bestehenden Definition sind auch die verschiedenen Formen des Djihadismus auf jeden Fall abgedeckt. Man könnte deshalb schon hieraus den Schluss ziehen, dass wir es nicht mit einem qualitativ neuen Phänomen zu tun haben.

Bei der Definition des FBI dagegen steht die Straftat im Vordergrund. Sie ähnelt damit den Definitionen der britischen Regierung und des deutschen Verfassungsschutzes.[14] Interessant ist, dass trotz dieser erheblichen Übereinstimmung hinsichtlich der Definition des Terrorismus weit geringerer Konsens darüber besteht, welche Organisationen weltweit als terroristisch anzusehen sind und daher auf einer Liste verbotener Organisationen erscheinen. Politische Gesichtspunkte spielen hier eine erhebliche Rolle.[15]

Viele Terrorismusdefinitionen gehen idealtypisch von den Verhältnissen in einem bestimmten Land aus. Dies war auch bis in die späten neunziger Jahre in der deutschen Politikwissenschaft der Fall, man denke an die vielzitierten Definitionen von Peter Waldmann oder Uwe Backes und Eckhard Jesse. Waldmann unterschied zwischen *Terror*, d.h. der systematischen Anwendung von Gewalt oder Gewaltdrohungen seitens eines autoritären Regimes zur Erhaltung seiner Macht, und *Terrorismus* als geplantem Einsatz von Gewalt durch Gruppen, die eine Aushöhlung der staatlichen Ordnung und darauffolgende tiefgreifende gesellschaftliche Veränderungen zum Ziel haben[16] Politischer Terrorismus wird also in jedem Fall als eine von kleinen Gruppen gegen den Nationalstaat gerichtete Aktivität angesehen. Problematisch ist hier einerseits die Ausgrenzung des Staatsterrors von so genannten „Schurkenstaaten" aus dem Terrorismusbegriff und andererseits die einseitige Blickrichtung auf innerstaatliche Konflikte, was neueren Entwicklungen im internationalen Terrorismus nicht gerecht wird. Der von staatlicher Seite ausgeübte Terror autoritärer Regierungen bezieht sich längst nicht mehr „nur" auf das Innenleben eines Staates, also auf die Kontrolle der innerhalb der eigenen Staatsgrenzen lebenden Bevölkerung, sondern verfolgt Regimeflüchtige auch über die Landesgrenzen

---

14 Die britische Version wurde im Terrorism Act 2000 neugefasst: "Terrorism is the use of serious violence against persons or property, or the threat to use such violence, to intimidate or coerce a government or civilian population in furtherance of political or social objectives".
Die Definition der Verfassungsschutzbehörden lautet: „Terrorismus ist der nachhaltig geführte Kampf für politische Ziele, die mit Hilfe von Anschlägen auf Leib, Leben und Eigentum anderer Menschen durchgesetzt werden sollen, insbesondere durch schwere Straftaten, wie sie in Paragraph 129a, Absatz 1 des Strafgesetzbuches genannt sind, oder durch andere Straftaten, die zur Verbreitung solcher Straftaten dienen." Siehe Bundesministerium des Innern (Hg.), Verfassungsschutzbericht 2001, Berlin 2002, S. 294 f.
15 Für eine eingehendere Betrachtung siehe Silke (Hg.), Research on Terrorism, S. 5 ff.
16 Vgl. Peter Waldmann, Terrorismus. In: Dieter Nohlen (Hg.), Wörterbuch Staat und Politik, München 1991, S. 703. Ebenso: Uwe Backes/Eckhard Jesse, Politischer Extremismus in der Bundesrepublik Deutschland, Neuausgabe Bonn 1996, S. 537.

in ein Exilland oder versucht, durch die Unterstützung von terroristischen Gruppierungen andere Länder zu destabilisieren. Ein Beispiel für diesen Staatsterrorismus auf deutschem Boden ist das durch den iranischen Geheimdienst veranlasste Attentat auf eine kurdische Delegation im Berliner Restaurant *Mykonos* am 17. September 1992, bei dem vier Menschen starben. Terrorismus gehört zunehmend zum Arsenal der Feindlichkeiten von Regierungen, die wissen, dass sie militärisch keine Chance gegen ein mächtigeres Land haben. Sie benutzen Terrorismus als eine irreguläre Form des Krieges. Ein weiteres Beispiel dieser staatlich unterstützten Variante des Terrorismus war der Bombenanschlag libyscher Agenten auf eine Passagiermaschine der *PanAm*, die am 21. Dezember 1988 über Lockerbie in Schottland explodierte und abstürzte, wobei 270 Menschen ums Leben kamen. Klischeehaft wird diese terroristische Strategie oft auf die Formel gebracht: Krieg ist ein Mittel der Mächtigen, Terrorismus die Antwort der Schwachen.

Uwe Backes und Eckhard Jesse grenzen die Definition des Terrorismus ideologisch noch weiter ein: „Terrorismus ist erstens zu unterscheiden vom Terror, den politische Machthaber auf Beherrschte ausüben; zweitens von entsprechenden Widerstandsaktionen in Diktaturen."[17] Nach der Erfahrung der NS-Diktatur in Deutschland ist es verständlich, dass Deutsche gern für eine „Sonderbehandlung" der Freiheitskämpfer eintreten. Aber man muss die Frage stellen, ob man sich damit nicht die Argumentation der Terroristen zu eigen macht, dass nämlich der Zweck die Mittel heilige. Mit einer ähnlichen Argumentation stellte die *Organization of the Islamic Conference* (OIC) im Jahre 2002 fest, der Kampf der Palästinenser dürfe auf keinen Fall mit der Bezeichnung „Terrorismus" belegt werden, sondern sei ein Freiheitskampf.[18] Waren die von den USA finanzierten Bombenattentate durch die irakische Oppositionsgruppe *Iraqi National Accord* (INA) in mehreren Städten im Irak im Jahre 1996, bei denen etwa 100 Zivilisten ums Leben kamen, ein Freiheitskampf? So sehr man auch das Ende des totalitären Regimes von Saddam Hussein herbeiwünschen mochte, war es doch unbestreitbar, dass die vom Ausland finanzierte irakische Opposition sich die Methoden von Terroristen zu eigen machte. Der britische Terrorismusforscher Richard Clutterback fand harsche Worte für solche Freiheitskämpfer: „Wer sich das Klischee zu eigen macht, ,des einen Terrorist, ist des anderen Freiheitskämpfer', der zeigt damit, dass er nicht wirklich verstanden hat, was Terrorismus eigentlich bedeutet. Terrorismus ist eine Technik – ,töte einen und versetze Zehntausend in Angst und Schrecken' – die von allen Seiten angewendet wird: von Guerillamilizen, von Freiheitskämpfern, von Dissidenten, von politischen Aktivisten linker und rechter Couleur, von Nationalisten, von völkischen Minderheiten und Religionsgemeinschaften, von kriminellen, im Mafia-Stil organisierten Banden, vom organisierten, illegalen

---

17 Ebd.
18 Vgl. Andrew Silke, An Introduction to Terrorism Research. In: ders. (Hg.), Research on Terrorism, S. 1–29, hier 6.

Drogenhandel und – vielleicht am häufigsten – von autoritären Regierungen (sowohl linker als auch rechter Überzeugung) und ihren Todeskommandos. [...] Töten ohne rechtliche Basis, um den Rest der Bevölkerung den Wünschen des Gewalttäters gefügig zu machen, hat keine Rechtfertigung und sollte immer als eine Straftat (nicht als politisches Delikt) geahndet werden."[19]

Die hier zitierten Beispiele zeigen verkürzt einige der Schwierigkeiten auf, eine befriedigende Definition zu finden. Die traditionell relativ eng gefassten Terrorismusdefinitionen der deutschen Politikwissenschaft tun sich jedoch besonders schwer mit den global arbeitenden Gruppen des heutigen Djihadismus. So gesehen ist es generell verführerisch von einem ganz neuen Phänomen zu sprechen. Was ist der Vorteil? Wenn wir den Djihadismus als neues Phänomen akzeptieren, wird vieles einfacher, Unterlassungen lassen sich leichter verzeihen: Die Politikwissenschaft lenkt damit davon ab, dass existierende Arbeitsdefinitionen nicht richtig greifen. Politiker rechtfertigen dadurch Unzulänglichkeiten in der Sicherheitspolitik. So gesehen wird das Etikett *neuer* Terrorismus auch gelegentlich als politischer Kampfbegriff benutzt.

III. Kurzer geschichtlicher Abriss des Djihadismus

Was ist Djihadismus? Im populären Sprachgebrauch werden Djihadismus und *Al-Qaida* oft fast synonym gebraucht, was der komplexen Sachlage keineswegs gerecht wird. Ähnliches sah man bei dem Anschlag muslimischer Terroristen im September 2004 auf eine Schule in Beslan im russischen Ossetien, hinter dem Präsident Putin sofort *Al-Qaida* vermutete. Jason Burke, ein britischer Nahostkenner, der für den *Observer* schreibt, warnt in seinem neuen Buch davor, *Al-Qaida* als zusammenhängende und strukturierte terroristische Organisation mit festen Zellen zu sehen. Er beschreibt die Szene als „amorphe und versprengte politisch-religiöse Bewegungen, bei der die Verantwortung für einzelne Terrorakte oft schwer festzumachen ist".[20] Der Djihadismus geht weit über Osama bin Ladens Terror-Netzwerk hinaus und beruht auf einer Jahrzehnte alten politischen, religiös-kulturell gerechtfertigten Bewegung.[21]

Genau wie im Christentum und Judentum hat es auch im Islam schon lange fundamentalistische Strömungen gegeben, die sich im Besitz der reinen Lehre fühlten. Im zwanzigsten Jahrhundert fanden sich solche Erweckungsbewegungen im Islam, besonders im Wahabismus in Saudi-Arabien und im Salafismus in Ägypten, welches zum Kernland für die ideologische Entwicklung des islamischen Fundamentalismus wurde. Nach der Zerschlagung des ottomanischen Reiches und wohl auch als Reaktion auf die säkularen Reformen Kemal Ata-

---

19 Richard Clutterbuck, Terrorism in an Unstable World, London 1994, S. 5.
20 Jason Burke, Al-Qaeda. Casting a Shadow of Terror, London/New York 2003, S. 11.
21 Vgl. Bassam Tibi, Vom klassischen Djihad zum terroristischen Djihadismus – der irreguläre Krieg der Islamisten. In: Uwe Backes/Eckhard Jesse (Hg.), Jahrbuch Extremismus & Demokratie, Band 14, Baden-Baden 2002, S. 27–44, hier 42.

türks in der Türkei, gründete Hasan al-Banna 1928 in Ägypten die radikal-fundamentalistische *Muslimbruderschaft*. Nach den Wünschen der Muslimbrüder sollten Staat und Gesellschaft auf den Prinzipien des religiösen Rechts, der Scharia, gegründet sein. Viele von ihnen wollten die Einheit von Staat und Religion. Djihad wurde als Mittel propagiert, um sowohl die Ungläubigen oder Andersdenkenden im eigenen Lande als auch nach außen hin die Dekadenz des Westens zu bekämpfen. Djihad wird oft als „heiliger Krieg" übersetzt, heißt aber strenggenommen eher „Bemühung". In erster Linie Bemühung um das eigene Seelenheil, aber Djihad hat auch eine politische, gesellschaftliche, kulturelle und daraus erwachsend auch eine militärische Komponente. Der klassische Djihad führte in der Geschichte des Islam wiederholt zum Krieg gegen die Ungläubigen. Terroristische Akte im Namen Allahs, besonders gegen Zivilisten, sind jedoch laut Bassam Tibi in der Koranauslegung moderater Muslims verboten.[22] Tibi hat für die radikal-fundamentalistische Djihadinterpretation der Muslimbruderschaft und anderer islamistischer Gruppen den Ausdruck „Neo-Djihad" geprägt, um ihn von dem Djihadverständnis moderater Muslime in aller Welt abzugrenzen.[23]

Terroristische Akte waren aber von Anfang an Teil der Strategie der Muslimbruderschaft. Hasan al-Bannas fundamentalistische Anhänger folgten seiner in einem auch heute noch vielgelesenen Essay dargelegten Lehre, die Gewalt und Terror generell als legitimen Djihad ansieht, wenn es darum geht, andersdenkende Muslime auf den „richtigen" Pfad zu bringen oder den Vormarsch des Islams in der Welt zu sichern. Diese Argumentation wurde später von Sayed Qutb, der in den fünfziger Jahren die Führung der Muslimbrüder übernahm, in radikalisierter Form weitergeführt.[24] Er rief in zahlreichen antiwestlichen Schriften zum Djihad gegen die damaligen Regierungen der islamischen Länder auf, welche in seinen Augen alle einen dekadenten Islam vertraten. Eine Avantgarde sollte diesen Kampf vorantreiben. Qutbs Schriften übten später auch entscheidenden Einfluss auf die politische Entwicklung von Osama bin Laden aus. John Gray, Professor für europäische Ideengeschichte an der *London School of Economics*, sieht deshalb, was Strategie anbetrifft, eine enge Verwandtschaft zwischen dem revolutionären Anarchismus im Europa des 19. Jahrhunderts und *Al-Qaida*.[25]

Der bewaffnete Flügel der *Muslimbruderschaft* und später anderer Djihad-Gruppen stellte aber nur einen Teil der Bewegung dar. Andere Teile widmeten sich missionarischen Aufgaben und der Bildungsarbeit. Sie bauten Moscheen, sorgten für die religiöse Erziehung von Jugendlichen, engagierten sich in Ju-

---

22 Ebd., S. 30.
23 Ebd., S. 36.
24 Eine Sammlung ins Englische übersetzter Originaltexte verschiedener Vordenker des Djihadismus findet sich in: Walter Laqueur (Hg.), Voices of Terror. Manifestos, writings, and manuals of Al-Qaeda, Hamas and other terrorists from around the world and throughout the ages, New York 2004.
25 John Gray, Al Qaeda and What it Means to be Modern, London 2003, S. 24.

gendclubs usw. So wurde eine Verankerung der Bewegung in der Gesellschaft gesichert. Man könnte hier durchaus Vergleiche mit der IRA und ETA ziehen, die beide einen politischen und einen militärischen Flügel hatten.[26] Die Muslimbrüder versuchten jedoch immer wieder, wenn auch erfolglos, die damals sozialistisch und nationalistisch orientierte ägyptische Regierung zu stürzen, um einen islamischen Staat in Ägypten zu errichten. Sie ermordeten eine nicht unerhebliche Zahl von Personen in hohen Staatsämtern, darunter schließlich auch Präsident Nasser. Sowohl al-Banna als auch Qutb starben den Märtyrertod und wurden zu Helden der islamischen Extremisten. Al-Banna wurde 1949 in Kairo von der Polizei erschossen, Qutb 1966 zusammen mit anderen führenden Muslimbrüdern hingerichtet.

Nassers demütigende Niederlage im Sechstagekrieg gegen Israel 1967 war ein weiterer Meilenstein in der Radikalisierung des Islamismus. Nassers Experiment eines panarabischen Sozialismus war diskreditiert. Die Islamisten bekamen Aufwind und wurden so zur Massenbewegung,[27] besonders für die desillusionierte Jugend, von der immer mehr bereit waren, sich einer terroristischen Avantgarde anzuschließen und ihr Leben für deren politisch-religiöse Ziele einzusetzen, überzeugt, sich so einen Platz im Paradies zu sichern.

Die Aktivitäten der *Muslimbruderschaft* blieben nicht auf Ägypten beschränkt; auch in Syrien, Palästina und anderen arabischen Ländern gab es Zweige der Gruppe. In den palästinensischen Gebieten verfolgte *Hamas* seit etwa 1988/89 eine islamistische terroristische Strategie in Konkurrenz mit marxistischen Gruppen wie der Fatah. Die langlebigsten ägyptischen Zellen sind *Jihad* und *Gama'a Islamiya*, die sich aus Jugendgruppen der Muslimbrüder an den Universitäten entwickelten und Qutbs Doktrinen folgten.[28] Die Ermordung Präsident Sadats im September 1981 durch Mitglieder von *Jihad* und *Gama'a Islamiya* warf allerdings den terroristischen Islamismus in Ägypten um Jahre zurück. Die *Muslimbruderschaft* distanzierte sich, ebenso wie der derzeitige Sprecher der Muslimbrüder, Mohammed Mahdi Akef, im September 2004 den Anschlag in Beslan als „unislamisch" verurteilte.[29] Der ägyptische Staat reagierte auf Sadats Ermordung mit Härte. Tausende von Sympathisanten landeten im Gefängnis oder in Lagern. Viele mussten außer Landes fliehen. Tausende schlossen sich dem Kampf der Mujahedin in Afghanistan gegen die Sowjetunion an. Unter den Führern des *Jihad* befand sich auch der junge Arzt Ayman al-Zawahiri, heute bin Ladens rechte Hand. Der Krieg in Afghanistan wurde zu einem weiteren Meilenstein in der Entwicklung des Djihadismus. Tausende von jungen idealistischen Freiwilligen aus vielen Ländern meldeten sich in den Ausbildungslagern in Afghanistan und Pakistan, bereit für den heiligen Krieg zu sterben, und wurden hier zu Kämpfern ausgebildet. Hier wurde Mitte der acht-

---

26 Burke, Al-Qaeda, S. 31.
27 Vgl. Tibi, Vom klassischen Djihad, S. 28.
28 Laqueur, No End To War, S. 36.
29 David Smith, Muslim leaders condemn killers. In: The Observer vom 5. Sept. 2004, S. 3.

ziger Jahre der Begriff *Al-Qaida* zuerst im Zusammenhang mit dieser Bewegung benutzt, und zwar in seiner ursprünglichen Bedeutung, nämlich „Basis" oder „Fundament". Man könnte also sagen, *Al-Qaida* sei ein Kind des Kalten Krieges. Nach Ende des Krieges waren diese Kämpfer in ihren Heimatländern meist nicht willkommen. Manche verdingten sich in Bosnien, andere fanden Aufnahme in Westeuropa, wo sich laut Laqueur sehr bald die logistischen Zentren des Djihad entwickelten.[30] Ende der neunziger Jahre zog es viele zurück nach Afghanistan, um sich Osama bin Ladens neugegründeter Gruppierung anzuschließen, die dort vom Taliban-Regime geduldet wurde.

Bin Laden entstammt einer großen arabischen Milliardärsfamilie, die ihren immensen Reichtum durch Großbauprojekte in Saudi-Arabien erworben hatte. Er soll schon immer zu einem asketischen und frommen Lebensstil geneigt haben und geriet während seines Ingenieurstudiums in Jeddah unter den Einfluss von Qutbs Schriften. Seine guten Verbindungen zur Finanzwelt und dem Establishment vieler arabischer Länder benutzte er, um islamistische Projekte, sowohl militärischer als auch gesellschaftlicher Art, zu unterstützen. Während des Krieges in Afghanistan organisierte er praktische und finanzielle Hilfe für die Mujahedin. Während des Golfkrieges organisierte er eine Oppositionsbewegung in Saudi-Arabien gegen die pro-westliche Haltung der Regierung. Dies machte ihn zur Persona non grata in Saudi-Arabien, das ihm 1994 die Staatsbürgerschaft entzog und seine Bankkonten sperrte. Sein Weg führte danach in den Jemen und den Sudan. Aus beiden Ländern musste er fliehen. Schließlich fand er 1996 erneut Aufnahme in Afghanistan.

Die geistigen Wegbereiter des Neo-Djihad stammten praktisch alle aus Ägypten oder haben zumindest in Kairo studiert. Außer Hasan al-Banna und Qutb waren der blinde Scheich Umar Abdel Rahman, der 1990 in die Vereinigten Staaten floh und dort im Zusammenhang mit dem Bombenanschlag auf das World Trade Centre 1993 verhaftet wurde, und ein Elektriker namens Abd al Salam Faraj, dessen Buch *The Hidden Imperative* Kultstatus unter radikalen Islamisten hatte, einflussreich. Auch die Gruppen, die Anwar al-Sadat ermordeten, bezogen sich auf ihn. Für die Freiwilligen im Krieg in Afghanistan wurde in den achtziger Jahren besonders der gebürtige Palästinenser Abdullah Azzam wichtig – ein begabter Redner, der in den siebziger Jahren in Kairo promoviert hatte und in Peschawar ein Rekrutierungszentrum leitete. Er scharte nach Ende des Krieges die radikalsten Elemente der „arabischen Afghanen" um sich. Auf Qutbs Schriften aufbauend beschrieb er 1987 die Aufgabe oder Mission dieser Kämpfer folgendermaßen: „Jedes Prinzip braucht eine Avantgarde, die es vorantreibt und die schwere Aufgaben und enorme Opfer in Kauf nimmt. Keine irdische oder himmlische Ideologie kommt ohne Avantgarde aus – eine Avantgarde, die alles aufgibt, was sie besitzt um zu siegen. Sie trägt die Fahne auf dem endlosen und schwierigen Pfad, bis sie ihr Ziel im wirklichen Leben

---

30 Laqueur, No End To War, S. 58.

erreicht, wie Allah bestimmt. Diese Avantgarde repräsentiert die starke Basis (al qaeda al-sulbah) für die angestrebte Gesellschaft."[31]

Beeindruckt von Azzams Reden begann Osama bin Laden 1988/89 in der Absicht, dem Djihad eine internationale Dimension zu geben, in Peschawar eine militante Gruppe ehemaliger Freischärler um sich zu scharen.[32] Seine erklärten Ziele: Die Vereinigung der islamischen Welt und das Ende der Unterdrückung des Islam durch die vom Westen abhängigen Regierungen und die sie unterstützende und manipulierende Allianz der „Kreuzzügler und Zionisten". Nach seiner Überzeugung sind der Westen und Israel darauf aus, die islamischen Länder in einem Zustand permanenter Armut, militärischer Schwäche und miteinander zerstritten zu halten.

Nach Azzams Tod 1989 kam bin Laden unter den Einfluss des ägyptischen Arztes Ayman al Zawahiri, der sich in den achtziger Jahren in Afghanistan niedergelassen hatte. Er war einer der führenden Köpfe des ägyptischen Djihad und hatte während seiner Zeit in ägyptischen Gefängnissen sein ideologisches Fundament ausgearbeitet. Danach ist eine Konfrontation mit dem Westen unvermeidbar, da es unmöglich sei, eine wahre islamische Gesellschaft aufzubauen, solange der Kulturimperialismus und die wirtschaftliche Übermacht des Westens, besonders der USA, nicht gebrochen seien. Der wahre islamische Gottesstaat könne nur durch den Djihad erreicht werden. Dieser „Kampf gegen die Kreuzzügler und die Juden" werde nicht einfach, aber der Sieg der Djihadisten sei gewiss.[33]

Dies war auch die ideologische Grundlage für die *World Islamic Front for Jihad*, ein Zusammenschluss von terroristischen Organisationen zu einem globalen Netzwerk, das 1998 gegründet wurde. Gründungsmitglieder waren laut Laqueur:
- Osama bin Laden;
- Zawahiri als Repräsentant des ägyptischen Djihad;
- Abu Jasir als Repräsentant des ägyptischen Gama'a;
- Scheich Abu Hamza al Misri als Vertreter des pakistanischen Jamiyat Ulama;
- Fazlul Rahman, der Chef der Djihadbewegung in Bangladesch.[34]

In dem Statement der *World Islamic Front* ruft bin Laden alle Muslims zur folgenden *Fatwa* gegen die „Heiden" im Namen Allahs auf: „Die Befolgung des Aufrufs die Amerikaner und ihre Verbündeten – sowohl Zivilisten als auch Militärpersonal – zu töten, ist eine persönliche Pflicht für jeden Muslim, der diese Tat in jedem Land ausführen kann, um die al-Aksa Moschee und die heilige Moschee in Mekka zu befreien und um ihre Armeen aus allen islamischen Ländern zu vertreiben, geschlagen und nicht mehr in der Lage einen Muslim zu bedro-

---

31 Zitiert nach Gunaratna, Inside al-Qaeda, S. 3 (Übersetzung der Autorin).
32 Vgl. Burke, Al-Qaeda, S. 8 (Übersetzung der Autorin).
33 Vgl. Laqueur, No End To War, S. 54 f.
34 Ebd, S. 55.

hen. [...] Greift die Heiden an bis es keine Unterdrückung mehr gibt und überall Gerechtigkeit und der Glaube an Allah herrscht."³⁵

Djihadismus ist eine Sammelbezeichnung für die zahlreichen islamistischen Gruppen in aller Welt, die es als ihre muslimische Pflicht ansehen, anderen ihre fundamentalistische Heilslehre mit Gewalt aufzuzwingen. Ihr Kampf richtet sich sowohl gegen „vom wahren Glauben abgefallene" Muslime wie auch gegen die „Ungläubigen". Gruppen, die sich dem globalen Terrorismus verschrieben haben, stehen besonders im Blickfeld. Die Mitglieder dieser terroristischen Gruppen sind vor allem arabische Muslime – aus Marokko, Libyen, Ägypten, dem Sudan, Saudi-Arabien, Palästina und anderen Staaten – und haben oft eine militärische Ausbildung und Kampferfahrung, die sie in einem der aktuellen Krisengebiete gesammelt haben: Afghanistan, Tschetschenien, Bosnien, Irak, um nur einige zu nennen. Oft nutzen sie ursprünglich ethnisch-separatistische Konflikte als Sprungbrett für ihre eigenen politisch-religiösen Anliegen. In den Ausbildungslagern in Afghanistan konnten diese arabischen „Mujahedin" die Kontakte für ein multinationales Netzwerk aufbauen. Dieses Netzwerk reicht in alle Kontinente und ermöglicht globale Operationen. In Deutschland waren nach Angaben des Verfassungsschutzes im Jahre 2003 22 islamistische Gruppen mit etwa 31 000 Mitgliedern aktiv.³⁶

IV. Die Wurzeln des Djihadismus

Wie Walter Laqueur sagt: „Terrorismus hat Gründe, ex nihilo nihil fit – von nichts kommt nichts."³⁷ Für ihn sind ausschlaggebend: ethnisch-nationale Spannungen, die hohe Aggressions- und Gewaltbereitschaft in allen islamischen Gesellschaften, Fanatismus, psychologische Faktoren. Armut per se schätzt er dagegen als weniger wichtig ein; aber ein entscheidender Faktor sei das unkontrollierte demographische Wachstum – in Gaza und Saudi-Arabien über sieben Prozent pro Jahr – gekoppelt mit erheblicher Expansion der Bildungsmöglichkeiten, besonders in Ägypten und Algerien. Für diese besser ausgebildeten jungen Männer gebe es dann wenig entsprechende Arbeit, nur die Hälfte finde eine Stelle. Laqueur legt, wie man sieht, besonderes Gewicht auf Faktoren, die sich auf die Interna der islamischen Welt beziehen. Faktoren, die einen Zusammenhang mit der Politik des Westens herstellen, wie Globalisierung, der Kampf der Zivilisationen, die Politik Israels, lehnt Laqueur dagegen ab.³⁸

In krassem Gegensatz zu Laqueur steht die Einschätzung Noam Chomskys, der mit seinen regimekritischen Publikationen in den USA in Ungnade gefallen ist. Chomsky sieht die Ursache vor allem in dem hegemonialen Streben der ameri-

---

35 Statement der World Islamic Front. In: Laqueur (Hg.), Voices of Terror, S. 410–412.
36 Bundesministerium des Innern (Hg.), Verfassungsschutzbericht 2003, Berlin 2004, S. 168.
37 Laqueur, No End To War, S. 22.
38 Ebd., S. 17–27.

kanischen Außenpolitik und der damit verbundenen Globalisierung der Märkte. Für ihn sind Armut, Hoffnungslosigkeit und Demütigung das Reservoir, das immer wieder neue Terroristen hervorbringen werde.[39] Auch Jason Burke nennt Hoffnungslosigkeit und ein Gefühl der krassen Ungerechtigkeit, das junge Muslime den Islamisten in die Hände treibe mit ihrer Botschaft der Stärke und Sicherheit, einer Welt ohne Zweifel. Mit einer impliziten Kritik an Samuel Huntingtons vieldiskutiertem Buch[40] meint Burke, wenn man simplifiziert vom „Kampf der Kulturen" spreche, verpasse man die Chance, sich mit anderen möglichen ursächlichen Zusammenhängen auseinanderzusetzen.[41] Auch Gilles Kepel, ein Nahostkenner, der in Paris lehrt, nennt Verzweiflung als eine der Wurzeln des Djihadismus. Im Unterschied zu Laqueur sieht er in dem Fehlen einer fairen Lösung der Palästinafrage einen Hauptgrund für das Reservoir der willigen Selbstmordattentäter.[42]

Interessant ist, dass die Mitglieder terroristischer Organisationen, besonders in Ägypten und Saudi-Arabien meist aus der begüterten Mittelschicht stammen, eine gute Ausbildung haben, oft einen Uniabschluss, bevorzugt in technischen Fächern. Genau wie schon die Mitglieder der RAF sympathisieren sie mit den Verdammten dieser Erde, sie selbst gehören aber nicht dazu.

Chomsky zitiert einen Bericht des *US National Intelligence Council*, der in seiner Zukunftsprognose das folgende Szenario als Nebenprodukt der neo-liberalen Globalisierung voraussagt: „Verstärkte wirtschaftliche Stagnation, politische Instabilität und kulturelle Entfremdung wird ethnischen, ideologischen und religiösen Extremismus fördern und die Gewalt, die diese mit sich bringen"[43]. Ähnlich kritisch ist natürlich auch Michael Moores Film *FAHRENHEIT 9/11*, der im Herbst 2004 in den Kinos lief.

Wie erwartet, wenn es darum geht, Kausalzusammenhänge darzustellen, spaltet sich die westliche Welt in ein liberales und ein konservatives Lager, deren Einschätzung sich krass unterscheidet. Die Falken des konservativen Lagers propagieren harte, teils präventive, militärische Operationen und im Inland weitreichende Gesetzesnovellen, die die Hand der Sicherheitskräfte stärken. Liberaler Konsens ist indes, dass dem Djihadismus nur mit einem Wandel in der Politik begegnet werden kann, nicht mit militärischen Einsätzen oder Polizeiarbeit.

---

39 Chomsky, Hegemony or Survival, S. 208 ff.
40 Samuel Huntington, Kampf der Kulturen. Die Neugestaltung der Weltpolitik im 21. Jahrhundert, München/Wien 1996.
41 Jason Burke, Al-Qaeda and the Roots of Terror. In: The Observer vom 8. Sept. 2002, S. 23.
42 Vgl. Gilles Kepel, "Despair – the Terrorist's Best Recruiting Officer". In: The Independent on Sunday vom 4. Mai 2003.
43 Zitiert nach Chomsky, Hegemony or Survival, S. 209.

V. Djihadismus – ein Produkt der Moderne?

Einer der eifrigsten Verfechter der These, dass es sich beim Djihadismus um ein völlig neues Phänomen handele, ist Walter Laqueur.[44] Obwohl religiös motivierte terroristische Akte so alt wie die Menschheit selbst sind, ist Walter Laqueur der Meinung, der Djihadismus enthalte entscheidende neue Elemente. Diese seien erstens der einfachere Zugang zu Massenvernichtungsmitteln und zweitens die stärkere Bedeutung des religiös-politischen Fanatismus als Motivation. Nach Laqueur sind die ersten echten Veränderungen, die zu einem neuen Terrorismus führen, seit den 70er Jahren zu beobachten: „Terrorismus hat sich mit der Zeit verändert, genauso wie heute die Terroristen selbst andere sind, und auch ihre Motive und die Wurzeln des Terrorismus. Vor hundert Jahren war der Terrorismus entweder sozial-revolutionär, anarchistisch oder in einigen Fällen nationalistisch-separatistisch, wie in Irland und auf dem Balkan. Eine Weltkarte des Terrorismus von etwa 1970 zeigte grob gesagt immer noch den gleichen Trend – Linksterrorismus in einigen europäischen Ländern und Lateinamerika, nationalistischer Terrorismus im Mittleren Osten, aber auch Terrorismus der extremen Rechten – in Deutschland und Rumänien in den zwanziger und dreißiger Jahren und später auch in Italien, der Türkei und anderen Ländern. Dieser Terrorismus war vornehmlich landesintern und richtete sich gegen die Regierung oder andere Parteien oder soziale Gruppen. In nur sehr wenigen Fällen richteten sich terroristische Aktionen auf Ziele in einem anderen Land – mit der Ausnahme von Indien und dem Mittleren Osten."[45]

Seit den 90er Jahren seien religiöser Fanatismus und ein wirklich globaler Terrorismus als neue Faktoren dazugekommen. Im heutigen Djihad vermischten sich vormoderne und postmoderne Elemente. Der religiöse Fanatismus trage mittelalterliche Züge, der mögliche Zugang zu Massenvernichtungsmitteln bringe jedoch postmoderne Elemente ins Spiel.[46] Soweit Laqueur, einer der angesehensten Wissenschaftler unter den US-Terrorismusexperten, der mit seiner Argumentation eng an der ideologischen Linie der Bush-Administration liegt.

Auch der deutsche Soziologe Wolfgang Schluchter spricht von einer neuen Qualität im heutigen Terrorismus, nämlich der Benutzung von chemischen und biologischen Waffen. Diese neue Strategie habe man bei dem U-Bahn-Anschlag der *Aum-Sekte* in Tokio und den Anschlägen mit Milzbranderregern in den USA beobachten können. Beide hätten aber nichts mit dem Djihadismus zu tun. Laut Schluchter ist deshalb der Terrorismus des 11. September kein qualitativ neues Phänomen.[47]

---

44 Vgl. Laqueur, No End to War, S. 8. Dieser Überzeugung hatte Laqueur auch schon in einem früheren Buch Ausdruck gegeben, siehe ders., The New Terrorism. Fanaticism, and the Arms of Mass Destruction, New York 1999.
45 Ebd., S. 28.
46 Ebd., S. 9.
47 Schluchter, Einleitung, S. 22.

Der britische Diskurs neigt theoretischen Ansätzen zu, die in Anlehnung an Max Weber religiösen Fundamentalismus als Produkt der Moderne sehen.[48] Danach sind auf echter Tradition beruhende Erscheinungen unreflektiert. Traditionelle Gesellschaften tun, was sie tun, ohne zu hinterfragen. Ein Fundamentalist propagiert die Rückwendung zur wörtlichen Auslegung einer Doktrin, nach der dann das gesamte gesellschaftliche Leben organisiert werden soll. Dies ist aber nicht ein Urzustand, sondern eine reflektierte Entscheidung. Die Möglichkeit, zwischen unterschiedlichen Ideologien und Lebensstilen wählen zu können, ist demnach eindeutig eine Errungenschaft der Moderne. Der vormalige Rektor der *London School of Economics* (LSE), Anthony Giddens, schreibt dazu: „Fundamentalismus ist ein Kind der Globalisierung. Er ist als Reaktion zu werten, macht sich aber gleichzeitig die technologischen Errungenschaften der Moderne zunutze."[49]

Der englische Ideengeschichtler John Gray, der ebenfalls an der LSE arbeitet, hat dem *Al-Qaida*-Phänomen ein ganzes Büchlein gewidmet. Seine These: *Al-Qaida* sei fest in der Moderne verankert. „Es ist ein erstaunliches Klischee, welches *Al-Qaida* als Rückfall ins Mittelalter beschreibt. *Al-Qaida* ist ein Nebenprodukt der Globalisierung."[50] Gray meint, genau wie der Kommunismus und der Nazismus sei radikaler Islam ein modernes Phänomen. Die Vision der neuen islamischen Welt unterscheide sich kaum von den Utopien, die von Marx, Bakunin, Lenin, Mao und auch den Propheten des Neo-Liberalismus propagiert worden seien.[51] Nach Gray werden die Konflikte des 21. Jahrhunderts denen des späten 19. Jahrhunderts ähneln. Bei kriegerischen und diplomatischen Auseinandersetzungen werde es erneut um die Verteilung natürlicher Ressourcen gehen.[52] Der deutsche Soziologe Ulrich Beck, der eng mit Giddens zusammengearbeitet hat, argumentiert im Grunde genauso. Er sagt zwar: „Der global agierende Terrorismus hat ein neues Kapitel in der Weltrisikogesellschaft aufgeschlagen", aber im Endeffekt sieht Beck den *Al-Qaida*-Terrorismus als Produkt der Globalisierung, die ihrerseits die Konsequenz neoliberaler Wirtschaftspolitik und damit per definitionem ein Produkt der Moderne sei.[53]

Osama bin Laden handelt und denkt in vielerlei Hinsicht wie ein traditioneller politischer Revolutionär: Er propagiert ein Utopia, indem er verspricht, durch menschliches Streben nach den Lehren des Korans könne eine bessere und gerechtere Gesellschaft aufgebaut werden. Er weiß, dass er eine revolutionäre Avantgarde braucht, um die weniger aufgeklärte Masse zu mobilisieren

---

48 Max Weber, Excursus in Response to Rudolf Stammler. In: Economy and Society, Berkeley/Los Angeles 1978, S. 325 ff.; Anthony Giddens, Runaway World. How Globalisation is Reshaping our Lives, London 1999, S. 45–50.
49 Giddens, Runaway World, S. 49 f.
50 Gray, Al Qaeda, S. 1.
51 Ebd., S. 3 f.
52 Ebd., S. 59.
53 Ulrich Beck, Der kosmopolitische Staat, Spiegel-Essay. In: Der Spiegel, Nr. 42/2001, S. 54 f.

und zu radikalisieren, damit diese ihre islamische Pflicht begreift. Dies versucht er durch Propaganda zu erreichen, sowohl durch die Macht des Wortes (Fernsehen, Internet, Videokassetten, etc.) als auch durch die Propaganda der Tat, d. h. spektakuläre Anschläge auf symbolisch wichtige Angriffsziele. Der fast simultane Anschlag auf die Twin Towers des World Trade Centers und auf das Pentagon, dessen zweite Phase von Millionen Menschen im Fernsehen mitverfolgt wurde, ist hinsichtlich Symbolkraft und Massenmobilisierung schwer zu schlagen. Wenn man im Sinne einer neueren Definition von Peter Waldmann Terrorismus „als eine besonders brutale Form der Verbreitung einer Botschaft"[54] bezeichnet, also als pervertierte Kommunikationsstrategie, dann passt die *Al-Qaida* Taktik nur zu gut in dieses Konzept.

VI. Schlussbemerkung

Von den Jakobinern über Bakunin, Lenin bis hin zur *Baader-Meinhof-Gruppe*, hat der moderne Westen terroristische Gruppen hervorgebracht, die der festen millenaristischen Überzeugung waren, dass Terrorakte das richtige Mittel seien, um eine bessere Welt zu schaffen, und dass der gute Zweck die Mittel heilige. *Al-Qaida* als prominenter Vertreter des Djihadismus steht fest in dieser Tradition. Die Unterschiede zwischen sozial-revolutionärem und politisch-religiösem Fanatismus sind in dieser Hinsicht gering.

Der Berliner Rechtsanwalt Horst Mahler, Gründungsmitglied und anfänglich einer der führenden Köpfe der *Baader-Meinhof-Gruppe*, wenn auch in ständigem Kompetenzgerangel mit Andreas Baader, formulierte die Weltsicht der RAF folgendermaßen: „Die Welt ist schlecht, tagtäglich unendliches Leid, Mord und Totschlag. Das müssen wir ändern. Das geht nur mit Gewalt, das erfordert auch Opfer; aber unterm Strich weniger Opfer als die Fortdauer des bestehenden Zustands."[55] Dieser Satz könnte auch von Osama bin Laden stammen. Bin Ladens utopische Zukunftsvision von einer harmonischen islamischen Welt, in der Regierungen und ihre Institutionen nicht mehr nötig sind, erinnert an europäische anarchistische Theorie. Die Gemeinsamkeiten mit westlichen Terrorgruppen des 19. und 20. Jahrhunderts gehen jedoch weiter:
- Wie die Anarchisten glaubt bin Laden an die Propaganda der Tat und die kreative Kraft der Gewalt. Korrupte Macht kann durch spektakuläre Gewaltakte zerstört werden. Die im Neo-Djihadismus mittlerweile zur Routine gehörenden Selbstmordanschläge der Terroristen scheinen nur auf den ersten Blick etwas Neues. Märtyrerhafte Selbstaufgabe mit der Überzeugung, dadurch ins Paradies zu gelangen, ist eine wohlbekannte Handlungsoption extremer religiöser Sekten. Aber auch in modernen westlichen terro-

---

54 Peter Waldmann, Das terroristische Kalkül und seine Erfolgsaussichten. In: Schluchter, Fundamentalismus, S. 87–109, hier 88.
55 Axel Jeschke/Wolfgang Malanowski (Hg.), Der Minister und der Terrorist. Gespräche zwischen Gerhart Baum und Horst Mahler, Reinbek bei Hamburg 1980, S. 16.

ristischen Gruppen gehörte der geplante Selbstmord durchaus zum Arsenal der Taktik. Man denke an die Hungerstreiks der IRA und der RAF oder an den Selbstmord der in Stammheim einsitzenden RAF-Mitglieder.
- Ähnlich wie bei der RAF finden sich im heutigen Djihadismus oft nur nebulöse, wenig detaillierte Vorstellungen über die angestrebte Gesellschaft.
- Psychologische Faktoren, besonders paranoide Elemente und Realitätsverlust erlangen besondere Bedeutung.
- Finanzierung der Gewaltaktionen: Obwohl der Djihadismus oft Zugang zu Finanzierung von superreichen Förderern hat, teils Privatleute, teils Staaten, gibt es genau wie bei westlichen Terrorgruppen, z. B. der IRA, zunehmend ein enges Zusammenspiel mit internationalen Drogenkartellen. Dies gilt besonders für Afghanistan.

Zusammenfassend wird hier die These vertreten, dass es sich beim Neo-Djihadismus um ein Phänomen der Moderne handelt – ein Phänomen, dass nicht eine besonders grausame Verirrung mittelalterlicher islamischer Tradition darstellt, sondern unbestreitbare Verwandtschaft mit westlichen Ideologien aufweist, die paradoxerweise auf die Aufklärung zurückgehen. Insofern handelt es sich auch nicht um eine wirklich neue Erscheinung, vielmehr um eine neue Spielart eines bekannten Phänomens.

Etliche Autoren, wie Walter Laqueur und Rohan Gunaratna, benutzen das Etikett „postmodern" für den islamistischen Terrorismus, ohne dies jedoch zu rechtfertigen oder zu kommentieren.[56] Ob man das Etikett postmodern akzeptiert, hängt davon ab, wie man generell zur Theorie der Postmoderne steht. In der Diskussion um den Djihadismus bringt dieser Begriff jedoch keine wesentlichen zusätzlichen Erhellungen oder Klärungen, die über den Begriff der Moderne hinausgehen. Der Djihadismus ist ein Symptom der unlösbaren Konflikte der modernen Welt. Um ein Bonmot von Karl Kraus über die Psychoanalyse zu adaptieren: Der Djihadismus ist ein Symptom der Krankheit, die er vorgibt zu heilen.[57] Dies denken zunehmend auch muslimische Intellektuelle. Unter der Überschrift „Alle globalen Terroristen sind Muslims" schrieb Abdulrahman al Rasched, der verantwortlich für den pan-arabischen *al Arabīa*-Nachrichtenkanal ist, im September 2004 „Unsere Terroristensöhne sind ein Endprodukt unserer korrumpierten Kultur. Dies ist erniedrigend, schmerzlich und hart für uns alle."[58]

---

56   Laqueur, No End To War, S. 9. Das Etikett „postmodern" findet sich auf fast jeder Seite in Gunaratnas Aufsätzen in seinem Buch The Changing Face of Terrorism.
57   Zitiert nach Gray, Al Qaeda, S. 26.
58   Zitiert nach David Smith, The Observer vom 5. Sept. 2004 (Übersetzung der Autorin).

Grenzen des Demokratieschutzes in der offenen Gesellschaft – Das Gebot der Äquidistanz gegenüber politischen Extremismen

Eckhard Jesse

I. Einleitung

1. Problemstellung

Die Bundesrepublik Deutschland versteht sich als ein Gemeinwesen, das nach den leidvollen Erfahrungen der Vergangenheit jeder Art des politischen Extremismus den Kampf angesagt hat. Zugleich ist sie eine offene, durch Pluralismus geprägte Gesellschaft. Karl R. Popper hat 1944/45 ein wegweisendes Werk über „Die offene Gesellschaft und ihre Feinde" publiziert.[1] In dieser Studie ging es darum, die Geschichte antidemokratischer Ideen in der Philosophie nachzuzeichnen. Für Popper war nicht der Aufruf zur Gewalt oder deren Anwendung das entscheidende Kriterium, sondern der ideengeschichtliche Gehalt bestimmter Soziallehren, die zur Delegitimierung des demokratischen Verfassungsstaates beitrügen.

Der folgende Beitrag geht am Beispiel der Bundesrepublik Deutschland der Frage nach, wie sich dieser Staat gegenüber jenen Bestrebungen verhalten soll, die ihn untergraben wollen – nicht mit Gewalt, sondern mit Worten. Das Dilemma ist offenkundig: Einerseits ist die freiheitliche Demokratie durch große Offenheit gekennzeichnet, andererseits kommt sie nicht umhin, jene Kräfte in die Schranken zu weisen, die sich dieser Offenheit bedienen, um sie letztlich aufzuheben. Im Vordergrund soll nicht der organisierte Extremismus stehen, sondern der nicht-organisierte, der keine Gewalt anwendet. Geprüft wird insbesondere, ob Art. 18 des Grundgesetzes, der die Verwirkung von Grundrechten für solche Personen vorsieht, die diese zum Kampf gegen die freiheitliche demokratische Grundordnung missbrauchen, mit den Prinzipien einer freiheitlichen Ordnung in Einklang steht. Eine solche Vorschrift gibt es in keiner anderen Verfassung eines demokratischen Staates.

---

1   Vgl. Karl R. Popper, Die offene Gesellschaft und ihre Feinde, 2 Bände, 2. Auflage Bern/München 1970.

Ferner ist die Frage zu prüfen, ob die zweite deutsche Demokratie das Äquidistanzgebot mit Blick auf den unorganisierten intellektuellen Rechts- und Linksextremismus beachtet.² Ist es ein Zufall, dass Art. 18 GG bisher ausschließlich gegen vier Personen aus dem rechtsextremistischen Milieu angewendet wurde, wenn auch ohne Erfolg? Oder lässt die Vorgehensweise gegenüber intellektuellen Bestrebungen von rechts- und linksaußen Unterschiede erkennen?

2. Aufbau

Zunächst bedarf der vergleichende Extremismusbegriff einer kurzen Darlegung (unter Einschluss einer knappen Kritik der Kritik). Die übrigen Ausführungen sind in dieses Konzept eingebettet. Denn die streitbare Demokratie, die Abschnitt III vorstellt, ist eine Konsequenz des Extremismuskonzepts. In dieser elaborierten Form ist sie vor allem in Deutschland beheimatet, eine Reaktion auf die doppelte Diktaturerfahrung. Freilich gibt es *die* streitbare Demokratie nicht, wohl aber unterschiedliche Varianten.

Abschnitt IV entwickelt einen Kriterienkatalog als Beurteilungsmaßstab für die Praxis der streitbaren Demokratie im Allgemeinen wie für den Spezialfall der Verwirkung von Grundrechten. Die Kriterien müssen so gewählt sein, dass sie kein Ergebnis präjudizieren. Im nächsten Abschnitt, dem fünften, wird nach einer Darlegung der bisherigen Versuche, Personen Grundrechte zu entziehen, dieses Raster angewandt. Danach folgen einige Überlegungen darüber, ob und inwiefern Politik, Wissenschaft und Publizistik den rechten und den linken Extremismus unorganisierter Observanz nach denselben Maßstäben beurteilen. Sie wollen zeigen, dass die vergleichende Extremismusforschung ein Schattendasein fristet, was die linke und rechte Variante betrifft. Der Schluss präsentiert eine Zusammenfassung sowie eine Reihe von Anregungen. Die normative Extremismusforschung fragt nicht nur danach, was ist, sondern auch danach, was sein soll.

Viele Aspekte bleiben ausgespart. So wird die streitbare Demokratie lediglich exemplarisch, nicht in toto analysiert.³ Der Vergleich zum Ausland fällt schon deshalb weg, weil es diese Form des spezifischen Demokratieschutzes nicht kennt, wohl aber eine Reihe anderer Mechanismen.⁴ Die Ausführungen

---

2   Andere Formen des Extremismus, wie der religiöse Fundamentalismus in Form des Islamismus, die in den letzten Jahren für Furore gesorgt haben, bleiben ausgespart.
3   Vgl. auf dem neuesten Stand den Überblick bei Andreas Klump, Freiheit den Feinden der Freiheit? Die Konzeption der streitbaren Demokratie in Deutschland - demokratietheoretische Grundlagen, Praxis, Kritik, Gegenkritik. In: Extremismus in Deutschland. Erscheinungsformen und aktuelle Bestandsaufnahme. Hg. vom Bundesministerium des Innern, Berlin 2004, S. 338-389.
4   Vgl. etwa Eckhard Jesse, Demokratieschutz. In: ders./Roland Sturm (Hg.), Demokratien des 21. Jahrhunderts im Vergleich. Historische Zugänge, Gegenwartsprobleme, Reformperspektiven, Opladen 2003, S. 449-474; Gregor Paul Boventer, Grenzen politi-

zur Rezeption des intellektuellen Extremismus sind nicht systematisch angelegt, eher illustrierend. Der hier unterbliebene Vergleich zum Ausland könnte zeigen, dass manche osteuropäischen Demokratien, etwa die baltischen Staaten, aufgrund ihrer jahrelangen Unterdrückung durch den sowjetischen Kommunismus ein anderes, weitaus kritischeres Verhältnis zum intellektuellen Extremismus von links haben als die meisten westeuropäischen.

II. Vergleichender Extremismusbegriff, Kritik und Gegenkritik

Der Extremismusbegriff ist vergleichend angelegt.[5] Mit dem politischen Extremismus sind Bestrebungen gemeint, die den demokratischen Verfassungsstaat ablehnen, sei es mehr seine konstitutionelle Komponente (z. B. das rechtsstaatliche Prinzip), sei es mehr das demokratische Element (z. B. das Prinzip der menschlichen Fundamentalgleichheit). Extremisten lehnen offen oder verdeckt zentrale Werte und Spielregeln ab, ohne die der demokratische Verfassungsstaat undenkbar ist. Politischer Extremismus ist gekennzeichnet durch die Identitätstheorie der Demokratie, durch Freund-Feind-Stereotype, durch ein hohes Maß an ideologischem Dogmatismus und in der Regel durch ein Missionsbewusstsein,[6] das vom Glauben an ein objektiv erkennbares und vorgegebenes Gemeinwohl beseelt ist. Er kann die Legitimität unterschiedlicher Meinungen und Interessen innerlich nicht bejahen, allenfalls aus taktischen Gründen. Besteht zumeist Einigkeit über den extremistischen Charakter gewalttätiger Formen, so gehen die Auffassungen beim nicht-gewalttätigen Extremismus weit auseinander.

Das gilt für Politik, Wirtschaft und Publizistik gleichermaßen. Während die Verfassungsschutzbehörden im Lande Brandenburg die PDS in ihren Berichten mit keinem Wort erwähnen (unter Innenminister Jörg Schönbohm von der CDU hat sich daran nichts geändert), gilt im Freistaat Bayern die PDS in toto – und nicht etwa bloß die eine oder andere parteiinterne Gruppierung – als extremistisch. Der Grund liegt mehr an der unterschiedlichen Wahrnehmung der PDS als an der unterschiedlichen Politik der Partei in den Ländern.

Wer am Begriff des Extremismus festhält, setzt dessen Formen nicht gleich. Ihm geht es allerdings um das Gefährdungspotential für den demokratischen Verfassungsstaat, von welcher Seite es auch immer ausgeht. Vor allem soll nicht mit zweierlei Maß gemessen werden. Der Begriff Extremismus stellt ein Pejorativum dar. Keiner will ein Extremist sein. Wer die Wortbedeutung zugrunde

---

scher Freiheit im demokratischen Staat. Das Konzept der streitbaren Demokratie in einem internationalen Vergleich, Berlin (West) 1985.
5 Vgl. dazu den Band von Uwe Backes/Eckhard Jesse, Vergleichende Extremismusforschung, Baden-Baden 2005.
6 Vgl. die theoretische Grundlagenstudie von Uwe Backes, Politischer Extremismus in demokratischen Verfassungsstaaten. Elemente einer normativen Rahmentheorie, Opladen 1989.

legt, erfasst dieses Phänomen allerdings nicht hinreichend. Denn die Tatsache, dass der Extremismus am äußersten Rande angesiedelt ist oder ihm „Mäßigung" fehlt, sagt wenig aus. Der Extremismus kann unterschieden werden nach seinen politischen Zielen und den Mitteln. Eine Analyse der Ziele führt vor allem zu einer Unterscheidung zwischen dem Extremismus von links und dem von rechts. Linksextremisten berufen sich – in unterschiedlicher Anknüpfung und Ableitung – auf kommunistische und anarchistische Lehren, die – jedenfalls in der Theorie – das Gleichheitsdogma verabsolutieren; der Extremismus von rechts hingegen fußt auf antiegalitären Grundpositionen. Rechts- und linksextremistische Bestrebungen sind jeweils wieder in unterschiedliche Richtungen aufgespalten. Es gibt zunehmend religiöse Formen des Extremismus, die sich der gängigen Links-Rechts-Dichotomie entziehen. Sie propagieren die Einheit von Religion und Politik, sagen dem weltanschaulich neutralen Staat den Kampf an. Die bekannteste Variante dieser Form ist der islamistische Fundamentalismus.

Was die Mittel angeht, lehnen zwar alle Extremismen Gewalt als Mittel der Politik keineswegs prinzipiell ab, doch differieren sie in der Mittelwahl beträchtlich. Das Spektrum reicht von strikter Legalitätstaktik über den dosierten Einsatz von Gewalt bis zu deren systematischer Anwendung (Terrorismus). Dabei besteht kein direkter Zusammenhang zwischen der Gefährlichkeit des Extremismus und den angewandten Mitteln. So hat sich etwa der Nationalsozialismus in der „Bewegungsphase" weitgehend der Legalitätstaktik bedient.

Die Widerstände gegen die Übernahme des Extremismusbegriffs sind in der Bundesrepublik Deutschland – und nicht nur hier – zum Teil noch immer und schon wieder beträchtlich – in der Politik, in der Publizistik und in der (Politik-) Wissenschaft. Die Kritik am Extremismusbegriff und an der Extremismusforschung reicht von Detailkritik bis zu Fundamentaleinwänden. Das Extremismuskonzept beruhe auf politisch motivierten Setzungen, vergleiche Unvergleichbares miteinander, erfasse nicht die Ursachen, sei ideologisch geprägt. Vor allem gehe es nicht an, rechts und links über einen Kamm zu scheren. Wer die Deutungshoheit hat, könne kritische Positionen als extremistisch diffamieren. Damit werde einem *juste milieu* das Wort geredet. Manche befürchten von einem Vergleich der beiden Varianten eine Relativierung der menschenverachtenden Politik von rechtsaußen. Ein normativer Vergleich führe nicht zu neuen wissenschaftlichen Erkenntnissen, sondern behindere sie.

Der Terminus „Extremismus" findet damit (noch) nicht dieselbe Anerkennung wie jener des Totalitarismus, der vor dem Zusammenbruch des Kommunismus zum Teil tabuisiert war.[7] Diese unterschiedliche Interpretation ist wenig einleuchtend. Denn der Extremismus stellt gleichsam eine Anwendung des Totalitarismusbegriffs auf diejenigen antidemokratischen Kräfte dar, die innerhalb des demokratischen Verfassungsstaates wirken. Kommen sie an die Macht

---

7 Das hat Karl Dietrich Bracher immer wieder angeprangert. Vgl. etwa ders., Die totalitäre Erfahrung, München/Zürich 1987, S. 34, 56 und öfter.

und haben sie die Möglichkeit dazu, beseitigen sie wesentliche Bestandteile einer freiheitlichen Ordnung. Der Extremismusbegriff beabsichtigt nicht, seine linke und rechte Variante gleichzusetzen, wohl aber die Herausstellung von Analogien. Die Antwort auf die Frage, welche Bestrebungen als antidemokratisch zu gelten haben, fällt in der Tat mitunter nicht leicht. Schließlich artikulieren die meisten antidemokratischen Gruppierungen ihre Ablehnung des demokratischen Verfassungsstaates nicht offen. Aus der Existenz von Grauzonen lässt sich allerdings keineswegs die Schlussfolgerung ziehen, der Extremismusbegriff sei obsolet. Bei Parteien wie der PDS (im linken Spektrum) oder den *Republikanern* (REP) (im rechten Spektrum) ist die Frage nach der extremistischen Einordnung nicht leicht entscheidbar. Kurioserweise sprechen vor allem jene von einem „Extremismus der Mitte", die den Extremismusbegriff eigentlich ablehnen. Wären sie konsequent, müssten sie die Benutzung des Begriffs Extremismus ganz meiden.[8]

Eine verbreitete Form der Immunisierung nimmt Richard Stöss vor. Seine Typologie[9] ist zwar zwei Jahrzehnte alt, erfreut sich aber nach wie vor weiter Verbreitung. Da sie für den Unterschied zur normativen Extremismusforschung zentral ist, erscheint es sinnvoll, sich mit ihr näher auseinander zu setzen. Stöss, auf eine ökonomiezentrierte Sichtweise ausgerichtet, unterscheidet zwischen drei Herrschaftsformen: Zwei bürgerlichen Modellen (einem demokratisch-kapitalistischen und einem faschistischen) stehe ein antikapitalistisches Modell gegenüber. Daraus leitet er vier Grundtypen ab, von denen an dieser Stelle nur zwei interessieren. Die anderen beiden (die „bürgerlich-demokratischen Parteien" und die „demokratischen Massenlegitimationsparteien") sicherten bzw. legitimierten die Herrschaft des bürgerlichen Staates. „Als *Antidemokratische Parteien* [...] werden solche Parteien bezeichnet, deren oberstes Ziel die Herstellung und Bewahrung der Autorität des bürgerlichen Staates ist und die dessen Herrschaft durch Teillegitimation und damit weitgehend auch durch außerökonomische Gewalt sichern, indem sie die demokratische Vermittlung von Gesellschaft und Staat einschneidend beschränken oder vollkommen beseitigen. Als *Antikapitalistische Parteien* [...] werden solche Parteien bezeichnet, die als Mittel im Klassenkampf sowohl die organisatorische und politisch-programmatische Vereinheitlichung der Arbeiterklasse als auch politische Macht anstreben, um die ökonomischen und sozialen Interessen ihrer Basis – mit dem Ziel der sozialistischen Transformation der Produktionsverhältnisse – auf der Grundlage eines wissenschaftlich abgesicherten Programms zu verwirklichen."[10]

---

8 Eine Kritik der Kritik am Extremismusbegriff findet sich in zahlreichen Beiträgen des Bandes von Backes/Jesse, Vergleichende Extremismusforschung.
9 Vgl. Richard Stöss, Einleitung: Struktur und Entwicklung des Parteiensystems der Bundesrepublik Deutschland – Eine Theorie. In: ders. (Hg.), Parteien-Handbuch. Die Parteien der Bundsrepublik Deutschland 1945–1980, Band I: AUD bis EFP, Opladen 1983, S. 17–309.
10 Ebd., S. 297 (Hervorhebungen im Original).

Diese Differenzierung ist in mannigfacher Hinsicht eine Kampfansage an die Extremismusforschung. Stöss legt in dem einen Fall das Kriterium zugrunde, ob die demokratische Vermittlung „beschränkt oder vollkommen beseitigt" wird, in dem anderen das antikapitalistische Selbstverständnis. Die Vergleiche liegen damit nicht auf einer Ebene. Eine „antikapitalistische Partei" kann doch ebenso die „demokratische Vermittlung" beseitigen, eine „antidemokratische" zugleich „antikapitalistisch" sein, wie nicht nur das Beispiel der NPD zeigt. Bei den Definitionen, die Stöss präsentiert, rücken die Parteien, die den „bürgerlichen Staat" sicherten, eng zusammen, unabhängig davon, ob sie nun die demokratischen Prinzipien bejahen oder nicht. Leider hat sich der Autor mit der an ihm geübten Fundamentalkritik[11] bisher nicht systematisch auseinandergesetzt, obwohl bei ihm offenkundige Wandlungen festzustellen sind.

Wenig konsistent ist die Vorgehensweise, die Gefahren des Rechtsextremismus breit auszumalen und den Linksextremismus nicht einmal zu erwähnen.[12] Wenn es eine rechte Variante des Extremismus gibt, so existiert auch eine linke. Dem versuchen jene Positionen mit dem Gebrauch der Vokabel vom „(Neo-) Faschismus" zu entgehen. Sie müssen den Vorwurf ertragen, Kampfbegriffe salonfähig machen zu wollen.

Zunehmend reden viele schlicht von „Extremismus", meinen aber implizit nur den Rechtsextremismus. Eine andere Variante, sich der Schwierigkeiten – scheinbar – zu entledigen, besteht im Gebrauch unterschiedlicher Begriffe für die rechte und für die linke Seite des politischen Spektrums. So unterscheidet das viel gelesene Einführungswerk von Kurt Sontheimer und Wilhelm Bleek über das politische System Deutschlands in der Gliederung nach „linksradikalen Parteien und Gruppierungen" und nach „rechtsextremen Parteien". Dass diese terminologische Abweichung kein bloßer Zufall ist, zeigt der Text: Einerseits ist von „linksradikalen Parteien", vom „Linksradikalismus" und vom „linken Radikalismus" die Rede, andererseits vom „Rechtsextremismus" und „rechtsextremen Einstellungspotential".[13] Offenkundig wurde diese Wortwahl bevorzugt, weil die Autoren andeuten wollen, die Randparteien linksaußen seien „nur" radikal, die am rechten hingegen extremistisch und damit verfassungsfeindlich. Der Begriff des „Radikalismus" ist bekanntlich weniger negativ konnotiert. Während die Passagen über die „linksradikalen Parteien und Gruppierungen" eine stärker wahlsoziologische Ausrichtung besitzen, sind jene über die „rechtsextremen Parteien" eher normativ orientiert.

Eine Forschung, die nicht Fortsetzung der Politik mit anderen Mitteln sein will, kommt nicht umhin, den Begriff des Rechts- wie des Linksextremismus zu

11 Vgl. u. a. Armin Pfahl-Traughber, Der Extremismusbegriff in der politikwissenschaftlichen Diskussion. In: Uwe Backes/Eckhard Jesse (Hg.), Jahrbuch Extremismus & Demokratie, Band 4, Bonn 1992, S. 67–86.
12 Die Zahl der Beispiele ist Legion. Die Kritik gilt für einen beträchtlichen Teil der Autoren, die auf den Rechtsextremismus fokussiert sind.
13 Die Begriffe finden sich nebst den Überschriften in dem Band von Wilhelm Bleek/Kurt Sontheimer, Grundzüge des politischen Systems Deutschlands, Neuausgabe Bonn 2003, S. 252–259.

gebrauchen. Diese Kritik muss vielmehr eher jene Position ertragen, die wie Richard Stöss den Begriff der „Extremismusforschung" in Anführungszeichen setzt, wohl deshalb, um anzudeuten, es handele sich nicht um genuine Forschung.

III. Charakteristika der streitbaren Demokratie

In der Bundesrepublik Deutschland haben sich mehrere, nahezu synonym zu verwendende Begriffe für den Komplex eingebürgert, der mit den Schutzvorkehrungen umrissen ist: streitbare, wehrhafte, abwehrbereite, wachsame Demokratie, militante, kämpferische Demokratie. Bei „wachsam" ist der Charakter des Offensiven am abgeschwächtesten, bei „militant" am stärksten. Am geläufigsten dürften die Epitheta „streitbar" und „wehrhaft" sein, die etwa in der Mitte angesiedelt sind. Welcher Begriff bevorzugt wird, sollte keine Frage der Weltanschauung sein.

Den deutschen Emigranten Karl Loewenstein und Karl Mannheim, die den Begriff und ansatzweise die Konzeption geprägt haben, galt die streitbare Demokratie vornehmlich als eine Art „Krisenkonzept".[14] In Krisenzeiten müssten Demokratien zu besonderen Schutzmaßnahmen greifen. Tatsächlich jedoch bedarf es einer prinzipiellen Argumentation, die sich von den Zeitumständen löst.

Die Konzeption der streitbaren Demokratie, so vielfältig ihre Varianten auch sind, ist durch drei Wesensmerkmale charakterisiert: 1. Wertgebundenheit; 2. Abwehrbereitschaft; 3. Vorverlagerung des Demokratieschutzes. Fehlt eines dieser Kennzeichen, ist es nicht sinnvoll, den Terminus der streitbaren Demokratie zu verwenden.

(1) Mit *Wertgebundenheit* ist gemeint, dass der demokratische Verfassungsstaat sich zu Werten bekennt, denen er eine besondere Bedeutung einräumt und die er nicht zur Disposition gestellt wissen will. Die Frage, was zum unabdingbaren Minimalkonsens gehört, bedarf freilich vielschichtiger Erörterung. Ist dieser wandelbar, oder umfasst er Prinzipien, die von universeller und zeitloser Bedeutung sind? Wer der ersten Position zuneigt, ist in der Gefahr eines demokratietheoretischen Relativismus; wer die zweite bevorzugt, muss unter Umständen den Vorwurf ertragen, ein Apologet des Status quo oder des „Kulturimperialismus" zu sein. Das Grundgesetz schreibt in Art. 79 Abs. 3 Prinzipien fest, die auch durch eine noch so große Mehrheit nicht geändert werden dürfen (u. a. Art 1 und Art. 20).

(2) *Abwehrbereitschaft* besagt, dass der Verfassungsstaat gewillt ist, sich gegenüber extremistischen Positionen zu verteidigen. Demokratie wird also nicht nur im Sinne der Volkssouveränität verstanden. Der demokratische Verfas-

---

14 Vgl. Karl Loewenstein, Militant Democracy and Fundamental Rights (I + II). In: American Political Science Review, 31 (1937), S. 417–432, 638–658; Karl Mannheim, Diagnose unserer Zeit. Gedanken eines Soziologen (1941), Zürich 1951.

sungsstaat müsse sich seiner Gegner erwehren. Einerseits ist dies ein konsequenter Ausfluss der Bejahung der Wertgebundenheit, andererseits besteht die Gefahr eines Überreagierens seitens des demokratischen Staates: Möglicherweise würden Prinzipien, die zum Wesen einer freiheitlichen Gesellschaft gehören, über Gebühr angetastet. Die Abwehrbereitschaft zeigt sich in der Bundesrepublik Deutschland u.a in der Möglichkeit des Vereins- (Art. 9, Abs. 2 GG) und des Parteienverbots (Art. 21, Abs. 2 GG), das ausschließlich durch das Bundesverfassungsgericht erfolgen darf („Parteienprivileg").

(3) Mit der *Vorverlagerung des Demokratieschutzes* ist der Sachverhalt umschrieben, dass der demokratische Verfassungsstaat es sich vorbehält, nicht erst dann zu reagieren, wenn etwa der politische Extremismus gegen Gesetzesbestimmungen verstößt. Dieser soll vielmehr bereits im Vorfeld seiner Aktivitäten gestört werden. Auch eine solche Vorgehensweise mag ambivalent sein: Denn höhlt man dadurch nicht die Legalität der Verfassungsordnung aus? Allerdings ist der demokratische Verfassungsstaat in gewisser Weise zu diesem Vorgehen verpflichtet, kann er doch ansonsten Extremisten, die einer Legalitätstaktik frönen, kaum delegitimieren. Die Vorverlagerung wird etwa bei der (auch nachrichtendienstlichen) Beobachtung verfassungsfeindlicher Parteien deutlich.

Bekanntlich baute die erste deutsche Demokratie auf dem Wertrelativismus auf. Jeder Artikel der Verfassung konnte mit der entsprechenden Mehrheit abgeändert werden. Der Volkssouveränität waren keine Grenzen gesetzt. Verfassungsrechtler wie Gerhard Anschütz und Hans Kelsen, die demokratischen Prinzipien anhingen, traten entschieden dafür ein. Aber auch die Abwehrbereitschaft war nicht sonderlich entwickelt, obwohl nach dem Mordanschlag auf Außenminister Rathenau im Jahre 1922 ein *Republikschutzgesetz* verabschiedet wurde. Da wertrelativistisches Denken überwog, konnten Schutzmaßnahmen nicht recht „greifen".[15] Erst wenn Extremisten gegen Strafgesetze verstießen, bestand die Möglichkeit eines Eingriffs. Nationalsozialisten wie Kommunisten machten kein Hehl aus ihrer Meinung, die demokratische Ordnung sei zu vernichten. Sie bedienten sich gleichwohl weitgehend einer Legalitätstaktik. Hitlers Legalitätseid vor dem Leipziger Reichsgericht im Jahre 1930 ist nur zu bekannt.

Die Streitbarkeit der Demokratie fand nach 1945 bei den tragenden gesellschaftlichen Kräften in Deutschland schnelle und umfassende Unterstützung. Zu tief saß der Schock des Dritten Reiches samt seiner verheerenden Folgen. Es herrschte Einigkeit darin, sowohl den Wertrelativismus der Weimarer Demokratie als auch deren mangelnde Abwehrbereitschaft zu überwinden. In den ersten zwei Jahrzehnten der Geschichte der Bundesrepublik blieb der Verfassungsgrundsatz der streitbaren Demokratie nahezu völlig unerörtert, was wesentlich mit seiner Selbstverständlichkeit zusammenhängen dürfte. Seit einigen

---

15 Vgl. allerdings die einschränkenden Bemerkungen bei Christoph Gusy, Weimar – die wehrlose Republik? Verfassungsschutzrecht und Verfassungsschutz in der Weimarer Republik, Tübingen 1991.

Jahrzehnten wird heftige, unterschiedlich motivierte Kritik geübt: aus demokratischer[16] wie aus extremistischer[17] Sicht.

Für Anhänger der streitbaren Demokratie ist die Existenz von Extremisten in einer Demokratie eine Normalität. Diese räumt Extremisten ein Lebensrecht ein. Gleichwohl muss die Stärke des politischen Extremismus limitiert sein, damit eine Gefährdung des demokratischen Verfassungsstaates ausbleibt. Die offene Gesellschaft bedarf des Schutzes gerade deshalb, um die „Offenheit" zu erhalten. Es gibt Werte, die als unantastbar gelten müssen. Diktaturen sichern das Herrschaftsmonopol auf eigene Weise ab. Eine Orientierung an ihnen verbietet sich demnach. Die demokratische Streitbarkeit soll einerseits extremistischen Bestrebungen Einhalt bieten, andererseits darf sie keine repressive Richtung einschlagen. Es liegt also ein Zielkonflikt zwischen Liberalität und innerer Sicherheit vor. Ein Maximum an Liberalität garantiert keineswegs ein Maximum an innerer Sicherheit. *Vice versa* gilt das Spannungsverhältnis ebenso.

IV. Kriterienkatalog als Beurteilungsmaßstab

Streitbare Demokratiekonzeptionen basieren auf einer Reihe von abgestuften Abwehrmaßnahmen gegenüber dem politischen Extremismus. Man könnte ein Kontinuum der Schutzvorkehrungen ausmachen. Je nachdem, wo die entsprechenden Maßnahmen auf der Skala zu lokalisieren sind, ließe sich von einer „weicheren" oder einer „härteren" Form der streitbaren Demokratie sprechen.

Für die erste Form etwa wäre charakteristisch, dass der demokratische Staat ausschließlich die geistige Bekämpfung des politischen Extremismus anstrebt und Verbote – sei es von Parteien, sei es von Vereinigungen – strikt verwirft, obgleich die Verfassung diese Möglichkeit vorsieht. Die ausschließlich geistige Bekämpfung stellt ebenso eine Vorverlagerung des Demokratieschutzes dar. Ihr mag die Gefahr eigen sein, dass die kämpferischen Worte als *façon de parler* verhallen und eine Hinwendung zu einer „formalen Demokratie" Weimarer Musters einkehrt.

Als typisch für die zweite Form ließe sich die Vorstellung anführen, dass die Demokratie, ist sie von der extremistischen Ausrichtung einer Organisation überzeugt, auch entsprechende Konsequenzen ziehen und – in der Art einer Rosskur – das Instrument des Verbots systematisch anwenden sollte, selbst wenn von der betreffenden Gruppierung keine oder keine akute Gefahr droht.

---

16 Vgl. Claus Leggewie/Horst Meier. Republikschutz. Maßstäbe für die Verteidigung der Demokratie. Mit zwei Exkursen von Alexander Molter und Wolfgang Stenke, Reinbek bei Hamburg 1995.
17 Von rechts u. a.: Claus Nordbruch, Der Verfassungsschutz. Organisation – Spitzel – Skandale, Tübingen 1999; von links u. a.: Martin Kutscha/Norman Paech (Hg.), Im Staat der „Inneren Sicherheit". Polizei, Verfassungsschutz, Geheimdienste, Datenkontrolle im Betrieb. Beiträge und Dokumente, Frankfurt a. M. 1981.

Die dieser Variante inhärente Schwäche wäre eine Verselbständigung streitbarer Tendenzen, die in eine autoritäre Ordnungsform ausarten könnten.

Eine Mittelposition läge darin, dass der Staat in erster Linie die geistige Auseinandersetzung anstrebt, Instrumente zur Ausschaltung extremistischer Organisationen jedoch vorsieht und von ihnen unter bestimmten Bedingungen Gebrauch macht. Diese Variante ist durch das dem Opportunitätsprinzip innewohnende Quantum an Willkür ebenfalls nicht ohne Problematik. – Alle genannten Konzeptionen, die Zwischenformen einschließen, gehören zur streitbaren Demokratie, weil sie auf dem Gedanken des präventiven Demokratieschutzes beruhen.

Werden die erwähnten Grenzen überschritten, fehlt jede Form der streitbaren Demokratie. Wer etwa die geistige Auseinandersetzung mit dem politischen Extremismus verwirft, der Vorverlagerung des Demokratieschutzes eine Absage erteilt und erst dann Sanktionsmechanismen vorsieht, wenn die Gewaltgrenze tangiert ist, kann ebenso wenig als Verfechter einer streitbaren Demokratie gelten wie derjenige, der schon die pure Existenz von Extremisten zum Anlass ihrer Eliminierung nimmt. Das erste Beispiel wäre typisch für einen wertrelativistischen Staat ohne Demokratieschutz, das zweite für einen militanten, der die Liberalität aufgekündigt hat. Fehlte dem einen Staat die Streitbarkeit, so dem anderen faktisch die Liberalität.

Die Zuordnung an den Rändern wirft Schwierigkeiten auf. Wie ist zum Beispiel das Verhalten eines Staates zu bewerten, der prinzipiell nur die Verletzung der Strafgesetze als kritikwürdig betrachtet, in seiner „Infrastruktur" aber gleichsam selbstverständlich verdeckte und unauffällige Mechanismen zur Schwächung des politischen Extremismus vorsieht, ohne dies transparent zu machen? Sind ephemere Ansätze einer Vorverlagerung noch vorhanden, oder handelt es sich um eine wertrelativistische Ordnung? Wie hat man jenes System einzuschätzen, das aufgrund von Ausnahmebedingungen im Ruch des Extremismus stehende Parteien und Vereinigungen in jedem Fall verbietet, weil es fürchtet, dass ansonsten das Chaos ausbricht oder eine feindliche Gruppierung an die Spitze gelangt? Ist der Boden des demokratischen Verfassungsstaates bereits verlassen?

Die drei Merkmale des Demokratieschutzes – Wertgebundenheit, Abwehrbereitschaft und Vorverlagerung – sagen für sich genommen noch nichts darüber aus, wie die Konzeption der streitbaren Demokratie in der politischen Praxis angewendet werden soll. Die im Folgenden zusammengefassten Elemente der streitbaren Demokratie dienen als Maßstab zur Beurteilung der Praxis in der Bundesrepublik Deutschland. Die vier Kriterien lauten: (1) Sicherheit – (2) Liberalität – (3) Antiextremismus – (4) Opportunitätsgebot.

(1) Die Formel „Gleiche Freiheit den Feinden der Freiheit!" wird verworfen.[18] Der Demokratieschutz setzt nicht erst beim Übertreten der (Straf-)Ge-

---

18 Es ist auffallend, dass sich zu dieser Wendung explizit so gut wie niemand bekennt, wenngleich mancher in der Praxis faktisch danach handelt.

setze ein. Er ist vielmehr vorverlagert und dient als ein *cordon sanitaire*. Dies ist eine Reaktion auf die Legalitätstaktik politischer Extremisten, die den Verfassungsstaat nicht frontal angreifen. Insofern trifft die Behauptung von Günter Rohrmoser nicht zu: „Es ist eine fundamentale Schwäche aller bisher bekannten Formen der Demokratie, dass sie die Einlösung ihrer Freiheitsgarantien an die Befolgung formaler Regeln bindet. Die Mehrheit kann eben auch beschließen, wie wir wissen, die Demokratie abzuschaffen, und die viel beschworene freiheitliche Grundordnung enthält keine Anweisung darüber, welche Interpretation in einer konkreten Situation die maßgebende sein soll."[19] Rohrmoser sieht den Verfassungsstaat als permissiv an. Diese Stilisierung des durch eine „opportunistische Einstellung und Haltung"[20] gekennzeichneten Verfassungsstaates entspringt einer etatistischen Delegitimierungsstrategie. Der häufige und prinzipiell richtige Hinweis, eine argumentative Auseinandersetzung mit dem Extremismus sei nötig, ist in der Tat vielfach ein Lippenbekenntnis, läuft jedenfalls auf eine Unterforderung des Prinzips der streitbaren Demokratie hinaus, das den Gedanken der Prävention in den Vordergrund stellt. Nicht immer schleifen sich extremistische Positionen in der politischen Auseinandersetzung ab. Sie können den demokratischen Verfassungsstaat unter bestimmten Umständen vielmehr unterminieren. Die Legitimation für den Demokratieschutz resultiert aus der Orientierung an Menschenrechten, dem Angelpunkt des Verfassungsstaates.

(2) Die Formel „Keine Freiheit den Feinden der Freiheit!" ist nicht geeignet zur Begründung der Schutzmaßnahmen.[21] Diesem jakobinischen Verständnis von Demokratie – bekanntlich stammt die griffige Formel von Saint Just[22] – wohnt die Gefahr inne, dass man den Spielraum der Bürger verkürzt, wenn nicht gar einer „totalitären Demokratie" Vorschub leistet. Auch politische Extremisten dürfen keineswegs für rechtlos erklärt werden. Die Menschenrechte gelten selbstverständlich ebenso für sie. Eine Ächtung ist nicht mit den Prinzipien vereinbar, die dem demokratischen Verfassungsstaat im Gegensatz zu anderen Regierungsformen eigen sind. Bezeichnenderweise vertrat der Marburger Marxist-Leninist Reinhard Kühnl Ende der 60er Jahre, als die NPD Furore machte und er vor der Gefahr von rechtsaußen warnte, die Auffassung, das demokratische System dürfe sich seinen Feinden nicht wehrlos ausliefern – und

---

19 So Günter Rohrmoser, Zeitzeichen. Bilanz einer Ära, 2. Auflage Stuttgart 1978, S. 409.
20 Ebd., S. 405.
21 Im Gegensatz zum Slogan „Freiheit für die Feinde der Demokratie!" wird diese Wendung geradezu inflationär gebraucht. Das Handeln auch jener, die sie propagieren, ist davon aber kaum berührt. – Was die beiden Formeln angeht, so verkehren sich Theorie und Praxis damit eigentümlich. Vielfach dient das verpönte Motto als eine Art Wegweiser, während das markige im Alltag keine besondere Rolle spielt. Ein Grund für das Paradoxon könnte darin liegen, dass eine freiheitliche Ordnung Konflikte liberalisiert und der Verbreitung eines Freund-Feind-Denkens den Boden entzieht – jedenfalls solange, wie sie sich nicht durch Extremisten bedroht wähnt.
22 Vgl. Helmut Steigenberger, Konzeptionen und Grenzen freiheitlicher Demokratie. Dargestellt am Beispiel des Verfassungsrechtsdenkens in den Vereinigten Staaten von Amerika und des Antisubversionsrechts, Berlin (West) u. a. 1974, S. 10.

zwar in folgender markigen Zuspitzung: „Einzelne Gruppen, die nicht bereit sind, allen Bürgern des Staates das Recht auf freie Meinungsbildung und politische Mitbestimmung zuzuerkennen, haben selber keinen Anspruch auf eben diese Rechte."[23] Eine solche Maxime, die mit der Ethik des demokratischen Verfassungsstaates nicht vereinbar ist, wäre nahezu geeignet, das System des *Archipel GULAG* ideologisch lückenlos zu rechtfertigen. Ihr darf der Verfassungsstaat nicht folgen, weil er dann die geistigen Voraussetzungen der eigenen Prinzipien negiert. Die „Interventionen" gegen den organisierten politischen Extremismus müssen sich stets daraufhin überprüfen lassen, ob nicht weniger einschneidende Maßnahmen genügen. Da der politische Extremismus zum demokratischen Verfassungsstaat gehört, zielt ein extremes Vorgehen wider Extremisten indirekt ebenfalls gegen die zu schützende Ordnung. Der demokratische Verfassungsstaat ist gerade durch die Existenz von Extremisten gekennzeichnet, deren Lebensrecht er nicht bestreitet. Die streitbare Demokratie bleibt ein freiheitliches System. Streitbarkeit dient dem Schutz von Offenheit, Toleranz, Liberalität und Pluralismus.

(3) Die Formel „Gleiche Maßstäbe bei der Begrenzung der Freiheit!" wird als Gebot verstanden, gegen rechts- und linksextremistische Bestrebungen gleichermaßen wachsam zu sein und gegebenenfalls vorzugehen. Nicht aus Gründen formaler Äquilibristik (es mag Phasen geben und gegeben haben, in denen sich die Schutzmaßnahmen nur gegen eine Seite des politischen Extremismus richte[te]n),[24] und auch nicht deshalb, weil die rechte und die linke Variante des Extremismus zwangsläufig über einen Kamm geschoren werden (man kann durchaus die Auffassung vertreten, die beiden Richtungen wiesen mehr Unterschiede als Parallelen auf). Entscheidend ist vielmehr der folgende Sachverhalt: Aus der Sichtweise des demokratischen Verfassungsstaates spielt es keine Rolle, mit welcher Motivation man ihn zu destabilisieren sucht. Die Verschiedenheiten politischer Extremismen verblassen angesichts der Kampfansage an das demokratische Gemeinwesen.[25] Die lediglich antifaschistische oder ausschließlich antikommunistische Interpretation der streitbaren Demokratie „trägt" nicht. Sie erfreut sich allerdings großer Verbreitung. Wer die These verficht, dass „Demokratie das Nonplusultra politischer Freiheit ist und jedes Plus von ‚Freiheit' demzufolge ein Minus",[26] muss sie auch konsequent durchhalten. Doch in aller Regel dominiert keine prinzipielle Art der Argumentation. Gerade

---

23 Reinhard Kühnl/Rainer Rilling/Christine Sager, Die NPD. Struktur, Ideologie und Funktion einer neofaschistischen Partei, 2. Auflage Frankfurt a. M. 1969, S. 378.
24 Wenn extreme Linke und extreme Rechte verschiedene politische Gewichte auf die Waage bringen, wird diese nicht durch ein Eingreifen gegen beide Extremismen austariert. Im Gegenteil ließe sich dann sogar die Meinung vertreten, das gleichzeitige Vorgehen begünstige indirekt die weitaus stärkere Spielart des politischen Extremismus.
25 Vgl. dazu die demokratietheoretischen Überlegungen von Backes, Politischer Extremismus, insbes. S. 87–112.
26 So Helmut Ridder, Schutz der verfassungsmäßigen Ordnung. In: Rudolf Wassermann (Hg.), Kommentar zum Grundgesetz für die Bundesrepublik Deutschland. Reihe Alternativkommentare, 2 Bände, Neuwied/Darmstadt 1984, S. 1449.

auch Helmut Ridder, von dem dieses Zitat stammt, sieht das Verbot der *Sozialistischen Reichspartei* (SRP) (oder eine sonstige Form der Illegalisierung) als selbstverständlich an. Die Doppelbödigkeit der Denkweise kennzeichnet viele Gegner streitbarer Demokratiekonzeptionen. Kritikwürdig erscheint weniger das Vorgehen an sich als die Richtung der staatlichen Intervention. Zahlreiche Kritiker segeln daher unter „falscher Flagge".

(4) Die Formel „Keine Freiheit zur Beseitigung der Freiheit!" ist charakteristisch für diese Ausprägung der streitbaren Demokratie. „Streitbarkeit" beinhaltet keine Pflicht des demokratischen Verfassungsstaates. Die Orientierung am wenig geschmeidigen Legalitätsprinzip – die antidemokratische Ausrichtung einer Organisation zieht ein Verbot nach sich – führt in eine Sackgasse. Aus Gründen der Liberalität, der Verhältnismäßigkeit der Mittel oder aus taktischen Erwägungen heraus müssen die staatlichen Instanzen – innerhalb der rechtlichen Grenzen – in der Anwendung exakt definierter und rechtlich einklagbarer Mittel frei sein. Ansonsten überforderte man das Prinzip der streitbaren Demokratie. Passivität ist nicht notwendigerweise ein Zeichen für Kapitulation gegenüber extremistischen Bestrebungen. Dem Gebot der politischen Opportunität kommt mithin hohe Bedeutung zu. Allerdings darf der Verfassungsstaat es nicht zu einer Art Freibrief gegenüber dem politischen Extremismus verkommen lassen; eine geistige Auseinandersetzung mit extremistischen Bestrebungen ist unabdingbar. Die Demokratie kann gegenüber Individuen offenkundig großzügiger agieren als gegenüber organisierter Verfassungsfeindschaft, weil diese die Demokratie in weitaus größere Schwierigkeiten zu bringen vermag als ein noch so militanter „Einzelkämpfer". Zudem sichert die Beschränkung auf „organisationskonnexe Maßnahmen"[27] eher die Liberalität. Das Opportunitätsprinzip mag folgender, einem Kalifen in Damaskus zugeschriebener Ausspruch veranschaulichen: „Ich brauche mein Schwert nicht, wenn meine Peitsche genügt, und meine Peitsche nicht, wenn mein Wort genügt."[28] Das Diktum ist höchst ausdeutungsfähig: zum einen in dem Sinne, diese Vorgehensweise sei eine besonders geschickte Form der Herrschaftsstabilisierung; zum anderen im Sinne eines Anzeichens für Liberalität. Außerdem müssen beide Interpretationen nicht kollidieren. Das Beispiel mag man auf die streitbare Demokratie insofern übertragen, als diese, wie bereits erwähnt, auf einer Reihe abgestufter Maßnahmen basiert. Am einen Ende sind Parteiverbote angesiedelt, am anderen stehen vage gehaltene Aufrufe zur Verteidigung des demokratischen Verfassungsstaates ohne praktische Konsequenzen. Das Problem beim Opportunitätsgebot liegt darin, dass niemand exakt anzugeben vermag, wann eine Intervention aufgrund der Gefährdung nötig ist. Eine willkürliche Handhabung artet in Opportunismus aus. Insofern handelt es sich um ein eingeschränktes Opportunitätsprinzip. Das gilt in zweierlei Hinsicht: Sowohl bei demokratie-

---

27 So Steinberger, Konzeptionen, S. 598.
28 Zitiert nach Max Güde, „Wir brauchen Vertrauen in die Freiheit". Gegen neue Verbote von „K-Gruppen". Der Staatsschutz hat andere Möglichkeiten. In: Blätter für deutsche und internationale Politik, 22 (1977), S. 897–902, hier 901.

gefährdenden Kräften als auch bei Gruppen marginaler Natur reduziert sich das Ermessen auf Null. Im ersten Fall ist ein Einschreiten geboten, im zweiten Fall verboten. Allerdings ist die Frage nicht rhetorischer Natur, ob der Staat ausnahmsweise auch aus anderen Erwägungen (als aufgrund der Beurteilung des Gefährdungsgrades) reagieren darf.[29]

Bei den Merkmalen der Effizienz und der Liberalität handelt es sich offenkundig um eine *coincidentia oppositorum*. Anhänger des Konzepts der wehrhaften Demokratie in dieser Ausprägung müssen eine dauernde Güterabwägung zwischen den Werten der Freiheit und denen der Sicherheit vornehmen. Auch die Elemente des Antiextremismus und des Opportunitätsgebots können kollidieren: Ist die eine Variante des politischen Extremismus schwach, gebietet es das Opportunitätsgebot, sie zu ignorieren, so dass eine politische „Schieflage" entsteht. Das Plädoyer für den Schutz der Demokratie darf weder als Berufungstitel für eine bestimmte politische Richtung verstanden noch in dem Sinne gedeutet werden, ein *juste milieu* der trägen Mitte immunisiere sich vor Kritik. Besagtes Prinzip der Demokratiesicherung soll nicht der „Ausgrenzung" Andersdenkender dienen, nicht Frageverbote und Tabus zementieren, nicht gesellschaftliche Missstände rechtfertigen. Dies wäre ein Missbrauch einer Konzeption, die in der Bundesrepublik nicht zuletzt aufgrund schmerzhafter historischer Erfahrungen Eingang in die Verfassung gefunden hat.

Das Konzept der wehrhaften Demokratie ist „gefährdet und gebrechlich wie alle menschlichen Entwürfe".[30] Es muss sich stets der Kritik und der Auseinandersetzung stellen. Will man die streitbare Demokratie im Sinne des Verfassers mit einem plakativen Etikett versehen, so ist der Slogan „Keine Freiheit zur Abschaffung der Freiheit!" weitaus zutreffender als die missverständliche Formel „Keine Freiheit den Feinden der Freiheit!",[31] weil er insbesondere auf den Gefährdungsgrad abstellt; zutreffender aber auch als das vielen Überlegungen unterschwellig zugrunde liegende Diktum „Gleiche Freiheit den Feinden der Freiheit!", das auf eine Preisgabe des Streitbarkeitsprinzips hinausläuft. Die Gleichheit hat sich ebenfalls auf die Formel „Keine Differenzierung bei der Begrenzung der Freiheit!" zu beziehen. Gegen sie wird häufig - guten Gewissens - gesündigt. Das „demokratische Dilemma",[32] in dem der Verfassungsstaat

---

29 Man denke etwa an das Argument der „Selbstachtung der Demokratie". Diese gefühlsmäßige, nur schwer objektivierbare Kategorie könnte sich als Einfallstor für x-beliebige Übergriffe erweisen, so sehr auch die Vorteile eines exemplarischen Vorgehens nicht zu verkennen sind: Eine spätere Gefahr mag daher bereits im Keim zu ersticken sein.
30 Steinberger, Konzeptionen, S. 600.
31 Das Bundesverfassungsgericht macht sich nicht diese Terminologie zu eigen, sondern spricht - vorsichtiger und treffender - von „keine[r] unbedingten Freiheit für die Feinde der Freiheit". So BVerfGE 5, 138.
32 Karl Loewenstein, Verfassungslehre (1957), 3. Auflage Tübingen 1975, S. 349. Allerdings gibt es mehr als *ein* „demokratisches Dilemma". Vgl. Uwe Backes/Eckhard Jesse, Die streitbare Demokratie in der Krise?. In: dies. (Hg.), Jahrbuch Extremismus & Demokratie, Band 8, Baden-Baden 1996, S. 13-35, insbes. 14-23.

steht, bedarf ständiger Aufmerksamkeit. Der Weg zwischen dem notwendigen Schutz der Freiheit und ihrer unzulässigen Beschränkung führt über einen schmalen Grat.

V. Verwirkung von Grundrechten

1. Praxis in der Bundesrepublik Deutschland

„Wer die Freiheit der Meinungsäußerung, insbesondere die Pressefreiheit (Art. 5 Absatz 1), die Lehrfreiheit (Art. 5 Absatz 3), die Versammlungsfreiheit (Art. 8), die Vereinigungsfreiheit (Art. 9), das Brief-, Post- und Fernmeldegeheimnis (Art. 19), das Eigentum (Art 14) oder das Asylrecht (Art 16 Absatz 2) zum Kampfe gegen die freiheitliche demokratische Grundordnung missbraucht, verwirkt diese Grundrechte. Die Verwirkung und ihr Ausmaß werden durch das Bundesverfassungsgericht ausgesprochen." Dieser Artikel 18 des Grundgesetzes betritt „Neuland im deutschen Verfassungsrecht". In Anlehnung an den Begriff des Parteienprivilegs ließe sich von einem „Aktivbürgerprivileg"[33] sprechen, denn nur dem Bundesverfassungsgericht obliegt die Entscheidung über die Verwirkung der besagten Grundrechte.

In den §§ 36 bis 41 des Gesetzes über das Bundesverfassungsgericht sind Einzelheiten geregelt: Der Antrag kann vom Bundestag, von der Bundesregierung oder einer Landesregierung gestellt werden. Der Antragsteller erhält vom Bundesverfassungsgericht, das eine Beschlagnahmung nach den Vorschriften der Strafprozessordnung anordnen kann, Gelegenheit zu einer Erwiderung. Ist der Antrag begründet, bestimmt das Gericht, welche Grundrechte verwirkt sind. Die Verwirkung kann zeitlich befristet (mindestens ein Jahr) oder unbefristet sein. Nach zwei Jahren ist eine Prüfung möglich, ob die Grundrechtsverwirkung völlig oder teilweise aufzuheben ist. Dieser Antrag darf nach Ablauf eines Jahres wiederholt werden. Gegen denselben Antragsteller ist nur bei Vorlage neuer Tatsachen ein weiterer Versuch zu unternehmen. In der Praxis sind die Bestimmungen, die den Wirkungsbereich erklärter Verfassungsfeinde einengen sollen,[34] Makulatur geblieben. Alle vier Anträge scheiterten.

---

33 Eckart Bulla, Die Lehre von der streitbaren Demokratie. Versuch einer kritischen Analyse unter besonderer Berücksichtigung der Rechtsprechung des Bundesverfassungsgerichts. In: Archiv des öffentlichen Rechts, 98 (1973), S. 340–360, hier 355.
34 Vgl. beispielsweise Dieter Dirk Hartmann, Verwirkung von Grundrechten. In: Archiv des öffentlichen Rechts, 95 (1970), S. 567–580; Rupert Stettner, Verfassungsdogmatische Erwägungen zur Grundrechtsverwirkung. In: Deutsches Verwaltungsblatt, 90 (1975), S. 801–809; Hermann Butzer/Marion Clever, Grundrechtsverwirkung nach Art 18 GG. Doch eine Waffe gegen politische Extremisten? In: Die Öffentliche Verwaltung, 47 (1994), S. 637–643; Markus Thiel, Die Verwirkung von Grundrechten gemäß Art. 18 GG. In: ders. (Hg.), Wehrhafte Demokratie. Beiträge über die Regelungen zum Schutze der freiheitlichen demokratischen Grundordnung, Tübingen 2003, S. 129–172.

Am 28. April 1952 stellte die Bundesregierung beim Bundesverfassungsgericht den Antrag, Otto Ernst Remer, dem zweiten SRP-Vorsitzenden, die Grundrechte der Freiheit der Meinungsäußerung sowie der Versammlungs- und Vereinigungsfreiheit zu entziehen. Damit verbunden war die Aberkennung des aktiven und passiven Wahlrechts. Die Bundesregierung begründete dies mit Remers Missbrauch der Grundrechte zum Kampf gegen die freiheitliche demokratische Grundordnung. Er hatte sich am 20. Juli 1944 als Kommandeur des Wachregiments *Großdeutschland* geweigert, das Regierungsviertel abzusperren. In Propagandareden rechtfertigte Remer die Lahmlegung des von ihm als hochverräterisch gedeuteten Widerstands und unterstützte als führender Funktionär die SRP. Dem Ersuchen der Bundesregierung war sowohl das Urteil des Landgerichts Braunschweig als auch der Verbotsantrag gegen die SRP vorausgegangen. Der „Remer-Prozess" betraf öffentliche Äußerungen von Remer zum 20. Juli.[35] Er wurde wegen übler Nachrede zu drei Monaten Gefängnis in Tateinheit mit der Verunglimpfung Verstorbener verurteilt. Dieser Prozess, nach Rudolf Wassermann „der bedeutendste Prozess mit politischem Hintergrund seit den Nürnberger Kriegsverbrecherprozessen und vor dem Frankfurter Auschwitzprozess,[36] prägte sich in das Bewusstsein der Zeitgenossen im Sinne einer Rehabilitierung der Widerstandskämpfer ein.

Das Bundesverfassungsgericht wies im Jahre 1960 die Anträge der Bundesregierung zurück.[37] Von Remer seien keine staatsfeindlichen Bestrebungen mehr bekannt geworden. Zudem habe die Bundesregierung auf dessen Verteidigungsschriften nicht reagiert. Die Anträge seien unzureichend begründet. In den achtziger Jahre machte Remer, der eine antiamerikanische und prosowjetische, gleichwohl rechtsextremistische *Deutsche Freiheitsbewegung* ins Leben gerufen hatte, durch verfassungsfeindliche Aktivitäten wieder von sich reden, u. a. durch Herausgabe einer *Remer-Depesche*, in der die Existenz von Gaskammern in Auschwitz geleugnet wurde. Vor Antritt einer Haftstrafe entzog sich Remer den Strafverfolgungsbehörden und flüchtete nach Spanien,[38] wo er im Oktober 1997 verstarb.

Am 20. März 1969 stellte die Bundesregierung gegen Gerhard Frey beim Bundesverfassungsgericht den Antrag auf Verwirkung des Grundrechts der frei-

---

35 Für Einzelheiten vgl. Rudolf Wassermann, Zur Auseinandersetzung um den 20. Juli 1944. Der Remer-Prozess als Meilenstein der Nachkriegsgeschichte. In: ders., Recht, Gewalt, Widerstand. Vorträge und Aufsätze, Berlin (West) 1985, S. 36–64; Franz Greß/Hans-Gerd Jaschke, Politische Justiz gegen rechts: Der Remer-Prozess 1952 in paradigmatischer Perspektive. In: Rainer Eisfeld/Ingo Müller (Hg.), Gegen Barbarei. Essays. Robert M.W. Kempner zu Ehren, Frankfurt a. M. 1989, S. 453–478; Regina Holler, 20. Juli. Vermächtnis oder Alibi?, München 1994, S. 121–128 (Exkurs: Der Remer-Prozess in Braunschweig).
36 Wassermann, Zur Auseinandersetzung, S. 60.
37 Vgl. BVerfGE 11, 282 f.
38 Vgl. für Einzelheiten: Eckhard Jesse, Biographisches Porträt: Otto Ernst Remer. In: Uwe Backes/Eckhard Jesse (Hg.), Jahrbuch Extremismus & Demokratie, Band 6, Bonn 1994, S. 207–221.

en Meinungsäußerung, insbesondere der Pressefreiheit. Sein Verlag sei aufzulösen. Der Antragsteller begründete dies mit den rechtsextremistischen Publikationen aus Freys Verlag, insbesondere der *Deutschen National-Zeitung*. Auf dessen Entgegnung unterließ die Bundesregierung eine Antwort, und auch auf die Frage nach der Gefährlichkeit Freys erfolgte keine Reaktion. Das Bundesverfassungsgericht beschied am 2. Juli 1974, also mehr als fünf Jahre später, den Antrag der Bundesregierung abschlägig.[39] Die Entscheidung zugunsten Freys betraf demnach ausschließlich dessen geringe Gefährlichkeit.

Freilich findet diese Argumentation schwerlich im Verfassungstext Rückhalt. In *der* wissenschaftlichen Abhandlung zu Art. 18 ist – vor dem Verfahren gegen Frey – eigens festgehalten worden: „Auf die *Erfolgsaussichten* kommt es grundsätzlich nicht an. Es ist auch ein Charakteristikum der präventiven Verfassungsbestimmung des Art. 18 GG, dass der *noch* Erfolglose entschärft werden soll."[40] Offenbar stellte das Gericht auf die mangelnde Gefährlichkeit Freys ab, um eine Entscheidung in der Sache zu umgehen. Die Antragstellung bewirkte allem Anschein nach keine gemäßigtere Gangart beim Münchner Verleger. In der *National-Zeitung* wurde und wird die Ehre des „deutschen Soldaten" verteidigt und die nationalsozialistische Vergangenheit beschönigt. Die marktschreierischen Schlagzeilen decken nicht immer den Inhalt ab. 1971 rief Frey die *Deutsche Volkunion* (DVU) als politische Vereinigung ins Leben. 1987 in eine Partei umgewandelt, konnte sie in einer Reihe von Bundesländern Erfolge erzielen (zuletzt 2004 in Brandenburg: 6,1 Prozent der Stimmen). Durch Wahlkampfabsprachen mit der NPD versucht die Partei, die eigenen Chancen zu erhöhen.[41]

Am 9. Dezember 2002 beantragte die Bundesregierung beim Bundesverfassungsgericht gegen zwei Neonationalsozialisten, den Thüringer Thomas Dienel und den Hessen Heinz Reisz, die Verwirkung der Grundrechte auf freie Meinungsäußerung, der Pressefreiheit sowie der Versammlungs- und der Vereinigungsfreiheit.[42] Im Vergleich zu dem antikapitalistischen Rechtsextremisten Remer und dem deutschnationalen Frey waren die beiden weithin „unbeschriebene Blätter". Dienel, einst SED-Mitglied und FDJ-Funktionär, und später u. a. wegen Volksverhetzung vorbestraft, engagierte sich zunächst bei der NPD und gründete dann die winzige *Deutsch Nationale Partei*. Reisz, Aktivist in mehreren neonationalsozialistischen Organisationen, trat u. a. als Spitzenkandidat der

---

39 Vgl. BVerfGE 38, 23–25.
40 So Walter Schmitt Glaeser, Missbrauch und Verwirkung von Grundrechten im politischen Meinungskampf. Eine Untersuchung über die Verfassungsschutzbestimmung des Art. 18 GG und ihr Verhältnis zum einfachen Recht, insbesondere zum politischen Strafrecht, Bad Homburg v.d.H. 1968, S. 72 (Hervorhebungen im Original). Allerdings heißt es, Verwirkungsmaßnahmen schieden aus, wenn der Kampf gegen die freiheitliche demokratische Grundordnung „eindeutig als aussichtslos" (ebd., S. 72) erscheine.
41 Vgl. für Einzelheiten: Stefan Mayer, Biographisches Porträt: Gerhard Michael Frey. In: Uwe Backes/Eckhard Jesse (Hg.), Jahrbuch Extremismus & Demokratie, Band 14, Baden-Baden 2002, S. 207–221.
42 Vgl. Verfassungsschutzbericht 1992. Hg. vom Bundesministerium des Innern, Bonn 1993, S. 102.

(verbotenen) *Nationalen Sammlung* und als Vorsitzender der Splittergruppe *Deutsches Hessen* in Erscheinung. Beide können als Karikaturen eines Nationalsozialisten gelten. Das Bundesverfassungsgericht beschied die auf dem Höhepunkt der fremdenfeindlichen Exzesse gestellten Anträge – offenkundig wohnte ihnen eine symbolische Funktion im „Kampf gegen rechts" inne – im Juli 1996 abschlägig. Beide Personen seien zukünftig keine Gefahr für die freiheitlich-demokratische Grundordnung, da die Haftstrafen zur Bewährung ausgesetzt worden waren.[43]

„Mit Sicherheit wird es im Äon der hegemonialen ‚wehrhaften Demokratie' keinen Ausspruch der Verwirklichung geben, weil die Umgehungspraxis [...] einen weitaus höheren staatsschützerischen Ertrag erbringt, als er jemals durch ein erfolgreich durchgeführtes Verfahren vor dem BVerfG zu erreichen wäre."[44] Diese Aussage von Helmut Ridder umgreift zwei miteinander verschlungene Thesen: Erstens kommt es nicht zu einer Verwirkung der Grundrechte; zweitens gibt es *in praxi* effektivere Möglichkeiten zum Entzug von Grundrechten. Das zweite sei der Grund für das erste. Die erste These Ridders dürfte ein hohes Maß an Plausibilität haben. Allerdings basiert die Unwirksamkeit dieses Artikels auf einer anderen Ursache: Einer Person die Grundrechte zu entziehen ist wenig effizient. Dominiert sie in einer verfassungsrechtlichen Organisation, ließe sich deren Verbot erwägen; gehört sie keiner verfassungsfeindlichen an, dürfte man auf einen Antrag ebenfalls verzichten. Wäre die zweite These Ridders richtig, könnte die Bundesrepublik nicht mehr als demokratischer Verfassungsstaat gelten. Doch ist die „Umgehungspraxis" kein Beleg für den Entzug von Grundrechten.

2. Bewertung anhand des Kriterienkatalogs

Grundrechtsverwirkungen für Personen stellen sich anders als Parteien- und Vereinigungsverbote dar. Hier geht es um den Eingriff in die Rechte einzelner Personen. Dieses Instrument dürfte für die streitbare Demokratie eher ein Danaergeschenk sein. Zur Stabilisierung der liberalen Demokratie trägt es nichts bei, wohl aber zur Schwächung ihrer Liberalität. Die vier ermittelten Kriterien (Sicherheit, Liberalität, Antiextremismus, Opportunitätsgebot) dienen als Maßstab der Beurteilung.

(1) Grundrechtsverwirkungen bilden einen schweren Eingriff. Das Instrumentarium hat den Zweck, die Personen aus dem politischen Willensbildungsprozess auszuschalten, welche die Meinungsfreiheit missbrauchen, auch ohne dass sie einen Verstoß gegen die Strafgesetze begangen haben. Auf diese Weise wollte der Verfassungsgeber insbesondere diejenigen Verfassungsfeinde von

---

43 Das Urteil des Bundesverfassungsgerichts (2 BvA 1 und 2/92) wurde nicht in die einschlägige Entscheidungssammlung des Gerichts aufgenommen. Vgl. den Bericht in der Berliner Zeitung vom 31. Juli 1996.
44 Ridder, Schutz der verfassungsmäßigen Ordnung, S. 1447.

der politischen Willensbildung ausgrenzen, die keiner Organisation angehören. Möglicherweise hatten manche von ihnen das Bild des charismatischen Demagogen Hitler im Hinterkopf. Allerdings: Ist die demokratische Ordnung so tatsächlich effektiv zu schützen und zu stabilisieren? Denn in keiner Gruppierung verankerte Individuen dürften durch propagandistische Aktivitäten niemals die Stabilität einer Massendemokratie gefährden können. Wie die Entwicklung in der Bundesrepublik zeigt, ist dieses Instrument gänzlich ineffektiv geblieben. Alle vier Anträge hat das Bundesverfassungsgericht abgelehnt, obwohl an der extremistischen Ausrichtung der betreffenden Personen – Remer, Frey, Dienel, Reisz – kein Zweifel bestehen konnte, und sich zur Abwehr des Antrages darauf berufen, von den Personen drohe keine Gefahr. Aber die Frage der Gefährdung hatte es gar nicht zu klären. Auch wenn sich die Auslegungspraxis des Gerichts am Buchstaben des Gesetzes orientieren würde und Antragsteller eifrig von ihrem Recht Gebrauch machten, wäre der Artikel trotz des Ausspruchs einer Fülle von Grundrechtsverwirkungen nicht wirksamer gewesen. Die auf Quantität fußende Sicherheit schlüge nicht in eine qualitative Sicherheit um. Der für Parteien und Vereinigungen nicht von der Hand zu weisende Einwand, allein die Existenz des Artikels antizipiere eine zurückhaltendere Reaktion bei politischen Aktivisten, trifft in diesem Fall nicht zu. Vielleicht gilt sogar das Gegenteil. Einzelne Repräsentanten sind in ihren Aktionen weitaus schwerer zu kalkulieren als Vereinigungen, und angesichts des provozierend-geltungsbedürftigen Auftretens mancher Extremisten wären ihnen aufgrund einer Märtyrerhaltung repressive Aktivitäten des Staates willkommen. So mag die notorische Erfolglosigkeit zu kompensieren und auch zu erklären sein. Die Irradiationsfunktion dieses Artikels dürfte gering ausfallen: Er hat keine abschreckende, allenfalls eine anziehende Wirkung.

(2) Die Grundrechtsverwirkung für Individuen stellt die liberale Demokratie auf eine schwere Belastungsprobe. Damit ist ein Aderlass an freiheitlichen Prinzipien verbunden, steht und fällt die Errungenschaft des Rechtsstaates doch damit, dass dem Individuum unveräußerliche Rechte zustehen. Allerdings läuft die Verwirkung der Grundrechte keineswegs darauf hinaus, die betreffende Person für „vogelfrei" zu erklären. Insofern spielt für eine Beurteilung unter dem Kriterium der Liberalität die konkrete Ausgestaltung eine große Rolle. Die Regelungen sehen zahlreiche Vorkehrungen gegen die Ächtung des Individuums vor. Erstens können nur bestimmte Grundrechte, die im Zusammenhang mit der Freiheit der Meinungsäußerung stehen, verwirkt werden; zweitens bedeutet „Verwirkung" nicht, die betreffende Person verliere diese Grundrechte völlig; drittens sind die Rechtsfolgen abgestuft wie reversibel; viertens schließlich hat nur das Bundesverfassungsgericht über die Verwirkung zu entscheiden. Daher besteht auch ein Schutz vor der Exekutive. Selbst eine extensive Anwendung dieses Instrumentariums leistete *in toto* nicht dem Schibboleth „Keine Freiheit den Feinden der Freiheit!" Vorschub, wenngleich sie für manche Personen eine beträchtliche Einschränkung der politischen Freiheit bedeutete. So schwer der Eingriff für die Liberalität einer Ordnung auch ist, erweist sich die

Behauptung, diese Bestimmung richte Flurschaden an, als weithin haltlos. Denn sie ist ohne jede Praxisrelevanz; selbst Diskussionen über die Grundrechtsverwirkung sind große Ausnahmen. Ob sie gegen bestimmte Rädelsführer weniger einschneidend sein kann als ein Vereinigungsverbot (und daher dem Grundsatz der Verhältnismäßigkeit der Mittel Rechnung trägt), ist allerdings ungewiss.

(3) Die vier bisherigen Anträge auf Verwirkung der Grundrechte betrafen jeweils Personen aus dem rechtsextremistischen Lager. Wer extreme Rechte wie extreme Linke als Gegner des demokratischen Verfassungsstaates betrachtet, muss beklagen, dass sich nur Repräsentanten der einen Seite des politischen Extremismus mit einem solchen Antrag konfrontiert sahen, auch wenn lediglich vier Fälle für eine quasi-statistische Aufrechnung nicht ausreichen. Immerhin kommt ihnen eine beträchtliche symbolische Bedeutung zu. Es wären führende Linksextremisten leicht zu finden gewesen, gegen die politisch Verantwortliche – exemplarisch – Anträge hätten stellen können. Unter einer antiextremistischen Perspektive ist die Vorgehensweise bedauerlich, da sie den Antiextremismus – eines der Fundamente des demokratischen Verfassungsstaates – wenn nicht untergräbt, so doch schwächt. Vielleicht ist der Sachverhalt jedoch komplizierter: Das Beispiel eignet sich nicht unbedingt dafür, dass der Verfassungsstaat mit zweierlei Maß misst, wäre es doch offenkundig absurd, gegen führende Köpfe einer kommunistischen Partei oder Repräsentanten marxistisch-leninistischer Positionen einen Antrag zu stellen, weil die Persönlichkeit bei Kommunisten im Allgemeinen eine weitaus geringere Bedeutung besitzt als die Ideologie. Dennoch dürfte der Antrag auf Verwirkung bestimmter Grundrechte gegen Kommunisten wahrscheinlich einen Sturm der Entrüstung ausgelöst haben. Daran war und ist den politisch Verantwortlichen nicht gelegen.

(4) Wenn bisher viermal der Versuch unternommen wurde, Personen die Grundrechte aberkennen zu lassen,[45] so legt der Tatbestand angesichts der Vielzahl von Extremisten, die gegen die freiheitliche demokratische Grundordnung agieren, eindrucksvoll Zeugnis von der Ignorierung des Legalitätsprinzips ab. In diesem Fall ist Passivität aber kein Beleg für das Handeln nach dem Opportunitätsprinzip. Der Artikel stellt für Extremisten keine effektive Bedrohung ihres politischen Engagements dar. Wie die vier gescheiterten Versuche gezeigt haben, dürfte diese Verfassungsschutzbestimmung nicht mit Leben zu erfüllen sein. Sie ist und bleibt tot. Dem Artikel kommt kein wirksamer Schutz der Verfassung zu – ob man nun gegen extremistisch ausgerichtete Personen einen entsprechenden Antrag stellt oder nicht. Wie ist plausibel zu begründen, dass gerade in den Fällen Remer, Frey, Dienel und Reisz ein Antrag nötig gewesen ist, in anderen jedoch nicht? Jedenfalls lag ihm schwerlich die Annahme zugrunde, die Demokratie sei gefährdet. Vermag dieses „exemplarische Herausgreifen" nicht auch ein Verstoß gegen den Gleichheitsgrundsatz zu sein? Im Extremfall

---

45 Sieht man einmal ab von der Einschränkung der Freiheit der Meinungsäußerung durch die Hintertür des Jugendschutzes. Auf die nicht nur positive Rolle der Bundesprüfstelle für jugendgefährdende Schriften wird nicht eingegangen.

könnte nämlich jeder Extremist auf legalem Wege wesentliche Grundrechte verlieren. Dieser schroffe Demokratieschutz wäre schwerlich mit liberaldemokratischen Prinzipien vereinbar.

Ein entscheidender Grund spricht gegen die Anwendung des Instruments. Die Gefahr für den demokratischen Verfassungsstaat geht in erster Linie vom organisierten Extremismus aus, nicht von einzelnen Personen. Insofern war der Antrag auf Verwirkung von Grundrechten gegen Otto Ernst Remer wegen des zuvor eingeleiteten Verbotsantrags wider die maßgeblich von ihm geführte SRP nicht konsequent. Bis auf Gerhard Frey, den Zeitungsverleger, der erst später seine Organisationen ins Leben rief, betrafen die anderen Anträge Personen, die in ihren Parteien führende Ämter innehatten. Das ist wohl nicht der Sinn des Art. 18 GG. Wohin der Kampf gegen Verfassungsfeinde unter bestimmten Konstellationen selbst in einer liberalen Gesellschaft ausarten kann, hat die Entwicklung des McCarthyismus in der ersten Hälfte der fünfziger Jahre gezeigt.[46] Gewiss spricht der Missbrauch einer Vorkehrung noch nicht gegen deren Inhalt als solchen, doch dürfte der demokratische Verfassungsstaat beim Kampf gegen Individuen schnell an seine Grenzen stoßen.

VI. Unterschiedliche Einschätzung des rechts- und linksintellektuellen Extremismus

Wer einen Vergleich zwischen der NPD und der PDS in Betracht zieht, betritt vermintes Gelände. Ohne dass das Ergebnis abgewartet wird, ist der Soupçon in der Regel groß. Für viele aus Politik, Publizistik und Politikwissenschaft verbietet sich ein derartiger Vergleich. Er gilt im besten Fall als wenig weiterführend, im schlimmsten Fall als bösartige Verteufelung hehrer antifaschistischer Vorstellungen. Die PDS ist in der Tat gemäßigter als die NPD, aber das hat nichts mit der Frage von links und rechts zu tun. So sind die REP in ihrer extremistischen Ausrichtung ebenso deutlich gemäßigter als es die DKP ist. Gilt die unterschiedliche Wahrnehmung auch für den intellektuellen Extremismus? Diese Frage kann mit Fug und Recht bejaht werden.

So spricht der Verfassungsschutzbericht des Bundes seit einigen Jahren in einem gesonderten Kapitel von „Intellektualisierungsbemühungen im Rechtsextremismus" (mit Hinweisen auf die *Junge Freiheit*). Ein analoges Kapitel für den Linksextremismus sucht der Leser vergeblich. Das Kapitel „Agitations- und Kommunikationsmedien" umfasst für das Jahr 2002 (der Zeitraum ist beliebig gewählt) nicht einmal zwei Seiten beim Linksextremismus, wobei das Unterkapitel über „Verlage, Vertriebe und periodische Publikationen" lakonisch die folgenden Sätze enthält: „Im Jahr 2002 verbreiteten über 30 Verlage und Vertriebsdienste im Bereich des Linksextremismus Zeitungen, Zeitschriften und

---

[46] Vgl. beispielsweise die Ausführungen bei Karl Loewenstein, Verfassungsrecht und Verfassungspraxis der Vereinigten Staaten, Berlin (West) u. a. 1959, insbes. S. 519–560.

Bücher. Die Gesamtzahl der von diesen Verlagen und Vertriebsdiensten herausgegebenen periodischen Publikationen (über 220) sowie die Gesamtauflage von nahezu acht Millionen Exemplaren hat sich gegenüber 2001 nur unwesentlich verändert."[47] Hingegen besteht das einschlägige Kapitel beim Rechtsextremismus aus acht Seiten, obwohl die Zusammenfassung eine kleinere Dimension als beim Linksextremismus zu erkennen gibt: „Die Zahl der periodischen rechtsextremistischen Publikationen ist auf 109 (2001: 118) zurückgegangen. Diese hatten eine Gesamtauflage von rund 4,7 Millionen (2001: rund 5,7 Millionen). 44 (2001: 47) Publikationen erschienen mindestens viermal im Jahr.[48] Gleichwohl listet der Verfassungsschutzbericht organisationsunabhängige Verlage und Vertriebsdienste detailliert auf.

Der nordrhein westfälische Verfassungsschutz berichtet seit Jahren unter der Überschrift „Neue Rechte" ausführlich und intensiv über sein Beobachtungsobjekt *Junge Freiheit*, obwohl nur davon die Rede ist, es bestünden „Anhaltspunkte für den Verdacht rechtsextremistischer Bestrebungen".[49] Dieses unter demokratietheoretischen Gesichtspunkten problematische Periodikum[50] hatte nach gerichtlichen Niederlagen (Verwaltungsgericht Düsseldorf; Oberverwaltungsgericht Münster) beim Bundesverfassungsgericht im Jahr 2005 Erfolg. Das Gericht hob die vorherigen Entscheidungen auf und wies das Verfahren an das Verwaltungsgericht zurück. Dieses müsse nun unter Berücksichtigung der Vorgaben des Bundesverfassungsgerichts neu urteilen. Das Gericht machte geltend, die Nennung einer Zeitschrift im Verfassungsschutzbericht komme einem Eingriff in die Pressefreiheit gleich, der aber einer besonderen Rechtfertigung bedürfe (das Vorliegen gewichtiger Anhaltspunkte für verfassungsfeindliche Bestrebungen). Die bisher genannten Begründungen der Gerichte mit dem Verweis auf verfassungsfeindliche Bestrebungen genügten nicht den Anforderungen.[51] Auch wer Verfassungsschutzberichte als Ausdruck der geistigen Auseinandersetzung mit Extremismus befürwortet, muss die Auffassung teilen, dass es nicht angängig ist, dort solche Publikationen aufzunehmen, die nur unter dem bloßen Verdacht der Verfassungsfeindlichkeit stehen.[52] Es ist kaum vor-

---

47 Verfassungsschutzbericht 2002. Hg. vom Bundesministerium des Innern, Berlin 2003, S. 161.
48 Ebd., S. 103.
49 Verfassungsschutzbericht des Landes Nordrhein-Westfalen über das Jahr 2002. Hg. vom Innenministerium des Landes Nordrhein-Westfalen, Düsseldorf 2003, S. 113.
50 Vgl. etwa Matthias Weber, Zeitschriftenporträt: Junge Freiheit. In: Backes/Jesse (Hg.), Jahrbuch Extremismus & Demokratie, Band 14, S. 203–226. Seither ist eine weitere Mäßigung im Duktus zu verzeichnen. Zur Sichtweise des Chefredakteurs der Zeitung: Dieter Stein, Phantom „Neue Rechte". Die Geschichte eines politischen Begriffs und ein Missbrauch durch den Verfassungsschutz, Berlin 2005.
51 Vgl. Bundesverfassungsgericht – 1 BvR 1072/01. Die Entscheidung des Gerichts ist auch in einem Sonderdruck der „Jungen Freiheit" erhältlich. Vgl. Dokumentation. Die Entscheidung des Bundesverfassungsgerichts zur Verfassungsbeschwerde der JUNGEN Freiheit, o. O. O. J. (2005).
52 Vgl. die folgende Kontroverse: Dietrich Murswieck, Der Verfassungsschutzbericht – das scharfe Schwert der streitbaren Demokratie. Zur Problematik der Verdachtsberichter-

stellbar, dass man mit einem Periodikum derart verführe, das so weit links von der Mitte steht wie die *Junge Freiheit* rechts davon.

Das Urteil über Wissenschaft und Publizistik fällt noch deutlich schlechter aus als das über die Politik. Während es kaum Publikationen über intellektuelle Linksextremisten gibt, ist die Zahl der einschlägigen Veröffentlichungen zum intellektuellen Rechtsextremismus Legion.[53] Dabei gibt es eine beträchtliche Diskrepanz zwischen Quantität und Qualität. Vor allem fällt der diffuse Gebrauch des Begriffs „Neue Rechte" auf, der unterschiedliche Deutungen erfährt, aber stets negativ konnotiert ist. Immer wieder ist von der „Gefahr"[54] die Rede, ohne dass eine realistische Einschätzung erfolgt.[55] Vor allem kommt die Analyse zu kurz. Aussagen von Rechtsextremisten, die ihren hohen Einfluss betonen, werden geglaubt. Wer solche Studien für bare Münze nimmt, könnte zum Ergebnis gelangen, die Strategie der kulturellen Hegemonie kleiner rechtsextremistischer Zirkel sei von Erfolg gekrönt. Viele Autoren sind bemüht, den Nachweis zu führen, dass Konservative sich nicht ausreichend von intellektuellen Rechtsextremisten absetzen.[56] Die Fragestellung impliziert dabei oft das Ergebnis.

Was sind die Gründe für die unterschiedliche Wahrnehmung des rechten und linken intellektuellen Extremismus? Der Wandel der politischen Kultur seit Ende der 60er Jahre konnte nicht ohne Auswirkungen auf den Bereich der streitbaren Demokratie bleiben. Denn die Grundgesetzväter standen unter dem Schock des nationalsozialistischen Unrechtsregimes und der heraufziehenden kommunistischen Diktatur im anderen Teil Deutschlands. Die Erinnerungen sind in mancher Hinsicht verblasst. Das gilt allerdings nicht für die rechte Spielart des politischen Extremismus. Gedankengänge zum linken und rechten Extremismus, die auf Äquidistanz abheben, erfreuen sich, wie gezeigt, daher keiner sonderlichen Verbreitung. Das gilt zumal für die Einordnung der Delegitimierungsstrategien von Intellektuellen.

stattung. In: Neue Zeitschrift für Verwaltungsrecht, 23 (2004), S. 769–778; Hans-Jürgen Doll, Der Verfassungsschutzbericht – ein unverzichtbares Mittel zur geistig-politischen Auseinandersetzung mit dem politisch motivierten Extremismus. In: Neue Zeitschrift für Verwaltungsrecht, 24 (2005), S. 658–661.

53 Vgl. u. a.: Raimund Hethey/Peter Kratz (Hg.), In bester Gesellschaft. Antifa-Recherche zwischen Konservatismus und Neo-Faschismus, Göttingen 1991; Mark Terkessidis, Kulturkampf. Volk, Nation, der Westen und die neue Rechte, Köln 1995; Hanna-Ruth Metzger, Rechtsintellektuelle Offensive. Diskursstrategische Einflüsse auf die politische Kultur der Bundesrepublik Deutschland, Münster 2004.

54 Vgl. nur zwei Beispiele aus jüngster Zeit: Wolfgang Gessenharter/Thomas Pfeiffer (Hg.), Die Neue Rechte – eine Gefahr für die Demokratie?, Wiesbaden 2004; Stephan Braun/Daniel Hörsch (Hg.), Rechte Netzwerke – eine Gefahr, Wiesbaden 2004.

55 Wie etwa bei Uwe Backes, Gestalt und Bedeutung des intellektuellen Rechtsextremismus in Deutschland. In: APuZG, B 46/2001, S. 24–30.

56 Vgl. zahlreiche Belege bei Eckhard Jesse, Fließende Grenzen zum Rechtsextremismus? Zur Debatte über Brückenspektren, Grauzonen, Vernetzungen und Scharniere am rechten Rand – Mythos und Realität. In: Jürgen W. Falter/Hans-Gerd Jaschke/Jürgen Winkler (Hg.), Rechtsextremismus. Ergebnisse und Perspektiven der Forschung, Opladen 1996, S. 514–529.

Der Topos vom Anti-Antikommunismus spielt seit den siebziger Jahren in intellektuellen Kreisen der Bundesrepublik eine viel größere Rolle als etwa der Antikommunismus. Antifaschismus ist – *vice versa* – weiter verbreitet als Anti-Antifaschismus. Der Antifaschismusbegriff findet bis ins liberale Lager hinein Verwendung, während der Antikommunismusbegriff schnell unter Ideologieverdacht gerät. Man kommt nicht um die Feststellung herum, dass sich antiextremistisches Denken partiell aufgelöst hat. Die „Erosion der Abgrenzung"[57] zumal zwischen demokratischen und linksextremistischen Intellektuellen hält auch nach dem Zusammenbruch des Kommunismus an. Allerdings bedarf die These von der Abschwächung antiextremistischen Denkens einer vierfachen Differenzierung: Erstens kommt es nicht so sehr auf das politische Klima an als vielmehr auf die reale Politik. Hier haben antifaschistische Denkmuster weniger durchgeschlagen. Zweitens ist die Verstiegenheit gesellschaftsverändernder Theorie[58] und deren Relevanz gegenüber den 70er Jahren im Rückgang begriffen. Drittens sind in der – wenig meinungsbildenden – „schweigenden Mehrheit" die Vorbehalte gegenüber linksintellektuellen Extremisten ausgesprochen groß, während rechtsextremistische Positionen – in populistischer Verkleidung – dort zum Teil auf fruchtbaren Boden fallen. Viertens schließlich ist die Distanz demokratischer Intellektueller gegenüber antidemokratisch-antifaschistischen intellektuellen Strategien durch den Zusammenbruch des Kommunismus in Ost- und Mitteleuropa etwas größer geworden.

Gleichwohl gelten links-oppositionelle Intellektuelle vielfach als ein legitimer Bestandteil der Demokratie, nicht hingegen solche von rechts. Der politische Linksextremismus fühlte sich nach Elisabeth Noelle-Neumann und Erp Ring in den 70er und 80er Jahren von der Gesellschaft viel eher verstanden als der Rechtsextremismus: „Die Rechtsextremisten spüren ihre Isolation, die Ablehnung der Gesellschaft. Die Linksextremisten empfinden sich als getragen von der Sympathie eines großen Teils der Gesellschaft, wobei sie verständlicherweise diesem Teil der Gesellschaft die größere moralische Integrität zusprechen. Sie bewegen sich darum mit größerer Freiheit in der Öffentlichkeit, wählen Wohnformen (Wohngemeinschaft), Geselligkeitsformen und Protestformen, die weithin sichtbar sind (Demonstrationen, Bürgerinitiativen, Friedensbewegung), während sich die Rechtsextremisten gerade umgekehrt eher geheimbündlerisch verstecken."[59] Nun mag darüber zu streiten sein, ob dieses Bild die Integration

---

57 So Wolfgang Rudzio, Die Erosion der Abgrenzung. Zum Verhältnis zwischen demokratischen Linken und Kommunisten in der Bundesrepublik Deutschland, Opladen 1988.
58 Vgl. Kurt Sontheimer, Das Elend unserer Intellektuellen. Linke Theorie in der Bundesrepublik Deutschland, Hamburg 1976; Martin Rhonheimer, Politisierung und Legitimitätsentzug. Totalitäre Kritik der parlamentarischen Demokratie, Freiburg/München 1979. Rhonheimer überzieht freilich den Topos von der rechten und linken „Konstante deutscher Demokratiekritik" (ebd., S. 15), so sehr auch auffallende Gemeinsamkeiten bestehen.
59 Elisabeth Noelle-Neumann/Erp Ring, Das Extremismus-Potential unter jungen Leuten in der Bundesrepublik Deutschland 1984, Bonn 1984, S. 102.

von Linksextremisten überzeichnet hat und für Rechtsextremisten so noch voll zutrifft.

Unabhängig davon: In der Tat hat in Teilen der Gesellschaft gegenüber der streitbaren Demokratie ein doppelter Wandel eingesetzt. Gegenüber dem politischen Extremismus von links legt man vielfach nur halbherzige Abwehrbereitschaft an den Tag, gegenüber dem von rechts hingegen eine militante. Es handelt sich mithin um ein relativistisches Demokratieverständnis nach links, um ein gleichsam absolutistisches nach rechts. Das gilt zumal für links- und rechtsextremistische Intellektuelle. Solche Orientierungen verstoßen im Grunde gegen die Prinzipien einer richtig verstandenen streitbaren Demokratie, die einerseits eine freiheitliche Demokratie nicht aufs Spiel setzt, andererseits die Streitbarkeit nicht als Attrappe ansieht.

Für beide Denkmuster springen zahlreiche Beispiele ins Auge. Beim Komplex „Extremismus und öffentlicher Dienst" etwa ist der Eindruck erweckt worden, „kritische Demokraten" seien mit einem „Berufsverbot" belegt worden, wenn es sich um Repräsentanten von links handelte. Im gleichen Atemzug jedoch hielten es die *Komitees gegen Berufsverbote* für angemessen, tatsächlichen oder auch nur vermeintlichen Rechtsextremisten den Zugang zum öffentlichen Dienst zu verwehren. Maßnahmen gegen die extreme Linke gelten als „Ausgrenzung" unbequemer Richtungen; ist die extreme Rechte davon betroffen, spricht dieselbe Position von unumgänglicher „Abgrenzung". Maßstab der Beurteilung ist mithin nicht die Liberalität der Verfassungsordnung.

Gewiss gibt es beträchtliche Unterschiede im Argumentationshaushalt von Rechts- und Linksextremisten.[60] Die extreme Linke bejaht – jedenfalls verbal – die „Ideen von 1789", während die extreme Rechte sie entschieden bekämpft. Gleichwohl darf diese fundamentale Differenz zwischen rechts- und linksextremistischen Intellektuellen den folgenden Punkt nicht vergessen machen: Beide Strömungen lehnen den demokratischen Verfassungsstaat ab. Insofern ist es nicht angängig, unter dem Gesichtspunkt der Abwehrbereitschaft eine Differenzierung vorzunehmen. Aber eben das trifft vielfach zu, zumal in intellektuellen Kreisen. Antiextremistisches Denken hat sich partiell aufgelöst. Maßstab der Beurteilung ist mithin nicht die Liberalität der Verfassungsordnung. Gegenwärtig laufen viele eher Gefahr, die intellektuelle extreme Rechte zu überschätzen, dieselbe Variante von links hingegen in ihrem Wirkungsradius zu unterschätzen. Wer diese These vertritt, muss sich gegen den Vorwurf wehren, er messe mit zweierlei Maß. Der Verfasser verficht sie aber gerade deshalb, weil er prinzipiell keinen Unterschied zwischen rechts- und linksextremistischen Intellektuellen im Hinblick auf die Ablehnung des demokratischen Verfassungsstaates gelten lassen will. Unter einer solchen Voraussetzung sieht er eine gewisse Einäugigkeit meinungsbildender Teile der Gesellschaft. Der demokratische Verfassungsstaat darf aus Gründen der Glaubwürdigkeit nicht mit zweierlei Maß messen und muss seine freiheitlichen Prinzipien grundsätzlich auch gegenüber

---

60 Vgl. für Einzelheiten Backes, Politischer Extremismus.

jenen gelten lassen, deren Argumente nicht auf eine Stabilisierung des demokratischen Gemeinwesens zielen. Vergleiche zwischen den Gedankengängen rechts- und linksextremistischer bzw. rechts- und linksradikaler Intellektueller sind rar gesät.[61]

Wer auf der einen Seite einer Strategie der „Ächtung" und des blinden „Alarmismus" das Wort redet, auf deren anderen Integration um jeden Preis propagiert, perpetuiert die Schieflage. Die unterschiedliche Wahrnehmung links- und rechtsextremistischer Intellektueller ist ein Kennzeichen der politischen Kultur Deutschlands. Daran hat sich seit der Wiedervereinigung nichts geändert. Die Delegitimierungsstrategie linksextremistischer oder -radikaler Positionen wird vielfach ignoriert.

VII. Schlussbetrachtung

1. Zusammenfassung

Die streitbare Demokratie steht in einem unauflösbaren Dilemma: Zu wenig Schutz kann die Demokratie ebenso gefährden wie zu viel Schutz. Das Toleranzgebot gilt als ein konstitutiver Bestandteil des demokratischen Verfassungsstaates. Wer anerkennt, dass die Tugend der Toleranz nicht die Preisgabe der eigenen Überzeugung fordert, sondern der Ermöglichung eines gewaltfreien Interessenaustrags zwischen konfligierenden gesellschaftlichen Gruppen dient, muss eine Grenze der Toleranz bejahen. Sie liegt dort, wo die Toleranz zur Abschaffung der Toleranz missbraucht wird. Der Umgang mit Verfassungsfeinden lässt sich weder mit dem Begriff der Intoleranz noch mit dem der Toleranz voll erfassen.

Zum einen ist Intoleranz einem Verfassungsstaat wesensfremd. Außerdem wendet dieser nicht die Methoden seiner Gegner an. Insofern gehört das Diktum „Keine Freiheit den Feinden der Freiheit" nicht zu den Maximen einer freiheitlichen Demokratie.[62] Zum anderen muss der demokratische Verfassungsstaat in vielen Fällen eine gewisse Großzügigkeit gegen Kräfte des politischen Extremismus an den Tag legen. Das gilt zumal gegenüber jener Fundamentalkritik, die weder zur Gewalt aufruft noch an eine Organisation gebunden ist. Hier verbietet sich für den freiheitlichen Staat jede Art von „demokratischem Fanatismus".

---

61 Vgl. etwa Uwe Backes, Rechts- und linksradikale Intellektuelle in Deutschland. In: Eckhard Jesse (Hg.), Politischer Extremismus in Deutschland und Europa, München 1993, S. 111–132; Uwe Backes/Eckhard Jesse, Neue Linke und Neue Rechte – Ein Vergleich. In: dies. (Hg.), Jahrbuch Extremismus & Demokratie, Band 6, Bonn 1993, S. 7–28; Steffen Kailitz, Die politische Deutungskultur im Spiegel des „Historikerstreits". What's right? What's left, Wiesbaden 2001, S. 250–284.

62 Auch wenn die Formulierung einen richtigen Kern hat, macht sich derjenige, der auf den Unterschied besteht, keines Sophismus schuldig.

Wie das Beispiel der Verwirkung von Grundrechten gezeigt hat, taugt diese Form der streitbaren Demokratie nicht zum Schutz der Verfassung. Sie schafft weder mehr Sicherheit, noch fördert sie die Liberalität. Ein solcher in demokratischen Verfassungsstaaten einzigartiger Artikel ist für das Arsenal der streitbaren Demokratie nicht nötig. Wie die Erfahrungen zudem gezeigt haben, ist dieser Artikel ohne Praxisrelevanz. Lediglich viermal wurde der Versuch gegen Rechtsextremisten unternommen, gemäß Art. 18 GG Grundrechte abzuerkennen – ohne Erfolg. Auch in anderen Fällen ist es nicht schwierig, den Beweis dafür zu führen, dass der intellektuelle Rechtsextremismus in der Bundesrepublik weitaus mehr in das Visier der Behörden, der Wissenschaft und der öffentlichen Meinung gerät als der intellektuelle Linksextremismus. Das widerstreitet dem Äquidistanzgebot.

2. Normative Abschlussüberlegungen

Es sollte nicht nur aufgrund der fruchtlosen Erfahrungen hinfort davon Abstand genommen werden, Art. 18 GG erneut anzuwenden. Dieser Artikel unterbindet keine Bedrohung des demokratischen Verfassungsstaates. Zudem wohnt dem „exemplarischen Herausgreifen" ein Verstoß gegen das Gleichheitsgebot inne. Der eine wird „vorgeführt", der andere „geschont". Im besten Fall ist der Artikel überflüssig, im schlechtesten hingegen gefährlich. Im Extremfall könnte jeder Extremist auf legalem Wege wesentlicher Grundrechte beraubt werden. Das liefe auf eine nahezu extreme Bekämpfung des politischen Extremismus hinaus.

Wünschenswert ist eine Revitalisierung eines antiextremistischen Demokratieverständnisses, auch und gerade im Bereich des unorganisierten Extremismus. Wer eine Bagatellisierung und Dramatisierung des rechten wie des linken Extremismus gleichermaßen ablehnt, des nicht-gewalttätigen wie des gewalttätigen, fordert Äquidistanz und fördert damit den demokratischen Konsens. Anti-Extremismus hieße aber auch, dass die Abwehr antidemokratischer Bestrebungen demokratisch erfolgt. Häufig wird die eine Variante des Extremismus gegen die andere ausgespielt: Demokratisch legitimiert sind sie allesamt nicht. Beim „Kampf gegen rechts" (es müsste heißen: „bei der Auseinandersetzung mit rechtsextremistischen Positionen") erweisen sich linksextremistische Initiativen keineswegs als hilfreich. Im Gegenteil: Bloßer Antifaschismus bildet keine glaubwürdige Basis für eine Auseinandersetzung mit rechtsextremistischen Aktivitäten.

Wer gegen eine „Ausgrenzung" linker (bzw. linksextremistischer) Positionen votiert, betrachtet mitunter eine „Abgrenzung" von rechten (bzw. rechtsextremistischer) Auffassungen als Selbstverständlichkeit. Diese Verhaltensweise gegenüber Intellektuellen von rechts- und linksaußen ist ein kritikwürdiges Symptom von Doppelbödigkeit. Die streitbare Demokratie in ihrer geistig-politischen Dimension sollte gestärkt werden, nicht ihre administrative. Es entspricht einer demokratischen Streitkultur, dass sie den Spielraum des als legitim Erachteten weit zieht – aus Gründen der Liberalität ebenso wie aus Gründen der Effizienz. Wer eine derartige Streitkultur anstrebt, will eine offene Gesellschaft im Sinne Karl R. Poppers fördern.

Literaturverzeichnis

Aalders, Gerard J. D.: Die Mischverfassung und ihre historische Dokumentation in den Politica des Aristoteles. In: Stark, Rudolf: La „Politique" d'Aristote. Sept Exposés et Discussions, Genf 1964, S. 199-237.
Abdel-Haleem Mahmud, Ali: Methodology of Education adopted by the Muslim Brotherhood, Kairo 1998.
Abramowicz, Manuel: Les rats noirs. L'extrême droite en Belgique francophone, Brüssel 1996.
Abu Zaid, Nasr Hamid: Islam und Politik. Kritik des religiösen Diskurses, Frankfurt a. M. 1996.
Ackermann, Josef: Heinrich Himmler als Ideologe, Göttingen 1970.
Adams, John: A Defence of the Constitutions of the United States of America, against the attack of M. Turgot, in his letter to Dr. Price, dated the twenty-second day of march, 1778. In: ders.: Works, with a life of the author, notes and illustrations, by his grandson Charles Francis Adams, Band IV, Boston 1851, S. 271-588.
Adel Khoury, Theodor: Der Islam und die westliche Welt, Darmstadt 2001.
Agethen, Manfred/Jesse, Eckhard/Neubert, Ehrhart (Hg.): Der missbrauchte Antifaschismus. DDR-Staatsdoktrin und Lebenslüge der deutschen Linken, Freiburg i. Brsg. 2002.
Agursky, Mikhail: Contemporary Russian Nationalism. History Revisited, Soviet and East European Research Centre Paper 45, Jerusalem 1982.
Aimer, Peter: The rise of Neo-Liberalism and Right Wing Protest Parties in Scandinavia and New Zealand: The Progress Parties and the New Zealand Party. In: Political Science, 40 (1988) Heft 2, S. 1-15.
A'la Maududi, Sayyid Abul: Weltanschauung und Leben im Islam, München 1994.
-: Als Muslim leben, Karlsruhe 1995.
Alexander, Robert J.: Maoism in the Developed World, Westport 2001.
Allensworth, Wayne: The Russian Question. Nationalism, Modernization, and Post-Communist Russia, Lanham 1998.
Allport, Gordon W.: Treibjagd auf Sündenböcke, Berlin (West) 1951.
Almond, Gabriel A./Verba, Sidney: The Civic Culture. Political Attitudes and Democracy in Five Nations, Boston 1965.
Altermatt, Urs: Ausbruchsversuche aus dem Korsett der Konkordanz. Essay zur Schweizer Politik am Ende des 20. Jahrhunderts. In: ders. (Hg.): Rechte und linke Fundamentalopposition. Studien zur Schweizer Politik 1965-1990, Basel 1994, S. 3-29.
- (Hg.): Rechte und linke Fundamentalopposition. Studien zur Schweizer Politik 1965-1990.
Aly, Götz: Hitlers Volksstaat. Raub, Rassenkrieg und nationaler Sozialismus, Frankfurt a. M. 2005.
Amendola, Giovanni: La democrazia italiana contro il fascismo, 1922-1924, Mailand 1960.

–: Maggioranza e minoranza. In: Il Mondo vom 12. Mai 1923. Wiederabdruck in: ders.: La democrazia italiana contro il fascismo, 1922-1924, Mailand 1960, S. 102-106.

Andersen, Jørgen Goul: Denmark: the Progress Party – Populist Neo-Liberalism and Welfare State Chauvinism. In: Hainsworth, Paul (Hg.): The Extreme Right in Europe and the USA, New York 1992, S. 193-205.

–/ Bjørklund, Tor: Radical right-wing populism in Scandinavia: from tax revolt to neo-liberalism and xenophobia. In: Hainsworth, Paul (Hg.): The Politics of the Extreme Right. From the Margins to the Mainstream, London 2000, S. 193-223.

Andretta, Massimiliano/Porta, Donatella della: No global – new global: Identität und Strategien der Antiglobalisierungsbewegung, Frankfurt a. M. 2003.

Angenendt, Steffen: Einwanderung und Rechtspopulismus. Eine Analyse im europäischen Vergleich. In: Internationale Politik, 58 (2003) 4, S. 3-12.

Antoun, Richard: Understanding Fundamentalism. Christian, Islamic and Jewish Movements, Walnut Creek 2001.

Appleby, R. Scott: The Ambivalance of the Sacred: Religion, Violence, and Reconciliation, Lanham 2000.

The Arab Human Development Report 2002. Creating Opportunities for Future Generations. Hg. vom UNDP, New York 2002.

Arnold, Hans: Polen und die EU-Osterweiterung. In: Blätter für deutsche und internationale Politik, 48 (2003), S. 60-67.

Arnolds, Edward J. (Hg.): The Development of the Radical Right in France. From Boulanger to Le Pen, London 2000.

Arquilla, John/Ronfeldt, David/Zanini, Michele: Networks, Netwar, and Information-Age Terrorism. In: Russel, Howard/Sawyer, Reid (Hg.): Terrorism and Counterterrorism. Understanding The New Security Environment, Guilford 2003, S. 96-119.

Arzheimer, Kai/Falter, Jürgen W.: Die Pathologie des Normalen. Eine Anwendung des Scheuch – Klingemann – Modells zur Erklärung rechtsextremen Denkens und Verhaltens. In: Fuchs, Dieter/Roller, Edeltraud/Weßels, Bernhard (Hg.): Bürger und Demokratie in Ost und West. Studien zur politischen Kultur und zum politischen Prozess, Wiesbaden 2002, S. 85-107.

–/ Klein, Markus: Die Wähler der REP und der PDS in West – und Ostdeutschland. In: Backes, Uwe/Jesse, Eckhard (Hg.): Jahrbuch Extremismus & Demokratie, Band 9, Baden-Baden 1997, S. 39-63.

–/ Schoen, Harald/Falter, Jürgen W.: Rechtsextreme Orientierungen und Wahlverhalten. In: Stöss, Richard/Schubarth, Wilfried (Hg.): Rechtsextremismus in der Bundesrepublik Deutschland, Opladen 2001, S. 220-245.

Assheuer, Thomas/Sarkowicz, Hans: Rechtsradikale in Deutschland. Die alte und die neue Rechte, München 1992.

Avenarius, Herrmann: Die Rechtsordnung der Bundesrepublik Deutschland, Bonn 2001.

Ayubi, Nazih: Politischer Islam. Religion und Politik in der arabischen Welt, Freiburg 2002.

Baccetti, Carlo: Il PDS. Verso un nuovo modello di partito?, Bologna 1997.

Backer, Susann: Right-wing extremism in unified Germany. In: Hainsworth, Paul (Hg.): The Politics of the Extreme Right. From the Margins to the Mainstream, London 2000, S. 87–120.
Backes, Uwe: Politischer Extremismus in demokratischen Verfassungsstaaten. Elemente einer normativen Rahmentheorie, Opladen 1989.
–: Nationalpopulistische Protestparteien in Europa. Vergleichende Betrachtungen zur phänomenologischen und demokratietheoretischen Einordnung. In: Österreichische Zeitschrift für Politikwissenschaft, 20 (1991), S. 1–17.
–: Besprechung von Roger Griffin, The Nature of Fascism. In: ders./Jesse, Eckhard (Hg.): Jahrbuch Extremismus und Demokratie, Band 4, Bonn 1992, S. 346–348.
–: Organisierter Rechtsextremismus im westlichen Europa. Eine vergleichende Betrachtung. In: Billing, Werner (Hg.): Rechtsextremismus in der Bundesrepublik Deutschland, Baden-Baden 1993, S. 45–64.
–: Rechts- und linksradikale Intellektuelle in Deutschland. Mechanismen zur Delegitimierung des demokratischen Verfassungsstaates. In: Jesse, Eckhard (Hg.): Politischer Extremismus in Deutschland und Europa, München 1993, S. 111–131.
–: Ideologie und Programmatik rechtsextremer Parteien. In: Falter, Jürgen W./ Jaschke, Hans-Gerd/Winkler, Jürgen R. (Hg.): Rechtsextremismus. Ergebnisse und Perspektiven der Forschung, = PVS-Sonderheft 27, Opladen 1996, S. 376–387.
–: Extrême, extrémité, extrémisme. Une esquisse de l'histoire de ces mots dans la langue politique française. In: Mots, (1998) 55, S. 142–152.
–: Liberalismus und Demokratie – Antinomie und Synthese. Zum Wechselverhältnis zweier politischer Strömungen im Vormärz, Düsseldorf 2000.
–: Gestalt und Bedeutung des intellektuellen Rechtsextremismus in Deutschland. In: APuZG, B 46/2001.
–: Le syndrome extrémiste. In: Courtois, Stéphane (Hg.): Quand tombe la nuit. Origines et émergence des régimes totalitaires en Europe, Lausanne 2001, S. 315–329.
– (Hg.): Rechtsextreme Ideologien in Geschichte und Gegenwart, Köln 2003.
–: „Rechtsextremismus" – Konzeptionen und Kontroversen. In: ders. (Hg.): Rechtsextreme Ideologien in Geschichte und Gegenwart, Köln 2003, S. 32–47.
–: Extremismus und politisch motivierte Gewalt. In: Jesse, Eckhard/Sturm, Roland (Hg.): Demokratien des 21. Jahrhunderts im Vergleich. Historische Zugänge – Gegenwartsprobleme – Reformperspektiven, Opladen 2003, S. 341–367.
–: Les multiples facettes d'une catégorie d'analyse. In: Blaise, Pierre/Moreau, Patrick (Hg.): Extrême droite et national-populisme en Europe de l'Ouest. Analyse par pays et approches transversales, Bruxelles 2004, S. 445–465.
–/ Courtois, Stéphane (Hg.): „Ein Gespenst geht um in Europa". Das Erbe kommunistischer Ideologien, Köln 2002.
–/ Jesse, Eckhard: Demokratie und Extremismus. Anmerkungen zu einem antithetischen Begriffspaar. In: APuZG, B 44/1983, S. 3–18.
–/ Jesse, Eckhard: Neue Linke und Neue Rechte – Ein Vergleich. In: dies. (Hg.): Jahrbuch Extremismus & Demokratie, Band 5, Bonn 1993, S. 7–28.
–/ Jesse, Eckhard: Extremismus der Mitte? – Kritik an einem modischen Schlagwort. In: dies. (Hg.): Jahrbuch Extremismus & Demokratie, Band 7, Baden-Baden 1995, S. 13–26.

–/ Jesse, Eckhard: Die streitbare Demokratie in der Krise?. In: dies. (Hg.): Jahrbuch Extremismus & Demokratie, Band 8, Baden-Baden 1996.
–/ Jesse, Eckhard: Politischer Extremismus in der Bundesrepublik Deutschland, 4. völlig überarb. und aktual. Ausgabe Bonn 1996.
–/ Jesse, Eckhard: Die Rechts-Links-Unterscheidung – Betrachtungen zu ihrer Geschichte, Logik, Leistungsfähigkeit und Problematik. In: dies. (Hg.): Jahrbuch Extremismus & Demokratie, Band 9, Baden-Baden 1997, S. 13–38.
–/ Jesse, Eckhard: Die „Extremismus-Formel" – Zur Fundamentalkritik an einem historisch-politischen Konzept. In: dies. (Hg.): Jahrbuch Extremismus & Demokratie, Band 13, Baden-Baden 2001, S. 13–29.
–/ Jesse, Eckhard: Islamismus – Djihadismus – Totalitarismus – Extremismus. In: dies. (Hg.): Jahrbuch Extremismus & Demokratie, Band 14, Baden-Baden 2002, S. 13–26.
–/ Jesse, Eckhard: Islamismus – Djihadismus – Totalitarismus – Extremismus. Herausforderungen des demokratischen Verfassungsstaates. In: dies. (Hg.): Vergleichende Extremismusforschung, Baden-Baden 2005, S. 201–214.
–/ Jesse, Eckhard: Vergleichende Extremismusforschung, Baden-Baden 2005.
Baer, Robert: See No Evil. The True Story Of A Ground Soldier In The CIA's War on Terrorism, New York 2002.
Bailer-Galanda, Brigitte/Benz, Wolfgang/Neugebauer, Wolfgang (Hg.): Wahrheit und „Auschwitzlüge". Zur Bekämpfung „revisionistischer" Propaganda, Wien 1995.
Bale, Jeffrey M.: "National revolutionary" groupuscules and the resurgence of "leftwing" fascism: the case of France's Nouvelle Résistance. In: Patterns of Prejudice, 36 (2002), S. 24–49.
Balĕ, Rifat N.: Les Relations entre Turcs et Juifs dans la Turqie moderne, Istanbul 2001.
Ball, John D.: Russian Students and History. In: Contemporary Review, 278 (2001) 1632, S. 225–229.
Bamford, James: Body of Secrets, New York 2001.
Banac, Ivo/Ackermann, John C./Szporluk, Roman: Nation and Ideology. Essays in Honor of Wayne S. Vucinich, Boulder 1981.
Barghoorn, Frederick: Soviet Russian Nationalism, New York 1956.
Barkai, Avraham: Das Wirtschaftssystem des Nationalsozialismus. Der historische und ideologische Hintergrund 1933–1936, Köln 1977.
Barkun, Michael: Religion and the Racist Right. The Origins of the Christian Identity Movement, Chapel Hill 1996.
–: Religious Violence and the Myth of Fundamentalism. In: Weinberg, Leonard/Pedahzur, Ami (Hg.): Religious Fundamentalism and Political Extremism, London 2004, S. 55–70.
Bärsch, Claus-Ekkehard: Die politische Religion des Nationalsozialismus. Die religiöse Dimension der NS-Ideologie in den Schriften von Dietrich Eckart, Joseph Goebbels, Alfred Rosenberg und Adolf Hitler, München 1998.
Barth Urban, Joan/Solovei, Valerii: Russia's Communists at the Crossroads, Boulder 1997.
Barudio, Günter: Öl – ein Teufelskreis? In: Die Politische Meinung, 48 (2003) 405, S. 65–71.

Bayer, József: Rechtspopulismus und Rechtsextremismus in Ostmitteleuropa. In: Österreichische Zeitschrift für Politikwissenschaft, 31 (2002), S. 265-280.
Becker, Hans-Jürgen: Wilhelm Traugott Krug und Heinrich von Kleist. In: Kleist-Jahrbuch 1996, S. 35-49.
Beichelt, Timm/Minkenberg, Michael: Rechtsradikalismus in Osteuropa. Bilanz einer Debatte. In: Osteuropa, 52 (2002), S. 1056-1062.
-/ Minkenberg, Michael: Rechtsradikalismus in Transformationsgesellschaften. Entstehungsbedingungen und Erklärungsmodell. In: Osteuropa, 52 (2002), S. 247-262.
Bell, Daniel: The End of Ideology, Neuausgabe New York 1988 (1960).
-: Marxian Socialism in the United States, Ithaca 1996 (Erstausgabe 1952).
Bell, David S. (Hg.): Western European Communists and the Collapse of Communism, Oxford 1993.
Bell, Jeffrey: Populism and Elitism. Politics in the Age of Equality, Washington D.C. 1992.
Bendel, Petra/Croissant, Aurel/Rüb, Friedbert W. (Hg.): Zwischen Demokratie und Diktatur. Zur Konzeption und Empirie demokratischer Grauzonen, Opladen 2002.
Ben-Dor, Gabriel/Pedahzur, Ami: The Uniqueness of Islamic Fundamentalism and the Fourth Wave of International Terrorism. In: Weinberg, Leonard/Pedahzur, Ami (Hg.): Religious Fundamentalism and Political Extremism, London 2004, S. 71-90.
Beneš, Edvard: Úvahy o slovanství. Hlavní problémy slovanské politiky, Prag 1947.
Benjamin, Daniel/Simon, Steven: The Age of Sacred Terror, New York 2002.
Bennett, David H.: The Party of Fear. The American Far Right from Nativism to the Militia Movement, 2. Auflage Chapel Hill 1995.
Benoist, Alain de: Demokratie. Das Problem, Tübingen 1986.
-: Communisme et nazisme. 25 réflexions sur le totalitarisme au XXe siècle (1917-1989), Paris 1998.
-/ Champetier, Charles: The French new right in the year 2000. In: Telos (1999) 115, S. 117-144.
Benz, Wolfgang: Geschichte des Dritten Reiches, München 2000.
-: Wie viel Israel-Kritik ist erlaubt? In: ders (Hg.): Was ist Antisemitismus?, München 2004, S. 200-208.
- (Hg.): Was ist Antisemitismus?, München 2004.
Bergen, Peter: Holy War, Inc., New York 2001.
Bergsdorf, Harald: Rechtsextreme Parteien in Deutschland und Frankreich. Durch das Fernsehen bekämpft oder befördert? In: Zeitschrift für Parlamentsfragen, 29 (1998), S. 449-459.
-: Rhetorik des Populismus am Beispiel rechtsextremer und rechtspopulistischer Parteien wie der „Republikaner", der FPÖ und des „Front National". In: Zeitschrift für Parlamentsfragen, 31 (2000), S. 620-626.
-: Ungleiche Geschwister. Die deutschen „Republikaner" im Vergleich zum französischen „Front National", Frankfurt a. M. u. a. 2000.
-: SPD/PDS zwischen Dichtung und Wahrheit. In: Die Politische Meinung, 46 (2001), S. 41-47.

—: Extremismusbegriff im Praxistest: PDS und REP im Vergleich. In: Backes, Uwe/ Jesse, Eckhard (Hg.): Jahrbuch Extremismus & Demokratie, Band 14, Baden-Baden 2002, S. 61-80.
—: (K)ein Requiem für die PDS. Die PDS vor den Wahlen 2004. In: Die Politische Meinung, 49 (2004), S. 63-65.
Berlet, Chip/Lyons, Matthew: Right-Wing Populism in America: Too Close for Comfort, New York 2000.
Bernecker, Walther L.: Länderbericht: Extremismus in Spanien. In: Backes, Uwe/ Jesse, Eckhard (Hg.): Jahrbuch Extremismus & Demokratie, Band 7, S. 230-247.
Besier, Gerhard/Lübbe, Hermann (Hg.): Politische Religion und Religionspolitik. Zwischen Totalitarismus und Bürgerfreiheit, Göttingen 2005.
Betts, Richard: The Soft Underbelly of American Primacy: The Tactical Advantages of Terror. In: Howard, Russel/Sawyer, Reid (Hg.): Terrorism and Counterterrorism. Understanding The New Security Environment, Guilford 2002, S. 338-353.
Betz, Hans-Georg: The New Politics of Resentment. Radical Right-Wing Parties in Western Europe. In: Comparative Politics, 16 (1993), S. 413-427.
—: Radical Right-Wing Populism in Europe, New York 1994.
—: Radikaler Rechtspopulismus in Westeuropa. In: Rechtsextremismus. Ergebnisse und Perspektiven der Forschung. Hg. von Jürgen W. Falter, Hans-Gerd Jaschke und Jürgen R. Winkler, Opladen 1996, S. 363-375.
—: Review: The Radical Right in Western Europe. In: Political Science Quarterly, 111 (1996), S. 716 f.
—: Introduction. In: ders./Immerfall, Stefan (Hg.): The New Politics of the Right. Neo-Populist Parties and Movements in Established Democracies, Basingstoke 1998, S. 5.
—: Rechtspopulismus: Ein internationaler Trend? In: APuZG, B 9-10/1998, S. 1-19.
—: Rechtspopulismus und Rechtsradikalismus in Westeuropa. In: Österreichische Zeitschrift für Politikwissenschaft, 31 (2002), S. 251-264.
—: The Growing Threat of the Radical Right. In: Merkl, Peter H./Weinberg, Leonard (Hg.): Right-Wing Extremism in the Twenty-First Century, London 2003, S. 74-93.
—: La droite populiste en Europe. Extrême et démocrate? Paris 2004.
—/ Immerfall, Stefan (Hg.): The New Politics of the Right. Neo-Populist Parties and Movements in Established Democracies, Basingstoke 1998.
Beyme, Klaus von: Parteien in westlichen Demokratien, 2. Auflage München 1984.
—: Der Vergleich in der Politikwissenschaft, München 1988.
—: Systemwechsel in Osteuropa, Frankfurt a. M. 1994.
—: Rechtsextremismus in Osteuropa. In: Rechtsextremismus. Ergebnisse und Perspektiven der Forschung. Hg. von Jürgen Falter, Hans-Gerd Jaschke und Jürgen R. Winkler, Opladen 1996, S. 423-442.
—: Parteien im Wandel. Von den Volksparteien zu den professionalisierten Wählerparteien, Wiesbaden 2000.
Bhatt, Chetan: Hindu Nationalism. Origins, Ideologies and Modern Myths, Oxford 2001.
Bielefeldt, Heiner/Heitmeyer, Wilhelm (Hg.): Politisierte Religion. Ursachen und Erscheinungsformen des modernen Fundamentalismus, Frankfurt a. M. 1998.

Billiet, Jaak/Witte, Hans de: Attitudinal Dispositions to Vote for a "New" Extreme Right-wing Party: The Case of the "Vlaams Blok". In: European Journal of Political Research, 27 (1995), S. 181-202.
Billing, Werner (Hg.): Rechtsextremismus in der Bundesrepublik Deutschland, Baden-Baden 1993.
Bilstein, Helmut: Organisierter Kommunismus in der Bundesrepublik Deutschland. DKP - SDAJ - MSB Spartakus, Opladen 1972.
bin Ali Alaschahrani, Saad: Arabischer Standpunkt zum Terrorismus, Saudi Arabia, Naif Arab Universität für Sicherheitswissenschaften 2004.
Birsl, Ursula/Bucak, Ersen/Zeyrek, Can: Religiöser Fundamentalismus oder politischer Rechtsextremismus? Islamistische Organisationen und Aktivitäten in der Bundesrepublik. In: Blätter für deutsche und internationale Politik, 47 (2002), S. 720-727.
Bjørgo, Tore (Hg.): Terror from the Extreme Right, London 1995.
–: Racist and Right-Wing Violence in Scandinavia. Patterns, Perpetrators, and Responses, Oslo 1997.
Bjørklund, Tor/Andersen, Jørgen Goul: Anti-Immigration Parties in Denmark and Norway: The Progress Parties and the Danish People's Party, Aalborg 1999.
Blaise, Pierre/Moreau, Patrick (Hg.): Extrême droite et national-populisme en Europe de l'Ouest. Analyse par pays et approches transversales, Bruxelles 2004.
Bleek, Wilhelm/Sontheimer, Kurt: Grundzüge des politischen Systems Deutschlands, Neuausgabe Bonn 2003.
Bleicken, Jochen: Die athenische Demokratie, 2. Auflage Paderborn 1994.
Blinkhorn, Martin: Carlism and Crisis in Spain 1931-1939, Cambridge 1975.
–: Fascism and the Right in Europe, 1919-1945, Harlow 2000.
Bluche, Frédéric: Le bonapartisme. Aux origines de la droite autoritaire (1800-1850), Paris 1980.
Bluntschli, Johann Caspar/Seiler, Sebastian: Die Kommunisten in der Schweiz nach den bei Weitling vorgefundenen Papieren. Wörtlicher Abdruck des Kommissionalberichts an die Hohe Regierung des Standes Zürich (1843), Nachdruck Glashütten im Taunus 1973.
Bobbio, Norberto: Rechts und Links. Zum Sinn einer politischen Unterscheidung. In: Blätter für deutsche und internationale Politik, 39 (1994) 5, S. 543-549.
Bock, Andreas: Ungarn: Die „Wahrheits- und Lebenspartei" zwischen Ethnozentrismus und Rassismus. In: Osteuropa, 52 (2002), S. 280-293.
Bönker, Frank: The dog that did not bark? Politische Restriktionen und ökonomische Reformen in den Visegrád-Ländern. In: Transformation sozialistischer Gesellschaften: Am Ende des Anfangs, Leviathan-Sonderheft 15. Hg. von Hellmut Wollmann, Helmut Wiesenthal und Frank Bönker, Opladen 1995, S. 180-206.
Borejsza, Jerzy W.: Schulen des Hasses. Faschistische Systeme in Europa, Frankfurt a. M. 1999.
Boris, Dieter/Sterr, Albert: Die Rückkehr der Caudillos. Populismus und Neopopulismus in Lateinamerika. In: Blätter für deutsche und internationale Politik, 48 (2003), S. 334-344.
Boventer, Gregor Paul: Grenzen politischer Freiheit im demokratischen Staat. Das Konzept der streitbaren Demokratie in einem internationalen Vergleich, Berlin (West) 1985.

Bozóki, András/Ishiyama, John (Hg.): The Communist Successor Parties of Central and Eastern Europe, New York 2002.
Bracher, Karl Dietrich: Die deutsche Diktatur. Entstehung, Struktur, Folgen des Nationalsozialismus, 5. Auflage Köln 1976.
–: Zeit der Ideologien. Eine Geschichte des politischen Denkens im 20. Jahrhundert, Stuttgart 1982.
–: Die totalitäre Erfahrung, München 1987.
Brandenberger, David: National Bolshevism. Stalinist Mass Culture and the Formation of Modern Russian National Identity, 1931–1956, Cambridge 2002.
–/ Dubrovsky, A. M.: "The Peolple Need a Tsar". The Emergence of National Bolshevism as Stalinist Ideology, 1931–1941. In: Europe-Asia Studies, 50 (1998), S. 873–892.
Brandt, Hartwig: Landständische Repräsentation im deutschen Vormärz. Politisches Denken im Einflussfeld des monarchischen Prinzips, Neuwied 1968.
Brasart, Patrick: Paroles de la Révolution. Les Assemblées parlementaires 1789–1794, Paris 1988.
Braun, Stephan/Hörsch, Daniel (Hg.): Rechte Netzwerke – eine Gefahr, Wiesbaden 2004.
Brauner-Orthen, Alice: Die Neue Rechte in Deutschland. Antidemokratische und rassistische Tendenzen, Opladen 2001.
Breuer, Stefan: Anatomie der Konservativen Revolution, 2. Auflage Darmstadt 1995.
–: Grundpositionen der deutschen Rechten, Tübingen 1999.
Brjuno, Patrik/Žirinovskij, Vladimir: Besedy na čistotu, Moskau 1995.
Broder, Hendrik M.: Antizionismus – Antisemitismus von links? In: APuZG, B 24/1976, S. 31–46.
Brooks, Jeffrey: Russian Nationalism and Russian Literature. The Canonization of the Classics. In: Nation and Ideology. Essays in Honor of Wayne S. Vucinich. Hg. von Ivo Banac, John C. Ackermann und Roman Szporluk, Boulder 1981, S. 315–334.
Brown, Cameron: The Shot Seen Around The World: The Middle East Reacts To September 11th. In: Middle East Review Of International Affairs, 5 (2001) 4, S. 69–89.
Brown, Ruth Murray: For a Christian America. A History of the Religious Right, Amherst 2002.
Brück, Tilman: Die ökonomischen Folgen des neuen globalen Terrorismus, Deutsches Institut für Wirtschaftsforschung, Berlin 2002.
Brudny, Yitzhak M.: Reinventing Russia. Russian Nationalism and the Soviet State, 1953–1991, Cambridge 1998.
Brug, Wouter van der: How the LPF Fuelled Discontent: Empirical tests of explanations of LPF support. In: Acta Politica, 38 (2003), S. 89–106.
Brumlik, Micha: Geistesaristokraten und Einpunkteegalitaristen – Ein anti-populistisches Pamphlet. In: Dubiel, Helmut (Hg.): Populismus und Aufklärung, Frankfurt a. M. 1986, S. 248–277.
Brunner, Georg: Nationalitätenprobleme und Minderheitenkonflikte in Osteuropa, Gütersloh 1993.

Brunot, Fernand: Histoire de la langue française des origines à nos jours, Band IX: La Révolution et l'Empire, deuxième partie: Les événements, les institutions et la langue, Paris 1967.
Brzezinski, Zbigniew: Out of Control, New York 1993.
Bugera, V.: Social-fašizm. In: Marksist. Naučno-političeskij žurnal, (1994) 2, S. 27-54.
Buhle, Mari Jo/Buhle, Paul/Georgakas, Dan (Hg.): Encyclopedia of the American Left, New York 1998.
Bulaç, Ali: Globalisierung, Islam und die Zukunft der Muslime. In: Euro Agenda/Avrupa Günlügü, 1 (2001), S. 25-36.
Bull, Anna Cento/Gilbert, Mark: The Lega Nord and the Northern Question in Italian Politics, Basingstoke 2001.
Bull, Martin J.: The West European Communist Movement: Past, Present and Future. In: Bull, Martin J./Heywood, Paul (Hg.): West European Communist Parties after the Revolutions of 1989, New York 1994, S. 203-222.
-/ Heywood, Paul (Hg.): West European Communist Parties after the Revolutions of 1989, New York 1994.
Bulla, Eckart: Die Lehre von der streitbaren Demokratie. Versuch einer kritischen Analyse unter besonderer Berücksichtigung der Rechtsprechung des Bundesverfassungsgerichts. In: Archiv des öffentlichen Rechts, 98 (1973), S. 340-360.
Buonarroti, Philipp: Babeuf und die Verschwörung für die Gleichheit (1828), mit dem durch sie veranlassten Prozess und den Belegstücken, übersetzt und eingeleitet von Anna und Wilhelm Blos, Stuttgart 1909, Nachdruck, 2. Auflage Berlin (West) 1975.
Burke, Jason: Al-Qaeda. Casting a Shadow of Terror, London 2003.
Bürklin, Wilhelm P.: Wählerverhalten und Wertewandel, Opladen 1988.
-/ Klein, Markus/Ruß, Achim: Dimensionen des Wertewandels. Eine empirische Längsschnittanalyse zur Dimensionalität und der Wandlungsdynamik gesellschaftlicher Wertorientierungen. In: Politische Vierteljahresschrift, 35 (1994), S. 579-606.
Butzer, Hermann/Clever, Marion: Grundrechtsverwirkung nach Art 18 GG. Doch eine Waffe gegen politische Extremisten? In: Die Öffentliche Verwaltung, 47 (1994), S. 637-643.
Cabet, Etienne: Voyage en Icarie, Paris 1848.
Campi, Alessandro (Hg.): Che cos'è il fascismo?, Rom 2003.
Camus, Jean-Yves: Front National. Eine Gefahr für die französische Demokratie?, Bonn 1998.
-: Le Front national: histoire et analyses, Paris 1997.
-: Nostalgia and Political Impotence: Neo-Nazi and Extreme Right Movements in France. 1944-1964. In: Arnolds, Edward J. (Hg.): The Development of the Radical Right in France. From Boulanger to Le Pen, London 2000, S. 195-216.
-: Strömungen der europäischen extremen Rechten - Populisten, Integristen, Nationalrevolutionäre, Neue Rechte. In: Backes, Uwe (Hg.): Rechtsextreme Ideologien in Geschichte und Gegenwart, Köln 2003, S. 235-260.
-/ Monzat, René: Les droites nationales et radicales en France, Lyon 1992.
Canovan, Margaret: Populism, London 1981.
-: Trust the people! Populism and the two faces of democracy. In: Political Studies, 47 (1999) 1, S. 2-16.

–: Populism for political theorists? In: Journal of Political Ideologies, 9 (2004), S. 241–252.
Careja, Romana: The Emergence of the Extreme Right. Short Comparative Essay on Two Theoretical Approaches, unveröffentlichtes Manuskript, 2000.
Carothers, Thomas: The End of the Transition Paradigm. In: Journal of Democracy, 13 (2002), S. 5–21.
Carter, Alan: A Radical Green Political Theory, London 1999.
Carter, Stephen: Russian Nationalism. Yesterday, Today, Tomorrow, London 1990.
–: The CIS and after: The Impact of Russian Nationalism. In: Cheles, Luciano/Fergusson, Ronnie/Vaughan, Michalina (Hg.): The Far Right in Western and Eastern Europe, London 1995, S. 174–197.
Ceylanoglu, Sena: Linksextremismus in Deutschland heute. In: Extremismus in Deutschland. Erscheinungsformen und aktuelle Bestandsaufnahme. Hg. vom Bundesministerium des Innern (Hg.), Berlin 2004, S. 136–162.
Chebel d'Appollonia, Ariane: L'Extrême-droite en France: de Maurras à Le Pen, Brüssel 1988.
–: Collaborationist Fascism. In: Arnolds, Edward J. (Hg.): The Development of the Radical Right in France. From Boulanger to Le Pen, London 2000, S. 172–191.
Chehabi H. E./Linz, Juan J. (Hg.): Sultanistic Regimes, Baltimore 1998.
Cheles, Luciano: „Nostalgia dell'avvenire". The Propaganda of the Italian Far Right between Tradition and Innovation. In: Cheles, Luciano/Fergusson, Ronnie/Vaughan, Michalina (Hg.): The Far Right in Western and Eastern Europe, London 1995, S. 41–90.
–/Ferguson, Ronnie/Vaughan, Michalina (Hg.): Neo-Fascism in Europe, Burnt Mill 1991.
–/Fergusson, Ronnie/Vaughan, Michalina (Hg.): The Far Right in Western and Eastern Europe, London 1995.
Chiarini, Roberto: The „Movimento Sociale Italiano": A Historical Profile. In: Cheles, Luciano/Ferguson, Ronnie/Vaughan, Michalina (Hg.): Neo-Fascism in Europe, Burnt Mill 1991, S. 19–42.
–: The Italian Far Right: The Search for Legitimacy. In: Cheles, Luciano/Fergusson, Ronnie/Vaughan, Michalina (Hg.): The Far Right in Western and Eastern Europe, London 1995, S. 20–40.
Chomsky, Noam: Profit over People. Neoliberalismus und globale Weltordnung, 4. Auflage Hamburg 2001.
–: Hegemony or Survival. America's Quest for Global Dominance, London 2004.
–: Powers and Prospects: Reflections on Human Nature and the Social Order. In: Festenstein, Matthew/Kenny, Michael (Hg.): Political Ideologies. A Reader and Guide, Oxford 2005, S. 375–379.
Christians, Georg: „Die Reihen fest geschlossen". Die FAP – Zu Anatomie und Umfeld einer militant-neofaschistischen Partei in den 80er Jahren, Marburg 1990.
Cibulka, Frank: The Radical Right in Slovakia. In Ramet, Sabrina (Hg.): The Radical Right in Central and Eastern Europe Since 1989, University Park 1999, S. 109–132.
Clover, Charles: Dreams of the Eurasian Heartland. In: Foreign Affairs, 78 (1999) 2, S. 9–13.
Clutterbuck, Richard: Terrorism in an Unstable World, London 1994.

Colton, Timothy J./McFaul, Michael: Russia's Communist Opposition Becalmed. The KPRF and the Election of 1999, unveröffentlichtes Manuskript, Davis Center for Russian Studies, Harvard University 2001.
Conway, Janet M.: Identity, Place, Knowledge: Social Movements Contesting Globalization, Black Point, N.S. 2004.
Costa Pinto, António: Ideologia, elites e movimentos fascistas em Portugal 1914-1945, Lissabon 1994.
-: The Radical Right in Contemporary Portugal. In: Cheles, Luciano/Fergusson, Ronnie/Vaughan, Michalina (Hg.): The Far Right in Western and Eastern Europe, London 1995, S. 108-128.
-: The Blueshirts. Portuguese Fascists and the New State, Boulder 2000.
Countering The New Terrorism. Hg. von der RAND Corporation, MR 989, Santa Monica CA 1996.
Courtois, Stéphane: Das letzte Jahrzehnt des französischen Kommunismus - Agonie oder Mutation. In: Der Kommunismus in Westeuropa. Niedergang oder Mutation?. Hg. von Patrick Moreau, Marc Lazar und Gerhard Hirscher, Landsberg am Lech 1998, S. 23-93.
-: Das Schwarzbuch des Kommunismus. Unterdrückung, Verbrechen und Terror, München 1998.
- (Hg.): Quand tombe la nuit. Origines et émergence des régimes totalitaires en Europe, Lausanne 2001.
-/ Lazar, Marc: Histoire du Parti communiste français, Paris 1995.
Cox, Michael: After Stalinism: The Extreme Right in Russia, East Germany and Eastern Europe. In: Hainsworth, Paul (Hg.): The Extreme Right in Europe and the USA, New York 1992, S. 269-285.
Cremet, Jean: Für eine Allianz der „Roten" und der „Weißen". Zwischen Metapolitik und Geopolitik - zur Durchdringung Osteuropas durch die „Neue" Rechte. In: ders./Krebs, Felix/Speit, Andreas: Jenseits des Nationalismus. Ideologische Grenzgänger der „Neuen Rechten". Ein Zwischenbericht, Hamburg 1999, S. 91-120.
-: Eine Partei neuen Typs? Die NPD zwischen NS-Nostalgie und Nationalbolschewismus. In: Blätter für deutsche und internationale Politik, 45 (2000) 9, S. 1079-1087.
-/ Krebs, Felix / Speit, Andreas: Jenseits des Nationalismus. Ideologische Grenzgänger der „Neuen Rechten". Ein Zwischenbericht, Hamburg 1999.
Cronin, Audrey Kurth: Behind The Curve. Globalization and International Terrorism. In: International Security, 27 (2002/2003) 3, S. 53.
Cspeli, György/Örkeny, Antal: The Changing Faces of Hungarian Nationalism. In: Social Research, 63 (1996), S. 247-286.
Cushman, Thomas: Notes from the Underground. Rock Music Counterculture in Russian Society, Albany, NY 1995.
Cymburskij, V.L.: „Novye pravye" v Rossii. Nacional'nye predposylki zaimstvovanija ideologii. In: Zaslavskaja, Tatjana I. (Hg.), Kuda idët Rossija? Al'ternativy obščestvennogo razvitija, 2. Band, Moskau 1995, S. 472-482.
Dahl, Robert A.: Polyarchy. Participation and Opposition, New Haven 1971.
Dahrendorf, Ralf: Acht Anmerkungen zum Populismus. In: Newsletter des Instituts für die Wissenschaften vom Menschen (Wien), 79 (2003) 1, S. 22-25.

–: Acht Anmerkungen zum Populismus. In: Transit. Europäische Revue, 25 (2003), S. 156–163.

Danaher, Kevin/Mark, Jason: Insurrection: Citizen Challenges to Corporate Power, New York 2003.

Danilov, Igor V.: Praded Puškina Gannibal, Sankt Peterburg 2001.

Davidheiser, Evelyn: The CPRF. Towards Social Democracy or National Socialism? In: Elections and Voters in Post-Communist Russia. Hg. von Matthew Wyman, Stephen White und Sarah Oates, Cheltenham 1998, S. 240–271.

Davies, Peter: The National Front in France. Ideology, Discourse and Power, London 1999.

Decker, Frank: Rechtspopulismus. Ein neuer Parteientyp in den westlichen Demokratien. In: Gegenwartskunde, 50 (2001), S. 293–305.

–: Der neue Rechtspopulismus, Opladen 2004.

–: Parteien unter Druck. Der neue Rechtspopulismus in den westlichen Demokratien, 2. Auflage Opladen 2004.

Declaire, Edward G.: Politics on the Fringe. The People, Policies and Organization of the French National Front, Raleigh NC 1999.

Depickere, Astrid: Testing Theories of Extreme-Right Wing Voting in France and Flanders (Revue de la Maison Française d'Oxford 1 [2003]).

Deppermann, Klaus: Die Pädagogik August Hermann Franckes und ihre Bedeutung für die Gegenwart. In: ders.: Protestantische Profile von Luther bis Francke, Göttingen 1992, S. 91–107.

–: Protestantische Profile von Luther bis Francke, Göttingen 1992.

Dereymez, Jean-Wiliam: Un vieux démon de la gauche française. In: La tentation populiste au cœur de l'Europe. Hg. von Olivier Ihl, Janine Chêne, Éric Vial und Ghislain Waterlot, Paris 2003, S. 65–76.

Desolre, Guy: The Far Right in Belgium: The Double Track. In: Cheles, Luciano/Fergusson, Ronnie/Vaughan, Michalina (Hg.): The Far Right in Western and Eastern Europe, London 1995, S. 245–257.

Devlin, Judith: Slavophiles and Commissars. Enemies of Democracy in Modern Russia, Basingstoke 1999.

Dézé, Alexandre: Between adaptation, differentiation and distinction. Extreme right-wing parties within democratic political systems. In: Eatwell, Roger/Mudde, Cas (Hg.): Western Democracies and the New Extreme Right Challenge, London 2004, S. 19–40.

Dimitras, Panayote Elias: Greece: The Virtual Absence of an Extreme Right. In: Hainsworth, Paul (Hg.): The Extreme Right in Europe and the USA, New York 1992, S. 246–268.

Diner, Dan: Feindbild Amerika. Über die Beständigkeit eines Ressentiments, München 2002.

Doll, Hans-Jürgen: Der Verfassungsschutzbericht – ein unverzichtbares Mittel zur geistig-politischen Auseinandersetzung mit dem politisch motivierten Extremismus. In: Neue Zeitschrift für Verwaltungsrecht, 24 (2005), S. 658–661.

Dörre, Klaus: Globalisierung und Globalisierungskritiker: ATTAC als neue Sammlungsbewegung? In: Gewerkschaftliche Monatshefte, 53 (2002), S. 486–495.

Dorussen, Han: Pim Fortuyn and the ‚New' Far Right in the Netherlands. In: representation, 40 (2004), S. 131–145.

Downs, Anthony: An Economic Theory of Democracy, New York 1957.

–: Ökonomische Theorie der Demokratie, Tübingen 1968.
Drake, Richard: The Revolutionary Mystique and Terrorism in Contemporary Italy, Bloomington 1989, S. 114-134.
Draper, Theodore: The Roots of American Communism, New York 1957.
Dreyhaupt-von Speicher, Peggy: Die Regionen Polens, Ungarns und der Tschechischen Republik vor dem EU-Beitritt, Frankfurt a. M. 2002.
Druwe, Ulrich/Mantino, Susanne; „Rechtsextremismus". Methodologische Bemerkungen zu einem politikwissenschaftlichen Begriff. In: Falter, Jürgen W./Jaschke, Hans-Gerd/ Winkler, Jürgen (Hg.): Rechtsextremismus. Ergebnisse und Perspektiven der Forschung, = PVS-Sonderheft 27, Opladen 1996, S. 66-80.
Dubiel, Helmut (Hg.): Populismus und Aufklärung, Frankfurt a. M. 1986.
Dudek, Peter/Jaschke, Hans-Gerd: Rechtsextremismus in der Bundesrepublik Deutschland, 2 Bände Opladen 1984.
Dufner, Ulrike: Islam ist nicht gleich Islam. Die türkische Wohlfahrtspartei und die ägyptische Muslimbruderschaft. Ein Vergleich, Opladen 1998.
Dugin, Aleksandr: Celi i zadači našej Revoljucii, Moskau 1995.
–: Osnovy geopolitiki. Geopolitičeskoe buduščee Rossii, 1. Auflage Moskau 1997.
–: Osnovy geopolitiki. Myslit' prostranstvom, 4. erw. Auflage Moskau 2001.
Dunlop, John B.: The Faces of Contemporary Russian Nationalism, Princeton 1983.
–: The New Russian Nationalism, New York 1985.
–: The Rise of Russia and the Fall of the Soviet Empire, 2. Auflage Princeton 1995.
–: Alexander Barkashov and the Rise of National Socialism in Russia. In: Demokratizatsiya, 4 (1996), S. 519-530.
–: Aleksandr Dugin's „Neo-Eurasian" Textbook and Dmitrii Trenin's Ambivalent Response. In: Harvard Ukrainian Studies, 24 (2001 [tatsächlich erst 2004 erschienen]) 1/2, S. 91-127.
Durham, Martin: The Christian Right, the Far Right and the Boundaries of American Conservatism, Manchester 2000.
Eaden, James/Renton, David: The Communist Party of Great Britain since 1920, Basingstoke 2002.
Eatwell, Roger: Why has the Extreme Right failed in Britain? In: Hainsworth, Paul (Hg.): The Extreme Right in Europe and the USA, New York 1992, S. 175-192.
–: Fascism. A History, London 1995.
–: On Defining the "Fascist Minimum". The Centrality of Ideology. In: Journal of Political Ideologies, 1 (1996) 3, S. 303-319.
–: The extreme right and British exceptionalism: the primacy of politics. In: Hainsworth, Paul (Hg.): The Politics of the Extreme Right. From the Margins to the Mainstream, London 2000, S. 172-192.
–: The Rebirth of the „Extreme Right" in Western Europe? In: Parliamentary Affairs, 53 (2000), S. 407-425.
–: Ten Theories of the Extreme Right. In: Merkl, Peter H./Weinberg, Leonard (Hg.): Right-Wing Extremism in the Twenty-First Century, London 2003, S. 47-73.
–: Zur Natur des „generischen Faschismus" – Das „faschistischer Minimum" und die „faschistischer Matrix". In: Backes, Uwe (Hg.): Rechtsextreme Ideologien in Geschichte und Gegenwart, Köln 2003, S. 93-122.

–: The extreme right in Britain. The long road to „modernization". In: Eatwell, Roger/Mudde, Cas (Hg.): Western Democracies and the New Extreme Right Challenge, London 2004, S. 62-79.
–/ Mudde, Cas (Hg.): Western Democracies and the New Extreme Right Challenge, London 2004.
–/ O'Sullivan, Noel (Hg.): The Nature of the Right: European and American Political Thought since 1789, London 1989.
Eismann, Wolfgang: Rechtspopulismus in Europa. In: ders. (Hg.): Rechtspopulismus. Österreichische Krankheit oder Europäische Normalität?, Wien 2002, S. 7-21.
– (Hg.): Rechtspopulismus. Österreichische Krankheit oder Europäische Normalität?, Wien 2002.
Ellwood, Sheelagh M.: Spanish Fascism in the Franco Era: Falange Española De Las Jons. 1936-76, London 1988.
–: The Extreme Right in Spain: A Dying Species? In: Cheles, Luciano/Fergusson, Ronnie/Vaughan, Michalina (Hg.): The Far Right in Western and Eastern Europe, London 1995, S. 91-107.
El-Samalouti, Peter: Finanzierung des Terrorismus und Gegenstrategien. In: Hirschmann, Kai/Leggemann, Christian (Hg.): Der Kampf gegen den Terrorismus. Strategien und Handlungserfordernisse in Deutschland, Berlin 2003, S. 201-234.
Enelow, James M./Hinich, Melvin J.: The Spatial Theory of Voting. An Introduction, Cambridge 1984.
Engels, Friedrich: Die Entwicklung des Sozialismus von der Utopie zur Wissenschaft (1880). In: Marx, Karl/ders., Werke (MEW), Band 19, Berlin (Ost) 1962, S. 189-228.
Die Entscheidung des Bundesverfassungsgerichts zur Verfassungsbeschwerde der JUNGEN Freiheit. Hg. von der Jungen Freiheit, o. O. O. J. (2005).
Erbakan, Necmettin: Millī Görüş, Istanbul 1975.
–: Gerechte Wirtschaftsordnung, Ankara 1991.
Erdmann, Karl Dietrich: Der Zweite Weltkrieg, Stuttgart 1987.
–: Deutschland unter der Herrschaft des Nationalsozialismus 1933-1945, Stuttgart 1987.
Ersson, Svante: Kommunismus und linke Strömungen in Skandinavien nach 1989: Niedergang, Wiederbelebung oder Schwankungen ohne zugrundeliegende Tendenz? In: Der Kommunismus in Westeuropa. Niedergang oder Mutation?. Hg. von Patrick Moreau, Marc Lazar und Gerhard Hirscher, Landsberg am Lech 1998, S. 423-452.
Euchner, Walter (Hg.): Klassiker des Sozialismus, 2 Bände, München 1991.
Everts, Carmen: Politischer Extremismus. Theorie und Analyse am Beispiel der Parteien REP und PDS, Berlin 2000.
Evola, Julius: Jazyčeskij imperializm. Hg. von Aleksandr Dugin, Moskau 1994.
Extremismus in Deutschland. Erscheinungsformen und aktuelle Bestandsaufnahme. Hg. vom Bundesministerium des Innern, Berlin 2004.
Eysenck, Hans Jürgen: The Psychology of Politics, 5. Auflage London 1968.
Falter, Jürgen W.: Hitlers Wähler, München 1991.

–: Politischer Extremismus. In: Wirklich ein Volk? Die politischen Orientierungen von Ost- und Westdeutschen im Vergleich. Hg. von Jürgen W. Falter, Oscar W. Gabriel und Hans Rattinger, Opladen 2000, S. 403–433.
–/ Jaschke, Hans-Gerd/Winkler, Jürgen R. (Hg.): Rechtsextremismus. Ergebnisse und Perspektiven der Forschung, = PVS-Sonderheft 27, Opladen 1996.
–/ Klein, Markus: Die Wähler der PDS bei der Bundestagswahl 1994. Zwischen Ideologie, Nostalgie und Protest. In: APuZG, B 51–52/1994, S. 22–34.
–/ Klein, Markus: Wer wählt rechts? Die Wähler und Anhänger rechtsextremistischer Parteien im vereinigten Deutschland, München 1994.
Farin, Klaus: Die Skins. Mythos und Realität, Berlin 1997.
–/ Seidel-Pielen, Eberhard: Skinheads, 5. Auflage München 2002.
Farschid, Olaf: Staat und Gesellschaft in der Ideologie der ägyptischen Muslimbruderschaft. In: Islamismus. Hg. vom Bundesministerium des Innern, Berlin 2003, S. 43–82.
Favrot, Lionel: Tariq Ramadan dévoilé, Lyon 2004.
Feldbauer, Gerhard: Von Mussolini bis Fini. Die extreme Rechte in Italien, Berlin 1996.
Fenske, Hans: Politisches Denken im 20. Jahrhundert. In: Lieber, Hans-Joachim (Hg.): Politische Theorien von der Antike bis zur Gegenwart, Wiesbaden 2000, S. 657–880.
Festenstein, Matthew/Kenny, Michael (Hg.): Political Ideologies. A Reader and Guide, Oxford 2005.
Fetscher, Iring: Der Marxismus. Seine Geschichte in Dokumenten, 2. Auflage München 1973.
–/ Rohrmoser, Günter: Ideologien und Strategien, Opladen 1981 (=Analysen zum Terrorismus, Band 1).
Fiedler, Alfred: Die staatswissenschaftlichen Anschauungen und die politisch-publizistische Tätigkeit des Nachkantianers Wilhelm Traugott Krug, Dresden 1933.
Finer, Samuel E.: The History of Government. From the Earliest Times, Band III: Empires, Monarchies, and the Modern State, Oxford 1999.
Flanagan, Scott: Value Change and Partisan Change in Japan. The Silent Revolution Revisited. In: Comparative Politics, 11 (1979), S. 253–278.
–: Value Change in Industrial Societies. In: American Political Science Review, 81 (1987), S. 1303–1319.
– /Lee, Aie-Rie: The New Politics, Culture Wars, and the Authoritarian-Libertarian Value Change in Advanced Industrial Democracies. In: Comparative Political Studies, 36 (2003), S. 235–270.
Flemming, Lars: Das gescheiterte NPD-Verbotsverfahren. In: Backes, Uwe/Jesse, Eckhard (Hg.): Jahrbuch Extremismus & Demokratie 2003, Band 15, Baden-Baden 2004, S. 159–176.
–: Die NPD nach dem Verbotsverfahren – Der Weg aus der Bedeutungslosigkeit in die Bedeutungslosigkeit? In: Backes, Uwe/Jesse, Eckhard (Hg.): Jahrbuch Extremismus & Demokratie, Band 16, Baden-Baden 2004, S. 144–154.
Flikke, Geir: Patriotic Left-Centrism. The Zigzags of the Communist Party of the Russian Federation. In: Europe-Asia Studies, 51 (1999) 2, S. 275–298.
Flüeler, Christoph: Rezeption und Interpretation der Aristotelischen Politica im späten Mittelalter, Teil 1, Amsterdam 1992.

Forbes, Monica/Fink, Willibald (Hg.): Schirinowskij - Politiker, Populist, Nationalist? Berichte und Kommentare der deutschen und internationalen Publizistik, München 1994, S. 48-49.
Forrester, Viviane: Die Diktatur des Profits, München 2002.
Fortuyn, Pim: Zielloos Europa. Tegen een Europa van technocraten, bureaucratie, subsidies en onvermijdelijke fraude, Utrecht 1997.
Fourest, Caroline: Frère Tariq. Discours, stratégie et méthode de Tariq Ramadan, Paris 2004.
Freedman, Theodore/B'nai B'rith: Anti-Semitism in the Soviet Union. Its Roots and Consequences, 2 Bände, Jerusalem 1979-1980.
Freeman, Gary P.: Immigration as a Source of Political Discontent and Frustration in Western Democracies. In: Studies in Comparative International Development, 32 (1997), S. 42-64.
Frenkin, Anatolij A.: Pravoe političeskoe soznanie. In: Voprosy filosofii, (2000) 5, S. 3-14.
Frey, Max: Les transformations du vocabulaire français à l'époque de la Révolution (1789-1800), Paris 1925.
Friedgut, Theodore: Soviet Anit-Zionism and Anti-Semitism. Another Cycle, Soviet and East European Research Centre Paper 54, Jerusalem 1984.
Friedrich, Carl J.: Der Verfassungsstaat der Neuzeit, Berlin (West) 1953.
-/ Brzezinski, Zbigniew: Die allgemeinen Merkmale der totalitären Diktatur. In: Jesse, Eckhard (Hg.): Totalitarismus im 20. Jahrhundert. Eine Bilanz der internationalen Forschung, 2. Auflage Bonn 1999, S. 225-237.
Frisch, Peter: Die Herausforderung unseres demokratischen Rechtsstaates durch Extremismus und Terrorismus. In: Rechtsextremismus in der Bundesrepublik Deutschland. Texte zur Inneren Sicherheit Hg. vom Bundesministerium des Innern, Bonn 1990, S. 7-26.
Fromm, Rainer: Die „Wehrsportgruppe Hoffmann". Darstellung, Analyse und Einordnung. Ein Beitrag zur Geschichte des deutschen und europäischen Rechtsextremismus, Frankfurt a. M. 1998.
Front National: 300 Mesures pour la renaissance de la France, Paris 1993.
Fuchs, Dieter/Roller, Edeltraud/Weßels, Bernhard (Hg.): Bürger und Demokratie in Ost und West. Studien zur politischen Kultur und zum politischen Prozess, Wiesbaden 2002.
Fukuyama, Francis: The End of History and the Last Man, New York 1992.
Fülberth, Georg: KPD und DKP. 1945-1990. Zwei kommunistische Parteien in der vierten Periode kapitalistischer Entwicklung, Heilbronn 1990.
-: Extremismus. In: Haug, Wolfgang Fritz (Hg.): Historisch-kritisches Wörterbuch des Marxismus, Band 3, Hamburg 1997, S. 1207-1215.
Funke, Manfred: „Antifaschismus" - Zum Blendcharakter einer politischen Allzweckwaffe. In: Agethen, Manfred/Jesse, Eckhard/Neubert, Ehrhart (Hg.): Der missbrauchte Antifaschismus. DDR-Staatsdoktrin und Lebenslüge der deutschen Linken, Freiburg i. Brsg. 2002, S. 305-313.
Furet, François: Das Ende der Illusion. Der Kommunismus im 20. Jahrhundert, München 1996.
Gable, Gerry: The far right in contemporary Britain. In: Cheles, Luciano/Fergusson, Ronnie/Vaughan, Michalina (Hg.): Neo-Fascism in Europe, Burnt Mill 1991, S. 245-263.

–: Britain's Nazi underground. In: Cheles, Luciano/Fergusson, Ronnie/Vaughan, Michalina (Hg.): The Far Right in Western and Eastern Europe, London 1995, S. 258–271.

Gabowitsch, Mischa: Der russische „Nationalpatriotismus" der Gegenwart und sein Verhältnis zum Kommunismus. In: Backes, Uwe (Hg.): Rechtsextreme Ideologien in Geschichte und Gegenwart, Köln 2003, S. 311–338.

Gaddafi, Muhammar Al: The Green Book, Ottawa 1983.

Galkin, Aleksandr A.: Rossijskij fašizm? In: Sociologičeskij žurnal, (1994) 2, S. 17–27.

Gallagher, Tom: Portugal, The Marginalization of the Extreme Right. In: Hainsworth, Paul (Hg.): The Extreme Right in Europe and the USA, New York 1992, S. 232–245.

–: Exit from the ghetto: the Italian far right in the 1990s. In: Hainsworth, Paul (Hg.): The Politics of the Extreme Right. From the Margins to the Mainstream, London 2000, S. 64–86.

Garstecki, Stefan: Länderporträt: Polen. In: Backes, Uwe/Jesse, Eckhard (Hg.): Jahrbuch Extremismus & Demokratie, Band 15, Baden-Baden 2003, S. 223–246.

Gasman, Daniel: The Scientific Origins of National Socialism, New Brunswick 2004 (1971).

Gauchet, Marcel: La droite et la gauche. In: Nora, Pierre (Hg.): Les lieux de mémoire, Band III: Les France. 1. Conflits et partages, Paris 1993, S. 395–467.

Gebhard, Petra: Eine Brücke zwischen Europa und Asien. Die Lehre der Eurasier in der gegenwärtigen Diskussion um die russische Identität, unveröffentlichte Magisterarbeit, Johannes Gutenberg-Universität Mainz 1994.

Geden, Oliver: Rechte Ökologie. Umweltschutz zwischen Emanzipation und Faschismus, Berlin 1996.

Geiersbach, Paul: Blinde Perle am Bosporus. Tagebuchaufzeichnungen mit Fotos aus Istanbul – Teil 1: Yedikule (September 1989 bis Februar 1992).

Geiss, Imanuel: Die Totalitarismen unseres Jahrhunderts. Kommunismus und Nationalsozialismus im historisch-politischen Vergleich. In: Jesse, Eckhard (Hg.): Totalitarismus im 20. Jahrhundert. Eine Bilanz der internationalen Forschung, 2. erweiterte Auflage Bonn 1999, S. 160–175.

George, Susan: Der Lugano-Report oder Ist der Kapitalismus noch zu retten?, Reinbek 2001.

Gerecht, Reuel Marc: The Gospel According to Osama Bin Laden. In: The Atlantic Monthly, 289 (2002) 1, S. 46–48.

Gessenharter, Wolfgang: Im Spannungsfeld. Intellektuelle Neue Rechte und demokratische Verfassung. In: Gessenharter, Wolfgang/Pfeiffer, Thomas (Hg.): Die Neue Rechte – eine Gefahr für die Demokratie?, Wiesbaden 2004, S. 31–49.

–/Pfeiffer, Thomas (Hg.): Die Neue Rechte – eine Gefahr für die Demokratie?, Wiesbaden 2004.

Gibbs, Jack: Conceptualization of Terrorism. In: American Sociological Review, 54 (1989) 3, S. 329–340.

Gibson, Rachel K.: The Growth of Anti-Immigrant Parties in Western Europe, New York 2002.

Giddens, Anthony: Runaway World. How Globalisation is Reshaping our Lives, London 1999.

Gijsels, Hugo/Velpen, Jos van der: Het Vlaams Blok 1938-1988. Het verdriet van Vlaanderen, Antwerpen 1989.
Gilmour, John: The Extreme Right in Spain: Blas Piñar and the Spirit of the Nationalist Unprising. In: Hainsworth, Paul (Hg.): The Extreme Right in Europe and the USA, New York 1992, S. 206-231.
Givens, Terri E.: Gender Differences in Support for Radical Right, Anti-Immigrant Political Parties, San Diego 2000.
Glaeßner, Gert-Joachim: Demokratie nach dem Ende des Kommunismus. In: Welttrends, 2 (1994), S. 9-28.
-: Demokratie nach Ende des Kommunismus. Regimewechsel, Transition und Demokratisierung im Postkommunismus, Opladen 1994.
Glatzer Rosenthal, Bernice: Political Implications of the Early Twentieth-Century Occult Revival. In: dies. (Hg.): The Occult in Russian and Soviet Culture, Ithaca 1997, S. 379- 418.
Gleason, Abbott: Totalitarianism. The Inner History of the Cold War, New York 1995.
The Global Course of the Information Revolution. Hg. von der RAND Corporation, MR 1680-NIC, Santa Monica CA 2003.
Gnammankou, Dieudonné: Abraham Hannibal. L'aïeul noir de Pouchkine, Paris 1996.
Goldhagen, Daniel J.: Hitler's Willing Executioners. Ordinary Germans and the Holocaust, Boston 1996.
Goldstone, Jack A: States, Terrorists, and the Clash of Civilizations. In: Calhoun, Craig/Price, Paul/Timmer, Ashley: Understanding September 11, New York 2002, S. 139-158.
Gomez-Reino, Marga: Comparing Varieties of Extremism: the Vlaams Blok and Lega Nord, unveröffentlichtes Manuskript, 2001.
González Calleja, Eduardo: Hacia una nueva "guerra carlista". In: Aróstegui, Julio/Canal, Jordi/ders.: El carlismo y las guerras carlistas. Hechos, hombres e ideas, Madrid 2003, S. 105-121.
Goot, Murray: Helped or Hindered? Pauline Hanson's One Nation and the Party Cartelisation Thesis, unveröffentlichtes Manuskript, 2003.
Gosse, Van: The Movements of the New Left 1950-1975, Bedford 2004.
Gosudarstvennaja Duma (Hg.): O preduprežděnii projavlenij fašistskoj opasnosti v Rossijskoj Federacii. Materialy parlamentskich slušanij 14 fevralja 1995 goda, Moskau 1995.
Gottlieb, Julie V./Linehan, Thomas P. (Hg.): The Culture of Fascism. Visions of the Far Right in Britain, London 2004.
Goulard, Sylvie: Le Grand Turc et la République de Venise, Paris 2004.
Grabmann, Martin: Die mittelalterlichen Kommentare zur Politik des Aristoteles, München 1941.
-: Die Geschichte der scholastischen Methode, 2 Bände, Berlin (Ost) 1956.
Grant, Ted: History of British Trotskyism, London 2002.
Gray, John: Al Qaeda and What it Means to be Modern, London 2003.
-: Die Geburt al-Qaidas aus dem Geist der Moderne, München 2004.
Gregor, A. James: Fascism and the New Russian Nationalism. In: Communist and Post-Communist Studies, 31 (1998) 1, S. 1-15.
-: Phoenix. Fascism in Our Time, New Brunswick 1999.

−: Rezension zu Shenfield, Russian Fascism. In: Slavic Review, 60 (2001), S. 868–869.
−: Andreas Umland and the "Fascism" of Alexander Dugin. In: Erwägen Wissen Ethik, 15 (2004), S. 426–428.
−: Roger Griffin, Social Science, „Fascism," and the „Extreme Right". In: Erwägen Wissen Ethik, 15 (2004), S. 316–321.
−: The Problem. In: Griffin, Roger/Feldmann, Matthew (Hg.): Fascism. Volume I: The Nature of Fascism, London 2004, S. 327–349.
Greiffenhagen, Martin: Das Dilemma des Konservatismus in Deutschland. 3. Auflage Frankfurt a. M. 1986.
Greß, Franz: Großbritannien. In: Greß, Franz/Jaschke, Hans-Gerd/Schönekäs, Klaus: Neue Rechte und Rechtsextremismus in Europa. Bundesrepublik, Frankreich, Großbritannien, Opladen 1990, S. 106–217.
−/ Jaschke, Hans-Gerd: Politische Justiz gegen rechts: Der Remer-Prozess 1952 in paradigmatischer Perspektive. In: Eisfeld, Rainer/Müller, Ingo (Hg.): Gegen Barbarei. Essays. Robert M. W. Kempner zu Ehren, Frankfurt a. M. 1989.
−/ Jaschke, Hans-Gerd/Schönekäs, Klaus: Neue Rechte und Rechtsextremismus in Europa. Bundesrepublik, Frankreich, Großbritannien, Opladen 1990.
Griffin, Roger D.: The Nature of Fascism, 2. Auflage London 1993.
−: Europe for the Europeans. Fascist Myths of the European New Order, Oxford Brookes University School of Business Occasional Paper 1994.
− (Hg.): Fascism, Oxford 1995.
−: The Post-fascism of the Alleanza Nazionale. A Case-study in Ideological Morphology. In: Journal for Political Ideologies, 2 (1996), S. 123–146.
−: Between Metapolitics and *Apoliteia*. The Nouvelle Droite's Strategy for Conserving the Fascist Vision in the "Interregnum". In: Modern and Contemporary France, 8 (2000) 1, S. 35–53.
−: Interregnum or Endgame? Radical Right Thought in the Post-fascist Era. In: Journal of Political Ideologies, 5 (2000) 2, S. 163–178.
−: Plus ça change! The Fascist Mindset behind the Nouvelle Droite's Struggle for Cultural Renewal. In: Arnold, Edward (Hg.): The Development of the Radical Right in France 1890–1995, London 2000, S. 237–252.
−: Plus ça change! The fascist Pedigree of the Nouvelle Droite. In: Arnolds, Edward J. (Hg.): The Development of the Radical Right in France. From Boulanger to Le Pen, London 2000, S. 195–216.
−: The Palingenetic Political Community. Rethinking the Legitimation of Totalitarian Regimes in Inter-War Europe. In: Totalitarian Movements and Political Religions, (2000) 3, S. 24–43.
−: From Slime Mould to Rhizome. An Introduction to the Groupuscular Right. In: Patterns of Prejudice, 36 (2002) 3, S. 27–50.
−: The Primacy of Culture. The Current Growth (or Manufacture) of Consensus within Fascist Studies. In: Journal of Contemporary History, 37 (2002) 1, S. 21–43.
−: Grey cats, blue cows, and wide awake groundhogs: notes towards the development of a "deliberative ethos" in fascist studies. In: Erwägen Wissen Ethik, 15 (2004), S. 429–448.
Grumke, Thomas: Rechtsextremismus in den USA, Opladen 2001.

Grün, Karl: Die soziale Bewegung in Frankreich und Belgien. Briefe und Studien (1845), Nachdruck Hildesheim 1974.
Grünwald, Leopold: Eurokommunismus, München 1981.
Grzymala-Busse, Anna M.: Redeeming the Communist Past. The Regeneration of Communist Parties in East Central Europe, Cambridge 2002.
Güde, Max: „Wir brauchen Vertrauen in die Freiheit". Gegen neue Verbote von „K-Gruppen". Der Staatsschutz hat andere Möglichkeiten. In: Blätter für deutsche und internationale Politik, 22 (1977), S. 897-902.
Gudkov, Lev: „Ich hasse, also bin ich". Zur Funktion der Amerika-Bilder und des Antiamerikanismus in Russland. In: Osteuropa, 52 (2002), S. 997-1014.
Guérin, Daniel: Anarchismus. Begriff und Praxis, Frankfurt a. M. 1971.
Guggenberger, Bernd/Hansen, Klaus (Hg.): Die Mitte. Vermessungen in Politik und Kultur, Opladen 1993.
Guggisberg, Hans R. (Hg.): Religiöse Toleranz. Dokumente zur Geschichte einer Forderung, Stuttgart 1984, passim.
Gunaratna, Rohan: Inside Al Qaeda. Global Network of Terror, New York 2002.
- (Hg.): The Changing Face of Terrorism, Singapur 2004.
Gustafson, Barry: The first 50 years: A history of the New Zealand National Party, Auckland 1986.
Gusy, Christoph: Weimar – die wehrlose Republik? Verfassungsschutzrecht und Verfassungsschutz in der Weimarer Republik, Tübingen 1991.
Hagemeister, Michael: Anti-Semitism, Occultism, and Theories of Conspiracy in Contemporary Russia. The Case of Ilia Glazunov. In: Paperni, Vladimir/Moskovich, Wolf (Hg.): Anti-Semitism and Philo-Semitism in the Slavic World and Western Europe, Jews and Slavs 13, Haifa 2004, S. 235-241.
-: The Revival of Eurasianism. Vortrag gehalten auf dem 5. Weltkongress für Mittel- und Osteuropäische Studien, Warschau, 6.-11. August 1995.
-: Eurasiertum und Nationalismus. Vortrag gehalten auf dem Workshop „Der russische Nationalismus im europäischen Kontext. Wurzeln und Erscheinungsformen", Internationales Forschungszentrum Kulturwissenschaften, Wien, 15.-16. Dezember 1995.
Hahn, Gordon: The Rebirth of Eurasianism. In: CDI Russia Weekly, (2002) 215.
Haider, Jörg: Die Freiheit, die ich meine, Frankfurt a. M. 1994.
-: Befreite Zukunft jenseits von links und rechts. Menschliche Alternativen für eine Brücke ins neue Jahrtausend, 2. Auflage Wien 2001.
Hainsworth, Paul: Introduction. The Cutting Edge: The Extreme Right in Post-War Western Europe and the USA. In: ders.: The Extreme Right in Europe and the USA, London 1992, S. 1-28.
-: Introduction: the extreme right. In: Hainsworth, Paul (Hg.): The Politics of the Extreme Right. From the Margins to the Mainstream, London 2000, S. 1-17.
-: The Front National: From Ascendancy to Fragmentation on the French Extreme Right. In: Hainsworth, Paul (Hg.): The Politics of the Extreme Right: From the Margins to the Mainstream, London 2000, S. 18-32.
-/ Mitchell, P.: France: The Front National from Crossroads to Crossroads? In: Parliamentary Affairs, 53 (2000), S. 443-456.
Hall, Stuart: Popular-demokratischer oder autoritärer Populismus. In: Dubiel, Helmut (Hg.): Populismus und Aufklärung, Frankfurt a. M. 1986, S. 84-105.

Haller, Carl Ludwig von: Restaurazion der Staatswissenschaft oder Theorie des natürlich-geselligen Zustands, der Schimäre des künstlich-bürgerlichen entgegengesezt. Erster Band: Darstellung, Geschichte und Kritik der bisherigen falschen Systeme. Allgemeine Grundsätze der entgegengesezten Ordnung Gottes und der Natur, Winterthur 1816.

Hammer, Karl/Hartmann, Peter Claus (Hg.): Le bonapartisme. Phénomène historique et mythe politique. Actes du 13e colloque historique franco-allemand de l'Institut Historique Allemand de Paris à Augsbourg du 26 jusqu'au 30 septembre 1975, München 1977.

Hamon, Alain/Marchand, Jean-Charles: Action directe. Du terrorisme français à l'euroterrorisme, Paris 1986.

Hansen, Hendrik: Globaler Dschihad? Die Freund-Feind-Unterscheidung im Islam und in der Theorie des Gesellschaftsvertrags. In: APuZG, B 18/2002, S. 17-25.

Hanson, Stephen E.: Ideology, Uncertainty, and the Rise of Anti-System Parties in Postcommunist Russia, Studies in Public Policy, Nr. 289, Glasgow 1997.

-/ Kopstein, Jeffrey S.: The Weimar/Russia Comparison. In: Post-Soviet Affairs, 13 (1997) 3, S. 252-283.

Hardt, Michael/Negri, Antonio: Empire. Die neue Weltordnung, Frankfurt a. M. 2003.

-/ Negri, Antonio: Multitude. Krieg und Demokratie im Empire, Frankfurt a. M. 2004.

Harmel, Robert/Gibson, Rachel: Right libertarian parties and the "new values": a reexamination. In: Scandinavian Political Studies, 18 (1995), S. 97-118.

Harmon, David: Terrorism Today, Portland 2000.

Hartleb, Florian: Auf- und Abstieg der Hamburger Schill-Partei. In: Zehetmair, Hans (Hg.): Das deutsche Parteiensystem. Perspektiven für das 21. Jahrhundert, Wiesbaden 2004, S. 213-227.

-: Rechts- und Linkspopulismus. Eine Fallstudie anhand von Schill-Partei und PDS, Wiesbaden 2004.

Hartmann, Dieter Dirk: Verwirkung von Grundrechten. In: Archiv des öffentlichen Rechts, 95 (1970), S. 567-580.

Hasan, Badrul S. (Übers.): Milestones (Ma'alim fi al-tariq), 2. Auflage Karachi 1988.

Hasan al-Banna, The Message of the 5th Conference. The Collection of writings. Hg. vom International Islamic Forum, 6. Auflage London 1996.

Hasler, Ludwig: Gesunder Menschenverstand und Philosophie. Vom systematischen Sinn der Auseinandersetzung Hegels mit Wilhelm Traugott Krug. In: Hegel-Jahrbuch 1977/78, S. 239-248.

Hassner, Pierre: Neue Strukturen in Europa und die neuen Nationalismen. In: Hatschikann, Magridisch A./Weilemann, Peter R. (Hg.): Nationalismen im Umbruch. Ethnizität, Staat und Politik im neuen Osteuropa, Köln 1995, S. 14-28.

Haupt, Michael: „Die Wahrheit von den Dächern schreien": Chomsky und die Politik. In: MacFaquhar, Larissa/Haupt, Michael (Hg.): Wer ist Noam Chomsky?, Hamburg 2003, S. 65-129.

Haury, Thomas: Der Antizionismus der Neuen Linken in der BRD. Sekundärer Antisemitismus nach Auschwitz. In: Antisemitismus – die deutsche Normalität. Geschichte und Wirkungsweise des Vernichtungswahns. Hg. vom Arbeitskreis Kritik des deutschen Antisemitismus, Freiburg 2001, S. 217-229.

–: Antisemitismus von links. Kommunistische Ideologie, Nationalismus und Antizionismus in der frühen DDR, Hamburg 2002.
Hauszmann, Janos: Die Ungarische sozialistische Arbeiterpartei (Magyar Szocialista Munkáspárt/MSZMP) in Ungarn 1956-1997. In: Hirscher, Gerhard (Hg.): Kommunistische und postkommunistische Parteien in Osteuropa. Ausgewählte Fallstudien, München 2000, S. 103-131.
Hawwā, Saʿīd: fī afāq at-taʾālīm, Beirut 1980.
–: Jund Allah Takhtilan, Beirut 1988.
Heimann, Siegfried: Deutsche Kommunistische Partei. In: Stöss, Richard (Hg.): Parteienhandbuch. Die Parteien der Bundesrepublik Deutschland 1945-1980, Band 1, Opladen 1984, S. 901-981.
Heimbach, Marfa: Die Entwicklung der islamischen Gemeinschaft in Deutschland seit 1961, Berlin 2001.
Heine, Peter: In Allahs Namen: Religiös motivierter Extremismus und Terrorismus. In: Frank, Hans/Hirschmann, Kai (Hg.): Die weltweite Gefahr. Terrorismus als sicherheitspolitische Herausforderung, Berlin 2002, S. 11-27.
–: Islamismus – Ein ideologiegeschichtlicher Überblick. In: Islamismus. Hg. vom Bundesministerium des Innern, Berlin 2003, S. 7-18.
Hermet, Guy: Les populismes dans le monde, Paris 2001.
Hethey, Raimund/Kratz, Peter (Hg.): In bester Gesellschaft. Antifa-Recherche zwischen Konservatismus und Neo-Faschismus, Göttingen 1991.
Hewitt, Christopher: Understanding Terrorism in America. From the Klan to Al Qaeda, London 2002.
–/ Cheetham, Tom: Encyclopedia of Modern Separatism, Santa Barbara CA 2000.
Heywood, Paul (Hg.): West European Communist Parties After the Revolution of 1989, Basingstoke 1994.
Hielscher, Karla: Der Eurasismus. Die neoimperiale Ideologie der russischen „Neuen Rechten". In: Die Neue Gesellschaft. Frankfurter Hefte, 40 (1993) 5, S. 465-469.
–: Die Eurasien-Ideologie. Geschichtsmythen der russischen „Neuen Rechten". In: Glaube in der 2. Welt, (1993) 7-8, S. 25-30.
Hilde, Paal Sigurd: Slovak Nationalism and the Break-up of Czechoslovakia. In: Europe-Asia Studies, 51 (1999), S. 647-665.
Hippler, Jochen/Lueg, Andrea: Feindbild Islam, Hamburg 1993.
Hobsbawm, Eric: Das Zeitalter der Extreme. Weltgeschichte des 20. Jahrhunderts, München 1995.
Hochhuth, Martin: Der Begriff des Terrorismus und der formale Friedensbegriff des Völkerrechts und des innerstaatlichen öffentlichen Rechts. In: Fleck, Dieter (Hg.): Rechtsfragen der Terrorismusbekämpfung durch Streitkräfte, Baden-Baden 2004, S. 43-65.
Hodges, Donald/Gandy, Ross: Mexico under Siege: Popular Resistance to Presidential Despotism, London 2002.
Hodos, George H.: Mitteleuropas Osten. Ein historisch-politischer Grundriss, Bonn 2003.
Hoffman, Bruce: One Alarm Fire. In: The Atlantic Monthly, 288 (2001) 5, S. 137-139.
–: Terrorismus – der unerklärte Krieg, Frankfurt a. M. 2001.

–: Terrorismus – der unerklärte Krieg. Neue Gefahren politischer Gewalt, Bonn 2002.
–: Foreword. In: Silke, Andrew (Hg.): Research on Terrorism. Trends, Achievements and Failures, London 2004, S. VII–IX.
Hoffmann, Uwe: Die NPD. Entwicklung, Ideologie und Struktur, Frankfurt a. M. 1999.
Holler, Regina: 20. Juli. Vermächtnis oder Alibi?, München 1994.
Holloway, John: Die Welt verändern, ohne die Macht zu übernehmen, Münster 2002.
Holsteyn, Joop Van: Neither Threat Nor Challenge. Right-wing extremism in the Netherlands, unveröffentlichtes Manuskript, 2001.
–/ Mudde, Cas (Hg.): Extreem-rechts in Nederland, Den Haag 1998.
–/ Irwin, Galen A.: Never a Dull Moment: Pim Fortuyn and the Dutch Parliamentary Election of 2002. In: West European Politics, 26 (2003) 2, S. 41–66.
Holtmann, Everhard: Die angepassten Provokateure. Aufstieg und Niedergang der rechtsextremen DVU als Protestpartei im polarisierten Parteiensystem Sachsen-Anhalts, Opladen 2002.
Holzer, Jerzy: Der Kommunismus in Europa. Politische Bewegung und Herrschaftssystem, Frankfurt a. M. 1998.
Horchem, Hans-Peter: Die Grenzen „autonomer" Gewalt. Eine Bilanz nach der Wiedervereinigung. In: Löw, Konrad (Hg.): Terror und Extremismus. Ursachen, Erscheinungsformen, Wege zur Überwindung, Berlin 1994, S. 113–127.
Hossay, Patrick: Why Flanders? In: Schain, Martin/Zolberg, Aristide/Hossay, Patrick (Hg.): Shadows over Europe: The Development and the Impact of the Extreme Right in Western Europe, New York 2002, S. 159–185.
Höver, Ulrich: Joseph Goebbels. Ein nationaler Sozialist, Bonn 1992.
Hudson, Kate: European Communism since 1989. Towards a New European Left?, Basingstoke 2000.
Hüllen, Rudolf van: Linksextremisten: Avantgarde oder Randerscheinung in der Anti-Globalisierungsbewegung? In: Politischer Extremismus in der Ära der Globalisierung. Ein Symposion des Bundesamtes für Verfassungsschutz, 20. Juni 2002, Beiträge. Hg. vom Bundesamt für Verfassungsschutz, o. O. (Köln 2003), S. 67–76.
–: Antiamerikanismus im Rechts- und Linksextremismus. In: Gegensätze, Gemeinsamkeiten und ihre Auswirkungen auf die Innere Sicherheit. Ein Symposion des Bundesamtes für Verfassungsschutz, 1. Oktober 2003. Hg. vom Bundesamt für Verfassungsschutz, Köln 2004, S. 64–75.
Huntington, Samuel P.: Conservatism as an Ideology. In: American Political Science Review, 51 (1957), S. 454–473.
–: The Third Wave. Democratization in the Late Twentieth Century, 2. Auflage London 1993.
–: Kampf der Kulturen. Die Neugestaltung der Weltpolitik im 21. Jahrhundert, München 1996.
Husbands, Christopher T.: Belgium: Flemish Legions on the March. In: Hainsworth, Paul (Hg.): The Extreme Right in Europe and the USA, New York 1992, S. 126–150.
–: The Netherlands: Irritants on the Body Politic. In: Hainsworth, Paul (Hg.): The Extreme Right in Europe and the USA, New York 1992, S. 95–125.

–: The Other Face of 1992. The Extreme-Right Explosion in Western Europe. In: Parliamentary Affairs, 3 (1992), S. 267–284.

–: Militant Neo-Nazism in the Federal Republic of Germany in the 1990s. In: Cheles, Luciano/Fergusson, Ronnie/Vaughan, Michalina (Hg.): The Far Right in Western and Eastern Europe, London 1995, S. 327–353.

Ignatow, Assen: Geopolitische Theorien in Russland heute. In: Berichte des Bundesinstituts für internationale und ostwissenschaftliche Studien, Nr. 17, Köln 1998.

Ignazi, Piero: Il polo escluso. Profilo del Movimento Sociale Italiano, Bologna 1989.

–: The Silent Counter-Revolution. Hypotheses on the emergence of extreme right parties in Europe. In: European Journal of Political Research, 22 (1992), S. 3–34.

–: Postfascisti? La transformazione del Movimento Sociale Italiano in Alleanza Nazionale, Bologna 1994.

–: From Neo-Fascists to Post-Fascists? The Transformation of the MSI into the AN. In: West European Politics, 19 (1996), S. 693–714.

–: The Extreme Right: Defining the Object and Assessing the Causes. In: Schain, Martin/Zolberg, Aristide/Hossay, Patrick (Hg.): Shadows over Europe: The Development and the Impact of the Extreme Right in Western Europe, New York 2002, S. 21–37.

–: Extreme Right Parties in Western Europe, Oxford 2003.

–: The Development of the Extreme Right at the End of the Century. In: Merkl, Peter H./Weinberg, Leonard (Hg.): Right-Wing Extremism in the Twenty-First Century, London 2003, S. 143–158.

Ihl, Olivier/Chêne, Janine/Vial, Éric/Waterlot, Ghislain: La tentation populiste au cśur de l'Europe, Paris 2003.

Infratest Wirtschaftsforschung: Politischer Protest in der Bundesrepublik Deutschland. Beiträge zur sozialempirischen Untersuchung des Extremismus, Stuttgart 1980.

Inglehart, Ronald: The Silent Revolution in Europe: Intergenerational Change in Postindustrial Societies. In: American Political Science Review, 65 (1971), S. 991–1017.

–: Die stille Revolution, Frankfurt a. M. 1977.

–: Kultureller Umbruch. Wertewandel in der westlichen Welt, Frankfurt a. M. 1989.

Ingram, Alan: Alexander Dugin. Geopolitics and Neo-Fascism in Post-Soviet Russia. In: Political Geography, 20 (2001), S. 1029–1051.

–: Mastering Space in Eurasia. Russia's Geopolitical Thinking after the Soviet Break-up. In: Communist and Post-Communist Studies, 36 (2003) 1, S. 101–127.

Initiative Sozialistisches Forum: Furchtbare Antisemiten, ehrbare Antizionisten. Über Israel und die linksdeutsche Ideologie, Freiburg 2002.

INTER/ESSE: Rechtsextremismus in Deutschland, Wirtschaft und Politik in Daten und Zusammenhängen. Hg. vom Bundesverband deutscher Banken, Nr. 8, Köln 1998.

Irvine, Jill A.: Nationalism and the Extreme Right in the Former Yugoslavia. In: Cheles, Luciano/Fergusson, Ronnie/Vaughan, Michalina (Hg.): The Far Right in Western and Eastern Europe, London 1995, S. 145–197.

Ishiyama, John T.: Red Phoenix? The Communist Party of Post-Soviet Russian Politics. In: Party Politics, 2 (1996), S. 147–175.

Islamisches Zentrum München/Islamic Council London (Hg.): Die Islamische Deklaration der Menschenrechte (Schriftenreihe des Islamischen Zentrums München 12), München, o.J.
Islamismus in Nordrhein-Westfalen. Instrumentalisierung der Religion für politische Zwecke. Hg. vom Innenministerium des Landes Nordrhein-Westfalen, Düsseldorf 2001.
Ismayr, Wolfgang: Die politischen Systeme der EU-Beitrittsländer im Vergleich. In: APuZG, B 5-6/2004, S. 5-14.
Iton, Richard: Solidarity Blues. Race, Culture, and the American Left, Chapel Hill 2000.
Ivanov, Leonid J.: Russland nach Gorbatschow. Wurzeln – Hintergründe – Trends der sich formierenden Gruppierungen – Perspektiven für die Zukunft, Passau 1996.
Ivarsflaten, Elisabeth: The Vulnerable Populist Right parties: No Economic Realignment Fuelling their Electoral Success. In: European Journal of Political Research, 44 (2005), S. 465-492.
Iversen, Torben: The Dynamics of Welfare State Expansion: Trade Openness, Deindustrialization,and Partisan Politics. In: Pierson, Paul (Hg.): The New Politics of the Welfare State, Oxford 2001, S. 45-79.
Jackson, William D.: Fascism, Vigilantism, and the State. The Russian National Unity Movement. In: Problems of Post-Communism, 46 (1999) 1, S. 34-42.
Jagers, Jan: De stem van het volk? Populisme bij Vlaamse politieke partijen, Antwerpen, unveröffentlichte Dissertation.
Jäggi, Christian J./Krieger, David J.: Fundamentalismus. Ein Phänomen der Gegenwart, Zürich 1991.
Jakobs, Peter: Panslawismus. In: DTV-Lexikon zur Geschichte und Politik im 20. Jahrhundert. Hg. von Carola Stern, Thilo Vogelsang, Erhard Klöss und Albert Graff, Köln 1974, S. 611.
Jaschke, Hans-Gerd: Frankreich. In: Greß, Franz/Jaschke, Hans-Gerd/Schönekäs, Klaus: Neue Rechte und Rechtsextremismus in Europa. Bundesrepublik, Frankreich, Großbritannien, Opladen 1990, S. 17-103.
–: Streitbare Demokratie und Innere Sicherheit. Grundlagen, Praxis und Kritik, Opladen 1991.
–: Die „Republikaner". Profile einer Rechtsaußen-Partei, 2. Auflage Bonn 1993.
–: Fundamentalismus in Deutschland. Gottesstreiter und politische Extremisten bedrohen die Gesellschaft, Hamburg 1998.
Jenkins, Brian M.: International Terrorism: A New Mode of Conflict. In: Carlton, David/Schaerf, Carlo (Hg.): International Terrorism and World Security, London 1975, S. 13-49.
Jeschke, Axel/Malanowski, Wolfgang (Hg.): Der Minister und der Terrorist. Gespräche zwischen Gerhart Baum und Horst Mahler, Reinbek bei Hamburg 1980.
Jesse, Eckhard (Hg.): Politischer Extremismus in Deutschland und Europa, München 1993.
–: Biographisches Porträt: Otto Ernst Remer. In: Backes, Uwe/Jesse, Eckhard (Hg.): Jahrbuch Extremismus & Demokratie, Band 6, Bonn 1994.
–: Streitbare Demokratie in Vergangenheit, Gegenwart und Zukunft. Eine umstrittene Konzeption zwischen Kontinuität und Wandel. In: Löw, Konrad (Hg.): Ter-

ror und Extremismus in Deutschland: Ursachen, Erscheinungsformen und Wege zur Überwindung, Berlin 1994, S. 11-27.
-: Fließende Grenzen zum Rechtsextremismus? Zur Debatte über Brückenspektren, Grauzonen, Vernetzungen und Scharniere am rechten Rand - Mythos und Realität. In: Falter, Jürgen W./Jaschke, Hans-Gerd/Winkler, Jürgen R. (Hg.): Rechtsextremismus. Ergebnisse und Perspektiven der Forschung, = PVS-Sonderheft 27, Opladen 1996, S. 514-529.
-: Politischer Extremismus heute. Islamistischer Fundamentalismus, Rechts- und Linksextremismus. In: APuZG, B 46/2001, S. 3-5.
-: Demokratieschutz. In: ders./Sturm, Roland: Demokratien des 21. Jahrhunderts im Vergleich. Historische Zugänge, Gegenwartsprobleme und Reformperspektiven, Opladen 2003, S. 449-474.
-: Funktionen und Strukturen von Feindbildern im politischen Extremismus. In: Feindbilder im politischen Extremismus. Gegensätze, Gemeinsamkeiten und ihre Auswirkungen auf die Innere Sicherheit. Ein Symposion des Bundesamtes für Verfassungsschutz, 1. Oktober 2003. Hg. vom Bundesamt für Verfassungsschutz, Köln 2004, S. 3-18.
-/ Sturm, Roland (Hg.): Demokratien des 21. Jahrhunderts im Vergleich. Historische Zugänge - Gegenwartsprobleme - Reformperspektiven, Opladen 2003.
Joireman, Sandra F.: Nationalism and Political Identity, London 2003.
Joll, James: Die Anarchisten, Frankfurt a. M. 1971.
Juchler, Jakob: Zwischen Bangen und Hoffen. Polen vor dem EU-Referendum. In: Osteuropa, 53 (2003), S. 502-514.
Kaase, Max: Demokratische Einstellungen in der Bundesrepublik Deutschland. In: Wildenmann, Rudolf (Hg.): Sozialwissenschaftliches Jahrbuch für Politik, Band 2, München 1971, S. 119-326.
Kägi, Werner: Rechtsstaat und Demokratie. Antinomie und Synthese. In: Matz, Ulrich (Hg.): Grundprobleme der Demokratie, Darmstadt 1973, S. 107-146.
Kailitz, Steffen: Die „Republikaner" - Vergangenheit, Gegenwart, Zukunft. In: Backes, Uwe/Jesse, Eckhard (Hg.): Jahrbuch Extremismus & Demokratie, Band 13, Baden-Baden 2001, S. 139-153.
-: Die politische Deutungskultur im Spiegel des „Historikerstreits". What's right? What's left, Wiesbaden 2001.
-: Politischer Extremismus in der Bundesrepublik Deutschland. Eine Einführung, Wiesbaden 2004.
-: Rechtsextremismus in der Bundesrepublik Deutschland. Auf dem Weg zur „Volksfront"?, St. Augustin 2005.
Kalchreuter, Hermann: Die Mesotes bei und vor Aristoteles, Diss. phil., Tübingen 1911.
Kallis, Aristotle A. (Hg.): The Fascism Reader, London 2003.
Kapetanyannis, Vassilis: Neo-Fascism in Modern Greece. In: Cheles, Luciano/Fergusson, Ronnie/Vaughan, Michalina (Hg.): The Far Right in Western and Eastern Europe, London 1995, S. 129-144.
Kaplan, Robert D.: The Coming Anarchy, New York 1999.
Karl, Frank D.: Die K-Gruppen. Entwicklung - Ideologie - Programme, Bonn 1976.

Karsai, László: The radical right in Hungary. In: Ramet, Sabrina P. (Hg.): The Radical Right in Central and Eastern Europe since 1989, Pennsylvania 1999, S. 133-146.
Kassimeris, George: Europe's Last Terrorists. The Revolutionary Organization 17. November, London 2001.
Kellmann, Klaus: Pluralistischer Kommunismus? Wandlungstendenzen eurokommunistischer Parteien in Westeuropa und ihre Reaktion auf die Erneuerung in Polen, Stuttgart 1984.
–: Die kommunistischen Parteien in Westeuropa. Entwicklung zur Sozialdemokratie oder Sekte?, Stuttgart 1988.
Kepel, Gilles: Jihad. Expansion et déclin de l'islamisme, Paris 2001.
–: Das Schwarzbuch des Dschihad. Aufstieg und Niedergang des Islamismus, München 2002.
Kiefer, Michael: Antisemitismus in den islamischen Gesellschaften. Der Palästina-Konflikt und der Transfer eines Feindbildes, Düsseldorf 2002.
Kielmansegg, Peter Graf: Von der Notwendigkeit und den Schwierigkeiten streitbarer Demokratie. In: Schönbohm, Wulf (Hg.): Verfassungsfeinde als Beamte? Die Kontroverse um die streitbare Demokratie, München 1979, S. 39-68.
–: Ist streitbare Demokratie möglich? In: Schee, Walter (Hg.): Die andere deutsche Frage. Kultur und Gesellschaft der Bundesrepublik nach 30 Jahren, Stuttgart 1981, S. 93-104.
–: Die „Quadratur des Zirkels". Überlegungen zum Charakter der repräsentativen Demokratie. In: Matz, Ulrich (Hg.): Aktuelle Herausforderungen der repräsentativen Demokratie, Köln 1985, S. 9-41.
–: Fragestellungen der Politikwissenschaft. In: Politikwissenschaft. Eine Grundlegung, Band 1: Theorien und Systeme. Hg. von Klaus von Beyme, Ernst-Otto Czempiel, Peter Graf Kielmansegg und Peter Schmoock, Stuttgart u. a. 1987, S. 3-35.
–: Das Experiment der Freiheit. Zur gegenwärtigen Lage des demokratischen Verfassungsstaates, Stuttgart 1988.
–: Demokratie ist mehr als Volksherrschaft. In: Fack, Fritz Ulrich (Hg.): Das deutsche Modell. Freiheitlicher Rechtsstaat und Soziale Marktwirtschaft, München 1990, S. 56-62.
–: Rezensionsessay: Was ist politischer Extremismus? In: Backes, Uwe/Jesse, Eckhard (Hg.): Jahrbuch Extremismus & Demokratie, Band 2, Bonn 1990, S. 280-288.
Kienzler, Klaus: Der religiöse Fundamentalismus. Christentum – Judentum – Islam, München 1996.
Kimmel, Adolf (Hg.): Eurokommunismus. Die kommunistischen Parteien Frankreichs, Italiens, Spaniens und Portugals, Köln 1977.
Kitschelt, Herbert: Political Opportunity Structures and Political Protest: Anti-Nuclear Movements in Four Democracies. In: British Journal of Political Science, 16 (1986), S. 57-85.
–: Left-Libertarian Parties: Explaining Innovation in Competitive Party Systems. In: World Politics, 40 (1988), S. 194-234.
–: The Logics of Party Formation: Ecological Politics in Belgium and West Germany, Ithaca NY 1989.

–: The Radical Right in Western Europe. A Comparative Analysis, Ann Arbor, Michigan 1995.
–: Diversification and Reconfiguration of Party Systems in Postindustrial Democracies, Bonn 2003.
–: Politische Konfliktlinien in westlichen Demokratien: Ethnisch-kulturelle und wirtschaftliche Verteilungskonflikte. In: Loch, Dietmar/Heitmeyer, Wilhelm (Hg.): Schattenseiten der Globalisierung. Rechtsradikalismus, Rechtspopulismus und separatistischer Regionalismus in westlichen Demokratien, Frankfurt a. M. 2001, S. 418–442.
–/ McGann, Anthony: The Radical Right in Western Europe. A Comparative Analysis, Ann Arbor, Michigan 1995 und 1997.
–/ McGann, Anthony J.: Die Dynamik der schweizerischen Neuen Rechten in komparativer Perspektive: Die Alpenrepubliken in: Sciarini, Pascal/Hardmeyer, Sibylle/Vatter, Adrian (Hg.): Schweizer Wahlen 1999, Bern u. a. 2003, S. 183–216.
Klehr, Harvey/Haynes, John Earl/Firsov, Fridrikh Igorevich: The Secret World of American Communism, New Haven 1995.
Klein, Markus/Falter, Jürgen W.: Die dritte Welle rechtsextremer Wahlerfolge in der Bundesrepublik Deutschland. In: Rechtsextremismus. Ergebnisse und Perspektiven der Forschung. Hg. von Jürgen W. Falter, Hans-Gerd Jaschke und Jürgen R. Winkler, Opladen 1996, S. 288–312.
–/ Arzheimer, Kai: Ranking- und Rating-Verfahren zur Messung von Wertorientierungen, untersucht am Beispiel des Inglehart-Index. Ergebnisse eines Methodenexperimentes. In: Kölner Zeitschrift für Soziologie und Sozialpsychologie, 51 (1999), S. 742–749.
Klein, Naomi: No Logo! Der Kampf der Global Players um Marktmacht. Ein Spiel mit vielen Verlierern und wenigen Gewinnern, München 2002.
Kleineberg, Michael/Kaiser, Markus: „Eurasien" – Phantom oder reales Entwicklungsmodell für Russland? In: Universität Bielefeld. Fakultät für Soziologie. Forschungsschwerpunkt Entwicklungssoziologie – Working Paper, (2001) 338.
Klingemann, Hans-Dieter/Pappi, Franz-Urban: Politischer Radikalismus. Theoretische und methodische Probleme der Radikalismusforschung, dargestellt am Beispiel einer Studie anlässlich der Landtagswahl 1970 in Hessen, München 1972.
Kloke, Martin W.: Israel und die deutsche Linke. Zur Geschichte eines schwierigen Verhältnisses, 2. Auflage Frankfurt a. M. 1994.
–: Antizionismus und Antisemitismus als Weltanschauung? Tendenzen im deutschen Linksradikalismus und -extremismus. In: Extremismus in Deutschland. Erscheinungsformen und aktuelle Bestandsaufnahme. Hg. vom Bundesministerium des Innern, Berlin 2004, S. 163–196.
Klump, Andreas: Die fundamentalistische Herausforderung. Anmerkungen zum Spannungsfeld Demokratie und Extremismus, Fundamentalismus, Islamismus, unveröffentlichtes Manuskript, 2001.
–: Neuer politischer Extremismus? Eine politikwissenschaftliche Fallstudie am Beispiel der Scientology-Organisation, Baden-Baden 2003.
–: Freiheit den Feinden der Freiheit? Die Konzeption der streitbaren Demokratie in Deutschland – demokratietheoretische Grundlagen, Praxis, Kritik, Gegenkritik. In: Extremismus in Deutschland. Erscheinungsformen und aktuelle Bestandsaufnahme. Hg. vom Bundesministerium des Innern, Berlin 2004.

Knigge, Pia: The Ecological Correlates of Right-wing Extremism in Western Europe. In: European Journal of Political Research, 34 (1998), S. 249-279.
Knütter, Hans-Helmuth: Antifaschismus als innen- und außenpolitisches Kampfmittel, Bornheim 1991.
-/ Winckler, Stefan (Hg.): Handbuch des Linksextremismus. Die unterschätzte Gefahr, Graz 2002.
Kochanek, Hildegard: Die Ethnienlehre Lev N. Gumilevs. Zu den Anfängen neurechter Ideologie-Entwicklung im spätkommunistischen Russland. In: Osteuropa, 48 (1998), S. 1184-1197.
Koenen, Gerd/Hielscher, Karla (Hg.): Die schwarze Front. Der neue Antisemitismus in der Sowjetunion, Reinbek bei Hamburg 1991.
Kohn, Hans: Dostoevsky's Nationalism. In: Journal of the History of Ideas, 6 (1945) 4, S. 385-414.
Kolakowski, Leszek: Die Hauptströmungen des Marxismus, Band 3, 2. überarb. Auflage München 1981 (1979).
Koman, Alan J.: The Last Surge to the South. The New Enemies of Russia in the Rhetoric of Zhirinovsky. In: Studies in Conflict & Terrorism, 19 (1996), S. 279-327.
Kopecký, Petr/Mudde, Cas (Hg.): Uncivil Society? Contentious Politics in Post-Communist Europe, London 2002.
Korey, William: The Soviet Cage. Antisemitism in Russia, New York 1973.
Korsten, Josef: Rechtspopulismus und Neokonservatismus in den heutigen USA, Aachen 1985.
Koselleck, Reinhart: Vergangene Zukunft, Frankfurt a. M. 1979.
Kostelecký, Tomáš: Political Parties After Communism. Developments in East-Central Europe, Baltimore 2002.
Kostyrčenko, Gennadij V.: Tajnaja politika Stalina. Vlast' i antisemitizm, Moskau 2003.
Kowalsky, Wolfgang: Rechtsaußen ... und die verfehlten Strategien der deutschen Linken, Frankfurt a. M. 1992.
-/ Schroeder, Wolfgang: Rechtsextremismus – Begriff, Methode, Analyse. In: dies. (Hg.): Rechtsextremismus. Einführung und Forschungsbilanz, Opladen 1994, S. 7-22.
Krämer, Gudrun: Gottes Staat als Republik. Reflexionen zeitgenössischer Muslime zu Islam, Menschenrechten und Demokratie, Baden-Baden 1999.
Krämer, Hans Joachim: Arete bei Platon und Aristoteles. Zum Wesen und zur Geschichte der platonischen Ontologie, Heidelberg 1959.
Krause, Ellen: Nationalismus oder demokratischer Neubeginn. Nationale Identität und postkommunistischer Transformationsprozess am Beispiel Ungarns, Neuried 1997.
Kraushaar, Wolfgang: Extremismus der Mitte. Zur Geschichte einer soziologischen und sozialen Interpretationsfigur. In: Lohmann, Hans-Martin (Hg.): Extremismus der Mitte. Vom rechten Verständnis deutscher Nation, Frankfurt a. M. 1994, S. 23-50.
Kreidl, Martin/Vlachová, Klára: Rise and Decline of Right-Wing Extremism in the Czech Republic in the 1990s, Prag 1999.
Kreitmer, Klaus: Allahs deutsche Kinder. Muslime zwischen Fundamentalismus und Integration, München 2002.

Krejci, Jaroslaw: Introduction: concepts of right and left. In: Cheles, Luciano/Ferguson, Ronnie/Vaughan, Michalina (Hg.): Neo-Fascism in Europe, Burnt Mill 1991, S. 1-18.
Krieger, Joel (Hg.): The Oxford Comparison to Politics of the World, Oxford 1993.
Kriesi, Hanspeter: New Social Movements in Western Europe: A Comparative Analysis, London 1995.
Kroll, Frank-Lothar: Utopie als Ideologie. Geschichtsdenken und politisches Handeln im Dritten Reich, 2. Auflage Paderborn 1999.
Krotow, Nikolaj/Luchterhandt, Galina: Zwischen „Patriotismus" und „Sozialdemokratie". Der Kommunist Gennadij Sjuganow. In: Osteuropa, 44 (1994), S. 855-861.
Krug, Wilhelm Traugott: Das Repräsentativsystem. Oder Ursprung und Geist der stellvertretenden Verfassungen, mit besonderer Hinsicht auf Deutschland und Sachsen (1816). In: ders., Gesammelte Schriften, Band 3, 2. Abtheilung, Band 1, S. 277-319.
–: Allgemeines Handwörterbuch der philosophischen Wissenschaften nebst ihrer Literatur und Geschichte, 4. Band: St bis Z, Leipzig 1829.
–: Allgemeines Handwörterbuch der philosophischen Wissenschaften nebst ihrer Literatur und Geschichte, Band 5 als Supplement. Erste Abtheilung, Leipzig 1838.
–: Urceus, Meine Lebensreise. In sechs Stazionen, Leipzig 1825.
–: Die Staatswissenschaft im Restaurazionsprozesse der Herren v. Haller, Adam Müller und Konsorten betrachtet (1817). In: ders., Gesammelte Schriften, 2. Abtheilung, Band 1, Braunschweig 1834, S. 321-392.
–: Geschichtliche Darstellung des Liberalismus alter und neuer Zeit. Ein historisch-politischer Versuch (1823). In: ders., Gesammelte Schriften, Band 4, 2. Abtheilung: Politische und juridische Schriften, Band 2, Braunschweig 1834, S. 323-404.
–: Der falsche Liberalismus unsrer Zeit. Ein Beitrag zur Geschichte des Liberalismus und eine Mahnung für künftige Volksvertreter (1832). In: ders., Gesammelte Schriften, Band 5, 2. Abtheilung: Politische und juridische Schriften, Band 3, Braunschweig 1835, S. 331-384.
–: Der Kampf zwischen Konservativen und Destruktiven und das europäische Ober-Studien-Direktorium. Auch ein Versuch, das Politisch-Böse unsrer Zeit auszurotten (1835). In: ders., Gesammelte Schriften, 2. Abtheilung: Politische und juridische Schriften, Band 4, Braunschweig 1836, S. 193-230.
–: Dikäopolitik oder neue Restaurazion der Staatswissenschaft mittels Rechtsgesetzen (1824). In: ders., Gesammelte Werke, Band 6, 2. Abtheilung, Band 4, Braunschweig 1836, S. 282-565.
–: Krug's Lebensreise in sechs Stationen, von ihm selbst beschrieben, nebst Franz Volkmar Reinhard's Briefen an den Verfasser, Leipzig 1842.
Krzemiński, Adam: Polen – der trojanische Esel Amerikas? Polen zwischen deutscher Dominanz und französischer Obsession. In: Merkur, 57 (2003), S. 1067-1072.
Kühnl, Reinhard/Rilling, Rainer/Sager, Christine: Die NPD. Struktur, Ideologie und Funktion einer neofaschistischen Partei, 2. Auflage Frankfurt a. M. 1969.

Kutscha, Martin/Paech, Norman (Hg.): Im Staat der „Inneren Sicherheit". Polizei, Verfassungsschutz, Geheimdienste, Datenkontrolle im Betrieb. Beiträge und Dokumente, Frankfurt a. M. 1981.

Kuzio, Taras: Radical Nationalist Parties and Movements in Contemporary Ukraine before and after Independence. The Right and its Politics 1989-1994. In: Nationalities Papers, 25 (1997), S. 211-242.

Lafontaine, Oskar: Das Herz schlägt links, Berlin 2000.

-: Die Wut wächst, München 2003.

Laiz, Consuelo: La lucha final. Los partidos de la izquierda radical durante la transición española, Madrid 1995.

Lalli, Roberto Philipp: Lega Nord, Forza Italia und Movimento Sociale Italiano - Alleanza nazionale: Eine Instrumentelle Koalition ohne programmatisch-ideologische Kongruenz?, Mannheim 1998.

Lang, Jürgen P.: Ist die PDS eine demokratische Partei? Eine extremismustheoretische Untersuchung, Baden-Baden 2003.

Lang, Kai-Olaf: Systemtransformation in Ostmitteleuropa: Eine erste Erfolgsbilanz. In: APuZG, B 15/2001, S. 13-21.

Langguth, Gerd: Protestbewegung. Entwicklung, Niedergang, Renaissance. Die Neue Linke seit 1968, Köln 1983.

-: Mythos '68. Die Gewaltphilosophie von Rudi Dutschke - Ursachen und Folgen der Studentenbewegung, München 2001.

Langthaler, Wilhelm/Pirker, Werner: Ami go home. Zwölf gute Gründe für einen Antiamerikanismus, Wien 2003.

Laqueur, Walter: Terrorismus, Kronberg 1977.

-: Black Hundred. The Rise of the Extreme Right in Russia, New York 1993.

-: Postmodern Terrorism: New Rules For An Old Game In: Foreign Affairs, 75 (1996) 5, S. 24-36.

-: Faschismus. Gestern - heute - morgen, Berlin 1997.

-: The New Terrorism. Fanaticism, and the Arms of Mass Destruction, New York 1999.

-: No End To War. Terrorism in the Twenty-First Century, New York 2003.

- (Hg.): Voices of Terror. Manifestos, writings, and manuals of Al-Qaeda, Hamas and other terrorists from around the world and throughout the ages, New York 2004.

Laruelle, Marlène: L'idéologie eurasiste russe ou comment penser l'empire, Paris 1999.

-: Pereosmyslenie imperii v postsovetskom prostranstve. Novaja evrazijskaja ideologija. In: Vestnik Evrazii - Acta Eurasica, (2000) 1(8), S. 5-18.

-: Kogda prisvaivaetsja intellektual'naja sobstvennost', ili O protivopoložnosti L.N. Gumilëva i P.N. Savickogo. In: Vestnik Evrazii - Acta Eurasica, (2001) 4(15), S. 5-19.

-: Ideologija russkogo evrazijstva ili mysli o veličii imperii, Moskau 2004.

-: The Two Faces of Contemporary Eurasianism. An Imperial Version of Russian Nationalism. In: Nationalities Papers, 32 (2004) 1, S. 116-136.

Laufer, Heinz: Die Widersprüche im freiheitlichen demokratischen System oder Die Demokratie als eine coincidentia oppositorum. In: Reinisch, Leonart (Hg.): Freiheit & Gleichheit oder Die Quadratur des Kreises, München 1974, S. 15-26.

Lavabre, Marie-Claire/Platone, François: Que reste-t-il du PCF?, Paris 2003.

Lebedeva, Katja/Lehnert, Hans-Jürgen: Neoslawophile contra Westler. Neue alte Polarisierungen in der russischen Kultur. In: Berliner Debatte. Initial, (1992) 6, S. 11-16.

Lechner, Frank/Boli, John: The Globalization Reader, Malden 2004.

Leetz, Georg: Abram Petrovič Gannibal, Tallin 1984; H.K. Teletova, The Gannibals – Ancestors of Pushkin, Leningrad 1978.

Leggewie, Claus: Die Republikaner. Ein Phantom nimmt Gestalt an, Berlin 1990.

–: Bewegungslinke schlägt Regierungslinke? Das politische Dilemma der Globalisierungskritik. In: Blätter für deutsche und internationale Politik, 47 (2002), S. 1055-1064.

–: Die Globalisierung und ihre Gegner, München 2003.

–/ Meier, Horst: Republikschutz. Maßstäbe für die Verteidigung der Demokratie. Mit zwei Exkursen von Alexander Molter und Wolfgang Stenke, Reinbek bei Hamburg 1995.

–/ Meier, Horst (Hg.): Verbot der NPD oder Mit Rechtsradikalen leben? Die Positionen, Frankfurt a. M. 2002.

Leonhard, Wolfgang: Die Dreispaltung des Marxismus. Ursprung und Entwicklung des Sowjetmarxismus, Maoismus und Reformkommunismus, Düsseldorf 1970.

Leoussi, Athena S. (Hg.): Encyclopedia of Nationalism, New Brunswick 2001.

Lepszy, Norbert: Die Republikaner im Abwind, St. Augustin 1994.

Lewis, Bernard: „Treibt sie ins Meer". Die Geschichte des Antisemitismus, Frankfurt a. M. 1987.

–: What Went Wrong? In: The Atlantic Monthly, 289 (2002) 1, S. 43-45.

–: Die Wut der arabischen Welt. Warum der jahrhundertelange Konflikt zwischen dem Islam und dem Westen weiter eskaliert, Frankfurt a. M. 2004.

Lewis, Paul (Hg.): Party Development and Democratic Change in Post-Communist Europe. The First Decade, London 2001.

Lewy, Guenter: The Cause that Failed. Communism in American Political Life, New York 1990.

Lichačëv, Vjačeslav: Nacizm v Rossii, Moskau 2002.

–/Pribylovskij, Vladimir (Hg.): Russkoe Nacional'noe Edinstvo. Istorija, politika, ideologija. Informacionnyj paket, Moskau 1997.

Linehan, Thomas: British Fascism 1918-39. Parties, Ideology and Culture, Manchester 2000.

Linke, Annette: Der Multimillionär Frey und die DVU. Daten, Fakten, Hintergründe, Essen 1994.

Linz, Juan L.: Totalitäre und autoritäre Regime, Berlin 2000.

Lipset, Seymour Martin: Der „Faschismus", die Linke, die Rechte und die Mitte (1959). In: Nolte, Ernst (Hg.): Theorien über den Faschismus, Königstein i. Ts. 1984, S. 449-491.

–: Political Man. The Social Bases of Politics, Garden City 1960.

–/ Raab, Earl: The Politics of Unreason. Right-wing Extremism in America, 1790-1970, New York 1970.

–/ Rokkan, Stein: Cleavage Structures, Party systems, and Voter alignments: an Introduction. In: dies. (Hg.): Party Systems and Voter Alignments: Cross-national Perspectives, New York 1967, S. 1-67.

Lisovskaya, Elena/Karpov, Vyacheslav: New Ideologies in Postcommunist Russian Textbooks. In: Comparative Education Review, 43 (1999), S. 522-543.

Lloyd, John: The Protest Ethic: How the Anti-Globalisation Movement Challenges Social Democracy, London 2001.
Loch, Dietmar: Die radikale Rechte in den westlichen Demokratien: „Geschlossen" gegen die „offene Gesellschaft". In: ders./Heitmeyer, Wilhelm (Hg.): Schattenseiten der Globalisierung. Rechtsradikalismus, Rechtspopulismus und separatistischer Regionalismus in westlichen Demokratien, Frankfurt a. M. 2001, S. 463-496.
Loewenstein, Karl: Militant Democracy and Fundamental Rights (I+II). In: American Political Science Review, 31 (1937).
–: Verfassungsrecht und Verfassungspraxis der Vereinigten Staaten, Berlin (West) 1959.
–: Verfassungslehre, 2. Auflage Tübingen 1969.
Loh, Werner/Wippermann, Wolfgang (Hg.): „Faschismus" kontrovers, Stuttgart 2002.
Lorenz, Einhart: Rechtspopulismus in Norwegen: Carl Ivar Hagen und die Fortschrittspartei. In: Werz, Nikolaus (Hg.): Populismus. Populisten in Übersee und Europa, Opladen 2003, S. 195-207.
Lösche, Peter: Anarchismus, Darmstadt 1977.
Löw, Konrad: Für Menschen mit kurzem Gedächtnis. Das Rostocker Manifest der PDS, Köln 1998.
Lübbe, Hermann: Heilsmythen nach der Aufklärung. Geschichtsphilosophie als Selbstermächtigungsideologie. In: Taubes, Jacob (Hg.): Religionstheorie und Politische Theologie, Band 3: Theokratie, München 1987, S. 279-292.
Lübben, Ivesa: Die Muslimbrüder. Eine islamische Sozialbewegung. In: Inamo, 31 (2002) Herbst, S. 9-13.
Lubbers, Marcel/Gijsberts, Mérove/Scheepers, Peer: Extreme Right-Wing Voting in Western Europe. In: European Journal of Political Research, 41 (2002), S. 345-378.
Lucardie, A.P.M.: The extreme right in the Netherlands. The centrists and their radical rivals. In: European Journal of Political Research, 22 (1992) 1, S. 35-54.
Lucke, Albrecht von: Der hilflose Antipopulismus. In: Blätter für deutsche und internationale Politik, 47 (2002), S. 775-779.
–: Die Macht der Geschichte. Was APO und Attac wirklich trennt. In: Vorgänge, 42 (2003) 4, S. 59-64.
Lücke, Hanna: „Islamischer Fundamentalismus" – Rückfall ins Mittelalter oder Wegbereiter der Moderne? Die Stellungnahme der Forschung, Berlin 1993.
–: Gibt es christlichen und islamischen Fundamentalismus? In: Klinkhammer, Gritt M. (Hg.): Kritik an Religionen. Religionswissenschaft und der kritische Umgang mit Religionen, Marburg 1997.
Lüdecke, Bernd: Rechtspopulismus am Beispiel der „Republikaner", unveröffentl. Diss., Hannover 1993.
Luks, Leonid: Entstehung der kommunistischen Faschismustheorie – Die Auseinandersetzung der Komintern mit Faschismus und Nationalsozialismus 1921-1935, Stuttgart 1985.
–: Die Ideologie der Eurasier im zeitgeschichtlichen Zusammenhang. In: Jahrbücher für Geschichte Osteuropas, 34 (1986), S. 374-395.
–: Evrazijstvo. In: Voprosy filosofii, (1993) 6, S. 105-114.

- (Hg.): Der Spätstalinismus und die „jüdische Frage": Zur antisemitischen Wendung des Kommunismus, Köln 1998.
-: Der „Dritte Weg" der „neo-eurasischen" Zeitschrift „Çlementy" - zurück ins Dritte Reich? In: Studies in East European Thought, 52 (2000) 1-2, S. 49-71.
-: „Tretij put'", ili Nazad v Tretij rejch? In: Voprosy filosofii, (2000) 5, S. 33-44.
-: Tretij Rim? Tretij Rejch? Tretij put'? Istoričeskie očerki o Rossii, Germanii i Zapade, Moskau 2002.
-: Eurasien aus neototalitärer Sicht. Zur Renaissance einer Ideologie im heutigen Russland. In: Totalitarismus und Demokratie, 1 (2004), S. 63-76.
Lustiger, Arno: Rotbuch. Stalin und die Juden. Die tragische Geschichte des Jüdischen Antifaschistischen Komitees und der sowjetischen Juden, Berlin 1998.
Lynen von Berg, Heinz/Tschiche, Hans-Jochen (Hg.): NPD - Herausforderung für die Demokratie?, Berlin 2002.
MacClancy, Jeremy: The Decline of Carlism, Reno 2000.
Maier, Jürgen/Maier, Michaela/Rattinger, Hans: Methoden der sozialwissenschaftlichen Datenanalyse, München 2000.
Mandt, Hella: Art. „Tyrannis, Despotie". In: Brunner, Otto/Conze, Werner/Koselleck, Reinhart (Hg.): Geschichtliche Grundbegriffe. Historisches Lexikon zur politisch-sozialen Sprache in Deutschland, Band 6, Stuttgart 1990, S. 651-706.
-: Das klassische Verständnis: Tyrannis und Despotie. In: Maier, Hans (Hg.): Totalitarismus und Politische Religionen. Konzepte des Diktaturvergleichs, Band III: Deutungsgeschichte und Theorie, Paderborn 2003, S. 29-106.
Mannheim, Karl: Diagnose unserer Zeit. Gedanken eines Soziologen (1941), Zürich 1951.
Mantino, Susanne: Die „Neue Rechte" in der „Grauzone" zwischen Rechtsextremismus und Konservatismus. Eine systematische Analyse des Phänomens „Neue Rechte", Frankfurt a. M. 1992.
March, Luke: For Victory? The Crisis and Dilemmas of the Communist Party of the Russian Federation. In: Europe-Asia Studies, 53 (2001) 2, S. 263-290.
-: The Communist Party in Post-Soviet Russia, Manchester 2002.
-/ Mudde, Cas: What's left of the radical left? The European radical left since 1989: decline *and* mutation. In: Comparative European Politics, 3 (2005) 2, S. 23-49.
Mareš, Miroslav: Slovanství a politický extremismus v České republice. Středoevropské politické studie, 1 (1999), S. 24-25.
-: Pravicový extremismus a radikalismus v ČR, Brno 2003.
-: Politischer Extremismus in Tschechien und in Deutschland im Vergleich. In: Freiheit und Recht, (2005) (i.E.).
Marsden, Peter: The Taliban. War and Religion in Afghanistan, London 2001.
Martin, Alfred von: Weltanschauliche Motive im altkonservativen Denken. In: Kaltenbrunner, Gerd-Klaus (Hg.): Konservatismus in Europa, Freiburg i. Brsg. 1972, S. 139-180.
Marty, Martin E./Appleby, R. Scott: Herausforderung Fundamentalismus. Radikale Christen, Moslems und Juden im Kampf gegen die Moderne, Frankfurt a. M. 1996.
Mašhūr, Mustafā: at-tayyār al-islāmī wa-dawruhu fī l-binā', Kairo o. J.
Massarrat, Mohssen: Der 11. September. Neues Feindbild Islam? In: APuZG, B 51/2001, S. 3-6.

Massiver ideologischer Streit zum Nahost-Konflikt unter Linksextremisten. In: Extremismus in Deutschland. Erscheinungsformen und aktuelle Bestandsaufnahme. Hg. vom Bundesministerium des Innern, Berlin 2004, S. 197-210.

Mathyl, Markus: Das Entstehen einer nationalistischen Gegenkultur im Nachperestroika-Russland. In: Benz, Wolfgang (Hg.): Jahrbuch für Antisemitismusforschung, Band 9, Frankfurt a. M. 2000, S. 68-107.

-: Hammer und Sichel in der Fahne Hitlers. In: Roth, Roland/Rucht, Dieter (Hg.): Jugendkulturen, Politik und Protest. Vom Widerstand zum Kommerz, Opladen 2000, S. 211-237.

-: Alexander Dugin and the National-Bolshevik Party. Between the Search for a "Russian Socialism" and International Fascism. Vortrag gehalten auf der 33. Jahrestagung der American Association for the Advancement of Slavic Studies, Arlington, Virginia, 15.-18. November 2001.

-: Der „unaufhaltsame Aufstieg" des Aleksandr Dugin. Neo-Nationalbolschewismus und Neue Rechte in Russland. In: Osteuropa, 52 (2002), S. 885-900.

-: Die Konstruktion eines Feindes. Antisemitismus und Antiamerikanismus in Aleksandr Dugins Neo-Nationalbolschewismus. Vortrag gehalten auf der Jahrestagung der Deutschen Gesellschaft für Osteuropakunde e. V. „Vorurteile als politische Barrieren", Göttingen, 7.-8. März 2002.

-: Grenzenloses Eurasien. In: Jungle World, (2002) 45.

-: Helden-Krieger; Andrei Rogachevskii, Biographical and Critical Study of Russian Writer Eduard Limonov, Studies in Slavic Language and Literature 20, Lewiston, Maine 2003.

-: The National-Bolshevik Party and Arctogaia. Two Neo-Fascist Groupuscules in the Post-Soviet Political Space. In: Griffin, Roger D./Feldman, Matthew (Hg.): Fascism. Volume V: Post-war Fascisms (Critical Concepts in Political Science), London 2004, S. 185-200.

Matzerath, Josef: Aspekte sächsischer Landtagsgeschichte. Hg. vom Sächsischen Landtag, Dresden 1998.

Mauss, Marcel: Fascisme et bolchevisme. Réflexions sur la violence. In: ders.: Écrits politiques, textes réunis et présentés par Marcel Fournier, Paris 1997, S. 509-513.

Mayer, Stefan: Zehn Jahre Deutsche Volksunion als politische Partei. In: Backes, Uwe/Jesse, Eckhard (Hg.): Jahrbuch Extremismus & Demokratie, Band 10, Baden-Baden 1998, S. 184-198.

-: Biographisches Porträt: Gerhard Michael Frey. In: Backes, Uwe/Jesse, Eckhard (Hg.): Jahrbuch Extremismus & Demokratie, Band 14, Baden-Baden 2002.

Mazel, Michal: Oponenti systému. Přehled radikálních a extremistických organizací v České republice. In: Fiala: Petr (Hg.): Politický extremismus a radikalismus v České republice, Brno 1998, S. 140-141.

McFaul, Michael: The Russian Presidential Elections of 1996. The End of Polarized Politics, Stanford 1997.

McMillian, John/Buhle, Paul (Hg.): The New Left Revisited. Critical Perspectives on the Past, Philadelphia Penn. 2003.

Medeb, Abdelwahab: Die Krankheit des Islam, Heidelberg 2002.

Mehnert, Klaus: Stalin versus Marx. The Stalinist Historical Doctrine, London 1952.

Meier, Andreas: Der politische Auftrag des Islam. Programme und Kritik zwischen Fundamentalismus und Reformen. Originalstimmen aus der islamischen Welt, Wuppertal 1994.
Meier, Horst: Parteiverbote und demokratische Republik. Verfassungspolitische Perspektiven eines radikalen Pluralismus. In: Merkur, 43 (1989), S. 719-723.
Melling, Philip H.: Fundamentalism in America. Millenialism, Identity and Militant Religion, Edinburgh 1999.
Menhorn, Christian: Skinheads: Portrait einer Subkultur, Baden-Baden 2001.
Mény, Yves/Surel, Yves: Par le peuple, pour le peuple. Les populisme et les démocraties, Paris 2000.
Merkel, Wolfgang: Rechtsextremismus in Italien. In: Falter, Jürgen W./Jaschke, Hans-Gerd/Winkler, Jürgen R. (Hg.): Rechtsextremismus. Ergebnisse und Perspektiven der Forschung, = PVS-Sonderheft 27, Opladen 1996, S. 406-422.
-: Systemtransformation, Opladen 1999.
-: Defekte Demokratie, Band 1: Theorie, Opladen 2003.
Merkl, Peter H.: Stronger than Ever. In: ders./Weinberg, Leonard (Hg.): Right-Wing Extremism in the Twenty-First Century, London 2003, S. 23-46.
-/Weinberg, Leonard (Hg.): Right-Wing Extremism in the Twenty-First Century, London 2003.
Mertes, Michael: Schein und Sein. Das Schlagwort vom deutschen Antiamerikanismus. In: Internationale Politik, 59 (2004) 2, S. 78-84.
Messmer, Matthias: Sowjetischer und postkommunistischer Antisemitismus. Entwicklungen in Russland, der Ukraine und Litauen, Konstanz 1997.
Metzger, Albrecht: Der Himmel ist für Gott, der Staat für uns. Islamismus zwischen Gewalt und Demokratie, Göttingen 2000.
-: Die vielen Gesichter des Islamismus. In: APuZG, B 3-4/2002, S. 7-15.
Metzger, Hanna-Ruth: Rechtsintellektuelle Offensive. Diskursstrategische Einflüsse auf die politische Kultur der Bundesrepublik Deutschland, Münster 2004.
Mey, Alexandra: Russische Schriftsteller und Nationalismus 1986-1995. Vladimir Solouchin, Valentin Rasputin, Aleksandr Prochanov, Èduard Limonov, Bochum 2004.
Meyer, David S./Minkoff, Debra C.: Conceptualizing Political Opportunity. In: Social Forces, 82 (2004), S. 1457-1492.
Meyer, Thomas: Fundamentalismus. Aufstand gegen die Moderne, Reinbek 1989.
-: Fundamentalismus. In: Nohlen, Dieter/Schultze, Rainer-Olaf (Hg.): Lexikon der Politik, Band 1: Politische Theorien, München 1995.
Michael, George: Confronting Right-Wing Extremism and Terrorism in den USA, London 2003.
Milton-Edwards, Beverly: Islamic Fundamentalism since 1945, London 2005.
Minkenberg, Michael: Review of Kitschelt, The Radical Right in Western Europe. In: Journal of Politics, 59 (1997), S. 624- 627.
-: Die neue radikale Rechte im Vergleich. USA, Frankreich, Deutschland, Opladen/Wiesbaden 1998.
-: Die radikale Rechte in den Transformationsgesellschaften Mittel- und Osteuropas. Konzepte, Konturen, Kontexte. In: Zeitschrift für Parlamentsfragen, 33 (2002), S. 305-322.
-: The New Radical Right in the Political Process: Interaction Effects in France and Germany. In: Schain, Martin/Zolberg, Aristide/Hossay, Patrick (Hg.): Shadows

over Europe: The Development and the Impact of the Extreme Right in Western Europe, New York 2002, S. 245-268.
-: Die Christliche Rechte und die amerikanische Politik von der ersten bis zur zweiten Bush-Administration. In: APuZG, B 46/2003, S. 23-32.
Mitrochin, Nikolaj: Russkaja partija. Dviženie russkich nacionalistov v SSSR, 1953-1985 gody, Moskau 2003.
Mohler, Armin: Die Konservative Revolution in Deutschland 1918-1932. Grundriss ihrer Weltanschauungen, Stuttgart 1950.
Molitor, Ute: Wählen Frauen anders? Zur Soziologie eines frauenspezifischen politischen Verhaltens in der Bundesrepublik Deutschland, Baden-Baden 1992.
Möll, Marc-Pierre: Gesellschaft und totalitäre Ordnung. Eine theoriegeschichtliche Auseinandersetzung mit dem Totalitarismus, Baden-Baden 1998.
Moltmann, Günter: Deutscher Anti-Amerikanismus heute und früher. In: Otmar, Franz (Hg.): Vom Sinn der Geschichte, Stuttgart 1976, S. 85-105.
Mommsen, Margareta (Hg.): Nationalismus in Osteuropa - Gefahrvolle Wege in die Demokratie, München 1992.
Monaghan, Rachel: Animal rights and violent protest. In: Terrorism and Political Violence, 9 (1997) 4, S. 106-116.
Mondry, Henrietta: "Political Philology". Nationalism in the Russian Literary Press (1993-1996). In: Tikhomirov, Vladimir (Hg.): In Search of Identity. Five Years Since the Fall of the Soviet Union, Melbourne 1996, S. 133-142.
Moraß, Michael/Reischenböck, Helmut: Parteien und Populismus in Österreich. In: Pelinka, Anton (Hg.): Populismus in Österreich, Wien 1987, S. 36-59.
Moreau, Patrick: Nationalsozialismus von links. Die „Kampfgemeinschaft Revolutionärer Nationalsozialisten" und die „Schwarze Front" Otto Strassers 1930-1935, Stuttgart 1984.
-: Les partis communistes et postcommunistes en Europe occidentale, Paris 1995.
-: Le Freiheitliche Partei Österreichs. Parti national-libéral ou pulsion austro-fasciste? In: Pouvoirs, 87 (1998), S. 61-82.
-: Les partis communistes et postcommunistes en Europe occidentale, Paris 1999.
-: Organisation, Programmatik und Wählerschaft der FPÖ. In: Backes, Uwe/Jesse, Eckhard (Hg.): Jahrbuch Extremismus & Demokratie, Band 12, Baden-Baden 2000, S. 73-92.
-: „Die Welt ist keine Ware" - Aspekte der Bewegung der Globalisierungskritiker am Beispiel von „Attac" Frankreich und Deutschland. In: Backes, Uwe/Jesse, Eckhard (Hg.): Jahrbuch Extremismus & Demokratie, Band 14, Baden-Baden 2002, S. 134-154.
-: Die kommunistischen und postkommunistischen Parteien Westeuropas: ein unaufhaltsamer Niedergang? In: Totalitarismus und Demokratie, 1 (2004), S. 35-62.
-/ Courtois, Stéphane/Hirscher, Gerhard: Einleitung. In: Moreau, Patrick u. a. (Hg.): Der Kommunismus in Westeuropa. Niedergang oder Mutation?, Landsberg 1998, S. 15-21.
-/ Lang, Jürgen P.: Linksextremismus. Eine unterschätzte Gefahr, Bonn 1996.
-/ Lazar, Marc/Hirscher, Gerhard (Hg.): Der Kommunismus in Westeuropa. Niedergang oder Mutation?, Landsberg am Lech 1998.
-/ Schorpp-Grabiak, Rita: „Man muss so radikal sein wie die Wirklichkeit". Die PDS - Eine Bestandsaufnahme, Baden-Baden 2002.

Moretti, Mario/Mosca, Carla/Rossanda, Rossana: Brigate Rosse. Eine italienische Geschichte, Hamburg 2001.
Morrow, Duncan: Jörg Haider and the new FPÖ: beyond the democratic pale? In: Hainsworth, Paul (Hg.): The Politics of the Extreme Right. From the Margins to the Mainstream, London 2000, S. 33-63.
Mosse, George L. (Hg.): Interpretations of Fascism, London 1979.
Motyl, Alexander: Vladimir Zhirinovsky. A Man of His Times. In: The Harriman Review, 7 (1994) 7-9, S. 11-18.
Mousseau, Michael: Market Civilization and its Clash with Terror. In: International Security, 27 (2002) 3, S. 5-29.
Mudde, Cas: The paradox of the Anti-party Party: Insights from the Extreme Right. In: Party Politics, 2 (1996), S. 265-276.
–: The Single-Issue Party Thesis: Extreme Right Parties and the Immigration Issue. In: West European Politics, 22 (1999), S. 182-197.
–: Extreme-right Parties in Eastern Europe. In: Patterns of Prejudice, 34 (2000), S. 5-27.
–: In the Name of the Peasantry, the Proletariat, and the People: Populism in Eastern Europe. In: Mény, Yves/Surel, Yves (Hg.): Democracies and the Populist Challenge, Basingstoke 2002, S. 214-232.
–: The ideology of the extreme right, Manchester 2002.
–: The pink populist: Pim Fortuyn for beginners, unveröffentlichtes Manuskript, 2002.
–: Warum ist der Rechtsradikalismus in Osteuropa so schwach? In: Osteuropa, 52 (2002), S. 626-630.
–: Globalisation and the Extreme Right Backlash, Antwerpen 2003.
–: The Populist Zeitgeist. In: Government & Opposition, 39 (2004) 3, S. 541-563.
– (Hg.): Racist Extremism in Central and Eastern Europe, London 2005.
–: Liberal Democracies and the Extremist Challenges of the Early 21st Century, unveröffentlichtes Manuskript, 2003.
–: Populist Nativist Parties in Contemporary Europe, Cambridge, erscheint 2006.
–/ Holsteyn, Joop Van: The Netherlands: explaining the limited success of the extreme right. In: Hainsworth, Paul (Hg.): The Politics of the Extreme Right. From the Margins to the Mainstream, London 2000, S. 144-171.
–/ Kopecky, Petr (Hg.): Uncivil Society? Contentious Politics in Post-Communist Europe, London 2002.
Mühlberger, Detlef: The Social Bases of Nazism 1919-1933, Cambridge 2003.
Müller, Herbert L.: Vom religiösen Antijudaismus zum Antisemitismus. Zur Verschränkung von religiösen (Abgrenzungs-)Traditionen und politischer Ideologie in der islamistischen Bewegung. In: Thiel, Marie-Jo (Hg.): Europe, spiritualités et culture face au racisme, Paris 2004, S. 237-266.
Müller-Rommel, Ferdinand: Die Neuen von den Rändern her: Herausforderung der europäischen Parteiensysteme? In: ZParl, 30 (1999), S. 424-433.
–/ Poguntke, Thomas (Hg.): Green Parties in National Governments, London 2002.
Mulloy, Darren J.: American Extremism. History, Politics and the Militia Movement, London 2004.
Münch-Heubner, Peter L.: Islamismus, Neo-Fundamentalismus und Panislamismus: Geschichte, theoretische und ideologische Grundlagen. In: Meier-Walser, Rein-

hard C./Glagow, Rainer (Hg.): Die islamische Herausforderung – eine kritische Bestandsaufnahme von Konfliktpotenzialen, München 2001, S. 21-36.

Mungiu-Pippidi, Alina: Milosevic Voters. Explaining Grassroots Nationalism in Post-Communist Europe. In: Mungiu-Pippidi, Alina/Krastev, Ivan: Nationalism after Communism. Lessons Learned, Budapest 2004.

Murphy, John F. Jr.: Sword of Islam. Muslim Extremism from the Arab Conquests to the Attack on America, New York 2002.

Murswieck, Dietrich: Der Verfassungsschutzbericht – das scharfe Schwert der streitbaren Demokratie. Zur Problematik der Verdachtberichterstattung. In: Neue Zeitschrift für Verwaltungsrecht, 23 (2004).

Naarden, Bruno: "I am a genius, but no more than that." Lev Gumilev (1912-1992), Ethnogenesis, the Russian Past and World History. In: Jahrbücher für Geschichte Osteuropas, 44 (1996), S. 54-82.

Naipaul, Vidiadhar S.: Eine islamische Reise. Unter den Gläubigen, München 2001.

Nardis, Fabio De: Cittadini globali: origini e identità dei nuovi movimenti, Roma 2003.

National Commission on Terrorist Attacks upon the United States (Hg.): The 9/11 Commission Report, New York 2004.

Neu, Viola: Die PDS – Störfaktor oder Herausforderung im Demokratisierungsprozess? In: Eichholzbrief. Zeitschrift zur politischen Bildung, 4/1996, S. 28-36.

–: Am Ende der Hoffnung: Die PDS im Westen, St. Augustin 2000.

–: Die PDS: Eine populistische Partei? In: Werz, Nikolaus (Hg.): Populismus. Populisten in Übersee und Europa, Opladen 2003, S. 263-277.

–: Das Janusgesicht der PDS. Wähler und Partei zwischen Demokratie und Extremismus, Baden-Baden 2004.

–/Zelle, Carsten: Der Protest von Rechts. Kurzanalyse zu den jüngsten Wahlerfolgen der extremen Rechten, Interne Studien, Nr. 34/1992. Hg. von der Konrad-Adenauer-Stiftung, Bereich Forschung und Beratung, Sankt Augustin 1992.

Neugebauer, Gero/Stöss, Richard: Die PDS. Geschichte, Organisation, Wähler, Konkurrenten, Opladen 1996.

–: Extremismus – Rechtsextremismus – Linksextremismus: Einige Anmerkungen zu Begriffen, Forschungskonzepten, Forschungsfragen und Forschungsergebnissen. In: Schubarth, Wilfried/Stöss, Richard (Hg.): Rechtsextremismus in der Bundesrepublik Deutschland. Eine Bilanz, Bonn 2000, S. 13-27.

Neulen, Hans Werner: Eurofaschismus und der Zweite Weltkrieg. Europas verratene Söhne, München 1980.

Neumann, Franz: Anarchismus. In: ders. (Hg.): Handbuch politischer Theorien und Ideologien, Reinbek bei Hamburg 1983, S. 222-294.

Nicolas Werth, Ein Staat gegen sein Volk. Das Schwarzbuch des Kommunismus – Sowjetunion, München/Zürich 2005.

Niedermeyer, Oskar: Parteiensystem. In: Jesse, Eckhard/Sturm, Roland (Hg.): Demokratien des 21. Jahrhunderts im Vergleich. Historische Zugänge, Gegenwartspläne, Reformperspektiven, Opladen 2003, S. 261-288.

–/Stöss, Richard: Rechtsextremismus, politische Unzufriedenheit und das Wählerpotential rechtsextremer Parteien in der Bundesrepublik im Frühsommer 1998, Arbeitspapiere des Otto-Stammer-Zentrums, Nr. 1, Freie Universität Berlin, Berlin 1998.

Noelle-Neumann, Elisabeth/Ring, Erp: Das Extremismus-Potential unter jungen Leuten in der Bundesrepublik Deutschland, Bonn 1984.
Nohlen, Dieter: Die Vergleichende Methode. In: Politikwissenschaftliche Methoden. Hg. von Jürgen Kriz, Dieter Nohlen und Rainer-Olaf Schultze, München 1994, S. 507-517.
Nolte, Ernst: Der Faschismus in seiner Epoche. Die Action francaise – Der italienische Faschismus – Der Nationalsozialismus, 5. Auflage München 1979 (1963).
–: Der europäische Bürgerkrieg 1917-1945. Nationalsozialismus und Bolschewismus, Berlin 1993.
Nordbruch, Claus: Der Verfassungsschutz. Organisation – Spitzel – Skandale, Tübingen 1999.
Novotný, Lukáš: Länderporträt, Tschechien. In: Backes, Uwe/Jesse, Eckhard (Hg.): Jahrbuch Extremismus & Demokratie, Band 16, Baden-Baden 2004, S. 204-219.
O'Neill, Michael: Green Parties and Political Change in Contemporary Europe, Aldershot 1997.
O'Neill, William L.: The New Left. A History, Wheeling 2001.
Obszerniks, Britta/Schmidt, Matthias: DVU im Aufwärtstrend – Gefahr für die Demokratie? Fakten, Analysen, Gegenstrategien, Münster 1998.
Odenthal, Hans: Der Schutz kritischer Infrastrukturen. In: Frank, Hans/Hirschmann, Kai (Hg.): Die weltweite Gefahr. Terrorismus als sicherheitspolitische Herausforderung, Berlin 2002, S. 281-318.
Oesterreich, Detlef: Flucht in die Sicherheit. Zur Theorie des Autoritarismus und der autoritären Reaktion, Opladen 1996.
Oittinen, Vesa: Ein populistischer Zwitter. Russlands KP zwischen Leninismus und Staatspatriotismus. In: Blätter für deutsche und internationale Politik, 40 (1995), S. 946-955.
Olles, Werner: Radikalisierung, Studentenprotest, K-Gruppen und „Deutscher Herbst". Die siebziger Jahre der radikalen Linken in Deutschland. In: Knütter, Hans-Helmuth/Winckler, Stefan (Hg.): Handbuch des Linksextremismus. Die unterschätzte Gefahr, Graz 2002, S. 26-36.
Ooyen, Robert Chr. van: Ein moderner Klassiker der Verfassungstheorie: Karl Loewenstein. In: Zeitschrift für Politik, 51 (2004), S. 68-86.
Orttung, Robert W.: The Russian Right and the Dilemmas of Party Organisation. In: Soviet Studies, 44 (1992) 3, 445-478.
Ost, David: The Radical Right in Poland: Rationality of the Irrational. In: Ramet, Sabrina (Hg.): The Radical Right in Central and Eastern Europe Since 1989, University Park 1999, S. 85-108.
Oswald, Franz: The Party that Came Out of the Cold War. The Party of Democratic Socialism in United Germany, Westport 2002.
Ötsch, Walter: Demagogische Vorstellungswelten. Das Beispiel der Freiheitlichen Partei Österreichs. In: Hauch, Gabriella/Hellmuth, Thomas/Pasteur, Paul (Hg.): Populismus. Ideologie und Praxis in Frankreich und Österreich, Innsbruck 2002, S. 93-121.
Otto, Robert C.: Gennadii Ziuganov. The Reluctant Candidate. In: Problems of Post-Communism, 46 (1999) 5, S. 37-47.
Panzini, Alfredo: Dizionario Moderno. Supplemento ai Dizionari Italiani, 4° edizione rinnovata e aumentata, Mailand 1923.

Paradowski, Ryszard: The Eurasian Idea and Leo Gumilëv's Scientific Ideology. In: Canadian Slavonic Papers, 41 (1999) 1, S. 19–32.
Parland, Thomas: The Rejection in Russia of Totalitarian Socialism and Liberal Democracy. A Study of the Russian New Right, Helsinki 1993.
Parthé, Kathleen: Čto delaet pisatelja „russkim"? „Rusifikacija" russkoj literatury posle 1985 goda. In: Voprosy literatury, (1996) 1, S. 83–120.
–: The Empire Strikes Back. How Right-Wing Nationalists Tried to Recapture Russian Literature. In: Nationalities Papers, 24 (1996), S. 601–624.
Payne, Leigh A.: Uncivil Movements. The Armed Right Wing and Democracy in Latin America, Baltimore 2000.
Payne, Stanley G.: Fascism. Comparison and Definition, Madison, Wisconsin 1980.
–: A History of Fascism, 1914–1945, Madison, Wisconsin 1996.
–: Fascism in Spain 1923–1997, Madison, Wisconsin 2000.
–: Historical Fascism and the Radical Right. In: Journal of Contemporary History, 35 (2000), S. 111–113.
–: Geschichte des Faschismus. Aufstieg und Fall einer europäischen Bewegung, München 2001.
Pearce, Robert: Fascism and Nazism, London 1997.
Pedahzur, Ami: The Israeli Response to Jewish Extremism and Violence. Defending Democracy, Manchester 2002.
–/ Weinberg, Leonard: Modern European Democracies and Its Enemies. The Threat of the Extreme Right. In: Totalitarian Movements and Political Religions, 2 (2001) 1, S. 52–72.
–/ Perliger, Arie: An alternative approach for defining the boundaries of „party families": examples from the Israeli extreme right-wing party scene. In: Australian Journal of Political Science, 39 (2004) 2, S. 285–305.
Pekonen, Kyösti (Hg.): The New Radical Right in Finland, Helsinki 1999.
Perrineau, Pascal: The Conditions of the Re-emergence of an Extreme Right Wing in France: the National Front. 1984–98. In: Arnolds, Edward J. (Hg.): The Development of the Radical Right in France. From Boulanger to Le Pen, London 2000, S. 253–270.
– (Hg.): Les croisés de la société fermée. L'Europe des extrêmes droites, Paris 2001.
–: Die Faktoren der Wahldynamik des Front National. In: Loch, Dietmar / Heitmeyer, Wilhelm: Schattenseiten der Globalisierung. Rechtsradikalismus, Rechtspopulismus und separatistischer Regionalismus in westlichen Demokratien, Frankfurt a. M. 2001, S. 187–204.
Petersen, Jens: Die Entstehung des Totalitarismusbegriffs in Italien. In: Jesse, Eckhard (Hg.): Totalitarismus im 20. Jahrhundert. Eine Bilanz der internationalen Forschung, 2. erweiterte Auflage Baden-Baden 1999, S. 95–117.
Pfahl-Traughber, Armin: Der Extremismusbegriff in der politikwissenschaftlichen Diskussion – Definitionen, Kritik, Alternativen. In: Backes, Uwe / Jesse, Eckhard (Hg.): Jahrbuch Extremismus & Demokratie, Band 4, Bonn 1992, S. 67–86.
–: Rechtsextremismus. Eine kritische Bestandsaufnahme nach der Wiedervereinigung, Bonn 1993.
–: Wo steht die PDS? Versuch einer extremismusorientierten Einschätzung. In: Liberal, 35 (1993) 3, S. 19–28.
–: Volkes Stimme? Rechtspopulismus in Europa, Bonn 1994.

–: Extremismus als politische Variante des Fundamentalismus. In: Mut, (1995) 334, S. 58–65.
–: Die Neonationalsozialisten-Szene nach den Verbotsmaßnahmen. In: Backes, Uwe/Jesse, Eckhard (Hg.): Jahrbuch Extremismus & Demokratie, Band 9, Baden-Baden 1997, S. 156–173.
–: Hitlers selbsternannte Erben: Die Neonazi-Szene. Zur Entwicklung einer rechtsextremistischen Subkultur. In: Texte zur Inneren Sicherheit, Band I. Hg. vom Bundesministerium des Innern, Bonn 1997, S. 81–106.
–: Antidemokratisch und extremistisch. Scientology in Selbstzeugnissen und Analysen. In: Liberal, 40 (1998) 2, S. 26–32.
–: Die Autonomen. Portrait einer linksextremistischen Subkultur. In: APuZG, B 9–10/1998, S. 36–46.
–: Die Erben der „Konservativen Revolution". Zu Bedeutung, Definition und Ideologie der „Neuen Rechten". In: Gessenharter, Wolfgang/Fröchling, Helmut (Hg.): Rechtsextremismus und Neue Rechte in Deutschland. Neuvermessung eines politisch-ideologischen Raumes?, Opladen 1998, S. 77–95.
–: „Konservative Revolution" und „Neue Rechte". Rechtsextremistische Intellektuelle gegen den demokratischen Verfassungsstaat, Opladen 1998.
–: Der „zweite Frühling" der NPD zwischen Aktion und Politik. In: Backes, Uwe/Jesse, Eckhard (Hg.): Jahrbuch Extremismus & Demokratie, Band 11, Baden-Baden 1999, S. 146–166.
–: Rechtsextremismus in der Bundesrepublik, München 1999.
–: Politischer Extremismus – was ist das überhaupt? Zur Definition von und Kritik an einem Begriff. In: Bundesamt für Verfassungsschutz. 50 Jahre im Dienst der inneren Sicherheit. Hg. vom Bundesamt für Verfassungsschutz, Köln 2000, S. 185–212.
–: Islamismus in der Bundesrepublik Deutschland. Ursachen, Organisationen, Gefahrenpotenzial. In: APuZG, B 51/2001, S. 43–53.
–: Rechtsextremismus als soziale Bewegung? Aktivitäten und Kooperation von NPD, Neonazis und Skinheads. In: Neue Soziale Bewegungen, 4 (2003), S. 43–52.
–: „Antiamerikanismus", „Antiwestlertum" und „Antizionismus". Definition und Konturen dreier Feindbilder im politischen Extremismus. In: Aufklärung und Kritik, 11 (2004) 1, S. 37–50.
–: Antisemitismus in der islamischen Welt. Externe und interne Ursachen in historischer Perspektive. In: Blätter für deutsche und internationale Politik, 49 (2004), S. 1251–1261.
–: Droht die Herausbildung einer Antiglobalisierungsbewegung von rechtsextremistischer Seite? Globalisierung als Agitationsthema des organisierten Rechtsextremismus. In: Extremismus in Deutschland. Erscheinungsformen und aktuelle Bestandsaufnahme. Hg. vom Bundesministerium des Innern, Berlin 2004, S. 98–135.
–/ Berndt, Uwe: Extremismus und Innere Sicherheit. In: Weidenfeld, Werner/Korte, Karl-Rudolf (Hg.): Handbuch zur deutschen Einheit 1949 – 1989 – 1999, Frankfurt a. M. 1999, S. 353–368.
Pfeiffer, Gerd/Strickert, Hans-Georg (Hg.): KPD-Prozess. Dokumentarwerk, 3. Band, Karlsruhe 1956.

Pfeiffer, Thomas: Die Kultur als Machtfrage. Die Neue Rechte in Deutschland, Düsseldorf 2003.
Pfeiler, Wolfgang: Der Begriff Faschismus als politisches Instrument und als wissenschaftliche Kategorie. In: Timmermann, Heiner/Gruner, Wolf D. (Hg.): Demokratie und Diktatur in Europa. Geschichte und Wechsel der politischen Systeme des 20. Jahrhundert, Berlin 2001, S. 97-106.
Pfürtner, Stephan H.: Fundamentalismus. Die Flucht ins Radikale, Freiburg i. Brsg. 1991.
Pipes, Richard: Kommunismus, Berlin 2003.
Pirani, Simon: State Patriotism in the Politics and Ideology of Gennady Zyuganov. In: Slovo, 10 (1998) 1-2, S. 179-197.
Plasser, Fritz: Die populistische Arena: Massenmedien als Verstärker. In: Pelinka, Anton (Hg.): Populismus in Österreich, Wien 1987, S. 84-109.
-/ Ulram, Peter A.: Wahltag ist Zahltag. Populistischer Appell und Wählerprotest in den achtziger Jahren. In: Österreichische Zeitschrift für Politikwissenschaft, 18 (1989), S. 151-164.
Pohlmann, Friedrich: Marxismus - Leninismus - Kommunismus - Faschismus. Aufsätze zur Ideologie und Herrschaftsstruktur der totalitären Diktaturen, Pfaffenweiler 1995.
Poirier, Philippe: Subsidiarity, Regionalism and State-Nationalism: An ideological gap between European parties of the New Right?, unveröffentlichtes Manuskript, 2001.
Poliakov, Léon: Vom Antizionismus zum Antisemitismus, Freiburg 1992.
Polka, Sagi: Between Liberalism and Fundamentalism. The Political Thought of Mainstream Islam („Wassatiyah") in Contemporary Egypt, unveröffentl. Diss. phil., Ramat Gan 2000.
Popper, Karl R.: Die offene Gesellschaft und ihre Feinde, 2 Bände, 2. Auflage Bern 1970.
-: Das Elend des Historizismus, 5. verbesserte Auflage Tübingen 1979 (1965).
Potok, Mark: The American Radical Right. The 1990s and beyond. In: Eatwell, Roger/Mudde, Cas (Hg.): Western Democracies and the New Extreme Right Challenge, London 2004, S. 41-61.
Prazmowska, Antia J.: The New Right in Poland: Nationalism, Anti-Semitism and Parliamentarism. In: Cheles, Luciano/Fergusson, Ronnie/Vaughan, Michalina (Hg.): The Far Right in Western and Eastern Europe, London 1995, S. 198-214.
Prochasson, Christophe: Elusive Fascism: Reflections on the French Extreme Right at the End of the Nineteenth Century. In: Arnolds, Edward J. (Hg.): The Development of the Radical Right in France. From Boulanger to Le Pen, London 2000, S. 69-80.
Prowe, Diethelm: „Classic" Fascism and the New Radical Right in Western Europe: Comparisons and Contrasts. In: Contemporary European History, 3 (1994), S. 289-313.
Puhle, Hans-Jürgen: Was ist Populismus? In: Dubiel, Helmut (Hg.): Populismus und Aufklärung, Frankfurt a. M. 1986, S. 12-32.
-: Zwischen Protest und Politikstil: Populismus, Neo-Populismus und Demokratie. In: Werz, Nikolaus (Hg.): Populismus. Populisten in Übersee und Europa, Opladen 2003, S. 15-43.

Puschner, Uwe: Die völkische Bewegung im wilhelminischen Kaiserreich. Sprache – Rasse – Religion, Darmstadt 2001.
–/ Schmitz, Walter/ Ulbricht, Justus H. (Hg.): Handbuch der „Völkischen Bewegung" 1871–1918, München 1996.
Puschnerat, Tania: Antisemitismus im Islamismus und Rechtsextremismus. In: Gegensätze, Gemeinsamkeiten und ihre Auswirkungen auf die Innere Sicherheit. Ein Symposon des Bundesamtes für Verfassungsschutz, 1. Oktober 2003. Hg. vom Bundesamt für Verfassungsschutz, Köln 2004, S. 35–62.
Rabert, Bernhard: Links- und Rechtsterrorismus in der Bundesrepublik Deutschland von 1970 bis heute, Bonn 1995, S. 231–330.
Rachšmir, Pavel Ju.: Fašizm: v čera, segodnja, zavtra. In: Mirovaja ekonomika i meždunarodnye otnošenija, (1996) 10, S. 153–157.
Ramadan, Tariq: Aux sources du renouveau musulman. D'al-Afghani à Hassan al-Banna un siècle de reforme islamique, Paris 1998.
–: Muslimsein in Europa. Untersuchung der islamischen Quellen im europäischen Kontext, Marburg 2001.
–: Les évolutions de la pensée musulmane contemporaine. In: Wieviorka, Michel (Hg.): L'avenir de l'islam en France et en Europe, Paris 2003, S. 27–33.
Rand, Ayn: The New Left. The Anti-Industrial Revolution, New York 1994.
Rapoport, David: Fear and Trembling: Terrorism in Three Religious Traditions. In: American Political Science Review, 78 (1984), S. 658–677.
Raschke, Joachim/ Tils, Ralf: CSU des Nordens. Profil und bundespolitische Perspektiven der Schill-Partei. In: Blätter für deutsche und internationale Politik, 47 (2002), S. 49–58.
Reddaway, Peter/ Glinski, Dmitri: The Tragedy of Russia's Reforms. Market Bolshevism Against Democracy, Washington D.C. 2001.
Ree, Erik van: The Political Thought of Joseph Stalin. A Study in Twentieth-century Revolutionary Patriotism, London 2002.
Rees, E.A.: Stalin and Russian Nationalism. In: Hosking, Geoffrey/ Service, Robert (Hg.): Russian Nationalism. Past and Present, Houndsmills 1998, S. 77–106.
Reichardt, Sven: Faschistische Kampfbünde. Gewalt und Gemeinschaft im italienischen Squadrismus und in der deutschen SA, Köln 2002.
Reinalter, Helmut/ Petri, Franko/ Kaufmann, Rüdiger (Hg.): Das Weltbild des Rechtsextremismus. Die Strukturen der Entsolidarisierung, Innsbruck 1998.
Reinfeld, Sebastian: Nicht-wir und Die-da. Studien zum rechten Populismus, Wien 2000.
Reinhard, Ewald: Der Streit um K.L. von Hallers „Restauration der Staatswissenschaft". In: Zeitschrift für die gesamte Staatswissenschaft, 111 (1955), S. 115–130.
Reis, Jack: Ambiguitätstoleranz. Beiträge zur Entwicklung der Persönlichkeitskonstruktion, Heidelberg 1997.
Rémond, René: Les droites en France, Paris 1982.
Rensmann, Lars Peter: Rechtspopulismus und Rechtsextremismus. Politische Strategien und Parteien im europäischen Vergleich. In: Cippitelli, Claudia/ Schwanebeck, Axel (Hg.): Die neuen Verführer? Rechtspopulismus und Rechtsextremismus in den Medien, München 2004, S. 25–56.
Renton, Dave: Fascism. Theory and Practice, London 1999.

Retat, Pierre: Partis et factions en 1789: émergence des désignants politiques. In: Mots, (1988) 16, S. 69-89.
Rhonheimer, Martin: Politisierung und Legitimitätsentzug. Totalitäre Kritik der parlamentarischen Demokratie, Freiburg 1979.
Richter, Elisabeth: Faschistische Parteien und Bewegungen in der Russischen Föderation am Beispiel der RNE (Russische Nationale Einheit), unveröffentlichte Magisterarbeit, Universität Köln 1996.
Richter, Melvin: Aristoteles und der klassische griechische Begriff der Despotie. In: Maier, Hans (Hg.): Politik, Philosophie, Praxis. Festschrift für Wilhelm Hennis zum 65. Geburtstag, Stuttgart 1988, S. 21-37.
Riesebrodt, Martin: Fundamentalismus als patriarchalische Protestbewegung, Tübingen 1990.
Ridder, Helmut: Schutz der verfassungsmäßigen Ordnung. In: Wassermann, Rudolf (Hg.): Kommentar zum Grundgesetz für die Bundesrepublik Deutschland. Reihe Alternativkommentare, 2 Bände, Neuwied 1984.
Riklin, Alois: Montesquieus freiheitliches Staatsmodell. Die Identität von Machtteilung und Mischverfassung. In: Politische Vierteljahresschrift, 30 (1989), S. 420-442.
-: John Adams und die gewaltenteilige Mischverfassung. In: Zeitschrift für Politik, 38 (1991), S. 274-293.
Rizman, Rudolf M.: Radical Right Politics in Slovenia. In: Ramet, Sabrina (Hg.): The Radical Right in Central and Eastern Europe Since 1989, University Park 1999, S. 147-170.
Rochlin, James F.: Vanguard Revolutionaries in Latin America, Boulder 2003.
Rochtus, Dirk: Länderporträt: Belgien. In: Backes, Uwe/Jesse, Eckhard (Hg.): Jahrbuch Extremismus & Demokratie, Band 14, Baden-Baden 2002, S. 182-202.
Rodinson, Maxime: Hier et aujourd'hui. De la peste communautariste. In: Zarka, Yves Charles (Hg.): L'Islam en France. Cités hors série, Paris 2004, S. 261-266.
Rodríguez-Araujo, Octavio: Gauches et gauchismes de la première Internationale à Porto Alegre, Nantes 2004.
Roger, Antoine: Les grandes théories du nationalisme, Paris 2001.
Rogger, Hans: The Formation of the Russian Right. In: California Slavic Studies, 3 (1964), S. 66-94.
-: Russia. In: ders./Weber, Eugene (Hg.): The European Right. A Historical Profile, Berkeley 1965, S. 449-500.
Rohrmoser, Günter: Zeitzeichen. Bilanz einer Ära, 2. Auflage Stuttgart 1978.
Rokeach, Milton: The Open and the Closed Mind. Investigations into the Nature of Belief Systems and Personality Systems, New York 1960.
Röpke, Andrea/Speit, Andreas (Hg.): Braune Kameradschaften. Die neuen Netzwerke der militanten Neonazis, Berlin 2004.
Ross, Andreas: Fürs Volk. Le Pen und Haider als europäische Vorreiter. In: Cippitelli, Claudia/Schwanebeck, Axel (Hg.): Die neuen Verführer? Rechtspopulismus und Rechtsextremismus in den Medien, München 2004, S. 57-66.
Rossi, Marisa: Untergrund und Revolution: Der ungelöste Widerspruch für Brigate Rosse und Rote Armee Fraktion, Zürich 1993.
Rossman, Vadim: Russian Intellectual Antisemitism in the Post-Communist Era, Jerusalem 2002.

Roth, Klaus/Spiritova, Marketa: Alltagskultur im Sozialismus. Praktiken und Strategien des Alltagslebens in den sozialistischen Ländern und ihre Folgen für die Transformation. In: Forschungsverbund Ost-Südosteuropa, Jahresbericht 2001 [unveröffentlichter Bericht], o. O. 2002, S. 11-19.

Roth, Roland: Neue soziale Bewegungen und liberale Demokratie. In: Klwin, Ansgar/Legrand, Hans-Josef/Leif, Thomas (Hg.): Neue soziale Bewegungen. Impulse, Bilanzen und Perspektiven, Opladen/Wiesbaden 1999, S. 47-63.

Rotter, Gernot (Hg.): Die Welten des Islam. Neunundzwanzig Vorschläge, das Unvertraute zu verstehen, Frankfurt a. M. 1993.

Rudzio, Wolfgang: Die Erosion der Abgrenzung. Zum Verhältnis zwischen demokratischen Linken und Kommunisten in der Bundesrepublik Deutschland, Opladen 1988.

Ryan, Nick: Homeland. Into a World of Hate, Edinburgh 2003.

Saalfeld, Thomas: The Politics of National-Populism: Ideology and Politics of the German Republikaner Party. In: German Politics, 2 (1993), S. 177-199.

Salamun, Kurt: Demokratische Kultur und anti-demokratisches Denken. Vorbemerkungen zur demokratischen Kultur. In: ders. (Hg.): Geistige Tendenzen der Zeit. Perspektiven der Weltanschauungstheorie und Kulturphilosophie, Frankfurt a. M. 1996, S. 151-165.

Sālih, Hāfiz: ad-dīmuqrātīya wa-hukm al-islām fīhā, Beirut 1988.

Sänkiaho, Risto: A Model of the Rise of Populism and Support for the Finnish Rural Party. In: Scandinavian Politcal Studies, 6 (1971), S. 27-47.

Santamaria, Yves: Histoire du Parti communiste français, Paris 1999.

Sardar, Ziauddin: Der fremde Orient. Geschichte eines Vorurteils, Berlin 1999.

Sassen, Saskia: Governance Hotspots. Challenges We Must Confront in the Post-September 11 World. In: Calhoun, Craig/Price, Paul/Timmer, Ashley: Understanding September 11, New York 2002, S. 106-120.

Schacht, Konrad: Gesellschaftliche Modernisierung, Wertewandel und rechtsextremistische Orientierungen. In: Argumente gegen den Hass. Über Vorurteile, Fremdenfeindlichkeit und Rechtsextremismus, Band II: Textsammlung, Bonn 1993, S. 127-133.

Schain, Martin A.: Book Review: The Radical Right in Western Europe. In: Comparative Political Studies, 30 (1997), S. 375-380.

Scheinberg, Stephen, Canada: Right-Wing Extremism in the Peaceable Kingdom. In: Braun, Aurel/Scheinberg, Stephen (Hg.): The Extreme Right. Freedom and Security at Risk, Boulder Col. 1997, S. 36-54.

Scherrer, Jutta: Kulturologie. Russland auf der Suche nach einer zivilisatorischen Identität, Göttingen 2002.

Scheuch, Erwin K./Klingemann, Hans Dieter: Theorie des Rechtsradikalismus in westlichen Industriegesellschaften. In: Hamburger Jahrbuch für Wirtschafts- und Gesellschaftspolitik, 12 (1967), S. 11-29.

Schiffauer, Werner: Die Gottesmänner. Türkische Islamisten in Deutschland, Frankfurt a. M. 2000.

Schilling, Harald: Das Ethos der Mesotes. Eine Studie zur Nikomachischen Ethik des Aristoteles, Tübingen 1930.

Schluchter, Wolfgang: Einleitung. In: ders. (Hg.): Fundamentalismus, Terrorismus, Krieg, Weilerswist 2003, S. 22.

Schlüter-Knauer, Carsten: Die Bedeutung des Rechtsrucks in Dänemark. In: Die Neue Gesellschaft. Frankfurter Hefte, 49 (2002), S. 152-156.
Schmid, Alex/Jongman, Albert: Political Terrorism, 2. Auflage Oxford 1988.
Schmitt Glaeser, Walter: Missbrauch und Verwirkung von Grundrechten im politischen Meinungskampf. Eine Untersuchung über die Verfassungsschutzbestimmung des Art. 18 GG und ihr Verhältnis zum einfachen Recht, insbesondere zum politischen Strafrecht, Bad Homburg v. d. H. 1968.
–: Rechte Gefahr als Stabilisator. Die Idee des Antifaschismus wird missbraucht. In: Agethen, Manfred/Jesse, Eckhard/Neubert, Ehrhart (Hg.): Der missbrauchte Antifaschismus. DDR-Staatsdoktrin und Lebenslüge der deutschen Linken, Freiburg i. Brsg. 2002, S. 325-329.
Schneider, Franz (Hg.): Dienstjubiläum einer Revolte. „1968" und 25 Jahre, München 1993.
Schöpfer, Tina: Politische Show in Italien: Die Selbstdarsteller Umberto Bossi und Silvio Berlusconi. Eine vergleichende Analyse, Stuttgart 2002.
Schöpflin, George: Politics in Eastern Europe 1945-1992, Oxford 1993.
Schröder, Richard: Die Irrtümer von Amerikas Kritikern. Plädoyer für eine wohlwollende Perspektive. In: Die Politische Meinung, 48 (2003) 405, S. 13-18.
Schroeder, Klaus: Rechtsextremismus und Jugendgewalt in Deutschland. Ein Ost-West-Vergleich, Paderborn 2004.
Schultze, Thomas/Gross, Almut: Die Autonomen. Ursprünge, Entwicklung und Profil der Autonomen Bewegung, Hamburg 1997.
Schulze, Andreas: Kleinparteien in Deutschland. Aufstieg und Fall nicht-etablierter politischer Vereinigungen, Wiesbaden 2004.
Schulze, Reinhard: Islamischer Internationalismus im 20. Jahrhundert. Untersuchungen zur Geschichte der Islamischen Weltliga, Leiden 1990.
Schumann, Dirk: Politische Gewalt in der Weimarer Republik 1918-1933. Kampf um die Straße und Furcht vor dem Bürgerkrieg, Essen 2001.
Schumann, Siegfried: Postmaterialismus: Ein entbehrlicher Ansatz? In: Wahlen und politische Einstellungen in der Bundesrepublik Deutschland: Neuere Entwicklungen der Forschung. Hg. Von Jürgen W. Falter, Hans Rattinger und Klaus G. Troitzsch, Frankfurt a. M. 1989, S. 67-101.
Schumpeter, Joseph A.: Capitalism, Socialism and Democracy, New York 1947.
Schützler, Horst: Faschismus – ein Thema in der russischen Historiographie der 90er Jahre? In: Rassismus, Faschismus, Antifaschismus. Forschungen und Betrachtungen gewidmet Kurt Pätzold zum 70. Geburtstag. Hg. von Manfred Weißbecker, Reinhard Kühnl und Erika Schwarz, Köln 2000, S. 231-242.
Schwab, George: Eurocommunism. The Ideological and Political-Theoretical Foundations, Westport Conneticat 1981.
Schwagerl, H. Joachim: Rechtsextremes Denken. Merkmale und Methoden, Frankfurt a. M. 1993.
Schwan, Gesine: Antikommunismus und Antiamerikanismus in Deutschland. Kontinuität und Wandel nach 1945, Baden-Baden 1999.
Schwartz, Michael: Sozialistische Eugenik. Eugenische Sozialtechnologien in Debatten und Politik der deutschen Sozialdemokratie, 1890-1933, Bonn 1995.
Schwartzenberg, Roger-Gérard: Politik als Showgeschäft. Moderne Strategien im Kampf um die Macht, Düsseldorf 1980.

Schwarzmeier, Jan: Die Autonomen zwischen Subkultur und sozialer Bewegung, Göttingen 2001.
Scientology – eine Gefahr für die Demokratie. Eine Aufgabe für den Verfassungsschutz? Hg. vom Innenministerium des Landes Nordrhein-Westfalen, Düsseldorf 1996.
Segert, Dieter: Die Grenzen Osteuropas. 1918, 1945, 1989 – Drei Versuche im Westen anzukommen, Frankfurt a. M. 2002.
–: Viel weniger Rechtsradikalismus, als zu erwarten wäre. Kritische Anmerkungen zu einem interessanten Vergleich. In: Osteuropa, 52 (2002), S. 621-625.
Seidel, Eberhard/Dantschke, Claudia/Yildirim, Ali: Politik im Namen Allahs. Der Islamismus – eine Herausforderung für Europa, Brüssel 2000.
Seifert, Stefan: Lotta armata. Bewaffneter Kampf in Italien. Die Geschichte der Roten Brigaden, Berlin 1991.
Seufert, Günter: Die Milli Görüs-Bewegung. Zwischen Integration und Isolation. In: Seufert, Günter/Wardenberg, Jacques (Hg.): Türkischer Islam und Europa, Stuttgart 1999.
Sfar, Mondher: Besprechung des Werkes von Ramadan. In: Studies in Religion. Revue canadienne, 28 (1999) 3, S. 384 f.
Shahak, Israel/Mezvinsky, Norton: Jewish Fundamentalism in Israel, London 1999.
Sheehan, Thomas: Myth and Violence. The Fascism of Julius Evola and Alain de Benoist. In: Social Research, 48 (1981) 1, S. 45-73.
Shenfield, Stephen D.: The Weimar/Russia Comparison. Reflections on Hanson and Kopstein. In: Post-Soviet Affairs, 14 (1998) 4, S. 355-368.
–: Russian Fascism. Traditions, Tendencies, Movements, Armonk 2001.
Shils, Edward: The Torment of Secrecy. The Background and Consequences of American Security Policies, Melbourne 1956.
Shlapentokh, Vladimir: Russian Attitudes toward America. A Split between the Ruling Class and the Masses. In: World Affairs, 164 (2001) 1, S. 17-23.
Shnirelman, Victor/Panarin, Sergei: Lev Gumilev. His Pretensions as a Founder of Ethnology and his Eurasian Theories. In: Inner Asia, 3 (2001) 1, S. 1-18.
Sidoti, Francesco: The Extreme Right in Italy: Ideological Orphans and Countermobilization. In: Hainsworth, Paul (Hg.): The Extreme Right in Europe and the USA, New York 1992, S. 151-174.
Silke, Andrew: An Introduction to Terrorism Research. In: ders. (Hg.): Research on Terrorism, S. 1-29.
Simon, Gerhard: Gennadij Sjuganow. In: Die politische Meinung, 41 (1996) 318, S. 17-24.
Simonelli, Frederick J.: American Fuehrer. George Lincoln Rockwell and the American Nazi Party, Urbana Illinois 1999.
Simonsen, Sven Gunnar: Aleksandr Barkashov and Russian National Unity. Blackshirt Friends of the Nation. In: Nationalities Papers, 24 (1996), S. 625-639.
–: Politics and Personalities. Key Actors in the Russian Opposition, PRIO Report, Nr. 2/96, Oslo 1996.
SINUS: Fünf Millionen Deutsche: „Wir sollten wieder einen Führer haben ...". Die SINUS-Studie über rechtsextremistische Einstellungen bei den Deutschen, Reinbek bei Hamburg 1981.
Sivan, Emmanuel: Why Radical Muslims Aren't Taking Over Governments. In: Middle East Review of International Affairs, 2 (1998) 2, S. 9-16.

Skenderovic, Damir: The Swiss Radical Right in Perspective. A Reevaluation of Success Conditions in Switzerland, unveröffentlichtes Manuskript, 2001.
Slater, Wendy: The Russian Communist Party Today. In: RFE/RL Research Report, 3 (1994) 31, S. 1-6.
-: Imagining Russia. The Ideology of Russia's National Patriotic Opposition, Diss. phil., University of Cambridge 1998.
-: The Patriot's Pushkin. In: Slavic Review, 58 (1999), S. 407-427.
Smith, G. Davidson (Tim): Single issue terrorism. In: Commentary, 74 (1998).
Sontheimer, Kurt: Das Elend unserer Intellektuellen. Linke Theorie in der Bundesrepublik Deutschland, Hamburg 1976.
Sovremennyj fašizm, nacionalizm, ksenofobija i antisemitizm v pečati Rossii. Informacionno-analitičeskie materialy. Hg. vom Fond „Graždanskoe obščestvo", Moskau 1995.
Spechler, Dina R.: Russian Nationalism and Political Stability in the USSR, Cambridge 1983.
Spektorowski, Alberto: The French New Right: differentialism and the idea of ethnophilian exclusionism. In: Polity, 33 (2000) 2, S. 283- 303.
Spengler, Oswald: Der Untergang des Abendlandes. Umrisse einer Morphologie der Weltgeschichte, München 1923.
Spicker, Paul: A third way. In: The European Legacy, 5 (2000) 2, S. 229-239.
Spieker, Manfred (Hg.): Der Eurokommunismus, Demokratie oder Diktatur?, Stuttgart 1979.
Spoonley, Paul: The Politics of Nostalgia: Racism and the Extreme Right in New Zealand, Palmerston North 1987.
Sprinzak, Ehud: The Great Superterrorism Scare. In: Foreign Policy, 28 (1998) 112, S. 110-124.
-: Brother Against Brother. Violence and Extremism in Israeli Politics from Altalena to the Rabin Assassination, New York 1999.
Spuler-Stegemann, Ursula: Die Grenzen der Religionsfreiheit. Muslime in Deutschland. Organisationen und Gruppierungen. In: Der Bürger im Staat, 51 (2001), S. 221-225.
-: Feindbild Christentum im Islam. Eine Bestandsaufnahme, Freiburg i. Brsg. 2004.
Stankiewicz, Katharina: Die „neuen Dmowskis" - eine alte Ideologie im neuen Gewand? In: Osteuropa, 52 (2002), S. 263-279.
Stark, Rudolf: La „Politique" d'Aristote. Sept Exposés et Discussions, Genf 1964.
Starr, Amory: Naming the enemy. Anti-corporate movements confront globalization, London 2000.
Steffen, Michael: Geschichten vom Trüffelschwein. Politik und Organisation des Kommunistischen Bundes 1971 bis 1991, Berlin 2002.
Steigenberger, Helmut: Konzeptionen und Grenzen freiheitlicher Demokratie. Dargestellt am Beispiel des Verfassungsrechtsdenkens in den Vereinigten Staaten von Amerika und des Antisubversionsrechts, Berlin (West) 1974.
Stein, Dieter: Phantom „Neue Rechte". Die Geschichte eines politischen Begriffs und ein Missbrauch durch den Verfassungsschutz, Berlin 2005.
Steinbach, Udo: Islamischer Terrorismus als intellektuelle Herausforderung? In: Orient Journal, 2 (2001) 3, S. 28.

Steinberg, Guido: Der Islamismus im Niedergang? Anmerkungen zu den Thesen Gilles Kepels, Olivier Roys und zur europäischen Islamismusforschung. In: Islamismus. Hg. vom Bundesministerium des Innern, Berlin 2003, S. 19-42.
Steinmetz, George: Book Review: The Radical Right in Western Europe. In: American Journal of Sociology, 102 (1997), S. 1175-1177.
Stepanov, S.A.: Čërnaja sotnja v Rossii (1905-1917), Moskau 1992.
Stern, Jessica: The Protean Enemy. In: Foreign Affairs, 82 (2003) 4, S. 27-41.
Sternberger, Dolf: Drei Wurzeln der Politik, Frankfurt a. M. 1984 (1978).
Sternhell, Zeev: Maurice Barrès et le nationalisme français, Paris 1985 (1972).
-: La droite révolutionnaire. Les origines françaises du fascisme 1885-1914, Paris 1978.
-: Neither Right Nor Left. Fascist Ideology in France, Princeton NJ 1996.
-/ Sznajder, Mario/Asheri, Maia: The Birth of Fascist Ideology. From Cultural Rebellion to Political Revolution, Princeton NJ 1994.
Stettner, Rupert: Verfassungsdogmatische Erwägungen zur Grundrechtsverwirkung. In: Deutsches Verwaltungsblatt, 90 (1975), S. 801-809.
Stöss, Richard: Einleitung: Struktur und Entwicklung des Parteiensystems der Bundesrepublik Deutschland - Eine Theorie. In: ders. (Hg.): Parteien-Handbuch. Die Parteien der Bundsrepublik Deutschland 1945-1980, Band I: AUD bis EFP, Opladen 1983.
-: Die extreme Rechte in der Bundesrepublik. Entwicklung, Ursachen, Gegenmaßnahmen, Opladen 1989.
-: Die „Republikaner". Woher sie kommen. Was sie wollen. Wer sie wählt. Was zu tun ist, Köln 1990.
-: Rechtsextremismus im vereinten Deutschland, 3. überarbeitete Auflage Berlin 2000.
-/ Schubarth, Wilfried (Hg.): Rechtsextremismus in der Bundesrepublik Deutschland, Opladen 2001.
Straßner, Alexander: Die dritte Generation der „Roten Armee Fraktion". Entstehung, Struktur, Funktionslogik und Zerfall einer terroristischen Organisation, Wiesbaden 2003.
Stump, Roger W.: Boundaries of Faith. Geographical Perspectives on Religious Fundamentalism, Lanham Md. 2000.
Sturzo, Luigi: Il nostro „centrismo". In: ders.: Il Partito Popolare Italiano, Band 2: Popolarismo e Fascismo, Turin 1924, S. 241-248.
Swyngedouw, Marc: The Extreme Right in Belgium: of a Non Existent Front National and an Omnipresent Vlaams Blok. In: Betz, Hans-Georg/Immerfall, Stefan (Hg.): The New Politics of the Right. Neo-Populist Parties and Movements in Established Democracies, New York 1998, S. 59-72.
-/ Ivaldi, Gilles: The Extreme Right Utopia in Belgium and the France: The Ideology of the Flemish Vlaams Blok and the French Front National. In: West European Politics, 24 (2001), S. 1-22.
Syring, Enrico: Hitler. Seine politische Utopie, Berlin 1994.
Szayna, Thomas S.: The extreme-right political movements in post-communist Central Europe. In: Merkl, Peter H. (Hg.): The Revival of Right-wing Extremism in the Nineties, London 1997, S. 111-148.

Szczypiorski, Andrezj: Der Nationalismus als Folge des Endes der kommunistischen Utopie. In: Schlegel, Dietrich (Hg.): Der neue Nationalismus. Ursachen, Chancen, Gefahren, Schwalbach 1994, S. 129-136.
Taggart, Paul: New Populist Parties in Western Europe. In: West European Politics, 18 (1995) 1, S. 34-51.
-: Populism, Buckingham 2000.
-: Populism and representative politics in contemporary Europe. In: Journal of Political Ideologies, 9 (2004), S. 269-288.
Taguieff, Pierre-André: Populisme, nationalisme, national-populisme. Reflexions critiques sur les approches, les usages et les modèles. In: Delannoi, Gil/Taguieff, Pierre-André (Hg.): Nationalismes en perspectives, Paris 2001, S. 303-407.
-: L'illusion populiste, Paris 2002.
Tamimi, Azzam: Rachid Ghannouchi. A Democrat within Islam, New York 2001.
Tarasov, Aleksandr: Offspring of Reforms - Shaven Heads Are Skinheads. The New Fascist Youth Subculture in Russia. In: Russian Politics and Law, 39 (2001) 1, S. 43-89.
Terkessidis, Mark: Kulturkampf. Volk, Nation, der Westen und die neue Rechte, Köln 1995.
Thackrah, John Richard: Dictionary of Terrorism, 2. Auflage London 2004.
Thamm, Berndt Georg: Netzwerkterrorismus - am Beispiel der transislamischen „Basis". In: Meier-Walser, Reinhard C./Glagow, Rainer (Hg.): Die islamische Herausforderung - eine kritische Bestandsaufnahme von Konfliktpotenzialen, München 2001, S. 81-112.
-: Terrorbasis Deutschland. Die islamistische Gefahr in unserer Mitte, Kreuzlingen 2004.
Thiel, Markus: Die Verwirkung von Grundrechten gemäß Art. 18 GG. In: ders. (Hg.): Wehrhafte Demokratie. Beiträge über die Regelungen zum Schutze der freiheitlichen demokratischen Grundordnung, Tübingen 2003.
Thieme, Tom: Expansion of the European Union eastwards - consideration of the chances and risks taking the Germany-Poland relations as an example. In: Kazakhstan and contemporary world, 2 (2003), S. 106-113.
Thompson, C. Bradley: John Adams and the Spirit of Liberty, Lawrence, Kansas 1998.
Thränert, Oliver: Terror mit chemischen und biologischen Kampfstoffen: Risikoanalyse und Schutzmöglichkeiten, Stiftung Wissenschaft und Politik, Berlin 2002.
Thurlow, Richard: Fascism in Britain. From Oswald Mosley's Blackshirts to the National Front, London 1998.
Tibi, Bassam: Islamischer Fundamentalismus, moderne Wissenschaft und Technologie, Frankfurt a. M. 1992.
-: Deutsche Ausländerfeindlichkeit - ethnisch-religiöser Rechtsradikalismus der Ausländer. Zwei Gefahren für die Demokratie. In: Gewerkschaftliche Monatshefte, 44 (1993), S. 493-502.
-: Der religiöse Fundamentalismus im Übergang zum 21. Jahrhundert, Mannheim 1995.
-: The Challenge of Fundamentalism, Berkely CA 1998.
-: Fundamentalismus im Islam. Eine Gefahr für den Weltfrieden?, Darmstadt 2000.

–: Krieg der Zivilisationen. Politik zwischen Vernunft und Fundamentalismus, 3. aktualisierte und erweiterte Auflage München 2001.
–: Fundamentalismus im Islam, Darmstadt 2002.
–: Islamische Zuwanderung – Die gescheiterte Integration, Stuttgart 2002.
–: Vom klassischen Djihad zum terroristischen Djihadismus – Der irreguläre Krieg der Islamisten und die neue Weltunordnung. In: Backes, Uwe/Jesse, Eckhard (Hg.): Jahrbuch Extremismus & Demokratie, Band 14, Baden-Baden 2002, S. 27–44.
–: Der neue Totalitarismus. „Heiliger Krieg" und westliche Sicherheit, Darmstadt 2004.
Timmermann, Heinz: Die KP-Nachfolgeparteien in Osteuropa: Aufschwung durch Anpassung an nationale Bedingungen und Aspirationen, Köln 1994.
–: Die Kommunistische Partei der Russischen Föderation. In: Bundesinstituts für ostwissenschaftliche und internationale Studien. Aktuelle Analysen, Nr. 69 und 70, Köln 1995.
–: Die KP Russlands – ein integraler Bestandteil des national-patriotischen Lagers. In: Die Neue Gesellschaft. Frankfurter Hefte, 42 (1995), S. 1084–1089.
–: Die Wiederkehr der KP Russlands. Programm, Struktur und Perspektiven der Sjuganow-Partei. In: Berichte des Bundesinstituts für ostwissenschaftliche und internationale Studien, Nr. 12, Köln 1996.
–: Renaissance der KP Russlands. Programm, Struktur und Perspektiven der Sjuganow-Partei. In: Europäische Rundschau, 24 (1996) 2, S. 59–80.
–: Russlands KP. Zwischen angepasstem Leninismus und Volkspatriotismus. In: Osteuropa, 47 (1997), S. 749–761.
Tolstych, Vladlen/Galkin, Aleksandr A./Loginov, Vladlen/Buzgalin, Aleksandr: Der russische Faschismus im Widerstreit. In: Utopie kreativ. Diskussion sozialistischer Alternativen, (1995) 52, S. 65–72.
Tolz, Vera: The Radical Right in Post-Communist Russian Politics. In: Merkl, Peter H./Weinberg Leon (Hg.): The Revival of Right-Wing Extremism in the Nineties, London 1997, S. 177–202.
Torigian, Michael: The philosophical foundations of the French New Right. In: Telos, (1999) 117, S. 6–42.
Tsygankov, Andrei P.: From Internationalism to Revolutionary Expansionism. The Foreign Policy Discourse of Contemporary Russia. In: Mershon International Studies Review, 41 (1997) 2, S. 247–268.
–: Hard-line Eurasianism and Russia's Contending Geopolitical Perspectives. In: East European Quarterly, 32 (1998), S. 315–324.
Tucker, Robert C.: Stalin in Power. The Revolution from Above, 1928–1941, New York 1992.
Turchetti, Mario: Tyrannie et tyrannicide de l'Antiquité à nos jours, Paris 2001.
Türkischer Nationalismus: „Graue Wölfe" und die „Ülkücü"-Bewegung. Hg. vom Landesamt für Verfassungsschutz Nordrhein-Westfalen, Düsseldorf 2004.
Uçar, Sebahaddin: Savunan Adam, Istanbul o. J.
Ugrožaet li Rossii fašizm? Materialy „kruglych stolov" (1994–1995 gg.). Hg. vom Centr social'nych issledovanij bezopastnosti ISPIRAN, Moskau 1996.
Ulfkotte, Udo: Der Krieg in unseren Städten. Wie radikale Islamisten Deutschland unterwandern, Frankfurt a. M. 2003.

Umland, Andreas: Ein Gespräch mit Wladimir Shirinowskij. In: Die Neue Gesellschaft. Frankfurter Hefte, 41 (1994) 2, S. 114-117.
-: The Zhirinovsky Interview. In: Woodstock Road Editorial, (1994) 16, S. 3-5.
-: Vladimir Zhirinovsky in Russian Politics. The Emergence and Rise of the Liberal-Democratic Party of Russia, unveröffentlichte Magisterarbeit, University of Oxford 1994.
-: Wladimir Shirinowskij in der russischen Politik. Einige Hintergründe des Aufstiegs der Liberal-Demokratischen Partei Russlands. In: Osteuropa, 44 (1994), S. 1117-1131.
-: Die Sprachrohre des russischen Revanchismus. In: Die Neue Gesellschaft. Frankfurter Hefte, 42 (1995), S. 916-921.
-: Staryj vopros zadannyj zanovo: čto takoe fašizm? In: Političeskie issledovanija, (1996) 1 (31), S. 175-176.
-: Faschistische Themen in der Programmatik der Liberal-Demokratischen Partei Russlands, 1990-1993, unveröffentlichte Diplomarbeit, Freie Universität Berlin 1997.
-: The Post-Soviet Russian Extreme Right. In: Problems of Post-Communism, 44 (1997) 4, S. 53-61.
-: Vladimir Zhirinovskii in Russian Politics. Three Approaches to the Emergence of the Liberal-Demoractic Party of Russia, 1990-1993, Diss. phil., Freie Universität Berlin 1998.
-: Soviet Antisemitism after Stalin. In: East European Jewish Affairs, 29 (1999) 1-2, S. 159-168.
-: Koncepcii i teorii fašizma i totalitarizma. In: Nesterov, Aleksandr G. (Hg.): Instituty „prjamoj" i predstavitel'noj demokratii. Genezis političeskich režimov v XX veke, Ekaterinburg 2000, S. 54-60.
-: Toward an Uncivil Society? Contextualizing the Recent Decline of Parties of the Extreme Right Wing in Russia. In: Demokratizatsiya, 10 (2000) 3, S. 362-391.
-: Teoretičeskaja interpretacija fašizma i totalitarizma v rabotach V. Vippermana. In: Sociologičeskij žurnal, (2000) 1-2, S. 205-210.
-: Pravyj çkstremizm v postsovetskoj Rossii. In: Obščestvennye nauki i sovremennost', (2001) 4, S. 71-84.
-: Sravnitel'nyj analiz novych krajne pravych grupp na Zapade. In: Političeskie issledovanija, (2001) 3 (62), S. 174-179.
-: The Pseudo-Threat of Russian Neo-Nazism. Symbolic and Ideological Handicaps of the RNE. Vortrag gehalten auf der 33. Jahrestagung der American Association for the Advancement of Slavic Studies, Arlington 15.-18. November 2001.
-: Russischer Rechtsextremismus im Lichte der jüngeren empirischen und theoretischen Faschismusforschung. In: Osteuropa, 52 (2002), S. 901-913.
-: Toward an Uncivil Society? Contextualizing the Recent Decline of Extremely Right-Wing Parties in Russia. In: Weatherhead Center for International Affairs Working Paper Series, 2002, Nr. 3.
-: Formirovanie fašistskogo „neoevrazijskogo" intellektual'nogo dviženija v Rossii. Put' Aleksandra Dugina ot marginal'nogo çkstremista do ideologa postsovetskoj akademičeskoj i političeskoj elity, 1989-2001 gg. In: Ab Imperio, (2003) 3, S. 289-304.
-: Sovremennye ponjatija fašizma v Rossii i na Zapade. In: Neprikosnovennyj zapas, (2003) 5 (31), S. 116-122.

–: Die rechtsextremistische APO im heutigen Russland. Ultranationalistische Denkfabriken als Bestandteil der postsowjetischen „unzivilen Gesellschaft". In: Haney, Vera/Wegner, Michael/Jahn, Andrea (Hg.): Russland: ein starker Staat?, Jena 2003, S. 123–143.

–: Der russische Rechtsextremismus nach den Wahlen 2003–2004. Bestandsaufnahme und Perspektiven. In: Russlandanalysen, (2004) 23, S. 1–4.

–: Dugin *kein* Faschist? Eine Erwiderung an Professor A. James Gregor. In: Erwägen Wissen Ethik, 15 (2004), S. 424–426.

–: Einige Beispiele für die forschungspraktische Relevanz der Griffinschen Taxonomie. In: Erwägen Wissen Ethik, 15 (2004), S. 418–420.

–: Konzeptionelle Grundfragen vergleichender Rechtsextremismusforschung. Der Beitrag der Faschismustheorie Roger Griffins. In: Erwägen Wissen Ethik, 15 (2004), S. 355–357.

–: Kulturhegemoniale Strategien der russischen extremen Rechten. Die Verbindung von faschistischer Ideologie und metapolitischer Taktik im „Neoeurasismus" des Aleksandr Dugin. In: Österreichische Zeitschrift für Politikwissenschaft, 33 (2004) 4, S. 437–454.

–: Some Addenda on the Relevance of Extremely Right-Wing Ideas in Putin's New Russia. In: Erwägen Wissen Ethik, 15 (2004), S. 591–593.

–: Concepts of Fascism in Contemporary Russia und the West. In: Political Studies Review, 3 (2005) 1, S. 34–49.

–: Russia. In: Blamires, Cyprian (Hg.): Historical Encyclopedia of World Fascism, Santa Barbara CA 2005 (i.E.).

–: Teaching Social Sciences at a Post-Soviet University. Some Observations from Russia and Ukraine. In: European Political Science, 4 (2005) 1 (i.E.).

Unger, Irwin: The Movement. A History of the American New Left, New York 1974.

Urban, Joan/Solovei, Valerii: Russia's Communists at the Crossroads, Oxford 1997.

Verchovskij, Aleksandr/Papp, Anatolij/Pribylovskij, Vladimir: Političeskij ėkstremizm v Rossii, Moskau 1996.

–/ Pribylovskij, Vladimir/Michajlovskaja, Ekaterina: Nacionalizm i ksenofobija v rossijskom obščestve, Moskau 1998.

–/ Pribylovskij, Vladimir/Mikhajlovskaja, Ekaterina: Političeskaja ksenofobija. Radikal'nye gruppy. Predstavleniyja liderov. Rol' cerkvi, Moskau 1999.

Verdès-Leroux, Jeannine: The Intellectual Extreme Right in the Thirties. In: Arnolds, Edward J. (Hg.): The Development of the Radical Right in France. From Boulanger to Le Pen, London 2000, S. 119–152.

Verfassungsschutzbericht Baden-Württemberg 1993. Hg. vom Innenministerium Baden-Württemberg, Stuttgart 1994.

Verfassungsschutzbericht des Landes Nordrhein-Westfalen über das Jahr 1997. Hg. vom Innenministerium des Landes Nordrhein-Westfalen, Düsseldorf 1998.

Verfassungsschutzbericht des Landes Nordrhein-Westfalen über das Jahr 2002. Hg. vom Innenministerium des Landes Nordrhein-Westfalen, Düsseldorf 2003.

Verfassungsschutzbericht 1991. Hg. vom Bayerischen Staatsministerium des Innern, München 1992.

Verfassungsschutzbericht 1992. Hg. vom Bundesministerium des Innern, Bonn 1993.

Verfassungsschutzbericht 1994. Hg. vom Bundesministerium des Innern, Bonn 1995.

Verfassungsschutzbericht 1996. Hg. vom Bundesministerium des Innern, Bonn 1997.
Verfassungsschutzbericht 1999. Hg. vom Bundesministerium des Innern, Berlin 2000.
Verfassungsschutzbericht 2001. Hg. vom Bundesministerium des Innern, Berlin 2002.
Verfassungsschutzbericht 2002. Hg. vom Bundesministerium des Innern, Berlin 2003.
Verfassungsschutzbericht 2003. Hg. vom Bundesministerium des Innern, Berlin 2004.
Verfassungsschutzbericht 2004. Hg. vom Bundesministerium des Innern, Berlin 2005.
Verkhovsky, Alexander: Ultra-Nationalists in Russia at the Onset of Putin's Rule. In: Nationalities Papers, 28 (2000), S. 707–726.
Verteidigungspolitische Richtlinien. Hg. vom Bundesministerium der Verteidigung, Berlin 2003.
Vetter, Reinhold: Der Trend zum Sieger – die Mehrheit der ungarischen Wähler setzt vier Jahre auf sozialliberale Politik. In: Südosteuropa, 51 (2002), S. 183–199.
–: Konfliktbeladene Wahlen in Ungarn. Tiefe Gräben in Politik und Gesellschaft. In: Osteuropa, 52 (2002), S. 806–821.
Veugelers, John W. P.: Structural Conditions of Far-right Emergence in Contemporary Western Europe: A Comparative Analysis of Kitschelt's Theory, Toronto 2000.
–/ Chiarini, Roberto: The Far Right in France and Italy: Nativist Politics and Anti-Fascism. In: Schain, Martin/Zolberg, Aristide/Hossay, Patrick (Hg.): Shadows over Europe: The Development and the Impact of the Extreme Right in Western Europe, New York 2002, S. 83–103.
A View from The Arab World: A Survey In Five Countries. Hg. von der Brookings Institution, Washington 2003.
Vinkovetsky, Ilya: Eurasianism in Its Time. A Bibliography. In: ders./Schlacks, Charles Jr. (Hg.): Exodus to the East. Forebodings and Events. An Affirmation of the Eurasians, Idyllwild CA 1996, S. 143–155.
Virchow, Fabian: The groupuscularization of neo-Nazism in Germany: the case of Aktionsbüro Norddeutschland. In: Patterns of Prejudice, 38 (2004) 1, S. 56–70.
Vlaams Blok: Grondbeginselen. Manifest van het rechtse Vlaams-nationalisme, o. O. 1990.
Vodička, Karel: Das politische System Tschechiens. In: Ismayr, Wolfgang (Hg.): Die politischen Systeme Osteuropas im Vergleich, Opladen 2002, S. 239–272.
Vogel, Emil Ferdinand: D. Wilhelm Traugott Krug in drey vertraulichen Briefen an einen Freund im Auslande, Neustadt an der Orla 1844.
Vujačić, Veljko: Gennadiy Zyuganov and the "Third Road". In: Post-Soviet Affairs, 12 (1994) 2, S. 118–154.
–: Serving Mother Russia. The Communist Left and Nationalist Right in the Struggle for Power, 1991–1998. In: Bonnell, Victoria E./Breslauer, George W. (Hg.): Russia in the New Century. Stability and Disorder?, Boulder Col. 2001, S. 290–325.

Wagner, Peter M.: Die NPD nach der Spaltung. In: Backes, Uwe/Jesse, Eckhard (Hg.), Jahrbuch Extremismus & Demokratie, Band 4, Baden-Baden 1993, S. 157-167.
Wahdat-Hagh, Wahied: „Die Islamische Republik Iran". Die Herrschaft des politischen Islam als eine Spielart des Totalitarismus, Münster 2003.
Waldmann, Peter: Terrorismus. Provokation der Macht, München 1998.
–: Terrorismus als weltweites Phänomen: Eine Einführung. In: Frank, Hans/Hirschmann, Kai (Hg.): Die weltweite Gefahr. Terrorismus als sicherheitspolitische Herausforderung, Berlin 2002, S. 87-109.
–: Das terroristische Kalkül und seine Erfolgsaussichten. In: Schluchter, Wolfgang: Fundamentalismus, Terrorismus, Krieg, Weilerswist 2003, S. 11-26.
Wall, Derek: Earth First! and the Anti-Roads Movement. Radical Environmentalism and Comparative Social Movements, London 1999.
Waller, Michael: Democratic centralism: the costs of discipline. In: ders./Fennema, Meinert (Hg.): Communist Parties in Western Europe. Decline or Adaptation?, Oxford 1988, S. 7-25.
–/ Coppieters, Bruno/Deschouwer, Kris: Social Democracy in a Post-communist Europe, Ilford 1994.
Walter, Christian: Defining Terrorism in National & International Law. In: Terrorism as a Challenge for National and International Law: Security versus Liberty?. Hg. von Christian Walter, Silja Vöneky, Volker Röben und Frank Schorkopf, Berlin 2004, S. 19-43.
Ward, Chris: Stalin's Russia, 2. Auflage London 1999.
Ward, Colin: Anarchism. A Very Short Introduction, Oxford 2004.
Warwick, Paul V.: Toward a Common Dimensionality in West European Policy Spaces. In: Party Politics, 8 (2002), 101-122.
Wassermann, Rudolf: Zur Auseinandersetzung um den 20. Juli 1944. Der Remer-Prozess als Meilenstein der Nachkriegsgeschichte. In: ders.: Recht, Gewalt, Widerstand. Vorträge und Aufsätze, Berlin (West) 1985.
We are everywhere: the irresistible rise of global anticapitalism. Edited by Notes From Nowhere and published by Verso, London 2003.
Weber, Matthias: Zeitschriftenporträt: Junge Freiheit. In: Backes, Uwe/Jesse, Eckhard (Hg.): Jahrbuch Extremismus & Demokratie, Band 14, Baden-Baden 2002.
–: Prototyp der Neuen Rechten. Alain de Benoist und die Nouvelle Droite in Frankreich. In: Gessenharter, Wolfgang/Pfeiffer, Thomas (Hg.): Die Neue Rechte – eine Gefahr für die Demokratie?, Wiesbaden 2004, S. 145-161.
Weber, Max: Wirtschaft und Gesellschaft, Tübingen 1956.
–: Die drei reinen Typen der legitimen Herrschaft. In: ders.: Soziologie – Universalgeschichtliche Analysen – Politik. Hg. von Johannes Winckelmann, Stuttgart 1973, S. 151-166.
–: Die „Objektivität" sozialwissenschaftlicher Erkenntnis. In: ders.: Soziologie. Universalgeschichtliche Analysen, Politik, Stuttgart 1973, S. 186-262.
–: Excursus in Response to Rudolf Stammler. In: Economy and Society, Berkeley CA 1978, S. 325 ff.
Weichsel, Volker: Rechtsradikalismus in Osteuropa – ein Phänomen *sui generis*? In: Osteuropa, 52 (2002), S. 612-620.
Weidner, Stefan: Mohammedanische Versuchungen, Zürich 2004.

Weikart, Richard: Socialist Darwinism. Evolution in German Socialist Thought from Marx to Bernstein, San Francisco 1998.
Weilenmann, Heinz: Untersuchungen zur Staatstheorie Carl Ludwig von Hallers. Versuch einer geistesgeschichtlichen Einordnung, Diss. phil., Bern 1955.
Weinberg, Leonard: Evola, Julius Caesar (1898-1974). In: Blamires, Cyprian P.: A Historical Encyclopedia of World Fascism, New York 2005.
-/ Pedahzur, Ami: Political Parties and Terrorist Groups, London 2003.
-/ Pedahzur, Ami (Hg.): Religious Fundamentalism and Political Extremism, London 2004.
Weiß, Hilde/Reinprecht, Christoph: Demokratischer Patriotismus oder ethnischer Nationalismus in Ost-Mitteleuropa. Empirische Analysen zur nationalen Identität in Ungarn, Tschechien, Slowakei und Polen, Wien 1998.
Wells, David: War and National Memory. Nationalism in Contemporary Russian Literature. In: Political Crossroads, (1998) 1-2, S. 129-138.
Werz, Nikolaus (Hg.): Populismus. Populisten in Übersee und Europa, Opladen 2003.
Wetzel, Juliane: Antisemitismus und Holocaustleugnung als Denkmuster radikaler islamistischer Gruppierungen. In: Extremismus in Deutschland. Erscheinungsformen und aktuelle Bestandsaufnahme. Hg. vom Bundesministerium des Innern, Berlin 2004, S. 253-272.
Whine, Michael: Islamism and Totalitarianism: Similarities and Differences. In: Totalitarian Movements and Political Religions, 2 (2001) 2, S. 54-72.
-: Primitive Rebels or Revolutionary Modernizers? The Kurdish National Movement in Turkey, London 2001.
The White House: National Strategy to Combat Terrorism, Washington D.C. 2003.
Wiederkehr, Stefan: "Kontinent Evrazija". Alexander Dugin's Reading of Classical Eurasianism and Geopolitics. Vortrag gehalten auf der 33. Jahrestagung der American Association for the Advancement of Slavic Studies, Arlington, Virginia, 15.-18. November 2001.
Wilcox, Clyde: Onward Christian Soldiers? The Religious Right in American Politics, 2. Auflage Boulder Col. 2000.
Wilke, Manfred/Müller, Hans-Peter/Brabant, Marion: Die Deutsche Kommunistische Partei (DKP). Geschichte, Organisation, Politik, Köln 1990.
-: Ist die „Partei des Demokratischen Sozialismus" (PDS) noch eine kommunistische Partei?. In: Politische Studien, 12 (1990), S. 695-705.
Wilkiewicz, Zbigniew: Populismus in Polen. Das Beispiel der Samoobrona unter Andrzej Lepper. In: Deutsche Studien, 38 (2002), S. 118-129.
Wilkinson, Paul: Terrorism versus Democracy. The Liberal State Response, Portland, Oregon 2000.
Williams, Christopher: Problems of Transition and the Rise of the Radical Right. In: Ramet, Sabrina P. (Hg.): The Radical Right in Central and Eastern Europe since 1989, Philadelphia Penn. 1999, S. 29-48.
-/ Hanson, Stephen E.: National-Socialism, Left Patriotism, or Superimperialism? The Radical Right in Russia. In: Ramet, Sabrina (Hg.): The Radical Right in Central and Eastern Europe Since 1989, with an afterword by Roger Griffin, University Park Md. 1999, S. 257-278.
Williams, Mary E. (Hg.): The White Separatist Movement, San Diego CA 2002.

Winkler, Heinrich August: Der lange Weg nach Westen, Band 1: Deutsche Geschichte vom Ende des Alten Reiches bis zum Untergang der Weimarer Republik, 5. Auflage München 2002.
Winkler, Jürgen: Bausteine einer allgemeinen Theorie des Rechtsextremismus. Zur Stellung und Integration von Persönlichkeits- und Umweltfaktoren. In: Falter, Jürgen W./Jaschke, Hans-Gerd/ Winkler, Jürgen (Hg.): Rechtsextremismus. Ergebnisse und Perspektiven der Forschung, = PVS-Sonderheft 27, Opladen 1996, S. 25-48.
Winock, Michel (Hg.): Histoire de l'extrême droite en France, Paris 1993.
Wippermann, Wolfgang: Faschismustheorien. Zum Stand der gegenwärtigen Diskussion, Darmstadt 1972.
–: Europäischer Faschismus im Vergleich 1922-1982, Frankfurt a. M. 1983.
–: Faschismustheorien. Die Entwicklung der Diskussion von den Anfängen bis heute, 7. Auflage Darmstadt 1997.
–: Verfassungsschutz und Extremismusforschung: Falsche Perspektiven. In: Mecklenburg, Jens (Hg.): Braune Gefahr. DVU, NPD, REP. Geschichte und Zukunft, Berlin 1999, S. 268-280.
–/ Thamer, Hans-Ulrich: Faschistische und neofaschistische Bewegungen. Probleme empirischer Faschismusforschung, Darmstadt 1977.
Wirsching, Andreas: Vom Weltkrieg zum Bürgerkrieg? Politischer Extremismus in Deutschland und Frankreich 1918-1933/39. Berlin und Paris im Vergleich, München 1999.
Wittkop, Justus F.: Unter der schwarzen Fahne. Gestalten und Aktionen des Anarchismus, Frankfurt a. M. 1989.
Wöhler-Khalfallah, Khadija Katja: Der islamische Fundamentalismus, der Islam und die Demokratie. Algerien und Tunesien: das Scheitern postkolonialer „Entwicklungsmodelle" und das Streben nach einem ethischen Leitfaden für Politik und Gesellschaft, Wiesbaden 2004.
Woller, Hans: Rom, 28. Oktober 1922. Die faschistische Herausforderung, München 1999.
Wollmann, Hellmut/ Wiesenthal, Helmut/Bönker, Frank: Transformation sozialistischer Gesellschaften: Am Ende des Anfangs, Leviathan-Sonderheft 15, Opladen 1995.
Wunschik, Tobias: Baader-Meinhofs Kinder. Die zweite Generation der RAF, Opladen 1997.
Wüst, Jürgen: Konservatismus und Ökologiebewegung. Eine Untersuchung im Spannungsfeld von Partei, Bewegung und Ideologie am Beispiel der Ökologisch-Demokratischen Partei (ÖDP), Frankfurt a. M. 1993.
Wyman, Matthew/White, Stephen/Oates, Sarah: Elections and Voters in Post-Communist Russia, Cheltenham 1998.
Yakan, Fathi: Les problèmes qu'ont a affronter la da'wah et le da'iyah, Kuweit 1410/1990.
–: ma^{c}rakatunā ma'a l-yahūd, 14. Auflage Kairo 2001.
Yanov, Alexander: The Russian New Right. Right-Wing Ideologies in the Contemporary USSR, Berkeley CA 1978
–: The Russian Challenge and the Year 2000, New York 1987.
–: Weimar Russia – And What We Can Do About It, New York 1995.
Yasmann, Victor: The Rise of the Eurasians. In: The Eurasian Politician, (2001) 4.

Yates, Michael D.: Naming the system: inequality and work in the global economy, New York 2003.
Zaslavskaja, Tatjana I. (Hg.), Kuda idët Rossija? Al'ternativy obščestvennogo razvitija, 2. Band, Moskau 1995.
Zegal, Malika: Gardiens de l'Islam. Les oulémas d'Al Azhar dans l'Egypte contemporaine, Paris 1996.
Zehnpfennig, Barbara: Hitlers „Mein Kampf". Eine Interpretation, München 2000.
Zhirinovsky, Vladimir: My Struggle. The Explosive Views of Russia's Most Controversial Political Figure, New York 1996.
Ziemer, Klaus/Matthes, Claudia-Yvette: Das politische System Polens. In: Ismayr, Wolfgang (Hg.): Die politischen Systeme Osteuropas im Vergleich, Opladen 2002, S. 185-237.
Žirinovskij, Vladimir: Poslednij brosok na jug. Hg. von Aleksej Mitrofanov, 1. Auflage Moskau 1993.
Zitelmann, Rainer: Hitler. Selbstverständnis eines Revolutionärs, 2. überarb. und ergänzte Auflage Stuttgart 1989.
Zukrowska, Katarzyna: Polen – Europäische Union. Eine neue Perspektive der Integration. In: Schirm, Magda (Hg.): Die neuen Gesichter Europas. Tschechien, Polen, Ungarn, Frankfurt a. M. 2002, S. 30-61.
Zürn, Michael: Politische Fragmentierung als Folge gesellschaftlicher Denationalisierung. In: Loch, Dietmar/Heitmeyer, Wilhelm: Schattenseiten der Globalisierung. Rechtsradikalismus, Rechtspopulismus und separatistischer Regionalismus in westlichen Demokratien, Frankfurt a. M. 2001, S. 111-139.

Abkürzungsverzeichnis

ACME	A Company that Manufactures Everything
AFA	Antifaschistische Aktion
AIDS	Acquired Immune Deficiency Syndrome
AKP	Arbeidernes Kommunistparti
ALF	Animal Liberation Front
AN	Alleanza Nazionale
APEC	Asian Pacific Economic Cooperation
APO	Außerparlamentarische Opposition
APuZG	Aus Politik und Zeitgeschichte
ATTAC	Association pour une Taxation des Transactions financières pour l'Aide aux Citoyens
AWS	Akcja Wyborcza Solidarność
BNP	British Nationalist Party
BRD	Bundesrepublik Deutschland
BUF	British Union of Fascists
BUND	Bund für Umwelt und Naturschutz Deutschland
BZÖ	Bündnis Zukunft Österreich
CD	Centrumdemocraten
CDU	Christlich Demokratische Union Deutschlands
CETIM	Centre Europe – Tiers Monde
ČHNJ	České hnutí za národní jednotu
CLAC	The Anti-Capitalist Convergence
CP'86	Centrumspartij '86
CPN	Communistische Partij Nederland
CPUSA	Communist Party United States of America
ČSSD	Česká strana sociálně demokratická
CSU	Christlich-Soziale Union
DDR	Deutsche Demokratische Republik
DF	Dansk Folkeparti
DGB	Deutscher Gewerkschaftsbund
DITIB	Diyanet Isleri Türk Islam Birligi
DKP	Deutsche Kommunistische Partei
DNVP	Deutschnationale Volkspartei
DS	Dělnická strana
DS	Democratici di Sinistra
DVPW	Deutsche Vereinigung für Politische Wissenschaft
DVU	Deutsche Volksunion
EF	England First
EFA-DPPE	European Free Alliance – Democratic Party of Peoples Europe
EG	Europäische Gemeinschaften
ELF	Earth Liberation Front
ETA	Euskadi Ta Askatasuna
EU	Europäische Union
EWR	Europäischer Wirtschaftsraum

FBI	Federal Bureau of Investigation
FDP	Freie Demokratische Partei
FI	Forza Italia
FIDESZ	Fidesz – Magyar Polgári Szövetség
FIS	Front Islamique du Salut
FN	Front National
FP	Fremskridtsparti
FPÖ	Freiheitliche Partei Österreichs
FrP	Fremskrittspartiet
GRECE	Groupement de Recherche et d'Étude pour la Civilization Européenne
HNS	Hrvatska Narodna Stranka
HOS	Hrvatske Odbrambene Snage
HSD-SMS	Hnutí za Samosprávnou Demokracii – Společnost pro Moravu a Slezsko
HSP	Hrvatska Stranka Prava
IBFG	Internationaler Bund Freier Gewerkschaften
IGMG	Islamische Gemeinschaft Milli Görüs
INA	Iraqui National Accord
IRA	Irish Republican Army
ITP	International Third Position
IU	Izquierda Unida
IWF	Internationaler Währungsfonds
KČP	Klub českého pohraničí
KGB	Komitet gosudarstvennoj bezopasnosti
KKE	Kommounistiko Komma Ellados
Komintern	Kommunistische Internationale
KP	Kommunistische Partei
KPD	Kommunistische Partei Deutschlands
KPdSU	Kommunistische Partei der Sowjetunion
KPRF	Kommunističeskaja partija Rossijskoj Federacii
KSČ	Komunistická strana Československa
KSČM	Komunistická strana Čech a Moravy
LCR	Ligue Communiste Révolutionnaire
LDPR	Liberal'no-demokratičeskaja partija Rossii
LN	Lega Nord
LO	Lutte Ouvrière
LPF	Lijst Pim Fortuyn
LPR	Liga Polskich Rodzin
LSE	London School of Economics
MAK	Maktab al Khidamar
MaSIC	Moravské a Slezské informační centrum
MDF	Magyar Demokrata Fórum
MIÉP	Magyar Igazság és Élet Pártja
MN	Mouvement National
MPP	Magyar Polgári Párt
MR2004	Mumbai Resistance 2004
MS-FT	Movimento Sociale-Fiamma Tricolore

MSI	Movimento Sociale Italiano
MSI-AN	Movimento Sociale Italiano-Alleanza nazionale
MSZMP	Magyar Szocialista Munkáspárt
MSzP	Magyar Szocialista Párt
NATO	North Atlantic Treaty Organization
NBP	Nacional-bol'ševistskaja partija
NF	National Front
NFC	Nationale Front der Catisten
NGO	Non Governmental Organization
NOF	Národní Obce Fašistické
NOP	Narodowe Odrozenie Polski
NP	Národní prosperita
NPD	Nationaldemokratische Partei Deutschlands
NS	Národní strana
NS	Nationalsozialismus
NSDAP	Nationalsozialistische Deutsche Arbeiterpartei
NSj	Národní sjednocení
NVU	Nederlandse Volks-Unie
ÖDP	Ökologisch-Demokratische Partei
ODS	Občanská Demokratická Strana
OIC	Organization of the Islamic Conference
ÖVP	Österreichische Volkspartei
PC	Public Citizen
PCF	Parti Communiste Français
PCI	Partito Comunista Italiano
PCN-NCP	Parti Communautaire National-européen – National Communitarian Party
PCP	Partido Communista Portugues
PDS	Partei des Demokratischen Sozialismus
PDS	Partito Democratico della Sinistra
PdT	Parti des Travailleurs
PFN	Parti de Forces Nouvelles
PGA	Peoples' Global Action
PLO	Palestine Liberation Organization
PP	Partido Popular
PP	Przymierze Prawicy
PSR	Polskie Stronnictwo Ludowe
PvdA-PTB	Partij van de Arbeid-Parti du Travail de Belgique
PVS	Politische Vierteljahresschrift
RAF	Rote Armee Fraktion
RC	Rifondazione Comunista
REP	Die Republikaner
RF	Russische Föderation
RNE	Russkoe Nacional'noe Edinstvo
RNS	Russkij Nacional'nyj Sobor
RTS	Reclaim The Streets
SA	Sturmabteilung
SBZ	Sowjetische Besatzungszone

SDL	Strana Demokratickej L'avice
SdRP	Socjaldemokracja Rzeczypospolitej Polskiej
SDS	Sozialistischer Deutscher Studentenbund
SDS	Strana Demokratického Socialismu
SED	Sozialistische Einheitspartei Deutschlands
SGP	Staatkundig Gereformeerde Partij
SL	Sudentendeutsche Landsmannschaft
SP	Socialistische Partij
SPD	Sozialdemokratische Partei Deutschlands
SPNV	Společnost Přátel Národů Východu
SPÖ	Sozialdemokratische Partei Österreichs
SPR-RSC	Sdruzeni pro republiku-Republikanska strana Ceskoslovenska
SRP	Sozialistische Reichspartei
SRS	Srpska Radikalna Stranka
SSP	Scottish Socialist Party
SU	Slawische Union
SVP	Schweizerische Volkspartei
TRIPS	Trade Related Intellectual Property Services
UDCA	Union de Défense des Commerçants et Artisans
UdSSR	Union der Sozialistischen Sowjetrepubliken
UN	United Nations
USA	United States of America
VAM	Vitt Aritsk Motstånd
VAS	Vasemmistoliitto
VB	Vlaams Blok / Vlaams Belang
VENRO	Verband Entwicklungspolitik deutscher Nichtregierungsorganisationen e. V.
VF	Patriotische Front
VSA-ANTIFA	Patriotische Versammlung der Antifaschisten
VVD	Volkspartij voor Vrijheid en Democratie
WSF	Weltsozialforum
WTO	World Trade Organization
ZChN	Zjednoczenie Chrześcijańsko-Narodowe
ZParl	Zeitschrift für Parlamentsfragen

Personenverzeichnis

Seitenangaben mit Stern beziehen sich auf eine Fußnote.

Abduh, Muhammad 413, 435
Abu Bakr, Ahmad (d.i. Ghailani, Ahmed Khalfan) 421
Abu Zaid, Nasr H. 410
Abu-Zaid-Fahmi, Mustafa 461
Adenauer, Konrad 232, 238, 243, 244, 247, 249, 251, 371*
Adorno, Theodor W. 260
al-Afghani, Djamal ad-Din 413, 435
Aguiton Christophe 156
Akef, Mohammed Mahdi 484
Altermatt, Urs 106
Aly, Götz 303
Andreeva, Nina 394
Anpilov, Viktor 394
Anschütz, Gerhard 500
Antall, József 344
Appleby, R. Scott 83
Aristoteles 18, 187, 190
Atatürk, Kemal 482
Azzam, Abdullah 485, 486

Baader, Andreas 491
Babeuf, François Noël 24
Baburin, Sergej 384
Badis, Ibn 413
Bakunin, Michail Alexandowitsch 490, 491
al-Banna, Hasan 13, 83, 412, 413, 417–427, 435, 436, 483–485
Barkašov, Aleksandr 372, 376, 381, 394, 402
Bartsch, Dietmar 192
Beck, Ulrich 490
Beichelt, Timm 322, 334
Bello, Walden 152, 172
Beneš, Edvard 342, 357, 360*, 363
Bennabi, Malik 414
Benoist, Alain de 68, 102
Bergen, Peter 454
Berlet, Chip 75

Berlusconi, Silvio 101, 113, 115, 122, 123, 145
Betz, Hans Georg 50, 58, 60, 298, 299, 306
Beyme, Klaus von 323
Bibo, Istvan 325*
Bin Laden, Osama 135, 452–454, 455*, 456, 459–461, 463, 482–486, 490, 491
al-Bishri, Tariq 417
Bisky, Lothar 188, 193
Bjørgo, Tore 66
Blair, Tony 99, 133
Bleek, Wilhelm 498
Blocher, Christoph 112, 114
Bobbio, Norberto 37, 91, 104
Bono (Hewson, Paul David) 158
Bookchin, Murray 95
Bosch, Robert 371*
Bossi, Umberto 69, 112
Bové, José 152
Bracher, Karl Dietrich 179, 183
Brie, André 192
Brzezinski, Zbigniew 386
Bubel, Leszek 338
Bugera, V. 397
Bulaç, Ali 415, 416
Buonarroti, Filippo 24
Burgat, François 418
Burke, Edmund 103
Burke, Jason 482, 488
Bush, George W. 131, 157, 197, 489

Cabet, Etienne 24, 25
Campanella, Tommaso 24
Camus, Jean-Yves 59
Carter, Alan 317
Carter, Ashton B. 441
Carter, Stephen K. 73
Castro, Fidel 29
Cheles, Luciano 69
Chiarini, Roberto 62

Chirac, Jacques 358
Chomsky, Noam 10, 158, 159, 161, 166, 167, 171, 172, 174, 479, 487, 488
Claß, Heinrich 432
Clover, Charles 391
Clutterback, Richard 481
Codreanu, Corneliu Zelea 99
Costa Pinto, António 65
Cremet, Jean 391
Crenshaw, Martha 442
Csurka, István 344, 345
Cymburskij, Vadim L. 391

Dahl, Robert A. 33
Dahrendorf, Ralf 186
Danilevskij, Nikolaj 396
Darwin, Charles 26, 227
Depickere, Astrid 301
Dézé, Alexandre 62
Dienel, Thomas 509, 511, 512
Dimitroff, Georgi 140
Dmowski, Roman 339
Dostoevskij, Fëdor 386
Downs, Anthony 260, 287, 319
Dugin, Aleksandr 372, 384, 388-393, 395, 402

Eatwell, Roger 58, 63, 69, 375
Ellwood, Sheelagh 65
Engels, Friedrich 25
Erbakan, Necmettin 13, 409, 410, 428, 429, 431-434
Esposito, John L. 418
Evola, Julius 391, 392
Eysenck, Hans Jürgen 230

Falter, Jürgen W. 305
Faraj, Abd al-Salam 485
Faurisson, Robert 159
Faye, Guillaume 103
Fini, Gianfranco 69
Fiore, Roberto 99
Flanagan, Scott 260, 287
Flikke, Geir 403
Fortuyn, Pim 65, 101, 113, 121, 122, 356
Fourier, Charles 25

Franco, Francisco 65
Frenkin, Anatolij A. 391
Frey, Gerhard 508, 509, 511-513
Friedrich, Carl J. 35
Fukuyama, Francis 104
Furet, François 189

Gable, Gerry 64
Gabowitsch, Mischa 80, 372
al-Gaddafi, Muammar 39
Gajda, Radola 365
Gates, Bill 177
Geldof, Bob 158
George, Susan 158, 161, 163-167, 171, 172
Ghailani, Ahmed Khalfan (Pseudonym: Abu Bakr, Ahmad)
Ghannoushi, Rashid 13, 414, 435-438
Gibson, Rachel 294, 309*
Giddens, Anthony 490
Gilmour, John 65
Glagau, Otto 432
Glistrup, Morgen 294
Goebbels, Joseph 199
Goethe, Johann Wolfgang von 181
Gogh, Theo van 441
Gramsci, Antonio 29, 54, 103
Gray, John 483, 490
Grebeníček, Miroslav 341, 342
Gref, German 405
Gregor, A. James 389, 391, 392, 397
Griffin, Nick 64
Griffin, Roger D. 59, 75, 372, 375, 393
Grósz, Károly 346
Gryzmala-Busse, Anna M. 80
Gumilëv, Lev N. 395, 396
Gunaratna, Rohan 456, 492
Gysi, Gregor 115, 122, 191, 194

Hagen, Carl Ivar 112, 138
Haider, Jörg 113, 114, 118, 295, 320, 337, 356
Hainsworth, Paul 58
Haller, Carl Ludwig von 20, 21
Hanning, August 458

Hanson, Stephen 394
Hardt, Michael 158, 159, 162, 164, 166, 167, 171, 173, 174
Harmel, Robert 294
Harmon, David 442
Haushofer, Karl 391
Havel, Václav 343
Hawwā, Saʿīd 414
Hegel, Georg Wilhelm Friedrich 19, 25
Herder, Johann Gottfried 359
Hermet, Guy 107
Hitler, Adolf 35, 55, 184, 194, 199, 239*, 360, 500, 511
Hobsbawm, Eric 7
Hoffman, Bruce 442
Holloway, John 158, 160, 162, 164, 167, 173, 174
Holsteyn, Joop van 64
Hoxa, Enver 93
Hudson, Kate 78
Huntington, Samuel P. 386
Husbands, Christopher T. 60
Hussein, Saddam 481

Ignatow, Assen 391
Ignazi, Piero 43, 54, 58, 67, 68, 258, 284, 301
Ijuchin, Viktor 404
Il'in, Ivan 396
Inglehart, Ronald 258, 301
Ingram, David 391
Iqbal, Muhammad 407, 413
Irvine, Jill A. 73
Ivaldi, Gilles 61
Ivarsflaten, Elisabeth 300, 301

Jaschke, Hans-Gerd 46,
Jasir, Abu 486
Jelzin, Boris 379, 382, 386
Jenkins, Brian M. 442
Jongman, Albert 479

Kant, Immanuel 19
Kaplan, Metin 84, 474
Käs, Christian 198
Kellmann, Klaus 77
Kelsen, Hans 500

Kepel, Gilles 39, 407, 418, 463, 488
Keynes, John Maynard 294
Khoury, Adel Theodor 460, 461
Kielmansegg, Peter Graf 179
Kim Il Sung 98
Kitschelt, Herbert 50, 53, 55, 61, 65, 69, 70, 145, 260, 261, 264, 278, 283-297, 299-305, 314-320
Kjärsgaard, Pia 112, 135
Kjellen, Rudolf 391
Klein, Markus 255
Klein, Naomi 158-160, 163, 165, 167, 172
Klingemann, Hans Dieter 230, 255, 259, 260, 263, 264, 278
Knigge, Pia 302
Koman, Alan 386
Kondratenko, Nikolaj 404
Kowalsky, Wolfgang 46
Kramář, Karel 365
Kraus, Karl 492
Krug, Wilhelm Traugott 19-24
Kudrin, Aleksej 405
Kühnl, Reinhard 503
Kupcov, Valentin 394

Lafontaine, Oskar 156
Langguth, Gerd 56
Laqueur, Walter 323, 441, 487-489, 492
Laruelle, Marlène 391
Lenin, Wladimir Iljitsch 39, 54, 175, 199, 226, 326, 395, 490, 491
Lepper, Andrzej 337-339, 350, 357
Lewis, Bernard 411
Limonov, Eduard 98, 394
Linehan, Thomas 63
Lipset, Seymour M. 230, 256, 260, 261, 286, 288*, 304
Łopuszanski, Jan 339
Lubbers, Marcel 302
Lukaschenko, Alexander 364
Luks, Leonid 391
Lula da Silva, Luiz Inácio 156
Luxemburg, Rosa 29, 54, 155
Lyons, Matthew 75

Mackinder, Halford 391
Mahler, Horst 491
Makašov, Al'bert 404
Mao Tse-tung 54, 154, 226, 490
Marosán, György 346
Marx, Karl 25, 39, 54, 226, 326, 490
Mathyl, Markus 379, 392
Mauss, Marcel 27,
Al-Mawdūdī, Abu Al-'Ala 424, 435, 436
McCarthy, Joseph 513
McGann, Anthony 283, 289
Mečiar, Vladimír 352
Mégret, Bruno 68, 278*
Meier, Horst 185, 201
Meinhof, Ulrike 491
Metternich, Klemens Graf von 20
Meyer, Thomas 51
Minkenberg, Michael 50, 62, 76, 375
al-Misri, Abu Hamza 486
Mitterand, François 115
Mohammed 439
Montaigne, Michel de 183
Montesquieu, Charles de 18*
Moore, Michael 157, 488
Morus, Thomas 24
Mosley, Oswald 63, 377
Mosse, George 373*, 375
Müller, Adam 20, 21
Mulloy, Darren J. 43, 75
Murray Brown, Ruth 75
Mussolini, Benito 69

N'Dour, Youssou 158
Naipaul, Vidiadhar S. 409*
Napoleon I. Bonaparte 19
Nasser, Gamal Abdel 484
Negri, Antonio 10, 158, 159, 162, 164, 166, 167, 171, 173, 174
Neugebauer, Gero 41, 42, 47
Niedermayer, Oskar 231
Niekisch, Ernst 98
Noelle-Neumann, Elisabeth 516
Nolte, Ernst 7, 53
Nursi, Sa'id 413

Olszewski, Jan 339
Owen, Robert 25,

Pappi, Franz Urban 230, 255
Paradowska, Janina 339
Payne, Stanley 373*, 375
Le Pen, Jean-Marie 65, 67, 107, 111, 356
Pfeiffer, Thomas 103
Pilsudski, Jósef 72
Pirani, Simon 403
Platon 24
Pludek, Alexej 363
Polozkov, Ivan 393
Popper, Karl R. 493, 520
Poujade, Pierre 294
Puschkin, Alexander S. (siehe Puškin, Aleksandr S.)
Puškin, Abram Petrovič Hannibal 381
Puškin, Aleksandr S. 381
Putin, Wladimir 13, 386, 405, 482

Qutb, Sayyid 39, 83, 414, 459, 461, 483-485

Raab, Earl 230, 256, 261
Rahman, Fazlul 486
Rahman, Umar Abdel 485
Ramadan, Tariq 412-414, 420
al-Rasched, Abdulrahman 492
Rathenau, Walther 500
Ratzel, Friedrich 391
Rauti, Pino 69
Reagan, Ronald 292
Reichhardt, Sven 375
Reisz, Heinz 509, 511, 512
Remer, Otto Ernst 508, 511-513
Ridder, Helmut 505, 510
Ridha, Rashid 413
Ring, Erp 516
Rodika, Jan 357
Rodinson, Maxime 439
Rohrmoser, Günter 503
Rokeach, Milton 254, 260
Rokkan, Stein 286, 288*
Roy, Arundhati 157
Roy, Olivier 407, 418, 435

Rudzio, Wolfgang 203

Said, Edward 411
al-Sadat, Anwar 484, 485
Saint Just, Antoine de 25, 503
Saint-Simon, Claude-Henri de 25,
Salazar, António de Oliveira 65
Schacht, Konrad 301
Scheuch, Erwin K. 259, 260, 263, 264, 278
Schiffauer, Werner 412, 431
Schill, Ronald 114, 319, 356
Schirinowski, Wladimir (siehe Žirinovskij, Vladimir)
Schlierer, Rolf 70, 191, 193, 196-198
Schluchter, Wolfgang 489
Schmid, Alex 478
Schönhuber, Franz 65, 70, 198, 206
Schröder, Gerhard 133, 158
Schroeder, Wolfgang 46,
Schumpeter, Joseph 88
Schur, Täve 194
Segert, Dieter 323
Shenfield, Stephen D. 73, 403
Simonelli, Frederick J. 75
Sjuganow, Gennadi (siehe Zjuganov, Gennadij)
Sládek, Miroslav 342-344, 365
Sontheimer, Kurt 498
Sorel, Georges 27
Spengler, Oswald 63, 396
Stalin, Josef W. 54, 199, 226, 325, 360, 398
Steinbach, Udo 460
Štěpánek, Vladimír 364*
Sterligov, Aleksandr 394
Sternhell, Zeev 397
Stöss, Richard 188, 231, 497-499
Straßer, Gregor 100, 194, 296
Straßer, Otto 100, 194, 293, 296
Sun Tsu 150
Svoboda, Jiří 340
Swyngedouw, Marc 61, 67

Taguieff, Pierre-André 107
Tapie, Bernard 115, 116

Thatcher, Margaret 292
Thiriart, Jean 98
Thurlow, Richard 63, 373*
Thürmer, Gyula 346
Thyssen, Fritz 371*
Tibi, Bassam 52, 83, 465, 483
Timmermann, Heinz 403
Tito, Josip Broz 29, 54
Tobin, James 163
Trotzki, Leo 29, 94, 154, 156, 226
Tsygankov, Andrei P. 391

Ulbricht, Walter 193
Ulfkotte, Udo 465
Umar, Abd-ar-Rahman 421

Vasil'ev, Dmitrij 394
Veugelers, John
Voegelin, Eric 462
Voigt, Udo 327
Voltaire (Arouet, François-Marie) 414
Vujačić, Veljko 397

Waldmann, Peter 442, 491
Wassermann, Rudolf 508
Weber, Max 123, 207*, 260, 412, 490
Weidner, Stefan 411
Westra, Laura 95
Wilcox, Clyde 75
Wilkinson, Paul 442
Wilson, Woodrow 283
Winkler, Heinrich August 189
Winkler, Jürgen 258
Wippermann, Wolfgang 47, 375
Wöhler-Khalfallah, Khadija Katja 435

Younghusband, Francis 407*

Zapata, Emiliano 167
Al-Zawahiri, Ayman 484, 486
Žirinovskij, Vladimir 73, 363, 372, 382-388, 394, 395, 402
Zjuganov, Gennadij 13, 80, 372, 393-397, 399-404

Autorenverzeichnis

Kai Arzheimer, Dr. phil., Wissenschaftlicher Mitarbeiter, Institut für Politikwissenschaft, Universität Mainz.

Uwe Backes, Dr. phil. habil., apl. Prof., Stellvertretender Direktor, Hannah-Arendt-Institut für Totalitarismusforschung an der Technischen Universität Dresden.

Harald Bergsdorf, Dr. phil., Lehrbeauftragter, Friedrich-Schiller-Universität Jena.

Florian Hartleb, Dr. phil., Lehrbeauftragter, Politikwissenschaft, Technische Universität Chemnitz.

Eckhard Jesse, Dr. phil. habil., Professor für Politikwissenschaft an der Technischen Universität Chemnitz.

Steffen Kailitz, Dr. phil. habil., Wissenschaftlicher Mitarbeiter, Politikwissenschaft, Technische Universität Chemnitz.

Jürgen P. Lang, Dr. phil., Journalist, Bayerischer Rundfunk, München.

Miroslav Mareš, Dr., Wissenschaftlicher Mitarbeiter, Thomas Masaryk-Universität Brno/Brünn.

Patrick Moreau, Prof. Dr., CNRS, Paris.

Cas Mudde, Dr., Professor an der Universität Antwerpen, Vakgroep Politieke Wetenschappen, Antwerpen.

Herbert Landolin Müller, Dr. phil., Landesamt für Verfassungsschutz Baden-Württemberg, Stuttgart.

Viola Neu, Dr. phil., Koordinatorin Wahl- und Parteienforschung, Konrad-Adenauer-Stiftung, Berlin.

Armin Pfahl-Traughber, Dr. phil., Professor an der Fachhochschule des Bundes, Außenstelle BMI-Schule 1, Gabrielweg 4, 53913 Swisttal.

Monika Prützel-Thomas, Dr. phil., Prof. für deutsche Politik und Dekanin der Rechts- und sozialwissenschaftlichen Fakultät an der Anglia Polytechnic University, Cambridge.

Eva Steinborn M. A., Doktorandin, Hannah-Arendt-Institut für Totalitarismusforschung e. V. an der Technischen Universität Dresden.

Tom Thieme M. A., Doktorand, Politikwissenschaft, Technische Universität Chemnitz.

Andreas Umland, Dr. phil., Fachlektor der Robert Bosch Stiftung an der Nationalen Universität „Kyjiv-Mohyla-Akademie", Ukraine.

Johannes Urban M. A., Doktorand, Politikwissenschaft, Technische Universität Chemnitz.